hoa
: HEART OF ACCOUNTING

전과목 핵심이론 + 적중문제 + 기출 동형문제

재경관리사

한권으로 끝내기

편집진행 김준일 · 백한강 · 권민협 | **표지디자인** 김도연 | **본문디자인** 최미림 · 김휘주

Profile

김경태 세무사

[자격 및 경력]

- 한양대학교(경영/관광) 졸업
- 세무법인위드 광명점 대표 세무사
- CFP®(국제공인재무설계사)
- 경영지도사(재무관리)
- 서울지방세무사회 세무조정감리위원
- 조세연구학회 정진포럼 정회원
- 조세혁신위원회 정회원
- 한국FP협회(KFPA) 정회원
- 중소기업 전문 경영컨설팅사업부 운영
- MetLife생명 VIP전문 세무(동행)상담
- 한국정책방송원KTV '청년창업시대' 세무자문 출연
- 월간 닥터스 비즈니스리뷰 'GAEWON' 세무칼럼 연재
- 송파구사회적경제센터 프로보노(전문상담/강의)

[저서]

- 기업회계, 세무회계, 회계관리 1급, 재경관리사[시대에듀]

PREFACE 머리말

회사의 성과 평가, 재무상태 파악 그리고 원가관리를 담당하는 회계파트와 납세의무자로서 정확한 세금신고와 납부를 담당하는 세무파트를 모두 아우를 수 있는 세무회계 전문가를 기업의 경영자는 애타게 필요로 하고 있지만 그 공급은 턱없이 부족한 게 현실이다.

이러한 시대 요구에 부응하고자 삼일회계법인에서는 국가공인 '재경관리사' 자격증 제도를 도입하여 회계와 세무 전문가의 양성과 준비된 재원들의 취업이라는 두 마리 토끼를 잡는 데 일조하고 있으며, 재경관리사는 중견 회계책임자로 발돋움하기 위한 필수 자격증으로 자리매김하고 있다.

본서는 위와 같은 공신력을 지닌 재경관리사 시험 합격을 바라는 수험생에게 실질적 도움을 주고자 하는 마음에서 만들어졌다. 이 시험은 유사 시험처럼 전산능력을 테스트하지 않는 대신 한국채택국제회계기준과 원가회계준칙 그리고 최신 세법지식을 측정하는 것을 목표로 하고 있으므로 중급회계나 원가관리회계, 세법개론 등의 기본서 선행학습이 필요하다. 주관처인 삼일회계법인에서 과목별 기본서를 갖추고 있으므로 본서를 보기 전에 해당 기본서를 읽고 이론을 통한 문제화 패턴 등을 파악한 후 학습하는 것을 권장한다.

실제로 시험을 준비하는 가운데 공부한 내용을 완벽하게 자기 것으로 소화했을 때에만 실제 시험에서도 틀리지 않을 것이며, 단순히 암기나 문제풀이에 급급한 시험 준비는 자칫 수험기간의 장기화와 중도포기를 자초할 수 있으므로 경계해야 할 것이다.

설사 절대적인 학습량이 부족한 상태에서 운 좋게 합격한다 하여도 실무에 들어가서는 사상누각이 될 수 있다는 것을 명심하였으면 좋겠다. 다시 말해 합격을 위한 공부가 아닌 실무에서 적용하고 사용하기 위한 재경관리사 학습이 되어야 한다는 것을 잊지 않길 바란다.

재경관리사 한권으로 끝내기가 완성되도록 물심양면으로 도움을 주신 시대에듀 이해욱 전무님과 편집부 등 관계자 여러분께 심심한 감사의 마음을 전하며, 힘들 때마다 조언과 격려로 힘을 실어 주신 세무법인 위드 파트너 세무사님들께 감사의 말씀 전한다.

이 책으로 공부하시는 모든 분이 시험 합격과 취업 그리고 실무능력 배양의 모든 소원을 성취하시길 간절히 기도한다.

연구실에서 저자 올림

자격시험 안내

응시자격 및 시험과목

종 목	응시자격	시험과목
재경관리사	연령, 학력, 경력 제한 없음	재무회계, 세무회계, 원가관리회계

재경관리사 시험일정

연 도	회 차		원서접수	시험일자	합격발표
2026	1	재경관리사 122회	2026.01.06~01.13	01.31(토)	02.06(금)
	2	재경관리사 123회	2026.02.26~03.05	03.28(토)	04.03(금)
	3	재경관리사 124회	2026.04.16~04.23	05.16(토)	05.22(금)
	4	재경관리사 125회	2026.05.26~06.02	06.20(토)	06.26(금)
	5	재경관리사 126회	2026.06.30~07.07	07.25(토)	07.31(금)
	6	재경관리사 127회	2026.08.20~08.27	09.19(토)	09.29(화)
	7	재경관리사 128회	2026.10.15~10.22	11.14(토)	11.20(금)
	8	재경관리사 129회	2026.11.24~12.01	12.19(토)	12.24(목)

※ 시행처의 사정에 따라 변경될 수 있으며, 자세한 사항은 삼일회계법인 국가공인자격시험 웹사이트(www.samilexam.com)에서 확인하여 주십시오.

시험준비물

신분증	규정신분증만 가능하며, 미소지 시 시험 응시 불가
필기구	검은색 필기구(연필 사용불가)만 가능하며, 수정테이프도 지참 가능
계산기	일반계산기만 사용 가능(재무용 · 공학용 · 휴대폰 계산기는 지참 불가)

※ 자세한 사항은 삼일회계법인 국가공인자격시험 웹사이트(www.samilexam.com)에서 확인하여 주십시오.

원서접수 및 응시료

접수기간	각 회별 원서접수 기간 내에 접수
응시료	70,000원
접수방법	삼일회계법인 국가공인자격시험 웹사이트(www.samilexam.com)로 접속하여 접수
유의사항	사진이 업로드되지 않으면 접수가 되지 않으므로 반드시 사진등록을 선행하셔야 하며 고사장은 접수기간 종료 후엔 변경이 불가합니다.

※ 시행처의 사정에 따라 변경될 수 있으며, 자세한 사항은 삼일회계법인 국가공인자격시험 웹사이트(www.samilexam.com)에서 확인하여 주십시오.

시험장소

서울, 부산, 대구, 광주, 인천, 대전, 수원, 청주, 천안 등

합격기준 및 평가방법

시험과목	평가방법	합격기준
재무회계	과목별 40문항(객관식 4지선다형) 150분간 3과목 동시 시행	전 과목 과목별 70점(100점 만점) 이상
세무회계		
원가관리회계		

평가범위

재무회계	
재무회계 일반	재무보고와 국제회계기준
	재무회계 개념체계
	재무제표 표시
	기타공시
재무상태표	자 산
	부 채
	자 본
포괄손익 계산서	수 익
	비 용
	기타사항
특수회계	관계기업
	환율변동효과
	파생상품회계
	리스회계
	현금흐름표

세무회계	
세법의 이해	세법에 대한 일반적 이해
국세기본법	국세기본법에 대한 이해
법인세	총 설
	각 사업연도 소득에 대한 법인세
	과세표준과 세액의 계산
소득세	종합소득세의 계산
	퇴직소득세
	원천징수
	양도소득세
부가가치세	부가가치세 개념
	부가가치세의 계산

원가관리회계	
원가회계의 기초	원가회계의 기본개념
	원가회계의 흐름
	원가배분
생산형태에 따른 원가계산방법	개별원가계산
	종합원가계산
원가측정방법	표준원가계산의 기초
	표준원가계산과 차이분석
원가계산의 범위	변동원가계산과 전부원가계산
계획과 통제	원가 · 조업도 · 이익분석
	기업환경의 변화와 새로운 원가관리시스템
의사결정을 위한 원가정보의 활용	단기의사결정을 위한 원가정보의 활용
	장기의사결정을 위한 원가정보의 활용
성과평가	책임회계제도와 성과평가
	분권화와 성과평가
	경제적부가가치(EVA) 분석과 성과평가

hoa 200% 활용법

03 영세율과 면세

1. 영세율과 면세규정의 비교 중요

구 분	영세율	면 세
목 적	① 수출산업의 지원·육성 ② 소비지국과세원칙구현(이중과세 방지)	세부담의 역진성 완화
대 상	수출 등 외화획득 재화·용역	기초생활필수품 등
면세정도	완전면세(∵ 영세율적용단계의 부가가치에 대해서는 과세하지 않을 뿐만 아니라 전단계의 부가가치에 대해서는 이미 과세된 것을 모두 환급해 주므로)	불완전면세(∵ 면세적용단계의 부가가치에 대해서는 과세하지 않지만 전단계의 부가가치에 대해서는 이미 과세된 것은 취소하지 않으므로)
과세대상 여부	부가가치세 과세대상에 포함	부가가치세 과세대상에서 제외
납세의무자 여부	부가가치세법상 납세의무자임	부가가치세법상 납세의무자가 아님(다만, 법인세법과 소득세법상 납세의무자임)
의무이행 여부	영세율 사업자는 부가가치세법상 사업자이므로 부가가치세법상 제반의무를 이행하여야 한다.	부가가치세법상 각종 의무를 이행할 필요가 없으나 다음의 협력의무는 있다. ① 매입처별세금계산서합계표 제출의무 ② 대리납부의무
포기제도	없 음	있 음

중요표시에 집중하라.

재경관리사 한권으로 끝내기는 시험에 나오는 회계 이론의 핵심만을 응축하여 한눈에 들어오는 구성으로 편집하였고, 그 중 더욱 중요한 부분은 '중요' 박스를 통해 시각적으로 강조했습니다.

CHAPTER 03 단원별 적중문제

01 **다음 중 법인세법상 과세소득에 관한 설명으로 가장 올바르지 않은 것은?**
공개

① 청산소득이라 함은 영리내국법인이 해산(합병 또는 분할에 의한 해산 제외)하는 경우에 발생하는 소득을 말한다.
② 자기자본이 500억원이 넘는 중소기업의 미환류소득은 법인세법상 과세소득이다.
③ 비과세 법인을 제외한 모든 법인은 토지 등 양도소득에 대한 법인세의 납세의무를 진다.
④ 법인세법은 포괄적 소득의 개념으로서의 순자산증가설의 입장을 취하고 있다.

해설
미환류소득의 경우 상호출자제한기업집단 소속 법인의 미환류소득만 법인세법상 과세소득이다.

단원별 적중문제로 점검하라.

각 단원별로 주관처 공개문제 및 예상문제를 수록하여 문제은행 방식인 재경관리사 시험에 최적화하였습니다. 해당 문제를 통해 이론에 대한 이해도를 높이고 문제출제 방식을 숙지하신 다음 이해도가 낮은 부분은 반드시 체크하여 추가 학습하시길 바랍니다.

제7회 기출 동형문제

※ 본 시험은 현행 기준인 한국채택국제회계기준(K-IFRS)에 따라 출제되었습니다.

재무회계

01 **다음 중 한국채택국제회계기준과 일반기업회계기준의 특징으로 가장 올바르지 않은 것은?**

① 한국채택국제회계기준은 연결재무제표를 기본 재무제표로 제시하고 있다.
② 한국채택국제회계기준은 재무제표의 구체적인 양식이나 계정과목을 정형화하고 있다.
③ 일반기업회계기준은 자본항목을 자본금, 자본잉여금, 자본조정, 기타포괄손익누계액, 이익잉여금(결손금)으로 구분하고 있다.
④ 한국채택국제회계기준은 자산과 부채에 대한 공정가치 적용이 확대되고 있다.

기출 동형문제 7회분으로 평가하라.

실제 출제된 문제들과 동일한 유형의 기출 동형문제 7회분 전부를 실제 시험과 유사한 환경에서 풀어 본인의 취약부분을 확인하신 후 반드시 오답노트로 정리하여 실전에 철저히 대비하시길 바랍니다.

단기합격 핵심전략

1 재무회계

우선 기본서(삼일회계법인 기본서 또는 시중 중급회계 · 고급회계 책 등)를 정독하여 이론 내용에 친숙해지셔야 합니다(이 단계가 시험을 처음 접하는 분들에게 정말 괴롭게 느껴지겠지만 가장 중요하다고 생각합니다. 또한 학습하여야 할 범위가 나름 방대한 과목인 만큼 1회독 시간을 짧게 가져가셔서 앞서 학습한 부분이 휘발되는 것을 최소화 하셨으면 합니다). 다음으로, 기본서의 연습문제를 풀어보며 출제유형과 난이도를 파악합니다. 마지막으로, 유사 유형의 문제들을 반복 연습하여 문제 응용력과 시간 관리 능력을 높입니다. 한마디로 재경관리사는 정도(正道)를 가는 것이 가장 빠른 길이라는 옛말을 떠오르게 하는 과목이 아닐 수 없습니다.

2 세무회계

부가가치세법을 먼저 학습한 후(부가가치세법은 회계지식이 필요 없으므로 접근이 용이하기 때문) 법인세를 학습하되, 법인세는 재무회계를 어느 정도 학습한 후 볼 것을 추천합니다. 왜냐하면 법인세법은 기업이 회계처리한 내용과 세법의 차이를 조정하는 세무조정을 근간으로 하므로 재무회계에 대한 이해가 있어야 법인세법에 대한 이해가 빠르고 기억에 오래 남을 것이기 때문입니다.

소득세는 법인세를 본 후에 학습하도록 합니다. 사업소득, 의제배당 등 법인세와 유사한 내용이 많아 비교하면서 학습하는 게 효율성을 증진시킬 수 있기 때문입니다. 마지막으로 국세기본법을 보는 것이 좋은데, 이는 내용도 다른 법에 비해 적고 세법 전체를 아우르는 사항이 많다보니 개별세법을 학습한 이후 봐야 이해가 빠를 것이기 때문입니다.

3 원가관리회계

제1과목 재무회계처럼 이론 내용의 숙지보다는 핵심 논리가 문제화되었을 때 빠른 시간 안에 얼마나 정확하게 풀어 나가느냐에 중점을 두어야 합니다. 일부 이론 문제를 제외하고, 계산 문제 출제는 거의 정형화되어 있으므로 안다고 생각해서 머리로 문제를 풀려고 하지 말고, 반드시 손과 계산기로 푸는 연습을 해야 실전에서도 고득점을 확보할 수 있다는 점을 명심해야 합니다.

※ 위에 소개한 과목별 학습방법은 저자의 주관적인 판단에 따른 것이므로 꼭 따를 필요는 없지만 시행착오를 겪으셨던 분이시라면 취사선택하셔서 한 번쯤 참고하는 것도 나쁘지는 않을 거라 생각합니다.

이 책의 차례

제1편 재무회계

제2편 세무회계

제3편 원가관리회계

제4편 기출 동형문제

※ 2026년 2회차 시험까지 기존세법을 적용합니다.

PART 1

재무회계

남에게 이기는 방법의 하나는 예의범절로 이기는 것이다.

– 조쉬 빌링스 –

CHAPTER 01

PART 1 재무회계

재무회계와 이론

01 재무보고와 국제회계기준

1. 회계의 정의와 구분

회계는 정보이용자가 합리적인 판단이나 의사결정을 할 수 있도록 기업실체에 대한 유용한 경제적 정보를 식별하고 측정하여 전달하는 과정이다.

재무회계	• 일반적으로 재무제표 중심의 회계로 기업 외부정보이용자(투자자 및 채권자 등)의 의사결정에 유용한 정보를 제공하는 외부보고 목적의 회계 • 재무제표는 일반적으로 인정된 회계원칙에 따라 작성되어 이용자들의 이해관계를 조정하고 신뢰성을 제고하며 비교가능성을 높여야 한다. • 재무회계는 주로 과거정보를 전달하는데 주력하며 기업 전체의 정보시스템을 포괄
관리회계	• 기업 내부정보이용자(경영자)의 경영의사결정에 유용한 정보를 제공 • 내부보고 목적의 회계로서 '일반적으로 인정되는 회계기준'이 아닌 주관적인 추정과 판단을 상당히 포함 • 관리회계를 위해서는 원가계산정보가 필요한데 이를 따로 '원가회계'라고 하며 외부보고 목적의 제품원가계산에 사용 • 관리회계보고서는 특정한 보고양식이나 작성원칙의 지배를 받지 아니하고, 과거정보는 물론이고 현재 및 미래정보를 포함
세무회계	• 외부정보이용자(과세관청)에게 과세소득을 적정하게 산정하여 과세표준과 산출세액에 대한 정보를 제공 • 세무회계 목적의 별도 장부를 작성하는 데에는 많은 노력과 시간이 필요하므로 일반적으로 기업회계와 법인세법의 차이를 조정(세무조정)하여 과세소득을 산출하여 과세

2. 재무회계와 재무보고

재무회계와 재무제표	• 재무회계는 기업의 외부정보이용자들이 합리적인 의사결정을 할 수 있도록 유용한 정보를 제공하는 것 • 재무회계의 목적을 달성하기 위해 다양한 재무정보가 필요하고 이를 표준화된 양식으로 제정한 것이 재무제표 • 한국채택국제회계기준에서 규정하고 있는 재무제표는 다음과 같다. – 재무상태표 – 포괄손익계산서 – 자본변동표 – 현금흐름표 – 주 석
재무보고	• 재무보고의 목적은 현재 및 잠재적 투자자, 대여자 및 기타 채권자가 기업에 자원을 제공하는 것에 대한 의사결정을 할 때 유용한 보고기업 재무정보를 제공하는 것이고 현대회계에서는 개념을 더 확장시켜 계량화하기 어려운 비재무적 정보를 포함하는 재무보고의 개념을 사용하고 있다. • 재무보고의 수단으로 사용되는 재무제표와 기타 정보는 정보이용자의 이해관계가 모두 다르기 때문에 모든 이용자를 만족시키는 유용한 정보를 제공할 수 없다. • '재무보고를 위한 개념체계'에서는 모든 외부정보이용자가 공통적으로 요구하는 정보를 제공한다는 점에서 일반목적재무보고라고 한다.

3. 국제회계기준의 필요성

- 재무정보의 국제적 비교가능성과 신뢰성 제고
- 국제적 상호이해가능성 증진
- 해외사업장을 촉진하여 자본시장의 활성화 기여

4. 국제회계기준의 특징 중요

국제회계기준	일반기업회계기준
• 원칙중심(재량부여 ○) 규칙에 근거한 회계처리보다는 회계담당자가 경제적 실질에 기초해 원칙을 벗어나지 않는 범위 내에서 회계처리를 하는 원칙중심. 재무제표 표시방법의 다양성 인정	• 규칙중심(재량부여 ×) 재무제표의 표시방법을 세분류까지 규정함
• 기본 재무제표 = 연결재무제표 연결재무제표가 주재무제표인 연결회계 중심	• 기본 재무제표 = 개별재무제표
• 공정가치 적용 확대 장부가(취득원가)보다는 현재의 자산가치에 초점을 맞추는 공정가치중심 – 금융자산 · 금융부채 · 지분상품 – 유형자산 · 무형자산 · 투자부동산 – 자산에 대한 손상차손 인식 – 확정급여채무(퇴직급여충당부채)	• 제한적인 공정가치 적용 – 유형자산의 재평가모형 – 금융자산 · 금융부채
• 공시의 강화 공시규모가 대폭 확대 – 연결기준 – 공정가치에 대한 정보나 영업부문에 대한 재무정보 – 주석공시 증가	• 필요한 부분만 공시(제한공시)

02 재무보고를 위한 개념체계

1. 개념체계 목적

재무보고를 위한 개념체계는 외부이용자를 위한 재무보고의 기초가 되는 개념을 정립한 것

회계기준 제정기구	• 한국회계기준위원회가 향후 새로운 한국채택국제회계기준을 제정하거나 기존의 한국채택국제회계기준의 개정을 검토할 때에 도움 • 회계처리방법의 수를 축소하기 위한 근거 및 조화시킬 수 있도록 도움
재무제표 작성자	재무제표의 작성자가 한국채택국제회계기준을 적용하거나 한국채택국제회계기준이 미비한 거래에 대한 회계처리하는 데 도움
재무제표 감사인	재무제표가 한국채택국제회계기준을 따르고 있는지에 대해 감사인 의견을 형성하는 데 도움
재무제표 이용자	한국채택국제회계기준에 따라 작성된 재무제표에 포함된 정보를 재무제표의 이용자가 해석하는 데 도움
기타 이해관계자	한국회계기준위원회의 업무활동에 관심 있는 이해관계자에게 한국채택국제회계기준을 제정하는 데 사용한 접근방법에 대한 정보를 제공

※ 위의 개념체계는 한국채택국제회계기준이 아니므로 어떤 경우에도 한국채택국제회계기준에 우선할 수 없음

2. 일반목적재무보고의 목적

정보수요	• 현재 및 잠재적 투자자, 대여자 및 기타 채권자는 그들에게 직접 정보를 제공하도록 보고기업에 요구할 수 없고, 그들이 필요로 하는 재무정보 대부분을 일반목적재무보고서에 의존해야만 한다. • 보고기업의 경영진은 그들이 필요로 하는 재무정보를 내부에서도 구할 수 있기 때문에 일반목적재무보고서에 의존할 필요가 없다. • 일반목적재무보고서가 보고기업의 가치를 추정하는데 도움이 되는 정보를 제공하지만, 주요이용자*주)가 필요로 하는 모든 정보를 제공하지는 않으며 제공할 수도 없다.
제공하는 정보	• 경제적 자원과 청구권 • 경제적 자원 및 청구권의 변동 • 발생주의 회계가 반영된 재무성과 • 과거 현금흐름이 반영된 재무성과 • 재무성과에 기인하지 않는 경제적 자원 및 청구권의 변동

*주) 국제회계기준위원회는 관련자의 범위에 현재 투자자를 비롯하여 잠재적 투자자, 대여자 및 기타 채권자를 주요이용자로, 경영진과 일반대중은 기타 이용자로 규정하고 있다.

3. 기본가정과 재무정보의 질적특성

(1) 기본가정

계속기업의 가정	기업실체의 경영활동에 있어 청산이나 사업축소 등을 가정하지 않고 그 목적을 수행하기에 충분할 정도로 장시간 동안 존속한다는 것을 가정 → 계속기업의 가정은 역사적 원가 평가의 근거를 제공

※ 한국채택국제회계기준의 개념체계에서는 '계속기업의 가정'만을 유일한 기본가정으로 규정

(2) 유용한 재무정보의 질적특성 중요

<table>
<tr><th>구 분</th><th>구성요소</th><th>포괄적 제약요인</th></tr>
<tr><td>근본적 질적특성</td><td>목적적합성, 표현충실성</td><td rowspan="2">원 가</td></tr>
<tr><td>보강적 질적특성</td><td>비교가능성, 검증가능성, 적시성, 이해가능성</td></tr>
</table>

<table>
<tr><td rowspan="3">근본적
질적특성*주1)</td><td rowspan="2">목적적합성</td><td>예측가치와
확인가치</td><td>• 예측가치 : 정보이용자가 기업실체의 미래 재무상태, 경영성과 등을 예측하는 데 그 정보가 활용될 수 있는 능력
• 확인가치 : 정보이용자에게 제공된 재무정보가 당초 기대치를 확인(피드백) 또는 수정하게 함으로써 의사결정에 영향을 미칠 수 있는 능력
※ 예측가치와 확인가치는 서로 분리되지 않고 상호보완적으로 사용됨</td></tr>
<tr><td>중요성</td><td>• 특정 정보가 생략되거나 잘못 표시된 재무제표가 정보이용자의 의사결정에 영향을 미칠 수 있는 경우 이를 중요한 정보라 함
• 중요성은 단순히 금액의 크기로만 결정되지 않으며 금액이 적더라도 해당 항목의 상대적인 성격이 중요할 경우에는 중요성을 갖고 있음
• 중요성은 정보의 유용성을 충족하기 위한 주된 질적특성이라기보다는 재무제표 표시와 관련한 임계치나 판단기준으로 작용</td></tr>
<tr><td>표현충실성</td><td colspan="2">• 재무정보가 유용성을 가지려면 나타내야 하는 현상을 충실하게 표현해야 함
• 완벽하게 충실한 표현을 하기 위해서는 서술이 완전하고 중립적이며 오류가 없어야 할 것
– 완전한 서술 : 기업실체의 재무정보가 필요한 기술과 설명을 포함하여 정보이용자가 서술되는 현상을 이해하는 데 필요한 모든 정보를 포함하는 것
– 중립적 서술 : 재무정보의 선택이나 표시에 편의가 없는 것
– 오류의 배제 : 기술상 오류나 누락 및 절차상 오류가 없는 것</td></tr>
</table>

보강적 질적특성	비교가능성*주2)	• 비교가능성은 정보이용자가 항목 간의 유사점과 차이점을 식별하고 이해할 수 있게 하는 질적특성 – 기간별 비교가능성(계속성, 일관성) : 동일기업 내에서 기간별로 재무제표를 비교 – 기업별 비교가능성(통일성) : 다른 기업의 재무제표와도 기업 간 재무제표를 비교
	검증가능성	• 검증가능성은 재무정보가 나타내고자 하는 경제적 현상을 충실히 표현하는지를 확인하는 데 도움을 주며, 합리적인 판단력이 있고 독립적인 서로 다른 관찰자가 어떤 서술이 충실한 표현이라는데 의견의 일치를 이끌어낼 수 있는 것을 의미 • 검증가능성은 서로 다른 관찰자가 어떤 서술이 충실한 표현이라는데 비록 반드시 완전히 일치하지는 못하더라도 의견이 일치할 수 있다는 것을 의미
	적시성	정보가 의사결정에 영향을 미칠 능력을 상실하기 전에 의사결정자에게 전달되어야 한다는 시간적 개념
	이해가능성	이해가능성은 이용자가 정보를 쉽게 이해할 수 있어야 한다는 것으로 정보를 명확하고 간결하게 분류하고 특징있게 표현하면 이해가능성이 높아짐
포괄적 제약요인	• 효익과 원가 간의 균형 – 원가는 재무보고로 제공될 수 있는 정보에 대한 포괄적인 제약요건 – 특정 정보로부터 기대되는 효익은 그 정보를 제공하기 위해 소요되는 원가를 초과해야 함을 의미	

***주1) 근본적 질적특성을 적용하기 위한 가장 효율적이고 효과적인 절차**

① 보고기업의 재무정보 이용자에게 유용할 수 있는 경제적 현상을 식별
② 이용가능하고 충실히 표현될 수 있다면 가장 목적적합하게 될 그 현상에 대한 정보의 유형을 식별
③ 그 정보가 이용가능하고 충실하게 표현될 수 있는지 결정
※ 만약 위의 절차대로 가능하다면, 근본적 질적특성의 충족 절차는 만족한다고 본다.

***주2) 비교가능성과 유사개념과의 비교**

일관성	일관성은 비교가능성과 관련은 되어 있지만 동일하지는 않다. 일관성은 한 보고기업 내에서 기간 간 또는 같은 기간 동안에 기업 간, 동일한 항목에 대해 동일한 방법을 적용하는 것을 말한다. → 비교가능성은 목표이고, 일관성은 그 목표를 달성하는 데 도움을 준다.
통일성	비교가능성은 통일성이 아니다. 정보가 비교가능하기 위해서는 비슷한 것은 비슷하게 보여야 하고, 다른 것은 다르게 보여야 한다.

4. 재무제표의 기본요소 중요

(1) 재무상태

자 산	• 자산은 과거사건의 결과로 기업이 통제하고 있고, 미래 경제적 효익이 기업에 유입될 것으로 기대되는 자원 • 자산은 기업이 보유하고 있는 자원으로서 금전적 가치가 있는 것(유・무형의 재화나 채권)으로서 크게 유동자산과 비유동자산으로 구분
부 채	부채는 과거사건에 의해 발생하였으며, 경제적 효익이 내재된 자원이 기업으로부터 유출됨으로써 이행될 것으로 기대되는 현재 의무
자 본	자본은 기업의 자산에서 부채를 차감한 후의 잔여지분으로서 순자산 또는 기업실체의 자산에 대한 소유주의 잔여청구권

(2) 성 과

수 익	수익은 자산의 유입이나 증가 또는 부채의 감소에 따라 자본의 증가를 초래하는 특정 회계기간 동안에 발생한 경제적 효익의 증가로서 지분참여자에 의한 출연과 관련된 것은 제외
비 용	비용은 자산의 유출이나 소멸 또는 부채의 증가에 따라 자본의 감소를 초래하는 특정 회계기간 동안에 발생한 경제적 효익의 감소로서 지분참여자에 대한 분배와 관련된 것은 제외

5. 재무제표 요소의 인식기준

재무제표 요소의 정의에 부합하는 항목이 다음 기준을 모두 충족한다면 재무제표에 인식되어야 한다[기준서 기준].

확률기준	그 항목과 관련된 미래 경제적 효익이 기업에 유입되거나 기업으로부터 유출될 가능성이 높다(50% 초과 확률).
측정기준	그 항목의 원가 또는 가치를 신뢰성 있게 측정할 수 있다.

[참고] 인식기준의 상충사례(기준서 기준과 개념체계 기준의 상충)로서 정의요건을 충족하지 않거나 경제적 효익의 유출입 가능성이 낮고, 측정의 불확실성이 있어도 목적적합한 정보를 제공하기 위해 재무제표에 인식할 수도 있다(주석공시).

6. 요소의 측정

(1) 측정의 개념

측정은 재무상태표와 포괄손익계산서에 인식되고 평가되어야 할 재무제표 요소의 화폐금액을 결정하는 과정

(2) 측정기준의 종류

역사적 원가	자 산	취득 당시에 지급한 현금(현금성자산)의 가치로서 지급한 대가와 거래원가를 포함
	부 채	발생하거나 인수할 당시 수취한 대가에서 거래원가를 차감한 가치
현행원가	자 산	측정일에 동등한 자산의 원가로서 현재 취득할 경우 지불할 대가와 측정일에 발생할 거래원가를 포함
	부 채	측정일에 동등한 부채에 대해 수취할 수 있는 대가에서 측정일에 발생할 거래원가를 차감
사용가치 (이행가치)	자 산	정상적으로 처분하는 경우 수취할 것으로 예상되는 현금흐름의 현재가치(거래원가 불포함)
	부 채	정상적인 영업과정에서 상환하기 위해 지급될 현금흐름의 현재가치(거래원가 불포함)
공정가치	자 산	시장참여자 사이의 정상거래에서 자산을 매도할 경우 받게 될 가격(거래원가 불포함)
	부 채	시장참여자 사이의 정상거래에서 부채를 이전할 경우 지급하게 될 가격(거래원가 불포함)

(3) 측정기준의 선택

재무제표를 작성할 때 기업이 가장 보편적으로 채택하고 있는 측정기준은 역사적 원가이며 역사적 원가는 일반적으로 다른 측정 기준과 함께 사용

03 재무제표 표시

1. 재무제표의 의의

재무제표의 목적	• 광범위한 정보이용자의 경제적 의사결정에 유용한 기업의 재무상태, 재무성과와 재무상태변동에 관한 정보를 제공 • 위탁받은 자원에 대한 경영진의 수탁책임 결과 제시	
전체 재무제표	• 기말 재무상태표 • 기간 포괄손익계산서 • 기간 현금흐름표 • 기간 자본변동표 • 주석(유의적인 회계정책의 요약 및 그 밖의 설명) • 회계정책을 소급적용하거나 재무제표의 항목을 소급 재작성 또는 재분류하는 경우 가장 이른 비교기간의 기초 재무상태표 ※ 기존 기업회계기준서와 비교하였을 경우 '이익잉여금처분계산서'가 제외되었으며, '포괄손익계산서'와 '회계정책 소급 시 가장 이른 비교기간의 기초 재무상태표'가 재무제표 범위에 포함됨	
재무제표의 일반적 속성 (일반사항) 중요	공정한 표시와 한국채택국제회계기준의 준수	• 재무제표가 한국채택국제회계기준의 요구사항을 모두 충족한 경우가 아니라면 한국채택국제회계기준을 준수하여 작성되었다고 기재할 수 없다(일부라도 준수하지 아니한 경우 '준수'라는 표시를 할 수 없다). • 부적절한 회계정책은 공시, 주석, 보충자료를 통해 설명하더라도 정당화될 수는 없다.
	계속기업	• 재무제표 작성 시 계속기업으로의 존속가능성 평가할 것 • 청산이나 중단 등의 불확실성이 있는 경우 이를 공시해야 함
	발생기준회계	단, 현금흐름 정보는 제외
	중요성과 통합표시	유사한 항목은 중요성 분류에 따라 재무제표에 구분하여 표시, 즉 중요하면 구분하고 중요하지 않으면 통합표시
	상계처리	• 원칙적으로 자산과 부채 그리고 수익과 비용은 상계표시 × • 단, 재고자산평가충당금과 대손충당금과 같은 평가충당금을 차감하여 순액으로 측정하는 것은 상계표시에 해당하지 아니함
	보고빈도	전체 재무제표는 적어도 1년마다 작성하여 보고
	비교정보	당기 재무제표에 보고되는 모든 금액에 대해 전기 비교정보를 공시
	표시의 계속성	• 다음의 경우를 제외하고는 표시와 분류는 매기 동일 – 사업내용의 유의적인 변화나 재무제표를 검토한 결과 다른 표시나 분류방법이 더 적절한 것이 명백한 경우 – 한국채택국제회계기준에서 표시방법의 변경을 요구하는 경우

2. 재무상태표의 표시

(1) 재무상태표의 표시 대원칙 중요

① 최소한의 항목을 대분류 수준에서만 예시

② 기업마다 재무상태표의 양식 및 항목을 재량적으로 결정 가능

(2) 재무상태표의 표시방법(선택 가능) 중요

① 유동성/비유동성 구분법(원칙)*주)

② 유동성 순서에 따른 표시방법

③ 위 두 가지의 혼합법

*주) 이연법인세자산과 이연법인세부채는 유동/비유동 분류법을 채택한 경우에는 비유동으로 분류하여야 한다.

(3) 재무상태표에서 구분 표시되어야 할 최소한의 항목

자 산	유형자산, 투자부동산, 무형자산, 금융자산, 지분법에 따라 회계처리하는 투자자산, 생물자산, 재고자산, 매출채권 및 기타채권, 현금및현금성자산, 당기 법인세와 관련한 자산, 매각 예정으로 분류된 자산과 매각 예정으로 분류된 처분자산집단에 포함된 자산, 이연법인세자산
부 채	매입채무 및 기타채무, 충당부채, 금융부채, 당기 법인세와 관련한 부채, 이연법인세부채, 매각 예정으로 분류된 처분자산집단에 포함된 부채
자 본	자본에 표시된 비지배지분, 지배기업의 소유주에게 귀속되는 납입자본과 적립금

(4) 유동항목 분류기준

자산과 부채는 다음의 경우에는 유동자산 및 유동부채로 분류하고, 그 외에는 비유동자산 및 비유동부채로 분류한다.

분류기준		자 산	부 채
정상영업주기		정상영업주기 내에 실현될 것으로 예상하거나 정상영업주기 내에 판매하거나 소비할 의도가 있음	정상영업주기 내에 결제될 것으로 예상하고 있음
보유 목적		주로 단기매매 목적으로 보유	주로 단기매매 목적으로 보유
12개월	이내	보고기간 후 12개월 이내에 실현될 것으로 예상	보고기간 후 12개월 이내에 결제하기로 되어 있음
	이후	현금이나 현금성자산으로서 교환이나 부채상환 목적으로의 사용에 대한 제한 기간이 12개월 이후가 아님	보고기간 후 12개월 이후 부채의 결제를 연기할 수 있는 무조건의 권리를 가지고 있지 않음

3. 포괄손익계산서의 표시

(1) 포괄손익계산서의 표시 대원칙 중요

① 최소한의 항목만 표시

② 특별손익을 본문과 주석에 표시 금지

(2) 포괄손익계산서의 표시방법(①, ② 중 각각 선택 가능) 중요

성격별 분류법	① 단일 포괄손익계산서
기능별 분류법*주)	② 두 개의 보고서 ㉠ 별개의 손익계산서(당기순손익의 구성요소를 배열하는 보고서) ㉡ 포괄손익계산서(당기순손익에서 시작하여 기타포괄손익과 총포괄손익을 표시)

*주) 기능별 분류법 사용 시 주석으로 성격별 분류에 대한 추가 공시

(3) 포괄손익계산서의 작성

① 포괄손익은 당기손익과 기타포괄손익으로 구성

② 기타포괄손익은 당기손익으로 인식하지 않은 수익과 비용항목(재분류조정 포함)을 포함, 즉 손익거래의 결과임에도 아직 실현되지 않아 당기손익에는 포함되지 않는 항목들을 말함

(4) 포괄손익계산서에 표시해야 할 최소한의 항목

① 수익(유효이자율법을 사용하여 계산한 이자수익은 별도 표시)

② 금융원가(이자비용)

③ 지분법 적용대상인 관계기업과 공동기업의 당기순손익에 대한 지분

④ 법인세비용

⑤ 중단영업의 합계를 표시하는 단일금액

(5) 기타포괄손익 중요

손익거래임에도 당기손익에는 포함하지 않는 항목들

① 후속적으로 당기손익으로 재분류되지 않는 항목

㉠ 재평가잉여금의 변동

㉡ 당기손익-공정가치 측정 항목으로 지정한 특정 부채의 신용위험 변동으로 인한 공정가치 변동금액

㉢ 기타포괄손익-공정가치 측정 항목으로 지정한 지분상품에 대한 투자에서 발생한 손익

㉣ 기타포괄손익-공정가치로 측정하는 지분상품투자에 대한 위험회피에서 위험회피 수단의 평가손익 중 효과적인 부분

㉤ 관계기업 및 공동기업의 재분류되지 않는 기타포괄손익에 대한 지분

㉥ 확정급여제도의 재측정요소

② 특정 조건을 충족하는 때 후속적으로 당기손익으로 재분류되는 항목

㉠ 기타포괄손익-공정가치로 측정하는 금융자산(채무상품)에서 발생한 손익

㉡ 해외사업장의 재무제표 환산으로 인한 손익

㉢ 관계기업 및 공동기업의 재분류되는 기타포괄손익에 대한 지분

㉣ 현금흐름위험회피의 위험회피수단의 평가손익 중 효과적인 부분

(6) 재분류조정

재분류조정은 당기나 과거기간에 기타포괄손익으로 인식되었으나 당기손익으로 재분류된 금액을 말하는데 다음과 같은 경우 발생된다.

① 기타포괄손익-공정가치 측정 금융자산(채무상품)이 제거되거나 손상되었을 때

② 해외사업장을 매각할 때

③ 위험회피예상거래가 당기손익에 영향을 미칠 때

④ 관계기업 및 공동기업의 기타포괄손익이 당기손익으로 재분류될 때

4. 자본변동표

① 자본변동표는 자본의 크기와 그 변동에 관한 정보를 제공하는 재무보고서

② 일정기간 동안 발생한 기업실체와 소유주(주주) 간의 거래 내용을 이해하게 하고, 소유주에게 귀속될 이익 및 배당가능이익을 파악하는 데 유용

5. 주석공시

① 주석은 재무제표를 이해하는 데 필요한 추가적인 정보를 기술한 것

② 주석이 필요한 경우 해당 재무제표상 관련 과목이나 금액 옆에 (주석 ×) 또는 (주석 × 참조)식으로 표시한 후, 별지에 주석번호 순서대로 필요한 설명을 기술

04 보고기간후사건, 특수관계자 공시, 중간재무보고

1. 보고기간후사건 중요

보고기간후사건은 보고기간 말(결산일)과 재무제표 발행승인일(이사회가 발행승인한 날) 사이에 발생한 유리하거나 불리한 사건

(1) 수정을 요하는 사건

보고기간 말 존재했으나 보고기간 후 추가적 정보 발견 시 재무제표를 소급하여 수정

- 이미 인식한 금액 → 수정
- 인식하지 아니한 항목 → 새로 인식

① 보고기간 말에 존재하였던 현재의무가 보고기간 후에 소송사건의 확정에 의해 확인되는 경우

② 보고기간 말에 이미 자산 손상이 발생되었음을 나타내는 정보를 보고기간 후에 입수하는 경우나 이미 손상차손을 인식한 자산에 대하여 손상차손금액의 수정이 필요한 정보를 보고기간 후에 입수하는 경우

③ 보고기간 말 이전에 구입한 자산의 취득원가나 매각한 자산의 대가를 보고기간 후에 결정하는 경우

④ 보고기간 말 이전 사건의 결과로서 보고기간 말에 종업원에게 지급하여야 할 법적의무나 의제의무가 있는 이익분배나 상여금 지급금액을 보고기간 후에 확정하는 경우

⑤ 재무제표가 부정확하다는 것을 보여주는 부정이나 오류를 발견한 경우

(2) 수정을 요하지 않는 사건

① 재무제표에 인식된 금액 수정 ×

② 새로운 사실 인식 ×

③ 단, 중요사건 주석공시

예 보고기간 말과 재무제표 발행승인일 사이에 투자자산의 공정가치 하락은 수정을 요하는 사건이 아님

(3) 배당금

보고기간 말에 부채로 인식하지 않는다. 보고기간 말 현재 선언하지 않은 배당은 현재의무기준을 충족하지 않기 때문이다(배당을 선언하는 날 '미지급배당금'으로 회계처리).

(4) 계속기업

경영진이 보고기간 후에 기업을 청산하거나 경영활동을 중단할 의도를 가지고 있거나 청산 또는 경영활동의 중단 외에 다른 현실적 대안이 없다고 판단하는 경우에는 계속기업의 기준에 따라 재무제표를 작성해서는 아니 된다.

2. 특수관계자 공시

(1) 특수관계자 공시의 목적

① 특수관계자의 존재, 특수관계자와의 거래 및 채권·채무 잔액이 기업의 재무상태와 당기순손익에 영향을 미쳤을 가능성에 주의를 기울이도록 필요한 공시사항을 재무제표에 포함하게 함

② 특수관계자는 개인과 기업, 두가지로 구분

TIP

보고기업과 특수관계에 있는 개인(또는 개인의 가까운 가족)의 경우
- 보고기업에 지배력 또는 공동지배력이 있는 경우
- 보고기업에 유의적인 영향력이 있는 경우
- 보고기업 또는 그 지배기업의 주요 경영진의 일원인 경우

(2) 특수관계자 공시

지배기업과 종속기업 사이의 관계	• 지배·종속 관계 : 거래 유무에 관계없이 공시함 • 공시가 필요한 기업의 명칭 – 지배기업의 명칭 – 최상위 지배자와 지배기업이 다른 경우에는 최상위 지배자의 명칭 – 지배기업과 최상위 지배자가 일반이용자가 이용할 수 있는 연결재무제표를 작성하지 않는 경우에는 이를 작성하는 가장 가까운 상위의 지배기업의 명칭
주요 경영진의 주석공시	• 주요 경영진에 대한 보상의 총액과 다음 분류별 보상금액 – 단기종업원급여 – 퇴직급여 – 기타장기종업원급여 – 해고급여 – 주식기준보상
특수관계자가 있는 경우의 주석공시	특수관계자거래가 있는 경우, 재무제표에 미치는 특수관계의 잠재적 영향을 파악하는 데 필요한 거래, 채권·채무 잔액에 대한 정보뿐만 아니라 특수관계의 성격도 공시해야 한다.

3. 중간재무보고

(1) 중간재무보고의 보고방식 : ①, ② 둘 중 선택가능

① 요약재무제표 보고방식

㉠ 요약재무상태표

㉡ 요약포괄손익계산서로서 다음 중 하나로 표시되는 것

- 단일 요약포괄손익계산서
- 별개의 요약손익계산서와 요약포괄손익계산서

㉢ 요약자본변동표

㉣ 요약현금흐름표

㉤ 선별적 주석

※ 최소한 직전 연차재무제표에 포함되었던 제목, 소계 및 기준서에서 정하는 선별적 주석을 포함

※ 추가 항목이나 다른 주석들이 생략될 경우 이용자의 오해를 유발할 수 있다면 그런 항목과 주석은 추가되어야 함

② 전체재무제표 보고방식

(2) 중간재무제표의 비교공시방법

재무상태표	당해 중간보고기간 말과 직전 연차보고기간 말을 비교 예 당기 20x5.9.30 현재 vs 전기 20x4.12.31 현재 비교
포괄손익계산서	당해 중간기간과 당해 회계연도 누적기간을 직전 회계연도의 동일기간과 비교 예 당기 20x5.7.1 ~ 20x5.9.30과 20x5.1.1 ~ 20x5.9.30 vs 전기 20x4.7.1 ~ 20x4.9.30과 20x4.1.1 ~ 20x4.9.30을 비교
자본변동표, 현금흐름표	당해 회계연도 누적기간을 직전 회계연도의 동일기간과 비교 예 당기 20x5.1.1 ~ 20x5.9.30 vs 전기 20x4.1.1 ~ 20x4.9.30

(3) 인식과 측정

① 연차기준과 동일한 회계정책

㉠ 중간재무제표는 연차재무제표와 동일한 회계정책을 적용하여 작성함. 단, 직전 연차보고기간 말 회계정책을 변경하였다면 변경된 회계정책 적용

㉡ 연차재무제표의 결과는 보고빈도에 따라 달라지지 않아야 함

㉢ 따라서 중간재무보고를 위한 측정은 당해 회계연도 누적기간을 기준으로 하여야 함

② 계절적, 주기적 또는 일시적인 수익은 연차보고기간 말에 미리 예측하여 인식하거나 이연하는 것이 적절하지 않을 경우 중간보고기간 말에도 미리 예측하여 인식하거나 이연하여서는 아니 됨

③ 연중 고르지 않게 발생하는 원가는 연차보고기간 말에 미리 예측하여 인식하거나 이연하는 것이 타당한 방법으로 인정되는 경우에 한하여 중간재무보고서에서도 동일하게 처리

CHAPTER 01

단원별 적중문제

01 재무보고와 국제회계기준

01 공개

우리나라는 2011년부터 모든 상장사에 대하여 국제회계기준을 전면 도입하였다. 다음 중 이에 따른 효과에 대한 설명으로 가장 올바르지 않은 것은?

① 각국의 회계기준이 별도로 운영됨에 따라 발생했던 비용이 절감되었다.
② 재무정보의 국제적 비교가능성이 제고된 반면 재무제표에 대한 신뢰성은 낮아졌다.
③ 국제적 합작계약 등에서 상호이해가능성이 증가되었다.
④ 해외사업 확장을 촉진하여 자본시장의 활성화에 기여할 수 있었다.

해설

재무정보의 국제적 비교가능성과 신뢰성이 동시에 제고된다.

02 공개

다음 중 한국채택국제회계기준과 일반기업회계기준의 특징으로 가장 올바르지 않은 것은?

① 한국채택국제회계기준은 비용을 기능별 분류만 규정하고 있다.
② 한국채택국제회계기준은 연결재무제표를 기본 재무제표로 제시하고 있다.
③ 일반기업회계기준은 자본항목을 자본금, 자본잉여금, 자본조정, 기타포괄손익누계액, 이익잉여금(결손금)으로 구분하고 있다.
④ 한국채택국제회계기준은 포괄손익계산서를 작성하도록 하고 있다.

해설

한국채택국제회계기준에서는 비용의 성격별, 기능별 분류방법 중에서 보다 신뢰성 있고 목적적합한 정보를 제공할 수 있는 방법을 선택해 표시하도록 규정하고 있다.

01 ② 02 ① 정답

03 다음 중 국제회계기준의 특징에 관한 설명으로 가장 옳은 것은?

공개

① 국제회계기준은 규정중심의 회계기준으로 상세하고 구체적인 회계처리 방법을 제시한다.

② 국제회계기준은 원칙적으로 자산·부채에 대해 공정가치 측정을 할 수 없다.

③ 국제회계기준은 연결재무제표를 기본 재무제표로 제시하고 있다.

④ 국제회계기준을 적용한 후 주석공시 양이 줄어들었다.

해설

① 규정중심이 아닌 원칙중심

② 원칙적으로 자산·부채에 대한 공정가치 측정을 요구한다.

④ 공시 강화로 오히려 공시 양은 늘어났다.

04 다음 중 일반목적재무보고서가 제공하는 정보에 포함되지 않는 것은?

공개

① 기업의 경제적 자원과 청구권의 성격 및 금액에 대한 정보

② 발생주의 회계가 반영된 기업의 재무성과

③ 과거 현금흐름이 반영된 재무성과

④ 미래의 현금흐름에 대한 예측이 반영된 재무성과

05 다음 중 해당하는 기업과 적용할 회계기준의 짝으로 가장 타당하지 않은 것은?

① 금융기관 - 일반기업회계기준

② 비상장기업 중 비외감법 대상기업 - 중소기업회계기준

③ 주권상장기업 - 한국채택국제회계기준

④ 비상장기업 중 외감법대상기업 - 일반기업회계기준

해설

- 상장기업과 금융기관은 한국채택국제회계기준을 의무적으로 사용해야 한다.
- 비상장회사 중 외감법 대상기업은 원칙적으로 일반기업회계기준을 적용하며(한국채택국제회계기준 선택 가능), 비상장회사 중 비외감법 대상기업은 원칙적으로 중소기업회계기준(한국채택국제회계기준과 일반기업회계기준 선택 가능)을 사용한다.

정답 03 ③ 04 ④ 05 ①

06 다음 중 재무보고의 목적에 대한 설명으로 타당하지 않은 것은?

① 재무보고의 주된 목적은 투자자 및 채권자가 합리적인 투자의사결정과 신용의사결정을 하는데 유용한 정보를 제공하여야 한다.
② 재무제표의 작성책임은 일차적으로 경영자에게 있다.
③ 경영자의 수탁책임의 이행 등을 평가할 수 있는 정보를 제공할 필요는 없다.
④ 기업의 재무상태, 경영성과, 현금흐름 및 자본변동에 관한 정보를 제공하여야 한다.

07 다음은 재무회계와 관리회계를 비교한 것이다. 빈칸에 들어갈 내용으로 가장 타당한 것은?

구 분	재무회계	관리회계
주된 목적	외부정보이용자의 경제적 의사결정에 유용한 정보의 제공	경영자의 관리적 의사결정에 유용한 정보의 제공
보고대상	(ㄱ)	(ㄴ)
보고양식	(ㄷ)	일정한 양식 없음

	(ㄱ)	(ㄴ)	(ㄷ)
①	내부이용자	외부이해관계자	일정한 양식 없음
②	외부이해관계자	내부이용자	일정한 양식 없음
③	내부이용자	내부이용자	일정한 양식 없음
④	외부이해관계자	내부이용자	재무제표

08 다음 중 국제회계기준의 특징으로 볼 수 없는 것은?

① 국제회계기준은 연결재무제표를 기본 재무제표로 제시하고 있다.
② 통일된 국제회계기준의 채택으로 공시되는 주석사항이 증대되고 있다.
③ 국제회계기준은 원칙중심의 회계기준으로 구체적인 회계처리 방법을 제시하고 있다.
④ 국제회계기준은 각국의 협업을 통해 기준을 제정한다.

해설
국제회계기준은 원칙중심의 회계기준으로 재량권을 부여하여 재무제표 표시방법에 있어 다양성을 인정하고 있다.

06 ③ 07 ④ 08 ③ 정답

02 재무보고를 위한 개념체계

01 다음 중 재무제표의 기본가정에 대한 설명으로 가장 올바르지 않은 것은?

공개

① 기본가정이란 회계이론 전개의 기초가 되는 사실들을 의미한다.

② 기업에 경영활동을 청산할 의도나 필요성이 있더라도 계속기업의 가정에 따라 재무제표를 작성한다.

③ 목적적합성은 재무제표를 통해 제공되는 정보가 갖추어야 할 근본적인 질적특성이지만 개념체계에서 규정하는 기본가정에 해당하지는 않는다.

④ 재무회계개념체계에서는 계속기업을 기본가정으로 규정한다.

해설

기업 경영활동에 있어 청산이나 중단 등의 불확실성이 있는 경우에는 계속기업 기본가정에도 불구하고 이를 공시해야 한다.

PART 1

02 다음 중 자산의 측정방법에 대한 설명으로 가장 타당한 것은?

공개

① 역사적 원가 : 자산의 취득 또는 창출에 발생한 원가의 가치로서, 자산을 취득 또는 창출하기 위하여 지급한 대가와 거래원가를 포함한다.

② 공정가치 : 기업이 자산의 사용과 궁극적인 처분으로 얻을 것으로 기대하는 현금흐름 또는 그 밖의 경제적 효익의 현재가치이다.

③ 사용가치 : 측정일 현재 동등한 자산의 원가로서 측정일에 지급할 대가와 그 날에 발생할 거래원가를 포함한다.

④ 현행원가 : 측정일에 시장참여자 사이의 정상거래에서 자산을 매도할 때 받게 될 가격이다.

해설

② 사용가치, ③ 현행원가, ④ 공정가치에 대한 설명

03 다음 중 재무상태표의 기본요소에 관한 설명으로 가장 올바르지 않은 것은?

공개

① 재무상태의 측정에 직접적으로 관련되는 요소는 자산, 부채 및 자본이다.

② 일반적으로 지출의 발생과 자산의 취득은 밀접하게 관련되어 있다.

③ 자본은 자산에서 부채를 차감한 후의 잔여지분에 해당하며 재무상태표에는 성격별로 소분류하여 표시할 수 있다.

④ 비용은 자산의 유출이나 소멸 또는 부채의 증가에 따라 자본의 감소를 초래하며, 지분참여자에 대한 분배와 관련된 것은 포함한다.

해설

포함한다(×) → 제외한다(○)

정답 01 ② 02 ① 03 ④

04 공개

다음 중 재무제표의 근본적인 질적특성에 관한 설명으로 가장 올바르지 않은 것은?

① 재무정보가 이용자에게 유용하기 위해서는 목적적합성과 표현충실성의 두 가지 요건을 모두 충족하여야 한다.

② 재무정보가 예측가치를 가지기 위해 반드시 그 자체에 예측치 또는 예상치일 필요는 없다.

③ 거래 성격별 정보의 중요성 기준은 산업의 특유한 측면을 반영하여 회계기준상에 명시되어 있다.

④ 표현충실성을 위해서는 서술이 완전하고, 중립적이며, 오류가 없어야 한다.

해설

중요성은 기업마다 다르므로 회계기준위원회가 임의적으로 사전에 규정할 수 없으며, 산업이나 업종별 특정한 측면을 반영하여 미리 결정하여 명시할 수도 없다.

05 공개

다음 중 정보이용자의 의사결정에 차이가 나도록 하는 목적적합한 재무정보에 대한 설명으로 가장 올바르지 않은 것은?

① 재무정보에 예측가치와 확인가치 또는 둘 모두가 있다면 의사결정에 차이가 나도록 할 수 있다.

② 미래 결과를 예측하기 위해 사용하는 절차의 투입요소로 사용될 수 있다면 그 정보는 예측가치를 갖는다.

③ 재무정보가 과거 평가에 대해 피드백을 제공, 즉 확인하거나 변경시킨다면 예측가치를 가진다.

④ 재무정보가 예측가치를 가지기 위해서는 그 자체로 예측치가 될 필요는 없다.

해설

예측가치(×) → 확인가치(○)

06

다음은 재무회계 개념체계에서 규정하고 있는 재무보고의 목적을 설명한 것이다. 잘못된 것은?

① 재무보고는 현재 및 잠재적 투자자와 채권자가 합리적인 투자의사결정과 신용의사결정을 하는데 유용한 정보를 제공하여야 한다.

② 재무보고는 기업실체의 재무상태, 경영성과, 현금흐름 및 자본변동에 관한 정보를 제공하여야 한다.

③ 재무보고서는 현재 투자자, 잠재적 투자자, 대여자 및 기타 채권자의 의사결정을 위해 필요한 모든 정보를 제공하여야 한다.

④ 재무보고는 경영자의 수탁책임 평가를 위한 정보를 제공한다.

해설

재무보고서는 주요이용자(현재 투자자, 잠재적 투자자, 대여자 및 기타 채권자)의 의사결정을 위해 필요로 하는 모든 정보를 제공할 필요는 없다.

04 ③ 05 ③ 06 ③ 정답

07 다음 중 재무제표의 작성과 표시를 위한 개념체계의 내용으로 옳지 않은 것은?

① 개념체계와 한국채택국제회계기준이 상충되는 경우에는 한국채택국제회계기준이 개념체계보다 우선한다.

② 근본적 질적특성은 목적적합성과 표현충실성이다.

③ 기업이 그 경영활동을 중단할 의도가 있더라도 재무제표는 계속기업을 가정한 기준을 적용하여 작성해야 한다.

④ 수익은 자산의 증가나 부채의 감소와 관련하여 미래 경제적 효익이 증가하고 이를 신뢰성 있게 측정할 수 있을 때 인식한다.

해설

기업이 그 경영활동을 중단(청산)할 의도가 있는 경우에는 계속기업의 가정하에 재무제표를 작성하여서는 안 된다.

PART 1

08 다음 중 재무회계 개념체계에서 규정하고 있는 내용과 다른 것은 어느 것인가?

① 외부감사인은 기업실체 외부의 이해관계자에게 재무제표를 작성하고 보고할 일차적인 책임을 진다.

② 재무정보의 질적특성이란 재무정보가 유용하기 위해 갖추어야 할 주요 속성을 말하며, 재무정보 유용성의 판단기준이 된다.

③ 재무정보의 질적특성은 회계기준 제정기구가 회계기준을 제정 또는 개정할 때 대체적 회계방법들을 비교・평가할 수 있는 판단기준이 된다.

④ 회계기준 제정기구가 회계기준을 제정 또는 개정할 때에는 재무정보의 제공 및 이용에 소요될 비용이 그 효익보다 작아야 하며 이를 포괄적 제약요인이라 한다.

해설

기업실체의 경영자는 기업실체 외부의 이해관계자에게 재무제표를 작성하고 보고할 일차적인 책임을 진다.

09 다음 재무제표의 개념체계 내용 중 옳지 않은 것은?

① 재무제표를 작성하기 위한 기본가정에는 발생기준과 계속기업의 가정이 있다.

② 기업은 그 경영활동을 청산하거나 중요하게 축소할 의도가 있는 경우에는 계속기업을 가정한 기준과는 다른 기준을 적용하여 재무제표를 작성하는 것이 타당하며, 이때 적용한 기준은 별도로 공시하여야 한다.

③ 재무제표의 구성요소들은 동일한 거래나 그 밖의 사건을 대상으로 서로 각각 다른 측면을 반영하고 있으므로 상호 연관성이 있다.

④ 재무정보의 근본적 질적특성에는 목적적합성과 표현충실성이 있다.

해설

재무제표를 작성하기 위한 기본가정은 계속기업의 가정이 유일하다.

정답 07 ③ 08 ① 09 ①

10 재무정보의 질적특성 중 틀린 것은?

① 재무정보의 질적특성이란 정보이용자의 의사결정에 유용한 정보가 되기 위해 재무정보가 갖추어야 할 특성을 말한다.
② 근본적 질적특성에는 목적적합성과 신뢰성이 있다.
③ 비교가능성이란 기업의 재무정보가 기업별이나 기간별로 비교 가능해야 한다는 것이다.
④ 목적적합성의 하위속성으로는 예측가치, 확인가치, 중요성이 있다.

해설

근본적 질적특성에는 목적적합성과 표현충실성이 있다.

11 한국채택국제회계기준에서 제시하고 있는 재무제표의 질적특성에 대한 설명으로 옳지 않은 것은?

① 완전한 서술은 목적적합성과 관련된 개념으로 기업의 재무구조를 건실하게 만든다는 장점이 있다.
② 감가상각방법을 정률법에서 정액법으로 변경하는 것은 비교가능성을 훼손시킬 수 있다.
③ 재무제표의 근본적 질적특성에는 목적적합성과 표현충실성이 있다.
④ 재무제표 정보가 표현충실성을 갖기 위해서는 편의가 없이 중립적이어야 한다.

해설

질적특성 중 완전한 서술은 표현충실성과 관련된 개념이다.

12 다음은 한국채택국제회계기준에서 제시하고 있는 재무제표의 질적특성에 관한 내용이다. (　　) 안에 적합한 용어로 옳은 것은?

- 재무제표 정보가 (가)을 갖기 위해서는 중요성과 원가를 고려한 범주 내에서 완전성을 갖추어야 한다.
- 만일 정당한 사유 없이 정보의 보고가 지체된다면 그 정보는 (나)을 상실할 수 있다.
- (다)은 불확실한 상황에서 요구되는 추정에 필요한 판단을 하는 경우, 자산이나 수익이 과대평가되지 않고 부채나 비용이 과소평가되지 않도록 상당한 정도의 주의를 기울이는 것을 말한다.
- (라)은 단순한 통일성과 혼동되지 않아야 하며, 개선된 회계기준 도입에 장애가 되지 않아야 한다.

	(가)	(나)	(다)	(라)
①	목적적합성	신뢰성	중립성	적시성
②	목적적합성	신뢰성	신중성	비교가능성
③	신뢰성	목적적합성	신중성	비교가능성
④	신뢰성	목적적합성	중립성	적시성

10 ② 11 ① 12 ③ 정답

13 재무상태표의 기본요소에 대한 설명으로 적절하지 않은 것은?

① 자산은 과거의 거래나 사건의 결과로서 현재 기업실체에 의해 지배되고 미래에 경제적 효익을 창출할 것으로 기대되는 자원이다.

② 부채는 과거의 거래나 사건의 결과로서 현재 기업실체가 부담하고 미래에 자원의 유출이 예상되는 의무이다.

③ 재무상태표에 표시되는 자본의 총액은 발행주식의 시가총액으로서, 자본잉여금의 발생금액 및 이익잉여금의 총액에 의해 결정된다.

④ 기업실체의 재무상태에 대한 정보를 제공하는 재무상태표의 기본요소는 자산, 부채 및 자본이다.

해설

재무상태표상의 자본은 주식의 시가총액과는 일치하지 않는 것이 일반적이다.

14 자산평가의 기준으로서 역사적 원가가 적용됨으로써, 현행원가에 비하여 제고되는 재무제표 정보의 질적특성이 있는 반면 저하되는 질적특성이 있어, 양 기준 간에는 질적특성의 상충관계가 존재한다. 이 경우에 해당하는 상충관계를 갖는 재무제표 정보의 질적특성의 가장 적합한 짝은 어느 것인가?

① 예측가치와 피드백가치　　② 신뢰성과 목적적합성

③ 검증가능성과 비교가능성　　④ 적시성과 비교가능성

해설

신뢰성과 목적적합성 사이에는 상충관계가 존재한다.

15 다음 '재무제표 작성과 표기를 위한 개념체계'에 대한 설명 중 틀린 것을 모두 나열한 것은?

> ㉠ 동 개념체계는 감사인이 재무제표가 한국채택국제회계기준을 따르고 있는지에 대한 의견형성에 도움을 제공하는 것은 아니다.
> ㉡ 동 개념체계는 연결재무제표를 포함한 일반목적재무제표에 적용된다.
> ㉢ 동 개념체계는 어떤 경우에도 한국채택국제회계기준에 우선한다.
> ㉣ 통상 재무보고에 포함되는 경영진 검토분석 자료는 재무제표에 포함되지 않는다.
> ㉤ 동 개념체계는 공공부문에 속하는 산업의 보고기업 재무제표에는 적용되지 않는다.

① ㉠, ㉡, ㉣　　② ㉠, ㉢, ㉤

③ ㉡, ㉢, ㉣　　④ ㉡, ㉣, ㉤

해설

- 감사인이 재무제표가 한국채택국제회계기준을 따르고 있는지에 대한 의견형성에 도움을 제공
- 어떤 경우에도 특정 한국채택국제회계기준에 우선하지 않음
- 공공부문에 속하는 산업의 보고기업 재무제표에도 적용

정답 13 ③ 14 ② 15 ②

16 **다음은 재무회계 개념체계에서 설명된 자산·부채의 정의 및 인식과 측정에 관련된 설명이다. 타당한 것은 무엇인가?**

① 부채는 과거의 거래나 사건의 결과로 발생한 것으로 미래에 기업실체가 부담할 의무이고, 현재 시점에 경제적 효익이 유출되어야 한다.

② 인식이란 거래나 사건의 경제적 효과를 재무제표에 기록하고 계상하는 것을 의미하며, 측정이란 거래나 사건에 화폐액을 부여하는 것을 말한다.

③ 수익의 인식에서 가득기준이란 수익의 발생과정에서 수취 또는 보유한 자산이 일정액의 현금 또는 현금청구권으로 전환될 수 있음을 의미한다.

④ 비용은 경제적 효익이 유출·소비됨으로써 자산이 증가하거나 부채가 감소하고 그 금액을 신뢰성 있게 측정할 수 있을 때 인식한다.

해설

① 현재 시점에 경제적 효익이 유출되어야 하는 것이 아니고 미래에 자원의 유출이 예상되면 되는 것이다.
③ 수익의 인식에서 실현기준에 대한 설명이다.
④ 비용은 자산이 감소하거나 부채가 증가하여야 한다.

03 재무제표 표시

01 공개

다음 중 포괄손익계산서의 기본요소에 대한 설명으로 가장 올바르지 않은 것은?

① 경영성과의 측정을 위해 기록되는 포괄손익계산서의 기본요소에는 수익, 비용이 있다.

② 광의의 수익의 정의에는 수익뿐만 아니라 차익이 포함된다.

③ 비용에는 아직 실현되지 않은 손실은 포함하지 않는다.

④ 수익의 발생은 자산의 증가 또는 부채의 감소를 수반한다.

해설

아직 실현되지 않는 비용은 기타포괄손익으로 인식하며 포괄손익계산서의 기본요소를 구성한다.

02 공개

다음 중 재무제표에 관한 설명으로 가장 올바르지 않은 것은?

① 재무상태표는 일정시점의 기업 재무상태를 보여주는 보고서이다.

② 포괄손익계산서는 기업의 경영성과를 보고하기 위하여 일정기간 동안에 일어난 거래나 사건을 통해 발생한 수익과 비용을 나타내는 보고서이다.

③ 자본변동표는 자본의 크기와 그 변동에 관한 정보를 제공하는 재무보고서이다.

④ 현금흐름표는 영업활동 현금흐름, 투자활동 현금흐름, 잉여 현금흐름 및 재무활동 현금흐름으로 구분하여 표시한다.

해설

현금흐름표에 잉여 현금흐름이란 구분은 없다.

16 ② / 01 ③ 02 ④ 정답

03 공개

다음 중 재무제표에 관한 설명으로 가장 올바르지 않은 것은?

① 재고자산, 매출채권 등의 운전자본에 대해서는 보고기간 후 12개월 이내 또는 1년을 초과하더라도 정상적인 영업주기 내에 판매 또는 실현되리라 예상되는 경우에는 유동자산으로 분류한다.
② 포괄손익계산서에서 비용을 표시할 때 반드시 기능별로 분류하여 표시한다.
③ 자본변동표는 지배기업의 소유주와 비지배지분에게 각각 귀속되는 금액으로 구분하여 표시한 해당 기간의 총포괄손익 정보를 포함한다.
④ 현금흐름표는 기업의 현금및현금성자산에 관한 창출능력과 기업의 현금흐름 사용 필요성에 관한 평가의 기초 정보를 정보이용자에게 제공한다.

해설

기업은 비용의 성격별 또는 기능별 분류방법 중에서 신뢰성 있고 더욱 목적적합한 정보를 제공할 수 있는 방법을 선택하여 표시하면 된다. 즉, 성격별 분류방법과 기능별 분류방법 중 하나를 선택하면 된다.

04 공개

다음 중 재무제표의 작성 및 표시에 관한 설명으로 가장 올바르지 않은 것은?

① 경영진은 재무제표를 작성할 때 계속기업으로서의 존속가능성을 평가해야 한다.
② 매출채권에 대해 대손충당금을 차감하여 순액으로 측정하는 것은 상계표시에 해당한다.
③ 기업은 현금흐름 정보를 제외하고는 발생기준 회계를 사용하여 재무제표를 작성한다.
④ 중요하지 않은 항목은 성격이나 기능이 유사한 항목과 통합하여 표시할 수 있다.

해설

재고자산평가충당금과 대손충당금과 같은 평가충당금을 차감하여 순액으로 측정하는 것은 상계표시에 해당하지 아니한다.

05 공개

다음 중 재무상태표의 작성기준으로 가장 올바르지 않은 것은?

① 한국채택국제회계기준에서 요구하거나 허용하지 않는 한 자산과 부채 그리고 수익과 비용은 상계하지 않는다.
② 중요하지 않은 항목은 성격이나 기능이 유사한 항목과 통합하여 표시할 수 있다.
③ 재무상태표에 포함될 항목은 세부적으로 명시되어 있으며, 기업의 재량에 따라 추가 또는 삭제하는 것은 허용되지 않는다.
④ 유동성 순서에 따른 표시방법이 신뢰성 있고 더욱 목적적합한 정보를 제공하는 경우를 제외하고는 유동자산과 비유동자산, 유동부채와 비유동부채로 재무상태표에 구분하여 표시한다.

해설

한국채택국제회계기준에서는 재무상태표의 양식 및 항목을 재량으로 결정 가능하다.

정답 03 ② 04 ② 05 ③

06 다음 중 재무상태표의 작성기준에 관한 설명으로 가장 올바르지 않은 것은?

공개

① 자산·부채 및 자본은 총액에 의하여 기재함을 원칙으로 한다.

② 재무상태표에는 가지급금이나 가수금 등 미결산항목이 표시될 수 있으나 이러한 임시계정은 주석으로 공시해야 한다.

③ 재무상태표상에 자산·부채 및 자본을 기재하는 경우에는 종류와 성격별로 적정하게 구분 표시해야 한다.

④ 재무상태표상에 자본거래에서 발생한 잉여금과 손익거래에서 발생한 잉여금을 구분하여 표시해야 한다.

해설

가지급금이나 가수금 등 미결산항목은 재무상태표에 바로 표시할 수 없으며, 적절한 다른 계정과목으로 표시해야 한다.

07 다음 중 재무제표 요소의 인식에 관한 설명으로 가장 올바르지 않은 것은?

공개

① 미래 경제적 효익의 유입(유출) 가능성이 높고 이를 금액적으로 신뢰성 있게 측정할 수 있다면 재무제표에 인식되어야 한다.

② 인식요건을 충족하는 항목을 재무상태표나 손익계산서상에 누락하였다면 관련된 내용을 주석에 상세히 공시하는 것으로 대체할 수 있다.

③ 주문 후 아직 인도되지 않은 재고자산 매입대금에 대한 부채는 일반적으로 재무상태표에 부채로 인식되지 않는다.

④ 비용의 인식은 부채의 증가나 자산의 감소에 대한 인식과 동시에 이루어진다.

해설

② 주석은 재무제표의 숫자나 표를 나타내는 데 따르는 한계를 극복하기 위해 별지에 추가적인 정보를 서술하는 것으로, 정의를 충족하여 재무제표에 표시할 것을 누락하였다고 해서 주석으로 대체할 수는 없다. 위와 같은 경우에는 전기 오류를 수정하는 방법으로 처리해야 한다.

③ 발생주의 회계에 따라 인도되는 시점에 부채로 인식한다.

08 다음 재무제표 작성과 공시에 대한 설명 중 옳지 않은 것은?

① 계속기업의 가정이 적절한지의 여부를 평가할 때 경영진은 적어도 보고기간 말부터 향후 12개월 기간에 대하여 이용가능한 모든 정보를 고려하여야 한다.

② 기업은 모든 재무정보를 발생주의에 따라 작성하여야 한다.

③ 한국채택국제회계기준이 허용하거나 달리 요구하는 경우를 제외하고는 당기 재무제표에 보고되는 모든 금액에 대해 전기 비교정보를 공시한다.

④ 전체 재무제표는 적어도 1년마다 작성하며, 보고기간종료일을 변경하여 재무제표의 보고기간이 1년을 초과하거나 미달하는 경우 재무제표 해당 기간뿐만 아니라 보고기간이 1년을 초과하거나 미달하게 된 이유와 재무제표에 표시된 금액이 완전하게 비교가능하지 않다는 사실을 추가로 공시한다.

해설

현금흐름에 대한 정보는 현금주의에 따라 작성하며, 그 외의 모든 정보는 발생기준에 따라 작성한다.

06 ② 07 ② 08 ② 정답

09 다음 재무상태표 공시에 대한 설명 중 옳지 않은 것은?

① 재무상태표의 자산·부채를 표시하는 방법으로 유동성·비유동성법, 유동성배열법, 혼합표시방법 중 가장 목적적합한 방법을 기업이 선택하여 일관성 있게 적용한다.
② 재무상태표는 기업의 경영활동의 결과뿐만 아니라 연중 발생한 경영활동의 내용까지 나타낸다.
③ 재무상태표를 유동·비유동으로 구분하여 표시하는 경우 이연법인세자산·부채는 비유동항목으로 분류한다.
④ 매출채권, 재고자산, 매입채무 등 영업활동과 관련된 자산·부채는 정상영업주기 기준으로 측정하며, 그 외의 자산·부채는 1년 기준으로 유동·비유동 분류를 한다.

해설
재무상태표는 연중 발생한 경영활동의 내용까지 나타내지 않는다. 연중 발생한 경영활동에 대한 내용은 포괄손익계산서, 현금흐름표, 자본변동표를 통해 보고된다.

10 다음 포괄손익계산서 공시에 대한 설명 중 옳지 않은 것은?

① 성격별 손익계산서를 작성하는 경우 비용의 기능에 대한 정보를 추가적으로 공시하여야 한다.
② 포괄손익계산서는 두 개의 보고서(손익계산서와 포괄손익계산서)와 단일 포괄손익계산서 중 한 가지 방법을 선택하여 표시할 수 있다.
③ 중단영업손익은 포괄손익계산서에 별도로 구분하여 표시하지만, 특별손익은 별도로 구분하여 표시할 수 없다.
④ 기타포괄손익은 관련 법인세효과를 차감한 순액으로 표시하거나, 기타포괄손익의 구성요소를 법인세 효과 반영 전 금액으로 표시하고, 법인세효과를 합산하여 단일금액으로 표시할 수 있다.

해설
기능별 손익계산서를 작성하는 경우 주석으로 비용의 성격에 대한 정보를 공시하여야 하지만, 성격별 손익계산서를 작성하는 경우 주석으로 비용의 기능에 대한 정보를 공시할 의무는 없다.

11 다음 중 포괄손익계산서에 반드시 포함되어야 할 항목이 아닌 것을 모두 고르시오.

가. 수 익	나. 금융원가
다. 급 여	라. 감가상각비
마. 법인세비용	바. 매출원가
사. 총포괄손익	

① 가, 다, 마
② 나, 라, 바
③ 다, 라, 바
④ 다, 라, 마

해설
급여와 감가상각비는 성격별 손익계산서에 나타나며, 매출원가는 기능별 손익계산서에만 나타난다.

정답 09 ② 10 ① 11 ③

12 기업은 비용을 분류하는 방식에 따라 성격별 포괄손익계산서와 기능별 포괄손익계산서를 선택할 수 있다. 다음 항목 중 성격별 포괄손익계산서와 기능별 포괄손익계산서에 공통으로 나타나지 않는 것은?

① 매출원가 ② 수 익
③ 금융원가 ④ 주 석

해설
성격별 분류로 작성하는 경우에는 매출원가를 따로 구분하지 않는다.

13 다음 중 아래의 포괄손익계산서에 대한 설명으로 가장 올바르지 않은 것은?

포괄손익계산서

(주)위드 20x5년 1월 1일부터 20x5년 12월 31일까지 (단위 : 원)

수 익	XXX
매출원가	(XXX)
매출총이익	XXX
기타수익	XXX
물류원가	(XXX)
관리비	(XXX)
기타비용	(XXX)
법인세비용차감전순이익	XXX
법인세비용	(XXX)
당기순이익	XXX
기타포괄손익	XXX
총포괄이익	XXX

① 위의 포괄손익계산서는 단일 포괄손익계산서 양식으로 작성하였다.
② 포괄손익계산서는 비용의 성격별 또는 기능별 분류방법 중 보다 신뢰성 있고 목적접합한 정보를 제공할 수 있는 방법을 적용하여 표시한다.
③ 기타포괄손익은 당기손익으로 인식하지 않은 수익과 비용항목(재분류조정 포함)을 포함한다.
④ 상기 포괄손익계산서는 비용을 성격별로 분류하고 있다.

해설
기능별 분류법에 의해 분류하고 있다.

12 ① 13 ④ 정답

04 보고기간후사건, 특수관계자 공시, 중간재무보고

01 공개

다음 중 특수관계자 공시에 대한 설명으로 가장 올바르지 않은 것은?

① 최상위 지배자와 지배기업이 다른 경우에는 최상위 지배자의 명칭도 공시한다.

② 주요 경영진의 보상에는 단기종업원급여, 퇴직급여, 기타 장기종업원급여, 해고급여 및 주식기준보상을 포함한다.

③ 지배기업과 그 종속기업 사이의 관계는 거래의 유무에 관계없이 공시한다.

④ 보고기업에 유의적인 영향력을 행사할 수 있는 개인은 보고기업과 특수관계자가 아니다.

해설

보고기업에 유의적인 영향력을 행사할 수 있는 개인과 그 개인의 가까운 가족은 보고기업과 특수관계에 있다.

02 공개

다음 중 중간재무보고에 관한 설명으로 가장 올바르지 않은 것은?

① 중간재무보고서는 최소한 요약재무상태표, 요약포괄손익계산서, 요약자본변동표, 요약현금흐름표 및 선별적 주석을 포함하여야 한다.

② 특정 중간기간에 보고된 추정금액이 최종 중간기간에 중요하게 변동하였지만 최종 중간기간에 대하여 별도의 재무보고를 하지 않는 경우, 추정의 변동내용과 금액을 해당 회계연도의 연차재무제표에 주석으로 공시하지 않는다.

③ 현금흐름표는 당해 회계연도 누적기간을 직전 회계연도의 동일기간과 비교하는 형식으로 작성한다.

④ 중간재무보고는 재무정보의 적시성을 확보하여 줌으로써 재무정보의 유용성을 높일 수 있다.

해설

주석으로 공시해야 한다.

03

다음 중 수정을 요하는 보고기간종료일 후 발생사건이 아닌 것은?

① 보고기간 말 이전 사건의 결과로서 보고기간 말에 종업원에게 지급하여야 할 법적의무나 의제의무가 있는 이익분배나 상여금지급 금액을 보고기간 후에 확정하는 경우

② 보고기간종료일 이전에 구입한 자산의 취득원가 또는 매각한 자산의 금액이 보고기간종료일 후에 결정되는 경우

③ 전기 또는 그 이전 기간에 발생한 회계적 오류를 보고기간종료일 후에 발견하는 경우

④ 유가증권의 시장가격이 보고기간종료일과 재무제표가 사실상 확정된 날 사이에 하락하는 경우

해설

보고기간 말의 상황과 관련된 것이 아니라 보고기간 후에 발생된 상황이므로 수정을 요하는 보고기간후사건이 아니다.

정답 01 ④ 02 ② 03 ④

04 다음 중 특수관계자 공시에 대한 설명으로 가장 올바른 것은?

① 특수관계자와의 거래가 있는 경우의 주석공시는 거래와 채권·채무에 대한 금액 정보만 기재하면 된다.
② 주요 경영진 보상에 관해서는 주식기준보상액만 공시한다.
③ 특수관계자와의 거래가 없을 때는 특수관계에 대한 주석기재를 생략할 수 있다.
④ 보고기업에 지배력이 있는 개인은 보고기업의 특수관계자에 해당한다.

해설

① 특수관계의 성격도 함께 공시해야 한다.
② 주요 경영진의 보상의 총액과 단기종업원급여, 퇴직급여 등을 공시해야 한다.
③ 지배기업과 그 종속기업 사이의 관계는 거래의 유무에 관계없이 공시하여야 한다.

05 다음 중 수정을 요하는 보고기간후사건에 해당하는 것을 모두 고른 것은?

ㄱ. 보고기간 말 이전에 이미 자산손상이 발생되었음을 나타내는 정보를 보고기간 후에 입수하는 경우
ㄴ. 보고기간 말 이전 사건의 결과로서 보고기간 말에 종업원에게 지급하여야 할 법적의무가 있는 상여금 지급금액을 보고기간 후에 확정하는 경우
ㄷ. 보고기간 말과 재무제표 발행승인일 사이에 투자자산의 시장가치가 하락한 경우
ㄹ. 보고기간 말 이전에 구입한 자산의 취득원가나 매각한 자산의 대가를 보고기간 후에 결정하는 경우

① ㄱ, ㄴ
② ㄱ, ㄴ, ㄹ
③ ㄱ, ㄷ, ㄹ
④ ㄱ, ㄴ, ㄷ, ㄹ

06 다음 중 12월 말 결산법인인 (주)위드의 3분기 중간재무보고서에 대한 설명으로 가장 올바르지 않은 것은?

① 현금흐름표는 당 회계연도 7월 1일부터 9월 30까지의 중간기간과 1월 1일부터 9월 30일까지의 누적기간을 대상으로 작성하고 직전 회계연도의 동일기간을 대상으로 작성한 현금흐름표와 비교 표시한다.
② 포괄손익계산서는 당 회계연도 7월 1일부터 9월 30일까지의 중간기간과 1월 1일부터 9월 30일까지의 누적기간을 대상으로 작성하고 직전 회계연도의 동일기간을 대상으로 작성한 포괄손익계산서와 비교 표시한다.
③ 자본변동표는 당 회계연도 1월 1일부터 9월 30일까지의 누적기간을 대상으로 작성하고 직전 회계연도의 동일기간을 대상으로 작성한 자본변동표와 비교 표시한다.
④ 재무상태표는 당 회계연도 9월 30일 현재를 기준으로 작성하고 직전 회계연도 12월 31일 현재의 재무상태표와 비교 표시한다.

해설

현금흐름표와 자본변동표는 당기 누적기간과 전기 동일 누적기간을 비교 표시한다.

04 ④ 05 ② 06 ① 정답

CHAPTER 02

PART 1 재무회계

자 산

01 재고자산

1. 재고자산의 의의와 종류

(1) 재고자산의 의의

재고자산이란 기업의 정상적인 영업활동과정에서 판매 목적으로 보유(상품, 제품)하거나 판매할 제품의 생산을 위하여 사용되거나 소비될 자산(원재료, 저장품)

(2) 재고자산의 종류

상 품	판매를 목적으로 구입한 상품, 미착상품, 적송품 등(부동산매매업에 있어서 판매를 목적으로 소유하는 토지, 건물 및 기타 이와 유사한 부동산은 이를 상품에 포함)
제 품	판매를 목적으로 제조한 생산품, 부산물 등
반제품	자가 제조한 중간제품과 부분품 등
재공품	제품 또는 반제품의 제조를 위하여 재공과정에 있는 것
원재료	원료, 재료, 매입부분품, 미착원재료 등
저장품	소모품, 소모공구 · 기구 · 비품, 수선용 부분품 및 기타 저장품 등

2. 재고자산의 취득원가

(1) 재고자산의 취득원가 포함원가와 불포함원가

포함원가	재고자산의 취득원가는 매입원가, 전환원가 및 재고자산을 현재의 장소에 현재의 상태로 이르게 하는 데 발생한 기타 원가를 모두 포함
불포함원가	다음의 원가는 재고자산의 취득원가에 포함할 수 없으며 발생기간의 비용으로 인식 • 재료원가, 노무원가 및 기타 제조원가 중 비정상적으로 낭비된 부분 • 후속 생산단계에 투입하기 전에 보관이 필요한 경우 이외에 발생하는 보관원가 • 재고자산을 현재의 장소에 현재의 상태로 이르게 하는 데 기여하지 않은 관리간접원가 • 판매원가

(2) 재고자산의 취득원가 결정

<table>
<tr><td>상품매매기업
취득원가</td><td colspan="3">매입원가 = 매입가격 + 수입관세, 매입운임 등의 기타 원가 − 추후에 환급받는 수입관세와 제세공과금 − 매입할인, 리베이트</td></tr>
<tr><td>제조기업
취득원가</td><td colspan="3">취득과정에서 정상적으로 발생한 부대비용을 포함한 매입원가에 전환원가를 가산한 금액
제조원가 = 직접재료원가 + 직접노무원가 + 변동제조간접원가 + 고정제조간접원가 배부액</td></tr>
<tr><td>서비스기업
취득원가</td><td colspan="3">서비스기업의 제조원가 = 서비스 제공에 투입한 인력에 대한 직접노무원가 및 기타원가 + 관련된 간접원가</td></tr>
<tr><td>생물자산 수확물
취득원가</td><td colspan="3">생물자산에서 수확한 농림어업 수확물로 구성된 재고자산은 순공정가치로 측정
생물자산 수확물의 취득원가 = 순공정가치 = 공정가치 − 예상 처분부대원가</td></tr>
<tr><td rowspan="4">취득원가의 조정</td><td>구 분</td><td>구매자</td><td>판매자</td></tr>
<tr><td>파손이나 결함으로 당초가격 에누리한 경우</td><td>매입에누리</td><td>매출에누리</td></tr>
<tr><td>불량 등의 사유로 반품하는 경우</td><td>매입환출</td><td>매출환입</td></tr>
<tr><td>외상대금의 조기집행으로 대금의 감액한 경우</td><td>매입할인</td><td>매출할인</td></tr>
</table>

3. 기말재고자산의 평가

※ 기말재고자산의 평가는 기말재고의 수량결정과 단가결정을 통해 판매가능재고를 기말재고와 매출원가로 배분하는 것

기말 현재 손익계산서상의 매출원가를 구하기 위해서는 반드시 기말재고자산을 평가해야 한다. 기말재고자산의 평가가 제대로 이루어지지 않을 경우, 즉시 당기순이익의 변화를 가져오므로 기말재고자산의 평가문제는 정확하게 이루어져야 한다.

기말재고자산의 평가는 기말 현재 회사가 보유한 재고자산의 수량을 먼저 계산하고, 동 수량에 일정한 방법으로 결정된 단가를 산정하여 이 둘을 곱한 금액으로 평가한다.

(1) 기말재고자산 포함여부 중요

운송 중인 재고자산 (미착품)	선적지인도조건 : 선적이 되는 시점부터 매입자의 재고자산
	도착지인도조건 : 도착지에서 매입자에게 인수되는 시점에 매입자의 재고자산 (∴ 기말 현재 운송 중인 상품 = 판매자의 재고자산)
적송품 (위탁상품)	수탁자가 위탁품을 판매하기 전까지 수탁자가 보관하고 있는 적송품은 위탁자의 재고자산
할부판매상품	재고자산을 고객에게 인도하고 대금은 미래에 분할하여 회수하기로 한 경우, 판매기준을 적용하여 대금의 회수여부에 관계없이 상품의 판매시점에 매입자의 재고자산으로 인식
시송품	고객이 구매의사를 밝히기 전까지는 판매자의 재고자산
저당상품	담보를 제공한 자의 재고자산
반품률이 높은 재고자산	반품률 추정 가능 시 : 매입자의 재고자산
	반품률 추정 불가능 시 : 반품기간 종료 또는 구매자의 인수수락 시점까지는 판매자의 재고자산

(2) 기말재고 수량의 결정방법

실지재고조사법 (실사법)	기중에는 구매만 기록하고 결산일에 기말재고수량을 직접 창고에서 확인하는 방법. 도난이나 감모된 재고가 매출원가에 포함된다. • 파악순서 → 기초재고수량 + 당기매입수량 − 기말재고수량 = 당기판매수량
계속기록법	재고자산의 입출고 수량을 장부(상품 및 제품 재고장)에 기록하여 기말재고수량을 파악하는 방법. 기말재고수량은 장부상 재고수량일 뿐 실제 창고에 보관되어 있는 재고수량과는 다를 수 있다. • 파악순서 → 기초재고수량 + 당기매입수량 − 당기판매수량 = 기말재고수량
재고자산 감모손실	기말재고자산 실제 수량과 장부상 수량의 차이를 '재고자산감모손실'이라 하며 위 두가지 방법을 병행하여 찾아낸다. 감모손실은 감모가 발생한 기간에 비용으로 처리한다. ※ 한국채택국제회계기준에서는 재고자산 원가를 비용으로 인식하는 시점은 제시하지만 분류표시에 대해서 일반적으로 매출원가로 부른다고 기술하면서 상세히 제시하고 있지는 않고 있음. 따라서 매출원가나 영업외비용처리 모두 가능함

(3) 기말재고 단가(원가)의 결정방법 중요

한국채택국제회계기준에서는 원칙적으로 개별법을 사용하여 취득단가를 결정하고, 개별법을 사용할 수 없는 경우 선입선출법, 가중평균법을 사용하도록 하고 있다.

개별법	• 개별재고자산의 취득원가를 확인하여 결정하는 방법으로 상호 교환되기 어려운 재고자산이나 특정 프로젝트별로 생산되는 경우 사용 • 개별법은 실제 수익과 실제 비용이 대응되어 수익비용의 대응에 충실하나 재고자산의 종류가 많을 경우 실무적용이 어렵고 임의적으로 원가를 결정하여 손익을 조작할 우려가 있음
가중평균법	기초재고와 당기매입(생산)재고를 가중평균하여 단위원가를 결정하는 방식으로 실사법하에서는 총평균법이 사용되고 계속기록법하에서는 이동평균법이 사용 • 총평균법 단가 = (기초재고금액 + 당기매입금액) / (기초재고수량 + 당기매입수량) • 이동평균법 단가 = 총평균법의 단가 계산 방식을 거래가 발생할 때마다 적용하는 것
선입선출법	• 선입선출법은 먼저 입고된 재고가 먼저 출고된다는 가정으로, 대부분 기업의 실제 물량흐름과 유사한 결과를 가져오며 기말재고자산이 현행원가와 유사하게 평가되는 장점이 있다. • 그러나 현행수익에 과거원가를 대응시키므로 대응원칙에 충실하지 못하며, 물가가 상승하는 경우 과거의 취득원가에 현행 매출수익이 대응하므로 당기순이익이 과대계상된다.
후입선출법 (사용 ×)	후입선출법은 가장 최근에 매입 또는 생산한 재고항목이 가장 먼저 판매된다고 가정하는 방법 ※ 한국채택국제회계기준서에서는 후입선출법을 사용할 수 없도록 규정하고 있다. 그 이유는 재고자산의 흐름을 충실히 표현하고 있지 못하며 재무상태표상의 재고자산이 최근 원가수준을 반영하지 못하는데다 대부분의 기업이 이 방법을 세부담 감소의 목적으로 활용하고 있기 때문
표준원가법	• 표준원가법의 원가측정방법은 그러한 방법으로 평가한 결과가 실제 원가와 유사한 경우에 한해 편의상 사용할 수 있다. • 표준원가법을 사용할 경우 표준원가는 정상적인 재료원가, 소모품원가, 노무원가 및 효율성과 생산능력 활용도를 반영하며, 표준원가는 정기적인 검토를 해야 하며 필요한 경우 현재 상황에 맞게 조정하여야 함
소매재고법 (매출가격환원법)	• 소매재고법은 판매가격기준으로 평가한 기말재고금액에 구입원가, 판매가격 및 판매가격변동액에 근거하여 산정한 원가율을 적용하여 기말재고자산의 원가를 결정하는 방법 • 이 방법은 실제 원가가 아닌 추정에 의한 원가결정방법이므로 많은 종류의 상품을 취급하여 실제원가에 기초한 원가결정방법의 사용이 곤란한 유통업종에서 주로 사용 • 소매재고법은 이익률이 유사한 동질적인 상품군별로 적용

(4) 재고자산 결정방법의 비교(물가상승 시)

구 분	비 교
기말재고자산 평가액	선입선출법 ≧ 이동평균법 ≧ 총평균법 ≧ 후입선출법
매출원가(재고자산 평가액과 반대)	선입선출법 ≦ 이동평균법 ≦ 총평균법 ≦ 후입선출법
당기순이익(기말 재고자산과 동일)	선입선출법 ≧ 이동평균법 ≧ 총평균법 ≧ 후입선출법
법인세	선입선출법 ≧ 이동평균법 ≧ 총평균법 ≧ 후입선출법
현금흐름	선입선출법 ≦ 이동평균법 ≦ 총평균법 ≦ 후입선출법

4. 재고자산평가손실

(1) 재고자산의 저가법 적용 중요

① 재고자산의 취득원가와 순실현가능가치를 비교하여 낮은 가격을 장부에 반영하는 것을 저가법이라 함

Min[취득원가, 순실현가능가치]

② 순실현가능가치는 추정 판매가액에서 판매 시 정상적으로 발생하는 추정 비용을 차감한 가액

순실현가능가치 = 정상적인 영업과정에서의 예상 판매가격 – 추가 예상 판매비용과 원가

제품, 상품, 재공품의 평가는 순실현가능가치로 평가를 하나 원재료는 현재 시점에서 매입이나 재생산에 소요되는 금액인 현행대체원가를 사용 가능함(단, 현행대체원가가 더 낮더라도 완성된 제품이 원가 이상으로 판매될 것이 예상되는 경우 감액하지 않는다. 그러나 원재료 가격이 하락하여 제품의 원가가 순실현가능가치를 초과할 것으로 예상된다면 해당 원재료를 순실현가능가치로 감액함)

③ 저가법은 종목별(항목별)로 적용하되, 재고항목들이 서로 유사하거나 관련되어 있는 경우에는 조별로 적용될 수 있음. 저가법 적용은 계속성을 유지하여야 하며, 어떠한 경우에도 총액기준으로 적용할 수 없음

④ 재고자산 단가가 하락 시에 '재고자산평가손실'을 인식하여 재고자산을 공정가액과 일치시킴. 이때 매출원가와 기타비용 중 구체적 회계처리규정이 없으므로 두 방법 모두 계상 가능함

(2) 재고자산 평가손실과 평가손실환입 중요

① 기말에 재고자산의 시가가 장부금액 이하로 하락할 경우 그 차이금액만큼을 '재고자산평가손실'로 발생한 기간에 비용으로 인식하고, 동일 금액을 '재고자산평가충당금'이란 재고자산의 차감계정으로 계상

② 만약 당초에 평가손실을 초래했던 상황이 호전되어 새로운 시가가 현재 장부가액보다 상승한 경우에는 최초의 장부가액을 초과하지 않는 범위 내에서 평가손실을 환입함. 즉, 당초 평가손실이 없었더라면 유지했었을 장부가액을 한도로 평가손실을 환입가능

02 유형자산

1. 유형자산의 의의와 인식

(1) 유형자산의 의의

기업이 고유의 영업활동인 생산, 임대, 관리를 위해 사용할 목적으로 보유하고 있는 물리적 형태가 있는 자산으로서 장기간(한 회계기간을 초과)에 걸쳐 사용할 것이 예상되는 자산

(2) 유형자산의 인식(최초원가)

인식기준	① 자산으로부터 발생하는 미래 경제적 효익이 기업에 유입될 가능성이 높음 ② 자산의 원가를 신뢰성 있게 측정
인식시점	당해 자산으로부터 기대되는 미래 경제적 효익에 대한 통제력을 획득한 시점
최초원가 및 후속원가	① 최초원가 : 인식시점의 원가(제공 대가의 공정가치) ② 후속원가*주) ㉠ 일상적인 수선·유지와 관련하여 발생하는 원가(수익적 지출) → 당기비용 ㉡ 일부대체원가 & 종합검사원가 등(자본적 지출) → 유형자산 인식기준 충족 시 자산으로 인식 **수익적 지출**: 일상적인 수선·유지, 원상회복, 능률유지 예 건물의 도장(페인트칠), 파손된 유리교체, 자동차의 타이어 교체, 재해를 입은 자산의 외장의 복구, 도장, 유리의 삽입, 기타 조업가능한 형태로 복구하는 것 **자본적 지출**: 내용연수증가, 가치증가 예 건물의 증설, 엘리베이터 및 냉난방시설의 설치, 빌딩의 피난시설 설치, 기타 개량, 확장, 증설 등 자산의 가치를 증가시키는 것 *주) 한국채택국제회계기준서는 '수익적 지출'과 '자본적 지출'이라는 표현을 사용하지 않는다.

유형자산 원가에 포함되는 경우	유형자산 원가가 아닌 경우
① 관세 및 환급불가능한 취득 관련 세금(단, 매입할인, 리베이트 차감) ② 매입 또는 건설과 직접적으로 관련되어 발생한 종업원 급여 ③ 설치장소 및 준비원가 ④ 최초 운송 및 취급 관련 원가 ⑤ 설치원가 및 조립원가 ⑥ 시험원가(정상작동 여부) ⑦ 전문가 지급 수수료 ⑧ 복구원가(회피불가능원가)	① 새로운 시설 개설원가 ② 새로운 상품과 서비스 소개원가 ③ 새로운 지역에서 또는 새로운 고객층을 대상으로 영업소요 원가 ④ 관리 및 기타 일반간접원가 ⑤ 경영진이 의도하는 방식으로 가동될 수 있는 장소와 상태에 이른 후 발생한 원가

2. 취득형태별 원가의 측정 중요

(1) 토지와 건물의 일괄취득

토지와 건물을 모두 사용할 경우	• 토지와 건물을 일괄구입하여 토지와 건물을 모두 사용할 경우 일괄구입대가와 중개수수료 등 공통부대원가의 합계액을 각 유형자산의 공정가치비율에 따라 안분하여 취득원가를 결정 • 취득부대원가 중 토지나 건물과 개별적으로 관련되어 발생하는 취득세 등은 공통부대원가가 아니므로 토지와 건물에 각각 개별적으로 배분
토지만 사용할 경우	• 토지와 건물을 일괄구입하여 토지만을 해당 사업에 사용할 경우 취득원가 전액을 토지의 원가로 계상 • 새 건물을 신축하기 위해 기존건물이 있는 토지를 취득하고 기존건물을 철거할 경우 그 철거비용은 토지의 취득원가로 계상 • 건물 철거로 인한 폐자재 처분수입은 토지의 원가에서 차감

(2) 정부보조에 의한 취득(자산 취득 관련)

① 정부보조금이란 기업의 영업활동과 관련하여 과거나 미래에 일정한 조건을 충족하였거나 충족할 경우 기업에게 자원을 이전하는 형식의 정부지원을 말하며, 여기에는 자산관련보조금과 수익관련보조금이 있다.

② 자산관련보조금은 정부지원을 받는 기업이 장기성 자산을 매입, 건설하거나 다른 방법으로 취득하여야 하는 일차적 조건이 있는 보조금을 말함

③ 자산관련보조금은 다음 두 가지 방법 중 하나의 방법으로 처리

자산차감법	이연수익법
정부보조금을 관련 자산의 장부금액에 차감하여 표시하며 자산의 내용연수에 걸쳐 감가상각비를 감소시키는 방식으로 당기손익에 인식함	정부보조금을 이연수익(부채) 항목으로 표시하며 자산의 내용연수에 걸쳐 감가상각비를 감소시키는 방식으로 당기손익에 인식함

④ 수익관련보조금은 자산관련보조금 이외의 보조금을 말하며, 다음 두 가지 방법 중 하나의 방법으로 처리

㉠ 관련 비용에서 정부보조금을 차감하는 방법

㉡ 정부보조금을 당기손익의 일부로 별도의 계정이나 기타수익과 같은 일반 계정으로 표시하는 방법

(3) 자산의 교환

① 상업적 실질이 있는 경우 : 제공한 자산의 공정가치(단, 취득한 자산의 공정가치가 더 명백한 경우에는 취득한 자산의 공정가치)

② 상업적 실질이 결여된 경우 : 제공한 자산의 장부금액

③ 상업적 실질이 있으나 취득한 자산과 제공한 자산 모두 공정가치를 신뢰성 있게 측정할 수 없는 경우 : 제공한 자산의 장부금액

상업적 실질이 있는 경우	교환취득한 자산의 원가 = 제공한 자산의 공정가치 + 현금지급액 − 현금수령액 = 취득한 자산의 공정가치
상업적 실질이 결여된 경우 **상업적 실질이 있으나 취득한 자산과 제공한 자산 모두 공정가치를 신뢰성 있게 측정할 수 없는 경우**	교환취득한 자산의 원가 = 제공한 자산의 장부가액 + 현금지급액 − 현금수령액

④ 다음에 모두 해당하는 경우 상업적 실질이 있는 것으로 본다.

상업적 실질	㉠ 다음 중 하나의 경우 • 취득한 자산과 관련된 현금흐름의 구성(위험, 유출입시기, 금액)이 제공한 자산과 관련된 현금흐름의 구성과 다르다. • 교환거래의 영향을 받는 영업 부분의 기업특유가치가 교환거래의 결과로 변동 ㉡ 상기 ㉠의 차이가 교환된 자산의 공정가치에 비해 유의적이다.

(4) 무상취득

취득시점의 해당 자산의 공정가치(이때, 대변은 자산수증이익으로 처리)

(5) 현물출자

취득한 자산의 공정가치와 교부된 주식의 공정가치 중 보다 명확히 측정되는 것을 당해 자산의 취득원가로 한다.

(6) 장기연불거래(할부구입)

취득시점의 현금구입가격(현재가치), 명목가액과 현재가치의 차이(장기성지급어음 등의 표시이자율과 시장이자율이 다른 경우)는 매년 유효이자율법에 따라 이자비용(현재가치할인차금)으로 인식

(7) 유형자산 취득에 수반되는 국 · 공채 강제매입

유형자산과 관련하여 국 · 공채 등의 유가증권을 불가피하게 매입하는 경우, 취득가액(액면가액)과 유가증권 현재가치의 차이(대부분 액면이자율이 시장이자율보다 낮음)를 취득부대비용으로 간주하여 자산취득원가에 가산

(8) 복구원가

① 복구원가란 유형자산을 취득 또는 설치하거나 특정기간 동안 사용한 결과 발생하는 것으로 사용 완료 후 해체하거나 제거해야 할 의무를 부담하는 경우에 추정되는 지출의 현재가치

② 미래복구에 소요될 원가의 추정액의 미래 명목금액을 현재가치로 계상하여 유형자산의 원가에 포함

3. 감가상각

(1) 의 의

감가상각이란 유형자산의 원가에서 내용연수 종료시점의 잔존가치를 차감한 금액(= 감가상각대상금액)을 그 자산의 내용연수 동안 체계적인 방법으로 각 회계기간에 배분하는 원가의 배분과정

(2) 감가상각 시기

① 경영진이 의도하는 방식으로 자산을 가동하는 데 필요한 장소와 상태에 이른 때부터 시작하며(사용가능시점), 매각예정자산으로 분류되는 날과 제거된 날 중 이른 날에 감가상각을 중지

② 유형자산이 가동이 되지 않거나 유휴상태가 되더라도 감가상각은 계속하여야 함. 하지만 생산량비례법의 경우에는 생산량이 없으므로 감가상각이 중단

(3) 감가상각계산의 3요소

감가상각대상금액	취득원가에서 잔존가치를 차감한 금액으로 회사가 내용연수 동안 인식할 총 감가상각비
잔존가치	자산의 내용연수가 종료되는 시점의 예상처분가액에서 예상처분비용을 차감한 금액
내용연수	기업에서 자산이 사용가능할 것으로 기대되는 기간

(4) 감가상각방법

정액법	매기 균등한 금액을 감가상각비로 계상 매기 감가상각비 = (취득원가 − 잔존가치) ÷ 내용연수
정률법	장부가액(취득원가 − 감가상각누계액)에 동일한 상각률을 적용하여 계산. 초기에 미상각잔액이 크므로 감가상각비를 많이 계상하고 이후 점점 비용을 적게 인식하게 되므로 '수익비용대응원칙'에 가장 부합한 방법 매기 감가상각비 = (취득원가 − 기초감가상각누계액) × 상각률*주1) = 미상각잔액 × 상각률*주1) *주1) 상각률 = $1 - \sqrt[n]{\frac{잔존가치}{취득원가}}$
연수합계법	내용연수합계에 대한 내용연수연차의 역순의 비율을 곱하여 산출 매기 감가상각비 = (취득원가 − 잔존가치) × 상각률*주2) *주2) 상각률 = $\frac{특정연도\ 초의\ 잔여내용연수}{내용연수의\ 합계}$
이중체감법	정액법의 2배 배법. 미상각잔액(취득원가 − 감가상각누계액)에 정액법 상각률의 2배를 곱하여 감가상각비를 구함 매기 감가상각비 = (취득원가 − 감가상각누계액) × (2/내용연수)
생산량비례법	생산량비례법은 물리적 사용량에 따라 내용연수가 결정된다고 가정함, 즉 시간의 경과와는 무관하게 오직 사용량에 따라서 감가상각비가 발생한다고 가정. 유전, 광산 등의 천연자원 감가상각비 계산에 많이 사용됨 매기 감가상각비 = (취득원가 − 잔존가치) × (실제생산량 ÷ 총생산량)

(5) 회계변경

잔존가치, 내용연수, 감가상각방법의 변경이 있는 경우

→ 매 회계연도 말 재검토를 하여 추정치가 기존의 추정치와 다를 경우 그 차이를 변경하여야 함. 이러한 추정의 변경은 '회계추정의 변경(전진법)'이므로 회계변경을 한 이후의 회계기간에만 반영

4. 재평가모형 중요

(1) 의 의

① 기업회계기준서에서는 인식시점 이후에 '원가모형'이나 '재평가모형' 중 하나를 회계정책으로 선택하여 유형자산의 분류별로 동일하게 적용하도록 규정

② 원가모형은 최초 취득원가를 인식한 후에 원가에서 감가상각누계액과 손상차손누계액을 차감한 금액을 장부가액으로 기록하는 방법

③ 재평가모형은 유형자산을 보고기간 말의 공정가치로 측정하는 방법

④ 재평가모형을 사용하는 유형자산의 장부가액은 재평가일의 공정가치에서 이후의 감가상각누계액과 손상차손누계액을 차감한 금액이 됨

⑤ 재평가모형은 보고기간 말 공정가치와 장부금액이 중요한 차이가 나지 않도록 주기적으로(통상 3년 ~ 5년) 평가하여야 함(매 보고기간 말 재평가하는 것은 아님)

⑥ 재평가모형을 선택할 경우 유형자산의 분류별(토지, 건물, 기계장치 등)로 선택하여 적용하며, 분류 내의 유형자산 전체를 동시에 재평가 함(단, 재평가가 단기간 수행되고 계속적으로 갱신될 경우, 동일한 분류 내 순차적 재평가 가능)

⑦ 원가모형(역사적 원가)이 재무정보의 신뢰성을 강조한 측면이 있다면 재평가모형은 목적적합성을 강조한 측면이 있음

PART 1

(2) 재평가모형의 최초적용

① 재평가이익(공정가치 > 장부금액)이 발생한 경우 : 기타포괄손익(재평가잉여금)으로 처리

② 재평가손실(공정가치 < 장부금액)이 발생한 경우 : 당기손익(재평가손실)으로 처리

(3) 재평가손익의 회계처리방법

재평가모형을 이용하여 유형자산을 측정하는 경우, 자산의 순장부금액을 재평가금액으로 수정하는 방법은 다음과 같다.

비례수정법	재평가 후 자산의 장부금액이 재평가금액과 일치하도록 총장부금액과 감가상각누계액을 비례적으로 수정하는 방법
전액제거법	총장부금액에서 기존의 감가상각누계액을 제거하여 자산의 순장부금액이 재평가금액이 되도록 수정하는 방법

(4) 재평가 이후의 처리문제

① 재평가 이후의 감가상각비 계산은 전기말 재평가금액을 기준으로 잔존내용연수에 대해 적용한다.

② 차기 이후의 재평가에서 재평가손실이 발생한 경우에는 전기 재평가잉여금을 우선적으로 상계하고 초과하는 부분은 재평가손실로 처리하고 재평가이익이 발생한 경우에는 전기 재평가손실 계상부분만큼 당기손익으로 인식하고 초과하는 부분은 재평가잉여금으로 처리한다.

③ 재평가잉여금은 사용(감가상각)이나 처분(제거)되는 때 이익잉여금으로 대체할 수 있다. 대체 시 어떠한 경우에도 당기손익을 구성하지는 않는다.

④ 재평가를 하는 경우 법인세효과를 인식하여야 한다.

5. 차입원가의 자본화 중요

(1) 의 의

차입원가의 자본화는 건물이나 기계장치와 같이 의도된 용도로 사용하거나 판매 가능한 상태에 이르게 하는 데 '상당한 기간'을 필요로 하는 자산의 취득이나 건설, 생산에 직접 관련되는 차입원가를 당해 자산의 취득원가에 포함하는 것

※ 한국채택국제회계기준에서는 적격자산의 차입원가에 대해 자본화를 강제하고 있으며, 기타 차입원가는 발생기간의 비용으로 인식하도록 규정하고 있다.

(2) 자본화대상 자산

의도된 용도로 사용하거나 판매 가능한 상태에 이르게 하는 데 상당한 기간을 필요로 하는 다음의 자산을 적격자산으로 한다.

① 재고자산

② 제조설비자산

③ 전력생산설비

④ 무형자산

⑤ 투자부동산 등

※ 금융자산과 단기간 내에 제조되거나 생산되는 재고자산은 적격자산에 해당 ×

(3) 자본화대상 차입원가의 종류

① 장・단기차입금(당좌차월 포함)

② 차입과 관련된 할인・할증차금상각액

③ 차입약정과 관련하여 발생하는 부대원가의 상각액

④ 금융리스 관련 금융비용

⑤ 유효이자율법을 사용하여 계산된 이자비용

⑥ 외화차입금과 관련되는 외환차이 중 이자원가의 조정으로 볼 수 있는 부분 등

(4) 자본화대상 기간

차입원가는 자본화 개시일부터 자본화 종료일까지 자본화

자본화 기간의 개시일	자본화 개시일은 다음의 조건을 모두 충족하는 날 • 적격자산에 대한 지출이 있음 • 차입원가가 발생 • 적격자산을 의도된 용도로 사용하거나 판매하기 위해 필요한 취득활동을 수행
자본화의 종료일	자본화의 종료일은 자산을 의도된 용도로 사용하거나 판매가능한 상태에 이르게 하는 데 필요한 거의 모든 활동이 완료된 시점
자본화의 중단	적격자산에 대한 적극적인 개발활동을 중단한 기간에는 차입원가의 자본화를 중단 → 기간비용처리

6. 유형자산의 손상차손(자산손상)과 자산 제거 중요

손상차손 인식	• 유형자산이 중대한 손상으로 본질가치가 하락하면 장부가액을 회수가능가액으로 감액하고 '유형자산손상차손'으로 계상 [원가모형] • 손상징후가 있는 경우 우선적으로 감가상각비를 계상하고 회수가능액이 장부금액보다 낮다면 그 차이를 손상차손으로 인식 • 손상차손을 인식한 이후 감가상각은 회수가능액으로 수정된 장부금액을 기준으로 잔여내용연수에 걸쳐 감가상각비를 인식 [재평가모형] • 재평가모형으로 자산을 평가한 후에 손상차손을 인식하는 경우, 기존에 인식한 재평가잉여금이 있다면 이를 우선 감소시키고, 초과액이 있으면 손상차손으로 하여 당기손익에 반영
회수가능액의 추정	• 회수가능액은 순공정가치와 사용가치 중 큰 금액으로 한다. – 순공정가치 : 합리적 판단력과 거래의사가 있는 당사자 사이의 거래에서 처분을 통해 얻는 가격에서 처분부대원가를 차감한 금액 – 사용가치 : 자산의 사용으로부터 기업이 얻는 가치로서 자산으로부터 창출될 것으로 기대되는 미래현금흐름의 현재가치
손상차손 환입	[원가모형] • 당초에 손상차손을 초래했던 상황이 호전되어 회수가능가액이 현재 장부가액보다 상승한 경우에는 최초의 장부가액을 초과하지 않는 범위 내에서 손상차손을 환입 • 손상차손의 환입으로 증가되는 유형자산의 금액은 과거 손상차손을 인식하기 전의 장부금액을 초과할 수는 없다. 왜냐하면 상각 후 잔액을 초과하게 되어 자산의 장부금액이 증가하게 된다면 이는 '재평가'에 해당되기 때문 [재평가모형] • 손상차손의 환입을 인식하는 경우 손상차손환입을 우선 인식하고, 과거에 당기손익으로 인식한 손상차손금액을 초과한 금액에 대해서는 재평가를 적용하여 재평가잉여금의 증가로 회계처리
자산 제거	• 유형자산을 처분하거나 사용을 통해 미래 경제적 효익이 기대되지 않을 경우 장부에서 제거 • 유형자산의 제거로 인해 발생하는 손익은 처분가액(순매각금액)과 장부금액의 차이로 결정 – 유형자산처분이익 : 유형자산의 장부가액 < 처분가액 – 유형자산처분손실 : 유형자산의 장부가액 > 처분가액

03 무형자산

1. 무형자산의 정의와 인식요건

(1) 무형자산의 정의

① 재화의 생산이나 용역의 제공, 타인에 대한 임대 또는 관리에 사용할 목적으로 기업이 보유하고 있는 것으로 물리적 형체가 없지만 식별가능하고, 기업이 통제하고 있으며, 미래 경제적 효익이 있는 비화폐성 자산

② 무형자산으로 정의되기 위해서는 아래의 식별가능성, 자원에 대한 통제 및 미래 경제적 효익의 존재를 모두 충족해야 하며 이를 충족하지 못하는 경우에는 발생시점에 전액 비용으로 인식

식별가능성	다음 중 하나에 해당하는 경우 식별가능하다. • 자산이 분리가능한 경우 • 자산이 계약상 권리 또는 기타 법적 권리로부터 발생한 경우
자원에 대한 통제	식별된 자산으로부터 유입되는 미래 경제적 효익을 확보할 수 있고 그 효익에 대한 제3자의 접근을 제한할 수 있다면 기업이 자산을 통제하고 있는 것
미래 경제적 효익	미래 경제적 효익이 기업에 유입될 가능성이 높고 자산의 취득원가를 신뢰성 있게 측정할 수 있어야 한다.

(2) 무형자산의 인식(최초원가) 중요

① 개별취득

취득원가 = 구입가격(매입할인과 리베이트를 차감, 수입관세와 환급받을 수 없는 제세금 포함) + 의도한 목적에 사용하기 위해 준비하는 직접원가

② 사업결합으로 인한 취득

㉠ 취득일 당시 공정가치(식별가능성을 충족한다면 항상 인식기준을 충족하는 것으로 본다)

㉡ 이때 사업결합 전 피취득회사가 자산을 인식하지 않는 경우에도(즉, 피취득회사의 인식여부에 관계없이) 공정가치를 신뢰성 있게 측정할 수 있다면 무형자산으로 인식할 수 있다.

③ 정부보조금에 의한 취득

㉠ 취득일 현재의 무형자산과 정부보조금의 공정가치를 취득원가로 한다.

㉡ 정부보조금은 유형자산의 정부보조금 처리방법과 동일하게 표시하고 처리

④ 내부적으로 창출한 자산

영업권	내부적으로 창출한 영업권은 원가를 신뢰성 있게 측정할 수 없고 기업이 통제하고 있는 식별가능한 자원이 아니기 때문에 자산으로 인식하지 아니한다. 매수영업권만 무형자산으로 인식
개발비	• 자산의 인식요건*주) 충족 시에만 인식함 • 자산인식요건 충족 × → 당기비용(경상개발비)으로 인식 *주) 미래 경제적 효익을 창출하게 될 가능성이 높고 그 지출이 신뢰성 있게 측정가능한 경우
연구비	• 항상 당기비용으로 인식 • 연구단계와 개발단계를 구분할 수 없는 경우에는 모두 연구단계에서 발생한 것으로 봄
웹 사이트 원가	• 내부 또는 외부 접근을 위한 자체 웹사이트의 개발과 운영에 대한 내부지출원가 • 무형자산의 일반적인 인식기준과 개발비 자산인식요건을 모두 충족하는 경우에만 무형자산으로 인식 • 기업이 자체의 재화나 용역의 판매촉진이나 광고를 위해 웹사이트를 개발한 경우에는 미래 경제적 효익을 어떻게 창출하는지 제시할 수 없으므로 발생시점에 비용으로 인식
탐사평가자산	• 광물자원을 개발하기 위해 특정지역을 탐사할 수 있는 권리를 획득하고, 광물자원에 대한 조사, 광물자원 추출의 기술적 실현가능성 및 상업화 가능성을 결정하여 탐사평가자산 원가에 포함여부를 검토 • 탐사평가자산은 무형자산(예 시추권)이나 유형자산(예 차량운반구, 시추장비)으로 구분하여 일관되게 적용

2. 무형자산의 후속측정

(1) 원가모형

① 내용연수가 유한한 경우

내용연수	• 내용연수는 경제적 내용연수와 법적 내용연수 중 짧은 기간 • 다음의 예외적인 경우를 제외하고, 내용연수가 유한한 무형자산의 잔존가치는 영(0) – 내용연수 종료시점에 제3자가 자산을 구입하기로 한 약정이 있는 경우 – 잔존가치가 활성시장에 기초하고 내용연수 종료시점에 활성시장이 존재
상각방법	• 무형자산의 상각은 사용가능한 때부터 상각을 시작하여 매각예정으로 분류되는 날과 재무상태표에서 제거되는 날 중 이른 날 상각을 중지 • 상각방법은 자산의 경제적 효익이 소비되는 형태를 반영하여 체계적이고 합리적 방법(정액법, 체감잔액법, 생산량비례법)으로 선택. 다만, 자산의 경제적 효익이 소비되는 형태를 신뢰성 있게 결정 못할 경우 정액법으로 상각
상각방법의 검토	상각기간과 상각방법은 매 회계연도 말에 검토. 자산의 예상 내용연수가 과거의 추정치와 다르다면 상각기간을 이에 따라 변경하며, '회계추정의 변경'으로 회계처리

② 내용연수가 비한정인 경우

㉠ 내용연수가 비한정인 무형자산은 상각을 하지 않고 매년 일정시기와 무형자산의 손상을 시사하는 징후가 있을 때 손상검사를 수행(감가상각 ×, 손상차손 ○, 손상차손환입 ×)

㉡ 비한정에 대한 평가의 정당성을 매기 평가하여 내용연수가 유한한 것으로 변경 시 회계추정의 변경으로 처리

(2) 재평가모형 중요

① 의 의

㉠ 무형자산도 유형자산처럼 원가모형과 재평가모형 중 한 가지를 선택하여 적용할 수 있다. 하지만 무형자산은 활성시장이 존재하는 경우에만 재평가모형의 적용이 가능

㉡ 같은 분류(영업상 유사한 성격과 용도)의 기타 모든 자산도 동일한 방법으로 회계처리하여야 하며 활성시장이 없는 경우를 제외하고는 동시에 재평가하여야 함

㉢ 이전에 자산으로 인식하지 않은 무형자산이나 원가가 아닌 금액으로 무형자산을 최초로 인식한 무형자산은 재평가 대상에서 제외

② 재평가모형의 최초적용

㉠ 재평가이익(공정가치 > 장부금액)이 발생한 경우 : 기타포괄손익(재평가잉여금)으로 처리

㉡ 재평가손실(공정가치 < 장부금액)이 발생한 경우 : 당기손익(재평가손실)으로 처리

③ 재평가 이후의 처리문제

㉠ 차기 이후의 재평가에서 재평가손실이 발생한 경우에는 전기 재평가잉여금을 우선적으로 상계하고 초과하는 부분은 재평가손실로 처리하고 재평가이익이 발생한 경우에는 전기 재평가손실 계상 부분만큼 당기손익으로 인식하고 초과하는 부분은 재평가잉여금으로 처리한다.

㉡ 재평가한 무형자산에 대한 활성시장이 없어서 재평가할 수 없는 경우에는 원가에서 상각누계액과 손상차손누계액을 차감한 금액으로 표시

㉢ 재평가잉여금은 사용(감가상각)이나 처분(제거)되는 때 이익잉여금으로 대체할 수 있다. 대체 시 어떠한 경우에도 당기손익을 구성하지는 않는다.

04 투자부동산

1. 투자부동산의 의의

투자부동산이란 임대수익이나 시세차익 또는 두 가지를 모두 얻기 위해 보유 중인 부동산(토지, 건물 등)으로, 재화의 생산이나 용역의 제공 또는 관리목적으로 사용하거나(유형자산) 정상적인 영업과정에서 판매를 위해 보유하는 부동산(재고자산)을 제외

TIP

최초의 인식

투자부동산도 유형자산과 같이 미래 경제적 효익의 유입가능성이 높고 원가를 신뢰성 있게 측정할 수 있을 때 투자부동산으로 인식

2. 투자부동산 포함여부 중요

투자부동산의 예	• 장기 시세차익을 얻기 위하여 보유하고 있는 토지 • 장래 사용목적을 결정하지 못한 채로 보유하고 있는 토지 • 직접 소유(또는 금융리스를 통해 보유)하고 운용리스로 제공하고 있는 건물 • 리스제공자가 운용리스로 제공하기 위하여 보유하고 있는 미사용 건물 • 미래에 투자부동산으로 사용하기 위하여 건설 또는 개발 중인 부동산
투자부동산과 유사하지만 해당하지 않는 예	• 자가사용 부동산(유형자산) • 정상영업과정에서 단기판매 또는 이를 위하여 건설 또는 개발 중인 부동산(재고자산) • 금융리스로 제공한 부동산

3. 인식 후 측정 중요

투자부동산은 보고기간 말에 원가모형과 공정가치모형 중 하나를 선택하여 모든 투자부동산에 적용하여야 한다.

원가모형	유형자산과 동일하게 회계처리(평가손익인식 X, 감가상각 수행)
공정가치모형	• 공정가치의 변동을 당기손익에 반영하고(평가손익) 감가상각을 하지 않는다. 공정가치 − 장부가액 = (+)증가액(당기수익) : 평가증 공정가치 − 장부가액 = (−)감소액(당기비용) : 평가감 • 일부 자산에 공정가치를 신뢰성 있게 측정하지 못하는 경우 해당 자산은 원가모형을 적용하고 감가상각 시 잔존가치는 영(0)으로 한다. • 운용리스로 보유하는 부동산에 대한 권리를 투자부동산으로 분류하는 경우 반드시 공정가치모형을 적용하여야 한다.

4. 투자부동산의 계정 대체 중요

(1) 투자부동산 → 다른 계정

자가사용의 개시 [투자부동산 → 자가사용부동산(유형자산) 대체]	원가모형	대체 전 자산의 장부금액을 승계
	공정가치모형	사용목적 변경시점의 공정가치
정상적인 영업과정에서 판매하기 위한 개발의 시작 [투자부동산 → 재고자산 대체]	원가모형	대체 전 자산의 장부금액을 승계
	공정가치모형	사용목적 변경시점의 공정가치

(2) 다른 계정 → 투자부동산

자가사용의 종료 [자가사용부동산 → 투자부동산 대체]	원가모형	대체 전 자산의 장부금액을 승계
	공정가치모형	부동산의 장부금액과 공정가치의 차액을 재평가잉여금(재평가손실)으로 인식한 후 대체 [재평가모형처리와 동일]
제3자에게 운용리스 제공 [재고자산 → 투자부동산 대체]	원가모형	대체 전 자산의 장부금액을 승계
	공정가치모형	재고자산의 장부금액과 대체시점의 공정가치 차액을 당기손익으로 인식한 후 대체 [매각회계처리와 동일]

05 금융자산

1. 금융상품의 의의

거래당사자 일방에게 금융자산을 발생시키고 동시에 다른 거래상대방에게 금융부채나 지분상품을 발생시키는 모든 계약

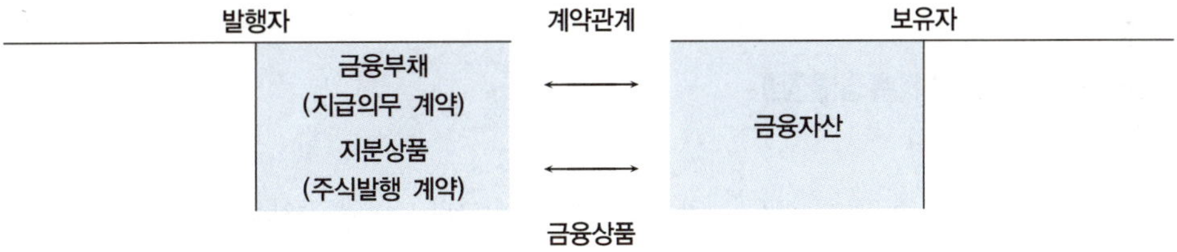

2. 금융상품의 종류 중요

(1) 금융자산(보유자)

① 현금및현금성자산 예 화폐(현금), 예치금(보통·당좌예금 등)

② 다른 기업의 지분상품 예 투자주식

③ 다음 중 하나에 해당하는 계약상 권리

㉠ 거래상대방에게서 현금 등 금융자산을 수취할 계약상 권리

㉡ 잠재적으로 유리한 조건으로 거래상대방과 금융자산이나 금융부채를 교환하기로 한 계약상 권리

예 매출채권, 받을어음, 대여금 등

④ 자기지분상품으로 결제되거나 결제될 수 있는 다음 중 하나의 계약
㉠ 수취할 자기지분상품의 수량이 변동 가능한 비파생상품
㉡ 확정수량의 자기지분상품에 대하여 확정금액의 현금 등 금융자산을 교환하여 결제하는 방법이 아닌 방법으로 결제되거나 결제될 수 있는 파생상품

TIP

금융자산의 정의
• 현금 및 다른 기업의 지분상품
- 현금 : 지폐, 주화, 타인발행당좌수표, 자기앞수표, 송금환, 우편환, 만기도래한 공사채 이자표, 만기도래한 어음, 당좌예금, 보통예금
- 현금성자산 : 유동성이 매우 높은 단기투자자산, 취득일로부터 만기일이 3개월 이내인 경우
- 지분상품 : 주식

(2) 금융부채(발행자)

① 다음 중 하나에 해당하는 계약상 의무
㉠ 거래상대방에게 현금 등 금융자산을 인도하기로 한 계약상 의무
㉡ 잠재적으로 불리한 조건으로 거래상대방과 금융자산이나 금융부채를 교환하기로 한 계약상 의무
예 콜옵션매도
② 자기지분상품으로 결제되거나 결제될 수 있는 다음 중 하나의 계약
㉠ 인도할 자기지분상품의 수량이 변동가능한 비파생상품
㉡ 확정수량의 자기지분상품에 대하여 확정금액의 현금 등 금융자산을 교환하여 결제하는 방법이 아닌 방법으로 결제되거나 결제될 수 있는 파생상품

(3) 지분상품(발행자)

기업의 자산에서 모든 부채를 차감한 후의 잔여지분을 나타내는 모든 계약

3. 금융자산의 분류와 측정 중요

(1) 의 의

금융자산은 계약상 현금흐름 특성*주1)과 사업모형*주2)에 따라 다음과 같이 분류한다.
① 상각후원가 측정 금융자산
② 당기손익-공정가치 측정 금융자산(이하 당기손익인식금융자산)
③ 기타포괄손익-공정가치 측정 금융자산(이하 기타포괄손익인식금융자산)

*주1) 계약상 현금흐름이란 금융자산 계약에서 발생할 것으로 예상되는 현금흐름으로 분류를 위해 현금흐름이 원금과 이자로 구성되는지 파악해야 함
*주2) 사업모형은 현금흐름을 창출하기 위해 금융자산을 관리하는 방식으로 3가지로 구분(현금흐름의 수취, 현금흐름의 수취와 매도, 기타)

(2) 분 류

<table>
<tr><th colspan="2" rowspan="2">구 분</th><th colspan="2">계약상 현금흐름 특성</th></tr>
<tr><th>원금과 이자만으로 구성
[채무상품]</th><th>기타의 경우
[지분상품]</th></tr>
<tr><td rowspan="3">사업모형</td><td>계약상 현금흐름 수취 목적</td><td>상각후원가 측정*주1)</td><td rowspan="3">당기손익-공정가치 측정*주2)</td></tr>
<tr><td>계약상 현금흐름 수취 및 매도 목적</td><td>기타포괄손익-공정가치 측정*주1)</td></tr>
<tr><td>매도 목적 등 기타</td><td>당기손익-공정가치 측정</td></tr>
</table>

*주1) 회계불일치를 제거하거나 감소시키기 위해 당기손익-공정가치 측정 항목으로 지정할 수 있음(단, 취소불가)
*주2) 단기매매목적이 아닌 지분증권의 경우 취득 시 기타포괄손익-공정가치 측정 항목으로 지정할 수 있음(단, 취소불가)

(3) 측 정

① 금융자산은 계약당사자가 되는 시점에 공정가치로 측정한다.

② 최초인식 시 금융상품의 공정가치는 일반적으로 거래가격(제공한 대가의 공정가치)이다.

㉠ 최초인식 시 취득과 직접 관련된 거래비용은 다음과 같이 처리한다.

<table>
<tr><th>당기손익인식금융자산</th><td>당기비용</td></tr>
<tr><th>기타포괄손익인식금융자산</th><td rowspan="2">취득원가에 가산</td></tr>
<tr><th>상각후원가 측정 금융자산</th></tr>
</table>

㉡ 금융자산의 분류별 후속측정방법은 다음과 같다.

<table>
<tr><th colspan="2">분 류</th><th>측정방법</th></tr>
<tr><td colspan="2">당기손익인식금융자산</td><td>공정가치 평가하여 당기손익에 반영</td></tr>
<tr><td rowspan="2">기타포괄손익인식
금융자산</td><td>지분증권</td><td>공정가치 평가하여 기타포괄손익에 반영(처분손익 환원 ×)</td></tr>
<tr><td>채무증권</td><td>공정가치 평가하여 기타포괄손익에 반영(처분손익 환원 ○)</td></tr>
<tr><td colspan="2">상각후원가 측정 금융자산</td><td>유효이자율법을 적용하여 상각후원가로 평가</td></tr>
</table>

4. 금융자산의 손상

※ 상각후원가 측정 금융자산과 기타포괄손익인식금융자산으로 분류되는 채무상품에 대해서는 손상차손을 인식해야 함(기타포괄손익인식금융자산 중 지분상품으로 분류되는 것은 손상차손을 인식하지 아니한다)

※ 실제 금융자산에서 신용손실(손상)이 발생하지 않더라도 기대신용손실*주)을 추정하여 손상을 인식해야 함[기대손실모형]

*주) 기대신용손실 : 개별 채무불이행 발생위험으로 가중평균한 신용손실

(1) 손상차손의 인식

구 분	손상차손의 인식
상각후원가 측정 금융자산	당기비용 처리 + 손실충당금 설정
기타포괄손익인식금융자산(채무상품)	당기비용 처리 + 기타포괄손익(재평가손익)에서 조정

(2) 신용손상 여부에 따른 손상차손의 인식

<table>
<tr><td rowspan="3">신용이 손상되지 않은 경우</td><th>구 분</th><th>측정방법</th></tr>
<tr><td>금융상품의 신용위험이 유의적으로 증가한 경우</td><td>보고기간 말에 전체기간 기대신용손실에 해당하는 금액으로 손실충당금 측정</td></tr>
<tr><td>금융상품의 신용위험이 유의적으로 증가하지 않은 경우</td><td>보고기간 말에 12개월 기대신용손실금액에 해당하는 금액으로 손실충당금 측정</td></tr>
<tr><td>신용이 손상된 경우</td><td colspan="2">금융자산의 신용이 후속적으로 손상된 경우 전체기간에 대한 기대신용손실을 손상차손으로 인식하며, 다음과 같은 경우 금융자산의 신용이 손상된 증거로 볼 수 있다.

TIP
손상의 증거
• 금융자산의 발행자나 지급의무자의 중요한 재무적 어려움
• 이자지급이나 원금상환의 불이행이나 지연과 같은 계약 위반
• 차입자의 재무적 어려움에 관련된 경제적 또는 법률적 이유로 인한 당초 차입조건의 불가피한 완화
• 차입자의 파산이나 기타 재무구조조정의 가능성이 높은 상태
• 재무적 어려움으로 당해 금융자산에 대한 활성시장의 소멸
• 이미 발생한 신용손실을 반영하여 크게 할인한 가격으로 금융자산을 매입하거나 창출하는 경우</td></tr>
</table>

5. 금융자산의 제거

(1) 금융자산의 제거

이미 인식된 금융자산을 재무상태표에서 삭제하는 것. 금융자산의 인식에 대응되는 사건

(2) 금융자산은 제거 요건

다음 중 하나에 해당하는 경우에만 금융자산을 제거한다.

① 금융자산의 현금흐름에 대한 계약상 권리가 소멸한 경우

② 금융자산을 양도하며 그 양도가 일정한 제거의 조건*주)을 충족하는 경우

*주) **일정한 제거의 조건** : 금융자산의 소유에 따른 위험과 보상의 보유 정도를 평가하여 다음과 같이 구분하여 처리

<table>
<tr><th>위험과 보상 이전 여부</th><th colspan="2">회계처리</th></tr>
<tr><td>대부분 이전한 경우</td><td colspan="2">금융자산을 제거</td></tr>
<tr><td>대부분 보유한 경우</td><td colspan="2">금융자산을 계속 인식</td></tr>
<tr><td rowspan="2">대부분 보유하지도 이전하지도 아니한 경우</td><td>통제 ×</td><td>금융자산을 제거</td></tr>
<tr><td>통제 ○</td><td>지속적인 관여정도*까지 금융자산을 계속 인식</td></tr>
</table>

*지속적 관여정도 = Min[① 양도자산의 장부금액, ② 수취한 대가 중 상환을 요구받을 수 있는 최대금액]

③ 금융자산의 소유에 따른 위험과 보상의 대부분을 이전하는 경우와 대부분을 보유하는 경우의 예시

구 분	사 례
위험과 보상의 대부분을 이전	• 금융자산을 아무런 조건없이 매도한 경우 • 양도자가 매도한 금융자산을 재매입시점의 공정가치로 재매입할 수 있는 권리를 보유하고 있는 경우
위험과 보상의 대부분을 보유	• 유가증권대여계약을 체결한 경우 • 양도자가 양수자에게 발생가능성이 높은 대손의 보상을 보증하면서 단기 수취채권을 매도한 경우 • 양도자가 매도 후에 미리 정한 가격 또는 매도가격에 양도자에게 금전을 대여하였더라면 그 대가로 받았을 이자수익을 더한 금액으로 양도자산을 재매입하는 거래의 경우 • 시장위험을 다시 양도자에게 이전하는 총수익스왑과 함께 금융자산을 매도한 경우

6. 금융자산의 재분류

① 금융자산의 재분류는 지분상품 혹은 파생상품은 원칙적으로 불가하고 채무상품만 사업모형을 변경하는 경우에만 가능

② 재분류일은 사업모형의 변경 후 첫 번째 보고기간의 첫 번째 날임. 따라서 기중에 사업모형이 변경되는 경우 다음 회계연도 초에 재분류를 하게 됨

채무상품 (사업모형 변경 시에만)		재분류 후 범주		
		당기손익인식 금융자산	기타포괄손익인식 금융자산	상각후원가 측정 금융자산
재분류 전 범주	당기손익인식금융자산	×	○*주1)	○*주1)
	기타포괄손익인식금융자산	○*주2)	×	○*주3)
	상각후원가 측정 금융자산	○*주4)	○*주5)	×

*주1) 재평가일에 취득한 것으로 인식
*주2) 평가손익(기타포괄손익)은 당기손익으로 대체
*주3) 평가손익(기타포괄손익)을 금융자산과 상계 제거 후 최초 취득 시부터 상각후원가로 측정한 것으로 인식
*주4) 공정가치 평가 후 평가손익을 당기손익으로 인식
*주5) 공정가치 평가 후 평가손익을 기타포괄손익으로 인식

CHAPTER 02

단원별 적중문제

01 재고자산

01 공개

다음 중 재무상태표상 재고자산으로 분류되어야 할 항목으로 가장 올바르지 않은 것은?

① 부동산매매업을 영위하는 기업에서 보유하는 판매목적 토지
② 자동차제조회사 공장에서 생산 중에 있는 미완성 엔진
③ 건설회사에서 분양사업을 위해 신축하는 건물
④ 의류회사에서 공장의 일부를 폐쇄하면서 처분하고자 하는 설비자산

해설

의류회사의 처분예정인 설비자산은 유형자산으로 분류한다.

02 공개

자동차 부품제조업을 영위하고 있는 (주)삼일은 당기 중 원자재를 후불 조건으로 수입하는 과정에서 다음과 같은 항목의 원가가 발생하였다. 동 매입거래에 의하여 재무상태표상에 증가하게 될 재고자산의 가액은 얼마인가?(단, 거래당시의 환율은 $1 = 1,000원이다)

ㄱ. 재고자산의 매입원가	USD 1,000
ㄴ. 매입할인	USD 100
ㄷ. 운송보험료	100,000원
ㄹ. 환급 불가한 수입관세 및 제세금	20,000원
ㅁ. 재고자산 매입관리부서 인원의 매입기간 인건비	50,000원

① 900,000원 ② 1,000,000원
③ 1,020,000원 ④ 1,070,000원

해설

재고자산(매입할인 반영 후) = ($900 × 1,000) + 100,000 + 20,000 = 1,020,000

01 ④ 02 ③ 정답

03 공개

다음 자료에서 재고자산평가손실은 (주)삼일의 재고자산이 진부화되어 발생하였다. 다음 자료 중 (주)삼일의 20x2년 포괄손익계산서상 매출원가 등 관련 비용은 얼마인가?

• 20x1년 12월 31일 재고자산	500,000원
• 20x2년 매입액	2,000,000원
• 20x2년 재고자산평가손실	200,000원
• 20x2년 재고자산감모손실(정상감모)	100,000원
• 20x2년 12월 31일 재고자산(평가손실과 감모손실 차감 후)	1,000,000원

① 1,200,000원 ② 1,300,000원
③ 1,400,000원 ④ 1,500,000원

해설

• 매출원가(평가손실과 감모손실 반영 후) = 500,000 + 2,000,000 − 1,000,000 = 1,500,000
• 비정상감모손실 : 0
∴ 총 관련 비용 = 1,500,000 + 0 = 1,500,000

04 공개

다음은 (주)삼일의 재고수불부이다. (주)삼일이 기말재고자산을 총평균법과 선입선출법으로 각각 평가할 경우 두 평가금액의 차이는 얼마인가?

구 분	단 위	단 위 원 가
기초재고(1월 1일)	1,000개	@100
매입(3월 5일)	500개	@120
매입(5월 15일)	1,500개	@140
매입(11월 10일)	200개	@150
총 판매가능수량	3,200개	
매출(4월 22일)	1,500개	
매출(9월 29일)	1,000개	
총 판매수량	2,500개	
기말재고(12월 31일)	700개	

① 2,500원 ② 7,500원
③ 10,000원 ④ 12,500원

해설

• 총평균법 기말재고 = $\frac{(1,000 \times 100) + (500 \times 120) + (1,500 \times 140) + (200 \times 150)}{1,000 + 500 + 1,500 + 200} \times$ 700개 = 87,500
• 선입선출법 기말재고 = (500 × 140) + (200 × 150) = 100,000
∴ 평가금액의 차이 = 100,000 − 87,500 = 12,500

정답 03 ④ 04 ④

05 공개

다음은 (주)삼일의 20x1 회계연도 결산 시 재고자산과 관련된 자료이다. 재고자산과 관련된 결산 수정분개가 당기손익에 미치는 영향으로 가장 옳은 것은?

ㄱ. 결산수정분개 전 기말재고자산 장부상 수량	100개
ㄴ. 결산수정분개 전 기말재고자산 장부상 매입단가	200원/개
ㄷ. 기말재고자산 실사수량	95개
ㄹ. 기말재고자산의 예상판매가격	160원/개
ㅁ. 기말재고자산의 예상판매비용	예상판매가격의 5%

① 4,800원 증가　② 5,560원 증가
③ 4,800원 감소　④ 5,560원 감소

해설

- 단위당매가(단위당순실현가능가치) = 160 − (160 × 5%) = 152
- 재고자산감모손실 = (100 × 200) − (95 × 200) = 1,000
- 재고자산평가손실 = (95 × 200) − (95 × 152) = 4,560

∴ 당기순이익에 미치는 영향 = 1,000 + 4,560 = 5,560(감소)

06 공개

다음 중 재고자산의 평가에 관한 설명으로 가장 올바르지 않은 것은?

① 재고자산은 취득원가와 순실현가능가치 중 낮은 금액으로 측정한다.
② 원재료의 현행대체원가가 장부금액보다 낮게 추정된다면 예외 없이 재고자산평가손실이 발생한다.
③ 상품 및 제품의 순실현가능가액은 예상판매가격에서 추가예상원가 및 기타 판매비용을 차감한 금액으로 추정한다.
④ 재고자산의 판매가 계약에 의해 확정되어 있는 경우 순실현가능가액은 그 계약가격이다.

해설

예외적으로 완성될 제품이 원가 이상으로 판매될 것이라고 예상하는 경우에는 그 생산에 투입하기 위해 보유하는 원재료를 감액하지 않는다.

07 **다음 재고자산에 대한 설명 중 항상 옳은 것은?**

① 선입선출법에 의하여 재고자산을 평가할 때 계속기록법을 적용하나 실지재고조사법을 적용하나 매출원가의 금액은 달라질 수 없다.
② 재고수준과 가격이 상승할 때 후입선출법이 선입선출법보다 매출원가를 작게 표시할 수 있다.
③ 미착품의 구입거래가 누락된 경우 유동비율이 과소계상된다.
④ 재고자산을 저가법에 의하여 평가할 때 항목별로 평가한 가액이 총계기준으로 평가한 가액보다 크다.

05 ④ 06 ② 07 ① 정답

해설

② 후입선출청산이 발생하지 않고(재고가 증가하고) 물가가 상승하면 후입선출법의 매출원가가 가장 크다.
③ (차) 재고자산 XXX (대) 매입채무 XXX의 분개가 누락되어 유동자산과 유동부채가 과소계상되는 금액이 같아지므로 유동비율에는 영향이 없다.
④ 항목별기준이 평가손실을 더 많이 계상하는 보수적인 방법이므로 재고자산가액이 더 적다.

08 다음 재고자산 회계와 관련된 한국채택국제회계기준의 설명 중 틀린 것은?

① 매입운임은 매입한 상품의 원가에 가산한다.
② 위탁판매의 경우 수탁자가 판매한 날에 위탁자의 재고자산을 감소시켜야 한다.
③ 후입선출법은 실제의 재고자산흐름을 충실하게 표현하지 못하는 이유로 한국채택국제회계기준에서는 이를 인정하지 않는다.
④ 지속적인 가격상승의 경우 선입선출법에 의한 재고자산의 평가는 평균법에 의한 재고자산의 평가보다 작은 당기순이익을 계상하게 된다.

해설

선입선출법 ≧ 이동평균법 ≧ 총평균법 ≧ 후입선출법

09 다음 중 재고자산의 회계처리와 관련된 설명으로 적절한 것은?

① 도착지인도기준의 미착상품에 대한 운송비, 보험료 등을 판매자가 부담하는 경우 매입자는 이를 매입단가에 포함시켜 재고자산에 가산한다.
② 선적지인도기준의 미착상품에 대한 운송비, 보험료 등을 매입자가 부담한 경우 이를 매입자의 포괄손익계산서에 판매비와 관리비로 보고한다.
③ 반품조건부판매 시 반품액을 합리적으로 추정하는 것이 불가능한 경우에는, 구매자가 상품의 인수를 수락하거나 반품기간이 종료되기 전까지는 해당 상품을 판매자의 재고자산으로 보고한다.
④ 시송품의 경우 고객이 구매의사를 밝히기 전 약정된 사용기간이 끝난 경우 무조건 재고자산에서 제외시킨다.

해설

① 도착지인도기준의 미착상품에 대한 운송비, 보험료 등을 판매자가 부담하는 경우 매입자는 회계처리하지 않는다.
② 선적지인도기준의 미착상품에 대한 운송비, 보험료 등을 매입자가 부담한 경우 이를 매입단가에 포함시켜 재고자산에 가산한다.
④ 고객이 매입의사표시를 하기 전까지는 판매회사의 재고자산에 포함시킨다.

정답 08 ④ 09 ③

10 다음은 재고자산의 평가에 대한 설명들이다. 잘못된 것은?

① 저가법 적용 시 시가란 권위 있는 관련 기관의 물가동향표에 의한 시장가격을 말한다.

② 저가법은 항목별로 적용하는 것이 원칙이지만, 재고자산 항목들이 서로 유사하거나 관련되어 있는 경우에는 조별로 적용할 수 있다.

③ 저가법 적용에 따라 평가손실을 초래하였던 상황이 해소되어 시가가 장부가액보다 상승한 경우 최초의 장부가액을 초과하지 않는 범위 내에서 평가손실을 환입한다.

④ 매출가격환원법은 원칙적으로 많은 종류의 상품을 취급하여 실제원가에 기초한 원가결정 방법의 사용이 곤란한 유통업에서만 사용할 수 있다.

해설

재고자산을 저가법으로 평가하는 경우 제품, 상품 및 재공품의 시가는 순실현가능가치를 말한다.

11 한국채택국제회계기준상 재고자산과 관련한 다음 설명 중 틀린 것은?

① 재고자산의 매입원가는 매입가액에 매입운임, 하역료 및 보험료 등 취득과정에서 정상적으로 발생한 부대비용을 가산한 금액으로 하고, 매입과 관련된 할인, 에누리 및 기타 유사한 항목은 매입원가에서 차감한다.

② 재고자산은 취득원가를 재무상태표가액으로 한다. 다만, 시가가 취득원가보다 낮은 경우에는 시가를 재무상태표가액으로 한다.

③ 성격이 상이한 재고자산을 일괄하여 구입한 경우에는 총매입원가를 각 재고자산의 공정가액 비율에 따라 배분하여 개별 재고자산의 매입원가를 결정한다.

④ 고정제조간접비는 생산설비의 실제조업도에 기초하여 제품에 배부하며, 필요한 경우에는 정상조업도를 사용할 수 있다.

해설

고정제조간접비는 생산설비의 정상조업도에 기초하여 제품에 배부하며, 실제 생산수준이 정상조업도와 유사한 경우에는 실제조업도를 사용할 수 있다.

10 ① 11 ④ 정답

12 (주)위드의 기말재고자산금액에 다음과 같은 사항이 포함되어 있다.

(1) 타회사에 판매를 위탁한 상품의 매가 7,000원(회사는 판매가의 30% 이익을 가산하여 판매한다)
(2) 시송품 2,500원(원가 2,100원)
(3) 판매하여 운송 중인 상품 7,000원(도착지 인도조건)
(4) 수탁상품 5,000원

상기사항을 고려하여 감액할 재고자산금액은 얼마인가?

① 7,500원 ② 8,500원
③ 13,300원 ④ 15,300원

해설

(1) 위탁상품을 원가로 계상하여야 한다. (7,000원 − 4,900원 = 2,100원)
(2) 시송품도 원가로 계상하여야 한다. (2,500원 − 2,100원 = 400원)
(4) 수탁상품은 전액감액대상이다. (5,000원)
∴ 2,100원 + 400원 + 5,000원 = 7,500원

PART 1

13 (주)위드는 재고자산에 대해 가중평균법을 적용하고 있다. 실지재고조사법 또는 계속기록법을 적용하였다고 가정할 경우, 다음 자료를 이용한 11월의 매출원가는 각각 얼마인가?

날 짜	적 요	수 량	단 가	금 액
11월 1일	기초재고	1,000개	10원	10,000원
11월 15일	매 입	2,000개	11원	22,000원
11월 18일	매 출	(1,500개)	−	−
11월 25일	매 입	1,000개	12원	12,000원
11월 30일	기말재고	2,500개	−	−

	실지재고조사법	계속기록법
①	16,500원	16,005원
②	21,000원	21,000원
③	21,000원	22,000원
④	23,000원	16,005원

해설

실사법은 총평균법을, 계속기록법은 이동평균법을 각각 적용한다.

• 실사법
 − 총평균단가 = (10,000원 + 22,000원 + 12,000원) ÷ (1,000개 + 2,000개 + 1,000개) = 11원
 ∴ 매출원가 = 11원 × 1,500개 = 16,500원

• 계속기록법
 − 11월 15일의 이동평균단가 = (10,000원 + 22,000원) ÷ (1,000개 + 2,000개) = 10.67원
 ∴ 매출원가 = 10.67원 × 1,500개 = 16,005원

정답 12 ① 13 ①

14 (주)위드의 재고자산과 관련하여 20x5년 포괄손익계산서에 비용으로 계상될 금액은 얼마인가? (단, 기말재고자산 장부수량과 실사수량은 일치한다)

ㄱ. 20x5년 판매가능상품(= 기초재고자산 + 당기매입액)	460,000원
ㄴ. 20x5년 기말재고자산 장부금액(재고자산평가손실 차감 전)	130,000원
ㄷ. 기말재고자산의 예상판매가격	150,000원
ㄹ. 기말재고자산의 예상판매비용	50,000원

① 320,000원 ② 340,000원
③ 360,000원 ④ 380,000원

해설

기말재고자산평가금액은 장부상 기말재고금액과 순실현가능가치액 중 작은 금액이다.
Min[130,000, (150,000 − 50,000)] = 100,000
∴ 20x5년 매출원가 = 460,000 − 100,000 = 360,000

15 (주)위드의 기말 실사 결과 재고자산은 1,200,000원이었다. 다음과 같은 추가자료를 고려할 때, 20x5년 말 현재 (주)위드의 재무상태표에 보고될 재고자산은 얼마인가?

(1) (주)솔로에 판매위탁한 적송품의 원가 600,000원 중에서 20x5년 말 현재 (주)솔로는 50%를 판매하였다.
(2) (주)위드가 20x5년 12월 25일에 F.O.B 선적지인도조건으로 출하하여 20x5년 말 현재 운송 중인 상품의 원가 250,000원
(3) 거래처에 시용판매한 시송품 원가 700,000원 중 20x5년 말 현재 300,000원은 상대방이 매입 의사를 밝혀왔다.
(4) 상품권을 당해 연도에 처음 발행하였으며, 발행액은 1,000,000원(원가는 800,000원)이다. 그 중에서 20x5년 말 현재 250,000원이 상품과 교환되었으며 원가로는 200,000원이다.

① 1,850,000원 ② 2,050,000원
③ 1,900,000원 ④ 2,100,000원

해설

1. 타처보관 기말재고액 : 700,000원
   (1) 적송품 : 600,000원 × 50% = 300,000원
   (2) 시송품 : 700,000원 − 300,000원 = 400,000원
2. 기말재고창고실사액 : 1,200,000원

∴ 기말재고자산 : 1,900,000원

14 ③ 15 ③ 정답

16 위드회사는 매출총이익률을 순매출액의 20%로 하고 있다. 매출총이익률법에 의한 기말재고자산 원가는?

• 총매출액	182,000원
• 매출환입	17,000원
• 총매입액	128,000원
• 매입환출	4,000원
• 기초재고자산	25,000원

① 17,000원 ② 29,500원

③ 33,500원 ④ 38,600원

해설

재고자산

기 초	25,000	매출원가	132,000*주)
당기순매입	124,000	기 말	17,000
	149,000		149,000

*주) 매출원가 : 순매출액 × (1 − 매출총이익률) = (182,000 − 17,000) × 0.8 = 132,000

17 (주)위드의 20x5년도 재고자산 관련 자료는 다음과 같다.

• 기초상품재고액	1,100,000원
• 판매원수수료	300,000원
• 매입액	4,400,000원
• 매입할인	200,000원
• 매입운임	100,000원
• 매출할인	200,000원
• 매출액	6,000,000원

20x5년 말 실제상품 재고액을 조사한 결과 기말상품 재고액은 1,100,000원으로 나타났다. (주)위드의 포괄손익계산서에 의한 매출총이익률은 항상 30%를 유지하고 있는 것으로 가정하면 20x5년 중에 도난당한 것으로 간주할 수 있는 상품은 얼마인가?

① 540,000원 ② 440,000원

③ 340,000원 ④ 240,000원

정답 16 ① 17 ④

해설

• 순매출액 : 6,000,000 − 200,000 = 5,800,000
• 매출원가 : 5,800,000 × (1 − 0.3) = 4,060,000

재고자산

기 초	1,100,000	매출원가	4,060,000
당기순매입	4,300,000*주)	장부상 기말	1,340,000
	5,400,000		5,400,000

*주) 당기순매입 = 4,400,000 + 100,000 − 200,000
∴ 도난손실 : 1,340,000 − 1,100,000 = 240,000

18 다음은 (주)위드의 기말 상품재고에 대한 자료이다. 기말에 (주)위드가 인식할 재고자산감모손실과 재고자산평가손실은?

• 장부수량	2,000개
• 실사수량	1,950개
• 취득단가	500원
• 단위당 순실현가치	400원

	재고자산감모손실	재고자산평가손실
①	20,000원	195,000원
②	20,000원	200,000원
③	25,000원	195,000원
④	25,000원	200,000원

해설

감모손실 = 50개 × 500 = 25,000
평가손실 = 1,950개 × 100 = 195,000

18 ③ 정답

19 20x3년 초에 영업을 개시한 위드는 매출액의 20%의 매출총이익을 정상적인 수준으로 가격을 결정하여 왔다. 20x5년까지 3년 동안의 기말재고자산은 다음과 같이 평가되었다.

구 분	20x3년	20x4년	20x5년
원가(선입선출법)	130,000	150,000	160,000
현행원가	110,000	130,000	150,000
순실현가능가치(NRV)	130,000	165,000	140,000
판매가격	160,000	170,000	160,000

재고자산을 한국채택국제회계기준인 저가법에 의하여 평가한다고 하면, 기말 재무상태표에 계상될 재고자산가액은 얼마인가?

	20x3년	20x4년	20x5년
①	100,000원	130,000원	140,000원
②	100,000원	120,000원	120,000원
③	100,000원	120,000원	140,000원
④	130,000원	150,000원	140,000원

해설
재고자산의 저가평가는 원가와 순실현가능가치 중 낮은 금액으로 한다.

20 다음은 도소매업을 영위하는 위드상사의 상품에 관한 자료이다.

• 기초상품재고액	10,000원
• 당기상품매입액	100,000원
• 장부상 기말상품재고액	20,000원 (@200원, 100개)
• 기말상품재고 실사량	95개
• 기말상품 단위당 시가(순실현가능가치 기준)	180원

위의 자료에 의할 때 위드상사의 재고자산평가손실은 얼마인가?

① 1,000원
② 1,900원
③ 975원
④ 950원

해설
재고자산평가손실 = 실제수량 × (단위당 원가 − 단위당 시가) = 95개 × (200 − 180) = 1,900

정답 19 ④ 20 ②

PART 1

21 (주)위드의 기말상품재고와 관련된 자료는 다음과 같다.

품 목	취득원가	순실현가능가액	현행대체원가
S_1	190,000	220,000	210,000
S_2	140,000	100,000	90,000
S_3	290,000	280,000	270,000

한편, 기초상품재고는 0원이며, 당기상품매입액은 4,000,000원이다. (주)위드 기말상품재고에 대해서 저가법을 적용할 때 재고자산평가손실과 당기매출원가는 각각 얼마인가?(단, (주)위드는 재고자산평가손실을 매출원가로 처리하고 있다)

	재고자산평가손실	당기매출원가
①	200,000원	3,450,000원
②	30,000원	3,350,000원
③	40,000원	3,300,000원
④	50,000원	3,430,000원

해설

(1) 재고자산평가손실

S2 : 140,000 − 100,000 =	40,000
S3 : 290,000 − 280,000 =	10,000
계	50,000

(2) 매출원가

기초재고	0
당기매입	4,000,000
기말재고	(620,000)
재고자산평가손실	50,000
계	3,430,000

22 재고자산과 관련한 다음 설명 중 틀린 것은?

① 반품률이 높은 상품의 판매에 있어서 반품률을 합리적으로 추정할 수 없을 경우에는 구매자가 상품의 인수를 수락하거나 반품기간이 종료된 시점까지는 판매자의 재고자산에 포함한다.

② 저가법의 적용 후에 새로운 시가가 장부가액보다 상승한 경우에는 시가와 장부가액의 차액은 재고자산계정에 가산하고 매출원가에서 차감한다.

③ 후입선출법은 실제의 재고자산흐름을 충실하게 표현하지 못하는 이유로 한국채택국제회계기준에서는 이를 인정하지 않는다.

④ 차입으로 인해 담보로 제공된 저당상품은 저당권이 실행되기 전까지는 담보제공자의 재고자산에 포함한다.

해설

저가법의 적용에 따른 평가손실을 초래했던 상황이 해소되어 새로운 시가가 장부가액보다 상승한 경우에는 최초의 장부가액을 초과하지 않는 범위 내에서 평가손실을 환입하고 매출원가에서 차감한다.

21 ④ 22 ② 정답

02 유형자산

01 공개 (주)서울은 사용 중이던 차량운반구 A를 (주)부산이 사용하던 차량운반구 B와 교환하였다. 이 교환과 관련하여 (주)서울은 공정가치의 차액 300,000원을 현금으로 지급하였다. 이 경우 (주)서울이 차량운반구 B의 취득원가로 인식해야 할 금액은 얼마인가?(단, 동 거래는 상업적 실질이 결여된 거래임)

	차량운반구 A	차량운반구 B
취득원가	3,500,000원	4,000,000원
감가상각누계액	1,200,000원	1,500,000원
공정가치	1,700,000원	2,000,000원

① 2,600,000원
② 2,300,000원
③ 2,000,000원
④ 1,700,000원

해설

상업적 실질이 결여된 경우

교환취득한 자산의 원가 = 제공한 자산의 장부가액 + 현금지급액 − 현금수령액
= (3,500,000 − 1,200,000) + 300,000 = 2,600,000

02 공개 (주)삼일은 공장을 신축하기로 하였으며, 이와 관련하여 20x1년 1월 1일 24,000,000원을 지출하였고, 공장은 20x3년 중에 완공될 예정이다. (주)삼일은 공장신축을 위해서 아래와 같이 특정목적으로 차입을 하였다. (주)삼일이 유형자산 건설과 관련된 차입원가를 자본화할 때 20x1년 특정차입금과 관련하여 자본화할 차입원가는 얼마인가?(단, 편의상 월할계산한다고 가정한다)

차입금액	차입기간	연이자율	비 고
24,000,000원	20x1년 5월 1일 ~ 20x2년 6월 30일	5%	공장신축을 위한 특정차입

① 600,000원
② 700,000원
③ 800,000원
④ 960,000원

해설

자본화할 차입원가 = 24,000,000 × 5% × 8/12 = 800,000

정답 01 ① 02 ③

03 다음 중 유형자산의 손상에 관한 설명으로 가장 옳은 것은?

공개

① 유형자산에 대해 재평가모형을 적용하는 경우 손상차손을 인식하지 않는다.

② 자산의 회수가능액은 순공정가치와 사용가치 중 작은 금액이다.

③ 기업은 매 보고기간 말마다 자산손상을 시사하는 징후가 있는지를 검토하여야 한다.

④ 자산손상을 시사하는 징후가 있는지를 검토할 때는 경제상황과 같은 외부정보는 고려하지 않는다.

해설

① 재평가모형의 경우 재평가잉여금을 감소시키고 그 차액을 손상차손으로 인식한다.
② 작은 금액(×) → 큰 금액(×)
④ 자산손상을 검토하는 경우 내부정보와 외부정보 모두 고려한다.

04 (주)삼일은 영업활동에 사용하던 건물(부속토지 포함)을 20x4년 12월 31일에 현금을 받고 처분하였다. 동 건물과 관련된 사항은 다음과 같다.

공개

• 건물의 취득원가	5,000,000원
• 취득일	20x1년 10월 1일
• 내용연수	20년
• 잔존가치	500,000원
• 감가상각방법	정액법
• 부속토지(취득원가)	3,000,000원
• 처분금액(건물 및 부속토지)	7,000,000원

20x4년도에 (주)삼일의 토지 · 건물 처분에 대한 회계처리로 가장 옳은 것은?(단, (주)삼일은 최초 인식시점 이후 유형자산을 원가모형으로 회계처리하고 있음)

①	(차)	현 금	7,000,000원	(대)	토 지	3,000,000원
		감가상각누계액	731,250원		건 물	5,000,000원
		유형자산처분손실	268,750원			
②	(차)	현 금	7,000,000원	(대)	토 지	3,000,000원
		유형자산처분손실	200,000원		건 물	4,200,000원
③	(차)	현 금	7,000,000원	(대)	토 지	3,000,000원
		감가상각누계액	812,500원		건 물	5,000,000원
		유형자산처분손실	187,500원			
④	(차)	현 금	7,000,000원	(대)	토 지	3,000,000원
		유형자산처분손실	100,000원		건 물	4,100,000원

해설

• 처분시점 감가상각누계액 = (5,000,000 − 500,000) × 39개월/240개월 = 731,250
• 유형자산처분손실 = (3,000,000 + 5,000,000) − (7,000,000 + 731,250) = 268,750

03 ③ 04 ① 정답

05 공개

(주)삼일의 재무상태표상 유형자산으로 표시되는 기계장치의 취득금액으로 가장 옳은 것은?

기계장치의 취득과 관련하여 발생한 원가	금 액
구입금액	700,000,000원
기계장치에서 생산된 새로운 상품을 소개하는 데 소요되는 광고비	50,000,000원
기계장치와 관련된 산출물에 대한 수요가 형성되는 과정에서 발생하는 가동손실	30,000,000원
경영진이 의도하는 방식으로 자산을 가동하는 데 필요한 장소와 상태에 이르게 하는 데 직접 관련이 있는 전문가에게 지급한 수수료	15,000,000원
합 계	795,000,000원

① 700,000,000원 ② 715,000,000원
③ 750,000,000원 ④ 795,000,000원

해설

• 전문가에게 지급한 수수료는 유형자산 원가에 포함되나 새로운 상품과 서비스 소개원가, 경영진이 의도하는 방식으로 가동될 수 있는 장소와 상태에 이른 후 발생한 원가 등은 유형자산 원가에 포함되지 아니한다.
∴ 기계장치 취득금액 : 700,000,000 + 15,000,000 = 715,000,000

06 공개

다음은 (주)삼일이 사용 중인 기계장치와 관련된 내용이다. (주)삼일이 기계장치와 관련하여 20x2년에 인식할 감가상각비는 얼마인가?(단, 기계장치는 정액법으로 상각하고, 잔존가치는 0원이라고 가정한다)

ㄱ. 20x1년 말 현재 기계장치 장부금액(손상차손 인식 전)	60,000,000원
ㄴ. 20x1년 말 현재 기계장치의 순공정가치	35,000,000원
ㄷ. 20x1년 말 현재 기계장치의 사용가치	30,000,000원
ㄹ. 20x1년 말 현재 기계장치의 잔존내용연수	10년
ㅁ. (주)삼일은 20x1년 말 상기 기계장치에 대해서 손상차손을 인식함	

① 600,000원 ② 3,000,000원
③ 3,500,000원 ④ 3,888,889원

해설

• 20x1년 말 회수가능액 = Max[35,000,000, 30,000,000] = 35,000,000
∴ 20x2년 말 감가상각비 = 35,000,000 ÷ 10년 = 3,500,000

정답 05 ② 06 ③

07 다음 중 20x2년도 (주)용산의 기계장치 A의 감가상각에 관한 설명으로 가장 올바르지 않은 것은?

공개

> (주)용산은 20x1년에 회사를 설립하고 기계장치 A를 구입하였다. 구입시점에는 동 기계장치를 10년 사용할 것으로 예상하였고 매년 균등하게 소비될 것이라 판단되어 10년의 내용연수를 적용하여 정액법으로 감가상각하였다. 그러나 예상보다 회사의 성장추세가 빨라 20x2년의 생산량이 20x1년 대비 80% 이상 늘어났으며, 20x3년의 생산량도 20x2년 대비 100% 이상 늘어날 것으로 예상된다. 이에 따라 기계장치 A의 마모나 손상이 기존 예측치보다 빠르게 진행될 것으로 판단되어 내용연수를 8년으로 변경하고자 한다. 또한, 회사는 소비형태를 보다 잘 반영하는 생산량비례법으로 감가상각방법을 변경하고자 한다.

① (주)용산은 자산의 미래 경제적 효익이 소비되는 형태를 반영하여 감가상각방법을 결정해야 한다.
② (주)용산은 기계장치 A의 감가상각방법 변경에 대하여 회계추정의 변경으로 처리해야 한다.
③ (주)용산은 자산의 미래 경제적 효익이 소비되는 형태가 변하지 않는 한 감가상각방법을 매 회계기간에 일관성 있게 적용한다.
④ 소비형태를 신뢰성 있게 결정할 수 없는 경우에는 정률법을 사용해야 한다.

해설

무형자산의 경우 자산의 경제적 효익이 소비되는 행태를 신뢰성 있게 결정하지 못하는 경우에는 정액법으로 상각해야 한다.

08 다음 중 유형자산의 취득원가에 포함되는 것을 모두 고르시오.

> 가. 관세 및 환급불가능한 취득 관련 세금
> 나. 유형자산의 취득과 직접적으로 관련된 종업원 급여
> 다. 자가건설과정에서 비정상적으로 발생한 원가
> 라. 자가건설로 인한 생산감소 등의 기회비용
> 마. 시험가동 관련 원가
> 바. 초기가동손실(단, 해당 금액은 신뢰성 있게 측정할 수 있음)

① 가, 나, 마, 바
② 가, 나, 라, 마, 바
③ 가, 나
④ 가, 나, 마

해설

다. 정상적으로 발생한 원가만 취득원가에 가산하며 비정상적인 원가는 취득원가에 포함하지 않고 기타영업외비용으로 처리한다. 재고자산의 비정상감모나 비정상공손(원가회계 참조)을 기타영업외비용으로 처리하는 것과 같은 논리이다.
라. 자가건설로 인한 생산감소 등의 기회비용은 회계적 비용이 아니므로 취득원가에 가산하지 않는다.
바. 초기가동손실은 유형자산의 취득과 관련이 없으므로 취득원가에 가산할 수 없다.

07 ④ 08 ④ 정답

09 유형자산의 취득원가에 관한 한국채택국제회계기준의 설명으로 옳지 않은 것은?

① 자동차 취득 시 불가피하게 매입하는 국공채의 매입가액과 공정가치(현재가치평가액)와의 차액은 당해 자동차의 취득원가에 산입한다.

② 토지를 취득하여 건물을 신축하는 경우, 측량비와 정지비는 토지의 취득원가에 산입하고 건물 기초공사를 위한 굴착비는 신축건물의 취득원가에 산입한다.

③ 건물을 신축하기 위하여 사용 중인 기존건물을 철거하는 경우, 기존건물의 철거비용은 신축건물의 취득원가에 산입하다.

④ 유형자산을 장기후불조건으로 구입하거나, 대금지급기간이 일반적인 신용기간보다 긴 경우 취득원가는 취득시점의 현금가격상당액으로 한다.

해설

건물을 신축하기 위하여 사용 중인 기존건물을 철거하는 경우, 기존건물의 철거비용은 당기비용으로 처리한다.

PART 1

10 (주)위드는 본사의 건물을 신축하기 위하여 기존건물이 있는 토지를 취득하면서 다음과 같은 자료를 작성하였다. 동 자료에 의하여 (주)위드가 인식하여야 할 건물과 토지의 취득원가로 바른 것은?

- 토지와 건물의 일괄취득액 : 3,500,000원(토지 공정가액 : 2,700,000원, 건물 공정가액 : 1,100,000원)
- 소유권이전비용 : 230,000원
- 취득세 : 70,000원
- 기존건물 철거비용 : 150,000원
- 기존건물 철거로 인한 부산물 수입 : 30,000원

	건 물	토 지
①	2,700,000원	3,000,000원
②	2,700,000원	3,920,000원
③	0원	3,000,000원
④	0원	3,920,000원

해설

- 건물의 취득원가 : 0원
- 토지의 취득원가 : 취득원가 3,500,000원 + 소유권이전비용 230,000원 + 취득세 70,000원 + 기존건물 철거비용 150,000원 − 기존건물 철거로 인한 부산물 수입 30,000원 = 3,920,000원

정답 09 ③ 10 ④

11 **(주)위드는 업무용 차량을 구입하면서 공채를 의무적으로 액면가액에 구입했다. 다음 자료에 의한 차량운반구의 취득원가로 바른 것은?**

• 차량가격	12,000,000원
• 차량구입에 따른 취득세	1,200,000원

매입 공채의 조건	
• 만 기	5년
• 액면가액	800,000원
• 액면이자율	4%
• 이자는 차량 구입 후 매 1년마다 지급	
• 시장이자율 5%, 5년의 현가계수	0.7835
• 시장이자율 5%, 5년의 연금현가계수	4.3295

① 12,000,000원 ② 12,234,656원
③ 13,000,020원 ④ 13,234,656원

해설

• 매입공채의 취득가액과 공정가액의 차액
 = 800,000원 − (800,000원 × 0.7835 + 32,000원 × 4.3295) = 34,656원

• 취득원가
 = 차량가격 12,000,000원 + 취득세 1,200,000원 + 매입액과 현재가치의 차액 34,656원 = 13,234,656원

12 **회사가 지방자치단체 등으로부터 수령한 정부보조금과 관련된 설명으로 가장 올바르지 않은 것은?**

① 정부보조금이란 기업의 영업활동과 관련하여 과거나 미래에 일정한 조건을 충족하였거나 충족할 경우 기업에게 자원을 이전하는 형식의 정부지원을 말한다.

② 자산관련보조금은 이연수익(부채)으로 표시하고 자산의 내용연수에 걸쳐 체계적이고 합리적인 기준으로 당기손익에 인식할 수 있다.

③ 정부지원의 요건을 충족하는 기업이 장기성 자산을 매입, 건설하거나 다른 방법으로 취득하여야 하는 일정한 조건이 있는 정부보조금을 자산관련보조금이라고 한다.

④ 수익관련보조금은 관련 자산의 장부금액에서 차감하여 표시하고 자산의 내용연수에 걸쳐 감가상각비를 감소하는 방식으로 당기손익에 인식할 수 있다.

해설

자산관련보조금의 자산차감법에 대한 설명이다.

11 ④ 12 ④ 정답

13 20x1년 1월 1일 (주)위드는 정부보조금을 지원받아 설비를 취득하였다. 설비의 취득원가는 500,000원이고 정부보조금은 200,000원으로 설비취득일에 전액 수령하였다. 동 설비의 내용연수는 5년, 잔존가액은 100,000원이며 정액법으로 감가상각한다. (주)위드가 동 설비를 20x4년 1월 1일 200,000원에 처분하였을 경우 유형자산처분손익은?(단, 동 설비에 대하여 원가모형을 적용하고 있음, 위의 정부보조금은 상환의무가 없으며 관련 자산을 차감하는 방법으로 회계처리함)

① 80,000원 처분이익　　② 20,000원 처분이익
③ 60,000원 처분손실　　④ 20,000원 처분손실

해설

기계장치 장부금액의 변동과 관련 손익을 표로 나타내면 다음과 같다.

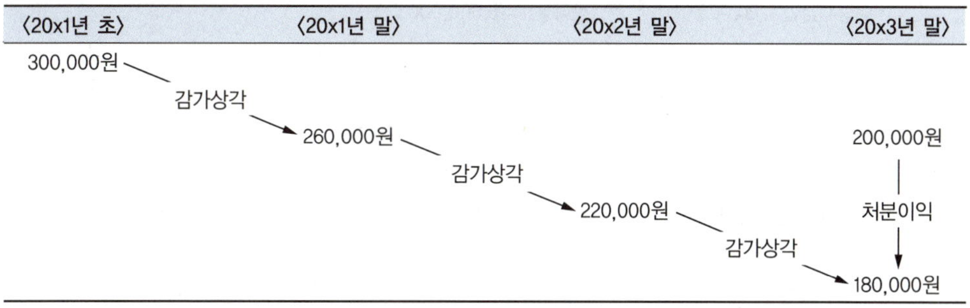

PART 1

14 유형자산의 감가상각에 관한 설명으로 옳지 않은 것은?

① 유형자산의 감가상각방법은 자산의 미래 경제적 효익이 소비되는 형태를 반영한다.
② 유형자산의 감가상각은 자산이 사용가능한 때부터 시작한다.
③ 유형자산에 내재된 미래 경제적 효익이 다른 자산을 생산하는데 사용되는 경우 유형자산의 감가상각액은 해당 자산 원가의 일부가 된다.
④ 정액법으로 감가상각하는 경우, 감가상각이 완전히 이루어지기 전이라도 유형자산이 가동되지 않거나 유휴상태가 되면 감가상각을 중단해야 한다.

해설

유형자산이 가동되지 않거나 유휴상태가 되더라도 감가상각이 완전히 이루어지기 전까지는 감가상각을 중단하지 않는다.

15 내용연수 8년의 건물을 정액법으로 감가상각한 결과 제4차 연도의 감가상각비는 120,000원이었다. 잔존가치가 7,000원이라고 할 때 건물의 취득원가는 얼마인가?(단, 유형자산 평가방법은 원가모형임)

① 840,000원　　② 846,000원
③ 940,000원　　④ 967,000원

해설

건물의 취득가액 : (120,000원 × 8년) + 7,000원 = 967,000원

정답 13 ② 14 ④ 15 ④

16 (주)위드(결산일 12월 31일)는 20x5년 1월 1일 내용연수 5년, 잔존가치는 취득원가의 10%인 자동차를 20,000,000원에 취득하였다. 동 자동차에 대해서 정액법, 연수합계법 및 이중체감법을 각각 적용하여 감가상각을 할 경우 20x5년도 감가상각비가 가장 많이 계상되는 감가상각방법의 순으로 나열된 것은?

① 정액법 > 연수합계법 > 이중체감법
② 정액법 > 이중체감법 > 연수합계법
③ 연수합계법 > 정액법 > 이중체감법
④ 이중체감법 > 연수합계법 > 정액법

해설

- 정액법 : (20,000,000 − 2,000,000) / 5 = 3,600,000
- 연수합계법 : (20,000,000 − 2,000,000) × 5/15 = 6,000,000
- 이중체감법 : 20,000,000 × 2/5(상각률) = 8,000,000

17 다음 자료에 의한 구축물의 취득원가로 옳은 것은?

• 구축물의 내용연수	5년
• 감가상각방법	연수합계법
• 구축물 취득 후 4년차 감가상각비	600,000원
• 구축물의 잔존가액	500,000원

① 4,000,000원
② 5,000,000원
③ 6,000,000원
④ 8,000,000원

해설

- 감가상각대상액 × 2/15 = 600,000원

∴ 감가상각대상액 = 4,500,000원

- 취득원가 = 감가상각대상액 4,500,000원 + 잔존가액 500,000원 = 5,000,000원

18 다음 보유하고 있는 토지의 20x5년 말의 재평가에 대한 회계처리로 옳은 것은?

• 20x4년 1월 1일 토지의 취득원가	30,000,000원
• 20x4년 말 토지의 재평가액	27,000,000원
• 20x5년 말 토지의 재평가액	32,000,000원

① 20x4년의 재평가손실액 3,000,000원 상계하고, 추가 상승액 2,000,000원은 기타포괄손익으로 처리
② 20x4년 말 평가손실 3,000,000원만 자본조정으로 처리하고 20x5년은 회계처리 불가
③ 토지에 대한 평가액이 변동하더라도 토지에 대한 회계처리는 불가능
④ 20x5년의 재평가손실액 3,000,000원 상계하고, 추가 상승액 2,000,000원은 회계처리 불가

해설

토지의 가격이 상승한 경우, 재평가로 인한 회복액은 이전의 재평가손실 설정액과 상계하고, 추가 상승액은 기타포괄손익(자본)으로 처리

16 ④ 17 ② 18 ① 정답

19 (주)위드는 유형자산인 토지에 대해 재평가모형으로 회계처리하고 있으며, 당기 중 토지의 공정가치가 3억원 증가하였다. 이러한 토지 공정가치의 증가로 인하여 (주)위드의 20x5년 말 재무상태표 작성 시 기초에 비해 증가하는 항목을 가장 올바르게 표시한 것은?(단, 법인세효과는 고려하지 않는다)

유 동 자 산 (ㄱ)	유 동 부 채 (ㄷ)
	비 유 동 부 채 (ㄹ)
비 유 동 자 산 (ㄴ)	자 본 (ㅁ)

① (ㄱ), (ㄹ)　　② (ㄱ), (ㅁ)
③ (ㄴ), (ㅁ)　　④ (ㄴ), (ㄷ), (ㅁ)

해설

재평가이익 발생 시 다음과 같이 처리한다.

(차) 토 지	3억원	(대) 재평가잉여금(기타포괄손익)	3억원

20 (주)위드는 20x4년 3월 12일에 토지를 600,000원에 취득하여 재평가모형을 적용하고 있다. 토지의 공정가치가 20x4년 말과 20x5년 말에 각각 560,000원과 650,000원일 때, 20x5년 말 토지 재평가 결과가 20x5년 포괄손익계산서에 미치는 영향은?

	당기순이익	기타포괄이익
①	증가 50,000원	증가 40,000원
②	0원	증가 90,000원
③	감소 40,000원	증가 50,000원
④	증가 40,000원	증가 50,000원

해설

당기손익(재평가이익) : 600,000 − 560,000 = 40,000
기타포괄손익 : 650,000 − 600,000 = 50,000

정답 19 ③ 20 ④

21 다음은 (주)위드가 20x3년 초에 취득한 토지에 관한 자료이다. (주)위드는 토지 취득 후에 재평가모형에 의해 토지에 대한 회계처리를 한다. 토지의 취득원가와 각 회계기간 말 현재 토지의 공정가치는 아래와 같다.

구 분	취득원가	각 회계기간 말 공정가치		
	20x3년 초	20x3년	20x4년	20x5년
토 지	3,000	3,500	3,200	2,800

토지의 재평가와 관련하여 (주)위드가 20x5년도에 인식할 당기손실과 총포괄손실은 각각 얼마인가?(단, 법인세효과는 고려하지 않는다)

	당기손실	총포괄손실
①	300원	300원
②	0원	300원
③	200원	500원
④	200원	400원

해설

- 당기손익 : 2,800 − 3,000 = (200)
- 총포괄손익 : 2,800 − 3,200 = (400)
- 20x5년 12월 31일 회계처리

(차)	재평가잉여금(자본항목)	200	(대) 토 지	400*주)
	재평가손실(당기손익)	200		

*주) 장부금액 3,200 − 공정가치 2,800 = 400

22 차입원가의 자본화에 대한 설명으로 타당한 것은 무엇인가?

① 단기간 대량·반복적으로 생산되거나 경상적으로 제조되는 재고자산에 대한 금융비용은 자본화하여야 한다.

② 금융비용 자본화대상 자산은 의도된 용도로 사용하거나 판매가능한 상태에 이르게 하는 데 상당한 기간을 필요로 하는 자산을 말한다.

③ 일반차입금에 대한 차입원가를 특정차입금에 대한 차입원가보다 우선 계산한다.

④ 이미 수익창출활동에 공헌하고 있는 사용 중인 자산에 관련된 금융비용도 자본화대상이 된다.

해설

① 단기간 대량·반복적으로 생산되거나 경상적으로 제조되는 재고자산에 대한 금융비용은 당기비용으로 처리한다.
③ 특정차입금을 우선 자본화한다.
④ 이미 수익창출활동에 공헌하고 있는 사용 중인 자산에 관련된 금융비용은 자본화대상이 아니다.

21 ④ 22 ② 정답

[23~24] (주)위드는 사옥을 건설하기 위하여 20x5년 1월 1일에 건설회사와 건설계약을 체결하였으며, 사옥은 20x7년 말에 완공될 예정이다. (주)위드는 사옥건설을 위해 다음과 같이 지출하였다.

날 짜	지출금액
20x5년 1월 1일	1,000,000원
20x5년 10월 1일	400,000원
20x6년 6월 1일	1,500,000원
20x7년 11월 1일	1,200,000원

(주)위드의 차입금은 다음과 같다.

차입금	차입금액	차입일	상환일	이자율
A은행	500,000원	20x5.1.1	20x7.12.31	8%
B은행	500,000원	20x5.6.30	20x7.6.30	6%
C은행	250,000원	20x4.1.1	20x6.12.31	9%

이들 차입금 중 A은행에서의 차입금은 (주)위드의 사옥건설을 위한 특정차입금이며, B은행 차입금과 C은행 차입금은 일반차입금이다.

23 (주)위드가 20x5년 자본화할 특정차입금에 대한 차입원가의 금액은?

① 35,000원 ② 37,500원

③ 40,000원 ④ 45,000원

해설

1/1	1,000,000 × 12/12 =	1,000,000		
10/1	400,000 × 3/12 =	100,000		
	연평균지출액	1,100,000	특정차입금 : 500,000 × 8% =	40,000
			일반차입금 : 600,000 × 7.5% =	45,000
			합계 :	85,000

24 (주)위드가 20x5년 자본화할 일반차입금에 대한 차입원가의 금액은?

① 47,500원 ② 35,000원

③ 45,000원 ④ 37,500원

해설

구 분	이자율	평균차입액
일반차입금 B	6%	500,000 × 6/12 = 250,000
일반차입금 C	9%	250,000 × 12/12 = 250,000
합 계		500,000

- 가중평균차입이자율 : 6% × 250,000/500,000 + 9% × 250,000/500,000 = 7.5%
- 일반차입금 자본화 한도 : 500,000 × 7.5% = 37,500

∴ 일반차입금 관련 차입원가 자본화 한도는 37,500원이므로, 20x5년 자본화할 일반차입금 차입원가는 37,500원이다.

정답 23 ③ 24 ④

03 무형자산

01 공개

다음 중 내부적으로 창출한 무형자산에 관한 설명으로 가장 올바르지 않은 것은?

① 내부적으로 창출한 영업권은 원가를 신뢰성 있게 측정할 수 없고 기업이 통제하고 있는 식별가능한 자원이 아니기 때문에 자산으로 인식하지 아니한다.

② 내부 프로젝트의 연구단계에서는 미래 경제적 효익을 창출할 무형자산이 존재한다는 것을 제시할 수 없기 때문에 연구단계에서 발생한 지출은 발생시점에 비용으로 인식한다.

③ 무형자산을 창출하기 위한 내부 프로젝트를 연구단계와 개발단계로 구분할 수 없는 경우에는 그 프로젝트에서 발생한 지출은 모두 개발단계에서 발생한 것으로 본다.

④ 재료, 장치, 제품, 공정, 시스템이나 용역에 대한 여러 가지 대체안을 탐색하는 활동은 연구단계에 속하는 활동의 일반적인 예에 해당한다.

해설

연구단계와 개발단계를 구분할 수 없는 경우에는 모두 연구단계에서 발생한 것으로 본다.

02 공개

제조업을 영위하고 있는 (주)삼일은 신제품 개발활동과 관련하여 6,000,000원을 개발비로 계상하였다(해당 개발비는 무형자산인식기준을 충족함). 해당 무형자산은 20x1년 10월 1일부터 사용가능하며, 내용연수는 5년이고 잔존가치는 없다. 동 개발비의 경제적 효익이 소비되는 형태를 신뢰성 있게 결정할 수 없다고 가정할 경우, 개발비 관련하여 20x1년에 인식할 무형자산상각비는 얼마인가?

① 300,000원　　② 600,000원

③ 1,200,000원　　④ 6,000,000원

해설

• 개발비의 경제적 효익이 소비되는 형태를 신뢰성 있게 결정 못할 경우 정액법으로 상각한다.

∴ 개발비상각비 = (6,000,000 ÷ 5년) × 3/12 = 300,000

03 공개

다음 중 재무상태표에 무형자산으로 보고하기 가장 어려운 것은?

① 산업재산권　　② 시추권

③ 내부적으로 창출한 영업권　　④ 웹 사이트

해설

내부적으로 창출한 영업권(자가창설영업권)은 무형자산으로 인식하지 아니하며, 유상으로 취득한 영업권(사업결합으로 취득한 영업권)만 무형자산으로 인식한다.

01 ③　02 ①　03 ③ 정답

04 다음 중 무형자산에 해당하는 것은?

① 조직 개편에 관련된 지출
② 교육 훈련을 위한 지출
③ 프로젝트 연구단계에서 발생한 지출
④ 기업결합으로 취득한 영업권

05 다음 중 무형자산의 내용으로 옳지 않은 것은?

① 무형자산의 경제적 효익이 소비되는 형태를 신뢰성 있게 결정할 수 없다면 상각을 하지 않는다.
② 내용연수가 비한정인 무형자산은 상각하지 아니하며, 매년 일정시기 그리고 자산손상을 시사하는 징후가 있을 때 손상검사를 수행한다.
③ 무형자산의 상각방법, 내용연수는 적어도 매보고기간 말에 재검토하며, 변경이 이루어진 경우 회계추정의 변경으로 보아 전진법으로 처리한다.
④ 무형자산은 내용연수가 비한정적이거나 한정적이거나 상관없이 재평가모형을 적용할 수 있다.

해설

무형자산의 경제적 효익이 소비되는 형태를 신뢰성 있게 결정할 수 없다면 정액법을 적용한다. 단, 이 기준은 유형자산에는 적용되지 않는다.

PART 1

06 다음 연구비와 개발비에 관한 설명으로 옳지 않은 것은?

① 무형자산을 창출하기 위한 내부프로젝트를 연구단계와 개발단계로 구분할 수 없는 경우에는 그 프로젝트에서 발생한 지출은 모두 연구단계에서 발생한 것으로 본다.
② 새롭거나 개선된 재료, 장치, 제품, 공정, 시스템이나 용역에 대한 여러 가지 대체안을 제안, 설계, 평가, 최종 선택하는 활동과 관련된 지출은 연구비로 보아 비용처리한다.
③ 상업생산목적으로 공장의 설계, 건설에 대해 발생한 지출은 개발단계에서 이루어진 것으로 보아 무형자산으로 인식할 수 있다.
④ 이미 연구비로 비용처리한 지출이 차후 무형자산의 요건을 충족하더라도 무형자산으로 인식할 수 없다.

해설

상업생산목적의 공장 설계, 건설에 대한 지출은 유형자산의 취득원가로 인식한다.

정답 04 ④ 05 ① 06 ③

07 다음은 20x1년 (주)위드의 엔진 개발과 관련하여 20x1년 6월 30일까지 발생한 지출에 대한 자료이다. 동 엔진이 20x1년 7월 1일부터 사용가능한 경우 20x1년 (주)위드가 엔진개발과 관련하여 인식해야 할 비용은 얼마인가?(단, 엔진개발비에 대하여 내용연수 10년, 정액법 상각함)

연구 단계	• 엔진 연구결과의 평가를 위한 지출 : 5,000,000원 • 여러 가지 대체안 탐색활동을 위한 지출 : 27,000,000원
개발 단계	• 자산인식조건을 만족하는 개발단계 지출 : 40,000,000원 • 자산인식조건을 만족하지 않는 개발단계 지출 : 5,000,000원

① 32,000,000원
② 36,000,000원
③ 39,000,000원
④ 75,000,000원

해설

• 총비용 = 연구비(5,000,000 + 27,000,000) + 경상개발비 5,000,000 + 무형자산상각비[*주)] 2,000,000 = 39,000,000

*주) 무형자산상각비 = (40,000,000 ÷ 10년) × 6/12 = 2,000,000

※ 무형자산은 사용가능시점(20x1년 7월 1일)에 상각을 개시한다.

08 (주)위드는 신제품 개발 프로젝트와 관련하여 당기 중 5억원을 지출하였다. 동 지출 중 2억원은 생산 전의 시제품을 설계 및 제작하는데 소요되었고, 3억원은 새로운 기술과 관련된 공구 등을 설계하는데 소요되었다. 다음 중 이에 대한 회계처리로 가장 올바른 것은?

① 발생한 5억원 중 무형자산 인식기준을 충족하는 것은 무형자산으로 인식하고, 무형자산 인식기준을 충족하지 못하는 것은 발생시점에 비용으로 인식한다.
② 무형자산 인식기준의 충족여부와 관계없이 신제품 프로젝트와 관련하여 발생한 5억원은 전액 현금지출시점에 비용으로 인식한다.
③ 무형자산 인식기준의 충족여부와 관계없이 새로운 기술과 관련된 공구 등을 설계하는 데 소요된 3억원은 무형자산으로 인식한다.
④ 무형자산 인식기준의 충족여부와 관계없이 생산 전 모형을 설계 및 제작하는데 소요된 3억원은 전액 발생시점에 비용으로 인식한다.

해설

시제품의 설계 제작과 공구 설계작업은 모두 개발단계에 속하는 활동으로서 무형자산 인식요건을 충족하는 경우에만 자산으로 인식한다.

07 ③ 08 ① 정답

09 (주)위드는 20x5년 초 특허권을 1,000,000원에 취득하였다. 20x5년 말 특허권의 회수가능액을 추정한 결과 순공정가치 400,000원, 사용가치 500,000원으로 확인이 되어 손상차손을 인식하였다. 무형자산의 내용연수가 5년으로 추정된 경우와 비한정 내용연수로 추정된 경우 각각 20x5년 말에 인식할 손상차손은 얼마인가?

	5년 내용연수	비한정 내용연수
①	300,000원	500,000원
②	500,000원	500,000원
③	300,000원	300,000원
④	200,000원	500,000원

해설

• 5년 내용연수 추정 시 : (1,000,000 − 200,000) − 500,000 = 300,000
• 비한정 내용연수 추정 시 : 1,000,000 − 500,000 = 500,000

PART 1

04 투자부동산

01 공개

다음 중 투자부동산으로 분류되는 것으로 가장 옳은 것은?

① 자가사용 부동산
② 정상적인 영업과정에서 판매하기 위한 부동산이나 이를 위하여 건설 또는 개발 중인 부동산
③ 금융리스로 제공한 부동산
④ 장래 사용목적을 결정하지 못한 채로 보유하고 있는 토지

해설

장래 사용목적을 결정하지 못한 채로 보유하고 있는 토지는 투자부동산으로 분류한다.

02 공개

(주)삼일은 20x1년 3월 1일에 임대수익을 얻을 목적으로 건물을 1,000,000원에 취득하여 공정가치모형을 적용하여 회계처리하기로 하였다. (주)삼일은 동 건물을 20x2년 10월 1일에 본사사옥으로 사용목적을 변경하고, 즉시 사용하기 시작하였다. 동 건물의 20x1년 12월 31일과 20x2년 10월 1일의 공정가치는 각각 900,000원과 1,100,000원이었으며, 유형자산으로 대체된 상기 건물에 대해서 (주)삼일은 원가모형을 적용하기로 하였다. 20x2년 10월 1일 현재 동 건물의 내용연수는 10년이고, 잔존가치는 없는 것으로 추정하였다. 상기 건물에 대한 회계처리가 (주)삼일의 20x2년 당기순손익에 미치는 영향은?(단, 감가상각비의 계산이 필요한 경우 정액법을 적용하여 월할계산하기로 한다)

① 당기순이익 90,000원 감소
② 당기순이익 27,500원 감소
③ 당기순이익 172,500원 증가
④ 당기순이익 200,000원 증가

정답 09 ① / 01 ④ 02 ③

해설

- 투자부동산 평가이익 = 1,100,000 − 900,000 = 200,000
- 감가상각비 = (1,100,000 ÷ 10년) × 3/12 = 27,500

∴ 20x2년 당기순손익에 미치는 영향 = 투자부동산 평가이익 200,000 − 감가상각비 27,500 = 172,500(증가)

03 다음 중 투자부동산과 관련된 내용으로 올바르지 않은 것은?

공개

① 투자부동산은 임대수익이나 시세차익 또는 둘 다를 얻기 위하여 소유자가 보유하거나 리스이용자가 사용권자산으로 보유하고 있는 부동산을 말한다.

② 장래 용도를 결정하지 못한 채로 보유하고 있는 토지는 투자부동산에 해당되는 경우의 예이다.

③ 미래에 투자부동산으로 사용하기 위하여 건설 또는 개발 중인 부동산은 투자부동산으로 분류하여야 한다.

④ 정상적인 영업과정에서 판매를 위한 부동산이나 이를 위하여 건설 또는 개발 중인 부동산은 투자부동산으로 분류하여야 한다.

해설

정상적인 영업과정에서 판매를 위한 부동산이나 이를 위하여 건설 또는 개발 중인 부동산은 재고자산으로 분류하여야 한다.

04 다음 중 투자부동산으로 분류되지 않는 것은 어느 것인가?

① 금융리스로 제공한 부동산

② 장래 사용목적을 결정하지 못한 채로 보유하고 있는 토지

③ 직접 소유하고 운용리스로 제공하고 있는 건물

④ 운용리스로 제공하기 위하여 보유하고 있는 미사용 건물

해설

금융리스로 제공한 부동산은 자산으로 인식하지 않는다.

03 ④ 04 ① 정답

05 투자부동산의 회계처리에 관한 설명으로 옳지 않은 것은?

① 부동산 중 일부는 시세차익을 얻기 위하여 보유하고, 일부분은 재화의 생산에 사용하기 위하여 보유하고 있으나, 이를 부분별로 나누어 매각할 수 없다면, 재화의 생산에 사용하기 위하여 보유하는 부분이 중요하다고 하더라도 전체 부동산을 투자부동산으로 분류한다.

② 금융리스를 통해 보유하게 된 건물을 운용리스로 제공하고 있다면 해당 건물은 투자부동산으로 분류한다.

③ 사무실 건물의 소유자가 그 건물을 사용하는 리스이용자에게 경미한 보안과 관리용역을 제공하는 경우 당해 부동산은 투자부동산으로 분류한다.

④ 운용리스로 제공하기 위하여 직접 소유하고 있는 미사용 건물은 투자부동산에 해당된다.

해설

부동산 중 일부분은 임대수익이나 시세차익을 얻기 위하여 보유하고, 일부분은 재화의 생산이나 용역의 제공 또는 관리목적에 사용하기 위하여 보유할 수 있다. 부분별로 분리하여 매각(또는 금융리스로 제공)할 수 있으면 각 부분을 분리하여 회계처리한다. 부분별로 분리하여 매각할 수 없다면 재화나 용역의 생산이나 제공 또는 관리목적에 사용하기 위하여 보유하는 부분이 경미한 경우에만 당해 부동산을 투자부동산으로 분류한다.

PART 1

06 다음 중 투자부동산의 후속측정에 대한 설명으로 올바른 것은?

① 투자부동산은 공정가치모형만 적용 가능하다.

② 투자부동산은 공정가치모형 적용 시 평가이익은 재평가모형과 동일하게 기타포괄손익으로 인식한다.

③ 일부 투자부동산에 대하여 원가모형을 적용하고 다른 일부 투자부동산에 대하여 공정가치모형을 적용할 수 있다.

④ 투자부동산을 공정가치모형으로 적용하는 경우 감가상각대상자산인 경우에도 감가상각은 수행하지 않는다.

해설

투자부동산은 보고기간 말에 공정가치모형과 원가모형 중 하나를 선택하여 모든 투자부동산에 적용하여야 한다. 투자부동산을 공정가치모형으로 적용 시 평가이익은 당기손익으로 인식한다. 금융리스로 제공한 부동산은 자산으로 인식하지 않는다.

정답 05 ① 06 ④

07 (주)위드는 20x3년 1월 1일 다음과 같은 건물을 구입하였으나 장래 사용목적을 결정하지 못하여 투자부동산으로 분류하여 보유하고 있다. 투자부동산의 회계처리와 관련하여 (주)위드의 20x3년 당기손익에 미치는 영향은 얼마인가?(단, (주)위드는 공정가치모형으로 투자부동산을 평가하고 있다)

ㄱ. 취득원가 : 300,000,000원
ㄴ. 감가상각방법 : 정액법
ㄷ. 내용연수 : 20년
ㄹ. 공정가치

구 분	20x3년 12월 31일	20x3년 1월 1일
투자부동산	270,000,000	290,000,000

① 손익 없음
② 10,000,000원 손실
③ 20,000,000원 손실
④ 30,000,000원 손실

해설

300,000,000 − 270,000,000 = 30,000,000(손실)

08 한국채택국제회계기준 제1040호 투자부동산에 관한 다음의 내용 중 옳은 것은 몇 개인가?

1. 운용리스이용자가 보유하고 있는 부동산에 대한 권리는 투자부동산으로 인식될 수 없다.
2. 장래 사용목적을 결정하지 못한 채로 보유하고 있는 토지는 투자부동산으로 분류한다.
3. 투자부동산은 공정가치모형만 적용하며, 공정가치변동으로 발생하는 손익은 당기손익으로 인식한다.
4. 재고자산이나 유형자산(자가사용 부동산)을 공정가치로 평가하는 투자부동산으로 대체하는 경우 당해 자산의 장부금액과 공정가치의 차이는 당기손익으로 인식한다.

① 1개
② 2개
③ 3개
④ 4개

해설

1. 운용리스이용자가 보유하고 있는 부동산에 대한 권리가 투자부동산의 정의를 충족하고 공정가치모형을 적용한다면 투자부동산으로 인식할 수 있다.
3. 공정가치를 신뢰성 있게 결정하기 어려운 경우에는 원가모형을 적용한다.
4. 재고자산 대체의 경우에는 차이를 당기손익으로 인식하지만 자가사용 부동산 대체의 경우에는 유형자산의 재평가 회계처리를 적용하므로 재평가잉여금을 인식하는 경우가 발생한다.

07 ④ 08 ① 정답

05 금융자산

01 공개 (주)서울은 20x1년 초에 (주)용산의 주식 1,000주를 기타포괄손익인식금융자산으로 분류하고 있다. (주)서울이 20x1년과 20x2년 말의 재무상태표에 기타포괄손익누계액으로 계상할 평가손익은 각각 얼마인가?(단, 법인세효과는 고려하지 않는다)

일 자	구 분	주당 금액
20x1년 1월 3일	취득원가	5,000원
20x1년 12월 31일	공정가치	6,500원
20x2년 12월 31일	공정가치	4,900원

	20x1년 말	20x2년 말
①	0원	0원
②	이익 1,500,000원	손실 100,000원
③	이익 1,500,000원	이익 100,000원
④	이익 1,500,000원	손실 1,600,000원

해설

- 20x1년 말 평가손익 = (6,500 − 5,000) × 1,000주 = 1,500,000원 평가이익
- 20x2년 말 평가손익 = (4,900 − 5,000) × 1,000주 = 100,000원 평가손실

02 공개 다음 중 금융자산의 손상 발생에 대한 객관적인 증거로 보기에 가장 올바르지 않은 것은?

① 이자지급이나 원금상환의 불이행이나 지연과 같은 계약 위반
② 차입자의 재무적 어려움에 관련된 경제적 또는 법률적 이유로 인한 당초 차입조건의 불가피한 완화
③ 차입자의 파산이나 기타 재무구조조정의 가능성이 높은 상태가 된 경우
④ 유동부채가 유동자산을 초과하는 경우

해설

유동부채가 유동자산을 초과했다고 해서 금융자산의 손상 발생에 대한 객관적인 증거로 볼 수 없다.

정답 01 ② 02 ④

03 공개 **다음 중 양도자가 소유에 따른 위험과 보상의 대부분을 이전하는 경우에 해당하는 예로 가장 옳은 것은?**

① 금융자산을 아무런 조건이 없이 매도한 경우
② 유가증권대여계약을 체결한 경우
③ 양도자가 매도 후에 미리 정한 가격 또는 매도가격에 양도자에게 금전을 대여하였더라면 그 대가로 받았을 이자수익을 더한 금액으로 양도자산을 재매입하는 거래의 경우
④ 양도자가 양수자에게 발생가능성이 높은 대손의 보상을 보증하면서 단기 수취채권을 매도한 경우

해설

②, ③, ④는 위험과 보상의 대부분을 보유하는 예이다.

04 공개 **다음 중 당기손익-공정가치 측정 금융자산에 관한 설명으로 가장 올바르지 않은 것은?**

① 단기매매 목적의 금융자산은 당기손익-공정가치 측정 금융자산으로 분류된다.
② 채무상품인 당기손익-공정가치 측정 금융자산은 다른 금융상품으로 재분류할 수 없다.
③ 당기손익-공정가치 측정 금융자산은 취득 후 공정가치로 평가하여 당기손익에 반영한다.
④ 당기손익-공정가치 측정 금융자산 취득 시 지출된 거래원가는 당기비용으로 처리한다.

해설

채무상품인 당기손익-공정가치 측정 금융자산은 다른 금융상품으로 재분류할 수 있으며, 지분상품 또는 파생상품은 재분류할 수 없다.

05 공개 **(주)삼일은 20x1년 1월 1일에 다음과 같은 조건의 상각후원가측정금융자산을 취득 당시의 공정가치로 취득하였다. 이 경우 (주)삼일의 상각후원가 측정 금융자산의 취득원가는 얼마인가?(단, 소수점은 반올림한다)**

ㄱ. 액면금액 : 100,000원
ㄴ. 발행일 : 20x1년 1월 1일
ㄷ. 만기일 : 20x2년 12월 31일(2년)
ㄹ. 액면이자율 : 10%, 매년 말 지급조건
ㅁ. 시장이자율 : 20x1년 1월 1일 현재 12%
ㅂ. 현가계수

이자율	현가계수		
	1년	2년	계
12%	0.89286	0.79719	1.69005

① 96,000원 ② 96,620원
③ 98,991원 ④ 100,000원

해설

100,000 × 0.79719 + 10,000 × 1.69005 ≒ 96,620

03 ① 04 ② 05 ② 정답

06 다음 중 상각후원가측정금융자산에 관한 설명으로 가장 올바르지 않은 것은?

공개

① 원칙적으로 지분상품은 상각후원가측정금융자산으로 분류될 수 없다.
② 상각후원가측정금융자산은 유효이자율법을 적용하여 상각후원가로 평가한다.
③ 원칙적으로 모든 채무증권은 상각후원가측정금융자산으로 분류한다.
④ 상각후원가측정금융자산 취득 시 지출된 거래원가는 취득원가에 우선 가산한 후 유효이자율법에 의해 이자수익에 가감된다.

해설

사업모형과 계약상 현금흐름 특성에 따라 다양하게 분류될 수 있다.

07 (주)삼일은 20x1년 1월 1일 다음과 같이 금융자산을 취득하였다. 최초 인식시점에 재무상태표에 인식될 금융자산의 분류별 측정금액은 각각 얼마인가?

공개

(주)용산의 지분증권	(주)마포의 채무증권	(주)구로의 지분증권
• 취득가격 : 1,000,000원 • 거래원가 : 100,000원 • 단기매매목적	• 액면가액 : 1,000,000원 • 시장이자율 : 10% • 액면이자율 : 10% • 계약상 현금흐름 수취목적	• 취득가격 : 1,500,000원 • 거래원가 : 150,000원 • 취득시점에 기타포괄손익인식금융자산으로 지정

	당기손익인식금융자산	기타포괄손익인식금융자산	상각후원가측정금융자산
①	1,100,000원	1,650,000원	1,000,000원
②	1,000,000원	1,650,000원	1,000,000원
③	1,100,000원	1,500,000원	1,100,000원
④	1,000,000원	1,500,000원	1,000,000원

해설

• (주)용산의 지분증권 : 당기손익인식금융자산, 취득원가 1,000,000원(거래원가는 당기비용처리)
• (주)마포의 채무증권 : 상각후원가측정금융자산, 취득원가 1,000,000원(액면발행)
• (주)구로의 지분증권 : 기타포괄손익인식금융자산, 취득원가 1,650,000원(거래원가는 취득원가에 가산)

08 한국채택국제회계기준에서 '현금및현금성자산'으로 분류될 수 없는 것은?

① 보고기간 후 3개월 이내에 만기가 도래하는 양도성예금증서
② 취득 당시 만기가 3개월 이내인 상환우선주
③ 취득 당시 3개월 이내의 환매조건인 환매채
④ 당좌예금

해설

현금및현금성자산이란 취득일로부터 만기가 3개월 이내인 금융자산을 말한다.

정답 06 ③ 07 ② 08 ①

09 **다음 자료에 의한 현금및현금성자산 합계액으로 바른 것은?**

• 당좌수표	45,000원
• 선일자수표(발행일 30일 이내)	12,000원
• 우편환증서	8,000원
• 만기도래한 공채이자표	23,000원
• 우 표	2,000원
• 당좌개설보증금	10,000원
• 송금환	7,000원
• 당좌차월	5,000원
• 취득일로부터 상환일이 4개월 남아있는 단기금융상품	14,000원

① 83,000원 ② 85,000원
③ 90,000원 ④ 98,000원

해설

당좌수표 45,000원 + 우편환증서 8,000원 + 공채이자표 23,000원 + 송금환 7,000원 = 83,000원

10 **위드산업은 거래처의 부도로 인하여 회수 불가능한 것으로 판명된 매출채권 1,000,000원을 대손처리하였다. 이때 대손충당금 잔액은 1,500,000원이었다. 매출채권의 대손확정에 관한 회계처리가 위드산업의 유동자산과 당기순이익에 미치는 영향으로 가장 옳은 것은?**

	유동자산	당기순이익		유동자산	당기순이익
①	감 소	감 소	②	감 소	불 변
③	불 변	감 소	④	불 변	불 변

해설

(차) 대손충당금	1,000,000	(대) 매출채권	1,000,000

∴ 유동자산 및 당기순이익 불변

09 ① 10 ④ 정답

11 다음 중 금융자산의 분류에 대한 설명으로 가장 올바르지 않은 것은?

① 금융자산은 크게 당기손익인식금융자산, 기타포괄손익인식금융자산, 상각후원가 측정 금융자산으로 분류한다.

② 기타포괄손익인식금융자산이란 보고기간 말에 공정가치로 측정하되 평가손익을 자본항목인 기타포괄손익으로 인식하는 금융자산을 말한다.

③ 상각후원가 측정 금융자산의 상각후원가란 할인 또는 할증발행 시 할증차금 등을 유효이자율법에 따라 이자수익에 가감한 금액을 말한다.

④ 지분증권의 기타포괄손익인식금융자산의 평가손익은 이후 처분하는 경우에는 손익계산서상 처분손익으로 대체한다.

해설

지분증권의 기타포괄손익인식금융자산의 평가손익은 이후 처분하는 경우에도 손익계산서상 처분손익으로 대체하지 않고 계속 기타포괄손익으로 인식한다.

PART 1

12 다음 중 당기손익인식금융자산의 내용으로 옳지 않은 것은?

① 당기손익인식금융자산의 후속측정은 공정가치로 평가하여 당기손익에 반영한다.

② 주로 단기간 내에 매각하거나 재매입할 목적으로 취득한 금융자산은 당기손익인식금융자산으로 분류한다.

③ 활성시장이 없어서 공정가치를 신뢰성 있게 측정할 수 없는 지분상품은 당기손익인식금융자산으로 지정할 수 없다.

④ 당기손익인식금융자산의 취득과 직접 관련되는 거래원가는 최초 인식하는 공정가치에 가산한다.

해설

당기손익인식금융자산의 취득과 직접 관련되는 거래원가는 당기비용으로 인식한다.

13 (주)위드는 20x5년 중에 10,100원을 지급하고 단기투자목적으로 지분상품을 취득하였는데, 지급액 중 100원은 매매수수료이다. 20x5년 말 현재 지분상품의 공정가치는 11,000원이며, (주)서울은 20x6년 초에 지분상품 전체를 11,200원에 처분하였다. (주)서울이 이 지분상품을 당기손익-공정가치 측정 금융자산으로 인식할 경우, 이에 대한 회계처리가 20x5년과 20x6년 당기순이익에 미치는 영향은?

① 20x5년 100원 감소, 20x6년 1,200원 증가

② 20x5년 900원 증가, 20x6년 200원 증가

③ 20x5년 900원 증가, 20x6년 900원 증가

④ 20x5년 1,000원 증가, 20x6년 200원 증가

정답 11 ④ 12 ④ 13 ②

해설

• 20x5년

당기손익-공정가치 측정 금융자산 취득과 관련된 거래원가(100원)는 당기손익(비용)으로 인식한다.

– 당기손익-공정가치 측정 금융자산평가이익 = 11,000 – 10,000 = 1,000

– 당기순이익 효과 = 1,000 – 100 = 900

• 20x6년

당기손익-공정가치 측정 금융자산을 취득한 연도의 다음 연도에 처분하면 순매각금액과 전기 말 공정가치를 비교하여 처분손익을 계산한다.

– 당기손익-공정가치 측정 금융자산처분이익 = 11,200 – 11,000 = 200

14 **다음 중 금융상품의 발행자가 금융상품을 금융부채와 지분상품으로 분류할 때 가장 올바르지 않은 것은?**

① 콜옵션매도와 같이 잠재적으로 불리한 조건으로 거래상대방과 금융자산이나 금융부채를 교환하기로 한 계약상 의무는 금융부채로 분류한다.

② 발행자가 보유자에게 미래의 시점에 확정된 금액을 의무적으로 상환해야 하는 의무가 있는 우선주는 금융부채로 분류한다.

③ 본사 건물과 동일한 공정가치에 해당하는 자기지분상품을 인도할 계약은 인도할 자기지분상품의 수량이 확정되지 않았으므로 지분상품으로 분류한다.

④ 지분상품은 기업의 자산에서 모든 부채를 차감한 후의 잔여지분을 나타내는 모든 계약을 말한다.

해설

자기지분상품으로 결제되거나 결제될 수 있는 계약으로서 인도할 자기지분상품의 수량이 변동가능한 비파생상품의 경우 발행자 입장에서 금융부채로 분류하여야 한다.

15 **20x4년 초 (주)위드는 만기보유목적으로 채권을 취득하여 상각후원가 측정 금융자산으로 계상하였다. 해당 채권의 만기는 20x6년 말이며, 액면금액 100,000원에 액면이자율 12%이다. 취득시점의 시장이자율은 10%이다. 20x4년과 20x5년의 이자수익은 각각 얼마인가?(단, 3년, 10% 단일금액의 현가계수는 0.7513, 연금의 현가계수는 2.4868이다)**

	20x4년	20x5년
①	10,000원	10,000원
②	10,497원	10,347원
③	10,343원	10,343원
④	12,000원	12,000원

해설

• 발행가액 = (100,000 × 0.7513) + (12,000 × 2.4868) = 104,971

• 20x4년 이자수익 = 104,971 × 0.1 = 10,497

• 20x5년 이자수익 = {104,971 – (12,000 – 10,497)} × 0.1 = 10,347

14 ③ 15 ② 정답

16 (주)위드는 다음과 같은 조건으로 발행된 채무상품을 20x2년 1월 1일에 취득하여 기타포괄손익인식금융자산으로 분류하였다. 동 금융자산의 20x2년 말 이자수취 후 공정가치가 18,800,000원인 경우 (주)위드가 인식해야 할 기타포괄손익인식금융자산평가손익은 얼마인가?(단, 현가계수는 아래의 표를 이용한다)

- 액면금액 : 20,000,000원
- 액면이자 : 연 5%, 매년 12월 31일에 지급
- 발행일 : 20x2년 1월 1일
- 만 기 : 3년
- 유효이자율 : 연 8%

할인율 / 기간	기간 말 1원의 현재가치		정상연금 1원의 현재가치	
	8%	5%	8%	5%
1	0.92593	0.95238	0.92593	0.95238
2	0.85734	0.90703	1.78327	1.85941
3	0.79383	0.86384	2.57710	2.72325

① 476,296원 평가손실 ② 129,996원 평가손실
③ 129,996원 평가이익 ④ 346,300원 평가이익

해설

- 취득원가
  (20,000,000 × 0.79383) + (1,000,000 × 2.57710) = 18,453,700
- 상각후원가(20x2년 말) = 총 장부금액
  18,453,700 × 1.08 − 1,000,000 = 18,929,996

∴ 기타포괄손익인식금융자산평가손실 : 18,800,000 − 18,929,996 = (−)129,996

17 (주)위드는 20x3년 중 증권거래소에 상장된 (주)구룡의 주식 1,000주를 1,500,000원에 장기간 보유할 목적으로 취득하였다. (주)위드가 20x5년 중에 보유 중인 (주)구룡의 주식 중 30%를 630,000원에 처분한 경우 해당 거래로 인하여 (주)위드가 20x5년도에 평가손익으로 계상할 금액은?(단, 회사가 보유한 금융자산 중 당기손익인식항목으로 지정된 금융자산은 없다)

구 분	20x3년 말	20x4년 말	20x5년 말
주당 공정가치(시가)	1,580원	1,420원	1,380원

① 평가이익 204,000원 ② 평가이익 160,000원
③ 평가손실 150,000원 ④ 평가손실 170,000원

해설

(1,420,000 × 30%) − 630,000 = 204,000(평가이익)

정답 16 ② 17 ①

18 (주)위드는 다음과 같이 20x4년에 (주)삼보의 주식을 취득하고 기타포괄손익인식금융자산으로 분류하다가 20x6년에 일부 처분하였다.

ㄱ. 20x4년 5월 1일 (주)삼보의 주식 1,000주를 취득(취득원가 : 5,000원/주)
ㄴ. 20x4년 말 (주)삼보 주식의 공정가치 : 5,300원/주
ㄷ. 20x5년 말 (주)삼보 주식의 공정가치 : 4,800원/주
ㄹ. 20x6년 3월 5일 : (주)삼보 주식 400주 처분(처분금액 5,500원/주)

이 주식과 관련하여 (주)위드의 20x4년과 20x5년도의 재무제표에 미치는 영향을 가장 올바르게 표시한 것은?

항 목	영 향	
	20x4년	20x5년
① 기타포괄손익누계액	영향 없음	300,000원 감소
② 이익잉여금	영향 없음	300,000원 감소
③ 기타포괄손익누계액	300,000원 증가	500,000원 감소
④ 이익잉여금	300,000원 증가	500,000원 감소

해설

• 20x4년 : 기타포괄손익인식금융자산평가이익 1,000주 × (5,300 − 5,000) = 300,000(이익)
• 20x5년 : 기타포괄손익인식금융자산평가손실 1,000주 × (5,300 − 4,800) = 500,000(손실)

19 금융자산의 제거에 대한 다음 설명 중 옳지 않은 것은?

① 금융자산의 정형화된 매도 시 당해 금융자산을 매매일 또는 결제일에 제거한다.
② 금융자산의 현금흐름에 대한 계약상 권리가 소멸한 경우에는 당해 금융자산을 제거한다.
③ 금융자산의 현금흐름에 대한 계약상 권리를 양도하고 위험과 보상의 대부분을 이전하면 당해 금융자산을 제거한다.
④ 금융자산의 현금흐름에 대한 계약상 권리는 양도하였지만 양도자가 매도 후에 미리 정한 가격으로 당해 금융자산을 재매입하기로 한 경우에는 당해 금융자산을 제거한다.

해설

양도자가 매도 후에 미리 정한 가격 또는 매도가격에 양도자에게 금전을 대여하였더라면 그 대가로 받았을 이자수익을 더한 금액으로 양도자산을 재매입하는 거래의 경우로서(차입거래) 양도자가 소유에 따른 위험과 보상의 대부분을 보유하는 경우의 예에 해당하므로 금융자산을 제거하지 아니한다.

18 ③ 19 ④ 정답

20 다음 중 '한국채택국제회계기준 제1109호 금융상품 : 인식과 측정'과 관련된 설명으로 옳지 않은 것을 모두 나열한 것은?

가. 당기손익인식금융자산의 취득과 관련되는 거래원가는 당기비용으로 회계처리한다.
나. 기타포괄손익인식금융자산 중 채무증권의 평가손익은 그 자산을 처분하는 경우 손익계산서에 처분손익에 반영되어 인식하게 된다.
다. 상각후원가 측정 금융자산은 계약상 현금흐름을 수취하는 목적으로 금융자산으로 보고기간 말에 공정가치로 인식한다.
라. 지분상품은 상각후원가 측정 금융자산으로 분류할 수 있다.

① 가, 나
② 나, 다
③ 나, 다, 라
④ 다, 라

해설

다. 상각후원가 측정 금융자산은 보고기간 말에 공정가치로 인식하지 아니하고 상각후원가로 인식한다.
라. 지분상품은 만기가 없거나 보유자가 받을 수 있는 금액이 미리 결정될 수 없는 방식으로 변동되기 때문에 상각후원가 측정 금융자산으로 분류할 수 없다.

21 다음은 '한국채택국제회계기준'에서 제시하고 있는 금융상품의 인식에 대한 회계처리 내용이다. 다음 ( ) 안에 적합한 용어를 순서대로 나열한 것은?

- 금융자산의 (1)에 대한 권리가 소멸한 경우에는 금융자산을 제거한다.
- 제거조건을 충족하지 못하는 금융자산의 양도에서, 양도자가 양도자산의 소유에 따른 위험과 보상의 대부분을 보유하고 있기 때문에 양도자산이 제거되지 않는다면, 그 양도자산 전체를 계속하여 인식하며 수취한 대가를 (2)(으)로 인식한다.
- 금융자산이나 금융부채는 최초 인식 시 공정가치로 측정한다. 다만, 당기손익인식금융자산(당기손익인식금융부채)이 아닌 경우, 당해 금융자산(금융부채)의 취득(발행)과 직접 관련되는 거래원가는 (3)하는 공정가치에 가산(차감)하여 측정한다.

	(1)	(2)	(3)
①	통제권	금융자산	전기말에 인식
②	통제권	금융부채	전기말에 인식
③	현금흐름	금융부채	최초 인식
④	현금흐름	금융자산	최초 인식

정답 20 ④ 21 ③

CHAPTER 03

PART 1 재무회계

부채와 자본

01 금융부채

1. 금융부채의 개념

부채의 정의를 충족하는 계약상 의무로서 현금 또는 자기지분상품 등의 금융자산으로 결제되는 부채를 말한다.

2. 금융부채의 분류

<table>
<tr><th>분 류</th><th colspan="2">요 건</th></tr>
<tr><td rowspan="4">당기손익인식금융부채
(또는 당기손익-공정가치 측정 금융부채)</td><td colspan="2">① 공정가치로 평가하여 공정가치 변동을 당기손익에 반영하는 금융부채
② 세부분류</td></tr>
<tr><th>분 류</th><th>요 건</th></tr>
<tr><td>단기매매금융부채</td><td>단기간 내의 매매차익을 얻기 위하여 매매한 금융부채
㉠ 주로 단기간 내에 재매입할 목적으로 취득하거나 부담
㉡ 최초인식시점에 실제 운용형태가 단기적 이익획득 목적이라는 증거가 있으며, 공동으로 관리되는 특정 금융상품 포트폴리오의 일부
㉢ 파생상품(다만, 금융보증계약인 파생상품, 위험회피수단으로 지정되고 위험회피에 효과적인 파생상품은 제외)
예 위험회피수단으로 회계처리하지 아니하는 파생상품부채, 공매자가 차입한 금융자산을 인도할 의무, 단기간 내에 재매입할 의도로 발행하는 금융부채 등</td></tr>
<tr><td>당기손익인식지정금융부채</td><td>최초인식시점에 다음 중 하나 이상을 충족하여 더 목적적합한 정보를 제공하는 경우에만 당기손익인식부채로 지정할 수 있음(단, 한 번 당기손익인식금융부채로 지정하면 취소할 수 없음
㉠ 당기손익인식항목으로 지정하면 회계불일치가 제거되거나 유의적으로 감소됨
㉡ 문서화된 위험관리전략이나 투자전략에 따라 금융상품 집합을 공정가치기준으로 관리하고 그 성과를 평가하며 그 정보를 이사회, 대표이사 등 주요 경영진에게 공정가치 기준에 근거하여 내부적으로 제공</td></tr>
<tr><td>기타금융부채
(또는 상각후원가 측정 금융부채)</td><td colspan="2">당기손익인식금융부채로 분류되지 않는 모든 금융부채
예 사채, 매입채무, 차입금, 미지급금, 예수금, 미지급법인세 등</td></tr>
</table>

3. 금융부채의 최초인식과 후속측정 중요

구 분	최초인식		후속측정	
	측 정	거래원가	평가방법	손익인식
당기손익인식 금융부채	공정가치로 측정	발생시점에서 즉시 비용처리	공정가치로 측정	평가손익 : 당기손익(공정가치 – 장부금액)처리
기타의 금융부채	공정가치로 측정	공정가치에서 직접 차감(금융부채에서 차감)	유효이자율법을 적용하여 상각후원가로 측정	이자비용 처리

4. 금융부채의 재분류와 제거

재분류	금융부채는 원칙적으로 당기손익인식금융부채와 기타금융부채(상각후원가 측정 금융부채) 간에 재분류 금지
제 거	• 금융부채의 전체 또는 일부가 계약상 의무가 이행, 취소 또는 만료되어 소멸한 경우에는 재무상태표에서 제거 • 이때 소멸하거나 제3자에게 양도한 금융부채의 장부금액과 지급한 대가의 차액은 당기손익(상환손익)으로 인식 • 기존 금융부채의 조건이 실질적으로 변경된 경우에도 최초의 금융부채를 제거하고 새로운 금융부채를 대체하여 인식

5. 사채의 발행과 상환 등

(1) 사채의 정의

주식회사가 채무를 나타내는 증권을 발행하여 불특정 다수로부터 자금을 조달하는 정형화된 부채를 말하며, 기타금융부채(상각후원가법)에 해당한다.

사채는 발행조건에 따라 다음과 같이 구분한다.

지급보증유무	보증사채, 무보증사채
담보유무	담보부사채, 무담보사채
상환방법	일시상환사채, 연속상환사채
부여된 권리종류	전환사채, 신주인수권부사채
명의 기재여부	기명식사채, 무기명식사채

(2) 사채의 발행 중요

발행가액	사채의 발행가격 = 사채발행일의 시장가치 = 사채가 창출하는 미래 현금흐름의 현재가치 = 액면이자의 현재가치 + 원금의 현재가치	
액면발행	**사채발행비가 없는 경우**	**사채발행비가 있는 경우*주)**
	(액면이자율 = 시장이자율 = 유효이자율)	(액면이자율 = 시장이자율 < 유효이자율)
	사채할인(할증)발행차금 발생 ×	• 할인율 → 유효이자율 사용 • 사채할인발행차금 발생 • 사채발행비는 사채발행가액에서 직접 차감한다(부채차감법). • 사채발행차금은 반드시 유효이자율법에 따라 상각
할인발행	**사채발행비가 없는 경우**	**사채발행비가 있는 경우*주)**
	(액면이자율 < 시장이자율 = 유효이자율)	(액면이자율 < 시장이자율 < 유효이자율)
	• 사채할인발행차금 발생 • 상각액을 사채의 장부가액에 가산함	
할증발행	**사채발행비가 없는 경우**	**사채발행비가 있는 경우*주)**
	(액면이자율 > 시장이자율 = 유효이자율)	(액면이자율 > 시장이자율 < 유효이자율)
	• 사채할증발행차금 발생 • 환입액을 사채의 장부가액에서 차감함	

*주) 사채발행비는 발행형태에 관계없이 유효이자율을 상승시키게 된다.

구 분	사채장부가액	유효이자비용	액면이자	차금상각액
액면발행(사채발행비 ×)	불 변	불 변	불 변	없 음
액면발행(사채발행비 O) / 할인발행	점차 증가	점차 증가	불 변	점차 증가
할증발행	점차 감소	점차 감소	불 변	점차 증가

(3) 사채의 상환 중요

상 환	사채발행회사가 만기일 전에 증권시장에서 사채의 현행 시장가격을 지불하고 사채를 매입하는 것을 사채의 조기상환이라 하며 조기상환의 경우 사채의 상환시점의 시장가격을 기준으로 상환하게 되므로 다음과 같이 사채상환손익이 발생한다.
자기사채	• 사채발행회사가 만기 전에 자기회사의 사채를 취득하여 소각하지 않고 보유하고 있는 것은 일종의 사채상환
연속상환사채	• 사채기간 동안 원금을 분할상환하는 조건으로 발행된 사채 • 이 사채는 원금이 계속 감소하는 관계로 매기의 액면이자는 미상환사채의 액면가액을 기준으로 각각 계산 • 일반사채와 동일하게 유효이자율법에 따라 상각

(상환)

시장이자율비교	사채의 가격비교	상환손익
발행일 < 상환일	장부금액*주) > 상환금액	사채상환이익
발행일 > 상환일	장부금액*주) < 상환금액	사채상환손실

*주) 사채 관련 장부금액 : 직전 이자지급일의 장부금액 + 발생이자(유효이자)

6. 기타의 금융부채

<table>
<tr><td>금융보증계약</td><td>• 금융보증계약 : 채무상품의 최초 계약조건이나 변경된 계약조건에 따라 지급기일에 특정 채무자가 지급하지 못하여 보유자가 입은 손실을 보상하기 위해 발행자가 특정금액을 지급하여야 하는 계약
• 최초인식 시 금융보증부채는 공정가치로 측정함
• 금융보증계약의 후속측정 : Max[기대신용손실로 산정한 손실충당금, (최초인식금액 – 수익인식누계액)]</td></tr>
<tr><td>상환우선주</td><td>• 상환우선주 : 특정기간 동안 우선주로 있다가 정관에서 정한 기일이 도래하면 반드시 발행회사에서 되사도록 한 주식
• 누적여부에 따른 상환우선주 구분
<table>
<tr><td>누적적 상환우선주
(→ 금융부채)</td><td>• 누적적 = 배당을 소급지급(이자성격 = 금융부채)
• 상환우선주 = 발행자에겐 상환의무(금융부채),
보유자에겐 상환청구권 발생</td></tr>
<tr><td>비누적적 상환우선주
(→ 복합금융상품)</td><td>• 비누적적 = 배당을 소급지급 ×(지분상품)
• 상환우선주 = 발행자에겐 상환의무(금융부채),
보유자에겐 상환청구권 발생</td></tr>
</table></td></tr>
</table>

7. 복합금융상품

(1) 의 의

복합금융상품은 금융부채를 발생시키는 부채요소(현금 등 금융자산 인도조건)와 지분상품으로 전환할 수 있는 옵션을 갖는 자본요소(확정금액과 확정수량)를 모두 가지고 있는 금융상품

(2) 회계처리

① 금융부채를 발생시키는 요소와 발행자의 지분상품으로 전환할 수 있는 옵션을 보유자에게 부여하는 요소를 별도로 분리하여 인식하여 재무상태표에 별도로 표시

② 복합상품의 발행금액에서 상환할 원금과 액면이자의 현재가치 = 금융부채로 인식

③ 발행금액에서 금융부채의 공정가치를 차감한 잔액 = 지분상품으로 인식

TIP

부채요소와 자본요소의 분리인식 · 측정 방법

① 복합금융상품 전체의 공정가치 측정

② 부채요소의 공정가치 측정

③ 자본요소(전환권대가 · 신주인수권대가)(= ① – ②)

(3) 종 류

종 류	내 용
전환사채	유가증권의 소유자가 일정한 조건하에 보통주로의 전환권을 행사할 수 있는 사채로서 전환권을 행사하면 보통주로 전환되는 사채
신주인수권부사채	유가증권의 소유자가 일정한 조건하에 신주인수권을 행사하여 보통주 발행을 청구할 수 있는 권리가 부여된 사채
전환우선주	유가증권의 소유자가 일정한 조건하에 전환권을 행사할 수 있는 우선주로서 전환권을 행사하면 보통주로 전환되는 우선주
교환사채	유가증권의 소유자가 사채발행자가 보유하고 있는 유가증권과 교환을 청구할 수 있는 권리가 부여된 사채

(4) 전환사채와 신주인수권부사채의 비교

구 분	전환사채	신주인수권부사채
성 격	일반사채 + 전환권	일반사채 + 신주인수권
화폐성/비화폐성	비화폐성부채	화폐성부채
전환권리	전환권 대가 = 발행가액 – 전환권 없는 일반사채의 공정가치	신주인수권 대가 = 발행가액 – 신주인수권 없는 일반사채의 공정가치
전환권조정 (신주인수권조정)	(발행가액 – 전환권 없는 일반사채의 공정가치) + 사채상환할증금	(발행가액 – 신주인수권 없는 일반사채의 공정가치) + 사채상환할증금
주식을 취득하는 권리의 내용	사채를 발행회사의 신주로 전환하는 권리	사채 발행회사의 신주를 인수하는 권리
권리행사 시 추가대금납입	없음(사채금액과 대체)	회사가 임의로 정하는 금액 현금 납입
권리행사 후 사채(부채) 존재여부	사채권 소멸	사채권 존속
권리행사 후 발행회사의 자본구성	사채(부채계정) 감소, 자본계정 증가	자본금 및 자본준비금(자본계정) 증가

02 충당부채, 우발부채 및 우발자산

1. 충당부채 중요

(1) 정 의

과거의 거래나 사건의 결과로 발생한 현재의 의무로서 지출시기 또는 그 금액은 불확실하지만 그 의무를 이행하기 위한 자원의 유출가능성이 매우 높고 그 금액을 신뢰성 있게 측정할 수 있는 의무로 반드시 재무상태표에 부채로 인식한다.

(2) 인 식

① 충당부채가 되기 위한 요건

㉠ 과거의 거래나 사건의 결과로 현재의 의무가 발생한 것

㉡ 그 의무를 이행하기 위해 경제적 자원의 유출 가능성이 매우 높을 것(일반적으로 발생확률이 50%를 초과하는 경우를 의미함)

㉢ 그 의무 이행을 위한 금액을 신뢰성 있게 추정할 수 있을 것

(3) 측 정

충당부채로 인식하는 금액은 현재의무를 보고기간 말에 이행하기 위하여 소요되는 지출에 대한 최선의 추정치이어야 한다. 이때 다음의 사항을 주의해야 한다.

① 현재의무를 이행하기 위하여 소요되는 금액에 대한 최선의 추정치는 보고기간 말 현재 의무를 직접 이행하거나 이해관계가 없는 제3자에게 이전시키는 경우에 지급하여야 하는 금액으로서 세전금액을 말한다.

② 측정하고자 하는 충당부채가 다수의 항목과 관련된 경우에는 모든 가능한 결과와 그와 관련된 확률을 가중평균하여 추정한다.

③ 만약 화폐의 시간가치 효과가 중요한 경우 충당부채는 의무를 이행하기 위하여 예상되는 지출액의 현재가치로 평가한다.

④ 충당부채를 발생시킨 사건과 밀접하게 관련된 자산의 처분이익이 예상되는 경우에 당해 처분이익은 충당부채 금액을 측정하는데 고려하지 아니한다.

(4) 적 용

① 사용과 변동

충당부채는 최초 인식과 관련 있는 지출에만 사용한다. 또한 매 보고기간 말마다 충당부채의 잔액을 검토하고 보고기간 말 현재 최선의 추정치를 반영하여 조정한다.

충당부채 인식의 변동과 관련하여 주의할 사항은 다음과 같다.

㉠ 의무이행을 위하여 경제적 효익이 내재된 자원이 유출될 가능성이 더 이상 높지 아니한 경우에는 관련 충당부채를 환입

㉡ 충당부채를 현재가치로 평가하여 표시하는 경우에는 장부금액을 기간 경과에 따라 증가시키고 해당 증가금액은 차입원가(이자비용)로 인식

② 대리변제

충당부채의 미래 부담에 대해 외부의 제3자에게 전가할 수도 있는데, 이를 충당부채의 대리변제라 한다. 즉, 대리변제란 기업이 의무이행을 위하여 지급할 금액을 제3자가 보험약정이나 보증계약 등에 따라 보전하여 주거나 기업이 지급할 금액을 제3자가 직접 지급하는 경우를 말한다.

㉠ 대리변제될 것이 확실한 경우에 한하여 그 금액을 자산으로 인식하되 그 금액은 관련 충당부채 금액을 초과할 수 없다.

㉡ 만약 제3자에 의한 대리변제의 약정이 있고 대리변제가 이행되지 않더라도 기업이 그 금액을 지급할 의무가 없는 경우에는 충당부채를 인식하지 아니한다.

(5) 특수한 상황

① 미래의 예상 영업손실

미래의 예상 영업손실은 부채의 정의에 부합하지 아니할 뿐만 아니라 충당부채의 인식요건을 충족시키지 못하므로 충당부채로 인식하지 아니함

② 손실부담계약

㉠ 손실부담계약 : 계약상 의무에 따라 발생하는 회피 불가능한 원가*주) > 계약에 의해 받을 것으로 기대되는 경제적 효익

㉡ 손실부담계약체결 시 관련된 현재의무를 충당부채로 인식

*주) 회피불가능한 원가 : Min[계약이행 필요원가, 계약 미이행 시 지급하여야할 보상금 또는 위약금]

③ 구조조정

㉠ 구조조정은 사업부 매각 또는 폐쇄, 이전, 조직구조변경 등과 같이 경영자의 계획과 통제하에서 사업의 범위 또는 사업수행방식을 중대하게 변화시키는 일련의 절차

PART 1

㉡ 다음의 요건을 충족하면서 충당부채의 인식요건을 모두 충족하는 경우 충당부채로 인식함
- 구조조정에 대한 공식적이며 구체적인 계획
- 기업이 구조조정 계획의 이행에 착수하였거나 구조조정의 주요 내용을 공표

(6) 충당부채의 적용대상이 되는 거래나 사건의 예

① 제품보증과 관련된 부채 → 제품보증충당부채

② 오염된 토지(법률 제정이 거의 확실한 경우) → 토지정화 원가에 대한 최선의 추정치로 복구충당부채 인식

③ 법적의무를 발생시키는 리스계약(운용리스 등)을 체결하였고 리스가 손실부담계약이 되는 경우 → 회피 불가능한 리스료에 대한 최선의 추정치로 충당부채 인식

④ 소송사건 → 충당부채 인식요건 충족 시 충당부채로 인식

2. 우발부채 및 우발자산

(1) 우발부채 중요

① 우발부채의 개념

우발부채는 충당부채의 부채인식기준을 모두 충족시키지 못하는 다음의 경우를 말한다.

㉠ 과거사건에 의하여 발생하였으나 기업이 전적으로 통제할 수 없는 하나 또는 그 이상의 불확실한 미래사건의 발생여부에 의해서만 그 존재가 확인되는 잠재적 의무

㉡ 과거사건에 의하여 발생하였으나 자원의 유출가능성이 높지 않거나 금액을 신뢰성 있게 추정할 수 없어 인식하지 아니하는 다음의 현재의무
- 당해 의무를 이행하기 위해 경제적 효익을 갖는 자원이 유출될 가능성이 높지 아니한 경우
- 당해 의무를 이행하여야 할 금액을 신뢰성 있게 측정할 수 없는 경우

우발부채는 부채로 인식하지 아니한다. 만약 의무를 이행하기 위하여 경제적 효익이 내재된 자원의 유출가능성이 아주 낮지 않다면 우발부채를 주석으로 공시한다.

자원유출가능성	신뢰성 있는 추정 가능	신뢰성 있는 추정 불가
매우 높음	충당부채	우발부채
어느 정도 있음	우발부채	우발부채
거의 없음	공시 없음	공시 없음

(2) 우발자산

① 우발자산이란 우발부채에 상대되는 항목으로서 과거사건에 의하여 발생하였으나 기업이 전적으로 통제할 수 없는 하나 또는 그 이상의 불확실한 미래사건의 발생여부에 의해서만 그 존재가 확인되는 잠재적 자산

② 우발자산은 자산으로 인식하지 아니하고 경제적 효익의 유입가능성이 높은 경우에만 주석에 기재

03 자 본

1. 자본의 분류

자본금	보통주자본금, 우선주자본금*주)	자본거래
자본잉여금	주식발행초과금, 감자차익, 기타자본잉여금(자기주식처분이익 등)	
자본조정	주식할인발행차금, 감자차손, 자기주식, 자기주식처분손실, 배당건설이자, 미교부주식배당금 등	
기타포괄손익누계액	기타포괄손익인식금융자산평가손익, 재평가잉여금, 확정급여제도의 보험수리적손익, 해외사업장의 재무제표 환산으로 인한 손익, 현금흐름위험회피의 위험회피수단의 평가손익(효과적인 부분만) 등	손익거래 (미확정손익)
이익잉여금	이익준비금, 기업합리화적립금, 재무구조개선적립금, 각종의 임의적립금, 미처분이익잉여금 등	손익거래 (확정손익)

*주) 우선주배당금

누적적 우선주배당금	우선주자본금 × 최소배당률 × 배당금을 수령하지 못한 기간(당기분만 해당)
비누적적 우선주배당금	우선주자본금 × 최소배당률(당기분만 해당)
완전참가적 우선주 추가배당금	잔여배당금총액 × [우선주자본금 / (보통주자본금 + 우선주자본금)]
부분참가적 우선주 추가배당금	우선주자본금 × (부분참가율 − 우선주배당률)

2. 자본거래

(1) 주식의 발행 중요

① 유상증자

유상증자란 회사가 주주로부터 금전이나 기타재산을 받고 주식을 추가로 발행하는 증자형태를 말한다. 유상증자 시 발행가액과 액면가액의 차이에 따라 다음 3가지 방식으로 발행한다.

액면발행	(차) 현 금 xxx (대) 자본금 xxx
할증발행	• 발행가액이 액면금액을 초과하여 주식을 발행하는 것 • 액면금액은 자본금으로 처리하고, 이를 초과하는 금액은 주식발행초과금(자본잉여금)으로 처리 (차) 현 금 xxx (대) 자본금 xxx 주식발행초과금 xxx
할인발행	• 주식을 액면금액에 미달하게 발행하는 것 • 할인발행의 경우 액면금액에 해당하는 금액은 자본금으로 처리하고 납입금액이 액면금액에 미달하는 부분은 주식할인발행차금(자본조정)으로 처리 (차) 현 금 xxx (대) 자본금 xxx 주식할인발행차금 xxx • 주식할인발행차금은 우선적으로 주식발행초과금과 상계를 한 후 잔액에 대해 3년 이내의 기간에 매기 균등액을 상각하여 미처분이익잉여금과 상계 • 만일 상각기간 중 주식발행초과금이 발생하면 우선적으로 상계하고 잔액은 잔여상각기간 동안 상각하면 된다. ※ 주식발행초과금과 주식할인발행차금은 발생순서와 상관없이 서로 상계한다.

② 무상증자

무상증자란 주식발행초과금과 같은 자본잉여금 또는 이익잉여금 중 이익준비금과 같이 배당을 할 수 없는 법정적립금을 자본에 전입하고 주주에게 신주를 무상으로 발행하는 것

㉠ 현금의 유입이 없으므로 기업의 입장에서는 자본의 구성내용만 변할 뿐 자본총계에는 영향을 미치지 아니한다.

㉡ 무상증자로 인해 신주를 부여 받은 주주는 주식수는 증가하더라도 자기의 지분율 변동은 일어나지 않는다.

(차)	주식발행초과금	xxx	(대) 자본금	xxx
	이익준비금	xxx		

㉢ 증자와 자본의 관계

구 분	유상증자	무상증자
자본금	증 가	증 가
자본총계	증 가	변동 없음

③ 무상증자 등 비교

구 분	주식배당	무상증자	주식분할	주식병합
회계처리	(차) 미처분이익잉여금 (대) 자본금	[자본잉여금의 자본전입] (차) 자본잉여금 등 (대) 자본금 [법정적립금의 자본전입] (차) 이익준비금 (대) 자본금	회계처리 없음	회계처리 없음
원 천	(미처분)이익잉여금	자본잉여금, 법정적립금 (이익준비금, 기타법정적립금)	변화 없음	변화 없음
자본(순자산)	불 변	불 변	불 변	불 변
액면가액	불 변	불 변	감 소	증 가
발행주식수	증 가	증 가	증 가	감 소
자본금	증 가	증 가	불 변	불 변

(2) 자기주식 **중요**

자기주식은 회사가 소각하거나 향후 재발행할 목적으로 취득한 자기회사의 주식을 말한다. 상법에서는 원칙적으로 회사가 자기계산으로 자기주식을 취득하는 것을 금지하되 부득이한 사유가 있는 경우 예외적으로 허용한다.

자기주식의 시점별 회계처리는 다음과 같다.

<table>
<tr><td rowspan="1">자기주식
취득 시</td><td colspan="2">자기주식의 취득가액은 원가법에 의해 취득원가로 기록한다.
(차) 자기주식 xxx (대) 현 금 xxx</td></tr>
<tr><td rowspan="3">자기주식
처분 시</td><td>처분금액 > 장부금액</td><td>(차) 현 금 xxx (대) 자기주식 xxx
자기주식처분이익 xxx
(자본잉여금)</td></tr>
<tr><td>처분금액 < 장부금액</td><td>(차) 현 금 xxx (대) 자기주식 xxx
자기주식처분손실 xxx
(자본조정-차감항목)</td></tr>
<tr><td colspan="2">※ 자기주식처분손실은 자기주식처분이익과 우선적으로 상계를 하며, 상계되지 아니한 자기주식처분손실 잔액은 이익잉여금처분 시 미처분이익잉여금과 상계한다.</td></tr>
<tr><td>자기주식
소각 시</td><td colspan="2">자기주식을 소각하는 경우에는 유상감자와 같이 회계처리
(차) 자본금 xxx (대) 자기주식 xxx
감자차손(자본조정) xxx 감자차익(자본잉여금) xxx</td></tr>
</table>

(3) 감 자

감자란 기업이 발행주식수를 감소시키거나 결손금을 보전하기 위해 자본금을 감소시키는 것을 말하며 유상감자와 무상감자로 구분된다.

<table>
<tr><td>유상감자</td><td>유상감자란 주식을 주주들로부터 유상으로 취득하여 소각하는 것으로 현금이 유출되므로 실질적 감자라고 한다. 회사의 자본금도 감소하고 자본도 감소하게 된다.
(차) 자본금 xxx (대) 현 금 xxx
감자차손(자본조정) xxx 감자차익(자본잉여금) xxx
※ 감자차익(자본잉여금)과 감자차손(자본조정)은 우선적으로 상계를 하며, 감자차손의 잔액은 이익잉여금처분 과정에서 미처분이익잉여금과 상계한다.</td></tr>
<tr><td>무상감자</td><td>무상감자란 주주들에게 대가를 지급하지 않고 주당 액면금액을 감액시키거나 주식수를 일정비율로 감소시키는 것으로 누적된 결손금을 보전하기 위해 주로 사용된다.
(차) 자본금 xxx (대) 이월결손금(또는 미처리결손금) xxx
감자차익 xxx
※ 무상감자는 회사의 자본금이 감소하지만 실질적으로 주주에게 지급되는 것이 없으므로 회사의 재산도 감소하지 않는 형식적 감자이다.</td></tr>
</table>

3. 손익거래

(1) 이익잉여금의 구성

① 이익잉여금이란 영업활동으로 얻은 이익을 사내에 유보하여 축적한 것으로서 자본거래가 아닌 손익거래로 발생한 것을 말한다.

② 이익잉여금은 크게 법정적립금(이익준비금과 기타법정적립금)과 임의적립금 그리고 미처분이익잉여금(또는 미처리결손금)으로 구분한다.

(2) 이익준비금

① 상법 규정에 의해 매 결산기의 금전에 의한 이익배당액(중간배당 포함)의 10분의 1 이상의 금액을 자본금의 2분의 1에 달할 때까지 의무적으로 적립하는 금액을 말한다.
② 적립해야 할 금액의 최저한도를 정한 것이므로 배당이 없어도 자유롭게 적립이 가능하다.
③ 이익준비금은 상법에 의해 결손보전과 자본전입 이외에는 사용이 금지되어 있다.

(3) 결손금 처리순서(보전순서)

'결손금처리계산서'는 미처리결손금의 처리사항을 보고하기 위한 주석사항으로서 결손금의 처리내용을 표시한다. 결손금의 처리순서는 다음과 같다.

임의적립금이입액 → 기타법정적립금이입액 → 이익준비금이입액 → 자본잉여금이입액

(4) 현금배당과 주식배당

<table>
<tr><th>구 분</th><th>내 용</th></tr>
<tr><td>현금배당</td><td>① 이사회결의로 실시
② 이익잉여금에서 현금배당금만큼 차감한다.
③ 배당선언일 때 '미지급배당금'으로 처리했다가 배당지급일 때 '현금'으로 배당지급한다.

TIP
[용어설명]
• 배당기준일 : 배당 받을 권리가 있는 주주들이 결정하는 날.
일반적으로 당해 기업의 결산일 회계처리 없음
• 배당선언일(배당결의일) : 보고기간종료일 후에 이사회에서 이익잉여금을 배당으로 승인한 날
(차) 미처분이익잉여금 xxx (대) 미지급배당금 xxx
• 배당금지급일 : 배당금으로 결의된 금액을 실제로 지급한 날이며 유동부채로 계상된 미지급배당금을 현금지급액과 상계
(차) 미지급배당금 xxx (대) 현 금 xxx
예수금 xxx</td></tr>
<tr><td>주식배당</td><td>① 주식을 배분하는 것으로 이익잉여금이 자본금으로 바뀌는 것으로 단순한 자본항목의 재분류에 불과하다.
② 미처분이익잉여금의 자본전입으로 발행주식수와 자본금이 증가될 뿐이며, 기존 주주의 지분비율이나 자산/부채에 아무런 변화가 없다.
③ 배당선언일 때 '미교부주식배당금'으로 처리했다가 배당지급일 때 '자본금'으로 대체한다.

TIP
[주식배당의 회계처리]
• 주식배당결의일의 분개
(차) 미처분이익잉여금 xxx (대) 미교부주식배당금 xxx
(배당주식의 액면금액)
• 주식교부일의 분개
(차) 미교부주식배당금 xxx (대) 자본금 xxx</td></tr>
</table>

CHAPTER 03

단원별 적중문제

01 금융부채

01 공개

다음 중 전환사채에 관한 설명으로 가장 올바르지 않은 것은?

① 전환권대가에 해당하는 부분은 무조건 부채로 계상한다.

② 전환사채는 전환사채보유자의 요구에 따라 주식으로 전환할 수 있는 권리가 내재되어 있어 일반적으로 일반사채보다 표면금리가 낮게 책정되어 발행된다.

③ 상환할증금지급조건의 전환사채는 발행시점에 상환할증금을 인식한다.

④ 전환사채는 일반사채와 전환권의 두 가지 요소로 구성되는 복합적 성격을 지닌 금융상품이다.

해설

전환권대가는 자본으로 계상한다.

PART 1

02 공개

(주)삼일은 20x1년 1월 1일 액면금액 1,000,000원의 전환사채를 액면발행하였으며, 전환조건은 사채액면 50,000원당 액면가 10,000원인 보통주 1주로 전환할 수 있다. 전환청구일 현재 전환권대가는 50,000원, 사채상환할증금은 120,000원, 전환권조정은 100,000원이었다. 이 경우 전환으로 발행한 주식의 주식발행초과금으로 계상할 금액은 얼마인가?

① 870,000원　　② 900,000원

③ 980,000원　　④ 1,000,000원

해설

전환 시 회계처리

(차)	전환사채	1,000,000	(대)	전환권조정	100,000
	상환할증금	120,000		자본금	200,000
	전환권대가	50,000		주식발행초과금	870,000

정답 01 ① 02 ①

03
공개

(주)삼일은 20x1년 1월 1일에 만기 3년, 액면금액 100,000,000원, 표시이자율 10%인 사채를 발행하였다. 이자는 매년 말에 지급되고 사채 발행시점의 유효이자율은 8%라고 할 때 (주)삼일이 동 사채의 발행기간에 걸쳐 인식하게 될 총이자비용은 얼마인가?

구 분	1년	2년	3년	합 계
8%	0.92593	0.85734	0.79383	2.57710

① 20,974,200원　　② 23,755,000원
③ 24,846,000원　　④ 30,000,000원

해설

- 발행가액 = (100,000,000 × 10%) × 2.5771 + (100,000,000 × 0.79383) = 105,154,000
- 총사채할증발행차금 = 발행가액 105,154,000 − 액면가액 100,000,000 = 5,154,000
- 총액면이자 : 30,000,000

∴ 총이자비용 = 총액면이자 30,000,000 − 총사채할증발행차금 5,154,000 = 24,846,000

04
공개

(주)삼일은 사채를 할인발행하고, 사채할인발행차금에 대하여 유효이자율법으로 상각하지 않고 정액법을 적용하여 상각하였다. 이러한 오류가 발행연도 재무제표에 미치는 영향을 바르게 지적한 것은?

	사채의 장부금액	당기순이익
①	과대계상	과대계상
②	과대계상	과소계상
③	과소계상	과대계상
④	과소계상	과소계상

해설

할인발행 시 유효이자율법이 아닌 정액법을 사용하는 경우 : 사채할인발행차금상각액 과대계상 → 사채할인발행차금 잔액 과소계상 → 사채장부가액 과대계상 → 이자비용 과대계상 → 당기순이익 과소계상

03 ③ 04 ② 정답

05 (주)삼일은 20x1년 1월 1일에 다음과 같은 조건으로 전환사채를 발행하였다. 다음 중 동 전환사채에 관한 설명으로 가장 올바르지 않은 것은?
공개

ㄱ. 액면금액 : 10,000,000원
ㄴ. 액면이자율 : 5%(매년 말 이자지급)
ㄷ. 발행금액 : 10,000,000원
ㄹ. 상환할증금 : 1,000,000원(만기까지 주식으로 전환하지 않을 경우 만기에 지급)
ㅁ. 동일한 조건의 일반사채인 경우의 발행가액 : 8,200,000원
ㅂ. 만기 : 3년
ㅅ. 발행 시 사채발행비는 발생하지 아니함
ㅇ. 전환권대가는 자본으로 분류됨

① 동 전환사채의 발행금액 10,000,000원에는 전환권대가 1,800,000원이 포함되어 있다.
② 상환할증금을 지급하는 조건이므로 보장수익률은 액면이자율 5%보다 높을 것이다.
③ 동 전환사채와 관련한 이자비용은 동일한 조건의 일반사채에 대한 유효이자율을 적용하여 산정한다.
④ 전환권 행사 시 (주)삼일의 총자산은 증가한다.

해설
④ 전환사채를 주식으로 전환하는 경우 부채가 자본으로 대체되는 것으로 자산에는 영향이 없다.
① 전환권대가 = 10,000,000 − 8,200,000 = 1,800,000
② 보장수익률은 액면이자율보다 크고 유효이자율보다 작다.
③ 일반사채와 동일하게 유효이자율을 적용하여 산정한다.

06 다음 중 한국채택국제회계기준에 의한 금융상품의 발행자가 금융상품을 금융부채(financial liability)와 지분상품(equity instrument)으로 분류할 때 가장 올바르지 않은 것은?
공개

① 잠재적으로 불리한 조건으로 거래상대방과 금융자산이나 금융부채를 교환하기로 한 계약상 의무는 금융자산으로 분류한다.
② 향후 현대자동차 에쿠스 5대의 가치에 해당하는 확정되지 않은 금액의 현금을 대가로 자기지분상품 380주를 인도하는 계약은 지분상품으로 분류하지 않는다.
③ 발행자가 보유자에게 미래의 시점에 확정된 금액을 의무적으로 상환해야 하는 의무가 있는 우선주는 금융부채로 분류한다.
④ 삼일회계법인과 동일한 공정가치에 해당하는 자기지분상품을 인도할 계약은 인도할 자기지분상품의 수량이 확정되지 않았으므로 금융부채로 분류한다.

해설
계약상 의무이므로 금융자산이 아닌 금융부채로 분류하여야 한다.

정답 05 ④ 06 ①

07 다음 중 복합금융상품의 회계처리로 가장 올바르지 않은 것은?

공개

① 최초 인식시점에 자본요소와 부채요소의 분리가 필요하다.

② 복합금융상품의 발행금액에서 지분상품의 공정가치를 차감한 잔액을 금융부채로 인식한다.

③ 일반적으로 전환사채에 포함되어 있는 전환권은 자본으로 분류한다.

④ 현금 등 금융자산을 인도하기로 하는 계약 부분은 금융부채요소에 해당한다.

해설

복합금융상품 발행금액에서 금융부채 현재가치(부채요소)를 차감한 잔액을 지분상품(자본요소)으로 인식한다.

08 다음과 같은 조건의 사채를 발행한 경우 동 사채로 인하여 만기까지 인식해야 하는 총 이자비용은 얼마인가?

공개

ㄱ. 액면금액 : 50,000,000원
ㄴ. 발행일 : 20x1년 1월 1일
ㄷ. 만기일 : 20x3년 12월 31일
ㄹ. 액면이자율 및 이자지급조건 : 연 4%, 매년 말 지급
ㅁ. 발행일의 시장이자율 : 6%
ㅂ. 이자율 6%, 3년 연금현가계수 : 2.6730
　　이자율 6%, 3년 현가계수 : 0.8396

① 2,839,560원　　② 5,037,600원

③ 6,000,000원　　④ 8,674,000원

해설

- 발행금액 = (액면이자 2,000,000원 × 연금현가계수 2.673) + (액면금액 50,000,000원 × 현가계수 0.8396)
  = 47,326,000원
- 총사채할인발행차금 = 액면금액 50,000,000원 − 발행금액 47,326,000원 = 2,674,000원
- 총액면이자 = 액면이자 2,000,000원 × 기간 3년 = 6,000,000원

∴ 총이자비용 = 총액면이자 6,000,000원 + 총사채할인발행차금 2,674,000원 = 8,674,000원

09 전자제품을 판매하는 (주)삼일은 확신유형의 보증으로 판매 후 1년간 판매한 제품에서 발생하는 결함을 무상으로 수리해주고 있다. 과거의 판매경험에 의하면 제품보증비용은 매출액의 5%가 발생할 것으로 예상된다. (주)삼일의 20x1년도 매출액이 200억원이고 20x1년 중 발생된 제품보증비용이 7억원인 경우, 포괄손익계산서에 계상되는 제품보증비는 얼마인가?

공개

① 0원　　② 3억원

③ 7억원　　④ 10억원

해설

200억원 × 5% = 10억원

07 ② 08 ④ 09 ④ 정답

10 다음 중 금융부채에 해당하는 것은 무엇인가?

① A사가 발행한 1,000원의 대가로 1,000주의 자기지분상품을 주기로 한 계약
② B사가 유형자산을 외상으로 판매하면서 발생한 채권
③ C사가 보유하고 있는 다른 기업의 지분상품
④ D사가 발행한 의무상환우선주(7% 배당을 의무적으로 지급하는 비참가적우선주)

해설
의무상환조건인 우선주는 지급의무로 인해 금융부채에 해당한다.

PART 1

11 다음 중 당기손익인식금융부채의 인식요건에 대한 설명으로 옳지 않은 것은?

① 금융보증계약인 파생상품 위험회피수단으로 지정되고 위험회피에 효과적인 파생상품을 제외한 파생상품을 말한다.
② 최초인식시점에 실제 운용형태가 단기적 이익획득 목적이라는 증거가 있으며, 공동으로 관리되는 특정 금융상품 포트폴리오를 구성하는 경우
③ 주로 단기간 내에 매각하거나 재매입할 목적으로 취득하거나 부담하는 경우
④ 단기매매활동의 자금조달에 사용될 경우

해설
부채가 단기매매활동의 자금조달에 사용된다는 사실만으로는 당해 부채를 당기손익인식금융부채로 분류할 수 없다.

12 금융부채의 최초측정 및 후속측정과 관련한 다음 설명으로 가장 올바르지 않은 것은?

① 금융부채는 최초측정 시 공정가치로 인식하여야 하며 만약 금융상품에 대한 활성시장이 없는 경우에는 유사한 사례를 적용하여 인식하여야 한다.
② 상각후원가 측정 금융부채는 유효이자율법에 따라 매기 이자비용을 인식한다.
③ 당기손익인식금융부채의 거래원가는 당기손익처리하며, 금융부채에서 직접 차감하지 아니한다.
④ 당기손익인식금융부채는 공정가치로 후속측정하여 평가손익을 당기손익으로 처리한다.

해설
금융부채의 공정가치의 최선의 추정치는 활성시장의 공시가격인데, 만약 활성시장이 없다면 금융상품의 평가기법을 사용하여 측정하여 인식하여야 한다.

정답 10 ④ 11 ④ 12 ①

13 다음 중 유가증권의 소유자가 일정한 조건하에 보통주로의 전환권을 행사할 수 있는 사채로서, 전환권을 행사하면 보통주로 전환되는 사채를 무엇이라 하는가?

① 전환사채
② 신주인수권부사채
③ 교환사채
④ 회사채

해설

부채의 요소와 자본의 요소가 복합되어 있는 복합금융상품 중 전환사채에 대한 설명이다.

14 사채의 발행에 관한 설명으로 옳지 않은 것은?

① 사채발행일의 시장이자율이 액면이자율보다 낮으면 사채발행가격은 액면금액보다 높아진다.
② 사채 할인발행에 유효이자율법을 적용하면, 만기까지의 기간 중에 발행기업의 실질 부채금액과 사채 이자비용 금액은 매년 증가한다.
③ 사채를 할인발행한 경우 발행기업의 실질 부채금액은 사채계정의 액면금액에서 사채할인발행금액을 차감한 금액이다.
④ 사채발행 시점에서 사채발행비가 지출된 경우 발행 당시의 유효이자율은 발행 당시의 시장이자율보다 낮다.

해설

사채의 발행가격은 액면이자와 액면가액을 시장이자율로 할인한 현재가치이며, 유효이자율은 현금유입액(발행가격에서 사채발행비를 차감한 금액)의 현재가치와 현금유출액(액면이자와 액면가액)의 현재가치를 일치시키는 할인율이다. 따라서 사채발행비가 지출된 경우 유효이자율은 발행 당시의 시장이자율보다 높다.

15 한국채택국제회계기준의 사채발행차금과 사채발행비에 대한 다음 설명 중 올바른 것은?

① 사채발행차금을 유효이자율법으로 상각(환입)하는 경우 할인발행되면 이자비용은 매년 감소하고 할증발행되면 이자비용은 매년 증가한다.
② 사채발행차금을 정액법으로 상각(환입)하는 경우 장부금액에 대한 이자비용의 비율은 매년 동일하다.
③ 한국채택국제회계기준에서는 사채발행차금에 대한 정액법 상각을 인정하지 않는다.
④ 한국채택국제회계기준에서는 사채발행비는 사채기간에 걸쳐 정액법으로 상각한다.

해설

① 사채가 할인발행되면 사채의 장부금액이 매년 증가하여 액면가액에 수렴하므로 이자비용도 매년 증가한다. 반면 사채가 할증발행되면 사채의 장부금액이 매년 감소하여 액면가액에 수렴하므로 이자비용도 매년 감소한다.
② 사채의 장부금액은 변동되지만 정액법에 의한 이자비용은 매년 일정하기 때문에 이자율은 매년 변동한다. 할인발행의 경우에는 사채의 장부금액이 매년 증가하므로 이자율은 매년 감소하며, 할증발행의 경우에는 사채의 장부금액이 매년 감소하므로 이자율은 매년 증가한다.
④ 사채발행비는 사채할인발행차금에 가산하거나 사채할증발행차금에서 차감하여 이를 유효이자율법으로 상각하므로 정액법 상각은 잘못된 설명이다.

13 ① 14 ④ 15 ③ 정답

16 사채와 관련된 다음의 사항 중 옳게 기술된 것은?

① 사채상환이익은 특별이익으로 보고한다.

② 시장이자율보다 표시이자율이 높은 경우 사채 발행가격은 액면가액보다 낮게 발행된다.

③ 유휴자금의 일시적 운용 등 매각을 전제로 취득한 자기사채는 유동자산으로 보고한다.

④ 유효이자율법에 의한 회계처리에서 사채의 조기상환이익은 사채상환일의 시장이자율이 사채발행일의 시장이자율보다 높기 때문에 나타난다.

해설

① 한국채택국제회계기준에는 특별손익이 없다. 당기손익처리한다.

② 시장이자율 < 표시이자율 = 할증발행

③ 자기사채의 취득은 상환처럼 인식하여 사채와 사채발행차금을 장부에서 제거한다.

17 다음의 사채에 대한 설명 중 옳지 않은 것은?

① 사채의 표시이자율과 시장이자율이 동일한 경우에는 사채의 발행시점에 관계없이 액면금액으로 발행된다.

② 사채할증발행 시 만기에 가까울수록 사채장부가액과 이자비용은 체증적으로 증가한다.

③ 사채의 상환기간 동안 시장이자율이 변동하는 경우에도 사채 발행자가 부담하는 이자율은 변동하지 않는다.

④ 사채발행비가 발생하는 경우 사채의 시장이자율은 사채의 유효이자율과 다른 이자율이 되며, 이 경우 시장이자율은 유효이자율보다 작다.

해설

사채할증발행 시 만기에 가까울수록 사채장부가액과 이자비용은 체증적으로 감소한다.

18 20x5년 1월 1일에 표시이자율 연 5%, 액면가액 200,000원의 사채를 발행했다. 이 사채의 기간은 5년이며 1년에 2회(6월 30일과 12월 31일) 이자를 지급한다. 그런데 이 사채는 시장이자율 연 6%를 기준으로 190,000원에 할인발행되었다. 유효이자율법에 의한 20x5년도 사채이자는 얼마인가?

① 8,294원 ② 8,530원

③ 11,421원 ④ 13,504원

해설

일 자	유효이자(3%)	표시이자(2.5%)	상각액	장부가액
20x5.1.1				190,000
20x5.6.30	5,700	5,000	700	190,700
20x5.12.31	5,721	5,000	721	191,421
계	11,421			

정답 16 ④ 17 ② 18 ③

19 (주)위드는 20x4년 1월 1일 시장이자율이 연 10%일 때 액면금액이 10,000원이고, 만기가 3년인 회사채를 9,200원에 할인발행하였다. 이 회사채는 매년 말 이자를 지급한다. 이 회사채의 20x5년 1월 1일 장부가액이 9,520원이라면, 이 회사채의 표시이자율은 얼마인가?(문제풀이 과정에서 계산되는 모든 화폐금액은 소수점 이하에서 반올림하시오)

① 5.8%　　② 6%
③ 6.2%　　④ 6.5%

해설

- 20x5년 1월 1일 장부가액 = 20x4년 1월 1일 발행가액 + [20x4년 1월 1일 발행가액 × 10% − 액면이자]
= 9,200 + [9,200 × 10% − 10,000 × 표시이자율] = 9,520

∴ 표시이자율 = 6%

20 갑회사는 20x4년 1월 1일에 다음과 같은 조건의 연속상환사채를 발행하였다. 20x5년도 사채이자비용과 20x5년 말 사채의 장부가액은 각각 얼마인가?(단, 소수점 첫째 자리에서 반올림하시오)

(1) 액면가액 : 900,000원
(2) 이자지급 : 연 5%의 이자율을 적용하여 매년 12월 31일에 지급
(3) 상환 : 20x5년부터 20x7년까지 매년 12월 31일에 300,000원씩 연속상환
(4) 사채발행 시 유효이자율 연 7%이며, 7% 현재가치 계수는 다음과 같다.

기 간	1원의 현가계수	기 간	1원의 현가계수
1	0.935	3	0.816
2	0.873	4	0.763

	이자비용	사채의 장부가액
①	61,841원	884,546원
②	61,841원	584,546원
③	60,731원	883,318원
④	60,731원	583,318원

해설

- 사채의 발행가액 = (45,000 × 0.935) + (345,000 × 0.873) + (330,000 × 0.816) + (315,000 × 0.763) = 852,885
- 20x4년 말 사채장부가액 = 852,885 + (852,885 × 7% − 45,000) = 867,587
- 20x5년도 이자비용 = 867,587 × 7% = 60,731
- 20x5년 말 사채장부가액 = 867,587 + (60,731 − 45,000) − 300,000 = 583,318

19 ② 20 ④ 정답

21 A회사는 20x5년 1월 1일 액면가액 1,000,000원의 사채(연 5% 이자를 매년 12월 31일에 지급)를 발행하였다. 20x5년 12월 31일 동 사채의 장부가액은 946,467원이며, 20x5년도 계상한 사채할인발행차금상각액은 23,812원이다. 사채발행일의 유효이자율은 몇 %인가?(단, 소수점 이하는 반올림한다)

① 5% ② 6%
③ 7% ④ 8%

해설

- 20x5년 1월 1일 사채의 장부가액 = 946,467 − 23,812 = 922,655
- 20x5년도 이자비용 = 50,000(표시이자) + 23,812 = 73,812

∴ 유효이자율 = 73,812 / 922,655 = 8%

22 (주)위드는 20x3년 1월 1일에 액면금액 20,000,000원에(액면이자율 : 5%, 발행일의 시장이자율 : 6%) 만기일이 20x5년 12월 31일(3년)인 사채를 19,465,000원에 발행하였다. (주)위드가 20x5년 1월 1일에 상기 사채를 조기상환 할 경우 시장이자율 변동에 따른 사채상환손익이 가장 올바르게 짝지어진 것은?(단, 조기상환금액은 상환시점의 시장이자율에 의해 결정된다)

	시장이자율이 상승하는 경우	시장이자율이 하락하는 경우
①	사채상환이익	사채상환손실
②	사채상환손실	사채상환이익
③	사채상환이익	사채상환이익
④	손익 발생하지 않음	손익 발생하지 않음

23 위드는 20x5년 1월 1일에 다음과 같은 사채를 700,000원에 발행하고 사채발행 수수료 등으로 현금 10,000원을 지출하였다.

• 액면가액	500,000원
• 만기(20x9년 12월 31일)	5년
• 표시이자율	연 20%
• 이자지급일	매년 12월 31일
• 사채의 유효이자율	연 10%

위드는 사채발행차금의 상각에 유효이자율법을 사용한다. 이 사채의 발행으로 인하여 위드가 앞으로 5년간의 포괄손익계산서에 기록하게 되는 이자비용의 합계액은 총 얼마인가?

① 190,000원 ② 250,000원
③ 310,000원 ④ 500,000원

해설

만기까지의 이자비용 = 액면이자 합계 − 사채할증발행차금*주) = (500,000 × 20% × 5년) − 190,000 = 310,000

*주) 사채할증발행차금 = (발행가액 − 사채발행비) − 액면가액 = (700,000 − 10,000) − 500,000 = 190,000

정답 21 ④ 22 ① 23 ③

24 한국채택국제회계기준에서 정하는 자기사채의 회계처리로 틀린 것은?

① 매입의 목적에 관계없이 모든 자기사채는 당해 사채계정 및 사채발행차금계정에서 직접 차감하여 보고한다.

② 자기사채의 취득가액과 장부가액과의 차이는 사채상환손익으로 처리한다.

③ 취득한 자기사채를 소각하는 경우 사채상환손실이 발생한다.

④ 자기사채를 매각처분한 경우는 처분가액을 자기사채의 발행가액으로 한다.

해설

자기사채 취득 시에 이미 사채를 장부에서 제거하고 상환손익을 계상하였으므로 소각 시에는 아무런 회계처리를 할 필요가 없다.

25 다음 전환증권 발행자의 회계처리에 대한 설명 중 틀린 것은?

① 상환할증금은 전환사채 또는 신주인수권부사채의 소유자가 만기까지 전환권 또는 신주인수권을 행사하지 않아 만기상환하는 경우에 사채발행회사가 소유자에게 일정 수준의 수익률을 보장하기 위하여 만기가액에 추가하여 지급하기로 약정한 금액을 말한다.

② 전환사채 또는 신주인수권부사채를 발행한 경우에는 발행가액을 일반사채에 해당하는 부채부분과 전환권 또는 신주인수권에 해당하는 자본부분으로 분리하여 자본부분의 가치를 전환권대가 또는 신주인수권대가로 인식한다.

③ 전환권대가 또는 신주인수권대가는 당해 전환사채 또는 신주인수권부사채의 발행가액에서 현재가치를 차감하여 계산한다. 이 경우 사채의 현재가치는 만기일까지 기대되는 미래 현금흐름을 보장수익률로 할인한 금액이다.

④ 전환우선주의 발행 시는 전환권의 가치를 인식하지 아니하며, 전환우선주가 보통주로 전환되는 경우 보통주의 발행가액은 전환우선주의 장부가액으로 한다.

해설

사채의 현재가치는 만기일까지 기대되는 미래 현금흐름을 사채발행일 현재 발행회사의 전환권 또는 신주인수권이 없는 일반사채의 유효이자율로 할인한 금액이다.

26 다음은 전환사채와 신주인수권부사채에 관련된 설명이다. 회계기준서와 일치하지 않는 것은?

① 전환사채 및 신주인수권부사채의 이자비용은 사채의 장부가액에 일반사채의 유효이자율을 적용하여 계산한다.

② 전환권대가 또는 신주인수권대가는 기타자본잉여금으로 분류한 후 전환권 또는 신주인수권이 행사되어 추가로 주식을 발행하는 시점에서 주식발행초과금으로 대체한다.

③ 전환권 행사 시 주식의 발행가액은 전환권을 행사한 부분에 해당하는 전환사채의 장부가액과 전환권대가의 합계금액으로 한다.

④ 외화표시 전환사채는 화폐성 외화부채이며, 외화표시 신주인수권부사채는 비화폐성 외화부채로 본다.

해설

외화표시 전환사채는 비화폐성 외화부채이며, 외화표시 신주인수권부사채는 화폐성 외화부채로 본다.

24 ③ 25 ③ 26 ④ 정답

27 보유자가 확정 수량의 발행자의 보통주로 전환할 수 있는 전환사채는 (ㄱ)에 속한다. 전환사채의 발행금액이 4,000,000원이고 전환사채의 발행요건과 동일한 요건으로 발행하되 전환권이 부여되지 않은 사채의 가치가 3,500,000원인 경우, 전환사채의 발행금액 중 3,500,000원은 (ㄴ)(으)로, 전환권가치인 500,000원은 (ㄷ)(으)로 분리하여 표시한다. 다음 중 (ㄱ), (ㄴ), (ㄷ)에 들어갈 가장 올바른 용어들로 짝지어진 것은?

	(ㄱ)	(ㄴ)	(ㄷ)
①	금융보증계약	지분상품(자본)	금융부채
②	금융보증계약	금융부채	지분상품(자본)
③	복합금융상품	지분상품(자본)	금융부채
④	복합금융상품	금융부채	지분상품(자본)

28 (주)위드는 20x5년 초에 만기 3년, 표시이자율 연 5%, 액면금액 100,000원의 전환사채(이자는 매년 말 후급)를 상환할증금 없이 액면발행하였다. 이 전환사채의 발행시점에 (주)위드가 인식할 자본요소(전환권)의 공정가치는 얼마인가?(단, (주)위드는 전환사채 발행시점의 신용등급으로 만기 3년, 표시이자율 연 10%, 액면금액 100,000원의 일반사채를 액면금액으로 발행할 수 있다)

기 간	기간 말 1원의 현재가치		정상연금 1원의 현재가치	
	5%	10%	5%	10%
3년	0.86	0.75	2.72	2.50

① 0원
② 7,500원
③ 9,000원
④ 12,500원

해설

• 현재가치 = 100,000 × 0.75 + 5,000 × 2.50 = 87,500
∴ 전환권가치 = 100,000 − 87,500 = 12,500

29 위드주식회사 20x5년 1월 1일 다음과 같은 조건으로 전환사채를 발행하였을 경우 전환권대가를 계산하면 얼마인가?(단, 할인율 15% 적용 시 5년의 경우 1원의 현재가치는 0.49718원이며, 1원의 정상연금 현재가치는 3.35216원이다)

• 발행가액	500,000원(액면발행)
• 표시이자율	연 8%
• 일반사채 시장수익률	연 15%
• 상환기일(만기)	20x9년 12월 31일
• 원금상환방법 : 상환기일에 액면가액을 일시상환	

① 117,324원
② 134,086원
③ 248,590원
④ 382,676원

정답 27 ④ 28 ④ 29 ①

해설

(1) 전환사채의 현재가치

500,000 × 0.49718 =	248,590
40,000 × 3.35216 =	134,086
계	382,676

(2) 전환권대가 : 500,000 − 382,676 = 117,324

30 A회사는 20x5년 1월 1일에 다음과 같은 조건의 신주인수권부사채를 액면발행하였다. 신주인수권부사채의 액면가액 중 70%의 신주인수권이 사채기간 중에 행사되었다. 만기상환 시 A회사가 지급해야 할 현금총액(이자지급액 제외)은 얼마인가?

- 액면가액 1,000,000원
- 표시이자율 연 5%
- 이자지급일 매년 12월 31일
- 일반사채 시장이자율 연 10%
- 상환 : 20x7년 12월 31일에 액면가액의 115%로 일시상환

① 345,000원
② 450,000원
③ 1,045,000원
④ 1,150,000원

해설

- 신주인수권부사채는 신주인수권이 행사되더라도 사채의 액면가액은 감소되지 않는다.
- 만기상환 시 지급할 총액 = 신주인수권부사채 액면가액 + 사채상환할증금 × 30%(미행사비율)
 = 1,000,000 + 150,000 × 30% = 1,045,000

31 다음은 상환할증금 지급조건으로 발행된 전환사채의 표시이자율, 보장수익률 및 시장이자율의 크기를 비교표시한 것이다. 옳은 것은?

① 표시이자율 < 보장수익률 = 시장이자율
② 표시이자율 = 보장수익률 = 시장이자율
③ 표시이자율 = 보장수익률 < 시장이자율
④ 표시이자율 < 보장수익률 < 시장이자율

해설

- '보장수익률'은 발행자가 전환권을 행사하지 않은 보유자에게 보장해 주는 만기수익률을 말한다(또는 전환사채의 액면금액과 상환할증금을 포함한 미래 현금흐름의 현재가치를 일치시키는 할인율을 말한다).
- '상환할증금'은 보장수익률과 표시이자율의 차이에 해당하는 이자를 만기일에 일시 지급하는 금액을 말한다.

> 상환할증금 = [전환사채의 액면금액 × (보장수익률 − 표시이자율)]을 보장수익률로 계산한 미래가치

 즉, 상환할증금은 보장수익률과 표시이자율의 차액에 대한 대가이다.
- 따라서 '상환할증금 지급조건'이라면 만기일에 액면금액에 상환할증금을 가산하여 지급하여야 하며, '액면상환 조건의 경우'라면(상환할증금 미지급조건) 표시이자율만 보장한 것이므로 액면금액만 만기에 상환하면 된다.
- 마지막으로, 보장수익률과 시장이자율의 관계는 전환권이 없는 유사한 채무에 대한 시장이자율은 전환사채의 보장수익률보다 항상 크다. 왜냐하면 '전환권'의 가치가 있으므로 전환사채를 구입하는 것인데 전환권의 가치는 시장이자율과 보장수익률의 차이이기 때문이다.

30 ③ 31 ④ 정답

02 충당부채, 우발부채 및 우발자산

01 공개

다음 중 충당부채의 회계처리에 관한 설명으로 가장 옳은 것은?

① 미래의 예상 영업손실은 최선의 추정치를 금액으로 하여 충당부채로 인식한다.

② 충당부채로 인식하는 금액은 현재의무의 이행에 소요되는 지출에 대한 보고기간 말 현재의 최선의 추정치이어야 하며 이 경우 관련된 사건과 상황에 대한 불확실성이 고려되어야 한다.

③ 충당부채란 과거사건이나 거래의 결과에 의한 현재의무로서, 그 의무를 이행하기 위하여 자원이 유출될 가능성이 높고 지출 금액이 불확실하지만, 지출시기는 확정되어 있는 의무를 의미한다.

④ 충당부채의 명목금액과 현재가치의 차이가 중요하더라도 의무를 이행하기 위하여 예상되는 지출액의 명목금액으로 평가한다.

해설

① 미래의 예상 영업손실은 부채의 정의에 부합하지 아니할 뿐만 아니라 충당부채의 인식요건을 충족시키지 못하므로 충당부채로 인식하지 아니한다.

③ 충당부채란 과거의 거래나 사건의 결과로 발생한 현재의무로서 지출시기 또는 그 금액은 불확실하지만 그 의무를 이행하기 위한 자원의 유출가능성이 매우 높고 그 금액을 신뢰성 있게 측정할 수 있는 의무를 말한다.

④ 충당부채의 명목금액과 현재가치 차이가 중요한 경우에는 의무를 이행하기 위하여 예상되는 지출액의 현재가치로 평가한다.

PART 1

02 공개

다음 중 충당부채로 인식될 수 있는 사례로 가장 올바르지 않은 것은?(단, 해당 의무를 이행하기 위하여 필요한 금액을 신뢰성 있게 추정할 수 있다고 가정한다)

① 회사의 소비자 소송사건에 대하여 패소가능성이 높다는 법률전문가의 의견이 있는 경우

② 토지 오염원을 배출하고 있는 회사에 대하여 토지의 정화에 관한 법률 제정이 확실 시 되는 경우

③ 제품에 대해 만족하지 못하는 고객에게 법적의무가 없음에도 불구하고 환불해 주는 정책을 펴고 있으며, 고객에게 이 사실이 널리 알려져 있는 경우

④ 회사의 특정 사업부문의 미래 영업손실이 예상되는 경우

해설

미래의 예상 영업손실은 부채의 정의에 부합하지 아니할 뿐만 아니라 충당부채의 인식요건을 충족시키지 못하므로 충당부채로 인식하지 아니한다.

정답 01 ② 02 ④

03 (주)삼일은 20x1년 1월 1일 거래처의 토지에 구축물을 설치하고 이를 이용하는 계약을 체결하였다. 구축물의 취득원가는 1,000,000원, 내용연수는 5년이며, 잔존가치는 50,000원이며 정액법으로 감가상각한다. (주)삼일은 5년 후에 구축물을 해체하고 원상복구를 해야 하며, 5년 후에 복구비용으로 지출할 금액은 200,000원으로 추정하였다. 복구비용은 충당부채의 인식요건을 충족하며, 현재가치 계산 시 적용할 할인율은 10%이다. (주)삼일이 20x1년 1월 1일에 인식할 복구충당부채는 얼마인가?

공개

기간 이자율	현가 이자요소	연금의 현가 이자요소
5년 10%	0.62092	3.79079

① 93,138원　　② 124,184원
③ 200,000원　　④ 758,158원

해설

• 복구충당부채 = 200,000 × 0.62092 = 124,184
• 20x1년 1월 1일 회계처리

(차)	구축물	1,124,184	(대) 현 금	1,000,000
			복구충당부채	124,184

04 다음 중 우발부채 및 우발자산에 관한 설명으로 가장 올바르지 않은 것은?

공개

① 과거사건에 의해 발생하였으나 불확실한 미래사건의 발생 여부에 의하여서만 그 존재가 확인되는 잠재적 의무는 우발부채이다.
② 과거사건에 의해 발생하였으나 불확실한 미래사건의 발생 여부에 의하여서만 그 존재가 확인되는 잠재적 자산은 우발자산이다.
③ 우발부채는 당해 의무이행을 위해 자원이 유출될 가능성이 아주 낮더라도 주석으로 기재해야 한다.
④ 우발자산은 재무상태표에 자산으로 기록하지 않는다.

해설

우발부채는 당해 의무이행을 위해 자원이 유출될 가능성이 아주 낮은 경우에는 주석으로도 공시하지 않는다.

05 다음 중 재무상태표에 충당부채를 인식하는 경우로 짝지어진 것은?

자원유출가능성 \ 금액추정가능성	신뢰성 있게 추정가능	추정불가능
가능성이 높음	(ㄱ)	(ㄴ)
가능성이 높지 않음	–	–
가능성이 아주 낮음	(ㄷ)	–

① (ㄱ)　　② (ㄱ), (ㄴ)
③ (ㄱ), (ㄷ)　　④ (ㄱ), (ㄴ), (ㄷ)

해설

(ㄴ) : 우발부채로 인식한다. 참고로 자원유출가능성이 희박한 경우 주석기재 생략 가능

06 다음 중 우발부채 및 우발자산에 대한 설명으로 가장 올바르지 않은 것은?

① 우발자산은 자산으로 인식하지 아니하고 경제적 효익의 유입가능성이 높은 경우에만 주석에 기재한다.
② 과거사건에 의하여 발생하였으나, 그 의무를 이행하기 위하여 경제적 효익을 갖는 자원이 유출될 가능성이 높지 않은 경우에는 우발부채로 인식한다.
③ 우발부채는 경제적 효익이 내재된 자원의 유출가능성이 아주 낮은 경우가 아니라면 재무제표상 부채로 인식한다.
④ 우발부채의 경우 자원유출가능성이 어느 정도 있는 경우라면 신뢰성 있는 추정 가능여부와는 상관없이 주석공시를 할 수 있다.

해설

우발부채는 어떤 경우에도 부채로 인식하지 아니하며 일정요건 충족 시 주석으로만 공시한다.

PART 1

07 다음 중 충당부채에 대한 설명으로 가장 올바르지 않은 것은?

① 충당부채는 매 보고기간 말마다 잔액을 검토하고, 보고기간 말 현재 최선의 추정치를 반영하여 조정하며, 충당부채를 현재가치로 평가한 경우에는 할인율의 변동분도 반영한다.
② 충당부채의 대표적 유형에는 제품보증충당부채와 구조조정충당부채가 있다.
③ 충당부채를 설정하는 의무에는 명시적인 법규 또는 계약의무는 아니지만 과거의 실무 관행에 의해 기업이 이행해 온 의무도 포함된다.
④ 충당부채의 일부를 제3자가 변제할 것이 거의 확실 시 되는 경우 변제금액을 제외한 잔액에 대해서만 충당부채를 인식한다.

해설

전체 의무를 충당부채로 인식하고, 변제될 것이 거의 확실 시 되는 금액은 충당부채에서 제외하는 것이 아니라 자산으로 처리한다.

08 다음 중 충당부채의 회계처리에 대한 설명으로 가장 올바르지 않은 것은?

① 충당부채란 과거사건이나 거래의 결과에 의한 현재의무로서, 지출의 시기 또는 금액이 불확실하지만 그 의무를 이행하기 위하여 자원이 유출될 가능성이 높고 또한 금액을 신뢰성 있게 추정할 수 있는 의무를 의미한다.
② 충당부채의 명목금액과 현재가치의 차이가 중요한 경우에는 의무를 이행하기 위하여 예상되는 지출액의 현재가치로 평가한다.
③ 손실부담계약을 체결하고 있는 경우에는 관련된 현재의무를 충당부채로 인식하지 않는다.
④ 충당부채로 인식하는 금액은 현재의무의 이행에 소요되는 지출에 대한 보고기간 말 현재의 최선의 추정치이어야 하며 이 경우 관련된 사건과 상황에 대한 불확실성이 고려되어야 한다.

해설

손실부담계약과 관련된 현재의무는 충당부채로 인식하고 측정한다.

정답 06 ③ 07 ④ 08 ③

09 다음 중 '한국채택국제회계기준 제1037호 충당부채, 우발부채 및 우발자산'과 관련된 설명으로 옳지 않은 것을 모두 묶은 것은?

가. 미래영업을 위하여 발생하게 될 비용에 대하여는 충당부채를 인식하지 아니한다.
나. 불법적인 환경오염으로 인한 범칙금이나 환경정화비용의 경우에는 충당부채를 인식하지 아니한다.
다. 자산의 예상처분이익은 충당부채를 측정하는데 고려하지 아니한다.
라. 충당부채는 최초 인식과 후속적 사건으로 인해 관련성이 높은 경우의 지출 모두에 대해서 인식한다.

① 가, 다　　② 가, 나, 라
③ 나, 라　　④ 나, 다, 라

해설

나. 기업의 미래행위에 관계없이 당해 의무의 이행에 경제적 효익이 내재된 자원의 유출이 수반되므로 충당부채를 인식한다.
라. 충당부채는 최초 인식과 관련있는 지출에만 사용한다.

10 다음은 (주)위드의 소송과 관련된 자료들이다. (주)위드가 20x5년도에 인식하여야 하는 손익은 얼마인가?

(1) 20x5년 2월 소송에 관련되어 있으며, 이 소송의 결과로 (주)위드는 전라상사에 2,300,000원의 손해배상금을 지불하게 될 가능성이 확실하다.
(2) 20x5년 5월 구리상사는 (주)위드에 대해 800,000원의 손해배상금을 요구하는 소송을 제기했으며, 이 소송에서 (주)위드가 손해배상금을 지불할 가능성은 약간 있다.
(3) 20x5년 9월 (주)위드는 경남상사를 상대로 특허권침해에 대해 2,000,000원의 보상을 요구하며 소송을 제기하였다. (주)위드의 고문변호사는 (주)위드가 승소할 확률이 확실하며 배상금은 1,000,000원이 될 것으로 예상된다고 한다.

① 손실 1,300,000원　　② 손실 2,100,000원
③ 손실 3,100,000원　　④ 손실 2,300,000원

해설

(1) 발생가능성이 높고 금액이 합리적으로 추정되므로 충당부채로 인식하고 주석으로도 기재한다.

(차) 손해배상손실	2,300,000	(대) 손해배상충당부채	2,300,000

(2) 금액은 합리적으로 추정되었으나 발생가능성이 높지 않으므로 부채는 인식하지 않고, 우발부채를 주석으로 기재한다.
(3) 우발자산은 재무제표에 인식하지 않으며, 그 가능성이 높을 경우 주석으로 기재한다.

09 ③ 10 ④ 정답

11 다음 중 충당부채를 인식하고 측정하여 적용하는 과정에서 고려해야 할 내용으로 바르지 않은 것을 모두 나열한 것은?

> ㉠ 충당부채의 명목금액과 현재가치의 차이가 중요하여 의무이행을 위하여 예상되는 지출액의 현재가치
> ㉡ 현재가치 평가에 사용하는 할인율에 반영되는 위험으로 현금흐름에 자체의 변동위험을 포함함
> ㉢ 충당부채를 발생시킨 사건과 밀접하게 관련된 자산의 처분차익의 예상액
> ㉣ 구조조정충당부채의 인식의 경우 구조조정과 관련한 필수적으로 발생하는 지출
> ㉤ 제3자에 의한 대리변제의 약정이 있었으나 대리변제가 이행되지 않더라도 그 기업이 지급할 의무가 없는 금액은 충당부채에 포함함

① ㉠, ㉡, ㉣　　② ㉠, ㉡, ㉤
③ ㉡, ㉢, ㉤　　④ ㉡, ㉣, ㉤

해설

㉡ 현재가치 평가를 위한 할인율 산정에 현금흐름에 자체의 변동위험은 고려하지 않음
㉢ 충당부채를 발생시킨 사건과 밀접하게 관련된 자산의 예상 처분차익은 고려하지 않음
㉤ 대리변제 미이행 금액으로 지급의무가 없는 경우에는 충당부채에 포함하지 않음

PART 1

12 다음은 충당부채, 우발부채, 우발자산에 대한 설명이다. (　　) 안에 적합한 용어를 나열한 것은?

> • 우발부채는 의무를 이행하기 위하여 자원이 유출될 가능성이 아주 (1) 않는 한 우발부채를 주석에 기재한다.
> • 우발자산은 자원의 유입가능성이 매우 (2) 경우에만 주석으로 기재한다.
> • 충당부채의 현재가치 평가에 사용하는 할인율은 그 부채의 고유한 위험과 화폐의 시간가치에 대한 현행 시장의 평가를 반영한 (3)이율이다.

	(1)	(2)	(3)
①	높지	낮은	세후
②	높지	높은	세전
③	낮지	높은	세전
④	낮지	낮은	세후

정답 11 ③ 12 ③

13 (주)위드는 판매한 제품에 대해 발생하는 하자를 판매일로부터 3년간 무상으로 수리해 주는 정책을 채택하여 시행하고 있다. 무상수리에 따른 제품보증비용은 매출액의 5%로 예측된다. 20x3년 말 재무상태표상 제품보증충당부채 잔액은 얼마인가?

구 분	매출액	20x2년 판매분에 대한 제품보증비용	20x3년 판매분에 대한 제품보증비용
20x2년	3,000,000원	20,000원	–
20x3년	4,000,000원	30,000원	40,000원

① 0원　　② 150,000원
③ 200,000원　　④ 260,000원

해설

• 제품보증충당부채 총액 = (3,000,000 + 4,000,000) × 5% = 350,000
• 기발생 제품보증비 = 20,000 + 30,000 + 40,000 = 90,000
∴ 20x3년 말 제품보증충당부채 잔액 = 350,000 − 90,000 = 260,000

03 자 본

01 공개

(주)삼일은 20x1년 초 설립된 회사로 설립 시에 보통주와 우선주를 모두 발행하였다. 설립일 이후 자본금의 변동은 없었으며, 20x3년 12월 31일 현재 보통주자본금과 우선주자본금은 다음과 같다.

구 분	주당액면금액	발행주식수	자본금
보통주	1,000원	1,000주	1,000,000원
우선주*주)	1,000원	500주	500,000원

*주) 비누적·비참가적 우선주, 배당률 5%

(주)삼일은 설립된 이후 어떠한 배당도 하지 않았으나 20x3년 12월 31일로 종료되는 회계연도의 정기 주주총회에서 배당금 총액을 300,000원으로 선언할 예정일 경우 우선주 주주에게 배분될 배당금은 얼마인가?

① 25,000원　　② 50,000원
③ 275,000원　　④ 300,000원

해설

• 우선주배당금 = 500,000 × 5% = 25,000
• 보통주배당금 = 300,000 − 25,000 = 275,000

13 ④ / 01 ① 정답

02 공개 **다음 중 자기주식의 취득 및 처분에 관한 회계처리에 관한 설명으로 가장 올바르지 않은 것은?**

① 자기주식을 취득하는 경우 취득원가를 자본에서 차감하는 형식으로 기재한다.

② 자기주식을 처분하는 경우 처분가액과 취득원가와의 차액을 자기주식처분손익으로 기타포괄손익에 반영한다.

③ 자기주식을 소각하는 경우 액면금액과 취득원가와의 차액을 감자차손익으로 반영한다.

④ 자기주식을 보유하고 있는 기간동안 자기주식에 대한 평가손익은 인식하지 않는다.

해설

자기주식처분손실은 부(−)의 항목으로 표시한 후 이익잉여금으로 상각하며, 자기주식처분이익은 자본에 가산하여 표시한다.

PART 1

03 공개 **다음은 (주)삼일의 제1기 말(20x1년 12월 31일) 현재의 주요 재무정보이다. (주)삼일은 제1기에 증자 및 배당이 없었다.**

자본금	5,000,000,000원
주식발행초과금	3,500,000,000원
...	...
자본총계	10,000,000,000원

(주)삼일의 20x1년 당기순이익은 1,500,000,000원이고, 주당 액면금액은 5,000원일 때 20x1년 말 현재 자본에 대한 설명으로 다음 중 가장 올바르지 않은 것은?

① (주)삼일의 법정자본금은 5,000,000,000원이다.

② (주)삼일의 발행주식수는 1,000,000주이다.

③ (주)삼일의 기말 이익잉여금은 1,500,000,000원이다.

④ (주)삼일의 주식발행금액은 주당 10,000원이다.

해설

$$\text{주당 발행금액} = \frac{5{,}000{,}000{,}000 + 3{,}500{,}000{,}000}{1{,}000{,}000\text{주}} = @8{,}500$$

정답 02 ② 03 ④

04 공개 **(주)삼일의 20x1년 이익잉여금처분계산서 구성항목이 다음과 같을 때 (주)삼일의 20x1년 말 미처분이익잉여금은 얼마인가?**

ㄱ. 전기이월미처분이익잉여금	2,000,000원
ㄴ. 중간배당	(−)200,000원
ㄷ. 당기순이익	1,000,000원
ㄹ. 연차배당	(−)300,000원

① 1,800,000원　② 2,000,000원
③ 2,500,000원　④ 2,800,000원

해설

• 연차배당(현금배당과 주식배당)은 이익잉여금처분항목이다. 따라서 미처분이익잉여금을 산출한 후 차기이월미처분이익잉여금 계산 시 차감하게 된다.

∴ 미처분이익잉여금 = 2,000,000 − 200,000 + 1,000,000 = 2,800,000

05 공개 **12월 말 결산법인인 (주)삼일의 20x1년 주요 자본거래가 아래와 같은 경우 20x1년 말 결산 시 (주)삼일의 자본에 대한 보고금액으로 올바르게 짝지어진 것은?**

ㄱ. 20x1년 2월 4일 회사는 액면가액 5,000원의 주식 100,000주를 주당 7,000원에 발행하였다.
ㄴ. 20x1년 10월 10일 이사회결의를 통하여 (주)삼일의 자기주식 3,000주를 주당 10,000원에 취득하였다.

자본변동표

(주)삼일　　20x1년 1월 1일부터 20x1년 12월 31일까지　　(단위 : 백만원)

구 분	자본금	주식발행초과금	자기주식	이익잉여금	총 계
20x1년 1월 1일	500	750	(100)	XXX	XXX
자본의 변동					
20x1년 12월 31일	ㄱ	ㄴ	ㄷ	XXX	XXX

	ㄱ	ㄴ	ㄷ
①	500	950	(100)
②	500	750	(130)
③	1,000	950	(130)
④	1,000	750	(100)

해설

ㄱ. 자본금 = 100,000주 × 5,000원 = 500백만원(증가)
ㄴ. 주식발행초과금 = 100,000주 × (7,000원 − 5,000원) = 200백만원(증가)
ㄷ. 자기주식 = 3,000주 × 10,000원 = 30백만원(증가)

04 ④ 05 ③ 정답

06 다음 중 자본의 차감항목이 아닌 것은?

① 해외사업환산손실
② 자산재평가잉여금
③ 감자차손
④ 기타포괄손익인식금융자산평가손실

07 다음 중 자본조정의 항목으로만 묶여진 것은?

① 자기주식처분손실, 미교부주식배당금, 전기오류수정손익
② 회계정책변경누적효과, 전기오류수정손익, 중간배당
③ 회계정책변경누적효과, 기타포괄손익인식금융자산평가손익, 해외사업환산손익
④ 주식할인발행차금, 감자차손, 자기주식처분손실

해설

• 자본조정 : 자기주식처분손실, 미교부주식배당금, 신주청약증거금, 주식할인발행차금, 감자차손
• 전기이월이익잉여금의 수정항목 : 회계정책변경누적효과, 전기오류수정손익, 중간배당

08 다음 중 기타포괄손익에 포함되지 않는 항목은?

① 재평가잉여금의 변동
② 확정급여제도의 보험수리적손익
③ 해외사업장의 재무제표 환산으로 인한 손익
④ 현금흐름위험회피에서 위험회피수단의 평가손익 중 비효과적인 부분

해설

기타포괄손익
• 재평가잉여금의 변동
• 확정급여제도의 보험수리적손익
• 해외사업환산손익
• 현금흐름위험회피의 위험회피수단의 평가손익 중 효과적인 부분

정답 06 ② 07 ④ 08 ④

09 다음은 20x4년 초에 설립한 (주)위드의 20x5년 말 현재 자본금과 관련한 정보이다. 설립 이후 20x5년 말까지 자본금과 관련한 변동은 없었다.

- 보통주자본금 : 100,000원(액면가액 @500원, 발행주식수 200주)
- 우선주자본금 : 25,000원(액면가액 @500원, 발행주식수 50주)

(주)위드는 20x4년도에 현금배당이나 주식배당을 하지 않았으며 20x5년도에 16,000원의 현금 배당 지급을 결의하였다. (주)위드의 우선주 배당률은 10%이며 누적적 · 완전참가적 우선주라면 우선주와 보통주에 대한 배당금 지급액은 각각 얼마인가?

	우선주배당금	보통주배당금
①	5,200원	10,800원
②	5,500원	10,500원
③	3,200원	12,800원
④	800원	5,200원

해설

- 1차 배당　우선주 = 25,000 × 10% × 2 = 5,000
　　　　　보통주 = 100,000 × 10% = 10,000
- 2차 배당　우선주 = (16,000 − 15,000) × 25,000 / (100,000 + 25,000) = 200
　　　　　보통주 = 16,000 − 15,000(1차 배당분) − 200 = 800

∴ 우선주 총 배당금 = 5,000 + 200 = 5,200
　보통주 총 배당금 = 10,000 + 800 = 10,800

10 다음은 (주)위드의 재무상태표이다.

재무상태표

(주)위드　20x5년 12월 31일 현재　(단위 : 원)

현 금	10,000,000	부 채	60,000,000
매출채권	20,000,000	자본금	40,000,000
재고자산	30,000,000	주식발행초과금	10,000,000
유형자산	30,000,000	결손금	(20,000,000)
자산총계	90,000,000	부채와 자본총계	90,000,000

(주)위드의 경영자는 누적된 결손금과 관련하여 무상감자를 고려하고 있다. 다음 중 회사가 무상감자를 실시하는 경우에 대한 설명으로 가장 올바른 것은?

① 무상감자를 하면 부채비율(부채/자본)이 높아진다.
② 무상감자와 유상감자 모두 순자산에 미치는 영향은 동일하다.
③ 감자 후의 자본총계는 30,000,000원으로 감자 전과 자본총계가 동일하다.
④ 무상감자 후 주식발행초과금은 감소한다.

해설

무상감자에 의해 결손금과 자본금이 상계처리되므로 자본총계에는 변화가 없다.

09 ① 10 ③ 정답

11 다음은 결산일이 12월 31일인 (주)위드의 20x5년 말 재무상태표상 자본에 관한 정보이다. 20x5년 말 (주)위드의 기타포괄손익누계액은 얼마인가?

ㄱ. 보통주자본금	50,000,000원
ㄴ. 주식발행초과금	5,000,000원
ㄷ. 기타포괄손익인식금융자산평가이익	4,000,000원
ㄹ. 자기주식	1,200,000원
ㅁ. 미처분이익잉여금	4,600,000원
ㅂ. 유형자산재평가잉여금	1,000,000원

① 1,000,000원

② 5,000,000원

③ 7,200,000원

④ 10,600,000원

PART 1

해설

기타포괄손익인식금융자산평가이익 4,000,000원 + 유형자산재평가잉여금 1,000,000원 = 5,000,000원

12 다음은 주식배당 등의 자본거래가 각 자본항목에 미치는 영향을 나타내고 있다. 이 중 가장 올바르지 않은 것은?

	자본금	이익잉여금	총자본
① 주식배당	증 가	감 소	불 변
② 주식병합	불 변	불 변	불 변
③ 주식분할	증 가	감 소	증 가
④ 현금배당	불 변	감 소	감 소

해설

주식분할 시 자본금, 자본잉여금, 이익잉여금, 총자본 모두 불변이다.

정답 11 ② 12 ③

13 다음은 서로 독립적인 거래들이다. 자본이 증가하는 것만으로 올바르게 짝지어진 것은?

가. 주당 액면 5,000원인 주식을 액면 1,000원인 주식 5주로 분할하였다.
나. 기존 주주들에게 10%의 주식배당을 실시하고 즉시 신주를 발행하여 교부하였다.
다. 주당 액면 5,000원인 주식 100주를 주당 4,000원에 할인발행하였다.
라. 주당 200원에 취득하여 보유하고 있던 자기주식 10주를 주당 250원에 처분하였다.
마. 수정전시산표상에 10,000원으로 기록되어 있는 기타포괄손익인식금융자산(지분상품)의 보고기간 말 현재 공정가치는 8,000원이다.

① 가, 나　　② 가, 다
③ 나, 다　　④ 다, 라

해설

가. 불 변
나. 불 변
다. 자본 증가
라. 자본 증가
마. 자본 감소(기타포괄손익누계액 감소)

14 다음은 주식발행의 회계처리에 대한 설명으로 옳은 것은?

가. 3월 10일 발행 주식의 내역
- 3,000주 발행(보통주), 주당 액면금액 5,000원, 주당 발행금액 5,500원
- 1,000주 발행(상환우선주), 주당 액면금액 5,000원, 주당 발행금액 5,800원

나. 6월 25일 발행주식의 내역
- 5,000주발행(보통주), 주당 액면금액 5,000원, 주당 발행금액 4,400원

① 주식할인발행차금은 주식발행초과금과 상계한 잔액 700,000원을 자본잉여금으로 처리
② 보통주에 대한 주식할인발행차금은 1,500,000원까지만 주식발행초과금과 상계처리하고, 미상각잔액은 자본조정으로 처리
③ 주식발행초과금 2,300,000원은 자본잉여금으로 처리하고, 주식할인발행차금 3,000,000원은 자본조정으로 처리
④ 주식할인발행차금은 2,300,000원까지만 주식발행초과금과 상계처리하고, 미상각잔액은 자본조정으로 처리

해설

- 3월 10일 주식발행초과금(상환우선주 포함)
  - 보통주 = (5,500원 − 5,000원) × 3,000주 = 1,500,000원
  - 상환우선주 = (5,800원 − 5,000원) × 1,000주 = 800,000원
- 6월 25일 주식할인발행차금 = (4,400원 − 5,000원) × 5,000주 = 3,000,000원
- 주식할인발행차금은 주식발행초과금 범위 내에서 상계가능
- 미상각 주식발행차금은 자본조정으로 처리

13 ④　14 ④ 정답

15 자기주식의 회계처리에 대한 다음의 설명 중 옳지 않은 것은?

① 자기주식 취득 시 이익잉여금의 총액의 변동은 발생하지 않는다.
② 자기주식 처분거래를 기록하는 시점에서 이익잉여금 총액의 증감은 발생하지 않는다.
③ 자기주식을 소각할 경우 자기주식의 취득원가와 최초 발행가액의 차이를 감자차손 또는 감자차익으로 분류한다.
④ 감자차손은 자본항목으로 분류되었다가 결손금처리 순서에 따라 처리하되 미처리결손금을 먼저 보전한 후 처리하며, 잔액이 남을 경우 차기로 이연한다.

해설
자기주식 소각 시 자기주식 취득원가와 액면가액의 차이를 감자차손익으로 처리한다.

PART 1

16 자본의 회계처리 및 공시에 관한 다음 설명 중에서 옳지 않은 것은?

① 주식할인발행차금은 발생 당시 장부상 존재하는 주식발행초과금과 우선적으로 상계처리한다.
② 미계상된 주식할인발행차금은 자본조정으로 계상하고 향후 발생하는 주식발행초과금과 상계하여야 하며 이익잉여금과 상계하는 경우는 발생하지 않는다.
③ 자기주식처분손실은 자기주식처분이익과 우선적으로 상계하고 그 잔액은 자본조정으로 계상한 후 결손금의 처리순서에 준하여 처리한다.
④ 증자의 경우 발생하는 신주발행수수료 등 신주발행비는 당기비용으로 계상하지 아니하고 주식의 발행가액에서 직접 차감한다.

해설
주식발행초과금과 상계한 이후의 주식할인발행차금 잔액은 3년 이내의 기간에 균등액을 이익잉여금의 처분으로 상각한다.

17 당기 초에 발행된 전환우선주 100주(액면가액 5,000원, 발행가액 7,000원)가 당기 중에 모두 보통주로 전환되었다. 전환조건은 전환우선주 2주가 보통주 1주(액면가액 5,000원)로 전환된다. 전환우선주 전환 시 증가하는 보통주식발행초과금은 얼마인가?

① 200,000원　　② 250,000원
③ 300,000원　　④ 450,000원

해설
• 전환우선주의 장부금액이 보통주의 발행가액이 된다.
• 전환우선주 전환 시 분개는 다음과 같다.

(차)	우선주자본금	500,000	(대) 보통주자본금	250,000
	우선주식발행초과금	200,000	보통주식발행초과금	450,000

18 다음은 (주)위드의 자본변동표 일부이다. 자본변동표 표시방법으로 가장 올바르지 않은 것은?

자본변동표

(주)위드 제13기 20x1년 1월 1일부터 20x1년 12월 31일까지 (단위 : 원)

구 분	자본금	자본잉여금	자본조정	이익잉여금	합 계
기 초	14,460,000	198,740,000	0	39,860,000	173,340,000
① 유상증자	4,040,000	638,670,000			642,710,000
② 주식매입선택권	–	–	200,000	–	200,000
③ 당기순손실				–65,280,000	–65,280,000
④ 배당금 지급			–20,000,000		–20,000,000
기 말	18,500,000	837,410,000	–19,800,000	–25,420,000	730,970,000

해설

배당금의 지급은 이익잉여금의 차감계정이다. 주식매입선택권은 스톡옵션을 말하는 데 해당 기간 내에 주식매입선택권이 자본조정으로 신규 반영되었으며 이는 임직원에게 동 기간 중 해당 금액의 스톡옵션을 제공하였음을 의미한다.

19 (주)위드의 20x1년 이익잉여금처분계산서상 구성 항목이 다음과 같을 때 (주)위드의 20x1년말 미처분이익잉여금은 얼마인가?

• 전기이월미처분이익잉여금	1,000,000원	• 전기오류수정이익	100,000원
• 중간배당	150,000원	• 당기순이익	2,000,000원
• 현금배당	200,000원	• 사업확장적립금	250,000원

① 2,800,000원
② 2,950,000원
③ 3,150,000원
④ 3,400,000원

해설

미처분이익잉여금 = 1,000,000 + 100,000 – 150,000 + 2,000,000 = 2,950,000
※ 현금배당과 사업확장적립금은 이익잉여금처분 항목으로서 차기이월미처분이익잉여금 계산 시 차감한다.

18 ④ 19 ② 정답

CHAPTER 04

PART 1 재무회계

포괄손익계산서

01 수 익

1. 수익의 인식과 측정

(1) 정 의

수익이란 통상적인 경영활동에서 발생하는 경제적 효익의 총유입을 말하며, 자산의 증가 또는 부채의 감소로 나타난다. 다만, 다음의 것은 수익으로 보지 않는다.

① 주주의 지분참여로 인한 자본증가

② 판매 편의를 위해 기업 간 재화의 비화폐성 교환

예 정유사의 특정지역 기업 간의 유류 교환판매

③ 부가가치세(제3자를 대신해서 받는 것은 수익 아님)

(2) 수익인식의 단계

새로운 수익 기준서(K-IFRS 제1115호)에서는 통제의 이전을 주요 개념으로 한다. 즉, 기업이 고객에게 약속한 재화 등의 이전을 나타내도록 재화 등의 받을 권리를 갖게 될 것으로 예상하는 대가를 반영한 금액으로 수익을 인식해야 한다는 것이다. 이를 위해 다음과 같은 수익인식의 5단계 모형을 제시하고 있다.

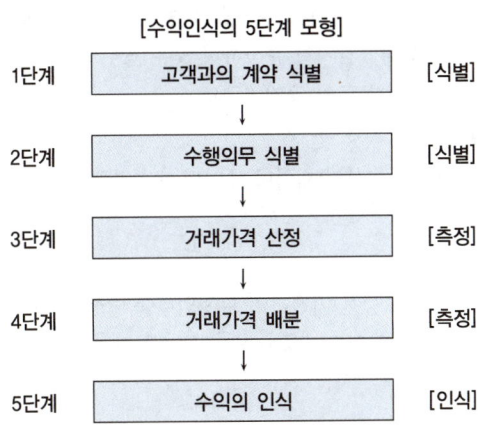

[수익인식의 5단계 모형]

1단계	고객과의 계약 식별	[식별]
2단계	수행의무 식별	[식별]
3단계	거래가격 산정	[측정]
4단계	거래가격 배분	[측정]
5단계	수익의 인식	[인식]

① 1단계 고객과의 계약 식별 [식별]

다음의 5가지 기준을 모두 충족하는 경우에만 계약으로 회계처리

㉠ 계약 당사자들이 계약을 승인하고 각자의 의무를 수행하기로 확약한다.

㉡ 재화나 용역에 대한 각 당사자의 권리를 식별할 수 있다.

㉢ 재화나 용역의 지급조건을 식별할 수 있다.

㉣ 계약에 상업적 실질이 있다.

㉤ 대가의 회수 가능성이 높다.

② 2단계 수행의무 식별 [식별]

수행의무*주)를 별도로 구별할 것인지 아니면 하나로 볼 것인지 식별

*주) 수행의무란 다음 중 하나를 고객에게 이전하기로 한 각 약속을 말한다.
㉠ 구별되는 재화나 용역(또는 재화나 용역의 묶음)
㉡ 실질적으로 같고 고객에게 이전하는 방식도 같은 일련의 구별되는 재화나 용역

③ 3단계 거래가격 산정 [측정]

거래가격을 산정하는 경우 다음사항을 반영한다.

㉠ 변동대가 : 할인, 리베이트, 장려금, 환불 등으로 대가가 변동될 경우 반영

㉡ 계약에 있는 유의적 금융요소 : 재화나 용역을 이전하는 시점과 대가지급시기가 차이가 날 경우 (통상 1년 이상) 화폐의 시간가치를 반영*주)하여 거래가격 조정

*주) 증분차입이자율을 사용

만약, 재화 등의 이전시점과 대가지급시점이 1년 이내로 예상되는 경우와 다음의 경우에는(어느 하나라도 존재하는 경우) 유의적인 금융요소가 없다고 보아 조정하지 아니한다.

- 고객이 대가를 선급하였고 재화의 이전시점은 고객의 재량에 달린 경우(기프트카드)
- 대가가 변동될 수 있으며, 금액과 시기를 판매자 혹은 구매자가 통제할 수 없는 경우
- 대가와 현금판매가격의 차이가 금융요소 외의 이유로 생기는 경우(제품 등의 유지보수의무 이행을 위해 판매대금의 일부를 2년간 지급 연기)

㉢ 고객에게 지급할 대가 : 고객에게 판매자가 현금, 상품권 등을 지급하거나 지급예정인 경우 수익에서 차감

㉣ 재화나 용역 간의 교환(현금외 거래)

- 교환되는 재화 등의 성격·가치가 유사한 경우 : 거래로 보지 않음
- 교환되는 재화 등의 성격·가치가 유사하지 않은 경우 : 수령한 재화 등의 공정가치로 수익인식 (측정불가 시 제공한 재화 등의 공정가치)

④ 4단계 거래가격 배분 [측정]

계약개시시점의 각 수행의무 대상인 재화나 용역의 개별판매가격 산정 → 이 가격에 비례하여 거래가격을 배분

⑤ 5단계 수익의 인식 [인식]

고객에게 계약상 약속한 재화 등을 이전하여 수행의무를 이행할 때, 즉 고객이 자산을 통제할 수 있을 때 수익을 인식한다. 다만, 기간에 걸쳐 이행되는 경우 진행기준에 의해 인식

2. 수익인식 사례(재화의 판매) 중요

장기할부판매	재화 인도시점의 공정가치 → 이때 명목가액과 미래 현금흐름의 현재가치와의 차이가 중요하기 때문에 장기할부판매의 공정가치(판매가격)는 받을 대가를 내재이자율로 할인한 현재가치로 계상하고 이자상당액(현재가치할인차금)은 유효이자율법에 의해 회수기간 동안 이자수익으로 인식
할부판매	판매시점(재화 인도시점)
위탁매출	위탁자가 수탁자에게 상품 등을 이전한 시점에 수익을 인식하는 것이 아니라 수탁자가 제3자에게 상품을 판매하는 시점에 수익을 인식(상품을 수탁자에게 보내는 운임은 재고자산의 원가에 가산)
상품권	상품권은 재화의 인도가 있기 전 미리 수령한 선수금의 성격이므로 상품권 발행 시 선수금(상품권선수금계정)으로 처리하였다가 상품권을 회수하는 때에 매출로 인식하며, 할인판매한 경우 할인액은 상품권할인액계정으로 하여 선수금계정에서 차감한다. 다만, 상품권의 유효기간 경과 시엔 차액만큼을 잡이익(상품권경과이익)으로 처리
시용판매	고객이 매입의사를 표시한 시점에 수익을 인식
설치 조건부 판매	재화를 판매하면서 설치용역을 제공하는 경우 : 설치용역이 유의적으로 재화와 별도 구분되는 수행의무인지 여부에 따라 다음과 같이 회계처리한다. ① 설치용역이 별도 수행의무로 식별되는 경우 : 각각을 별도로 수익인식 ② 설치용역이 별도 수행의무로 식별되지 않는 경우 : 재화의 통제가 이전되는 시점에 수익인식
검사 조건부 판매 (고객의 인수)	① 재화나 용역이 합의된 규약에 부합하는지 객관적으로 판단 가능한 경우 : 실제로 인수되었으므로 형식적인 고객 인수 절차와 관계없이 수익인식 ② 재화나 용역이 합의된 규약에 부합하는지 객관적으로 판단 불가능한 경우 : 고객이 인수하는 시점에 수익인식
반품조건부 판매	① 반품가능성을 합리적으로 예측가능한 경우 제품 등의 인도시점에 반품금액을 매출이 아닌 환불부채로 인식하며, 회수가 예상되는 자산은 매출원가가 아닌 반품 자산으로 인식한다. ② 반품예상액을 합리적으로 추정이 불가능한 경우에는 반품권이 소멸된 시점에 수익을 인식한다(판매시점에는 회계처리 없음).

3. 수익인식 사례(용역의 제공)

<table>
<tr><td>광고 관련 수익</td><td colspan="3">• 광고매체 수수료(방송사) : 광고 전달 시
• 광고제작 수수료(광고제작사) : 진행기준</td></tr>
<tr><td>공연입장료 수익</td><td colspan="3">행사개최시점(단, 하나의 입장권으로 여러행사 참여 시 → 각각 행사의 용역수행정도에 따라 배분)</td></tr>
<tr><td>임대업</td><td colspan="3">임차인으로부터 수취하는 임대료만 수익인식</td></tr>
<tr><td>대행업</td><td colspan="3">판매수수료만 수익인식</td></tr>
<tr><td>전자쇼핑몰(운영회사)</td><td colspan="3">수수료만 수익인식</td></tr>
<tr><td>주문개발 소프트웨어</td><td colspan="3">수행의무를 식별하여 각 수행의무별로 거래가격을 배부하여 수익을 인식</td></tr>
<tr><td rowspan="4">라이선스</td><td colspan="3">라이선스 = 소프트웨어, 음악, 특허권 등 지적재산권에 대한 고객의 권리</td></tr>
<tr><td>구 분</td><td>내 용</td><td>수익인식 방법</td></tr>
<tr><td>접근권</td><td>일정기간 동안 지적재산권에 대한 접근권리</td><td>사용기간에 걸쳐 수익인식</td></tr>
<tr><td>사용권</td><td>접근권에 해당하지 않는 라이선스로서 부여된 시점에 존재하는 사용권리</td><td>부여일에 수익인식</td></tr>
<tr><td>이자, 배당금, 로열티</td><td colspan="3">• 이자수익은 원칙적으로 유효이자율을 적용하여 발생기준에 따라 인식
• 배당금수익은 배당금을 받을 권리와 금액이 확정되는 시점에 인식
• 로열티수익은 관련된 계약의 실질을 반영하여 발생기준에 따라 인식</td></tr>
</table>

4. 고객충성제도 중요

(1) 의 의

고객충성제도란 고객이 재화나 용역을 구매하면 기업은 고객보상점수(일명 포인트)를 부여하고 고객은 보상점수를 사용하여 재화나 용역을 무상 또는 할인구매하는 방법으로 보상을 받는 제도

(2) 유 형

① 판매자가 보상을 직접 제공

A회사가 고객에게 포인트를 적립해주고 그 포인트로 A회사 자기의 물건이나 용역을 제공할 수 있게 하는 경우

㉠ 수익인식시기 : 보상점수가 회수 & 보상을 제공할 의무를 완료한 때

㉡ 수익측정금액 : 보상 점수에 배분된 대가*주)

$$*주)\ 보상\ 점수에\ 배분된\ 대가 = \frac{실제\ 회수점수}{총\ 예상\ 회수점수}$$

② 제3자가 보상을 제공

A회사가 고객에게 포인트를 적립해 주고 그 포인트로 B회사의 물건이나 용역을 제공할 수 있게 하는 경우

대가를 자기의 계산으로 회수 (총액법)	• 수익인식시기 : 보상점수가 회수 & 보상을 제공할 의무를 완료한 때 • 수익측정금액 : 보상 점수에 배분된 총 대가 • 원가측정금액 : 제3자가 제공한 보상에 대해 기업이 지급할 금액
대가를 제3자가 대신하여 회수 (순액법)	• 수익인식시기 : 제3자가 보상점수가 회수 & 보상을 제공할 의무를 완료한 때 • 수익측정금액 : 보상 점수에 배분된 대가와 제3자가 제공한 보상에 대해 기업이 지급할 금액의 차액을 수수료로 수익인식

5. 보증의무

보증의무에는 확신유형의 보증과 용역유형의 보증이 있다.

구 분	수익인식시기	수익 측정
확신유형의 보증	합의된 계약에 부합한다는 확신의 제공	총공급대가를 수익으로 인식(충당부채 회계처리 준용)
용역유형의 보증	고객에게 별도의 용역을 제공 또는 고객이 보증을 별도로 구매한 경우	총공급대가 중 일부를 보증용역에 배부하여 별도 수행의무로 수익인식

6. 비용의 개념과 인식기준

(1) 의 의

비용은 재화의 인도·생산 또는 용역의 제공 등 기업활동으로 일정기간 중 나타난 자산의 유출액(소비액) 또는 부채의 발생액

(2) 인식기준

<table>
<tr><td>원 칙</td><td colspan="2">수익이 인식된 시점에서 수익과 관련된 비용을 인식 → 수익 · 비용대응의 원칙(수익획득과 직접적인 인과관계가 성립할 때 : 매출원가)</td></tr>
<tr><td rowspan="2">예외적인 방법</td><td>기간배분하는 방법</td><td>특정 수익과 직접적인 인과관계를 명확히 알 수 없지만 발생한 원가가 일정기간 동안 수익창출활동에 기여한 것으로 판단되면 해당되는 기간에 합리적이고 체계적으로 배분하는 방법(감가상각 등)</td></tr>
<tr><td>즉시 인식하는 방법</td><td>대응시키기 어려운 경우 발생 즉시 비용으로 인식(광고선전비나 일반관리비 등)</td></tr>
</table>

(3) 계약체결 증분원가

① 계약체결 증분원가

고객과 계약 체결을 위한 원가로서 계약을 체결하지 않았다면 발생하지 않는 원가를 말한다.

② 회계처리

㉠ 회수가 예상 & 1년 이상 상각기간인 경우 : 자산으로 인식하여 수익을 인식함에 따라 상각함

㉡ 상각기간이 1년 이하 또는 계약체결여부와 무관 또는 고객에게 원가를 청구할 수 없는 경우 : 발생시점에 전액 비용처리

02 건설계약

1. 의 의

건설계약이란 단일 자산의 건설이나 설계, 기술 및 기능 또는 그 최종목적이나 용도에 있어서 밀접하게 상호연관되거나 상호의존적인 복수의 자산의 건설을 위해 구체적으로 협의된 계약

2. 건설계약의 구분

정액계약	계약금액을 정액으로 하거나 산출물 단위당 가격을 정액으로 하는 건설계약(경우에 따라서 물가연동조항을 포함)
원가보상계약	원가의 일정비율이나 정액의 수수료를 원가에 가산하여 보상받는 건설계약

3. 계약수익 중요

① 건설계약은 기업이 제조한 자산이 기업자체에는 대체적 용도가 없고, 지금까지 수행을 완료한 부분에 대해 집행 가능한 지급청구권이 있는 고객과의 계약

② 건설계약은 기간에 걸쳐 이행하는 수행의무로 보아 진행률을 측정하여 그 기간 동안 수익을 인식하여야 함

③ 계약의 진행률은 산출법 혹은 투입법에 따라 측정됨

구 분	진행률의 측정	적용 예시
산출법	• 약속한 재화나 용역의 가치와 비교하여 고객에게 이전한 재화나 용역의 가치에 비례하여 측정 • 산출법은 개념적으로 기업의 수행정도를 가장 충실하게 나타내지만 실제로 수행정도를 측정하기는 쉽지 않다.	제공한 용역시간당 금액을 청구할 수 있는 용역계약
투입법	• 수행의무 이행에 예상되는 총 투입물 대비 실제 투입물에 비례하여 측정 • 대표적 투입법 : 원가기준, 노동시간기준, 투입물량기준	발생원가 혹은 사용한 기계시간 비율로 측정

4. 계약원가 중요

(1) 구성항목 및 제외항목

계약원가는 계약체결일로부터 계약의 최종 완료일까지의 기간에 당해 계약에 귀속될 수 있는 원가의 총액

계약원가의 구분	계약원가의 종류	처리방법
[계약직접원가] 특정계약에 직접 관련된 원가	• 현장감독을 포함한 현장인력의 노무원가 • 건설에 사용된 재료원가 • 계약에 사용된 생산설비와 건설장비의 감가상각비 • 생산설비, 건설장비 및 재료를 현장으로 운반하거나 현장에서 운반하는 데 소요되는 원가 • 생산설비와 건설장비의 임차원가 • 계약과 직접 관련된 설계와 기술지원원가 • 예상하자보수원가를 포함한 복구 및 보증공사의 추정원가 • 제3자의 보상금 청구	잉여자재를 판매하거나 계약종료시점에 생산설비와 건설장비를 처분하여 발생하는 계약수익에 포함되지 않는 부수적 이익은 원가에서 차감
[계약공통원가] 계약활동 전반에 귀속될 수 있는 공통원가로서 특정 계약에 배분할 수 있는 원가	• 보험료 • 특정 계약에 직접 관련되지 않은 설계와 기술지원 원가 • 건설간접원가(건설인력 급여지급에 대한 사무처리원가 포함)	공통원가는 체계적이고 합리적인 방법에 따라 배분
계약조건에 따라 발주자에게 청구할 수 있는 기타 원가	• 계약조건에 보상받을 수 있도록 규정되어 있는 일부 일반관리원가와 개발원가	–

TIP

계약활동에 귀속할 수 없거나 특정계약에 배분할 수 없는 원가(건설계약원가에서 제외)
- 계약에 보상이 명시되어 있지 않은 일반관리원가, 연구개발원가
- 판매원가
- 특정 계약에 사용하지 않는 유휴생산설비나 건설장비의 감가상각비

(2) 계약체결 전 발생비용

공사계약체결 전 발생원가	• 고객에게 명백히 청구할 수 있는 경우 : 자산으로 인식하여 수익이 인식되는 동안 상각 • 고객에게 청구하지 못하는 경우 : 발생 시 비용처리
수주비	• 고객에게 청구가능한 경우 : 발생 시 선급계약원가 등의 자산계정으로 처리하고, 이후 진행률에 따라 공사원가로 비용화

5. 원가 투입법에 따른 수익과 비용의 인식 중요

건설계약도 다른 거래에서 발행하는 수익과 마찬가지로 수익인식 5단계에 따라 수익을 인식하여야 한다. 우선 수행의무를 확인한 후 만약에 다른 수행의무가 있다면 별도로 수익을 인식한다. 진행률로는 원가기준에 의한 원가투입법(총 예정원가 대비 실제 원가투입률)을 가장 많이 사용한다.

(1) 진행률의 산정방법

계약의 진행률은 다양한 방식으로 결정 될 수 있으며 건설사업자는 수행한 공사를 신뢰성 있게 측정할 수 있는 방법을 사용. 계약성격에 따라 다음과 같은 방법을 사용하여 진행률을 측정

① 누적발생계약원가를 추정총계약원가로 나눈 비율(원가기준)

② 수행한 공사의 측량

③ 계약공사의 물리적 완성비율

이때 주의할 것은 발주자에게 수령한 기성금과 선수금은 수행한 공사의 정도를 반영하지 못하므로 계약의 진행률로 사용할 수 없다.

(2) 진행률 계산

계약의 진행률은 원가기준으로 결정하는 경우 다음과 같이 계산한다.

$$\text{계약의 누적공사진행률} = \frac{\text{누적발생계약원가}}{\text{추정총계약원가}} = \frac{\text{누적발생계약원가}}{\text{누적발생계약원가} + \text{추정추가계약원가}}$$

(3) 계약수익과 계약원가

- 당기 계약수익 = (당기 말 건설계약금액 × 당기 누적공사진행률) − 전기 누적계약수익
- 당기 계약원가 = (당기 말 추정총계약원가 × 당기 누적공사진행률) − 전기 누적계약원가
  = 당기 누적발생계약원가 − 전기 누적발생계약원가

6. 회계처리

계약원가 발생 시	• 건설계약을 착공하게 되면 계약직접원가와 계약공통원가가 발생 • 이들 발생원가들을 '미성공사'라는 계정으로 인식 • 미성공사 계정은 건설업종에만 사용하는 재고자산 계정으로 제조기업의 재공품 계정과 유사한 계정 (차) 미성공사 xxx (대) 현 금 xxx
계약대금 청구 시	공사미수금은 건설사업자가 발주자로부터 수령한 수취채권이므로 자산으로 분류하고, 진행청구액은 건설사업자가 수행하여야 할 건설공사의무를 나타내므로 부채 계정으로 분류 (차) 공사미수금 xxx (대) 진행청구액 xxx

PART 1

<table>
<tr><td>계약대금 수령 시</td><td>건설사업자는 발주자로부터 건설계약대금을 수령 시에 공사미수금과 상계처리
(차) 현 금 xxx (대) 공사미수금 xxx</td></tr>
<tr><td>결산기말</td><td>결산기말에는 진행률에 따라 계약수익은 대변에 인식하고 계약원가는 차변에, 계약수익과 계약원가의 차액, 즉 계약이익은 미성공사 계정에 차기
(차) 계약원가 xxx (대) 계약수익 xxx
미성공사 xxx
미성공사 = 누적계약수익 인식액 = 누적발생계약원가(기중) + 누적계약이익 인식액</td></tr>
<tr><td>공사완료 시</td><td>• 공사가 완공되면 미성공사 계정과 진행청구액 계정의 장부금액은 건설계약금액과 일치하게 됨
• 공사가 완성되는 시점에 미성공사 계정과 진행청구 계정을 서로 상계하여 재무상태표에서 제거
(차) 진행청구액 xxx (대) 미성공사 xxx</td></tr>
</table>

7. 건설계약의 분할과 병합과 손실이 예상되는 경우 수익인식

건설계약의 분할	단일 건설계약이 복수 자산을 포함하는 경우, 각 자산을 별개의 건설계약으로 보는 것(단, 일정한 조건을 모두 충족하는 경우에 한함)
건설계약의 병합	복수의 건설계약을 단일 건설계약으로 보는 것(단, 일정한 조건을 모두 충족하는 경우에 한함)
'총계약원가 > 총계약수익' 인 경우	건설계약에서 예상되는 손실액(총계약원가 − 총계약수익)은 당기에 즉시 비용으로 인식

03 종업원급여

1. 종업원급여의 의의와 종류

(1) 종업원급여의 의의

종업원급여란 종업원이 제공한 근무용역과 교환하여 기업이 제공하는 모든 종류의 대가를 의미하는데, 이 경우 종업원에는 이사와 그 밖의 경영진까지 포함되며, 종업원뿐만 아니라 그 피부양자에게 제공하는 급여까지 포함함

(2) 종업원급여의 종류 중요

단기종업원급여	종업원이 관련 근무용역을 제공한 회계기간 말부터 12개월 이내에 지급기일이 전부 도래하는 해고급여를 제외한 종업원급여 예 임금, 사회보장분담금(국민연금 회사부담금), 유급연차휴가, 유급병가, 이익분배금, 상여금, 현직종업원을 위한 비화폐성급여(의료, 주택, 자동차, 무상 또는 일부 보조로 제공되는 재화나 용역) 등
퇴직급여	종업원이 퇴직한 이후에 지급하는 종업원급여 예 퇴직일시금, 퇴직연금, 그 밖의 퇴직급여(퇴직후생명보험, 퇴직후의료급여 등)
기타장기종업원급여	급여 전부나 일부의 지급기일이 종업원의 관련 근무용역이 제공된 회계기간 말부터 12개월 이내에 도래하지 아니하는 종업원급여 예 장기근속휴가, 안식년휴가, 특정 이익분배금, 상여금 및 이연보상 등
해고급여	① 통상적인 퇴직시점 이전에 종업원을 해고하고자 하는 기업의 결정으로 인해 지급되는 종업원급여 ② 일정한 대가와 교환하여 자발적 명예퇴직을 수락하고자 하는 종업원의 결정으로 인해 지급되는 종업원 급여

2. 단기종업원급여

(1) 정의와 인식방법

① 정 의

종업원이 근무용역을 제공한 회계기간 말부터 12개월 이내에 결제될 종업원급여

② 인식방법

종업원이 근무용역을 제공한 회계기간에 현재가치로 할인하지 않은 금액을 비용으로 인식

(2) 단기유급휴가제도 중요

누적유급휴가	① 정의 : 당기에 사용되지 않으면 이월되어 차기 이후에 사용되는 유급휴가 제도 ② 인식 : 미래 유급휴가 권리를 증가시키는 근무용역을 제공하는 때 ③ 측정 : 기말 현재 미사용유급휴가가 누적된 결과 기업이 지급할 것으로 예상되는 추가금액 ④ 기말 부채인식액(미지급비용) : 미사용분 중 사용예상분 × @보상원가
비누적유급휴가	① 정의 : 당기에 사용되지 않으면 이월되지 않는 휴가제도(퇴사하더라도 미사용유급휴가에 상응하는 현금을 수령할 자격 없음) ② 인식 : 유급휴가가 실제로 사용되어 보상을 하는 때 비용인식(부채인식X) ③ 측정 : 실제 보상액 ④ 기말 부채인식액(미지급비용) : 없음

(3) 이익분배제도 및 상여금제도

이익분배제도 및 상여금제도 관련 원가는 기업이 부담하는 의무로서, 종업원이 제공하는 근무용역에서 발생되므로 당기비용으로 인식

(주주와의 거래에서 발생 × → 이익분배 ×)

PART 1

3. 퇴직급여

(1) 퇴직급여의 구분

확정기여제도	• 기업의 법적의무나 의제의무는 기업이 기금에 출연하기로 약정한 금액까지로 한정 • 종업원이 받을 퇴직급여액은 기업과 종업원이 퇴직급여제도나 보험회사에 출연하는 기여금과 그 기여금에서 발생하는 투자수익에 따라 결정 • 보험수리적위험*주1)과 투자위험*주2)은 종업원이 부담 *주1) 보험수리적위험 : 실제급여액이 기대급여액에 못 미칠 위험 *주2) 투자위험 : 기여금을 재원으로 투자한 자산이 기대급여액 지급수준에 이르지 못할 위험
확정급여제도	• 기업의 의무는 약정한 급여를 전·현직 종업원에게 지급하는 것 • 보험수리적실적이나 투자실적에 따라 기업의 의무금액(기여금)은 변동할 수 있음 • 보험수리적위험과 투자위험은 실질적으로 기업이 부담

(2) 퇴직급여의 인식과 측정

① 확정기여제도

㉠ 확정기여제도에 납부하여야 할 해당 기여금을 자산의 원가에 포함하는 경우를 제외하고는 비용으로 인식

㉡ 확정기여제도에 대한 기여금 전부나 일부의 납부기일이 종업원의 근무용역이 제공된 회계기간 말부터 12개월 이내에 도래하지 않은 경우에는 현재가치로 할인

기여금의 불입 시	(차) 퇴직급여 xxx (대) 현금및현금성자산 xxx
(결산 시) 기납부금액이 납부해야 할 기여금보다 적은 경우	납부해야 할 기여금 중 이미 납부한 기여금을 차감한 금액을 부채(미지급비용)로 인식 (차) 퇴직급여 xxx (대) 미지급비용 xxx
(결산 시) 기납부금액이 납부해야 할 기여금보다 큰 경우	초과기여금 때문에 미래 지급액이 감소하거나 현금이 환급되는 만큼 자산(선급비용)으로 인식 (차) 선급비용 xxx (대) 퇴직급여 xxx

② 확정급여제도 중요

확정급여제도에서는 확정급여채무의 현재가치에서 사외적립자산의 공정가치를 차감한 금액을 재무상태표에 순확정급여부채(자산)로 보고한다.

㉠ 확정급여채무의 현재가치 결정 : 확정급여채무의 현재가치는 종업원이 당기와 과거기간에 근무용역을 제공하여 발생한 채무를 기업이 결제하는 데 필요한 예상미래지급액을 의미하며 이러한 예상미래지급액의 현재가치

TIP

확정급여채무의 현재가치 결정방법

예측단위적립방식*주)을 사용하여 보험수리적기법을 통해 종업원의 퇴직시점의 퇴직급여를 추정 → 퇴직급여액을 종업원의 근무기간에 걸쳐 배분 → 각 기간에 배분된 금액을 우량회사채 시장수익률을 참조하여 결정한 할인율로 현재가치 평가

*주) 예측단위적립방식 : 보험수리적측정방법을 이용하여 미래 급여인상률을 반영한 종업원 퇴직 시의 예상급여를 산출하는 방법

㉡ 사외적립자산의 공정가치 측정

- 사외적립자산이란 기업이 종업원의 퇴직급여에 충당할 목적으로 기금(장기종업원급여기금)이나 보험회사(적격보험계약)에 적립한 자산
- 퇴직급여 지급사유발생 시 사외적립자산에서 지출하며 부족할 경우에는 추가적으로 출연하여야 함

> 순확정급여부채(자산)의 순이자 = 확정급여채무의 이자원가 − 사외적립자산의 이자수익
> = 순확정급여부채(자산) × 할인율(우량회사채의 수익률)

㉢ 순확정급여부채(자산)의 재측정요소(기타포괄손익)

- 재측정요소는 확정급여채무나 사외적립자산의 예상치 못한 변동을 말함
- 재측정요소는 기타포괄손익으로 인식하며 후속기간에 당기손익으로 재분류 불가, 그러나 자본 내에서는 대체 가능
- 재측정요소는 다음 요소로 구성
  - 보험수리적손익
  - 사외적립자산의 수익(순확정급여부채(자산)의 순이자에 포함된 금액 제외)
  - 자산인식상한효과의 변동(순확정급여부채(자산)의 순이자에 포함된 금액 제외)

㉣ 과거근무원가 : 제도개정이나 축소로 인해 종업원의 과거기간 근무용역에 대한 확정급여채무 현재가치가 변동하는 경우 그 변동액

TIP

당기손익(퇴직급여로 반영)으로 인식되는 금액

① 당기근무원가
② 과거근무원가와 정산으로 인한 손익
③ 순확정급여부채(자산)의 순이자(= 확정급여채무에 대한 이자원가 − 사외적립자산에 대한 이자수익 − 자산인식 상한효과에 대한 이자)

순확정급여부채(자산)	= 확정급여채무의 현재가치 − 사외적립자산의 공정가치 + 자산인식상한조정충당금(초과적립 시에만 발생) **부분재무상태표** ⋮ 순확정급여부채(퇴직급여부채) 확정급여채무 xxx 사외적립자산 (xxx) xxx
기타포괄손익	= 확정급여채무의 재측정요소(보험수리적손익) − 사외적립자산의 재측정요소(투자손익) + 자산인식상한효과의 재측정요소

확정급여제도 회계처리 요약

인식시점	회계처리
과거근무원가 증가 시 확정급여채무 이자원가 또는 당기근무원가	(차) 퇴직급여 XXX (대) 확정급여채무 XXX
퇴직급여 지급	(차) 확정급여채무 XXX (대) 사외적립자산 XXX
사외적립자산 적립	(차) 사외적립자산 XXX (대) 현 금 XXX
확정급여채무 재측정요소(보험수리적손익)	(차) 재측정손실 XXX (대) 확정급여채무 XXX
사외적립자산 재측정요소(투자손익)	(차) 재측정손실 XXX (대) 사외적립자산 XXX

4. 기타장기종업원급여

(1) 정 의

종업원이 근무용역을 제공한 회계기간의 말부터 12개월 이후에 결제될 종업원급여로서 다음과 같은 급여가 포함됨

① 장기근속휴가나 안식년휴가와 같은 장기유급휴가

② 그 밖의 장기근속급여

③ 장기장애급여

④ 종업원이 관련 근무용역을 제공한 회계기간의 말부터 12개월이 지난 후에 지급될 이익분배금과 상여금

⑤ 발생한 회계기간의 말부터 12개월이 지난 후에 지급될 이연보상

(2) 인식방법

종업원이 근무용역을 제공한 회계기간에 대응하여 향후 지급할 급여의 현재가치를 비용으로 인식

(3) 인식과 측정

① 순확정급여부채로 인식할 금액(㉠ - ㉡)

㉠ 보고기간 말 현재 확정급여채무의 현재가치

㉡ 관련 확정급여채무를 직접 결제하는데 사용할 수 있는 사외적립자산의 보고기간 말 현재 공정가치

② 당기손익반영

일정금액*주)의 순합계금액을 당기손익에 반영한다.

*주) 일정금액이라 함은 다음의 금액을 말한다.

㉠ 당기근무원가

㉡ 이자원가

㉢ 사외적립자산의 기대수익과 자산으로 인식한 보상권의 기대수익

㉣ 보험수리적손익(전액을 즉시 인식)

㉤ 과거근무원가(전액을 즉시 인식)

㉥ 축소나 정산의 효과

5. 해고급여

(1) 정 의

퇴직 전 종업원을 해고하거나 자발적 명예퇴직을 제안하면서 지급하는 종업원급여

(2) 인식방법

① 인식방법

해고가 확정된 시점*주)에 관련 금액을 즉시 비용으로 인식

*주) 해고가 확정된 시점

- 기업이 통상적인 퇴직시점 이전에 종업원을 해고할 것을 명시적으로 확약하는 시점
- 기업이 종업원에게 자발적 퇴직을 제안하면서 해고급여를 제공할 것을 명시적으로 확약하는 시점

② 해고급여

해고급여 = 기업의 요청에 의한 해고로 지급한 급여 - 종업원의 요청에 의한 해고로 지급한 급여

(3) 측 정

해고급여는 다음 중 이른 날에 부채와 비용으로 인식

① 기업이 해고급여의 제안을 더 이상 철회할 수 없을 때

② 기업이 충당부채의 적용범위에 포함되고 해고급여의 지급을 수반하는 구조조정에 대한 원가를 인식할 때

04 주식기준보상

1. 용어정의

보상원가	기업이 주식기준보상거래를 통해 거래상대방에게서 제공받는 재화나 용역의 원가를 말한다. 보상원가는 당기비용으로 회계처리하거나 재고자산, 유형자산, 무형자산 등에 관한 기업회계기준서에 따라 자산의 취득원가에 포함한다.
가 득	부여된 지분상품에 대한 자격의 획득을 말한다. 거래상대방은 가득조건을 충족할 때 현금, 그 밖의 자산이나 기업의 지분상품(자기주식 또는 신주)을 받을 자격을 얻게 된다.
가득조건	주식기준보상약정에 따라 거래상대방이 현금, 그 밖의 자산이나 기업의 지분상품을 받을 자격을 획득하기 위하여 충족해야 하는 조건을 말한다. 가득조건에는 용역제공조건과 성과조건(비시장성과조건, 시장성과조건)이 있다.
시장조건	지분상품의 행사가격, 목표주가 등 기업의 지분상품 시장가격과 관련된 일정성과를 달성해야 하는 조건
내재가치	주식기준보상거래가 있을 때 다음 ①과 ②의 차이금액을 말한다. ① 거래상대방이 청약(조건부 또는 무조건부)할 권리를 갖고 있거나 제공받은 권리를 갖고 있는 주식의 공정가치 ② 거래상대방이 당해 주식에 대해 지불해야 하는 가격 예 주식선택권의 행사가격이 15원이고 기초주식의 공정가치가 20원이라면 내재가치는 5원(20 − 15)이다.
종업원 및 유사용역제공자	기업에 용역을 제공하는 자로서 다음 중 하나에 해당하는 개인 ① 법률상 또는 세무상 종업원으로 분류되는 개인 ② 법률상 또는 세무상 종업원으로 분류되는 개인과 동일한 방식으로 기업의 지휘를 받으며 기업에 용역을 제공하는 개인 ③ 종업원이 제공하는 근무용역과 유사한 용역을 제공하는 개인
부여일	기업과 거래상대방(종업원 포함)이 주식기준보상약정에 합의한 날
측정기준일	부여된 지분상품의 공정가치를 측정하는 기준일 ① 종업원 및 유사용역제공자의 측정기준일 = 부여일 ② 종업원 및 유사용역제공자가 아닌 자와의 거래에서의 측정기준일 = 재화나 용역을 제공받은 날

PART 1

2. 주식기준보상거래

(1) 주식기준보상거래의 종류

주식결제형	회사가 재화나 용역을 제공받는 대가로 회사의 지분상품(주식 or 주식선택권 등)을 부여하는 주식기준보상거래
현금결제형	회사가 재화나 용역을 제공받는 대가로 회사의 주식이나 지분상품의 가치에 기초하여 현금이나 기타자산으로 결제하는 주식기준보상거래
선택형	지분상품 발행 또는 현금이나 기타자산의 결제 중 하나를 선택할 수 있는 권리를 부여하는 주식기준보상거래

(2) 인식 및 측정 중요

① 인 식

재화나 용역을 제공받은 날에 인식 & 대응되는 자본(지분상품)의 증가를 인식

② 측 정

측정단계 : 1 → 2 → 3 단계로 순차적 진행

구 분	[1단계] 제공받은 재화나 용역의 공정가치	[2단계] 부여한 지분상품의 공정가치*주)	[3단계] 부여한 지분상품의 내재가치
종업원 및 유사용역제공자	일반적으로 측정불가	부여일기준으로 부여한 지분상품의 공정가치(신뢰성 있게 추정불가 시 [3단계]로)	재화나 용역을 제공받은 날 기준으로 지분상품의 내재가치
종업원이 아닌 거래상대방	신뢰성 있게 추정가능할 경우 → 제공받은 날의 제공받은 재화나 용역의 공정가치(신뢰성 있게 추정 불가 시 [2단계]로)	재화나 용역을 제공받은 날 기준으로 지분상품의 공정가치(신뢰성 있게 추정불가 시 [3단계]로)	재화나 용역을 제공받은 날 기준으로 지분상품의 내재가치

*주) 주식 = 주식의 시장가격(단, 시장성 상실 시 추정시장가격으로)
주식선택권 = 시장성옵션(단, 시장성 상실 시 옵션가격결정모형으로)

③ 회계처리

구 분	주식결제형 주식기준보상거래	현금결제형 주식기준보상거래
가득기간 중	(차) 주식보상비용 (대) 주식선택권(자본)	(차) 주식보상비용 (대) 장기미지급비용(부채)
행사시점	(차) 현 금 (대) 자본금 주식선택권 주식발행초과금 [권리미행사 시] (차) 주식선택권 (대) 기타자본잉여금	(차) 장기미지급비용 (대) 현 금
주의할 점	[공정가치] 주식선택권(옵션)의 공정가치를 권리부여일에 한 번만 측정하기 때문에 권리부여일 후에는 주식선택권의 공정가치 변동에 따라 보상원가를 수정하지 않는다(변동 ×). [수량예측치] 가득될 지분상품의 수량예측치(변동 ○)	부채가 결제될 때까지 보고기간 말과 결제일에 부채의 공정가치를 재측정하고 공정가치의 변동액은 당기손익으로 인식

05 법인세

1. 법인세회계의 의의

(1) 의 의

① 발생주의 및 공정가치평가를 적용하는 기업회계와 권리의무확정주의 및 역사적 원가를 적용하는 세법 간의 차이가 존재하며, 기업회계상 수익·비용과 세법상 익금·손금의 인식방법과 귀속시기도 차이가 존재하기 때문에 이런 불일치를 조정하는 계정과목이 이연법인세자산(부채)이다.

② 법인세회계는 수익·비용의 올바른 대응을 위해서 일시적차이에 대한 세금효과를 인식하여 손익계산서의 법인세비용에서 그 효과를 가감하고, 동 금액을 재무상태표의 이연법인세자산(부채)으로 인식하는 회계를 말한다.

③ 이러한 법인세기간배분의 목적은 특정 회계연도에 발생한 일시적차이에 대한 세금효과를 차기 이후의 기간에 배분함으로써 재무제표에 보고되는 순이익 및 자산·부채가 적정하게 표시되도록 하는데 있다.

(2) 용어정의

회계이익 (회계손실)	법인세비용차감전순이익(법인세비용차감전순손실)
과세소득 (세무상 결손금)	과세당국이 제정한 법규에 따라 납부할(환급받을) 법인세를 산출하는 대상이 되는 이익(손실)으로서 회계이익에 익금산입(익금불산입) 항목과 손금산입(손금불산입) 항목을 가감 조정한 후의 금액
법인세 부담액 (당기법인세)	각 회계연도에 부담할 법인세 및 법인세에 부가되는 세액의 합계액, 즉 실제로 납부한 법인세
세무기준액	세무회계상 자산·부채의 금액
법인세비용 (수 익)	당기법인세 및 이연법인세와 관련하여 당해 회계기간의 손익을 결정하는데 포함되는 총액
이연법인세부채	가산할 일시적차이와 관련하여 미래 회계기간에 납부할 법인세 금액
이연법인세자산	차감할 일시적차이, 미사용 세무상결손금의 이월액, 미사용 세액공제 등의 이월액 등의 미래 회계기간에 법인세를 줄여주는 금액
일시적차이	자산/부채의 일반기업회계기준상 '장부금액'과 세무회계상 자산·부채의 금액인 '세무기준액'과의 차이 ① 가산할 일시적차이 : 자산·부채가 회수·상환되는 미래 기간의 과세소득을 증가시키는 효과를 가지는 일시적차이 = 이연법인세부채 ② 차감할 일시적차이 : 자산·부채가 회수·상환되는 미래 기간의 과세소득을 감소시키는 효과를 가지는 일시적차이 = 이연법인세자산

2. 이연법인세의 인식대상

(1) 이연법인세부채 중요

① 인 식

㉠ 자산인식 시 세무상 기준액보다 큰 금액으로 가산되는 모든 가산할 일시적차이에 대하여 이연법인세부채로 인식. 다만, 다음의 경우에는 이연법인세부채를 인식하지 아니한다.

- 영업권을 최초로 인식할 때
- 자산·부채가 최초로 인식되는 거래가 기업결합거래가 아니고 회계이익이나 과세소득에 영향을 주지 아니하는 경우
- 종속회사, 지분법적용 피투자회사 및 조인트벤처의 지분에 대한 투자자산과 관련된 가산할 일시적 차이에 대하여 지배기업, 투자자 또는 참여자가 일시적차이의 소멸시점을 통제할 수 있고, 예측가능한 미래에 일시적차이가 소멸하지 않을 가능성이 높은 경우

㉡ 이연법인세부채의 경우에는 이연법인세자산과 달리 보수주의에 따라 실현가능성을 검토하지 않고 바로 부채로 계상한다.

② 측 정

보고기간 말 현재까지 확정된 세율에 기초하여 당해 부채가 상환될 기간에 적용될 것으로 예상되는 시점의 세율(미래예상세율)을 적용하여 측정

(2) 이연법인세자산 중요

① 인 식

㉠ 자산인식 시 세무기준액보다 낮은 금액(또는 부채 반영 시 세무기준액보다 높은 금액)으로 차감할 일시적차이가 사용될 수 있는 과세소득의 발생가능성이 높은 경우에 모든 차감할 일시적차이에 대하여 이연법인세자산을 인식한다.

㉡ 다만, 다음의 경우에는 이연법인세자산을 인식하지 아니한다.

- 자산·부채가 최초로 인식되는 거래가 기업결합거래가 아니고 회계이익이나 과세소득에 영향을 주지 아니하는 경우
- 종속회사, 지분법적용 피투자회사 및 조인트벤처의 지분에 대한 투자자산과 관련된 차감할 일시적 차이에 대하여 일정 조건을 만족하는 정도까지만 이연법인세자산을 인식한다.

㉢ 이연법인세부채와는 달리 이연법인세자산은 다음에 사용될 수 있는 미래 과세소득의 발생가능성이 높은 경우 그 범위 안에서 이월된 금액에 대해 이연법인세자산을 인식한다.

- 미사용 세무상결손금
- 이월되는 세액공제

② 측 정

보고기간 말 현재까지 확정된 세율에 기초하여 당해 자산이 회수될 기간에 적용될 것으로 예상되는 시점의 세율(미래예상세율)을 적용하여 측정

③ 실현가능성 검토

이연법인세자산 가액은 매년 말 평가·검토하는데, 충분한 과세소득 발생 가능성이 더 이상 높지 않다면 이연법인세자산 장부가액을 감액시키며, 감액된 금액은 과세소득 발생 가능성이 충분히 높아지면 감액된 금액 범위 내에서 환입함

3. 법인세비용의 계산절차 등

(1) 법인세비용의 계산절차 중요

1단계	과세소득에 당기 유효세율을 곱하여 당기 법인세부담액을 계산 당기 법인세부담액 = 과세소득*주) × 당기 유효세율 *주) 세무조정 후의 과세소득
2단계	당기 말 재무상태표에 계상될 이연법인세자산(부채)을 계산 기말 현재의 이연법인세자산(부채) = 당기 말 현재 존재하는 누적 일시적차이 × 소멸되는 기간의 예상법인세율
3단계	전기 말 현재 이연법인세자산(부채)
4단계	이연법인세자산(부채)의 당기변동액을 계산 당기 변동액 = 당기 말 현재 이연법인세자산(부채) − 전기 말 현재 이연법인세자산(부채)(3단계 금액)
5단계	손익계산서에 계상될 법인세비용을 도출 법인세비용 = 당기 법인세부담액(1단계 금액) ± 이연법인세자산(부채)의 당기변동액(4단계 금액) [결산 시] (차) 이연법인세자산(4단계) xxx (대) 당기법인세부채(1단계) xxx 법인세비용(5단계) xxx

(2) 재무상태 표시방법

① 당기 법인세자산과 당기 법인세부채의 상계가능

다음의 조건을 모두 충족하는 경우에만

㉠ [상계권리] 기업의 상계가능 집행권리 보유

㉡ [순액결제의도] 기업이 순액으로 결제하거나 자산실현과 부채결제의 동시 행동 시

② 이연법인세자산과 이연법인세부채의 상계가능

다음의 조건을 모두 충족하는 경우에만

㉠ 기업이 상계가능 법적집행권 보유

㉡ 이연법인세자산과 이연법인세부채가 동일한 과세대상기업과 동일한 과세당국일 경우 또는 과세대상기업이 다르지만 자산·부채의 순액결제의도가 있는 경우

③ 법인세비용(수익)

정상활동으로 인한 법인세비용(수익)은 포괄손익계산서에 표시함

④ 이연법인세자산(부채)은 현재가치 계산을 배제(할인 ×)

⑤ 실무적으로 일시적차이가 소멸하는 시기를 추정하기가 어렵기 때문에 이연법인세자산(부채)을 일괄적으로 비유동항목(비유동자산 또는 비유동부채)으로만 분류하도록 하고 있다.

06 회계변경과 오류수정

1. 회계변경

(1) 회계정책의 변경 중요

① 회계정책

기업이 재무제표를 작성하고 표시하기 위해 적용하는 구체적 원칙, 근거, 관행, 규칙, 실무 등을 말함

② 회계정책의 변경

한국채택국제회계기준에서 허용하는 정책 → 한국채택국제회계기준에서 허용하는 또 다른 정책으로 변경하는 것

TIP

회계정책은 임의로 변경할 수 없으며, 다음의 경우에 한하여 회계정책을 변경할 수 있다(정당한 사유).

- 한국채택국제회계기준에서 회계정책의 변경을 요구하는 경우
- 회계정책의 변경을 반영한 재무제표가 특정거래, 사건, 상황이 재무상태, 재무성과 또는 현금흐름에 미치는 영향에 대해 더 신뢰성 있고 목적적합한 정보를 제공하는 경우
  - 재고자산 원가흐름가정의 변경 예 선입선출법에서 평균법으로 변경
  - 유형자산의 원가모형에서 재평가모형으로의 변경(단, 최초로 적용하는 것은 회계정책변경으로 보지 아니한다)

다음의 경우는 회계정책 변경에 해당하지 않는다.

- 거래와 실질이 다른 거래, 사건, 상황에 대해 다른 회계정책을 적용한 경우
- 중요하지 않았던 거래, 사건, 상황에 대해 새로운 회계정책을 적용하는 경우
  예 소모품비 → 소모품

③ 회계처리

㉠ 원칙 : 소급법*주1)(회계변경의 누적효과*주2)를 반영)

㉡ 회계정책 변경을 소급하여 적용 시 비교표시되는 가장 최초의 자본항목 기초금액과 기타 대응금액을 새로운 회계정책이 처음부터 적용된 것처럼 조정한다.

*주1) 소급법(소급재작성) : 전기오류가 애초부터 발생하지 않은 것처럼 재무제표 구성요소의 인식, 측정, 공시를 수정하는 것

*주2) 회계변경의 누적효과 = 변경 전 방법에 의한 재무상태표상 기초장부가액 − 변경 후 방법에 의한 재무상태표상 기초장부가액(기간별 비교가능성↑, 신뢰성↓)

㉢ 회계변경의 누적효과는 '미처분이익잉여금'(미처리결손금)으로 반영한다.

누적효과를 실무적으로 결정할 수 있는 경우	• 경과규정이 있는 회계기준 최초 적용 시의 회계정책 변경은 해당 경과규정에 따라 회계처리한다. • 경과규정이 없는 회계기준 최초 적용 시의 회계정책 변경과 자발적 회계정책 변경은 소급적용한다.
누적효과를 실무적으로 결정할 수 없는 경우	• 소급적용 가능한 가장 이른 회계기간의 자산·부채 기초장부금액에 새로운 회계정책을 적용하고, 이에 따라 변동하는 자본항목의 기초금액을 조정한다. 실무상 적용가능한 가장 이른 회계기간은 당기일 수도 있다. • 과거기간 전체에 대한 새로운 회계정책 적용의 누적효과를 실무적으로 결정할 수 없는 경우, 실무적용이 가능한 가장 이른 날부터 새로운 회계정책을 전진적용하여 비교정보를 재작성한다.

(2) 회계추정의 변경

① 회계추정의 정의

㉠ 기업환경의 변화, 새로운 정보의 획득 또는 경험의 축적에 따라 지금까지 사용해오던 회계적 추정치의 근거와 방법을 바꾸는 것

㉡ 측정기준 변경은 회계추정 변경이 아니라 회계정책 변경에 해당하며, 회계정책 변경과 회계추정 변경의 구분이 어려운 경우, 이를 회계추정의 변경으로 본다.

② 추정하는 항목의 예

㉠ 대 손

㉡ 재고자산 진부화

㉢ 금융자산・금융부채의 공정가치

㉣ 감가상각자산의 내용연수, 감가상각자산의 미래 경제적 효익의 기대소비행태, 감가상각방법 변경

㉤ 품질보증의무

㉥ 반품률 변경

③ 전진적용

㉠ 회계정책 회계추정 변경의 전진적용은 다음을 뜻한다.

- 회계정책변경의 전진적용 : 새로운 회계정책을 변경일 이후 발생하는 거래 사건상황에 적용하는 것
- 회계정책 변경효과 인식의 전진적용 : 회계추정의 변경효과를 당기 및 그 후의 기간에 인식하는 것

㉡ 회계추정의 변경효과는 다음 회계기간의 당기손익에 포함하여 전진적으로 인식한다.

- 변경이 발생된 기간에만 영향을 미치는 경우 변경 발생기간 예 대손추정의 변경
- 변경이 발생된 기간과 미래에 모두 영향을 미치는 경우 변경 발생기간과 미래기간
  예 감가상각자산의 추정 내용연수 변경, 상각자산의 미래 경제적 효익의 기대소비행태 변경

④ 회계처리

㉠ 회계추정 변경기간의 자산 및 부채의 장부금액이나 자본 구성요소의 장부금액을 조정하여 회계추정의 변경효과를 인식한다.

㉡ 과거 보고된 재무제표에 대해서는 재작성 ×

㉢ 회계변경의 누적효과 반영 × → 당기와 미래기간에만 변경된 회계처리방법을 적용

㉣ 재무제표의 신뢰성↑, 비교가능성↓

2. 오류수정

(1) 의 의

① 오류수정은 전기 또는 그 이전의 재무제표에 포함된 회계적 오류를 당기에 발견하여 이를 수정하는 것을 말한다.

② 오류는 계산상의 실수, 회계기준의 잘못된 적용, 사실판단의 잘못, 부정, 과실 또는 사실의 누락 등으로 인해 발생한다.

③ 오류수정

일반적으로 인정되지 않은 회계정책 → 한국채택국제회계기준으로 수정

(2) 소급적용

오류의 영향이나 누적효과를 실무적으로 결정할 수 있는 경우	중요한 전기오류 발견 이후 최초로 발행을 승인하는 재무제표에 다음 방법으로 전기오류를 소급 수정한다. • 오류가 발생한 과거기간 재무제표가 비교표시되는 경우 → 그 재무정보를 재작성 • 비교표시되는 가장 이른 과거기간 이전에 오류가 발생되면 → 가장 이른 과거기간의 자산, 부채, 자본의 기초금액을 재작성
오류의 영향이나 누적효과를 실무적으로 결정할 수 없는 경우	• 소급재작성이 가능한 가장 이른 회계기간의 자산 및 부채의 기초장부금액을 재작성(실무상 적용가능한 가장 이른 회계기간은 당기일 수도 있다) • 당기 기초시점에 과거기간 전체에 대한 오류의 누적효과를 실무적으로 결정할 수 없는 경우 → 실무적용이 가능한 가장 이른 날부터 전진적으로 오류를 수정하여 비교정보를 재작성

(3) 회계처리

① 전기오류는 발견된 기간의 당기손익으로 보고하지 아니한다.

② 오류가 포함되면 한국채택국제회계기준에 따라 작성된 것이 아닌데, 당기 중에 발견된 오류는 재무제표의 발행승인일 전에 수정하며, 중요한 오류를 후속기간에 발견하면 이러한 전기오류는 해당 후속기간의 재무제표에 비교표시된 재무정보를 재작성하여 수정한다.

07 주당이익(EPS)

1. 주당이익 의의

주당이익(Earnings Per Share : EPS)이란 기업의 당기이익을 유통보통주식수로 나누어 얻은 금액으로서 회계기간의 경영성과에 대한 보통주 1주당 지분의 측정치를 나타낸다.

$$\text{주당이익} = \frac{\text{보통주 귀속 당기순손익}}{\text{가중평균유통보통주식수}}$$

주당이익은 특정기업의 경영성과를 기간별로 비교하는 데 유용하며, 주가수익률(PER : Price-Earning Ratio)을 계산하는 기초자료를 제공함으로서 사외유통주식을 평가하게 해주는 데 유용성을 갖는다. 주당이익은 기본주당손익과 희석주당손익으로 구분되는데, 기본주당손익은 회계기간 중 실제 발행된 보통주식수를 기준으로 산출한 것이며, 희석주당손익은 실제 발행된 보통주뿐만 아니라 보통주로 전환될 수 있는 전환금융상품 같은 잠재적보통주까지 감안하여 산출한 것으로 일반적으로 기본주당손익에 비해 낮은 금액이 산출된다.

2. 기본주당이익

• $\text{기본주당순이익} = \frac{\text{보통주당기순손익(당기순손익 − 우선주에 대한 세후 우선주배당금)}}{\text{가중평균유통보통주식수}}$

• $\text{기본주당계속영업손익} = \frac{\text{보통주계속영업손익(계속영업손익 − 우선주에 대한 세후 우선주배당금)}}{\text{가중평균유통보통주식수}}$

3. 보통주 당기순손익 및 계속영업손익

기본주당이익을 계산할 때 보통주당기순손익은 당기순손익과 계속영업손익 각각의 금액에서 세후 우선주에 대한 배당금을 차감한 금액이다.

- 보통주당기순손익 = 당기순손익 − 우선주배당금 등
- 보통주계속영업손익 = 계속영업손익 − 우선주배당금 등

포괄손익계산서의 당기순손익에서 차감할 세후 우선주배당금은 다음과 같다.

- 배당결의된 비누적적 우선주의 세후배당금
- 배당결의 여부와 관계없이 당해 회계기간과 관련한 누적적 우선주에 대한 세후배당금(단, 당기에 지급된 전기 이전의 누적적 우선주배당금은 제외)

4. 가중평균유통보통주식수 중요

가중평균유통보통주식수는 기초유통주식수에 회계기간 중 취득된 자기주식수나 신규발행 주식수를 각 기간의 가중치를 고려하여 조정한 보통주식수인데, 가중치는 회계기간의 총 일수에 대해 특정 보통주식의 유통일수 비율로 계산하며, 가중평균의 합리적 조사치로 사용할 수 있다.

(1) 자기주식과 유상증자

주당이익은 유통주식에 대하여 산정하는 것이므로 자기주식은 취득시점 이후부터 매각시점까지의 기간 동안 가중평균유통보통주식수에 포함하지 아니한다. 그리고 당기 중에 유상증자로 보통주가 발행된 경우에는 가중평균유통보통주식수를 당해 주식의 발행일을 기준으로 기간경과에 따라 가중평균하여 조정한다(사유발생일 주식수 변동).

※ 공정가치(시가) 미만으로 유상증자를 실시한 경우 다음 순서로 계산한다(유상증자와 무상증자(공정가치 − 발행가격)의 혼합).

TIP

유상증자에 내포된 무상증자비율을 다음과 같이 산출

① 시가로 유상증자 시 발행가능한 주식수 = (유상증자수 × 주당발행가액) / 주당공정가치
② 무상증자 주식수 = 총유상증자수 − 시가로 유상증자 시 발행가능한 주식수(①)
③ 무상증자비율 = 무상증자수 / (증자 이전의 유통주식수 + 시가로 유상증자 시 발행가능한 주식수(①))
④ 무상증자비율만큼 유상증자 이전 유통주식수에 가산하여 조정

예 유상증자 전의 유통주식수가 900주이었던 회사가 주당 시가 3,000원인 주식 300주를 주당 1,000원에 발행한 경우 무상증자비율을 구하면,

- 시가 유상증자 시 발행가능 주식수 = (300주 × 1,000원) / 3,000원 = 100주(A)
- 무상증자주식수 = 300주 − 100주(A) = 200주(B)
- 유상증자에 내포된 무상증자비율 = 200주(B) / (900주 + 100주(A)) = 20%

∴ 시가 유상증자 + 무상증자 20% 간주

(2) 무상증자, 주식배당, 주식분할 및 주식병합

무상증자, 주식배당, 주식분할 및 주식병합은 자원의 실질적인 변동을 유발하지 않으면서 보통주가 새로 발행될 수도 있고 가중평균유통보통주식수가 감소할 수도 있다. 따라서 당기 중에 무상증자, 주식배당, 주식분할 및 주식병합이 실시된 경우에는 기초에 실시된 것으로 간주하여 가중평균유통보통주식수를 증가 또는 감소시켜 준다.

다만, 기중의 유상증자로 발행된 신주에 대한 무상증자, 주식배당, 주식분할 또는 주식병합은 당해 유상신주의 발행일에 실시된 것으로 간주하여 가중평균유통보통주식수를 조정한다(원구주로 쫓아가서 가산).

5. 희석주당이익

희석주당이익은 실제 발행된 보통주뿐만 아니라 보통주로 전환될 수 있는 잠재적 보통주까지 감안하여 산출한 주당이익을 말한다.

- 희석주당순이익 $= \dfrac{\text{희석당기순이익}}{\text{가중평균유통보통주식수 + 잠재적 보통주식수}}$
- 희석주당계속영업손익 $= \dfrac{\text{희석계속영업손익}}{\text{가중평균유통보통주식수 + 잠재적 보통주식수}}$

(1) 잠재적 보통주

잠재적 보통주란 전환우선주나 전환사채처럼 보통주를 받을 수 있는 권리가 보유자에게 부여된 금융상품이나 계약 등을 말한다. 잠재적 보통주의 예는 다음과 같다.

① 전환사채, 전환우선주

② 옵션과 주식매입권 등

(2) 잠재적 보통주의 희석효과

희석성 잠재적 보통주는 기초에 전환 또는 행사된 것으로 본다. 다만, 당해 희석성 잠재적 보통주의 발행일이 당기 중인 경우에는 그 발행일을 기준으로 희석성 잠재적 보통주의 주식수에 포함한다.

(3) 희석당기순이익과 희석계속영업이익

- 희석당기순이익(손실) = 보통주당기순이익(손실) + (전환우선주 배당금, 희석성 잠재적 보통주 비용) × (1 − 한계세율)
- 희석계속영업이익(손실) = 보통주계속영업이익(손실) + (전환우선주 배당금, 희석성 잠재적 보통주 비용) × (1 − 한계세율)

CHAPTER 04

단원별 적중문제

01 수 익

01 공개

다음 중 수익에 관한 설명으로 가장 올바르지 않은 것은?

① 수익은 정상적인 경영활동에서 발생하는 경제적 효익의 총유입을 말하며, 자산의 증가 또는 부채의 감소 형태로 나타난다. 다만, 주주의 지분참여로 인한 자본증가는 수익에 포함되지 않는다.

② 수익은 고객에게 기업의 재화나 용역을 제공하고 대가를 받기로 한 계약에서 발생하는 것으로 부가가치세처럼 제3자를 대신해서 받는 것은 수익으로 보지 않는다.

③ 복수의 계약을 하나의 상업적 목적으로 일괄 협상하는 경우에도 복수의 계약에서 약속한 재화나 용역이 단일 수행의무에 해당하지 않는다면 둘 이상의 계약을 하나의 계약으로 회계처리할 수 없다.

④ 정유사가 특정지역 고객수요를 적시에 충족시키기 위해 서로 유류를 교환하기로 한 계약같이 고객에게 판매를 쉽게 하기 위해 같은 사업 영역에 있는 기업 간의 비화폐성 교환은 수익으로 보지 않는다.

해설

계약의 결합

다음 기준 중 하나 이상을 충족한다면 같은 고객과 동시에 또는 가까운 시기에 체결한 둘 이상의 계약을 결합하여 단일 계약으로 회계처리한다.

- 복수의 계약을 하나의 상업적 목적으로 일괄 협상한다.
- 복수의 계약에서 약속한 재화나 용역이 단일 수행의무에 해당한다.
- 한 계약에서 지급하는 대가는 다른계약의 가격이나 수행에 따라 달라진다.

PART 1

정답 01 ③

02 공개

기업은 고객에게 약속한 재화나 용역을 이전하여 수행의무를 이행할 때 수익을 인식하여야 하는데, 만약 수행의무가 한 시점에 이행되는 경우라면 고객이 약속된 자산을 통제하고 기업이 의무를 이행하는 시점에서 수익을 인식한다. 여기서 고객이 자산을 통제하는 시점의 예로 가장 올바르지 않은 것은?

① 판매기업이 자산에 대해 현재 지급청구권이 있다.

② 판매기업이 자산의 물리적 점유를 이전하였다.

③ 판매기업에게 자산의 법적 소유권이 있다.

④ 자산의 소유에 따른 유의적인 위험과 보상이 고객에게 있다.

해설

판매기업에게 아직 자산의 법적 소유권이 있다면 고객이 자산을 통제한다고 볼 수 없다.

참고

법적 소유권은 계약 당사자 중 누가 '자산의 사용을 지시하고 자산의 나머지 효익의 대부분을 획득할 능력이 있는지' 또는 '그 효익에 다른 기업이 접근하지 못하게 하는 능력이 있는지'를 나타낼 수 있다. 그러므로 자산의 법적 소유권의 이전은 자산을 고객이 통제하게 되었음을 나타낼 수 있다.

03 공개

(주)삼일은 20x1년 12월 31일 (주)반품에 50,000,000원(원가 30,000,000원)의 제품을 판매하고 1년 이내 반품할 수 있는 권리를 부여하였다. 인도일 현재 10,000,000원이 반품될 것으로 예상된다면 (주)삼일이 20x1년에 인식할 매출원가는 얼마인가?

① 24,000,000원 ② 34,000,000원

③ 44,000,000원 ④ 54,000,000원

해설

• 판매예상률 = 10,000,000 ÷ 50,000,000 = 20%

∴ 예상반품률을 고려한 매출원가 = 30,000,000 × (1 − 20%) = 24,000,000

04 공개

(주)서울은 20x1년 1월 1일 (주)부산에 상품을 할부로 판매하였다. 상품의 원가는 6,000,000원이며, 할부대금은 매년 말 3,000,000원씩 3년간 회수하기로 하였다. 또한 시장이자율은 12%이며, 연금현가계수(12%, 3년)는 2.40183이다. 동 할부매출과 관련하여 (주)서울이 20x1년에 인식할 매출총이익은 얼마인가?

① 0원 ② 1,205,490원

③ 2,070,149원 ④ 3,000,000원

해설

• 매출액 = 3,000,000 × 2.40183 = 7,205,490

• 매출총이익 = 7,205,490 − 6,000,000 = 1,205,490

02 ③ 03 ① 04 ② 정답

05 공개

고객충성제도는 재화나 용역을 구매하는 고객에게 인센티브를 제공하기 위하여 사용된다. 다음 중 고객충성제도의 예로 가장 올바르지 않은 것은?

① 신용카드회사에서 카드이용금액에 비례하여 적립해주는 포인트제도
② 헤어숍에서 일정 횟수를 이용하는 경우 부여하는 무료이용권
③ 가전회사에서 구매고객에게 1년간 무상수리를 제공하는 무상수리제도
④ 항공사에서 일정 마일리지가 누적되는 경우 제공되는 무료항공권

해설

무상수리제도는 고객충성제도가 아닌 '판매보증충당부채'의 회계처리가 적용된다.

06 공개

다음 중 거래유형별 수익인식에 관한 설명으로 가장 올바르지 않은 것은?

① 배당금수익은 배당금을 받을 권리와 금액이 확정되는 시점에 인식한다.
② 위탁매출은 수탁자가 고객에게 판매한 시점에 수익을 인식한다.
③ 이자수익은 실제 이자수령일에 수익을 인식한다.
④ 시용판매의 경우 매입자로부터 매입의사표시를 받은 날 수익을 인식한다.

해설

이자수익은 수익금액을 신뢰성 있게 측정할 수 있고 경제적 효익의 유입가능성이 높을 때 인식하며, 원칙적으로 유효이자율을 적용하여 발생기준에 따라 인식한다.

07 공개

(주)서울은 20x1년 1월 1일 (주)용산에 상품을 할부로 판매하였다. 상품의 원가는 9,000,000원이며, 할부대금은 매년 말 4,000,000원씩 3년간 회수하기로 하였다. 또한 시장이자율은 10%이며, 연금현가계수(10%, 3년)는 2.48685이다. 동 할부매출과 관련하여 (주)서울이 20x1년에 인식할 매출총이익과 이자수익은 각각 얼마인가?(단, 소수점 이하는 반올림한다)

	매출총이익	이자수익
①	947,400원	994,740원
②	947,400원	1,200,000원
③	3,000,000원	994,740원
④	3,000,000원	1,200,000원

해설

- 매출액(현재가치) = 4,000,000원 × 2.48685 = 9,947,400원
- 매출총이익 = 9,947,400원 − 9,000,000원 = 947,400원
- 이자수익 = 9,947,400원 × 10% = 994,740원

정답 05 ③ 06 ③ 07 ①

08 다음 중 수익인식 5단계 모형에 따라 수익을 인식할 때 단계별 행동으로 가장 올바른 것은?

> [1단계 고객과의 계약 식별] → [2단계 수행의무 식별] → [3단계 거래가격 산정] →
> [4단계 ㉠] → [5단계 ㉡]

	㉠	㉡
①	통제이전	수행의무별 수익인식
②	계약별 거래가격 배분	거래가격을 수행의무에 배분
③	거래가격을 수행의무에 배분	수행의무별 수익인식
④	거래가격을 수행의무에 배분	통제이전

해설
4단계 거래가격배분, 5단계 수행의무별 수익인식재화나 용역이 합의된 규약에 부합하는지 객관적으로 판단가능하다면 형식적인 고객에게 인수되지 않았어도 수익을 인식한다.

09 재화판매에 대한 수익인식기준의 설명으로 옳지 않은 것은?

① 위탁판매의 경우에는 수탁자가 수탁한 재화를 고객에게 판매한 시점에 수익으로 인식한다.
② 반품조건부 판매의 경우, 반품예상액을 합리적으로 추정할 수 없다면 반품기간이 종료된 시점에 수익을 인식한다.
③ 시용판매의 경우 고객이 매입의사를 표시한 시점에 수익을 인식한다.
④ 검사조건부 판매의 경우 재화나 용역이 합의된 규약에 부합하는지 객관적으로 판단 가능하다면 실제 인수여부를 확인 후 수익으로 인식한다.

해설
재화나 용역이 합의된 규약에 부합하는지 객관적으로 판단가능하다면 형식적인 고객에게 인수되지 않았어도 수익을 인식한다.

10 다음 중 기간에 걸쳐 수익을 인식하는 경우로 가장 올바른 것은?

① 기업이 수행하여 만들어지거나 가치가 높아지는 대로 고객이 통제하는 자산을 기업이 만들거나 그 자산가치를 높이는 경우
② 고객이 자산을 인수한 경우
③ 자산의 소유에 따른 유의적인 위험과 보상이 고객에게 있는 경우
④ 판매기업이 자산의 물리적 점유를 이전한 경우

해설
나머지는 한 시점에 이행하는 수행의무이므로 해당하는 자산 통제시점에 수익을 인식한다.

08 ③ 09 ④ 10 ① 정답

11 다음 중 수익인식기준의 설명으로 옳지 않은 것은?

① 용역의 진행률을 신뢰성 있게 측정할 수 없고 회수가능성마저도 낮은 경우 수익을 인식할 수 없다.

② 매출에 대한 확인유형의 보증을 제공하는 경우 하나의 수행의무로 보아 총 판매금액 수익으로 인식하고 보증에 대해서는 충당부채를 설정한다.

③ 중개용역을 제공하는 전자쇼핑몰의 운영회사는 소비자의 구매대금 전체를 수익으로 인식한다.

④ 주문개발하는 소프트웨어는 진행기준으로 수익을 인식하고 상용소프트웨어는 판매기준으로 수익을 인식한다.

해설

전자쇼핑몰의 경우 중개판매를 하고 수수하는 수수료만 수익으로 인식한다.

12 (주)위드는 올해 (주)성창에 1년 동안 1,000개 이상 구매하는 경우 단가를 9만원으로 소급조정하기로 하고 공기청정기를 개당 10만원에 공급하였다. 올해 2월 200개를 판매하고 연 1,000개를 넘지 않을 것으로 예상하였으나 6월 경기상승으로 300개를 판매하였고 연 판매량이 1,000개를 넘을 것으로 예상하였다. 그러나 11월에 가서 100개를 판매하고 경쟁업체 출현으로 12월까지 연 판매량이 다시 1,000개를 넘지 않을것으로 예상된 경우 (주)위드의 11월 수입금액은 얼마인가?

① 13,000,000원　　② 15,000,000원

③ 30,000,000원　　④ 60,000,000원

해설

거래가격의 산정(변동대가)

누적매출액 : (600개 × 100,000원) − (500개 × 90,000원) = 15,000,000원

13 다음 중 고객과의 계약에서 유의적인 금융요소가 존재하는 것으로 가장 올바른 것은?

① 재화나 용역의 고객에게 이전하는 시점과 고객이 대가를 지급하는 시점이 1년 이내로 예상되는 경우

② 대가가 변동될 수 있으며 금액과 시기를 판매자 혹은 구매자가 통제할 수 없는 경우

③ 고객에게 판매대금을 선수령하고 2년 이후에 재화나 용역을 이전하기로 상호 합의한 경우

④ 제품 등의 유지보수의무 이행을 위해 판매대금의 일부를 2년간 지급 연기하는 경우

해설

거래가격의 산정(계약에 있는 유의적 금융요소)

거래전 선불로 판매대금을 수령하고 재화나 용역을 인도하는 시기가 1년을 초과하는 경우 유의적 금융요소가 있다고 보아 화폐의 시간가치를 반영하여 거래가격을 조정한다.

정답 11 ③　12 ②　13 ③

14

(주)위드건설은 20x5년 12월 31일 경쟁입찰을 통해 공사기간 2년의 건물 제작 용역을 300억원에 수주하였다. 계약을 체결하기 위해 다음과 같은 원가가 발생하였다. (주)위드건설의 계약체결을 위한 지출 중 계약체결 증분원가 개념으로 20x5년에 인식할 자산과 비용으로 인식할 금액은 각각 얼마인가?

발생 비용	금 액	비 고
법률 검토를 위한 수수료	2,000만원	
입찰을 위한 외주용역비	1,500만원	설계비, 감정평가수수료 등
컨설팅업체 자문 수수료	3,000만원	착수금을 제외한 성공보수임
입찰서 작성비용	500만원	교통비, 인쇄비, 소모품비 등

	자산계상금액	당기비용금액
①	2,000만원	5,000만원
②	3,500만원	3,500만원
③	5,000만원	2,000만원
④	3,000만원	4,000만원

해설

성공보수로 지급하는 컨설팅업체 자문 수수료는 당기에 자산으로 인식한 후 수익 인식기간에 걸쳐 비용으로 인식(상각)한다.

15

(주)위드는 20x5년 1월 1일에 액면금액이 100,000원인 상품권 100매를 한 매당 90,000원에 발행하였다. 고객은 상품권 금액의 90% 이상을 사용하면 잔액을 현금으로 돌려받을 수 있다. 상품권의 만기는 발행일로부터 2년이다. 20x5년 12월 31일까지 상품권 사용에 의한 매출로 80매가 회수되었으며, 그 매출과정에서 660,000원이 거스름돈으로 지급되었다. 20x5년에 (주)위드가 상품권과 관련하여 수익(순매출액)으로 인식할 금액은?

① 8,550,000원　② 6,540,000원
③ 9,000,000원　④ 7,200,000원

해설

상품권 판매 시점에는 선수금으로 계상한 후 상품권 회수 시에 매출을 인식한다. 매 시점의 회계처리는 다음과 같다.

• 상품권 판매	(차) 현 금	9,000,000	(대) 선수금		9,000,000
• 상품권 회수	(차) 선수금	7,200,000	(대) 매 출		6,540,000
			현 금		660,000

16 (주)위드는 상품 판매액 100원당 1포인트씩 고객보상점수를 부여한다. 포인트를 부여받은 고객은 해당 포인트로 대박마트의 상품을 구매할 수 있다. (주)위드는 당기 중 1,000,000원의 제품을 판매하였으며, 부여된 포인트 중 20%는 회수되지 않을 것으로 예측된다. 회사는 1포인트의 공정가치를 4원으로 추정하였으며, 부여된 1포인트 당 3원씩 대박마트에게 지급한다. (주)위드가 자기의 계산으로 포인트를 회수하는 경우, 포인트의 회수에 따른 매출액과 매출원가는 각각 얼마인가?

	매출액	매출원가		매출액	매출원가
①	32,000원	24,000원	③	40,000원	30,000원
②	32,000원	16,800원	④	40,000원	24,000원

해설

• 부여된 포인트 = 1,000,000 × 1/100 = 10,000 포인트
• 포인트의 공정가치 = 10,000 × 4 = 40,000
• 포인트사용여부에 상관없이 대박마트에게 부여된 포인트당 3원의 비용을 지급할 의무가 있으므로 전체 계약부채를 매출로 인식하며 지급할 금액을 매출원가로 인식한다.

• 제품판매	(차) 현 금	1,000,000	(대) 매 출	960,000
			계약부채	40,000
• 포인트회수	(차) 계약부채	40,000	(대) 매 출	40,000
	(차) 매출원가	30,000	(대) 현 금	30,000

PART 1

02 건설계약

01 공개 (주)삼일은 20x1년도에 계약금액 400억원의 사무실용 빌딩 건설공사를 수주하였다. 공사 관련 정보가 다음과 같을 경우, 20x2년 계약이익은 얼마인가?

구 분	20x1년	20x2년	20x3년
추정총계약원가	250억원	300억원	300억원
당기발생계약원가	100억원	110억원	90억원

① 10억원　　② 20억원
③ 50억원　　④ 60억원

해설

• 계약수익과 계약원가의 차액인 계약이익은 미성공사 계정으로 인식한다.

• 20x1년 계약수익 = $\frac{100억}{250억} \times 400억 = 160억$

• 20x2년 계약수익 = $\left(\frac{100억 + 110억}{300억} \times 400억\right) - 160억 = 120억$

• 20x2년 계약이익 회계처리

(차) 계약원가	110억	(대) 계약수익	120억
미성공사	10억		

정답 16 ③ / 01 ①

02
공개

다음은 (주)삼일건설의 재무제표에 대한 주석이다. 다음 괄호 안에 들어갈 용어로 가장 옳은 것은?

> 건설계약과 관련하여 진행기준에 의하여 수익을 인식하고 있습니다. 계약활동의 진행률은 진행단계를 반영하지 못하는 계약원가를 제외하고 수행한 공사에 대하여 발생한 누적계약원가를 추정 총계약원가로 나눈 비율로 측정하고 있습니다. 총계약원가가 총계약수익을 초과할 가능성이 높은 경우에 예상되는 손실은 (　　) 당기비용으로 인식하고 있습니다.

① 즉시　　② 진행률에 따라
③ 이연하여　　④ 공사완료시점에

해설

총계약원가가 총계약수익보다 초과할 가능성이 높은 경우, 예상되는 손실은 즉시 당기비용으로 인식한다.

03
공개

(주)삼일은 20x1년 1월 5일에 서울시와 교량건설도급공사계약을 체결하였다. 총계약금액은 500,000,000원이며 공사가 완성되는 20x3년 12월 31일까지 건설과 관련된 회계자료는 다음과 같다. (주)삼일이 공사진행기준으로 수익을 인식한다면 20x1년, 20x2년 및 20x3년 공사이익으로 계상할 금액은 얼마인가?

	20x1년	20x2년	20x3년
당해 연도 발생계약원가	60,000,000원	120,000,000원	180,000,000원
추정총계약원가	300,000,000원	360,000,000원	360,000,000원
공사대금청구액(연도별)	140,000,000원	160,000,000원	200,000,000원

	20x1년	20x2년	20x3년
①	40,000,000원	20,000,000원	80,000,000원
②	40,000,000원	30,000,000원	70,000,000원
③	60,000,000원	30,000,000원	50,000,000원
④	60,000,000원	50,000,000원	30,000,000원

해설

구 분	20x1년	20x2년	20x3년
공사진행률	$\frac{6천만}{3억}$ = 20%	$\frac{1억\ 8천만}{3억\ 6천만}$ = 50%	$\frac{3억\ 6천만}{3억\ 6천만}$ = 100%
계약수익	5억 × 20% = 1억원	5억 × 50% − 1억 = 1억 5천만	5억 × 100% − 2억 5천만 = 2억 5천만
계약원가	6천만원	1억 2천만원	1억 8천만원
공사이익	4천만원	3천만원	7천만원

02 ① 03 ② 정답

04 공개 (주) 삼일건설은 20x1년 건설공사를 계약금액 30,000,000원에 수주하였다. 공사기간 동안 발생할 것으로 예상되는 (주)삼일건설의 예상원가발생액, 계약대금 청구액은 다음과 같다. (주)삼일건설이 원가발생 진행기준으로 수익을 인식한다면 20x1년 말 재무상태표에 표시할 미청구공사 또는 초과청구공사는 얼마인가?

	20x1년
누적발생계약원가	4,000,000원
추정총계약원가	20,000,000원
당기대금청구액	5,500,000원

① 미청구공사 300,000원
② 미청구공사 500,000원
③ 초과청구공사 300,000원
④ 초과청구공사 500,000원

해설

• 미성공사 = $30,000,000 \times \frac{4,000,000}{20,000,000} = 6,000,000$

• 진행청구액 : 5,500,000
∴ 미청구공사 금액 = 6,000,000 − 5,500,000 = 500,000

05 공개 다음 중 건설계약의 수익과 원가 인식방법에 관한 설명으로 가장 올바르지 않은 것은?

① 건설계약의 결과를 신뢰성 있게 추정할 수 있는 경우, 건설계약과 관련한 계약수익과 계약원가는 보고기간 말 현재 계약활동의 진행률을 기준으로 각각 수익과 비용으로 인식한다.
② 하도급계약에 따라 수행될 공사에 대해 하도급자에게 선급한 금액은 진행률 산정을 위한 누적발생원가에 포함시켜야 한다.
③ 총계약원가가 총계약수익을 초과할 가능성이 높은 경우, 예상되는 손실을 즉시 비용으로 인식한다.
④ 건설계약의 결과를 신뢰성 있게 추정할 수 없는 경우, 계약수익은 계약원가의 범위 내에서 회수가능성이 높은 금액만 인식하며, 발생한 계약원가는 모두 당해 기간의 비용으로 인식한다.

해설

누적발생원가에서 제외시켜야 한다.

정답 04 ② 05 ②

06 한국채택국제회계기준에서 정하고 있는 건설형 공사계약의 내용이 아닌 것은?

① 건설사업자가 발주자로부터 수취하는 보상금이나 장려금도 금액을 신뢰성 있게 측정할 수 있다면 공사수익의 범위에 포함될 수 있다.

② 발주자에게 수령한 기성금과 선수금은 공사의 정도를 반영할 수 있으므로 계약의 진행률에 포함하여 측정하여야 한다.

③ 특정한 조건을 충족하는 경우에는 단일계약이더라도 여러 자산의 독립된 건설공사로 볼 수도 있고, 복수계약이더라도 이를 단일 공사계약으로 볼 수도 있다.

④ 계약에 직접 관련되며 계약 획득을 위해 공사계약 체결 전에 부담한 지출도 공사원가에 포함시킬 수 있다.

해설

발주자에게 수령한 기성금과 선수금은 수행한 공사의 정도를 반영하지 못하므로 계약의 진행률로 사용할 수 없다.

07 다음의 설명 중 건설계약에 대한 설명으로 잘못된 것은?

① 건설계약은 건설계약의 결과를 신뢰성 있게 추정할 수 있는 경우 진행기준에 따라 수익을 인식한다.

② 건설계약의 진행률은 수행한 공사에 대하여 발생한 누적발생계약원가를 추정총계약원가로 나눈 비율인 원가기준으로만 산정한다.

③ 미성공사계정의 금액이 진행청구액계정의 금액을 초과하는 경우 동 초과액은 미청구공사의 과목으로 자산 표시하며, 반대의 경우에는 초과청구공사의 과목으로 부채표시한다.

④ 이미 계약수익으로 인식된 금액의 회수가능성이 불확실한 경우, 회수가 불가능한 금액이나 더 이상 회수가능성이 높다고 볼 수 없는 금액은 당기비용으로 인식한다.

해설

수행한 공사의 측량이나 계약공사의 물리적 완성비율도 진행률기준으로 사용 가능

08 (주)위드는 20x3년 1월 1일에 건설공사를 수주하였으며, 공사기간은 20x3년 1월 1일부터 20x5년 12월 31일까지이다. 최초 합의된 공사계약금액은 20,000,000원이나 20x5년도에 공사내용의 일부 변경으로 공사계약금액이 25,000,000원으로 증액되었다.

구 분	20x3년	20x4년	20x5년
실제발생 공사원가	6,000,000원	5,200,000원	8,800,000원
기말 추정 추가공사원가	9,000,000원	4,800,000원	–

공사진행기준에 의하여 수익을 인식할 경우 20x5년에 인식할 공사수익은 각각 얼마인가?

① 22,000,000원
② 7,500,000원
③ 11,000,000원
④ 6,000,000원

06 ② 07 ② 08 ③ 정답

해설

도급금액이 변경되는 건설공사 사례이다.

구 분	20x3년	20x4년	20x5년
총계약금액	20,000,000	20,000,000	25,000,000
(×) 진행률	40%	70%	100%
(=) 당기누적수익	8,000,000	14,000,000	25,000,000
(−) 전기누적수익	−	8,000,000	14,000,000
(=) 당기수익	8,000,000	6,000,000	11,000,000

09 (주)위드는 계약금액 2,500,000원의 건설공사를 20x5년 초에 착수하여 20x7년에 완공할 예정이다. (주)위드는 공사완료 후 3년간 하자보수의무를 부담하기로 하였으며, 하자보수비는 300,000원으로 추정하였다. 20x5년도 공사원가는 500,000원이고, 완성 시까지 추가소요원가는 1,200,000원(하자보수추정비는 제외)이다. 20x5년에 인식하여야 할 공사이익은 얼마인가?(단, 공사진행률(%)은 소수점 이하에서 반올림하여 계산한다)

① 95,000원 ② 110,000원
③ 125,000원 ④ 250,000원

해설

- 공사진행률 : 500,000 / (1,700,000 + 300,000) = 25%
- 공사이익 : 공사수익 625,000(= 2,500,000 × 25%) − 공사원가 500,000 = 125,000

10 (주)위드건설은 20x4년 건설공사를 계약금액 1,500,000원에 수주하였다. 공사기간 동안 발생할 것으로 예상되는 (주)위드건설의 예상원가발생액, 계약대금 청구액 및 수령액은 다음과 같다. (주)위드건설이 공사진행기준으로 수익을 인식한다면 20x5년에 회사가 재무상태표에 표시할 미청구공사 또는 초과청구공사는 얼마인가?

구 분	20x4년	20x5년	20x6년
누적발생계약원가	200,000원	600,000원	1,300,000원
추정총계약원가	1,000,000원	1,200,000원	1,300,000원
대금청구액	250,000원	530,000원	700,000원
대금회수액	200,000원	480,000원	800,000원

① 초과청구공사 30,000원 ② 미청구공사 30,000원
③ 초과청구공사 50,000원 ④ 미청구공사 50,000원

해설

미청구공사금액(자산)	= (누적발생원가 + 인식한이익) − (인식한손실 + 진행청구액) = 누적수익 − 누적청구액
초과청구공사금액(부채)	= (인식한손실 + 진행청구액) − (누적발생원가 + 인식한이익) = 누적청구액 − 누적수익

- 20x5년 말 잔액 = 누적수익 − 누적청구 = 750,000(50% 진행률) − 780,000(= 250,000 + 530,000) = −30,000

∴ 초과청구공사금액 : 30,000

정답 09 ③ 10 ①

03 종업원급여

01 공개 (주)삼일은 확정급여형 퇴직급여제도를 시행하고 있다. 20x1년 말 사외적립자산의 공정가치 금액은 얼마인가?

ㄱ. 20x1년 초 사외적립자산의 공정가치	2,000,000원
ㄴ. 당기근무원가	800,000원
ㄷ. 사외적립자산의 기대수익	200,000원
ㄹ. 사외적립자산의 실제수익	150,000원

① 2,050,000원　　② 2,150,000원
③ 2,200,000원　　④ 3,000,000원

해설
기말 사외적립자산 공정가치 = 기초 사외적립자산 공정가치 + 사외적립자산 기대수익 − (기대수익 − 실제수익)
= 2,000,000 + 200,000 − (200,000 − 150,000) = 2,150,000

02 공개 다음의 빈칸에 들어갈 말로 가장 적절한 것끼리 묶인 것은?

• 확정급여제도의 회계처리에서 당기근무원가, 과거근무원가와 정산으로 인한 손익, 순확정급여부채 및 사외적립자산의 순이자는 (㉠)으로 인식한다.
• 보험수리적손익, 순확정급여부채(자산)의 순이자에 포함된 금액을 제외한 사외적립자산의 수익, 순확정급여부채(자산)의 순이자에 포함된 금액을 제외한 자산인식상한 효과의 변동은 (㉡)으로 인식한다.

	㉠	㉡
①	당기손익	당기손익
②	당기손익	기타포괄손익
③	기타포괄손익	당기손익
④	기타포괄손익	기타포괄손익

해설

㉠ 당기손익(퇴직급여)으로 인식되는 금액	㉡ 다음의 재측정요소는 기타포괄손익으로 인식
• 당기근무원가 • 과거근무원가와 정산으로 인한 손익 • 순확정급여부채(자산)의 순이자	• 보험수리적손익 • 사외적립자산의 수익[순확정급여부채(자산)의 순이자에 포함된 금액 제외] • 자산인식상한효과의 변동[순확정급여부채(자산)의 순이자에 포함된 금액 제외]

01 ② 02 ② 정답

03 공개

(주)삼일은 종업원이 퇴직한 시점에 일시불급여를 지급하며, 일시불급여는 종업원의 퇴직 전 최종 임금의 1%에 근무연수를 곱하여 산정된다. 종업원의 연간 임금은 1차년도에 10,000원이며 향후 매년 7%(복리)씩 상승하는 것으로 가정하며 할인율은 10%라고 가정한다. 종업원은 5년간 근무하고 퇴사할 예정이며, 보험수리적가정 및 기타 추가적인 조정사항이 없을 경우 다음 항목 중 매년 금액이 증가하는 것은?

① 당기근무원가 ② 이자원가

③ 확정급여채무의 현재가치 ④ ①, ②, ③ 모두 증가

해설

매년 모두 증가한다.

04 공개

다음 중 종업원급여(퇴직급여)의 회계처리에 관한 설명으로 가장 옳은 것은?

① 확정기여제도(DC형)를 도입한 기업은 기여금의 운용결과에 따라 추가납부의무가 있다.

② 확정급여제도(DB형)는 기업이 기여금을 불입함으로써 퇴직급여와 관련된 모든 의무가 종료된다.

③ 확정급여채무의 현재가치를 계산할 때 종업원 이직률, 조기퇴직률, 임금상승률, 할인율 등의 가정은 상황변화에 관계없이 전기와 동일한 값을 적용하였다.

④ 확정급여제도를 도입하고, 확정급여채무와 사외적립자산의 재측정요소는 기타포괄손익으로 인식하였다.

해설

① DC형에서 기업의 법적의무나 의제의무는 당초 기금에 출연하기로 약정한 금액으로 한정된다.

② 해당설명은 DC형에 대한 설명이다.

③ 보험수리적가정은 상황변화에 따라 상이한 값을 적용한다.

05 **한국채택국제회계기준 제1019호에서 설명하는 종업원급여에 대한 설명으로 옳은 것은?**

① 단기유급휴가제도에서 미사용 유급휴가는 차기이후의 이월여부와 관계없이 기말에 채무로 인식한다.

② 확정급여제도에서는 보험수리적위험과 투자위험을 모두 종업원이 부담한다.

③ 종업원급여의 종류로는 단기종업원급여 해고급여 퇴직급여가 있다.

④ 확정급여채무의 이자원가와 당기근무원가는 다른 자산의 원가가 아니라면 당기손익으로 인식한다.

해설

① 비누적유급휴가는 부채(미지급비용)로 인식하지 못한다.

② 모두 기업이 부담함

③ 기타장기종업원급여도 포함된다.

정답 03 ④ 04 ④ 05 ④

06 다음 중 종업원급여의 회계처리에 대한 설명으로 가장 바르지 않은 것은?

최부장 : 확정기여제도를 도입한 기업은 출연금액에 한정되며 기여금을 납부함으로써 퇴직급여 관련한 의무가 종결된다.
김차장 : 확정급여제도는 기업이 기여금의 운용결과에 따라 추가 납부의무가 발생할 수 있다.
전과장 : 확정급여채무의 현재가치를 계산할 때 종업원 이직률, 조기퇴직률, 임금상승률, 할인율 등의 가정은 상황변화에 따라 상이한 값을 적용해야 한다.
박대리 : 확정급여제도를 도입하고 확정급여채무와 사외적립자산의 재측정요소는 당기손익으로 인식한다.

① 최부장　② 김차장
③ 전과장　④ 박대리

해설
재측정요소는 기타포괄손익으로 인식하며 후속기간에 당기손익으로 재분류할 수 없다.

07 다음은 확정급여형 퇴직급여제도를 시행하고 있는 (주)위드의 20x1년 확정급여채무의 현재가치와 사외적립자산의 공정가치 변동내역이다. 20x1년 포괄손익계산서상 기타포괄손익으로 인식할 금액을 구하면 얼마인가?(단, 법인세효과는 고려하지 않는다)

• 확정급여채무의 현재가치

20x1년 1월 1일	당기근무원가	이자원가	재측정요소	20x1년 12월 31일
70,000원	20,000원	3,000원	500원	93,500원

• 사외적립자산의 공정가치

20x1년 1월 1일	사외적립자산 적립	사외적립자산 기대수익	재측정요소	20x1년 12월 31일
60,000원	6,000원	800원	0원	66,800원

① 손실 500원　② 손실 800원
③ 이익 400원　④ 이익 800원

해설
확정급여채무 및 사외적립금의 재측정요소를 기타포괄손익으로 인식한다.

06 ④ 07 ① 정답

08 다음은 단기종업원의 유급병가에 대한 내역이다. 한국채택국제회계기준에 의하여 20x5년 말 인식하여야 할 유급병가에 상응하는 부채액으로 옳은 것은?

(주)위드는 50명의 종업원에게 1년에 7일의 근무일수에 해당하는 유급병가를 제공하고 있으며, 미사용 유급병가는 다음 1년 동안 이월하여 사용할 수 있다. 유급병가는 당해 연도에 부여된 권리가 먼저 사용된 다음 직전 연도에서 이월된 권리가 사용되는 것으로 본다(후입선출법). 20x5년 12월 31일 현재 미사용 유급병가는 종업원당 평균 3일이고, 과거의 경험에 비추어 볼 때 20x6년도 중에 종업원 41명이 사용할 유급 병가일수는 7일 이하, 나머지 9명이 사용할 유급병가일수는 평균적으로 8.4일이 될 것으로 예상되며 1일 평균 유급 병가액은 40,000원이다.

① 500,000원　　② 504,000원
③ 600,000원　　④ 604,000원

해설
[가능한 유급병가일을 추가하여 사용되는 일 수(8.4일) − 가능 유급병가일(7일)] × 예상인원수 9명 × 1일 평균 유급병가액은 40,000원 = 504,000원

PART 1

09 확정급여제도를 도입한 (주)위드의 당기 말 관련 결산자료이다. (주)위드의 보고기간종료일 현재 재무상태표에 표시될 순확정급여부채의 잔액은 얼마인가?

• 확정급여채무의 현재가치　900,000원　• 사외적립자산의 공정가치　800,000원

① 100,000원　　② 800,000원
③ 900,000원　　④ 1,700,000원

해설
순확정급여부채(자산) = 900,000 − 800,000 = 100,000

정답 08 ② 09 ①

04 주식기준보상

01 공개 **(주)삼일은 임원 10명에게 3년의 용역제공조건으로 1인당 주식결제형 주식선택권 100개를 부여하였다. 20x4년 주식선택권의 권리행사로 아래와 같이 회계처리한 경우 (주)삼일의 자본항목의 변화로 가장 옳은 것은?**

(차)	현 금	20,000,000원	(대) 자기주식	22,000,000원
	주식선택권	5,000,000원	자기주식처분이익	3,000,000원

① 3,000,000원 증가
② 20,000,000원 증가
③ 22,000,000원 증가
④ 25,000,000원 증가

해설
권리행사로 현금이 유입됐으니 자본도 동일하게 20,000,000원 증가함

02 공개 **다음 중 주식기준보상 회계처리에 관한 설명으로 가장 올바르지 않은 것은?**

① 주식선택권 행사로 신주가 발행되는 경우 행사가격이 액면금액을 초과하는 부분은 주식발행초과금으로 처리한다.
② 가득기간 중 각 회계기간에 인식할 주식보상비용은 당기말 인식할 누적보상원가에서 전기 말까지 인식한 누적보상원가를 차감하여 계산한다.
③ 종업원에게 제공받은 용역 보상원가는 부여일 이후 지분상품 공정가치 변동을 반영하여 측정한다.
④ 주식선택권의 권리를 행사하지 않아 소멸되는 경우에도 과거에 인식한 보상원가를 환입하지 않고 계속 자본항목으로 분류한다.

해설
공정가치를 권리부여일에 한 번만 측정하기 때문에 권리부여일 후에는 주식선택권의 공정가치 변동에 따라 보상원가를 수정하지 않는다.

03 **다음 중 주식기준보상 회계처리에 대한 설명으로 올바르지 않은 것을 고르시오.**

① 주식기준보상거래에서 제공받는 재화나 용역은 그 재화나 용역을 제공받는 날에 인식한다.
② 주식결제형 주식기준보상거래 또는 현금결제형 주식기준보상거래로 재화나 용역을 제공받는 경우에는 그에 상응한 자본의 증가를 인식한다.
③ 주식기준보상거래에서 제공받는 재화나 용역이 자산의 인식요건을 충족하지 못하는 경우에는 비용으로 인식한다.
④ 현금결제형 주식기준보상거래의 경우 부채가 결제될 때까지 매 보고기간 말과 결제일에 부채의 공정가치를 재측정하고, 공정가치의 변동액은 당기손익으로 인식한다.

01 ② 02 ③ 03 ② 정답

해설

현금결제형 주식기준보상거래로 재화나 용역을 제공받는 경우에는 그에 상응한 부채(장기미지급비용)의 증가를 인식한다.

04

(주)위드는 20x3년 초 종업원 100명에게 1인당 주식선택권 100개씩을 부여하고, 가득조건으로 3년의 계속근무조건만을 부과하였다. 이 시점에서 주식선택권의 단위당 공정가치는 150원이며, 행사가격은 700원이었다. 20x3년 중 종업원 5명이 퇴사하였으며, 20x3년 말 향후 2년간 추가로 10명이 퇴사할 것으로 예상되었다. 그리고 실제 20x4년 중 종업원 5명이 퇴사하고, 20x5년에는 8명이 퇴사할 것으로 예상되었다. 그러나 실제 20x5년 중 퇴사한 종업원은 6명이었다. 주식선택권 부여와 관련하여 20x5년도 포괄손익계산서에 보고되는 주식보상비용은 얼마인가?

① 395,000원 ② 420,000원

③ 425,000원 ④ 440,000원

해설

(1) 20x5년 말 주식선택권 잔액 = 100 × 150 × (100 − 5 − 5 − 6) = 1,260,000

(2) 20x4년 말 주식선택권 잔액 = 100 × 150 × (100 − 5 − 5 − 8) × 2/3 = 820,000

∴ 20x5년도 주식보상비용 = (1) − (2) = 440,000

05

다음 중 주식기준보상거래와 관련된 설명으로 가장 올바르지 않은 것은?

① 주식결제형 주식기준보상거래는 기업이 재화나 용역을 제공받는 대가로 자신의 지분상품을 부여하는 것이다.

② 현금결제형 주식기준보상거래의 경우 부채가 결제될 때까지 매 보고기간 말과 결제일에 부채의 공정가치를 재측정하고, 공정가치의 변동액은 당기손익으로 인식한다.

③ 현금결제선택권이 있는 주식기준보상거래는 기업이나 거래상대방이 결제방식으로 현금(또는 그 밖의 자산) 지급이나 기업의 지분상품 발행을 선택할 수 있는 것이다.

④ 모든 종류의 주식기준보상거래의 보상원가는 부여한 지분상품의 공정가치에 수량을 곱한 금액으로 산정한다. 지분상품의 공정가치는 부여일 현재로 측정하고 이후의 기간에 공정가치가 변동되는 경우 변동분을 반영한다.

해설

지분상품(주식선택권(옵션))의 공정가치를 권리부여일에 한 번만 측정하기 때문에 권리부여일 후에는 주식선택권의 공정가치 변동에 따라 보상원가를 수정하지 않는다.

정답 04 ④ 05 ④

06 (주)위드는 20x5년 1월 1일에 영업이사인 권영호씨에게 다음과 같은 조건의 현금결제형 주가차액보상권 30,000개를 부여하였다. 이 경우 20x5년 포괄손익계산서에 계상할 당기보상비용은 얼마인가?(단, 권영호씨는 20x7년 12월 31일 이전에 퇴사하지 않을 것으로 예상된다)

ㄱ. 기본조건 : 20x7년 12월 31일까지 의무적으로 근무할 것
ㄴ. 행사가능기간 : 20x8년 1월 1일 ~ 20x9년 12월 31일
ㄷ. 20x5년 말 추정한 주가차액보상권의 공정가치 : 310,000원/개
ㄹ. (주)위드의 퇴사추정비율 : 20x5년 17%, 20x6년 20%, 20x7년 14%

① 2,573백만원　② 3,350백만원
③ 3,600백만원　④ 5,000백만원

해설

30,000개 × 310,000원 × (1 − 17%) × 1/3 = 2,573,000,000

07 (주)위드는 20x3년 1월 1일에 기술이사인 나잘난씨에게 다음과 같은 조건의 주가차액보상권 60,000개를 부여하였다. 이 경우 20x4년과 20x5년 포괄손익계산서에 계상할 주식보상비용은 각각 얼마인가?

ㄱ. 기본조건 : 20x5년 12월 31일까지 의무적으로 근무할 것
ㄴ. 행사가능기간 : 20x6년 1월 1일 ~ 20x8년 12월 31일
ㄷ. (주)위드의 주가차액보상권의 공정가치 정보
- 20x3년 12월 31일 : 11,000원/개
- 20x4년 12월 31일 : 9,000원/개
- 20x5년 12월 31일 : 10,200원/개

	20x4년	20x5년
①	140,000,000원	220,000,000원
②	220,000,000원	140,000,000원
③	140,000,000원	252,000,000원
④	220,000,000원	252,000,000원

해설

- 20x3년 12월 31일 주식보상비용 = 60,000개 × 11,000원 × 1/3 = 220,000,000
- 20x4년 12월 31일 주식보상비용 = (60,000개 × 9,000원 × 2/3) − 220,000,000 = 140,000,000
- 20x5년 12월 31일 주식보상비용 = (60,000개 × 10,200원 × 3/3) − (220,000,000 + 140,000,000) = 252,000,000

06 ① 07 ③ 정답

05 법인세

01 공개 **20x1년 초 사업을 개시한 (주)삼일의 과세소득과 관련된 다음 자료를 이용하여 20x1년 말 재무상태표상의 이연법인세자산(부채)금액을 구하면 얼마인가?**

법인세비용차감전순이익	4,000,000원
가산(차감)조정	
접대비한도초과액	600,000원
감가상각비한도초과액	900,000원
제품보증충당부채 설정액	500,000원
과세표준	6,000,000원
세율	25%

〈추가자료〉

ㄱ. 차감할 일시적차이가 사용될 수 있는 미래과세소득의 발생가능성은 높다고 가정한다.

ㄴ. 감가상각비한도초과액에 대한 일시적차이는 20x2년, 20x3년, 20x4년에 걸쳐 300,000원씩 소멸하며, 제품보증충당부채 설정액에 대한 일시적차이는 20x3년 소멸할것으로 예상된다. 일시적차이가 소멸될 것으로 예상되는 기간의 과세소득에 적용될 것으로 기대되는 평균세율은 다음과 같다.

연 도	20x2년	20x3년	20x4년
세 율	25%	30%	30%

① 이연법인세부채 225,000원　　② 이연법인세자산 255,000원

③ 이연법인세부채 325,000원　　④ 이연법인세자산 405,000원

해설

- 20x2년 = 300,000 × 25% = 75,000
- 20x3년 = (300,000 + 500,000) × 30% = 240,000
- 20x4년 = 300,000 × 30% = 90,000

∴ 이연법인세자산 = 405,000

02 공개 **다음 중 법인세회계에 관한 설명으로 가장 올바르지 않은 것은?**

① 법인세회계의 이론적 근거는 수익·비용 대응의 원칙이다.

② 차감할 일시적차이는 이연법인세자산을 발생시킨다.

③ 이연법인세자산과 부채는 현재가치로 할인한다.

④ 일시적차이로 인해 법인세비용과 당기법인세에 차이가 발생한다.

해설

이연법인세자산과 부채는 현재가치로 할인하지 아니한다.

정답 01 ④ 02 ③

03
공개

(주)삼일의 20x1년도 법인세와 관련한 세무조정사항은 다음과 같다. 20x0년 12월 31일 현재 이연법인세자산과 이연법인세부채의 잔액은 없었다. 법인세법상 당기손익-공정가치 측정 금융자산 평가이익은 익금불산입하고 기타 법인세법과의 차이는 손금불산입한다. 20x1년도의 포괄손익계산서의 법인세비용은 얼마인가?(단, 이연법인세자산의 실현가능성은 높으며, 법인세율은 20%이고 이후 변동이 없다고 가정한다)

• 법인세비용차감전순이익	2,000,000원
• 접대비한도초과액	100,000원
• 감가상각비한도초과액	60,000원
• 당기손익-공정가치 측정 금융자산평가이익	20,000원

① 420,000원 ② 424,000원
③ 436,000원 ④ 440,000원

해설

• 미지급법인세(대변) = (2,000,000 + 100,000 + 60,000 − 20,000) × 20% = 428,000
• 이연법인세자산(차변) = (60,000 × 20%) − (20,000 × 20%) = 8,000
∴ 법인세비용(차변) = 428,000 − 8,000 = 420,000

04
공개

다음은 (주)삼일의 20x1년 이연법인세 계산에 필요한 자료이다. 다음 자료를 토대로 이연법인세부채 금액을 계산하시오.

ㄱ. 가산할 일시적차이(20x4년에 2,000,000원 전액 실현)	2,000,000원
ㄴ. 20x4년 예상되는 평균세율	10%
ㄷ. 3년, 1원의 현가계수	0.6086

① 121,720원 ② 200,000원
③ 1,217,200원 ④ 2,000,000원

해설

2,000,000 × 10% = 200,000

05
공개

다음 중 이연법인세자산으로 인식할 수 있는 항목으로 가장 올바르지 않은 것은?

① 가산할 일시적차이 ② 차감할 일시적차이
③ 미사용 세무상 결손금 ④ 미사용 세액공제

해설

가산할 일시적차이는 차기 이후에 '유보'로 추인되므로 이연법인세부채로 인식할 수 있는 항목이다.

03 ① 04 ② 05 ① 정답

06 다음은 법인세회계와 관련한 설명이다. 이 중 틀린 내용은?

① 이연법인세자산(부채)은 일시적차이가 소멸되는 회계기간에 적용될 것으로 기대되는 세율을 사용하여 측정한다.

② 가산할 일시적차이에 대한 세금효과는 실현가능성이 높은 경우 이연법인세자산으로 인식한다.

③ 결손금이 이월공제되는 경우에는 차기 이후의 법인세부담액을 감소시키므로 실현가능성을 검토하여 이연법인세자산으로 인식한다.

④ 실현가능성이 낮아서 인식하지 아니한 이연법인세자산은 차기 이후의 매 보고기간 말에 실현가능성을 재검토하여 실현가능성이 높아지는 경우 이연법인세자산을 인식한다.

해설

차감할 일시적차이에 대한 설명

07 '한국채택국제회계기준 제1012호 법인세회계'와 관련한 용어의 설명이다. 틀린 것은?

① 과세소득(세무상 결손금) : 과세당국이 제정한 법규에 따라 납부할(환급받을) 법인세를 산출하는 대상이 되는 이익(손실)

② 법인세비용(수익) : 당기법인세 및 이연법인세와 관련하여 당해 회계기간의 손익을 결정하는데 포함되는 총액

③ 이연법인세부채 : 차감할 일시적차이, 미사용 세무상결손금의 이월액, 미사용 세액공제 등의 이월액 등의 미래 회계기간에 법인세를 줄여주는 금액

④ 법인세 부담액 : 각 회계연도에 부담할 법인세 및 법인세에 부가되는 세액의 합계액, 즉 실제로 납부한 법인세

해설

이연법인세자산에 대한 설명이다.

08 한국채택국제회계기준의 법인세회계에 대한 설명으로 올바르지 않은 것은?

① 종속기업 및 관계기업에 대한 투자자산과 관련된 모든 가산할 일시적차이에 대하여 항상 이연법인세부채를 인식하는 것은 아니다.

② 미사용 세무상 결손금과 세액공제가 사용될 수 있는 미래 과세소득의 발생가능성이 높은 경우 그 범위 안에서 이월된 미사용 세무상 결손금과 세액공제에 대하여 이연법인세자산을 인식한다.

③ 이연법인세자산과 이연법인세부채는 상계요건을 충족하는 경우 서로 상계한 잔액을 재무상태표에 비유동자산(부채)으로 계상한다.

④ 보고기간 말로부터 1년 이후에 소멸되는 일시적차이에 해당하는 이연법인세자산(부채)은 화폐의 시간가치를 고려하여 현재가치로 할인하여 측정한다.

해설

이연법인세자산(부채)은 현재가치로 할인하지 아니한다.

정답 06 ② 07 ③ 08 ④

09 (주)위드는 당기에 신규로 사업을 시작했다. (주)위드의 법인세비용차감전순이익은 9,000,000원이며, 당기 발생 세무조정사항을 일시적차이와 그 이외의 차이로 구분하면 다음과 같다. 당기 계상할 법인세비용 금액은?(단, 전기로부터 이월되어 온 일시적차이는 없으며, 당기 법인세부담액 계산 시 적용할 세율은 25%이고, 이후 세율변동은 없다고 가정한다)

• 일시적차이	(3,000,000원)
• 그 이외의 차이	1,000,000원

① 2,300,000원　② 2,500,000원
③ 2,970,000원　④ 3,500,000원

해설

• 법인세부담액 = (9,000,000 − 3,000,000 + 1,000,000) × 25% = 1,750,000
• 이연법인세부채 = 3,000,000 × 25% = 750,000
∴ 1,750,000 + 750,000 = 2,500,000

10 다음은 (주)위드의 20x5년 결산과 관련된 자료들이다. 만일 세무조정의 결과 과세소득이 400,000원으로 계산되었다면 회사가 20x5년 중 부담한 법인세율은 얼마인가?

• 법인세비용차감전순이익	300,000원
• 법인세비용	?
• 당기순이익	230,000원
• 기초시점의 이연법인세부채 잔액	20,000원
• 기말시점의 이연법인세자산 잔액	30,000원

① 20%　② 25%
③ 30%　④ 35%

해설

1. 법인세비용 회계처리 :

(차) 법인세비용	70,000	(대) 미지급법인세	120,000
이연법인세부채	20,000		
이연법인세자산	30,000		

2. 법인세율 = 당기법인세부담액 ÷ 과세소득
　= 120,000 ÷ 400,000 = 30%

09 ② 10 ③ 정답

11 (주)위드는 20x5년에 사업을 개시하였으며 20x5년 당기순이익은 3,000,000원이다. 세무조정내역은 가산할 일시적차이 500,000원뿐이며 평균세율은 30%로 매년 동일할 것으로 예상하고 있다. 가산할 일시적차이가 사용될 수 있는 과세소득의 발생가능성이 높다고 가정할 경우 (주)위드의 20x5년 재무상태표에 계상될 이연법인세자산·부채는 얼마인가?

① 이연법인세자산 150,000원
② 이연법인세자산 210,000원
③ 이연법인세부채 150,000원
④ 이연법인세부채 210,000원

해설

가산할 일시적차이 = 이연법인세부채
∴ 500,000 × 30% = 150,000

PART 1

12 다음은 (주)위드의 20x3년부터 20x5년 말의 이연법인세자산·부채의 각 회계연도 말 재무상태표상 금액이다. (주)위드가 20x5년에 인식할 법인세비용은 얼마인가?(단, 20x5년 과세소득에 대하여 부담할 법인세액은 230,000원이다)

구 분	20x3년 말	20x4년 말	20x5년 말
이연법인세자산	-	-	30,000원
이연법인세부채	30,000원	80,000원	-

① 110,000원　② 120,000원
③ 140,000원　④ 190,000원

해설

법인세비용 회계처리 :	(차) 법인세비용	120,000	(대) 미지급법인세	230,000
	이연법인세부채	80,000		
	이연법인세자산	30,000		

정답 11 ③ 12 ②

06 회계변경과 오류수정

01 공개 (주)삼일은 20x2년에 처음으로 회계감사를 받았는데, 기말상품재고에 대하여 다음과 같은 오류가 발견되었다. 20x1년 및 20x2년에 (주)삼일이 보고한 당기순이익이 다음과 같을 때, 20x2년의 오류수정 후 당기순이익은 얼마인가?(단, 법인세효과는 무시한다)

연 도	당기순이익	기말상품재고오류
20x1년	30,000원	3,000원 과대평가
20x2년	35,000원	2,000원 과소평가

① 30,000원　② 36,000원
③ 38,000원　④ 40,000원

해설
- 20x1년 = 30,000 − 3,000 = 27,000
- 20x2년 = 35,000 + 3,000 + 2,000 = 40,000

02 공개 다음 중 회계추정의 변경에 해당하지 않는 것은?

① 수취채권의 대손상각률 변경
② 재고자산 원가흐름의 가정을 선입선출법에서 평균법으로 변경
③ 유형자산 감가상각방법의 변경
④ 유형자산 내용연수의 변경

해설
회계정책의 변경이다.

03 공개 (주)삼일은 20x1년 1월 1일에 취득한 기계장치 1,000,000원을 생산량비례법으로 상각하여 오던 중 20x3년 1월 1일에 정액법으로 감가상각방법을 변경하기로 하였다. 감가상각방법 변경 후 잔존내용연수가 8년이라고 한다면 (주)삼일이 회계변경으로 인하여 20x3년 인식할 감가상각비는 얼마인가?(단, 잔존가치는 0원이라고 가정한다)

기계장치 감가상각비	20x1년	20x2년
생산량비례법	200,000원	160,000원

① 80,000원　② 128,000원
③ 160,000원　④ 200,000원

해설
- 20x2년 말(20x3년 초) 장부가액 = 1,000,000 − (200,000 + 160,000) = 640,000
- 20x3년 감가상각비 = 640,000 ÷ 8년 = 80,000원

01 ④　02 ②　03 ① 정답

04 공개 **회계추정의 변경이란 기업환경의 변화, 새로운 정보의 획득 또는 경영의 축적에 따라 지금까지 사용해 오던 회계적 추정치의 근거와 방법 등을 바꾸는 것을 말한다. 다음 중 유형자산과 관련된 회계추정의 변경에 해당하지 않는 것은?**

① 감가상각방법의 변경
② 내용연수의 변경
③ 잔존가치의 변경
④ 원가모형을 재평가모형으로 변경

해설
회계정책의 변경이다.

05 **다음 중 회계변경에 대한 설명으로 가장 올바르지 않은 것은?**

① 회계정책의 변경이나 회계추정의 변경은 실제 변경시점에 관계없이 회계기간의 기초시점에 회계변경이 이루어진 것으로 본다.
② 유형자산의 내용연수 또는 감가상각방법을 변경하는 것은 회계추정의 변경에 해당한다.
③ 소급법은 재무제표의 신뢰성은 제고되지만, 재무제표의 기간 간 비교가능성은 저하된다는 단점이 있다.
④ 회계추정의 변경에 대하여 회계처리 시 회사는 과거에 보고한 재무제표에 대하여 어떠한 수정도 하지 않는다.

해설
신뢰성은 저하되지만, 기간별 비교가능성은 제고된다.

PART 1

06 **다음 중 회계정책, 회계추정의 변경 및 오류에 관한 설명으로 옳은 것은?**

① 전기오류의 수정은 오류가 발견된 기간의 당기손익으로 보고한다.
② 당기에 미치는 회계추정의 변경효과는 당기손익으로 인식하고, 미래기간에 미치는 회계추정의 변경효과는 당기의 기타포괄손익으로 인식한다.
③ 회계정책의 변경과 회계추정의 변경을 구분하는 것이 어려운 경우에는 이를 회계추정의 변경으로 보아 전진적용한다.
④ 우발상황의 결과에 따라 인식되는 손익은 오류의 수정에 해당한다.

해설
① 전기오류의 수정은 오류가 발견된 기간의 이익잉여금의 증감으로 보고한다.
② 회계추정의 변경으로 처리하는 경우에는 전진법에 의하여 처리하므로 누적효과를 당기손익에 반영하는 것은 아니다.
④ 우발상황의 결과에 따라 인식되는 손익은 오류의 수정에 해당하지 않는다.

정답 04 ④ 05 ③ 06 ③

07 위드산업은 20x3년 1월 1일에 취득한 기계장치에 대한 감가상각비를 20x4년까지 연수합계법으로 계상하여 왔으나 20x5년 중 기계장치의 미래 경제적 효익의 소비되는 형태를 반영하여 정액법으로 변경하고자 한다. 또한 내용연수에 대한 추정도 추가적인 자료에 근거하여 변경하였다. 기계장치와 관련된 회계변경 전과 후의 정보는 다음과 같다.

구 분	변경 전	변경 후
취득원가	2,000,000원	2,000,000원
잔존가치	200,000원	100,000원
내용연수	4년	3년
감가상각방법	연수합계법	정액법

위의 회계변경이 정당할 경우 위드산업이 20x5년도에 인식할 감가상각비는 얼마인가?

① 650,000원 ② 640,000원

③ 680,000원 ④ 700,000원

해설

감가상각방법의 변경은 회계추정의 변경

• 20x4년 말 감가상각누계액 = (2,000,000 − 200,000) × (4 + 3) / 10 = 1,260,000

∴ 20x5년 감가상각비 = (2,000,000 − 1,260,000 − 100,000) / 1 = 640,000

08 '회계변경 및 오류'에 관한 설명으로 옳지 않은 것은?

① 한국채택국제회계기준에서 특정 범주별로 서로 다른 회계정책을 적용하도록 규정하거나 허용하는 경우를 제외하고는 유사한 거래, 기타 사건 및 상황에는 동일한 회계정책을 선택하여 일관성 있게 적용한다.

② 회계정책 변경을 소급하여 적용 시 비교표시되는 가장 최초의 자본항목 기초금액과 기타 대응금액을 새로운 회계정책이 처음부터 적용된 것처럼 조정한다.

③ 물류회사의 직원 출퇴근용버스를 새로 구입하여 운영하기로 한 경우, 이 버스에 적용될 감가상각방법을 택배회사가 이미 보유하고 있는 배달용트럭에 대한 감가상각방법과 달리 적용하는 경우는 이를 회계정책의 변경으로 본다.

④ 회계정책의 변경을 반영한 재무제표가 거래, 기타 사건 또는 상황이 재무상태, 재무성과 또는 현금흐름에 미치는 영향에 대하여 신뢰성 있고 더 목적적합한 정보를 제공하는 경우에는 회계정책을 변경할 수 있다.

해설

감가상각방법의 변경은 회계추정의 변경이다.

07 ② 08 ③ 정답

09 **회계변경의 유형(또는 오류수정)과 전기재무제표의 재작성여부에 대한 다음의 문항 중 옳은 것은?(단, 각 항목은 전기 및 당기의 재무제표에 중요한 영향을 준다고 가정한다)**

번 호	항 목	회계변경의 유형 또는 오류수정	전기재무제표 작성여부
①	재고자산 원가흐름의 가정을 선입선출법에서 총평균법으로 변경함	회계추정의 변경	재작성 안함
②	악성 거래처 매출채권의 대손예상률을 변경함	회계정책의 변경	재작성함
③	미래 경제적 효익의 변화를 인식하여 새로운 회계처리방법을 채택하였으나 회계정책의 변경인지 추정의 변경인지 분명하지 않음	회계정책의 변경	재작성함
④	유형자산의 감가상각방법을 정액법에서 정률법으로 변경함	회계추정의 변경	재작성 안함

해설

① 회계정책의 변경, 재작성함
② 회계추정의 변경, 재작성 안함
③ 회계추정의 변경, 재작성 안함

PART 1

07 주당이익(EPS)

01 공개

다음 중 가중평균유통보통주식수 산정방법에 대하여 가장 올바른 설명을 하고 있는 사람은?

① 김부장 : 자기주식은 취득시점 이후부터 매각시점까지의 기간 동안 가중평균유통보통주식수에 포함하지 않습니다.
② 이차장 : 당기 중 무상증자를 실시한 경우, 무상증자를 실시한 날짜를 기준일로 하여 가중평균유통주식수를 계산합니다.
③ 박과장 : 당기 중 유상증자로 보통주가 발행된 경우 기초에 실시된 것으로 간주하여 주식수를 조정합니다.
④ 정사원 : 가중평균유통보통주식수에는 결산기말 현재 발행된 우선주식수를 포함해야 합니다.

해설

② 무상증자 실시한 날짜가 아닌 기초에 실시된 것으로 간주하여 주식수를 조정한다.
③ 유상증자의 경우에는 기초가 아닌 납입일을 기준으로 주식수를 조정한다.
④ 우선주식수는 제외한다.

정답 09 ④ / 01 ①

02 공개 다음은 (주)삼일의 20x1 회계연도(20x1년 1월 1일 ~ 20x1년 12월 31일) 당기순이익과 자본금변동사항에 대한 자료이다. 이를 이용하여 (주)삼일의 20x1년도 가중평균유통보통주식수를 구하면 얼마인가?

ㄱ. 당기순이익 : 500,000,000원

ㄴ. 자본금변동사항(주당 액면금액은 5,000원이다)

	보통주자본금		우선주자본금	
기 초	100,000주	500,000,000원	20,000주	100,000,000원
기 중			기중 변동사항 없음	
4월 1일 유상증자(20%)	20,000주	100,000,000원	(공정가치 이상으로 발행됨)	
7월 1일 무상증자(10%)	12,000주	60,000,000원		

* 유통보통주식수계산 시 월할계산을 가정한다.

① 120,000주
② 126,500주
③ 127,000주
④ 132,000주

해설

• 기초 = 100,000주 × 1.1 × 12/12 = 110,000주
• 유상증자 = 20,000주 × 1.1 × 9/12 = 16,500주
∴ 가중평균유통보통주식수 = 126,500주

03 공개 (주)삼일의 20x1년 당기순이익은 10,000,000원이며, 우선주배당금은 1,000,000원이다. (주)삼일의 20x1년 1월 1일 유통보통주식수는 18,000주이며, 10월 1일에는 유상증자를 통해 보통주 8,000주를 발행하였다. (주)삼일의 20x1년도 기본주당순이익은 얼마인가?(단, 유상신주의 발행금액과 공정가치는 동일하며, 가중평균유통보통주식수는 월할로 계산한다)

① 300원
② 350원
③ 400원
④ 450원

해설

$$\text{기본주당순이익} = \frac{10{,}000{,}000 - 1{,}000{,}000}{(18{,}000\text{주} \times 12/12) + (8{,}000\text{주} \times 3/12)} = 450$$

02 ② 03 ④ 정답

04 다음 중 '기본주당이익'의 계산에 관한 설명으로 가장 올바르지 않은 것은?

공개

① 당해 회계기간과 관련한 누적적 우선주에 대한 세후배당금은 배당이 결의된 경우에만 당기순손익에서 차감한다.

② 기본주당이익은 지배기업의 보통주에 귀속되는 특정 회계기간의 당기순손익을 그 기간의 유통된 보통주식수를 가중평균한 주식수로 나누어 계산한다.

③ 당기 중에 무상증자를 실시한 경우, 당해 사건이 있기 전의 유통보통주식수를 비교표시되는 최초기간의 개시일에 그 사건이 일어난 것처럼 비례적으로 조정한다.

④ 채무를 변제하기 위하여 보통주를 발행하는 경우, 채무변제일이 가중평균유통보통주식수를 산정하기 위한 보통주 유통일수 계산의 기산일이 된다.

해설

누적적 우선주의 배당금은 배당결의 여부에 관계없이 손실이 발생한 경우에도 당해 기간 관련 세후배당금을 차감하여 산정한다.

PART 1

05 주당순이익의 계산 시 발행주식의 가중평균주식수(유통보통주식수)를 계산할 경우 기초에 발생한 것으로 간주되는 경우는 다음 중 무엇인가?

① 주식분할 ② 자기주식의 취득
③ 보통주의 발행 ④ 주식선택권의 행사

해설

주식분할, 주식병합, 무상증자, 주식배당은 기초에 실시한 것으로 간주한다.

06 다음은 (주)위드의 20x5년 회계연도 당기순이익과 자본에 대한 자료이다.

ㄱ. 당기순이익 : 250,000,000원
ㄴ. 우선주 : 30,000주(액면 5,000원)
ㄷ. 20x5년 회계연도 이익에 대한 배당(현금배당) : 우선주 10%(액면배당률)
ㄹ. 가중평균유통보통주식수 : 100,000주
ㅁ. 현금배당은 세금효과를 고려하지 아니한다.

(주)위드의 20x5년 회계연도 기본주당이익은 얼마인가?

① 1,500원 ② 1,800원
③ 2,000원 ④ 2,350원

해설

250,000,000 − (30,000주 × 5,000 × 10%) / 100,000주 = @2,350

정답 04 ① 05 ① 06 ④

07 다음 중 가중평균유통보통주식수 산정방법에 대한 설명 중 가장 올바르지 않은 설명은?

① 현금 이외의 자산을 취득하기 위하여 보통주를 발행하는 경우 그 자산의 취득을 인식한 날을 기산일로 하여 가중평균유통보통주식수를 산정한다.

② 자기주식은 취득시점 이후부터 매각시점까지의 기간동안 가중평균유통보통주식수에 포함하지 않는다.

③ 주식병합이 실시된 경우에는 주식병합이 이루어진 날을 기준으로 가중평균유통보통주식수를 구한다.

④ 보통주로 반드시 전환하여야 하는 전환금융상품은 계약체결시점부터 보통주식수에 포함하여 가중평균유통보통주식수를 구한다.

해설

주식병합이 실시된 경우에는 기초에 실시된 것으로 간주하여(기중 유상신주 발행 시에는 발행시점) 가중평균유통보통주식수를 증가 또는 감소시켜 준다.

08 (주)위드는 20x5년 1월 1일 보통주 150,000주, 우선주 50,000주를 발행하여 설립되었고, 20x5년 10월 1일에 보통주 60,000주를 유상증자로 발행하였다. 20x5년 말 기본주당순이익이 @1,000원일 때 당기순이익은 얼마인가?(단, (주)위드는 배당금으로 우선주는 1주당 2,000원을 지급하였다)

① 262,500,000원　　② 265,000,000원

③ 327,500,000원　　④ 380,000,000원

해설

- 유통보통주식수 = 150,000주 × 12/12 + 60,000주 × 3/12 = 165,000주
- 우선주배당금 = 50,000주 × 2,000 = 100,000,000
- 당기순이익을 X라고 하면 (X − 100,000,000) / 165,000주 = 1,000

∴ X = 265,000,000

09 다음은 (주)위드의 주당순이익을 계산하는 자료이다. 20x5년 주당순이익을 계산할 때 사용할 가중평균주식수는 얼마인가?(단, 가중평균은 편의상 월할계산할 것)

보통주 정보	20x5년 1월 1일　액면 5,000원의 유통 보통주식수 20,000주 20x5년 4월 1일　구주 1주당 신주 3주로 주식분할 40,000주 증가 20x5년 7월 1일　신주발행(시가발행 유상증자) 10,000주
우선주 정보	20x5년 1월 1일　액면 5,000원, 5% 배당, 누적적우선주 4,000주

① 60,000주　　② 65,000주

③ 69,000주　　④ 74,000주

해설

	주식수	월 수	적 수
1 ~ 3월	20,000 × 3 = 60,000주	3	180,000
4 ~ 6월	60,000주	3	180,000
7 ~ 12월	60,000 + 10,000 = 70,000주	6	420,000
			780,000

∴ 가중평균유통주식수 = 780,000 / 12월 = 65,000주

07 ③　08 ②　09 ② 정답

[10~11] 다음은 (주)위드의 20x5년 주당이익 관련 자료이다.

ㄱ. 유통보통주식수 변동내역(주당 액면 1,000원)

구 분	주식수
20x5년 초	68,000주
5월 1일 유상증자 납입	24,000주
(증자전일의 공정가치는 4,000원, 증자 시 발행가액은 2,000원)	
7월 1일 자기주식 구입	(1,000주)
20x5년 말	88,000주

ㄴ. 당기순이익 : 415,000,000원

ㄷ. 우선주배당금 : 12,500,000원(비누적적 비참가적 우선주)

10 (주)위드의 20x5년 가중평균유통보통주식수는 얼마인가?(단, 편의상 월할계산함)

① 78,500주　　② 80,500주

③ 85,000주　　④ 86,900주

해설

기 간	조정 전	무상증자조정	조정 후	가중치	적 수
1월 1일 ~ 4월 30일	68,000주	(1 + 0.15)*주)	78,200주	4월	312,800
5월 1일 ~ 6월 30일	92,000주	–	92,000주	2월	184,000
7월 1일 ~ 12월 31일	91,000주	–	91,000주	6월	546,000
합 계					1,042,800

*주) 무상증자비율

- (24,000주 × 2,000) / 4,000 = 12,000주
- 24,000주 − 12,000주 = 12,000주
- 무상증자비율 = 12,000주 / (68,000주 + 12,000주) = 15%

∴ 가중평균유통주식수 : 1,042,800 ÷ 12개월 = 86,900주

11 (주)위드의 20x5년 기본주당이익은 얼마인가?(단, 소수점 이하에서 반올림한다)

① 4,458원　　② 4,632원

③ 4,890원　　④ 4,925원

해설

(415,000,000 − 12,500,000) / 86,900주 = 4,632

정답 10 ④ 11 ②

CHAPTER 05

PART 1 재무회계

특수회계

01 관계기업

1. 용어정의

관계기업	투자자가 유의적인 영향력을 행사할 수 있는 기업. 종속기업은 아니며 조인트벤처 투자지분과는 구별됨
공동지배	계약상 합의로 재무정책, 영업정책 등의 경제활동에 대한 지배력을 공유하는 것
별도재무제표	피투자회사의 보고된 성과와 순자산에 의하지 않고 직접적인 지분투자에 근거한 회계처리로 표시한 재무제표
연결재무제표	단일 경제적 실체인 연결실체의 재무제표
종속기업	다른 지배기업의 지배를 받고 있는 기업, 파트너쉽 등 법인격 없는 실체 포함
중대한 영향력	피투자회사의 재무·영업정책 결정에 참여할 수 있는 능력. 지배력이나 공동지배를 뜻하지는 않는다.
지배력	기업활동이익을 위해서 재무정책과 영업정책을 결정할 수 있는 능력
지분법	투자자산을 처음에는 원가로 반영하고, 취득 이후 순자산의 변동액 중 투자자의 지분 해당액을 당기손익으로 하면서 투자자산 원가에 가감하여 보고하는 회계처리방법 → 피투자자에 대한 공동지배력이나 유의적인 영향력을 갖는 기업은 일부를 제외하고 그 투자에 대해 지분법을 사용함

2. 지분법 적용

(1) 적용대상

지분법은 다음과 같은 유의적인 영향력(①, ②)을 행사할 수 있는 경우에 적용

① 지분율기준

투자회사가 직접 또는 종속회사를 통해 간접으로 피투자회사 의결권의 20% 이상을 소유하고 있는 경우(단, 유의적인 영향력이 없다는 것을 명백하게 제시하는 경우는 제외)

② 실질영향력기준

투자자가 직간접적으로 피투자자에 대한 의결권의 20% 미만을 소유하더라도 다음 중 하나 이상에 해당되면 중대한 영향력이 있는 것으로 본다.

㉠ 피투자회사의 이사회나 이에 준하는 의사결정기구에 참여

㉡ 배당 분배의사결정 등의 정책결정과정에 참여

㉢ 투자사와 피투자회사 사이의 중요한 거래

㉣ 경영진의 상호교류

㉤ 필수적 기술정보제공

(2) 적용재무제표

① 투자자는 지분법 적용 시 가장 최근의 재무제표를 사용하며, 결산기말이 서로 다르면 투자회사의 기말기준으로 관계기업 재무제표를 재작성한다.

② 관계기업 결산기말과 투자회사 결산기말이 다르면 투자회사와 관계기업 결산기말 사이에 발생한 중요한 거래나 사건의 영향을 반영하며, 투자자와 관계기업과의 결산기말(보고기간종료일) 차이는 반드시 3개월 이내이어야 하며 매기마다 동일하여야 한다.

③ 투자자는 유사한 상황의 동일한 거래에 대해 동일한 회계정책을 적용하여 재무제표를 작성하지만 관계기업의 회계정책이 투자자의 회계정책과 다르면 관계기업의 회계정책을 투자자의 회계정책과 일관되도록 적절히 수정해야 한다.

(3) 지분법 회계처리 중요

① 최초 적용시점에서의 차이금액에 대한 회계처리

최초 적용 시(취득시점) 회계처리

(차) 관계기업투자주식	xxx	(대) 현 금	xxx

㉠ 투자차액 : 투자차액은 투자자산을 취득한 시점에 투자자산의 원가와 피투자자의 식별가능한 자산과 부채의 순공정가치 중 투자자의 지분에 해당하는 금액과의 차이금액으로서 미래의 초과수익력 등으로 발생

투자차액 = 투자주식의 취득원가 − (피투자자의 순자산 공정가치 × 지분율)

• 영업권 상각 ×, 손상계상

영업권 = 투자자산의 취득원가 − (관계기업의 식별가능한 자산과 부채의 순공정가치 × 지분율)

• 염가매수청구권 : 취득시점에 지분법이익으로 포함

㉡ 순자산 공정가치와 장부금액의 차액

관계기업의 식별가능한 자산과 부채의 (순공정가치 − 장부가액) × 지분율

② 취득 후 지분변동액에 대한 회계처리

취득일 이후 피투자자의 지분변동액 중 투자자의 지분에 해당하는 다음의 금액을 장부금액에 가감

㉠ 피투자회사의 당기순이익(손실) 발생 시(결산시점) : 피투자기업의 당기순이익 중 투자기업지분 해당 금액만큼 관계기업투자주식의 장부금액을 증가

(차) 관계기업투자주식	xxx	(대) 지분법이익(당기손익)	xxx

㉡ 투자회사의 배당금수령 시(배당금 지급을 결의한 시점에) : 장부금액에서 차감(∵ 원본의 회수로 봄)

(차) 미수배당금	xxx	(대) 관계기업투자주식	xxx

㉢ 피투자자의 기타포괄손익의 증감(결산시점)

(차) 관계기업투자주식	xxx	(대) 기타포괄손익(지분법자본변동)	xxx

(4) 내부미실현손익의 제거

투자자와 관계기업 사이의 상향거래나 하향거래에서 발생한 당기손익에 대하여 투자자는 그 관계기업에 대한 투자지분과 무관한 손익까지만 투자자의 재무제표에 인식한다. 내부미실현손익의 제거를 통해 관계기업의 당기손익 중 투자자의 지분은 제거된다.

① 하향판매(투자자 → 관계기업)

다음 두 가지 방법으로 조정

㉠ 미실현손익 중 지분해당액을 제거하면서 관계기업투자주식의 장부금액을 조정하는 방법

㉡ 미실현손익 중 지분해당액을 제거하면서 관계기업투자주식의 장부금액을 조정하면서 지분법손익이 아닌 내부거래와 관련하여 발생한 손익을 조정하는 방법

② 상향판매(관계기업 → 투자자)

다음 두 가지 방법으로 조정

㉠ 미실현손익 중 지분해당액을 제거하면서 관계기업투자주식의 장부금액을 조정하는 방법

㉡ 미실현손익 중 지분해당액을 제거하면서 이전된 자산의 장부금액을 조정하고 관계기업투자주식의 장부금액을 감소시키지 않는 방법

(5) 기 타

① 매각예정(12개월 이내) 투자자산은 매각예정 비유동자산으로 분류하여 회계처리(지분법적용 ×). 단, 매각예정으로 분류되었지만 해당 분류기준을 충족하지 않으면 당초 매각예정으로 분류된 시점부터 지분법을 적용하며 이후의 재무제표는 수정되어야 한다.

② 관계기업투자주식의 장부금액이 '0' 이하가 될 경우

지분법 변동액 인식 중지 & 관계기업투자주식을 '0'으로 처리함

02 환율변동효과

1. 용어정의

기능통화	영업활동이 이루어지는 주된 경제환경의 통화. 기능통화는 실제 거래나 상황을 반영하며, 일단 결정하면 실제 상황 변화 이외에는 변경하지 않는다(정당한 사유가 있는 경우 → 회계추정의 변경에 해당).
환 율	두 통화 사이의 교환비율
마감환율	보고기간 말의 현물환율
현물환율	즉시 인도가 이루어지는 거래에서의 환율
외 화	기능통화 이외의 다른 통화
외환차이	특정 통화 표시금액을 변동된 환율의 다른 통화로 환산할 때의 차이
표시통화	재무제표를 표시할 때 사용하는 통화
해외사업장	보고기업과 다른 국가나 다른 통화로 영업활동을 하는 종속기업, 관계기업, 조인트벤처나 지점
화폐성항목	물가가 상승해도 가치가 고정되거나 확정되는 항목, 주로 금융자산이 화폐성항목에 해당됨(환율변동 없이 받을금액이 고정됨) [자 산] 현금및현금성자산, 수취채권, 대여금, 연금, 투자자산(채권형) [부 채] 대부분의 부채가 화폐성항목

비화폐성항목	물가상승 시 그 가치가 같이 변동하는 항목. 주로 실물자산이 비화폐성 항목에 해당됨 [자 산] 재고자산, 유형자산, 무형자산, 투자자산(주식형), 선급금, 선급임차료 [부 채] 비화폐성 자산으로 인도하는 충당부채, 워런트 등

2. 외화거래의 기능통화로 보고 중요

재무제표 작성 시 해외사업장이 있는 기업은 기능통화를 결정하고, 외화항목은 기능통화로 환산하고 환산효과를 보고한다.

(1) 최초인식(발생일)

외화거래는 외화로 표시되거나 결제되어야 하는 거래로서 다음을 포함한다.

① 외화로 가격이 표시된 재화 용역의 매매

② 지급하거나 수취할 금액이 외화로 표시된 자금의 차입이나 대여

③ 외화로 표시된 자산의 취득이나 처분, 외화로 표시된 부채의 발생이나 상환

※ 기능통화로 외화거래를 최초 인식 시 거래일의 외화금액에 기능통화의 현물환율을 적용하여 기록한다.

(2) 보고기간 말 외화환산방법(결산일)

<table>
<tr><td rowspan="4">화폐성
외화항목</td><td colspan="3">화폐성 외화항목은 마감환율로 환산하며 외환차이를 당기손익(외화환산손익)으로 처리한다.</td></tr>
<tr><td>구 분</td><td>환율상승</td><td>환율하락</td></tr>
<tr><td>자 산</td><td>외화환산이익</td><td>외화환산손실</td></tr>
<tr><td>부 채</td><td>외화환산손실</td><td>외화환산이익</td></tr>
<tr><td>비화폐성
외화항목</td><td colspan="3">역사적 원가로 측정하는 비화폐성 항목은 거래일의 환율로 환산(외환차이 발생 ×)하며 공정가치로 측정하는 비화폐성 항목은 공정가치가 결정된 날의 환율로 환산한다.
• 평가손익 : 당기손익 경우 → 외환차이_당기손익처리
• 평가손익 : 기타포괄손익 경우 → 외환차이_기타포괄손익처리</td></tr>
</table>

(3) 결제시점(회수시점)

① 화폐성 항목의 거래가 발생된 당 회계기간에 결제되는 외환차이는 당기손익으로 인식하며, 다음 회계기간에 결제되는 경우는 각 회계기간의 환율차이금액을 각각 인식한다.

구 분	외환차이 계산
한 회계기간 중에 발생 & 결제	외화금액 × (결제일 환율 − 거래일 환율)
특정 회계기간에 발생하고 다음 회계기간 이후에 결제	외화금액 × (결제일 환율 − 직전 보고기간 말 외화환산 시 적용한 환율)

② 비화폐성 항목의 평가손익을 기타포괄손익으로 인식하면 환율변동효과(외환차이)도 기타포괄손익으로 인식하며, 비화폐성 항목의 평가손익을 당기손익으로 인식하면 환율변동효과(외환차이)도 당기손익으로 인식한다.

(4) 해외순투자 환율차이 인식

보고기업의 해외순투자 화폐성 항목의 환율차이는 당기손익으로 인식하지만 해외사업장이 포함되는 연결재무제표에서는 환율차손익을 기타포괄손익으로 반영한 후, 순투자의 처분시점에 장부계정에서 당기손익으로 재분류한다.

(5) 기능통화의 변경

① 기능통화의 변경 시 새로운 기능통화에 의한 환산절차를 통화 변경일부터 전진 적용한다(전진법).

② 기능통화 변경효과는 전진 적용하여 회계처리하며, 기능통화를 변경한 날의 환율을 사용하여 모든 항목을 환산한다.

③ 비화폐성 항목은 새로운 기능통화로 환산한 금액이 역사적 원가가 된다.

3. 기능통화가 아닌 표시통화의 사용 중요

(1) 재무제표는 기능통화와 다른 어떠한 통화로도 표시할 수 있는데, 서로 다른 기능통화를 사용하는 개별기업으로 구성된 연결실체의 연결재무제표는 같은 통화로 표시

(2) 초인플레이션 통화가 아닌 경우 기능통화와 다른 표시통화의 재무상태와 경영성과를 환산하는 방법은 다음과 같다.

① 재무상태표의 자산과 부채는 해당 보고기간 말의 마감환율로 환산(자본은 역사적 환율로 환산)

② 포괄손익계산서의 수익과 비용은 해당 거래일의 환율로 환산

③ ①과 ②의 환산에서 발생되는 외환차이는 기타포괄손익으로 인식

03 파생상품

1. 용어정의

파생상품	다음의 세 가지 특성을 모두 가진 금융상품이나 기타계약 ① 기초변수의 변동에 따라 가치가 변동 ② 최초 계약 시 순투자금액이 필요하지 않거나 다른 유형의 계약보다 적은 순투자금액이 필요 ③ 미래에 결제(≒ 기본적인 대상자산의 가격 움직임 자체를 상품화한 것)
선 도	미래 일정시점에 약정된 가격에 의해 계약상의 특정 대상을 사거나 팔기로 계약 당사자 간에 합의한 거래
선 물	수량, 규격, 품질 등이 표준화되어 있는 특정 대상을 현재 결정된 가격으로 미래 일정시점에 매입하거나 매도하기로 약정한 계약으로서 조직화된 시장에서 표준화된 방법으로 거래되는 것
옵 션	계약당사자 간에 정하는 바에 따라 일정한 기간 내에 미리 정해진 가격으로 외화나 유가증권 등을 사거나 팔 수 있는 권리에 대한 계약
스 왑	특정 기간 동안에 발생하는 일정한 현금흐름을 다른 현금흐름과 교환하기로 계약당사자 간에 합의한 연속된 선도거래
확정계약	미래의 특정시기에 거래대상의 특정 수량을 특정 가격으로 교환하기로 하는 구속력 있는 약정
예상거래	이행해야 하는 구속력은 없으나 향후 발생할 것으로 예상되는 거래
위험회피수단	공정가치나 현금흐름의 변동이 지정된 위험회피대상항목의 공정가치나 현금흐름의 변동을 상쇄할 것으로 기대하여 지정한 파생상품 또는 비파생금융자산(또는 비파생금융부채). 다만, 비파생금융자산 및 비파생금융부채는 환율변동위험을 회피하기 위한 경우에만 가능

위험회피대상항목	다음을 모두 충족하는 자산, 부채, 확정계약, 발생가능성이 매우 높은 예상거래 또는 해외사업장에 대한 순투자 ① 공정가치나 미래 현금흐름의 변동위험에 노출되어 있다. ② 위험회피대상으로 지정된다.
위험회피효과	회피대상위험으로 인한 위험회피대상항목의 공정가치나 현금흐름의 변동이 위험회피수단의 공정가치나 현금흐름의 변동으로 상쇄되는 정도
내재파생상품	계약상의 명시적 또는 암묵적 조건이 해당 계약의 현금흐름이나 공정가액에 파생상품과 유사한 영향을 미치는 경우 그 명시적 또는 암묵적 조건
위험회피회계	위험회피수단과 위험회피대상항목의 공정가치 변동에 따른 손익이 상쇄되어 동일한 회계기간에 보고될 수 있도록 위험회피관계가 설정된 이후부터는 위험회피대상항목과 위험회피수단을 대칭적으로 인식하고 평가하는 회계처리
공정가치위험회피	특정위험에 기인하고 당기손익에 영향을 줄 수 있는 것으로서 인식된 자산이나 부채 또는 미인식된 확정계약의 전체 또는 일부의 공정가치 변동에 대한 위험회피
현금흐름위험회피	특정위험에 기인하고 당기손익에 영향을 줄 수 있는 것으로서 인식된 자산이나 부채 또는 발생가능성이 매우 높은 예상거래의 현금흐름 변동에 대한 위험회피

2. 파생상품의 종류

(1) 선물거래 vs 선도거래 중요

구 분	선물거래	선도거래
정 의	• 미래의 일정시점에 수량, 규격, 품질 등이 표준화되어 있는 특정 대상물을 계약 체결 시 정한 가격(선물가격)으로 인수도하기로 약속하는 거래로서 거래소에서 정한 일정한 제도에 의해 이루어지는 거래 • 선물거래에서는 만기일 이전에 반대매매를 통하여 계약이 종료되는 것이 대부분	• 미래 약정일에 미리 정한 가격으로 자산을 사거나 팔아야 하는 의무가 부여되는 계약으로 계약 당사자 간의 합의에 의해 거래조건이 결정 • 선도거래는 만기일에 특정상품의 인수도가 반드시 이루어짐 • 이것은 선물거래와는 달리 계약자 간에 임의로 행해지는 사적인 계약
조직화된 거래소 여부	항상 조직화된 거래소에서 이루어짐	• 특정한 거래장소가 없음 • 장외시장에서 당사자 간 합의
청산소의 존재 여부	계약의 이행을 보장하기 위하여 청산소가 존재	청산소가 없으므로 계약불이행의 위험이 있음
증거금 및 일일정산 여부	증거금과 일일정산제도가 있음	없 음
결제방식	• 일일정산 • 차액결제(반대매매)	• 만기일정산(실물 인도)

(2) 옵션거래

① 분 류

권리의 유형	콜옵션	특정날짜에 특정자산을 미리 정한가격으로 살 수 있는 권리
	풋옵션	특정날짜에 특정자산을 미리 정한가격으로 팔 수 있는 권리
행사시점	미국식 옵션	만기일까지 아무때나 권리를 행사할 수 있도록 한 옵션
	유럽식 옵션	옵션의 권리를 행사할 수 있는 기간을 옵션의 만기일로 제한하는 경우
기초자산의 유형	주식옵션	개별주식을 기초자산으로 하는 옵션
	주가지수옵션	주가지수옵션은 다수의 주식으로 구성되는 포트폴리오, 즉 주가지수를 기초자산으로 하는 옵션
	채권옵션	채권을 기초자산으로 하는 옵션
	통화옵션	외국통화나 환율 등 각국의 통화를 옵션대상으로 하는 계약

② 특 징

다양한 헤지수단 제공	주식을 보유할 경우, 주가가 하락하게 되면 손실을 입게 되는데, 콜옵션의 경우에는 옵션가격만 포기하면 되므로 손실이 한정된다. 또한, 풋옵션을 보유한 경우에는 주가하락에 대한 위험을 피할 수 있게 된다.
레버리지 이용 (콜옵션의 경우)	옵션은 레버리지 효과(지렛대 효과)가 크기 때문에 적은 금액(옵션프리미엄)으로 많은 이익을 얻을 수 있다.
다양한 투자전략 가능	옵션은 손실이 한정적이므로 콜옵션과 풋옵션을 함께 이용하여 다양한 투자전략을 수립할 수 있다.
투자수단	옵션은 기초자산의 가격변화와 관계없이 그 자체로서 하나의 투자수단이 된다.

3. 파생상품회계의 일반원칙

① 해당 계약에 따라 발생된 권리와 의무를 자산과 부채로 인식하여 재무제표에 계상
② 모든 파생상품은 공정가액에 의해 평가
③ 위험회피수단으로 지정되지 않고 매매목적 파생상품평가손익은 기말에 당기손익으로 계상한다. 단, 위험회피수단으로 지정된 파생상품평가손익은 아래 각각의 위험회피회계에서 정하는 바에 따른다.

4. 위험회피회계

(1) 공정가치위험회피회계 중요

공정가치위험회피회계는 특정위험으로 인한 위험회피대상항목(자산/부채/확정계약)의 공정가치변동이 위험회피수단인 파생상품의 공정가치변동과 상쇄되도록 특정위험으로 인한 위험회피대상항목의 평가손익을 파생상품의 평가손익과 동일한 회계기간에 대칭적으로 인식하는 회계처리, 즉 위험회피수단과 위험회피대상항목은 서로 반대의 손익을 인식하여 공정가치의 변동위험을 상계한다. 위험회피대상항목 및 위험회피수단평가손익을 당기손익으로 처리한다.

(2) 현금흐름회피회계 중요

개 념	현금흐름위험회피회계는 위험회피대상항목이 특정위험으로 인한 예상거래의 미래 현금흐름변동위험을 감소시키기 위하여 파생상품을 이용하는 것	
위험회피수단의 손익인식	위험회피에 효과적인 부분	기타포괄손익으로 인식
	위험회피에 비효과적인 부분	당기손익으로 인식
사후관리	기타포괄손익으로 처리한 부분 → 향후 미래 예상거래가 손익에 영향을 미치는 회계연도에 손익으로 인식	

(3) 해외사업장 순투자의 위험회피회계

① 현금흐름위험회피와 유사하게 회계처리한다.
② 손익 중 위험회피에 효과적인 부분은 기타포괄손익으로 비효과적인부분은 당기손익으로 처리하고, 기타포괄손익으로 인식한 손익은 향후 해외사업장처분시점에 당기손익으로 재분류한다.

04 리스회계

1. 용어의 정의

리 스	리스제공자가 자산의 사용권을 합의된 기간 동안 리스이용자에게 이전하고 리스이용자는 그 대가로 사용료를 리스제공자에게 지급하는 계약
금융리스	리스자산의 소유에 따른 대부분의 위험과 보상이 리스이용자에게 이전되는 리스. 법적소유권은 이전될 수도 있고 이전되지 않을 수도 있다.
운용리스	금융리스 이외의 리스
리스약정일	리스계약일과 리스의 주요사항에 대한 계약당사자들의 합의일 중 이른 날 • 리스는 리스약정일을 기준으로 운용리스나 금융리스로 분류한다. • 금융리스의 경우 리스개시일에 인식할 금액은 리스약정일을 기준으로 결정한다.
리스개시일	리스이용자가 리스자산의 사용권을 행사할 수 있게 된 날. 리스개시일은 리스의 최초 인식일(즉, 리스에 따른 자산, 부채, 수익 및 비용을 적절하게 인식하는 날)이 된다.
리스기간	리스이용자가 자산을 리스하기로 약정을 맺은 해지불능기간과 다음의 기간을 포함한다. 추가적인 대가의 지급여부에 관계없이 리스이용자가 그 자산에 대하여 리스를 연장할 수 있는 선택권을 가지고 있으며, 리스이용자가 그 선택권을 행사할 것이 리스약정일 현재 거의 확실한 경우 당해 추가기간
리스료	리스기간에 리스이용자가 리스제공자에게 지급해야 하는 금액을 말하며 다음 금액을 포함함. 다만, 조정리스료와 리스제공자가 지급하고 리스이용자에게 청구할 수 있는 용역원가와 세금 등은 제외함 리스료 = 고정리스료 + 변동리스료 + 매수선택권의 행사가격 + 종료선택권 + 잔존가치 보증에 따른 지급 예상 금액 • 고정리스료 : 실질적인 고정리스료 포함, 리스 인센티브는 차감 • 변동리스료 : 시간의 경과가 아닌 리스개시일 후 사실이나 상황의 변화(예 지수, 요율 변화)에 따라 달라지는 부분 • 매수선택권의 행사가격 : 매수선택권을 행사할 것이 확실한 경우의 행사가격 • 종료선택권 : 종료선택권을 반영하는 경우 그 리스를 종료하기 위해 부담하는 금액 • 잔존가치 보증에 따른 지급 예상 금액 : 잔존가치 보증에 따라 다음의 자들에게 제공하는 잔존가치 보증을 포함한다. – 리스이용자 – 리스이용자의 특수관계자 – 리스제공자와 특수관계가 없고 재무적으로 이행할 능력이 있는 제3자
잔존가치보증	'리스제공자 & 특수관계에 있지 않은 당사자'가 리스제공자에게 제공한 리스종료일 현재 기초자산의 가치가 적어도 특정 금액이 될 것이라는 보증
무보증잔존가치	리스제공자가 실현할 수 있을지 확실하지 않거나 리스제공자의 특수관계자만이 보증한 리스자산의 잔존가치 부분
리스총투자	금융리스에서 리스제공자가 수령할 다음의 금액 리스총투자 = 리스료 + 무보증잔존가치
리스순투자	리스총투자를 내재이자율로 할인한 금액 리스순투자 = 리스총투자를 리스 내재이자율로 할인한 현재가치 = 리스료 현재가치 + 무보증잔존가치 현재가치
미실현금융수익	리스총투자와 리스순투자의 차이 미실현 금융수익 = 리스총투자 − 리스순투자

내재이자율	리스약정일 현재 리스료와 무보증잔존가치의 현재가치(내재이자율로 할인) 합계액을 기초자산의 공정가치와 리스개설직접원가의 합계액과 일치시키는 할인율. 이는 리스제공자 입장에서 리스투자에 대한 수익률을 말함
리스개설직접원가	리스의 협상 및 계약에 직접 관련하여 발생하는 증분원가(리스계약 미체결 시 부담하지 않았을 원가). 다만, 금융리스와 관련하여 제조자나 판매자인 리스제공자에 의하여 발생하는 원가는 제외함
증분차입이자율	• 리스이용자가 유사한 리스(가치가 비슷한 자산 획득에 필요한 자금 차입)에 대해 부담해야 할 이자율 • 리스제공자 입장에서는 수익률 개념의 내재이자율을 사용하나, 리스이용자의 경우에 리스제공자의 내재이자율을 쉽게 산정할 수 없는 경우(알 수 없는 경우) 증분차입이자율을 사용함
선택권리스료	리스연장 또는 종료하는 선택권의 대상 기간(리스기간에 포함되는 기간은 제외)에 기초자산 사용권에 대해 리스제공자에게 지급하는 리스료
리스 인센티브	리스 관련하여 리스제공자가 원활한 계약을 위해 리스이용자에게 지급하는 금액 또는 리스의 원가를 리스제공자가 보상하거나 부담하는 금액
단기리스	리스기간이 리스개시일 현재 12개월 이하인 리스. 단, 매수선택권이 있는 리스는 단기리스에서 제외

2. 리스의 분류

금융리스	• 리스자산의 소유에 따른 위험과 보상의 대부분을 이전하는 리스(리스이용자가 돈을 빌려 구입하는 개념) • 금융리스로 분류하는 일반적 예시(거래형식보다는 실질에 따라 분류) – 리스기간 종료시점 이전에 리스자산소유권이 리스이용자에게 이전되는 경우 – 리스자산의 염가구매선택권(공정가치보다 충분히 낮은 가격으로 매수할 수 있는 권리)이 리스이용자에게 주어지고 선택권을 행사할 것이 확실한 경우 – 소유권이 이전되지 않아도 리스기간이 리스자산의 경제적 내용연수의 상당부분을 차지하는 경우 – 리스약정일 현재 리스료의 현재가치가 리스자산 공정가액의 대부분에 상당하는 경우 – 리스이용자만이 중대한 변경없이 사용할 수 있는 특수성격의 리스자산인 경우(범용성 없는 자산)
인식면제	리스이용자는 다음 리스에 대해 사용권자산과 리스부채를 인식하지 않기로 선택할 수 있다(인식면제). 즉, 금융리스로 회계처리하지 않을 수 있다. 이럴 경우 리스이용자는 관련되는 리스료를 정액기준이나 다른기준으로 비용으로 인식한다. • 단기리스 • 소액 기초자산 리스
운용리스	리스자산의 소유에 따른 위험과 보상의 대부분을 이전하지 않는 리스(리스제공자가 자산을 빌려주는 개념)

3. 리스의 회계처리

(1) 운용리스

리스제공자	• 운용리스자산은 리스자산의 성격대로 표시하며, 리스료 수익은 리스기간에 걸쳐 정액기준으로 인식함 • 운용리스 개설 직접원가는 리스자산 장부가액에 추가하고 리스료 수익에 대응하여 리스기간 동안 비용으로 인식함 • 리스자산도 다른 일반자산과 같은 방법으로 감가상각하고, 운용리스는 리스자산의 판매로 보지 않으므로 운용리스 계약의 매출이익을 인식하지 않음
리스이용자	K-IFRS 제1116호 리스의 개정으로 인해 리스제공자는 기존과 동일하게 금융리스와 운용리스로 분류하여 회계처리하나 리스이용자는 '단기리스', '소액 기초자산 리스'를 제외하고는 금융리스로 분류하며(운용리스 없음), 사용권자산과 리스부채를 인식한 후 리스료를 리스부채와 이자비용으로 구분하여 인식하고, 사용권자산에 대한 감가상각 회계처리를 하여야 함

(2) 금융리스

<table>
<tr><td rowspan="3">리스제공자</td><td>리스개시일에
최초 인식</td><td>• 금융리스의 리스순투자와 동일한 금액(리스총투자액(리스료 + 무보증잔존가치)을 내재이자율로 할인한 금액)을 '금융리스채권'으로 인식함
• 금융리스채권은 신규 취득자산의 취득금액과 리스개설 직접원가의 합계금액과도 동일함</td></tr>
<tr><td>금융리스의 후속측정
회계반영</td><td>• 리스료 = 리스채권의 원금회수액 + 이자수익
• 리스기간에 걸쳐 일정한 기간이자율에 계산되도록 이자수익 인식함(금융리스 순투자액 × 내재이자율)
• 무보증잔존가치를 정기적으로 검토하여 가치가 감소되면 금융리스채권의 장부가액을 감소시키며, 그 금액은 당기비용처리함</td></tr>
<tr><td>회계처리</td><td>
<table>
<tr><th>구 분</th><th colspan="2">리스제공자</th></tr>
<tr><td>리스개설
(직접원가 발생)</td><td>(차) 리스개설직접원가</td><td>(대) 현 금</td></tr>
<tr><td>리스자산 취득</td><td>(차) 선급리스자산</td><td>(대) 현 금</td></tr>
<tr><td>리스기간 개시일</td><td>(차) 리스채권</td><td>(대) 선급리스자산
리스개설직접원가</td></tr>
<tr><td>수익・비용 인식</td><td>(차) 현 금</td><td>(대) 이자수익
리스채권</td></tr>
<tr><td>감가상각비 인식</td><td colspan="2">–</td></tr>
<tr><td>리스채권 손상</td><td>(차) 리스채권손상차손</td><td>(대) 리스채권</td></tr>
<tr><td>리스자산 손상</td><td colspan="2">–</td></tr>
</table>
</td></tr>
<tr><td rowspan="3">리스이용자</td><td>리스개시일의 측정과
회계반영</td><td>• 리스개시일에 그날 현재 지급되지 않은 리스료의 현재가치로 리스부채를 측정하고, 사용권자산을 원가로 측정함
• 리스이용자 입장에서는 '무보증잔존가치'는 리스료에 포함되지 않으며, 따라서 무보증잔존가치가 있는 경우 리스이용자의 리스부채와 리스제공자의 리스채권은 일치하지 않음
• 리스료 총액의 현재가치 계산 시 내재이자율로 할인하며, 알기 어려우면 리스이용자의 증분차입이자율을 적용함
• 리스부채는 사용권자산에서 차감하는 형식으로 표시하지 않음. 사용권자산과 리스부채는 다른 자산 부채와 구분하여 표시하거나 공시함</td></tr>
<tr><td>금융리스의 후속측정
회계반영</td><td>• 매기 지급하는 리스료를 금융원가(이자비용)와 리스부채의 상환액으로 나눔
• 금융리스자산의 감가상각비도 반영하는데 다른 감가상각자산과 동일한 방법으로 감가상각을 함(리스기간과 자산의 내용연수 중 짧은 기간에 걸쳐 감가상각함)</td></tr>
<tr><td>회계처리</td><td>
<table>
<tr><th>구 분</th><th colspan="2">리스이용자</th></tr>
<tr><td>리스개설
(직접원가발생)</td><td>(차) 리스개설직접원가</td><td>(대) 현 금</td></tr>
<tr><td>리스자산 취득</td><td colspan="2">–</td></tr>
<tr><td>리스개시일</td><td>(차) 사용권자산</td><td>(대) 리스부채
리스개설직접원가
선급리스료
복구충당부채</td></tr>
<tr><td>수익・비용 인식</td><td>(차) 이자비용
리스부채</td><td>(대) 현 금</td></tr>
<tr><td>감가상각비 인식</td><td>(차) 감가상각비</td><td>(대) 감가상각누계액</td></tr>
<tr><td>리스채권 손상</td><td colspan="2">–</td></tr>
<tr><td>리스자산 손상</td><td>(차) 사용권자산
손상차손</td><td>(대) 손상차손누계액</td></tr>
<tr><td>리스기간 완료 시</td><td>(차) 리스부채
감가상각누계액
리스자산보증손실*주)</td><td>(대) 사용권자산
현 금</td></tr>
</table>
*주) 완료시점에 현금보상금액(= 보증잔존가치 – 반환 시 리스자산 공정가치)
</td></tr>
</table>

PART 1

4. 판매형리스 & 판매후리스

(1) 판매형리스

개 념	제조자나 판매자가 리스제공자인 리스
금융리스에 해당되면	• 일반판매에 택하고 있는 회계정책에 따라 매출손익을 인식 매출액 = Min[기초자산의 공정가치, 리스료의 현재가치] • 제조자나 판매자인 리스제공자에 의해 리스의 협상 및 계약단계에서 발생한 매출원가는 매출이익이 인식될 때 비용으로 대응하여 인식 매출원가 = 기초자산의 원가 − 무보증잔존가치의 현재가치
운용리스에 해당되면	리스자산의 판매로 볼 수 없음 → 운용리스계약으로 인한 매출이익을 인식 ×

(2) 판매후리스

개 념	리스이용자가 리스제공자에게 자기소유자산을 판매한 후 해당 자산을 다시 리스 받는 거래임
회계처리	판매후리스는 자산 이전이 판매인지 여부에 따라 회계처리가 달라진다. • 자산 이전이 판매인 경우 − 리스이용자(판매자) : 사용권자산의 종전 장부금액에 비례하여 사용권자산을 측정(차손익 금액만을 인식) − 리스제공자(구매자) : 리스제공자 회계처리 요구사항 적용 • 자산 이전이 판매가 아닌 경우 − 리스이용자(판매자) : 이전한 자산을 계속 인식하고, 이전금액과 동일 금액으로 금융부채 인식 − 리스제공자(구매자) : 이전된 자산을 계속 인식하지 않고, 이전금액과 동일 금액을 금융자산으로 인식

05 현금흐름표

1. 용어의 정의와 현금흐름의 유형

(1) 개 념

현금흐름표는 기업의 현금흐름을 나타내는 표로 현금흐름정보는 현금성자산의 창출능력과 현금흐름의 사용용도를 평가하는 데 유용한 기초를 제공한다.

(2) 용어정의

현 금	보유 현금과 요구불예금
현금성자산	유동성이 높은 단기투자자산으로서 확정현금으로 전환이 쉽고 가치변동위험이 적은 자산
영업활동	기업의 주요 수익창출활동(투자활동·재무활동이 아닌 기타의 활동)
투자활동	장기성 자산 및 현금성자산이 아닌 기타 투자자산의 취득과 처분
재무활동	납입자본과 차입금의 크기 및 구성내용에 변동을 가져오는 활동

(3) 현금및현금성자산

① 현금성자산은 유동성이 매우 높은 단기투자자산으로서 확정된 금액의 현금으로 전환이 용이하고, 가치변동의 위험이 적으며, 취득 당시 만기(또는 상환일)가 3개월 이내에 도래하는 것을 말한다(지분상품은 현금성자산에서 제외하나 상환일이 정해진 우선주 등은 현금성자산이 될 수 있다).

② 은행차입은 재무활동인데, 즉시 상환할 당좌차월은 현금관리의 일부를 구성하므로 현금성자산이다.

③ 현금성자산을 구성하는 항목 간 이동은 영업 · 투자 · 재무활동이 아니고 현금관리의 일부이므로 현금흐름에서 제외한다.

(4) 영업활동 현금흐름

영업활동 현금흐름은 주요 수익창출활동에서 발생한다. 그 예는 다음과 같다.

① 재화의 판매와 용역제공으로 인한 현금유입

② 로열티, 수수료, 중개료 기타 수익의 현금유입

③ 재화 용역의 구입에 따른 현금유출

④ 종업원 관련 직 · 간접 현금유출

⑤ 보험회사의 수입보험료, 보험금, 연금 등의 현금유출입

⑥ 법인세의 납부와 환급(단, 투자 · 재무활동에 명백히 관련된 것은 제외)

⑦ 단기매매목적의 계약으로 인한 현금유출입(단, 설비매각 관련 처분손익의 현금흐름은 투자활동 현금흐름)

PART 1

(5) 투자활동 현금흐름 중요

투자활동 현금흐름은 미래 수익창출을 위해 지출한 정도를 나타내므로 별도로 구분 공시한다.

그 예는 다음과 같다.

① 유형자산, 무형자산, 장기성 자산의 취득 · 처분에 따른 현금유출입

② 지분상품 · 채무상품 · 조인트벤처(공동약정)투자지분 취득 · 처분에 따른 현금유출입(단기매매목적의 상품취득지출 · 상품처분유입은 제외)

③ 제3자에 대한 선급금 및 대여금에 대한 현금유출 및 회수에 따른 현금유입(금융회사의 현금 선지급과 대출채권은 제외)

④ 선물계약, 선도계약, 옵션계약, 스왑계약에 따른 현금유출입(단기매매목적인 경우 제외)

(6) 재무활동 현금흐름 중요

재무활동 현금흐름은 자본제공자의 청구권 예측에 유용하므로 별도로 구분 공시한다.

그 예는 다음과 같다.

① 주식이나 지분상품의 발행에 따른 현금유입

② 주식취득 상환에 따른 소유주에 대한 현금유출

③ 담보, 무담보부사채, 어음 발행, 장 · 단기차입금의 현금유입

④ 차입금의 상환에 따른 현금유출

⑤ 리스이용자의 금융리스부채 상환에 따른 현금유출

〈재무상태표 구분상 현금흐름 활동 구분〉	
자 산	부채 및 자본
현금및현금성자산	영업활동과 관련된 부채 예 매입채무 등
영업활동과 관련된 자산 예 매출채권 등	재무활동과 관련된 부채 예 차입금 등
	재무활동과 관련된 자본 예 자본금 등
투자활동과 관련된 자산 예 유형자산 등	이익잉여금[영업활동]

(7) 현금흐름 구분에서 주의할 항목 중요

① 이자와 배당금의 수취 및 지급에 따른 현금흐름은 각각 별도로 공시한다. 매 기간 일관성 있게 영업·투자·재무활동으로 분류한다.

② 배당금 지급은 재무자원을 획득하는 비용이므로 재무활동 현금흐름으로 분류할 수 있다. 대체적 방법으로 배당금 지급능력을 보여주기 위해 영업활동 현금흐름으로 분류할 수도 있다.

③ 법인세 현금흐름은 별도로 공시하며 영업활동 현금흐름으로 분류한다.
법인세는 영업, 투자, 재무활동의 여러 현금흐름거래에서 발생하므로 각 발생유형배분과 기간별 발생이 분명하지 않은 바, 일반적으로 영업활동 현금흐름으로 분류한다.

2. 현금흐름표

(1) 보고방법

영업활동	영업활동 현금흐름은 다음 방법(직접법 or 간접법) 중 한 가지로 보고한다.	
	직접법 중요	총현금유입과 총현금유출을 주요 항목별로 구분표시하는 방법(권장)
	간접법	손익계산서상의 법인세비용차감전순손익 + 현금의 유출이 없는 비용(투자·재무 관련 손익 포함) − 현금의 유입이 없는 수익(투자·재무 관련 손익 포함) ± 영업활동과 관련된 자산·부채변동액 (단, 이자 및 배당금 수취, 이자지급 및 법인세 납부는 직접법을 적용하여 별도 표시해야 함)
투자활동	① 총현금유입과 총현금유출을 주요 항목별로 구분하여 총액으로 표시(직접법) ② 단, 대체적 방법으로 포괄손익계산서상의 수익과 비용, 재고자산과 영업상 채권채무의 변동을 보여주는 간접법으로 표시할 수 있다.	
재무활동	① 총현금유입과 총현금유출을 주요 항목별로 구분하여 총액으로 표시(직접법) ② 단, 대체적 방법으로 포괄손익계산서상의 수익과 비용, 재고자산과 영업상 채권채무의 변동을 보여주는 간접법으로 표시할 수 있다.	

(2) 간접법 분석 중요

간접법
Ⅰ. 영업활동으로 인한 현금흐름 1. 법인세비용차감전순손익 (+) 현금의 유출이 없는 비용 등의 가산 유형자산처분손실, 사채상환손실, 영업무관 대손상각비, 영업무관 외화환산손실, 금융자산평가손실/처분손실 등 (−) 현금의 유입이 없는 수익 등의 차감 사채상환이익, 유형자산처분이익, 금융자산평가이익/처분이익 등 (±) 영업활동으로 인한 자산·부채의 변동 재고자산의 감소(+) / 증가(−) 매출채권의 감소(+) / 증가(−) 매입채무의 증가(+) / 감소(−) 미지급법인세의 증가(+) / 감소(−) 이연법인세차의 감소(+) / 증가(−) 이연법인세대의 증가(+) / 감소(−) 선수금의 증가(+) / 감소(−) 선급금의 감소(+) / 증가(−)

(3) 투자활동 현금흐름별 구분 중요

투자활동으로 인한 현금유입액		투자활동으로 인한 현금유출액	
유동자산의 감소	단기대여금의 회수	유동자산의 증가	현금의 단기대여
	미수금의 회수		미수금의 증가
	유가증권의 회수		유가증권의 취득
비유동자산의 감소	장기성예금의 감소	비유동자산의 증가	장기성예금의 증가
	투자유가증권의 처분		투자유가증권의 취득
	관계회사주식의 처분		관계회사주식의 취득
	관계회사사채의 처분		관계회사사채의 취득
	장기대여금의 회수		현금의 장기대여
	토지의 처분		토지의 취득
	건물의 처분		건물의 취득
	기계장치의 처분		기계장치의 취득
			연구개발비의 지급
			창업비, 개업비의 지급

(4) 재무활동 현금흐름별 구분 중요

재무활동으로 인한 현금의 유입액		재무활동으로 인한 현금의 유출액	
유동부채의 증가	당좌차월의 증가	유동부채의 감소	당좌차월의 감소
	미지급금의 증가		미지급금의 감소
	단기차입금의 차입		단기차입금의 상환
비유동부채의 증가	사채의 발행	비유동부채의 감소	사채의 상환
	전환사채의 발행		전환사채의 상환
	장기차입금의 차입		장기차입금의 상환
	관계회사로부터의 장기차입		관계회사차입금의 상환
자본의 증가	보통주의 발행(발행가액)	자본의 감소	유상감자
			자기주식의 취득
	우선주의 발행(발행가액)	배당금의 지급	
	자기주식의 처분	이연자산의 증가	신주발행비의 증가
			사채발행비의 증가

3. 현금의 유입과 유출이 없는 거래 – 주석공시

현금의 유입과 유출을 초래하지는 않았지만 기업의 총재무자원의 변동을 보고하기 위하여 다음의 거래들은 반드시 현금흐름표에 관련된 주석사항에 별도로 표시하도록 되어 있다.

현물출자로 인한 유형자산 취득	현금자금에 영향을 주지 않고 유형자산의 증가
유형자산의 연불구입	현금의 유입과 유출 없이 유형자산의 증가
무상증자	현금의 유입과 유출 없이 자본금이 증가
주식배당	현금의 유입과 유출 없이 자본금이 증가
전환사채의 전환	현금자금의 변동 없이 비유동부채(전환사채)가 줄어들고 자본금과 자본잉여금이 증가

CHAPTER 05

단원별 적중문제

01 관계기업

01 공개

다음 중 관계기업투자주식의 회계처리에 관한 설명으로 가장 올바르지 않은 것은?

① 유의적인 영향력 판단에는 지분율 기준과 실질영향력기준이 있다.

② 유의적인 영향력을 판단함에 있어 피투자자에 대한 의결권은 투자자의 지분율과 지배기업이 보유하고 있는 지분율의 합계로 계산한다.

③ 실질영향력기준이 적용되지 않을 경우 투자자가 직접으로 또는 간접으로 피투자자에 대한 의결권의 20% 미만을 소유하고 있다면 유의적인 영향력이 없는 것으로 본다.

④ 경영진의 상호교류가 이루어지는 경우 유의적인 영향력이 있는 것으로 본다.

해설

유의적인 영향력을 판단함에 있어 피투자기업에 대한 지분율은 투자기업의 지분율과 종속기업이 보유하고 있는 지분율의 단순합계로 계산한다.

02 공개

20x1년 1월 1일 (주)삼일은 (주)용산의 보통주 30%를 850,000원에 취득하여 유의적인 영향력을 행사하게 되었으며, 취득 당시 (주)용산의 순자산 장부금액과 공정가치는 2,000,000원으로 동일하였다. 20x1년 (주)용산의 자본은 아래와 같으며, 당기순이익 이외에 자본의 변동은 없다고 가정한다.

구 분	20x1년 1월 1일	20x1년 12월 31일
자본금	900,000원	900,000원
이익잉여금	1,100,000원	1,300,000원
합 계	2,000,000원	2,200,000원

20x1년 말 (주)삼일의 관계기업투자주식의 장부금액은 얼마인가?

① 850,000원 ② 880,000원

③ 910,000원 ④ 930,000원

해설

• 지분법이익 = (1,300,000 − 1,100,000) × 30% = 60,000

∴ 20x1년 말 관계기업투자주식 장부금액 = 850,000 + 60,000 = 910,000

정답 01 ② 02 ③

03 공개

지분법은 투자자가 피투자자에 대해 유의적인 영향력을 행사할 수 있는 경우에 적용한다. 다음 중 유의적인 영향력을 행사할 수 있는 경우는 어느 것인가?(단, A회사는 투자자, B회사는 피투자자이다)

① A회사는 B회사의 주식을 15% 보유하고 있으며 지분율 이외의 다른 조건은 존재하지 않는다.
② A회사는 6개월 이후에 매각할 목적으로 B회사의 의결권 있는 주식을 25% 취득하여 적극적으로 매수자를 찾고 있는 중이다.
③ A회사는 B회사의 주식을 20% 보유하고 있으나 모두 우선주이며 의결권은 없다.
④ A회사는 B회사의 주식을 10% 보유하고 있으나 이사회에 과반수가 참여하여 의결권을 행사할 수 있다.

해설

① 15% → 20%
② 6개월 이후 매각할 목적이라면(12개월 이내) 지분법적용주식이 아닌 '매각예정비유동자산'으로 분류된다.
③ 의결권이 있어야 한다.

04 공개

다음의 자료를 이용하여 물음에 답하시오.

- 20x1년 1월 1일 (주)삼일은 (주)용산의 보통주 30%를 900,000원에 취득하여 유의적인 영향력을 행사하게 되었으며, 취득 당시 (주)용산의 순자산 장부금액과 공정가치는 2,000,000원으로 동일하였다.
- 20x1년의 (주)용산의 당기순이익은 500,000원이었고 당기순이익 이외의 기타 자본의 변동은 없었으며, 20x1년 중 (주)삼일과 (주)용산 간의 내부거래는 존재하지 않았다.

20x1년 말 (주)삼일의 재무상태표에 계상될 (주)용산의 관계기업투자주식 장부금액은 얼마인가?

① 900,000원
② 950,000원
③ 1,050,000원
④ 1,100,000원

해설

900,000 + (500,000 × 30%) = 1,050,000

05 공개

지분법은 투자자가 피투자자에 대해 유의적인 영향력을 행사할 수 있는 경우에 적용한다. 다음 중 유의적인 영향력이 행사할 수 있는 경우에 해당하는 것으로 가장 올바르지 않은 것은?

① 피투자자의 이사회나 이에 준하는 의사결정기구에 참여하는 경우
② 투자자와 피투자자가 동일지배하에 있는 경우
③ 투자자와 피투자자 사이의 중요한 거래가 있는 경우
④ 필수적 기술정보를 제공하는 경우

해설

동일지배하에 있다는 것은 유의적인 영향력과는 관계없다.

03 ④ 04 ③ 05 ② 정답

06 다음 중 관계기업에 대한 한국채택국제회계기준 내용과 틀린 것은?

① 투자자가 직접 또는 간접(예 종속기업을 통하여)으로 피투자자에 대한 의결권의 20% 이상을 소유하고 있다면 유의적인 영향력이 있는 것으로 본다.

② 잠재적 의결권이 유의적인 영향력에 영향을 미치는지를 판단할 때 잠재적 의결권에 영향을 미치는 모든 사실과 상황을 검토하여야 한다.

③ 기업이 피투자자의 재무정책과 영업정책에 참여할 수 있는 능력을 상실하면 기업은 피투자자에 대한 유의적인 영향력을 상실한다.

④ 종속기업이나 조인트벤처 투자지분은 경우에 따라 관계기업일 수도 있다.

해설

관계기업은 종속기업이 아니며, 조인트벤처 투자지분과도 구별됨

07 다음 중 관계기업에 대한 한국채택국제회계기준 내용과 틀린 것은?

① 관계기업에 관련된 영업권은 해당 투자자산의 장부금액에 포함되며, 영업권의 상각은 20년의 합리적인 기간 동안 하여야 한다.

② 기업이 피투자자의 재무정책과 영업정책에 참여할 수 있는 능력을 상실하면 기업은 피투자자에 대한 유의적인 영향력을 상실한다.

③ 지분법은 관계기업 투자를 최초에 원가로 인식하고, 취득일 이후에 발생한 피투자자의 당기순손익 중 투자자의 지분에 해당하는 금액을 장부금액에 가감한다.

④ 피투자자의 순자산가액이 기타포괄손익으로 변동하는 경우 동 변동액 중 투자자 지분액은 관계기업 기타포괄손익의 과목으로 하여 포괄손익계산서의 기타포괄손익으로 인식한다.

해설

관계기업에 관련된 영업권은 해당 투자자산의 장부금액에 포함된다. 영업권의 상각은 허용되지 않으며, 손상차손만 인식한다.

08 다음 중 지분법 회계처리에 대한 설명으로 가장 올바르지 않은 것은?

① 지분법은 관계기업투자주식을 취득한 시점에는 취득원가로 기록한다.

② 피투자기업으로부터 배당금 수취 시 투자수익을 즉시 인식하므로 투자주식 계정이 증가한다.

③ 취득시점 이후 발생한 피투자회사의 순자산 변동액은 투자주식 계정에 반영한다.

④ 관계기업 관련 영업권의 상각은 허용되지 않는다.

해설

배당금을 수취하는 경우에는 동일 금액만큼 투자주식의 장부금액을 감소시킨다.

정답 06 ④ 07 ① 08 ②

09

(주)위드는 20x1년 1월 1일에 (주)삼강의 보통주 3,000주(총발행주식수 10,000주)를 주당 1,000원에 취득하여 유의적인 영향력을 행사할 수 있게 되었다. 주식취득일 현재 (주)삼강의 순자산 공정가치가 8,000,000원인 경우 (주)위드의 관계기업투자주식 취득원가 중 영업권에 해당하는 금액은 얼마인가?

① 0원
② 300,000원
③ 600,000원
④ 1,000,000원

해설

영업권 = 취득원가(3,000주 × 1,000원) – 피투자회사순자산공정가치(8,000,000원 × 지분율 30%) = 600,000원

10

(주)위드는 20x5년 1월 1일에 (주)내일의 보통주 30%를 4,500,000원에 취득하였고 그 결과 (주)내일에 유의적인 영향력을 행사할 수 있게 되었다. (주)내일에 대한 재무정보 및 기타 관련 정보가 다음과 같다.

ㄱ. 20x5년 1월 1일 현재 순자산장부금액 : 10,000,000원
ㄴ. (주)내일의 순자산장부금액과 순자산공정가치는 일치함
ㄷ. 20x5년 당기순손실 : 1,500,000원
ㄹ. 20x5년 동안 양 회사 간 내부거래는 없었음

다음 중 (주)위드의 관계기업투자주식과 관련하여 20x5년도 (주)위드의 포괄손익계산서에 미치는 영향으로 가장 올바른 것은?

① 지분법손실 300,000원
② 지분법손실 450,000원
③ 지분법이익 400,000원
④ 지분법이익 600,000원

해설

(1,500,000) × 30% = (450,000)원

09 ③ 10 ② 정답

02 환율변동효과

01 공개 **한국에서 영업을 하는 (주)서울의 미국 현지법인인 (주)엘에이의 재무제표이다. (주)엘에이는 20x1년 초 설립되었으며, (주)엘에이의 기능통화인 달러화로 작성한 20x1년 말 재무상태표는 다음과 같다.**

자 산	$4,000	부 채	$1,000
		자본금	$2,000
		이익잉여금(당기순이익)	$1,000
합 계	$4,000	합 계	$4,000

(주)엘에이의 재무상태표를 표시통화인 원화로 환산 시 환율이 유의적으로 변동할 경우 부채에 적용할 환율로 가장 옳은 것은?

① 해당 거래일의 환율
② 해당 보고기간 말의 마감환율
③ 평균환율
④ 차입 시 환율

해설

환율이 유의적으로 변동할 경우 재무상태표의 부채는 해당 보고기간 말의 마감환율로 환산한다.

02 공개 **자동차 제조업을 영위하는 (주)삼일의 20x1 회계연도(20x1년 1월 1일 ~ 20x1년 12월 31일) 중 발생한 수출실적이 다음과 같을 경우, 20x1년 재무상태표상 매출채권과 (포괄)손익계산서상 외화환산손익을 바르게 짝지은 것은?(단, 기능통화는 원화이다)**

(1) 수출액 및 대금회수

수출일	수출액	대금회수일
20x1년 6월 11일	$8,000	20x2년 3월 10일

(2) 일자별 환율

일 자	20x1년 6월 11일	20x1년 12월 31일
환 율	1,100원/$	1,200원/$

(3) 기타정보
상기 수출대금은 계약상 대금회수일에 이상 없이 모두 회수되었으며, 상기 수출과 관련된 매출채권 이외의 채권·채무는 없다.

	매출채권	외화환산손익
①	9,600,000원	손실 800,000원
②	9,800,000원	손실 100,000원
③	9,600,000원	이익 800,000원
④	8,800,000원	이익 100,000원

해설

- 20x1년 6월 11일 매출채권 = $8,000 × 1,100 = 8,800,000
- 20x1년 12월 31일 외화환산이익 = $8,000 × (1,200 − 1,100) = 800,000

∴ 매출채권 = 8,800,000 + 800,000 = 9,600,000

정답 01 ② 02 ③

03 다음 중 기능통화와 표시통화에 관한 설명으로 가장 올바르지 않은 것은?

공개

① 기능통화란 영업활동이 이루어지는 주된 경제환경의 통화이다.

② 기능통화로 외화거래를 최초로 인식하는 경우에 거래일의 외화와 기능통화 사이의 현물환율을 외화금액에 적용하여 기록한다.

③ 표시통화란 재무제표를 표시할 때 사용하는 통화이다.

④ 표시통화와 기능통화는 반드시 동일한 화폐로 사용하여야 한다.

해설

표시통화와 기능통화는 다른 통화로 사용할 수 있다.

04 원화를 기능통화로 사용하고 있는 (주)삼일은 20x1년 10월 1일에 중국 현지공장에서 재고자산을 CNY 2,000에 매입하여 기말까지 보유하고 있다. 이 재고자산의 기말 순실현가능가치는 CNY 1,800이다. CNY 대비 원화의 환율이 다음과 같을 때 (주)삼일이 20x1년 상기 재고자산에 대하여 인식할 평가손실 금액은 얼마인가?

공개

- 20x1년 10월 1일 : CNY 1 = 110원
- 20x1년 12월 31일 : CNY 1 = 115원

① 13,000원　　② 92,000원

③ 132,000원　　④ 142,000원

해설

- 장부금액(거래일 환율) = CNY 2,000 × @110 = 220,000
- 순실현가능가치(마감일 환율) = CNY 1,800 × @115 = (207,000)

∴ 평가손실 = 220,000 − 207,000 = 13,000

05 다음 중 외화자산 및 외화부채의 환산에 관한 설명으로 가장 올바르지 않은 것은?

공개

① 화폐성 외화자산·부채는 보고기간 말 현재의 환율로 환산한다.

② 비화폐성 외화자산·부채 중 역사적 원가로 측정하는 항목은 당해 자산 또는 부채 거래일의 환율로 환산한다.

③ 화폐성 자산의 예로는 현금및현금성자산, 장·단기 매출채권 등이 있으며, 화폐성 부채의 예로는 매입채무, 장·단기차입금, 사채 등이 있다.

④ 비화폐성 외화자산·부채 중 공정가치로 측정하는 항목은 당해 자산·부채의 최초 거래일의 환율로 환산한다.

해설

거래일의 환율(×) → 공정가치 결정일의 환율로 환산

03 ④ 04 ① 05 ④ 정답

06 외화표시재무제표를 원화로 환산하는 방법에는 화폐성·비화폐성법과 현행환율법이 있다. 다음 중 현행환율법에 대한 설명으로 옳지 않은 것은?

① 재무상태표 항목의 자산·부채는 보고기간종료일 마감환율을 적용하여 환산한다.
② 재무상태표 항목의 자본금은 역사적환율을 적용하여 환산한다.
③ 손익계산서 항목은 거래발생 당시의 환율이나 당기 평균환율을 적용하여 환산한다.
④ 환산차액은 해외사업환산손익계정으로 당기손익으로 처리한다.

해설
당기손익이 아닌 기타포괄손익으로 처리한다.

07 다음 중 기능통화와 표시통화에 대한 설명으로 가장 올바르지 않은 것은?

① 기능통화란 기업의 본사가 속해있는 국가의 통화이다.
② 표시통화란 재무제표를 표시할 때 사용하는 통화이다.
③ 기업의 표시통화와 기능통화가 다른 경우에는 경영성과와 재무상태를 표시통화로 환산하여 재무제표에 보고한다.
④ 기능통화로 외화거래를 최초로 인식하는 경우에 거래일의 외화금액에 기능통화상의 현물환율을 적용하여 기록한다.

해설
기업의 본사가 아닌 영업활동이 이루어지는 주된 경제환경의 통화를 말한다.

08 화폐성항목이란 보유하는 화폐단위들과 확정되었거나 결정가능한 화폐단위수량으로 회수하거나 지급하는 자산·부채를 말한다. 다음 중 화폐성항목이 아닌 것을 고르시오.

① 매입채무
② 단기대여금
③ 미수금
④ 선급금

해설
화폐성항목 : 현금, 매출채권, 미수금, 대여금, 매입채무, 미지급금, 차입금, 미지급비용, 미수수익

정답 06 ④ 07 ① 08 ④

09 12월 말 결산법인인 (주)위드는 20x4년 5월 1일 비품은 $500에 구입하였으며, 그 결제일은 20x5년 3월 31일이다. 이에 관련된 각 시점의 환율은 다음과 같다. 동 거래와 관련하여 20x4년에 인식할 외화환산손익과 20x5년에 인식할 외환차손익에 미치는 영향으로 가장 옳은 것은?(단, 기능통화는 원화이다)

ㄱ. 구입 시의 환율 $1 = 1,100원
ㄴ. 기말 현재 환율 $1 = 1,200원
ㄷ. 결제일의 환율 $1 = 1,150원

	20x4년	20x5년
①	외화환산손실 50,000원	외환차익 10,000원
②	외화환산이익 50,000원	외환차손 25,000원
③	외화환산손실 50,000원	외환차익 25,000원
④	외화환산이익 50,000원	외환차손 10,000원

해설

20x4년 결산시점 외화환산손익 : $500 × (1,100 − 1,200) = 50,000(외화환산손실)
20x5년 결제시점 외환차손 : $500 × (1,200 − 1,150) = 25,000(외환차익)

10 다음 환율변동효과에 대한 설명에서 (　　) 안에 적합한 용어를 옳게 나열한 것은?

- 기능통화로 해외거래를 최초로 인식하는 경우에 거래일의 외화와 기능통화 사이의 (가)을 외화금액에 적용하여 기록한다. 다만, 환율이 유의적으로 변동하지 않은 경우에는 일정기간의 평균환율을 사용할 수 있다.
- 매 보고기간 말 화폐성 외화항목은 (나)로 환산한다.
- 표시통화의 환산에서 손익계산서의 수익과 비용은 해당 거래일의 환율 또는 (다)로 환산한다.
- 재무상태표와 손익계산서의 적용환율의 환산에 의한 외환차이는 (라)으로 인식한다.

	(가)	(나)	(다)	(라)
①	현물환율	평균환율	마감환율	당기손익
②	현물환율	마감환율	평균환율	기타포괄손익
③	마감환율	평균환율	현물환율	기타포괄손익
④	마감환율	현물환율	평균환율	당기손익

09 ③ 10 ② 정답

11 다음 중 환율변동효과에 대한 회계처리의 설명으로 바른 것을 모두 나열한 것은?

1. 해당 국가의 통화와 기능통화가 다를 경우 해당 국가의 통화를 기능통화로 인식할 수 있다.
2. 기능통화로 외화거래를 최초로 인식하는 경우에 환율이 유의적으로 변동하지 않음에도 불구하고 마감환율을 사용해야 한다.
3. 화폐성 항목의 결제시점에서 발생하는 외환차손익은 회계기간의 손익 또는 기타포괄손익으로 인식할 수 있다.
4. 비화폐성항목에서 발생한 손익은 당기손익 또는 기타포괄손익으로 인식할 수 있다.
5. 기능통화가 변경되는 경우에는 새로운 기능통화에 적용되는 환산절차를 변경한 날부터 전진적용한다.

① 1, 3, 5 ② 2, 3, 4
③ 1, 3, 4 ④ 1, 4, 5

해설

2. 기능통화로 외화거래를 최초로 인식하는 경우에 환율이 유의적으로 변동하지 않으면 평균환율을 사용할 수 있다.
3. 화폐성항목의 결제시점에서 발생하는 외환차손익은 회계기간의 손익으로 인식한다.

PART 1

03 파생상품

01 다음 거래목적 중 파생상품평가손익을 당기손익으로 처리하지 않는 것은?

공개

① 매매목적으로 체결한 파생상품의 평가손익
② 공정가치위험회피 목적으로 체결한 파생상품의 평가손익
③ 현금흐름위험회피 목적으로 체결한 파생상품의 평가손익 중 위험회피에 효과적인 부분
④ 현금흐름위험회피 목적으로 체결한 파생상품의 평가손익 중 위험회피에 효과적이지 못한 부분

해설

현금흐름위험회피 목적으로 체결한 파생상품의 평가손익 중 위험회피에 효과적인 부분은 기타포괄손익으로 인식한다.

정답 11 ④ / 01 ③

02 공개

(주)삼일은 상품 $2,000를 외상으로 매출하고, 대금을 9개월 후에 달러($)로 지급받기로 하였다. 이 경우 (주)삼일의 외화매출채권 $2,000는 환율변동위험에 노출되게 되었다. 해당 거래와 관련하여 환율변동위험을 회피할 수 있는 방법으로 가장 옳은 것은?

① 약정된 환율로 9개월 후 $2,000를 매도하는 통화선도계약을 체결한다.
② 약정된 환율로 9개월 후 $2,000를 매입하는 통화선도계약을 체결한다.
③ 약정된 환율로 9개월 후 $2,000를 거래할 수 있는 콜옵션을 매입한다.
④ 약정된 환율로 9개월 후 $2,000를 거래할 수 있는 풋옵션을 매도한다.

해설
위험을 회피하기 위해 외화대금 수령분을 안정된 환율로 매도하는 통화선도 매도계약을 체결해야 한다.

03 공개

다음 중 파생금융상품에 해당하지 않는 것은?

① 상장주식　　② 주가지수선물
③ 통화선물　　④ 주식옵션

해설
상장주식, 국공채, 회사채 등은 파생상품이 아니다.

04

다음 중 파생금융상품에 대한 설명으로 가장 올바르지 않은 것은?

① 선물거래의 경우에는 권리나 의무를 모두 부담하지만 옵션거래의 경우에는 거래 시 권리와 의무 중 하나만 부담한다.
② 선물거래의 경우 매일의 평가손익을 증거금에 반영하는 체계적인 과정인 '일일정산제도'가 있다.
③ 일반적으로 선도거래는 장내거래이므로 상대방에 대한 신용상태를 파악할 필요가 없다.
④ 거래쌍방 간에 상품 또는 경제적 조건을 서로 맞바꾸는 것을 스왑이라 한다.

해설
선도거래는 장외거래이며 특정인과의 계약이므로 상대방의 신용상태 파악이 필수적이다.

02 ① 03 ① 04 ③ 정답

05 다음 중 파생상품과 관련한 위험회피회계에 대해 가장 올바르게 설명한 것은?

① 공정가치위험회피를 적용하는 경우 위험회피수단에 대한 손익은 기타포괄손익으로 인식한다.

② 해외사업장순투자의 위험회피회계는 공정가치위험회피회계와 유사하게 적용한다.

③ 현금흐름위험회피를 적용하는 경우 위험회피수단에 대한 손익 중 위험회피에 효과적인 부분은 당해 회계연도의 당기손익으로 인식한다.

④ 파생상품은 당해 계약상의 권리와 의무에 따라 자산 또는 부채로 인식하여 재무제표에 계상하여야 한다.

해설

① 당기손익이나 기타포괄손익으로 계상한다.

② 현금흐름위험회피와 유사하게 회계처리한다.

③ 기타포괄손익으로 인식한다.

PART 1

06 다음은 파생상품에 대한 회계처리의 일반원칙이다. 기업회계기준 및 관련 해석의 내용과 일치하지 않는 것은?

① 위험회피수단으로 지정되지 않고 매매목적 파생상품평가손익은 기말에 자본조정으로 계상한다.

② 위험회피대상항목은 공정가치나 미래 현금흐름의 변동위험에 노출되어 있는 자산, 부채, 확정계약, 또는 미래에 예상되는 거래를 말한다.

③ 현금흐름위험회피회계는 위험회피대상항목이 특정위험으로 인한 예상거래의 미래 현금흐름변동위험을 감소시키기 위하여 파생상품을 이용하는 것을 말한다.

④ 공정가치위험회피는 위험회피수단과 위험회피대상항목을 서로 반대의 손익으로 인식하여 공정가치의 변동위험을 상계하는 것을 목적으로 한다.

해설

자본조정이 아니라 당기손익으로 인식한다.

정답 05 ④ 06 ①

07 다음 자료에 의하여 20x5년 3월 31일의 통화선도 거래에 대한 손익은?(단, 시간의 가치를 고려하지 않는다)

- 통화선도거래 체결일 : 20x4년 11월 1일
- 계약조건 : 20x5년 3월 31일 $1,000을 @1,100원/$로 매도
- 20x4년 11월 1일(현물환율 : 1,120원/$, 통화선도환율 : 1,100원/$)
- 20x4년 12월 31일(현물환율 : 1,060원/$, 통화선도환율 : 1,082원/$)
- 20x5년 3월 31일(현물환율 : 1,130원/$)

① 손실 42,000원　　② 이익 45,000원
③ 손실 48,000원　　④ 손실 50,000원

해설

- 20x4년 말 통화선도 평가손익 : (1,100원 − 1,082원) × $1,000 = 18,000원(평가이익)

(차) 통화선도	18,000	(대) 통화선도평가이익	18,000

- 20x5년 3월 31일 통화선도 거래손익 :
  - 현물환율에 의한 현금유출액 1,130원 × $1,000 = 1,130,000
  - 약정 매도 현금유입액 1,100원 × $1,000 = 1,100,000

(차) 현 금	1,100,000	(대) 현 금	1,130,000
통화선도거래손실	48,000	통화선도	18,000

08 (주)위드는 20x5년 8월 1일에 미국에 제품을 $1,000,000에 수출하고 수출대금은 5개월 후인 20x5년 12월 31일에 받기로 하였다. (주)위드의 대표이사는 환율하락에 따른 수출대금의 가치감소를 우려하여 20x5년 12월 31일에 결제일이 도래하는 통화선도계약 $1,000,000을 이용하여 환위험을 회피(Hedging)하려고 한다. 통화선도의 약정환율이 1,150원/$이고 일자별 환율이 다음과 같을 경우 환위험 회피를 위한 통화선도의 거래형태(Position)와 매출채권 및 통화선도 관련 손익을 바르게 설명한 것은?(단, 시간의 가치는 고려하지 아니한다)

- 20x5년 8월 1일 환율　　1,200/$
- 20x5년 12월 31일 환율　　1,130/$

	통화선도 Position	외환차손익	통화선도거래손익
①	매도계약(short position)	손실 70,000,000	이익 20,000,000
②	매입계약(long position)	이익 70,000,000	손실 20,000,000
③	매도계약(short position)	이익 70,000,000	손실 20,000,000
④	매입계약(long position)	손실 70,000,000	이익 20,000,000

해설

- 5개월 후 달러를 매도해야 하므로 통화선도 매도계약을 체결한다.
- 외화환산손익 = $1,000,000 × (1,130 − 1,200) = −70,000,000(손실)
- 통화선도 거래손익 = $1,000,000 × (1,150 − 1,130) = 20,000,000(이익)

07 ③　08 ① 정답

04 리스회계

01 공개 **다음 중 리스에 관한 설명으로 가장 올바르지 않은 것은?**

① 금융리스의 경우 리스이용자의 입장에서 보증잔존가치와 무보증잔존가치는 모두 리스료에 포함한다.

② 금융리스에서 리스제공자가 리스채권으로 인식할 금액은 리스료의 현재가치와 무보증잔존가치의 현재가치를 합한 금액이다.

③ 금융리스에서 리스이용자는 리스개시일에 사용권자산과 리스부채를 인식하는 것을 원칙으로 한다.

④ 리스제공자는 각 리스를 운용리스나 금융리스로 분류한다.

해설

리스이용자 입장에서는 무보증잔존가치는 리스료에 포함되지 않으며, 무보증잔존가치가 있는 경우 리스이용자의 리스부채와 리스제공자의 리스채권은 일치하지 않게 된다.

02 공개 **(주)삼일리스는 20x2년 1월 1일 (주)용산과 기계장치에 대한 금융리스계약을 다음과 같이 체결하였다. 20x2년 말 (주)삼일리스가 인식해야 할 리스채권을 계산한 것으로 가장 옳은 것은?(단, 소수점은 반올림한다)**

ㄱ. 리스료 : 매년 말 200,000원씩 지급
ㄴ. 20x2년 1월 1일 현재 리스채권의 현가 : 758,158원
ㄷ. 내재이자율 : 10%
ㄹ. 리스기간 : 5년

① 124,184원 ② 633,974원
③ 758,158원 ④ 800,000원

해설

• 리스채권 = 200,000 − (758,158 × 10%) = 124,184
∴ 20x2년 말 리스채권 장부금액 = 758,158 − 124,184 = 633,974

정답 01 ① 02 ②

03 다음 중 (   ) 안에 들어갈 단어로 가장 옳은 것은?
공개

> 리스이용자의 (   )은 리스이용자가 비슷한 경제적 환경에서 비슷한 기간에 걸쳐 비슷한 담보로 사용권자산과 가치가 비슷한 자산 획득에 필요한 자금을 차입한다면 지급해야 하는 이자율을 말한다.

① 내재이자율
② 증분차입이자율
③ 증분리스이자율
④ 우량회사채이자율

해설

리스이용자가 유사한 리스(가치가 비슷한 자산 획득에 필요한 자금 차입)에 대해 부담해야 할 이자율을 증분차입이자율이라 한다. 리스이용자의 경우 리스제공자의 내재이자율을 쉽게 산정할 수 없는 경우 증분차입이자율을 사용한다.

04 다음 중 일반적으로 금융리스로 분류하는 사례로 가장 올바르지 않은 것은?
공개

① 리스약정일 현재 최소리스료의 현재가치가 적어도 기초자산 공정가치의 대부분에 상당하는 경우
② 리스이용자가 선택권을 행사할 수 있는 시점의 공정가치보다 충분하게 낮을 것으로 예상되는 가격으로 기초자산을 매수할 수 있는 선택권을 가지고 있으며, 그 선택권을 행사할 것이 리스약정일 현재 거의 확실한 경우
③ 기초자산의 소유권이 이전되지 않더라도 리스기간이 기초자산의 경제적 내용연수의 상당 부분을 차지하는 경우
④ 리스이용자가 기초자산의 소유에 따른 대부분의 위험과 보상을 가지고 있지 않은 경우

해설

리스이용자가 기초자산의 소유에 따른 대부분의 위험과 보상을 가지고 있지 않은 경우에는 운용리스로 분류한다.

05 (주)서울은 20x1년 1월 1일에 (주)부산과 리스기간 3년의 차량운용리스계약을 체결하였다. 리스계약서상 리스료의 지급기일은 다음과 같다. 리스이용자인 (주)부산이 20x1년에 인식해야 할 리스료는 얼마인가?(단, 기초자산은 소액자산에 해당하여 사용권자산과 리스부채를 인식하지 않기로 선택하였으며, 리스료에 대하여는 리스이용자의 효익의 형태를 더 잘 나타내는 다른 체계적인 기준은 없다고 가정한다)
공개

지급기일	리스료(비용)
20x1년 12월 31일	1,500,000원
20x2년 12월 31일	2,000,000원
20x3년 12월 31일	2,500,000원

① 1,500,000원
② 2,000,000원
③ 2,500,000원
④ 6,000,000원

해설

(1,500,000 + 2,000,000 + 2,500,000) ÷ 3 = 2,000,000

03 ② 04 ④ 05 ② 정답

06 다음 중 리스기간에 리스이용자가 리스제공자에게 지급하는 금액인 리스료에 포함되지 않는 것은?

① 고정리스료
② 무보증잔존가치
③ 리스이용자가 매수선택권을 행사할 것이 확실한 경우의 그 매수선택권 행사가격
④ 소비자물가지수, 시장이자율에 따라 달라지는 변동리스료

해설

무보증잔존가치는 리스이용자가 리스회사에 지급하는 금액이 아니므로 리스료에 해당하지 아니한다.

07 다음 중 한국채택국제회계기준에서 정하는 것과 다른 사항은?

① 리스개설직접원가란 리스의 협상 및 계약에 직접 관련하여 발생하는 증분원가를 말한다.
② 잔존가치보증이란 리스제공자와 특수관계에 있지 않은 당사자가 리스제공자에게 제공한 리스종료일 현재 기초자산의 가치가 적어도 특정금액이 될 것이라는 보증금액을 말한다.
③ 무보증잔존가치란 리스제공자가 실현할 수 있을지 확실하지 않거나 리스제공자의 특수관계자만이 보증하는 리스자산의 잔존가치 부분을 말한다.
④ 내재이자율이란 리스개시일 현재 리스제공자가 수령하는 리스료와 보증잔존가치의 합계액을 리스자산의 공정가치 및 리스제공자의 리스개설직접원가의 합계액과 일치시키는 할인율을 말한다.

해설

내재이자율이란 리스개시일 현재 리스제공자가 수령하는 리스료와 무보증잔존가치의 합계액을 리스자산의 공정가치 및 리스제공자의 리스개설직접원가의 합계액과 일치시키는 할인율을 말한다.

08 리스는 계약의 형식보다는 거래의 실질에 따라 분류한다. 다음 중 일반적으로 금융리스로 분류되기 위한 조건이 아닌 것은 어느 것인가?

① 리스기간 종료 시 또는 그 이전에 리스자산의 소유권이 리스이용자에게 이전되는 경우
② 리스개시일 현재 리스이용자가 염가매수선택권을 가지고 있고, 이를 행사할 것이 확실시되는 경우
③ 리스자산의 소유권이 이전되지 않을지라도 리스기간이 리스자산 내용연수의 상당부분을 차지하는 경우
④ 리스기간 종료시점에 리스자산의 소유권을 해당 시점의 공정가치로 이전하기로 한 경우

해설

종료시점의 공정가치로 이전하기로 했다면 공정가치의 변동위험을 리스제공자가 그대로 부담하게 되기 때문에 리스자산의 위험과 보상이 리스이용자에게 이전되었다고 보기 어렵다.

정답 06 ② 07 ④ 08 ④

09 금융리스의 회계처리와 관련된 다음 설명 중 올바르지 않은 것은?

① 금융리스자산의 감가상각은 리스이용자가 소유한 다른 유사자산의 감가상각과 일관성 있게 회계처리한다.

② 리스이용자가 리스기간 종료 시 또는 그 이전에 자산의 소유권을 획득할 것이 확실시된다면 자산의 내용연수에 걸쳐 감가상각하며, 그러하지 않은 경우에는 리스기간에 걸쳐 감가상각한다.

③ 리스순투자는 리스총투자를 리스 내재이자율로 할인한 현재가치로서 리스료 현재가치와 무보증잔존가치 현재가치의 합으로 나타낼 수 있다.

④ 단기리스와 소액 기초자산 리스는 리스이용자가 금융리스로 회계처리하지 않을 수 있다.

해설

리스이용자가 리스기간 종료 시 또는 그 이전에 자산의 소유권을 획득할 것이 확실시된다면 자산의 내용연수에 걸쳐 감가상각하며, 그러하지 않은 경우에는 리스기간과 내용연수 중 짧은 기간에 걸쳐 감가상각한다.

10 리스에 관한 다음의 기술 중 올바르지 못한 것은?

① 리스는 리스약정일을 기준으로 운용리스나 금융리스로 분류한다.

② 범용성이 없는 자산을 리스하는 경우 금융리스로 분류해야 한다.

③ 운용리스의 경우 리스이용자가 운용리스자산과 관련된 감가상각비를 계상하지 아니한다.

④ 리스제공자의 입장에서는 잔존가치보증과 무보증잔존가치는 모두 리스료에 포함시킨다.

해설

리스이용자는 '단기리스', '소액 기초자산 리스'를 제외하고는 금융리스로 분류하며, 사용권자산과 리스부채를 인식한 후 리스료를 리스부채와 이자비용으로 구분하여 인식하고, 사용권자산에 대한 감가상각 회계처리를 하여야 한다.

11 위드리스는 2x05년 1월 1일 (주)요성과 금융리스계약을 체결하였다. 2x05년 (주)요성의 감가상각비(정액법 적용)는 얼마인가?(단, 소수 첫째 자리에서 반올림한다)

ㄱ. 리스기간	2x05년 1월 1일 ~ 2x14년 12월 31일
ㄴ. 리스자산 내용연수	10년
ㄷ. 리스자산 잔존가치	12,000원
ㄹ. 리스료 지급방법	매년 초 15,000원
ㅁ. 리스실행일 현재 리스료의 현가	125,000원
ㅂ. 리스실행일 현재 공정가치	130,000원

※ 리스기간 종료 후 소유권을 (주)요성에 이전하기로 하였다.

① 11,300원 ② 12,100원

③ 12,350원 ④ 13,500원

해설

감가상각비(10년, 소유권이전약정) = (125,000 − 12,000) × 1/10 = 11,300

09 ② 10 ③ 11 ① 정답

12 판매후리스 거래와 관련된 설명 중 옳지 않은 것은?

① 판매후리스를 통해 기업은 기존 자산을 그대로 사용하면서 소유권만 이전하는 매각방식으로 추가적인 현금을 확보하게 됨으로써 새로운 투자기회에 사용할 자금을 확보하게 된다.

② 판매후리스는 자산 이전이 판매인지 여부에 따라 회계처리가 달라지는데, 자산 이전이 판매인 경우에는 리스이용자(판매자)는 사용권자산의 종전 장부금액에 비례하여 판매후리스에서 생기는 사용권자산을 측정한다.

③ 자산 이전이 판매인 경우 리스제공자(구매자)는 이전된 자산을 인식하지 않고, 이전 대가와 같은 금액으로 금융자산을 인식한다.

④ 자산 이전인 판매가 아닌 경우에는 판매자인 리스이용자는 이전한 자산을 계속 인식하고, 이전금액과 같은 금액으로 금융부채를 인식한다.

해설

자산 이전이 판매인 경우 리스제공자(구매자)는 자산의 매입에 적용할 수 있는 기준서를 적용하고, 리스제공자 회계에 대한 요구사항을 적용한다.

05 현금흐름표

01 (주)삼일은 제조업을 영위하고 있으며 모든 매출은 외상으로 이루어진다. 다음 자료를 이용하여 20x1년 매출로부터의 현금유입액을 계산하면 얼마인가?(단, 선수금에 의한 매출, 매출에누리와 환입, 매출할인 등은 없다고 가정함)

공개

ㄱ. 재무상태

구 분	20x1년 초	20x1년 말
매출채권	10,000원	20,000원
대손충당금(매출채권)	300원	470원

ㄴ. 포괄손익계산서(20x1년 1월 1일 ~ 20x1년 12월 31일)

매출액 560,000원　　대손상각비(매출채권) 550원

① 524,470원　　② 532,170원

③ 549,620원　　④ 569,010원

해설

매출액(발생주의) :	560,000
매출채권의 증가 :	(10,000)
대손발생금액 : 300 + 550 − 470 =	(380)
매출액(현금주의) :	549,620

정답 12 ③ / 01 ③

02 다음은 (주)삼일의 영업활동으로 인한 현금흐름을 계산하기 위한 자료이다. (주)삼일의 간접법에 의한 영업활동으로 인한 현금흐름이 (+)5,000,000원이라고 할 때 당기순이익은 얼마인가?

공개

유형자산처분손실	200,000원	매출채권의 증가	900,000원
감가상각비	300,000원	재고자산의 감소	1,000,000원
		매입채무의 감소	500,000원

① 3,300,000원　② 4,300,000원
③ 4,500,000원　④ 4,900,000원

해설

당기순이익 + 유형자산처분손실 200,000 − 매출채권 증가 900,000 + 감가상각비 300,000 + 재고자산 감소 1,000,000 − 매입채무 감소 500,000 = 5,000,000
∴ 당기순이익 = 4,900,000

03 다음의 자료를 이용하여 20x1년의 현금흐름표를 직접법에 의하여 작성할 경우 공급자에 대한 현금유출액은 얼마인가?

공개

- 20x1년 매출원가는 60,000원이다.
- 20x1년 재고자산 및 매입채무 관련 자료

구 분	20x1년 1월 1일	20x1년 12월 31일
재고자산	5,000원	9,000원
매입채무	2,000원	4,000원

① 58,000원　② 60,000원
③ 62,000원　④ 64,000원

해설

- 당기매입 = (60,000 + 9,000) − 5,000 = 64,000
- 매입채무 지급금액 = (2,000 + 64,000) − 4,000 = 62,000

02 ④ 03 ③ 정답

04 다음 중 현금흐름표에 대한 설명으로 가장 올바르지 않은 것은?

공개

① 현금흐름표는 기업의 현금흐름을 나타내는 표로서 현금의 변동내용을 명확하게 보고하기 위하여 당해 회계기간에 속하는 현금의 유입과 유출내용을 적정하게 표시하는 보고서이다.

② 법인세로 인한 현금흐름은 영업활동과 투자활동에 명백히 관련되지 않는 한 재무활동 현금흐름으로 분류한다.

③ 현금흐름표에서는 기업의 경영활동에 따른 현금흐름을 영업활동 · 투자활동 · 재무활동으로 구분한다.

④ 현금흐름표를 작성하는 방법은 영업활동 현금흐름을 어떻게 계산하느냐에 따라 간접법과 직접법으로 구분된다.

해설

법인세로 인한 현금흐름은 영업활동으로 분류하는 것이 원칙이며, 투자활동이나 재무활동으로의 분류도 가능하다.

PART 1

05 다음 중 이자와 배당금의 수취 및 지급에 따른 현금흐름에 관한 설명으로 가장 올바르지 않은 것은?

공개

① 금융회사의 경우 이자수입은 일반적으로 영업활동 현금흐름으로 분류한다.

② 이자지급은 재무자원을 획득하는 원가로 보아 재무활동 현금흐름으로 분류할 수 있다.

③ 배당금지급은 기업이 배당금을 지급할 수 있는 능력이 있는지 여부를 판단하는데 도움을 주기위해 투자활동 현금흐름으로 분류할 수 있다.

④ 배당금수입은 투자자산에 대한 수익으로 보아 투자활동 현금흐름으로 분류할 수 있다.

해설

배당금지급은 영업활동이나 재무활동으로 분류하며, 투자활동으로는 분류하지 아니한다.

06 다음 중 영업활동으로 인한 현금흐름으로 분류되지 않는 것은?

공개

① 재화와 용역의 구입에 따른 현금유출

② 종업원급여와 관련하여 발생하는 현금유출

③ 단기매매목적으로 보유하는 자산에서 발생하는 현금흐름

④ 장기차입금에 따른 현금유입

해설

장기차입금에 따른 현금유입 → 재무활동으로 인한 현금흐름

정답 04 ② 05 ③ 06 ④

07
공개

(주)삼일의 20x1년 법인세비용차감전순이익은 5,000,000원이다. 다음 자료를 이용하여 (주)삼일의 20x1년 영업활동 현금흐름을 계산하면 얼마인가?(단, 법인세납부액은 없다고 가정한다)

• 재고자산의 감소	350,000원
• 매입채무의 증가	450,000원
• 감가상각비	300,000원

① 5,300,000원 ② 5,400,000원
③ 5,800,000원 ④ 6,100,000원

해설
5,000,000 + 350,000 + 450,000 + 300,000 = 6,100,000

08
공개

다음 중 현금흐름표상 활동의 구분이 다른 하나를 고르면?

① 원재료 매입대금 지급에 따른 현금유출
② 재화의 판매와 용역의 제공에 따른 현금유입
③ 종업원과 관련하여 직·간접적으로 발생하는 현금유출
④ 유형자산의 취득에 따른 현금유출

해설
④ 투자활동, ①, ②, ③ 영업활동

09

다음 중 현금흐름표 작성과 관련하여 가장 올바른 설명으로만 짝지어진 것은?

(가) 외화로 표시된 현금및현금성자산의 환율변동효과는 영업활동·투자활동·재무활동 현금흐름과 구분하여 표시한다.
(나) 법인세로 인한 현금흐름은 반드시 영업활동으로 인한 현금흐름으로 분류한다.
(다) 이자와 배당금의 수취에 따른 현금흐름은 영업활동, 투자활동 중 선택하여 분류할 수 있다.
(라) 선물계약, 선도계약, 옵션계약, 스왑계약에 따른 현금유출입은 재무활동으로 분류한다.

① (가), (나) ② (가), (다)
③ (다), (라) ④ (가), (라)

해설
• 법인세로 인한 현금흐름은 재무활동과 투자활동에 명백히 관련되지 않는 한 영업활동으로 구분한다.
• 선물계약, 선도계약, 옵션계약, 스왑계약에 따른 현금유출입은 투자활동으로 구분한다.

07 ④ 08 ④ 09 ② 정답

10 **현금흐름표 작성 시 영업활동으로 인한 현금흐름의 표시방법으로 직접법과 간접법이 있다. 이에 대한 설명으로 틀린 것은 어느 것인가?**

① 직접법은 영업활동에 관련한 개별항목별로 현금유입액과 현금유출액을 직접 표시하므로, 현금흐름표의 기본목적에 가장 충실한 방법이다.

② 간접법은 일반의 회계실무에서 사용되는 회계시스템으로는 자료를 수집하는 데 많은 노력과 비용이 든다.

③ 간접법은 당기순이익과 영업활동으로 인한 현금흐름의 차이를 명확히 밝혀준다. 이러한 차이는 현금흐름표와 손익계산서・재무상태표 사이의 연결고리 역할을 한다.

④ 간접법에서의 발생주의 당기순이익의 조정방식은 회계에 대한 전문지식을 갖고 있는 사람이 아닌 일반인은 이해하기 어렵다는 단점이 있다.

해설

간접법에 비해 직접법으로 작성하려면 자료를 수집하고 정리하는 데 많은 노력과 비용이 든다.

11 **'한국채택국제회계기준 제1007호 현금흐름표'의 작성에 관한 설명으로 옳지 않은 것은?**

① 금융리스를 통하여 자산을 취득하는 경우는 비현금거래로 현금흐름표에서 제외한다.

② 리스이용자의 금융리스부채 상환에 따른 현금유출은 투자활동 현금흐름이다.

③ 단기매매목적으로 보유하는 유가증권의 취득, 판매에 따른 현금흐름은 영업활동으로 분류한다.

④ 영업활동 현금흐름을 직접법으로 보고하면 간접법에 비해 미래현금 흐름을 추정하는 데 보다 유용한 정보를 제공한다.

해설

리스이용자의 금융리스부채 상환에 따른 현금유출은 재무활동 현금흐름이다.

정답 10 ② 11 ②

12 위드산업의 20x5년도 현금흐름표에 나타난 영업활동으로 인한 현금흐름은 1,000,000원이었다. 간접법을 사용하여 영업활동으로 인한 현금흐름을 계산하기 위한 다음의 항목들을 이용하여 20x5년도 당기순이익을 계산하면 얼마인가?

• 매입채무 증가	50,000원	• 매출채권 감소	150,000원
• 선급비용 증가	30,000원	• 미지급비용 감소	40,000원
• 재고자산 증가	80,000원	• 감가상각비	50,000원
• 당기손익인식금융자산평가손실	35,000원	• 기계처분이익	20,000원

① 803,000　　② 845,000

③ 870,000　　④ 885,000

해설

당기순이익 + 50,000(매입채무 증가) + 150,000(매출채권 감소) − 30,000(선급비용 증가) − 40,000(미지급비용 감소) − 80,000(재고자산 증가) + 50,000(감가상각비) + 35,000(당기손익인식금융자산평가손실) − 20,000(기계처분이익) = 1,000,000

∴ 당기순이익 = 885,000

13 다음은 A회사의 회계장부에서 구한 20x5년도의 회계자료이다.

• 기초매출채권 잔액	300,000원
• 기말매출채권 잔액	400,000원
• 기초선수금 잔액	150,000원
• 기말선수금 잔액	200,000원
• 당기총매출액	3,500,000원
• 매출에누리와 환입	80,000원
• 매출할인	50,000원
• 외화환산이익(매출채권에서 발생함)	40,000원

직접법에 의하여 현금흐름표를 작성할 경우, 매출로부터 현금유입액은 얼마인가?

① 3,250,000원　　② 3,360,000원

③ 3,450,000원　　④ 3,480,000원

해설

발생주의 순매출액	3,370,000
외화환산이익	40,000
매출채권의 증가	(100,000)
선수금의 증가	50,000
매출로부터의 현금유입액	3,360,000

12 ④ 13 ② 정답

14 다음의 자료를 이용하여 현금흐름표를 작성할 경우 영업활동으로 인한 현금흐름은 얼마인가?

• 당기순이익	120,000원	• 외상매출금의 증가액	35,000원
• 외상매입액의 감소액	25,000원	• 감가상각비	65,000원
• 미지급법인세의 증가액	80,000원	• 대손충당금의 증가액	45,000원

① 60,000원
② 185,000원
③ 250,000원
④ 270,000원

해설

당기순이익	120,000
감가상각비	65,000
순외상매출금 감소액	10,000*주)
외상매입금 감소액	(25,000)
미지급법인세 증가액	80,000
영업활동으로 인한 현금흐름	250,000

*주) 순외상매출금 증감액 : 35,000 − 45,000 = (−)10,000

PART 1

15 다음 자료에 의할 때 현금흐름표에 표시될 투자활동으로 인한 순현금유출액은?

• 재고자산의 증가	100,000원
• 산업재산권의 취득	50,000원
• 기타포괄손익인식금융자산의 처분	180,000원
• 개발비의 지출	200,000원
• 장기금융상품의 가입	50,000원
• 종업원에 대한 단기대여	70,000원
• 자기주식의 취득	80,000원
• 당기손익인식금융자산의 처분	50,000원

① 190,000원
② 240,000원
③ 480,000원
④ 550,000원

해설

투자활동으로 인한 현금유출액

산업재산권의 취득	(50,000)
기타포괄손익인식금융자산의 처분	180,000
개발비의 지출	(200,000)
장기금융상품의 가입	(50,000)
종업원에 대한 단기대여	(70,000)
계	(190,000)

※ 재고자산의 증가는 영업활동이며, 단기매매목적으로 보유하는 계약에서 발생하는 현금유입과 유출액은 영업활동임

정답 14 ③ 15 ①

16 20x5년 중 위드물산에서는 다음과 같은 재무적 거래가 발생하였다.

• 유상증자(액면가액 900,000원)	1,260,000원
• 미지급금의 지급	280,000원
• 사채상환액(장부가액 500,000원)	530,000원
• 우선주배당금의 지급	120,000원
• 보통주로 전환된 전환사채 장부가액	150,000원
• 자기주식처분가액(장부가액 70,000원)	98,000원

20x5년의 위드물산 현금흐름표에 표시되어야 할 재무활동으로 인한 순현금유입액은 얼마인가? (단, 배당금의 지급은 재무활동임)

① 350,000원　　② 374,000원

③ 386,000원　　④ 428,000원

해설

재무활동으로 인한 순현금유입액

유상증자	1,260,000
미지급금의 지급	(280,000)
사채상환액	(530,000)
우선주배당금 지급액	(120,000)
자기주식처분가액	98,000
	428,000

※ 전환사채의 전환은 주석사항임

17 현금의 유입과 유출이 없더라도 중요한 거래는 현금흐름에 관련된 주석사항에 별도로 표시하여야 한다. 다음 중 현금의 유입과 유출이 없는 거래인 것은?

① 유상증자

② 특허권 취득

③ 전환사채의 발행

④ 유형자산의 연불구입

해설

유형자산의 연불구입의 경우 유형자산의 증가와 더불어 장기부채가 증가하게 되므로 현금의 유입과 유출없이 유형자산의 증가를 가져오게 된다.

16 ④ 17 ④ 정답

PART 2

세무회계

아이들이 답이 있는 질문을 하기 시작하면 그들이 성장하고 있음을 알 수 있다.

－존 J. 플롬프－

CHAPTER 01

PART 2 세무회계

조세총론

01 조세의 개념과 분류

1. 조세의 개념

과세주체	국가 또는 지방자치단체
과세목적	과세주체의 재정수입 조달(단, 공공단체가 부과하는 공과금과 위법행위에 대한 제재를 목적으로 하는 벌금 등은 조세가 아님)
과세근거	법률에 규정된 과세요건*주)을 충족한 모든 자에게 과세
반대급부여부	직접적인 반대급부 없이 부과하는 금전급부

*주) 과세요건 : 납세의무자, 과세대상, 과세표준, 세율

2. 조세의 분류 중요

과세주체 (과세권자)	① 국세 : 국가(중앙정부를 말함)가 부과하는 조세 ② 지방세 : 지방자치단체가 부과하는 조세
사용목적 확정여부	① 보통세 : 조세의 사용용도를 정하지 않고 일반적인 재정수요에 충당하는 조세 ② 목적세 : 조세의 사용용도를 미리 정하여 그 특정목적의 재정수요에 충당하는 조세
조세부담 전가여부	① 직접세 : 납세의무자와 실질적으로 조세를 부담하는 담세자가 일치하는 조세로서 주로 소득에 대하여 과세하는 조세 ② 간접세 : 납세의무자와 실질적으로 조세를 부담하는 담세자가 일치하지 않는 조세로서 주로 거래를 과세대상으로 하는 조세
독립된 세원 유무	① 독립세 : 독립된 세원에 대하여 부과하는 조세 ② 부가세 : 독립된 세원이 없이 다른 조세에 부과되는 조세(교육세, 농어촌특별세 등)
과세표준 계산단위	① 종가세 : 과세표준을 금액으로 표시하고 세율을 일정비율(%)로 하여 과세하는 조세 ② 종량세 : 과세표준을 수량으로 표시하고 세율을 단위당 금액으로 하여 과세하는 조세
납세의무자 담세능력의 고려여부	① 인세 : 납세의무자의 인적사항을 고려하여 과세하는 조세 ② 물세 : 납세의무자의 인적사항과 관계없이 과세물건에 대하여 과세하는 조세

02 조세법의 기본원칙

1. 조세법률주의와 조세평등주의 중요

조세법률주의	국가는 법률에 근거해서만 조세를 부과·징수할 수 있으며, 국민은 법률에 의해서만 납세의무를 진다는 원칙
	① 과세요건 법정주의 : 조세의 과세요건과 부과·징수절차는 모두 법률로 규정되어야 한다는 원칙 ② 과세요건 명확주의 : 법률로 제정된 조세의 과세요건과 부과·징수절차의 규정은 그 내용이 명확하고 상세하여야 한다는 원칙 ③ 합법성의 원칙 : 과세요건 충족 시 법에 따라 조세를 징수하여야 하며 임의로 조세를 감면할 권한이 없다는 원칙
조세평등주의	국민에게 조세의 부담이 공평하게 배분되도록 세법을 제정해야 하며, 세법의 적용·해석에 있어서도 국민을 평등하게 취급하여야 한다는 원칙
	① 수평적 공평 : 동일한 경제력을 가진 납세자는 동일한 조세를 부담하여야 한다는 원칙(종합과세, 인적공제, 최저한세, 부당행위계산부인) ② 수직적 공평 : 경제력이 큰 납세자가 경제력이 작은 납세자보다 더 많은 조세를 부담하여야 한다는 원칙(실질과세원칙, 초과누진세율구조)

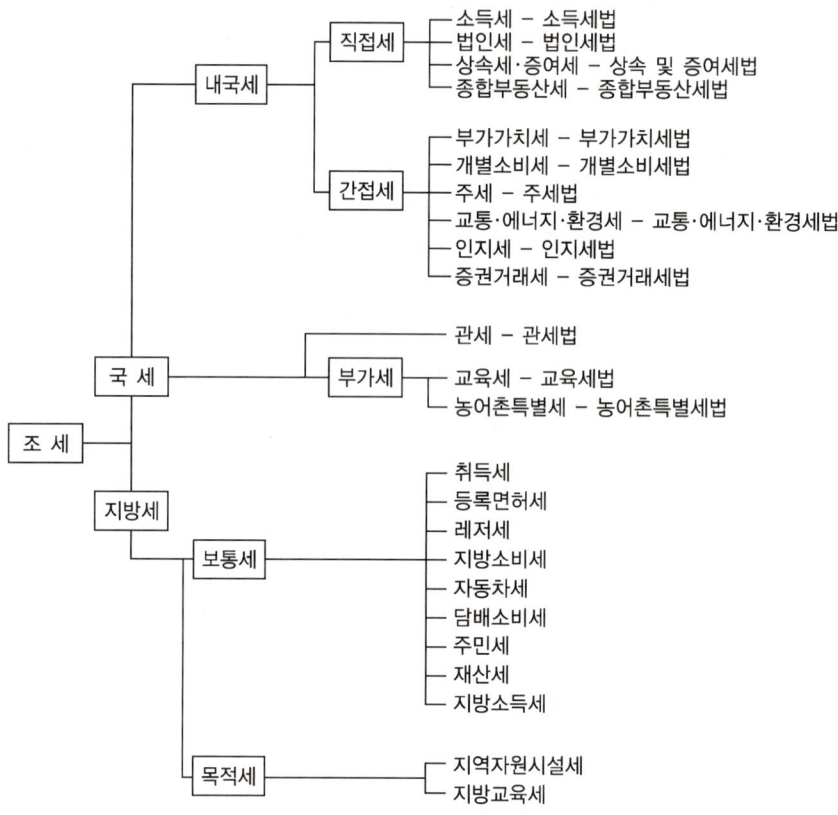

[참고] 우리나라의 조세체계

- 조 세
  - 국 세
    - 내국세
      - 직접세
        - 소득세 – 소득세법
        - 법인세 – 법인세법
        - 상속세·증여세 – 상속 및 증여세법
        - 종합부동산세 – 종합부동산세법
      - 간접세
        - 부가가치세 – 부가가치세법
        - 개별소비세 – 개별소비세법
        - 주세 – 주세법
        - 교통·에너지·환경세 – 교통·에너지·환경세법
        - 인지세 – 인지세법
        - 증권거래세 – 증권거래세법
    - 관세 – 관세법
    - 부가세
      - 교육세 – 교육세법
      - 농어촌특별세 – 농어촌특별세법
  - 지방세
    - 보통세
      - 취득세
      - 등록면허세
      - 레저세
      - 지방소비세
      - 자동차세
      - 담배소비세
      - 주민세
      - 재산세
      - 지방소득세
    - 목적세
      - 지역자원시설세
      - 지방교육세

CHAPTER 01

단원별 적중문제

01 공개

다음 중 조세의 분류에 관한 설명으로 가장 옳은 것은?

① 과세권자에 따라 국세와 관세로 나뉜다.

② 법인세는 조세의 사용용도가 특정된 목적세에 해당한다.

③ 소득세는 납세자의 인적사항이 고려되는 인세(人稅)에 해당한다.

④ 부가가치세는 입법상 조세부담의 전가를 예상하고 있는 직접세에 해당한다.

해설

① 관세가 아닌 지방세
② 법인세는 목적세가 아닌 보통세
④ 부가가치세는 직접세가 아닌 간접세

PART 2

02 공개

다음 중 조세법의 기본원칙에 관한 설명으로 가장 올바르지 않은 것은?

① 조세평등주의란 조세법의 입법과 조세의 부과 및 징수과정에서 모든 납세의무자는 평등하게 취급되어야 한다는 원칙을 말한다.

② 국세기본법에서 규정하고 있는 실질과세의 원칙에 반하는 규정을 다른 세법에서 규정하고 있는 경우 국세기본법에서 규정하고 있는 실질과세의 원칙을 우선하여 적용한다.

③ 신의성실의 원칙이란 납세자가 그 의무를 이행하거나 세무공무원이 그 직무를 수행함에 있어서 신의에 따라 성실히 하여야 한다는 원칙을 말한다.

④ 납세의무자가 세법에 따라 장부를 갖추어 기록하고 있는 경우에는 해당 국세 과세표준의 조사와 결정은 그 장부와 이에 관계되는 증거자료에 의하여야 한다.

해설

원칙적으로 국세기본법은 개별세법에 우선하여 적용한다. 즉, 국세기본법은 국세에 관한 기본적인 사항과 공통적인 사항을 규정한 총칙법이므로 세법에 우선한다. 다만, 개별세법에서 국세기본법에 대한 특례규정(= 국세기본법과 다른 내용의 규정)을 두고 있는 경우에는 그 세법의 규정을 따른다. 즉, 개별세법의 별도규정이 국세기본법보다 우선한다.

정답 01 ③ 02 ②

03 다음 중 조세의 분류기준에 따른 구분과 세목을 연결한 것으로 가장 올바르지 않은 것은?

공개

분류기준	구 분	조세 항목
① 과세권자	국 세	법인세, 소득세, 부가가치세
	지방세	취득세, 등록면허세, 농어촌특별세
② 사용용도의 특정여부	보통세	법인세, 소득세, 부가가치세
	목적세	지방교육세
③ 조세부담의 전가여부	직접세	법인세, 소득세
	간접세	부가가치세
④ 납세의무자의 인적사항 고려여부	인 세	법인세, 소득세
	물 세	재산세

해설

농어촌특별세는 국세이다.

04 다음은 조세에 관한 설명이다. 옳지 않은 것은?

① 조세의 과세주체는 국가 또는 지방자치단체이다.
② 조세는 법률에 규정된 과세요건을 충족한 모든 자에게 부과한다.
③ 조세는 과세주체의 급부에 대한 반대급부이다.
④ 조세는 국가 또는 지방자치단체의 일반경비 조달을 위해 과세한다.

해설

조세는 직접적 반대급부 없이 부과되는 무보상적 성격을 지닌다.

05 다음 중 국세이며 간접세인 것을 모두 고르면?

가. 농어촌특별세	나. 증여세
다. 개별소비세	라. 교통·에너지·환경세
마. 레저세	바. 지방교육세
사. 교육세	아. 주 세
자. 지역자원시설세	

① 가, 라, 사
② 가, 바, 사
③ 다, 라, 아
④ 라, 사, 자

해설

- 국세 중 간접세이면서 소비세인 세목 : 부가가치세, 개별소비세, 주세, 교통·에너지·환경세
- 국세 중 간접세이면서 유통세인 세목 : 인지세, 증권거래세

03 ① 04 ③ 05 ③ 정답

06 다음 중 조세법률주의의 내용이 아닌 것은?

① 과세요건에 관한 규정은 명확하고 사용되는 개념은 구체적이어야 한다.
② 조세의 과세요건과 부과·징수절차는 모두 법률에 규정하여야 하므로 명령에 포괄적으로 위임하는 것은 금지된다.
③ 조세부담은 국민의 담세력에 따라 공평하게 배분되어야 하며, 조세에 관한 법률관계에서 모든 국민은 평등하게 취급되어야 한다.
④ 세법은 문언에 따라 엄격하게 해석하여야 하므로 확장하거나 유추해서 해석할 수 없다.

해설
조세평등주의에 대한 설명이다.

07 다음 중 조세평등주의를 구현하는 제도로만 묶인 것은?

가. 종합소득세 인적공제
나. 초과누진세율
다. 부당행위계산의 부인
라. 소급과세의 금지
마. 최저한세
바. 중소기업 특별세액감면

① 가, 나, 다, 라　　② 가, 나, 다, 마
③ 가, 나, 라, 마　　④ 가, 나, 마, 바

해설
중소기업 특별세액감면은 조세의 공평성을 훼손하는 제도이며, 소급과세의 금지는 조세법률주의를 구현하는 제도이다.

정답 06 ③ 07 ②

CHAPTER 02

PART 2 세무회계

국세기본법

01 총 설

1. 국세기본법의 의의와 목적

국세기본법은 국세에 관한 기본적이고 공통적인 사항과 위법 또는 부당한 국세처분에 대한 불복절차를 규정함으로써 국세에 관한 법률관계를 명확하게 하고, 과세를 공정하게 하며, 국민이 납세의무를 원활히 이행할 수 있도록 하는 것을 목적으로 함

따라서 국세기본법은 상기의 목적을 달성하기 위하여 국세에 대한 ① 기본적인 사항 및 ② 공통적인 사항과 ③ 위법・부당한 국세처분에 대한 불복절차를 규정하고 있음

2. 기 간 중요

규 정	기간이란 두 시점 사이의 연속적인 시간의 사이를 말한다. 기간의 계산은 국세기본법 또는 세법에 특별한 규정이 있는 것을 제외하고 민법의 기간계산규정을 따른다.
기산일	초일불산입의 원칙(단, 오전 0시부터 시작되는 경우에는 초일을 산입)
만료일	① 기간을 주・월・연으로 정하고 초일불산입에 의하여 기간계산을 하는 경우에는 최후의 주・월・연에서 그 기산일의 전날로 기간이 만료한다. ② 월 또는 연으로 기간을 정한 경우로서 최종 월에 해당 일이 없는 때에는 그 월의 말일로 기간이 만료한다. ③ 기간의 말일이 토요일 또는 공휴일에 해당하는 경우 그 다음 날로 기간이 만료한다.

3. 기 한 중요

의 의	기한이란 법률행위의 효력발생, 소멸이나 채무이행을 위하여 정해진 일정한 시점
일반기한	① 일반적으로 서류제출(납세자가 과세당국에 제출)이나 서류송달(과세당국이 납세자에게 송달)의 법률적 효력은 해당 서류가 상대방에게 도달한 날에 발생(도달주의) ② 우편 등에 의한 서류제출 시 적용특례 : 우편으로 과세표준신고서・과세표준수정신고서・경정청구서 또는 해당 신고・청구와 관련된 서류를 제출하는 경우에는 우편법에 의한 우편날짜도장이 찍힌 날에 신고된 것으로 본다(발신주의). ③ 전자신고 : 국세정보통신망을 이용하여 제출하는 경우에는 해당 신고서 등이 국세청장에게 전송된 때에 신고되거나 청구된 것으로 본다.
특례기한	① 신고기한 등이 공휴일 등인 경우 : 그 공휴일 및 대체공휴일, 토요일 및 일요일, 근로자의 날의 다음 날을 기한으로 함 ② 국세정보통신망이 장애로 가동이 정지된 경우 : 그 장애가 복구되어 신고 또는 납부할 수 있게 된 날의 다음 날을 기한으로 함

4. 서류의 송달 중요

송달장소			서류는 원칙적으로 그 명의인의 주소, 거소, 영업소 또는 사무소(전자송달인 경우에는 명의인의 전자우편주소)에 송달한다.
송달방법	원 칙	교부송달	해당 행정기관의 소속공무원이 해당 서류를 송달할 장소에서 명의인에게 교부하는 것
		우편송달	우편에 의하여 서류를 송달할 때에는 통상우편 또는 등기우편에 의하여 할 수 있다.
		전자송달	과세당국이 정보통신망을 이용하여 납세자의 전자우편주소에 국세처분의 내용을 기재한 서류를 도달하게 하는 것
	공시송달 (예외적인 방법)		공시송달이란 다음의 일정한 사유로 교부송달・우편송달 또는 전자송달이 불가능하거나 곤란한 경우에 서류의 요지를 공고함으로써 송달에 갈음하는 효력을 발생시키는 법정절차를 말한다. ① 주소 또는 영업소가 국외에 있고 그 송달이 곤란한 경우 ② 주소 또는 영업소가 분명하지 않은 경우 ③ 송달할 장소에 수취인이 부재중인 경우로서 일정사유에 해당하는 경우
효력발생 시기	교부・우편・ 전자송달		도달주의 : 송달의 방법에 따라 송달하는 서류는 송달받아야 할 자에게 도달한 때부터 효력이 발생한다. 다만, 전자송달의 경우에는 송달받을 자가 지정한 전자우편 주소에 입력된 때(국세정보통신망에 저장하는 경우에는 저장된 때) 도달한 것으로 본다.
	공시송달		공시송달의 경우에는 서류의 주요 내용을 공고한 날로부터 14일이 지나면 서류 송달이 된 것으로 본다.

5. 특수관계인

특수관계인이란 다음의 자들을 말한다.

① 본인과 친족관계에 있는 자(본인이 개인인 경우에만 해당)

구 분	특수관계인
구체적 친족관계	㉠ 4촌 이내의 혈족 ㉡ 3촌 이내의 인척 ㉢ 배우자(사실혼자 포함) ㉣ 친생자로서 다른 사람에게 친양자 입양된 자 및 그 배우자와 직계비속 ㉤ 혼외 출생자의 생부・생모

② 본인과 임원(생계를 같이하는 친족 포함)・사용인 등 경제적 연관관계에 있는 자

③ 본인과 주주・출자자 등 경영지배관계에 있는 자 또는 지배적인 영향력을 행사하는 자

02 국세 부과의 원칙

1. 국세 부과 원칙의 의의

국세 부과란 국세에 관한 과세요건(납세의무자, 과세대상, 과세표준, 세율)이 충족되어 이미 성립한 납세의무를 확정하는 것을 말하며, 이러한 납세의무의 확정과정에서 과세관청과 납세의무자 모두 지켜야 할 원칙을 말한다.

2. 국세 부과의 원칙 중요

실질과세의 원칙	과세를 함에 있어서 법적 형식이나 외관에 불구하고 그 실질에 따라서 해석하고 과세요건사실을 인정해서 과세해야 한다는 원칙 ① 귀속에 관한 실질주의 과세 : 과세의 대상이 되는 소득·수익·재산·행위 또는 거래의 귀속이 명의일 뿐이고 사실상 귀속되는 자가 따로 있는 때에는 사실상 귀속되는 자를 납세의무자로 하여 세법을 적용 ② 거래내용에 대한 실질주의 과세 : 세법 중 과세표준의 계산에 관한 규정은 소득·수익·재산·행위 또는 거래의 명칭이나 형식에 불구하고 그 실질내용에 따라 적용
신의성실의 원칙	① 신의성실의 원칙이란 '신의칙'이라고도 하는데, 법률행위를 함에 있어서 권리의 행사자와 의무의 이행자는 권리행사와 의무이행에 있어 상대방의 신뢰와 기대가 무너지지 않도록 신의와 성실을 가지고 행동해야 한다는 원칙 ② 신의칙은 과세관청과 납세자 모두가 지켜야 할 원칙이다.
근거과세의 원칙	① 근거과세의 원칙이란 납세의무자가 세법에 의하여 장부를 비치·기장한 경우 그 비치·기장한 장부와 이에 관계되는 증빙자료에 의하여 국세의 과세표준을 조사·결정해야 한다는 것을 말한다. ② 만약 국세를 조사·결정함에 있어서 기장의 내용이 사실과 다르거나 기장에 누락된 것이 있는 때에는 그 부분에 한하여 과세당국이 조사한 사실에 따라 결정할 수 있다.
조세감면의 사후관리	① 과세당국은 국세를 감면한 경우에 그 감면의 취지를 성취시키거나 국가정책을 수행하기 위하여 필요하다고 인정하는 때에는 세법이 정하는 바에 의하여 감면한 세액에 상당하는 자금 또는 자산의 운용범위를 정할 수 있다. ② 또한 납세의무자가 세액을 감면받은 후 과세당국은 세법이 정하는 운용범위에 따르지 아니한 자금 또는 자산에 상당하는 감면세액에 대하여 세법이 정하는 바에 의하여 감면을 취소하고 추징할 수 있다.

03 세법 적용의 원칙

1. 세법 적용 원칙의 의의

세법의 적용이란 과세당국이 추상적으로 규정된 세법을 사전적으로 해석한 후, 납세의무자에게 실제로 발생하는 구체적인 과세사실에 결부시킴으로써 세법에서 의도한 효과를 실현시키는 과정

2. 세법 적용의 원칙 중요

납세자 재산권의 부당한 침해금지	세법을 해석·적용할 때에는 과세의 형평과 해당 조항의 합목적성에 비추어 납세의무자의 재산권이 부당하게 침해되지 아니하도록 해야 한다(= 세법해석의 기준).
소급과세의 금지	소급과세의 금지란 조세법률관계에 있어 법적안정성과 예측가능성을 보장하기 위하여 개정된 세법이나 새로 제정된 법규의 소급적용을 금지하는 원칙 ① 입법상 소급과세의 금지 : 국세를 납부할 의무가 성립한 소득·수익·재산·행위 또는 거래에 대하여는 그 성립 후의 새로운 세법에 의하여 소급과세하지 아니한다. ② 행정상 소급과세의 금지 ㉠ 세법의 해석이나 국세행정의 관행이 일반적으로 납세자에게 받아들여진 후에는 그 해석이나 관행에 의한 행위 또는 계산은 정당한 것으로 보며, 새로운 해석이나 관행에 의하여 소급하여 과세하지 않는다. ㉡ 즉, 새로운 세법해석이 종전의 해석과 상이한 경우에는 새로운 해석이 있는 날 이후에 납세의무가 성립하는 분부터 새로운 해석을 적용한다. **TIP** [주의사항] • 소급과세여부의 판정기준일은 납세의무 성립일이다. • 진정소급과 부진정소급 납세의무가 이미 성립한 경우에는 새로운 세법이나 해석을 적용할 수 없으며(진정소급), 납세의무가 성립하지 않은 경우에는 새로운 세법이나 해석을 적용할 수 있다(부진정소급). 이때, 부진정소급의 경우에는 소급과세금지의 원칙이 적용되지 않는다는 것이 통설이다(소급과세 허용).
세무공무원의 재량의 한계	세무공무원이 그 재량에 의하여 직무를 수행함에 있어서는 과세의 형평과 해당 세법의 목적에 비추어 일반적으로 적당하다고 인정되는 한계를 엄수해야 한다.
기업회계의 존중	국세의 과세표준을 조사·결정함에 있어서 해당 납세의무자가 계속하여 적용하고 있는 기업회계의 기준 또는 관행으로서 일반적으로 공정·타당하다고 인정되는 것은 이를 존중해야 한다. 다만, 세법에 특별한 규정이 있는 것은 그렇지 않다.

04 과세요건

1. 과세요건의 의의

과세요건은 납세의무자에게 세금을 부과할 수 있도록 납세의무의 성립에 필요한 법률상의 요건으로 아래와 같이 4가지 요소로 구성되며 이것이 확정되어야 납세의무가 성립된다고 할 수 있음

2. 과세요건의 구성요소

납세의무자	세법에 의해 세금을 납부할 의무가 있는 자연인과 법인
과세물건	과세물건은 과세의 대상으로 정해져 있는 물건·행위 또는 사실을 말하며, 이는 소득이나 소비 그리고 재산으로 나눌 수 있다.
과세표준	세법에 의하여 직접적으로 세액산출의 기초가 되는 과세물건의 수량 또는 가액을 말하는 것으로 과세물건이 갖는 담세력을 측정한 수치. 즉, 과세표준에 해당하는 금액을 세부담 능력이 있는 것으로 보고 과세의 기초금액으로 삼는 것
세 율	과세물건의 과세표준에 대한 세액의 비율

05 과세와 환급

1. 관할관청

의 의	① 관할관청이란 국세와 관련된 사무를 관장하는 행정기관을 말하는데, 법인세법·소득세법·부가가치세법 등 각 개별 세법에서 규정된 납세지를 관할하는 세무서장이 바로 관할관청이 되는 것이다. ② 관할관청의 규정에 대하여 개별 세법상 특례규정이 있는 경우에는 해당 세법규정을 우선한다.
과세표준신고의 관할	① 과세표준신고서는 그 신고 당시 해당 국세의 납세지를 관할하는 세무서장에게 제출해야 한다. 다만, 전자신고를 하는 경우에는 지방국세청장 또는 국세청장에게 제출할 수 있다. ② 국세의 과세표준과 세액의 결정 또는 경정결정은 그 처분 당시 해당 국세의 납세지를 관할하는 세무서장이 행한다. 관할세무서장 이외의 세무서장이 행한 결정 또는 경정결정은 그 효력이 없다.

2. 기한 후 신고 중요

규 정	법정신고기한 내에 과세표준신고서를 제출하지 아니한 자가 관할세무서장이 해당 국세의 과세표준과 세액(국세기본법 및 세법에 따른 가산세를 포함함)을 결정하여 통지하기 전까지 기한 후 과세표준신고서를 제출할 수 있는 제도
결 정	납세의무자가 기한 후 과세표준신고서를 제출한 경우(납부할 세액이 있는 경우에는 해당 세액을 납부한 경우에 한함) 관할세무서장은 해당 국세의 과세표준과 세액을 신고일로부터 3개월 이내에 결정해야 한다.
가산세의 감면	① 법정신고기한 경과 후 1개월 이내에 기한 후 신고 시 : 무신고가산세 50% 감면 ② 법정신고기한 경과 후 1개월 초과 3개월 이내에 기한 후 신고 시 : 무신고가산세 30% 감면 ③ 법정신고기한 경과 후 3개월 초과 6개월 이내에 기한 후 신고 시 : 무신고가산세 20% 감면

3. 수정신고 중요

<table>
<tr><td>의 의</td><td colspan="3">수정신고란 이미 신고한 과세표준 및 세액이 과소(또는 결손금액 또는 환급세액이 과대)하게 신고된 경우에 그 납세의무자가 당초 신고내용을 정정하여 수정 신고하는 것</td></tr>
<tr><td>대상자</td><td colspan="3">① 법정신고기한 내에 과세표준신고서를 제출한 자
② 기한 후 신고한 자
③ 원천징수대상자인 근로소득, 퇴직소득 등만 있는 자</td></tr>
<tr><td>사 유</td><td colspan="3">① 과세표준신고서에 기재된 과세표준 및 세액이 세법에 의하여 신고하여야 할 과세표준 및 세액에 미달하는 경우
② 과세표준신고서에 기재된 결손금액 또는 환급세액이 세법에 의하여 신고하여야 할 결손금액 또는 환급세액을 초과하는 경우
③ 세무조정 과정에서의 누락 또는 원천징수의무자의 정산 과정에서의 누락 등의 사유로 인하여 불완전한 신고를 한 때(경정청구를 할 수 있는 경우는 제외)</td></tr>
<tr><td>기 한</td><td colspan="3">관할세무서장이 각 세법 규정에 의해 당해 국세의 과세표준과 세액을 결정하여 통지하기 전까지 수정신고가 가능</td></tr>
<tr><td rowspan="9">가산세의 감면</td><td colspan="3">다음 기간 이내에 수정신고한 자에 대하여는 과소신고가산세와 초과환급신고가산세의 일정금액을 경감</td></tr>
<tr><td rowspan="6">법정신고기한 경과 후</td><td>1개월 이내</td><td>90% 감면</td></tr>
<tr><td>1개월 ~ 3개월 이내</td><td>75% 감면</td></tr>
<tr><td>3개월 ~ 6개월 이내</td><td>50% 감면</td></tr>
<tr><td>6개월 ~ 1년 이내</td><td>30% 감면</td></tr>
<tr><td>1년 ~ 1년 6개월 이내</td><td>20% 감면</td></tr>
<tr><td>1년 6개월 ~ 2년 이내</td><td>10% 감면</td></tr>
<tr><td colspan="3">※ 세액납부 없이 수정신고만 한 경우에도 가산세 감면 적용 : 수정신고서의 제출과 동시에 세액을 납부하지 아니하고 신고서만 제출한 경우에도 신고불성실가산세를 감면받을 수 있음</td></tr>
</table>

4. 경정청구 중요

<table>
<tr><td>의 의</td><td colspan="2">경정청구란 이미 신고한 과세표준 및 세액이 과다하게 신고된 경우 또는 결손금액 및 환급세액이 과소한 경우 관할세무서장에게 이를 수정하여 결정 또는 경정하도록 촉구하는 납세의무자의 청구를 말한다.</td></tr>
<tr><td rowspan="2">대상자</td><td>일반적인 경우</td><td>과세표준신고서를 법정신고기한 내에 제출한 자와 기한 후 신고한 자</td></tr>
<tr><td>후발적인 사유로 인한 경우</td><td>법정신고기한 내에 과세표준신고서를 제출하지 아니하여 국세의 과세표준 및 세액의 결정을 받은 자</td></tr>
<tr><td rowspan="2">청구사유</td><td>일반적인 경우의 청구 사유</td><td>① 과세표준신고서에 기재된 과세표준 및 세액이 세법에 의하여 신고하여야 할 과세표준 및 세액을 초과하는 때
② 과세표준신고서에 기재된 결손금액, 세액공제액 또는 환급세액이 세법에 의하여 신고하여야 할 결손금액, 세액공제액 또는 환급세액에 미달하는 때</td></tr>
<tr><td>후발적인 사유로 인한 경정청구 사유</td><td>① 최초의 신고·결정·경정에 있어서 과세표준 및 세액의 계산 근거가 된 거래·행위 등이 그에 관한 소송에 대한 판결(판결과 동일한 효력을 가지는 화해 기타 행위를 포함)에 의하여 다른 것으로 확정된 때
② 소득이나 기타 과세물건의 귀속을 제3자에게로 변경시키는 결정 또는 경정이 있을 때 등</td></tr>
<tr><td rowspan="2">청구기한</td><td>일반적인 경우</td><td>① 법정신고기한 경과 후 5년 이내에 청구해야 한다.
② 다만, 각 세법에 따른 결정 또는 경정으로 인하여 증가된 과세표준 및 세액에 대해서는 해당 처분이 있는 것을 안 날(해당 처분의 통지를 받은 때에는 그 통지를 받은 날)로부터 3개월 이내에 청구해야 한다.</td></tr>
<tr><td>후발적 사유의 경우</td><td>후발적 사유가 발생한 경우에는 해당 사유가 발생한 것을 안 날로부터 3월 이내에 경정청구를 할 수 있다.</td></tr>
</table>

효 력	일반적인 경우의 경정청구나 후발적 사유로 인한 경정청구 모두 경정청구만으로는 당초 과다 신고한(과소환급 신고한) 금액을 감액시키는 확정적인 효력을 갖지는 못한다. 과세관청의 적극적인 의지를 통한 결정 또는 경정의 활동을 통해 감액확정력이 발생하는 것이다.
통 지	경정청구를 받은 세무서장은 그 청구를 받은 날로부터 2개월 이내에 과세표준 및 세액을 결정 또는 경정하거나 결정 또는 경정하여야 할 이유가 없다는 뜻을 그 청구자에게 통지해야 한다.

5. 가산세의 부과 중요

<table>
<tr><td>의 의</td><td>① 가산세란 세법에 규정하는 의무의 성실한 이행을 확보하기 위하여 세법에 따라 산출한 세액에 가산하여 징수하는 금액
② 일반적인 가산세는 각 개별 세법에서 규정하고 있으나 다음의 가산세는 모든 국세의 공통사항이므로 국세기본법에서 규정하고 있다.</td></tr>
<tr><td>국세기본법상 가산세</td><td>
<table>
<tr><th>국세기본법상 가산세 종류</th><th>가산세율(납부세액기준)</th></tr>
<tr><td>무신고가산세</td><td>• 부정행위 : 40%*주1)
• 일반무신고 : 20%
※ 역외거래에서 발생한 부정행위로 인한 무신고 : 60%</td></tr>
<tr><td>과소신고 · 초과환급신고 가산세</td><td>• 부정행위 : 40%*주1)
• 일반과소신고 : 10%
※ 역외거래에서 발생한 부정행위로 인한 과소신고 : 60%</td></tr>
<tr><td>납부지연가산세</td><td>• 지연일수분 : 1일 2.2/10,000
• 체납분 : 3%</td></tr>
<tr><td>원천징수 등*주2) 납부지연가산세</td><td>• 납부고지분 : 3% ~ 10%
• 체납분 : 50%

Min(①, ②)
① ㉠ 미납세액(과소납부분세액) × 3% +
㉡ 미납세액(과소납부분세액) × 기간 × $\frac{2.2}{10,000}$
② 미납세액(과소납부분세액) × 50%
※ 위 ㉠과 ㉡ 중 법정납부기한의 다음 날부터 납부고지일까지의 기간에 해당하는 금액을 합한 금액은 10%
※ 단, 체납된 국세의 납부고지서별 · 세목별 체납세액이 150만원 미만인 경우에는 위의 ①의 ㉡ 가산세를 적용하지 아니한다.</td></tr>
</table>
*주1) 부당행위 법인세 등 세액감면 · 공제 시 가산세 부과
*주2) ① 원천징수의무자의 소득세 · 법인세 원천징수납부, ② 납세조합의 소득세 징수납부, ③ 대리납부의무자의 부가가치세 대리납부
</td></tr>
<tr><td>감 면</td><td>① 천재지변 등으로 인한 가산세 감면(100% 감면, 가산세 감면 등 신청서 제출의무 대상)
㉠ 천재지변 등 기한 연장 사유
㉡ 납세자가 의무를 불이행한 것에 대하여 정당한 사유가 있는 때
② 수정신고 등에 의한 감면
㉠ 가산세의 감면 : 관할세무서장은 과세표준수정신고서를 다음의 기간 이내에 제출한 자에 대하여는 과소신고가산세와 초과환급신고가산세의 일정금액을 경감한다.
<table>
<tr><td rowspan="6">법정신고기한 경과 후</td><td>1개월 이내</td><td>90% 감면</td></tr>
<tr><td>1개월 ~ 3개월 이내</td><td>75% 감면</td></tr>
<tr><td>3개월 ~ 6개월 이내</td><td>50% 감면</td></tr>
<tr><td>6개월 ~ 1년 이내</td><td>30% 감면</td></tr>
<tr><td>1년 ~ 1년 6개월 이내</td><td>20% 감면</td></tr>
<tr><td>1년 6개월 ~ 2년 이내</td><td>10% 감면</td></tr>
</table>
</td></tr>
</table>

감 면	㉡ 가산세 감면의 배제 : 위의 규정에 불구하고 다음의 경우에는 과소신고가산세 및 초과환급신고가산세를 감면하지 않는다. • 과세표준수정신고서를 제출한 과세표준과 세액에 관하여 경정이 있을 것을 미리 알고 제출한 경우 ③ 기한 후 신고 가산세의 감면 ㉠ 법정신고기한 경과 후 1개월 이내에 기한 후 신고 시 : 무신고가산세 50% 감면 ㉡ 법정신고기한 경과 후 1개월 ~ 3개월 이내에 기한 후 신고 시 : 무신고가산세 30% 감면 ㉢ 법정신고기한 경과 후 3개월 ~ 6개월 이내에 기한 후 신고 시 : 무신고가산세 20% 감면 ※ 세액납부 없이 수정신고·기한 후 신고만 한 경우에도 가산세 감면 적용 : 수정신고서(기한 후 신고서)의 제출과 동시에 세액을 납부하지 아니하고 신고서만 제출한 경우에도 신고불성실가산세(무신고가산세)를 감면받을 수 있다.

6. 국세의 환급 중요

<table>
<tr><td rowspan="2">국세환급금</td><td>유 형</td><td>① 과오납금 : 착오납부·이중납부, 납부 후 감액경정결정, 조세불복으로 인한 결정 또는 판결에 의한 부과취소 등
② 환급세액 : 신고 또는 결정 당시부터 세법의 규정에 의하여 당연히 되돌려 받는 금액
예 부가가치세 매입세액이 매출세액을 초과하는 경우 등</td></tr>
<tr><td>환급
절차</td><td>① 금전에 의한 환급 : 금전에 의한 환급은 다음과 같은 순서에 의해 환급되어진다.
㉠ 국세환급금의 결정 : 세무서장은 과오납금 또는 환급세액이 있는 때에는 즉시 국세환급금으로 결정해야 한다.
㉡ 국세환급금의 충당 : 납세자의 신청여부와 세무서장의 직권처리에 따라 다음과 같이 구분되어진다.
• 직권에 의한 충당(= 필요적 충당)
• 신청에 의한 충당(= 임의적 충당)
㉢ 국세환급금의 지급 : 세무서장은 국세환급금을 충당한 후 잔여금이 있을 때에는 국세환급금의 결정을 한 날로부터 30일 이내에 납세자에게 환급해야 한다.
② 물납재산의 환급 : 납세자가 상속세·증여세, 소득세·법인세 또는 종합부동산세를 물납한 후 그 부과의 전부 또는 일부를 취소하거나 감액하는 경정결정에 의하여 환급하는 경우에는 해당 물납재산으로 환급해야 함</td></tr>
<tr><td>국세환급
가산금</td><td colspan="2">① 국세환급가산금의 의의
㉠ 국세환급금이란 국세환급금이 발생했을 경우 그 환급금에 가산되는 법정이자
㉡ 세무서장이 국세환급금을 충당 또는 지급하는 때에는 국세환급가산금을 국세환급금에 가산해야 한다.
② 국세환급가산금의 계산방식 : 국세환급가산금의 계산방식은 다음과 같다. 이 경우 국세환급금에는 본세, 가산금, 강제징수비 및 연부연납 이자세액이 포함된다.
국세환급가산금 = 국세환급금 × 이자율*주1) × 이자계산기간*주2)
*주1) 국세청장이 정하여 고시하는 이자율
*주2) 이자계산기간 : 국세환급가산금의 기산일 ~ 충당 또는 지급결정을 하는 날까지의 기간</td></tr>
<tr><td>소멸시효</td><td colspan="2">납세자의 국세환급금과 국세환급가산금에 관한 권리는 이를 행사할 수 있는 날로부터 5년간 행사하지 아니하면 소멸시효가 완성</td></tr>
</table>

7. 납세자권리구제

<table>
<tr><td>불복청구대상</td><td>국세기본법 또는 세법에 의하여 ① 위법 또는 부당한 처분을 받거나 ② 필요한 처분을 받지 못함으로써 권리나 이익을 침해당한 자는 불복청구를 제기할 수 있다.</td></tr>
<tr><td>불복청구의 구분</td><td>국세기본법상 불복청구의 종류로는 임의적 절차에 해당하는 이의신청과 필수적 절차에 해당하는 심사청구 또는 심판청구가 있다.
<table>
<tr><th>구 분</th><th>내 용</th></tr>
<tr><td>임의적 절차</td><td>이의신청(세무서장・지방국세청장)</td></tr>
<tr><td>필수적 절차</td><td>심사청구(국세청장) 또는 심판청구(조세심판원장)</td></tr>
</table>
즉, 심사청구 또는 심판청구를 곧바로 청구하거나(1심급), 이의신청을 거쳐 심사청구 또는 심판청구를 할 수 있다(2심급). 단, 동일한 처분에 대하여 심사청구와 심판청구를 중복해서 제기할 수 없다.</td></tr>
<tr><td>이의신청</td><td>• 이의신청은 해당 처분을 하거나 하였어야 할 세무서장에게 하거나 세무서장을 거쳐 소관 지방국세청장에게 해야 한다.
• 이의신청기간은 불복대상처분이 있음을 안 날(처분의 통지를 받은 때에는 그 받은 날)부터 90일 이내에 제기하여야 한다.
• 이의신청에 대해 결정은 재결청에 접수한 날로부터 30일 이내(다만, 이의신청인이 처분에 대한 의견서에 대하여 그 결정기간(30일) 이내에 항변하는 경우에는 이의신청을 받은 날로부터 60일 이내에 결정하여야 한다)에 국세심사위원회의 심의를 거쳐 결정해야 한다(보정기간 20일 내).</td></tr>
<tr><td>심사청구</td><td>• 심사청구는 해당 처분을 하거나 하였어야 할 세무서장을 거쳐 국세청장에게 해야 한다.
• 심사청구기간은 불복대상처분이 있음을 안 날(처분의 통지를 받은 때에는 그 받은 날)부터 90일 이내에 제기하여야 한다.
• 심사청구를 받은 날로부터 90일 이내에 국세심사위원회의 심의를 거쳐 결정해야 한다(보정기간 20일 내).</td></tr>
<tr><td>심판청구</td><td>• 심판청구는 해당 처분을 하거나 하였어야 할 세무서장을 거쳐 조세심판원장에게 해야 한다.
• 심판청구기간은 불복대상처분이 있음을 안 날(처분의 통지를 받은 때에는 그 받은 날)부터 90일 이내에 제기하여야 한다.
• 조세심판관회의의 의결에 따라 심판청구가 있는 날로부터 90일 이내에 결정한다(보정기간 : 상당기간).</td></tr>
</table>

CHAPTER 02

단원별 적중문제

01 공개

다음 중 기간과 기한에 관한 설명으로 가장 올바르지 않은 것은?

① 기간을 일・주・월・연으로 정한 때에는 기간의 초일은 기간 계산 시 산입하지 않는 것을 원칙으로 한다.

② 기한이란 일정한 시점의 도래로 인하여 법률효과가 발생・소멸하거나 일정한 시점까지 의무를 이행하여야 하는 경우에 그 기간을 말한다.

③ 기간의 계산은 국세기본법 또는 그 세법에 특별한 규정이 있는 것을 제외하고는 민법을 따른다.

④ 국세기본법에서 규정하는 서류의 제출에 관한 기한이 공휴일 및 대체공휴일, 토요일 및 일요일, 근로자의 날인 경우에는 그 공휴일 등의 다음 날을 기한으로 한다.

해설

② 기간을 말한다. → 시점을 말한다.

02 공개

다음 중 법인세법상 기간과 기한에 관한 설명으로 가장 올바르지 않은 것은?

① 기간이란 어느 일정시점에서 다른 일정시점까지의 계속된 시간을 말한다.

② 기간의 계산은 세법에 특별한 규정이 있는 경우를 제외하고는 민법의 역법적 계산방법에 따른다.

③ 우편으로 과세표준신고서를 제출한 경우에는 도착한 날에 신고된 것으로 본다.

④ 기간 말일이 공휴일에 해당하는 때에는 그 익일로 기간이 만료된다.

해설

우편으로 과세표준신고서를 제출한 경우에는 발송일에 신고된 것으로 한다.

03 공개

근로소득이 있는 김철수씨가 종합소득세의 누진세율을 피하고자 자기 아내인 김영희씨의 명의로 슈퍼마켓을 개업하였다. 김영희씨는 출자한 바 없고 경영에 관여한 바도 없다. 이 경우 적용될 국세 부과의 원칙으로 가장 옳은 것은?

① 신의성실의 원칙
② 근거과세의 원칙
③ 조세감면의 사후관리
④ 실질과세의 원칙

해설

실질과세의 원칙 : 귀속이 명의일 뿐이고 사실상 귀속되는 자가 따로 있는 때에는 사실상 귀속되는 자를 납세의무자로 하여 세법을 적용한다.

정답 01 ② 02 ③ 03 ④

04 다음 내용과 가장 밀접한 관련이 있는 국세 부과의 원칙으로 가장 옳은 것은?

공개

- 사업자등록명의자와는 별도로 사실상의 사업자가 있는 경우에는 사실상의 사업자를 납세의무자로 본다(국기통 14－0…1).
- 회사의 주주로 명부상 등재되어 있더라도 회사의 대표자가 임의로 등재한 것일 뿐 회사의 주주로서 권리행사를 한 사실이 없는 경우에는 그 명의자인 주주를 세법상 주주로 보지 않는다(국기통 14－0…3).
- 공부상 등기·등록 등이 타인의 명의로 되어 있더라도 사실상 당해 사업자가 취득하여 사업에 공하였음이 확인되는 경우에는 이를 그 사실상 사업자의 사업용자산으로 본다(국기통 14－0…4).
- 명의신탁부동산을 매각처분한 경우에는 양도의 주체 및 납세의무자는 명의수탁자가 아니고 명의신탁자이다(국기통 14－0…6).

① 실질과세의 원칙　　② 근거과세의 원칙
③ 조세감면사후관리의 원칙　　④ 신의성실의 원칙

해설

과세를 함에 있어서 법적 형식이나 외관에 불구하고 그 실질에 따라서 해석하고 과세요건사실을 인정해서 과세해야 한다는 실질과세의 원칙

05 다음 내용과 관련이 있는 국세 부과의 원칙으로 가장 옳은 것은?

공개

철 수 : 작년 부가가치세 신고 시 A거래처와의 거래에 대해서 국세종합상담센터에 부가가치세 관련 상담받은 답변을 토대로 처리했음에도 불구하고 이번 세무조사에서 A거래처에 대한 부가세 처리가 부가가치세법상 적절하지 않다고 합니다. 사전 국세종합상담센터에서 받은 답변과 유사예규를 토대로 처리한 것인데 왜 과세가 되어야 하는지 모르겠습니다.

국세청 : 국세종합상담센터의 답변은 단순한 상담내지 안내수준인 행정서비스의 한 방법이고, 국세청 예규 또한 과세관청 내부의 세법해석 기준 및 집행기준을 시달한 행정규칙에 불과하므로 과세관청의 상담 및 예규는 납세자가 신뢰하는 공적인 견해표명에 해당되지 않습니다.

① 실질과세의 원칙　　② 소급과세 금지의 원칙
③ 신의성실의 원칙　　④ 조세감면의 사후관리

해설

과세당국에 대한 신의성실원칙의 적용은 다음의 요건을 모두 갖춘 경우에 한한다.
㉠ 과세당국이 납세의무자에게 신뢰의 대상이 되는 공적인 견해를 표시하였고,
㉡ 과세당국의 견해표명이 정당하다고 신뢰한 데 대하여 납세의무자에게 귀책사유가 없으며
㉢ 납세의무자가 해당 과세당국의 견해표명을 신뢰하고 그 신뢰를 기초로 특정 행위를 한 후
㉣ 과세당국이 당초의 견해표명에 반하는 적법한 처분을 함으로써
㉤ 납세의무자가 불이익을 받아야 한다.

04 ① 05 ③ 정답

06 공개 **과세관청이 당초의 공적 견해표시에 반하는 적법한 행정처분을 함에 따라 납세자가 불이익을 받게 될 경우 납세자가 주장할 수 있는 국세 부과의 원칙으로 가장 타당한 것은?**

① 신의성실의 원칙
② 근거과세의 원칙
③ 조세법률주의
④ 공평과세의 원칙

07 공개 **다음 중 국세기본법상 수정신고와 경정 등의 청구 및 가산세의 부과와 감면에 관한 설명으로 가장 올바르지 않은 것은?**

① 과세표준신고서를 법정신고기한까지 제출한 자는 과세표준신고서에 기재된 결손금액이 세법에 따라 신고하여야 할 결손금액을 초과할 때에는 관할세무서장이 각 세법에 따라 해당 국세의 과세표준과 세액을 결정 또는 경정하여 통지하기 전까지 과세표준수정신고서를 제출할 수 있다.
② 정부는 국세기본법에 따라 가산세를 부과하는 경우 납세자가 의무를 이행하지 아니한 데 대한 정당한 사유가 있는 때에는 해당 가산세를 부과하지 아니한다.
③ 과세표준신고서를 법정신고기한까지 제출한 자는 최초의 신고·결정에서 과세표준 및 세액의 계산근거가 된 거래 또는 행위 등이 그에 관한 소송에 대한 판결에 의하여 다른 것으로 확정되었을 때에는 그 사유가 발생한 것을 안 날부터 3개월 이내에 결정 또는 경정을 청구할 수 있다.
④ 정부는 과세전적부심사 결정·통지기간에 그 결과를 통지하지 아니한 경우에는 해당 가산세액을 전액 감면한다.

해설
과세전적부심사 결정·통지기간에 그 결과를 통지하지 아니한 경우에는 그 결정·통지가 지연됨으로써 해당 기간에 부과되는 납부불성실가산세의 50%를 감면한다.

08 공개 **다음 중 수정신고에 관한 설명으로 가장 올바르지 않은 것은?**

① 법정신고기한까지 과세표준과 세액을 신고한 자 및 기한 후 과세표준신고를 한 자는 수정신고를 할 수 있다.
② 과세표준신고서에 기재된 결손금액 또는 환급세액이 세법에 따라 신고하여야 할 금액을 초과할 때 수정신고를 할 수 있다.
③ 수정신고기한은 따로 규정되어 있지 않고 관할세무서장이 결정 또는 경정통지를 하기 전까지 제척기간과 관계없이 수정신고할 수 있다.
④ 수정신고를 법정신고기한 경과 후 2년 이내에 한 자에 대해서는 기간경과 정도에 따라 과소신고·초과환급신고 가산세의 일정비율을 경감한다.

해설
수정신고라 하더라도 부과제척기간이 끝나기 전까지 수정신고할 수 있다.

정답 06 ① 07 ④ 08 ③

09 다음은 신문기사의 일부를 발췌한 것이다. 빈칸에 들어갈 가장 적절한 용어는 무엇인가?

공개

> 지난 20x1년 귀속 법인세 1,000만원을 신고납부한 중소기업 A사는 뒤늦게 300만원을 초과납부한 사실을 알게 됐다. A사는 어떻게 300만원을 돌려 받을 수 있을까? A사와 같이 세금을 덜 냈거나 더 냈을 때에 이를 바로잡기 위해서는 (가) 또는 (나)의 절차를 거쳐야 한다.
> 내야할 세금보다 적게 신고한 경우에는 (가)를, 내야할 세금보다 많게 신고한 경우에는 (나)를 해야한다. (나)는 더 낸 세금을 돌려받아야 할 납세자의 권리행사이기 때문에 납세자가 적극적으로 행사하게 마련이지만, (가)는 꺼릴 수 있는데, 이는 아주 위험한 일이다. 일부러 적게 신고하진 않았지만 적극적으로 (가)를 하지 않는다면 과세관청인 국세청에서 고의적인 탈루로 보고, 직접 나서서 가산세까지 물릴 수 있기 때문이다. 그렇다고 아무 때나 (가)나 (나)를 할 수 있는 것은 아니다. 법정신고기한 내에 신고한 경우에만 신청할 수 있다.
> 만약 법정신고기한 내에 신고하지 않았다면, (다)를 해야 한다. A사의 경우 20x1년 귀속 법인세를 신고·납부했기 때문에 신고기한인 20x2년 3월 31일로부터 5년이 되는 시점인 20x7년 3월 31일이 (나)를 할 수 있는 기한이 된다.
> 만약 20x7년 9월 현재 A사가 (나)를 하지 못했다면 A사는 기한을 놓쳤기 때문에 (나)를 통해서는 더 낸 세금 300만원을 환급받을 수 없다.

	(가)	(나)	(다)
①	수정신고	경정청구	기한 후 신고
②	경정청구	수정신고	기한 후 신고
③	기한 후 신고	수정신고	경정청구
④	수정신고	기한 후 신고	경정청구

해설

수정신고, 경정청구, 기한 후 신고의 공적견해표시에 대한 내용이다.

10 다음 중 국세기본법상 이의신청, 심사청구 및 심판청구에 관한 설명으로 가장 올바르지 않은 것은?

공개

① 국세기본법에 따른 동일한 처분에 대하여 심사청구와 심판청구를 중복하여 제기할 수 없다.

② 국세기본법에 따른 처분이 국세청장의 과세표준 조사·결정에 따른 처분인 경우에는 그 처분에 대하여 심사청구 또는 심판청구에 앞서 이의신청을 할 수 있다.

③ 심판청구에 대한 결정이 있으면 해당 행정청은 결정의 취지에 따라 즉시 필요한 처분을 하여야 한다.

④ 조세심판관회의는 심판청구에 대한 결정을 할 때 심판청구를 한 처분보다 청구인에게 불리한 결정을 하지 못한다.

해설

국세기본법에 따른 처분이 국세청장의 과세표준 조사·결정에 따른 처분인 경우에는 그 처분에 대하여 이의신청이 배제된다.

09 ① 10 ② 정답

11 공개

다음 중 납세자권리구제에 관한 설명으로 가장 올바르지 않은 것은?

① 국세처분을 받기 전에 납세의무자의 청구에 의해 그 국세처분의 타당성을 미리 심사하는 제도로서 과세전적부심사가 있다.

② 세무조사결과에 관하여 납세의무자가 과세전적부심사를 청구하려면 세무조사결과통지서를 받은 날로부터 30일 이내에 통지서를 보낸 해당 세무서장(또는 지방국세청장)에게 청구서를 제출하여야 한다.

③ 국세의 과세처분 등이 있는 경우에 그 처분에 불복이 있는 자가 처분행정청에 대해서 그 처분을 취소하거나 변경을 구하는 제도로서 이의신청, 심사청구, 심판청구 및 행정소송이 있다.

④ 납세자가 심사청구 또는 심판청구를 하기 위해서는 이의신청을 거쳐야만 한다.

해설

납세자가 심사청구 또는 심판청구를 하기 위해서는 반드시 이의신청(임의적 절차)을 거칠 필요는 없다.

PART 2

12 공개

다음 중 세법상 특수관계인에 관한 설명으로 가장 올바르지 않은 것은?

① 개인의 3촌 이내의 인척은 특수관계인에 해당한다.

② 특수관계자인 배우자는 사실혼 관계에 있는 자를 제외한다.

③ 법인과 경제적 연관관계가 있는 임원은 특수관계인에 해당한다.

④ 법인과 경영지배관계에 있는 주주는 특수관계인에 해당한다.

해설

특수관계자인 배우자는 사실혼 관계에 있는 자를 포함한다.

13 공개

국세기본법상 소멸시효 정지사유가 아닌 것은?

① 분 납 ② 징수 유예

③ 압류 · 매각 유예 ④ 압 류

해설

압류는 소멸시효 중단사유이다.

정답 11 ④ 12 ② 13 ④

14 국세기본법상 용어의 정의로 옳지 않은 것은?

① 기한이란 법률행위의 효력발생, 소멸이나 채무이행을 위하여 정해진 일정한 시점을 말한다.

② 가산세란 세법에서 규정하는 의무의 성실한 이행을 확보하기 위하여 세법에 따라 산출한 세액에 가산하여 징수하는 금액을 말하며 가산금도 포함한다.

③ 과세표준이란 세법에 따라 직접적으로 세액산출의 기초가 되는 과세대상의 수량 또는 가액을 말한다.

④ 전자신고란 과세표준신고서 등 「국세기본법」 또는 세법에 따른 신고 관련 서류를 국세정보통신망을 이용하여 신고하는 것을 말한다.

해설

가산세에 가산금은 포함하지 아니한다.

15 국세기본법상 기간 및 기한에 대한 설명으로 옳은 것은?

① 납세자가 그 사업에 심한 손해를 입거나 그 사업이 중대한 위기에 처한 때에는 신고 및 납부기한을 연장할 수 있다.

② 금융기관 또는 체신관서의 휴무의 경우 기한연장사유에 해당하지 않는다.

③ 납부기한 전 징수의 고지가 아닌 경우에 납부고지서 또는 독촉장이 도달한 날에 이미 납부기한이 경과하였거나 도달일로부터 14일 이내에 납부기한이 도래하는 것은 도달한 날부터 14일이 지난 날을 납부기한으로 한다.

④ 상속세 신고기한이 4월 1일(금요일)이고 공휴일인 경우 4월 3일까지 신고하여야 한다.

해설

① 납세자가 그 사업에 심한 손해를 입거나 그 사업이 중대한 위기에 처한 때에는 납부의 경우에 한하여 기한이 연장된다.

② 금융기관 또한 체신관서의 휴무 그 밖의 부득이한 사유로 인하여 정상적인 세금납부가 곤란하다고 국세청장이 인정하는 경우에는 기한연장사유에 해당한다.

④ 4월 4일(월요일)까지 신고하여야 한다.

14 ② 15 ③ 정답

16 국세기본법상 기간과 기한에 대한 설명으로 옳지 않은 것을 모두 고르면?

ㄱ. 우편으로 과세표준신고서를 제출한 경우로서 우편날짜도장이 찍히지 아니하였거나 분명하지 아니한 경우에는 신고서가 도달한 날에 신고된 것으로 본다.
ㄴ. 신고기한일이나 납부기한일에 프로그램의 오류로 국세정보통신망의 가동이 정지되어 전자신고 또는 전자납부를 할 수 없게 되는 경우에는 그 장애가 복구되어 신고 또는 납부할 수 있게 된 날을 기한으로 한다.
ㄷ. 천재지변 등의 사유로 세법에서 규정하는 신고 또는 납부를 정해진 기한까지 할 수 없다고 관할 세무서장이 인정하는 경우에는 납세자의 신청이 없는 경우에도 그 기한을 연장할 수 있다.
ㄹ. 「국세기본법」 또는 세법에서 규정하는 신고, 신청, 청구, 그 밖에 서류의 제출, 통지, 납부 또는 징수에 관한 기한이 공휴일 및 대체공휴일, 토요일 및 일요일이거나 「근로자의 날 제정에 관한 법률」에 따른 근로자의 날일 때에는 공휴일, 토요일 또는 근로자의 날의 다음 날을 기한으로 한다.

① ㄱ, ㄴ
② ㄴ, ㄷ
③ ㄴ, ㄹ
④ ㄷ, ㄹ

해설

ㄱ. 우편신고 시 우편날짜도장이 찍히지 아니하였거나 분명하지 아니한 때에는 통상 소요되는 배송일수를 기준으로 발송한 날에 상당하다고 인정되는 날에 신고된 것으로 본다.
ㄴ. 그 장애가 복구되어 신고 또는 납부할 수 있게 된 날의 다음 날을 기한으로 한다.

17 국세기본법상의 서류의 송달에 관한 설명 중 옳은 것은?

① 서류의 송달을 받아야 할 자 또는 그 사용인・기타 종업원・동거인 등이 정당한 사유 없이 서류의 수령을 거부한 때에는 공시송달을 할 수 있다.
② 교부송달의 경우에 송달받아야 할 자가 송달받기를 거부하지 아니하면 송달장소가 아닌 다른 장소에서 교부할 수 있다.
③ 주간신문에 게시한 경우에도 공시송달의 효력이 있다.
④ 납부의 고지에 관계되는 서류는 통상우편에 의하여 송달하여야 한다.

해설

① 서류의 송달을 받아야 할 자 또는 사용인 등이 정당한 사유 없이 서류의 수령을 거부한 때에는 송달장소에 서류를 둘 수 있는데, 이를 유치송달이라고 한다.
③ 공시송달에 의하는 경우에는 세무서, 해당 서류의 송달장소를 관할하는 시・군・구의 게시판 기타 적절한 장소에 게시하거나, 관보 또는 일간신문에 게재하여야 한다.
④ 납부의 고지, 독촉, 강제징수 또는 세법에 의한 정부의 명령에 관계되는 서류의 송달을 우편에 의하고자 할 때에는 등기우편에 의하여야 한다. 다만, 소득세법에 의한 중간예납세액의 납부고지서, 부가가치세법에 의한 예정고지세액의 납부고지서 및 신고납부세목에 대한 신고서를 법정신고기한까지 제출하였으나 세액의 전부 또는 일부를 납부하지 아니하여 발급하는 납부고지서로서 50만원 미만에 해당하는 납부고지서는 일반우편으로 송달할 수 있다.

정답 16 ① 17 ②

18 국세기본법상 서류의 송달에 대한 설명으로 옳지 않은 것은?

① 서류송달을 받아야 할 자의 주소가 분명하지 아니한 경우에는 서류의 주요내용을 관보에 공고한 날부터 14일이 지나면 서류송달이 된 것으로 본다.
② 전자송달을 신청한 자에게 전자송달하는 것이 원칙이지만 국세정보통신망의 장애로 인한 전자송달이 불가능한 경우에는 교부송달 또는 우편송달의 방법으로 송달할 수 있다.
③ 세무공무원이 고지서를 적법한 송달장소에서 교부송달을 시도하였는데 납세자가 부재중이었고, 대신 사리를 판별할 능력이 있는 종업원을 발견하여 송달을 시도하였으나, 그 종업원이 정당한 이유 없이 서류수령을 거부하는 경우 송달장소에 고지서를 두고 와도 적법한 송달이 된다.
④ 전자송달은 송달받을 자가 지정한 전자우편주소에서 직접 출력한 때부터 효력이 발생한다.

해설

전자송달의 경우에는 송달받을 자가 지정한 전자우편주소에 입력된 때(국세정보통신망에 저장하는 경우에는 저장된 때)에 그 송달을 받아야 할 자에게 도달된 것으로 본다.

19 다음 중 서류송달에 대한 설명 중 옳지 않은 것은?

① 국세정보통신망을 이용하여 공시송달하는 때에는 다른 공시송달방법과 함께 하여야 한다.
② 서류를 교부송달하는 경우 송달을 받아야 할 자에게 발송한 때로부터 효력이 발생한다.
③ 일단 유효하게 송달된 서류가 후에 반송되더라도 송달의 효력에는 영향이 없다.
④ 연대납세의무자인 경우에 납부의 고지와 독촉에 관한 서류는 연대납세의무자 모두에게 각각 송달하여야 한다.

해설

서류를 교부송달하는 경우 송달을 받아야 할 자에게 도달한 때로부터 효력이 발생한다.

20 실질과세의 원칙에 대한 설명으로 옳지 않은 것은?

① 실질과세원칙이란 과세를 함에 있어서 법적 형식이나 외관에 불구하고 그 실질에 따라서 해석하고 과세요건사실을 인정해서 과세해야 한다는 것을 말한다.
② 소득세법 및 법인세법상 부당행위계산부인은 실질과세원칙의 구체적인 사례로서 조세법률주의를 구현하기 위한 규정에 해당한다.
③ 실질귀속의 원칙은 과세물건이 형식상 귀속되는 자와 실질상 귀속되는 자가 다를 경우 후자에게 귀속된 것으로 보는 것이다.
④ 우회거래 또는 단계거래 등을 통해 조세를 부당하게 감소시키는 것으로 인정되는 경우 그 경제적 실질에 따라 직접거래 또는 연속된 하나의 행위・거래로 인정하는 것은 실질과세원칙을 명확화한 규정이라고 볼 수 있다.

해설

부당행위계산부인의 규정은 조세회피를 방지하고 동일한 경제사실에 대하여 동일한 조세부담을 지움으로써 조세평등주의(실질과세원칙)를 구현하기 위한 것이다.

18 ④ 19 ② 20 ② 정답

21 실질과세원칙에 해당하는 사항으로 옳은 것만 고른 것은?

> ㉠ 주식의 실질소유자와 명의자가 다른 경우 주주명부상의 명의인에게 증여세를 과세한다.
> ㉡ 귀속자가 불분명한 경우에는 대표자에 대한 상여로 소득처분한다.
> ㉢ 인정이자 계산대상 가지급금은 계정 명칭에 불구하고 사실상 내용을 보고 판단한다.
> ㉣ 소득의 명칭에 불구하고 고용계약에 따라 종속적 지위에서 근로를 제공하고 대가를 받은 것은 근로소득으로 본다.

① ㉠, ㉡　　② ㉠, ㉢
③ ㉡, ㉣　　④ ㉢, ㉣

해설
실질과세원칙이란 법적 형식과 경제적 실질이 다른 경우에는 경제적 실질에 따라 과세하여야 한다는 원칙을 말한다.

22 국세기본법상 신의성실의 원칙에 관한 설명으로 옳지 않은 것은?

① 과세관청의 견해표명이 정당하다고 신뢰한 데 대하여 납세자에게 귀책사유가 없어야 한다.
② 납세자가 그 견해표명을 신뢰하여 일정한 행위를 하여야 한다.
③ 세무공무원에게만 적용되고 납세자에게는 적용되지 않는다.
④ 합법성의 원칙을 희생하여 신뢰의 이익을 보호하고자 하는 제도이다.

해설
신의성실의 원칙은 과세관청뿐만 아니라 납세자에게도 적용되는 원칙이다. 그러나 납세자가 신의성실의 원칙을 위반한 경우에는 세법상 각종 제재장치가 마련되어 있기 때문에 납세자에게 신의칙을 적용할 여지는 거의 없다.

23 국세기본법상 세법 적용의 원칙에 관한 설명으로 옳은 것은?

① 2 이상의 행위 또는 거래를 거치는 방법으로 세법의 혜택을 부당하게 받기 위한 것으로 인정되는 경우에는 그 경제적 실질내용에 따라 연속된 하나의 행위 또는 거래를 한 것으로 보아 세법을 적용한다.
② 납세자가 그 의무를 이행함에 있어서는 신의를 좇아 성실히 하여야 한다. 세무공무원이 그 직무를 수행함에 있어서도 또한 같다.
③ 납세의무자가 세법에 의하여 장부를 비치・기장하고 있는 때에는 해당 국세의 과세표준의 조사와 결정은 그 비치・기장한 장부와 이에 관계되는 증빙자료에 의하여야 한다.
④ 세무공무원이 그 재량에 의하여 직무를 수행함에 있어서는 과세의 형평과 해당 세법의 목적에 비추어 일반적으로 적당하다고 인정되는 한계를 엄수하여야 한다.

해설
① 실질과세원칙, ② 신의성실원칙, ③ 근거과세원칙으로서 국세 부과의 원칙이며, ④ 세무공무원의 재량한계엄수에 관한 내용으로서 세법 적용의 원칙에 관한 설명이다.

정답 21 ④ 22 ③ 23 ④

24 국세기본법상 세법해석의 기준 및 소급과세의 금지에 대한 설명으로 옳지 않은 것은?

① 세법의 해석·적용에 있어서는 과세의 형평과 해당 조항의 합목적성에 비추어 납세자의 재산권이 부당하게 침해되지 아니하도록 하여야 한다.

② 세법의 해석 또는 국세행정의 관행이 일반적으로 납세자에게 받아들여진 후에는 그 해석이나 관행에 의한 행위 또는 계산은 정당한 것으로 보며, 새로운 해석이나 관행에 의하여 소급하여 과세되지 아니한다.

③ 국세를 납부할 의무가 성립한 소득·수익·재산·행위 또는 거래에 대하여는 그 성립 후의 새로운 세법에 의하여 소급하여 과세하지 아니한다.

④ 세법 이외의 법률 중 국세의 부과·징수·감면 또는 그 절차에 관하여 규정하고 있는 조항에 대해서는 세법해석의 기준에 대한 국세기본법 규정이 적용되지 아니한다.

해설

세법 이외 법률 중 국세의 부과·징수·감면 또는 그 절차에 관하여 규정하고 있는 조항에 대해서는 세법해석의 기준에 대한 국세기본법 규정이 적용된다.

25 어느 빙과제조회사가 거래처인 소매점에 자기 회사의 상표가 찍힌 냉장고를 무상으로 줄 계획을 가지고 과세관청에 그 과세효과를 문의하였던 바, 이는 광고선전비에 해당하여 손금산입의 대상이라는 답을 얻었다. 이 답을 듣고 냉장고를 무상으로 주었더니 과세관청이 광고선전비가 아니고 기업업무추진비라고 하며 과세하였다. 이에 대해 빙과제조회사가 대항할 수 있는 논리로 가장 적합한 것은?

① 근거과세의 원칙

② 과세관청의 재량권 남용

③ 조세법률주의

④ 신의성실의 원칙

해설

납세의무자가 과세관청의 언동을 신뢰하여 행위를 하였으나 과세관청이 기존의 언동에 반하는 처분을 하여 납세의무자의 이익이 침해되었으므로 신의성실의 원칙을 근거로 과세관청의 처분에 대항할 수 있을 것이다.

26 국세기본법상 기한 후 신고에 대한 설명이다. 옳지 않은 것은?

① 법정신고기한까지 과세표준신고서를 제출하지 아니한 자가 신고기한 경과 후 정부가 결정하여 통지하기 전까지 과세표준과 세액을 신고하는 것을 기한 후 신고라 한다.

② 기한 후 과세표준신고서를 제출한 자로서 세법에 따라 납부하여야 할 세액이 있는 자는 기한 후 과세표준신고서 제출과 동시에 그 세액을 납부하여야 한다.

③ 기한 후 과세표준신고서를 제출한 경우 해당 국세의 납세의무를 확정하는 효력이 있다.

④ 법정신고기한이 지난 후 1개월 이내에 기한 후 신고를 한 경우 무신고 가산세의 50%를 감면한다.

해설

기한 후 신고는 확정력이 없음

24 ④ 25 ④ 26 ③ 정답

27 **사업자 김선구씨는 20x7년 제2기 부가가치세 확정신고를 법정신고기한 내에 신고납부하였다. 그런데 20x8년 5월 종합소득세 신고를 하기 위하여 정리하던 중 매출액의 중복계산으로 20x7년 제2기 부가가치세를 과다하게 신고납부한 것을 알게 되었다. 김선구씨가 행하여야 할 가장 적절한 것은?**

① 수정신고
② 이의신청
③ 과세전적부심사
④ 경정청구

28 **다음 중 국세기본법상 수정신고에 관한 설명으로 옳은 것은?**

① 당초 신고한 세액을 감액하는 경우에도 수정신고에 의한다.
② 부과과세제도를 채택한 국세의 수정신고는 과세표준과 세액을 확정하는 효력이 있다.
③ 국세법정신고기한으로부터 3년이 경과한 이후에는 수정신고를 할 수 없다.
④ 법정신고기한 내 신고하지 않은 자도 수정신고할 수 있다.

해설

① 당초 신고한 세액을 감액하는 경우에는 경정청구에 의한다.
② 부과과세제도를 채택한 국세의 경우 당초의 신고 시 확정력이 없으므로 수정신고 또한 세액을 확정하는 효력이 없고, 단순히 과세관청 결정·경정의 참고자료에 불과하다.
③ 국세법정신고기한으로부터 세무서장이 결정·경정 통지하기 전까지 수정신고를 할 수 있다.
④ 법정신고기한 내 신고하지 않은 자도 기한 후 신고를 하였다면 수정신고할 수 있다.

PART 2

29 **국세기본법상 가산세의 부과에 대한 설명이다. 다음 중 옳지 않은 것은?**

① 정부는 세법에서 규정한 의무를 위반한 자에게 국세기본법 또는 세법에서 정하는 바에 따라 가산세를 부과할 수 있다.
② 가산세는 해당 의무가 규정된 세법의 해당 국세의 세목으로 한다.
③ 해당 국세를 감면하는 경우에는 가산세는 그 감면대상에 포함된다.
④ 가산세는 납부할 세액에 가산하거나 환급받을 세액에서 공제한다.

해설

해당 국세를 감면하는 경우, 가산세는 그 감면대상에 포함시키지 않는다.

30 **다음 중 국세기본법상 경정청구에 대한 내용이다. 틀린 것은?**

① 소득이나 그 밖의 과세물건의 귀속을 제3자에게로 변경시키는 결정 또는 경정이 있을 때는 해당 사유가 발생한 것을 안 날로부터 3개월 이내에 경정청구를 할 수 있다.
② 경정청구는 수정신고한 과세표준 및 세액에 대해서는 할 수 없다.
③ 경정청구만으로 세액의 감액확정력이 발생하는 것은 아니다.
④ 경정청구는 2015년 경정청구분부터 법정신고기한이 지난 후 5년이다. 다만, 후발적 사유가 있는 경우 달리할 수 있다.

정답 27 ④ 28 ④ 29 ③ 30 ②

해설
수정신고한 과세표준 및 세액에 대해서도 경정청구를 할 수 있다.

31 다음은 국세기본법상 가산세의 감면에 관한 설명이다. 다음 중 옳지 않은 것은?

① 법정신고기한이 지난 후 1개월 이내에 기한 후 신고를 한 경우 무신고가산세의 50%를 감면한다.
② 가산세 부과의 원인이 되는 사유가 천재지변 등의 기한연장사유에 해당하거나 납세자가 의무를 이행하지 않은 것에 정당한 사유가 있는 때에는 해당 가산세를 부과하지 않는다.
③ 법정신고기한이 지난 후 6개월 초과 ~ 1년 이내에 수정신고를 한 경우 과소신고가산세・초과환급신고가산세의 50%를 감면한다.
④ 기한 후 신고의 경우 회사의 자금사정상 신고와 납부를 동시에 하지 못하고 기한 후 신고만을 법정신고기한 경과 후 3개월 초과 6개월 이내에 했을 경우에도 20% 무신고가산세 감면을 적용받을 수 있다.

해설
50%가 아닌 30%를 감면한다.

32 다음은 국세기본법상 국세의 환급에 대한 설명이다. 옳지 않은 것은?

① 납세의무자가 법인세를 과오납부한 금액이 있는 경우 세무서장은 즉시 국세환급금으로 결정하여야 한다.
② 체납된 국세 등이 있는 경우 납세자의 의사에 관계없이 세무서장이 반드시 충당한 후 환급하여야 한다.
③ 국세환급금은 결정일로부터 20일 이내에 환급청구권자에게 지급하여야 한다.
④ 국세환급금이 발생하여 지급하는 경우 국세환급가산금을 함께 지급하여야 한다.

해설
결정일로부터 30일 이내에 환급청구자에게 지급하여야 한다.

33 다음 중 국세기본법상 불복청구인이 선택가능한 조세불복절차가 아닌 것은?

① 이의신청 → 심사청구 → 행정소송
② 이의신청 → 행정소송
③ 심판청구 → 행정소송
④ 감사원심사청구 → 행정소송

해설
이의신청 후 심사청구 또는 심판청구에 대한 결정이 있어야 행정소송 가능

31 ③ 32 ③ 33 ② 정답

CHAPTER 03

PART 2 세무회계

법인세법

01 총 설

1. 법인세의 의의

법인세의 개념	① 법인은 자연인과는 달리 법에 의해 권리, 능력이 부여되는 사단과 재단을 말한다. 이런 사단과 재단이 법인격을 취득하기 위해서는 법률규정에 의해 설립등기를 선행해야 하며 법인사업자등록을 신청해야 한다. ② 법인세는 법인을 납세의무자로 하여 법인이 얻은 소득을 과세대상으로 하는 조세이다.
법인세의 특징	① 법인세는 순자산증가설을 채택하고 있다. 따라서 계속·반복적인 소득뿐만 아니라 일시·우발적인 소득까지도 과세하고 있으며, 소득원천설을 따르는 개인소득세와 확연한 차이를 보인다. ② 법인세는 국세이며, 일반적인 재정에 사용되는 보통세에 해당한다. ③ 법인세는 담세자와 납세의무자가 동일한 직접세이다. ④ 법인세는 종합과세되는 조세이다. ⑤ 법인세는 납세의무자가 자신의 과세표준과 세액을 과세관청에 신고할 때 납세의무가 성립하는 신고납세제도 세목이다.

2. 과세소득의 범위

법인의 과세소득에는 다음과 같이 4가지가 있으며, 각 소득 유형별로 달리 과세된다.

① 매 사업연도마다 법인의 순자산 증가에 대하여 부과하는 각 사업연도 소득

② 법인의 비업무용부동산등을 양도함에 따라 발생하는 차익에 대하여 추가로 과세하는 토지 등 양도소득

③ 법인이 청산 또는 분할·합병으로 인하여 해산함에 따라 발생하는 청산소득

④ 일정한 법인(상호출자제한기업집단 소속 법인)이 기업소득 중 일정액을 투자, 임금 등으로 환류하지 않은 미환류소득

구 분	각 사업연도 소득	토지 등 양도소득	미환류소득	청산소득
의 의	계속적인 기업활동을 통해 각 사업연도에 얻은 소득	주택·비사업용토지를 양도함으로 발생하는 소득(투기억제 목적)	대규모 기업의 기업소득 중 미환류소득	해산·합병·분할로 인하여 청산할 때 발생하는 소득
세 율	• 2억원 이하분 : 9% • 200억원 이하분 : 19% • 3,000억원 이하분 : 21% • 3,000억원 초과분 : 24%	국내소재 주택·비사업용 토지·주택취득권리를 양도하는 경우 • 등기자산 : 10%(20%) • 미등기자산 : 40%	20%	• 2억원 이하분 : 9% • 200억원 이하분 : 19% • 3,000억원 이하분 : 21% • 3,000억원 초과분 : 24%
신고납부	각 사업연도 종료일이 속하는 달의 말일로부터 3월 이내			잔여재산가액확정일(합병·분할등기일)로부터 3월 이내

3. 법인세 납세의무자 중요

<table>
<tr><td>납세의무자</td><td colspan="6">법인세법상 납세의무자는 내국법인과 국내원천소득이 있는 외국법인이다. 다만, 국세기본법에 의해 법인으로 보는 단체는 비영리내국법인으로 보아 법인세법을 적용</td></tr>
<tr><td rowspan="6">과세소득의 유형별 납세의무자</td><td colspan="2">구 분</td><td>각 사업연도 소득</td><td>청산소득</td><td>토지 등 양도소득</td><td>미환류소득</td></tr>
<tr><td rowspan="2">내국법인</td><td>영리법인</td><td>국내외의 모든 소득</td><td>○</td><td>○</td><td>○</td></tr>
<tr><td>비영리법인</td><td>국내외의 일정한 수익사업소득</td><td>×</td><td>○</td><td>×</td></tr>
<tr><td rowspan="2">외국법인</td><td>영리법인</td><td>국내원천소득</td><td>×</td><td>○</td><td>×</td></tr>
<tr><td>비영리법인</td><td>국내원천의 일정한 수익사업소득</td><td>×</td><td>○</td><td>×</td></tr>
<tr><td colspan="2">국가 · 지방자치단체*주)</td><td colspan="4">×</td></tr>
<tr><td></td><td colspan="6">*주) 외국의 정부 · 지방자치단체는 비영리외국법인에 포함된다.</td></tr>
</table>

4. 사업연도

(1) 본래의 사업연도

① 법인세법상 '사업연도'는 법령 또는 정관 등에서 정하는 1회계기간을 말하며, 그 기간은 원칙적으로 1년을 초과할 수 없다.

② 법령 또는 법인의 정관상에 사업연도가 규정되어 있지 않은 법인은 따로 사업연도를 정하여 법인 설립신고 또는 사업자등록과 함께 납세지 관할세무서장에게 신고를 하여야 한다.

③ 만약, 법령 또는 정관상에 사업연도가 명시되지 않은 법인이 사업연도를 신고하지 아니한 경우에는 일률적으로 매년 1월 1일부터 12월 31일까지를 그 법인의 사업연도로 본다.

결국, 본래의 사업연도는 다음과 같은 순서로 적용한다.

1순위	관련 법령, 정관에서 정하는 1회계기간을 사업연도로 하되, 1년 초과 불가
2순위	법령, 정관에서 정하지 않고 법인 설립신고 또는 사업자등록과 함께 신고하는 경우 : 신고내용대로 사업연도 적용
3순위	법령 또는 정관에도 정하지 않고 별도로 신고도 하지 않은 경우 : 1월 1일 ~ 12월 31일을 사업연도로 간주

(2) 법인의 최초사업 개시일

내국법인의 경우에는 설립등기일을 최초의 사업연도 개시일로 한다.

5. 납세지

내국법인 납세지	법인의 등기부상의 본점 또는 주사무소의 소재지(실지 영업 수행장소와 별개임) (국내에 본점 또는 주사무소가 소재하지 않는 경우에는 사업의 실질적 관리장소의 소재지)
납세지 지정	관할지방국세청장은 법률에서 정한 다음의 일정한 경우로서 납세지가 그 법인의 납세지로서 부적당하다고 판단되는 때에는 원칙적인 납세지에도 불구하고 그 납세지를 지정할 수 있다. ① 내국법인의 본점 등의 소재지가 등기된 주소와 동일하지 아니한 경우 ② 내국법인의 본점 등의 소재지가 자산 또는 사업장과 분리되어 있어 조세포탈의 우려가 있다고 인정되는 경우
납세지 변경신고	법인은 그 납세지가 변경된 경우 그 변경된 날부터 15일 이내에 대통령령이 정하는 바에 따라 변경 후의 납세지 관할세무서장에게 이를 신고하여야 한다.

02 각 사업연도 소득에 대한 법인세

1. 법인세의 계산구조

	결산서상 당기순이익
(+)	익금산입 · 손금불산입
(−)	손금산입 · 익금불산입
	차가감소득금액
(+)	기부금한도초과액
(−)	기부금한도초과이월액손금산입
	각 사업연도 소득금액
(−)	이월결손금
(−)	비과세소득
(−)	소득공제
	과세표준
(X)	세 율
	산출세액
(−)	공제감면세액
	차감세액
(−)	공제감면세액
(+)	가산세액
(−)	중간예납세액
(−)	수시부과세액
(−)	원천납부세액
(+)	감면분추가납부세액
	차감납부할세액

2. 세무조정 중요

의 의	세무조정이란 기업회계에 따라 작성된 결산서의 당기순이익과 세법규정에 따라 산출된 각 사업연도 소득금액의 차이를 조정하기 위한 작업을 말하는데, 정확히는 회계상의 당기순이익에서 세무조정이라는 중간 과정을 통해 세법상의 각 사업연도 소득금액을 계산하는 과정을 말한다.
유 형	기업회계(결산서 내용) / 세무조정 / 세무회계(법인세법 내용) 수 익 → (+)익금산입, (−)익금불산입 → 익금총액 (−) / (−) 비 용 → (+)손금산입, (−)손금불산입 → 손금총액 (=) / (=) 결산서상 당기순이익 → 각 사업연도 소득금액 ① 익금산입 : 결산서에 수익으로 계상되어 있지 않지만 법인세법상 익금에 해당하는 것으로 이를 각 사업연도 소득금액에 가산함 ② 손금산입 : 결산서에 비용으로 계상되어 있지 않지만 법인세법상 손금에 해당하는 것으로 이를 각 사업연도 소득금액에서 차감함

	③ 익금불산입 : 결산서에 수익으로 계상되어 있으나 법인세법상 익금에 해당하지 않는 것으로 이를 각 사업연도 소득금액에서 차감함 ④ 손금불산입 : 결산서에 비용으로 계상되어 있으나 법인세법상 손금에 해당하지 않는 것으로 이를 각 사업연도 소득금액에 가산함

3. 결산조정사항과 신고조정사항 중요

① 결산조정사항은 객관적인 외부거래 없이 그 손금산입 여부가 법인 자신의 의사에 맡겨져 있는 사항들, 즉 그 손금산입이 강제되지 않는 사항들(회계상 내부거래에 해당)

② 그에 비해 신고조정사항은 결산서에 수익 또는 비용으로 계상되지 않은 익금 또는 손금을 세무조정에 의해 과세소득에 반영하여야 할 사항들, 즉 그 익금손금산입이 강제되는 사항들

③ 법률은 모든 익금항목과 대부분의 손금항목을 신고조정사항으로 규정해 두었다.

다만, 예외적으로 몇 가지 손금사항만 결산조정사항으로 규정하였는데, 그 범위는 다음과 같다.

구 분	결산조정사항	비 고
충당금 준비금	① 대손충당금 · 구상채권상각충당금	퇴직부담금(퇴직연금충당금)의 손금산입은 신고조정사항
	② 일시상각충당금(또는 압축기장충당금)	신고조정 가능
	③ 법인세법상 준비금(보험업 법인의 책임준비금 · 비상위험준비금 · 해약환급금준비금과 비영리법인의 고유목적사업준비금)과 조세특례제한법상 손실보전준비금 등	잉여금처분에 의한 신고조정 가능
자산의 평가	① 감가상각비	한국채택국제회계기준을 적용하는 회사의 경우 법에서 정하는 경우에는 신고조정 허용 ※ 감가상각의제 대상 법인의 의제상각액과 업무용 승용차의 감가상각비는 신고조정사항
	② 채권의 대손금	소멸시효 완성분 등 특정한 채권의 대손금은 신고조정사항
	③ 중소기업창업투자회사 등이 보유하는 창업자 등이 발행한 주식의 평가차손 등	평가차손 = 장부가액 − 시가 ※ 시가가 1,000원 이하인 경우 : 1,000원으로 평가함
	④ 주식발행법인이 파산선고를 받은 경우 당해 주식의 평가차손	
	⑤ 시설개체 · 기술낙후로 인한 생산설비의 폐기 손실	폐기손실 = 장부가액 − 1,000원
	⑥ 천재지변 등으로 인한 고정자산평가차손	평가차손 = 장부가액 − 시가
	⑦ 파손 · 부패 등으로 인한 재고자산평가차손	
	⑧ 소액 미술품의 취득가액 즉시 손금산입	해당 사유가 발생한 날이 속하는 사업연도에만 손금산입 가능함

4. 소득처분 중요

법인세법상 소득처분은 크게 사외유출과 사내유보로 나누어지는데, 세무조정금액이 사외로 유출된 것이 분명한 경우에는 사외유출로 처분하고 사외에 유출되지 않은 경우에는 유보로 처분한다.

구 분	외부유출	사내유보	
		회계상자본 ≠ 세무상자본	회계상자본 = 세무상자본
익금산입 · 손금불산입	사외유출	유보	기타(잉여금)
손금산입 · 익금불산입	−	△유보	기타(△잉여금)

(1) 사외유출

개 념

- 사외유출이란 신고조정에 의해 익금산입·손금불산입한 금액이 기업 외부의 어떤 자에게 귀속된 것으로 인정하는 처분
- 이때 처분의 귀속을 밝히는 이유는 그 증가된 소득으로 말미암아 귀속자에게 소득세 또는 법인세를 부과하기 위함

소득처분		귀속자	귀속자의 소득
사외유출	배 당	개인 출자자(임원 또는 직원은 제외)	배당소득(인정배당)
	상 여	임원 또는 직원(출자자 포함)	근로소득(인정상여)
	기타 사외유출	법인 또는 개인사업자 (다만, 소득을 구성하는 경우에 한함)	법인의 소득 개인의 소득
		기타 세법상 열거된 항목	–
	기타소득	상기 이외의 자(소득세법에 따른 기타소득에 해당하므로 소득세 과세)	기타소득

세무상 사후관리

원천징수 이외의 아무런 사후관리가 필요 없게 된다.

유 형

- 귀속자가 분명한 경우

구 분	소득의 귀속자	법인의 원천징수의무	원천징수
배 당	주주 (임원 또는 직원인 주주는 제외)	○	개인주주의 경우 배당소득으로 원천징수함
상 여	임원 또는 직원	○	근로소득으로 원천징수함
기타 사외유출	법인이거나 사업을 영위하는 개인인 경우	×	이미 법인이나 개인의 소득을 구성하므로 원천징수하지 아니함
기타소득	위 이외의 자	○	기타소득으로 원천징수함

- 귀속자가 분명하지 않은 사외유출 : 귀속이 불분명한 경우에는 해당 법인의 대표자에게 귀속된 것으로 보아 대표자에 대한 상여로 처분
- 추계결정 및 경정의 경우 : 추계조사에 따라 결정된 과세표준과 법인의 결산서상 법인세차감전순이익과의 차액도 대표자에 대한 '상여'로 처분. 다만, 천재·지변·불가항력으로 장부 기타 증빙서류가 멸실되어 추계결정하는 경우에는 '기타사외유출'로 한다.
- 법률상 무조건 기타사외유출로 처분하는 사항 : 다음의 세무조정사항은 그 귀속자를 묻지 않고 반드시 기타사외유출로 처분
  - 특례·일반기부금 손금산입한도 초과액
  - 기업업무추진비 손금불산입액(증빙불비 기업업무추진비 제외)
  - 채권자 불분명 사채이자 및 수취인불분명 채권·증권의 이자 중 원천징수세액 상당액
  - 업무무관부동산 등과 관련된 지급이자 손금불산입액
  - 임대보증금 등에 대한 간주임대료 익금산입액 등
  - 외국법인의 국내사업장이 각 사업연도의 소득에 대한 법인세의 과세표준을 신고함에 있어서 익금에 산입한 금액이 그 외국법인의 본점에 귀속되는 소득

(2) 사내유보

세무조정	소득처분		귀속자	귀속자의 소득
익금산입· 손금불산입	사내유보	유 보	세무상 잉여금의 증가	–
	잉여금 반영	기타(잉여금)	자본잉여금 또는 이익잉여금	–
손금산입· 익금불산입	사내유보	△유 보	세무상 잉여금의 감소	–
	기 타	기타(△잉여금)	△유보 이외의 사항	–

<table>
<tr><td>유 보
(또는 △유보)</td><td>• 유보(또는 △유보)란 세무조정상 익금산입·손금불산입한 금액의 효과가 사외로 유출되지 아니하고 법인 내부에 남아있는 것으로 인정하는 처분
<table>
<tr><th>세무조정</th><th colspan="2">결산서상 자산, 부채, 자본의 상태</th><th>소득처분</th></tr>
<tr><td>익금산입·손금불산입</td><td>자산 과소계상
부채 과대계상</td><td>자본 과소계상</td><td>유 보</td></tr>
<tr><td>손금산입·익금불산입</td><td>자산 과대계상
부채 과소계상</td><td>자본 과대계상</td><td>△유보</td></tr>
</table>
• 사내유보처분은 다시 당해 세무조정금액이 결산서상 자본에 비해 세무상 자본을 증감시키는지 여부에 따라, 크게 유보(또는 △유보)와 기타(잉여금 또는 △잉여금)로 구분</td></tr>
<tr><td>기 타
(잉여금 또는
△잉여금)</td><td>• 기타(잉여금 또는 △잉여금)로 처분되는 사항은 회계상 자본과 관련된 세무조정 또는 이중과세 조정과 관련된 세무조정에서 발생
• 익금산입·손금불산입(또는 손금산입·익금불산입)한 세무조정사항의 효과가 사내에 남아있음에도 불구하고 회계상 순자산(자산 − 부채)이 적정한 경우에 하는 처분
• 사외유출이 일어나지 않았기 때문에 귀속자에 대한 납세의무도 유발되지 않고, 결산서상 자산·부채가 왜곡되지 않았기 때문에 차기 이후에 반대의 세무조정도 유발되지 않는다. 사실상 아무런 기능이 없는 예외적인 소득처분형태
<table>
<tr><th>세무조정</th><th colspan="2">결산서상 자산, 부채, 자본의 상태</th><th>소득처분</th></tr>
<tr><td>익금산입·손금불산입</td><td>적 정</td><td>자본을 증감시키지 않음</td><td>기타(잉여금)</td></tr>
<tr><td>손금산입·익금불산입</td><td>적 정</td><td>자본을 증감시키지 않음</td><td>기타(△잉여금)</td></tr>
</table></td></tr>
</table>

03 익금의 계산

1. 익금의 개념

익금이란 당해 법인의 순자산을 증가시키는 거래로 인하여 발생한 수익의 금액을 말한다. 단, 자본 또는 출자의 납입과 법인세법상 익금불산입항목으로 규정한 것은 제외된다.

2. 익금항목 중요

<table>
<tr><th>구 분</th><th>내 용</th></tr>
<tr><td>매출액
(사업수입금액)</td><td>기업회계상 매출과 법인세법상 사업수입금액이 반드시 일치하는 것은 아니나 매우 유사

매출액(사업수입금액) = 총매출액 − 매출에누리, 매출환입, 매출할인</td></tr>
<tr><td>자산의 양도금액/
자기주식 양도금액</td><td>① 주로 재고자산 이외의 자산(투자자산, 유형자산 및 무형자산 등)의 양도금액을 익금산입하고 동시에 양도한 자산의 양도 당시의 장부가액을 손금항목으로 인정
② 자기주식을 매각함으로써 생긴 손익은 익금(자기주식 양도금액) 또는 손금(자기주식 장부가액)에 산입(결국, 자기주식처분손익은 익금 또는 손금에 해당하는 것)</td></tr>
<tr><td>자산의 임대료</td><td>자산의 임대를 일시적 또는 비영업적으로 영위하여 발생한 임대료 수익</td></tr>
<tr><td>자산의 평가차익</td><td>법인세법상 자산의 평가차익은 익금불산입하는 것을 원칙으로 하되, 다음의 특정항목에 대해서는 익금에 산입하도록 규정
① 보험업법이나 기타 법률 규정에 의한 유형자산과 무형자산 등의 평가이익은 익금산입이 적용
② 합병 시 발생하는 합병평가차익과 분할 시 분할평가차익은 익금에 산입</td></tr>
</table>

<table>
<tr><td>자산수증이익과
채무면제이익</td><td>① 법인세법에서는 모두 법인의 순자산을 증가시키므로 익금에 해당
② 다만, 무상으로 받은 자산의 가액과 채무의 면제 또는 소멸로 인한 부채의 감소액 중 이월결손금의 보전에 충당한 금액은 자본보전목적의 무상증여에 해당하므로 익금불산입 처리</td></tr>
<tr><td>손금에 산입한 금액
중 환입된 금액</td><td>이미 손금에 산입한 금액이 환입되는 경우에는 그 금액은 순자산을 증가시키므로 익금에 해당한다. 이와 반대로 지출 당시에 손금으로 인정되지 못한 금액이 당해 사업연도에 환입된 경우 이중과세방지를 위해 익금에 산입하지 않는다.</td></tr>
<tr><td>유가증권
저가 매입</td><td>특수관계에 있는 개인으로부터 유가증권을 시가에 미달하는 가액으로 매입하는 경우에는 당해 매입가액과 시가와의 차액을 익금에 가산한다.</td></tr>
<tr><td>임대보증금에 대한
간주익금</td><td>차입금 과다법인으로서 부동산임대업을 주업으로 하는 영리내국법인이 추계결정·경정이 아닌 경우 간주임대료를 익금에 산입하는 경우에만 과세</td></tr>
<tr><td>의제배당</td><td>의제배당이란 형식상 배당이 아니더라도 사실상 회사의 이익이 주주 등에게 귀속되는 경우에 이를 배당으로 간주하는 제도를 말한다. 세법상 의제배당은 다음과 같이 크게 2가지 유형으로 나눌 수 있다.
① 자본의 감소·해산·합병·분할로 인한 의제배당

의제배당금액 = [자본감소, 해산, 합병, 분할로 인해 주주 등이 받는 재산가액] − [소멸하는 주식 등의 취득가액]

② 잉여금의 자본전입으로 인한 의제배당(무상주 발급에 의한 의제배당)
<table>
<tr><th>자본전입의 재원</th><th>기업회계</th><th>세 법</th></tr>
<tr><td rowspan="2">자본잉여금</td><td rowspan="2">배당 아님</td><td>과세되지 않은 잉여금(세법상 자본잉여금)
→ 의제배당 ×</td></tr>
<tr><td>과세된 잉여금(세법상 이익잉여금)
→ 의제배당 ○</td></tr>
<tr><td>이익잉여금</td><td>배당 아님</td><td>과세된 잉여금(세법상 이익잉여금)
→ 의제배당 ○</td></tr>
</table></td></tr>
</table>

3. 익금불산입항목 중요

익금불산입항목이란 법인의 순자산을 증가시키는 거래로 인하여 발생한 수익이나, 조세정책상 또는 법인의 자본건실화 등을 위하여 익금에 산입하지 않는 것

자본거래로 인한 익금불산입	① 주식발행 액면초과액(출자전환 시 채무면제이익은 제외) ② 주식의 포괄적 교환차익 ③ 주식의 포괄적 이전차익 ④ 감자차익 ⑤ 합병차익과 분할차익 ⑥ 자산수증이익, 채무면제이익 중 이월결손금의 보전에 충당된 금액 ⑦ 출자전환 시 채무면제이익 중 결손금 보전에 충당할 금액 ⑧ 준비금의 감소에 따라 자본준비금을 감액하여 받는 배당
이중과세조정을 위한 익금불산입	① 수입배당금액 익금불산입 ② 이월익금 ③ 법인세 또는 법인지방세의 환급액
그 밖의 익금불산입	① 자산의 평가이익(일정한 평가이익은 제외) ② 부가가치세 매출세액 ③ 국세, 지방세의 과오납금의 환급금에 대한 이자 ④ 조특법상 익금불산입 특례

04 손금의 계산

1. 손금의 개념

손금이란 당해 법인의 순자산을 감소시키는 거래로 인하여 발생하는 손비를 의미한다. 다만, 자본 또는 출자의 환급, 잉여금의 처분 및 법률에서 규정하는 순자산의 감소거래는 제외한다.

2. 손금항목 중요

① 양도한 자산의 양도 당시의 장부가액
② 판매한 상품 또는 제품에 대한 원료의 매입가액(기업회계기준에 따른 매입에누리금액 및 매입할인금액을 제외)과 그 부대비용
③ 판매한 상품 또는 제품의 보관료, 포장비, 운반비, 판매장려금 및 판매수당 등 판매와 관련된 부대비용(판매장려금 및 판매수당의 경우 사전약정 없이 지급하는 경우를 포함)
④ 인건비(단, 임원상여금한도초과액, 임원퇴직한도초과액 등 법률에서 정한 인건비 상당액은 손금불산입)(내국법인이 발행주식총수의 100%를 출자한 해외현지법인에 파견한 임직원의 인건비 포함)(임직원 출산・양육 지원을 위해 공통적으로 적용되는 지급기준에 따라 지급하는 금액 포함)(법인의 임직원에 대한 재화・용역 등 할인금액, 법인의 계열회사에 지급하는 할인금액은 손비에 포함)
⑤ 유형자산의 수선비
⑥ 유형자산 및 무형자산에 대한 감가상각비
⑦ 특수관계자로부터 자산 양수를 하면서 기업회계기준에 따라 장부에 계상한 자산의 가액이 시가에 미달하는 경우 실제 취득가액(실제 취득가액이 시가를 초과하는 경우에는 시가)과 장부에 계상한 가액과의 차액에 대한 감가상각비 상당액
⑧ 자산의 임차료
⑨ 차입금이자(채권자 불분명 사채이자, 비실명 채권・증권의 이자, 건설자금이자, 업무무관자산 등 지급이자는 손금불산입)
⑩ 회수할 수 없는 부가가치세 매출세액미수금(부가가치세법에 따라 대손세액공제를 받지 아니한 것에 한정한다)
⑪ 자산의 평가차손
⑫ 제세공과금
⑬ 광고선전 목적으로 기증한 물품의 구입비용. 단, 특정인에게 기증한 물품(개당 3만원 이하의 물품은 제외)의 경우에는 연간 5만원 이내의 금액으로 한정
⑭ 업무 관련 해외 시찰・훈련비
⑮ 장식, 환경미화 등의 목적으로 사무실 등 여러 사람이 볼 수 있는 공간에 항상 전시하는 미술품의 취득가액(거래단위별로 1,000만원 이하인 것에 한함)
⑯ 중소기업 및 중견기업이 핵심인력성과보상기금(이른바 내일채움공제)에 부담하는 기여금
⑰ 임원 또는 직원의 사망 이후 유족에게 학자금 등으로 일시적으로 지급하는 금액
⑱ 사내근로복지기금, 공동근로복지기금 등에 출연하는 금품
⑲ 근로자에게 지급하는 출산・양육 지원금
⑳ 그 밖의 손비로서 그 법인에 귀속되었거나 귀속될 금액

3. 손금불산입항목 중요

대손금	대손요건을 충족한 채권은 손금산입함이 원칙이나, 다음의 채권에 대하여는 대손요건 충족 시에도 대손금으로 손금에 산입할 수 없다. ① 채무보증으로 인한 구상채권 ② 특수관계자에 대한 업무무관가지급금 ③ 대손세액공제 받은 부가가치세 매출세액 미수금
자본거래 등으로 인한 손비의 손금불산입	① 잉여금의 처분을 손비로 계상(결산을 확정할 때 손비로 계상하는 것)한 금액 ② 주식할인발행차금
세금과공과금	법인이 제세공과금을 납부하는 것은 당해 법인의 순자산을 감소시키는 거래이기 때문에 법인세법상 손금에 해당한다. 그러나 조세정책상 목적으로 일부 제세공과금에 대해서는 손금으로 인정하지 않는다. ① 법인세 등 일정한 조세 ② 일정한 공과금 ③ 벌금, 과료, 과태료, 가산금 및 강제징수비 ④ 징벌적 목적의 손해배상금
자산의 평가차손	자산의 평가차손은 원칙적으로 손금에 산입하지 않는다. 다만, 다음의 열거된 것은 결산조정을 원칙으로 손금에 산입할 수 있다. ① 재고자산(재고자산평가방법을 저가법으로 신고한 경우), 유가증권(보험회사의 특별계정에 속하는 자산에 한함), 화폐성 외화자산 및 부채 등의 평가손실 ② 재고자산(파손 · 부패 등의 사유로 정상가격으로 판매할 수 없는 경우), 유형자산(천재지변 등의 사유로 파손되거나 멸실된 경우), 특정 주식 등에 대한 감액
감가상각비	유형자산 및 무형자산에 대한 감가상각비는 내국법인이 각 사업연도에 이를 손금으로 계상한 경우에 한하여(결산조정) 상각범위 안에서 당해 사업연도의 소득금액계산에 있어서 이를 손금에 산입하고 그 계상한 금액 중 상각범위액을 초과하는 부분의 금액은 손금에 산입하지 않는다.
기부금	법인이 각 사업연도에 지출한 기부금은 손금에 산입하는 것이 원칙이다. 다만, 비지정기부금과 특례 · 우리사주조합 · 일반기부금의 한도초과액은 손금에 산입하지 않는다.
기업업무추진비	법인이 지출한 기업업무추진비 중 다음의 금액은 손금에 산입하지 않는다. ① 1회의 접대에 지출한 기업업무추진비 (건당) 3만원 초과 적격증빙 미수취분 ② 기업업무추진비 한도초과액
과다경비 등의 손금불산입	다음의 손비 중 과다하거나 부당하다고 인정되는 금액은 손금에 산입하지 않는다. ① 인건비 ② 복리후생비 ③ 여비 및 교육 · 훈련비(법인이 임원 또는 직원이 아닌 지배주주 등에게 지급한 여비 및 교육 · 훈련비는 손금불산입) ④ 법인이 다른 법인 등과 공동사업 등을 운영하거나 영위함에 따라 발생되거나 지출된 손비 ⑤ 위 사항 외에 법인의 업무와 직접 관련이 적다고 인정되는 경비
지급이자 손금불산입	법인의 지급이자는 손금에 산입하는 것이 원칙이나 다음의 이자비용은 손금에 산입하지 않는다. ① 채권자가 불분명한 사채의 이자 ② 비실명 채권 · 증권의 이자 ③ 건설자금이자 ④ 업무무관자산 등에 대한 지급이자

4. 제세공과금

(1) 조 세

손금으로 인정되는 조세	손금으로 인정되지 않는 조세
① 재산세(업무용), 종합부동산세, 인지세, 자동차세(업무용), 균등할 지방소득세 등 ② 취득세·등록세 등 → 자산으로 처리한 후 추후 감가상각을 통해 손금인정	① 법인세비용(외국납부세액공제를 적용하지 않는 경우의 외국법인세액 포함) ② 개인지방소득세와 각 세법에 규정된 의무불이행으로 인하여 납부하였거나 납부할 세액(가산세 포함) ③ 부가가치세 매입세액*주1) ④ 벌금·과료·과태료·가산금 및 강제징수비*주2) ⑤ 법령에 의하여 의무적으로 납부하는 것이 아닌 공과금 ⑥ 법령에 의한 의무의 불이행 또는 금지·제한 등의 위반에 대한 제재로서 부과되는 공과금 ⑦ 실제 발생한 손해를 초과하여 지급하는 징벌적 목적의 손해배상금*주3)

*주1) 부가가치세 매입세액

부가가치세법	내 용	손금여부
매입세액공제분	일반적으로 매출세액에서 공제되는 매입세액	손금불산입
매입세액불공제분	**사업자의 귀책사유가 없는 경우** ① 면세사업자의 매입세액 ② 비영업용 소형승용차의 구입·임차 및 유지에 관한 매입세액 ③ 기업업무추진비 관련 매입세액 ④ 영수증을 발급받은 경우의 매입세액 ⑤ 간주임대료에 대한 매입세액	손금산입
	사업자의 귀책사유가 있는 경우 ① 세금계산서 미수취·부실기재 매입세액 ② 매입처별 세금계산서합계표 미제출·부실기재 매입세액 ③ 사업과 무관한 매입세액 ④ 사업자등록 전 매입세액	손금불산입

*주2) 벌금·과료·과태료·가산금 및 강제징수비

벌금 등에 해당하는 것(손금불산입)	벌금 등에 해당하지 않는 것(손금산입)
① 법인의 임직원이 관세법을 위반하고 지급한 벌과금 ② 업무와 관련하여 발생한 교통사고 벌과금 ③ 산업재해보상보험의 규정에 의하여 부과하는 산업재해보상보험료의 가산금 ④ 국민건강보험법의 규정에 의하여 징수하는 가산금	① 사계약상 의무불이행으로 인한 지체상금 ② 전기요금의 납부지연으로 인한 연체가산금 ③ 철도화차사용료의 미납액에 대하여 가산되는 연체이자 ④ 산업재해보상보험법의 규정에 의한 산업재해보상보험료의 연체금 ⑤ 국유지사용료의 납부지연으로 인한 연체료

*주3) 징벌적 목적의 손해배상금

법인이 지급한 손해배상금 중 실제 발생한 손해를 초과하여 지급하는 금액은 손금에 산입하지 않는다. 초과로 지급하는 금액을 벌과금과 같은 징벌적 성격으로 판단하기 때문이다.

구체적으로 '손금불산입 대상 손해배상금(징벌적 손해배상금)'이란 다음 중 어느 하나에 해당하는 금액을 말한다.

① 일정한 법률(개인정보 보호법, 공익신고자 보호법 등)의 규정에 따라 지급한 손해배상금 중 실제 발생한 손해액을 초과하는 금액

② 외국법령에 따라 지급한 손해배상액 중 실제 발생한 손해액을 초과하여 손해배상금을 지급하는 경우 실제 발생한 손해액을 초과하는 금액

한편 위의 규정을 적용할 때 실제 발생한 손해액이 분명하지 않은 경우에는 다음의 계산식에 따른다.

$$\text{손금불산입 대상 손해배상금} = A \times \frac{B-1}{B}$$

- A : 지급한 손해배상금
- B : 실제 발생한 손해액 대비 손해배상액의 배수 상한

(2) 공과금

모든 공과금을 손금산입(포괄주의)하는 것을 원칙으로 하되, 다음에 공과금은 예외적으로 손금불산입한다.

① 법령에 의하여 의무적으로 납부하는 것이 아닌 공과금(임의적 부담금)

② 법령에 의한 의무의 불이행 또는 금지·제한 등의 위반에 대한 제재로서 부과되는 공과금(제재목적의 공과금)

5. 인건비 중요

인건비는 원칙적으로 순자산을 감소시키는 거래이므로 이익처분에 의해서 지급되는 상여를 제외하고는 손금으로 인정되는 것이 원칙. 그러나 현행 법인세법에서는 인건비(복리후생비 포함)·여비 및 교육훈련비 등에 대해 과다하거나 부당하다고 인정되는 경우에는 손금불산입하는 내용을 규정

<table>
<tr><th>구 분</th><th>직 원</th><th>임 원</th></tr>
<tr><td rowspan="2">일반급여</td><td>손금인정</td><td>• 원칙 : 손금인정
• 예외 : 비상근임원의 보수 중 부당행위계산부인에 해당하는 금액은 손금불산입</td></tr>
<tr><td colspan="2">지배주주(특수관계자 포함)인 임직원에게 정당한 사유 없이 동일 직위에 있는 지배주주 등 외의 임직원에게 지급하는 금액을 초과하여 보수를 지급한 경우 그 초과금액은 손금불산입</td></tr>
<tr><td rowspan="2">상여금</td><td>손금인정</td><td>• 원칙 : 손금인정
• 예외 : 임원에게 급여지급기준을 초과하여 지급한 경우 그 초과금액은 손금불산입</td></tr>
<tr><td colspan="2">임원, 직원에게 이익처분에 의하여 지급하는 상여금은 손금불산입</td></tr>
<tr><td>퇴직급여</td><td>손금인정</td><td>• 원칙 : 손금인정
• 예외 : 법인세법상 임원퇴직급여 한도기준 초과하는 경우 손금불산입*주)</td></tr>
<tr><td>복리후생비</td><td colspan="2">다음의 열거된 것 및 그와 유사한 성질의 것에 한하여 손금인정
① 직장체육비
② 직장문화비(직장회식비를 포함)
③ 우리사주조합의 운영비
④ 영유아보육법에 따라 설치된 직장어린이집의 운영비
⑤ 「국민건강보험법」 및 「노인장기요양보험법」에 따라 사용자로서 부담하는 보험료 및 부담금
⑥ 「고용보험법」에 의하여 사용자로서 부담하는 보험료
⑦ 기타 임원 또는 직원에게 사회통념상 타당하다고 인정되는 범위 안에서 지급하는 경조사비</td></tr>
</table>

*주) 임원퇴직급여 한도초과액

임원퇴직급여 한도기준

① 1순위 : 정관(위임된 퇴직급여지급규정 포함)에서 규정한 금액

② 2순위(법인세법상 규정) : 퇴직 직전 1년간 총급여액(비과세, 손금불산입액 제외) × 10% × 근속연수(1년 미만 월수로 계산, 1개월 미만 절사)

6. 업무용승용차 관련 비용의 손금불산입

법인에서 사용하는 업무용차량에 대해서는 전액 손금으로 인정하는 것을 원칙으로 하나, 고가차량의 법인명의 등록으로 인한 과세형평의 불합리한 부분을 해소하기 위해 업무용승용차 관련 비용 중 업무용 사용금액에 해당하지 않는 금액은 손금불산입한다. 단, 일정 업종의 경우 적용을 제외한다.[*주)]

*주) 적용 제외대상 : 운수업, 자동차판매업, 자동차임대업(렌트회사), 시설대여업(리스회사), 운전학원업, 장례서비스업 등에서 사업상 수익 창출을 위해 직접적으로 사용하는 승용차, 연구개발을 목적으로 사용하는 자율주행자동차

(1) 업무용승용차 관련 비용

감가상각비, 임차료, 유류비, 수선비, 보험료, 자동차세, 금융리스부채에 대한 이자비용 등 업무용승용차를 취득・유지함으로써 발생하는 비용

(2) 업무용 사용금액 계산방법

① 업무전용자동차보험[*주1)] 미가입 및 전용번호판[*주2)] 미부착 시 : 전액 비용 불인정

*주1) 해당 법인 또는 협력업체의 임직원이 법인의 업무를 위해 운전하는 경우에만 보상이 가능한 자동차보험으로 해당 사업연도 전체 기간 동안 가입되어 있어야 함(다만, 해당 연도 중 일부 기간만 업무전용자동차보험에 가입한 경우에는 가입일수 비율에 의해 손금을 인정함)

*주2) 법인이 취득하거나 임차하여 사용하는, 취득가액이 8,000만원 이상인 업무용승용차는 '법인업무용 자동차 등록번호판(연녹색 바탕에 검은색 문자)'을 부착해야 비용 인정 가능함.

② 업무전용자동차보험에 가입하고 운행기록[*주3)]을 작성한 경우

비용 인정 금액 = 업무용승용차 관련 비용 × 업무사용비율[*주4)]

*주3) 사업연도 전체 기간 중 작성하되, 운행기록 양식 등 구체적 사항은 국세청장이 정함

*주4) 승용차별 운행기록상 업무용 주행거리 ÷ 총 주행거리

③ 업무전용자동차보험에 가입하였으나 운행기록을 작성하지 않은 경우

해당 사업연도 업무용승용차 관련 비용	비용 인정 한도액
1,500만원 이하	해당 비용 100%
1,500만원 초과	1,500만원 ÷ 업무용승용차 관련 비용

이때, 운행기록[*주4)]은 승용차별로 작성・비치하여야 하며 과세관청의 요구가 있을 경우 즉시 제출하여야 한다.

*주4) 운행기록 작성 : 사업연도 전체 기간 중 작성하되, 사업연도가 1년 미만인 경우나 기중에 취득(보유)한 경우에는 1,500만원 대신에 월할 계산한 「1,500만원 × 월수/12」로 산출한 금액으로 한다. 단, 부동산임대업을 주된 사업으로 하는 일정한 요건에 해당하는 내국법인의 경우에는 1,500만원을 500만원으로 한다(일반기업에 비해 한도 축소).

※ 업무용승용차 업무사용금액 산정기준

산정기준		비용 인정 금액 (업무용승용차 관련 비용 × 업무사용비율)
업무전용자동차보험 가입유무	NO →	업무용승용차 관련 비용 × 0%(원칙)
↓ YES		
운행기록 작성/비치 유무	YES →	업무용승용차 관련 비용 × $\frac{\text{업무용 사용거리}}{\text{총 주행거리}}$
↓ NO		
해당 연도 업무용승용차 관련 비용 1,500만원 초과 유무	NO →	업무용승용차 관련 비용 × 100%
	YES →	업무용승용차 관련 비용 × $\frac{\text{1,500만원}}{\text{업무용승용차 관련 비용}}$

(3) 감가상각비(상당액) 업무사용금액 계산방법

업무용 사용금액 중 감가상각비(상당액)는 매년 800만원*주)까지만 손금산입하며 초과금액은 이월하여 처리한다.

*주) 부동산임대업을 주된 사업으로 하는 등 일정한 요건에 해당하는 내국법인의 경우에는 800만원을 400만원으로 한다(일반 기업에 비해 한도 축소).

① 감가상각비(상당액) 계산식

$$\text{감가상각비(상당액}^{*주1)}) \times \frac{\text{해당 사업연도의 월수}}{12} \times \text{운행기록상 업무사용비율}^{*주2)}$$

*주1) 임차료 중 감가상각비 상당액 : 임차료 중 보험료, 자동차세 등을 제외한 금액
*주2) 운행기록을 작성하지 않은 경우 업무사용비율 계산방법
㉠ 업무용승용차 관련 비용이 1,500만원 이하인 경우 : 100%
㉡ 업무용승용차 관련 비용이 1,500만원 초과인 경우 : 1,500만원 ÷ 업무용승용차 관련 비용

감가상각비	업무용승용차별 감가상각비 × 업무사용비율 − 800만원 = (+)감가상각비 한도초과액 · 손금불산입(유보)
임차료 중 감가상각비 상당액	업무용승용차별 임차료 중 감가상각비 상당액*주1) × 업무사용비율 − 800만원 = (+)임차료 감가상각비 상당액 한도초과액 · 손금불산입(기타사외유출)

*주1) 업무용승용차별 임차료 중 감가상각비 상당액은 다음 구분에 따른 금액을 말함

구 분	업무용승용차별 임차료 중 감가상각비 상당액
운용리스 승용차	임차료 − 해당 임차료에 포함되어 있는 보험료 · 자동차세 · 수선유지비 다만, 수선유지비를 별도로 구분하기 어려운 경우에는 임차료(보험료 · 자동차세를 차감한 금액)의 7%를 수선유지비로 계산함
렌트 승용차	임차료의 70%에 해당하는 금액

② 다음 사업연도부터 해당 업무용승용차의 감가상각비(상당액) 업무사용금액이 800만원에 미달하는 경우 그 미달액을 한도로 손금추인한다.

감가상각비 이월액	다음 금액을 손금산입(△유보) 손금산입액 = Min[㉠, ㉡] ㉠ 전기 이전 감가상각비 한도초과액 중 잔액 ㉡ 한도미달액(−)
임차료 중 감가상각비 상당액 이월액	다음 금액을 손금산입(기타) 손금산입액 = Min[㉠, ㉡] ㉠ 전기 이전 임차료 감가상각비 상당액 한도초과액 중 잔액 ㉡ 한도미달액(−)

(4) 업무용승용차 처분손실의 이월 손금산입 방법

① 업무용승용차를 처분하여 발생하는 손실 중 다음의 한도초과액은 손금에 산입하지 않고, 다음 방법에 따라 이월하여 손금에 산입한다.

업무용승용차 처분손실 − 800만원 = (+)한도초과액 · 손금불산입(기타사외유출)

② ①의 한도초과액은 해당 사업연도 종료 후 다음 사업연도부터 이월금액 중 800만원씩 균등하게 손금산입하되, 남은 금액이 800만원 미만인 사업연도에는 남은 금액을 모두 손금에 산입한다.

다음 사업연도부터의 손금산입(기타)액 = Min[전기 이전 처분손실 한도초과액 중 잔액, 800만원]

③ 업무용승용차 관련비용 등을 손금에 산입한 법인은 법인세 과세표준신고와 함께 '업무용승용차 관련비용 등에 관한 명세서'를 관할세무서장에 제출해야 하며, 제출하지 않거나 사실과 다르게 제출한 경우에는 가산세(1%)를 납부하여야 한다.

05 손익의 귀속

1. 손익귀속사업연도의 일반원칙

각 사업연도의 익금과 손금의 귀속사업연도는 그 익금과 손금이 확정된 날이 속하는 사업연도로 한다. 여기서 '확정'이란 익금의 경우에는 권리가 확정된 시점에 확정되고 손금은 의무가 확정된 시점에 확정된다는 의미이다.

2. 항목별 손익의 귀속사업연도 중요

(1) 자산의 판매손익 등

① 원 칙

거래유형	법인세법상 손익의 귀속시기
상품・제품의 판매 (부동산은 제외)	그 상품 등을 인도한 날
상품 등의 사용판매	상대방이 그 상품 등에 대한 구입의 의사를 표시한 날(단, 일정 기간 내에 반송하거나 거절의 의사를 표시하지 아니하면 특약 등에 의하여 그 판매가 확정되는 경우에는 그 기간의 만료일)
상품 등 외의 자산의 양도(부동산 포함)	그 대금 청산한 날(단, 대금 청산일 전에 소유권이전등기(등록)일, 인도일 또는 사용수익일이 먼저 도래하는 경우 그 날)
자산의 위탁매매	수탁자가 그 위탁자산을 매매한 날

② 장기할부판매의 특례

구 분	법인세법상 손익의 귀속시기
단기할부판매	인도기준(명목가치)
장기할부판매	• 원 칙 : 인도기준(명목가치) • 예 외 – 결산서에 이자상당액을 기간경과에 따라 이자수익으로 인식할 경우 이를 인정(현재가치평가수용) – 결산서에 회수하였거나 회수할 금액으로 수익과 비용을 계상한 경우 이를 인정 – 중소기업은 결산서에 인도기준으로 인식한 경우에도 인도시점에 한꺼번에 법인세가 과세되는 것을 방지하기 위해 회수기일도래기준으로 신고조정할 수 있음

(2) 용역제공 등

① **원 칙** : 진행기준

기업회계기준은 용역매출의 경우 장단기를 불문하고 그 목적물의 건설 등을 완료한 정도(작업진행률)를 기준으로 수익을 인식하는 것을 원칙으로 한다.

② **특례규정** : 인도기준

중소기업인 법인이 수행하는 건설 등의 계약기간이 1년 미만인 경우로서 익금과 손금의 귀속사업연도는 원칙적인 진행기준에 불구하고 그 목적물의 인도일이 속하는 사업연도로 할 수 있다(인도기준).

구 분	법인세법상 손익의 귀속시기
단기용역매출	• 원 칙 : 진행기준 • 예 외 : 중소기업의 단기공사에 대해서 결산서에 진행기준으로 인식한 경우에 인도기준으로 신고조정할 수 있음(인도기준 인정)
장기용역매출	• 원 칙 : 진행기준(강제) • 예 외 : 진행률 산정이 불가능한 경우 인도일(인도기준)
분양공사 등 예약매출	• 원 칙 : 진행기준(강제) • 예 외 : 인도기준(진행률 산정이 불가능한 경우)

(3) 이자소득 등

① 이자수익

㉠ 일반법인의 수입이자

구 분	법인세법상 손익의 귀속시기
원 칙	소득세법상 이자소득의 수입시기(실제로 받은 날 또는 받기로 한 날)
예 외	기간경과분 미수이자를 이자수익으로 계상한 경우에는 이를 수용하여 해당 연도의 익금처리(단, 원천징수대상 이자소득은 익금에 해당하지 않음 → 대부분이 원천징수대상 소득이므로 거의 발생 안함)

㉡ 금융보험업의 수입이자

구 분	법인세법상 손익의 귀속시기
원 칙	현금주의(선수입이자 제외)
예 외	기간경과분 미수이자를 이자수익으로 계상한 경우에는 이를 수용하여 해당 연도의 익금처리(단, 원천징수대상 이자소득은 익금에 해당하지 않음 → 대부분이 원천징수대상소득이 아니므로 빈번하게 발생)

② 이자비용

구 분	법인세법상 손익의 귀속시기
원 칙	실제로 지급한 날 또는 지급하기로 한 날
예 외	기간경과분 미지급이자를 이자비용으로 계상한 경우에는 그 계상한 사업연도의 손금으로 인정(단, 차입일로부터 이자지급일이 1년을 초과하는 특수관계인과의 거래에 따른 이자 등은 제외)

③ 배당금 수익

법인세법상 배당소득에 대한 수입시기는 소득세법상 수입시기에 해당하는 날이 속하는 사업연도의 익금으로 한다.

(4) 임대료 등

구 분	법인세법상 손익의 귀속시기
자산임대로 인한 임대료 수익	• 지급일이 정해진 경우 : 그 지급일 • 지급일이 정해지지 않은 경우 : 그 지급을 받은 날
금전등록기 설치	그 금액이 실제로 수입된 사업연도로 할 수 있다.

(5) 사채할인발행차금

기업회계기준에서 정한 상각방법에 따라 손금으로 처리한다. 즉, 사채발행 시부터 최종상환 시까지의 기간에 유효이자율법을 적용하여 상각하고 동 상각액은 사채이자에 가산하여 각 사업연도의 손금으로 산입한다.

3. 자산 · 부채의 평가 중요

(1) 자산 · 부채의 평가기준

① 기본원칙

원칙적으로 자산 및 부채의 평가증과 평가감을 인정하지 않는다(원가법).

다만, 다음의 경우에는 그러지 아니하다.

㉠ 「보험업법」이나 기타 법률에 의한 유형자산 및 무형자산의 평가(증액에 한한다)

㉡ 재고자산(저가법 적용 평가손실), 유가증권(보험업법이나 그 밖의 법률에 의한 평가증), 금융기관이 보유하는 외화자산 · 부채에 대해서는 법인세법 시행령이 정하는 방법에 의하여 평가하여야 한다.

㉢ 가상자산 : 선입선출법에 따라 평가한다(2025년부터).

② [예외] 자산의 감액 인정(그래도, 자산의 평가손실은 손금으로 인정되지 않음)

- 다음 중 어느 하나에 해당하는 자산은 그 장부가액을 해당 감액사유가 발생한 사업연도에 다음의 평가액으로 감액하고, 그 감액한 금액을 손금으로 계상할 수 있다.
- 감액사유가 발생한 날이 속하는 사업연도에만 결산조정으로 평가손실을 손금으로 인정한다는 것이다(결산조정사항 : 신고조정사항 아님).

<table>
<tr><th colspan="2">감액사유</th><th>평가금액</th></tr>
<tr><td colspan="2">재고자산으로서 파손 · 부패 등의 사유로 인하여 정상가격으로 판매할 수 없는 것</td><td>사업연도 종료일 현재 처분가능한 시가로</td></tr>
<tr><td colspan="2">유형자산으로서 천재지변 또는 화재, 법령에 의한 수용 및 채굴예정량의 채진으로 인한 폐광으로 파손 또는 멸실된 것</td><td>사업연도 종료일 현재 시가</td></tr>
<tr><td rowspan="2">유가증권</td><td>다음의 주식 등으로서 그 발행법인이 부도가 발생한 경우 또는 「채무자 회생 및 파산에 관한 법률」에 의한 회생계획인가의 결정을 받았거나 「기업구조조정 촉진법」에 의한 부실징후기업이 된 경우의 당해 주식 등
• 주권상장법인 주식
• 「중소기업 창업지원법」에 따른 중소기업창업투자회사 또는 「여신전문금융업법」에 따른 신기술사업금융업자가 보유하는 주식 등 중 각각 창업자 또는 신기술사업자가 발행한 것
• 비상장법인의 주식(특수관계자가 아닌 경우에 한한다)</td><td>사업연도 종료일 현재 시가
(법인별로 주식가액이 1,000원 이하인 경우에는 1,000원)</td></tr>
<tr><td>주식 등을 발행한 법인이 파산한 경우에 당해 주식 등</td><td>사업연도 종료일 현재 시가
(1,000원 이하인 경우에는 1,000원)</td></tr>
</table>

(2) 재고자산의 평가

① 재고자산의 평가방법의 선택

재고자산은 법인이 원가법과 저가법 중 하나를 택하여 납세지 관할세무서장에게 신고한 방법으로 평가한다. 여기서 세법상 원가법으로 인정되는 방법은 다음과 같다.

㉠ 개별법

㉡ 선입선출법

㉢ 후입선출법

㉣ 총평균법

㉤ 이동평균법

㉥ 매출가격환원법(소매재고법)

② 재고자산평가방법의 적용

법인이 재고자산의 평가방법을 선택 적용하는 데 있어서 반드시 법인의 모든 재고자산에 대하여 동일한 평가방법을 적용할 필요는 없다. 법인세법상 재고자산의 종류별(제품 및 상품, 반제품, 재공품, 원재료, 저장품) · 영업장별 · 영업의 종목별에 따라 각기 다른 평가방법을 적용할 수 있다.

③ 재고자산평가방법의 신고와 변경

㉠ 평가방법의 최초신고 : 신설법인과 새로 수익사업을 개시한 비영리내국법인이 재고자산의 평가방법으로 최초로 신고하는 경우에는 재고자산 등 평가방법 신고서를 납세지 관할세무서장에게 제출(국세정보통신망에 의한 제출을 포함)하여야 한다. 이 경우 저가법을 신고하는 경우에는 시가와 비교되는 원가법을 함께 신고하여야 한다.

㉡ 평가방법의 변경신고

- 재고자산 평가방법을 변경하고자 하는 법인은 변경할 평가방법을 적용하고자 하는 사업연도의 종료일 이전 3월이 되는 날까지 변경신고를 하여야 한다.
- 법인이 신고기한을 경과하여 신고한 경우에는 그 신고일이 속하는 사업연도까지는 종전의 평가방법을 적용하고, 그 후의 사업연도에 있어서는 법인이 신고한 새로운 방법에 의해 평가한다.

㉢ 평가방법의 무신고와 임의변경

구 분	평가방법
무신고	선입선출법(매매용 부동산은 개별법)
임의변경	Max[ⓐ 선입선출법(매매용 부동산은 개별법), ⓑ 당초 신고한 방법에 의한 평가액]

(3) 유가증권의 평가

① 유가증권평가방법

유가증권의 평가는 원칙적으로 원가법만이 인정된다. 법인은 원가법 중 다음의 하나를 택하여 납세지 관할세무서장에게 신고한 방법으로 평가한다.

㉠ 개별법(채권에 한함)

㉡ 총평균법

㉢ 이동평균법

구 분	K-IFRS	세무조정
단기매매증권 (또는 당기손익인인식금융자산)	공정가액 (관련 손익을 당기손익처리)	관련 손익을 부인함
만기보유증권 (또는 상각후원가 측정 금융자산)	상각후취득원가 (유효이자율법)	상각액을 부인함
매도가능증권 (또는 기타포괄손익인식금융자산)	공정가액 (관련 손익을 기타포괄손익처리)	세무상 순자산의 유지를 위해 세무조정함

② 유가증권평가방법의 적용

유가증권평가방법의 최초 신고와 변경은 재고자산의 경우와 동일하다.

㉠ 평가방법의 최초 신고 : 당해 법인의 설립일 또는 수익사업개시일이 속하는 사업연도의 법인세 과세표준의 신고기한까지 신고하여야 한다.

㉡ 평가방법의 변경신고 : 유가증권 평가방법을 변경하고자 하는 법인은 변경할 평가방법을 적용하고자 하는 사업연도의 종료일 이전 3월이 되는 날까지 변경신고를 하여야 한다.

㉢ 평가방법의 무신고와 임의변경

구 분	평가방법
무신고	총평균법
임의변경	Max[총평균법, 당초 신고한 방법에 의한 평가액]

(4) 외화자산·부채의 평가

① 외화환산손익의 규정

화폐성 외화자산·외화부채와 환위험 위험회피용 통화선도·통화스왑의 계약 내용 중 외화자산 및 부채는 ㉠ 발생일의 환율 적용, ㉡ 종료일의 환율 적용 중 하나를 선택하여 평가한다.

② 외환차손익

외화자산·부채를 상환받거나 상환할 때 발생하는 거래손익은 실현손익이므로 당해 사업연도의 익금 또는 손금에 이를 산입한다.

06 기업업무추진비의 손금불산입

※ 2024년 1월 1일 이후 '접대비' 명칭을 '기업업무추진비'로 변경

1. 기업업무추진비의 범위

구 분	내 용
주주, 임원·직원이 부담하여야 할 기업업무추진비를 법인이 부담한 것	기업업무추진비로 보지 않음 → 이는 결국 업무와 관련이 없는 지출분이므로 직접 손금불산입(배당·상여)한다.
종업원이 조직한 조합 등에 대하여 지출한 복리시설비	① 조합·단체가 법인인 경우 : 기업업무추진비로 봄 ② 조합·단체가 법인이 아닌 경우 : 법인경리의 일부(손금산입)로 봄 예 종업원으로 구성된 노동조합지부에 지출한 보조금
약정에 따라 포기한 채권	① 포기사유가 정당한 경우 : 대손금으로 손금인정 ② 포기사유가 정당하지 아니한 경우 : 기업업무추진비(매출채권) 또는 기부금(기타채권)으로 봄(단, 채무자가 특수관계자인 경우에는 부당행위계산부인규정을 적용)
기업업무추진비 관련 부가가치세 매입세액	기업업무추진비(단, 기부금 관련 부가가치세 매입세액은 기부금으로 봄)
접대목적으로 제공한 자산에 대한 부가가치세 매출세액 부담액	이는 부가가치세법상 재화의 간주공급에 해당하는 사업상 증여에 따른 부가가치세 매출세액으로서 법인세법에서는 이러한 사업상 증여가 업무와 관련성이 있는 경우라면 이를 판매부대비용 또는 기업업무추진비로 본다. 만일 이러한 사업상 증여가 업무와 관련이 없는 기부금에 해당하면 동 사업상 증여에 따른 부가가치세 매출세액은 기부금으로 본다.
회의비	① 통상회의비 : 전액 손금인정 ② 통상회의비를 초과하는 금액 : 기업업무추진비로 봄

2. 기업업무추진비의 시부인계산구조 중요

(1) 계산구조

	기업업무추진비 해당액	→ 증빙불비 기업업무추진비 제외 : 손금불산입(대표자상여 또는 기타사외유출)
(-)	기업업무추진비 한도액	
	기업업무추진비 한도초과액	→ 손금불산입(기타사외유출)

각 사업연도에 지출한 기업업무추진비(직접부인된 기업업무추진비는 제외)로서 다음의 한도액*주)을 초과하는 금액은 손금불산입한다.

*주) 부동산임대업을 주된 사업으로 하는 일정한 요건에 해당하는 내국법인의 경우에는 그 금액에 100분의 50을 곱한 금액을 한도액으로 한다(일반기업에 비해 한도 축소).

일반기업업무추진비 한도액 = ① + ②

① 12,000,000원(중소기업 36,000,000원) × $\frac{\text{해당 사업연도 월수}^{*주1)}}{12}$

② 수입금액 한도 : (일반수입금액 × 적용률) + (특정수입금액*주2) × 적용률*주3) × 10%)

*주1) 월수는 역에 따라 계산하되, 1월 미만의 일수는 1월로 한다.
*주2) 특정수입금액이란 특수관계자와의 거래에서 발생한 수입금액을 말한다.
*주3) 수입금액 구간별 적용률은 다음과 같다.

수입금액	적용률
100억원 이하	0.3% ($\frac{3}{1,000}$)
100억원 초과 ~ 500억원 이하	3천만원 + 100억원 초과액 × 0.2% ($\frac{2}{1,000}$)
500억원 초과	1억 1천만원 + 500억원 초과액 × 0.03% ($\frac{0.3}{1,000}$)

※ 이때, 법인에 일반수입금액과 특정수입금액이 함께 있는 경우에는 일반수입금액에 대해 해당 수입금액구간 해당률을 적용한 다음, 특정수입금액에 대해서는 일반수입금액을 초과하는 수입금액구간의 해당률을 적용해야 한다.

(2) 수입금액

기업업무추진비의 한도액 계산기준이 되는 수입금액은 기업회계에 의하여 계산한 매출액(매출에누리와 환입・매출할인을 차감하고, 부산물매출액・작업폐물매출액은 포함)으로 한다.

(3) 기업업무추진비 한도액 특례

내국인이 문화기업업무추진비 또는 전통시장기업업무추진비로 지출한 금액에 대해서는 해당 과세연도 소득금액을 계산할 때 위의 일반기업업무추진비 한도액에 다음과 같이 문화기업업무추진비 한도액과 전통시장기업업무추진비 한도액을 가산한다.

기업업무추진비 한도액 = 일반기업업무추진비 한도액 + 문화기업업무추진비 한도액 + 전통시장기업업무추진비 한도액

- 문화기업업무추진비 한도액 : Min[①, ②]
  ① 문화기업업무추진비 지출액
  ② 일반기업업무추진비 한도액 × 20%
- 전통시장기업업무추진비 한도액 : Min[①, ②]
  ① 전통시장기업업무추진비 지출액
  ② 일반기업업무추진비 한도액 × 10%

※ 문화기업업무추진비는 국내 문화 관련 지출로서 법에 정한 비용이 있을 경우에만 계산한다.

3. 세무조정 중요

※ 기업업무추진비의 세무조정은 다음 순서에 의한다.

(1) 1단계 : 손금불산입 직부인

구 분	손금불산입	소득처분
직접부인 기업업무추진비	증빙누락분	손금불산입(대표자상여)
	적격증빙 미수취[건당 3만원(경조사비 20만원) 초과, 영수증 등 비적격증빙 수취 포함]	손금불산입(기타사외유출)

다만, 다음에 해당하는 기업업무추진비 지출액에 대해서는 적격증명서류가 없어도 위의 손금불산입규정을 적용하지 않는다.

① 적격증빙을 구비하기 어려운 법소정 국외지역에서 지출한 것으로서 지출사실이 객관적으로 명백한 기업업무추진비

㉠ 기업업무추진비가 지출된 장소에서 현금 외의 다른 지출수단이 없어 적격증빙서류를 구비하기 어려운 경우의 해당 국외지역에서의 지출

㉡ 농어민(법인은 제외)으로부터 직접 재화를 공급받는 경우의 지출로서 그 대가를 금융회사 등을 통하여 지급한 지출

② 당해 법인이 직접 생산한 제품 등으로 제공한 것(= 현물기업업무추진비)

(2) 2단계 : 기업업무추진비 한도계산 후 시부인

법인의 기업업무추진비 지출액 중 1단계에서 손금불산입된 금액을 제외한 금액이 기업업무추진비 한도액을 초과하는 경우, 동 금액을 손금불산입(기타사외유출)한다.

4. 현물기업업무추진비의 평가

기업업무추진비를 금전 외의 자산으로 제공한 경우(현물기업업무추진비) 해당 자산의 가액은 이를 제공할 때의 시가(시가가 장부가액보다 낮은 경우에는 장부가액)에 따른다(= Max[시가, 장부가]).

5. 기업업무추진비의 손금귀속시기

기업업무추진비는 접대행위를 한 시점이 속하는 사업연도의 손금으로 한다(발생주의).

07 기부금의 손금불산입

1. 기부금의 범위 중요

본래의 기부금		기부금은 법인이 특수관계 없는 자에게 사업과 직접 관계없이 무상으로 지출하는 재산적 증여의 가액이다. 특례기부금, 우리사주조합기부금, 일반기부금은 특수관계자에 대한 것도 기부금으로 인정하므로 '특수관계 없는 자에게'라는 표현은 비지정기부금에만 적용된다.
간주 기부금	자산의 매매 시 의제기부금	법인이 특수한 관계 외의 자에게 정당한 사유없이 자산을 정상가액보다 높은 가액(시가 × 130%)으로 양수하거나 정상가액보다 낮은 가액(시가 × 70%)으로 양도한 경우에는 당해 차액을 기부금으로 본다. 예 시가 200원인 자산을 300원에 양수한 경우에는 정상가액 260원(= 200원 × 130%)을 초과하는 40원을 기부금으로 의제하고, 시가 200원인 자산을 120원에 양도한 경우에는 정상가액 140원(= 200원 × 70%)에 미달하는 20원을 기부금으로 의제한다.
	부동산의 무상 또는 저가임대 시 의제기부금	법인이 특수관계자 이외의 자에게 사업과 직접 관계없이 부동산을 무상으로 임대하거나 정당한 사유 없이 정상가액보다 낮은 가액으로 임대하는 경우에도 그 차액을 기부금으로 본다.

2. 기부금의 종류 중요

특례 기부금	① 국가·지방자치단체에 무상으로 기증하는 금품의 가액 ② 국방헌금과 국군장병 위문금품의 가액 ③ 천재지변으로 생기는 이재민을 위한 구호금품의 가액 ④ 사립학교 등(병원 제외)에 시설비·교육비·장학금 또는 연구비로 지출하는 기부금 ⑤ 국립대학병원, 서울대학교병원, 사립학교가 운영하는 병원 및 그 병원이 설립한 의료기술협력단 등에 시설비·교육비 또는 연구비로 지출하는 기부금
일반 기부금	다음의 비영리법인(단체 및 비영리외국법인을 포함하며, 이하 "공익법인등"이라 한다)에 대하여 해당 공익법인등의 고유목적사업비로 지출하는 기부금 ① 사회복지법인 예 고아원, 양로원 등 ② 영유아보육법에 따른 어린이집, 유아교육법에 따른 유치원, 초·중등교육법 및 고등교육법에 따른 학교, 국민 평생 직업능력 개발법에 따른 기능대학, 평생교육법에 따른 전공대학 형태의 평생교육시설 및 원격대학 형태의 평생교육시설 ③ 정부로부터 허가·인가를 받은 학술연구단체·장학단체·기술진흥단체 ④ 종교의 보급·기타 교화를 목적으로 문화체육관광부장관 또는 지방자치단체의 장의 허가를 받아 설립한 비영리법인(그 소속 단체를 포함한다)
비지정 기부금	① 향우회, 동창회, 종친회, 신용협동조합, 새마을금고 등에 지출한 기부금 ② 정치자금기부금

3. 기부금의 시부인계산구조와 손금한도액계산 중요

구 분		내 용
특례 기부금	손금한도액	(기준소득금액*주1) − 이월결손금*주2)) × 50%
	시부인계산	손금한도액 범위 내에서 손금에 산입하며, 한도초과액은 손금불산입(기타사외유출)
우리사주 조합기부금	손금한도액	(기준소득금액 − 이월결손금 − 특례기부금 손금산입액) × 30%
	시부인계산	손금한도액 범위 내에서 손금에 산입하며, 한도초과액은 손금불산입(기타사외유출)
사회적기업 일반기부금	손금한도액	(기준소득금액 − 이월결손금 − 특례기부금 손금산입액 − 우리사주조합기부금 손금산입액) × 20%
	시부인계산	손금한도액 범위 내에서 손금에 산입하며, 한도초과액은 손금불산입(기타사외유출)

일반 기부금	손금한도액	(기준소득금액 – 이월결손금 – 특례기부금 손금산입액 – 우리사주조합기부금 손금산입액 – 사회적기업일반기부금) × 10%
	시부인계산	손금한도액 범위 내에서 손금에 산입하며, 한도초과액은 손금불산입(기타사외유출)
비지정기부금		비지정기부금은 전액을 손금불산입(기타사외유출)

*주1) 기준소득금액 : 기준소득금액은 다음 산식에 의한 금액을 말한다.

기준소득금액 = 차가감소득금액 + 특례기부금 · 우리사주조합기부금 · 일반기부금 지출액

*주2) 이월결손금은 기준소득금액의 80%를 한도로 한다. 단, 중소기업인 경우 기준소득금액의 100%로 한다.

4. 현물기부금의 평가

구 분	현물기부금의 평가
특례기부금, 우리사주조합기부금, 특수관계가 없는 자에게 기부한 일반기부금	장부가액
특수관계자에게 기부한 일반기부금, 비지정기부금	Max[시가, 장부가액]

5. 기부금의 귀속시기

① 기부금은 그 지출한 날이 속하는 사업연도를 귀속시기로 한다. 따라서, 기부금의 손금귀속시기는 현금주의에 의한다.

② 법인이 기부금의 지출을 위하여 어음을 발행(배서 포함)한 경우에는 그 어음이 실제로 결제된 날에 지출한 것으로 보며, 수표를 발행한 경우에는 당해 수표를 발급한 날에 지출한 것으로 본다.

6. 기부금한도초과액의 이월공제 중요

기부금의 한도초과액은 해당 사업연도의 다음 사업연도 개시일부터 다음 기간 이내에 끝나는 각 사업연도에 이월하여, 이월된 각 사업연도의 해당 기부금 한도미달액의 범위에서 그 한도초과액을 손금에 산입한다.

구 분	이월손금 산입기간
특례기부금 한도초과액	10년
우리사주조합기부금 한도초과액	규정 없음
일반기부금 한도초과액	10년

TIP

조합비 · 협회비의 구분

조합 · 협회	회비구분과 세법상 취급	
	일반회비	특별회비
영업자가 조직한 단체(법인) 또는 주무관청에 등록된 조합 · 협회	전액 손금인정	일반기부금에서 제외 (손금 불인정)
임의로 조직된 단체	일반기부금에서 제외(손금 불인정)	

※ 2013년 1월 1일 이후 개시한 사업연도분도 적용

08 지급이자의 손금불산입

1. 지급이자 손금불산입의 의의

법인에 자본용역에 대한 대가로서 발생하는 금융비용(지급이자)은 당해 법인의 순자산가액을 감소시키므로 당연히 손금에 산입되어야 한다. 그러나 법인세법과 조세특례제한법에서는 여러 가지 정책상의 이유로 지급이자의 손금산입을 제한하고 있다.

이때, 동일한 지급이자에 대해서 둘 이상의 손금불산입규정이 동시에 적용되는 경우에는 반드시 다음에 열거된 순서에 의하여 세무조정을 하여야 한다.

부인순서	종 류	손금불산입액	소득처분
①	채권자 불분명 사채이자	해당 이자	대표자상여*주)
②	비실명 채권, 증권이자		
③	건설자금이자 중 특정차입금이자		유 보
④	업무무관자산 등에 대한 지급이자	업무무관자산가액 및 가지급금에 대한 지급이자 상당액	기타사외유출

*주) 원천징수세액 상당액은 기타사외유출로 처분한다.

2. 지급이자 손금불산입액의 계산유형 중요

(1) 채권자가 불분명한 사채의 이자

개 념	채권자 불분명 사채이자란 다음의 차입금에서 발생한 이자(알선수수료·사례금 등 명칭 여하를 불문하고 사채를 차입하고 지급하는 일체의 금품을 포함) ① 채권자의 주소·성명을 확인할 수 없는 차입금 ② 채권자의 능력·자산상태로 보아 금전을 대여한 것으로 인정할 수 없는 차입금 ③ 채권자와의 금전거래사실·거래내용이 불분명한 차입금
소득처분	채권자 불분명 사채이자의 손금불산입액에 대한 소득처분은 귀속자를 알 수 없으므로 대표자상여로 하되, 원천징수세액 상당액은 국가 또는 지방자치단체에 귀속되므로 기타사외유출로 한다.

(2) 지급받는 자가 불분명한 채권·증권의 이자와 할인액

개 념	비실명 채권·증권이자란 채권·증권의 발행법인이 직접 그 채권·증권의 이자와 할인액 또는 차익을 지급하는 경우에 그 지급사실이 객관적으로 인정되지 않는 이자와 할인액 또는 차익을 말한다.
소득처분	비실명 채권·증권의 이자와 할인액은 전액 손금불산입한다. 이때 그 이자와 할인액에 대한 원천징수세액 상당액은 국가 또는 지방자치단체에 귀속되므로 기타사외유출로 하되, 나머지 이자와 할인액은 귀속자를 알 수 없으므로 대표자상여로 소득처분한다.

(3) 건설자금이자

① 의 의

건설자금이자라 함은 법인이 사업용 유형자산 및 무형자산의 매입, 제작, 건설을 위해 조달한 차입금(자산의 건설에 소요되는지의 여부가 불분명한 차입금은 제외)에 대한 지급이자 또는 이와 유사한 성질의 지출금을 말한다.

② 건설자금이자의 자본화 적용대상

구 분	법인세법
적용대상	• 유형자산 · 무형자산 : 적용대상(○) • 재고자산 · 투자자산 : 적용대상(×)
대상차입금	특정차입금

③ 건설자금이자의 계산기간

건설자금이자의 계산은 건설을 개시한 날부터 건설이 준공된 날까지로 한다. 여기서 건설이 준공된 날이란 자산의 유형별로 달리 규정하고 있는데, 그 내용은 다음과 같다.

㉠ 토지 : 다음 중 빠른 날(ⓐ 대금청산일, ⓑ 사업에 사용하기 시작한 날)

㉡ 건축물 : 다음 중 빠른 날(ⓐ 취득일, ⓑ 당해 건축물의 사용개시일)

㉢ 기타 사업용 유형자산 및 무형자산 : 사용개시일

④ 건설자금이자의 세무상 처리

구 분	세무상 처리
건설자금의 일부를 운영자금으로 전용한 경우	당기 손금으로 처리
건설자금의 일시예입에서 발생하는 수입이자	건설자금이자에서 차감
차입한 건설자금의 연체로 인하여 생긴 이자를 원본에 가산한 경우	• 그 가산한 금액 : 건설자금이자 • 원본에 가산한 금액에 대한 지급이자 : 당기 손금으로 처리

(4) 업무무관자산 등에 대한 지급이자

① 의 의

법인이 업무무관자산을 보유하거나 특수관계자에게 명칭 여하에 불구하고 업무와 관련이 없는 자금을 대여한 경우에는 지급이자를 손금불산입한다.

② 적용대상법인

업무무관자산 관련 지급이자 손금불산입 적용대상법인은 다음의 자산을 보유하고 있는 모든 법인을 대상으로 한다.

㉠ 업무무관부동산 · 업무무관동산

㉡ 업무무관가지급금

③ 업무무관부동산 등의 범위

업무무관부동산	㉠ 법인이 업무에 직접 사용하지 않는 부동산. 다만, 다음에 정하는 기간(= 유예기간)이 경과하기 전까지의 기간 중에 있는 부동산을 제외한다. ⓐ 건축물 또는 시설물 신축용 토지 : 취득일부터 5년 ⓑ 부동산매매업을 주업으로 하는 법인이 취득한 매매용 부동산 : 취득일부터 5년 ⓒ 위 ⓐ 및 ⓑ 외의 부동산 : 취득일부터 2년 ㉡ 유예기간 중에 당해 법인의 업무에 직접 사용하지 아니하고 양도하는 부동산. 다만, 부동산매매업을 주업으로 영위하는 법인의 경우를 제외한다.
업무무관동산	㉠ 서화 및 골동품. 다만, 장식 · 환경미화 등의 목적으로 사무실 · 복도 등 여러 사람이 볼 수 있는 공간에 상시 비치하는 것을 제외한다. ㉡ 업무에 사용하지 않는 자동차 · 선박 및 항공기 등 ㉢ 기타 위 ㉠ 및 ㉡의 자산과 유사한 자산으로서 당해 법인의 업무에 직접 사용하지 않는 자산
업무무관 가지급금	업무무관가지급금은 특수관계자에게 지급한 금액으로서 명칭 여하에 불구하고 당해 법인의 업무와 관련이 없는 자금의 대여액(금융기관의 경우에는 주된 수익사업으로 볼 수 없는 자금의 대여액을 포함한다)

④ 손금불산입액의 계산

적용산식	업무무관자산 관련 지급이자 손금불산입액은 다음 산식에 의하여 계산한다. $$지급이자 \times \frac{업무무관부동산 \cdot 동산 \cdot 가지급금적수}{차입금적수}$$
유의사항	㉠ 차입금 및 지급이자의 범위 : 지급이자 손금불산입규정을 적용함에 있어 차입금 및 지급이자는 지급이자를 발생시키는 모든 부채와 동 부채에 관련된 지급이자로 한다. 다만, 선순위로 지급이자가 손금불산입된 차입금 및 지급이자는 제외한다. **지급이자 (O)** • 금융어음(= 융통어음)의 할인료 • 금융리스에 의하여 지급하는 리스료 • 사채할인발행차금 상각액 **지급이자 (×)** • 상업어음(= 진성어음)의 할인료 • 운용리스에 의하여 지급하는 리스료 • 자산취득으로 생긴 채무에 대한 현재가치할인차금 상각액 • 연지급수입이자 • 기업구매자금대출에 대한 이자 ㉡ 자산가액의 계산 : 업무무관부동산 · 동산의 가액은 취득가액(매입가격 및 부대비용, 건설자금이자, 자본적 지출액을 포함)으로 한다. ㉢ 가지급금의 적수계산 시 동일인에 대한 가지급금과 가수금의 병존 : 가지급금의 적수계산 시 동일인에 대한 가지급금과 가수금이 함께 있는 경우에는 이를 상계한 금액으로 한다. 다만, 동일인에 대한 가지급금과 가수금의 발생 시에 각각 상환기간 및 이자율 등에 관한 약정이 있어 이를 상계할 수 없는 경우에는 그러하지 아니하다.

09 감가상각비의 손금불산입

1. 법인세법상 감가상각제도의 특징

① 결산조정사항

② 임의상각제도

상각범위 내에서 감가상각비의 손금산입여부를 자유롭게 결정 가능

2. 감가상각자산의 범위

(1) 감가상각대상자산의 유형

구 분	범 위
유형자산	① 건축물(건물 및 부속설비와 구축물) ② 차량 및 운반구, 공구, 기구 및 비품 ③ 선박 및 항공기 ④ 기계 및 장치 ⑤ 동물 및 식물 ⑥ 기타 ①부터 ⑤까지의 자산과 유사한 유형자산

무형자산	① 영업권, 디자인권, 실용신안권, 상표권 ② 특허권, 어업권, 채취권, 철도시설관리권 등 ③ 광업권, 전신전화전용시설이용권, 전용측선이용권 등 ④ 개발비 ⑤ 사용수익기부자산가액 등 ⑥ 주파수이용권 및 공항시설관리권 ⑦ 항만시설관리권 ⑧ 기타 ①부터 ⑦까지의 자산과 유사한 무형자산

(2) 감가상각대상자산의 포함되지 아니하는 자산

① 사업에 사용하지 아니하는 것(유휴설비를 제외)*주1)

② 건설 중인 것*주2)

③ 시간의 경과에 따라 그 가치가 감소되지 아니하는 것

④ 금융리스외의 자산(리스회사가 감가상각함)

*주1) 단기의 운휴자산은 감가상각대상에 포함되나 다음의 유휴설비는 감가상각하지 아니한다.
1. 사용 중 철거하여 사업에 사용하지 아니하는 기계 및 장치 등
2. 취득 후 사용하지 아니하고 보관 중인 기계 및 장치 등

*주2) 감가상각자산에서 제외되는 건설중인자산에는 설치 중인 자산 또는 그 성능을 시험하기 위한 시운전기간에 있는 자산을 포함한다. 다만, 건설중인자산의 일부가 완성되어 당해 부분이 사업에 사용되는 경우 그 부분은 이를 감가상각자산에 해당하는 것으로 한다.

3. 감가상각 범위액 산정을 위한 요소

(1) 취득가액

① 일반적인 취득가액

감가상각자산의 취득가액은 자산의 취득가액에 대한 법인세법의 일반원칙에 의하여 계산한다.

감가상각대상자산에 포함되는 항목	감가상각대상자산에 포함되지 않는 항목
㉠ 자본적 지출 ㉡ 법률에 의한 평가차익 ㉢ 건설자금이자 ㉣ 유형자산의 취득가액으로 계상한 국공채의 매입가액과 현재가치와의 차액	㉠ 수익적 지출 ㉡ 부당행위계산에 의한 시가초과액(고가매입) ㉢ 자산의 임의평가증 ㉣ 정상가액 초과액(특수관계없는 자에게 매입한 경우) ㉤ 현재가치할인자금을 결산상 계상한 경우 ㉥ 자산으로 계상한 복구충당부채

② 자본적 지출과 수익적 지출

법인세법상 '자본적 지출'이라 함은 법인이 소유하는 감가상각자산의 내용연수를 연장시키거나 당해 자산의 가치를 현실적으로 증가시키기 위하여 지출한 수선비를 말한다. 이에 반하여 원상회복이나 능률유지를 위해 지출한 수선비는 '수익적 지출'에 해당한다. 수익적 지출의 경우 당해 자산의 취득가액에 가산하지 않고 당해연도 손금에 산입한다.

자본적 지출(자산에 가산)	수익적 지출(당기 손금)
㉠ 본래의 용도를 변경하기 위한 개조 ㉡ 엘리베이터 또는 냉난방장치의 설치 ㉢ 빌딩 등에 있어서 피난시설 등의 설치 ㉣ 재해 등으로 인하여 멸실 또는 훼손되어 본래의 용도에 이용할 가치가 없는 건축물・기계・설비 등의 복구 ㉤ 기타 개량・확장・증설 등 위와 유사한 성질의 것	㉠ 건물 또는 벽의 도장 ㉡ 파손된 유리나 기와의 대체 ㉢ 기계의 소모된 부속품 또는 벨트의 대체 ㉣ 자동차 타이어의 대체 ㉤ 재해를 입은 자산에 대한 외장의 복구・도장 및 유리의 삽입

TIP

즉시상각의제

1. 즉시상각의제의 개념

법인이 감가상각자산의 취득과 관련하여 지출한 금액과 감가상각자산에 대한 자본적 지출액을 손금으로 계상한 경우에는 이를 감가상각한 것으로 보아 상각범위액을 계산한다. 이를 즉시상각의제라 한다. 즉, 그 금액은 법인이 계상한 감가상각비에 합산되어 시부인계산의 대상이 됨과 동시에 상각범위액 계산을 할 때 감가상각 기초가액에 합산되어 상각범위액을 증가시키게 된다.

2. 즉시상각의제의 예외

위의 규정에 불구하고 다음의 경우에는 감가상각 시부인계산 없이 그 자산을 사업에 사용한 사업연도에 손금으로 계상한 경우 손금으로 인정하도록 하는 특례규정을 두고 있다.

구 분	내 용
소액자산의 경우	취득가액이 거래단위별로 100만원 이하인 사업용 자산을 그 사업에 사용한 날이 속하는 사업연도의 손금으로 계상한 경우에는 이를 손금에 산입한다.
소액수선비 등	다음의 지출은 비록 자본적 지출에 해당하는 것이라 할지라도 이를 수익적 지출로 할 수 있다. ① 개별 자산별로 수선비로 지출한 금액이 600만원 미만인 경우 ② 개별 자산별로 수선비로 지출한 금액이 직전 사업연도 종료일 현재 재무상태표상 자산가액(취득가액 – 감가상각누계액)의 5%에 미달하는 경우 ③ 3년 미만의 주기적인 수선을 위하여 지출하는 경우
단기사용자산의 경우	다음의 단기사용자산은 이를 그 사업에 사용한 날이 속하는 사업연도의 손금으로 계상한 것에 한하여 이를 손금에 산입한다. ① 영화필름, 공구, 가구, 전기기구, 가스기기, 가정용 기구・비품, 시계, 시험기기, 측정기기 및 간판 ② 대여사업용 비디오테이프 및 음악용 컴팩트디스크(CD)로서 개별자산의 취득가액이 30만원 미만인 것 ③ 전화기(휴대용 전화기 포함) 및 개인용 컴퓨터(그 주변기기 포함)
생산설비의 폐기 시	다음의 경우 결산조정에 의해 장부가액에서 1,000원을 공제한 금액을 폐기일이 속하는 사업연도의 손금에 산입할 수 있다. 이 경우 1,000원은 당해 자산의 처분 시 손금에 산입한다. ① 시설의 개체・기술의 낙후로 생산설비의 일부를 폐기한 경우 ② 사업의 폐지 또는 사업장의 이전으로 임대차계약에 따라 임차 사업장의 원상회복을 위하여 시설물을 철거하는 경우

(2) 잔존가액

잔존가액이란 자산을 폐기할 때 회수할 수 있을 것으로 예상되는 금액을 말한다. 법인세법은 유형・무형자산을 불문하고 잔존가액을 원칙적으로 모두 '0'으로 한다.

(3) 내용연수(상각률)

내용연수란 기업이 자산을 사용할 수 있을 것으로 예상되는 기간을 말한다. 법인세법은 법인이 임의로 내용연수를 설정하여 감가상각범위액을 자의적으로 계산하는 것을 방지하기 위해 자산별 내용연수뿐 아니라 그에 따른 상각률까지도 법으로 정하고 있다.

① 내용연수표

법인세법은 감가상각자산을 크게 시험연구용 자산, 무형자산, 건축물 등 업종별 자산으로 나누어 내용연수에 대한 규정을 두고 있다.

② 기준내용연수와 신고내용연수

기준내용연수란 구조 또는 자산별·업종별로 법인세법 시행규칙에 규정한 특정 내용연수를 말한다. 내용연수범위(기준내용연수 ± 기준내용연수 × 25%) 내에서 내용연수를 선택할 수 있는데, 이때 법인이 선택하여 신고한 내용연수를 신고내용연수라고 한다. 감가상각비 범위액 계산에 있어서는 이러한 내용연수범위 안에서 법인이 신고한 내용연수에 따른 상각률을 적용한다. 다만, 기한 내에 신고를 하지 아니한 경우에는 기준내용연수와 그에 따른 상각률을 적용한다.

4. 감가상각방법과 범위액의 계산방법 중요

(1) 감가상각방법

구 분		신고 시 상각방법(선택 가능)	무신고 시 상각방법
유형고정자산	건축물	정액법	정액법
	기타의 유형자산	정률법·정액법	정률법
	광업용 유형자산	생산량비례법·정률법·정액법	생산량비례법
무형고정자산	개발비	20년 이내의 기간 동안 정액법	5년간 정액법
	사용수익기부 자산가액	사용수익기간 동안의 정액법	사용수익기간 동안의 정액법
	주파수이용권과 공항시설관리권	사용기간 동안의 정액법	사용기간 동안의 정액법
	기타의 무형자산	정액법	정액법

(2) 특수한 경우의 상각범위액 계산방법

① 신규 취득자산

신규 취득자산의 상각범위액 계산은 다음과 같이 한다.

$$\text{신규 취득자산의 상각범위액} = \text{위 (1)의 상각범위액} \times \frac{\text{월수}}{12}$$

위의 산식에서 월수는 당해 자산을 사업에 사용한 날부터 당해 사업연도 종료일까지의 월수를 말한다. 이 경우 월수는 역에 따라 계산하되, 1월 미만의 일수는 1월로 한다.

② 자본적 지출이 발생한 경우

사업연도 중에 자본적 지출액이 발생한 경우에도 신규 취득자산과는 달리 기존의 상각방법과 내용연수에 따른 상각률을 그대로 적용한다.

5. 감가상각비의 시부인계산 중요

(1) 시부인계산의 개념

감가상각비의 시부인계산이란 회사가 비용으로 계상한 감가상각비와 세법상 손금한도액인 상각범위액을 비교하여 세무조정하는 것을 말한다. 이때 한 자산의 상각부인액과 다른 자산의 시인부족액은 상계할 수 없으며, 각각 별도로 세무조정하여야 한다.

감가상각비는 원칙적으로 결산조정사항이며 따라서 결산서에 손비를 계상하지 않은 경우에는 손금으로 인정받을 수 없다.

(2) 시부인액에 대한 세무조정

상각부인액	법인이 장부상으로 계상한 감가상각비가 세법상의 상각범위액을 초과하는 금액을 상각부인액이라 하며, 동 상각부인액은 손금불산입(유보)한다. 그리고 차기 이후에 시인부족액을 한도로 하여 이를 손금으로 추인한다.*주)
시인부족액	법인이 장부상으로 계상한 감가상각비가 세법상 상각범위액에 미달하는 금액을 시인부족액이라 한다. 감가상각비는 결산조정사항이므로 시인부족액은 세무조정을 통하여 손금산입할 수 없으며, 차기 이후 사업연도의 상각부인액에도 충당하지 못한다.

*주) 법인이 결산조정으로 감가상각비를 손금계상하지 않은 경우에도 적용한다.

6. 감가상각자산을 양도한 경우 세무조정

법인이 감가상각자산을 양도한 경우에는 개별 자산별로 다음과 같이 세무조정한다.

① 상각부인액이 있는 경우 : 동 금액을 손금산입(△유보)함

② 시인부족액이 있는 경우 : 세무조정 없이 소멸함

상각부인액이 있는 자산을 양도한 경우에는 장부상 처분이익이 과대계상되기 때문에 그 차이만큼을 손금산입으로 조정해야 한다.

PART 2

10 충당금의 손금산입

1. 충당금 개요

충당금의 의의	현행 법인세법에서는 기업회계와의 괴리를 최소화하기 위해 모든 기업들에게 공통적으로 적용되는 퇴직급여충당금과 대손충당금 그리고 조세정책적 목적에서 당해 세법에 제한적으로 열거한 충당금(일시상각충당금 등)에 한해서 일정한 기준에 의하여 법정한 금액을 손금으로 인정하고 있다.
법인세법상 충당금의 종류	① 퇴직급여충당금(또는 퇴직연금충당금) ② 대손충당금 ③ 일시상각충당금 · 압축기장충당금
충당금의 특징	① 법정손금항목 : 법인세법상 충당금은 실제로는 순자산가액을 감소시키는 거래에서 발생한 것이 아님에도 불구하고 세법에서 특별히 손금으로 인정하는 법정손금에 해당한다. ② 결산조정사항 : 법인세법상 충당금은 장부상 비용처리를 하여야만 법인세법상 한도액 범위 내에서 손금으로 인정되는 결산조정사항이다. 그러나 일시상각충당금과 압축기장충당금에 대해서는 기업회계상 이를 인정하지 않고 있기 때문에 법인세법에서는 이를 신고조정을 통하여 손금인정을 받을 수 있도록 특례규정을 운용하고 있다. ③ 세무조정 ㉠ 손금한도액에 미달하게 계상한 경우 : 세무조정 없음(∵ 결산조정사항이므로) ㉡ 손금한도액을 초과하여 계상한 경우 : 한도초과액을 손금불산입(유보)함 ④ 세법에 열거되지 아니한 충당금 : 기업회계기준에는 열거되어 있으나 법인세법상 열거되지 아니한 충당금의 경우에는 장부에 계상한 금액 전액을 손금불산입(유보)한다. ㉠ 제품보증충당부채 ㉡ 경품충당부채 ㉢ 복구충당부채 ㉣ 하자보수충당부채 ㉤ 공사손실충당부채

2. 퇴직급여충당금 [경과규정]

※ 본 규정은 2016년 이후 사내유보를 통한 손금산입이 불가하므로 과거에 적립된 충당금의 관리 목적으로 참고하시기 바랍니다.

(1) 퇴직급여충당금의 손금한도액

퇴직급여충당금 손금산입 한도액 = Min[①, ②]

① 총급여액기준 = 퇴직급여의 지급대상이 되는 임원·직원의 총급여액 × 5%

② 충당금누적액기준 = {Max(일시퇴직기준, 근로자퇴직급여보장법상 보험수리적기준 퇴직급여추계액) × 5%(2015년 5%, 2016년 0%) + 퇴직전환금계상액} − 당기 세무상 충당금 잔액*주)

*주) 당기 세무상 충당금 잔액 = 당기 기초장부상 충당금 잔액 − 당기 장부상 충당금 감소액 − 전기 충당금부인누계액

(2) 용어설명

총급여액	총급여액은 퇴직급여의 지급대상이 되는 임원·직원(확정기여형 퇴직연금, 개인퇴직계좌 등이 설정된 자 제외)에게 당해 사업연도 중에 근로의 제공으로 지급한 각종 금액을 말한다. 이때 인정상여나 근로소득으로 보는 퇴직위로금, 손금불산입된 총급여 등은 총급여에 포함되지 않는다. 1년 미만 근속자도 사내 퇴직급여지급규정에서 지급대상자로 정한 경우에는 설정대상자에 포함시킨다.
퇴직급여추계액	당해 사업연도 종료일 현재 임원·직원(확정기여형 퇴직연금 등이 설정된 자 제외) 전원이 일시에 퇴직할 경우 소요되는 퇴직급여 상당액을 퇴직급여추계액이라 한다. Max[일시퇴직기준 추계액, 보험수리적기준 추계액]
세무상 퇴직급여충당금 이월잔액	세무상 퇴직급여충당금 이월잔액 = 재무상태표상 당기 기초 퇴직급여충당금잔액 − 당기 퇴직급여충당금 감소액 − 부인누계액(유보)
퇴직급여 전환금	국민연금법에 의하여 사용자가 퇴직급여전환금을 납부하고 재무상태표에 계상한 금액을 말하며, 사업연도 종료일 현재의 잔액으로 한다. 이러한 퇴직급여전환금은 1999년 4월 1일부터 해지되었으나, 종전에 납부한 금액은 당해 임원 또는 직원이 퇴직할 때까지는 잔존하게 되므로 한도액 계산 시 계속 고려하여야 한다.

TIP

퇴직급여 지급 시 처리방법

1. 규 정

매 사업연도별로 퇴직급여충당금을 손금에 산입한 법인이 실제로 임직원이 퇴직을 하여 당해 임직원에게 퇴직급여를 지급하는 경우에는 이미 매 사업연도별로 손금인정을 받은 퇴직급여충당금에서 먼저 지급하여야 한다. 이 경우 퇴직급여충당금 부인액이 있는 법인이 세무상 퇴직급여충당금을 초과하여 퇴직급여를 지급하는 경우에는 동 초과금액을 손금산입한다.

2. 유의점

퇴직급여충당금을 계상한 법인이 퇴직하는 임직원에게 퇴직급여를 지급하는 때에는 개인별 퇴직급여충당금과는 관계없이 동 퇴직급여충당금에서 지급하여야 한다.

3. 대손금과 대손충당금의 손금산입 중요

(1) 대손금

의 의		대손금이란 회수할 수 없는 부실채권을 말하며, 이것은 순자산 감소의 원인이 되므로 원칙적으로 손금으로 인정한다. 다만, 채권의 회수불능기준이 모호하므로, 법인세법에서는 대손금의 범위를 정하여 엄격하게 적용하고 있다. 대손충당금을 설정하고 있는 법인에 이러한 대손금이 발생하게 되면, 먼저 대손충당금과 상계하고 부족액은 대손상각비를 계상하여 손금에 산입하여야 한다.
대손금에 해당하는 채권의 범위	대손처리 가능채권	원칙적으로 대손처리할 수 있는 채권의 범위에는 제한이 없다. 따라서, 일반적인 매출채권뿐만 아니라 부가가치세 매출세액 미수금(단, 대손세액공제 받은 것은 제외)도 포함함
	대손처리 불능채권	① 대손세액공제를 받은 부가가치세 매출세액 미수금 ② 특수관계자에 대한 업무무관가지급금 ③ 채무보증으로 인한 구상채권
대손사유	신고조정사항	신고조정사항에 해당하는 채권은 반드시 당해 사유가 발생한 날이 속하는 사업연도의 손금으로 처리하여야 한다. 따라서 법인이 다음의 요건에 해당하는 채권을 보유하고 있으면서 당해 사업연도에 장부상 대손금으로 처리하여 당해 채권을 제각하지 않으면 반드시 세무조정에 의한 손금산입(△유보)을 통하여 당해 채권을 제각시켜야 한다. ① 민법·상법·어음법·수표법에 의하여 소멸시효가 완성된 채권 ② 채무자회생및파산에관한법률에 의한 회생계획인가의 결정 또는 법원의 면책결정에 따라 회수불능으로 확정된 채권 ③ 민사집행법의 규정에 의하여 채무자의 재산에 대한 경매가 취소된 압류채권
	결산조정사항	결산조정사항에 해당하는 다음의 채권은 법인이 장부상 대손금으로 처리한 날이 속하는 사업연도의 손금으로 인정한다. ① 채무자의 파산·강제집행·형의 집행·사업폐지·사망·실종·행방불명으로 인하여 회수할 수 없는 채권 ② 국세징수법의 규정에 의하여 납세지 관할세무서장으로부터 국세결손처분을 받은 채무자에 대한 채권 ③ 부도발생일로부터 6월 이상 경과한 어음·수표 및 외상매출금(중소기업의 외상매출금으로서 부도발생일 이전의 것에 한함). 단, 저당권이 설정되어 있는 경우에는 대손금으로 처리할 수 없다. ④ 회수기일이 6월 이상 경과한 채권 중 회수비용이 당해 채권가액을 초과하여 회수실익이 없다고 인정되는 채권으로서 30만원(채무자별 채권가액의 합계액을 기준으로 함) 이하의 채권 ⑤ 중소기업 외상매출금으로서 회수기일로부터 2년이 경과한 외상매출금 및 미수금. 단, 특수관계인과의 거래로 인하여 발생한 외상매출금등은 제외한다. ⑥ 물품의 수출 또는 외국에서의 용역제공으로 발생한 채권으로서 무역에 관한 법령에 따라 한국무역보험공사로부터 회수불능이 확인된 경우
대손금 회수액의 처리		대손금으로 손금산입한 금액 중 회수된 금액은 회수된 날이 속하는 사업연도의 익금에 산입
대손금으로 인식하는 금액		대손요건을 충족한 대상채권의 전액을 대손금으로 한다. 다만, 부도발생일로부터 6월 이상 경과한 어음·수표 및 외상매출금의 경우에는 비망금액으로 1,000원(어음·수표 1매당 1,000원, 외상매출금은 채무자별로 1,000원)을 제외한 금액을 대손금으로 한다.

(2) 대손충당금

<table>
<tr><td rowspan="2">설정대상 채권의 범위</td><td>

구 분	내 용
대상 채권	① 외상매출금 : 상품・제품판매가액의 미수액과 가공료・용역 등의 제공에 의한 사업수입금액의 미수액 ② 대여금 : 금전소비대차계약 등에 의하여 타인에게 대여한 금액 ③ 기타 이에 준하는 채권 : 어음상의 채권・미수금・기업회계기준에 의한 대손충당금 설정대상 채권
제외 채권	① 대여시점의 특수관계자에 대한 업무무관가지급금 ② 보증채무를 대위변제함으로써 발생한 구상채권 ③ 부당행위계산부인규정을 적용받는 시가초과액에 상당하는 채권 ④ 익금의 귀속시기가 도래하지 아니한 미수이자 ⑤ 차입거래에 해당하는 할인어음

</td></tr>
<tr></tr>
<tr><td>손금산입 한도액</td><td>

① 손금산입방법 : 대손충당금의 손금산입은 결산조정에 의하며, 기초의 대손충당금 중 대손금과 미상계된 잔액은 전액 익금산입하고, 당해 사업연도의 설정액은 전액 손금산입하는 총액법을 사용하도록 규정하고 있다.

② 손금한도액 : 대손충당금의 손금산입한도액은 다음의 금액으로 한다.

구 분	내 용
산 식	손금한도액 = 대손충당금 설정대상 채권잔액 × 설정률
설정률	㉠ 일반법인 : 1% 또는 대손실적률*주) 중 큰 비율 ㉡ 금융기관 : 1% 또는 대손실적률 중 큰 비율

*주) 대손실적률 = $\frac{\text{당기 세무상 대손금}}{\text{직전 사업연도 종료일 현재 세무상 채권잔액}}$

</td></tr>
<tr><td>상계와 환입</td><td>

① 상계 : 대손충당금을 계상한 법인에 대손금이 발생한 경우에는 그 대손금은 이미 계상되어 있는 대손충당금과 먼저 상계하여야 한다.

② 환입 : 당해 연도에 손금산입한 대손충당금 중 대손금과 상계한 후의 대손충당금 잔액은 다음 연도의 소득금액계산상 익금에 산입한다. 법인세법은 이렇게 총액법에 의해 대손충당금을 설정하고 다음 사업연도에 잔액을 환입하는 과정을 매년 되풀이하게 된다.

</td></tr>
<tr><td>대손충당금의 세무조정</td><td>

① 대손충당금의 세무조정구조

	대손충당금설정액		
(−)	한도액	→	재무상태표상 대손충당금 기말잔액
(+)	한도초과액	→	손금불산입(유보)
(−)	한도미달액	→	세무조정 없음(∵ 결산조정사항이므로)

② 대손충당금의 세무조정 시 유의사항

㉠ 설정액 : 대손충당금 설정액은 손익계산서상 비용계상액이 아니라 재무상태표상 대손충당금 기말잔액으로 한다. 왜냐하면 세무상 대손충당금 설정방법은 총액법에 의하기 때문이다.

㉡ 한도초과액의 처리 : 대손충당금 한도초과액은 손금불산입(유보)하며, 다음 연도에는 동 금액을 손금산입(△유보)한다(자동조정 유형임).

</td></tr>
</table>

11 부당행위계산부인

1. 부당행위계산의 유형

구 분	내 용
손익거래	① 자산 시가를 초과하는 가액으로 매입 또는 현물출자를 받았거나 그 자산을 과대상각한 때 ② 자산을 무상 또는 시가보다 낮은 가액으로 양도 또는 현물출자한 때 ③ 금전, 기타 자산 또는 용역을 무상 또는 낮은 이율·요율이나 임대료로 대부하거나 제공한 때 (단, 직원과 비출자임원·소액주주임원에게 사택(임차사택 포함)을 제공하는 경우를 제외함) ④ 금전 기타 자산 또는 용역을 높은 이율·요율이나 임차료로 차용하거나 제공을 받은 때 ⑤ 무수익 자산을 매입 또는 현물출자 받았거나 당해 무수익자산에 대한 비용을 부담한 때 ⑥ 불량자산을 차환하거나 불량채권을 양수한 때 ⑦ 파생상품(선도거래, 선물, 스왑, 옵션 등)에 근거한 권리를 행사하지 아니하거나 그 행사기간을 조정하는 등의 방법으로 이익을 공여하는 때 ⑧ 출연금을 대신 부담한 때 ⑨ 기타 이에 준하는 행위 또는 계산 및 그 외에 법인의 이익을 공여하였다고 인정되는 것이 있는 때

위의 거래 중 ① ~ ④에 해당하는 다음의 거래는 시가와 거래가액의 차액이 시가의 5%에 상당하는 금액 이상이거나 3억원 이상인 경우에 한하여 부당거래로 본다.

① 자산 시가를 초과하는 가액으로 매입 또는 현물출자를 받았거나 그 자산을 과대상각한 때
② 자산을 무상 또는 시가보다 낮은 가액으로 양도 또는 현물출자한 때
③ 금전 기타 자산 또는 용역을 무상 또는 시가보다 낮은 이율·요율이나 임차료로 대부하거나 제공한 때
④ 금전 기타 자산 또는 용역을 시가보다 높은 이율·요율이나 임차료로 차용하거나 제공을 받은 때

2. 자산의 고가양수·저가양도 중요

(1) 자산의 고가양수

자산의 고가양수 시 세무상 자산가액은 시가이므로 시가초과액을 손금산입(△유보)한다. 또한 동 금액은 부당행위계산부인규정이 적용되므로 익금산입하고 당해 귀속자에 대하여 소득처분(배당·상여 등)한다.

(2) 자산의 저가양도

자산의 저가양도 시 세무상 양도가액은 시가이므로 양도가액과 시가와의 차액인 시가 미달액을 익금산입하고 당해 귀속자에 대하여 소득처분(배당·상여 등)한다.

한편, 자산의 저가양도는 당해 자산이 기업외부로 유출되는 거래이므로 사후관리를 할 필요가 없다.

3. 가지급금 인정이자 중요

(1) 가지급금 인정이자의 개념

법인이 특수관계자에게 무상 또는 낮은 이자율로 자금을 대여한 경우에는 가중평균차입이자율 등으로 계산한 이자상당액과 실제 수입이자와의 차액을 익금산입(배당·상여 등)한다.

익금에 산입할 금액 = 가지급금 인정이자 − 실제 수입이자

(2) 가지급금의 범위

가지급금이란 계정과목의 명칭 여하에 불구하고 당해 법인의 업무와 관련 없는 자금의 대여액을 말하는데, 이 중 부당행위계산부인규정이 적용되는 가지급금이란 거래상대방이 특수관계자인 경우에 한한다.

(3) 가지급금 인정이자의 계산

① 적용산식

$$가지급금\ 인정이자 = 가지급금\ 적수 \times \frac{1}{365}\ (윤년의\ 경우에는\ \frac{1}{366}) \times 이자율$$

② 가지급금 적수

㉠ 가지급금의 적수계산 시 초일은 산입하고 말일은 불산입한다.

㉡ 동일인에 대하여 가지급금과 가수금이 함께 있는 경우에는 상계 후 잔액에 대하여 인정이자를 계산한다. 다만, 상환기간·이자율 등의 사전약정이 있어 이를 서로 상계할 수 없는 경우에는 상계하지 아니한다.

③ 이자율의 적용방법

이자율은 당좌대출이자율과 가중평균차입이자율 중 해당 법인이 선택하는 이자율(선택하지 아니한 경우에는 당좌대출이자율)을 시가로 하되, 금전의 대여의 경우에는 일반적인 시가산정기준에 불구하고 가중평균차입이자율을 시가로 한다.

12 과세표준과 세액의 계산

1. 과세표준의 계산 중요

(1) 과세표준의 계산산식

	각 사업연도 소득금액
(−)	이월결손금
(−)	비과세소득
(−)	소득공제
	과세표준

법인세 과세표준은 위의 산식처럼 각 사업연도 소득금액에서 이월결손금·비과세소득·소득공제를 차감한 금액으로 한다.

이때 주의해야 할 것은 법인세 과세표준은 각 사업연도 소득금액의 범위 안에서 ① 이월결손금, ② 비과세소득, ③ 소득공제를 순차적으로 공제하여 계산해야 한다는 것이다. 이때 순차적으로 공제한다는 의미는 공제항목 중 각 사업연도 소득금액이 부족하여 해당 사업연도에 공제되지 않을 경우에 이월결손금만 이월되며, 비과세소득과 소득공제는 해당 사업연도에 공제되지 못할 경우 소멸하여 이월되지 않는다는 의미이다.

(2) 이월결손금

① 결손금과 이월결손금

결손금이란 각 사업연도의 손금총액이 익금총액을 초과하는 경우 당해 금액을 말하며, 이월결손금이란 이러한 결손금이 다음 사업연도로 이월된 경우 당해 금액을 일컫는 용어이다.

현행 법인세법은 원칙적으로 결손금을 다음 사업연도로 이월하여 공제하는 방법을 취하고 있으나, 중소기업에 대해서는 예외적으로 소급공제도 허용하고 있다.

다만, 「조세특례제한법」에 따른 중소기업과 회생계획을 이행 중인 기업, 기업 개선계획을 이행 중인 기업, 학교법인 등 대통령령으로 정하는 법인을 제외한 내국법인의 경우 이월결손금 공제 범위는 각 사업연도 소득의 100분의 80으로 한다.

일반기업 이월결손금 공제액	Min[㉠ 공제대상 이월결손금, ㉡ 각 사업연도 소득금액 × 80%]
중소기업등 이월결손금 공제액	Min[㉠ 공제대상 이월결손금, ㉡ 각 사업연도 소득금액 × 100%]

② 이월결손금공제

㉠ 규정 : 과세표준 계산 시 공제되는 이월결손금의 범위는 각 사업연도 개시일 전 15년*주) 이내에 개시한 사업연도에서 발생한 세무상 결손금으로서 그 후의 각 사업연도의 과세표준을 계산할 때 공제되지 않은 금액에 한한다. 이 경우 여러 사업연도에 걸쳐 이월결손금이 있는 경우에는 먼저 발생한 사업연도부터 순차로 공제한다.

*주) 2020년(2009년) 1월 1일 전에 개시하는 사업연도 발생분은 10년(5년) 공제

㉡ 적용 배제 : 법인세 과세표준을 추계결정 또는 추계경정하는 경우에는 이월결손금을 공제하지 아니한다. 다만, 천재지변 등으로 장부 기타 증빙서류가 멸실되어 과세표준을 추계하는 경우에는 그러하지 아니하다.

(3) 비과세소득

비과세소득이란 정책적인 목적 등을 위해 국가가 과세권을 포기한 소득을 말한다. 현행 법인세법상 비과세소득으로 공익신탁의 신탁재산에서 생기는 소득만을 규정하고 있다.

(4) 소득공제

소득공제란 이중과세의 조정 및 조세정책적 목적에 따라 비과세소득과 함께 과세표준 계산 시 일정한 금액을 공제해 줌으로써 세부담을 경감시켜 주는 제도를 말한다. 이러한 소득공제는 법인세법과 조세특례제한법에 규정되어 있다.

① 법인세법상 소득공제

다음에 해당하는 내국법인이 배당가능이익의 90% 이상을 배당한 경우 동 금액은 당해 사업연도의 소득금액에서 이를 공제한다.

소득공제액 = 배당한 금액 ≥ 배당가능이익 × 90%

㉠ 자산유동화에 관한 법률에 따른 유동화전문회사

㉡ 자본시장과 금융투자업에 관한 법률에 따른 투자회사, 투자목적회사, 투자유한회사 및 투자합자회사

㉢ 기업구조조정투자회사법에 따른 기업구조조정투자회사 등

② 조세특례제한법상 소득공제
㉠ 자기관리부동산 투자회사에 대한 소득공제
㉡ 고용유지중소기업에 대한 소득공제

2. 산출세액의 계산 중요

(1) 각 사업연도 소득에 대한 일반적인 법인세 산출세액

① 계산구조
각 사업연도 소득에 대한 법인세 산출세액의 계산구조는 다음과 같다.

	과세표준	
(×)	세 율	→ 4단계 초과누진세율
	산출세액	

② 세 율
법인세법상 각 사업연도 소득에 대한 법인세 산출세액 계산 시 적용되는 세율은 4단계 초과누진세율이며, 이를 정리하면 다음과 같다.

과세표준	세 율
2억원 이하	과세표준금액의 9%
200억원 이하	1,800만원 + 2억원을 초과하는 금액의 19%
3,000억원 이하	37억 8,000만원 + 200억원을 초과하는 금액의 21%
3,000억원 초과	625억 8,000만원 + 3,000억원을 초과하는 금액의 24%

TIP

사업연도가 1년 미만인 경우

법인의 사업연도가 1년 미만인 경우에는 다음 산식에 의하여 계산된 세액을 산출세액으로 한다.

구 분	세 율
산 식	산출세액 = [(과세표준 × $\frac{12}{\text{사업연도 월수}}$) × 세율] × $\frac{\text{사업연도 월수}}{12}$
월수 계산	월수는 역에 따라 계산하되, 1월 미만의 일수는 1월로 한다.
사 례	① 사업연도 : 7월 23일부터 12월 31일까지 ② 과세표준 : 180,000,000원 ③ 산출세액 : [(180,000,000원 × $\frac{12}{6}$) × 세율] × $\frac{6}{12}$ = 24,200,000원

TIP

성실신고확인대상 소규모 법인에 대한 법인세

아래 요건을 모두 충족하는 소규모법인에 대해 다음과 같은 과세표준과 세율을 적용한다.
㉠ 지배주주 및 특수관계자 지분합계가 전체의 50% 초과
㉡ 부동산임대업 법인 또는 이자·배당·부동산임대소득이 수입금액의 50% 이상인 법인
㉢ 해당 사업연도의 상시근로자 수가 5인 미만

과세표준	세 율
200억원 이하	19%
200억원 초과 3,000억원 이하	3,800,000,000원 + 200억원을 초과하는 금액의 21%
3,000억원 초과	62,600,000,000원 + 3,000억원을 초과하는 금액의 24%

3. 세액공제 · 감면

(1) 세액감면의 종류

현행 법인세법상 세액감면은 없으나 조세특례제한법은 다양한 세액감면을 규정하고 있는데 이것은 다음과 같이 구분된다.

구 분	내 용
일반감면	감면대상소득이 발생하면 시기에 제한 없이 감면한다. 예 중소기업특별세액감면, 기술이전소득에 대한 감면 등
기간감면	감면대상소득 최초 발생연도와 그 다음 과세연도 3년 동안 법인세의 50%(또는 100%)를 감면한다. 예 창업중소기업 등에 대한 세액감면, 외국인투자기업에 대한 세액감면 등

(2) 세액공제

세액공제란 산출세액에서 일정액을 공제하는 것을 말한다. 현행 세법상 세액공제제도는 법인세법과 조세특례제한법에 규정되어 있다.

구 분	법인세법상 세액공제	조세특례제한법상 세액공제
종 류	① 외국납부세액공제 ② 재해손실세액공제 ③ 사실과 다른 회계처리에 기인한 경정세액공제(분식회계세액공제)	① 연구 · 인력개발비세액공제 ② 각종 투자세액공제 ③ 기업의 어음제도개선을 위한 세액공제 ④ 특허권 등의 취득에 대한 세액공제 ⑤ 전자신고에 대한 세액공제 ⑥ 제3자 물류비용에 대한 세액공제
이월공제	① 외국납부세액공제 : 10년 허용 ② 재해손실세액공제 : 없음 ③ 사실과 다른 회계처리에 기인한 경정세액공제 : 기간 제한 없음	조세특례제한법상 세액공제는 10년간 이월공제 허용
최저한세	–	적용[단, 연구 · 인력개발비세액공제(중소기업에 한함)는 최저한세 적용대상이 아님]

4. 차가감납부세액 중요

	산출세액	→ 토지 등 양도소득에 대한 법인세 포함
(–)	세액감면	
(–)	세액공제	
(+)	가산세	
(+)	감면분추가납부세액	
	총부담세액	
(–)	기납부세액	→ 중간예납세액, 원천징수세액, 수시부과세액
	차감납부할세액	
(–)	경정세액공제	
	차감납부세액	→ 각 사업연도 종료일이 속하는 달의 말일부터 3월 이내 자진신고 · 납부

PART 2

13 법인세의 신고와 납부

1. 사업연도 중의 신고 · 납부

(1) 의 의

법인세는 사업연도가 끝난 후에 법정신고납부기한인 각 사업연도 종료일이 속하는 달의 말일부터 3월 이내에 신고 · 납부하는 것을 원칙으로 한다. 다만, 예외적으로 조세채권의 손실을 미연에 방지하고 세수를 조기에 확보하고자 사업연도 중에도 미리 납부 · 징수하도록 규정하고 있는데, 중간예납 · 원천징수 · 수시부과제도가 이에 해당한다. 이와 같이 사업연도 중에 납부 · 징수된 중간예납세액 · 원천징수세액 · 수시부과세액은 자진납부세액 계산 시 기납부세액으로 공제된다.

	총부담세액	
(−)	기납부세액	→ 중간예납세액 · 원천징수세액 · 수시부과세액
(=)	자진납부세액	

(2) 중간예납 중요

① 개 념

법인세법에서는 각 사업연도의 기간이 6월을 초과하는 법인의 경우에는 당해 사업연도 개시일부터 6월간을 중간예납기간으로 하여 당해 기간에 대한 법인세를 납부하도록 규정하고 있는데, 이를 중간예납이라 한다.

② 중간예납 의무자

중간예납 대상법인은 사업연도가 6월을 초과하는 법인으로 한다. 다만, 다음에 해당하는 법인은 중간예납 제외법인으로 하여 중간예납 의무를 지지 않는다.

㉠ 신설법인의 최초 사업연도. 다만, 합병 또는 분할에 의한 신설법인은 최초 사업연도에도 중간예납 의무를 진다.

㉡ 사업연도가 6월 이내인 법인

㉢ 세무서장이 중간예납기간 중 사업수익금액이 없는 것으로 확인한 휴업법인

㉣ 국내사업장이 없는 외국법인

㉤ 청산법인

㉥ 사립학교를 경영하는 법인

③ 중간예납세액의 신고 · 납부

중간예납세액은 중간예납기간이 지난 날로부터 2월 이내에 신고 · 납부하여야 한다. 예를 들어 사업연도가 1월 1일부터 12월 31일까지인 12월 결산법인의 경우, 6월 30일의 2개월 이내인 8월 31일까지 신고 · 납부하면 된다.

④ 영세 중소기업의 중간예납의무 적용 배제

직전 사업연도 법인세의 1/2에 해당하는 금액으로 계산한 중간예납세액이 50만원 미만인 중소기업은 적용을 배제함

(3) 원천징수

다음의 소득금액을 법인에게 지급하는 경우에 그 지급하는 금액에서 원천징수세율을 적용한 법인세를 원천징수하여 그 징수일이 속하는 달의 다음 달 10일까지 납세지 관할세무서장에게 납부하여야 한다.

구 분	원천징수세율
이자소득금액	14%(비영업대금의 이익 : 25%)
집합투자기구로부터의 이익 중 투자신탁의 이익	14%

(4) 수시부과

납세지 관할세무서장 또는 관할지방국세청장은 내국법인이 그 사업연도 중에 다음의 사유로 법인세 포탈의 우려가 있다고 인정되는 경우에는 수시로 그 법인에 대한 법인세를 부과할 수 있다.

① 신고를 하지 아니하고 본점 또는 주사무소를 이전한 때

② 사업부진 기타 사유로 인하여 휴업 또는 폐업상태에 있을 때

③ 기타 조세를 포탈할 우려가 있다고 인정되는 상당한 이유가 있을 때

2. 법인세 신고 및 납부

(1) 과세표준의 확정신고

납세의무가 있는 법인은 각 사업연도의 종료일이 속하는 달의 말일부터 3월 이내에 법인세 과세표준과 세액을 납세지 관할세무서장에게 신고하여야 한다. 이 경우 내국법인으로서 각 사업연도 소득금액이 없거나 결손금이 있는 법인의 경우에도 동일하다.

PART 2

(2) 납 부

① 납부기한

법인세 과세표준과 세액을 신고한 내국법인은 자진납부세액을 법정 과세표준 신고기한(각 사업연도 종료일이 속하는 달의 말일부터 3월 이내)까지 정부[납세지 관할세무서, 한국은행(그 대리점 포함)]에 납부하여야 한다.

② 분 납

납부할 세액(가산세 및 감면분 추가납부세액은 제외)이 1천만원을 초과하는 경우, 다음의 세액을 납부기한이 지난 날로부터 1개월(중소기업의 경우에는 2개월) 이내에 분납할 수 있다.

㉠ 납부할 세액이 2천만원 이하인 때 : 1천만원을 초과하는 금액

㉡ 납부할 세액이 2천만원을 초과하는 때 : 그 세액의 50% 이하의 금액

3. 소규모법인 등에 대한 성실신고확인제도 적용

(1) 확인대상

① 다음의 소규모법인 요건에 해당하는 법인(아래 요건을 모두 충족)

㉠ 해당 사업연도의 상시근로자 수가 5인 미만

㉡ 지배주주 및 특수관계자 지분합계가 전체의 50% 초과

㉢ 부동산임대업 법인 또는 이자·배당·부동산임대소득이 수입금액의 50% 이상인 법인

② 성실신고확인대상인 개인사업자가 법인 전환 후 3년 이내인 내국법인 또는 그 전환한 법인으로부터 해당 사업을 인수하여 영위 중인 내국법인

(2) 확인제외 대상

외부감사법에 따라 외부감사를 받은 법인

(3) 제출의무와 위반 시 제재사항

확인대상에 해당하는 법인은 과세연도가 끝난 후 4개월 이내에(1개월 신고기한 연장) 과세표준 및 세액 신고 시 세무사 등이 작성한 성실신고확인서를 제출하여야 하며 이를 위반 시 산출세액의 5%(또는 수익금액의 0.02%)에 해당하는 금액의 미제출가산세를 부과한다.

(4) 기 타

성실신고확인을 받는 법인에게는 성실신고 확인비용 세액공제(확인비용의 60%, 150만원 한도)를 받을 수 있다.

CHAPTER 03

단원별 적중문제

01 공개

다음 중 법인세법상 과세소득에 관한 설명으로 가장 올바르지 않은 것은?

① 청산소득이라 함은 영리내국법인이 해산(합병 또는 분할에 의한 해산 제외)하는 경우에 발생하는 소득을 말한다.

② 자기자본이 500억원이 넘는 중소기업의 미환류소득은 법인세법상 과세소득이다.

③ 비과세 법인을 제외한 모든 법인은 토지 등 양도소득에 대한 법인세의 납세의무를 진다.

④ 법인세법은 포괄적 소득의 개념으로서의 순자산증가설의 입장을 취하고 있다.

해설

미환류소득의 경우 상호출자제한기업집단 소속 법인의 미환류소득만 법인세법상 과세소득이다.

02 공개

다음은 제조업을 영위하는 (주)삼일이 유가증권에 대해 다음과 같이 회계처리한 경우 유보(또는 △유보)로 소득처분할 금액을 바르게 짝지은 것은?(단, 사업연도는 1월 1일부터 12월 31일까지이다)

ㄱ. 20x0년 중 특수관계인인 개인으로부터 시가 1,000,000원인 유가증권(A 주식)을 900,000원에 매입하여 해당 금액으로 계상하였다.

ㄴ. 20x0년 말 유가증권(A 주식)의 시가는 1,300,000원으로 300,000원의 평가이익을 장부에 계상하였다.

ㄷ. 20x1년 중 20x0년에 취득한 유가증권을 1,300,000원에 매각하면서 처분이익 100,000원을 계상하였다.

	20x0년	20x1년
①	유보 100,000원	△유보 100,000원
②	△유보 200,000원	유보 200,000원
③	유보 300,000원	△유보 300,000원
④	△유보 400,000원	유보 400,000원

해설

• 20X0년	유가증권 저가매입	100,000원 (유보)
	유가증권 평가이익	300,000원 (△유보)
• 20X1년	처분으로 인한 평가이익 추인	200,000원 (유보)

정답 01 ② 02 ②

03
공개

다음의 조세공과금 중 손금으로 인정되는 것으로 가장 옳은 것은?

① 법인세 및 법인지방소득세
② 징벌적 목적의 손해배상금
③ 비사업용 토지에 대한 재산세
④ 부가가치세법에 따라 공제되지 않는 매입세액(의무불이행이나 사업과 관련 없는 경우에 해당하지 않음)

해설

부가가치세가 공제된 매입세액은 손금불산입 항목이지만, 공제되지 않은 매입세액은 손금으로 인정됨

04
공개

다음 중 법인세법상 업무무관자산의 세무상 처리방법에 관한 설명으로 가장 올바르지 않은 것은?

① 업무무관자산 취득 시 지출한 취득세와 등록비용은 취득부대비용으로 취득원가에 가산한다.
② 업무무관자산에 대한 감가상각비, 유지비, 수선비 등은 손금불산입한다.
③ 업무무관자산 처분 시 자산의 장부가액은 손금으로 인정하지 않는다.
④ 업무무관자산 등에 대한 지급이자는 손금불산입한다.

해설

업무무관자산의 장부가액도 처분 시엔 손금으로 인정받는다.

05
공개

다음 중 재고자산평가방법을 후입선출법으로 신고한 (주)삼일이 평가방법 변경신고를 하지 아니하고 총평균법에 의하여 기말재고자산을 평가한 경우 필요한 세무조정은?

(1) 후입선출법에 의한 기말재고자산 평가액 : 500원
(2) 총평균법에 의한 기말재고자산 평가액 : 800원
(3) 선입선출법에 의한 기말재고자산 평가액 : 900원

① (손금산입)재고자산평가증 300원(△유보)
② (익금산입)재고자산평가감 300원(유보)
③ (익금산입)재고자산평가감 100원(유보)
④ (손금산입)재고자산평가증 100원(△유보)

해설

- 임의변경 시 = Max[① 선입선출법 900원, ② 당초 신고방법 500원] = 900원
- 그런데 회사는 총평균법 800원으로 계상했으니 기말재고 과소, 매출원가 과대됨

∴ [익금산입] 재고자산평가감 100원(유보)

03 ④ 04 ③ 05 ③ 정답

06 공개

다음 자료에 의한 (주)삼일의 제21기(20x1년 1월 1일 ~ 20x1년 12월 31일) 사업연도의 세무조정 사항이 과세표준에 미치는 영향으로 가장 옳은 것은?

구 분	건 물	기계장치	영업권
회사계상 상각비	5,000,000원	4,000,000원	1,000,000원
세법상 상각범위액	6,000,000원	3,500,000원	1,200,000원
내용연수	40년	5년	5년
전기이월 상각부인액	1,500,000원	-	-

① 영향 없음
② 500,000원 감소
③ 500,000원 증가
④ 1,000,000원 증가

해설

• 건물 : 〈손금산입〉 전기이월 상각부인추인 1,000,000원
• 기계 : 〈손금불산입〉 감가상각비한도초과 500,000원
• 영업권 : 세무조정 없음(전기이월 상각부인액 없음)
∴ 과세표준에 미치는 영향 = 1,000,000 − 500,000 = 500,000(감소)

07 공개

다음 법인세법상 감가상각 범위액과 관련한 토의 내용 중 가장 올바르지 않은 설명을 하고 있는 사람은 누구인가?

① 박과장 : 감가상각비는 결산조정사항이므로 한국채택국제회계기준을 도입하여 결산상 감가상각비가 감소한 경우에도 신고조정으로 손금산입하는 것은 불가능합니다.
② 김대리 : 사업연도 중 양도한 자산도 사업연도 개시일부터 양도일까지의 감가상각비를 계상하는 것이 원칙이나 법인세법상으로는 양도자산은 감가상각비 시부인을 하지 않습니다.
③ 이부장 : 감가상각자산에 대한 자본적 지출액은 감가상각자산의 장부가액에 합산하여 그 자산의 내용연수를 그대로 적용하여 감가상각해야 합니다.
④ 최사원 : 사업연도 중에 취득하여 사업에 사용한 감가상각자산에 대한 상각범위액은 사업에 사용한 날부터 당해 사업연도 종료일까지의 월수에 따라 계산해야 합니다.

해설

한국채택국제회계기준을 적용하는 회사의 경우 감가상각비를 신고조정 손금산입을 허용

정답 06 ② 07 ①

08 공개

(주)삼일은 지방자치단체(특수관계 없음)에 정당한 사유 없이 시가 1억원인 토지를 5천만원에 양도하고 다음과 같이 회계처리하였다. 이 거래와 관련된 세무상 처리를 설명한 것으로 가장 옳은 것은?

(차)	현 금	5천만원	(대)	토 지	7천만원
	토지처분손실	2천만원			

① 순자산이 감소되므로 토지처분손실을 전액 손금에 산입한다.

② 토지처분손실 2천만원을 손금불산입한다.

③ 토지처분손실 2천만원을 기부금으로 보아 기부금 세무조정에 반영한다.

④ 부당한 거래로 보아 5천만원을 익금에 산입한다.

해설

• 의제기부금 : (100,000,000 × 70%) − 50,000,000 = 20,000,000원

• 세무조정 : [손금불산입] 토지처분손실 20,000,000원, [손금산입] 기부금 20,000,000원 (세무조정 생략)

① 토지처분손실을 전액 손금산입한다는 표현은 틀린표현이다.

② 세무조정을 생략하므로 틀린 표현이다.

④ 부당한 거래에 해당하지 않는다.

09 공개

다음 중 법인세법상 기업업무추진비와 기부금에 관한 설명으로 가장 올바르지 않은 것은?

① 기업업무추진비는 교제비·사례금 기타 명목 여하에 불구하고 이와 유사한 성질의 비용으로서 법인의 업무와 관련하여 지출한 금액이다.

② 기부금은 특정인 등에게 사업과 직접적인 관련 없이 지출되는 재산적 증여가액을 말한다.

③ 광고·선전목적으로 달력 등을 불특정 다수인에게 기증한 것은 일반적으로 기업업무추진비로 보지 않고 전액 손금으로 인정한다.

④ 현물로 기부할 경우 기부자산가액은 기부대상과 관계없이 시가로 평가한다.

해설

현물기부금의 평가

• 특례기부금, 우리사주조합기부금, 특수관계가 없는 자에게 기부한 일반기부금 = 장부가액

• 특수관계자에게 기부한 일반기부금, 비지정기부금 = Max[시가, 장부가액]

08 ③ 09 ④ 정답

10 공개 **다음 중 정규증명서류의 수취의무와 미수취 시 불이익을 요약한 표의 내용으로 가장 올바르지 않은 것은?(단, 모든 지출은 사업자로부터 실제 재화나 용역을 공급받았고, 거래사실을 객관적으로 입증할 수 있는 거래명세서를 수취하였다고 가정한다)**

대 상		정규증명서류 이외의 서류 수취 시 불이익	
		손금인정 여부	가산세
기업업무추진비	건당 3만원 초과 (경조사비 20만원 초과)	① 손금불산입	② 가산세 부과
기업업무추진비 이외의 지출	건당 3만원 초과	③ 손금산입	④ 가산세 부과

해설

- 기업업무추진비 중 건당 3만원 초과 적격증명서류 미수취 시 한도계산 없이 바로 손금불산입될 뿐 가산세는 부과하지 않는다.
- 기업업무추진비 외의 경우 건당 3만원 초과 적격증명서류 미수취 시 손금은 산입되지만, 가산세(적격증명서류 수취 불성실 2%)는 부과된다.

11 공개 **다음 중 손금불산입대상인 지급이자와 이에 대한 소득처분을 연결한 것으로 가장 옳은 것은?(단, 지급이자에 대한 원천징수는 고려하지 않는다)**

	구 분	소득처분
①	채권자 불분명 사채이자	배 당
②	비실명채권·증권이자	기타사외유출
③	건설자금이자	유 보
④	업무무관자산 등에 대한 지급이자	기 타

해설

① 대표자상여, ② 대표자상여, ④ 기타사외유출

12 공개 **다음 중 준비금에 관한 설명으로 가장 올바르지 않은 것은?**

① 비영리내국법인은 법인세법에 따라 고유목적사업준비금을 손금에 산입할 수 있다.
② 준비금은 법인세법에서만 규정하고 있고, 조세특례제한법에서 규정하는 준비금은 현재 없다.
③ 보험업을 영위하는 법인은 책임준비금을 손금에 산입할 수 있다.
④ 전입한 준비금은 일정기간이 경과한 후에 다시 익금산입하여야 한다.

해설

준비금은 법인세법상 준비금(보험업 법인의 책임준비금·비상위험준비금·해약환급금준비금과 비영리법인의 고유목적사업준비금)과 조세특례제한법상 손실보전준비금 등의 규정을 두고 있다.

정답 10 ② 11 ③ 12 ②

13 공개

다음 (주)삼일의 거래 중 법인세법상 부당행위계산부인 규정의 적용대상으로 가장 올바르지 않은 것은?

① 종업원인 김삼일에게 사택을 무료로 제공하였다(단, 김삼일은 지배주주의 특수관계인이 아니다).
② 임원 김용산에게 시가 8억원의 기계장치를 7억원에 양도하였다.
③ 대표이사 김서울에게 업무와 관련 없이 1억원을 무이자 조건으로 대여하였다.
④ 대주주인 김마포에게 토지를 1년간 무상으로 임대하였다.

해설

지배주주와 특수관계가 아닌 종업원에게 무료로 사용하게 한 사택 제공이익은 부당행위계산부인 규정에 해당하지 아니한다.

14 공개

다음의 자료를 이용하여 (주)삼일의 제25기 사업연도(20x1년 1월 1일 ~ 20x1년 12월 31일) 과세표준금액을 계산하면 얼마인가?

ㄱ. 당기순이익 : 250,000,000원
ㄴ. 소득금액조정합계표상 금액
  – 익금산입 · 손금불산입 : 100,000,000원
  – 손금산입 · 익금불산입 : 70,000,000원
ㄷ. 일반기부금 한도초과액 : 10,000,000원
ㄹ. 비과세소득 : 3,000,000원
ㅁ. 소득공제 : 2,000,000원

① 280,000,000원 ② 285,000,000원
③ 290,000,000원 ④ 295,000,000원

해설

• 차가감 소득금액 = 250,000,000 + (100,000,000 − 70,000,000) = 280,000,000
• 각 사업연도 소득금액 = 280,000,000 + 10,000,000 = 290,000,000
∴ 과세표준 = 290,000,000 − 3,000,000 − 2,000,000 = 285,000,000

15 공개

다음 거래에 대한 세무조정 결과 기타사외유출로 소득처분하는 것은?

① 대주주에 대한 사택유지비용을 손익계산서에 비용으로 계상하였다.
② 토지를 취득하며 부담한 취득세를 손익계산서에 비용으로 계상하였다.
③ 간이영수증을 받고 10만원을 지출한 금액을 손익계산서에 기업업무추진비로 계상하였다.
④ 대표이사에게 업무무관가지급금을 이자를 받지 않고 대여해 주었다.

해설

① 배당, ② 유보, ④ 상여

13 ① 14 ② 15 ③ 정답

16 공개

다음 중 법인세법상 결산조정사항과 신고조정사항에 관한 설명으로 가장 올바르지 않은 것은?

① 결산조정사항은 원칙적으로 회계상 비용으로 계상한 경우에만 세무상 손금으로 인정받을 수 있는 사항이다.

② 신고조정사항은 기업회계 결산 시 회계처리하지 않고 법인세 과세표준신고의 과정에서 세무조정계산서에만 계상함으로써 손금으로 인정받을 수 있다.

③ 신고조정사항은 법인세신고기한 후 경정청구 대상에서 제외된다.

④ 조세특례제한법상 준비금은 이익잉여금 처분 시 별도의 적립금으로 적립해야만 신고조정이 가능하다.

해설

③ 신고조정사항은 결산조정사항과 달리 미처 손금산입하지 못한 경우 법인세신고기한 후 경정청구가 가능하다.

PART 2

17 공개

다음은 (주)삼일의 제6기(20x1년 1월 1일 ~ 20x1년 12월 31일) 인건비 내역이다. 급여 지급규정에 의하여 임원과 직원의 상여금은 급여의 40%를 지급하도록 하고 있는 경우 필요한 세무조정으로 가장 옳은 것은?(단, 건설본부의 인건비는 당기 말 현재 공사가 진행 중인 자산과 관련된 것으로 장부상 자산처리한 것으로 가정한다)

구 분		급 여	상여금
본 사	임 원	150,000,000원	50,000,000원
	사 용 인	350,000,000원	170,000,000원
건설본부	임 원	100,000,000원	70,000,000원
	사 용 인	200,000,000원	120,000,000원
합 계		800,000,000원	410,000,000원

① (손금불산입) 상여금 한도초과액 30,000,000원 (상여)

② (손금불산입) 상여금 한도초과액 100,000,000원 (상여)

③ (손금산입) 건설중인자산 30,000,000원 (△유보)
(손금불산입) 상여금 한도초과액 30,000,000원 (상여)

④ (손금산입) 건설중인자산 100,000,000원 (△유보)
(손금불산입) 상여금 한도초과액 100,000,000원 (상여)

해설

건설본부 임원상여 한도초과액 30,000,000원[= 70,000,000 − (1억 × 40%)]만큼 자산(건설중인자산)에서 차감한다.

정답 16 ③ 17 ③

18 다음 중 법인세법상 업무무관경비 관련 손금불산입항목에 관한 설명으로 가장 올바르지 않은 것은?

공개

① 업무무관경비 관련 손금불산입항목의 범위에는 업무무관부동산 및 업무무관자산의 취득과 관리에 따른 비용, 유지비, 수선비와 이에 관련있는 비용이 포함된다.

② 출자자(소액주주 제외)나 출연자인 임원 또는 그 친족이 사용하고 있는 사택의 유지비, 사용료 및 이에 관련되는 지출금은 업무무관경비에 속한다.

③ 업무무관부동산 및 업무무관자산을 취득하기 위한 자금의 차입과 관련있는 비용 또한 업무무관경비에 포함된다.

④ 업무무관자산의 취득에 따른 취득세 등은 취득부대비용으로 인정하지 아니하므로 자산의 취득가액에 산입하지 아니한다.

해설

업무무관자산의 취득에 따른 취득세 등도 자산의 취득가액에 가산한다.

19 다음 중 법인세법상 손익귀속시기에 관한 설명으로 가장 올바르지 않은 것은?

공개

① 법인세법상 손익귀속시기는 기업회계기준과 다를 수 있다.

② 금융보험업 이외의 법인이 이자비용을 발생주의에 따라 회계처리한 경우에도 법인세법상 이를 인정하지 않으므로 반드시 세무조정을 하여야 한다.

③ 임대료 지급기간이 1년을 초과하는 경우 이미 경과한 기간에 대응하는 임대료 상당액과 비용을 각각 해당 사업연도의 익금과 손금으로 한다.

④ 원칙적으로 제품 판매의 경우 법인세법상 손익귀속시기는 인도시점이다.

해설

이자비용을 발생주의에 따라 미지급이자로 계상한 경우 법인세법도 이를 인정하므로 별다른 세무조정이 없다.

18 ④ 19 ② 정답

20 공개

다음 자료에 의하여 제조업을 영위하는 (주)삼일의 제20기(20x1년 1월 1일 ~ 12월 31일) 세법에 따른 재고자산평가액으로 옳은 것은?

ㄱ. 회사는 제20기 10월 20일에 제품의 평가방법을 총평균법에서 후입선출법으로 변경신고하였으나, 실제로 장부에는 후입선출법에 따른 평가액을 기록하였다.
ㄴ. 저장품은 신고한 평가방법인 총평균법으로 평가하였으나, 계산 실수로 500,000원을 과소계상하였다.
ㄷ. 제20기 재고자산에 대한 총평균법, 후입선출법, 선입선출법에 따른 평가액은 다음과 같다.

구 분	총평균법	후입선출법	선입선출법
제 품	19,000,000원	18,000,000원	20,000,000원
저장품	8,000,000원	6,800,000원	8,800,000원

① 26,500,000원
② 27,000,000원
③ 28,000,000원
④ 28,500,000원

해설

• 제품 : 9월 30일 이후 변경하였으므로 임의변경. 따라서, 총평균법과 선입선출법 중 큰 금액인 20,000,000원으로 세법상 평가됨
• 저장품 : 당초 신고방법에 의한 단순한 계산 착오는 임의변경으로 보지 아니하며 그 차액만을 세무조정한다.
∴ 세법상 8,000,000원으로 평가됨

21 공개

용산역에 위치한 (주)삼일은 투자 목적으로 회사 주변의 건물을 소유하고 있다. (주)삼일의 김삼일 대표이사는 자신의 향우회로부터 60억원의 현금을 받는 조건으로 회사의 건물을 매각하라는 제안을 받았고, 동 제안을 수락할 경우 어떤 효과가 있을지 고민하고 있다. 동 건물의 시가는 100억원이다. 건물을 위의 조건으로 매각할 경우 다음 중 올바른 세무조정은 어느 것인가?(단, 대표이사 향우회는 (주)삼일과 특수관계자가 아니다)

① (손금불산입) 비지정기부금 10억원
② (손금불산입) 일반기부금 10억원
③ (손금불산입) 특례기부금 30억원
④ (손금불산입) 비지정기부금 40억원

해설

특수관계가 없는 자에 대한 저가양도 : 정상가액 70억원(= 100억 × 70%)과 양도가액 60억원의 차액 10억원은 기부금(비지정기부금)으로 손금불산입처리한다.

정답 20 ③ 21 ①

22 공개

다음은 제조업을 영위하는 (주)삼일의 퇴직급여충당금조정명세서이다. 고문회계사인 박영규 회계사가 퇴직급여충당금조정명세서를 검토한 결과, 퇴직급여 지급대상이 되는 임직원에게 지급한 총급여액의 정확한 금액은 200,000,000원이나 직원의 실수로 235,000,000원으로 기록되어 있음을 발견하였다. 다음의 퇴직급여충당금조정명세서를 정확하게 작성할 경우 퇴직급여충당금 한도초과액은 얼마인가?

<table>
<tr><td rowspan="2">사업
연도</td><td rowspan="2">20x1.1.1.
~
20x1.12.31.</td><td rowspan="2">퇴직급여충당금조정명세서</td><td>법인명</td><td>(주)삼일</td></tr>
<tr><td>사업자등록번호</td><td>123-45-12345</td></tr>
</table>

<table>
<tr><td colspan="8">1. 퇴직급여충당금 조정</td></tr>
<tr><td rowspan="2">「법인세법 시행령」 제60조 제1항에 따른 한도액</td><td colspan="3">① 퇴직급여 지급대상이 되는 임원 또는 사용인에게 지급한 총급여액</td><td>② 설정률</td><td colspan="2">③ 한도액 (①×②)</td><td>비 고</td></tr>
<tr><td colspan="3">235,000,000</td><td>5/100</td><td colspan="2">11,750,000</td><td></td></tr>
<tr><td rowspan="2">「법인세법 시행령」 제60조 제2항 및 제3항에 따른 한도액</td><td>④ 장부상 충당금 기초잔액</td><td>⑤ 기중 충당금 환입액</td><td>⑥ 기초충당금 부인누계액</td><td>⑦ 기중 퇴직금 지급액</td><td>⑧ 차감액 (④-⑤-⑥-⑦)</td><td>⑨ 누적한도액 (⑰ + 퇴직금 전환금)</td><td>⑩ 한도액 (⑨-⑧)</td></tr>
<tr><td>40,000,000</td><td>-</td><td>5,000,000</td><td>30,000,000</td><td>5,000,000</td><td>45,000,000</td><td>40,000,000</td></tr>
<tr><td rowspan="2">한도초과액 계산</td><td colspan="3">⑪ 한도액
(③과 ⑩ 중 적은 금액)</td><td colspan="2">⑫ 회사계상액</td><td colspan="2">⑬ 한도초과액
(⑫-⑪)</td></tr>
<tr><td colspan="3">11,750,000</td><td colspan="2">25,000,000</td><td colspan="2">13,250,000</td></tr>
</table>

① 한도초과액 없음
② 13,250,000원
③ 15,000,000원
④ 20,000,000원

해설

• 퇴직급여충당금 한도액 = Min(200,000,000 × 5%, 40,000,000) = 10,000,000
• 한도초과액 = 25,000,000 - 10,000,000 = 15,000,000

22 ③ 정답

23 공개 다음은 (주)삼일의 제7기(20x1년 1월 1일 ~ 20x1년 12월 31일) 대손충당금과 관련된 자료이다. 이 자료를 이용하여 대손충당금에 대한 세무조정 결과를 '자본금과 적립금조정명세서(을)'에 기입하고자 할 때, 빈칸에 들어갈 금액으로 올바르게 짝지어진 것은?

〈자료 1〉 대손충당금 관련 자료

ㄱ. 결산서상 대손충당금 내역
- 기초 대손충당금 잔액 25,000,000원
- 당기 대손처리액 5,000,000원 (소멸시효 완성 채권)
- 당기 추가설정액 3,000,000원

ㄴ. 전기 대손충당금 부인액 10,000,000원

ㄷ. 세법상 대손충당금 설정대상 채권금액 500,000,000원

ㄹ. 당기 대손실적률은 2%임

〈자료 2〉 자본금과 적립금조정명세서(을)

과목 또는 사항	기초잔액	당기 중 증감		기말잔액
		감 소	증 가	
대손충당금 한도초과액	10,000,000	(ㄱ)	xxx	(ㄴ)

	(ㄱ)	(ㄴ)
①	10,000,000	13,000,000
②	10,000,000	23,000,000
③	10,000,000	18,000,000
④	0	23,000,000

해설

대손충당금

감 소	5,000,000	기초대손충당금	25,000,000
기말대손충당금	23,000,000	설 정	3,000,000

• 세무조정

〈손금산입〉 전기부인액 손금추인 10,000,000원(△유보)

〈손금불산입〉 대손충당금 한도초과 13,000,000원(유보)

정답 23 ①

PART 2

24 공개

법인세법에서는 '특수관계인에게 법인의 업무에 직접적인 관련이 없이 대여한 자금'을 업무무관가지급금으로 보아 불이익을 주고 있다. 업무무관가지급금에 대한 법인세법상 처리내용 중 옳은 것을 모두 고르면?

ㄱ. 업무무관가지급금에 대하여 이자를 받지 않거나 또는 법인세법상 적정이자율보다 낮은 이율로 대여한 경우 적정이자율로 계산한 이자상당액 또는 이자상당액과의 차액을 익금산입한다.
ㄴ. 업무무관가지급금에 대하여 설정한 대손충당금은 손금으로 인정되지 않는다.
ㄷ. 업무무관가지급금 관련 지급이자는 전액 손금 인정된다.
ㄹ. 업무무관가지급금을 대손처리한 경우 손금으로 인정되지 않는다.

① ㄱ, ㄴ, ㄷ　　② ㄴ, ㄷ, ㄹ
③ ㄱ, ㄴ, ㄹ　　④ ㄱ, ㄴ, ㄷ, ㄹ

해설
업무무관가지급금 관련 지급이자는 법정 산식에 의해 계산된 금액을 손금불산입한다.

25 공개

(주)삼일은 대표이사인 홍길동씨에게 20x1년 1월 1일 자금을 무상으로 대여하였으며, 20x1년 12월 31일 현재 동 대여금의 적수는 1,000,000,000원이다. (주)삼일의 차입금은 모두 특수관계자 외의 자로부터 차입한 것이고 가중평균차입이자율이 8%인 경우 세무조정으로 가장 옳은 것은? (단, 가지급금 인정이자 계산 시 가중평균차입이자율을 사용하고, 1년은 365일로 가정하며 소수점 이하는 절사한다)

① (익금산입) 가지급금 인정이자　219,178원 (상여)
② (익금불산입) 가지급금 인정이자　219,178원 (기타)
③ (익금산입) 가지급금 인정이자　232,876원 (상여)
④ (익금불산입) 가지급금 인정이자　232,876원 (기타)

해설
• 인정이자 = 1,000,000,000 × 8% × 1/365 ≒ 219,178
• 세무조정 : 〈익금산입〉 가지급금 인정이자 219,178원 (상여)

26 공개

(주)삼일의 당기(20x1년 1월 1일 ~ 20x1년 12월 31일) 결산서상 당기순이익은 150,000,000원이며 세무조정 결과 익금산입·손금불산입 금액은 40,000,000원, 손금산입·익금불산입 금액은 80,000,000원이 발생하였다. 당기 말 현재 공제가능한 세무상 이월결손금이 100,000,000원인 경우 (주)삼일의 법인세 과세표준을 계산하면 얼마인가?(단, (주)삼일은 중소기업이며, 기부금, 비과세소득, 소득공제 금액은 없다)

① 10,000,000원　　② 44,000,000원
③ 66,000,000원　　④ 110,000,000원

24 ③ 25 ① 26 ① 정답

해설

- 각 사업연도 소득금액 = 150,000,000 + 40,000,000 − 80,000,000 = 110,000,000
- 과세표준 = 110,000,000 − 100,000,000(이월결손금) = 10,000,000

27 공개 **다음 중 법인의 납세의무에 관한 설명으로 가장 올바르지 않은 것은?**

① 비영리내국법인은 각 사업연도 소득과 청산소득에 대하여 납세의무를 진다.
② 비영리법인의 경우 법인세법에서 정하는 수익사업에서 생긴 소득에 한하여 과세된다.
③ 내국법인은 국외에서 발생한 당해 법인의 소득에 대해서도 납세의무를 진다.
④ 외국법인은 국내원천소득에 대해서만 납세의무를 진다.

해설

비영리내국법인은 청산소득에 대한 납세의무가 없다.

PART 2

28 공개 **다음 중 법인세의 계산구조에 따라 과세표준 계산 시 고려되는 항목으로 가장 올바르지 않은 것은?**

① 소득공제　　② 이월결손금
③ 비과세소득　　④ 기납부세액

해설

각 사업연도 소득금액에서 이월결손금, 비과세소득, 소득공제를 차감하여 과세표준을 계산한다.

29 공개 **익금불산입 항목은 법인의 순자산을 증가시키는 거래이기는 하나 세무상으로는 익금에 산입하지 않는 항목들이다. 익금불산입 항목에 대한 다음 설명 중 가장 올바르지 않은 것은?**

① 자본충실화 목적으로 주식발행초과금은 익금에 산입하지 않는다.
② 의제배당은 상법상 이익의 배당이 아니므로 익금에 산입하지 않는다.
③ 부가가치세 매출세액은 회사의 수익이 아니므로 익금에 산입하지 않는다.
④ 국세·지방세 과오납금의 환급금에 대한 이자는 국가 등이 초과징수한 것에 대한 보상의 일종이므로 정책적으로 익금에 산입하지 않는다.

해설

의제배당은 상법상 이익의 배당이 아니더라도 사실상 회사의 이익이 주주 등에게 귀속되는 경우로서 이익의 배당을 한 것과 같은 동일한 효과가 있으므로 이를 익금항목으로 규정하고 있다.

정답 27 ① 28 ④ 29 ②

30
공개

다음 중 법인세법상 재고자산 평가에 관한 설명으로 가장 옳은 것은?

① 재고자산은 영업장별로 상이한 방법으로 평가할 수 없다.
② 재고자산평가방법 무신고 시 후입선출법을 적용한다(매매목적용 부동산은 개별법).
③ 재고자산평가방법 변경신고를 신고기한을 경과하여 신고한 경우 선입선출법(매매목적용 부동산은 개별법)으로 평가한 금액과 당초 신고한 방법으로 평가한 금액 중 큰 금액으로 평가한다.
④ 세무상 재고자산의 평가금액이 재무상태표상 재고자산 기말가액보다 작은 경우에 차이금액을 익금산입하여 유보처분한다.

해설

① 재고자산의 종류별(제품 및 상품, 반제품, 재공품, 원재료, 저장품)·영업장별·영업의 종목별에 따라 각기 다른 평가방법을 적용할 수 있다.
② 무신고 시 선입선출법(매매목적용 부동산은 개별법)을 적용한다.
④ 매출원가가 과소계상되므로 차이금액을 손금산입(△유보)한다.

31
공개

(주)삼일의 연도별 법인세법상 일반기부금 세무조정내역은 다음과 같다. 20x1년도와 20x2년도의 세무조정으로 가장 옳은 것은?

연 도	일반기부금 지출액	일반기부금 한도액
20x1년	1,500만원	500만원
20x2년	2,000만원	2,500만원

① 20x1년도 : (손금불산입) 일반기부금한도초과액 1,000만원
   20x2년도 : (손금산입) 일반기부금한도초과이월액 1,000만원
   (손금불산입) 일반기부금한도초과액 500만원
② 20x1년도 : (손금불산입) 일반기부금한도초과액 1,000만원
   20x2년도 : (손금산입) 일반기부금한도초과이월액 500만원
③ 20x1년도 : (손금불산입) 일반기부금한도초과액 1,000만원
   20x2년도 : 세무조정 없음
④ 20x1년도 : 세무조정 없음
   20x2년도 : 세무조정 없음

해설

• 20x1년도
〈손금불산입〉 일반기부금한도초과 1,000만원
• 20x2년도
〈손금산입〉 일반기부금한도초과이월액 1,000만원(= Min[1,000만원, 2,500만원])
〈손금불산입〉 일반기부금한도초과 500만원(= 2,000만 − (2,500만 − 1,000만))

30 ③ 31 ① 정답

32 공개

다음의 기업업무추진비조정명세서(갑)은 (주)삼일의 김철수 과장이 작성한 것인데 한상표 회계사로부터 매출액 100억원 중에 포함되어 있는 특수관계인과의 거래 50억원을 전액 일반수입으로 하여 기업업무추진비 한도액을 계산하였다는 지적을 받았다. 정확한 조정계산서를 작성한다면 〈#1〉 ~ 〈#2〉에 기입될 금액은 얼마인가?

1. 기업업무추진비 한도초과액 조정			
① 12,000,000원(중소기업 36,000,000원) × 사업연도월수/12			12,000,000
수입금액기준	총수입금액기준	100억원 이하의 금액 × 30/10,000	30,000,000
		100억원 초과 500억원 이하의 금액 × 20/10,000	0
		500억원 초과금액 × 3/10,000	0
		② 소 계	30,000,000
	일반수입금액기준	100억원 이하의 금액 × 30/10,000	30,000,000
		100억원 초과 500억원 이하의 금액 × 20/10,000	0
		500억원 초과금액 × 3/10,000	0
		③ 소 계	〈#1〉 30,000,000
	④ 특정수입금액기준	(② − ③) × 10/100	0
⑤ 기업업무추진비 한도액(① + ③ + ④)			〈#2〉 42,000,000

	〈#1〉	〈#2〉
①	15,000,000원	23,500,000원
②	15,000,000원	28,500,000원
③	30,000,000원	28,500,000원
④	30,000,000원	42,000,000원

해설

〈#1〉 50억 × 30/10,000 = 15,000,000

〈#2〉 12,000,000 + 15,000,000(〈#1〉) + (50억 × (30/10,000) × 10%) = 28,500,000

33 공개

다음은 대손금과 대손충당금에 관한 실무담당자들의 대화이다. 가장 옳은 설명은 무엇인가?

> ㄱ. ‘특수관계자에 대한 업무무관가지급금’에서 발생하는 대손금은 법인세법상 손금으로 인정되지 않으므로 세무조정 시 참고하여야 합니다.
> ㄴ. 법인세법상 대손충당금은 대손실적률과 무관하게 설정대상 채권가액의 1%만 설정할 수 있습니다.
> ㄷ. 대손충당금 설정대상 채권에는 매출채권뿐만 아니라 대여금, 미수금 등도 포함됩니다.

① ㄱ　　② ㄱ, ㄴ

③ ㄱ, ㄷ　　④ ㄱ, ㄴ, ㄷ

해설

금융기관이 아닌 일반법인의 경우 대손충당금 한도금액은 설정대상 채권가액의 1% 또는 대손실적률 중 큰 비율을 곱한 금액으로 한다.

정답 32 ② 33 ③

34 다음 중 퇴직급여충당금과 퇴직연금에 관한 설명으로 가장 올바르지 않은 것은?
공개

① 기업회계(일반기업회계기준)에서는 결산일 현재의 퇴직급여추계액 전액을 퇴직급여충당금으로 설정하는데 비하여, 법인세법에서는 퇴직급여충당금의 손금산입에 일정한 한도를 설정하고 있다.
② 퇴직급여충당금을 손금에 산입하기 위해서는 반드시 법인의 장부에 손금으로 계상하여야 하며, 신고조정에 의하여는 손금에 산입할 수 없다.
③ 임원 또는 직원이 현실적으로 퇴직함으로써 법인이 직원 등에게 퇴직금을 지급할 때에는 이미 손금으로 계상된 퇴직급여충당금이 있으면 그 퇴직급여충당금에서 먼저 지급하여야 한다.
④ 확정기여형 퇴직연금의 경우에는 종전의 퇴직보험과 동일하게 처리하나, 확정급여형 퇴직연금의 경우에는 법인이 부담한 기여금을 전액 손금에 산입한다.

해설
확정급여형 퇴직연금의 경우에는 종전의 퇴직보험과 동일하게 처리하나, 확정기여형 퇴직연금의 경우에는 법인이 부담한 기여금을 전액 손금에 산입한다(반대로 설명하고 있다).

35 다음 중 법인세 신고·납부에 관한 설명으로 가장 올바르지 않은 것은?
공개

① 법인세 납세의무가 있는 내국법인은 각 사업연도 종료일이 속하는 달의 말일부터 3개월 이내에 법인세 과세표준과 세액을 신고하여야 한다.
② 법인세 과세표준 신고 시 개별 내국법인의 재무상태표, 포괄손익계산서 등의 첨부서류는 제출하지 않아도 된다.
③ 각 사업연도 소득금액이 없거나 결손금이 있는 경우에도 법인세 신고기간 내에 과세표준과 세액을 신고하여야 한다.
④ 법인세는 신고기한 내에 납부하여야 하나 납부할 세액이 일정금액을 초과할 경우 분납할 수 있다.

해설
필수 첨부서류를 누락할 경우 무신고로 간주한다.

36 익금불산입항목은 법인의 순자산을 증가시키는 거래이긴 하나, 특정 목적을 위하여 익금에 산입하지 않는 항목들이다. 다음 중 익금불산입항목의 성격이 다른 것을 고르면?
공개

① 자산수증이익·채무면제이익 중 이월결손금의 보전에 충당된 금액
② 감자차익
③ 합병차익 및 분할차익
④ 이월익금

해설
이월익금은 이중과세조정을 위한 익금불산입 항목이고, 나머지는 자본거래로 인한 익금불산입 항목이다.

34 ④ 35 ② 36 ④ 정답

37 공개

다음 중 법인세법상 손금으로 인정되는 평가손실로 가장 올바르지 않은 것은?

① (주)서울은 보유 중인 주식을 발행한 법인이 파산하여 동 주식에 대한 평가손실을 계상하였다.
② (주)부산은 단기간 내의 매매차익을 목적으로 취득한 당기손익인식금융자산에 대하여 결산일에 시가 하락에 따른 평가손실을 계상하였다.
③ (주)대구는 보유 중인 주식을 발행한 주권상장법인이 부도가 발생하여 동 주식에 대한 평가손실을 계상하였다.
④ (주)광주는 홍수로 침수된 공장설비에 대하여 평가손실을 계상하였다.

해설

법인세법에서는 일반적인 회사의 당기손익인식금융자산의 평가손실을 인정하지 않는다.

PART 2

38 공개

다음 중 김삼일 회계사가 기업업무추진비와 기부금에 관해 거래처 담당자에게 자문한 내용으로 가장 올바르지 않은 것은?

① 직원이 조직한 조합·단체가 법인인 경우에는 그 조합·단체에 지출한 복리시설비는 세법상 기업업무추진비에 해당하므로 기업업무추진비 한도를 감안하여 지출 범위를 결정해야 합니다.
② 세법상 적정한 기부금 단체 이외의 단체에 지출한 기부금은 비지정기부금으로 전액 손금 부인되므로 기부금 모금단체가 특례 또는 일반기부금 단체인지 확인해야 합니다.
③ 광고선전목적으로 달력 등을 불특정 다수인에게 기증한 것은 기업업무추진비로 보지 않습니다.
④ 기부금은 기부행위가 이루어진 사업연도에 손금으로 인정되므로 실제로 지급하지 아니한 기부금을 미지급으로 하여 손금으로 계상한 경우 동 기부금은 해당 사업연도에 전액 손금으로 인정됩니다.

해설

기부금은 기부행위가 이루어진 사업연도에 손금으로 인정되므로 실제로 지급하지 아니한 기부금을 미지급으로 하여 손금으로 계상한 경우 동 기부금은 해당 사업연도에 전액 손금불산입되며, 차기에 손금산입된다.

정답 37 ② 38 ④

39 공개

다음은 (주)삼일의 제5기(20x3년 1월 1일 ~ 20x3년 12월 31일) 기업업무추진비 보조원장을 요약 정리한 것이다. 다음 중 (주)삼일의 제5기 세무조정으로 가장 옳은 것은?(단, 법인세법상 기업업무추진비 한도액은 20,000,000원이다)

기업업무추진비 보조원장

적 요	금 액	비 고
거래처 기업업무추진비(1건)	450,000원	증빙 미수취분
거래처 기업업무추진비(1건)	5,000원	영수증 수취분
거래처 기업업무추진비(25건)	22,300,000원	신용카드매출전표 수취분
합 계	22,755,000원	

① (손금불산입) 증빙없는 기업업무추진비 455,000원 (상여)
② (손금불산입) 기업업무추진비 한도초과액 2,750,000원 (기타사외유출)
③ (손금불산입) 증빙없는 기업업무추진비 450,000원 (상여)
(손금불산입) 기업업무추진비 한도초과액 2,305,000원 (기타사외유출)
④ (손금불산입) 증빙없는 기업업무추진비 455,000원 (상여)
(손금불산입) 기업업무추진비 한도초과액 2,300,000원 (기타사외유출)

해설

- 기업업무추진비 해당액 = 기업업무추진비 합계액 22,755,000원 - 증빙불비 450,000원(대표자상여) = 22,305,000원
- 기업업무추진비 한도초과액 = 기업업무추진비 해당액 22,305,000원 - 기업업무추진비 한도액 20,000,000원
= 2,305,000원(기타사외유출)

40 공개

다음 중 법인세법상 지급이자의 손금불산입에 관한 설명으로 가장 올바르지 않은 것은?

① 채권자가 불분명한 사채의 이자는 손금불산입하며, 동 이자에 대한 원천징수세액에 상당하는 금액은 기타사외유출로 소득처분한다.
② 사업용고정자산의 건설에 소요된지의 여부가 분명한 차입금에 대한 지급이자는 자본화를 선택할 수 있다.
③ 지급이자 손금불산입에 있어서 업무무관가지급금의 적수 계산 시 동일인에 대한 가지급금과 가수금이 함께 있는 경우에는 이를 상계한 금액으로 하되, 가지급금과 가수금의 발생 시에 각각 상환기간 및 이자율 등에 관한 약정이 있어 이를 상계할 수 없는 경우에는 상계하지 않는다.
④ 직원에 대한 월정급여액의 범위 안에서의 일시적인 급료의 가불금은 지급이자의 손금불산입 규정을 적용하는 업무무관가지급금으로 보지 않는다.

해설

사업용고정자산의 건설에 소요된지의 여부가 분명한 차입금에 대한 지급이자 중 특정차입금이자는 반드시 자본화를 해야 하며, 일반차입금이자의 경우 회사가 자본화와 기간비용 중 선택할 수 있다.

39 ③ 40 ② 정답

41 공개

(주)삼일은 20x3년 1월 1일에 회사의 대표이사로부터 시가 5억원인 토지를 10억원에 매입하며 다음과 같이 회계처리하였다. 토지 매입과 관련하여 20x3년에 필요한 세무조정으로 가장 옳은 것은?(단, 증여세는 고려하지 않는다)

(차)	토 지	10억원	(대)	현 금	10억원

① (손금산입) 토지 3억원 (△유보)
(손금불산입) 고가매입액 3억원 (상여)
② (손금산입) 토지 3억원 (△유보)
(손금불산입) 고가매입액 5억원 (상여)
③ (손금산입) 토지 5억원 (△유보)
(손금불산입) 고가매입액 5억원 (상여)
④ (손금불산입) 고가매입액 5억원 (상여)

해설

• 부당행위계산부인 고가매입에 대한 세무조정

〈손금산입〉	토 지	5억원(△유보)
〈손금불산입〉	고가매입액	5억원(상여)

PART 2

42 공개

다음 자료를 기초로 (주)삼일의 제3기(20x3년 1월 1일 ~ 20x3년 12월 31일) 법인세 산출세액을 계산하면 얼마인가?

〈자료 1〉
손익계산서상의 법인세비용차감전순이익은 190,000,000원이다.

〈자료 2〉
손익계산서의 수익과 비용은 다음 사항을 제외하고는 모두 세법상 적정하게 계상되어 있다.

ㄱ. 급여 중 대표이사에 대한 상여금 한도초과액 8,000,000원이 포함되어 있다.
ㄴ. 감가상각비 21,000,000원에 대한 세법상 감가상각범위액은 11,000,000원이다.
ㄷ. 세금과공과 7,000,000원에는 신호위반으로 인한 과태료 2,000,000원이 포함되어 있다.
ㄹ. 매출원가에는 세법에서 인정하지 않는 재고자산평가손실 12,000,000원이 포함되어 있다.
ㅁ. 세무상 공제가능한 이월결손금은 12,000,000원이다.
ㅂ. 법인세율은 과세표준 2억원 이하에 대해서는 9%, 2억원 초과 200억원 이하분에 대해서는 19%이다.

① 18,000,000원 ② 19,900,000원
③ 24,000,000원 ④ 26,000,000원

정답 41 ③ 42 ②

해설

- 각 사업연도 소득금액 = 190,000,000원 + 8,000,000원 + (21,000,000원 − 11,000,000원) + 2,000,000원 + 12,000,000원 = 222,000,000원
- 과세표준 = 각 사업연도 소득금액 222,000,000원 − 이월결손금 12,000,000원 = 210,000,000원

∴ 산출세액 = (200,000,000원 × 9%) + (10,000,000원 × 19%) = 19,900,000원

43 다음 중 법인세 신고와 납부에 관한 설명으로 가장 올바르지 않은 것은?

공개

① 외부감사대상 법인이 감사가 종결되지 아니하였다는 사유로 신고기한의 연장을 신청한 경우 1개월까지 신고기한의 연장이 가능하다.

② 외부감사대상 법인이 전자신고를 통해 법인세 과세표준을 신고한 경우에는 본 서식에 대표자가 서명 날인하여 5년간 보관하여야 한다.

③ 법인세 납부할 세액이 1천만원을 초과하는 때에는 납부할 금액의 50%를 납부기한이 경과한 날로부터 1년(중소기업은 2년) 내에 분납할 수 있다.

④ 각 사업연도 소득금액이 없거나 결손금이 있는 경우에도 법인세 신고는 수행해야만 한다.

해설

법인세 납부할 세액이 1천만원을 초과하는 때에는 총 납부할 세액이 2천만원 이하인 경우에는 1천만원 초과액을 납부기한으로부터 1개월(중소기업은 2개월) 이내에 분납할 수 있다.

44 다음은 법인세의 특징이다. 옳지 않은 것은?

① 국세이며 보통세

② 담세자와 납세의무자가 동일한 직접세

③ 순자산증가설에 의한 종합과세조세

④ 정부부과조세

45 법인세법상 과세대상 소득에 해당하는 것은?

① 국가나 지방자치단체의 각 사업연도 소득 중 국내소득

② 영리내국법인의 각 사업연도 소득 중 국외소득

③ 영리외국법인의 청산소득

④ 비영리내국법인의 청산소득

해설

구 분		각 사업연도 소득	청산소득	토지 등 양도소득	미환류소득
내국법인	영리법인	국내 · 외의 모든 소득	과 세	과 세	과 세
	비영리법인	국내 · 외의 일정한 수익사업소득	과세 제외	과 세	과세 제외
외국법인	영리법인	국내원천소득	과세 제외	과 세	과세 제외
	비영리법인	국내원천의 일정한 수익사업소득	과세 제외	과 세	과세 제외
국가 · 지방자치단체		과세 제외			

43 ③ 44 ④ 45 ② 정답

46 다음 법인세법과 관련된 내용 중 옳지 않은 것으로만 묶어진 것은?

ㄱ. 내국법인은 국내에 본점·주사무소 또는 사업의 실질적 관리장소가 있는 법인이다.
ㄴ. 법인세의 사업연도는 원칙적으로 1년을 초과할 수 없다.
ㄷ. 법인세 과세표준의 신고는 각 사업연도 종료일로부터 3개월 이내에 하여야 한다.
ㄹ. 영리목적 유무에 불구하고 모든 내국법인은 청산소득에 대하여 법인세 납세의무가 있다.
ㅁ. 비영리내국법인도 법령이 정한 수익사업에 대하여는 각 사업연도 소득에 대한 법인세 납세의무가 있다.

① ㄱ, ㄷ, ㄹ
② ㄴ, ㄷ
③ ㄷ, ㄹ, ㅁ
④ ㄷ, ㄹ

해설

ㄷ. 법인세 과세표준의 신고는 각 사업연도 종료일이 속하는 달의 말일부터 3개월 이내에 하여야 한다.
ㄹ. 비영리법인은 청산소득에 대하여 법인세 납세의무가 없다.

47 법인세법상 소득처분사항 중에서 법인의 세무조정 후 차기 이후의 사업연도에 반드시 고려하여야 하는 것은?

① 임대보증금 등에 대한 간주익금
② 기업업무추진비 한도초과액
③ 감가상각부인액
④ 가지급금 인정이자

해설

유보처분된 금액은 자본금과 적립금조정명세서(을)에 작성되어 차기 이후 고려하여야 함. 나머지 항목은 모두 사외유출 항목임

48 법인세법상 법인의 세무조정 시 소득처분 유형이 다른 것은?

① 기업업무추진비 한도초과액
② 법인이 법령의 규정에 의한 특수관계자인 개인으로부터 시가에 미달하게 매입한 유가증권의 시가와 매입가액과의 차이
③ 채권자 불분명 사채이자 중 원천징수세액에 상당하는 금액
④ 추계결정 이외의 경우로서 임대보증금에 대한 간주익금의 익금산입액

해설

나머지는 기타사외유출로 소득처분하나 ②의 경우에는 세무조정 시 자산(유가증권)의 차이를 발생시키므로 유보로 소득처분한다.

정답 46 ④ 47 ③ 48 ②

49 다음 중 법인세법상 결산서에 비용으로 계상되지 않은 경우 반드시 세무조정에 의해 손금산입하여야 하는 것은?

① 임차료 지급기간이 3년인 경우 기간경과분에 해당하는 임차료 미계상액
② 퇴직급여충당금의 손금산입
③ 파손 등의 사유로 인하여 정상가격으로 판매할 수 없는 재고자산의 평가손
④ 기술의 낙후로 인하여 생산설비의 일부를 폐기한 경우의 생산설비의 폐기손

해설
나머지는 결산조정사항이다.

50 다음 중 법인세법상 신고조정사항(강제조정사항)에 해당하는 대손금이 아닌 것은?

① 상법에 따른 소멸시효가 완성된 외상매출금 및 미수금
② 부도발생일로부터 6개월 이상 지난 수표 또는 어음상의 채권 및 외상매출금
③ 어음법에 따른 소멸시효가 완성된 어음
④ 민법에 따른 소멸시효가 완성된 대여금 및 선급금

해설
결산조정사항이다.

51 다음 중 법인세법상 법인의 세무조정사항 중 귀속자를 따지지 않고 반드시 기타사외유출로 처분하여야 하는 것이 아닌 것은?

① 건당 3만원을 초과한 기업업무추진비 중 증빙미수취 기업업무추진비의 손금불산입액
② 기부금 한도초과액
③ 손금불산입한 채권자 불분명 사채이자 및 비실명 채권·증권이자에 대한 원천징수세액 상당액
④ 외국법인의 국내사업장이 각 사업연도의 소득에 대한 법인세의 과세표준을 신고함에 있어서 익금에 산입한 금액이 그 외국법인의 본점에 귀속되는 소득

해설
대표자상여로 처분한다.

49 ① 50 ② 51 ① 정답

52 법인세법상 세무조정계산서 작성 시 소득금액조정합계표와 자본금과 적립금조정명세서(을) 두 서식 모두의 작성과 관련되는 것은?

ㄱ. 감가상각비 한도초과액
ㄴ. 가지급금 인정이자
ㄷ. 적출된 현금매출누락
ㄹ. 재고자산평가감

① ㄱ, ㄴ
② ㄱ, ㄹ
③ ㄴ, ㄷ
④ ㄷ, ㄹ

해설

- 소득금액조정합계표 작성 : ㄱ, ㄴ, ㄷ, ㄹ
- 자본금과 적립금조정명세서(을) 유보사항 : ㄱ, ㄹ

53 다음 중 법인세법상 내국법인의 각 사업연도의 소득금액을 계산할 때 익금에 산입하는 것은?

① 국세과오납금의 환급금에 대한 이자
② 이월익금
③ 보험업법에 의한 자산의 평가증
④ 부가가치세의 매출세액

54 법인세법상 익금에 대한 설명으로 옳은 것은?

① 자기주식처분이익은 익금에 산입하지 아니한다.
② 대통령령이 정하는 합병평가차익은 익금항목에 해당한다.
③ 자산수증이익, 채무면제이익 중 이월결손금의 보전에 충당된 금액은 익금항목에 해당한다.
④ 추계에 의하여 소득금액을 계산하는 경우에는 부동산임대업을 주업으로 하는 영리내국법인에 한하여 임대보증금 등에 대한 간주익금 규정이 적용된다.

해설

① 자기주식처분이익은 익금에 산입한다.
③ 자산수증이익, 채무면제이익 중 이월결손금의 보전에 충당된 금액은 익금불산입항목에 해당한다.
④ 추계에 의하여 소득금액을 계산하는 경우에는 모든 법인에 대하여 임대보증금 등에 대한 간주익금 규정이 적용된다.

정답 52 ② 53 ③ 54 ②

55 **제조업을 영위하는 (주)위드의 경리부장은 손익계산서에 다음과 같이 반영하였다. 익금항목과 관련하여 세무조정이 필요 없는 것은?**

가. 매출액 1억원은 매출할인 1천만원을 차감한 금액으로 계상하였다.
나. 본사건물을 임의로 평가하여 평가차익 3억원을 영업외수익으로 계상하였다.
다. 본사건물의 일부를 임대하고 있으며 임대보증금으로 3억원을 받았고 간주임대료 500만원에 대한 회계처리를 하였다.
라. 법인이 보유하고 있는 비품을 처분하여 2천만원의 유형자산처분이익을 영업외수익으로 계상하였다.

① 가, 나 ② 다, 라
③ 가, 라 ④ 나, 다

해설

나. 유형자산으로서 천재지변 등의 사유가 아닌 일반적인 평가손익은 법인세법상 인정하지 아니한다. [익금불산입 3억원]
다. 차입금 과다법인으로서 부동산임대업을 주업으로 하는 영리내국법인이 아니므로 간주임대료를 과세하지 아니한다. [익금불산입 500만원]

56 **다음 중 법인세법상 익금으로 인정되는 금액은 얼마인가?**

• 세무상 이월결손금 보전에 충당된 채무면제이익	2,000,000원
• 지방소득세 환급액	1,000,000원
• 잉여금의 자본전입으로 인한 의제배당 그 재원이 과세된 이익잉여금	1,500,000원
• 기계장치의 처분금액	3,000,000원
• 이월익금	1,200,000원
• 본사건물을 일시적 또는 비영업적으로 임대하여 발생한 임대료 수익	4,000,000원

① 1,000,000원 ② 4,500,000원
③ 7,000,000원 ④ 8,500,000원

해설

1,500,000원 + 3,000,000원 + 4,000,000원 = 8,500,000원

57 다음은 (주)위드의 손익계산서의 일부를 나타낸 것이다. 손금불산입액은 얼마인가?

구 분	금 액	비 고
⋮		
판매비 및 일반관리비		
급 여	50,000,000원	
상여금	30,000,000원	임원상여금한도액 24,000,000원
퇴직금지급액	15,000,000원	직원퇴직금한도액 12,000,000원
세금과공과	2,400,000원	주차위반 과태료 100,000원 포함
기업업무추진비	21,000,000원	3만원 초과 적격증빙 미수취 기업업무추진비 300,000원 포함
유가증권평가손실	3,500,000원	(주)하남상사에 투자한 유가증권
⋮		

① 7,700,000원 ② 9,900,000원
③ 10,500,000원 ④ 8,400,000원

해설

손금불산입액 = 6,000,000(상여한도초과액) + 100,000(과태료) + 300,000(기업업무추진비 손금불산입) + 3,500,000(유가증권평가손실) = 9,900,000

58 (주)위드의 다음의 인건비 중에서 법인세법상 손금으로 인정되지 않는 금액은 얼마인가?(단, 급여규정상 임원 상여금은 연간 급여의 50%를 지급하게 되어 있으며 퇴직금지급규정은 없다. 회사는 퇴직급여충당금을 설정하고 있지 않다)

> (주)세무는 제10기(20x5년 1월 1일 ~ 20x5년 12월 31일)에 대표이사에 대한 인건비로 급여 60,000,000원, 상여금 40,000,000원, 퇴직금 35,000,000원(퇴직일 10기 말일, 근속연수는 3년 6개월)을 지출하고 비용으로 처리하였다.

① 11,200,000원 ② 13,500,000원
③ 20,000,000원 ④ 21,540,000원

해설

구 분	회사비용처리	손금액	손금불산입액
급 여	60,000,000	60,000,000	–
상여금	40,000,000	60,000,000 × 50% = 30,000,000	10,000,000
퇴직금	35,000,000	(60,000,000 + 30,000,000) × 10% × 3.5년 = 31,500,000	3,500,000
합 계	135,000,000	121,500,000	13,500,000

정답 57 ② 58 ②

59 다음 중 법인세법상 손금산입항목으로만 묶여진 것은 어느 것인가?

㉮ 업무와 관련해 발생한 교통사고벌과금
㉯ 유형자산의 수선비
㉰ 대손세액공제 받지 아니한 회수할 수 없는 부가가치세 매출세액미수금
㉱ 법인세감면분에 대한 농어촌특별세

① ㉮, ㉯ ② ㉮, ㉰
③ ㉯, ㉰ ④ ㉰, ㉱

60 현행 법인세법상 익금과 손금에 대한 다음 설명 중 옳지 않은 것은?

① 소액주주인 임원에 대한 사택유지비는 손금불산입된다.
② 손금은 자본 또는 출자의 환급, 잉여금의 처분 및 손금불산입항목을 제외하고 법인의 순자산을 감소시키는 거래로 인하여 발생하는 손비의 금액으로 한다.
③ 자기주식소각손익은 손금 또는 익금항목이 아니지만, 자기주식처분손익은 원칙적으로 손금 또는 익금항목이다.
④ 자산수증이익과 채무면제이익은 익금항목이지만 세무상 이월결손금의 보전에 충당한 경우에는 익금불산입한다.

해설
소액주주인 임원에 대한 사택유지비는 손금산입된다. 단, 소액주주를 제외한 출자임원의 사택유지비는 손금불산입된다.

61 법인세법상 손익의 귀속사업연도에 대한 설명으로 옳지 않은 것은?

① 내국법인의 각 사업연도의 익금과 손금의 귀속사업연도는 그 익금과 손금이 확정된 날이 속하는 사업연도로 한다.
② 자산의 위탁매매 시 익금 및 손금의 귀속사업연도는 수탁자가 그 위탁자산을 매매한 날이 속하는 사업연도로 한다.
③ 법인이 결산을 확정함에 있어서 이미 경과한 기간에 대응하는 이자를 당해 사업연도의 손금으로 계상하였다 하더라도 실제로 지급한 날이 속하는 사업연도에 손금을 산입된다.
④ 건설의 계약기간이 1년 미만인 경우로서 그 목적물의 건설 착수일이 속하는 사업연도의 결산을 확정함에 있어서 작업진행률을 기준으로 하여 수익과 비용을 계상한 경우에는 작업진행률을 기준으로 하여 계산한 수익과 비용을 각각 해당 사업연도의 익금과 손금에 산입한다.

해설
이자비용의 경우 발생주의를 인정하므로 기간경과분에 대한 이자비용이 손금으로 인정된다.

59 ③ 60 ① 61 ③ 정답

62 **법인세법상 공사계약에 따른 손익의 귀속시기와 세무조정에 대한 설명으로 가장 틀린 것은?**

① 장기공사를 완성기준을 적용하여 회계처리하였다면 세무조정은 없다.
② 단기공사에 대하여 완성기준을 적용하여 회계처리하였다면 세무조정은 없다.
③ 단기공사에 대하여 진행기준을 적용하여 회계처리하였다면 세무조정은 없다.
④ 장기공사를 진행기준을 적용하여 회계처리하였다면 세무조정은 없다.

해설
장기공사는 진행기준을 적용하여야 하므로 세무조정이 발생한다.

63 **법인세법상 유가증권의 평가는 법인세법이 규정하는 방법 중 납세지 관할세무서장에게 신고한 방법에 의한다. 이에 해당하지 않는 것은?**

① 개별법(채권에 한함)
② 총평균법
③ 시가법
④ 이동평균법

64 **법인세법상 유가증권의 평가방법에 대한 설명으로 옳지 않은 것은?**

① 간접투자자산운용업법에 의한 투자회사가 아닌 법인이 보유한 주식의 평가는 총평균법 또는 이동평균법에 의한다.
② 간접투자자산운용업법에 의한 투자회사가 보유한 주식의 평가는 시가법에 의한다.
③ 간접투자자산운용업법에 의한 투자회사가 아닌 법인이 보유한 채권의 평가는 총평균법, 이동평균법 또는 개별법(채권에 한함)에 의한다.
④ 유가증권평가방법 변경신고를 하지 않고 임의로 평가방법을 변경한 경우에는 총평균법에 의하여 평가한 가액과 이동평균법에 의하여 평가한 가액 중 큰 금액으로 평가한다.

해설
유가증권평가방법 변경신고를 하지 않고 임의로 평가방법을 변경한 경우에는 무신고 시 평가방법인 총평균법에 의하여 평가한 가액과 당초 신고한 방법에 의하여 평가한 가액 중 큰 금액으로 평가한다.

65 **(주)위드가 유형자산인 건물을 1억원에 취득하면서 납부한 건물분 취득세 2,000,000원을 관리비의 세금과공과(비용)로 회계처리한 경우 이에 대한 법인세법상 세무조정과 소득처분으로 옳은 것은?**

① 〈손금불산입〉 건물 2,000,000원 (유보)
② 〈손금불산입〉 건물 2,000,000원 (기타사외유출)
③ 〈익금불산입〉 건물 2,000,000원 (기타)
④ 〈익금불산입〉 건물 2,000,000원 (△유보)

해설
토지의 취득세는 토지의 취득원가를 구성하므로 비용처리한 것을 손금불산입한다.

정답 62 ① 63 ③ 64 ④ 65 ①

66 다음의 자료에 의해 계산되는 기계장비의 법인세법상 취득원가는?

• 취득세	1,000,000원
• 시운전비	100,000원
• 취득과정에서 발생한 보험료	50,000원
• 취득 후 발생한 보험료	395,000원
• 기계장비 마모된 부품 교체	150,000원

① 1,150,000원 ② 1,280,000원
③ 1,310,000원 ④ 1,550,000원

해설

1,000,000원 + 100,000원 + 50,000원 = 1,150,000원

67 법인이 특수관계자인 대주주로부터 제2기에 시가가 1천만원의 유가증권을 7백만원에 매입회계처리 하였다. 당해 유가증권을 제3기에 타인에게 시가 1천 5백만원에 매각한 경우 각각의 사업연도에 매매와 관련한 세무조정금액이 맞는 것은?

① 제3기에만 7,000,000원을 익금산입한다.
② 제2기는 3,000,000원 익금산입하고, 제3기는 3,000,000원을 손금산입한다.
③ 제2기는 3,000,000원을 손금산입하고, 제3기는 9,000,000원을 익금산입한다.
④ 제2기는 3,000,000원을 익금산입하고, 제3기는 7,000,000원을 익금산입한다.

해설

법인이 특수관계자인 개인에게 유가증권을 시가에 미달하게 매입 시 시가와의 차액을 익금산입한다.
제2기는 10,000,000원 − 7,000,000원 = 3,000,000원 유보로 익금산입하고,
제3기는 매각연도에 3,000,000원 (−)유보로 손금산입한다.

68 중소기업법인 A의 제3기 사업연도(20x8년 5월 1일 ~ 12월 31일) 기업업무추진비한도액 계산 시 수입금액이 없더라도 법인세법상 최소한 인정받을 수 있는 기업업무추진비 한도금액은?

① 9,000,000원 ② 16,000,000원
③ 15,000,000원 ④ 24,000,000원

해설

기업업무추진비 한도액은 기본금액과 수입금액기준의 합계액으로 한다. 기본금액 1,200만원(중소기업 3,600만원)에 해당 사업연도의 월수를 곱하고 이를 12로 나누어 산출한 금액이다.
3,600만원 × 8/12 = 2,400만원

66 ① 67 ② 68 ④ 정답

69 다음은 중소기업이 아닌 (주)위드의 제6기(20x8년 1월 1일 ~ 20x8년 12월 31일)의 자료이다. 기업업무추진비 한도초과액은 얼마인가?

> ㉠ 제6기 사업연도의 기업업무추진비 지출총액은 50,000,000원인데, 건당 3만원을 초과하는 기업업무추진비는 모두 적격증빙을 수취한 것이다.
> ㉡ 손익계산서상 매출액은 6,000,000,000원이다.

① 26,000,000원
② 22,500,000원
③ 20,000,000원
④ 18,500,000원

해설

• 기업업무추진비 해당액 : 50,000,000원
• 기업업무추진비 한도액 = 12,000,000 × 12/12 + (6,000,000,000 × 3/1,000) = 30,000,000
∴ 기업업무추진비한도초과액 = 기업업무추진비 해당액 − 기업업무추진비 한도액 = 50,000,000 − 30,000,000
= 20,000,000

PART 2

70 다음 자료에서 법인세법상 기부금에 대한 세무조정으로 옳은 것은?

> • 당해 일반기부금 단체에 5천만원을 기부하고 영업외비용으로하고, 이외의 기부금은 없다.
> • 당기순이익은 10억원이다.
> • 기부금 관련 세무조정사항 이외의 세무조정사항
>   – 법인세비용계상액 : 2억원
>   – 이월익금 : 6천만원
> • 중소기업이며, 이월결손금 1억원이고 2년 전 발생분이다.
> • 직전 연도 발생 일반기부금한도초과액 5백만원이 있다.

① 손금산입 5,000,000원
② 손금산입 3,500,000원
③ 손금산입 2,500,000원
④ 손금산입 1,500,000원

해설

1. 당기 일반기부금한도계산을 위한 사업연도 소득금액 = 10억원 + 2억원 − 6천만원 + 5천만원 = 11억 9천만원
2. 당기 한도액 = (11억 9천만원 − 1억원(이월결손금)) × 10% = 109,000,000원
3. 당기 한도미달 = 50,000,000원 − 109,000,000원 = △59,000,000원
4. 과거 10년 내 발생 일반기부금한도초과액을 한도로 당기 한도미달액을 손금추인

71 다음은 법인세법상 기부금과 기업업무추진비에 관한 설명이다. 다음 중 옳지 않은 것은?

① 특례기부금은 시가로 평가한다.

② 기업업무추진비의 한도는 수입금액을 기준으로 하나 기부금의 한도는 소득금액을 기준으로 한다.

③ 기업업무추진비는 발생주의, 기부금은 현금주의에 의하여 손금처리한다.

④ 기업업무추진비는 업무와 관련 있는 지출이지만 기부금은 업무와 관련 없는 지출이다.

해설

특례기부금은 장부가액으로 평가한다.

72 법인의 대표이사에 대한 업무와 관련 없는 가지급금을 계상하고 있을 때 법인세법상 세무조정 시 고려해야 할 사항이 아닌 것은?

① 업무무관자산 등에 대한 지급이자 손금불산입 규정

② 가지급금인정이자 세무조정

③ 기부금에 대한 세무조정

④ 대손충당금에 대한 세무조정

해설

법인이 특수관계자에게 업무무관가지급금 지급 시 지급이자 손금불산입, 가지급금인정이자 세무조정을 하여야 하고, 이런 채권은 대손충당금 설정대상 채권에서 제외한다.

[73~74] 다음의 자료를 이용하여 물음에 답하시오.

(1) 사업연도 : 20x5년 1월 1일 ~ 20x5년 12월 31일

(2) 손익계산서상 이자비용과 관련된 세부내역은 다음과 같다.

자금조달방법	이자율	지급이자	적 수
A캐피탈	16%	1,600,000원	3,650,000,000원
B사채	12%	2,400,000원	7,300,000,000원
C은행	8%	800,000원	3,650,000,000원
계		4,800,000원	14,600,000,000원

(3) 12%의 지급이자 중 1,200,000원은 지급받는 자가 불분명한 사채이자이다.

(4) 20x5년 12월 31일 현재 자기자본은 500,000,000원이다(자산총액 10억원, 부채총액 5억원).

(5) 전기이월된 비업무용부동산 10,000,000원이 있다.

(6) 대표이사에게 1월 1일 가지급한 금액 10,000,000원이 있다.

71 ① 72 ③ 정답

73 **법인세법상 업무무관자산 관련 지급이자 손금불산입액을 계산하기 위한 업무무관자산 관련 적수는 얼마인가?**

① 3,640,000,000원 ② 3,650,000,000원
③ 7,290,000,000원 ④ 7,300,000,000원

해설
업무무관부동산 10,000,000원 × 365일 + 대표이사가지급금 10,000,000원 × 365일 = 7,300,000,000원

74 **업무무관자산 관련 적수를 50억원으로 가정하고 법인세법상 업무무관자산 관련 지급이자 손금불산입액은 얼마인가?**

① 1,643,835원 ② 1,843,835원
③ 2,283,952원 ④ 2,483,952원

해설
(4,800,000 − 1,200,000) × (5,000,000,000/10,950,000,000*주)) = 1,643,835
*주) 16% 이자율 지급이자 해당 적수 3,650,000,000 + 12% 이자율 지급이자 해당 적수 3,650,000,000 (50%는 지급받는 자가 불분명 사채이자 적수이므로 제외) + 8% 이자율 지급이자 해당 적수 3,650,000,000 = 10,950,000,000

75 **법인세법상 감가상각비의 손금산입에 대한 설명으로 옳지 않은 것은?**

① 건물의 감각상각방법으로서는 정액법만이 인정된다.
② 당해 감가상각자산의 장부가액을 직접 감액하는 방법도 인정된다.
③ 취득 후 사용하지 않고 보관 중인 기계 및 장치도 감가상각자산에 해당된다.
④ 감가상각방법이 서로 다른 법인이 합병한 경우에는 감가상각방법을 변경할 수 있다.

해설
감가상각자산에 해당되지 않는다.

76 **법인세법상 감가상각자산에 대한 설명으로 옳지 않은 것은?**

① 감가상각자산에 토지는 포함되지 아니한다.
② 감가상각비를 손금으로 계상할 것인가의 여부는 회사의 선택에 달려있다.
③ 유형자산의 내용연수는 일정한 범위 안에서 선택이 가능하다.
④ 시인부족액은 그 후의 사업연도에 발생하는 상각부인액을 한도로 손금에 산입한다.

해설
상각부인액은 그 후의 사업연도에 발생하는 시인부족액을 한도로 손금에 산입한다.

정답 73 ④ 74 ① 75 ③ 76 ④

77 (주)위드는 전기 재무상태표상의 취득가액 13억원, 감가상각누계액이 3억원이고 상각부인액이 1억원인 건물에 대하여 당기에 수선비 49,000,000원을 비용으로 처리하였다. 수선비는 엘리베이터설치비 41,000,000원과 도색비 8,000,000원이다. 이에 대한 세무상 처리로서 옳은 것은?

① 수선비를 비용으로 인정하여 별도의 세무조정을 하지 아니한다.
② 49,000,000원을 즉시상각의제로 보아 세무조정한다.
③ 41,000,000원을 손금불산입하여 유보로 처분한다.
④ 41,000,000원을 즉시상각의제로 보아 세무조정한다.

해설

수선비가 전기 재무상태표상의 장부가액의 5% 미만(10억의 5% = 5천만원 > 4천 9백만원)이므로 수선비를 비용으로 인정하여 별도의 세무조정을 하지 않는다.

78 법인세법상 충당금의 특징이 아닌 것은?

① 현행 법인세법에서는 퇴직급여충당금과 대손충당금, 일시상각충당금, 압축기장충당금에 한해서 일정한 기준에 의하여 법이 정한 금액만 손금으로 인정하고 있다.
② 세법에 열거된 충당금을 손금한도액에 미달하게 계상한 경우 세무조정사항은 없다.
③ 세법에 열거되지 아니한 충당금을 장부에 계상한 경우 전액 손금불산입하여 기타사외유출 처분한다.
④ 사업용 유형자산 등에 대한 국고보조금, 공사부담금, 보험차익에 대하여 감가상각자산은 일시상각충당금, 비상각자산은 압축기장충당금의 설정을 통해 손금산입한다.

해설

손금불산입하여 유보처분한다.

79 법인세법상 대손충당금에 관한 설명으로 잘못된 것은?

① 부도어음도 대손금으로 인식하지 않은 한 설정대상 채권으로 한다.
② 부당행위계산부인 규정을 적용받는 시가초과액에 상당하는 매출채권에 대하여는 대손요건이 충족된 경우에도 대손금으로 처리할 수 없다.
③ 대손충당금 시부인계산 시 회사계상액은 항상 대손충당금 기말잔액이 된다.
④ 손금인정받은 대손금을 회수하고 기업회계에 입각하여 회계처리를 한 경우에는 세무조정이 필요 없다.

해설

부당행위계산부인규정을 적용받는 시가초과액에 상당하는 매출채권은 대손충당금 설정대상 채권에서 제외되지만, 대손요건을 충족한 경우에는 대손금으로 처리할 수 있다.

77 ① 78 ③ 79 ② 정답

80 다음 중 법인세법상 대손충당금 설정대상 채권에 해당하는 것은?

① 할인어음, 배서양도한 어음
② 채무보증으로 인하여 발생한 구상채권
③ 사업과 관련하여 금전소비대차계약 등에 따라 특수관계 없는 타인에게 대여한 대여금
④ 특수관계자에게 해당 법인의 업무와 관련 없이 지급한 가지급금

해설
금전소비대차계약 등에 의하여 타인에게 대여한 금액은 대손충당금 설정대상 채권에 포함됨

81 다음 자료를 보고 법인세법상 대손충당금 한도초과액으로 옳은 것은?

• 매출채권	50,000,000원
• 미수금	10,000,000원
• 구상채권(보증채무를 대위변제로 발생)	30,000,000원
• 기초 재무상태표 대손충당금 잔액	400,000원

• 당기 말 보충법에 의해 설정한 회사계상 대손상각비 400,000원 당기 대손금은 없다.
• 법인세법상 대손충당금 설정율은 1%로 한다.

① 100,000원
② 200,000원
③ 300,000원
④ 400,000원

해설
대손충당금 한도액 : (50,000,000원 + 10,000,000원) × 1% = 600,000원
대손충당금 한도초과액 : 800,000원*주) − 600,000원 = 200,000원
*주) 대손충당금 계정

대손충당금

전기이월	400,000	당기상계	0
당기설정	400,000	차기이월	800,000

82 법인세법상 부당행위계산 부인대상이 되는 유형에 해당하지 않는 것은?

① 자산을 시가보다 현저하게 높은 가격으로 양도한 경우
② 부동산을 시가보다 낮은 임대료로 임대한 경우
③ 금전을 시가보다 높은 이율로 차용한 경우
④ 무수익 자산을 매입한 경우

정답 80 ③ 81 ② 82 ①

해설

〈부당행위계산의 유형〉

- 자산의 고가매입, 저가양도
- 금전 또는 자산 등의 부당한 임대차(시가보다 낮은 이율이나 임대료로 대부하거나 제공한 경우, 시가보다 높은 이율이나 임차료로 차용하거나 제공받은 경우)
- 불공정 자본거래
- 기타의 부당행위계산(무수익 자산을 매입하였거나 현물출자를 받은 경우 또는 그 자산에 대한 비용을 부담한 경우, 불량자산을 차환하거나 불량채권을 양수한 경우, 출연금을 대신 부담한 경우)

83 법인세법상 가지급금 인정이자 손금불산입 규정에 대한 설명이다. 옳지 않은 것은?

① 가지급금이란 명칭 여하에 불구하고 당해 법인의 업무와 관련이 없는 자금의 대여액을 말한다.

② 직원에게 주택자금을 무상으로 대여한 경우에는 가지급금 인정이자 계상대상이 아니다.

③ 총차입금 및 자산가액의 합계액은 적수로 계산한다.

④ 동일인에 대한 가지급금 등과 가수금이 함께 있는 경우에는 특별한 약정이 없으면 이를 상계한 금액으로 한다.

해설

직원에게 주택자금을 무상으로 대여한 경우는 가지급금 인정이자 계상 대상이다. 다만, 직원에게 사택을 무상으로 제공하는 경우는 부당행위계산부인에 해당하지 아니한다.

84 다음 중 법인세법상 부당행위계산부인 규정과 관련한 설명으로 옳지 않은 것은?

① 해당 법인에 50% 이상을 출자한 법인에 50% 이상을 출자하고 있는 법인이나 개인은 법인세법상 해당 법인의 특수관계자에 해당한다.

② 시가가 불분명한 경우 주식의 시가는 감정평가법인의 감정가액으로 하되, 감정가액이 없으면 상속세 및 증여세법상의 평가금액으로 한다.

③ 출자자 등의 출연금을 법인이 부담한 때에는 부당행위계산의 부인대상이 된다.

④ 해당 법인의 업무와 직접 관련이 없는 출자자 등에 대한 자금의 대여액은 인정이자의 계산대상이 되는 가지급금에 해당한다.

해설

부당행위계산부인 규정을 적용함에 있어 주식의 시가가 불분명한 경우에는 감정평가법인(감정평가사)의 감정가액을 사용하지 않고 상속세 및 증여세법상 보충적 평가방법에 의한 가액을 시가로 한다.

시가가 불분명한 경우 일반적인 거래에 적용되는 자산에 대해서는 다음의 순서에 따른 가액을 시가로 본다.

일반적인 자산	주식 또는 출자지분
〈1순위〉 감정평가법인(감정평가사)의 감정가액(감정가액이 2 이상인 경우에는 동 감정가액의 평균액)	상속세 및 증여세법상 평가액
〈2순위〉 상속세 및 증여세법상 평가액	

83 ② 84 ② 정답

85 법인세법상 과세표준계산에 관한 설명 중 옳지 않은 것은?

① 법인세의 과세표준은 각 사업연도 소득의 범위 안에서 이월결손금, 비과세소득, 소득공제액 순으로 공제하여 계산한다.

② 법인세 과세표준을 추계경정·결정하는 경우에는 이월결손금 공제규정을 적용하지 않지만, 천재·지변 등으로 장부 기타 증빙서류가 멸실되어 추계하는 경우에는 그러하지 아니하다.

③ 공익신탁의 신탁재산에서 생기는 소득은 법인세법상 비과세소득이다.

④ 세무상 결손금이 발생한 법인은 결손금의 소급공제와 이월공제 중 한 가지 방법을 기업규모에 제한없이 선택할 수 있다.

해설

결손금의 소급공제는 중소기업에 한하여 할 수 있다.

86 제조업을 영위하는 (주)위드의 20x3년 귀속분 자료를 통해 법인세법상 세부담 최소화관점에서 각 사업연도 소득금액을 계산하면?

[자료1] 손익계산서

• 매출액	100,000,000원
• 매출원가	65,000,000원
• 판매관리비	20,000,000원
• 영업외수익	5,000,000원
• 영업외비용	5,000,000원
• 법인세비용	1,000,000원
• 당기순이익	14,000,000원

[자료2] 세무조정 추가자료

- 영업외수익에는 유가증권평가이익 2,000,000원이 있다.
- 영업외비용에는 비실명사채이자 1,000,000원이 있다.
- 20x2년에 발생한 일반기부금한도초과액 500,000원이 있으며 당기 지출기부금은 없다.
- 20x0년에 발생한 이월결손금 1,500,000원이 있다.

① 15,400,000원
② 14,500,000원
③ 13,900,000원
④ 13,500,000원

해설

당기순이익 + 손금불산입(비실명사채이자, 법인세비용) − 익금불산입(유가증권평가이익) − 기부금한도초과이월액손금산입 = 14,000,000 + 1,000,000 + 1,000,000 − 2,000,000 − 500,000 = 13,500,000원

정답 85 ④ 86 ④

87 다음 자료에 의하여 (주)위드의 제1기 사업연도 법인세 산출세액을 계산하면 얼마인가?

- (주)위드는 20x6년 7월 26일에 설립등기한 신설법인으로서 20x6년 8월 9일에 사업을 개시하여 손익이 발생하였다. (주)위드의 사업연도는 매년 1월 1일부터 12월 31일이다.
- (주)위드의 제1기 사업연도의 소득금액은 180,000,000원이고, 비과세소득은 10,000,000원이며 소득공제액은 20,000,000원이다.
- 법인세의 세율은 과세표준이 2억원 이하는 9%, 200억원 이하는 19%이다.

① 37,000,000원　② 28,500,000원
③ 27,000,000원　④ 18,500,000원

해설

- 과세표준 : 180,000,000 − 10,000,000 − 20,000,000 = 150,000,000
- 과세표준 연환산액 : 150,000,000 × 12/6 = 300,000,000

∴ 산출세액 : (200,000,000 × 9% + 100,000,000 × 19%) × 6/12 = 18,500,000원

88 법인세법상 법인세과세표준 및 세액의 신고와 납부에 대한 설명으로 틀린 것은?

① 수익사업을 영위하는 비영리법인도 영리법인에 준하여 신고하여야 한다.
② 소득금액이 없거나 결손 시에도 신고하여야 한다.
③ 법인은 법인세액이 1천만원 이하인 경우에도 분납할 수 있다.
④ 각 사업연도가 6개월을 초과하는 법인만 중간예납의무가 있다.

해설

1천만원 초과

89 다음 중 법인세법상 법인세 수시부과 사유가 아닌 것은?

① 신고를 하지 아니하고 본점 등을 이전한 경우
② 조세를 포탈할 우려가 있다고 인정되는 상당한 이유가 있는 경우
③ 사업부진 기타의 사유로 인하여 휴업 또는 폐업상태에 있는 경우
④ 법인의 대표자가 변경된 경우

해설

법인의 대표자 변경은 법인세 수시부과 사유가 아님

87 ④ 88 ③ 89 ④ 정답

90 다음은 법인세법상 외국납부세액에 대한 설명이다. 다음 중 옳지 않은 것은?

① 법인은 외국납부세액공제와 외국납부세액의 손금산입 중 하나를 선택하여 적용할 수 있다.
② 외국납부세액공제는 국가별한도제와 일괄한도제를 선택하여 적용할 수 있다.
③ 외국납부세액공제의 한도초과액은 해당 사업연도의 다음 사업연도 개시일부터 10년 이내에 끝나는 각 사업연도에 이월하여 공제한다.
④ 외국납부세액손금산입은 공제한도의 적용을 받지 않는다.

해설

외국납부세액 공제한도를 계산함에 있어서 국외사업장이 2 이상의 국가에 있는 경우에는 국가별로 구분하여 이를 계산한다. 국가별한도제만 인정하며, 일괄한도제는 폐지됨

91 다음 중 법인세상 신고 및 납부에 관한 설명으로 옳지 않은 것은?

① 법인세는 신고납세제도를 채택하고 있기 때문에 과세표준신고에 의하여 법인세 납세의무가 구체적으로 확정된다.
② 납부할 세액이 2천만원을 초과하는 때에는 그 세액의 50% 이하의 금액을 분납할 수 있다.
③ 납부의무가 있는 내국법인은 각 사업연도의 종료일이 속하는 달의 말일부터 3개월 이내에 과세표준과 세액을 신고하여야 한다.
④ 각 사업연도의 소득금액이 없거나 결손금이 있는 법인은 법인세의 과세표준과 세액을 신고할 의무가 없다.

92 다음의 자료에 의한 (주)위드의 20x5년 귀속 법인세 자진납부세액은 얼마인가?

• 사업연도	20x5년 7월 1일 ~ 20x5년 12월 31일
• 각 사업연도 소득금액	300,000,000원
• 공익신탁이자소득	30,000,000원
• 수시부과세액	10,000,000원
• 원천징수세액	10,000,000원
• 재해손실세액공제액	10,000,000원

• 이상의 자료 이외에는 없다고 가정한다(세율은 2억원 이하 9%, 200억원 이하 19%).

① 10,000,000원　　② 11,300,000원
③ 17,000,000원　　④ 37,000,000원

해설

• 과세표준 = 300,000,000원 − 30,000,000원 = 270,000,000원
• 산출세액 = [(270,000,000원 × 12/6) × 세율] × 6/12 = 41,300,000원
∴ 자진납부세액 = 41,300,000원 − 10,000,000원 − 10,000,000원 − 10,000,000원 = 11,300,000원

정답 90 ② 91 ④ 92 ②

CHAPTER 04

PART 2 세무회계

소득세법

01 총 설

1. 소득세 개괄 중요

소득세의 특징	① 국세 & 직접세 : 소득세는 지방세가 아닌 중앙정부가 과세권자인 '국세'이며, 세금의 담세자와 납세의무자가 동일한 '직접세'에 해당한다. ② 신고납부제도 : 소득세는 과세표준과 세액을 납세자가 스스로 계산하여 과세당국에 신고·납부함으로써 소득세의 납세의무가 확정되며 정부의 결정과정을 원칙적으로 필요로 하지 않는 대표적인 신고납부조세이다. ③ 열거주의 과세 : 소득세법은 원칙적으로 소득원천설에 입각하여 구체적으로 열거하고 있는 소득만을 과세대상으로 하고 있다. 현재 8가지의 소득을 열거하고 있으며, 일부소득(이자소득과 배당소득)에 대해서는 신종소득을 법 개정 없이 포착하여 과세하기 위해 유형별 포괄주의를 적용하고 있다. ④ 초과누진세율과 인적공제 : 소득세는 개인에게 부과하는 조세이기 때문에 세금 부담능력의 차이와 소득재분배기능을 위해 6% ~ 45%의 초과누진세율제도를 채택하고 있으며, 부양가족 등의 사정을 고려하여 소득공제방식에 있어 인적공제제도를 두고 있다. ⑤ 주소지 관할 과세제도 : 소득세는 납세자의 주소관할지역을 납세지로 채택하고 있다.
과세대상 소득	소득세법은 원칙적으로 소득원천설에 입각하여 종합소득 6가지, 퇴직소득, 양도소득 이렇게 8가지의 소득을 다음과 같이 열거하고 있다. ① 종합소득 : 현재 우리나라 소득세법상 종합소득에는 이자소득·배당소득·사업소득(부동산임대소득 포함)·근로소득·연금소득·기타소득이 있다. ② 퇴직소득 : 퇴직소득은 근로자가 퇴직 시에 회사로부터 받는 소득 ③ 양도소득 : 양도소득은 부동산(부동산상 권리 포함) 및 주식의 양도로 인하여 발생하는 소득에 대해 과세하는 소득
과세방법	① 종합과세와 분류과세, 분리과세 : 현행 소득세법에서는 소득세의 과세방법으로 종합과세·분류과세 및 분리과세방법 모두를 채택하고 있음 ㉠ 종합과세 : 종합과세란 소득을 그 종류에 관계없이 일정한 기간을 단위로 과세표준에 합산하여 과세하는 방법. 이자소득·배당소득·사업소득(부동산임대업소득 포함)·근로소득·연금소득·기타소득의 6가지 소득은 이를 합산하여 과세하고 있는데, 여기서 합산된 소득을 종합소득이라 함 ㉡ 분류과세 : 분류과세란 퇴직소득과 양도소득에 대해서 종합소득과는 별도의 과세표준으로 하여 과세하는 방법. 소득세법은 세액의 결집효과를 완화하기 위하여 퇴직소득·양도소득을 각각 별도의 과세표준체계를 운용하는 분류과세방식을 채택하고 있음 ㉢ 분리과세 : 분리과세란 일정한 소득을 지급할 때 당해 소득의 지급자가 원천징수를 통하여 과세당국에 납부함으로써 납세의무를 종결시키는 과세방법('완납적 원천징수제도'). 현행 소득세법은 이자소득·배당소득·근로소득·연금소득·기타소득 중 일정소득에 대하여는 원천징수로서 납세의무가 종결되는 분리과세방식을 채택하고 있음

<table>
<tr><td>과세기간</td><td>
• 소득세법상 과세기간은 선택이 불가능한 역년주의를 원칙으로 함
• 소득세의 과세기간은 부가가치세와 다르게 사업개시나 폐업 등에 영향을 받지 않으며, 법인세와 달리 과세기간을 임의로 정하는 것도 허용되지 않음
<table>
<tr><th>구 분</th><th>과세기간</th><th>확정신고납부기한</th></tr>
<tr><td>원 칙</td><td>1월 1일 ~ 12월 31일</td><td>다음 연도 5월 1일부터 5월 31일</td></tr>
<tr><td>거주자가 사망 시</td><td>1월 1일 ~ 사망한 날</td><td>상속개시일이 속하는 달의 말일부터 6월이 되는 날</td></tr>
<tr><td>거주자가 출국 시</td><td>1월 1일 ~ 출국한 날</td><td>출국일 전일</td></tr>
</table>
① 법인은 1년을 초과하지 않은 범위 내에서 사업연도를 선택할 수 있으나, 개인은 과세기간을 선택할 수 없다.
② 개인은 연도 중에 사업을 개시하거나 폐업한 경우에도 1월 1일부터 12월 31일까지 과세기간으로 한다.
</td></tr>
<tr><td>과세단위</td><td>
• 현행 소득세법은 개인단위주의를 취하고 있다.
• 원칙적으로 개인을 단위로 하여 소득세를 과세하며, 부부 또는 가족의 소득을 합산하여 과세하지 않고 있다. [예외] 공동사업 합산과세규정 : 세대단위과세
</td></tr>
</table>

2. 납세의무자와 납세지

(1) 납세의무자

<table>
<tr><td>거주자와 비거주자의 구분</td><td>
<table>
<tr><th>구 분</th><th>개 념</th><th>과세소득의 범위</th></tr>
<tr><td>거주자
(무제한 납세의무자)</td><td>국내에 주소를 두거나
183일 이상 거소를 둔 개인</td><td>국내외원천소득</td></tr>
<tr><td>비거주자
(제한 납세의무자)</td><td>거주자가 아닌 자로서
국내원천소득이 있는 개인</td><td>국내원천소득</td></tr>
</table>
</td></tr>
<tr><td>소득세법상 납세의무가 있는 법인격 없는 단체</td><td>
국세기본법상 법인으로 보는 단체 외의 단체(법인 외의 단체)는 국내에 주사무소를 둔 경우에는 거주자로, 그 밖의 경우는 비거주자로 보아 다음의 구분에 따라 소득세법을 적용한다. 즉, 다음과 같이 '1거주자(비거주자)로 보는 경우'와 '공동사업'으로 보는 경우로 구분된다.
<table>
<tr><th>구 분</th><th>내 용</th></tr>
<tr><td>1거주자
(1비거주자)로
보는 경우</td><td>구성원 간 이익의 분배방법이나 분배비율이 정하여져 있지 않은 경우
→ 이 경우 단체는 구성원과 독립하여 별도의 소득세 납세의무를 지게 된다. 따라서, 단체의 구성원은 소득세 납세의무가 없고, 이 공동사업장에서 발생한 소득과 자기의 타소득을 합산하여 과세하지 아니한다.</td></tr>
<tr><td>공동사업으로
보는 경우</td><td>구성원 간 이익의 분배방법이나 분배비율이 정해져 있거나, 사실상 이익이 분배되는 것으로 확인되는 경우
→ 해당 구성원들이 공동사업을 하는 것으로 보아, 구성원 각자가 받았거나 받을 소득금액에 따라 각자 소득세 납세의무를 진다.</td></tr>
</table>
</td></tr>
</table>

(2) 납세지

원 칙	구 분	납세지
	거주자	주소지 또는 거소지(주소지가 없는 경우)
	비거주자	① 국내사업장(국내사업장이 2 이상인 경우에는 주된 국내사업장)의 소재지 ② 국내사업장이 없는 경우에는 국내원천소득이 발생하는 장소
원천징수하는 소득세의 납세지	원천징수 의무자의 유형	납세지
	원천징수자가 거주자인 경우	거주자의 주된 사업장의 소재지
	원천징수자가 비거주자인 경우	비거주자의 주된 국내사업장의 소재지
	원천징수자가 법인인 경우	• 원칙 : 법인의 본점 또는 주사무소의 소재지 • 지점 등이 독립적으로 회계사무를 처리하는 경우 : 그 사업장의 소재지

3. 소득세의 계산구조

(1) 소득세 계산구조

	총수입금액	→	비과세소득, 분리과세소득 제외
(−)	필요경비	→	이월결손금공제 포함(사업소득의 경우)
	소득금액		
(−)	소득공제	→	종합소득공제, 퇴직소득공제, 양도소득기본공제
	과세표준	→	종합소득·퇴직소득·양도소득 과세표준
(×)	세 율		
	산출세액		
(−)	세액감면	→	소득세법, 조세특례제한법상 세액감면
(−)	세액공제	→	소득세법, 조세특례제한법상 세액공제
	결정세액		
(+)	가산세		
	총결정세액		
(+)	감면분추가납부세액		
	총부담세액		
(−)	기납부세액	→	중간예납세액, 원천징수세액, 수시부과세액, 예정신고납부세액
	자진납부세액		

(2) 종합소득과세표준계산의 흐름

① 종합소득금액의 계산구조

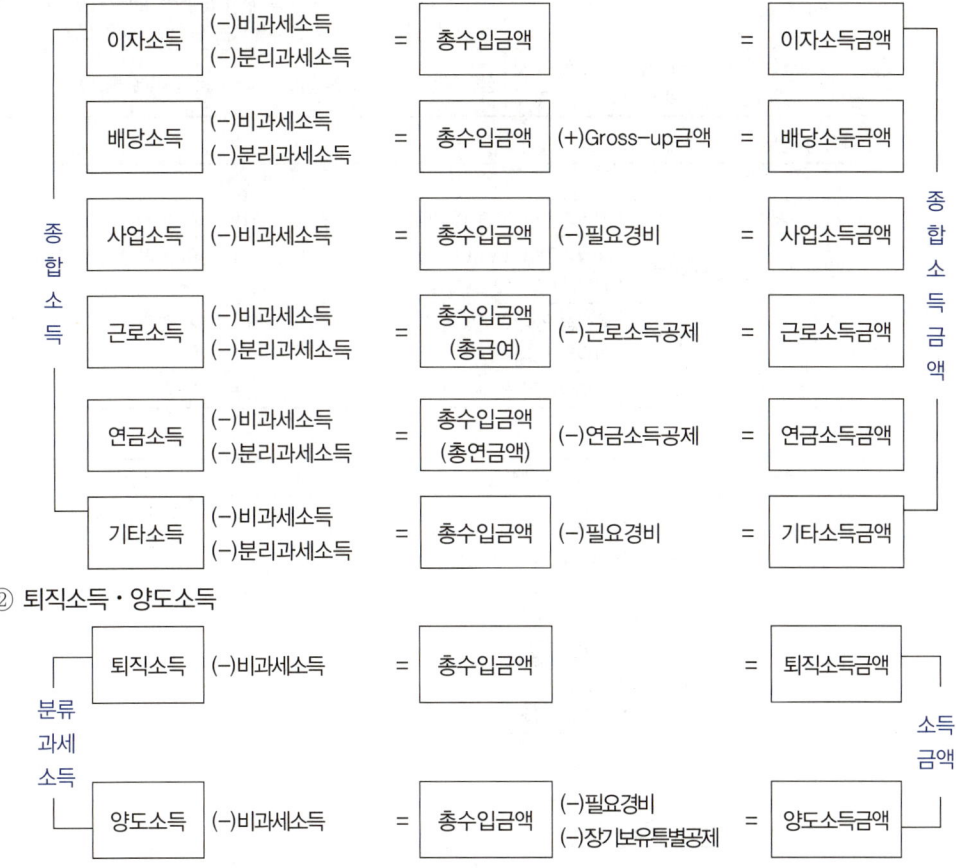

종합소득 → 종합소득금액

이자소득	(−)비과세소득 (−)분리과세소득	=	총수입금액		=	이자소득금액
배당소득	(−)비과세소득 (−)분리과세소득	=	총수입금액	(+)Gross-up금액	=	배당소득금액
사업소득	(−)비과세소득	=	총수입금액	(−)필요경비	=	사업소득금액
근로소득	(−)비과세소득 (−)분리과세소득	=	총수입금액 (총급여)	(−)근로소득공제	=	근로소득금액
연금소득	(−)비과세소득 (−)분리과세소득	=	총수입금액 (총연금액)	(−)연금소득공제	=	연금소득금액
기타소득	(−)비과세소득 (−)분리과세소득	=	총수입금액	(−)필요경비	=	기타소득금액

② 퇴직소득·양도소득

분류과세소득 → 소득금액

퇴직소득	(−)비과세소득	=	총수입금액		=	퇴직소득금액
양도소득	(−)비과세소득	=	총수입금액	(−)필요경비 (−)장기보유특별공제	=	양도소득금액

02 종합소득세

1. 금융소득 중요

(1) 금융소득의 범위

① 이자소득

구 분	내 용
㉠ 채권 또는 증권의 이자와 할인액	채권 등의 보유기간 이자상당액 포함
㉡ 국내(또는 국외)에서 받는 예금의 이자와 할인액	국내·국외이자, 예탁금과 우편대체 포함, 상호신용계 또는 신용부금으로 인한 이익 포함
㉢ 환매조건부 채권 또는 증권의 매매차익	시장가격에 의하지 않고 사전약정이율에 따라 결정된 가격으로 환매하는 채권 또는 채권에 준하는 증권이어야 함
㉣ 저축성 보험의 보험차익	10년(2003년 12월 31일 이전 가입분은 7년) 미만인 보험차익에 한함. 단, 가입형태별로 비과세 요건 있음*주)

ⓜ 직장공제회 초과반환금	직장공제회로부터 받는 반환금에서 납입공제료를 차감한 금액을 말함. 1999년 1월 1일 이후 가입자에 한함
ⓗ 비영업대금의 이익	금전대여가 사업목적이 아닌 일시·우발적으로 금전을 대여함에 따라 지급받는 이자를 말함. 단, 사업성이 있는 경우에는 사업소득임
ⓢ 위 ⓖ에서 ⓗ까지의 소득과 유사한 소득으로서 금전 사용에 따른 대가의 성격이 있는 것	상업어음할인료·신종펀드의 이자 등이 이에 해당함

*주) 다음의 경우에만 비과세하도록 한다.

구 분	요 건
일반저축성 보험계약	계약기간이 10년 이상이고, 납입보험료가 1억원 이하인 경우
월적립식 저축성보험계약	계약기간이 10년 이상이고, 보험료를 매월 납입하는(5년 이상 납입) 저축성보험인 경우(한도 : 월 보험료 150만원 이하)
종신형 연금보험계약	종신형 연금보험인 경우(만 55세 이후부터 사망 시까지 연금으로 지급받을 것. 연금 이외의 형태 불가)
보장성 보험계약	피보험자의 신체상의 상해, 자산의 멸실로 받는 보험금

② 배당소득

구 분	내 용	비 고
실지배당	이익배당 또는 건설이자의 배당, 국내 또는 국외에서 받은 집합투자기구로부터의 이익을 포함함	• 이익이나 잉여금의 배당 또는 분배금 • 법인과세 신탁재산으로부터 받는 배당금, 분배금
의제배당	잉여금의 자본전입으로 인한 의제배당*주) 등	–
인정배당	법인세법에 따라 배당으로 처분된 금액	–
공동사업 손익분배	공동사업에서 발생한 소득금액 중 출자공동사업자에 대한 손익분배비율에 상당하는 금액	–
유형별 포괄주의에 해당하는 배당	위와 유사한 소득으로서 수익분배의 성격이 있는 것	문화펀드 등 신종펀드의 배당 등을 말함

*주) 잉여금의 자본전입으로 인한 의제배당의 구체적인 범위

<table>
<tr><th colspan="3">구 분</th><th>의제배당 여부</th></tr>
<tr><td rowspan="6">자본잉여금의 자본금 전입</td><td rowspan="3">법인세가 과세되지 않는 잉여금의 자본금 전입</td><td>일반적인 경우</td><td>×</td></tr>
<tr><td>자기주식소각이익의 자본금 전입(소각 당시 시가가 취득가액 초과하거나 소각일로부터 2년 이내 전입한 경우에만)</td><td>○</td></tr>
<tr><td>자기주식 보유상태에의 자본금 전입으로 인한 지분비율 증가분</td><td>○</td></tr>
<tr><td rowspan="3">법인세가 과세된 잉여금의 자본금 전입</td><td>주식발행액면초과액 중 출자전환 시 채무면제이익의 자본금 전입</td><td>○</td></tr>
<tr><td>재평가적립금 중 토지 재평가차액 상당액의 자본금 전입</td><td>○</td></tr>
<tr><td>기타자본잉여금의 자본금 전입</td><td>○</td></tr>
<tr><td colspan="3">이익잉여금의 자본금 전입</td><td>○</td></tr>
</table>

(2) 금융소득금액 계산

① 이자소득

이자소득금액 = 이자소득 총수입금액(비과세소득과 분리과세소득은 제외)

※ 현행 소득세법상 이자소득에 대해서는 필요경비를 인정하지 않으므로 총수입금액 자체가 소득금액이 된다.

② 배당소득

㉠ 배당소득도 이자소득과 마찬가지로 필요경비가 인정되지 않으므로 총수입금액 자체가 소득금액이 된다.

㉡ 다만, 배당소득은 법인세와 소득세의 이중과세문제가 발생하므로 이중과세의 조정대상이 되는 배당소득의 경우에는 귀속법인세액(10%의 Gross-up금액)을 가산한 금액을 배당소득금액으로 한다.

배당소득금액 = 배당소득 총수입금액*주) + 귀속법인세액(10%의 Gross-up금액)

*주) 배당소득 총수입금액 = 배당소득 - 비과세소득 - 분리과세소득

(3) 금융소득금액 수입시기

① 이자소득

구 분	수입시기
보통예금・정기예금・적금 또는 부금의 이자	• 실제로 이자를 지급 받는 날 • 원본에 전입하는 뜻의 특약이 있는 이자는 그 특약에 의하여 원본에 전입하는 날
저축성 보험의 보험차익	보험금 또는 환급금의 지급일(단, 기일 전에 해지 시 : 그 해지일)
무기명의 공채 또는 사채의 이자와 할인액	그 지급을 받은 날
기명의 공채 또는 사채의 이자와 할인액	약정에 의한 이자지급 개시일
채권 또는 증권의 환매조건부 매매차익	약정에 의한 환매수일・환매도일(단, 기일 전에 환매수・환매도 시 : 그 환매수일・환매도일)
직장공제회 초과반환금	약정에 의한 공제회 반환금의 지급일
비영업대금의 이익	약정에 의한 이자지급일(단, 약정이 없거나 약정에 의한 이자지급일 전에 이자를 지급받는 경우 : 그 이자지급일)

② 배당소득

유 형	수입시기
일반배당	• 무기명주식의 이익이나 배당의 경우 : 그 지급을 받은 날 • 잉여금의 처분에 의한 배당 : 당해 법인의 잉여금 처분결의일 • 건설이자의 배당 : 당해 법인의 건설이자 배당결의일
의제배당	• 주식의 소각, 자본의 감소, 잉여금의 자본전입, 퇴사・탈퇴 또는 자기주식지분의 포기로 인한 의제배당 : 주식의 소각, 자본의 감소 또는 자본에의 전입을 결정한 날이나 퇴사 또는 탈퇴한 날 • 법인이 합병으로 인하여 소멸한 경우 : 그 합병등기를 한 날 • 법인이 해산으로 인하여 소멸한 경우 : 그 잔여재산의 가액이 확정된 날 • 분할법인 또는 소멸한 분할합병의 상대방법인이 분할로 인하여 소멸 또는 존속하는 경우 : 그 분할등기일
법인세법에 의한 인정배당	당해 법인의 결산확정일
그 밖의 유사배당의 경우	그 지급을 받은 날

2. 금융소득의 과세방법 중요

(1) 금융소득의 유형

<table>
<tr><td rowspan="5">무조건 분리과세 금융소득</td><td>구 분</td><td>원천징수세율</td></tr>
<tr><td>비실명 금융소득</td><td>45%, 90%</td></tr>
<tr><td>직장공제회 초과반환금</td><td>기본세율</td></tr>
<tr><td>• 일반적인 이자소득 · 배당소득
• 법원보증금 및 경락대금에서 발생하는 이자소득
• 1거주자로 보는 법인격이 없는 단체의 금융소득
• 개인투자용 국채 이자소득</td><td>14%</td></tr>
<tr><td>조세특례제한법에 의하여 분리과세되는 금융소득</td><td>9%, 14%</td></tr>
<tr><td>무조건 종합과세 금융소득</td><td colspan="2">① 소득세법상 다음의 금융소득은 종합과세기준금액(2천만원)을 초과하는지 여부와 관계없이 무조건 종합과세한다.
㉠ 원천징수대상이 아닌 국외에서 받은 이자 · 배당소득
㉡ 국내에서 지급되는 이자 · 배당소득 중 원천징수되지 않은 소득
② 배당소득으로 분류되는 출자공동사업자에 대한 손익분배비율에 상당하는 금액(이하 출자공동사업자에 대한 배당소득이라 함)은 25%의 세율로 원천징수하고, 무조건 종합과세한다.</td></tr>
<tr><td>조건부 종합과세 금융소득</td><td colspan="2">'무조건 분리과세금융소득'과 '비과세 금융소득'을 제외한 이자배당소득, 즉 무조건 종합과세금융소득(출자공동사업자에 대한 배당소득 제외)과 조건부 종합과세금융소득의 합계액(= 종합과세기준금액)이, ① 2천만원 이하라면 무조건 종합과세금융소득만 종합과세하고, ② 2천만원 초과라면 전부를 종합과세한다.</td></tr>
</table>

(2) 금융소득종합과세의 구체적 적용방법

<table>
<tr><td rowspan="4">대상소득</td><td>구 분</td><td>내 용</td></tr>
<tr><td>금융소득*주) > 종합과세기준금액(2천만원)</td><td>무조건 종합과세금융소득과 조건부 종합과세금융소득 모두를 종합과세한다.</td></tr>
<tr><td>금융소득*주) ≤ 종합과세기준금액(2천만원)</td><td>무조건 종합과세금융소득만 종합과세한다.</td></tr>
<tr><td colspan="2">*주) Gross-up금액을 가산하기 전의 금액을 말함</td></tr>
</table>

<table>
<tr><td rowspan="3">세율의 적용</td><td>구 분</td><td>금 액</td><td>적용세율</td></tr>
<tr><td rowspan="2">금융소득</td><td>2천만원 이하분</td><td>원천징수세율(14%) 적용(비영업대금이익은 25%)</td></tr>
<tr><td>2천만원 초과분</td><td>기본세율 적용(비영업대금이익은 25%)</td></tr>
</table>

3. 사업소득 중요

(1) 개 요

사업소득이란 일정한 사업에서 발생하는 소득을 말한다. 사업소득 중 부동산임대소득은 결손금(이월결손금 포함) 보전방법에서 차이가 있기 때문에 일반사업소득과는 구분하여 계산하여야 한다.

※ 같은 소득이라 하더라도 일시 · 우발적인 경우 기타소득 또는 양도소득(부동산)이 과세된다.

① 사업소득의 범위

ⓐ 농업, 임업, 수렵업(식량작물재배업은 제외)

ⓑ 어업 · 광업 · 제조업

ⓒ 전기 · 가스 및 수도사업

ⓓ 도매업 및 소매업

ⓔ 건설업
ⓕ 숙박 및 음식점업
ⓖ 운수, 창고업 및 통신업
ⓗ 금융・보험업 등
ⓘ 부동산업・임대업 및 사업서비스업
ⓙ 부동산매매업
ⓚ 교육서비스업
ⓛ 보건 및 사회복지사업
ⓜ 오락, 문화 및 운동 관련 서비스업과 기타 공공, 수리 및 개인서비스업
ⓝ 가사서비스업
ⓞ 사업용 유형고정자산 양도소득(복식부기의무자에 한함. '양도소득'에 해당하는 경우에는 제외)

② 부동산 양도 관련 사업

부동산을 매매함으로써 발생하는 소득은 계속 사업성 여부에 따라 일시우발적이면 양도소득으로, 계속반복적이면 사업소득(건설업 또는 부동산판매업)으로 분류한다.

사업성이 있는 경우에도 세분하여 부동산판매업은 '부동산매매업'으로, 주택신축판매업은 '건설업'으로 구분한다.

구 분		소득 구분	세부업종	비 고
사업성 있는 경우	부동산판매업	사업소득	부동산매매업	–
	주택신축판매업	사업소득	건설업	세제상 혜택 있음
사업성 없는 경우		양도소득		–

PART 2

(2) 비과세 사업소득

농가(어로)부업소득	① 농가부업규모의 축산에서 발생하는 소득은 전액 비과세 ② 농가부업규모를 초과하는 축산과 민박・음식물판매・특산물제조・전통차제조, 기타의 부업(고공품제조 및 기타 이와 유사한 활동)에서 발생한 소득을 합산한 소득금액에서 연간 3,000만원까지 비과세 ③ 내수면어업・연근해어업 및 양식어업 소득에 대해 연간 5,000만원까지 비과세
전통주의 제조소득	법정요건을 충족하는 전통주를 수도권지역 외의 읍・면지역에서 제조함으로써 발생하는 소득으로써 소득금액의 합계액이 연간 1,200만원 이하인 경우 비과세
산림소득	조림기간이 5년 이상인 임지의 임목의 벌채 또는 양도로 인한 소득에 대해서는 소득 금액기준으로 연간 600만원 이하의 금액을 비과세
기타 작물재배업	식량작물재배업 외의 작물재배업에서 발생하는 소득으로서 해당 과세기간의 수입금액의 합계액이 10억원 이하인 것
주택임대업*주)	① 임대료 소득 : 1개의 주택(과세기간 종료일 현재 기준시가가 12억원을 초과하는 고가주택과 국외소재주택 제외)을 대여하고 월세를 받는 경우 비과세한다. ② 간주임대료 : 2주택 이하를 소유한 자의 보증금에 대한 간주임대료와, 3주택 이상 소유한 자라 하더라도 전세보증금의 합계가 3억원 이하인 경우 간주임대료는 비과세한다. ※ 소규모 주택임대소득의 한시적 비과세 및 분리과세 주거용 건물임대소득(받은 임대료와 간주임대료의 합계액)이 연간 2천만원 이하인 경우는 단일세율(14%) 분리과세와 종합과세 방식을 선택하여 신고하도록 함

*주) 소유주택수별 과세여부 판단

<table>
<tr><th>소유주택수
(부부단위 합산)</th><th>받은 월세 등 임대료</th><th>간주임대료[*주1)]</th></tr>
<tr><td>1주택</td><td>• 일반주택 : 비과세
• 고가주택 & 국외주택
– 소규모임대소득자 : 과세(분리과세와 종합과세 선택)
– 그 외의 경우 : 종합과세</td><td>비과세</td></tr>
<tr><td>2주택</td><td rowspan="2">• 소규모임대소득자 : 과세(분리과세와 종합과세 선택)
• 그 외의 경우 : 종합과세</td><td>비과세[*주2)]</td></tr>
<tr><td>3주택</td><td>종합과세(단, 보증금등의 합계액이 3억원 초과할 경우만)</td></tr>
</table>

*주1) 소형주택(전용면적 40제곱미터 & 기준시가 2억원 이하)은 2026년 말까지 3주택 이상 소유 요건을 판단할 때 주택수에 포함하지 아니한다.

*주2) 2026년부터 고가주택(기준시가 12억원 초과) 2주택자의 전세보증금 합계액이 12억원을 초과하는 경우에는 간주임대료를 계산하여 과세함

(3) 업무용승용차 관련 비용 등의 특례

① 업무용승용차의 감가상각비

복식부기의무자의 업무용승용차 감가상각비는 정액법을 상각방법으로 하고 내용연수를 5년으로 하여 계산한 금액을 필요경비에 산입한다.

② 업무용승용차의 처분손익

복식부기의무자가 업무용승용차를 매각하는 경우 그 매각금액을 매각일이 속하는 과세기간의 총수입금액에 산입하며, 매각 당시 장부가액은 필요경비에 산입한다.

③ 업무용승용차 관련 비용 중 업무외사용금액의 필요경비불산입

복식부기의무자가 업무용승용차를 취득하거나 임차하여 해당 과세기간에 필요경비로 계상한 금액 중 운행일지(기록)를 통해 업무에 사용하지 않은 금액으로 판명된 금액은 필요경비 불산입한다. 단, 해당 과세기간의 업무용승용차 관련 비용이 1,500만원 이하인 경우에는 100% 필요경비 산입한다.

④ 업무용자동차 전용보험 가입의무

다음 대상자의 경우 보유 업무용승용차 중 1대(공동사업장도 1사업자로 보아 1대)를 제외한 나머지 차량에 대해 사업자 또는 직원 등이 운전하는 경우만 보험보장을 받는 전용특약보험에 가입해야 하며, 미가입 시 필요경비는 50%만 인정

〈가입대상자〉 모든 복식부기의무자

TIP

개인사업자의 건설기계 처분에 따른 분할과세 특례

건설기계 개인사업자가 건설기계를 양도하고 그 양도일이 속하는 과세기간에 다른 건설기계를 대체 취득한 경우, 그 보유하던 건설기계(1대로 한정한다)를 양도함으로써 발생하는 양도차익 상당액 중 1천만원 초과분을 3년 분할하여 총수입금액에 산입한다. 이는 개인사업자의 건설기계 처분에 따른 일시적 세부담을 완화하기 위함이다(25.1.1. 이후 양도하는 분부터 적용).

(4) 부동산 임대소득

① 부동산임대소득의 범위

㉠ 부동산 또는 부동산상의 권리의 대여로 인하여 발생하는 소득

㉡ 공장재단 또는 광업재단의 대여로 인하여 발생하는 소득

㉢ 광업권자, 조광권자, 덕대가 채굴에 관한 권리를 대여함으로 인해 발생한 소득

㉣ 공익사업과 관련되지 아니한 지역권 · 지상권을 설정 또는 대여하고 받는 금품

② 비과세 부동산임대소득

㉠ 전 · 답의 대여소득 : 전답을 작물생산에 이용하게 함으로 인하여 발생하는 소득

㉡ 1개 이하의 주택임대소득 : 1개 이하의 주택을 소유한 자의 주택임대소득에 대해서는 소득세를 과세하지 아니한다. 다만, 기준시가가 12억원을 초과하는 고가주택과 국외에 소재하는 주택의 임대소득은 비과세소득에서 제외

③ 부동산 임대소득금액의 계산

부동산임대소득금액 = 총수입금액(부동산임대소득*주) – 비과세소득) – 필요경비

*주) 미리받은 선수 임대료가 있는 경우 : 실제 임대에 사용한 월수에 해당하는 금액만을 총수입금액으로 한다.

④ 임대보증금 등에 대한 총수입금액계산의 특례

개인이 부동산 등을 대여하고 전세금 · 보증금 등을 받은 경우에는 다음의 금액을 부동산임대소득의 총수입금액에 산입한다.

일반적인 경우	간주임대료 = (당해 과세기간 보증금 등의 적수 – 임대부동산건설비상당액 적수) $\times \frac{\text{국세청장고시 정기예금이자율}}{365(366)}$ – 임대사업부문에서 발생한 금융수익
소득금액을 추계결정 또는 경정하는 경우	간주임대료 = 당해 과세기간 보증금의 적수 $\times \frac{\text{국세청장고시 정기예금이자율}}{365(366)}$

(5) 소득세법(사업소득)과 법인세법의 주요 차이 중요

구 분	법인세법	소득세법
과세소득 구분	순자산증가설에 의해 포괄적으로 과세소득 계산	소득원천설에 의해 열거된(8가지) 과세소득만 소득으로 계산함
기업업무추진비	사업장(지점)의 구분없이 하나의 기업업무추진비한도액을 적용	각 사업장별로 별도의 기업업무추진비한도액 계산 가능
대표자 인건비	손금인정	인정 × (필요경비 불산입)
대표자 퇴직급여충당금	설정대상(한도 내 손금인정)	설정 불가능(필요경비 불산입)
유가증권처분손익 / 고정자산처분손익	익금 또는 손금으로 인정	총수입금액/필요경비에 불산입 (단, 복식부기의무자의 사업용 유형고정자산(부동산 제외)의 처분소득과 필요경비는 총수입금액과 필요경비에 산입됨)
특례기부금	소득금액의 50% 한도로 인정	소득금액의 100% 인정
수입이자 / 수입배당금	익금으로 인정	총수입금액 불산입(별도로 이자소득 또는 배당소득으로 과세함)

4. 근로소득 중요

(1) 근로소득의 범위

근로소득은 크게 근로소득에 포함되는 것과 근로소득으로 보지 아니하는 것 그리고 비과세 근로소득으로 구분된다.

① 근로소득에 포함되는 것(과세)

구 분	내 용
기밀비, 교제비, 여비	㉠ 기밀비(판공비 포함)·교제비 등의 명목으로 받는 것으로서 업무를 위하여 사용된 것이 분명하지 않은 급여 ㉡ 여비의 명목으로 받는 연액 또는 월액의 급여
공로금, 위로금, 장학금 등	종업원이 받는 공로금·위로금·학자금·장학금(종업원의 자녀가 사용자로부터 받는 학자금·장학금 포함) 및 이와 유사한 성질의 급여
각종 명목의 수당 등	㉠ 근로수당·가족수당·전시수당·물가수당·출납수당·직무수당·시간외근무수당 등 ㉡ 기술수당·보건수당·연구수당 등 ㉢ 공무원에게 지급하는 직급보조비 ㉣ 국가·지방자치단체 공무원이 공무 수행에 따라 받는 포상금(모범공무원 수당 포함)
기 타	㉠ 출자임원이 주택을 제공받음으로써 얻는 이익(인정상여의 일종) ㉡ 모든 임직원이 주택자금을 저리 또는 무상으로 대여받음으로써 얻는 이익(인정상여의 일종) ㉢ 법인의 주주총회 등 의결기관의 결의를 통해 상여로 받는 소득 ㉣ 주식매수선택권을 행사하여 얻은 이익(단, 2027년 12월 31일까지 벤처기업(또는 벤처기업의 자회사)의 임직원이 부여받아 추후 행사하여 얻은 이익 중 2억원까지 비과세) ㉤ 종업원이 자사·계열사의 재화 또는 용역을 시가보다 할인하여 공급받은 경우 할인받은 금액

② 근로소득으로 보지 않는 것(과세 제외)

㉠ 사업자가 근로자에게 지급하는, 사회통념상 타당하다고 인정되는 경조금

㉡ 퇴직보험(퇴직일시금신탁, 퇴직연금 포함)의 보험료

㉢ 사내근로복지기금에서 근로자 또는 근로자의 자녀가 받는 장학금과 무주택근로자가 받는 주택보조금

③ 비과세 근로소득

㉠ 근로자가 제공받는 식사 또는 식사대

구 분	한 도
근로자가 제공받는 식사(사내급식 등의 제공받는 현물식사 포함)	전 액
식사·음식물을 제공받지 않는 근로자가 받는 식사대*주)	월 20만원

*주) 식사와 식사대를 동시에 제공받는 경우에는 식사만 비과세하고, 식사대는 과세한다.

㉡ 실비변상적 성질의 급여

ⓐ 일반적인 실비변상적 성질의 급여

구 분	한 도
일직료·숙직료 또는 여비로서 실비변상정도의 금액	–
종업원의 소유차량을 종업원이 직접 운전하여 사용자의 업무수행에 이용하고 시내출장 등에 소요된 실제 여비를 받는 대신에 그 소요경비를 당해 사업체의 규칙 등에 의하여 정하여진 지급기준에 따라 받는 금액(= 자가운전보조수당)	월 20만원
방송·뉴스통신·신문사 등의 기자가 받는 취재수당	월 20만원
교육기관의 교원, 연구개발전담부서 연구활동 종사자가 받는 연구보조비 또는 연구활동비	월 20만원
근로자가 벽지에 근무함으로 인하여 받는 벽지수당	월 20만원

ⓑ 기타의 실비변상적 성질의 급여
- 법령 · 조례에 의하여 제복을 착용하여야 하는 자가 받는 제복 · 제모 및 제화
- 선원법에 의하여 받는 식료
- 근로자가 천재 · 지변 기타 재해로 인하여 받는 급여 등

㉢ 생산직근로자가 받는 연장근로수당 등

구 분	내 용
비과세 대상과 요건	ⓐ 공장 · 광산근로자, 어업, 운전, 청소, 경비 관련 종사자, 서비스 관련(미용, 숙박, 조리, 음식, 매장판매, 여가 및 관광서비스, 가사 관련 단순노무직 등) 종사자일 것 ⓑ 직전 연도 총급여가 3,000만원 이하로서 월정액급여*주)가 210만원 이하일 것 ⓒ 통상임금에 가산하여 받는 연장근로 · 휴일근로 · 야간근로수당일 것
비과세 금액	ⓐ 광산근로자 · 일용근로자 : 해당 급여총액을 비과세 ⓑ ⓐ 외의 생산직근로자(선원 포함) 등 : 연 240만원 비과세

*주) 월정액급여 = 매월 받는 급여총액 − 상여 등 비정기적 급여 − 실비변상적 성질의 급여 − 복리후생적 성질의 급여 − 연장 · 야간근로수당 등의 초과근로수당

㉣ 기타의 비과세 근로소득

구 분	비 고
각종 법률에 의하여 받는 금액	ⓐ 산업재해보상보험법에 의하여 지급받는 요양급여 · 휴업급여 · 장해급여 · 유족급여 및 장의비 등 ⓑ 고용보험법에 의하여 받는 실업급여, 육아기 근로시간 단축 급여 등 ⓒ 법규의 준수 등을 위하여 신고, 고발한 사람이 받는 포상금
출산 · 보육 관련 급여	ⓐ 근로자 또는 그 배우자의 출산과 관련하여 출생일 이후 2년 이내에 공통 지급규정에 따라 사용자로부터 지급(2회 이내)받는 급여 전액(한도 없음). 단, 사용자와 친족인 특수관계자에게 지급하는 경우에는 제외 ⓑ 6세 이하의 자녀보육과 관련하여 사용자로부터 지급받는 급여로서 월 20만원 이내의 금액
국외근로 시 받은 급여	ⓐ 일반근로자 : 국외 등에서 근로를 제공하고 받는 보수 중 월 100만원(해외 건설근로자, 외항선원과 원양어선은 월 500만원) 이내의 금액 ⓑ 공무원 등 : 국외 등에서 근무하고 받는 수당 중 당해 근로자가 국내에서 근무할 경우에 지급받을 금액 상당액을 초과하여 받는 금액
건강보험료 등의 사용자부담금	국민건강보험법 · 고용보험법 · 국민연금법 · 공무원연금법 · 사립학교교직원연금법 · 근로자퇴직급여보장법 · 과학기술인공제회법 · 노인장기요양보험법 등에 의하여 국가 · 지방자치단체 또는 사용자가 부담하는 부담금
복리후생적 성질의 급여	ⓐ 비출자 임원, 소액주주임원과 임원이 아닌 종업원, 국가 또는 지방자치단체로부터 근로소득을 지급받은 사람이 사택을 제공받음으로써 얻는 이익*주) ⓑ 중소기업 종업원의 주택 구입 · 임차자금을 저리 또는 무상으로 대여받음으로써 얻는 이익(단, 해당 종업원이 중소기업과 특수관계인 경우에는 제외) ⓒ 종업원이 보험계약자이거나 종업원 또는 그 배우자 · 가족을 보험수익자로 하는 보험 • 신탁 또는 공제와 관련하여 사용자가 부담하는 보험료 · 신탁부금 또는 공제부금 • 단체순수보장성보험 및 단체환급부보장성보험 중 연 70만원 이하의 보험료 • 임직원의 고의(중과실 포함) 외의 업무상 행위로 인한 손해의 배상청구를 보험금의 지급사유로 하고 임직원을 피보험자로 하는 보험의 보험료 ⓓ 공무원 포상금 중 일부 • 국가 · 지자체 공무원이 공무수행에 따라 받는 포상금 중 연간 240만원 이하의 금액 ⓔ 직무발명보상금 : 관련법에 따라 종업원 등이 사용자 등으로부터 받는 보상금 중 연 700만원 이하의 금액 (단, 보상금을 지급한 사용자 등과 특수관계인 경우에는 제외) ⓕ 종업원이 자사 · 계열사의 재화 또는 용역을 시가보다 할인하여 공급받은 경우 : 연간 비과세 한도 = Max(시가의 20%, 240만원)

*주) 사택제공이익과 주택자금대여이익

구 분	출자임원	비출자임원(소액주주임원 포함)	임원이 아닌 종업원 등
사택제공이익	근로소득	−	−
주택자금대여이익	근로소득	근로소득	근로소득(중소기업 제외)

(2) 근로소득금액의 계산

① 계산구조

근로소득금액은 근로소득 총수입금액에서 당연 필요경비적 성격에 해당하는 근로소득공제액을 차감한 금액으로 한다.

② 근로소득공제

㉠ 근로소득공제액 : 근로소득이 있는 거주자에 대하여는 당해 연도의 총급여액(비과세 근로소득 제외금액)에서 다음의 금액을 공제한다. 다만, 당해 연도의 총급여액이 공제액에 미달하는 경우에는 당해 연도 총급여액을 공제액으로 한다.

급여액	공제액
500만원 이하	총급여액의 70%
500만원 초과 ~ 1,500만원 이하	350만원 + 500만원을 초과하는 금액의 40%
1,500만원 초과 ~ 4,500만원 이하	750만원 + 1,500만원을 초과하는 금액의 15%
4,500만원 초과 ~ 1억원 이하	1,200만원 + 4,500만원을 초과하는 금액의 5%
1억원 초과	1,475만원 + 1억원을 초과하는 금액의 2%

㉡ 유의점

- 한도 : 2,000만원을 한도로 근로소득공제액을 적용한다. 예 총급여액이 362,500,000원 이상인 경우 한도 적용
- 근로소득공제는 근로기간이 해당 과세기간에 단 하루만 해당되어도 월할 계산하지 않고 전액 공제한다.
- 일반근로자가 2인 이상으로부터 급여를 받는 때에는 그 급여액의 합계액에 대한 근로소득공제액을 주된 근무지의 급여액에서 공제한다. 다만, 주된 근무지의 급여액이 근로소득공제액에 미달하는 때에는 그 급여액을 초과하는 부분의 근로소득공제액은 종된 근무지의 급여액에서 공제한다.

③ 근로소득의 수입시기

근로소득에 대한 수입할 시기는 다음에 정하는 날로 한다.

구 분	수입시기
급 여	근로를 제공한 날
잉여금처분에 의한 상여	당해 법인의 잉여금 처분결의일
인정상여	당해 사업연도 중 근로를 제공한 날
퇴직위로금 · 퇴직공로금	지급받거나 지급받기로 한 날

5. 연금소득 · 기타소득

(1) 연금소득

① 소득의 범위

구 분	비 고
공적연금	㉠ 국민연금법에 의하여 지급받는 각종 연금 ㉡ 공무원연금 등 : 공무원연금법 · 군인연금법 등에 의한 각종 연금

퇴직연금	㉠ 근로자퇴직급여보장법에 따라 지급받는 연금. 다만, 중도인출 시엔 인출금액을 퇴직금으로 본다. ㉡ 근로자퇴직급여보장법에 의한 퇴직보험의 보험금을 연금형태로 지급받는 경우 당해 연금 또는 이와 유사한 것으로서 퇴직자가 지급받는 연금 ㉢ 근로자퇴직급여보장법에 따라 지급받는 중소기업퇴직연금 ㉣ 과학기술인공제회법에 따른 퇴직연금
개인연금 (사적연금)	조세특례제한법의 규정에 의한 연금저축에 가입하고 연금형태로 지급받는 소득

② 비과세연금소득

㉠ 국민연금법에 의하여 지급받는 유족연금 · 장애연금

㉡ 공무원연금법 · 군인연금법 등에 의하여 지급받는 유족연금 · 장애연금 · 상이연금 등

③ 연금소득금액의 계산

계산구조	연금소득금액 = 총연금액*주) - 연금소득공제 *주) 총연금액 = 연금합계액 - 비과세소득 - 분리과세소득
연금소득 공제	연금소득금액의 계산 시 적용되는 연금소득공제는 다음과 같으며, 공제액이 900만원을 초과하는 경우에는 900만원을 한도로 공제한다.

총연금액	공제액
350만원 이하	총연금액 전액
350만원 초과 ~ 700만원 이하	350만원 + (총연금액 - 350만원) × 40%
700만원 초과 ~ 1,400만원 이하	490만원 + (총연금액 - 700만원) × 20%
1,400만원 초과	630만원 + (총연금액 - 1,400만원) × 10%

④ 연금소득에 대한 과세방법

㉠ 종합과세(원칙) : 연금소득은 원칙적으로 종합소득에 합산하여 과세된다. 다만, 공적연금소득만이 있는 자는 다른 종합소득이 없는 경우 과세표준확정신고를 하지 않아도 된다. 즉, 연말정산만으로 과세를 종결시키는 것이다.

㉡ 선택적 분리과세 : 연 1,500만원 이하의 총연금액이 있는 거주자는 본인의 선택에 따라 해당 연금소득을 분리과세하거나 종합과세한다(단, 연금계좌에서 연금수령 시에는 1,500만원 초과 시에도 분리과세 선택 가능 → 1,500만원 초과 연금수령 시 : 종합과세 또는 15% 분리과세).

⑤ 수입시기

연금소득의 수입시기는 연금을 지급받거나 받기로 한 날로 한다.

(2) 기타소득 중요

① 기타소득금액의 계산

㉠ 기타소득금액의 계산구조

기타소득금액 = 기타소득 총수입금액 - 필요경비

㉡ 필요경비 : 필요경비란 해당 과세기간의 기타소득을 얻기 위해 투입된 비용으로서 실제투입비용을 말한다. 다만, 아래의 몇 가지 경우 정확한 경비계산이 어렵고 납세자의 사정이 서로 다르므로 일정한 기준을 정하여 경비를 인정함

<table>
<tr><td>• 공익법인이 주무관청의 승인을 얻어 시상하는 상금과 부상
• 계약으로 인한 위약금과 배상금 중 주택입주 지체상금</td><td>필요경비산입액 = Max[ⓐ, ⓑ]
ⓐ 해당 기타소득 수입금액의 80%
ⓑ 실제 발생된 필요경비 금액
(실제 발생된 필요경비가 수입금액의 80% 상당하는 금액을 초과하는 경우에는 그 초과하는 금액도 필요경비에 산입한다)</td></tr>
<tr><td>• 산업재산권 등 권리를 양도하거나 대여하고 그 대가로 받은 금품
• 인적용역을 일시적으로 제공하고 받는 대가
• 문예창작소득
• 공익사업과 관련된 지상권 · 지역권을 설정하거나 대여함으로써 발생하는 소득
• 통신판매중개를 하는 자를 통해 물품 또는 장소를 대여하고 연간 수입금액 500만원 이하의 사용료로서 받은 금품</td><td>필요경비산입액 = Max[ⓐ, ⓑ]
ⓐ 해당 기타소득 수입금액의 60%
ⓑ 실제 발생된 필요경비 금액
(실제 발생된 필요경비가 수입금액의 60% 상당하는 금액을 초과하는 경우에는 그 초과하는 금액도 필요경비에 산입한다)</td></tr>
<tr><td>[참고] 공익사업과 관련 없는 지상권 · 지역권을 설정 또는 대여하고 받는 금품</td><td>기존 기타소득에서 사업소득으로 과세</td></tr>
<tr><td>• 승마투표권 · 승자투표권 구매자가 받는 환급금</td><td>당해 단위투표금액 합계액</td></tr>
<tr><td>• 슬롯머신 등의 당첨금품 등</td><td>당첨 당시에 슬롯머신 등에 투입한 금액</td></tr>
<tr><td>• 미술품 양도차익</td><td>Max[해당 기타소득 수입금액의 80%(90%)*주), 실제 사용된 필요경비]
*주) ⓐ 10년 미만
<table><tr><th>양도가액</th><th>필요경비율</th></tr><tr><td>1억원 이하</td><td>90%</td></tr><tr><td>1억원 초과</td><td>1억원 이하분 : 90%
1억원 초과분 : 80%</td></tr></table>ⓑ 10년 이상 : 양도가액의 90%</td></tr>
</table>

② 비과세

㉠ 국가유공자 등 예우 및 지원에 관한 법률에 의하여 받는 보상금 · 학자금, 귀순북한동포보호법에 의하여 받는 정착금 · 보로금 및 기타 금품

㉡ 국가보안법에 의하여 받는 상금과 보로금

㉢ 상훈법에 의한 훈장과 관련하여 받는 부상과 세법에 열거된 각종 상금과 부상

㉣ 종업원등 또는 대학의 교직원이 퇴직한 후에 지급받는 직무발명보상금으로서 대통령령으로 정하는 금액(연 700만원)(단, 보상금을 지급한 사용자 등과 특수관계인인 경우에는 제외)

③ 기타소득의 과세방법

• 종합과세와 분리과세 : 기타소득은 원칙적으로 종합소득과세표준에 합산하여 과세한다. 다만, 예외적으로 분리과세되는 기타소득도 있다.

무조건 종합과세	다음의 기타소득은 무조건 종합소득에 합산하여 과세한다. 따라서, 소득지급 시에 원천징수하지 아니한다(할 수 없다). ⓐ 뇌물, 알선수재 및 배임수재에 의하여 받는 금품
무조건 분리과세	ⓐ 사적연금불입액과 운용수익을 연금외 수령 시 발생하는 소득(15%) ⓑ 서화 · 골동품의 양도로 인한 소득(20%) ⓒ 복권기금법에 의한 복권당첨금 등(20% 또는 30%) : 당첨금이 3억원까지는 20%(당첨금품 등이 3억원을 초과하는 경우 당해 초과분에 대하여는 30%) 세율로 원천징수함으로써 납세의무가 종결된다.
선택적 분리과세	연 300만원 이하의 기타소득금액(계약의 위약 또는 해약으로 인하여 받는 위약금 · 배상금 중 계약금이 위약금 · 배상금으로 대체되는 경우는 포함하되, 뇌물, 알선수재 및 배임수재에 의하여 받는 금품은 제외)은 거주자의 선택에 의하여 20% 세율로 분리과세하거나 종합과세한다.

④ 수입시기

구 분	기타소득의 수입시기
일반적인 기타소득(원칙)	그 지급을 받은 날(현금주의)
법인세법에 의하여 처분된 기타소득	당해 법인의 당해 사업연도의 결산 확정일
계약의 위약 또는 해약으로 계약금을 대체하여 받는 위약금과 배상금	계약의 위반 또는 해지가 확정된 날
광업권·어업권·산업재산권 등의 자산이나 권리를 양도하거나 대여하고 그 대가로 받은 기타소득(자산이나 권리를 대여한 경우 제외)	대금청산일과 인도일·사용수익일 중 빠른 날. 다만, 대금을 청산하기 전에 자산을 인도 또는 사용·수익하였으나 대금이 확정되지 않은 경우에는 그 대금지급일로 한다.

⑤ 과세최저한

다음의 경우에는 과세하지 않는다.

구 분	내 용
원 칙	기타소득금액이 매 건마다 5만원 이하인 때
예 외	㉠ 승마투표권·승자투표권·소싸움경기투표권·체육진흥투표권의 환급금으로서 매 건마다 당해 권면에 표시된 금액의 합계액이 10만원 이하이고, 단위투표금액당 환급금이 단위투표금액의 100배 이하인 때(단, 개별투표당 200만원을 넘으면 과세) ㉡ 슬롯머신 등의 당첨금품 등이 매 건마다 200만원 이하인 때 ㉢ 복권당첨금 등이 매 건마다 200만원 이하인 때

6. 소득금액계산의 특례(결손금과 이월결손금의 공제) 중요

(1) 결손금과 이월결손금 정의

① 결손금이란 사업자가 비치·기장한 장부에 의해 사업소득금액 계산 시 필요경비가 총수입금액을 초과하는 경우 그 금액을 말한다.

② 이월결손금(자산수증익 또는 채무면제익으로 충당된 것은 제외)은 당해 이월결손금이 발생한 연도의 종료일부터 15년 이내[2020년(2009년) 1월 1일 전에 개시하는 사업연도 발생분은 10년(5년)]에 종료하는 과세연도의 소득금액 계산 시 먼저 발생한 이월결손금부터 순차로 공제한다.

TIP

- 소득세법상 결손금과 이월결손금은 사업소득(부동산임대업소득 포함)에서만 발생한다. 다른 소득에서는 결손금이 발생할 수 없다.
- 양도소득의 결손금은 양도차손이라 하며, 양도차손은 다른 소득과는 통산하지 않고, 다른 자산의 양도차익에서 공제하되 미공제액은 이월공제되지 아니하고 당해에 소멸한다.

(2) 사업소득의 결손금과 이월결손금 공제

사업소득의 결손금은 종합소득금액계산 시 다음 순서로 공제한다. 단, 사업소득 중 부동산임대업에서 발생하는 결손금은 종합소득 과세표준을 계산할 때 공제하지 않는다.

구 분	공제순서
결손금 공제	① 근로소득금액 → ② 연금소득금액 → ③ 기타소득금액 → ④ 이자소득금액 → ⑤ 배당소득금액
이월결손금 공제 (15년*주) 공제)	먼저, 해당 과세기간의 사업소득금액(부동산임대업의 소득금액 포함)을 계산할 때 먼저 공제한 후, 잔액이 있을 경우 위 결손금 공제순서와 같이 순차적으로 공제한다.

*주) 2020년(2009년) 1월 1일 전에 개시하는 사업연도 발생분은 10년(5년) 공제

(3) 사업소득의 범위에 포함되는 부동산임대소득

부동산임대소득의 결손금과 이월결손금은 아래와 같이 임대부동산에 따라 달리 적용한다. 이는 주택임대사업을 지원하기 위함이다.

① 결손금 공제

일반(비주거용) 부동산임대업의 결손금	해당 과세기간의 타 소득금액에서 공제하지 않고 다음 과세기간으로 이월시킨다.
주거용 건물임대업의 결손금	사업소득의 결손금 처리방법과 동일(㉠ 근로소득금액 → ㉡ 연금소득금액 → ㉢ 기타소득금액 → ㉣ 이자소득금액 → ㉤ 배당소득금액의 순서대로 공제, 공제 후 남은 결손금은 다음 과세기간으로 이월)

② 이월결손금 공제

일반(비주거용) 부동산임대업의 결손금	해당 과세기간의 부동산임대업의 소득금액에서만 공제한다.
주거용 건물임대업의 결손금	해당 과세기간의 사업소득금액(부동산임대업의 소득금액 포함)을 계산할 때 먼저 공제하고, 남은 금액은 위의 결손금 처리방법과 동일('㉠ 근로소득금액 → ㉡ 연금소득금액 → ㉢ 기타소득금액 → ㉣ 이자소득금액 → ㉤ 배당소득금액'의 순서대로 공제)

7. 종합소득과세표준 및 세액의 계산

(1) 종합소득과세표준의 계산

6가지의 종합과세 대상 소득이 각각 계산되면 이들을 합산하여 종합소득금액을 구하고, 여기에 종합소득공제를 적용하여 종합소득과세표준을 계산하게 된다.

종합소득과세표준 = 종합소득금액 − 종합소득공제(소득세법상 소득공제, 조세특례제한법상의 소득공제)

종합소득공제는 소득세법상 종합소득공제와 조세특례제한법상 소득공제로 다음과 같이 구분함

구 분	내 용
소득세법	① 인적공제(기본공제, 추가공제) ② 특별공제(건강보험료 등 소득공제, 주택자금소득공제) ③ 연금보험료 공제(종합소득자) ④ 주택담보노후연금 이자비용소득공제(연금소득자)
조세특례제한법	① 신용카드 등 사용금액에 대한 소득공제 ② 소기업·소상공인 공제부금(노란우산공제)에 대한 소득공제 ③ 우리사주조합 출연금에 대한 소득공제 ④ 중소기업창업투자조합출자 등에 대한 소득공제 ⑤ 우리사주조합 기부금 소득공제 ⑥ 고용유지중소기업 소득공제 ⑦ 청년형 장기펀드(장기집합투자증권저축)에 대한 소득공제

(2) 소득세법상 종합소득공제 중요

① 인적공제

기본공제와 추가공제는 모든 종합소득자가 적용받을 수 있다. 인적공제의 합계액이 종합소득금액을 초과할 경우 그 초과하는 공제액은 없는 것으로 한다.

㉠ 기본공제

ⓐ 기본공제액 : 종합소득이 있는 거주자에 대하여 다음 해당하는 기본공제대상자 1인당 150만원을 곱하여 계산한 금액을 당해연도 종합소득금액에서 공제한다.

기본공제액 = 기본공제대상자의 수 × 150만원

ⓑ 기본공제대상자 : 기본공제대상자의 요건은 다음과 같다.

- 당해 거주자 본인 → 무조건 기본공제대상임
- 거주자의 배우자 : 연간소득금액*주1)이 100만원 이하인 자 → 연령요건은 없음
- 다음의 부양가족(배우자의 직계존속 · 형제자매 포함) : 연간소득금액이 100만원 이하인 자로서 당해 거주자와 생계를 같이하는 다음의 자. 다만, 장애인에 해당되는 경우에는 연령의 제한을 받지 아니한다(즉, 당해 연도에 20세에 달하거나 사망하여도 공제 가능함).
  - 거주자의 직계존속으로서 60세 이상인 자 : 거주자의 직계존속과 혼인(사실혼 제외)중임이 증명되는 자를 포함(직계존속이 재혼한 배우자를 직계존속 사후에도 부양하는 경우 포함)
  - 거주자의 직계비속과 동거 입양자로서 20세 이하(만 20세가 되는 날이 속하는 과세기간까지 기본공제대상자에 포함)인 자*주2) : 거주자의 배우자가 재혼한 경우로서 당해 배우자가 종전의 배우자와의 혼인(사실혼을 제외) 중에 출산한 자를 포함
  - 거주자의 형제 · 자매로서 20세 이하 또는 60세 이상인 자
  - 국민기초생활보장법에 의한 수급자(연령불문)
  - 아동복지법에 따른 6개월 이상 양육한 위탁아동(18세 미만의 자만 해당. 단, 보호기간이 연장된 20세 이하 위탁아동 포함)

*주1) 위의 '소득금액'이라 함은, 종합소득금액(비과세소득, 분리과세소득 제외), 퇴직소득금액, 양도소득금액의 합계액을 말함. 단, 근로소득만 있는 부양가족이 총급여액 연 500만원 이하인 경우에도 예외적으로 소득금액기준을 만족한 것으로 보아 소득공제 가능하다.

*주2) 해당 직계비속 또는 입양자와 그 배우자가 모두 장애인에 해당하는 경우에는 그 배우자를 포함한다.

ⓒ 부양가족 : 기본공제를 적용할 때 배우자의 경우에는 생계를 같이 해야 한다는 요건이 없으나, 부양가족의 경우에는 생계를 같이 해야 공제대상이 될 수 있다.

여기서 '부양가족'이란 주민등록표상의 동거가족으로서 당해 과세기간 종료일 현재 당해 거주자의 주소 · 거소에서 현실적으로 생계를 같이하는 자를 말한다. 다만, 다음의 경우에는 주민등록표상 동거가족으로 되어 있지 않더라도 현실적으로 생계를 같이하는 부양가족으로 본다.

- 직계비속 · 입양자(직계비속 · 입양자는 무조건 생계를 같이하는 자로 봄)
- 직계비속 · 입양자를 제외한 동거가족의 경우에는 취학, 질병의 요양, 근무상 · 사업상 형편 등으로 본래의 주소 · 거소를 일시 퇴거한 경우
- 부양가족 등 거주자(그 배우자 포함)의 직계존속이 주거의 형편에 따라 별거하고 있는 경우

㉡ 추가공제 : 기본공제대상자가 다음의 사유에 해당하는 경우에는 거주자의 당해 연도의 종합소득금액에서 기본공제 외에 다음에 해당하는 인원수에 1인당 연 100만원(또는 200만원, ⓒ의 경우 50만원)을 곱하여 계산한 금액을 추가로 공제한다.

구 분	요 건	공제금액
ⓐ 경로자우대 공제	70세 이상인 경우	100만원
ⓑ 장애인 공제	기본공제대상자가 장애인인 경우	200만원
ⓒ 부녀자 공제	종합소득금액이 3천만원 이하인 다음의 부녀자로 한정 • 당해 거주자가 배우자가 없는 여성으로서 기본공제대상자가 있는 세대주 • 배우자가 있는 여성	50만원
ⓓ 한부모세대 공제	해당 거주자가 배우자가 없는 사람으로서 기본공제대상자인 직계비속 또는 입양자가 있는 경우(단, '부녀자 공제'와 중복배제)	100만원

㉢ 연금보험료 공제 : 종합소득이 있는 거주자가 다음에 해당하는 보험료를 납부한 경우 해당 연도 종합소득금액에서 다음의 금액을 전액 공제한다. 단, 연금보험료공제액이 종합소득소득금액을 초과하는 경우에는 그 초과액은 없는 것으로 본다.

ⓐ 국민연금법에 의해 납부하는 국민연금보험료

ⓑ 공무원연금법, 군인연금법 등에 의해 근로자가 부담하는 기여금 또는 부담금

공제액 = 공적연금(국민연금 · 공무원연금 등) : 납부한 보험료 전액

㉣ 주택담보노후연금이자비용소득공제 : 연금소득이 있는 거주자가 주택담보노후연금을 받은 경우에는 그 지급받은 연금에 대하여 해당 연도에 발생한 이자상당액을 해당 연도 연금소득금액에서 공제한다. 단, 주택담보노후연금 가입 당시 주택의 기준시가가 12억원 이하인 주택이어야 한다. 이 경우 공제할 이자상당액이 200만원을 초과하는 경우에는 200만원을 공제하고, 연금소득금액을 초과하는 경우 그 초과금액은 없는 것으로 한다.

주택담보노후연금 이자비용공제액 = Min[ⓐ, ⓑ, ⓒ]
ⓐ 받은 연금에 대하여 해당 과세기간에 발생한 이자비용 상당액
ⓑ 200만원
ⓒ 연금소득금액

② 물적공제

㉠ 특별공제 : 소득세법상 소득공제

특별소득공제 = 보험료소득공제 + 주택자금소득공제

항목별 공제의 구체적 내용을 살펴보면 다음과 같다.

ⓐ 보험료소득공제 : 근로소득이 있는 거주자(일용근로자 제외)가 지출한 건강보험료와 고용보험료, 노인장기요양보험료의 근로자 부담액은 당해 연도의 근로소득금액에서 공제한다(근로자 부담분만 공제대상이며, 사용자 부담분은 비과세 근로소득에 해당함). 단, 보험료공제는 '연령요건'과 '소득금액요건'을 모두 충족한 기본공제대상자여야 공제 가능하다.

보험료소득공제액 = 건강보험료와 고용보험료, 노인장기요양보험료 **근로자 부담액** 전액

ⓑ 주택자금소득공제 : 근로소득이 있는 거주자(일용근로자를 제외)로서, 주택을 소유하지 않는 세대주(세대주가 본 소득공제를 적용받지 않은 경우에는 세대의 구성원 중 근로소득이 있는 자), 거주자인 외국인 근로자가 해당 과세기간에 주택자금으로 지급한 경우 다음의 금액을 그 과세기간의 근로소득금액에서 공제한다.

주택자금 소득공제액 = Min[①, ②]

① Min[{주택청약저축의 납입액(ⓐ) + 주택임차자금 원리금 상환액(ⓑ)} × 40%, 연 400만원] + 장기주택저당차입금 이자상환액(ⓒ)

② 공제한도 : 연 800만원*주)

*주) 장기주택저당차입금이 다음에 해당하는 경우 연 800만원 한도 대신 해당 금액을 공제한도로 한다.

구 분	공제한도
상환기간 15년 이상 & (고정금리 이자지급방식 & 비거치식 분할상환)	연 2,000만원
상환기간 15년 이상 & (고정금리 이자지급방식 or 비거치식 분할상환)	연 1,800만원
상환기간 10년 이상 & (고정금리 이자지급방식 or 비거치식 분할상환)	연 600만원

※ 주택자금 소득공제의 요건

구 분	공제요건
주택청약저축 불입액(ⓐ)	총급여액이 7천만원 이하이며, 해당 기간 중 주택을 소유하지 않은 세대의 세대주 및 배우자가 청약저축, 주택청약종합저축에 납입한 금액이 있는 경우로서 연 300만원까지 소득공제
주택임차자금 차입금(전세보증금담보대출 또는 월세보증금담보대출)의 원리금상환액(ⓑ)	무주택자(세대원 가능)가 국민주택규모의 주택을 임차하기 위하여 차입한 차입금의 원리금을 상환하는 경우 • 금융기관에서 차입한 경우 : 총급여 제한 없음 • 대부업 등을 경영하지 않은 거주자에게 차입한 경우 : 총급여 5천만원 이하인 사람만 가능
장기주택저당차입금(주택담보대출) 이자상환액(ⓒ)	근로소득자로서 1주택을 보유한 세대의 세대주(실제거주 세대원 가능)가 취득 당시 기준시가 6억원 이하인 주택(주택분양권 포함)을 취득하기 위하여 금융기관 또는 국민주택기금으로부터 상환기간이 15년 이상 ~ 30년 미만인 차입금을 차입한 자가 상환하는 장기주택저당차입금의 이자상환액을 전액 공제

(3) 조세특례제한법상 소득공제

① 신용카드 등 사용금액에 대한 소득공제

㉠ 공제액 계산 : 근로소득이 있는 거주자(일용근로자를 제외하며, 배우자 또는 생계를 같이하는 직계존비속·배우자의 직계존속을 포함. 단, 연간 종합소득금액이 100만원 이하인 자. '연령요건'은 고려 안 함. 단, 형제자매의 사용금액은 불가)가 법인 또는 사업자로부터 재화나 용역을 제공받고 신용카드등*주)을 연간 합계액(국외사용분 제외)이 해당 과세연도의 총급여액의 25%(이하 최저사용금액)를 초과하여 사용하는 경우 해당 과세기간의 근로소득금액에서 다음의 금액을 공제한다.

*주) 신용카드 등의 범위 : 신용카드, 현금영수증, 직불카드, 기명식선불카드, 직불전자지급수단, 기명식 선불전자지급수단, 기명식 전자화폐사용액(단, 무기명식 선불카드, 외국에서 발행한 신용카드는 제외)

신용카드 등 소득공제

(1) 소득공제액 = (① + ② + ③ + ④ + ⑤) − ⑥(㉠ or ㉡ or ㉢) + ⑦

① 전통시장 사용분 × 40%

② 대중교통 이용분 × 40%

③ 도서·신문·공연·박물관·미술관·영화관람료·수영장 및 체력단련장 시설이용료(25.7.1. 이후 지출분) 사용분 × 30%₩

④ 직불카드·현금영수증 사용분 × 30%

⑤ 신용카드 사용분 × 15%

⑥ 최저사용분 차감액

㉠ 「최저사용금액(총급여액의 25%) ≦ 신용카드 사용분」인 경우 = 최저사용금액 × 15%

㉡「최저사용금액 > 신용카드 사용분이면서
[(신용카드 사용분 + 직불카드 · 현금영수증 사용분 + 도서 · 신문 · 공연 · 박물관 · 미술관 · 영화관람료 · 수영장 및 체력단련장 시설이용료(25.7.1. 이후 지출분) 사용분) ≧ 최저사용금액]인 경우
= 신용카드 사용분 × 15% + (최저사용금액 − 신용카드 사용분) × 30%

㉢ 최저사용금액 > 신용카드 사용분이면서
[(신용카드 사용분 + 직불카드 · 현금영수증 사용분 + 도서 · 신문 · 공연 · 박물관 · 미술관 · 영화관람료 · 수영장 및 체력단련장 시설이용료(25.7.1. 이후 지출분) 사용분) < 최저사용금액]인 경우
= 신용카드 사용분 × 15% + (직불카드 · 현금영수증 사용분 + 도서 · 신문 · 공연 · 박물관 · 미술관 · 영화관람료 · 수영장 및 체력단련장 시설이용료(25.7.1. 이후 지출분) 사용분 × 30%) + {최저사용금액 − (신용카드 사용분 + 직불카드 · 현금영수증 등 사용분 + 도서 · 신문 · 공연 · 박물관 · 미술관 · 영화관람료 · 수영장 및 체력단련장 시설이용료(25.7.1. 이후 지출분) 사용분)} × 40%

⑦ 소비증가분 대상액 × 10%

(2) 공제한도

해당 과세연도 총급여액	공제한도
7천만원 이하	연간 300만원
7천만원 초과	연간 250만원

※ 만약, 한도초과액(= 공제대상액 − 공제한도액)이 발생한 경우 다음을 추가공제한다.

총급여	공제한도	각 한도초과액 포함 여부		
		전통시장	대중교통	도서공연등
7천만원 이하	300만원	○	○	○
7천만원 초과	200만원	○	○	×

㉡ 공제배제 항목 : 다음에 해당하는 경우에는 이를 신용카드 등 사용금액에 포함하지 아니한다.

ⓐ 사업소득과 관련된 비용 또는 법인의 비용

ⓑ 물품의 판매 또는 용역의 제공을 가장하는 등의 비정상적인 사용행위로 인한 금액

ⓒ 신규로 출고되는 자동차(중고차 포함), 선박, 항공기 구입

※ 단, 중고차 구입금액의 10%를 신용카드 등으로 포함한다.

ⓓ 각종 보험료, 공제금, 도로통행료

ⓔ 유치원, 초, 중, 고, 대학 및 대학원의 수업료, 등록금

ⓕ 정부 · 지방자치단체에 납부하는 국세 · 지방세 · 전기료 · 수도료 · 전화료(전화료와 함께 고지되는 정보사용료 등을 포함) · 가스료 · 텔레비전시청료 등 제세공과금 등

ⓖ 지방세법에 의하여 취득세가 부과되는 재산의 구입비용

ⓗ 리스료, 상품권 등 유가증권 구입비

ⓘ 차입금 이자상환액, 증권거래수수료 등 금융, 보험용역과 관련한 지급액

ⓙ 가상자산거래에 대해 가상자산사업자에게 지급하는 대가

ⓚ 고향사랑기부금

ⓛ 관세법에 따른 보세판매장, 조특법에 따른 지정면세점 등에서 구입한 면세물품의 구입비용

※ 주의 : 의료비는 신용카드공제 배제액에 포함되어 있지 아니하다. 따라서, 의료비를 신용카드로 결제한 경우 '의료비'와 '신용카드사용에 대한 공제'를 중복해서 받을 수 있다.

② 우리사주조합 출자에 대한 소득공제

우리사주조합원이 자사주를 취득하기 위하여 우리사주조합에 출연하는 경우 400만원(벤처기업의 우리사주조합인 경우 1,500만원) 한도에서 출연금액을 근로소득금액에 공제한다.

소득공제액 = Min[① 당해 연도의 출연금액, ② 400만원(1,500만원)]

③ 소기업 · 소상공인 공제부금에 대한 소득공제(노란우산공제)

거주자가 중소기업협동조합법에 따른 소기업 · 소상공인공제부금(노란우산공제)에 가입한 경우 다음의 금액을 한도로 소득공제한다. 또한, 소기업 · 소상공인 공제에 가입한 법인대표자가 총급여액 8천만원 이하인 경우에도 소득공제를 허용한다.

소득공제액 = Min[① 당해 연도의 공제부금 납부액, ② (사업소득금액 − 부동산임대업의 소득금액)]

※ 공제한도액

해당 과세연도 사업소득금액	소득공제액
4천만원 이하	Min[해당 연도 공제부금 납부액, 600만원]
4천만원 초과 ~ 1억원 이하	Min[해당 연도 공제부금 납부액, 400만원]
1억원 초과	Min[해당 연도 공제부금 납부액, 200만원]

④ 고용유지중소기업 소득공제

종업원의 임금을 삭감하는 방식으로 고용을 유지하는 고용유지중소기업과 소속 근로자에 대한 소득공제(임금감소액의 50%, 공제한도 : 1천만원)

⑤ 청년형 장기펀드(장기집합투자증권저축)에 대한 소득공제

만 19세 ~ 34세이면서 총급여 5천만원(또는 종합소득금액 3,800만원) 이하인 자가 계약기간 3년 ~ 5년인 국내 상장주식에 40% 이상 투자하는 펀드에 가입한 경우, 납입금액(연 600만원 한도)의 40%를 종합소득금액에서 소득공제한다.(25.12.31.까지 가입분에 한함)

PART 2

TIP

소득세 소득공제 종합한도

고소득자에 대한 과도한 소득공제 적용을 배제하기 위해 소득공제 종합한도를 마련

공제한도	2천 5백만원
한도 포함 소득공제 항목	주택자금소득공제, 신용카드소득공제, 우리사주조합 · 중소기업창업투자조합소득공제, 청약저축 등에 대한 소득공제

(4) 종합소득 산출세액의 계산 중요

① 일반적인 산출세액의 계산구조

	종합소득과세표준		
(×)	세 율	→	8단계 초과누진세율
	산출세액		
(−)	세액감면, 세액공제	→	소득세법 및 조특법상 세액감면, 세액공제
	결정세액		
(+)	가산세		
(−)	감면분추가납부세액		
	총부담세액		
(−)	기납부세액	→	중간예납세액, 원천징수세액, 수시부과세액, 예정신고납부세액
	자진납부세액		

일반적인 종합소득산출세액은 종합소득 과세표준에 다음의 세율을 적용하여 계산한다.

종합소득 과세표준	세 율
1,400만원 이하	과세표준의 6%
1,400만원 초과 ~ 5,000만원 이하	84만원 + 1,400만원을 초과하는 금액의 15%
5,000만원 초과 ~ 8,800만원 이하	624만원 + 5,000만원을 초과하는 금액의 24%
8,800만원 초과 ~ 1.5억원 이하	1,536만원 + 8,800만원을 초과하는 금액의 35%
1.5억원 초과 ~ 3억원 이하	3,706만원 + 1억 5천만원 초과하는 금액의 38%
3억원 초과 ~ 5억원 이하	9,406만원 + 3억원 초과하는 금액의 40%
5억원 초과 ~ 10억원 이하	1억 7,406만원 + 5억원 초과하는 금액의 42%
10억원 초과	3억 8,406만원 + 10억원 초과하는 금액의 45%

실무에서는 앞의 세율표보다 아래의 속산표를 애용하고 있다.

과세표준	산출세액
1,400만원 이하	과세표준 × 6%
5,000만원 이하	과세표준 × 15% − 126만원(누진공제액)
8,800만원 이하	과세표준 × 24% − 576만원(누진공제액)
1.5억원 이하	과세표준 × 35% − 1,544만원(누진공제액)
3억원 이하	과세표준 × 38% − 1,994만원(누진공제액)
5억원 이하	과세표준 × 40% − 2,594만원(누진공제액)
10억원 이하	과세표준 × 42% − 3,594만원(누진공제액)
10억원 초과	과세표준 × 45% − 6,594만원(누진공제액)

② 비교과세(= 금융소득 종합과세 시 세액계산 등 특례)

㉠ 비교과세의 개요 : 종합소득과세표준에 이자소득 또는 배당소득(금융소득)이 포함되어 있는 경우에는 위와 같이 일반적인 방법으로 산출세액을 구하는 것이 아니라 다음의 산식을 사용하여 세액을 계산하여야 한다. 이를 비교과세라 한다.

㉡ 비교과세의 산출세액 계산방법 : 종합소득에 합산되는 금융소득이 2천만원을 초과하는 경우에는 다음의 종합과세 시 세액과 분리과세 시 세액 중 큰 금액을 종합소득 산출세액으로 하며(ⓐ의 경우), 2천만원 이하인 경우에는 분리과세 시 세액을 종합소득 산출세액으로 한다(ⓑ의 경우).

ⓐ 종합과세되는 금융소득이 2천만을 초과하는 경우 → Max[㉮, ㉯]
㉮ (종합소득과세표준 − 2천만원) × 기본세율 + (2천만원 × 14%)
㉯ (종합소득과세표준 − 금융소득금액) × 기본세율 + (금융소득총수입금액[*주1] × 14%[*주2])
ⓑ 종합과세되는 금융소득이 2천만원 이하인 경우
(종합소득과세표준 − 금융소득금액) × 기본세율 + (금융소득총수입금액 × 14%[*주2])

*주1) '금융소득총수입금액'에는 귀속법인세(Gross-up금액)를 포함하지 않는다.
*주2) 비영업대금이익은 25%

(5) 종합소득 자진납부세액의 계산 중요

	종합소득산출세액		
(−)	세액감면	→	소득세법 및 조세특례제한법에서 규정
(−)	세액공제	→	소득세법 및 조세특례제한법에서 규정
	종합소득결정세액		
(+)	가산세		
	종합소득총결정세액		
(+)	감면분추가납부세액		
	총부담세액		
(−)	기납부세액	→	중간예납세액, 수시부과세액, 예정신고납부세액, 원천징수세액
	종합소득자진납부세액		

(6) 세액공제 중요

세액공제란 산출세액에서 일정액을 공제하는 제도로서 소득세법상 세액공제는 다음과 같다.

구 분	내 용
소득세법	① 배당세액공제 ② 근로소득세액공제 ③ 외국납부세액공제 ④ 기장세액공제 ⑤ 재해손실세액공제 ⑥ 자녀세액공제 ⑦ 연금계좌세액공제 ⑧ 특별세액공제 ㉠ 항목별 세액공제 ㉡ 표준세액공제 ⑨ 전자계산서 발급 세액공제 ⑩ 납세조합 조합원 세액공제(조합원 1인당 100만원 공제)

① 근로소득세액공제

㉠ 일반근로자의 경우 : 당해 근로소득에 대한 종합소득산출세액에서 다음의 금액을 공제한다.

근로소득에 대한 종합소득산출세액*주)	공제액	총급여별 한도금액	
130만원 이하	산출세액의 55%	−	
130만원 초과	715,000원 + 130만원을 초과하는 금액의 30%	3,300만원 이하	74만원
		3,300만원 초과 7천만원 이하	Max[ⓐ 74만원 − (총급여액 − 3,300만원) × 0.8%, ⓑ 66만원]
		7천만원 초과 1.2억원 이하	Max[ⓐ 66만원 − (총급여액 − 7,000만원) × 50%, ⓑ 50만원]
		1.2억원 초과	Max[ⓐ 50만원 − (총급여액 − 1.2억원) × 50%, ⓑ 20만원]

*주) 위의 도표에서 근로소득에 대한 종합소득 산출세액은 다음 산식에 의하여 계산한 금액을 말한다.

$$\text{근로소득에 대한 종합소득산출세액} = \text{종합소득산출세액} \times \frac{\text{근로소득금액}}{\text{종합소득금액}}$$

㉡ 일용근로자의 경우 : 일용근로자의 근로소득세액공제는 산출세액 × 55%의 금액으로 한다.

PART 2

② 배당세액공제

㉠ 의의 : 배당세액공제란 거주자의 종합소득금액에 조정대상 배당소득금액이 합산되어 있는 경우 당해 Gross-up금액을 종합소득 산출세액에서 공제하는 것을 말한다. 단, 종합소득산출세액에서 비교산출세액을 차감한 금액을 한도로 하며, 한도액을 초과하는 금액은 이를 없는 것으로 한다.

㉡ 배당세액공제액

구 분	내 용
세법상 규정	배당세액 공제액 = Min[ⓐ, ⓑ] ⓐ 귀속법인세 = 조정대상 배당소득 총수입금액 × 11% ⓑ 한도액 = 종합소득산출세액 − 비교산출세액
배당세액 공제액	ⓐ 종합과세 시 세액 > 분리과세 시 세액 배당세액공제액 = Min[㉮ Gross-up금액, ㉯ (종합과세 시 세액 − 분리과세 시 세액)] ⓑ 종합과세 시 세액 < 분리과세 시 세액 배당세액공제액 없음

③ 외국납부세액공제

㉠ 개념 : 거주자의 종합소득금액에 국외원천소득이 포함되어 있는 경우 그 국외원천소득에 대한 외국납부세액을 종합소득 산출세액에서 공제한다. 이를 외국납부세액공제라 한다.

㉡ 외국소득세액의 범위

- 개인의 소득금액을 과세표준으로 하여 과세된 세액과 그 부가세액
- 이와 유사한 세목에 해당하는 것으로서 소득 외의 수입금액 또는 그 밖에 이에 준하는 것을 과세표준으로 하여 과세된 세액

㉢ 외국납부세액 공제액 : 외국납부세액은 국외원천소득에 대한 종합소득 산출세액을 한도로 한다. 이 경우 국외사업장이 2개 이상의 국가에 있는 때의 공제한도는 국가별로 구분하여 이를 계산하는 방법(국별한도제)을 적용한다.

$$\text{공제한도액} = \text{Min}[\text{ⓐ 외국납부세액},\ \text{ⓑ 종합소득산출세액} \times \frac{\text{국외원천소득금액}}{\text{종합소득금액}}]$$

㉣ 이월공제 : 공제한도를 초과하는 외국납부세액은 당해 과세기간의 다음 과세기간부터 10년 이내에 종료하는 과세기간에 이월하여 그 이월된 과세기간의 공제한도 범위 안에서 공제받을 수 있다(미공제 이월액은 필요경비 산입).

④ 기장세액공제

㉠ 개요 : 간편장부대상자가 종합소득 과세표준확정신고를 함에 있어서 복식부기에 의하여 장부를 기장하고 그 장부에 따라 소득금액을 계산하는 경우에는 다음 산식에 의한 금액을 공제한다.

$$\text{종합소득산출세액} \times \frac{\text{기장된소득금액}}{\text{종합소득금액}} \times 20\%$$

※ 한도 : 100만원

㉡ 공제배제 : 다음에 해당하는 경우에는 기장세액공제를 배제한다.

ⓐ 비치 · 기장한 장부에 의하여 신고하여야 할 소득금액의 20% 이상을 누락하여 신고한 경우(누락신고)

ⓑ 기장세액공제와 관련된 장부 및 증빙서류를 당해 과세표준확정신고기간 종료일부터 5년간 보관하지 않은 경우. 다만, 천재지변·화재·전화 등 부득이한 사유에 해당하는 경우에는 그러하지 아니하다(장부의 미보관).

⑤ 재해손실세액공제

㉠ 개요 : 사업자가 해당 과세기간에 천재지변 등 재해로 인하여 자산총액의 20% 이상에 상당하는 자산을 상실하여 납세가 곤란하다고 인정되는 경우에는 다음의 금액을 그 세액에서 공제한다. 이를 재해손실세액공제라 한다.

재해손실세액공제액 = Min[ⓐ, ⓑ]
ⓐ 공제세액 : 공제대상 소득세액 × 재해상실비율
ⓑ 한도액 : 상실된 자산가액

㉡ 재해손실세액 공제액

ⓐ 대상소득세액 : 위의 세액공제액 산식에서 '공제대상 소득세액'이란 사업소득에 대한 다음의 세액으로서 배당세액공제, 기장세액공제 및 외국납부세액공제를 적용한 후의 소득세액을 말한다.

- 재해발생일 현재 부과되지 않은 소득세와 부과된 소득세로서 미납된 소득세액(가산세 및 가산금 포함)
- 재해발생일이 속하는 과세기간의 소득에 대한 소득세액(가산세 포함)

ⓑ 재해상실비율

$$\text{재해상실비율} = \frac{\text{상실자산가액}}{\text{상실 전 자산가액(토지가액 제외)}}$$

⑥ 자녀세액공제

<table>
<tr><td rowspan="6">자녀세액공제</td><td colspan="2">종합소득이 있는 거주자의 기본공제대상자에 해당하는 자녀(입양자 및 위탁아동을 포함) 및 손자녀가 있는 경우 다음의 금액을 세액공제한다.</td></tr>
<tr><td>기본공제대상자에 해당하는 자녀의 수</td><td>세액공제액</td></tr>
<tr><td>1명</td><td>연 25만원</td></tr>
<tr><td>2명</td><td>연 55만원</td></tr>
<tr><td>2명 초과</td><td>연 55만원 + 2명을
초과하는 1명당 연 40만원</td></tr>
<tr><td colspan="2">※ 8세부터 적용</td></tr>
<tr><td>출산·입양 세액공제</td><td colspan="2">당해 연도 자녀의 출산·입양이 있는 경우
첫째 30만원, 둘째 50만원, 셋째 이상 70만원을 세액공제한다.</td></tr>
</table>

⑦ 연금계좌세액공제

㉠ 종합소득이 있는 거주자가 연금계좌(연금저축계좌는 600만원[*주)]까지, 퇴직연금계좌 납입금액 300만원 추가)에 납입액이 있는 경우 연간 900만원을 한도로 납입금액의 12%(15%)를 종합소득세 산출세액에서 세액공제. 단, 다음은 제외함

ⓐ 퇴직소득을 2개월 이내에 연금계좌에 예치하는 경우에 해당하여 소득세가 원천징수되지 아니한 퇴직소득 등 과세가 이연된 소득

ⓑ 연금계좌에서 다른 연금계좌로 계약을 이전함으로써 납입되는 금액

*주) 종합소득금액이 1억원 초과(근로소득만 있는 경우에는 총급여액 1억 2천만원 초과)인 거주자에 대해서는 연금저축계좌에 한도금액을 연 300만원으로 한도 축소함

㉡ 세액공제액 : Min[연금계좌 납입액, 연 900만원] × 12%[단, 종합소득금액이 4,500만원(근로소득만 있는 자는 총급여액 5,500만원) 이하인 거주자는 15% 적용]

총급여액(종합소득금액)	세액공제 대상 납입한도(연금저축계좌 납입한도)	세액공제율
5,500만원(4,500만원) 이하	900만원(600만원)	15%
5,500만원(4,500만원) 초과		12%

㉢ 한도 : 연금계좌세액공제 ≤ 종합소득산출세액

TIP

개인종합자산관리계좌(ISA, 이하 ISA)의 연금계좌 전환 시 특례

ISA의 계약기간 만료된 날부터 60일 이내에 해당 계좌 잔액의 전부 또는 일부를 연금계좌로 납입한 경우 그 납입한 금액(전환금액)을 납입한 날이 속하는 과세기간의 연금계좌 납입액에 포함한다.
전환금액이 있는 경우 다음의 금액을 세액공제 대상 연금계좌 납입한도에 추가한다.

> 세액공제 대상 연금계좌 납입한도 = ⓐ + ⓑ
> ⓐ 본래 세액공제 대상 연금계좌 납입액
> ⓑ 추가한도 = Min(전환금액 × 10%, 300만원)

⑧ 특별세액공제

보장성보험료 지급에 대한 세액공제*주1)	근로소득이 있는 거주자(일용근로자 제외)가 기본공제대상자를 피보험자(장애인 전용보험의 경우 수익자로 하는 경우 포함)로 하는 보장성보험료 지급액의 12%(연 100만원 한도, 장애인전용보장성보험료는 지급액의 15%(연 100만원 한도)	
의료비지급에 따른 세액공제*주2)	근로소득이 있는 거주자가 기본공제대상자(나이 및 소득 제한 없음)에 대한 의료비 지급액의 15%	
교육비지급에 따른 세액공제*주3)	근로소득이 있는 거주자가 그 거주자와 기본공제대상자(나이 제한 없음)에 대한 교육비 지급액의 15%	
기부금 세액공제*주4)	기부금 1천만원 이하분	지급액의 15%
	기부금 1천만원 초과분	지급액의 30%

※ 과세기간 종료일 이전에 혼인·이혼·별거·취업 등의 사유로 기본공제대상자에 해당되지 아니하게 되는 경우에도 이미 지급한 금액이 있는 경우 세액공제 가능

*주1) 보장성보험료 세액공제
다만, 다음의 보험료는 공제대상에 해당하지 않는다.
- 국외에서 지출한 의료비
- 미지급 보험료
- 타인의 기본공제대상자를 위해 지출한 보험료

※ 단, 보험을 중도해지한 경우 해지한 사업연도까지 납부한 보험료는 공제 가능함

*주2) 의료비공제액의 계산
㉠ 공제대상 의료비로서 다음 'ⓐ'와 'ⓑ'의 합산한 금액을 공제한다. 의료비공제는 지출한 의료비가 총급여의 3%를 초과하지 아니하면 공제받을 수 없으며, '신용카드사용에 대한 공제'와 중복공제 가능하다.

> 의료비세액공제액[= (ⓐ + ⓑ) × 15%(난임시술비 30%, 미숙아·선천성이상아 의료비 20% 공제율 적용)]
> ⓐ 특정대상 의료비*
> ⓑ Min[㉮ 특정대상 의료비 외의 의료비 − (총급여 × 3%), ㉯ 700만원]
> ※ ⓑ의 금액이 (−)마이너스인 경우 해당 금액을 ⓐ에서 차감한다.

* 특정대상 의료비는 다음과 같다.

구 분	내 용
규 정	다음에 해당하는 특정의료비 지출액이 있는 경우에는 당해 의료비 지출액 전액을 공제받을 수 있다. ⓐ 본인의료비 ⓑ 장애인의료비 ⓒ 과세기간 개시일 현재 6세 이하인 사람의 의료비 ⓓ 과세기간 종료일 현재 65세 이상인 사람의 의료비 ⓔ 난임시술비* ⓕ 미숙아·선천성이상아 의료비 ⓖ 중증질환자, 희귀난치성질환자 또는 결핵환자의 의료비
유의점	일반의료비 지출액이 총급여액의 3%에 미달하는 경우에는 당해 미달하는 금액 상당액은 특정의료비공제를 적용받을 수 없다. 따라서 특별의료비공제는 다음과 같이 적용하게 된다. ⓐ (일반의료비 지출액 − 총급여액 × 3% > 0) 이 경우에는 특정의료비 지출액 전액을 공제받는다. ⓑ (일반의료비 지출액 − 총급여액 × 3% < 0) 이 경우에는 '특정의료비 지출액 − 당해 미달금액'에 해당하는 금액을 공제받는다.

* 난임부부의 체외수정비 등에 대한 의료비 공제 한도 미적용 : 난임부부가 임신을 위하여 지출하는 배우자의 체외수정비 등에 대해서는 의료비 공제 한도를 적용하지 아니함

ⓛ 공제 가능 의료비

공제대상 의료비에는 미용, 성형수술을 위한 비용 및 건강증진을 위한 의약품 구입비용(보약구입비 포함), 간병비, 국외의료비, 보험회사로부터 지급받은 실손의료보험금은 포함하지 아니한다.

ⓐ 진찰·진료·질병예방을 위하여 의료기관에 지급하는 비용(국외 의료기관 의료비 제외)
ⓑ 치료·요양을 위한 의약품(한약을 포함) 구입비용
ⓒ 장애인 보장구 및 의사·치과의사·한의사 등의 처방에 따라 의료기기를 직접 구입 또는 임차하기 위하여 지출한 비용
ⓓ 시력보정용 안경 또는 콘텍트렌즈 구입을 위해 지출한 비용으로 1인당 연 50만원 이내의 금액
ⓔ 보청기 구입을 위하여 지출한 비용
ⓕ 노인장기요양보험법에 따라 실제 지출한 본인부담금(장기요양급여비용의 15% 또는 20%)
ⓖ 근로자가 산후조리원에 대가로 지급하는 비용으로서 출산 1회당 200만원 이내의 금액
ⓗ 장애인 활동지원급여에 대한 비용으로서 실제 지출한 본인부담금

*주3) 교육비 세액공제

교육비에는 수업료, 입학금, 보육비, 수강료, 공납금 등을 말하며, 초·중·고등학생의 급식비와 학교에서 구입한 교과서대와 방과 후 수업 수강료, 대학입학전형료, 수능응시료도 포함한다. 교육비 지출액은 다음과 같이 소득세 또는 증여세가 비과세되는 학자금을 차감한 금액으로 한다.

공제대상 교육비 = 수업료* 등 − 소득세·증여세가 비과세되는 장학금 등

* '취업 후 상환 학자금 대출' 등 법에서 열거하는 학자금 대출의 원리금 상환액을 교육비 대상에 포함함

지급대상자	공제액
기본공제대상자인 배우자, 직계비속, 형제자매, 입양자, 위탁아동	학교 등에 지급한 수업료와 교육비로서 다음 한도 내의 금액(대학원 교육비는 공제불가) ㉠ 대학생인 경우는 1인당 연 900만원 한도 ㉡ 초·중·고등학생인 경우에는 1인당 연 300만원 한도 ㉢ 취학 전 아동인 경우에는 1인당 연 300만원 한도 예 유치원의 수강료, 영유아보육시설의 보육비용, 취학 전 아동을 위한 학원의 수강료 ※ 중고생의 교복구입비용은 학생 1명당 50만원을 한도로 함 ※ 초·중·고등학생의 체험학습비는 학생 1명당 30만원을 공제함

당해 거주자 : 납부한 전액 공제	• 학교, 대학원 등에 지급한 교육비 • 대학(전공대학 명칭 사용하는 평생교육시설, 원격대학, 학위취득과정 포함) 또는 대학원의 1학기 이상에 해당하는 교육과정과 시간제과정에 지급하는 교육비 • 직업능력개발훈련 시설에서 실시하는 직업능력개발훈련을 위하여 지급한 수강료 전액(단, 고용보험법에 의해 지원되는 근로자수강지원금 등을 받는 경우에는 이를 차감한 금액으로 한다).
기본공제대상자인 장애인 (연령 · 소득금액 제한 없음)	장애인의 재활교육을 위한 사회복지시설 등에 지급하는 특수교육비는 한도액 없이 전액 공제된다(장애인 특수교육비 공제).

TIP

국외교육비

기본공제대상자의 국외교육기관에 지출한 금액은 국내교육비 공제와 동일하게 공제가능하다. 여기서 국외교육기관이란 국외에 소재하는 교육기관으로서 우리나라의 유아교육법에 따른 유치원, 초 · 중등교육법과 고등교육법에 따른 학교(공적 교육기관)에 해당하는 것을 말한다. 즉, 외국인학교에 지급한 수업료 · 입학금 그 밖의 공납금 등을 말한다.

또한, 다음과 같은 경우 주의해야 한다.

중복공제허용	① 거주자 본인에게 일반교육비와 직무 관련 수강료 또는 장애인특수교육비가 함께 발생한 경우에도 이를 각각 적용받을 수 있다. ② 기본공제대상자에게 일반교육비와 장애인 특수교육비가 함께 발생한 경우에도 이를 각각 적용받을 수 있다. ③ 영유아보육비용에 대한 교육비공제와 자녀양육비공제가 동시에 해당하는 경우에도 모두 적용한다.
공제불능교육비	① 직계존손의 교육비 지출액 ② 소득세 또는 증여세가 비과되는 학자금(= 장학금) ③ 사설학원수강료(다만, 취학 전 아동은 제외)

*주4) 기부금 세액공제

㉠ 거주자가 해당 과세기간에 지급한 기부금(배우자와 기본공제대상자(나이요건 폐지)의 기부금 포함)이 있는 경우 세액공제한다.

※ 사업소득만 있는 자는 '기부금 세액공제'를 받을 수 없고, 당해 소득의 필요경비에만 산입할 수 있다.

기부금의 분류는 다음과 같다.

구 분	내 용
특례기부금/ 정치자금기부금	ⓐ 국가 · 지방자치단체에 부상으로 기증하는 금품의 가액 ⓑ 국방헌금과 위문금품 ⓒ 천재 · 지변 등으로 생긴 이재민구호물품 ⓓ 재난및안전관리기본법에 따른 특별재난지역의 복구를 위하여 자원봉사한 경우 그 용역의 가액 ⓔ 사회복지시설에 기부하는 금품의 가액 ⓕ 불우이웃돕기결연기관을 통하여 불우이웃에게 기부하는 금품의 가액 ⓖ 사립학교 · 비영리교육재단 · 기능대학 · 원격대학 · 산학협력단, 외국교육기관, 한국과학기술원 · 광주과학기술원 · 대구경북과학기술원에 시설비 · 교육비 · 연구비 또는 장학금으로 지출하는 기부금 ⓗ 국립대학교병원 · 서울대학교병원 · 서울대학교치과병원에 시설비, 교육비 또는 연구비로 지출하는 기부금 ⓘ 문화예술진흥기금으로 출연하는 금액 ⓙ 대한적십자사에 지출하는 기부금 ⓚ 사회복지공동모금회에 지출하는 기부금 ⓛ 정치자금(10만원 초과분에 한함)
우리사주조합 기부금	우리사주조합에 지출하는 기부금(우리사주조합원이 지출하는 기부금은 제외)

일반기부금	ⓐ 법인세법상 일반기부금(특례기부금 중 ⓙ는 제외) ⓑ 근로자가 노동조합에 납부한 노동조합비 ⓒ 교원단체에 가입한 자가 납부한 회비 ⓓ 공무원직장협의회에 가입한 자가 납부한 회비 ⓔ 위의 조합 및 협회 외의 임의로 조직한 조합, 협회에 지급한 회비

㉡ 기부금의 한도액은 다음과 같다.

<table>
<tr><th>구 분</th><th colspan="3">내 용</th></tr>
<tr><td>산 식</td><td colspan="3">기부금 공제액 = 한도액 내의 특례기부금 · 우리사주조합기부금 · 일반기부금 지출액 − 필요경비에 산입한 기부금</td></tr>
<tr><td rowspan="4">한도액</td><td>특례기부금/
정치자금기부금</td><td colspan="2">기준소득금액*주) × 100%
*주) (종합소득금액 + 필요경비에 산입한 기부금 − 원천징수세율 적용 금융소득금액)</td></tr>
<tr><td>우리사주조합
기부금</td><td colspan="2">(기준소득금액 − 특례기부금 공제액) × 30%</td></tr>
<tr><td rowspan="2">일반기부금</td><td>종교단체 기부금이 있는 경우</td><td>= [(기준소득금액 − 특례기부금 공제액 − 우리사주조합기부금 공제액) × 10%] + Min[종교단체 외의 일반기부금, (기준소득금액 − 특례기부금 공제액 − 우리사주조합기부금 공제액) × 20%]</td></tr>
<tr><td>종교단체 기부금이 없는 경우</td><td>= (기준소득금액 − 특례기부금 공제액 − 우리사주조합기부금 공제액) × 30%</td></tr>
</table>

㉢ 기부금별 이월공제기간은 다음과 같다.

구 분	이월공제기간*
특례기부금 미공제액	10년
우리사주조합기부금 미공제액	이월공제 불가
일반기부금 미공제액	10년

* 2013년 1월 1일 이후 개시한 사업연도분 적용

※ 특별세액공제의 적용

<table>
<tr><th colspan="2">구 분</th><th>특별세액공제의 적용</th></tr>
<tr><td rowspan="2">근로소득 있는 거주자</td><td>항목별 특별세액공제 신청자</td><td>항목별 특별세액공제(보험료, 의료비, 교육비, 기부금 등)</td></tr>
<tr><td>항목별 특별세액공제 및 특별소득공제를 신청하지 않는 자</td><td>표준세액공제(연 13만원)</td></tr>
<tr><td rowspan="2">근로소득 없는 거주자</td><td>소득법상 성실사업자 또는 소득세법에 따른 성실신고확인대상사업자</td><td>선택(ⓐ or ⓑ)
ⓐ 표준세액공제(연 12만원)
ⓑ 기부금 세액공제 + 의료비, 교육비, 월세세액공제(단, 월세세액공제는 종합소득금액이 7천만원 이하인 경우에만 적용)</td></tr>
<tr><td>위에 해당하지 않는 자</td><td>표준세액공제(연 7만원) + 기부금세액공제*</td></tr>
</table>

* 기부금 세액공제 처리방법

소득구분	기부금 세무처리
사업소득만 있는자	필요경비 산입
사업소득 외의 종합소득이 있거나 연말정산 대상 사업소득만 있는자(보험판매, 방문판매원 등)	기부금 세액공제
사업소득과 다른 종합소득이 함께 있는 자	필요경비산입 + 기부금 세액공제

TIP

항목별공제 등 대상자요건

구 분	연령요건	소득요건	비 고
보험료세액공제	○	○	
장애인전용보장성 보험료세액공제	×	○	
의료비세액공제	×	×	국외의료비는 제외
교육비세액공제	×	○	국외교육비 가능, 직계존속은 제외
장애인특수 교육비세액공제	×	×	
기부금세액공제	○	○	직계존속·형제자매 가능
신용카드 등 사용액 소득공제	×	○	형제자매 제외

⑨ 전자계산서 발급 전송에 대한 세액공제

직전 연도 사업장별 재화·용역의 공급가액 합계액(총수입금액)이 3억원 미만인 개인사업자(면세사업자 등)가 전자계산서를 발급일의 다음 날까지 국세청장에게 전송한 경우, 발급 건당 200원을 곱하여 연간 100만원까지 소득세에서 세액공제한다(2027년 12월 31일까지).

⑩ 조세특례제한법상 세액공제

㉠ 전자신고에 대한 세액공제 : 납세자가 직접 전자신고방법에 의하여 소득세 과세표준신고를 하는 경우에는 당해 납부세액에서 2만원을 공제한다. 이때 납부할 세액이 없는 경우에는 공제를 하지 아니한다.

㉡ 근로소득자의 월세세액공제 : 과세기간 종료일 현재 무주택 세대주(외국인 포함)로서 해당 과세기간의 총급여액이 8,000만원(종합소득금액 7,000만원) 이하인 근로소득이 있는 거주자 또는 기본공제대상자(배우자 등)이 계약을 체결하여 월세액을 지급하는 경우 다음의 금액을 산출세액에서 공제받을 수 있다. 이때 해당 주택은 국민주택규모 이하의 주택 및 국민주택규모 초과 주택 중 기준시가 4억원 이하 주택, 준주택 중 오피스텔, 다중생활시설(고시원)을 말한다.

공제세액 = Min[주택을 임차하기 위해 지급한 월세액, 1,000만원] × 15%(17%*주))

*주) 총급여액 5,500만원(종합소득금액 4,500만원) 이하인 자 : 17%

㉢ 혼인세액공제 : 혼인신고를 한 거주자의 경우 혼인신고를 한 해(생애 1회) 50만원을 공제한다(적용기간 : 2024년 ~ 2026년 혼인신고분에 한함).

03 종합소득세 신고납부

1. 신고납부

(1) 중간예납

개 념	중간예납이란 1월 1일부터 6월 30일까지의 기간(중간예납기간)에 대한 중간예납세액을 11월 30일까지 미리 납부하는 제도
중간예납의무자	중간예납의무자는 종합소득 중 부동산임대소득 또는 사업소득이 있는 거주자이다. 다만, 부동산임대소득 또는 사업소득이 있더라도 다음의 자는 중간예납의무가 없다. ① 신규사업자 ② 사업소득 중 속기·타자 등 한국표준산업분류표상 사무 관련 서비스업에서 발생하는 소득만 있는 자 ③ 보험모집인, 방문판매원, 저술가·화가·배우·가수·영화감독·연출가·촬영사 등 자영예술가, 자영경기업(직업선수·코치·심판 등) ④ 부동산임대소득 및 사업소득 중 수시부과하는 소득만 있는 자*주) *주) 수시부과란 사업장 관할세무서장이 조세수입의 확보를 위하여 소득세 포탈이 우려되는 일정한 사유가 있는 경우 당해 연도의 사업개시일로부터 그 사유 발생일까지를 수시부과기간으로 하여 수시로 소득세를 부과하는 제도
중간예납의무 없는 자	다음의 소득만 있는 자의 경우 중간예납의무가 없다. ① 이자, 배당, 근로, 연금, 또는 기타소득 ② 사업소득 중 사무지원서비스업에서 발생하는 소득 ③ 분리과세 주택임대소득 ④ 분류과세소득인 퇴직소득·양도소득
중간예납세액의 계산 및 절차	중간예납세액은 직전 연도 납부세액의 1/2로 계산하여 세무서장이 11월 1일부터 11월 15일까지 납부고지서를 발부하고 11월 30까지 징수하는 것을 원칙으로 한다. 예외적으로 전년도 납부세액이 없거나 중간예납기간의 실적이 저조(중간예납기준액의 30% 미달)한 경우에는 당해 중간예납기간의 실적을 기준으로 자진하여 신고납부할 수 있다. 단, 중간예납세액이 50만원 미만인 때에는 그 세액을 징수하지 아니한다.

(2) 확정신고와 세액납부

원 칙	① 당해 연도의 종합소득금액·퇴직소득금액이 있는 거주자는 그 과세표준을 당해 연도의 다음 연도 5월 1일부터 5월 31일까지 납세지 관할세무서장에게 신고하여야 한다. ② 과세표준확정신고는 당해 연도의 과세표준이 없거나 결손금액인 경우에도 반드시 하여야 한다.
확정신고의 면제	당해 연도의 종합소득·퇴직소득·양도소득이 있는 거주자는 과세표준확정신고를 하여야 하지만, 다음에 해당하는 거주자는 당해 소득에 대하여 과세표준확정신고를 하지 않아도 된다. ① 근로소득만 있는자 → 연말정산으로 종결 ② 퇴직소득만 있는자 → 퇴직금 지급 시 원천징수로 종결 ③ 공적연금소득만 있는자 → 연말정산으로 종결 ④ 연말정산되는 사업소득만 있는자(보험모집인, 방문판매원) → 연말정산으로 종결 ⑤ 퇴직소득과 근로소득만 있는 자 ⑥ 퇴직소득과 공적연금소득만 있는 자 ⑦ 퇴직소득 및 연말정산되는 사업소득만 있는 자 ⑧ 분리과세되는 이자·배당·연금·기타소득만 있는 자 → 원천징수로 종결

PART 2

(3) 결정과 경정

결 정	소득세는 납세의무자의 신고, 납부로 세액이 확정되는 신고납부확정제도인데, 납세의무자의 과세표준 신고가 없거나 오류·탈루가 있는 경우에는 과세당국이 납세의무를 확정하거나(결정), 당초에 확정된 납세의무를 변경하게 된다(경정).
경 정	납세지 관할세무서장 또는 지방국세청장은 과세표준확정신고를 한 자가 신고내용에 탈루 또는 오류가 있는 등의 일정한 사유에 해당되는 때에는 당해 연도의 과세표준과 세액을 경정한다.

(4) 분 납

납부할 세액(가산세 및 감면분 추가납부세액은 제외)이 1천만원을 초과하는 자는 다음의 세액을 납부기한 경과 후 2개월 이내에 분납할 수 있다.

① 납부할 세액이 2천만원 이하인 때에는 1천만원을 초과하는 금액

② 납부할 세액이 2천만원을 초과하는 때에는 그 세액의 50% 이하의 금액

(5) 성실신고확인제도

성실신고확인제도란 수입금액이 일정규모 이상인 사업자에 대해 세무사, 세무법인 등에게 기장한 장부의 정확성 여부를 확인받아 종합소득세 확정신고를 하는 제도를 말하는데, 이때 성실신고확인대상사업자의 업종별 수입금액 합계기준금액은 다음과 같다.

구 분	기준수입금액
① 농업·수렵업 및 임업(산림소득 포함), 어업, 광업, 도·소매업, 부동산매매업, 기타 ② 및 ③에 해당하지 않는 사업	15억원
② 제조업, 숙박 및 음식점업, 전기·가스 및 수도사업, 건설업, 소비자용품수리업, 운수·창고 및 통신업, 금융 및 보험업	7.5억원
③ 부동산임대업, 사업서비스업, 교육서비스업, 보건 및 사회복지사업, 오락·문화·운동 관련 서비스업과 기타 공공·수리 및 개인서비스업, 가사서비스업	5억원

2. 원천징수와 연말정산 중요

(1) 원천징수

원천징수의 개념	'원천징수'란 법이 정한 '원천징수 대상소득(수입금액)'을 지급할 때 그 금액을 받은 자(소득자)가 과세당국에 납부하여야 할 세금을 그 '지급자'(원천징수의무자)가 과세당국을 대신하여 징수하여 납부하는 것을 말한다. 이때 '원천징수의무자'란 국내에서 거주자·비거주자·법인에게 일정한 소득금액 또는 수입금액을 지급하는 자를 말한다.	
원천징수의 종류	완납적 원천징수	완납적 원천징수는 추가적인 종합소득 확정신고를 하지 않고 원천징수로서 과세가 종결되는 원천징수를 말한다. 종합소득 중에 '분리과세대상소득', '일용근로자의 근로소득', '퇴직소득'의 원천징수가 완납적 원천징수에 해당한다.
	예납적 원천징수	예납적 원천징수는 당초 원천징수를 한 후에 추가적으로 확정신고를 통해 원천징수된 세금을 기납부세액으로 하여 정산하는 원천징수를 말한다. 근로소득에 대한 '연말정산'과 종합소득 중 '종합과세대상' 소득의 원천징수가 해당된다. 예 종합과세대상 이자·배당소득, 사업소득, 연금소득, 기타소득

<table>
<tr><td rowspan="2">원천징수 대상 소득과 세율</td><td>국내에서 지급되는 소득자가 개인인 경우의 소득금액(수입금액)에 대해선 원천징수의 대상이 되며 그 원천징수세율은 다음과 같다.</td></tr>
<tr><td>
<table>
<tr><th>구 분</th><th>내 용</th><th>원천징수세율</th></tr>
<tr><td rowspan="2">근로소득</td><td>갑종근로소득(간이세액표를 매월 적용한 후 연말정산)</td><td>기본세율</td></tr>
<tr><td>일용직 근로자의 근로소득</td><td>6%</td></tr>
<tr><td rowspan="3">사업소득</td><td>부가가치세가 면세되는 의료보건용역의 공급에서 발생한 소득</td><td rowspan="2">3%</td></tr>
<tr><td>부가가치세가 면세되는 인적용역의 공급에서 발생한 소득</td></tr>
<tr><td>접대부 등의 봉사료 소득</td><td>5%</td></tr>
<tr><td rowspan="4">기타소득</td><td>일반적인 기타소득</td><td>소득금액의 20%</td></tr>
<tr><td>복권당첨소득</td><td>소득금액의 20%
(3억원 초과분 30%)</td></tr>
<tr><td>세액 공제받은 연금계좌 납입액 등을 연금외 수령한 경우</td><td>15%</td></tr>
<tr><td>소기업·소상공인 공제부금의 해지일시금</td><td>15%</td></tr>
<tr><td rowspan="4">이자소득</td><td>일반적인 이자소득</td><td>14%</td></tr>
<tr><td>비영업대금이익</td><td>25%</td></tr>
<tr><td>직장공제회 초과반환금</td><td>기본 세율(연분연승법)</td></tr>
<tr><td>비실명 이자소득</td><td>45%(또는 90%)</td></tr>
<tr><td rowspan="2">배당소득</td><td>일반적인 배당소득</td><td>14%</td></tr>
<tr><td>비실명 배당소득</td><td>45%(또는 90%)</td></tr>
<tr><td rowspan="2">연금소득</td><td>국민연금, 공무원연금 등</td><td>간이세액표 적용 후
연말정산(기본세율)</td></tr>
<tr><td>개인연금, 퇴직연금</td><td>3% 또는 4%, 5%
(나이와 연금수령 형태에 따라)</td></tr>
<tr><td>퇴직소득</td><td>퇴직소득(원천징수대상 근로소득 있는 근로자만)</td><td>기본세율(연분연승법)</td></tr>
</table>
</td></tr>
</table>

(2) 연말정산

<table>
<tr><td>개 념</td><td colspan="2">연말정산이란 근로소득금액을 지급하는 자가 다음 해 2월분 급여를 지급하는 때에 직전 1년간의 총급여액에 대한 근로소득세액을 세법에 따라 다시 정확하게 계산한 후, 매월 급여지급 시 간이세액표에 의해 이미 원천징수 납부한 세액과 비교하여 더 낸 세액은 돌려주고, 덜 낸 경우에는 추가 징수하여 납부하는 절차를 말한다.</td></tr>
<tr><td rowspan="2">연말정산 소득과 연말정산 의무자</td><td>연말정산 소득</td><td>다음의 경우 연말정산을 하여야 한다.
① 근로소득
② 직전 연도 수입금액이 7,500만원 미만인 보험설계사, 방문판매인의 사업소득
③ 공적연금소득(국민연금, 공무원연금 등)에 의해 지급받는 연금소득</td></tr>
<tr><td>연말정산 의무자</td><td>근로소득만 있는 근로자
(근로소득세의 연말정산은 이자소득, 배당소득, 사업소득, 기타소득 등 다른 소득이 없는 대부분의 '근로소득자'가 별도로 익년 5월에 하는 종합소득세 신고 납부절차 없이 그 해의 납세의무를 종결시키는 제도로서 근로소득을 지급하는 모든 개인, 법인 및 국가 지자체는 근로소득세를 연말정산할 의무가 있다)</td></tr>
</table>

04 퇴직소득세

1. 퇴직소득의 구분

퇴직소득이란 퇴직으로 발생하는 소득과 국민연금법 또는 공무원연금법 등에 따라 지급받은 일시금(부가금, 수당 등 연금이 아닌 형태로 일시에 받는 것을 포함)

(1) 퇴직소득의 범위

퇴직소득이란 해당 과세기간에 발생한 다음의 소득을 말한다.

① 공적연금 관련 법에 따라 받는 일시금

② 사용자 부담금을 기초로 하여 현실적인 퇴직을 원인으로 지급받는 소득

③ 그 밖에 유사한 소득으로서 대통령령으로 정하는 소득

(2) 비과세 퇴직소득

① 국민연금법에 따라 받는 반환일시금(사망으로 받는 것만 해당) 및 사망일시금

② 공무원연금법, 군인연금법, 사립학교교직원연금법, 별정우체국법에 따라 받는 요양비・요양일시금・장해보상금・사망조위금・사망보상금 등

2. 퇴직소득세의 계산

(1) 계산구조

	퇴직급여(= 퇴직소득금액)	→	비과세 퇴직소득 제외
(−)	퇴직소득공제	→	근속연수공제 + 환산급여공제
	퇴직소득과세표준		
(×)	세 율		
	퇴직소득산출세액	→	종전규정에 따른 퇴직소득산출세액 × 20%
(−)	외국납부세액공제		개정규정에 따른 퇴직소득산출세액 × 80%
	퇴직소득결정세액	→	원천징수

(2) 퇴직소득금액 중요

퇴직소득에서는 퇴직소득 총수입금액 자체가 소득금액이 된다.

퇴직소득금액 = 퇴직소득 = 퇴직소득 총수입금액

단, 임원의 퇴직소득 중 ①의 금액이 ②를 초과하는 경우에는 그 초과액은 근로소득으로 간주한다. 이는 근로소득에 비해 조세부담이 적은 퇴직소득을 과도하게 적립·지급하여 조세를 회피하는 사례를 방지하기 위함이다.

① 임원에 대한 퇴직소득금액 - 2011년 12월 31일 기준 퇴직금 중간정산액
② {2019년 12월 31일부터 소급하여 3년 동안 받은 총급여의 연환산액 × 1/10 × (2012년 1월 1일부터 2019년 12월 31일까지 근무기간/12) × 3} + {퇴직일부터 소급하여 3년 동안 받은 총급여의 연환산액 × 1/10 × (2020년 1월 1일 이후의 근무기간/12) × 2}

(3) 퇴직소득 산출세액

① 종전 규정에 따른 퇴직소득산출세액

2015년 12월 31일 당시 시행되는 소득세법 규정에 따른 퇴직소득과세표준과 퇴직소득산출세액은 다음과 같다.

㉠ 종전 규정에 따른 퇴직소득과세표준 = 퇴직소득금액 - 퇴직소득금액 × 40% - 근속연수에 따른 공제액*주)

*주) 근속연수공제

근속연수	공제액
5년 이하	30만원 × 근속연수
5년 초과 ~ 10년 이하	150만원 + 50만원 × (근속연수 - 5년)
10년 초과 ~ 20년 이하	400만원 + 80만원 × (근속연수 - 10년)
20년 초과	1,200만원 + 20만원 × (근속연수 - 20년)

※ 근속연수는 역에 따라 계산하되, 1년 미만은 1년으로 본다.

㉡ 종전 규정에 따른 퇴직소득산출세액 : 2013년 1월 1일 이전과 이후로 나누어 계산한다.

ⓐ 2012년 12월 31일 이전에 근무를 시작하여 2013년 1월 1일 이후에 퇴직한 경우

$$\text{퇴직소득 산출세액} = \text{2012년 12월 31일 이전 } [(\text{과세표준} \times \frac{1}{\text{근속연수}}) \times \text{기본세율}] \times \text{근속연수}$$
$$+ \text{ 2013년 1월 1일 이후 } [(\text{과세표준} \times \frac{\text{5배}}{\text{근속연수}}) \times \text{기본세율}] \times \frac{\text{근속연수}}{\text{5배}}$$

ⓑ 2013년 1월 1일 이후 근무를 시작하여 퇴직한 경우

$$\text{퇴직소득 산출세액 } [(\text{과세표준} \times \frac{\text{5배}}{\text{근속연수}}) \times \text{기본세율}] \times \frac{\text{근속연수}}{\text{5배}}$$

② 개정 규정에 따른 퇴직소득산출세액

2016년 1월 1일 이후 시행되는 소득세법 규정에 따른 퇴직소득과세표준과 퇴직소득산출세액은 다음 순서에 따라 계산한 금액으로 한다.

- 환산급여 = (해당 과세기간의 퇴직소득금액 - 근속연수에 따른 공제액*주1)) × 12배/근속연수
- 퇴직소득과세표준 = 환산급여 - 환산급여에 따른 차등공제액*주2)
- 퇴직소득산출세액 = 퇴직소득과세표준 × 기본세율 × 근속연수/12배

*주1) 근속연수에 따른 공제액(근속연수를 계산할 때 1년 미만의 기간이 있는 경우 이를 1년으로 본다)

근속연수	공제금액
5년 이하	100만원 × 근속연수
5년 초과 ~ 10년 이하	500만원 + {200만원 × (근속연수 - 5년)}
10년 초과 ~ 20년 이하	1,500만원 + {250만원 × (근속연수 - 10년)}
20년 초과	4,000만원 + {300만원 × (근속연수 - 20년)}

*주2) 환산급여에 따른 차등공제액

환산급여	공제액
800만원 이하	환산급여 × 100%
800만원 초과 ~ 7,000만원 이하	800만원 + (800만원 초과분 × 60%)
7,000만원 초과 ~ 1억원 이하	4,520만원 + (7,000만원 초과분 × 55%)
1억원 초과 ~ 3억원 이하	6,170만원 + (1억원 초과분 × 45%)
3억원 초과	1억 5,170만원 + (3억원 초과분 × 35%)

(4) 퇴직소득 결정세액

퇴직소득 결정세액은 다음과 같다. 이때 거주자의 퇴직소득금액에 외국납부세액이 있다면 이를 산출세액에서 공제한다.

퇴직소득 결정세액 = 퇴직소득 산출세액 - 외국납부세액공제액

(5) 퇴직소득의 과세방법

① 국내에서 퇴직소득을 지급하는 자는 그 거주자에 대한 소득세를 원천징수하여 그 징수일이 속하는 달의 다음 달 10일까지 정부에 납부하여야 한다.

② 소득의 귀속자는 종합소득에 합산하지 않고 별도로 분류과세 한다. 만약, 다른 퇴직소득이 없는 경우에는 퇴직소득 과세표준 확정신고를 하지 않아도 되며, 원천징수로써 납세의무가 종결된다.

3. 퇴직소득세의 신고와 납부

(1) 퇴직소득세의 원천징수시기

① 원 칙

퇴직소득을 지급하는 경우 : 퇴직소득을 지급한 때 원천징수한다.

② 퇴직소득을 지급하지 아니한 때(의제시기)

㉠ 1월 ~ 11월까지 퇴직한 경우 : 당해 12월 31일까지 미지급 시에는 당해 12월 31일에 퇴직소득을 지급한 것으로 간주한다.

㉡ 12월에 퇴직한 경우 : 다음 해 2월 말까지 미지급 시에는 다음 해 2월 말일에 퇴직소득을 지급한 것으로 간주한다.

4. 퇴직소득의 수입시기

퇴직소득에 대한 총수입금액의 수입시기는 원칙적으로 퇴직을 한 날로 한다.

05 양도소득세

1. 양도소득의 개념과 과세대상자산

(1) 양도의 개념

소득세법상 양도란 자산에 대한 등기·등록에 관계없이 매도·교환·법인에 대한 현물출자 등으로 인하여 그 자산을 유상으로 사실상 이전하는 것을 말한다.

(2) 양도소득세 과세대상자산

구 분	내 용	비 고
부동산 및 이에 준하는 것	토지·건물	
	부동산에 관한 권리	① 지상권(등기 여부 불문) ② 전세권(등기 여부 불문) ③ 등기된 부동산임차권 ④ 부동산을 취득할 수 있는 권리 • 아파트당첨권 • 토지상환채권 • 주택상환채권 등
	기타자산	① 특정주식 ② 특정법인의 주식 ③ 특정시설물이용권 ④ 사업용 고정자산과 함께 양도하는 영업권
유가증권	주식 또는 출자지분	① 신주인수권 포함 ② 상장법인의 주식 중 대주주 양도분과 장외거래분*주) ③ 비상장법인의 주식
파생상품	① 국내외 주가지수를 기초자산으로 하는 장내 파생상품 ② 국외 장내 파생상품 ③ 주식워런트증권(ELW) ④ 차액결제거래(CFD) ⑤ 위와 유사한 장외파생상품	
신탁수익권	신탁수익권	신탁재산의 통제권이 사실상 이전되는 양도

*주) 주식과세 비교

구 분	장내거래	장외거래
대주주	과세 ○	과세 ○
소액주주	과세 ×	과세 ○

2. 비과세 양도소득

① 1세대 1주택의 양도로 인하여 발생하는 소득

② 파산선고에 의한 처분으로 인하여 발생하는 소득 : 채권자를 위한 규정임

③ 농지의 교환 또는 분합으로 인하여 발생하는 소득 : 일정한 요건을 충족시켜야 함

이하에서는 이 가운데 '1세대 1주택 양도소득 비과세'에 대해 구체적으로 살펴보도록 한다.

PART 2

(1) 1세대 1주택의 양도로 인한 양도소득세 비과세

① 개 요

양도일 현재 국내에 2년 이상 보유하면서 거주한 고가주택이 아닌 1세대 1주택의 양도에 대하여 양도소득세를 과세하지 아니한다.

구 분	내 용
1세대	거주자 및 그 배우자가 그들과 동일한 주소・거소에서 생계를 같이하는 가족과 함께 구성하는 것을 말함
1주택	양도일 현재 국내에 1주택을 보유하고 있는 경우를 말함
보유요건	당해 주택의 보유기간이 2년 이상인 경우에 한함(조정대상지역에 있는 주택의 경우 2년 이상 거주요건 추가 필요)
판정기준일	양도일 현재를 기준으로 한다. 이때 보유 및 거주기간의 계산은 취득일로부터 양도일까지로 한다.

② 1세대

1세대란 거주자 및 그 배우자가 그들과 동일한 주소・거소에서 생계를 같이하는 가족과 함께 구성하는 집단을 말한다. 결국, 1세대는 배우자를 필요 요건으로 한다.

그러나 다음의 경우에는 배우자자 없는 경우에도 1세대로 본다.

㉠ 당해 거주자의 연령이 30세 이상인 경우

㉡ 배우자가 사망하였거나 이혼한 경우

㉢ 30세 미만인 경우 12개월 간 경상적・반복적 소득이 기준 중위소득을 12개월로 환산한 금액의 40% 이상으로서 소유하고 있는 주택 또는 토지를 관리・유지하면서 독립된 생계를 유지할 수 있는 경우. 다만, 미성년자의 경우를 제외하되, 미성년자의 결혼・가족의 사망 등의 사유로 1세대의 구성이 불가피한 경우에는 그러하지 아니한다.

③ 1주택

㉠ 주택의 개념 : 1세대 1주택 비과세 규정의 주택이란 국내에 주소나 거소가 있는 거주자가 독립된 주거생활을 할 수 있는 구조를 갖춘 건물을 말하며, 이때 부수토지를 포함한다.

㉡ 고가주택의 범위 : 고가주택은 1세대 1주택에 해당하는 경우에도 양도소득세의 비과세규정을 적용하지 않는다. 여기서 '고가주택'이란 주택 및 이에 부수되는 토지의 양도 당시의 실지거래가액의 합계액이 12억원을 초과하는 것을 말한다.

㉢ 1세대 2주택의 비과세 특례 : 다음의 경우에는 1세대 2주택인 경우에도 1세대 1주택으로 보아 양도소득세를 비과세한다.

구 분	비 고
거주이전을 위한 일시적인 2주택	주택 소재지 구분없이 종전주택 구입 후 1년 이후에 신규 주택을 구입하고, 그 신규 주택을 취득한 날로부터 3년 이내에 종전주택을 양도하여야 함
상속에 의한 일시적 2주택	상속받은 주택과 그 밖의 일반주택을 각각 소유한 1세대가 일반주택을 먼저 양도하는 경우에는 국내에 1개의 주택을 소유하고 있는 것으로 보아 비과세 여부를 판정함(단, 상속개시일부터 소급하여 2년 이내에 피상속인으로부터 증여받은 주택은 비과세 배제)
직계존속의 동거봉양	세대를 합친 날로부터 10년 이내 먼저 양도하는 주택을 비과세함
혼인으로 인한 일시적 2주택	세대를 합친 날로부터 10년 이내 먼저 양도하는 주택을 비과세함

④ 보유기간 및 거주기간 요건

양도일 현재 보유기간이 2년 이상인 경우에 한한다. 다만, 2017년 8월 3일 이후 법정 '조정대상지역' 내 주택을 취득하는 경우 2년 이상 거주요건을 만족하여야 한다(등록임대주택 거주요건 적용함). 다만, 양도일로부터 소급하여 10년 이내에 배우자 또는 직계존비속으로부터 증여받은 경우에는 증여한 배우자 또는 직계존비속의 당초 취득일부터 양도일까지로 한다.

3. 자산의 취득시기 및 양도시기

(1) 일반적인 경우

구 분	취득시기 또는 양도시기
원 칙	대금청산일
대금청산일이 불분명한 경우	등기부, 등록부, 명부 등에 기재된 등기접수일 또는 명의개서일
대금청산 전에 소유권이전 등기, 등록, 명의개서를 한 경우	등기부, 등록부, 명부 등에 기재된 등기접수일
장기할부조건의 경우	소유권 이전등기일(등록, 명의개서) 접수일, 인도일 또는 사용수익일 중 빠른 날

(2) 기타의 경우

구 분	취득시기 또는 양도시기
상속 · 증여에 의하여 취득한 자산	상속개시일 또는 증여를 받은 날
자기가 건설한 건축물의 취득시기	사용검사필증 교부일

4. 양도소득세의 계산

(1) 양도소득세의 계산구조 중요

	양도가액	→	실지거래가액(또는 매매사례가액 등)
(−)	취득가액	→	실지거래가액(또는 매매사례가액 등)
(−)	기타필요경비	→	자본적 지출액 등 및 양도비 등(또는 필요경비개산공제)
	양도차익	→	△양도차손
(−)	장기보유특별공제	→	보유기간이 3년 이상인 토지 · 건물의 양도차익 × (10% ~ 80%)
	양도소득금액	→	2개의 그룹별로 구분계산
(−)	양도소득기본공제	→	2개의 그룹별로 연 250만원(단, 미등기양도자산은 적용배제)
	양도소득과세표준		
(×)	양도소득세율	→	자산별 · 보유기간별 · 등기여부에 따라 구분 적용
	양도소득산출세액		
(−)	세액감면	→	조세특례제한법상 세액감면
(−)	세액공제		
	결정세액		
(+)	가산세		
(−)	기납부세액		
	자진납부세액		

(2) 양도차익

	양도가액	→	양도 당시 실지거래가액
(−)	취득가액	→	취득 당시 실지거래가액
(−)	기타필요경비*주)	→	자본적 지출액 등, 양도비, 필요경비개산공제 등
	양도차익	→	△ 양도차손

*주) 필요경비 개산공제 : 양도차익을 실지거래가액에 의한 방법이 아닌 추계방법(매매사례가액, 환산취득가액, 기준시가 등으로 취득가액을 정할 경우)에 의할 경우 다음의 금액을 일괄적으로 기타의 필요경비로 개산공제한다.

구 분		개산공제액
토지와 건물		취득 당시의 기준시가 × 3%(미등기양도자산 : 0.3%)
부동산에 관한 권리	지상권, 전세권, 등기된 부동산임차권	취득 당시의 기준시가 × 7%
	부동산을 취득할 수 있는 권리	취득 당시의 기준시가 × 1%
기타자산, 주식, 출자지분		

TIP

실질거래가액을 인정 또는 확인할 수 없는 경우의 추계조사결정 특례

양도 또는 취득 당시의 실지거래가액의 확인을 위하여 필요한 장부·매매계약서·영수증 기타 증빙서류가 없거나 그 중요한 부분이 미비된 경우 또는 장부·매매계약서·영수증 기타 증빙서류의 내용이 매매사례가액, 감정평가법인의 감정가액 등에 비추어 허위임이 명백하여 추계조사결정을 하는 경우에는 다음의 가액을 순차로 적용하여 산정한 가액을 양도차익을 정한다.

구 분	적용순서
양도가액	매매사례가액 → 감정가액 → 기준시가
취득가액	매매사례가액 → 감정가액 → 환산취득가액*주) → 기준시가

*주) 환산취득가액을 적용할 경우 : 건물을 신축하여 취득한 후 5년 이내 양도한 경우 환산취득가액을 적용할 경우 환산취득가액의 5%의 가산세를 부담하여야 한다.

(3) 양도소득금액

	양도차익
(−)	장기보유특별공제
	양도소득금액

① 장기보유특별공제

장기보유특별공제는 보유기간이 3년 이상인 등기된 토지·건물 그리고 조합원입주권에 한하며, 다음에 해당하는 자산은 장기보유특별공제를 적용받을 수 없다.

㉠ 미등기 토지·건물

㉡ 3년 미만 보유한 토지·건물

㉢ 조합원으로부터 취득한 조합원입주권(관리처분 인가계획 후 양도차익)

㉣ 1세대 2주택 이상 다주택자(조합원 입주권, 분양권 포함)가 법정 '조정대상지역' 내 소재하는 주택을 양도할 경우(단, 다주택자 양도소득세 중과 한시적 배제로 인해 2026년 5월 9일까지 양도하는 주택에 대해서는 장기보유특별공제를 적용한다)

㉤ 일반적인 경우

보유기간	공제율	보유기간	공제율
3년 이상 ~ 4년 미만	양도차익 × 6%	10년 이상 ~ 11년 미만	양도차익 × 20%
4년 이상 ~ 5년 미만	양도차익 × 8%	11년 이상 ~ 12년 미만	양도차익 × 22%
5년 이상 ~ 6년 미만	양도차익 × 10%	12년 이상 ~ 13년 미만	양도차익 × 24%
6년 이상 ~ 7년 미만	양도차익 × 12%	13년 이상 ~ 14년 미만	양도차익 × 26%
7년 이상 ~ 8년 미만	양도차익 × 14%	14년 이상 ~ 15년 미만	양도차익 × 28%
8년 이상 ~ 9년 미만	양도차익 × 16%	15년 이상	양도차익 × 30%
9년 이상 ~ 10년 미만	양도차익 × 18%		

㉥ 1세대 1주택자 : 공제액 = 양도차익 × (보유기간별 공제율 + 거주기간별 공제율)

보유기간	공제율	거주기간	공제율
3년 이상 ~ 4년 미만	양도차익 × 12%	2년 이상 ~ 3년 미만 (단, 보유기간 3년 이상인 경우)	양도차익 × 8%
		3년 이상 ~ 4년 미만	양도차익 × 12%
4년 이상 ~ 5년 미만	양도차익 × 16%	4년 이상 ~ 5년 미만	양도차익 × 16%
5년 이상 ~ 6년 미만	양도차익 × 20%	5년 이상 ~ 6년 미만	양도차익 × 20%
6년 이상 ~ 7년 미만	양도차익 × 24%	6년 이상 ~ 7년 미만	양도차익 × 24%
7년 이상 ~ 8년 미만	양도차익 × 28%	7년 이상 ~ 8년 미만	양도차익 × 28%
8년 이상 ~ 9년 미만	양도차익 × 32%	8년 이상 ~ 9년 미만	양도차익 × 32%
9년 이상 ~ 10년 미만	양도차익 × 36%	9년 이상 ~ 10년 미만	양도차익 × 36%
10년 이상	양도차익 × 40%	10년 이상	양도차익 × 40%

② 양도소득금액 계산의 특례

- 배우자·직계존비속 간 증여재산에 대한 이월과세 : 거주자가 양도세 과세대상 물건을 양도하는 경우 소급하여 10년 이내에 배우자 또는 직계존비속으로부터 증여받은 토지, 건물, 부동산에 관한 권리(분양권, 조합원입주권 등) 및 특정시설물이용권, 증여받은 주식(양도일 전 1년 이내 증여받은 경우)의 양도차익을 계산할 때 취득가액은 각각 그 배우자 또는 직계존비속의 취득 당시를 기준으로 한다.
  이때, 취득 당시의 가액은 실지거래가액(이 경우 거주자가 증여받은 자산에 대하여 납부하였거나 납부할 증여세 상당액이 있는 경우 필요경비에 산입함)으로 한다.

(4) 양도소득과세표준 중요

① 양도소득세 과세표준의 계산구조

	양도소득금액	
(−)	양도소득기본공제	→ 양도차손익이 통산되는 자산그룹별로 각각 연 250만원
	양도소득과세표준	

② 양도소득세율

구 분	비 고
1그룹 : 토지·건물, 부동산에 관한 권리, 기타자산	비등기자산 제외
2그룹 : 주식 또는 출자지분	−

PART 2

(5) 양도소득산출세액

① 계산구조

	양도소득과세표준
(×)	양도소득세율
	양도소득산출세액

② 양도소득세율

그 룹	과세대상	구 분		양도소득세율
1그룹	토지와 건물, 부동산에 관한 권리	미등기자산		70%
		1년 미만 보유자산		50% (주택, 조합원입주권, 분양권은 70%)
		1년 이상 2년 미만 보유자산		40% (주택, 조합원입주권, 분양권은 60%)
		비사업용 토지		기본세율 + 10%
		위에 해당하지 않는 자산		기본세율 (분양권은 60%)
		조정대상지역 내 주택으로 1세대 2주택에 해당하는 주택		기본세율 + 20%*주)
		조정대상지역 내 주택으로 1세대 3주택에 해당하는 주택		기본세율 + 30%*주)
		조정대상지역 내 주택의 입주자로 선정된 지위(조합원입주권 제외)		위의 분양권 관련 규정 적용
	기타자산	영업권, 특정시설물이용권, 특정주식		기본세율
		비사업용토지과다보유법인의 주식		기본세율 + 10%
2그룹	주식 등	중소기업 주식		10%(대주주 20%)
		중소기업외 주식	일반주주	20%
			대주주 1년 미만 보유	30%
			대주주 1년 이상 보유	20% (3억원 초과분은 25%)
3그룹	파생상품의 거래 또는 양도로 인한 소득			10%(탄력세율)
4그룹	신탁수익권			20% (3억원 초과액은 25%)

*주) 보유기간 2년 이상으로서 2026년 5월 9일까지 양도하는 다주택자의 주택은 한시적으로 중과세율 적용을 배제한다.

CHAPTER 04

단원별 적중문제

01 공개 **다음 중 소득세의 특징에 관한 설명으로 가장 올바르지 않은 것은?**

① 소득세법은 개인별 소득을 기준으로 과세하는 개인단위과세제도를 원칙으로 한다. 다만, 가족이 공동으로 사업을 경영하는 경우는 예외없이 합산과세한다.

② 퇴직소득과 양도소득을 다른 소득과 합산하지 않고 별도로 과세하는 이유는 장기간에 걸쳐 발생한 소득이 일시에 실현되는 특징 때문이다.

③ 소득세법은 열거주의에 의하여 과세대상 소득을 규정하고 있으므로 열거되지 아니한 소득은 과세되지 않는다. 다만, 예외적으로 이자소득과 배당소득은 유사한 소득을 포함하는 유형별 포괄주의를 채택하고 있다.

④ 분리과세는 기간별로 합산하지 않고 그 소득이 지급될 때 소득세를 징수함으로써 과세를 종결하는 방법이다.

해설

우리나라 소득세법은 원칙적으로 개인별 과세주의를 택하고 있다. 다만, 가족구성원이 공동사업자에 포함되어 있는 경우로서 손익분배비율을 거짓으로 정하는 사유가 있으면 합산하여 과세함으로써 가족단위과세를 부분적으로 가미하고 있다.

02 공개 **다음 중 소득세에 관한 설명으로 가장 올바르지 않은 것은?**

① 소득세법은 열거주의에 의하여 과세대상 소득을 규정하고 있으므로 열거되지 아니한 소득은 비록 담세력이 있더라도 과세되지 않는다. 다만, 예외적으로 이자소득과 배당소득은 열거되지 않은 소득이라도 유사한 소득을 포함하는 유형별 포괄주의를 채택하고 있다.

② 소득세법은 부부라 하더라도 개인단위과세제도를 원칙으로 한다.

③ 퇴직소득과 양도소득은 다른 소득과 합산하지 않고 별도로 과세한다.

④ 분리과세대상 소득은 일단 소득을 지급하는 시점에 원천징수를 하되 추후 납세의무를 확정할 때 이를 다시 정산하는 방법을 말한다.

해설

④ 분리과세대상소득은 원천징수 시점에 과세종결된다.

정답 01 ① 02 ④

03 다음 중 소득세법에 관한 설명으로 가장 옳은 것은?

공개

① 소득세법상 과세기간은 1월 1일부터 12월 31일까지 1년간이나 사업자인 경우에는 사업자가 1년 이내의 기간으로 과세기간을 정하여 신고할 수 있다.
② 개인단위로 과세하는 것이 원칙이나 부부인 경우에는 종합소득을 합산하여 과세한다.
③ 비거주자는 국내외원천소득에 대하여 소득세를 납부하여야 한다.
④ 일용근로자의 근로소득은 원천징수로 납세의무를 종결하는 분리과세 대상 소득이다.

해설

① 소득세법상 과세기간은 선택이 불가능한 역년주의(1월 1일 ~ 12월 31일)를 원칙으로 함
② 현재 부부합산과세제도는 폐지되었다.
③ 비거주자는 국내원천소득에 대해서만 납세의무가 있다.

04 다음 중 소득세법상 납세지에 관한 설명으로 가장 올바르지 않은 것은?

공개

① 거주자의 납세지는 주소지로 하는 것이 원칙이다.
② 비거주자의 납세지는 국내사업장의 소재지로 하며, 국내사업장이 없는 경우에는 국내원천소득이 발생하는 장소로 한다.
③ 개인사업자의 납세지는 납세자가 자유롭게 선택할 수 있다.
④ 국내사업장이 2 이상이 있는 비거주자의 경우에는 주된 국내사업장 소재지를 납세지로 한다.

해설

개인사업자의 납세지는 원칙적으로 주소지(또는 거소지)이며, 예외적으로 사업장소재지를 납세지로 신청할 수 있다.

05 다음 중 소득세법상 이자소득에 관한 설명으로 가장 올바르지 않은 것은?

공개

① 자금대여를 영업으로 하는 자가 금전을 대여하여 얻은 이익은 이자소득으로 과세된다.
② 보험기간이 10년 미만인 저축성보험의 보험차익은 이자소득으로 과세된다.
③ 이자소득을 발생시키는 거래·행위와 파생상품이 결합된 경우 해당 파생상품의 거래·행위로부터의 이익은 이자소득으로 과세된다.
④ 동일직장이나 동일직종에 종사하는 근로자로 구성된 공제조합 또는 공제회로부터 받는 공제회 반환금 중 납입원금을 초과하는 금액은 이자소득으로 과세된다.

해설

자금대여를 영업으로 하는 자가 금전을 대여하여 얻은 이익은 사업소득으로 과세한다.

03 ④ 04 ③ 05 ① 정답

06 공개

다음 중 소득세법상 금융소득에 관한 설명으로 가장 올바르지 않은 것은?

① 금융소득종합과세란 이자소득과 배당소득을 종합소득에 합산하여 누진세율로 과세하는 제도이다.

② 비실명으로 가입한 저축 등에서 발생하는 이자소득은 높은 세율로 과세하기 위해 무조건 분리과세한다.

③ 보통예금의 이자소득은 원칙적으로 실제로 지급받은 날을 수입시기로 한다.

④ 주권상장법인으로부터 받은 현금배당금은 금액에 상관없이 무조건 종합과세대상 금융소득이다.

해설

주권상장법인으로부터 받은 현금배당금은 2천만원 초과여부를 따지는 조건부 종합과세대상 금융소득이다.

07 공개

다음 중 소득세법상 근로소득에 관한 설명으로 가장 올바르지 않은 것은?

① 사내근로복지기금을 통하지 않은 자녀학자금은 원칙적으로 근로소득에 포함된다.

② 근로자 또는 그 배우자의 출산이나 6세 이하 자녀의 보육과 관련하여 사용자로부터 지급받는 급여는 전액 비과세한다.

③ 근로소득금액 계산 시 총급여액에서 실제로 소요된 필요경비 대신에 근로소득공제를 차감한다.

④ 근로소득 이외에 다른 소득이 없는 근로소득자의 경우에는 연말정산을 통해 모든 납세절차가 종결되어 과세표준확정신고를 하지 않아도 된다.

해설

근로자 또는 그 배우자의 6세 이하 자녀의 보육과 관련하여 사용자로부터 지급받는 급여는 월 20만원 이내 금액을 비과세한다. 참고로 근로자(친족인 특수관계자 제외) 또는 그 배우자의 출산과 관련하여 자녀의 출생일 이후 2년 이내에 사용자로부터 최대 두 차례에 걸쳐 지급받는 급여는 전액 비과세한다.

08 공개

다음 중 연금소득에 관한 설명으로 가장 올바르지 않은 것은?

① 개인이 가입한 연금 상품에 기인해 수령한 사적연금도 연금소득으로 과세된다.

② 산업재해보상보험법에 따라 받는 각종 연금은 연금소득으로 과세되지 않는다.

③ 연금소득금액 계산 시 필요경비인정방식과 연금소득공제방식 중 선택하여 적용 가능하다.

④ 연금소득에 대한 수입시기는 연금을 지급받거나 받기로 한 날로 한다.

해설

연금보험료는 납입 시 소득공제 또는 세액공제를 하고, 연금수령 시 소득세를 과세하고 있다.

정답 06 ④ 07 ② 08 ③

09 다음 중 양도소득세 과세대상자산이 아닌 것은?

공개

① 부동산을 취득할 수 있는 권리
② 과점주주가 보유하는 부동산과다보유법인 주식
③ 대주주소유 상장주식
④ 토지·건물과 별개로 양도하는 영업권

해설

사업용 고정자산과 함께 양도하는 영업권은 양도소득이지만, 별도로 양도하는 경우에는 기타소득으로 과세한다.

10 다음 거주자 김삼일씨의 상가임대 관련 자료를 기초로 20x1년 부동산임대 관련 사업소득 총수입금액을 계산하면 얼마인가?

공개

ㄱ. 임대기간 : 20x1년 7월 1일 ~ 20x2년 6월 30일
ㄴ. 임대료 : 보증금 0원, 월세 10,000,000원
ㄷ. 1년간의 임대료 120,000,000원을 20x1년 7월 1일에 선불로 수령함

① 30,000,000원　　② 60,000,000원
③ 80,000,000원　　④ 120,000,000원

해설

120,000,000 × 6/12 = 60,000,000

11 다음 거주자가 받은 소득내역 중 소득세가 과세되는 것으로 가장 옳은 것은?

공개

① 강연료 1천만원
② 학술·종교·제사·자선·기타 공익을 목적으로 하는 공익신탁에서 발생한 이익 1천만원
③ 국민연금법에 의하여 지급받은 유족연금 1천만원
④ 발명진흥법에 의한 직무발명에 대하여 사용자로부터 받는 보상금으로 월 10만원

해설

강연료는 기타소득으로 과세되며(원천징수 : 소득금액의 22%), 나머지는 모두 비과세 대상이다.

09 ④　10 ②　11 ①　정답

12 공개 **김삼일씨의 20x1년 급여내역이 다음과 같을 때 총급여 금액은 얼마인가?(단, 김삼일씨는 20x1년에 연간 계속 근무하였다)**

- 월급여액 : 2,000,000원
- 상여 : 월급여액의 400%
- 연월차수당 : 2,000,000원
- 자녀학자금 : 500,000원
- 식사대 : 2,400,000원(월 200,000원. 단, 식사 또는 기타 음식물을 제공받지 않음)
- 자가운전보조금 : 3,000,000원(월 250,000원)

① 34,500,000원 ② 35,100,000원
③ 36,100,000원 ④ 37,500,000원

해설

총급여 = (2,000,000 × 12) + (2,000,000 × 400%) + 2,000,000 + 500,000 + (250,000 − 200,000) × 12
= 35,100,000

PART 2

13 공개 **다음은 20x1년 김삼일씨의 소득내역이다. 김삼일씨의 20x1년도 종합소득과세표준을 계산하면 얼마인가?**

ㄱ. 비영업대금이익	10,000,000원
ㄴ. 사업소득금액	50,000,000원
ㄷ. 근로소득금액	70,000,000원
ㄹ. 퇴직소득금액	80,000,000원
ㅁ. 양도소득금액	30,000,000원
ㅂ. 종합소득공제	40,000,000원

① 80,000,000원 ② 90,000,000원
③ 120,000,000원 ④ 200,000,000원

해설

종합소득 과세표준 = 50,000,000 + 70,000,000 − 40,000,000 = 80,000,000

정답 12 ② 13 ①

14 공개

다음 중 거주자 김삼일씨의 교육비세액공제 대상을 모두 고른 것은?(단, 자료상의 가족은 모두 생계를 같이 하고 있다)

교육비 지출 현황

	관 계	교육비 지출내역	연령(만)	소득종류 및 금액
ㄱ.	본 인	대학원 학비	38세	근로소득금액 1억원
ㄴ.	배우자	대학교 학비	36세	사업소득금액 200만원
ㄷ.	여동생	대학교 학비	27세	소득 없음
ㄹ.	딸	유치원비	5세	소득 없음

① ㄱ, ㄴ, ㄷ
② ㄱ, ㄷ, ㄹ
③ ㄴ, ㄷ, ㄹ
④ ㄱ, ㄴ, ㄷ, ㄹ

해설

배우자의 경우 소득금액 100만원 이하 기준을 충족하지 못하므로 교육비세액공제 대상이 아니다.

15 공개

다음 중 소득세법상 원천징수에 관한 설명으로 가장 올바르지 않은 것은?

① 원천징수는 소득금액을 지급하는 자에게 부과한 의무이므로 지급받는 자가 개인인지 법인인지 관계없이 동일한 세법을 적용한다.
② 원천징수의무자는 원천징수한 소득세를 그 징수일이 속하는 달의 다음 달 10일까지 납부하여야 한다.
③ 예납적 원천징수의 경우에는 별도의 소득세 확정신고절차가 필요하나, 완납적 원천징수에 해당하면 별도의 확정신고가 불필요하다.
④ 원천징수에 의해서 정부는 조세수입을 조기에 확보할 수 있으며, 탈세를 방지할 수 있는 장점이 있다.

해설

원천징수에 의해 소득을 지급 받는 자가 개인이면 소득세법, 법인이면 법인세법을 적용한다.

16 공개

다음 중 소득세법상 원천징수에 관한 설명으로 옳은 것은?

① 실지명의가 확인되지 아니하는 배당소득에 대해서는 25%의 세율을 적용하여 원천징수한다.
② 국내에서 사업자가 아닌 자가 이자소득을 지급하는 경우에는 원천징수 의무가 없다.
③ 2억원을 초과한 복권당첨소득에 대해서는 30%의 세율을 적용하여 원천징수한다.
④ 원천징수는 국내에서 지급하는 경우에 한하여 적용된다.

해설

① 25% → 45%
② 국내 이자소득 지급하는 경우 모두 원천징수의무가 있다.
③ 2억원 → 3억원

14 ② 15 ① 16 ④ 정답

17 공개

다음 중 소득세법상 원천징수에 관한 설명으로 가장 올바르지 않은 것은?

① 예납적 원천징수에 해당하면 별도의 확정신고가 필요하다.
② 정부는 원천징수를 통해 조세수입을 조기에 확보할 수 있다.
③ 기타소득에 대한 원천징수세율과 이자소득에 대한 원천징수세율은 동일하다.
④ 완납적 원천징수에 해당하면 별도의 확정신고가 불필요하다.

해설

일반적으로 기타소득은 20%, 이자소득은 14%가 적용된다.

PART 2

18 공개

다음은 김삼일 회계사의 홈페이지에 있는 연말정산에 대한 상담사례들을 모은 것이다. 다음 상담사례의 답변 중 가장 올바르지 않은 것은?

(질문 1) 안녕하세요. 김삼일 회계사님. 제가 사고로 인해 이번달에 병원에서 MRI 촬영을 했는데 이것도 의료비공제가 됩니까? 가뜩이나 MRI 촬영비도 비싼데 공제도 안된다면 사고난 곳이 더 아플 것 같습니다.
(답변 1) MRI 촬영비가 진료, 질병예방 목적으로 의료기관에 지급된 경우에는 의료비 공제대상입니다.

(질문 2) 수고가 많으십니다. 저는 봉급생활자인데 자동차종합보험료도 보험료공제를 받을 수 있습니까?
(답변 2) 자동차종합보험은 보장성보험이므로 지급된 보험료가 보험료공제 대상이 됩니다.

(질문 3) 아이가 아파서 미국에서 수술을 받았습니다. 해당 의료비는 세액공제를 받을 수 있나요?
(답변 3) 국외에서 지출한 의료비는 세액공제가 불가능합니다.

(질문 4) 올해 대학에 입학하는 자녀의 대학등록금 900만원을 신용카드로 납부하였습니다. 신용카드로 결제한 대학교 등록금도 신용카드공제 대상이 되나요?
(답변 4) 신용카드로 결제한 대학교 등록금은 신용카드세액공제 대상에 해당합니다.

① 답변 1
② 답변 2
③ 답변 3
④ 답변 4

해설

교육비(등록금 등)는 신용카드 소득공제 사용금액 대상에서 제외된다.

정답 17 ③ 18 ④

19 다음 중 무조건 종합과세대상 금융소득에 해당되는 것으로 가장 옳은 것은?

공개

① 국외에서 지급받는 금융소득
② 상장법인 소액주주가 받는 배당금
③ 비실명금융소득
④ 직장공제회 초과반환금

해설

① 무조건 종합과세, ② 조건부 종합과세, ③ 무조건 분리과세, ④ 무조건 분리과세

20 다음은 20x1년 김삼일씨의 상가임대 관련 소득 내역이다. 김삼일씨의 20x1년도 부동산임대 관련 사업소득의 총수입금액을 계산하면 얼마인가?

공개

ㄱ. 임대기간 : 20x1년 7월 1일 ~ 20x2년 6월 30일
ㄴ. 임대료 : 100,000,000원(20x1년 7월 1일에 선불로 수령함)

① 0원
② 30,000,000원
③ 50,000,000원
④ 100,000,000원

해설

100,000,000 × 6/12 = 50,000,000

21 다음 자료에 의하여 거주자 김삼일씨의 20x1년도 근로소득금액을 계산하면 얼마인가?

공개

ㄱ. 월급여 : 2,000,000원
ㄴ. 상여 : 월급여의 500%
ㄷ. 실비변상비적 성격의 자가운전보조금 : 월 250,000원
ㄹ. 중식대 : 월 200,000원(식사를 제공받지 않음)
ㅁ. 연간 연월차수당 총합계 : 1,000,000원
※ 거주자는 당해 1년 동안 계속 근무하였다.

연간급여액	근로소득공제액
1,500만원 초과 ~ 4,500만원 이하	750만원 + 1,500만원 초과액 × 15%
4,500만원 초과 ~ 1억원 이하	1,200만원 + 4,500만원 초과액 × 5%

① 21,330,000원
② 25,010,000원
③ 27,700,000원
④ 28,108,000원

해설

- 총급여 = (2,000,000 × 12) + (2,000,000 × 500%) + (250,000 − 200,000) × 12 + 1,000,000 = 35,600,000
- 근로소득금액 = 35,600,000 − [7,500,000 + (35,600,000 − 15,000,000) × 15%] = 25,010,000

19 ① 20 ③ 21 ② 정답

22 공개

다음의 대화에서 가장 올바르지 않은 설명을 하고 있는 사람은 누구인가?

김철수 : 영희야, 너 로또 당첨됐다며? 축하한다.
이영희 : 고마워. 근데 세금이 엄청나네. 로또당첨금으로 1억원을 받았는데 기타소득에 해당되어 소득 금액의 20%를 소득세로 납부해야 하더라
성영수 : 거기에 개인 지방소득세로 소득세의 10%를 추가로 납부하면 실수령액이 더 적어지겠구나
김순희 : 그럼 영희는 내년에 종합소득확정신고를 해야겠네. 근로소득자는 연말정산으로 납세의무가 종결되지만, 로또가 당첨되어 기타소득이 발생되었으니 종합소득을 신고해야 하거든
박삼일 : 복권당첨소득의 경우에는 금액이 크면 더 높은 원천징수세율이 적용될 수도 있으니 알아 두렴

① 이영희 ② 성영수
③ 김순희 ④ 박삼일

해설
복권당첨소득은 무조건 분리과세대상이므로 확정신고할 필요는 없다.

PART 2

23 공개

다음 중 소득세법상 결손금공제에 관한 설명으로 가장 올바르지 않은 것은?

① 부동산임대업(주거용 건물임대업 제외)에서 발생한 결손금은 다른 소득금액에서 공제하지 아니하며 다음 연도로 이월시킨다.
② 이월결손금은 발생연도 종료일로부터 5년 내에 종료하는 과세기간의 소득금액계산 시 먼저 발생한 것부터 순차로 공제한다.
③ 사업소득(주거용 건물임대업 포함)의 결손금은 다른 소득금액에서 공제 후 남은 결손금을 다음 연도로 이월시킨다.
④ 해당 과세기간의 소득금액에 대해 추계신고를 하거나 추계조사결정하는 경우에는 이월결손금 공제규정을 적용하지 않는다.

해설
2020년 이후 발생한 이월결손금에 대해서는 15년을 적용한다.

정답 22 ③ 23 ②

24 공개 **다음은 근로소득자(일용근로자 아님)인 이주원씨가 자녀들을 위하여 지출한 교육비와 관련한 자료이다. 연말정산 시 공제대상 교육비는 모두 얼마인가?**

ㄱ. 자녀의 연령 및 소득
- 장남 : 29세(대학원생), 소득금액 없음
- 차남 : 23세(대학생), 사업소득금액 150만원
- 장녀 : 15세(중학생), 소득금액 없음

ㄴ. 자녀의 교육비 지출액
- 장남의 대학원 수업료 : 12,000,000원
- 차남의 대학교 수업료 : 8,000,000원
- 장녀의 고등학교 수업료 : 3,000,000원

① 3,000,000원 ② 12,000,000원
③ 15,000,000원 ④ 23,000,000원

해설
장남의 대학원 수업료는 공제 대상이 아니며, 차남의 소득금액이 100만원을 초과하므로 차남의 대학교 수업료 역시 공제 대상이 되지 않는다.

25 공개 **다음 자료에 의해서 김삼일씨의 종합소득산출세액을 계산하면 얼마인가?(단, 금융소득은 없다고 가정한다)**

- 종합소득금액 : 40,000,000원
- 종합소득공제 : 10,000,000원
- 종합소득세율

종합소득 과세표준	세 율
1,400만원 이하	과세표준의 6%
1,400만원 초과 ~ 5,000만원 이하	84만원 + 1,400만원 초과금액의 15%

① 3,240,000원 ② 4,500,000원
③ 4,920,000원 ④ 5,220,000원

해설
산출세액 = 840,000 + (30,000,000 − 14,000,000) × 15% = 3,240,000

24 ① 25 ① 정답

26 근로소득 연말정산에 대한 다음 설명 중 가장 올바르지 않은 것은?

공개

① 일반적으로 다음 해 2월분 급여를 지급하는 때에 1년간의 총급여에 대한 근로소득세액을 정산하는 절차를 말한다.

② 중도 퇴직한 경우에는 퇴직한 달의 급여를 지급하는 때 정산한다.

③ 해외에서 지출한 신용카드 사용액은 신용카드소득공제 대상에 포함되지 않는다.

④ 자동차보험은 보험료세액공제를 받을 수 없다.

해설

일반보장성보험인 자동차보험은 보험료세액공제를 받을 수 있다.

27 다음 중 연금소득 과세구조에 대한 설명으로 가장 올바르지 않은 것은?

공개

① 국민연금 납입액은 종합소득금액 계산 시 전액 소득공제한다.

② 산업재해보상보험법에 따라 받는 연금은 비과세한다.

③ 연금계좌인출액 중 연금소득에 해당하는 금액이 연 1,500만원 이하인 경우 선택에 따라 분리과세를 적용받을 수 있다.

④ 과세이연된 퇴직소득금액을 연금외수령한 경우 기타소득으로 과세한다.

해설

과세이연된 퇴직소득금액을 연금외수령한 경우 퇴직소득 과세한다.

28 다음 중 소득세법상 종합소득금액과세표준 계산 시 인적공제에 관한 설명으로 가장 올바르지 않은 것은?

공개

① 인적공제제도는 거주자의 최저생계비보장 및 부양가족의 상황에 따라 세부담에 차별을 두어 부담능력에 따른 과세를 실현하기 위한 제도이다.

② 모든 거주자는 별도의 조건 없이 본인에 대한 기본공제 150만원을 적용받을 수 있다.

③ 소득세법상 일정 요건을 충족하면 추가로 공제해주는 경로우대공제 및 장애인공제 등은 비록 기본공제대상자에서 제외되었더라도 적용 가능하다.

④ 인적공제대상자의 판정시기는 해당 과세기간 종료일인 12월 31일 현재의 상황에 의한다.

해설

기본공제대상자에게만 추가공제를 적용한다.

정답 26 ④ 27 ④ 28 ③

29 공개 **다음 중 반드시 종합소득세 확정신고를 해야 하는 자는 누구인가?**

① 삼진전자에 근무하고 있고 근로소득 이외의 소득은 없는 성지운씨
② 강릉상사에 근무하다가 당기에 퇴직하여 퇴직금을 수령하였고 아직까지 취직을 하지 못하고 있는 한해수씨
③ 2억원의 정기예금에서 매년 1,000만원씩 이자를 수령하고 이 이자소득만으로 생활을 하고 계신 이장수 할아버지
④ 상가를 임대하여 임대료를 받고 있는 성부자 할머니

해설
① 근로소득은 연말정산으로 과세종결하므로 확정신고 의무가 없다.
② 퇴직소득은 분류과세이므로 종합소득 확정신고의무가 없다.
③ 2,000만원 이하 이자소득에 대해서는 원천징수 후 분리과세로 과세종결한다.
④ 부동산임대업을 영위하므로 종합소득세 확정신고하여야 한다.

30 공개 **다음 중 소득세법상 세액공제에 대한 설명으로 가장 옳은 것은?**

① 연간 소득금액이 1,000만원인 자녀에 대해서도 자녀세액공제를 신청할 수 있다.
② 근로소득이 없는 사업소득자는 보험료세액공제를 받을 수 없다.
③ 어린이집, 유치원에 납부한 급식비는 교육비세액공제를 받을 수 없다.
④ 연금계좌세액공제는 근로소득자만 적용받을 수 있다.

해설
① 자녀세액공제는 소득금액요건(100만원 이하)을 만족해야 한다.
② 사업소득자는 보험료세액공제를 받을 수 없다.
③ 어린이집, 유치원에 납부한 급식비도 교육비세액공제를 받을 수 있다.
④ 연금계좌세액공제는 종합소득자이기만 하면 적용받을 수 있다.

31 공개 **양도소득세에 관한 다음 설명 중 가장 타당하지 않은 것은?**

① 토지, 건물, 부동산에 관한 권리는 원칙적으로 실지거래가액에 의해서 양도차익을 계산한다.
② 토지·건물로서 등기되고 보유기간이 3년 이상인 것은 장기보유특별공제 적용대상이다.
③ 1세대 1주택인 경우 등기이전을 하지 않고 양도하더라도 양도소득세가 과세되지 않는다.
④ 거주자가 토지 및 건물을 양도하는 경우에는 양도한 날이 속하는 달의 말일부터 2개월 이내에 납세지 관할세무서장에게 신고하고 그 세액을 납부하여야 한다.

해설
미등기자산에 대해서는 장기보유특별공제, 양도소득기본공제를 적용하지 아니하며, 70%의 세율로 과세한다.

29 ④ 30 ② 31 ③ 정답

32 공개 **다음은 문구류 소매업을 영위하는 거주자 나성실씨의 20x1년도 소득금액이다. 아래 소득 이외에 다른 소득이 없는 경우 종합소득세 신고 시 반드시 포함해야 할 소득은 무엇인가?(단, 모든 소득은 국내에서 발생하였다)**

① 은행예금에서 발생한 이자수익 20,000,000원
② 문구소매점 운영수익 5,000,000원
③ 복권당첨소득 200,000,000원
④ 보유주식 처분 시 발생한 이익 2,000,000원

해설

① 은행예금 이자수익 20,000,000원 종합합산과세 기준인 2천만원을 초과하지 않았으므로 분리과세한다.
② 문구소매점은 사업소득이므로 종합합산과세해야 한다.
③ 복권당첨소득은 무조건분리과세 대상이다.
④ 보유주식 처분 시 발생하는 소득은 상황에 따라 양도소득에 포함될 수는 있지만, 종합소득에는 포함되지 않는다.

33 공개 **다음 중 소득세법상 사업소득금액과 법인세법상 각 사업연도 소득금액의 차이점에 대한 설명으로 가장 올바르지 않은 것은?**

① 재고자산의 자가소비에 관하여 법인세법에서는 규정이 없으나 소득세법에서는 개인사업자가 재고자산을 가사용으로 소비하거나 이를 사용인 또는 타인에게 지급한 경우에는 총수입금액에 산입한다.
② 종업원 및 대표자에 대한 급여는 각 사업연도 소득금액의 계산에 있어서 손금으로 인정되며 사업소득 금액의 계산에 있어서도 필요경비로 인정된다.
③ 유가증권처분손익은 각 사업연도 소득금액의 계산에 있어서 익금 및 손금으로 보지만 사업소득금액의 계산에 있어서는 총수입금액 및 필요경비로 보지 아니한다.
④ 수입이자와 수입배당금은 각 사업연도 소득금액의 계산에 있어서 익금으로 보나 사업소득금액의 계산에 있어서는 총수입금액으로 보지 아니한다.

해설

대표자에 대한 급여(퇴직급여 포함)는 사업소득금액의 계산에 있어 필요경비불산입된다.

34 공개 **다음 중 소득세법상 근로소득에 관한 설명으로 가장 올바르지 않은 것은?**

① 근로소득금액은 총급여액에서 근로소득공제를 차감하여 산출한다.
② 근로소득 이외에 다른 소득이 없는 근로소득자의 경우 원칙적으로 연말정산을 통해 모든 납세절차가 종결되어 별도의 종합소득신고를 하지 않아도 된다.
③ 식사 또는 기타 음식물을 제공받지 않는 조건으로 근로자가 받는 식사대는 30만원 한도 내에서는 비과세된다.
④ 일직료·숙직료 또는 여비와 같이 실비변상적인 성격의 급여는 비과세 근로소득에 해당된다.

해설

식사 또는 기타 음식물을 제공받지 않는 조건으로 근로자가 받는 식사대는 20만원 한도 내에서 비과세된다.

정답 32 ② 33 ② 34 ③

35 공개 **다음은 (주)삼일 직원들의 대화내용이다. 소득세법상 가장 올바르지 않은 설명을 하고 있는 사람은 누구인가?**

> 박승원 : 미진씨, 연금저축 가입했다고 들었는데 연금저축도 세액공제 가능해요?
> 이미진 : 네, 원칙적으로 연금납입 시 세액공제를 인정하는 대신 연금수령시점에 연금소득에 대해서 소득세를 과세합니다.
> 정수영 : 그런데 국민연금법에 따라 받는 장애연금, 유족연금은 비과세 연금소득이라고 하네요.
> 박정우 : 연금소득은 종합과세가 원칙이지만 연금계좌 인출액 중 연금소득에 해당하는 금액이 연 1,500만원 이하인 경우에는 분리과세 적용이 가능하다고 하니, 절세 가능한 방법으로 잘 선택해야겠네요.
> 윤준혁 : 사적연금소득은 연금납입시점에 이미 세액공제를 적용받았으므로 연금소득과세시점에는 수령한 연금을 전액 연금소득금액으로 과세합니다.

① 이미진　　② 정수영
③ 박정우　　④ 윤준혁

해설
수령한 연금에서 연금소득공제를 차감한 금액이 연금소득금액이 된다.

36 공개 **다음 중 소득세법상 결손금 및 이월결손금 공제에 관한 설명으로 가장 올바르지 않은 것은?**

① 부동산임대업에서 발생한 결손금은 다른 소득금액과 통산하지 않고 다음 연도로 이월시킨다.
② 사업소득(부동산임대업 제외)에서 발생한 결손금은 법에서 정한 순서에 따라 다른 종합소득금액에서 공제된다.
③ 사업소득(부동산임대업 제외)의 이월결손금은 종합소득금액 내에서 우선 공제하고, 공제되지 않은 금액은 퇴직소득, 양도소득의 순서로 공제한다.
④ 이월결손금은 원칙적으로 발생연도 종료일로부터 15년 내에 종료하는 과세기간의 소득금액계산 시 먼저 발생한 것부터 순차로 공제한다.

해설
사업소득의 이월결손금은 퇴직소득, 양도소득에서 공제할 수 없다.

35 ④ 36 ③ 정답

37 공개

다음은 김삼일씨의 20x1년 개인소득에 대한 내용이다. 종합소득공제에 대한 설명으로 가장 옳은 것은?

① 생계를 같이하는 부양가족으로 75세의 장애인인 아버지(연간소득 없음)가 포함되어 있다면 아버지에 대하여 기본공제 150만원과 추가공제 중 경로우대공제 100만원, 장애인공제 200만원을 적용한다.
② 직계비속이 해당 과세기간 중 20세로 대학생이 된 경우에는 기본공제대상자가 될 수 없다.
③ 자녀세액공제는 근로소득이 있는 자에 한하여 적용 가능하다.
④ 기본공제대상자가 아닌 경우에도 추가공제대상자가 될 수 있다.

해설
② 과세기간 중 20세 이하에 해당하는 날이 하루라도 있는 경우에는 공제 가능하다.
③ 자녀세액공제는 종합소득이 있는 자 모두가 적용대상이다.
④ 기본공제대상자 중에서 추가공제 여부를 판단한다.

38 공개

다음은 거주자 김삼일씨의 자녀에 관한 자료이다. 해당 자료를 이용하여 김삼일씨가 올해 적용 가능한 자녀세액공제액은 얼마인가?

〈자녀 현황〉

자 녀	연령(만)	소득종류 및 금액
김첫째(3년 전 입양)	17세	소득 없음
김둘째	16세	소득 없음
김셋째(올해 출산)	0세	소득 없음

① 1,050,000원 ② 1,250,000원
③ 1,300,000원 ④ 1,950,000원

해설
자녀세액공제금액 = 8세 이상(2명) 550,000원 + 출산(셋째) 700,000원 = 1,250,000원

39 공개

다음 중 소득세법상 퇴직소득에 관한 설명으로 가장 올바르지 않은 것은?

① 사용자부담금을 기초로 하여 현실적 퇴직을 원인으로 지급받는 소득은 퇴직소득으로 본다.
② 퇴직소득산출세액은 퇴직소득과세표준에 소득세법 기본세율을 직접 적용하여 계산하다.
③ 과세이연된 퇴직소득금액을 연금외수령한 경우 퇴직소득으로 과세한다.
④ 퇴직소득에 대한 총수입금액의 수입시기는 원칙적으로 퇴직을 한 날로 한다.

해설
퇴직소득산출세액은 퇴직소득과세표준에 소득세법 기본세율이 아닌 연분연승법을 적용하여 계산하다.

정답 37 ① 38 ② 39 ②

40 소득세법에 관한 설명 중 옳은 것은?

① 소득세의 과세대상은 경상적 · 반복적인 소득으로서 소득세법상 열거된 소득에 한하여 과세하는 것을 원칙으로 한다.

② 이자 · 배당 · 연금 및 기타소득에 대하여는 법에 열거되지 않더라도 유사한 유형의 소득인 경우에는 과세한다.

③ 비거주자는 국내원천소득뿐만 아니라 국외원천소득에 대해서도 납세의무가 있다.

④ 퇴직소득에 대하여는 예납적 원천징수의 형태를 취하고 있다.

해설

② 유형별 포괄주의가 적용되는 소득은 이자 · 배당소득에 한한다.
③ 비거주자는 국내원천소득에 대하여만 납세의무가 있다.
④ 퇴직소득은 원천징수로 납세의무가 종결되는 완납적 원천징수 대상소득이다.

41 다음 소득세법과 관련된 내용 중 옳은 것으로만 묶어진 것은?

ㄱ. 대한민국 국적을 가진 자는 모두 우리나라에서 소득세를 납부할 의무가 있다.
ㄴ. 소득세는 원칙적으로 순자산증가설을 기초로 과세소득의 범위를 규정하고 있다.
ㄷ. 거주자에 대한 소득세의 납세지는 원칙적으로 소득이 발생한 장소를 관할하는 세무서이다.
ㄹ. 배당세액공제는 이중과세를 방지하기 위한 제도이다.
ㅁ. 퇴직소득과 양도소득은 종합소득에 포함되지 않으며 분류과세된다.
ㅂ. 외국에서 납부한 세금은 원칙적으로 우리나라에서 공제가 허용되지 아니한다.

① ㄱ, ㄴ, ㅁ, ㅂ　　② ㄴ, ㄷ, ㄹ, ㅁ
③ ㄷ, ㄹ, ㅂ　　④ ㄹ, ㅁ

해설

ㄱ. 소득세의 납세의무자는 주소 또는 1년 이상의 거소의 유무에 따라 판단하므로 국적 또는 영주권과는 관계가 없다.
ㄴ. 소득세는 원칙적으로 소득원천설을 기초로 과세소득의 범위를 규정하고 있다.
ㄷ. 거주자에 대한 소득세의 납세지는 원칙적으로 거주자의 주소지를 관할하는 세무서이다.
ㅂ. 외국에서 납부한 세금을 국내에서 한번 더 과세하게 되는 이중과세의 문제를 방지하기 위하여 외국납부세액공제제도를 두고 있다.

42 현행 소득세법상 필요경비가 인정되는 소득은?

① 이자소득　　② 사업소득
③ 배당소득　　④ 근로소득

해설

사업소득, 기타소득, 양도소득에 필요경비가 인정된다.

40 ① 41 ④ 42 ② 정답

43 **소득세법상 과세기간에 대한 설명이다. 다음 설명 중 옳지 않은 것은?**

① 소득세의 과세기간은 1월 1일부터 12월 31일까지 1년으로 한다.
② 거주자가 사망한 경우의 과세기간은 1월 1일부터 사망한 날까지로 한다.
③ 개인사업자는 사업개시일부터 12월 31일까지로 한다.
④ 거주자가 주소 또는 거소를 국외로 이전하여 비거주자가 되는 경우의 과세기간은 1월 1일부터 출국한 날까지로 한다.

해설
개인사업자의 경우도 1월 1일부터 12월 31일까지로 한다.

44 **현행 소득세법은 소득의 종류와 관계없이 일정기간을 단위로 합산하여 종합과세 되는 소득과 분류과세 되는 소득으로 구분한다. 다음 중 소득세법상 합산 과세되는 종합소득이 아닌 것은?**

① 사업소득 ② 기타소득
③ 연금소득 ④ 양도소득

해설
양도소득은 분류과세된다.

45 **다음은 소득세 납세의무와 관련된 설명이다. 옳지 않은 것은?**

① 소득세법상 과세소득은 소득원천설을 도입하고 있으며 일부 소득에 대해서는 유형별 포괄주의를 채택하고 있다.
② 복식부기의무자가 기계장치를 처분하는 경우 그 처분이익은 소득세의 과세대상이 된다.
③ 부동산임대소득과 근로소득은 분리과세대상소득이 없다.
④ 거주자의 사업소득에 대한 신고 및 납부는 주소지 관할세무서장에게 하여야 한다.

해설
세법은 일용근로자의 근로소득에 대해 분리과세를 적용하도록 하고 있다.

46 **현행 소득세법상 이자소득에 해당하지 않는 것은?**

① 비영업대금의 이익
② 국외에서 받는 예금의 이자
③ 외상매출금 회수지연에 따른 연체이자
④ 보험기간이 10년 미만인 저축성보험의 보험차익

정답 43 ③ 44 ④ 45 ③ 46 ③

47 다음의 금융소득 중 소득세법상 무조건 분리과세되는 소득이 아닌 것은?

① 원천징수되지 않은 외국법인으로부터의 배당소득
② 분리과세를 신청한 장기채권의 이자와 할인액
③ 직장공제회의 초과반환금
④ 법원보관금의 이자소득

해설
원천징수되지 않은 외국법인으로부터의 배당소득은 종합과세임

48 다음 중 소득세법상 이자소득에 대한 원천징수세율이 틀린 것은?

① 분리과세 신청한 장기채권이자와 할인액 : 30%
② 비영업대금의 이익 : 14%
③ 비실명이자 : 45% 또는 90%
④ 법원보관금 등의 이자 : 14%

해설
비영업대금이익은 25%세율로 원천징수한다.

49 소득세법상 배당소득에 대한 설명으로 가장 옳지 않은 것은?

① 국외에서 받은 집합투자기구로부터의 이익은 배당소득에 포함된다.
② 잉여금의 자본전입으로 인한 금액은 배당소득에 포함되지 아니한다.
③ 국외에서 받는 배당소득과 같이 원천징수되지 않는 배당소득은 무조건 종합과세를 한다.
④ 건설이자의 배당의 수입시기는 당해 법인의 건설이자 배당결의일이다.

해설
잉여금의 자본전입으로 인한 의제배당도 배당소득에 해당한다.

50 다음은 소득세법상 사업소득에서 필요경비 불산입 항목이다. 이에 해당하지 않는 것은?

① 벌금 · 과료(통고처분에 따른 벌금 또는 과료에 해당하는 금액을 포함한다)와 과태료
② 국세징수법이나 그 밖에 조세에 관한 법률에 따른 가산금과 강제징수비
③ 거래수량 또는 거래금액에 따라 상대편에게 지급하는 장려금과 그 밖에 이와 유사한 성질의 금액
④ 가사의 경비와 이에 관련되는 경비

해설
판매장려금 및 판매수당의 경우 필요경비산입 항목이다.

47 ① 48 ② 49 ② 50 ③ 정답

51 다음 자료에 의해 소득세법상 사업소득금액을 계산하면 얼마인가?

(1) 손익계산서상 당기순이익	100,000,000원
(2) 손익계산서에 반영된 금액	
• 본인급여	40,000,000원
• 세금과공과 중 벌금	1,000,000원
• 이자수익	500,000원
• 유가증권처분이익	100,000원

① 140,000,000원　　② 140,400,000원
③ 140,500,000원　　④ 141,000,000원

해설
당기순이익 + 본인급여(손금불산입) + 벌금(손금불산입) − 이자수익(타소득금액) − 유가증권처분이익(익금불산입) = 140,400,000원

52 소득세법상 부동산임대소득과 관련한 설명이다. 가장 옳지 않은 것은?

① 부동산상의 권리의 대여로 인하여 발생한 소득은 부동산임대소득이다.
② 1개의 고가주택을 소유하는 자가 고가주택을 임대하고 월 임대료를 받는 경우 부동산임대소득으로 과세되지 아니한다.
③ 주택을 임대하는 거주자(총 2주택 보유, 전세보증금 합계액 12억원 이하)가 보증금 등을 받은 경우 간주임대료는 계산하지 아니한다.
④ 전답을 작물생산에 이용하게 함으로 인하여 발생하는 소득은 소득세를 비과세한다.

해설
1개의 고가주택을 임대하는 경우 부동산임대소득으로 과세한다.

53 법인세법상 각 사업연도 소득과 소득세법상 사업소득에 대한 과세상 차이점이 아닌 것은?

① 대표자 인건비 손금산입
② 이월익금
③ 유가증권처분이익
④ 대표자에 대한 가지급금 인정이자

해설
• 이월익금은 법인세법상및 소득세법상 동일하게 익금불산입이다.
• 유가증권처분이익은 법인세법상 익금산입이지만, 소득세법은 사업소득에서는 익금불산입하고 일정 조건의 경우 양도소득세로 분류과세한다.

정답 51 ② 52 ② 53 ②

54 다음은 소득세법상 사업소득 중 부동산임대업에 관한 설명이다. 옳은 것은?

① 공장재단 또는 광업재산을 대여하고 그 사용대가를 받는 것은 부동산임대업에서 발생하는 소득으로 본다.

② 주택을 대여하고 보증금을 받은 경우로서 3주택(소형주택 1채 포함)을 대여하고 전세보증금의 합계액이 3억원을 초과하는 경우에는 간주임대료를 총수입금액에 산입한다.

③ 주거용건물 부동산임대업이 아닌 일반부동산임대업에서 발생한 이월결손금은 사업소득금액, 근로소득금액, 연금소득금액, 기타소득금액, 이자소득금액, 배당소득금액에서 순차로 공제한다.

④ 부동산매매업자가 판매를 목적으로 취득한 토지, 건물 등의 부동산을 일시적으로 대여하고 얻는 소득은 부동산매매업에서 발생하는 소득으로 본다.

해설

② 전용면적 40㎡ 이하 & 기준시가 2억원 이하인 소형주택의 경우 주택수에서 제외하므로 해당 경우에는 2주택으로 본다. 단, 전세보증금의 합계액이 12억원을 넘지 않으므로 간주임대료를 과세하지 아니한다.

③ 일반부동산임대업의 결손금은 부동산임대업에서만 통산됨

④ 부동산을 일시적으로 대여하여 얻는 소득은 부동산임대업으로 본다.

55 다음 거주자 박정희씨의 상가임대 관련 자료를 기초로 박정희씨의 20x5년도 부동산임대 관련 사업소득의 총수입금액을 계산한 것으로 올바른 것은?(단, 1년은 365일로 가정함)

> ㄱ. 임대기간 : 20x5년 7월 1일 ~ 20x6년 6월 30일
> ㄴ. 임대료 : 보증금 400,000,000원, 월세 10,000,000원
> ㄷ. 1년간의 임대료 120,000,000원을 20x5년 7월 1일에 선불로 수령함
> ㄹ. 현재 기획재정부령으로 정하는 이자율은 연 2.1%

① 30,000,000원　　② 64,234,520원

③ 85,855,890원　　④ 126,855,000원

해설

- 임대료 : 10,000,000 × 6 = 60,000,000
- 임대보증금 간주임대료 : 4억 × 2.1% × 184/365 = 4,234,520

∴ 총수입금액 : 64,234,520

54 ① 55 ② 정답

56 다음 중 근로소득에 포함되어 소득세가 과세되는 것만 모은 것은?

a. 사회통념상 타당한 범위 내의 경조금
b. 근로의 제공으로 인한 사망과 관련하여 그 유가족이 받는 보상금
c. 비중소기업의 무주택 사용인이 국민주택취득자금을 무상으로 대여 받음으로써 얻은 이익
d. 여비의 명목으로 받는 연액 또는 월액의 급여
e. 근로자의 천재, 지변 기타재해로 받는 급여

① a, c
② c, d
③ b, d
④ c, e

해설

a는 근로소득으로 보지 않으며, b와 e는 비과세 근로소득이다.
c와 d만 과세대상 근로소득이다. 비중소기업의 종업원이 주택자금을 무상 또는 저율로 대여 받음으로써 얻은 이익은 무조건 근로소득으로 본다.

57 다음은 소득세법상 비과세 근로소득에 관한 사항이다. 비과세 급여에 대한 설명 중 옳지 않는 것은?

① 방송기자가 받는 취재수당 중 월 20만원 이내의 금액
② 월정액급여 210만원 이하인 생산직 근로자가 받는 초과근로수당 중 연 240만원 이내의 금액
③ 종업원의 소유차량을 종업원이 직접 운전하여 사용주의 업무에 사용하는 경우 자가운전보조금 중 월 30만원 이내의 금액
④ 근로자 또는 그 배우자의 6세 이하 자녀의 보육과 관련하여 사용자로부터 지급받는 급여로서 월 20만원 이내의 금액

해설

자가운전보조금은 월 20만원까지 비과세 급여임

58 다음 중 소득세법상 근로소득이 아닌 것은?

① 근로를 제공함으로써 받는 봉급・급료・보수・세비・임금・상여・수당과 이와 유사한 성질의 급여
② 임원 아닌 종업원이 사택을 제공받아 얻는 이익
③ 법인의 주주총회・사원총회 또는 이에 준하는 의결기관의 결의에 따라 상여로 받는 소득
④ 벤처기업이 아닌 기업에서 근무기간 중에 종업원이 주식매수선택권 행사로 얻은 이익

해설

2027년 12월 31일까지 벤처기업 임직원이 부여받아 추후 행사하여 얻은 이익 중 2억원까지는 비과세한다.

정답 56 ② 57 ③ 58 ②

59 다음 (   ) 안에 들어갈 알맞은 숫자는?

> 현행 소득세법상 국외 등의 건설현장 등에서 근로를 제공하고 받는 보수의 경우에는 월 (   )이내의 금액은 비과세 급여로 한다.

① 100만원
② 200만원
③ 300만원
④ 500만원

60 다음 중 소득세법상 무조건 분리과세되는 기타소득에 해당하지 않는 것은?

① 승마투표권 등의 구매자가 받는 환급금
② 슬롯머신 등을 이용하는 행위에 참가하여 받는 당첨금품
③ 뇌물·알선수재 및 배임수재에 따라 받은 금품
④ 복권 당첨금

해설

무조건 종합과세한다.

61 다음 중 소득세법상의 소득구분이 틀린 것은?

① 공익사업과 관련된 지역권을 설정 또는 대여하고 받는 금품 : 기타소득
② 사업용 고정자산과 함께 양도하는 영업권 : 양도소득
③ 직장공제회 초과반환금 : 기타소득
④ 연금저축에 가입하고 연금형태로 지급받는 소득 : 연금소득

해설

직장공제회 초과반환금은 이자소득임

59 ④ 60 ③ 61 ③ 정답

62 다음 자료에 의하여 종합소득에 합산될 기타소득금액을 구하시오(단, 실제발생경비는 모두 없는 것으로 하며, 종합과세를 선택한다).

• 한류문화에 관한 라디오해설 출연료	2,000,000원
• 발명진흥법에 따른 근무 중 직무발명에 대해 사용자로부터 받는 보상금	5,000,000원
• 영업권 대여소득	1,000,000원
• 승마권 당첨금액	100,000원

① 400,000원　② 1,200,000원
③ 4,600,000원　④ 4,700,000원

해설

2,000,000 × (1 − 0.6) + 1,000,000 × (1 − 0.6) = 1,200,000원
• 근무 중 직무발명보상금 700만원까지는 비과세
• 승마권 당첨금 = 과세최저한

PART 2

63 다음은 국내거주자 S씨의 20x8년 소득과 관련된 자료이다. 해당 자료를 토대로 종합소득금액을 계산하면 얼마인가?

구 분	금 액
은행예금이자	14,000,000원
국내 주권상장법인의 주식보유에 따른 현금배당금	8,000,000원
고용관계 없는 일시적 강연료수입액	20,000,000원

① 26,000,000원　② 26,200,000원
③ 27,200,000원　④ 30,200,000원

해설

구 분	금 액
이자소득금액	14,000,000원
배당소득금액	8,200,000원 (= 6,000,000원 + 2,000,000원 × 110%)
기타소득금액	8,000,000원 {= 20,000,000원 × (1 − 60%)}
종합소득금액	30,200,000원

정답 62 ② 63 ④

64 소득세법상 과세소득금액을 계산함에 있어서 결손금의 통산방법을 설명한 것으로 옳지 않은 것은?

① 사업소득에서 발생한 결손금은 부동산임대소득금액, 근로소득금액, 연금소득금액, 기타소득금액, 이자소득금액, 배당소득금액에서 순차로 공제한다.
② 사업소득의 결손금을 다른 종합소득금액에서 공제하고 남은 경우에는 양도소득금액에서 공제한다.
③ 주거용 건물이 아닌 일반부동산임대소득에서 발생한 결손금은 다른 종합소득금액에서 공제할 수 없다.
④ 해당 과세기간의 소득금액을 추계하는 경우(천재지변 등 불가항력으로 장부 등을 멸실한 경우 제외)에는 이월결손금 공제규정을 적용하지 아니한다.

해설

사업소득의 결손금은 분류과세하는 양도소득금액에서 공제할 수 없다.

65 다음 중 소득세법상 기본공제 대상자가 아닌 것은?

① 거주자 본인
② 거주자의 배우자로서 연간 소득금액이 없거나 연간 소득금액의 합계액이 100만원 이하인 사람
③ 거주자와 생계를 같이 하는 형제자매로서 20세 이하 또는 60세 이상이며, 근로소득만 있으며 연간 총급여액이 500만원 이하인 사람
④ 거주자의 직계비속인 경우로서 해당 연도에 일시적으로 양도소득금액이 100만원을 초과하는 장애인

해설

장애인인 부양가족은 나이 제한은 받지 않으나 소득금액의 요건은 만족하여야 한다.

66 소득세법상 소득공제 또는 세액공제에 대한 설명으로 옳지 않은 것은?

① 소득세법상 인적공제의 합계액이 종합소득금액을 초과하는 경우 그 초과하는 공제액은 없는 것으로 한다.
② 거주자의 부양가족 중 거주자(그 배우자 포함)의 직계존속이 주거의 형편에 따라 별거하고 있는 경우에도 이를 생계를 같이하는 자로 본다.
③ 소득세법은 20세 이상 ~ 60세 이하인 직계존비속에 대하여는 근로능력이 있는 것으로 보아 기본공제대상에서 제외하고 있다. 다만, 기본공제대상자가 장애인인 경우에는 연령제한을 받지 아니한다.
④ 근로소득 또는 사업소득이 있는 거주자(일용근로자 제외)의 기본공제대상자에 해당하는 자녀(8세 이상)가 2인인 경우에는 연 55만원을, 2인을 초과하는 경우에는 연 55만원과 2인을 초과하는 1인당 연 40만원을 합한 금액을 그 거주자의 해당 연도 종합소득산출세액에서 추가로 세액공제한다.

해설

기본공제대상자가 되기 위해서는 직계비속의 경우 20세 이하에 해당되어야 하며, 직계존속의 경우 60세 이상이어야 한다.

64 ② 65 ④ 66 ③ 정답

67 **다음은 소득세법상 종합소득공제(또는 세액공제)에 대한 설명이다. 옳지 않은 것은?**

① 경로우대자공제를 받기 위한 최소한의 연령은 70세 이상이다.
② 의료비세액공제에 있어 국외에서 사용한 의료비 지출액은 해당 연도 의료비세액공제 계산 시 포함하지 아니한다.
③ 자녀세액공제는 근로소득자(일용근로자는 제외)와 사업소득자에 한하여 적용한다.
④ 자녀의 대학원 등록금 900만원에 대해서 교육비세액공제가 가능하다.

해설
본인의 대학원 교육비는 공제가능하나 다른 기본공제대상자의 대학원 교육비는 공제불가능하다.

68 **사업소득자인 남성 김모씨는 만 75세이며, 직계존비속이 없으며, 소득금액이 없는 장애인인 만 69세 배우자만 있다면 김모씨가 현행 소득세법상 종합소득세 신고 시 적용받을 수 있는 인적공제액은 최대 얼마인가?**

① 3,000,000원 ② 4,000,000원
③ 4,500,000원 ④ 6,000,000원

해설
• 본인 : 150만 + 100만
• 배우자 : 150만 + 200만
∴ 적용받을 수 있는 인적공제액은 최대 600만원이다(본인, 배우자, 경로우대 및 장애인공제를 적용받을 수 있음).

69 **근로소득자인 안선희씨는 당해 다음과 같은 보험료를 납부하였다. 안선희씨의 연말정산 시 특별세액공제 중 보장성보험료세액공제 금액은 얼마인가?**

ㄱ. 국민건강보험료 총부담금	700,000원
ㄴ. 고용보험료 총부담금	1,800,000원
ㄷ. 보장성 보험인 운전자보험료 납부액	600,000원
ㄹ. 보장성 생명보험료 납부액	1,000,000원
ㅁ. 국민연금보험료 본인 부담분	800,000원

① 110,000원 ② 120,000원
③ 250,000원 ④ 390,000원

해설
100만(보장성보험료 한도) × 12% = 12만원
※ 국민연금보험료 본인부담분은 특별공제 중 보험료공제의 대상이 아니라 별도의 '연금보험료공제' 항목(소득공제)으로 전액공제한다.

정답 67 ④ 68 ④ 69 ②

70 다음 중 개인(거주자)에게는 적용되지만 법인에게는 적용되지 않는 세액공제로만 묶인 것은?

① 배당세액공제, 기장세액공제
② 외국납부세액공제, 임시투자세액공제
③ 근로소득세액공제, 외국납부세액공제
④ 재해손실세액공제, 기장세액공제

해설

배당세액공제와 기장세액공제는 개인사업자에게만 적용되며, 법인에게는 적용되지 아니한다. 참고로, 배당세액공제, 기장세액공제, 근로소득세액공제는 개인사업자에게만 적용된다.

71 다음은 근로소득자인 김근로씨의 소득자료이다. 다음 자료를 기초로 근로소득세액공제액을 계산하면 얼마인가?

- 근로소득금액 : 12,000,000원(총급여 4,500만원)
- 사업소득금액 : 13,000,000원
- 기타소득금액 : 5,000,000원
- 종합소득공제 : 6,500,000원
- 세율구간 : 84만원 + (1,400만원을 초과하는 금액의 100분의 15)
- 130만원 이하 근로소득세액공제 : 근로소득산출세액 × 55%

① 537,900원　　② 521,500원
③ 500,000원　　④ 498,300원

해설

- 종합소득과세표준 : 12,000,000 + 13,000,000 + 5,000,000 − 6,500,000 = 23,500,000
- 종합소득산출세액 : 840,000 + (9,500,000 × 15%) = 2,265,000
- 근로소득에 대한 산출세액 : 2,265,000 × (12,000,000/30,000,000) = 906,000

∴ 근로소득세액공제 : 906,000 × 55% = 498,300

72 다음 중 원천징수의무가 없는 소득으로만 묶은 것은?

㉮ 배당소득	㉯ 연금소득
㉰ 퇴직소득	㉱ 상품판매로 인한 소득
㉲ 기타소득	㉳ 일용근로자의 근로소득
㉴ 부동산의 양도로 인한 소득	㉵ 건물임대료 수익

① ㉰, ㉱, ㉴　　② ㉳, ㉴, ㉵
③ ㉱, ㉴, ㉵　　④ ㉲, ㉳, ㉴

70 ① 71 ④ 72 ③ 정답

73 현행 소득세법상 원천징수에 대한 다음 설명 중 가장 옳지 않은 것은?

① 정부는 원천징수를 통해 조세수입을 조기에 확보할 수 있으며, 납세의무자는 세금부담을 분산시킬 수 있다는 장점이 있다.

② 종합소득 중에 '분리과세대상소득', '일용근로자의 근로소득', '퇴직소득'의 원천징수가 완납적 원천징수에 해당한다.

③ 현재 사업소득 중 부가가치세가 면세되는 인적용역의 공급에서 발생한 소득에 대해서는 5%의 세율로 원천징수한다.

④ 예납적원천징수의 경우에는 별도의 소득세 확정신고절차가 필요하나, 완납적 원천징수에 해당하면 별도의 확정신고가 불필요하다.

해설

3%의 세율로 원천징수한다.

74 다음 중 소득세법상 중간예납에 대한 설명으로 옳지 않은 것은?

① 근로소득 또는 연말정산대상 사업소득이 있는 거주자는 중간예납의무가 있다.

② 중간예납기간은 1월 1일부터 6월 30일까지이다.

③ 중간예납추계액이 중간예납기준액의 30%에 미달하는 경우에는 중간예납추계액으로 신고할 수 있다.

④ 중간예납세액은 원칙적으로 직전 연도 중간예납기준액의 50%로 한다.

해설

근로소득과 연말정산대상 사업소득이 있는 거주자는 중간예납의무가 없다.

75 소득세법상 거주자의 종합소득과세표준을 익년 5월 31일까지 반드시 신고해야 하는 소득은?

① 일용근로자의 근로소득

② 조세특례제한법에 따라 분리과세되는 소득

③ 거주자의 과세기간에 원천징수된 일시적 강연료소득 1,600만원

④ 과세기간에 원천징수된 총연금액이 1,190만원이고 종합소득과세표준에 합산하지 아니한다.

해설

기타소득금액이 연 300만원 초과 하는 경우에는 종합과세대상이다.

1,600만원 × (1 − 60%) = 640만원

정답 73 ③ 74 ① 75 ③

76 다음은 소득세법상 퇴직소득에 대한 설명이다. 옳지 않은 것은?

① 퇴직소득은 종합소득과 별도로 분류과세하고 있다.
② 근속연수 계산 시 1년 미만인 근속연수는 월할 계산하여 퇴직소득공제액을 계산한다.
③ 퇴직소득세 산출세액을 계산은 연분연승법에 의한다.
④ 퇴직소득을 지급하는 자는 퇴직소득세 결정세액을 원천징수하여 징수일 속하는 달의 다음 달 10일까지 납부하여야 한다.

해설
근속연수는 역에 따라 계산하되, 1년 미만은 1년으로 본다.

77 양도소득세의 과세대상에 속하지 않는 것은?

① 사업용고정자산과 함께 양도하는 영업권
② 건물이 완성되는 때에 그 건물과 이에 부수되는 토지를 취득할 수 있는 권리
③ 지상권과 전세권
④ 미등기된 부동산 임차권

해설
등기된 부동산 임차권이 양도소득세 과세대상이다. 미등기된 부동산 임차권의 양도는 기타소득세가 과세된다.

78 소득세법상 양도소득과세표준의 계산에 대한 설명으로 옳지 않은 것은?

① 부동산을 취득할 수 있는 권리를 양도하는 때에는 장기보유 특별공제를 적용하지 아니한다.
② 거주자가 1과세연도에 양도소득기본공제로 공제받을 수 있는 최대 금액은 500만원이다.
③ 1984년 12월 31일 이전에 취득한 토지 또는 건물은 1985년 1월 1일에 취득한 것으로 본다.
④ 미등기양도자산에 대한 양도소득기본공제는 미등기양도자산의 당시 기준시가의 1,000분의 3에 상당하는 가액으로 한다.

해설
- 미등기양도자산에 대하여는 양도소득기본공제가 적용되지 않는다.
- 주식 및 출자지분과 이외의 자산에 대하여 각각 250만원씩 양도소득 기본공제가 적용되므로 공제받을 수 있는 최대 금액은 500만원이므로 옳은 설명이다.

76 ② 77 ④ 78 ④ 정답

CHAPTER 05

PART 2 세무회계

부가가치세법

01 부가가치세 총칙

1. 기본개념과 특징

(1) 부가가치세의 기본개념

부가가치란 생산 및 유통의 각 거래단계에서 사업자가 새로이 창출한 가치의 증가분을 말하는데 이러한 부가가치에 대해 부과되는 조세를 부가가치세라 한다.

부가가치세는 GNP형, 소득형, 소비형의 세 가지 유형으로 나누어지는데 현재 우리나라는 소비형 부가가치세를 채택하고 있다.

(2) 우리나라 부가가치세의 특징 중요

부가가치세는 모든 거래단계에서 생성되는 부가가치에 과세하되 그 부담의 전가를 예상하는 다단계 일반소비세이다. 우리나라의 부가가치세는 다음과 같은 성격을 가지고 있다.

다단계거래세	부가가치세는 재화나 용역이 최종소비자에게 도달할 때까지의 모든 거래단계마다 과세하는 다단계거래세이다.
간접세	부가가치세는 납세의무자와 담세자가 다른 간접세다. 즉, 납세의무자는 사업자이며 담세자는 최종소비자이다.
일반소비세	부가가치세는 개별소비세처럼 특정한 재화 또는 용역에 대하여만 과세하는 것이 아니라 원칙적으로 면세항목을 제외한 모든 재화 또는 용역이 공급에 대하여 과세하는 일반소비세이다.
소비형 부가가치세	사업자는 자기의 사업을 위해 사용될 재화 또는 용역의 공급(자본재 또는 중간재)에 대한 매입세액을 구입한 과세기간에 매출세액에서 공제받도록 하는 소비형 부가가치세를 채택하고 있다.
소비지국 과세원칙	소비지국 과세원칙이란 재화의 국가 간 이동에 있어서 이중과세를 방지하기 위하여 재화의 생산지국에서는 부가가치세를 과세하지 아니하고 재화의 소비지국에서 과세하는 방식을 말한다. 우리나라의 부가가치세법에서는 이러한 국가 간의 이중과세를 조정하기 위하여 소비지국과세원칙을 채택하고 있으며, 이와 관련한 규정으론 수출재화 등에 대해서는 영세율을 적용하도록 하고 있으며, 수입재화는 수입자가 사업자인지 여부에 관계없이 세관장이 부가가치세를 거래징수하도록 규정하고 있다.
전단계세액공제법	• 전단계세액공제법이란 매출액에 세율을 곱한 매출세액에서 매입액에 세율을 곱한 매입세액(전단계세액)을 차감하는 방식으로 부가가치세를 계산하는 방법을 말한다. • 현행 부가가치세법은 전단계세액공제법을 채택하고 있으므로 과세대상을 부가가치가 아니라 거래, 즉 재화 또는 용역의 공급과 재화의 수입으로 규정하고 있다.
면세제도 도입	현행 부가가치세법에서는 세부담의 역진성을 완화하기 위하여 특정 재화 또는 용역의 공급에 대해서는 부가가치세 과세대상에서 제외시키는 면세제도를 운용하고 있다.

2. 납세의무자와 과세기간

(1) 납세의무자 중요

개 념	부가가치세의 납세의무자는 '사업자'이다. 사업자는 영리목적의 유무에 불구하고 사업상 독립적으로 재화 또는 용역을 공급하는 자이다.
구 분	• 부가가치세법상 과세사업자는 일반과세자와 간이과세자로 구분 • 면세사업자는 부가가치세법상 납세의무자가 아님에 유의하여야 함 • 면세사업자는 거래 시 매출세액을 거래징수할 필요 없음(& 매입세액도 공제 못 받음) 사업자 ─ 과세사업자 ─ 일반과세자 ─ 납세의무자 사업자 ─ 과세사업자 ─ 간이과세자 ─ 납세의무자 사업자 ─ 면세사업자 ─ 납세의무자 아님 • 겸영사업자(과세사업 + 면세사업) : 과세사업자에 해당 • 재화를 외국으로부터 수입하는 자 부가가치세 과세 대상 재화를 수입하는 모든 자는 납세의무자 → 수입하는 자에게 사업자여부를 따지지 않고 모두에게 과세 • 신탁 관련 부가가치세 납세의무자 : 원칙적으로 수탁자(단, 사업형태에 따라 위탁자가 납세의무자가 될 수 있음)

(2) 과세기간

구 분	과세기간
일반적인 경우	• 제1기 과세기간 : 매년 1월 1일 ~ 6월 30일 • 제2기 과세기간 : 매년 7월 1일 ~ 12월 31일 • 간이과세자의 과세기간 : 매년 1월 1일 ~ 12월 31일
신규사업자인 경우	개시일 ~ 과세기간 종료일
폐업자인 경우	개시일 ~ 폐업일 [폐업으로 간주하는 특수한 경우] ① 사업개시 전에 등록한 후 사업을 미개시한 경우 등록일(등록신청일) ~ 사실상 그 사업을 개시하지 아니하게 되는 날 ② 사업개시 전 등록신청을 한 사업자가 등록일부터 6월이 되는 날까지 정당한 사유 없이 재화와 용역의 공급실적이 없는 때에는 그 6월이 되는 날에 사업을 개시하지 아니하게 되는 것으로 본다.
간이과세를 포기한 경우	다음 각 기간을 1과세기간으로 본다. ① 당해 과세기간 개시일 ~ 포기신고일 속하는 달의 말일 ② 포기신고일 속하는 달의 다음 달 1일 ~ 당해 과세기간 종료일

3. 납세지와 사업자등록

(1) 납세지 중요

① 납세지와 사업장

납세지	납세지는 관할관청(관할세무서)을 결정하는 기준이 되는 장소
사업장	사업장은 사업자 또는 그 사용인이 상시 주재하여 거래의 전부 또는 일부를 행하는 장소
부가가치세의 납세지	부가가치세의 납세지는 원칙적으로 사업장 소재지이다. 따라서 부가가치세는 사업장마다 신고・납부하여야 한다.
사업장별 과세원칙	회사의 본점과 지점이 있는 경우 각 사업장별로 부가가치세를 신고・납부하여야 하며 이를 '사업장별 과세원칙'이라 한다.

② 사업장의 범위

㉠ 주요 사업장

사업장 종류	사업장
제조업	최종 제품을 완성하는 장소(단, 제품의 포장만을 하거나 용기에 충전만을 하는 장소와 유류의 제조자가 소유・임차한 저유소는 제외)
부동산임대업	부동산의 등기부상 소재지(※ 부동산상의 권리만을 임대 시에는 '업무총괄장소')
통신판매업	통신판매사업자가 상시 주재하여 거래를 행하는 장소
건설업, 운수업, 부동산매매업	• 법인 : 해당 법인의 등기부상 소재지 • 개인 : 업무를 총괄하는 장소
광 업	광업사무소 소재지
무인자동판매기	업무총괄장소
다단계판매업	다단계판매업자의 주된 사업장

㉡ 유사 사업장의 종류

하치장 등	• 상품의 단순한 보관・관리만을 위한 장소로서 설치신고를 한 장소(단, 설치일로부터 10일 이내에 하치장 설치신고는 해야 함) • 하치장이나 전시장은 주문이나 업무연락만을 위한 장소이므로 사업장에 해당하지 않는다. 따라서, 하치장으로 반출하는 것은 과세대상에 해당하지 않음
직매장	• 사업자가 자기의 사업과 관련하여 생산 또는 취득한 재화를 직접 판매하기 위하여 특별히 판매시설을 갖춘 장소 • 사업장에 해당(사업자등록 해야 함)
임시사업장	• 임시사업장은 기존 사업장에 포함되는 것으로 한다. • 임시사업장은 임시사업개시일 이후 10일 이내에 임시사업장 관할세무서장에게 하여야 하지만 설치기간이 10일 이내인 경우에는 아니할 수 있다.

③ 주사업장총괄납부

개 념	• 사업자에게 2 이상의 사업장이 있는 경우에는 납부의 편의를 위하여 주된 사업장 관할세무서장에게 신청하여 주된 사업장에서 일괄하여 납부(환급)할 수 있는 제도 • 납부(환급)만 총괄해서 하는 것이지 기타 사업장별로 해야 하는 '사업자등록', '부가가치세의 신고', '세금계산서의 발급 & 수취', '결정・경정 등은 여전히 각 사업장별로 하여야 함(사업장별 납부/환급의 예외)
주된사업장 범위	• 주된 사업장은 법인의 본점(주사무소를 포함) 또는 개인의 주사무소 • 다만 법인의 경우에는 지점(분사무소를 포함)을 주된 사업장으로 할 수 있다.

신 청	주된 사업장에서 총괄하여 납부하고자 하는 자는 그 납부하고자 하는 과세기간 개시 20일 전에 주된 사업자의 관할세무서장에게 제출하여야 함(승인 필요 ×) • 신규 사업을 시작하는 자 : 주된 사업장의 사업자등록증을 받은 날로부터 20일 이내 • 사업장이 하나이나 추가로 사업장을 개설하려는 자 : 추가 사업장의 사업개시일부터 20일 이내
포 기	언제든지 포기 가능(단, 각 사업장에서 납부하고자 하는 과세기간 개시 20일 전에 포기신고해야 함)

④ 사업자단위 과세제도

개 념	• 2 이상의 사업장이 있는 사업자로 사업자단위로 사업자등록을 한 사업자는 당해 사업자의 본점 또는 주사무소에서 총괄하여 신고·납부할 수 있다. • 사업자단위로 세금계산서 발급, 과세표준 신고, 납부 가능
사업자단위과세 적용사업장	• 법인의 본점(주사무소를 포함) 또는 개인의 주사무소 • 단, 법인의 지점(분사무소) 적용 불가
신 청	주사업장총괄납부 절차와 동일
포 기	언제든지 포기 가능(단, 각 사업장에서 납부하거나 주사업장총괄납부하려는 과세기간 개시 20일 전에 포기신고해야 함)

(2) 사업자등록

① 등록시기

사업개시일로부터 20일 이내에 사업자등록신청서를 사업장 관할세무서장에게 제출하여야 한다. 그러나 신규로 사업을 개시하고자 하는 자는 사업개시일 전이라도 사업자등록을 할 수 있다.

② 등록증의 교부

신청일로부터 2일 이내에 신청자에게 교부하여야 함. 다만, 기간연장이 필요할 경우 5일 이내에서 연장가능

③ 등록정정신고

등록정정사유	재발급기한
상호를 변경하는 때	신청일 당일
통신판매업자가 사이버몰의 명칭 또는 인터넷 도메인이름을 변경하는 때 등	신청일 당일
법인(또는 1거주자로 보는 법인 아닌 단체)의 대표자를 변경하는 때	신청일로부터 2일 이내
사업의 종류에 변동이 있는 때	신청일로부터 2일 이내
사업장(사업자단위과세사업자의 경우 사업자단위과세적용사업장)을 이전하는 때	신청일로부터 2일 이내
사업장을 이전하는 경우*주)	신청일로부터 2일 이내

*주) 사업장과 주소지가 동일한 사업자가 사업자등록 신청을 하면서 주소지를 이전 시 사업장이 함께 이전하는 것에 동의한 경우에는 사업자등록정정신고 없이 사업장의 이전을 허용하도록 함

④ 주의사항

㉠ 부가가치세법상 면세사업자는 부가가치세법상 사업자등록의무가 없다.

㉡ 면세사업자가 추가로 과세사업을 영위하게 되어 겸영사업자가 된 경우 사업자등록정정신고서를 제출한 때에 사업자등록신청을 한 것으로 본다(사업자등록신청 필요).

⑤ 미등록사업자의 불이익

㉠ 등록 전 매입세액 불공제 : 등록신청일 이전의 매입세액은 원칙적으로 불공제한다. 단, 공급시기가 속하는 과세기간이 지난 후 20일 이내에 등록 신청한 경우 등록신청일부터 공급시기가 속하는 과세기간 개시일(1월 1일 또는 7월 1일)까지 역산한 기간 이내에 매입한 부분에 대한 매입세액은 공제할 수 있다.

[예] 12월 1일 사업자등록 신청한 경우 해당 과세기간 개시일인 7월 1일부터 12월 1일까지 매입세액 공제 가능

㉡ 미등록/허위등록 가산세 부과

구 분	내 용
적용대상	• 사업자가 사업개시일로부터 20일 이내에 사업자등록을 하지 않은 경우(미등록) • 사업자가 타인명의로 사업자등록을 하고 사업영위 하는 경우(허위등록)
가산세액	• 사업개시일 ~ 사업자등록신청일 전일까지 공급가액 × 1%(미등록) • 사업개시일 ~ 사업자등록신청일 전일까지 공급가액 × 2%(허위등록)

02 부가가치세의 과세대상거래

1. 재화의 공급

(1) 재화의 실질공급 중요

① 재화의 범위

재화라 함은 재산적 가치가 있는 모든 유체물과 무체물을 말한다.

㉠ 유체물이란 상품 · 제품 · 원료 · 기계 · 건물과 기타 모든 유형적 물건

㉡ 무체물이란 열, 동력 기타 관리할 수 있는 자연력 및 권리 등으로 재산적 가치가 있는 유체물 이외의 모든 것

② 재화의 실질공급

재화의 공급은 계약상 또는 법률상의 모든 원인에 의하여 대가를 받고 재화를 인도 또는 양도하는 것(실질공급)

일반적 거래에서 발생한 재화공급의 형태

매매계약	현금판매 · 외상판매 · 할부판매 · 장기할부판매 · 조건부 및 기한부판매 · 위탁판매 기타 매매계약에 의하여 재화를 인도 또는 양도하는 것
가공계약	자기가 주요자재의 전부 또는 일부를 부담하고 상대방으로부터 인도받은 재화에 공작을 가하여 새로운 재화를 만드는 가공계약에 의하여 재화를 인도하는 것. 다만, 상대방으로부터 인도받은 재화에 주요자재를 전혀 부담하지 아니하고 단순히 가공만 하여 주는 것은 용역의 공급으로 본다.
교환계약	재화의 인도대가로서 다른 재화를 인도받거나 용역을 제공받는 교환계약에 의하여 재화를 인도 또는 양도하는 것
기 타	현물출자, 사적인 이유에 의한 경매 등
법률상 원인	경매, 수용 등

③ 재화의 공급으로 보지 않는 경우

<table>
<tr><td>담보제공</td><td>담보제공이란 질권 · 저당권 또는 양도담보의 목적으로 동산 · 부동산 및 부동산상의 권리를 제공하는 것을 말하는데, 이는 단순히 채권담보의 목적으로 제공됐을 뿐이므로 실질적으로 재화의 공급으로 보기 어렵다.</td></tr>
<tr><td>포괄적인 사업양도</td><td>• 포괄적 사업양도는 사업장별로 그 사업에 대한 모든 권리 · 의무를 포괄적으로 승계시키는 것이기 때문에 재화의 공급으로 보지 않는다.*주)
*주) 사업의 포괄양도 시 양수자의 부가가치세 대리납부 제도의 도입
• 사업을 포괄적으로 양도 · 양수함에 따라(포괄양도 해당 여부가 불분명한 경우 포함)그 사업을 포괄적으로 양수하는 자가 양도한 자로부터 부가가치세를 징수하여 납부한 경우에는 매입세액을 공제받을 수 있는 재화의 공급으로 보며, 이때 양수자는 부가가치세를 대리납부하여야 한다.
<table>
<tr><th>구 분</th><th>사업양도의 취급</th></tr>
<tr><td>일반적인 경우</td><td>재화의 공급으로 보지 않음 → 세금계산서 발급 ×
(∴ 사업양수자로 매입세액 공제 ×)</td></tr>
<tr><td>사업양수 시 양수자가
부가가치세를 대리납부 하는 경우</td><td>재화의 공급으로 인정함 → 세금계산서 발급 ○
(∴ 사업양수자로 매입세액 공제 ○)</td></tr>
</table></td></tr>
<tr><td>물납한 재화</td><td>사업용 자산을 상속세 및 증여세법, 지방세법, 종합부동산세법 규정에 의하여 물납하는 경우 재화의 공급으로 보지 아니한다.</td></tr>
<tr><td>공매 · 경매에 의한
재화의 양도</td><td>공매 및 경매(강제경매, 담보권실행경매 민법 등 그 밖에 법률에 따른 경매 포함)에 따라 재화를 인도 또는 양도하는 것은 재화의 공급으로 보지 아니한다.</td></tr>
<tr><td>수 용</td><td>수용절차에 있어서 수용대상인 재화의 소유자가 수용된 재화에 대한 대가를 받는 경우 또는 사업시행자의 매도청구에 따라 재화의 인도하거나 양도하는 것은 재화의 공급으로 보지 아니한다.</td></tr>
<tr><td>신탁재산의 이전</td><td>신탁재산의 소유권 이전으로서 다음 중 어느 하나에 해당하는 것은 재화의 공급으로 보지 아니한다. 이는 신탁재산의 관리 · 처분 등을 위한 형식적인 소유권 이전에 불과하기 때문이다.
① 위탁자로부터 수탁자에게 신탁자산을 이전하는 경우
② 신탁의 종료로 인하여 수탁자로부터 위탁자에게 신탁재산을 이전하는 경우
③ 수탁자가 변경되어 새로운 수탁자에게 신탁재산을 이전하는 경우</td></tr>
</table>

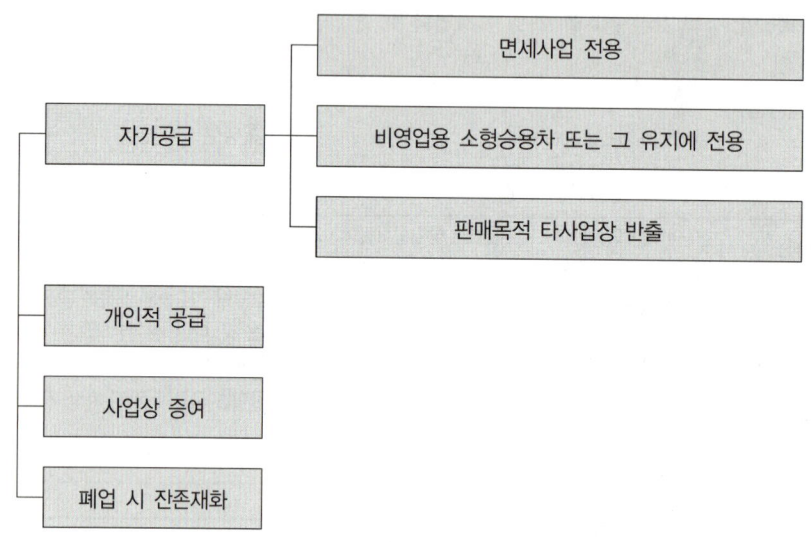

(2) 재화의 공급의제 중요

- 자가공급
  - 면세사업 전용
  - 비영업용 소형승용차 또는 그 유지에 전용
  - 판매목적 타사업장 반출
- 개인적 공급
- 사업상 증여
- 폐업 시 잔존재화

① 자가공급

<table>
<tr><th>면세사업 전용</th><td>겸영사업자가 과세사업을 위해 생산하거나 취득한 재화를 면세사업(비과세사업 포함)에 사용하거나 소비하는 경우</td></tr>
<tr><th>비영업용
소형승용자동차 또는
그 유지에의 전용</th><td>자기의 본래 사업을 위해 생산하거나 취득한 재화를 비영업용으로 사용하는 소형승용자동차와 그 유지를 위해 사용하거나 소비하는 경우</td></tr>
<tr><th>판매목적
타사업장 반출</th><td>• 2 이상의 사업장이 있는 사업자가 자기사업과 관련하여 생산하거나 취득한 재화를 타인에게 직접 판매할 목적으로 다른 사업장에 반출하는 것
• 다만, '총괄납부승인' 또는 '사업자단위 과세제도' 승인을 얻은 사업자가 총괄납부 또는 사업자단위 과세제도로 신고·납부를 하는 과세기간에 반출하는 것은 재화의 공급으로 보지 아니한다(단, 사업자가 세금계산서를 교부하여 예정·확정 신고한 경우에는 재화의 공급으로 본다).
<table>
<tr><th>구 분</th><th>내 용</th></tr>
<tr><td>일반적인 사업자</td><td>재화의 공급으로 봄</td></tr>
<tr><td>주사업장총괄납부 승인
또는 사업자단위 과세제도의
승인을 받은 사업자</td><td>㉠ 원칙 : 재화의 공급으로 보지 않음
㉡ 세금계산서를 발급한 경우 : 재화의 공급으로 봄</td></tr>
</table>
</td></tr>
</table>

② 개인적 공급

사업자가 자기의 사업과 관련하여 생산하거나 취득한 재화를 다음과 같이 사업과 관계없이 사용하거나 소비하는 것은 재화의 공급으로 본다. 단, 작업복, 작업모, 작업화, 직장체육비, 직장문화비, 1인당 연간 10만원 이내의 경조사[*주)]와 관련된 재화는 과세에서 제외한다.

㉠ 자기나 그 사용인이 개인적 목적 또는 기타의 목적으로 사용·소비하는 것

㉡ 사용인 또는 기타의 자가 재화를 사용·소비하는 것으로서 사업자가 그 대가를 받지 아니하거나 시가보다 낮은 대가를 받는 경우(당초 매입세액이 불공제된 재화는 재화의 공급으로 보지 아니한다)

*주) 경조사를 ㉠ 경조사, ㉡ 설날·추석, ㉢ 창립 기념일 및 생일로 구분하여 구분별로 각각 1인당 연간 10만원 한도 적용(10만원 초과시 공급의제)

③ 사업상 증여

사업자가 자기의 사업과 관련하여 생산하거나 취득한 재화를 자기의 고객이나 불특정 다수에게 증여하는 것은 재화의 공급으로 본다. 다만, 다음의 경우는 사업상 증여로 보지 않는다.

㉠ 무상견본품, 불특정다수인에게 주는 광고선전물, 「재난 및 안전관리법」에 따라 특별재난지역에 무상공급하는 물품

㉡ 증여되는 재화의 대가가 주된 거래인 재화의 공급대가에 포함되는 것

㉢ 자기적립마일리지 등으로만 전부 결제받고 공급하는 재화

④ 폐업 시 잔존재화

사업자가 사업을 폐지하는 때 또는 사업개시일 전에 등록한 경우로서 사실상 사업을 개시하지 아니하게 된 때에 잔존하는 재화는 자기에게 공급하는 것으로 본다.

⑤ 주의할 점

'직매장반출'의 경우에만 당초 매입세액 공제 여부와 관계없이 언제나 공급으로 의제한다. 즉, 당초 매입세액이 불공제된 경우 공급의제에 해당하는지의 여부는 다음과 같다.

자가공급	면세사업 전용	공급의제 ×
	비영업용 소형승형자동차 유지 등	공급의제 ×
	판매목적 타사업장 반출(직매장반출)	공급의제 ○
개인적 공급	–	공급의제 ×
사업상 증여	–	공급의제 ×
폐업 시 잔존재화	–	공급의제 ×

2. 용역의 공급

(1) 용역의 범위

용역이라 함은 재화 이외의 재산적 가치가 있는 모든 역무(service) 및 기타 행위를 말하는데, 법에서는 다음과 같이 구체적으로 사업의 범위를 열거하고 있다.

① 건설업
② 숙박 및 음식점업
③ 운수업 등

(2) 실질공급

용역의 공급이란 계약상 또는 법률상 모든 원인에 의하여 역무를 제공하거나 소유권을 이전하지 아니하고 재화・시설물 또는 권리를 사용하게 하는 것

다음 경우의 거래도 용역의 공급으로 본다.

① 건설업에 있어서 건설업자가 건설자재의 전부 또는 일부를 부담하는 것
② 상대방으로부터 인도받은 재화에 주요자재를 전혀 부담하지 아니하고 단순히 가공만 하여 주는 것 (단, 주요자재를 전부 또는 일부 부담하여 가공하는 것은 '재화의 공급')
③ 산업상・상업상 또는 과학상의 지식・경험 또는 숙련에 관한 정보를 제공하는 것
  예 특허권 등의 권리 대여

(3) 용역의 공급으로 보지 아니하는 경우 중요

① 용역의 자가공급(간주공급)

용역의 자가공급은 원칙적으로 과세되지 않으나 당해 용역이 무상으로 자가공급되어 다른 동업자와의 과세형평이 침해되는 경우에는 과세된다. 다만, 구체적인 내용은 현재 명시되어 있지 않다.

② 용역의 무상공급

일반적으로 대가를 받지 아니하고 타인에게 용역을 공급하는 것은 용역의 공급으로 보지 아니한다. 다만, 용역의 무상공급 중 특수관계인 간 사업용 부동산 무상임대용역에 대해 과세[*주)]한다.

*주) 특수관계인에게 공급하는 사업용 부동산의 임대용역 중 다음에 대해서는 예외적으로 부가가치세를 과세하지 않는다.
① 산학협력단과 대학 간 사업용 부동산의 임대용역
② 공공주택사업자와 부동산투자회사 간 사업용 부동산의 임대용역

③ 고용관계에 의한 근로의 제공

고용관계에 의하여 근로를 제공하는 것은 용역의 공급으로 보지 아니한다.

3. 부수되는 재화 또는 용역

(1) 주된 '거래'에 부수하여 공급하는 재화와 용역

이들은 하나의 독립된 거래로 보지 않고 주된 거래의 과세·면세 여부에 따라 부수공급의 과세·면세 여부도 따라간다.

> 주된 재화 또는 용역 = 과세 → 부수되는 재화 또는 용역 = 과세
> 주된 재화 또는 용역 = 면세 → 부수되는 재화 또는 용역 = 면세

예 가전제품 구입 시 배달운송 용역 제공, 항공기에서 제공하는 기내식 → 항공운송용역의 부수용역임

TIP

주된 것에 따라 면세를 판단한다.

(2) 주된 '사업'에 부수하여 공급하는 재화와 용역

① 주된 사업과 관련하여 우발적 또는 일시적으로 공급되는 재화 또는 용역

② 주된 사업과 관련하여 주된 재화의 생산에 필수적으로 부수하여 생산되는 재화

이들은 독립된 사업으로 보지 않으므로, 주된 사업의 과세·면세여부에 따라 부수재화 또는 용역의 과세·면세여부가 결정된다(위의 경우와 동일).

그러나 독립된 거래로 인정하므로 예외적으로 주된거래가 과세사업인 경우 부수재화 또는 용역이 면세대상인 경우 면세를 적용받는다.

예 제조업(과세)이 일시·우발적으로 공급하는 토지(면세)의 공급 → 부수재화 면세

TIP

사업하는데 일시적인 것은 봐주자! 주된 거래와 부수거래 중 하나라도 면세가 있으면 면세가 된다.

4. 재화의 수입

(1) 수입의 개념

부가가치세의 과세대상이 되는 재화나 용역의 공급은 그 공급 주체가 반드시 사업자여야 하나 재화의 수입의 경우에는 사업자인지의 여부를 불문하고 과세대상이 된다.

(2) 수입의 범위

재화의 수입은 다음의 물품을 우리나라에 인취하는 것(보세구역을 경유하는 것은 보세구역으로부터 인취하는 것)으로 한다.

① 외국으로부터 우리나라에 도착된 물품(외국의 선박에 의하여 공해에서 채집되거나 잡힌 수산물을 포함)

② 수출신고가 수리된 물품

PART 2

5. 재화와 용역의 공급시기

(1) 재화의 공급시기 중요

일반적 공급시기	① 재화의 이동이 필요한 경우 : 재화가 인도되는 때 ② 재화의 이동이 필요치 아니한 경우 : 재화가 이용가능하게 되는 때 ③ 위 이외의 경우 : 재화의 공급이 확정되는 때
개별적 공급시기	① 현금판매 · 외상판매 · 할부판매의 경우 : 재화가 인도하거나 이용가능하게 되는 때 ② 장기할부판매, 완성도기준지급 또는 중간지급조건부로 재화를 공급하거나 전력이나 그 밖에 공급단위를 구획할 수 없는 재화를 계속적으로 공급하는 경우 : 대가의 각 부분을 받기로 한 때 ③ 반환조건부 판매, 동의조건부 판매, 그 밖의 조건부 판매 및 기한부 판매 : 조건이 성취되거나 기한이 경과되어 판매가 확정되는 때 ④ 재화의 공급으로 보는 가공의 경우 : 가공된 재화를 인도하는 때 ⑤ 자가공급 · 개인적 공급 : 재화가 사용 또는 소비되는 때 ⑥ 사업상 증여 : 재화를 증여하는 때 ⑦ 폐업에 의한 의제공급의 경우 : 폐업하는 때 ⑧ 무인판매기를 이용하여 재화를 공급하는 경우 : 무인판매기에서 현금을 인취하는 때 ⑨ 수출재화의 경우 : 수출재화의 선(기)적일 ⑩ 위탁매매 : 수탁자 또는 대리인의 재화 등을 공급한 때

(2) 용역의 공급시기

일반적 공급시기	① 역무가 제공되거나 재화 · 시설물 또는 권리가 사용되는 때 ② 통상적인 용역 공급의 경우에는 역무의 제공이 완료되는 때 ③ 완성도기준지급 · 중간지급 · 장기할부 또는 기타 조건부로 용역을 공급하는 경우 : 대가의 각 부분을 받기로 한 때
임대료 등	① 임대료 : 대가의 각 부분을 받기로 한 때 ② 부동산임대용역을 공급할때 간주임대료의 경우와 선수령한 월세 등의 경우 : 예정신고기간 또는 과세기간의 종료일 ③ 둘 이상의 과세기간에 걸쳐 계속적으로 일정한 용역(스포츠센터 시설이용권 등)을 제공하고 그 대가를 선불로 받는 경우 : 예정신고기간 또는 과세기간의 종료일

(3) 공급시기의 특례

① 세금계산서 선발행 시

선발행 세금계산서 특례	사업자가 재화 또는 용역의 공급시기가 도래하기 전에 재화 또는 용역에 대한 대가의 전부 또는 일부를 받고, 이와 동시에 그 받은 대가에 대하여 세금계산서를 교부하는 경우에는 그 발급하는 때를 당해 재화 또는 용역의 공급시기로 본다(대가 수령 = 발급 > 공급시기). ※ 대가를 먼저 받고 공급시기가 되기 전 다른 과세기간에 세금계산서를 발급하는 경우도 포함(대가 수령 > 발급 > 공급시기)
나중에 대가를 받는 경우	• 동시에 대가를 받지 않은 경우라도 세금계산서를 발급하고 7일 이내에 대가를 지급받은 경우에는 발급한 때를 공급시기로 보아 적법한 세금계산서로 인정 • 단, 다음의 경우에는 세금계산서 발급일로부터 7일이 지난 후 대가를 받더라도 해당 세금계산서를 발급한 때를 재화 · 용역의 공급시기로 본다. ㉠ 거래 당사자 간의 계약서 등에 대금 청구시기와 지급시기를 따로 적을 것 ㉡ 대금 청구시기와 지급시기 사이의 기간이 30일 이내일 것 또한, 재화 · 용역의 공급시기가 세금계산서 발급일이 속하는 과세기간 내에 도래하는 경우로서 대가를 과세기간 내에 받지 않는 경우에도 특례를 적용한다.

② 폐업 시

폐업 전에 공급한 재화 또는 용역의 공급시기가 폐업일 이후에 도래하는 경우(예 장기할부판매)에는 그 폐업일을 공급시기로 본다.

03 영세율과 면세

1. 영세율과 면세규정의 비교 중요

구 분	영세율	면 세
목 적	① 수출산업의 지원·육성 ② 소비지국과세원칙구현(이중과세 방지)	세부담의 역진성 완화
대 상	수출 등 외화획득 재화·용역	기초생활필수품 등
면세정도	완전면세(∵ 영세율적용단계의 부가가치에 대해서는 과세하지 않을 뿐만 아니라 전단계의 부가치에 대해서는 이미 과세된 것을 모두 환급해 주므로)	불완전면세(∵ 면세적용단계의 부가가치에 대해서는 과세하지 않지만 전단계의 부가가치에 대해서는 이미 과세된 것은 취소하지 않으므로)
과세대상 여부	부가가치세 과세대상에 포함	부가가치세 과세대상에서 제외
납세의무자 여부	부가가치세법상 납세의무자임	부가가치세법상 납세의무자가 아님(다만, 법인세법과 소득세법상 납세의무자임)
의무이행 여부	영세율 사업자는 부가가치세법상 사업자이므로 부가가치세법상 제반의무를 이행하여야 한다.	부가가치세법상 각종 의무를 이행할 필요가 없으나 다음의 협력의무는 있다. ① 매입처별세금계산서합계표 제출의무 ② 대리납부의무
포기제도	없 음	있 음

2. 영세율 중요

(1) 수출하는 재화

수출은 내국물품을 외국으로 반출하는 것

① 직수출

내국물품(우리나라 선박에 의하여 체포된 수산물 포함)을 외국으로 반출하는 것

② 국내의 사업장에서 계약과 대가수령 등 거래가 이루어지는 것으로서 중계무역방식의 수출, 위탁판매수출, 외국인도수출, 위탁가공무역방식의 수출

③ 내국신용장[*주1)]과 구매확인서[*주2)]에 의하여 국내에서 공급하는 재화

*주1) 내국신용장 : 수출업자가 국내의 하청업체로부터 수출을 위한 원재료 등을 납품받고자 할 때 당해 수출업자의 신청에 의해 외국환은행에서 개설하는 국내용 신용장

*주2) 구매확인서 : 수출업자가 무역금융한도초과 등으로 내국신용장 개설이 힘든 경우 외국환은행장이 내국신용장에 준해 발급하는 확인서

④ 한국국제협력단(KOICA)에 공급하는 재화

⑤ 사업자가 한국국제보건의료재단에 공급하는 재화

(2) 국외에서 제공하는 용역

① 용역의 제공장소가 국외이면 대가의 수취방법(원화 결제)이나 거래상대방(거주자 여부)은 불문한다.

예 사업자가 국외에서 건설공사를 도급받은 사업자로부터 해당 건설공사를 재도급받아 국외에서 건설용역을 제공하고 그 대가를 원도급자인 국내사업자로부터 받는 경우에도 영세율이 적용

② 그러나 사업자가 국내에서 국내사업장이 있는 외국법인에게 용역을 제공하는 경우에는 그 대가를 외화로 받는다 하더라도 영세율이 적용되지 않는다.

(3) 선박 또는 항공기의 외국항행용역

① 외국항행용역은 선박 또는 항공기에 의하여 여객이나 화물을 국내에서 국외로, 국외에서 국내로 또는 국외에서 국외로 수송하는 것

② 부수적으로 외국항행사업자가 자기의 승객만이 전용하는 버스를 탑승하게 하거나 호텔에 투숙하게 하는 것도 영세율에 포함

(4) 기타 외화를 취득하는 재화 또는 용역

① 국내에서 비거주자 또는 외국법인에게 공급되는 일정한 재화 또는 용역

② 다음의 수출재화 임가공용역

㉠ 수출업자와 직접 도급계약에 의하여 수출재화를 임가공하는 수출재화임가공용역(수출재화염색임가공을 포함)

㉡ 내국신용장 또는 구매확인서에 의하여 공급하는 수출재화임가공용역

③ 외국을 항해하는 선박 및 항공기 또는 원양어선에 공급하는 재화 또는 용역

④ 국내에 주재하는 외국정부기관・국제기구・국제연합군 또는 미국군에게 공급하는 재화 또는 용역

3. 면 세

(1) 기초생활 필수재화・용역

① 미가공식료품(국내산・외국산 불문) & 국내산 비식용에 공하는 농산물・축산물・수산물・임산물

※ 주의) 미가공식료품은 국산과 수입산을 막론하고 면세하나, 식용으로 제공되지 않는 미가공 농・축・수・임산물은 국산에 대해서만 면세하고 외국산은 면세하지 않는다.

② 수돗물(먹는 생수는 과세)

③ 연탄과 무연탄

④ 여성용 생리처리 위생용품

⑤ 여객운송용역

단, 항공기・우등고속버스・전세버스・택시・특수자동차・특수선박 또는 고속철도(KTX) 등에 의한 여객운송용역은 과세

⑥ 주택법에 따라 입주자대표회의 또는 관리주체가 복리시설인 '공동주택 어린이집'의 임대용역

⑦ 주택과 이에 부수되는 토지의 임대용역*주)

사업을 위한 주거용 건물은 면세에서 제외하며, 부수토지는 건물이 정착된 면적의 5배(도시지역 외 지역에 있는 토지는 10배)를 초과하지 아니한 것에 한함

*주) 부동산 공급과 임대의 과세/면세

부동산의 구분		부동산 공급	부동산 임대
건 물	주 택	과세(국민주택 : 면세)	면 세
	주택 외의 건물	과 세	과 세
토 지	주택 부수토지	면 세	면 세
	그 이외의 토지		과 세

⑧ 영유아용 기저귀와 분유(액상형태의 분유 포함)

(2) 국민후생 관련 재화 · 용역

① **의료보건용역(수의사 용역 포함)과 혈액(동물의 혈액 포함)**

'의료보건용역'에는 의사, 치과의사, 한의사, 조산사, 간호사 또는 수의사가 제공하는 용역은 물론이고, 임상병리사, 치과기공사, 접골사, 안마사가 제공하는 용역, 장의용역, 장기요양기관제공용역, 약사가 제공하는 의약품의 조제용역(약사의 단순한 의약품판매는 과세용역), 정신건강증진사업 포함

※ 산후조리원 용역, 유방재건술, 사회적기업(사회적협동기업)이 직접 제공하는 간병 · 산후조리용역 면세에 포함

② **교육용역 (무허가 · 무인가, 주무관청 미등록 · 미신고 교육용역은 과세)**

무도학원, 자동차운전학원에서 가르치는 교육용역은 과세

③ 우표(수집용 우표를 제외) · 인지 · 증지 · 복권과 공중전화

(3) 문화 관련 재화 · 용역

① 도서(실내 도서열람 및 도서대여용역 포함) · 신문(인터넷 신문 포함) · 잡지 · 관보 · 통신 및 방송(광고는 제외) · 중계유선방송 이때 도서에는 도서의 내용을 담은 음반 · 녹음테이프 또는 비디오테이프를 첨부하여 통상 하나의 공급단위로 하는 것과 전자출판물을 포함한다.

② 예술창작품 · 예술행사 · 문화행사와 아마추어 운동경기

③ 도서관 · 과학관 · 박물관 · 미술관 · 동물원 또는 식물원에의 입장

PART 2

(4) 부가가치(생산)요소

① 토지(토 · 사 · 석의 매매는 제외)

② 다음의 인적용역

㉠ 개인이 물적시설 없이 근로자를 고용하지 아니하고 독립된 자격으로 용역을 공급하고 대가를 받는 인적용역 예 직업운동가, 보험설계사, 강사 등

㉡ 개인 · 법인 또는 법인격없는 사단 · 재단 기타 단체가 독립된 자격으로 용역을 공급하고 대가를 받는 인적용역 예 국선변호사, 인생상담사, 학술연구용역 등

③ 금융 · 보험용역(증권업, 보험업, 선물업, 환전업 등)

(5) 국가 · 지방자치단체 등이 공급하는 용역

① 종교 · 자선 · 학술 · 구호 기타 공익을 목적으로 하는 단체가 공급하는 재화 또는 용역

② 국가 · 지방자치단체 · 지방자치단체조합이 공급하는 재화 또는 용역과 정부업무를 대행하는 단체가 공급하는 재화 또는 용역 중 무상으로 제공하는 것

③ 국가 · 지방자치단체 또는 지방자치단체조합이 공급하는 재화 또는 용역(우정사업조직에서 부가우편역무 중 택배사업용역 : 과세, 부동산임대업, 도소매업, 음식점업, 숙박업, 골프장 및 스키장 운영업 : 과세)

④ 기 타

시내버스, 마을버스용 전기버스 구입 시 부가가치세를 면제함

(6) 면세의 포기

개 념	일정한 면세대상 재화 또는 용역에 대해 사업자의 선택에 따라 면세를 포기할 수 있는데 이를 면세의 포기라 한다. 특히, 면세에 해당하는 재화 또는 용역이 영세율의 적용대상이 되는 경우 영세율을 적용받는 것이 더 유리하므로 면세를 포기한다.
범 위	면세포기는 다음에 해당하는 경우에만 가능하다. ① 영세율 적용대상이 되는 재화 또는 용역 ② 공익단체 중 학술연구단체 또는 기술연구단체가 학술연구 또는 기술연구와 관련하여 공급하는 재화 및 용역
절 차	① 부가가치세의 면세를 포기하고자 하는 사업자는 면세포기신고서를 관할세무서장에게 신고하고 지체없이 사업자등록을 하여야 한다(승인 ×). ② 면세포기신고일로부터 3년간은 부가가치세의 면제를 받지 못한다.

04 과세표준과 매출세액의 계산

1. 과세표준계산의 일반원칙

(1) 과세표준일반 중요

<table>
<tr><td>개 념</td><td>과세표준이란 부가가치세 세액산출의 기초가 되는 과세대상의 수량 또는 가액을 말한다.
재화 또는 용역의 공급에 대한 부가가치세의 과세표준은 '공급가액'으로 한다. 즉, 공급가액은 '매출액'을 말한다. 공급가액에 부가가치세가 포함된 것은 '공급대가'라고 한다.

공급가액(매출액) 1,000원 + 부가가치세 100원 = 공급대가 1,100원</td></tr>
<tr><td>계산식</td><td>과세표준 = 공급가액
(+)과세표준에 포함하는 것(가산)
(−)과세표준에 포함하지 않는 것(차감)</td></tr>
<tr><td>공급가액의 범위</td><td>
<table>
<tr><th>구 분</th><th>공급가액</th></tr>
<tr><td>금전으로 대가를 받는 경우</td><td>받은 대가(대금·요금·수수료 기타 명목 여하에 불구하고 실질적 대가관계에 있는 모든 금전적 가치 포함)</td></tr>
<tr><td>금전 이외의 대가를 받는 경우</td><td>자기가 공급한 재화 또는 용역의 시가</td></tr>
<tr><td>부당하게 낮은 대가를 받는 경우</td><td>자기가 공급한 재화 또는 용역의 시가</td></tr>
<tr><td>대가를 받지 아니한 경우</td><td>자기가 공급한 재화의 시가(용역은 제외)</td></tr>
<tr><td>폐업하는 경우 재고재화</td><td>시 가</td></tr>
</table>
</td></tr>
<tr><td>과세표준에 포함하는 금액</td><td>① 현물로 받는 경우에는 자기가 공급한 재화 또는 용역의 시가
② 장기할부판매 또는 할부판매의 이자상당액
③ 대가의 일부로 받은 운송비·포장비·하역비·운송보험료·산재보험료 등
④ 개별소비세·교통세·주세·교육세 및 농어촌특별세 상당액</td></tr>
</table>

(2) 과세표준에 포함되지 않는 금액 중요

① 부가가치세

② 매출에누리액, 매출환입액

③ 재화 또는 용역 공급후 그 공급가액에 대한 할인액(매출할인액)

④ 공급받는 자에게 도달하기 전에 파손·훼손 또는 멸실된 재화의 가액

⑤ 재화 또는 용역의 공급과 직접 관련이 없는 국고보조금과 공공보조금

⑥ 반환조건부 용기대금·포장비용

⑦ 공급대가의 지연지급으로 인하여 지급받는 이자로서 계약 등에 의하여 확정된 대가의 지급지연으로 인하여 지급받은 연체이자(단, 할부이자상당액은 과세표준에 포함)

⑧ 용기 또는 포장의 회수를 보장하기 위해 받는 보증금

⑨ 용역대가와 구분하여 받는 봉사료(수입금액에 포함한 것은 제외)

⑩ 임차인이 부담하여야 할 보험료·수수료·공공요금 등을 임대료와 구분하여 징수 시

(3) 과세표준에서 공제하지 아니하는 금액 중요

대손금	채무자의 파산 등으로 인한 대손금은 과세표준에서 공제하지 아니한다. 대손금은 과세표준에서 공제하지 아니하나, 일정한 요건을 구비한 경우에는 대손금에 포함된 부가가치세를 매출세액에서 공제한다(대손세액공제).
판매장려금	판매장려금을 지급하는 경우에는 과세표준에서 공제하지 아니하나, 현물로 지급하는 경우에는 사업상 증여에 해당하므로 해당 재화의 시가를 별도로 과세표준에 산입한다.
하자보증금	완성도기준지급 또는 중간지급조건부로 재화 또는 용역을 공급하고 계약에 따라 대가의 각 부분을 받을 때 일정금액을 하자보증을 위하여 공급받는 자에게 보관시키는 하자보증금은 과세표준에서 공제하지 아니한다.

(4) 거래형태별 과세표준 중요

① 외상판매·할부판매의 경우

공급한 재화의 총가액

② 장기할부판매·완성도기준지급 및 중간지급조건부의 경우

계약에 따라 받기로 한 대가의 각 부분

③ 직매장 등에의 재화 반출을 재화의 공급으로 보는 경우

취득가액을 과세표준으로 한다.

④ 개별소비세 등이 부과되는 재화의 공급의 경우

개별소비세·주세·교통세가 부과되는 재화에 대하여는 개별소비세·주세·교통세의 과세표준에 당해 개별소비세·주세·교통세·농어촌특별세상당액을 합계한 금액

⑤ 재화를 수입하는 경우

과세표준 = 관세의 과세가격 + 관세 + 개별소비세·주세 + 교통·에너지·환경세 + 교육세·농어촌특별세

⑥ 마일리지 등으로 대금을 결제받은 경우

재화 또는 용역을 공급하고 마일리지 · 포인트 등으로 대가의 전부 또는 일부를 결제받은 경우 어떤 마일리지 · 포인트를 사용했느냐에 따라 과세표준이 다음과 같이 계산된다.

고객이 자기적립 마일리지 · 포인트 등을 사용한 경우	재화 또는 용역을 공급한 사업자는 해당 마일리지, 포인트 등의 가액을 제외한 순수 결제금액만을 과세표준으로 한다.
고객이 제3자(카드사, 통신사 등) 적립 마일리지 · 포인트 등을 사용한 경우	재화 또는 용역을 공급한 사업자는 고객으로부터 결제받은 금액에 마일리지 상당액을 더한 금액, 즉 해당 재화 또는 용역의 시가가 과세표준이 된다.

2. 과세표준계산의 특례

(1) 공통사용재화를 공급하는 경우

① '과세사업과 면세사업을 겸영하는 사업자'가 두 사업에 공통으로 사용되는 재화를 공급(매각)하는 경우에 그 과세표준은 공급가액비율에 의하여 안분계산한다.

과세표준 = 당해 재화의 공급가액 × 직전 과세기간의 과세공급가액/직전 과세기간의 총 공급가액

② 안분계산 제외

다음의 경우에는 당해 재화의 공급가액 전액을 과세표준으로 한다.

㉠ 직전 과세기간의 총 공급가액 중 면세공급가액이 5% 미만인 경우(단, 해당 재화의 공급가액이 5천만원 이상인 경우에는 제외)

㉡ 재화의 공급가액이 50만원 미만인 경우

㉢ 신규로 사업을 개시하여 직전 과세기간이 없는 경우

(2) 토지와 건물을 일괄 공급하는 경우 중요

① 실지거래가액에 의한 안분계산

사업자가 토지와 그 토지에 부속된 건물 및 기타 구축물 등을 함께 공급하는 경우 → 그 건물 등의 공급가액은 원칙적으로 '실지거래가액'에 의한다.

② 구분이 불분명한 경우 안분계산

토지의 가액과 건물 등의 '실지거래가액'의 구분이 불분명한 경우에는 다음에 정하는 바에 의한다.

㉠ 감정평가가액이 있는 경우에는 그 '감정평가가액'에 비례하여 안분계산한다.

㉡ 감정평가가액이 없는 경우 토지와 건물 등에 대한 소득세법상 기준시가가 모두 있는 경우에는 공급계약일 현재의 기준시가에 따라 계산한 가액에 비례하여 안분계산한다.

③ 감정평가가액이 없는 경우 토지와 건물 등 중 어느 하나라도 기준시가가 없는 경우에는 장부가액(장부가액이 없는 경우에는 취득가액)에 비례하여 안분계산한 후 기준시가가 있는 자산에 대하여는 그 합계액을 다시 기준시가에 의하여 안분계산한다.

구 분		안분계산방법
[1단계] 감정평가가액이 있는 경우		감정평가가액
[2단계] 감정평가가액이 없는 경우	기준시가가 모두 있는 경우	기준시가
	하나 이상의 자산이 기준시가가 없는 경우	① 장부가액(장부가액 없는 경우 취득가액) ② ① 적용 후 기준시가가 있는 자산만 기준시가로 안분 계산
위의 방법을 적용할 수 없거나 적용 곤란한 경우		국세청장의 정하는 바에 따라 안분

(3) 부동산 임대용역 중요

부동산 임대용역의 과세표준은 '임대료', '관리비', '간주임대료의 합계액'을 합하여 계산한다. 이때 관리비는 보험료 · 수도료 · 공공요금은 포함하지 아니하며, 간주임대료 계산은 다음 산식에 의한다.

간주임대료 = 임대보증금 · 전세금 × 1년 만기 정기예금이자율 × 과세대상기간의 일수/365(윤년 366)

※ 보증금 등의 적수는 전세금 등의 과세대상기간의 임대일수를 곱하여 계산한다.

※ 1년 만기 정기예금이자율

※ 2개 과세기간 이상의 부동산임대용역을 공급하고 그 대가를 선불 또는 후불로 받는 경우에는 다음 산식과 같이 총계약기간에서 해당 과세기간 임대월수만큼 안분하여 임대료를 계산한다. 이때, 임대료의 공급시기는 예정신고기간 종료일 또는 과세기간 종료일로 한다.

$$\text{과세표준(임대료)} = \text{선불 · 후불로 받은 임대료 총액} \times \frac{\text{해당 과세기간 중 임대월수}}{\text{총 임대 계약기간의 월수}}$$

(4) 공급의제 중요

① 감가상각자산이 아닌 경우

㉠ 원칙 : 직매장반출을 제외한 비상각자산의 공급의제의 과세표준은 시가로 한다.

㉡ 예외 : 자가공급 중 직매장반출은 취득가액을 과세표준으로 하되, 해당 취득가액에 일정액을 가산하여 공급하는 경우에는 해당 공급가액으로 한다.

② 감가상각자산의 경우

감가상각자산의 공급의제 시 과세표준은 취득가액을 기준으로 다음 산식에 의하여 계산한 금액으로 한다.

구 분	과세표준
건축 · 구축물	취득가액 × {1 – (5% × 경과된 과세기간 수)}
기 타	취득가액 × {1 – (25% × 경과된 과세기간 수)}

㉠ 건축 · 구축물의 경과된 과세기간의 수가 20을 초과하는 때에는 20으로, 기타의 감가상각자산의 경과된 과세기간의 수가 4를 초과하는 때에는 4로 한다.

㉡ 경과된 과세기간의 수를 계산함에 있어서 과세기간의 개시일 후에 감가상각 자산을 취득하거나 당해 재화가 공급된 것으로 보게 되는 경우에는 그 과세기간의 개시일에 당해 재화를 취득하거나 당해 재화가 공급된 것으로 본다.

㉢ 취득가액은 공제받은 매입세액에 대응하는 재화의 공급가액을 말하며(즉, 취득세 등 기타부대비용을 제외함) 장기할부조건 등으로 매입한 경우에 계상한 현재가치할인차금 및 연지급수입에 있어서 연지급수입이자를 포함한다.

3. 대손세액공제 중요

(1) 취 지

사업자가 일정 대손요건의 사유로 거래대금은 물론 부가가치세를 회수하지 못하게 되어 대손처리한 경우 당초 부가가치세를 거래징수하지 못하였음에도 불구하고 세금을 납부해야 하는 불합리를 해소하기 위해 일정요건을 만족할 경우 거래징수하지 못한 당해 세액을 매출세액에서 차감할 수 있도록 한 규정을 '대손세액공제'라고 한다.

PART 2

TIP

대손사유

① 부도발생일로부터 6월 이상 경과한 어음, 수표
② 중소기업의 외상매출금, 소멸시효가 완성된 채권, 사망, 실종, 파산한 자에 대한 채권 등
③ 회수기일이 6개월 이상 지난 채권 중 채권가액이 30만원 이하(채무자별 채권가액의 합계액 기준)인 채권 등

(2) 대손세액공제액

대손세액 = 대손금액(공급대가(부가가치세 포함)) × 10/110

(3) 대손확정시기

재화 또는 용역의 공급일로부터 10년이 지난 날이 속하는 과세기간에 대한 확정신고기한까지 대손세액공제대상이 되는 사유로 인해 확정되는 대손세액이어야 한다.

예 2015년 2월 4일 공급일인 경우 → 대손세액공제 가능 확정신고기한은 2025년 7월 25일이다(10년째 되는 날이 2025년 2월 4일).

(4) 대손확정기한

부가가치세법상 대손세액공제는 예정신고 시에는 적용하지 않으며, 확정신고 시에만 적용한다. 10년이 되는 해당 확정신고기한을 넘겼을 경우에는 경정청구로 세액공제를 받을 수 있으며, 다음 과세기간 이후에는 대손세액공제를 적용받을 수 없으므로 주의해야 한다.

05 매입세액의 계산

1. 매입세액계산구조

(1) 매입세액공제액 계산

'매입세액'이란 재화 또는 용역을 공급받는 자(매입자)가 공급을 받을(매입) 때에 그 공급자에게 거래징수 당한 부가가치세액

	세금계산서 등 매입세액		
(+)	그 밖의 공제매입세액	→	(신용카드매출전표 등 수취명세서 제출분, 의제매입세액, 재활용폐자원 매입세액 등)
(−)	공제받지 못할 매입세액	→	(불공제 매입세액, 공통매입세액 면세사업분 등)
	매입세액		

(2) 공제시기

구입한 재화 용역의 사용시점이 아닌 거래시기가 속한 예정신고기간 또는 확정신고기간의 매출세액에서 공제한다(아직 사용되지 않는 재화 등에 대해 매입세액을 조기에 회수할 수 있게 하여 불필요한 자금압박을 방지하기 위함).

2. 세금계산서 등에 의한 매입세액공제 등

(1) 매입세액 공제

① 매입처별 세금계산서합계표상의 매입세액

② 신용카드매출전표등수령명세서(신용카드매출전표, 직불카드영수증, 기명식선불카드영수증)(단, 간이과세자가 영수증을 발급하여야 하는 기간에 발급한 신용카드매출전표등은 불공제)

③ 의제매입세액

④ 재활용폐자원 등 매입세액

⑤ 재고매입세액

⑥ 변제대손세액

⑦ 과세사업전환매입세액

⑧ 공급시기가 속한 과세기간의 확정신고기한이 지난 후 세금계산서를 발급받았더라도 발급일이 당초 확정신고기간 다음 날부터 1년 이내에 수정신고·경정청구를 하거나 결정·경정하는 경우 매입세액(지연수취 가산세 있음)

⑨ 위탁매매 등과 관련된 사항을 세금계산서에 잘못 적은 경우

PART 2

(2) 매입세액불공제 중요

① 세금계산서 미수취, 필요적 기재사항 미기재분(단, 임의적 기재사항 누락은 공제 가능), 사실과 불부합하는 매입세액

② 매입처별 세금계산서합계표 미제출, 부실기재분 매입세액

③ 사업과 관련 없는 지출

④ 비영업용 소형승용차의 구입과 유지 및 임차비용에 관한 매입세액

⑤ 기업업무추진비 관련 매입세액

⑥ 면세사업과 관련된 분

⑦ 토지 관련 매입세액

⑧ 공통매입세액 중 면세사업 관련 부분

⑨ 등록 전 매입세액(단, 등록신청일부터 공급시기가 속하는 과세기간 개시일(1월 1일 또는 7월 1일)까지 역산한 기간 내의 것은 공제 가능)

⑩ 대손처분받은 세액

⑪ 납부(환급)세액 재계산분 등

3. 의제매입세액공제 중요

(1) 취 지

면세농산물 등에 대해 세금계산서 없이도 일정한 금액을 매입세액으로 의제하여 공제함으로써 환수효과와 누적효과를 제거 또는 완화하고 소비자의 세부담 경감을 위함

(2) 공제율

일반적인 경우 유흥주점(개별소비세 과세유흥장소)	2/102
법인 음식점	6/106
개인 음식점	8/108(9/109)*주1)
제조업자(중소기업 · 개인사업자에 한정)	4/104
최종소비자 대상 개인 제조업자	6/106*주2)

*주1) 개인음식점업자 중 연매출 4억원 이하인 자의 공제율을 2026년까지 9/109로 상향 적용함
*주2) 최종소비자 대상 개인 제조업자(과자점업, 도정업, 제분업, 떡방앗간을 운영하는 개인)의 공제율을 4/104 → 6/106로 상향

(3) 요 건

① 사업자등록을 필한 '일반과세자'에 한해 적용한다. 따라서, 미등록사업자, 면세사업자는 적용되지 아니한다.

② 면세농산물 등을 원재료로 하여 제조 · 가공한 재화 또는 용역의 공급이 부가가치세법상 '과세사업에' 사용되어야 한다.

③ 면세포기에 의하여 영세율이 적용되는 경우에는 의제매입세액공제를 적용하지 않는다.

(4) 계산식

일반과세자의 의제매입세액은 다음과 같이 계산한다(면세농산물 등을 매입한 날이 속하는 예정(확정)신고기간의 매출세액에서 공제함).

$$\text{의제매입세액} = \text{면세농산물 등의 매입가액} \times \frac{2}{102}^{*주)}$$

*주) 개인음식점업 $\frac{8}{108}\left(\frac{9}{109}\right)$, 법인음식점업 $\frac{6}{106}$, 제조업자(중소기업과 개인사업자로 한정) $\frac{4}{104}\left(\frac{6}{106}\right)$

※ 매입가액 : 의제매입세액 계산 시 면세농산물 등의 매입가액은 운임 · 보험료 등의 부대비용을 제외한 가액을 말하며, 수입농산물 등의 경우에는 관세의 과세가격을 말한다.

(5) 의제매입세액공제 한도

면세 농수산물 등의 의제매입세액 공제와 관련하여 2025년 12월 31일까지 과세표준에 다음의 비율을 공제율에 곱한 금액을 공제한도로 하여 공제한다.

구 분	매출액(연간) 규모	공제한도	
		음식점업	기 타
개인사업자	1억원 이하	매출액의 75%	매출액의 65%
	1억원 초과 ~ 2억원 이하	매출액의 70%	
	2억원 초과	매출액의 60%	매출액의 55%
법인사업자		매출액의 50%	

4. 공통매입세액의 안분계산

(1) 취 지

매입세액 중 과세사업과 면세사업의 관련성 구분이 불분명한 경우가 발생되는데 이를 '공통매입세액'이라 하며 안분계산을 통해 면세사업 관련 공통매입세액은 불공제 처리해야 한다.

(2) 안분계산방법

공통매입세액 중 면세사업에 관련된 매입세액은 공통사용재화를 구입한 과세기간의 예정신고 또는 확정신고 시에 다음과 같이 계산한다.

$$\frac{\text{면세사업 관련 매입세액}}{\text{(매입세액불공제액)}} = \text{공통매입세액} \times \frac{\text{해당 과세기간 면세공급가액}^{*주)}}{\text{해당 과세기간 총공급가액}}$$

*주) 면세사업 등에 대한 공급가액과 과세표준에 포함되지 않은 국고보조금과 공공보조금의 합계액을 말한다.

(3) 공통매입세액의 정산

예정신고 시 공통매입세액 안분계산 후 신고한 경우, 확정신고 시 한 과세기간(6개월) 전체 면세비율로 정산하여야 한다.

06 세금계산서 실무

1. 세금계산서 작성과 발급

(1) 세금계산서의 종류

세금계산서	과세사업자 중 일반과세자(10% 세율)와 간이과세자 중 직전 연도 공급대가 합계액 4,800만원 이상인 자가 발급하는 세금계산서
영세율 세금계산서	영세율(0%)이 적용되는 사업자가 발급하는 세금계산서
수입세금계산서	재화의 수입에 대해 세관장이 10% 과세하여 통관 시 발급하는 세금계산서
계산서	면세사업자가 공급받는 자에게 교부하는 것
영수증	• 일반과세자 중 주로 최종소비자에게 재화 등을 공급하는 소매업을 영위하는 사업자가 교부하는 것 • 간이과세자 중 직전 연도 공급대가 합계액 4,800만원 미만인 자

※ 면세사업자는 세금계산서를 발급할 수 없고, 계산서 또는 영수증만 발급할 수 있다.

(2) 필요적 기재사항

① 공급하는 사업자의 등록번호와 성명 또는 명칭
② 공급받는 자의 등록번호
③ 공급가액과 부가가치세액
④ 작성연월일

(3) 세금계산서의 발급시기 중요

① 일반적인 경우

사업자가 재화 또는 용역을 공급하는 때에는 그 공급시기에 세금계산서를 교부하여야 하는 것이 원칙

② 특 례

공급시기 전 교부특례	대가수령 없이 발급	• 장기할부판매·장기할부조건부 용역 공급 • 공급단위를 구획할 수 없는 용역을 계속적으로 공급하는 경우(부동산 임대용역) • 전력, 기타 공급단위를 구획할 수 없는 용역의 계속적 공급
	대가수령과 동시에 발급	아직 공급시기가 도래하지 않았지만 사업자가 대가를 수령함과 동시에 세금계산서를 발행하는 경우 그 세금계산서를 발급하는 때를 재화와 용역의 공급시기로 본다
	발급 후(7일 이내) 대가 수령	사업자가 재화 또는 용역의 공급시기가 도래하기 전에 세금계산서를 교부하고 그 세금계산서 교부일로부터 7일 이내에 대가를 지급받는 경우에는 정당한 세금계산서를 교부한 것으로 본다.
	발급 후 (7일 이후 ~ 30일 이내) 대가 수령	사업자가 세금계산서 교부일로부터 7일이 경과한 후에 대가를 받더라도 다음의 경우에는 정당한 세금계산서를 교부한 것으로 본다. ㉠ 거래 당사자 간 계약서, 약정서 등에 대금 청구시기와 지급시기가 별도 기재될 것 ㉡ 대금 청구시기와 지급시기 사이의 기간이 30일 이내일 것
	발급 후 (30일 이후 ~ 동일 과세기간 내)	세금계산서 발급 후 30일 이후 동일 과세기간 이내에 공급시기가 도래하는 경우에도 정당한 세금계산서를 교부한 것으로 본다.(거래 당사자간 계약서, 약정서 등에 대금 청구시기와 지급시기가 별도 기재될 것) 단, 조기환급을 받기 위해서는 30일 이내에 대가를 지불받아야 한다.
	착오로 선발급된 세금계산서	착오로 공급시기 이전 발급된 세금계산서에 대한 매입세액공제 인정 요건은 다음과 같다(지연수취 가산세 있음). ㉠ 세금계산서 발급일로부터 공급시기가 6개월 이내 ㉡ 관할세무서장이 거래사실 확인 후 결정·경정하는 경우
공급시기 후 교부특례		사업자의 세금계산서 교부 편의를 위하여 사업자가 다음에 해당하는 경우에는 재화 또는 용역의 공급일이 속하는 달의 다음 달 10일까지 세금계산서를 교부할 수 있다. ㉠ 거래처별로 1역월의 공급가액을 합계하여 당해 월의 말일을 작성연월일로 하여 세금계산서를 교부하는 경우 ㉡ 거래처별로 1역월 이내에서 거래관행상 정하여진 기간의 공급가액을 합계하여 그 기간의 종료일자를 작성연월일로 하여 세금계산서를 교부하는 경우 ㉢ 관계증명서류 등에 의하여 실제 거래사실이 확인되는 경우로서 당해 거래일자를 작성연월일로 하여 세금계산서를 교부하는 경우

2. 수정세금계산서

세금계산서를 교부한 후 그 기재사항에 관하여 착오 또는 정정사유가 발생한 경우에는 부가가치세의 과세표준과 납부세액 또는 환급세액을 경정하여 통지하기 전까지 세금계산서를 수정하여 교부할 수 있다.

3. 전자세금계산서

모든 법인사업자와 개인사업자 중 직전 연도 과세공급가액(면세공급가액 포함)의 합계액이 8천만원*주) 이상인 사업자는(다음 연도 2기부터) 전자세금계산서를 의무발행하여야 한다.

*주) 2024년 7월 1일 기준 최초로 전자세금계산서 의무발급 사업자가 되면 그 이후 직전 연도의 재화・용역의 공급가액(면세공급가액 포함)이 기준금액(8천만원) 미만이 된 경우에도 계속해서 전자세금계산서 의무발급 개인사업자로 본다.

4. 매입자발행세금계산서

부가가치세 납세의무자로 등록한 사업자로서 세금계산서 교부의무가 있는자(간이과세자 중 세금계산서 교부의무가 있는 자, 영수증 교부대상사업자 중 세금계산서 교부요구 시 교부의무가 있는 자 포함)가 세금계산서를 교부하지 않은 경우 또는 부도・폐업, 계약의 해제 또는 변경, 사업자의 행방불명/연락두절, 휴업이나 그 밖의 부득이한 사유 등으로 매출자가 수정세금계산서 발행이 어려운 경우 그 재화 또는 용역을 공급받는자(면세사업자 포함)가 관할세무서장의 확인을 받아 세금계산서를 발행할 수 있는 제도. 매입자발행세금계산서를 발행하려는 자는 다음절차를 거쳐 발행한다.

① 거래사실의 확인신청

재화 또는 용역의 공급시기가 속하는 과세기간의 종료일부터 1년 이내에 거래사실을 객관적으로 입증할 수 있는 거래사실입증서류를 첨부하여 신청. 단, 거래건당 공급대가가 5만원 이상인 경우로 한정하며, 신청가능금액은 제한이 없다.

② 세무서장의 거래사실의 확인

③ 거래사실 확인결과통지

④ 신청인의 발행・교부

TIP

매입자발행계산서 제도 도입

공급자가 면세 재화・용역을 공급하고 계산서를 발급하지 아니하는 경우 관할세무서의 확인하에 매입자가 계산서를 발행하는 제도

매입자발행계산서의 발행대상 및 방법 등

- 발행대상
  거래 건당 공급가액 5만원 이상
- 발행절차
  ① 신청인은 과세기간 종료일로부터 1년 이내에 관할세무서장에 거래사실확인 신청
  ② 신청인의 관할세무서장이 공급자의 관할세무서장에게 관련 서류 송부(7일 내)
  ③ 공급자의 관할세무서장이 거래사실 여부확인 및 통지(신청일 다음 달 말일까지)
  ④ 신청인은 거래사실이 확인된 경우 매입자발행계산서 발행

5. 수입세금계산서

수입세금계산서는 재화의 수입에 대하여 세관장이 부가가치세법을 준용하여 교부하는 세금계산서로 그 기재사항 및 기능은 세금계산서와 동일하나 단지 다른 점이 있다면 세금계산서를 교부하는 자가 사업자가 아닌 세관장이라는 점뿐이다.

07 부가가치세의 신고 · 납부

1. 차가감납부세액

(1) 납부세액 계산구조

	매출세액	
(−)	매입세액	→ (공제대상 매입세액 − 불공제대상 매입세액 ± 기타)
	납부세액 또는 (△)환급세액	

(2) 차가감납부세액 계산구조

	납부세액	
(−)	공제세액	→ (신용카드매출전표발행세액공제, 전자신고세액공제, 전자세금계산서 발급, 전송에 대한 세액공제, 예정신고 고지세액)
	가산세	
(+)	차가감납부(환급)세액	

(3) 공제세액

① 신용카드매출전표 발행세액공제 **중요**

직전 연도 공급가액이 일정규모 이하인 개인과세자 중 신용카드매출전표(직불카드영수증, 현금영수증 등 포함)를 발행하거나 전자화폐로 대금결제를 받는 경우에 다음의 신용카드매출전표 발행세액공제를 적용받을 수 있다.

> 세액공제액 = Min[㉠ 발행금액 또는 결제금액 × 1.3%(2027년부터 1%),
> ㉡ 연간 1,000만원(2027년부터 500만원]

※ 법인사업자와 직전 연도 공급가액 합계액이 10억원 초과 개인사업자는 공제불가
※ 연매출 10억원 이하 개인사업자만 적용

이 경우 공제받을 금액이 해당 금액을 차감하기 전의 납부할 세액을 초과하는 때에는 그 초과하는 부분은 없는 것으로 본다.

② 전자신고에 대한 세액공제

조세특례제한법상 납세자가 세무대리인을 통하지 않고 직접 전자신고방법으로 부가가치세 확정신고를 하는 경우 해당 납부세액에서 1만원을 공제하거나 환급세액에 가산한다.

※ 법인도 적용 가능
※ 예정신고 때에는 공제 불가능

③ 전자세금계산서 발급에 대한 세액공제

직전 연도 사업장별 재화 · 용역의 공급가액 합계액(총수입금액)이 3억원 미만인 개인사업자가 전자세금계산서를 발급일의 다음 날까지 국세청장에게 전송한 경우, 발급 건당 200원으로 연간 100만원까지 부가가치세에서 세액공제한다(2027년 12월 31일까지).

④ 예정신고미환급세액

예정신고기간 때 환급세액은 예정신고때 환급하지 아니하고 확정신고 시 공제세액의 '예정신고 미환급세액'으로 하여 납부할 세액에서 공제한다.

⑤ 예정고지세액

개인사업자들과 영세법인사업자는 각 예정신고기간마다 직전 과세기간 납부세액의 50% 상당하는 금액을 예정신고기한 내에 징수고지하고 있다. 개인사업자가 징수고지된 납부세액을 해당 기간에 납부하였을 경우 해당 금액을 확정신고 시 공제한다.

(4) 가산세 중요

① 미등록/허위등록가산세

㉠ 사업자(전자적용역 공급 간편사업자 포함)가 사업개시일로부터 20일 이내에 사업자등록을 하지 않은 경우(미등록) : 사업개시일~사업자등록 신청일 전일까지 공급가액 × 1%

㉡ 사업자가 타인명의(배우자 명의, 피상속인의 사업승계 시 제외)로 사업자등록을 하고 사업을 영위하는 경우(허위등록) : 사업개시일~사업자등록 신청일 전일까지 공급가액 × 2%

② 세금계산서 불성실가산세

㉠ 가공발급 · 가공수취 · 비사업자의 발급 또는 수령 × 3%

㉡ 미발급, 사실과 다른, 위장세금계산서상 공급가액 × 2%

㉢ 부실기재 · 전자세금계산서 발급의무자가 종이세금계산서를 발급한 경우 공급가액 × 1%

㉣ 둘 이상의 사업장을 보유한 사업자가 재화 등을 공급한 사업장이 아닌 자신의 다른 사업장 명의로 세금계산서를 발급한 경우 공급가액 × 1%

③ 매출처별 세금계산서합계표 불성실가산세

㉠ 미제출, 부실기재 : 미제출 또는 부실기재한 공급가액 × 0.5%

㉡ 지연제출 : 지연제출한 공급가액 × 0.3%

④ 매입처별 세금계산서합계표 불성실가산세

㉠ 0.5% 가산세율

구 분	내 용
미제출	매입처별 세금계산서합계표를 제출하지 않고 경정 시 경정기관의 확인을 거쳐 매입세액공제 시
공급가액 과다기재	매입처별 세금계산서합계표상(또는 신용카드매출전표등 수령명세서상) 공급가액을 사실과 다르게 과다하게 적어 신고한 경우
지연수취	재화 또는 용역의 공급시기 이후 발급받은 세금계산서로서 해당 공급시기가 속하는 과세기간에 대한 확정신고기한까지 발급받은 경우 등(매입세액공제는 가능)
경정 시 제출	매입처별 세금계산서합계표의 미제출, 부실기재로 당초 매입세액 불공제 되었다가 추후에 경정기관에 의한 세금계산서 확인을 거쳐 매입세액 공제를 받는 경우
가산세액	해당 공급가액 × 0.5%

※ 주의) 지연제출(경정 시 경정기관 확인을 거쳐 매입세액공제 받은 경우) 매입세액공제는 가능하지만 가산세 있음

※ 주의) 해당 과세기간의 확정신고기한이 지난 후 교부받은 경우에는 매입세액공제도 받을 수 없다.

㉡ 2% 가산세율

구 분	내 용
공급가액 과다기재 수취	사업자가 재화용역을 공급받고 공급가액 과다기재로 공급자에게 과다기재분 공급가액의 2% 가산세가 적용되는 경우
허위수취	사업자가 재화나 용역을 공급받고 실제로 공급하는 자가 아닌 자의 명의로 세금계산서 등을 발급받은 경우
가산세액	해당 공급가액 × 2%

㉢ 3% 가산세율

구 분	내 용
가공수취	사업자가 재화나 용역을 공급받지 않고 세금계산서 등을 발급받은 경우
가산세액	해당 공급가액 × 3%

⑤ 현금매출명세서 미제출가산세

미제출 또는 누락신고금액 × 1%

⑥ 신고불성실가산세

구 분		내 용
무신고 가산세	일반무신고	무신고한 납부세액의 20% + 무신고한 영세율과세표준의 0.5%
	부정행위로 인한 무신고	부당하게 무신고한 납부세액의 40%*주) + 무신고한 영세율과세표준의 0.5%
과소신고 (초과환급) 가산세	일반과소신고	과소신고(초과환급)한 납부세액의 10% + 무신고・과소신고한 영세율과세표준의 0.5%
	부정행위로 인한 과소신고	부당하게 과소신고(초과환급)한 납부세액의 40%*주) + 무신고・과소신고한 영세율과세표준의 0.5%

*주) 역외거래에서 발생한 부정행위로 신고하지 않은 경우 : 60%

⑦ 납부(환급)불성실가산세

- 지연일수분 = 미납세액・미달납부세액(초과환급세액) × 기간(일수) × $\frac{2.2}{10,000}$
- 체납분(납부고지서) = 미납세액(또는 과소납부분 세액) × 3%

⑧ 중복적용 배제

우선 적용되는 가산세	적용 배제되는 가산세
미등록가산세 적용 시	• 세금계산서 불성실가산세 • 전자세금계산서 발급명세 미전송・지연전송가산세 • 매출처별 세금계산서합계표 불성실가산세
세금계산서 불성실가산세 (미발급, 가공, 타인명의 등) 적용 시	• 미등록 가산세 • 매출처별&매입처별 세금계산서 불성실가산세 • 세금계산서 지연수취・과다기재분가산세 • 세금계산서 경정기관 확인 매입세액공제가산세
세금계산서 지연발급가산세・미발급가산세 적용 시	• 전자세금계산서 발급명세 미전송・지연전송가산세 • 세금계산서 불명가산세
공급가액 과다기재 세금계산서 발급・수취 가산세 적용 시	사실과 다른 세금계산서 발급가산세

2. 신고와 납부

(1) 예정신고 중요

① 개인사업자

㉠ 예정고지 : 개인사업자와 영세법인사업자*주)에 대하여는 각 예정신고기간마다 직전 과세기간에 대한 납부세액의 1/2에 상당하는 금액을 결정하여 당해 예정신고기한 내에 고지징수한다.

*주) 2021년부터 직전 과세기간 공급가액 1억 5천만원 미만인 법인사업자를 예정고지 대상 사업자에 추가

다만, 다음의 경우에는 예정신고분을 징수하지 아니한다(단, 1천원 미만의 단수 절사).

ⓐ 징수하여야 할 금액이 50만원 미만인 경우

ⓑ 해당 과세기간 개시일 현재 간이과세자에서 일반과세자로 변경된 경우

ⓒ 재난 등의 사유(국세징수법 제13조 제1항)로 납부할 수 없다고 인정되는 경우

㉡ 예정신고를 할 수 있는 경우(선택) : 다음에 해당하는 개인사업자의 경우는 예정신고기간에 대한 과세표준과 납부세액 또는 환급세액을 신고납부할 수 있다.

ⓐ 휴업 또는 사업부진으로 인하여 각 예정신고기간의 공급가액 또는 납부세액이 직전 과세기간의 공급가액 또는 납부세액의 3분의 1에 미달하는 자

ⓑ 각 예정신고기간분에 대하여 조기환급을 받고자 하는 자

개인사업자가 이처럼 예정신고납부를 한 경우에는 예정고지세액의 결정이 없었던 것으로 본다.

② 법인사업자

사업자는 각 예정신고기간에 대한 과세표준과 납부세액(환급세액)을 그 예정신고기간의 종료 후 25일 이내에 각 사업장 관할세무서장에게 신고·납부하여야 한다.

㉠ 제1기분 예정신고기간 : 1월 1일 ~ 3월 31일

㉡ 제2기분 예정신고기간 : 7월 1일 ~ 9월 30일

(2) 확정신고

사업자는 각 과세기간에 대한 과세표준과 납부세액(환급세액)을 그 과세기간 종료 후 25일 이내에 각 사업장 관할세무서장에게 신고하고 당해 납부세액을 납부하여야 한다.

① 제1기분 확정신고기간 : 1월 1일 ~ 6월 30일

② 제2기분 확정신고기간 : 7월 1일 ~ 12월 31일

PART 2

TIP

확정신고 시 유의사항

① 부가가치세 확정신고대상은 각 과세기간에 대한 과세표준과 납부세액 또는 환급세액으로 한다. 다만, 예정신고 및 조기환급 신고 시 이미 신고한 부분은 확정신고대상에서 제외한다.

② 확정신고 시는 가산세와 공제세액(신용카드매출전표 발행세액공제, 예정신고 미환급세액, 예정고지세액)이 모두 신고대상에 포함된다.

수출 중소기업의 재화의 수입에 대한 부가가치세 납부의 유예

세관장은 매출액에서 수출액이 차지하는 비율*주) 등 대통령령으로 정하는 요건을 충족하는 중소사업자·중견사업자가 물품을 제조·가공하기 위한 원재료 등 대통령령으로 정하는 재화의 수입에 대하여 부가가치세의 납부유예를 미리 신청하는 경우에는 해당 재화를 수입할 때 부가가치세의 납부를 유예할 수 있다.

*주) ㉠ 중소기업 : 수출비중 30% 이상 또는 수출액 50억원 이상, ㉡ 중견기업 : 수출비중 30% 이상

(3) 환 급 중요

① 일반환급

㉠ 과세기간별 환급 : 각 과세기간별로 당해 과세기간에 대한 환급세액을 그 확정신고기한 경과 후 30일 내에 사업자에게 환급하여야 한다. 따라서 예정신고기간 때 발생한 환급은 원칙적으로 이를 환급하지 않고 확정신고 시 납부할 세액에서 정산한다.

㉡ 경정에 의한 환급 : 관할세무서장은 경정에 의하여 추가로 발생한 환급세액을 지체 없이 사업자에게 환급하여야 한다.

② 조기환급

조기환급사유	㉠ 영세율이 적용되는 때 ㉡ 사업설비를 신설・취득・확장 또는 증축하는 때(감가상각자산만 해당) ㉢ 사업자가 재무구조개선계획을 이행 중인 경우
조기환급절차	㉠ 예정 또는 확정신고기간별 신고와 환급 정부는 사업자가 영세율적용 및 사업설비의 신축・취득・확장 또는 증축 등으로 인하여 환급세액이 발생하는 경우에 그 환급세액은 각 예정 또는 확정신고기간별로 그 예정 또는 확정신고기한 경과 후 15일 이내에 사업자에게 환급하여야 한다. ㉡ 영세율 등 '조기환급기간'별 신고와 환급 조기환급을 받을 수 있는 사업자가 예정신고기간 중 또는 과세기간 최종 3월 중 매월 또는 매 2월(이를 '조기환급기간'이라 한다)에 조기환급기간종료일로부터 25일 내에 영세율 등 조기환급기간에 대한 과세표준과 환급세액을 정부에 신고하는 경우에는 신고한 조기환급기간별로 당해 신고기한 경과 후 15일 이내에 사업자에게 환급하여야 한다.

구 분	예정신고기간 중		과세기간 중 최종 3월 중	
	대상기간	신고기한	대상기간	신고기한
매 1월	1월 1일 ~ 1월 31일	2월 25일	4월 1일 ~ 4월 30일	5월 25일
	2월 1일 ~ 2월 28일	3월 25일	5월 1일 ~ 5월 31일	6월 25일
	7월 1일 ~ 7월 31일	8월 25일	10월 1일 ~ 10월 31일	11월 25일
	8월 1일 ~ 8월 31일	9월 25일	11월 1일 ~ 11월 30일	12월 25일
매 2월	1월 1일 ~ 2월 28일	3월 25일	4월 1일 ~ 5월 31일	6월 25일

08 간이과세

1. 일반과세자와 간이과세자 중요

구 분	일반과세자	간이과세자
적용대상	1역년의 공급대가가 10,400만원 이상인 사업자	• 1역년의 공급대가가 10,400만원 미만인 개인사업자 • 적용배제 업종 – 간이과세가 적용되지 않는 다른 사업장을 보유하고 있는 사업자(∵ 세무기장능력 인정) – 재화의 공급으로 보지 않는 사업의 양도에 따라 일반과세자로부터 양수한 사업('사업의 포괄양수도 사업자')(∵ 원활한 사업의 포괄승계 지원) – 사업장 소재지역, 사업의 종류, 규모를 고려하여 국세청장이 정하는 사업(∵ 정책적 중과세 및 과세표준 양성화) – 소득세법에 따른 복식부기의무자가 영위하는 사업(∵ 정책적 중과세 및 과세표준 양성화) – 둘 이상의 사업장이 있는 사업자가 영위하는 사업으로서 그 둘 이상의 사업장의 공급대가의 합계액이 10,400만원 이상인 경우(∵ 정책적 중과세 및 과세표준 양성화) – 전문직 사업서비스업, 부동산임대업(&매매업), 개별소비세 과세유흥장소 경영업(∵ 정책적 중과세 및 과세표준 양성화) – 기타 광업, 제조업 등 특수업종 영위하는 사업자

신고대상	• 부가세 예정신고, 확정신고 – 법 소정의 개인사업자는 예정고지	• 부가세 예정신고 – 원칙(부과징수) : 예정부과기간이 끝난 후 25일 이내 – 예정신고납부해야 하는 경우 : 예정부과기간에 세금계산서를 발급한 간이과세자 → 예정부과기한까지 신고하여야 함 – 고지부징수하는 경우 : 징수하여야 할 금액이 50만원 미만이거나, 일반과세자에서 과세기간 개시일 현재 간이과세자로 변경된 경우 등 • 부가세 확정신고 : 해당 과세기간(1월 1일 ~ 12월 31일)이 끝난 후 25일 이내에 확정신고해야 함
과세표준	공급가액(거래금액)	공급대가(부가세 포함)
납부세액	과세표준(공급가액) × 10%	공급대가 × 업종별부가율 × 10%
세액공제	• 성실신고사업자세액공제 • 전자신고세액공제 • 신용카드매출전표등발급세액공제	• 세금계산서, 신용카드매출전표 등 수취세액공제 : 공급대가에 일정률(0.5%)을 곱한 금액을 공제 • 성실신고사업자세액공제 • 전자신고세액공제 • 신용카드매출전표등발급세액공제 • 전자세금계산서발급세액공제
환 급	매입세액, 매출세액 초과분 조기, 일반환급	공제세액의 납부세액 초과분 환급 ×
거래증빙	• 세금계산서 발행(원칙) • 영수증 발행(예외) : 대통령령으로 정한 소비자 상대업종	• 세금계산서 발행(원칙) : 직전 연도 공급대가 4,800만원 이상 ~ 10,400만원 미만인 자 • 영수증 발행(예외) : 직전 연도 공급대가 4,800만원 미만인 간이과세자, 신규로 사업을 시작하는 개인사업자 중 간이과세자로 하는 최초의 과세기간 중에 있는 자
과세유형 전환	포기신고에 의해 다른 유형으로 전환할 수 없음	포기신고에 의해 일반과세자로 전환할 수 있음(적용받고자 하는 달의 전 달 마지막 날까지 간이과세 포기신고)
예정신고 기간 중 신규사업 개시자	예정신고 의무 없음	예정신고 의무 없음
의제매입 세액공제	있 음	폐 지
대손세액 공제	적용 ○	적용 ×
재활용 폐자원	적용 ○	적용 ×
신용카드 등 매출전표 등 발행세액공제	개인사업자만 가능 • 신용카드 발행액의 1.3% • 연간 1,000만원 한도	• 좌동(1.3%)(2027년부터 1%) • 연간 1,000만원 한도(2027년부터 500만원 한도)
소액부징수 (납부의무의 면제)	없 음	당해 과세기간에 대한 공급대가가 4,800만원 미만인 자

CHAPTER 05

단원별 적중문제

01 공개

다음 중 부가가치세법에 관한 설명으로 가장 옳은 것은?

① 부가가치세는 원칙적으로 모든 재화 또는 용역을 과세대상으로 하는 일반소비세에 해당한다.

② 부가가치세는 납세의무자와 실질적인 담세자가 일치하는 직접세이다.

③ 부가가치세는 일정기간 동안 사업자가 공급한 매출액에서 매입액을 차감하여 부가가치를 계산한 다음 세율을 적용하는 전단계거래액공제방법을 채택하고 있다.

④ 부가가치세는 2단계 누진세율을 적용한다.

해설

② 납세의무자와 담세자가 일치하지 않는 간접세이다.
③ 전단계세액공제법을 채택
④ 10% 단일세율을 적용한다.

02 공개

다음 중 부가가치세 납세의무자인 사업자에 관한 설명으로 가장 옳은 것은?

① 면세사업자는 매출세액을 거래 징수할 필요는 없으나 매입세액공제는 받는다.

② 면세사업자는 부가가치세법상 사업자등록 후 면세사업자 신청을 해야 한다.

③ 겸영사업자는 일반과세사업과 면세사업(비과세사업 포함)을 함께 영위하는 자를 말한다.

④ 비영리사업자는 납세의무자가 아니므로 부가가치세를 거래징수하지 않아도 된다.

해설

① 매입세액공제도 못 받는다.
② 소득세법상 또는 법인세법상 사업자등록을 한다.
④ 부가가치세의 납세의무자는 사업자이다. 사업자는 사업자등록 여부, 영리목적의 유무에 불구하고 사업상 독립적으로 재화 또는 용역을 공급하는 자는 부가가치세법상 납세의무가 있다. 따라서, 비영리사업자도 납세의무자이므로 부가가치세를 거래징수하여야 한다.

01 ① 02 ③ 정답

03
공개

다음 중 부가가치세 납세의무자에 관한 설명으로 가장 올바르지 않은 것은?

① 사업목적이 영리이든 비영리이든 관계없이 납세의무를 부담하므로 국가·지방자치단체도 납세의무자가 될 수 있다.

② 재화를 수입하는 자는 사업자인지 여부에 관계없이 납세의무자에 해당한다.

③ 고용관계에 따라 근로를 제공하는 종업원은 납세의무자에 해당하지 않는다.

④ 계속·반복적인 의사로 재화 또는 용역을 공급하는 자에 해당하더라도 사업자등록을 하지 않은 경우에는 납세의무자에 해당하지 않는다.

해설

부가가치세의 납세의무자는 '사업자'이다. 사업자는 사업자등록 여부, 영리목적의 유무에 불구하고 사업상 독립적으로 재화 또는 용역을 공급하는 자는 부가가치세법상 납세의무가 있다.

04
공개

다음 중 부가가치세법상 사업장에 관한 설명으로 가장 올바르지 않은 것은?

① 건설업을 영위하는 법인의 경우 건설하는 장소를 사업장으로 본다.

② 제조업의 경우 최종 제품을 완성하는 장소를 사업장으로 본다.

③ 부동산임대업의 경우 그 부동산의 등기부상의 소재지를 사업장으로 본다.

④ 사업장을 설치하지 않은 경우 해당 사업자의 주소 또는 거소를 사업장으로 본다.

해설

법인등기부상 소재지를 사업장으로 본다.

05
공개

다음은 부가가치세의 납세지인 사업장에 대하여 상담 받은 내용이다. 가장 올바르지 않은 것은?

① 사업자가 주사업장총괄납부를 신청하면 주사업장에서 다른 사업장의 세액까지 총괄하여 신고할 수 있다.

② 부가가치세는 원칙적으로 각 사업장별로 납부하므로, 직매장을 추가로 개설한 경우 별도의 사업자등록을 하는 것이 원칙이다.

③ 주사업장총괄납부를 하는 경우에도 사업자등록은 각 사업장마다 이행하여야 한다.

④ 사업자단위과세제도에 따라 사업자단위 신고·납부를 하는 경우에는 사업자등록 및 세금계산서의 발급과 수령까지도 단일화하여 본점 또는 주사무소에서 수행할 수 있다.

해설

주사업장총괄납부를 신청하면 납부만 가능하다.

정답 03 ④ 04 ① 05 ①

06 다음 중 새롭게 부가가치세법상 사업자등록을 해야 하는 사람을 모두 고르면?

공개

> 김순희 : 이번에 초등학생을 대상으로 한 수학학원을 오픈할 예정이예요. 정부인허가 받는데 시간이 꽤 걸렸지만 아이들을 위해 수업할 생각을 하니 너무 기쁘네요.
> 김영희 : 저희 지역사회를 위한 신문을 반기별로 발간하려고 해요. 신문 구독료만으로는 운영이 어려워 광고도 함께 할 생각입니다.
> 김영수 : 이번 시즌 화장품에 대한 반응이 좋아서 이달 안으로 용산구에 직매장을 추가로 설치해서 판매량을 더욱 더 늘릴 예정입니다.
> 김철수 : 의류재고가 계속 늘어나 현재 창고로는 수용하기가 힘들어 새롭게 보관만을 목적으로 한 창고를 임차하여 세무서에 설치신고를 완료했습니다.

① 김순희, 김철수
② 김순희, 김영수
③ 김영희, 김영수
④ 김영희, 김철수

해설

- 신문 광고는 면세가 아닌 부가가치세 과세대상이다. 따라서, 이를 영위하는 자는 사업자등록을 하여야 한다.
- 직매장은 사업장으로 본다.

07 다음 중 부가가치세 과세대상에 관한 설명으로 가장 올바르지 않은 것은?

공개

① 재화를 담보로 제공하는 것은 부가가치세 과세대상이 되지 아니한다.
② 교환계약에 의하여 재화를 인도 또는 양도하는 것은 부가가치세 과세대상이다.
③ 사업을 포괄적으로 양도한 경우 이는 재화의 공급에 해당하므로 과세대상이다.
④ 대가를 받지 아니하고 타인에게 용역을 공급하는 것은 원칙적으로 부가가치세 과세대상이 되지 아니한다.

해설

사업을 포괄적으로 양도하는 것은 재화의 공급으로 보지 않는다.

08 다음 중 부가가치세 과세대상에 관한 설명으로 가장 올바르지 않은 것은?

공개

① 광고선전 목적으로 불특정다수인에게 무상으로 견본품을 공급하는 것은 재화의 공급에 해당한다.
② 자기의 사업과 관련하여 생산한 재화를 대가 없이 사용인의 개인적인 목적으로 사용하는 것은 부가가치세 과세대상이다.
③ 과세사업을 위해 취득한 기계장치를 면세사업용으로 전용하는 경우 부가가치세 과세대상에 포함한다.
④ 고용관계에 의하여 근로를 제공하는 것은 부가가치세 과세대상인 용역의 공급으로 보지 아니한다.

해설

무상견본품 또는 불특정다수인에게 주는 광고선전물은 사업상증여로 보지 않는다.

06 ③ 07 ③ 08 ① 정답

09 공개

다음 중 부가가치세법상 과세기간에 관한 설명으로 가장 올바르지 않은 것은?

① 부가가치세는 1년을 2과세기간으로 나누어 매 6개월마다 확정신고 · 납부하도록 규정하고 있다.
② 신규사업자의 경우 사업자등록일로부터 등록한 연도의 12월 31일까지를 최초 과세기간으로 한다.
③ 간이과세자의 경우 과세기간을 1월 1일부터 12월 31일로 적용한다.
④ 폐업자는 폐업일이 속하는 과세기간 개시일부터 폐업일까지를 최종 과세기간으로 한다.

해설
사업개시일부터 과세기간종료일까지를 최초 과세기간으로 한다.

10 공개

다음 중 부가가치세법상 재화의 공급에 관한 설명으로 가장 올바르지 않은 것은?(단, 해당 재화는 매입세액공제를 받았음을 가정한다)

① 과세사업을 위해 생산 · 취득한 재화를 부가가치세 면세사업을 위하여 사용 · 소비하는 경우에는 재화의 공급으로 본다.
② 과세사업을 위하여 생산 · 취득한 재화를 비영업용 소형승용차의 유지를 위하여 사용하는 경우에는 재화의 공급으로 본다.
③ 사업자가 자기의 사업과 관련하여 생산한 재화를 개인적인 목적으로 사용하는 것은 재화의 공급으로 본다.
④ 사업자단위 과세를 적용받는 사업자가 자기사업과 관련하여 생산 · 취득한 재화를 타인에게 직접 판매할 목적으로 다른 사업장에 반출하는 경우에는 재화의 공급으로 본다.

해설
사업자단위 과세제도 승인을 얻은 사업자가 사업자단위 과세제도로 신고 · 납부를 하는 과세기간에 반출하는 것은 재화의 공급으로 보지 아니한다(단, 사업자가 세금계산서를 교부하여 예정 · 확정신고한 경우에는 재화의 공급으로 본다).

11 공개

다음 중 부가가치세법상 재화의 공급에 관한 설명으로 가장 올바르지 않은 것은?

① 사업자가 주요자재의 전부 또는 일부를 부담하고 해당 재화에 공작을 가해 새로운 재화를 만드는 가공계약은 재화의 공급에 해당된다.
② 사업자가 다른 재화를 인도받거나 용역을 제공받는 교환계약에 의해 재화를 인도하는 교환계약은 재화의 공급에 해당된다.
③ 사업양도계약에 의해 해당 사업장의 권리와 의무를 일괄승계하는 계약은 재화의 공급에 해당된다.
④ 사업자가 사업을 폐업할 때 취득한 재화(매입세액을 공제받음) 중 남아있는 재화는 자기에게 공급한 것으로 본다.

해설
사업의 양도는 재화의 공급으로 보지 않는다.

정답 09 ② 10 ④ 11 ③

12 다음 중 부가가치세법상 재화와 용역의 공급시기에 관한 설명으로 가장 올바르지 않은 것은?

공개

① 수출재화의 공급 : 수출재화의 선(기)적일
② 완성도기준지급조건부 판매 : 대가의 각 부분을 받기로 한 때
③ 조건부판매 : 조건이 성취되어 판매가 확정된 때
④ 판매목적 타사업장 반출 : 재화를 사용하거나 소비하는 때

해설

판매목적으로 타사업장으로 반출하는 경우의 공급시기는 재화를 반출하는 때이다.

13 다음 중 부가가치세법상 재화의 공급시기에 관한 설명으로 옳은 것은 몇 개인가?

공개

ㄱ. 현금판매 · 외상판매에 의한 재화의 공급 : 재화가 인도되거나 이용 가능하게 되는 때
ㄴ. 조건부 판매 : 조건이 성취되는 때
ㄷ. 장기할부판매 : 대가의 각 부분을 받기로 한 때
ㄹ. 무인판매기에 의한 판매 : 재화가 인도되는 때

① 1개 ② 2개
③ 3개 ④ 4개

해설

무인판매기를 이용하여 재화를 공급하는 경우에는 무인판매기에서 현금을 인취하는(꺼내는) 때를 공급시기로 본다.

14 다음 중 부가가치세법상 면세에 관한 설명으로 가장 올바르지 않은 것은?

공개

① 면세사업자가 면세를 포기하는 경우 1년간은 면세적용을 받을 수 없다.
② 면세사업자는 과세표준의 신고, 사업자등록, 세금계산서 발급 등에 관한 부가가치세상의 제반의무가 없다.
③ 면세의 포기는 면세사업자가 면세포기사유에 해당하는 경우에 한해서만 가능하다.
④ 면세는 부가가치세의 역진성을 해소하기 위한 부분면세제도이다.

해설

1년이 아닌 3년간 면세를 적용받지 못한다.

12 ④ 13 ③ 14 ① 정답

15 공개

다음 중 과세사업을 영위하는 (주)삼일의 부가가치세 신고 시 매입세액공제가 가능한 항목으로 가장 옳은 것은?(단, 적격증빙은 적정하게 수령했다고 가정한다)

① 기업업무추진비 ② 토 지
③ 비영업용소형승용차 ④ 상가건물

해설

기업업무추진비, 토지, 비영업용소형승용차는 법으로 정한 매입세액불공제 대상이다.

16 공개

다음은 제조업을 영위하는 과세업자인 (주)삼일의 20x1년 10월 1일부터 12월 31일까지의 매입내역이다. 20x1년 제2기 확정신고 시 공제받을 수 있는 매입세액은 얼마인가?(단, 필요한 경우 적정하게 세금계산서를 수령하였다)

매입내역	매입가액(부가가치세 포함)
기계장치	550,000,000원
비영업용소형승용차	66,000,000원
원재료	33,000,000원
비 품	66,000,000원
기업업무추진비 관련 매입액	11,000,000원

① 50,000,000원 ② 56,000,000원
③ 57,000,000원 ④ 59,000,000원

해설

공제받을 수 있는 매입세액 = 50,000,000 + 3,000,000 + 6,000,000 = 59,000,000

17 공개

제조업을 영위하는 일반과세사업자 (주)삼일은 일본의 사업자 (주)동경으로부터 반도체 부품을 100만원에 수입하고 대가를 지급하려 한다. 다음 중 (주)삼일이 (주)동경에게 지급해야 할 금액에 관한 설명으로 가장 옳은 것은?(단, 한국의 부가가치세율이 10%, 일본의 부가가치세율이 6%라고 가정하고, 관세 등은 고려하지 않는다)

① 반도체 금액 100만원에 일본의 부가가치세율에 따른 부가가치세 6만원을 지급한다.
② 반도체 금액 100만원만 지급하고 부가가치세는 한국의 세관장에게 10만원을 납부한다.
③ 반도체 금액 100만원만 지급하고 부가가치세는 일본의 세관장에게 6만원을 납부한다.
④ 반도체 금액 100만원에 한국과 일본의 부가가치세율 차이에 따른 부가가치세 4만원을 지급한다.

해설

우리나라 부가가치세는 소비지국 과세원칙을 취하고 있으므로, 수입하는 경우 한국의 세관장이 10%의 세율로 부가가치세를 징수하게 된다.

정답 15 ④ 16 ④ 17 ②

18 다음은 영세율과 면세를 비교한 것이다. 가장 올바르지 않은 것은?

공개

구 분	영세율	면 세
목 적	ㄱ. 국제적인 이중과세 방지	부가가치세의 역진성 완화
성 격	완전면세제도	ㄴ. 부분면세제도
매출 시	ㄷ. 거래징수의무 없음	거래징수의무 있음
매입 시	환급받음(매입세액공제)	ㄹ. 환급되지 아니함(매입세액불공제)

① ㄱ　　② ㄴ
③ ㄷ　　④ ㄹ

해설

원칙적으로 영세율사업자도 일반사업자와 동일하게 거래징수의무가 있다.

19 다음 중 부가가치세법상 영세율에 관한 설명으로 가장 올바르지 않은 것은?

공개

① 영세율은 소비지국 과세원칙에 따른 이중과세문제를 해소하기 위한 취지로 제정된 제도이다.
② 영세율을 적용할 경우 전 거래단계에 대한 완전면세가 가능하다.
③ 면세사업자가 영세율을 적용받기 위해서는 면세를 포기해야만 한다.
④ 영세율이 적용되는 직수출 거래라 하더라도 세금계산서는 발행해야 한다.

해설

직수출은 세금계산서 교부의무를 면제한다.

20 다음은 제조업과 건설업을 영위하는 (주)삼일의 제1기 예정신고기간(20x1년 1월 1일 ~ 20x1년 3월 31일)에 발생한 거래이다. 해당 예정신고기간의 과세표준은 얼마인가?

공개

(1) 특수관계인 매출액 : 5,000,000원(시가 10,000,000원)
(2) 특수관계인 이외의 매출액 : 50,000,000원(매출에누리 3,000,000원과 매출할인액 1,000,000원이 차감된 금액임)
(3) 회사가 공급한 재화와 직접 관련되지 않은 국고보조금 : 20,000,000원
(4) 거래처 파산으로 인한 대손금 : 10,000,000원

① 55,000,000원　　② 60,000,000원
③ 62,000,000원　　④ 64,000,000원

해설

과세표준 = 10,000,000(시가) + 50,000,000 = 60,000,000
※ 국고보조금은 공급가액에 포함하지 않으며, 대손금은 공급가액에서 차감하지 않는다.

21 공개

다음 자료를 이용하여 부가가치세 과세표준을 구하면 얼마인가?

ㄱ. 특수관계가 없는 자에 대한 외상매출액 (매출에누리 5,000,000원, 매출할인 10,000,000원이 차감되어 있음)	200,000,000원
ㄴ. 특수관계인에 대한 재화매출액(시가 50,000,000원)	40,000,000원
ㄷ. 상가건물의 처분액	700,000,000원

① 250,000,000원 ② 940,000,000원
③ 950,000,000원 ④ 965,000,000원

해설

과세표준 = 200,000,000원 + 50,000,000원 + 700,000,000원 = 950,000,000원

22 공개

다음 자료를 이용하여 부가가치세 과세표준을 구하면 얼마인가?

ㄱ. 외상매출액(매출에누리 1,000,000원이 차감된 금액)	370,000,000원
ㄴ. 거래처 파산으로 인한 대손금	10,000,000원
ㄷ. 금전으로 지급한 판매장려금	5,000,000원
ㄹ. 외상매출금의 지급지연으로 인해 수령한 연체이자	2,000,000원

① 355,000,000원 ② 360,000,000원
③ 370,000,000원 ④ 385,000,000원

해설

- 대손금, 판매장려금은 공급가액에서 차감하지 않는다.
- 연체이자도 공급가액에 포함하지 않는다.

23 공개

다음 중 세금계산서에 관한 설명으로 가장 올바르지 않은 것은?

① 부동산 임대용역 중 간주임대료가 적용되는 부분에 대해서는 세금계산서 교부의무가 있다.
② 필요적 기재사항이 일부라도 기재되지 아니하거나 기재된 사항이 사실과 다를 때에는 적법한 세금계산서로 인정되지 않는다.
③ 세금계산서는 원칙적으로 재화 또는 용역의 공급시기에 발급한다.
④ 한 번 발행된 세금계산서라도 기재사항에 착오나 정정사유가 있다면 수정세금계산서를 발행할 수 있다.

해설

부동산임대용역 중 전세금 또는 임대보증금 등에 대한 간주임대료는 세금계산서 교부의무 면제대상이다.

정답 21 ③ 22 ③ 23 ①

24 공개

과세사업과 면세사업을 겸영하고 있는 (주)삼일은 두 사업에서 공통으로 사용하고 있던 재화를 매각하였다. 다음 자료를 보고 (주)삼일의 20x2년 제1기 예정신고 시 공통사용재화와 관련된 매출세액을 계산하면 얼마인가?

- 공통사용재화 취득일 : 20x2년 1월 2일
- 공통사용재화 공급일 : 20x2년 3월 28일
- 공통사용재화 공급가액 : 20,000,000원(부가가치세 미포함)
- 과세사업과 면세사업의 공급가액

구 분	20x1년 1기	20x1년 2기
과 세	1억원	2억원
면 세	3억원	3억원
합 계	4억원	5억원

① 500,000원 ② 800,000원

③ 1,200,000원 ④ 1,500,000원

해설

- 과세관련 공급가액 = 20,000,000 × 2억원/5억원 = 8,000,000

∴ 매출세액 = 8,000,000 × 10% = 800,000

25 공개

다음은 제조업을 영위하는 (주)삼일의 제1기 부가가치세 확정신고(20x1년 4월 1일 ~ 20x1년 6월 30일)와 관련된 자료이다. 확정신고 시 (주)삼일의 가산세를 포함한 차가감납부세액은 얼마인가?(단, 아래의 금액은 부가가치세가 제외된 금액임)

ㄱ. 확정신고기간 중 (주)삼일의 제품공급가액 : 50,000,000원(이 중 세금계산서를 발행하지 않은 공급가액 : 2,500,000원)

ㄴ. 확정신고기간 중 (주)삼일의 매입액 : 40,000,000원(매입세액 불공제 대상인 매입액 : 5,000,000원)

ㄷ. 세금계산서 관련 가산세는 미발급금액의 2%를 적용한다(그 외 가산세는 없다고 가정).

① 1,550,000원 ② 1,600,000원

③ 1,650,000원 ④ 1,700,000원

해설

- 납부세액 = 50,000,000 × 10% − (40,000,000 − 5,000,000) × 10% = 1,500,000
- 가산세 = 2,500,000 × 2% = 50,000

∴ 차가감납부세액 = 1,500,000 + 50,000 = 1,550,000

24 ② 25 ① 정답

26 공개

다음 중 부가가치세에 대한 가산세가 부과되는 경우로 가장 올바르지 않은 것은?

① 예정신고 시 매입처별 세금계산서합계표를 제출하지 않고 확정신고 시 제출한 경우
② 가공세금계산서를 발행한 경우
③ 재화를 공급받고 타인 명의로 세금계산서를 발급받은 경우
④ 사업자등록을 하지 않은 경우

해설

예정신고 시 매입처별 세금계산서합계표를 제출하지 않아서 확정신고 시 제출하는 경우에는 불이익이 없다.

27 공개

다음 중 부가가치세법상 간이과세자에 관한 설명으로 가장 올바르지 않은 것은?

① 간이과세자는 개인사업자를 대상으로 하므로 법인사업자는 간이과세를 적용받지 못한다.
② 간이과세자는 간이과세를 포기함으로써 일반과세자가 될 수 있다.
③ 간이과세자의 납부세액은 공급대가에 업종별 부가가치율을 곱한 것에 10%의 세율을 적용해서 계산한다.
④ 간이과세자는 부가가치세법상 사업자가 아니다.

해설

간이과세자도 부가가치세법상 과세사업자이다.

PART 2

28 공개

다음 중 부가가치세법상 세금계산서 및 영수증에 관한 설명으로 가장 올바르지 않은 것은?

① 과세사업자와 간이과세자 모두 세금계산서를 발행할 수 있다.
② 재화나 용역의 공급 전에 세금계산서를 발행하고 7일 이내에 대가를 지급받은 경우 공급받는 자는 발급받은 세금계산서로 매입세액을 공제받을 수 있다.
③ 위탁판매의 경우 수탁자는 수탁자 자신의 명의로 된 세금계산서를 발급하여야 한다.
④ 과세대상 수입재화에 대해서는 세관장이 부가가치세를 징수하는 때에 수입세금계산서를 발급한다.

해설

위탁자의 명의로 세금계산서를 발급해야 한다.

정답 26 ① 27 ④ 28 ③

29 다음 중 부가가치세법의 특징이 아닌 것은?

① 소비형 부가가치세이다.
② 납세의무자와 담세자가 다른 간접세이다.
③ 납세의무자의 인적사항을 고려하는 인세이다.
④ 원칙상 단일비례세율이다.

해설

부가가치세는 물세이다.

30 부가가치세에 대한 설명으로 옳은 것은?

① 부가가치세는 소비지국 과세원칙에 따라 수출품 및 수입품에 대해 영세율을 적용하여 과세한다.
② 부가가치세는 재화나 용역을 공급하는 사업자 및 재화를 수입하는 자를 납세의무자로 하지만 그 조세부담은 최종소비자에게 귀착되므로 간접세에 해당한다.
③ 부가가치세는 특정한 재화나 용역의 소비행위에 대해서만 과세하는 소비세에 해당한다.
④ 부가가치세의 과세방법 중 전단계거래공제법에 의하여 사업자가 거래징수한 매출세액에서 매입세액을 차감하여 납부세액을 계산한다.

해설

① 수출품에 대해서는 영세율을 적용하여 부가가치세를 과세하지 않으며 수입품에 대해서는 내국물품과 동일하게 부가가치세를 부과함
③ 부가가치세는 면세로 열거된 것을 제외한 모든 재화나 용역의 소비행위에 대해서 과세하는 일반소비세임
④ 전단계세액공제법에 의한다.

31 우리나라 부가가치세의 특징에 대한 다음 설명 중 가장 옳지 않은 것은?

① 부가가치세의 과세대상은 재화 및 용역의 공급과 재화의 수입이다.
② 부가가치세는 재화나 용역이 최종소비자에게 도달할 때까지의 모든 거래단계마다 과세하는 다단계거래세이다.
③ 부가가치세는 납세의무자는 사업자이며 담세자는 최종소비자인 간접세이다.
④ 부가가치세는 재화 또는 용역이 생산되는 국가에서 과세하는 생산지국 과세원칙을 채택하고 있다.

해설

소비지국에서 과세하는 소비지국 과세원칙을 채택하고 있다.

29 ③ 30 ② 31 ④ 정답

32 다음은 부가가치세법상 납세의무자에 대한 설명이다. 다음 중 옳지 않은 것은?

① 재화 또는 용역의 공급에 대한 부가가치세의 납세의무자는 사업자이다.
② 부가가치세법상 사업자란 영리를 목적으로 사업상 독립적으로 재화 또는 용역을 공급하는 자이다.
③ 수입하는 재화의 부가가치세 납세의무는 세관장에게 있다.
④ 부가가치세법상 사업자는 재화 또는 용역의 공급 행위가 계속·반복적이어야 한다.

해설
사업자란 영리목적의 유무에 불구하고 사업상 독립적으로 재화 또는 용역을 공급하는 자이다.

33 부가가치세 납세의무자인 사업자에 대한 설명으로 가장 옳지 않은 것은?

① 면세사업만을 영위하는 사업자는 부가가치세법상의 사업자 등록의무가 없으며, 다만, 법인세법과 소득세법상 사업자일 뿐이다.
② 사업자란 사업상 독립적으로 재화나 용역을 공급하는 자를 말한다.
③ 과세사업자가 사업개시일로부터 20일 이내에 사업자등록을 하지 아니한 경우에는 미등록가산세의 적용을 받는다.
④ 면세사업자가 추가로 과세사업을 영위하게 되어 겸영사업자가 된 경우 자동으로 부가가치세법상 사업자가 된다.

해설
사업자등록정정신고서를 제출한 때에 사업자등록신청을 한 것으로 본다(사업자등록신청 필요).

34 부가가치세법상 사업장에 관한 설명이다. 옳지 않는 것은?

① 부가가치세는 사업장마다 신고·납부하는 것이 원칙이다.
② 제조업에 있어서는 최종제품을 완성하는 장소. 다만, 따로 제품의 포장만을 하거나 용기에 충전만을 하는 장소는 제외한다.
③ 부동산임대업을 영위하는 사업자의 경우 사업장은 해당 부동산의 등기부상 소재지를 사업장으로 한다.
④ 건설업을 영위하는 법인은 건설하는 장소가 사업장이다.

해설
건설업의 법인사업자는 그 법인의 등기부상 소재지(등기부상 지점소재지 포함)를 사업장으로 한다.

정답 32 ② 33 ④ 34 ④

35 다음은 부가가치세법상 사업장에 대한 설명이다. 다음 중 옳지 않은 것은?

① 사업자가 자기의 사업과 관련하여 생산 또는 취득한 재화를 직접 판매하기 위하여 특별히 판매시설을 갖춘 장소를 직매장이라 하며 직매장은 사업장으로 본다.

② 재화의 보관・관리시설을 갖춘 장소로서 사업자가 관할세무서장에게 그 설치신고를 한 장소를 하치장이라 하며 하치장은 사업장으로 본다.

③ 사업자가 기존 사업장 외에 각종 경기대회 등 행사가 개최되는 장소에서 임시사업장을 개설하는 경우에는 그 임시사업장은 기존사업장에 포함되는 것으로 한다.

④ 사업장이란 사업자 또는 그 사용인이 상시 주재하여 거래의 전부 또는 일부를 행하는 장소를 말한다.

해설

하치장은 사업장으로 보지 않는다.

36 다음 부가가치세법상 주사업장총괄납부에 관한 설명 중 옳지 않은 것은?

① 주사업장총괄납부란 한 사업자가 둘 이상의 사업장을 가지고 있는 경우 각 사업장의 납부세액 또는 환급세액을 통산하여 주된 사업장에서 납부하거나 환급받는 제도이다.

② 주사업장총괄납부를 받고자 하는 자는 신규사업장을 개설하는 경우 즉시 주사업장총괄납부를 주된 사업장의 관할세무서장에게 신청가능하다.

③ 주사업장총괄납부는 납부 및 환급만을 주사업장에서 총괄납부 한다는 의미이므로 세금계산서 발행 및 부가가치세 신고 등 제반 의무는 각 사업장별로 행하여야 한다.

④ 주사업장총괄납부제도의 주된 사업장은 법인은 본점, 개인은 주사무소이므로 법인의 경우 지점은 주된 사업장으로 신청할 수 없다.

해설

법인의 경우 본점 또는 지점 모두 주사업장으로 신고할 수 있다.

37 부가가치세법상 사업자등록에 대한 설명 중 틀린 것은?

① 사업자등록을 하지 아니한 사업자는 유효한 세금계산서를 발급할 수 없다.

② 신규로 사업을 시작하려는 자는 사업개시일 전이라도 사업자등록을 할 수 있다.

③ 사업자등록에 의해 사업자등록번호가 부여되므로 등록일 이전의 매입세액은 매출세액에서 공제하지 아니한다.

④ 관할세무서는 신청일로부터 2일 이내에 신청자에게 사업자등록증을 교부하여야 한다. 다만, 기간연장이 필요할 경우 5일 이내에서 연장가능하다.

해설

과세기간 종료 후 20일 이내 사업자등록증을 신청하는 경우 해당 과세기간의 매입세액은 공제가 가능하다.

35 ② 36 ④ 37 ③ 정답

38 다음 중 부가가치세법상 사업자등록 정정 사유가 아닌 것은?

① 상호를 변경하는 때
② 사업의 종류에 변동이 있는 때
③ 상속으로 인하여 사업자의 명의가 변경되는 때
④ 사업자의 주소를 이전했을 때

해설
사업장의 주소가 이전했을 경우 정정사유가 된다.

39 부가가치세법은 재화의 공급의제 규정을 두고 있는데 다음 중 당초 매입세액이 불공제된 경우에도 재화의 공급의제에 해당하는 경우는?

① 면세사업에의 전용
② 개별소비세 대상 소형승용차 또는 그 유지에의 전용
③ 판매목적 타사업장 반출
④ 폐업 시 잔존재화

PART 2

40 다음 중 부가가치세 과세대상에 대한 설명으로 가장 옳은 것은?

① 총괄납부 승인을 얻은 자가 직매장으로 재화를 반출하는 경우에는 재화의 공급으로 보지 아니한다.
② 재화의 인도대가로서 다른 재화를 인도받거나 용역을 제공받는 교환계약에 의하여 재화를 인도 또는 양도하는 경우에는 부가가치세 과세대상에 해당하지 아니한다.
③ 재화를 공급하는 것뿐만 아니라 사업용 자산을 상속세 및 증여세 및 지방세법 및 종합부동산세법 규정에 의하여 물납하는 경우에도 부가가치세 과세대상에 포함된다.
④ 수출신고를 마치고 선적이 완료된 물품이 계약취소 등의 사유로 수출되지 않고 국내로 다시 반입하는 경우는 재화의 수입에 해당하지 않는다.

해설
주사업장총괄납부 승인을 받은 사업자가 판매의 목적으로 제품을 직매장으로 반출하는 경우 간주공급(직매장반출)으로 보지 않음

정답 38 ④ 39 ③ 40 ①

41 부가가치세법상 재화와 용역의 공급시기에 대한 연결이 가장 옳지 않은 것은?

① 위탁판매 : 수탁자 또는 대리인에게 재화가 인도되는 때
② 수출재화 : 수출재화의 선적일
③ 재화의 외상판매 : 재화가 인도되거나 이용 가능하게 되는 때
④ 통상적인 용역의 공급 : 역무의 제공이 완료되는 때

해설
위탁판매 시 수탁자가 재화나 용역을 인도하는 경우(판매 시)를 공급시기로 한다.

42 다음 중 부가가치세 과세대상에 대한 설명으로 가장 옳지 않은 것은?

① 용역의 무상공급은 원칙적으로 부가가치세 과세대상에서 제외한다.
② 자기의 사업과 관련하여 생산한 재화를 대가없이 사용인의 개인적인 목적으로 사용하는 것은 부가가치세 과세대상이다.
③ 과세사업을 위해 취득한 기계장치를 면세사업용으로 전용하는 경우 부가가치세 과세대상에 포함한다.
④ 고용관계에 의하여 근로를 제공하는 것은 부가가치세 과세대상인 용역의 공급으로 보지 아니한다.

해설
무상공급이라도 특수관계인 간의 사업용 부동산의 무상임대용역은 과세대상에 해당한다.

43 다음은 부가가치세법상 간주공급에 대한 내용이다. 틀린 것은?

① 폐업 시 잔존재화의 경우 당초 매입세액이 공제되지 아니한 경우 재화의 공급으로 보지 아니한다.
② 판매목적 타사업장 반출이 과세거래에 해당하는 경우에 세금계산서를 발급하지 않는다.
③ 직장체육비, 직장문화비와 관련된 재화를 사용인에게 무상공급하는 경우 재화의 공급으로 보지 않는다.
④ 증여하는 재화의 대가가 주된 거래인 재화공급의 대가에 포함되는 것은 재화의 공급으로 보지 않는다.

해설
세금계산서를 발급해야 한다.

41 ① 42 ① 43 ② 정답

44 부가가치세법상 재화와 용역에 관한 설명이다. 옳지 않은 것은?

① 용역이란 재화 이외의 재산적 가치가 있는 모든 역무 및 기타 행위를 말한다.
② 건설업은 건설업자가 건설자재의 전부 또는 일부를 부담하는 경우도 용역의 공급으로 본다.
③ 포괄적 사업양도는 사업장별로 그 사업에 대한 모든 권리·의무를 포괄적으로 승계시키는 것은(양도자가 세금계산서 발행하지 않은 경우) 재화의 공급이다.
④ 주식은 재화에 해당하지 아니한다.

해설

포괄적 사업양도는 사업장별로 그 사업에 대한 모든 권리·의무를 포괄적으로 승계시키는 것으로서(양도자가 세금계산서 발행하지 않은 경우) 재화의 공급으로 보지 않는다.

PART 2

45 다음은 부가가치세법상 부수공급에 관한 사례이다. 부수공급재화가 과세인 경우는?

① 교육CD판매점에서 CD와 CD에 부수되는 도서를 함께 공급하고 대가를 받은 경우
② 음악학원에서 음악교육용역에 포함하여 실습자재를 공급하는 경우
③ 은행이 은행업에 사용하던 건물을 양도하는 경우
④ 과일통조림 제조업자가 통조림제조에 사용하고 남은 과일을 그대로 판매하는 경우

해설

주된 공급인 CD가 과세대상이므로 부수되는 책도 과세대상이다.

46 다음 중 부가가치세법상 영세율 적용되는 거래로 볼 수 없는 것은?

① 무역업자가 국내의 수출품생산업자로부터 지급받는 수출대행수수료
② 외국을 항행하는 선박 내 또는 항공기 내에서 승객에게 공급하는 것
③ 수출업자와 직접 도급계약에 의하여 수출재화를 임가공하는 수출재화임가공용역
④ 내국신용장과 구매확인서에 의하여 공급하는 재화(단, 내국신용장 등은 재화의 공급시기가 속하는 과세기간 종료일 후 20일 이내에 개설·발급받은 것)

정답 44 ③ 45 ① 46 ①

47 다음 중 부가가치세 영세율과 면세에 대한 설명으로 가장 옳지 않은 것은?

① 영세율 제도가 수출산업의 지원・육성하는 효과가 있다면, 면세 제도는 부가가치세의 역진성을 완화하는 효과가 있다.

② 영세율은 완전면세제도이나 면세는 불완전면세제도이다.

③ 영세율 적용대상자는 매입세액을 공제받지만, 면세사업자는 매입세액을 공제받지 못한다.

④ 영세율과 면세에 동시에 해당되는 경우에는 영세율이 적용되므로 영세율 사업자가 면세를 적용받기 위해서는 영세율을 포기하여야 한다.

해설

영세율과 면세를 동시에 해당하는 경우에는 면세가 적용되므로 면세사업자가 영세율을 적용받기 위해서는 면세를 포기하여야 한다.

48 부가가치세법상 영세율과 면세에 관한 다음 설명 중 틀린 것은?

① 면세를 포기하면 일반과세자와 마찬가지로 부가가치세 신고의무가 생긴다.

② 면세사업자는 부가가치세법상 납세의무자는 아니며, 다만 법인세법 또는 소득세법상 사업자이다.

③ 영세율은 세금계산서 발급의무가 있으나, 면세는 세금계산서를 발행하지 못한다.

④ 영세율은 매입・매출처별 세금계산서합계표 제출의무가 있으나, 면세는 매입・매출처별 세금계산서합계표 제출의무가 없다.

해설

면세인 경우도 매입처별 세금계산서합계표 제출의무와 대리납부의무는 있다.

49 부가가치세법상 영세율이 적용되지 않는 것은?

① 내국물품을 국외로 반출하는 무역

② 국외에서 행하는 건설용역

③ 국내에서 국내로 하는 항행용역

④ 금지금을 제외한 내국신용장 또는 구매확인서에 의하여 공급하는 재화

해설

국내에서 국내로의 항행은 과세임

47 ④ 48 ④ 49 ③ 정답

50 다음 중 부가가치세법상 영세율과 면세에 관한 설명으로 잘못된 것은?

① 위탁가공무역방식의 수출은 영세율이 적용된다.
② 면세사업자는 원칙적으로 영세율을 적용 받을 수 있다.
③ 국가에 제공하는 재화 또는 용역이 무상이면 면세대상이다.
④ 영세율은 부가가치세 과세대상 거래이나 면세는 부가가치세 과세대상 거래가 아니다.

51 다음 중 부가가치세의 과세표준에 포함하는 것은?

① 매출에누리, 매출환입, 매출할인
② 반환조건부 용기대금・포장비용
③ 재화 또는 용역의 공급과 직접 관련이 없는 국고보조금과 공공보조금
④ 장기할부판매 또는 할부판매의 이자상당액

해설
외상판매 및 할부판매의 경우에는 공급한 재화의 총가액을 과세표준으로 한다.

52 다음은 부가가치세 과세사업을 영위하는 (주)위드의 20x5년 7월 1일부터 9월 30일까지의 거래내역이다. 제2기 예정신고 시 과세표준은 얼마인가?

ㄱ. 임대기간 : 20x5년 1월 1일 ~ 20x5년 12월 31일(단, 1년은 365일을 가정함)
ㄴ. 임대료선수액 : 12,000,000원(임대개시일에 1년분 임대료를 선급받음)
ㄷ. 임대보증금 : 600,000,000원
ㄹ. 9월 30일 현재 국세청장 고시 1년 만기 정기예금이자율 : 2.1%
ㅁ. 9월 30일 현재 당좌대출이자율 : 4.6%

① 500,000원　② 3,000,000원
③ 6,175,890원　④ 16,315,068원

해설
• 선수임대료 : 12,000,000 × (3/12) = 3,000,000
• 간주임대료 : 600,000,000 × 2.1% × (92/365) = 3,175,890
∴ 3,000,000 + 3,175,890 = 6,175,890

정답 50 ② 51 ④ 52 ③

53 다음은 부가가치세의 과세표준에 대한 설명이다. 가장 옳지 않은 것은?

① 경매・수용・현물출자・대물변제 기타 계약상 또는 법률상의 원인에 의하여 재화를 인도 또는 양도하는 경우 과세표준에 포함한다.

② 건설업자가 건설자재의 전부 또는 일부를 부담하는 경우에도 용역의 공급으로 보아 과세표준에 포함한다.

③ 재화를 공급하고 금전 이외의 대가를 받는 경우에는 자기가 공급한 재화의 시가를 과세표준으로 한다.

④ 공급대가의 지연지급으로 인하여 지급받는 이자로서 계약 등에 의하여 확정된 대가의 지급지연으로 인하여 지급받은 연체이자 상당액은 과세표준에 포함한다.

54 다음 자료를 이용하여 부가가치세 과세표준을 구하면 얼마인가?

ㄱ. 외상매출액(매출에누리와 매출할인이 포함된 금액) 370,000,000원
ㄴ. 매출에누리 10,000,000원
ㄷ. 매출할인 5,000,000원
ㄹ. 반환조건부 용기대금 1,000,000원이 외상매출액에 포함되어 있다.
ㅁ. 외상매출금의 지급지연으로 인해 수령한 연체이자 2,000,000원

① 160,000,000원
② 354,000,000원
③ 370,000,000원
④ 365,000,000원

해설

370,000,000 − 10,000,000 − 5,000,000 − 1,000,000 = 354,000,000

55 다음 자료는 A법인이 20x8년 10월 5일 폐업 당시의 잔존재화이다. 이 자료를 통해 부가가치세법상 부가가치세 과세표준 금액을 계산하면 얼마인가?

자산 종류	취득일	취득원가	시 가
제 품	20x7년 8월 20일	30,000,000원	40,000,000원
토 지	20x3년 1월 20일	300,000,000원	400,000,000원
건 물	20x6년 7월 20일	200,000,000원	150,000,000원

① 130,000,000원
② 180,000,000원
③ 200,000,000원
④ 280,000,000원

해설

• 제품 : 40,000,000
• 토지 : 0(∵ 면세)
• 건물 : 200,000,000 × (1 − 5% × 4) = 160,000,000
∴ 합계 : 200,000,000

53 ④ 54 ② 55 ③ 정답

56 다음의 경우 건물의 부가가치세 과세표준은 얼마인가?

> 장난감제조업자가 공장용 토지와 건물가액을 구분하지 않고 15억원(부가가치세 별도)에 매매하였다(단, 토지의 기준시가 3억원, 건물의 기준시가 2억원이다).

① 2억원 ② 3억원
③ 5억원 ④ 6억원

해설

15억원 × {2억원 / (3억원 + 2억원)} = 6억원

57 부가가치세법상 대손세액공제에 대한 설명으로 옳지 않은 것은?

① 대손세액은 대손금액에 110분의 10을 곱한 금액이다.
② 회수기일이 6개월 이상 지난 채권 중 채권가액이 50만원 이하(채무자별 채권가액의 합계액 기준)인 채권도 공제할 수 있다.
③ 사업자가 대손금액의 전부 또는 일부를 변제한 경우에는 변제한 대손금액에 관련된 대손세액을 변제한 날이 속하는 과세기간의 매입세액에 더한다.
④ 대손세액공제의 범위는 사업자가 부가가치세가 과세되는 재화 또는 용역을 공급한 후 그 공급일부터 10년이 경과된 날이 속하는 과세기간에 대한 확정신고기한까지 확정되는 대손세액으로 한다.

해설

채권가액이 30만원 이하 채권만 가능

58 위드는 20x7년 12월 5일 부가가치세가 과세되는 재화를 공급한 후 그 공급대가로 받은 약속어음 22,000,000원(VAT 포함)이 20x8년 2월 5일 부도가 발생하였다. 채무자의 재산에 저당권을 설정하고 있지 않다면 이 경우 대손세액공제를 받는 시기는 언제인가?

① 20x8년 1기 예정신고 시
② 20x8년 1기 확정신고 시
③ 20x8년 2기 예정신고 시
④ 20x8년 2기 확정신고 시

해설

부도발생일로부터 6개월이 되는 날(20x8년 8월 5일)이 속하는 확정신고 시에 대손세액공제를 받을 수 있다.

정답 56 ④ 57 ② 58 ④

59 다음은 부가가치세 과세대상인 재화의 수입과 관련된 자료이다. 부가가치세법상 세관장이 거래징수할 부가가치세는 얼마인가?

㉠ 관세의 과세가격	10,000원
㉡ 관 세	1,000원
㉢ 개별소비세	1,000원
㉣ 교육세	300원
㉤ 교통세	200원
㉥ 사업소득세	100원

① 12,500원　② 11,000원
③ 11,300원　④ 1,250원

해설
(10,000 + 1,000 + 1,000 + 300 + 200) × 10% = 1,250

60 다음 중 부가가치세법상 과세표준에 포함되는 것은?

① 재화나 용역을 공급할 때 그 품질이나 수량, 인도조건 또는 공급대가의 결제방법이나 그 밖의 공급조건에 따라 통상의 대가에서 일정액을 직접 깎아주는 금액
② 공급의 대가의 일부로 받는 운송비
③ 공급에 대한 대가를 약정기일 전에 받았다는 이유로 사업자가 당초의 공급가액에서 할인해 준 금액
④ 공급에 대한 대가의 지급이 지체되었음을 이유로 받는 연체이자

61 일반과세사업을 영위하던 개인사업자가 20x8년 2월 10일에 당해 사업을 폐업하였다. 폐업하는 시점에 사업장 내에 잔존하는 재화의 내역이 다음과 같을 때 부가가치세법상 과세표준금액은 얼마인가?

- 기계장치 : 20x7년 6월 5일 10,000,000원에 구입
  - 중고시세 7,500,000원
  - 장부상 감가상각누계잔액 2,250,000원

① 7,750,000원　② 7,500,000원
③ 5,000,000원　④ 2,250,000원

해설
10,000,000원 × (1 − 25% × 2) = 5,000,000원

59 ④　60 ②　61 ③ 정답

62 **부가가치세 과세사업자인 (주)위드가 20x8년 6월 10일에 토지와 건물을 (주)함께에게 500,000,000원(VAT 포함)에 일괄 양도한 경우에 건물의 공급가액은 얼마인가?**

구 분	토 지	건 물	합 계
장부가액	45,000,000원	50,000,000원	95,000,000원
감정평가가액	140,000,000원	100,000,000원	240,000,000원
기준시가	95,000,000원	50,000,000원	145,000,000원

① 120,000,000　　② 150,000,000

③ 180,000,000　　④ 200,000,000

해설

500,000,000 × 1억/(1.4억 + 1억 × 110%) = 200,000,000원

※ 부동산의 총공급가액이 부가가치세를 포함하고 있는 경우에는 다음과 같이 과세표준을 안분계산한다.

과세표준 =

$$\text{토지 \& 건물 등의 총공급가액(VAT 포함)} \times \frac{\text{건물 등의 감정평가가액 등}}{\text{토지의 감정평가가액 등} + \text{건물 등의 감정평가가액 등} \times 110\%}$$

63 **다음 중 부가가치세법상 공제 가능한 매입세액으로 옳은 것은?**

① 토지 관련 매입세액

② 개별소비세 과세대상이 되는 비영업용 소형자동차의 구입과 유지에 관한 매입세액

③ 사업과 관련하여 취득한 비품에 대한 매입세액

④ 면세사업과 관련한 매입세액

64 **다음 중 부가가치세법상 의제매입세액에 대한 설명으로 바르지 않은 것은?**

① 부가가치세 과세업자가 면세로 공급받은 농산물 등을 원재료로 하여 제조·가공한 재화 또는 창출한 용역의 공급이 과세되는 경우 일정한 금액을 매입세액으로 공제하는 제도이다.

② 의제매입세액공제는 누적효과와 환수효과를 제거·완화하여 최종소비자의 조세부담을 경감하기 위한 것이다.

③ 면세재화를 생산하거나 면세농산물을 그대로 양도하는 경우에도 의제매입세액공제를 받을 수 있다.

④ 제조업을 영위하는 사업자가 농어민으로부터 면세농산물 등을 직접 공급받는 경우에도 의제매입세액공제를 받을 수 있다.

해설

면세재화를 생산하거나 면세농산물을 그대로 양도하는 경우에도 의제매입세액공제를 받을 수 없다.

정답 62 ④ 63 ③ 64 ③

65 다음 중 부가가치세법상 매입세액으로 공제 가능한 것으로 옳은 것은?

① 공장부지 정지작업에 대한 매입세액
② 업무용 차량으로 구입한 개별소비세 대상 중형승용차에 대한 매입세액
③ 해당 과세기간 종료일로부터 20일 전에 사업자등록신청한 자가 해당 과세기간에 지출한 사무실 인테리어비용에 대한 매입세액
④ 신규로 사업을 시작하는 간이과세자로부터 사무용품을 구입하고 신용카드매출전표를 수취한 경우

66 세금계산서에 관한 다음 설명 중 가장 옳지 않은 것은?

① 면세사업자는 세금계산서를 발급할 수 없으며, 모든 간이과세자는 세금계산서를 발급하여야 한다.
② 필요적 기재사항 중 일부가 기재되지 아니하더라도 정당한 세금계산서로 인정되는 경우가 있다.
③ 부동산 임대용역에서 간주임대료는 세금계산서 발급의무가 면제된다.
④ 영세율과 면세에 동시에 해당되는 경우에는 면세사업자이므로 세금계산서의 발급의무가 면제된다.

해설

면세사업자는 세금계산서를 발행할 수 없다. 간이과세자는 세금계산서 발급이 원칙이나 신규 및 직전 연도 공급대가 합계액이 4,800만원 미만인 간이과세자는 영수증을 발급하여야 한다.

67 다음은 부가가치세법상 세금계산서의 발급시기에 대한 내용이다. 틀린 것은?

① 재화 또는 용역의 공급시기 전에 대가의 전부 또는 일부를 받고 당해 받은 대가에 대하여 세금계산서를 발급한 경우 그 발급하는 때를 재화 또는 용역의 공급시기로 본다.
② 사업자가 재화 또는 용역의 공급시기 이전에 세금계산서를 발급하고 그 세금계산서 발급일로부터 10일 이내에 대가를 지급받는 경우에는 그 발급한 때를 세금계산서 발급시기로 본다.
③ 장기할부판매의 경우 공급시기가 도래하기 전에 대가를 받지 않고 세금계산서를 발급하는 경우 그 발급하는 때를 재화 또는 용역의 공급시기로 본다.
④ 거래처별로 1역월 이내에서 사업자가 임의로 정한 기간의 공급가액을 합계하여 그 기간의 종료일자를 작성연월일로 하여 세금계산서를 발급하는 경우 재화 또는 용역의 공급일이 속하는 달의 다음 달 10일까지 세금계산서를 발급할 수 있다.

해설

7일 이내 대가를 지급받아야 함

65 ③ 66 ① 67 ② 정답

68 다음 중 부가가치세법상 공제가능한 매입세액은?

① 면세로 구입한 농산물의 의제매입세액
② 토지 형질변경, 공장부지 및 택지조성에 관련한 매입세액
③ 업무와 관련한 기업업무추진비 및 그와 유사한 비용에 대한 매입세액
④ 공급시기 이후 발급받은 세금계산서로서 해당 공급시기가 속하는 과세기간이 지나서 발급받은 경우의 매입세액

69 부가가치세법상 공통매입세액 안분계산 없이 해당 재화 또는 용역의 매입세액을 전부 공제하는 경우에 해당하지 않는 것은?

① 해당 과세기간 중의 공통매입세액이 5만원 미만인 경우의 매입세액
② 해당 과세기간의 총공급가액 중 면세공급가액이 100분의 5미만인 경우의 공통매입세액. 다만, 공통매입세액이 5백만원 이상인 경우는 제외한다.
③ 해당 과세기간 중의 공통매입세액이 50만원 미만인 경우의 매입세액
④ 해당 과세기간에 신규로 사업을 개시한 사업자가 해당 과세기간에 공급한 공통사용재화인 경우

PART 2

70 다음 중 부가가치세의 일반사항에 대한 설명으로 가장 옳지 않은 것은?

① 부가가치세를 신고하지 않은 사업자는 수정신고를 할 수 없다.
② 세금계산서 교부의무가 있는 자가 세금계산서를 교부하지 않은 경우 그 재화 또는 용역을 공급받는 자가 관할세무서장의 확인을 받아 세금계산서를 발행할 수 있는 제도가 있는데 이때 신청기간에는 제한이 없다.
③ 매출처별 세금계산서합계표 불성실 가산세 적용 시 세금계산서 불성실 가산세 적용이 배제된다.
④ 이미 발행된 세금계산서라도 기재사항에 착오나 정정사유가 있었다면 수정세금계산서를 발행할 수 있다.

해설
매입자발행세금계산서제도는 매입자가 거래시기가 속하는 과세기간의 종료일로부터 1년 이내에 거래사실을 객관적으로 입증할 수 있는 거래사실입증서류를 첨부하여 신청가능하다.

정답 68 ① 69 ③ 70 ②

71 다음 중 부가가치세법상 부가가치세의 환급에 대한 설명이 잘못된 것은?

① 영세율을 적용받는 경우 조기환급을 신청할 수 있다.
② 사업설비 등을 신설·취득·확장 또는 증축하는 경우에는 조기환급대상이 아니다.
③ 조기환급의 경우 조기환급 신고기한 경과 후 15일 이내에 환급한다.
④ 일반환급의 경우 확정신고기한 경과 후 30일 이내에 환급한다.

해설

사업설비 등을 신설·취득·확장 또는 증축하는 경우에는 조기환급 대상이다.

72 다음은 부가가치세법상 가산세에 대한 규정이다. 옳은 것은?

① 매입처별 세금계산서합계표를 제출하지 않은 경우 : 그 공급가액의 1%
② 세금계산서를 발급하지 않은 경우 : 그 공급가액의 1%
③ 미등록가산세 : 신청기한이 지난 다음 날부터 신청일까지의 공급가액에 대해 1%
④ 영세율이 적용되는 과세표준을 신고하지 않거나 미달하게 신고하게 된 경우에는 그 신고하지 않은 과세표준 또는 미달한 과세표준의 0.5%

해설

① 따로 가산세는 없고, 매입세액공제가 안되는 그 자체가 큰 불이익
② 2%
③ 사업개시일부터 등록을 신청한 날의 직전 일까지의 공급가액의 1%

73 부가가치세법상 일반과세자와 간이과세자를 비교한 다음 내용 중 가장 옳지 않은 것은?

번 호	구 분	일반과세자	간이과세자
①	적용대상	간이과세자 이외의 사업자	직전 1역년의 공급대가가 10,400만원 미만인 개인사업자
②	포기제도	포기제도 없음	간이과세자를 포기하고 일반과세자가 될 수 있음
③	의제매입세액공제	가 능	불가능(2021년 7월 이후)
④	세금계산서 발급	세금계산서 발급 원칙	일정금액 이상인 거래에 한해 발급

해설

공급대가가 4,800만원 미만인 간이과세자는 영수증만을 발급한다.

71 ② 72 ④ 73 ④ 정답

74 부가가치세법상 일반과세자와 간이과세자에 대한 다음 설명 중 가장 옳지 않은 것은?

① 간이과세자는 개인사업자를 대상으로 하므로 법인사업자는 간이과세를 적용받지 못한다.
② 간이과세자도 휴업 또는 사업부진으로 예정부과기간의 매출 등이 저조한 경우 예정신고를 할 수 있다.
③ 간이과세자는 업종별 부가가치율을 곱하여 납부세액을 계산한다.
④ 간이과세자도 일반과세자와 동일하게 매입세액공제를 받는다.

해설
간이과세자는 발급받은 공급대가의 0.5%만큼 매입세액공제를 받는다(2021년 7월 이후).

PART 2

75 다음 중 부가가치세법상 간이과세에 해당되는 자는?

① 부동산매매업을 하는 자로 직전 연도 공급대가가 3,000만원인 법인사업자
② 변호사를 하는 자로 직전 연도 공급대가가 3,500만원인 개인사업자
③ 도매업을 하는 자로 직전 연도의 공급대가가 4,000만원인 개인사업자
④ 의류소매업을 하는 자로 직전 연도 공급대가가 4,500만원인 개인사업자

해설
부동산매매업, 변호사업(전문직 사업자), 도매업은 간이과세 배제업종에 해당

76 다음 (   )에 들어갈 알맞은 숫자는?

> 부가가치세법상 간이과세자는 해당 과세기간의 공급대가가 (   )만원 미만인 경우, 세액과 가산세액의 납부할 의무를 면제한다.

① 1,200　　② 2,400
③ 3,000　　④ 4,800

정답 74 ④ 75 ④ 76 ④

작은 기회로부터 종종 위대한 업적이 시작된다.

– 데모스테네스 –

PART 3

원가관리회계

많이 보고 많이 겪고 많이 공부하는 것은 배움의 세 기둥이다.

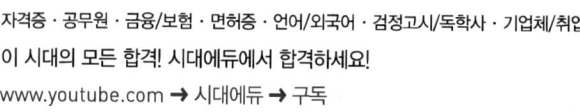

– 벤자민 디즈라엘리 –

CHAPTER 01

PART 3 원가관리회계

원가회계

01 원가회계의 개념 및 흐름

1. 원가회계 의의와 분류

(1) 원가의 정의

원가란 특정 목적(예를 들어 제조업에서 제품을 생산하는 것)을 달성하기 위해 사용한 경제적 자원을 화폐적 가치로 측정한 것을 말한다.

(2) 원가회계의 개념

① 원가회계란 제조기업에서 원가정보를 획득하기 위해 제품 생산에 소비된 원가를 기록, 집계, 계산하는 일련의 회계과정을 말한다.

② 원가회계를 '원가회계'와 '관리회계'로 구분하기도 하는데, 이때 '원가회계'는 제품의 원가계산 본연의 목적에 충실한 원가정보 시스템을 말하며, '관리회계'는 원가정보를 통한 계획과 통제를 꾀하는 경영관리기능적인 시스템을 일컫는다.

(3) 재무회계와의 비교

구 분	재무회계	원가관리회계
회계정보이용자	외부정보이용자(주주, 채권자 등)	내부정보이용자(경영자)
보고수단	재무제표 및 재무보고	특정목적의 보고서
준거기준(회계원칙)	일반적으로 인정된 회계원칙(GAAP)	없 음
보고주기	1년, 반기, 분기	수시로 보고
정보의 특성	신뢰성 강조	목적적합성 강조
원가회계가 제공하는 정보의 사용	매출원가와 재고자산의 평가(제품원가계산)를 위한 원가정보(재무제표 작성)	• 경영자의 원가관리에 필요한 원가정보의 제공(원가통제 및 평가) • 경영자의 각종 의사결정과 정책수립에 필요한 원가정보의 제공(예산편성 및 통제, 판매가격결정)
목 적	외부보고	내부통제

2. 원가회계의 목적

원가회계는 사용목적에 따라 상이한 원가정보를 제공해야 한다(상이한 목적에 상이한 원가).

(1) 제품의 원가계산

원가회계시스템은 제품원가계산을 위한 원가정보를 제공한다. 재무상태표상의 '기말재고자산'가액, 손익계산서상의 '매출원가' 파악을 위한 각종 경비의 원가 또는 비용에 관한 원가정보를 제공한다.

분류방법	구 분
원가집계방법에 따른 분류	• 개별원가계산 • 종합원가계산
원가측정시점에 따른 분류	• 실제원가계산 • 정상원가계산 • 표준원가계산
제품원가에 포함되는 원가의 범위에 따른 분류	• 전부원가계산 • 변동원가계산

(2) 의사결정(계획과 통제)

원가회계는 다음과 같은 흐름으로 경영계획수립과 통제를 위한 원가정보를 제공한다.

의사결정 과정	내 용
① 계 획	사전적으로 조직의 목표를 세부적으로 설정하는 과정으로 구체적인 실행에 앞서 조직의 목표를 반영하여야 한다. 왜냐하면 목표에 따라 구체적인 조직활동이 실행되며 필요한 자원의 배분이 이루어지게 되기 때문이다.
② 예산편성	수립된 계획을 화폐단위로 표현하는 과정이다. 계획은 대개 예산의 형태로 실행되어진다.
③ 통 제	당초 계획단계에서 수립된 목표와 실제 결과치를 비교하여 차이나는 부분을 분석·평가하여 조기 시정하거나 미래의 계획수립에 반영하는 피드백 과정

(3) 성과평가

예산관리를 통해 당초 예산자료와 실제성과 간의 차이와 그 원인을 분석하는 데 필요한 원가정보를 제공한다.

예 표준원가계산 시 차이분석, 경제적부가가치(EVA)

3. 원가회계의 용어

원가용어	내 용
원가대상	원가대상은 원가집적대상이라고도 하는데, 원가(집적)대상이란 원가가 개별적으로 집적되는 활동이나 조직의 하부단위 등으로서 원가를 부담할 수 있는 대상을 말한다. 예 제품, 활동, 부서, 프로젝트 등
원가집계	원가자료를 조직적, 체계적으로 수집하는 과정 또는 활동을 말한다. 예 책을 인쇄하기 위하여 종이를 매입하는 출판회사의 월별 종이매입원가(재료비) 총액을 파악하기 위하여 특정기간 매입된 종이원가를 수집(집계)하는 활동
원가집합	원가대상에 직접부가되거나 추적할 수 없는 간접원가들을 집계한 것. 원가집합의 원가들은 보통 두 개 이상의 원가대상에 배분되어야 할 공통비용들.
원가배분	일정한 배분기준에 따라 공통적으로 발생한 원가(공통원가) 또는 원가집합을 하나 또는 둘 이상의 원가집적대상에 배부하거나 재배부하는 과정. 즉 원가집합에 집계된 간접원가를 배분기준에 따라 원가대상에 배분하는 과정을 말한다. 예 부문공통원가의 배분, 보조부문원가의 배분, 제조간접원가의 배분
원가동인	원가대상 총원가에 변동을 일으키는 모든 요소(원가발생원인) 예 제품 : 기계시간, 생산량, 작업시간 등

4. 원가의 분류 중요

(1) 제품(부문)과의 추적가능성에 따른 분류

직접비 (직접원가)	특정제품의 제조를 위해서만 소비되어 그 제품에 직접 원가를 부과할 수 있을 만큼 추적이 가능한 원가를 직접비(직접원가)라 한다. 예 직접재료비, 직접노무비, 직접제조경비
간접비 (간접원가)	여러 제품 제조에 공통적으로 발생되어 특정제품의 원가소비액을 추적할 수 없는 원가를 간접비(간접원가)라 한다. 또한 특정 원가대상에 직접적으로 추적가능하다 하더라도 그 중요성이 없는 경우에는 비용대비 효익관점에서 간접비로 구분한다. 간접원가는 추후에 합리적인 배분기준에 따라 원가대상에 배분하여야 한다. 예 간접재료비, 간접노무비, 간접제조경비

(2) 원가 발생형태별 분류

원가는 크게 그 발생 원인에 따라 재료비와 노무비 그리고 제조경비로 구분할 수 있다. 이는 생산과정에서 투입되는 원가요소의 형태를 기준으로 분류한 것으로 제조원가의 3요소라 한다.

재료비	제품의 제조를 위해 소비된 주요재료비
노무비	제품의 제조를 위해 동원된 인적자원(노동력)에서 발생한 원가 예 종업원의 임금, 제수당 등
제조경비	제품생산을 위해 소비된 원가로 재료비와 노무비를 제외한 모든 기타 원가 예 공장의 감가상각비, 가스수도료, 수선유지비, 보험료 등

(3) 원가행태에 따른 분류

원가행태란 조업도 변화에 따른 원가 변동 여부를 나타내는 것으로서 조업도에 따라 원가가 변화하면 변동비, 조업도에 관계없이 원가가 일정하면 고정비로 구분한다.

TIP

조업도

조업도란 일정기간동안 기업이 보유하고 있는 설비능력의 이용정도를 말한다. 조업도는 매출액, 생산량, 판매량, 고객수, 직접노동시간, 기계작업시간 등 상황에 따라 다양한 영업활동 수준을 지칭하는 개념

① 변동비(변동원가)

조업도 수준이 변동함에 따라 원가발생총액(총원가)이 직접적으로 비례하여 변동하는 원가로서 조업중단 시엔 변동비가 발생하지 않으므로 단위당 원가는 조업도의 증감에 관계없이 일정

예 직접재료비, 직접노무비

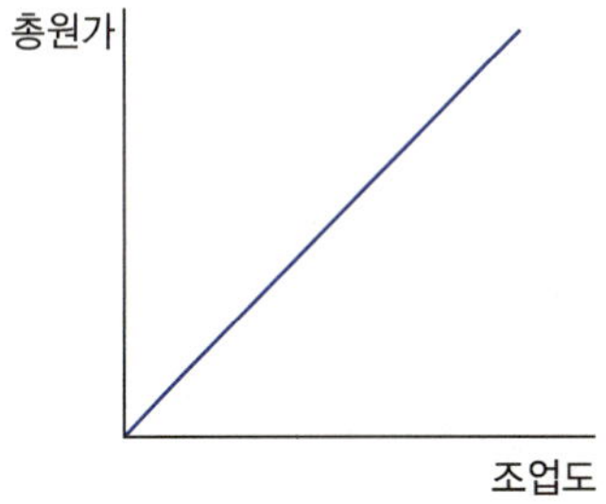

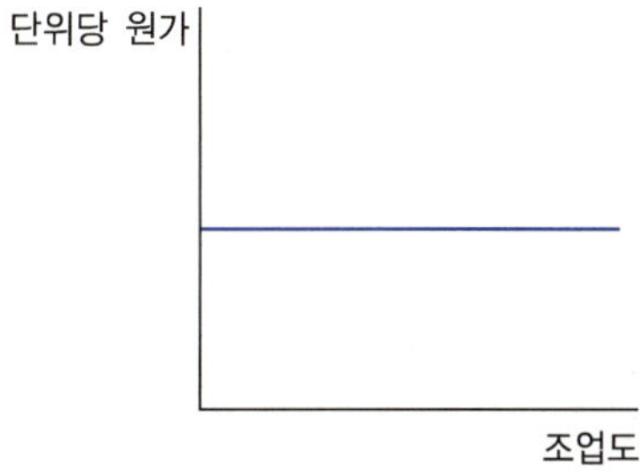

② 고정비(고정원가)

조업도 수준의 변동에 관계없이 총원가가 일정하게 발생하는 원가로서 단위당 원가는 조업도가 증가함에 따라 감소

예 감가상각비, 임차료, 보험료, 재산세 등

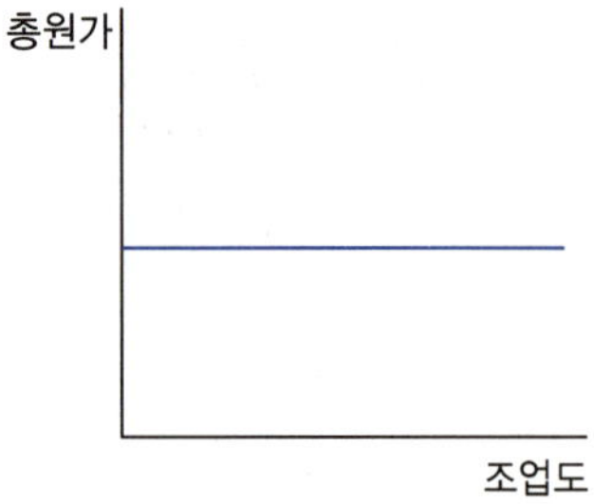

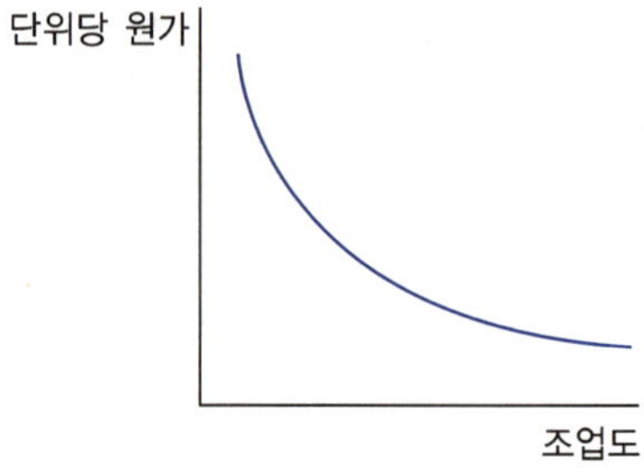

③ 준변동비(혼합원가)

변동비와 고정비 두 요소를 모두 가지고 있는 원가, 즉 조업도가 '0'일 때도 고정비 부분만큼의 원가가 발생하며, 조업도 증가에 비례하여 총원가가 증가하게 됨

예 택시비, 전화요금 등

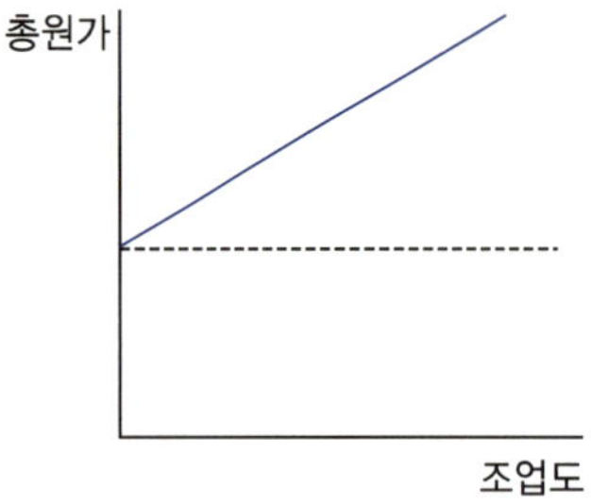

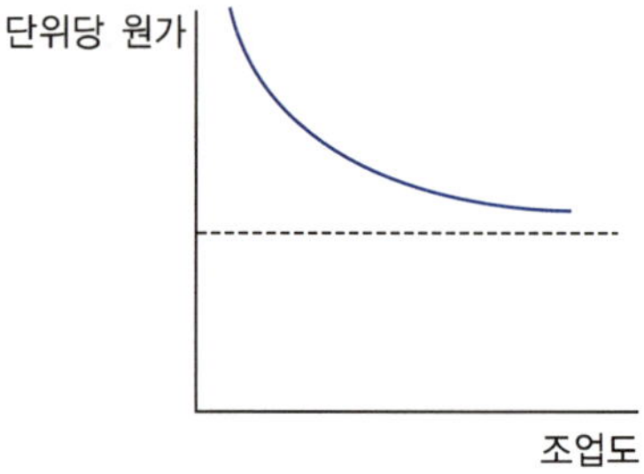

④ 준고정비(계단식원가)

조업도 수준이 일정 범위 내에 있을 때에는 일정한 금액이 발생하지만 관련 범위를 벗어나면 원가총액이 일정액만큼 증가 또는 감소하는 원가

예 난방비, 생산관리자의 인건비 등

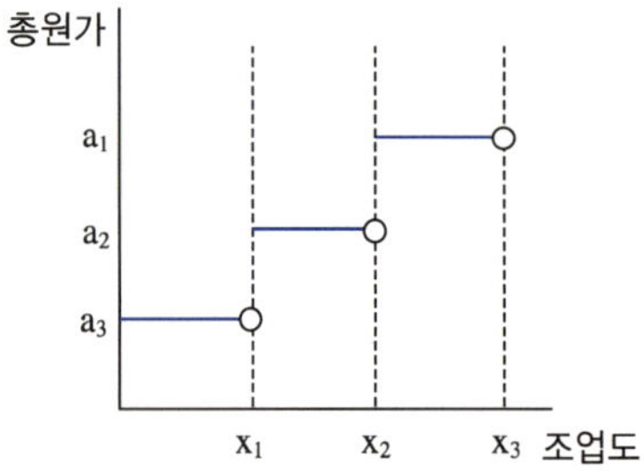

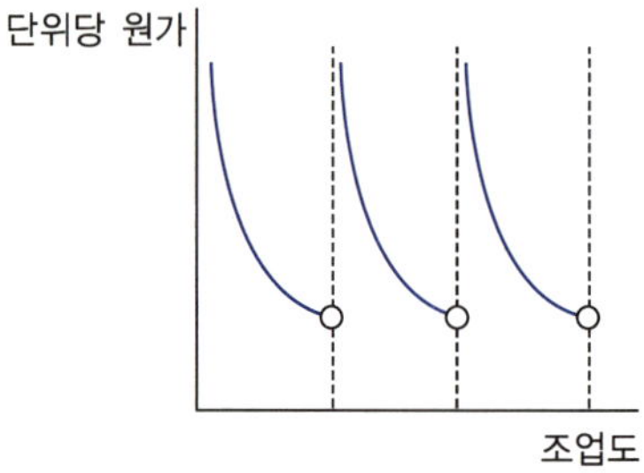

(4) 제조활동과의 관련성에 따른 분류

① 제조원가

제품의 매출에 관련되는 원가로(일반적으로 매출원가) 제품을 제조하기 위해 사용되는 원가. 제조원가에는 직접재료비, 직접노무비, 제조간접비가 포함

제조간접비는 직접재료비와 직접노무비를 제외한 모든 원가를 말하는데 이는 해당 원가와의 직접관련성이 없는 간접제조비의 성격을 띠고 있음

예 간접재료비, 간접노무비, 기타의 제조원가(공장전기비, 공장난방비, 설비자산 감가상각비, 공장 관련 각종 공과금 등)

② 비제조원가

제품 매출활동과 직접적인 관련이 없는 판매활동과 관리활동에서 발생되는 원가로 일반적으로 손익계산서상 판매관리비에서 발생하는 원가

제조원가의 제조간접비와 유사한 형태의 원가지만 다음과 같이 구분

[제조간접비와 판매관리비의 비교]

제조간접비	판매관리비
• 공장사무실의 전기비, 난방비 • 공장의 소모품비 • 공장생산직 관리자의 급여 • 공장건물, 기계 등 자산에 대한 보험료, 수선비, 감가상각비 등	• 사무실 전기비, 난방비 • 사무실 소모품비 • 영업(홍보)사원 · 관리자 급여 • 본사직원의 급여 • 사무실건물 등의 보험료, 수선비, 감가상각비 등

(5) 통제가능성에 따른 분류

① 통제가능원가

회사의 원가관리자가 일정기간에 있어 원가발생 정도에 영향을 미칠 수 있는 원가

예 직접재료비, 직접노무비 등

② 통제불능원가

원가관리자가 원가발생 정도에 영향을 미칠 수 없는 원가

예 설비자산의 감가상각비, 임차료 등

(6) 의사결정 관련성에 따른 분류

① 매몰원가

경영자의 과거 의사결정으로 이미 발생된 원가로서 현재 이후의 어떤 의사결정을 하더라도 회수할 수 없는 원가. 의사결정과는 관계가 없는 원가

예 구기계설비를 신기계설비로 교체 시 구기계설비의 미상각되어 있는 잔액

② 관련원가와 비관련원가

관련원가란 의사결정 대안 간에 차이가 나는 원가, 비관련원가는 의사결정 대안 간의 차이가 없는 원가. 비관련원가는 여러 대안들 사이에 차이가 없으므로 의사결정과정에 영향을 미치지 아니한다.

③ 회피가능원가와 회피불능원가

특정대안을 선택하지 않았을 경우 회피가능한 원가를 회피가능원가, 특정대안을 선택하더라도 계속 발생하는 원가를 회피불능원가

④ 기회원가(기회비용)와 지출원가

㉠ 기회원가 : 생산설비 등의 경제적인 자원을 대체적인 용도로 사용할 경우 얻을 수 있는 최대효익(최대금액)을 말하거나, 어떤 의사결정을 함으로 인해 다른 대체안을 포기하게 될 경우 포기한 대체안에서 얻을 수 있는 최대금액상실분을 뜻하기도 함

기회원가는 실제로 현금이나 기타 자산의 유출이 없고 장부상 기록되지 않다 하더라도 의사결정 과정에서 반드시 고려해야함

예 '생산시설을 계속 이용할 것인가, 아니면 임대할 것인가'라는 기로에서 생산시설 계속 이용이라는 선택을 할 경우 이때의 기회원가는 포기하게 된 임대수익

㉡ 지출원가 : 현금이나 기타자원의 유출을 필요로 하는 원가로서 현금지출원가라고도 한다. 기회원가와 달리 지출원가는 실제 자원의 유출을 동반하며 장부에도 기록되어 관리된다.

⑤ 차액원가(등분원가)

조업도, 설비, 생산방법 등의 원가발생 요인에 변화가 생기는 경우 발생할 수 있는 원가의 증감액. 미래에 실현가능한 대안 중에 최선의 방안이 무엇이냐를 판단하기 위한 원가개념이다.

예 제품 1,000개를 추가로 생산할 때 매출액이 1,000만원 증가하고 변동비가 300만원, 고정비가 150만원 증가했다면, 1,000 − (300 + 150) = 550만원

즉, 550만원 만큼의 이익의 차이를 일으키게 된다.

TIP

'의사결정관련성에 따른 원가'를 의사결정 관련 유무에 따라 분류하면 다음과 같다.

의사결정관련성 있음	관련원가 = 회피가능원가 = 기회원가 = 차액원가
의사결정관련성 없음	비관련원가 = 회피불능원가 = 매몰원가

5. 원가의 구성 중요

제품원가를 구성하는 원가요소는 여러 단계를 거쳐 판매가격을 구성

[판매가격의 구성 I]

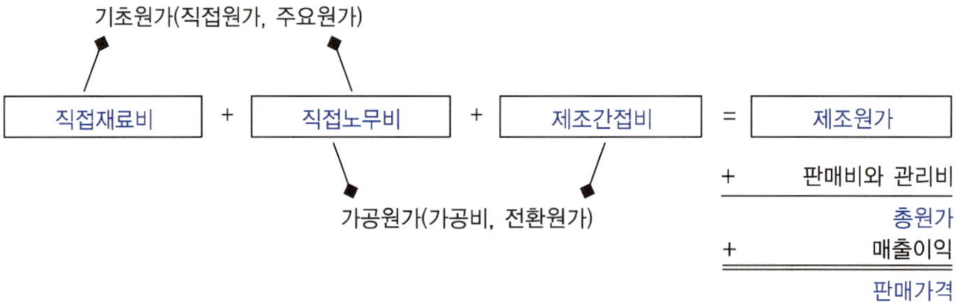

(1) 기초원가

직접재료비와 직접노무비를 합한 금액을 기초원가(주요원가)라 하는데, 이는 특정 제품을 제조하는데 있어 필수적으로 발생되는 원가라는 뜻

(2) 가공원가

직접노무비와 제조간접비를 합한 금액을 가공원가(전환원가)라 하는데, 이는 직접재료를 가공하여 완제품을 제조하는 과정에서 발생하는 원가라는 의미이며, 직접재료를 완제품으로 전환시키는 데 소비된 원가라는 뜻에서 전환원가라고도 함

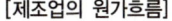

[판매가격의 구성II]

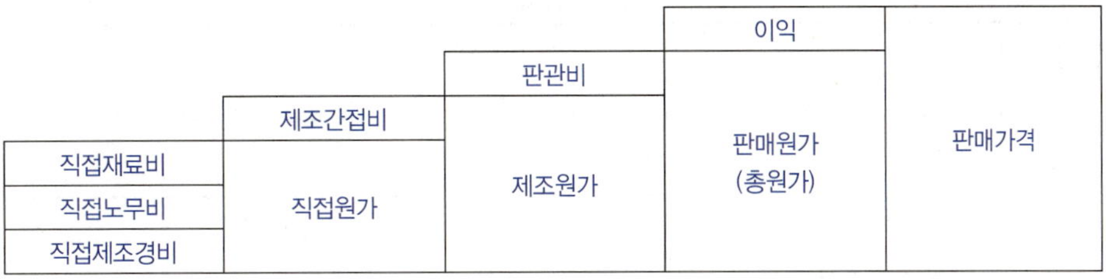

6. 원가의 흐름

(1) 제조업의 원가흐름 중요

일반적인 제조업에서 재료비, 노무비, 제조경비 등의 원가가 발생하고, 이를 관련 계정으로 대체하는 과정을 원가의 흐름이라 한다.

해당 기간 재료비, 노무비, 제조경비의 소비액이 직접비와 간접비로 구분되어 직접재료비, 직접노무비는 재공품 계정(직접재료비, 직접노무비)으로, 간접비는 제조간접비 계정으로 대체한다.

제조간접비 계정 차변에 집계된 간접비는 적정한 배부기준에 따라 재공품 계정으로 배부된다.

당기 제품생산에 사용된 제조원가는 재공품 계정에서 기말재공품을 차감한 후 제품 계정 차변의 당기제품제조원가로 대체된다.

당기 매출원가는 제품 계정에서 기초제품과 당기제품제조원가를 합산한 후 기말제품재고액을 차감하여 계산하며 이 금액은 당기 매출원가 계정으로 대체된다.

위의 원가흐름을 T-계정으로 나타내면 다음과 같다.

[제조업의 원가흐름]

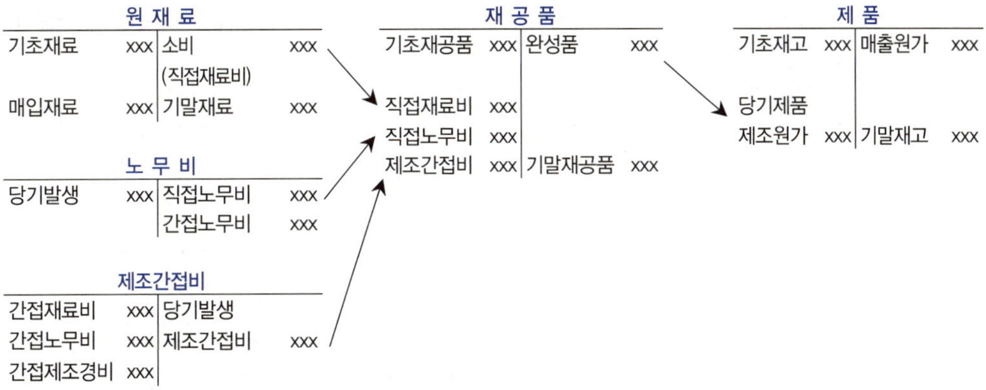

(2) 각 계정별 회계처리

① 재료비 계정

직접재료비는 재공품 계정 차변으로 대체하고, 간접재료비는 제조간접비 계정 차변으로 대체

재료의 구입	(차) 재료비(원재료)	xxx	(대) 외상매입금	xxx
재료소비액의 대체	(차) 재공품(직접재료비) 제조간접비(간접재료비)	xxx xxx	(대) 재료비(원재료)	xxx

② 노무비 계정

당월 노무비 지급액 중 직접노무비는 재공품 계정 차변에 대체하고, 간접노무비는 제조간접비 계정 차변에 대체

노무비의 지급	(차) 노무비	xxx	(대) 현 금	xxx
노무비 지급액의 대체	(차) 재공품(직접노무비) 제조간접비(간접노무비)	xxx xxx	(대) 노무비	xxx

③ 제조경비 계정

제조경비 중 직접제조경비는 재공품 계정 차변에 대체하고, 간접제조경비는 제조간접비 차변에 대체

제조경비의 지급	(차) 제조경비	xxx	(대) 현 금	xxx
제조경비 소비액 대체	(차) 재공품(직접제조경비) 제조간접비(간접제조경비)	xxx xxx	(대) 제조경비	xxx

④ 재공품 계정

㉠ 재공품 계정의 전기이월은 기초재공품재고액을 의미하고, 차기이월(미완성품)은 기말재공품재고액을 의미

㉡ 재공품 계정 차변의 직접재료비, 직접노무비, 제조간접비 합계액은 당기총제조비용(당기총제조원가)

㉢ 재공품 계정 대변의 제품(완성품)은 당기제품제조원가로 제품 계정 차변으로 대체

당기제품제조원가 대체	(차) 제 품	xxx	(대) 재공품	xxx

⑤ 제품 계정

기초제품재고액(전기완성품)과 당기제품제조원가(당기완성품) 합계액인 판매가능액 중에서 판매되는 것은 매출원가가 되고, 아직 판매되지 않는 것은 기말제품재고액(차기이월)이 된다. 산출된 매출원가는 매출원가 계정에 대체

매출원가의 대체	(차) 매출원가	xxx	(대) 제 품	xxx

TIP

원가계산 산식 요약

원가계산 구분	내 용
당기총제조원가(당기총제조비용)	직접재료비 + 직접노무비 + 제조간접비
당기제품제조원가	기초재공품 + 당기총제조원가 − 기말재공품
매출원가	기초제품 + 당기제품제조원가 − 기말제품

(3) 제조원가명세서 중요

생산요소(재료비, 노무비, 제조경비)를 투입하여 제품으로 전환되는 과정까지의 원가흐름은 모두 재공품 계정에 집계되며 당기완성품원가인 '당기제품제조원가'는 제품 계정의 차변으로 대체된다. 이를 외부 보고용으로 작성한 명세표를 제조원가명세서라 하며, '당기제품제조원가'는 손익계산서의 매출원가를 구성하여 당기순이익을 산출하는 데 사용된다. 제조원가명세서로 직접재료비, 직접노무비, 제조간접비와 '당기총제조원가', '당기제품제조원가'를 모두 파악할 수 있다.

※ 다만, 당기매출원가는 파악할 수 없으며, 이는 손익계산서에서 파악할 수 있다.

제조원가명세서는 재무제표의 필수적 부속명세서로 규정하고 있다.

[제조원가명세서]

과 목	금 액	
Ⅰ. 직접재료비		
1. 기초원재료재고액	xxx	
2. 당기원재료매입액	xxx	
합 계	xxx	
3. 기말원재료재고액	(xxx)	xxx
Ⅱ. 직접노무비		
1. 급 여	xxx	
2. 제수당 등	xxx	xxx
Ⅲ. 제조간접비		
1. 감가상각비	xxx	
2. 보험료	xxx	
3. 포장비	xxx	
4. 수선유지비 등	xxx	xxx
Ⅳ. 당기총제조원가		xxx
Ⅴ. 기초재공품재고액		xxx
합 계		xxx
Ⅵ. 기말재공품재고액		(xxx)
Ⅶ. 당기제품제조원가		xxx

02 원가배분과 부문별 원가계산

1. 원가배분의 의의와 목적

(1) 원가배분의 의의

원가배분이란 공통원가를 일정한 배분기준에 따라 하나 또는 둘 이상의 원가대상에 합리적으로 대응시키는 과정. 직접원가와 달리 공통원가(간접원가)는 특정 원가대상의 추적이 불가능하기 때문에 합리적인 배분기준에 의해 원가대상에 배분하는 것이 필요

(2) 원가배분의 목적

① 최적의 자원배분을 위한 경제적 의사결정
② 경영자와 종업원의 동기부여 및 성과평가
③ 외부보고를 위한 재고자산 및 매출원가와 이익의 측정
④ 제품가격결정 및 제품선택 의사결정

2. 원가배분기준

(1) 인과관계기준

원가배분대상과 배분대상원가 간의 인과관계를 통하여 특정원가를 원가배분대상에 대응시키는 가장 이상적인 배분기준

예 전력비(결과)의 발생원인은 전력의 사용(원인)이므로 원가대상에서 사용한 전력량을 기준으로 전력비를 원가대상에 배분

(2) 수혜기준

원가배분대상이 공통원가로부터 제공받은 경제적 효익의 정도에 비례하여 원가를 배분하는 기준으로 수익자부담원칙에 입각한 배분기준

예 회사 전체 이미지를 광고를 통해 여러 제품의 매출이 증가한 경우, 광고비의 발생원인인 광고시간을 각 제품이 얼마나 사용했는지 알 수 없으므로 광고 전과 광고 후의 각 제품 매출액의 증가액을 기준으로 광고비를 각 제품에 배분

(3) 부담능력기준

원가배분대상의 원가부담능력에 비례하여 공통원가를 배분하는 기준

예 방위성금을 회사의 각 사업부에 분담시킬 경우 수익성이 높은 사업부에 더 많은 성금을 부담시킨다.

(4) 공정성과 공평성 기준

공정성과 공평성에 의하여 공통원가를 원가배분대상에 배분해야 한다는 원칙을 강조하는 포괄적인 기준

TIP

원가집합과 원가대상

① 원가집합 : 특정 원가대상과의 인과관계가 불투명하여 추적가능성이 없거나 추적이 비경제적인 원가를 간접원가라고 하고 주로 둘 이상의 유사한 원가항목이 집계되는 계정
예 제조간접비
② 원가대상 : 제품, 제조부문, 보조부문, 활동, 각 사업부 등과 같이 원가가 집계되는 장소로 원가계산을 위한 최종적인 원가대상은 제품이며, 제품으로 원가가 최종 배분 · 집계되기 위한 중간 원가대상으로서 제조부문이나 보조부문, 활동 등이 있다.

3. 원가배분 절차

① 원가집합 설정 → ② 원가대상 설정 → ③ 배분기준과 방법 선택 → ④ 배분율(= ① ÷ 배분기준 합계) → ⑤ 원가대상별 원가배분(원가대상별 배분기준 × ④)

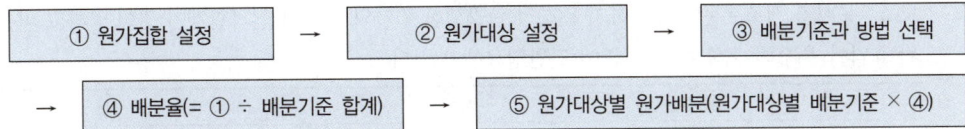

4. 부문별 원가계산의 의의와 원가부문

(1) 부문별 원가계산의 의의

제조기업의 제조활동은 크게 제조활동을 담당하는 '제조부문'과 제조부문의 지원역할을 담당하는 '보조부문'으로 구분할 수 있다.

'보조부문'은 제조부문의 제조활동을 지원하기 위해 반드시 필요한 부문이므로 보조부문에서 발생한 원가도 제품의 원가에 포함되어야 한다. 그러나 보조부문은 여러 제품의 생산과 관련되어 있으므로 어떤 제품에 얼마의 금액이 배부될 것인지 알 수 없다. 따라서 보조부문의 원가를 집계한 후 이를 합리적으로 제품에 배부하는 절차가 필요한데 이것이 '부문별 원가계산'이 필요한 이유이다.

(2) 원가부문의 구분

① 제조부문

제품의 제조활동을 직접 담당하여 생산하는 부문

예 주조, 절단, 선반, 조립 부문 등

② 보조부문

제조부문의 제조활동을 지원하는 부문

예 동력, 수선, 공장사무, 식당, 구매, 검사 부문 등

(3) 배부기준

① 부문공통비의 부문별 배부기준

부문개별비는 추적가능한 특정부문에 배부하고, 부문공통비는 다음의 배부기준에 따라 각 부문에 배부

부문공통비	배부기준
공장수선유지부문	수선횟수, 수선시간
가스비, 수도비, 전력비	가스, 수도, 전력 사용량
기계감가상각비	기계장치가액, 기계작업시간
간접노무비, 복리후생비	직접노무비, 직접작업시간, 종업원 수
간접재료비	직접재료비
건물감가상각비	건물 점유면적, 건물가액

② 보조부문비의 배부기준

보조부문비를 제조부문에 배부하기 위해서는 발생한 원가와 충분한 인과관계가 있어야 하고 비용 대비 효익이 우수해야 하며 그 기준이 간단명료해야 한다.

보조부문비	배부기준
동력부문	사용전기량
수선유지부문	수선횟수, 수선유지시간
공장사무부문	종업원 수
식당부문	종업원 수
구매부문	주문횟수, 주문비용
검사부문	검사시간, 검사수량

5. 제조간접비 원가배분 단계

부문원가의 배분과정은 다음의 3단계 절차를 거쳐 이루어진다.

[1단계] 제조간접비의 여러 원가요소를 부문별(제조/보조)로 집계한다.
[2단계] 보조부문에 집계된 원가를 다시 제조부문에 재배분한다.
(직접배부법, 단계배부법, 상호배부법)
[3단계] 제조부문원가를 제품별로 배분한다.

(1) 제조부문별 배분

각 제조부문별로 부문별 제조간접비의 발생과 인과관계가 높은 합리적인 배부기준을 각각 선택하여 배부하는 방법으로 보다 정확한 원가배부가 가능

(2) 보조부문비를 제조부문에 배분 중요

보조부문비를 제조부문에 배부하는 방법은 보조부문 상호 간의 용역 수수관계를 어느 정도 고려하느냐에 따라 다음과 같이 구분한다.

직접배분법	• 보조부문 상호 간의 용역 수수관계를 전혀 고려하지 않고 보조부문비를 직접 제조부문에만 배부하는 방법 • 배분절차가 매우 간단하나 보조부문 상호 간의 용역 수수관계가 밀접한 경우에는 부정확한 원가배분을 초래
단계배분법	• 보조부문 간의 일정한 배분순서를 정한 다음 그 배분순서에 따라 보조부문비를 배분하는 방법 • 이 방법을 적용하기 위해서는 우선 보조부문원가의 배분순서를 정해서 그 순서에 따라 그 보조부문원가를 다른 보조부문과 제조부문에 배분. 일단 특정 보조부문비가 다른 보조부문에 배분된 다음에는 다른 보조부문의 부문비가 역으로 그 특정 보조부문에 재배분되지는 않음 • 보조부문 상호 간의 용역 수수관계를 인식하므로 직접배분법보다는 정확한 원가계산이 가능하나 용역 수수관계를 완전히 반영하지 못하기 때문에 원가계산의 부정확성이 여전히 존재
상호배분법	• 보조부문 간의 용역 수수관계를 완전하게 고려하는 방법으로 보조부문비를 보조부문 상호 간에도 서로 배분하는 방법 • 일반적으로 이차연립방정식의 해를 구하는 방법으로 보조부문비를 계산 • 보조부문의 용역 수수관계를 완전히 반영한다는 점에서 가장 정확한 원가계산이 가능하며, 단계배분법처럼 원가배분순서를 결정할 필요가 없다. • 계산과정이 복잡하기 때문에 시간과 비용이 많이 소요된다는 단점이 있음

[보조부문 제조부문 원가배분방법]

구 분	직접배분법	단계배분법	상호배분법
특 징	간편한 계산	배부순서를 고려	배부가 가장 정확
보조부문 상호 간의 용역 수수관계 인식정도	전혀 인식하지 않음	일부만 인식	전부 인식

예 제

구 분		보조부문		제조부문		합 계
		동력부	수선부	조립부	포장부	
발생원가		150,000원	45,000원	100,000원	50,000원	345,000원
용역 제공 비율	동력부		800kw (20%)	1,200kw (30%)	2,000kw (50%)	4,000kw (100%)
	수선부	200시간 (20%)		700시간 (70%)	100시간 (10%)	1,000시간 (100%)

1. 직접배분법을 이용하여 보조부문원가를 제조부문에 배분하시오.
2. 단계배분법을 이용하여 보조부문원가를 제조부문에 배분하시오(단, 동력부를 먼저 배분한다).
3. 상호배분법을 이용하여 보조부문원가를 제조부문에 배분하시오.

풀이

1. 직접배분법

(1) 동력부의 원가배부

조립부 : 150,000원 × 30% / 80% = 56,250원

포장부 : 150,000원 × 50% / 80% = 93,750원

(2) 수선부의 원가배부

조립부 : 45,000원 × 70% / 80% = 39,375원

포장부 : 45,000원 × 10% / 80% = 5,625원

구 분		동력부	수선부	조립부	포장부	합계
배부 전 원가		150,000	45,000	100,000	50,000	345,000
배부액	동력부	(150,000)		56,250	93,750	
	수선부		(45,000)	39,375	5,625	
배부 후 원가		0	0	195,625	149,375	345,000

2. 단계배분법(배부순서 : 동력부 ⇒ 수선부)

(1) 동력부의 원가배부

수선부 : 150,000원 × 20% = 30,000원

조립부 : 150,000원 × 30% = 45,000원

포장부 : 150,000원 × 50% = 75,000원

PART 3

(2) 수선부의 원가배부

조립부 : 75,000원 × 70% / 80% = 65,625원

포장부 : 75,000원 × 10% / 80% = 9,375원

구 분		동력부	수선부	조립부	포장부	합계
배부 전 원가		150,000	45,000	100,000	50,000	345,000
배부액	동력부	(150,000)	30,000	45,000	75,000	
	수선부		(75,000)	65,625	9,375	
배부 후 원가		0	0	210,625	134,375	345,000

3. 상호배분법

※ 동력부문원가 : A, 수선부문원가 : B라 하면,

A = 150,000원 + 0.2B

B = 45,000원 + 0.2A

위 방정식을 풀면, A = 165,625 B = 78,125

(1) 동력부의 원가배부

수선부 : 165,625원 × 20% = 33,125원

조립부 : 165,625원 × 30% = 49,688원

포장부 : 165,625원 × 50% = 82,812원

(2) 수선부의 원가배부

동력부 : 78,125원 × 20% = 15,625원

조립부 : 78,125원 × 70% = 54,688원

포장부 : 78,125원 × 10% = 7,812원

구 분		동력부	수선부	조립부	포장부	합계
배부 전 원가		150,000	45,000	100,000	50,000	345,000
배부액	동력부	(165,625)	33,125	49,688	82,812	
	수선부	15,625	(78,125)	54,688	7,812	
배부 후 원가		0	0	204,376	140,624	345,000

(3) 원가행태에 따른 보조부문비 배부

① 단일배분율법

보조부문비를 고정비와 변동비로 구분하지 않고 하나의 기준으로 배부하는 방법

사용하기는 간편하지만 원가행태(변동비 vs 고정비)에 따른 구분이 없어 정확한 원가배분이 이루어지지 않아 최적의 의사결정이 되지 않을 수 있음

제조간접원가 배분액	제조간접원가 예정배부율 × 실제사용량

② 이중배분율법

보조부문비를 고정비와 변동비로 구분하여 각각의 원가행태별로 다른 배부기준을 적용하여 원가를 배부하는 방법. 단일배분율법보다 정확한 원가계산이 가능하다.

변동비	실제사용량 기준
고정비	제조부문에서 사용할 수 있는 최대사용가능량을 기준

TIP

직접 · 단계 · 상호배분법과 단일 · 이중배분율법의 관계

직접 · 단계 · 상호배분법은 보조부문 간의 용역 수수관계를 얼마나 반영할 것인가에 따른 구분이며, 단일 · 이중배분율법은 원가행태에 따른 배부기준의 선택문제인데, 이 두 방법은 서로 혼용하여 사용할 수 있다. 즉, '단계법에 의한 이중배부율법', '상호배분법에 의한 단일배분율법'이 가능하다는 의미이다(총 6가지 조합이 가능).

(4) 제조부문비를 제품별 배부

제조부문에 집계된 원가는 각 제조부문을 거쳐 생산된 제품의 원가에 배부되어야 한다.

배부액은 배부율에 제품별 배부기준을 곱하여 계산하는데, 배부율에는 공장 전체 단일배부율과 부문별 배부율이 있다. 이렇게 계산된 배부액은 제조간접비 계정에서 재공품 계정으로 대체한다.

① 공장 전체 제조간접비 배부율

총제조간접비를 공장 전체의 단일 배부기준으로 나누어 배부율을 산정한 후에 제조간접비를 제품에 배부하는 방법. 이 방법을 선택하면 보조부문과 제조부문을 구분할 필요 없이 공장 전체에서 발생한 총제조간접비를 사용하게 된다.

② 부문별 제조간접비 배부율

각 제조부문별로 제조간접비를 집계한 후에 각 제조부문별 특성에 따른 배부기준을 사용하여 서로 다른 제조간접비 배부율을 산정하여 제품에 배부하는 방법. 부문별 제조간접비 배부율을 선택하게 되면 각 부문의 제조간접비 발생액과 인과관계가 더 큰 배부기준을 사용하게 되므로 보다 정확한 제품의 원가를 계산할 수 있게 된다.

[각 제품별 배부액 비교]

구 분	공장 전체 배부율법	부문별 배부율법
제조간접비 배부율	㉠ $\frac{\text{공장 전체 제조간접비}}{\text{공장 전체 배부기준 총계}}$	㉡ $\frac{\text{부문별 제조간접비}}{\text{부문별 배부기준 총계}}$
제품별 배부액	제품의 배부기준 × 배부율(㉠)	Σ(제품의 부문별 배부기준 × 부문별 배부율(㉡))

03 개별원가계산

원가 요소별 계산	→	부문별 원가계산	→	제품별 원가계산
		보조부문원가배부		개별원가계산 vs 종합원가계산

1. 개별원가계산의 의의와 절차

(1) 개별원가계산의 의의

개별원가계산이란 제품원가를 개별작업별로 구분하여 집계하는 원가계산제도로서, 주로 다품종 소량 주문생산형태에 적합한 원가계산제도. 기계제작업, 조선업, 건설업, 항공기제조업 등에서 주로 이용되며 종류, 모양, 크기 등이 서로 다른 제품을 고객의 주문에 따라 개별적으로 생산하는 형태이므로 제작기간이 상대적으로 오래 걸린다.

개별원가계산은 '작업지시서(제조지시서)'를 통해 모든 원가요소를 '직접비(직접재료비+직접노무비)'와 '간접비(제조간접비)'로 구분. 직접비는 각 '작업원가표'에 직접 집계되고 간접비는 적절한 배부기준에 따라 각 '작업원가표'에 배부되는데, 제품의 원가계산을 정확하게 하기 위해서는 제조간접비의 배부액 계산이 매우 중요

(2) 개별원가계산의 특징

① 원가계산이 용이
② 제품별로 손익분석 및 계산이 쉽다
③ 이질적인 제품을 주문생산하는 경우에 목적적합
④ 제조간접비 배부가 중요
⑤ 주문에 따라 제품을 생산하는 주문생산 업종에 적합
⑥ 각 작업별로 원가가 계산되기 때문에 비용과 시간이 많이 소요됨
⑦ 원가계산자료가 상세하고 복잡해서 오류가 발생할 가능성 큼

(3) 개별원가계산과 종합원가계산의 비교 중요

① 개별원가계산과 종합원가계산 방법의 선택은 해당 기업의 생산방법(발생된 원가를 제품별로 집계하는 방법)에 따라 구분

구 분	개별원가계산	종합원가계산
제품생산방법	종류와 규격이 다른 제품을 주문생산 및 작업단위별 생산	동일한 제품을 반복하여 대량생산 (공정별 생산)
적용 업종	조선, 항공, 건설업 등	식품, 화학, 제분, 정유업 등
원가집계단위	개별제품(개별작업지시서)	기간(보통 1개월) 생산량
원가계산의 초점	원가구분 : 직접비와 간접비 제조간접비를 특정제품에 배부 (작업원가표 작성)	원가구분 : 재료비와 가공비 환산단위원가에 의해 제품에 배부 (공정별 제조원가보고서)
기말재공품의 평가	미완성 제조지시서의 집계로 파악	재료비와 가공비(전환원가)로 구분하여 계산

② 개별원가계산에서의 생산활동은 작업지시서에 의해 이루어지고, 각 작업지시서별로 직접재료비와 직접노무비를 집계하고 제조간접비 배부기준에 따라 제조간접비를 배부하여 제품원가를 계산
③ 개별원가계산에서는 이처럼 각각의 제품단위(작업지시서)별로 원가를 계산하며 이를 위해 작업원가표(원가계산표)를 작성

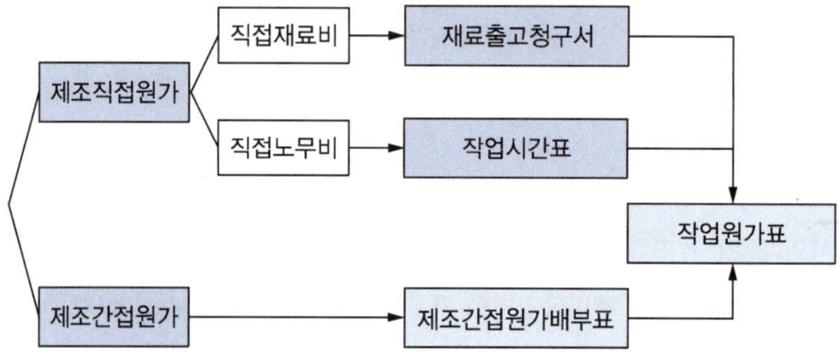

(4) 개별원가계산의 절차

개별원가계산 절차는 다음의 3단계 절차를 거쳐 이루어진다.

1단계	개별작업에 대한 직접원가(직접재료비, 직접노무비)를 파악하여 개별작업에 직접 부과
2단계	제조간접비를 파악하여 적정한 배부기준을 설정하고 배부율을 계산하여 개별작업에 배부
3단계	원가계산표에 집계된 직접비와 제조간접비 배부액의 합계인 완성품제조원가를 제품 계정으로 대체

2. 제조간접비의 제품별 원가배부

제조간접비를 제품원가에 부과하기 위해 일정한 배부기준에 따라 배부하는데, 이때 선택된 배부기준에 따라 단위당 제조간접비를 얼마씩 배부할 것인가를 결정하게 되며 이것을 제조간접비 배부율이라고 한다.

개별원가계산 시 실제제조간접비 배부율에 의해 제조간접비 계산 시	실제개별원가계산
개별원가계산 시 예정제조간접비 배부율에 의해 제조간접비 계산 시	정상개별원가계산(예정개별원가계산)

(1) 제조간접비의 배부

실제배부법	실제발생액을 산정한 다음 실제배부기준에 따라 제조간접비 배부액을 제조지시서에 배부하는 방법
예정배부법	연초에 미리 제조간접비 예정배부율을 산정해 두었다가 제품이 완성되면 미리 계산해둔 예정배부율을 사용하여 각 제품의 제조간접비 배부액을 결정하는 방법

① 실제배부법에 의한 제조간접비 배부 계산절차

실제개별원가계산하에서는 매월 말 또는 매년 말에 실제로 집계되는 제조간접비 실제발생액을 아래 절차에 따라 제품에 배부한다.

㉠ 제조간접비 실제배부율 = 실제 제조간접비 총액 ÷ 실제 배부기준 합계(실제조업도)
㉡ 제조간접비 실제배부액 = 제품별 배부기준의 실제발생량(실제조업도) × 제조간접비 실제배부율(㉠)

② 예정배부법에 의한 제조간접원가 배부 계산절차

정상개별원가(예정개별원가)계산하에서는 연초에 미리 설정한 제조간접원가 예정배부율을 이용하여 제품별로 제조간접원가를 다음의 순서에 따라 배부한다.

㉠ 제조간접원가 예정배부율 = 제조간접원가 연간예상액 ÷ 배부기준의 연간예상액(예정조업도)
㉡ 제조간접원가 예정배부액 = 제품별 배부기준의 실제발생액(실제조업도) × 제조간접원가 예정배부율(㉠)

PART 3

(2) 제조간접비 배부방법

① 제조간접비를 특정 제품에 배부하기 위해서는 제조간접비와 제품 간의 인과 관계를 명확히 보여주는 배부기준을 선정해야 한다.

> ㉠ 제조간접비 배부율 = 제조간접비 총액 ÷ 배부기준총계
> ㉡ 특정제품의 배부액 = 특정제품의 배부기준총계 × 제조간접비 배부율(㉠)

② 제조간접비의 배부방법에는 실제배부법과 예정배부법이 있으며, 배부기준의 선택에 따라 가격법(직접재료비법, 직접노무비법, 직접원가법)과 시간법(직접작업시간법, 기계작업시간법)으로 구분한다.

가격법(가액법)	각종 특정 제품을 제조하기 위하여 소비된 직접비를 배부기준으로 하는 방법
시간법	제품을 제조하기 위하여 소비된 작업시간을 제조간접비의 배부기준으로 하는 방법

예 제

개별원가계산

구 분	#101	#102	#103
직접재료비	800,000	700,000	500,000
직접노무비	800,000	1,200,000	2,000,000
직접노동시간	100시간	150시간	250시간

※ 제조간접비 발생액 : 2,400,000
※ 제조간접비 배부기준 : 직접노동시간기준
※ #101, #102는 완성, #103은 미완성, #101은 판매완료

위와 같은 조건인 경우 배부율과 작업별 제조원가, 당기제품제조원가, 기말재공품원가, 매출원가는?

풀이

① 배부율 = 2,400,000/500시간 = 4,800원
#101 → 100 × 4,800 = 480,000
#102 → 150 × 4,800 = 720,000
#103 → 250 × 4,800 = 1,200,000

② 작업별 제조원가
#101 → 800,000 + 800,000 + 480,000 = 2,080,000
#102 → 700,000 + 1,200,000 + 720,000 = 2,620,000
#103 → 500,000 + 2,000,000 + 1,200,000 = 3,700,000

③ 당기제품제조원가, 기말재공품, 매출원가

구 분	제조원가	당기제품제조원가	기말재공품	매출원가
#101	2,080,000	2,080,000		2,080,000
#102	2,620,000	2,620,000		
#103	3,700,000		3,700,000	

04 종합원가계산

1. 종합원가계산의 의의

종합원가계산은 자동차, 전자제품 등 시장수요에 따라 동종제품을 계속・반복적으로 대량생산하는 기업에 적합한 원가계산방법으로 그 특성상 동종 또는 유사한 제품을 연속적인 공정을 통해 대량생산하는 시스템에 적용되는 제품원가계산방법이므로 개별원가계산방법과는 대조를 이루고 있다.
종합원가계산은 제품별로 원가를 집계하는 것이 아니므로 직접비와 간접비로 구분할 필요가 없으며 대신 직접재료비와 가공비(직접노무비 + 제조간접비)로 분류하게 된다.

2. 종합원가계산의 특징 중요

① 연속적인 제조공정을 통해 동일 종류의 제품을 대량생산하는 업종에 적당함
② 제품단위원가(환산단위원가)를 산정해야 함
③ 제조원가를 직접재료비와 가공비(직접노무비와 제조간접비)로 분류해야 함
※ 참고 : 이는 두 제조원가의 투입시기가 상이하기 때문인데, 원재료는 공정 초 또는 공정 말에 투입되는 데 반해, 일반적으로 가공비는 공정진행에 따라 순차적으로 투입되기 때문에 노무비와 제조간접비는 전 공정을 통해 균등하게 발생하는 것으로 가정하기 때문
④ 기말재공품의 평가가 특히 중요함
⑤ 공정별 원가통제가 용이하므로 책임회계에 적합함
⑥ 개별원가계산보다 상대적으로 복잡하지 않아 계산에 있어 수월함
⑦ 제조원가가 각 공정별로 집계되며, 그 공정을 통과한 제품단위에 원가를 배분함
⑧ 평균화과정으로 원가계산을 단순화시킬 수 있음

3. 종합원가계산의 절차 중요

1단계	물량흐름을 요약
2단계	원가요소별(직접재료비・가공비)로 완성품환산량을 계산
3단계	총원가를 요약하고 배분대상원가를 결정(기초재공품원가와 당기발생원가를 파악)
4단계	원가요소별로 완성품환산량의 단위당 원가를 계산
5단계	총원가를 완성품원가와 기말재공품원가로 배분

(1) 물량흐름 요약

각 공정별로 재공품 계정의 총투입량과 총산출량을 파악. 이때 재공품 'T-계정'을 이용해서 물량의 흐름을 파악하면 계산이 편리

재공품(수량)

기초재공품수량	xxx	완성품수량*주)	xxx
당기착수량	xxx	기말재공품수량	xxx
총투입량	xxx	총산출량	xxx

*주) 선입선출법에서는 완성품수량이 '기초재공품'과 '당기착수완성품'으로 구분된다.

(2) 원가요소별 완성품환산량 계산

개별원가계산과는 달리 종합원가계산에서는 제조원가를 완성품과 기말재공품에 배부하기 위해 인위적인 배부기준이 필요한데 이때 사용하는 것이 '완성품환산량' 개념

① 완성품환산량의 개념

㉠ 완성도 : 제조공정에서 수행해야 하는 전체적인 노력(원가의 투입)을 100%로 볼 때 가공대상물이 얼마나 완성되었는가를 나타내는 지표

㉡ 완성품환산량

- 제조공정에 투입한 모든 노력의 정도를 그 기간 동안 제품을 완성하는 데에만 투입하였다면 완성되었을 완성품수량으로 나타낸 수치
- 완성품환산량은 완성품과 기말재공품에 투입된 원가가 다르기 때문에 동일한 비중으로 원가배부를 할 수 없으므로 그 비중을 같게 하기 위해 인위적인 기준이 필요하게 된 것

㉢ 완성품환산량의 산식

완성품환산량 = 물량(수량) × 완성도(진척도)

② 원가요소별 완성품환산량의 계산

직접재료비, 가공비 같은 원가요소별로 완성도가 다른 것이 일반적이므로(∵ 직접재료비는 일반적으로 공정 초에 전량 투입되고, 가공비는 공정 전반에 걸쳐 균등하게 발생된다) 완성품환산량도 원가요소별로 각각 계산하여야 함

- 평균법 = 완성품총환산량
- 선입선출법 = 당기완성품환산량

(3) 총원가 요약 및 배분대상원가를 결정

배분하려는 대상인 총원가는 원가흐름의 가정에 따라 원가요소별로 다음과 같이 다르게 적용하여야 함

- 평균법 = 기초재공품원가 + 당기투입원가 = 총원가
- 선입선출법 = 당기투입원가

(4) 완성품환산량 단위당 원가 계산

원가요소별로 집계된 원가(3)를 완성품환산량(2)으로 나누어 단위당 원가를 계산

- 평균법 = 총원가 ÷ 완성품총환산량
- 선입선출법 = 당기투입원가 ÷ 당기완성품환산량

(5) 완성품원가와 기말재공품원가로 배분

① 기초재공품원가와 당기투입원가를 원가흐름의 가정에 따라 완성품과 기말재공품에 배분한다. 이때 (2)와 (4)에서 계산된 결과치를 그대로 이용

② 완성품원가는 당기제품제조원가로 제품 계정에 대체되고, 기말재공품원가는 차기의 기초재공품으로 이월

4. 기말재공품 평가방법(원가흐름 가정에 따른 원가계산과정)

(1) 평균법

① 가 정

기초재공품과 당기투입분의 원가가 비례적으로 기말재공품에 포함되어 있다고 가정하고 기말재공품을 평가. 따라서 기초재공품원가와 당기투입발생원가를 구분하지 않고 모두 합산해서 배부할 원가로 파악

평균법은 계산과정이 간단하지만 전기작업분도 당기 완성품환산량에 포함되어 있으므로 당기의 성과를 독립적으로 평가하기에는 문제점이 있다.

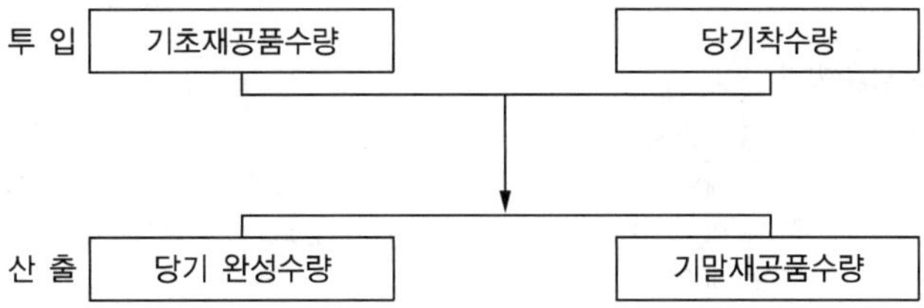

② 평가방법

┌ 완성품에 대한 완성품환산량 = 완성품수량 × 100% = 완성품수량
└ 기말재공품에 대한 완성품환산량 = 기말재공품수량 × 가공비 완성도(진척도)

※ '**완성품**'은 당해공정에서 생산이 완료된 것이므로 언제나 가공비의 완성도(진척도)가 100%이다. 따라서 언제나 완성품수량과 완성품환산량은 동일하다. 그에 비해 '**기말재공품**'은 당해 공정에서 생산이 완료되지 않고 아직 가공 중에 있으므로 가공비 완성도가 100%에 미치지 못한다.

(기초재공원가 + 당기투입원가) ÷ (완성품수량 + 기말재공품환산량)
= 환산량 단위당 원가 ································ [4단계]
∴ 기말재공품원가 = 환산량 단위당 원가 × 기말재공품 환산량 ························ [5단계]

예 제

평균법에 의한 기말재공품과 완성품원가를 계산하라.

〈조 건〉

1. 기초재공품 20,000개(가공비 완성도 60%)
   재료비 80,000원
   가공비 10,000원
2. 당기투입량 70,000개
   재료비 460,000원
   가공비 154,000원
3. 기말재공품 10,000개(가공비 완성도 20%)
4. 재료는 공사착수시점에 전량 투입된다.

풀이

[1단계] **물량흐름**을 요약

재공품

기초재공품	20,000	**당기완성**	**80,000**
당기투입	70,000	기말재공품	10,000(20%)
	90,000		90,000

← 투입과 산출의 합이 같으므로 역산하여 계산

[2단계] 원가요소별(직접재료비 · 가공비)로 **완성품환산량 계산**

	수량	완성품환산량 재료비	완성품환산량 가공비
완성품	80,000개	80,000개	80,000개
기말재공품(20%)	10,000개	10,000개	**2,000개***주)
		90,000개	82,000개

*주) 10,000개 × 20% = 2,000개(기말재공품 완성품환산량)

[3단계] **총원가**를 요약하고 **배분대상원가를 결정**(기초재공품원가와 당기발생원가를 파악)

	완성품환산량 재료비	완성품환산량 가공비
기초재공품	80,000원	10,000원
당기발생원가	460,000원	154,000원
	540,000원	164,000원

[4단계] 원가요소별로 **완성품환산량의 단위당 원가 계산**

① 재료비의 완성품환산량 단위당 원가 = 540,000원 ÷ 90,000개 = @6

② 가공비의 완성품환산량 단위당 원가 = 164,000원 ÷ 82,000개 = @2

[5단계] 총원가를 **완성품원가와 기말재공품원가로 배분**

① 완성품원가 = (80,000개 × @6) + (80,000개 × @2) = **640,000원**

② 기말재공품원가 = (10,000개 × @6) + (2,000개 × @2) = **64,000원**

(2) 선입선출법

① 가 정

전기에 착수한 기초재공품이 당기에 착수한 제품보다 먼저 생산되어 완성된다고 가정하고 기초재공품 원가를 먼저 완성품원가에 배부한 후에 당기투입원가를 완성품원가와 기말재공품에 배부하는 방법. 완성품환산량이 당기 중의 완성된 완성품으로만 구성되므로 당기의 성과를 전기의 성과와 구분하여 독립적으로 평가할 수 있기 때문에 내부관리의 계획과 통제목적상 평균법보다는 우수

② 평가방법

물량의 흐름 파악 시 다음 세가지 물량을 파악해야 한다.

㉠ 기초재공품

㉡ 당기에 착수하여 당기에 완성한 제품

㉢ 기말재공품

> 당기투입원가 ÷ 당기완성품환산량(완성품수량 − 기초재공품환산량 + 기말재공품환산량)
> = 환산량 단위당 원가 .... [4단계]
> ∴ 기말재공품원가 = 환산량 단위당 원가 × 기말재공품 환산량 .... [5단계]

TIP

기초재공품이 없는 경우

기초재공품이 없는 경우에는 평균법과 선입선출법의 결과가 동일하다. 왜냐하면 배분대상이 되는 모든 원가가 당기발생원가로만 이루어져 있기 때문이다.

또한, 적시재고시스템(JIT) 및 공정의 자동화가 구축되어 기말재고가 현저히 낮아지게 될 때에도 평균법과 선입선출법의 결과차이가 거의 없어지게 된다.

PART 3

예 제

선입선출법에 의한 기말재공품과 완성품원가를 계산하라.

1. 기초재공품 20,000개(가공비 완성도 60%)
   재료비 80,000원
   가공비 10,000원
2. 당기투입량 70,000개
   재료비 460,000원
   가공비 154,000원
3. 기말재공품 10,000개(가공비 완성도 20%)
4. 재료는 공사착수시점에 전량 투입된다.

풀이

[1단계] **물량흐름**을 요약

재공품			
기초재공품	20,000(60%)	**당기완성**	**80,000**
당기투입	70,000	기말재공품	10,000(20%)
	90,000		90,000

[2단계] **완성품환산량 계산**

		수 량	완성품환산량 재료비	완성품환산량 가공비
완성품	기초재공품	**20,000개**	0(전기투입완료)	**8,000개***주1)
	당기투입	**60,000개**	60,000개	60,000개
기말재공품(20%)		10,000개	10,000개	**2,000개***주2)
			70,000개	70,000개

*주1) 20,000개 × (1 − 60%) = 8,000개(기초재공품 완성품환산량)
*주2) 10,000개 × 20% = 2,000개(기말재공품 완성품환산량)

[3단계] **총원가**를 요약하고 **배분대상원가를 결정**(기초재공품원가와 당기발생원가를 파악)
• 당기발생원가의 계산
 ① 재료비 = 460,000원
 ② 가공비 = 154,000원
• 기초재공품원가는 전액 완성품원가로 직행하여 배분한다(∵ 선입선출법 가정).

[4단계] 원가요소별로 **완성품환산량의 단위당 원가 계산**
① 재료비의 완성품환산량 단위당 원가 = 460,000원 ÷ 70,000개 = 약 @6.57
② 가공비의 완성품환산량 단위당 원가 = 154,000원 ÷ 70,000개 = @2.2

[5단계] 총원가를 **완성품원가와 기말재공품원가로 배분**
① 기초재공품원가 = 80,000 + 10,000 = 90,000
② 기초재공품 당기완성분 = 8,000개 × @2.2 = 17,600
③ 당기투입 당기완성분 = (60,000개 × @6.57) + (60,000개 × @2.2) = 526,200
∴ 완성품원가 = ① + ② + ③ = **633,800원**
∴ 기말재공품원가 = (10,000개 × @6.57) + (2,000개 × @2.2) = **70,100원**

(3) 평균법과 선입선출법의 비교

구 분	평균법	선입선출법
기본가정	기초재공품도 당기 중에 작업착수됨	전기발생원가는 전기에, 당기발생원가만 당기분에 투입됨
[1단계] 물량흐름파악	재공품(수량) 기초재공품수량 / 완성품수량 당기착수량 / 기말재공품수량	재공품(수량) 기초재공품수량 / 기초재공품수량 당기착수량 / 당기착수완성품수량 / 기말재공품수량
[2단계] 완성품환산량	당기까지의 작업분 = 완성품수량 + (기말재공품수량 × 기말재공품 완성도)	당기까지의 작업분 = 기초재공품수량 × (1 − 기초재공품완성도) + 당기착수완성품수량 + (기말재공품수량 × 기말재공품완성도)
[3단계] 원가요약	총원가(= 기초재공품원가 + 당기투입원가)	당기투입원가(only)
[4단계] 단위당 원가	총원가 ÷ 완성품환산량(당기까지 작업분)	당기투입원가 ÷ 완성품환산량(당기 중 작업분)
[5단계] 완성품원가	Σ 원가요소별(완성품환산량 × 단위당 원가)	기초재공품원가 + 당기완성한 기초재공품에 투입한 원가 + 당기착수완성품원가
[5단계] 기말재공품원가	Σ기말재공품 원가요소별(완성품환산량 × 단위당 원가)	

05 표준원가

1. 기본개념

(1) 의 의

표준원가계산제도란 직접재료비, 직접노무비, 제조간접비에 대해서 미리 설정해 놓은 표준원가를 이용하여 제품원가계산을 하는 것

(2) 실제원가계산의 문제점 해결

① 완성되기 전 표준원가로 계상되기 때문에 원가계산이 신속하고 간편해진다.

② 표준원가계산은 표준원가와 실제원가를 비교하여 그 차이를 분석함으로써 원가통제에 도움을 주는 정보를 제공해 주므로 실제원가계산의 비능률요소를 제거할 수 있다.

(3) 표준원가계산의 유용성

① 예산설정 기초자료

② 원가통제

③ 제품원가계산의 신속·간편성으로 적시의 유용한 정보 얻음 → 기장업무 간소화

④ 재무제표 작성 시 원가정보 제공(매출원가 재고자산가액 산출근거 제공)

구 분	실제원가	표준원가
목 적	결산용(재무회계적), 재고평가용	관리회계적 분석 및 사전통제, 목표개념 부여
작성시점	사후원가 매월 또는 익월 초, 실적 발생 후	사전원가 실적 발생 전 반드시 생성해야 함
금액평가시점	실제원가 마감작업을 통한 금액 평가	실시간 원가 확인 가능
관리측면	단 순	복잡, 많은 비용 소요, 기업 내 외부 환경변화에 따라 원가설정의 사후관리 요구

(4) 표준원가의 종류

표준원가를 설정할 때 가격, 능률, 조업도와 경영자의 목표에 관한 다양한 수준에서 어떠한 수치를 택하는가에 따라 이상적 표준, 정상적 표준, 현실적 표준으로 나누어지며, 경영의 실제활동에서 열심히 노력하면 달성될 것으로 기대되는 현실적 표준을 표준원가계산제도에서는 사용한다.

(5) 표준원가의 설정

표준원가는 제품 1단위에 투입되는 원가를 의미하며 원가요소별로 설정

표준직접재료비의 설정	제품 단위당 표준직접재료비 = 제품 단위당 표준원재료수량 × 원재료 단위당 표준가격
표준직접노무비의 설정	제품 단위당 표준직접노무비 = 제품 단위당 표준직접노동시간 × 시간당 표준임률
표준제조간접비의 설정	• 제품 단위당 표준변동제조간접비 = 제품 단위당 표준조업도 × 조업도 단위당 표준배부율*주1) *주1) 표준배부율 = $\frac{\text{변동제조간접원가예산}}{\text{기준 조업도}}$ • 제품 단위당 표준고정제조간접비 = 제품 단위당 표준조업도 × 조업도 단위당 예정배부율*주2) *주2) 예정배부율 = $\frac{\text{고정제조간접원가예산}}{\text{기준 조업도}}$

2. 원가차이분석 중요

원가차이분석이란 표준원가와 실제원가를 비교하여 그 원가차이를 분석하는 것이며, 이 차이분석은 각 원가요소별로, 즉 직접재료비, 직접노무비, 변동제조간접비, 고정제조간접비의 각각에 대하여 행해진다. 원가차이는 불리한 차이(Unfavorable variance : U)와 유리한 차이(Favorable variance : F)로 나누어진다.

불리한 차이(U)	실제원가가 표준원가보다 많이 발생하여 영업이익을 감소시키는 차이
유리한 차이(F)	실제원가가 표준원가보다 적게 발생하여 영업이익을 증가시키는 차이

(1) 직접재료비차이

실제직접재료비와 실제생산량에 허용된 표준직접재료비의 차이

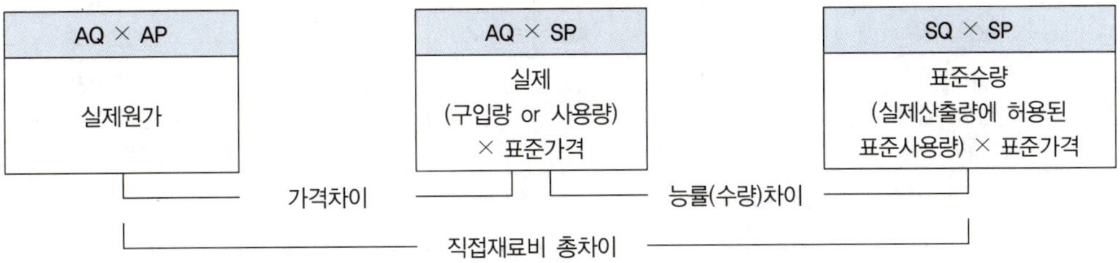

- AQ : 원재료의 실제사용량(투입량)
- AP : 원재료의 단위당 실제가격
- SQ : 실제산출량에 허용된 원재료의 표준사용량(투입량)
- SP : 원재료의 단위당 표준가격

TIP

직접재료비차이 주요 원인

가격차이	능률(수량)차이
① 시장의 상황 변동(구입량, 구입처, 구입방법의 변동)	① 생산의 비효율성
② 구매담당자의 비능률	② 부적당한 표준소비량의 설정
③ 재료품질수준의 변화	③ 규격 외 또는 불량재료 사용
④ 부적당한 표준가격의 설정	④ 작업방법의 변경

가격차이와 능률차이를 분리하는 이유

① 구입가격에 대한 통제는 구입시점에 사용에 대한 통제는 사용시점에서 이루어져야 하므로
② 구입가격에 대해 책임지는 부서와 사용량에 대해 책임지는 부서가 서로 다르기 때문

직접재료원가 가격차이 분리하는 두 가지 방법

① 구입시점에서 분리하는 경우

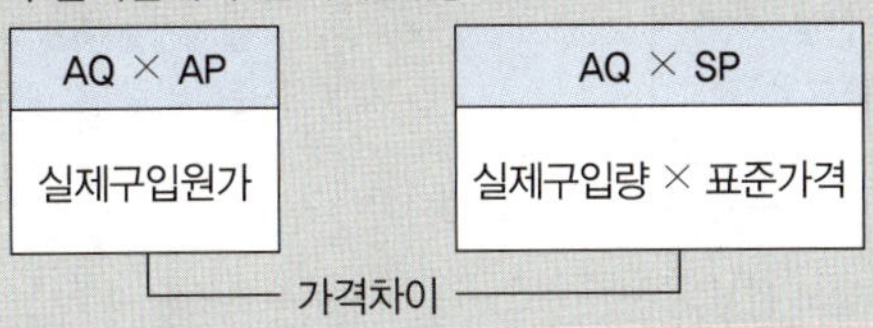

② 사용시점에서 분리하는 경우

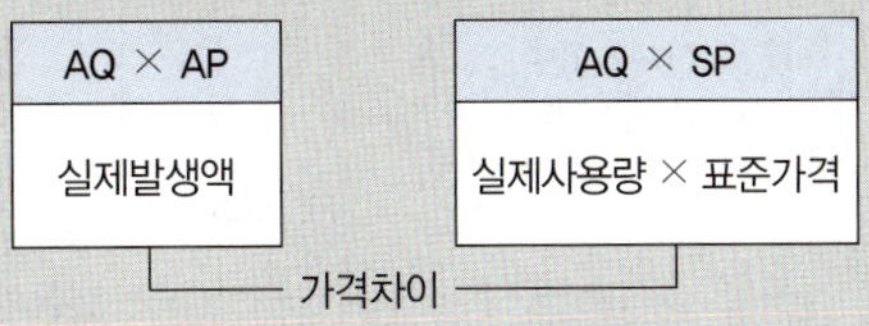

직접재료원가 능률차이

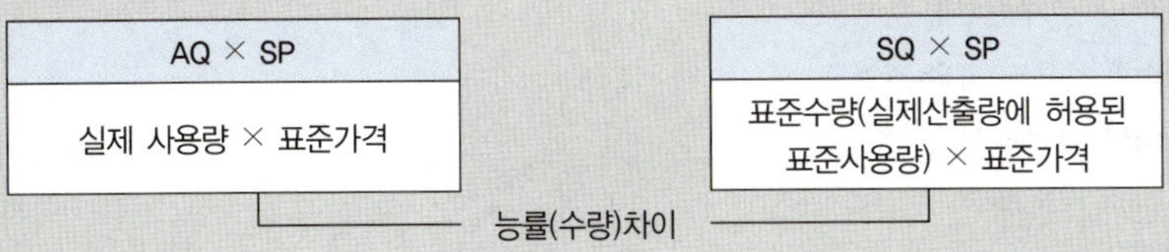

(2) 직접노무비차이

실제직접노무비와 실제생산량에 허용된 표준직접노무비의 차이

AQ × AP	AQ × SP	SQ × SP
실제원가 (= 실제작업시간 × 실제임률)	실제작업시간 × 표준임률	표준시간 (실제산출량에 허용된 표준작업시간) × 표준임률

가격(임률)차이 / 능률차이

직접노무비 총차이

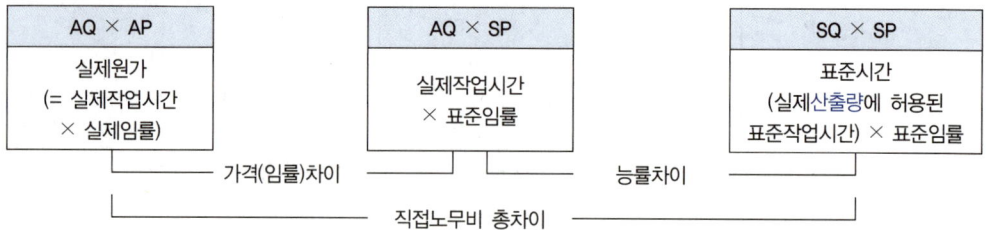

- AQ : 실제 직접노동시간
- AP : 직접노동시간당 실제임률
- SQ : 실제산출량에 허용된 표준직접노동시간
- SP : 직접노동시간당 표준임률

TIP

직접노무비차이의 원인

임률차이	능률차이
① 노사협상, 물가상승 등으로 인한 임금의 인상 ② 초과근무로 인한 시간 외 근무수당의 지급 ③ 부적당한 표준임률의 설정 ④ 긴급작업을 위한 높은 임률의 지급	① 부적당한 작업시간표준의 설정 ② 작업자의 미숙련, 태만 ③ 제품설계의 변경 ④ 생산부문 책임자의 감독소홀, 일정계획 등의 차질

(3) 변동제조간접비차이

실제변동제조간접비와 실제생산량에 허용된 표준변동제조간접비의 차이

AQ × AP	AQ × SP	SQ × SP
실제원가 (= 실제조업도 × 실제배부율)	실제조업도 × 표준배부율	실제산출량에 허용된 표준투입량 × 표준배부율

소비차이 / 능률차이

변동제조간접비 총차이

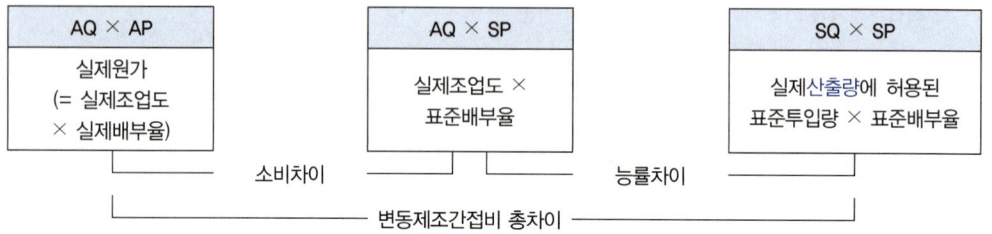

- AQ : 실제조업도
- AP : 조업도 단위당 실제배부율
- SQ : 실제산출량에 허용된 표준조업도
- SP : 조업도 단위당 표준배부율

TIP

변동제조간접비 차이의 원인

소비차이	능률차이
① 보조재료의 시장변동 ② 공손의 임금수준 및 용역비, 요금 등의 변동 ③ 제조간접비의 계절적 변동 ④ 표준배부율의 잘못된 설정	① 간접재료비의 낭비 ② 간접노동작업의 비능률 ③ 노동자의 부족 ④ 책임자의 감독소홀

(4) 고정제조간접비차이

실제고정제조간접비와 고정제조간접비배부액과 차이

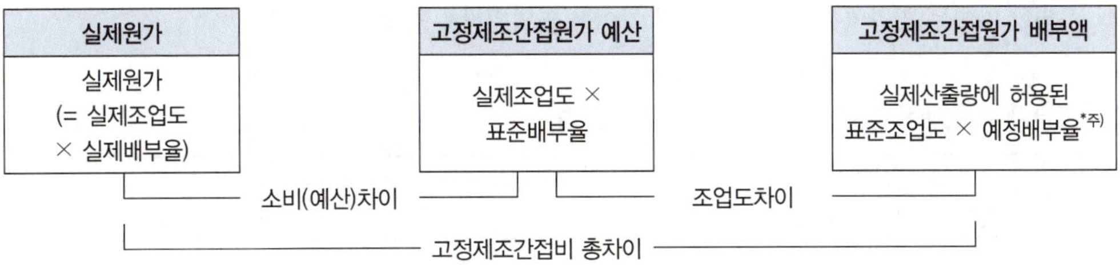

*주) 고정제조간접비 예정배부율 $=\dfrac{\text{고정제조간접비예산}}{\textbf{기준조업도}\text{(배부기준)}}$

TIP

조업도차이 발생 원인

- 시장수요의 변화
- 계절적인 변동
- 경기변동
- 설비능력의 과잉

PART 3

(5) 제조간접비의 3분법에 의한 원가차이 분석

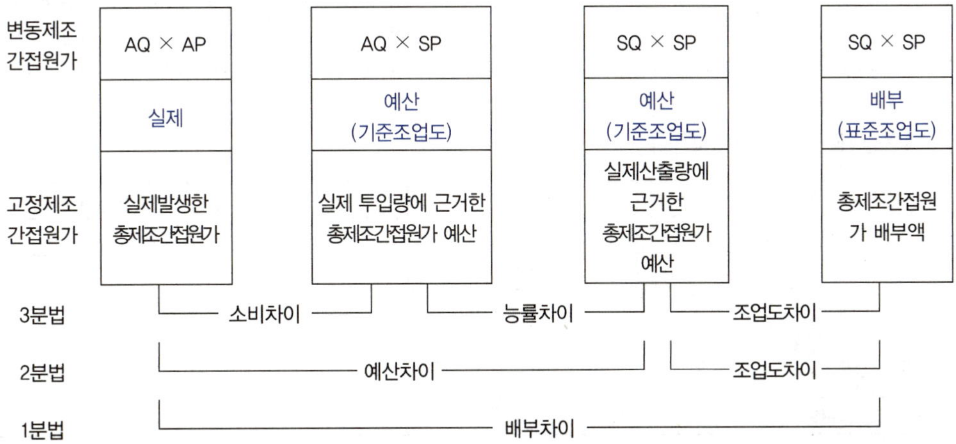

3. 원가차이의 회계처리방법

내부관리목적으로 표준원가계산을 사용했더라도 외부공표용 재무제표를 작성하기 위해서는 실제원가로 전환해야 하며, 이때 회계처리하는 방법은 비배분법(매출원가조정법, 영업외손익법)과 비례배분법(총원가 비례배분법, 원가요소별 비례배분법)으로 분류할 수 있다.

(1) 매출원가조정법

실제원가를 중시하는 입장으로 원가차이의 원가성을 인정
유리한 원가차이는 매출원가에서 차감하고, 반대로 불리한 차이는 매출원가에 가산

(2) 영업외손익법

유리한 차이는 영업외수익으로, 불리한 차이는 영업외비용 항목으로 처리

(3) 총원가 비례배분법 & 원가요소별 비례배분법

총원가 비례배분법	재고자산과 매출원가 총액의 비율대로 배분하는 방법
원가요소별 비례배분법	재고자산과 매출원가의 원가요소별 비율대로 배분하는 방법

06 변동원가와 전부원가

1. 개 념

원가분류	전부원가계산 (absorption costing)	변동원가계산 (variable costing)	초변동원가계산 (super-variable costing)
개 념	직접재료비, 직접노무비, 변동제조간접비, 고정제조간접비 등의 모든 제조원가를 제품원가에 포함시키는 방법	직접재료비, 직접노무비, 변동제조간접비, 즉 변동제조원가만을 제품원가에 포함시키고 고정제조간접비는 기간비용으로 처리하는 방법	직접재료비만을 제품원가에 포함시키고 직접노무비, 제조간접비 등의 다른 모든 원가는 기간비용으로 처리하는 방법

2. 제품원가분류의 차이 중요

<table>
<tr><th>원가유형</th><th>전부원가계산</th><th>변동원가계산</th><th>초변동원가계산</th></tr>
<tr><td>직접재료비</td><td>제품원가</td><td>제품원가</td><td>제품원가</td></tr>
<tr><td>직접노무비</td><td>제품원가</td><td>제품원가</td><td rowspan="5">기간비용</td></tr>
<tr><td>변동제조간접비</td><td>제품원가</td><td>제품원가</td></tr>
<tr><td>고정제조간접비</td><td>제품원가</td><td rowspan="3">기간비용</td></tr>
<tr><td>변동판매비 및 관리비</td><td rowspan="2">기간비용</td></tr>
<tr><td>고정판매비 및 관리비</td></tr>
</table>

3. 비 교 중요

구 분	전부원가계산 (재무보고목적)	변동원가계산 (경영관리목적)	초변동원가계산 (경영관리목적)
목적, 보고대상, 적용	외부보고, 재무회계, 제품원가계산	내부계획과 통제, 관리회계, CVP분석	내부계획과 통제, 관리회계, CVP분석
원가분류	기능별 분류, 원가부착개념	행태별 분류, 원가회피개념	행태별 분류, 원가회피개념
원가배부, 집계	변동제조원가와 고정간접원가를 모두 제품원가로, 고정판관비와 변동판관비를 기간비용으로 반영	변동제조원가는 제품원가로, 고정제조간접원가와 판관비는 기간비용으로 반영	변동원가계산의 장점을 더욱 강조하기 위해 직접재료비만으로 제품원가를 계산, 나머지는 모두 기간비용 처리
고정간접비의 자산성, 재고성	생산설비비용으로 수익창출능력 있고, 자산성 있음(제품원가를 구성)	이미 투입된 비용으로 자산성 없고 재고불능원가(기간비용으로 처리)	재고불능원가(기간비용으로 처리)
공헌이익계산	–	공헌이익	재료처리량 공헌이익
손익계산서의 개념	기능적 손익계산서	공헌이익 손익계산서	현금창출공헌이익 손익계산서

4. 손익계산서(전부원가계산 vs 변동원가계산 vs 초변동원가계산의 손익계산서 비교) 중요

전부원가계산 손익계산서

매 출 액	XXX
매출원가	
직접재료비	
직접노무비	
변동제조간접비	
고정제조간접비	XXX
매출총이익	XXX
판매관리비	XXX
영업이익	XXX

변동원가계산 손익계산서

매 출 액	XXX
[변 동 비]	
변동매출원가	
직접재료비	
직접노무비	
변동제조간접비	XXX
변동판매관리비	XXX
공헌이익	XXX
[고 정 비]	
고정제조간접비	XXX
고정판매관리비	XXX
영업이익	XXX

초변동원가계산 손익계산서

매 출 액	XXX
직접재료비	XXX
재료처리량공헌이익	XXX
[운영비용]	
직접노무비	
변동제조간접비	
고정제조간접비	
변동판매관리비	
고정판매관리비	XXX
영업이익	XXX

5. 각 원가계산방법 간 상호 비교 중요

(1) 재고수준의 변동에 따른 영업이익의 비교

재고수준의 변동	영업이익의 비교
생산량 > 판매량(기초재고 < 기말재고)	전부원가계산 > 변동원가계산 > 초변동원가계산
생산량 = 판매량(기초재고 = 기말재고)	전부원가계산 = 변동원가계산 = 초변동원가계산
생산량 < 판매량(기초재고 > 기말재고)	전부원가계산 < 변동원가계산 < 초변동원가계산

(2) 생산량 변동에 따른 영업이익의 비교

구 분	전부원가계산	변동원가계산	초변동원가계산
생산량 증가	영업이익 증가	영향 없음	영업이익 감소
이 유	기말재고에 이연되는 고정제조간접비 증가	고정제조간접비를 기간비용화	기간비용화하는 변동가공비의 증가
시사점	재고 과잉유인	경영자로 하여금 판매에 집중	재고 최소화

6. 이익차이의 조정

이익차이의 조정은 재고자산의 순증감액에 포함된 고정제조간접비를 전부원가계산하의 이익에 가감하여 이루어진다. 즉, 재고자산의 순증가(기초 < 기말)인 경우 증가한 재고자산에 포함되어 있는 고정제조간접비만큼 전부원가계산하의 이익에서 (−)시키고, 만약 재고자산 순감소(기초 > 기말)인 경우 증가한 재고자산에 포함되어 있는 고정제조간접비만큼 전부원가계산의 이익에 (+)하면 변동원가계산에서의 이익을 구할 수 있다.

(1) 전부원가계산의 이익을 변동원가계산의 이익으로 차이조정

전부원가계산하의 이익	XXX
기초재고자산에 포함된 고정제조간접비(+)	XXX
기말재고자산에 포함된 고정제조간접비(−)	(XXX)
변동원가계산하의 이익	XXX

(2) 변동원가계산의 이익을 전부원가계산의 이익으로 차이조정

변동원가계산하의 이익	XXX
기초재고자산에 포함된 고정제조간접비(−)	(XXX)
기말재고자산에 포함된 고정제조간접비(+)	XXX
전부원가계산하의 이익	XXX

(3) 초변동원가계산의 이익을 전부원가계산의 이익으로 차이조정

초변동원가계산하의 이익	XXX
기초재고자산에 포함된 변동가공원가*주1)(−)	(XXX)
기말재고자산에 포함된 변동가공원가*주1)(+)	XXX
변동원가계산하의 이익	XXX
기초재고자산에 포함된 고정제조간접비(−)	(XXX)
기말재고자산에 포함된 고정제조간접비(+)	XXX
전부원가계산하의 이익	XXX

*주1) 변동원가계산의 재고자산에 포함된 직접노무비와 변동제조간접비

초변동원가계산하의 이익	XXX
기초재고자산에 포함된 가공원가*주2)(−)	(XXX)
기말재고자산에 포함된 가공원가*주2)(+)	XXX
전부원가계산하의 이익	XXX

*주2) 전부원가계산의 재고자산에 포함된 직접노무비와 변동제조간접비 및 고정제조간접비

CHAPTER 01

단원별 적중문제

01 원가회계의 개념 및 흐름

01 공개

원가는 경영자의 의사결정 목적에 따라 다음과 같이 여러 가지로 분류할 수 있다. 다음 중 원가 분류가 올바른 것으로 짝지어진 것은?

ㄱ. 원가행태에 따른 분류
ㄴ. 추적가능성에 따른 분류
ㄷ. 의사결정과의 관련성에 따른 분류
ㄹ. 통제가능성에 따른 분류

A. 직접원가와 간접원가
B. 변동원가와 고정원가
C. 관련원가와 매몰원가
D. 미소멸원가와 소멸원가

	원가의 분류	원가 종류
①	ㄱ	A
②	ㄴ	B
③	ㄷ	C
④	ㄹ	D

해설

ㄱ. 원가행태에 따른 분류 : 변동원가와 고정원가
ㄴ. 추적가능성에 따른 분류 : 직접원가와 간접원가
ㄷ. 의사결정과의 관련성에 따른 분류 : 관련원가와 매몰원가
ㄹ. 통제가능성에 따른 분류 : 통제가능원가와 통제불능원가

01 ③ 정답

02 다음은 (주)삼일의 20x1년 제조원가 자료이다.

공개

제조원가명세서

(주)삼일 20x1년 1월 1일 ~ 20x1년 12월 31일 (단위 : 원)

Ⅰ. 직접재료원가		300,000
Ⅱ. 직접노무원가		500,000
Ⅲ. 제조간접원가		130,000
변동원가	60,000	
고정원가	70,000	
Ⅳ. 당기총제조원가		930,000

위 자료를 이용하여 (a) 기초원가와 (b) 가공원가를 계산하면 얼마인가?

① (a) 930,000원, (b) 130,000원

② (a) 800,000원, (b) 130,000원

③ (a) 800,000원, (b) 630,000원

④ (a) 300,000원, (b) 630,000원

해설

• 기초원가 = 직접재료원가 300,000원 + 직접노무원가 500,000원 = 800,000원

• 가공원가 = 직접노무원가 500,000원 + 제조간접원가 130,000원 = 630,000원

PART 3

03 (주)삼일통신은 매월 기본요금 15,000원과 10초당 18원의 통화료를 사용자에게 부과하고 있다. 이 경우 사용자에게 부과되는 매월 통화료의 원가행태는?

공개

① 준고정원가 ② 순수고정원가

③ 준변동원가 ④ 순수변동원가

해설

준변동비(혼합원가) : 변동비와 고정비 두 요소를 모두 가지고 있는 원가로서, 조업도가 '0'일 때도 고정비 부분만큼의 원가가 발생하며 조업도 증가에 따라 비례하여 총원가가 증가하게 된다.

정답 02 ③ 03 ③

04 공개

(주)삼일은 기계장치 A를 10,000,000원(추정내용연수 5년, 추정잔존가액 1,000,000원, 정액법 상각)에 취득하여 4년 동안 사용하다가 기계장치 B(취득원가 12,500,000원으로 추정)로 교체할 것인지를 의사결정하고자 한다. 이 경우 기계장치 A의 처분가액은 3,000,000원으로 추정된다. 다음 중 기계장치의 교체 의사결정 시 관련원가(relevant cost)는 무엇인가?

① 기계장치 A의 취득원가, 기계장치 A의 추정잔존가액
② 기계장치 A의 취득원가, 기계장치 A의 장부가액
③ 기계장치 A의 처분가액, 기계장치 B의 취득원가
④ 기계장치 A의 장부가액, 기계장치 A의 처분가액

해설

기계장치 A의 처분가액(현금유입)과 기계장치 B의 취득원가(현금유출)를 검토하여 의사결정하면 된다(관련원가). 기계장치 A의 취득원가는 매몰원가이다.

05 공개

다음 중 제조원가의 흐름에 관한 설명으로 가장 올바르지 않은 것은?

① 제조기업의 경영활동은 구매, 제조, 판매 및 재고과정의 세 가지 과정으로 나누어진다.
② 노동력의 구입은 구매과정에서 발생하는 것으로 직접노무원가의 대상이 된다.
③ 제조과정은 구매과정에서 구입한 생산요소들을 결합하여 제품을 제조하는 과정으로 기업의 외부에서 이루어지는 활동이다.
④ 판매 및 재고과정은 제조과정에서 산출된 제품을 기업외부에 판매하는 활동과 아직 판매되지 않은 제품을 재고자산으로 관리하는 활동이다.

해설

기업의 외부에서 이루어지는 활동이다. → 기업의 내부에서 이루어지는 활동이다.

06 공개

다음의 기업경영 사례에서 밑줄 친 부분이 의미하는 용어는 무엇인가?

> 영국, 프랑스가 공동 개발한 초음속 여객기 '콩코드'는 개발과정에서 막대한 비용을 들였고, 완성하더라도 채산을 맞출 가능성이 없었다. 그러나 이미 거액의 개발자금을 투자했기 때문에 도중에 중지하는 것은 낭비라는 이유로 개발작업이 계속 이어졌다고 한다.

① 간접원가 ② 변동원가
③ 매몰원가 ④ 기회원가

해설

의사결정과 직접적인 관계가 없는 이미 과거에 실행되어 소멸된 원가를 매몰원가라 한다.

04 ③ 05 ③ 06 ③ 정답

07 공개 다음은 (주)삼일의 20X1년 제조원가와 관련된 자료이다. 기초재공품은 얼마인가?

• 직접재료원가	30,000원	• 직접노무원가	10,000원
• 제조간접원가	20,000원	• 기말재공품	5,000원
• 당기제품제조원가	70,000원	• 기말제품	4,000원

① 10,000원 ② 11,000원
③ 14,000원 ④ 15,000원

해설
• 당기총제조원가 = 30,000 + 10,000 + 20,000 = 60,000
∴ 기초재공품 = 당기제품제조원가 70,000 + 기말재공품 5,000 − 당기총제조원가 60,000 = 15,000

08 공개 (주)삼일은 매출원가에 20%의 이익을 가산하여 제품을 판매한다. 다음 자료를 이용하여 기말재공품원가를 구하면 얼마인가?

• 직접재료원가	90,000원	• 직접노무원가	100,000원
• 제조간접원가	80,000원	• 기초재공품원가	50,000원
• 기초제품원가	20,000원	• 기말제품원가	50,000원
• 매출액	300,000원		

① 30,000원 ② 40,000원
③ 80,000원 ④ 270,000원

해설
• 매출원가 = [300,000 / (1 + 20%)] = 250,000
• 당기제품제조원가 = (250,000 + 50,000) − 20,000 = 280,000
∴ 기말재공품 = [50,000 + (90,000 + 100,000 + 80,000)] − 280,000 = 40,000

정답 07 ④ 08 ②

09 공개

다음은 (주)삼일의 20x1년 1분기 제조원가명세서이다. 아래의 (A)와 (B) 금액의 합계액을 계산하면 얼마인가?

제조원가명세서

20x1년 1월 1일 ~ 20x1년 3월 3일

ㄱ. 재료비	1,800,000원
ㄴ. 노무비	2,000,000원
ㄷ. 제조경비	(A)
ㄹ. 당기총제조원가	5,200,000원
ㅁ. 기초재공품	300,000원
ㅂ. 기말재공품	1,200,000원
ㅅ. 당기제품제조원가	(B)

① 4,300,000원　　② 4,800,000원

③ 5,500,000원　　④ 5,700,000원

해설

• (A) = 5,200,000 − (1,800,000 + 2,000,000) = 1,400,000

• (B) = (5,200,000 + 300,000) − 1,200,000 = 4,300,000

∴ (A) + (B) = 5,700,000

10 공개

다음 중 준변동원가에 관한 설명으로 가장 옳은 것은?

① 조업도의 증감에 따라 원가총액과 단위당 원가가 증가한다.

② 조업도의 변동과 무관하게 원가총액이 일정하다.

③ 조업도가 없어도 원가가 일정금액 발생하고 그 이후 조업도 증감에 따라 원가총액이 증가한다.

④ 조업도가 특정범위를 벗어나면 일정액만큼 증가 또는 감소한다.

해설

조업도가 '0'일 때도 고정비 부분만큼의 원가가 발생하며, 조업도 증가에 따라 비례하여 총원가가 증가하게 된다.

11 공개

20x1년 1월 5일에 영업을 시작한 (주)삼일은 20x1년 12월 31일에 직접재료재고 5,000원, 재공품재고 10,000원, 제품재고 20,000원을 가지고 있다. 그런데 20x2년 들어 영업실적이 부진하자 동년 6월에 재료와 재공품재고를 남겨두지 않고 제품으로 생산한 뒤 싼 가격으로 제품을 모두 처분하고 공장을 폐쇄하였다. (주)삼일의 20x2년의 원가를 큰 순서대로 정리하면?

① 매출원가 > 당기총제조원가 > 제품제조원가

② 매출원가 > 제품제조원가 > 당기총제조원가

③ 당기총제조원가 > 제품제조원가 > 매출원가

④ 모두 금액이 같다.

09 ④ 10 ③ 11 ② 정답

해설

공장을 폐쇄하였으므로 기말재고는 없다. 따라서, 매출원가가 가장 크며, 기초제품재고를 뺀만큼 (당기)제품제조원가가 된다. 그리고 기말재공품이 없어 재공품 완성품이 (당기)제품제조원가인데, 기초재공품재고를 뺀 만큼이 당기총제조원가가 된다.

12 다음은 (주)삼일의 원가관련 자료이다. 직접노무원가는 가공원가의 80%라고 할 때, (주)삼일의 당기총제조원가는 얼마인가?

공개

직접재료원가	기초재고액	8,000원
	당기매입액	36,000원
	기말재고액	12,000원
직접노무원가	전기 말 미지급액	7,000원
	당기 지급액	66,000원
	당기 말 미지급액	5,000원

① 64,000원 ② 80,000원
③ 112,000원 ④ 134,000원

해설

- 직접노무비 = (66,000 − 7,000) + 5,000 = 64,000
- 제조간접비 : (64,000 + 제조간접비) × 80%, ∴ 제조간접비 = 16,000
- 당기총제조원가 = 32,000 + 64,000 + 16,000 = 112,000

13 다음 중 원가회계의 목적과 거리가 먼 것은?

① 내부경영의사결정에 필요한 원가정보 제공
② 원가통제에 필요한 원가정보 제공
③ 손익계산서상 제품원가에 대한 원가정보 제공
④ 이익잉여금처분계산서상 이익처분정보 제공

14 다음 중 원가계산에 관련된 설명 중 타당하지 않은 것은?

① 원가회계는 일반적으로 회사내부 정보이용자에게도 유용한 정보를 제공한다.
② 제조원가명세서가 작성되었더라도 제품매출원가를 알 수 있는 것은 아니다.
③ 제조원가에 해당하는 금액을 발생 즉시 비용처리하였다면 당기총제조원가를 과소계상하게 된다.
④ 제조과정에 있는 모든 제조기업의 원가계산은 기업회계기준에서 정한 동일한 원가계산방식에 의해서 하여야 한다.

정답 12 ③ 13 ④ 14 ④

15 다음 중 원가에 관한 설명 중 가장 적절하지 않은 것은?

① 재공품이란 생산 중에 있는 미완성품을 말한다.
② 공장의 전화요금을 정액제로 가입하면 이는 고정원가에 해당된다.
③ 기초원가란 재료비와 노무비를 합한 금액을 말한다.
④ 개별원가계산은 서로 다른 종류의 제품을 주문생산하는 경우에 적합하다.

해설
기초원가란 직접재료비와 직접노무비의 합을 말한다.

16 다음 중 제조원가명세서에서 확인할 수 없는 내용은?

① 기말원재료재고액　② 기말제품재고액
③ 재공품에 투입된 가공비　④ 기말재공품재고액

해설
기말제품재고액은 손익계산서 및 재무상태표에서 확인이 가능하다.

17 다음 표에 보이는 원가행태와 관련한 설명으로 잘못된 것은?

조업도(시간)	10	20	30
총원가(원)	200,000	200,000	200,000

① 조업도 수준에 관계없이 관련 범위 내에서 원가총액은 항상 일정하다.
② 생산량이 증가할수록 단위당 원가부담액은 감소한다.
③ 상기와 같은 원가행태에 속하는 예로는 전력비나 임차료가 있다.
④ 제품 제조과정에서 가공비로 분류된다.

해설
전력비는 변동비와 고정비의 성격을 동시에 지니고 있는 준변동비이다.

18 원가의 분류에 대한 설명으로 타당하지 않은 것은?

① 고정원가, 변동원가의 분류는 원가의 행태에 따른 분류이다.
② 생산수준과의 관련성에 따라 제품원가, 기간원가로 분류한다.
③ 의사결정과의 관련성에 따라 관련원가, 비관련원가로 분류한다.
④ 직접원가, 간접원가의 분류는 원가의 추적가능성에 따른 분류이다.

해설
제품원가, 기간원가의 분류는 수익과의 대응관계에 따른 분류이다.

15 ③ 16 ② 17 ③ 18 ② 정답

19 다음 중 제조원가를 구성하는 원가의 일부가 아닌 것은?

① 생산직 직원에게 제공된 식사
② 제조부서에서 발생된 기계임차료
③ 제품 매출대금에서 발생된 대손금
④ 원재료를 제공받는 거래처에게 제공한 선물대

해설
제품 매출대금에서 발생된 대손금은 판매관리비로 처리

20 원가의 개념에 대한 다음 설명 중 틀린 것은?

① 기간원가란 제품생산과 관련 없이 발생된 원가로써 발생된 기간에 비용으로 처리되는 원가를 말한다.
② 고정원가란 관련 범위 내에서 조업도 수준과 관계없이 총원가가 일정한 원가형태를 말한다.
③ 직접원가란 특정원가집적대상에 추적이 가능하거나 식별 가능한 원가이다.
④ 매몰원가란 특정의사결정과 직접적으로 관련 있는 원가를 말한다.

해설
매몰원가란 이미 발생된 원가로 현재의 의사결정에는 아무런 영향을 미치지 못하는 원가

21 원가회계상의 변동비에 대한 설명이다. 가장 옳지 않은 것은?

① 직접재료비와 직접노무비는 변동비이다.
② 생산량이 증가하면 원가총액이 비례적으로 증가한다.
③ 제조간접비에도 변동비가 포함될 수 있다.
④ 생산량이 증가하면 단위당 원가는 감소한다.

해설
변동비는 직접재료비, 직접노무비, 변동제조간접비가 있으며, 단위당 원가가 일정하므로 생산량이 증가하면 원가총액이 비례적으로 증가한다.

22 특정 원가대상에 대한 원가요소의 추적 가능여부에 따른 원가분류는?

① 통제가능원가 · 통제불능원가
② 변동원가 · 고정원가
③ 실제원가 · 표준원가
④ 직접원가 · 간접원가

해설
추적 가능한 원가를 직접원가라 하며, 추적 불가능한 원가를 간접원가라 한다.

정답 19 ③ 20 ④ 21 ④ 22 ④

23 다음 중 제조원가명세서의 당기제품제조원가에 영향을 미치지 않는 회계거래는?

① 당기에 투입된 원재료를 과소계상하였다.
② 당기의 기말재공품원가를 과소계상하였다.
③ 공장 직원의 복리후생비를 과대계상하였다.
④ 기초의 제품원가를 과대계상하였다.

해설

기초의 제품원가 계상 오류는 손익계산서의 제품매출원가에 영향을 미치나 당기제품제조원가에는 영향을 미치지 않는다.

24 다음의 설명 중 올바르지 못한 것은?

① 기말재공품이 기초재공품의 금액보다 증가하였다면, 당기총제조원가가 당기제품제조원가보다 크다.
② 종합원가계산은 동일한 종류의 제품을 대량생산하는 업종에 적합하다.
③ 기말제품원가가 과대계상되면, 당기순이익은 감소한다.
④ 제품매출원가는 기초제품원가와 당기제품제조원가의 합계액에서 기말제품재고원가를 차감하여 계산한다.

해설

기말제품원가가 과대계상되면 매출원가가 과소계상되므로, 당기순이익은 증가된다.

기초재공품 + 당기총제조원가 = 당기제품제조원가 + 기말재공품 기초제품 + 당기제품제조원가 = 매출원가 + 기말제품

25 다음 중 제조업체인 (주)위드상사의 20x5년 제조원가명세서에 영향을 미치지 않는 것은?

① 공장의 기계장치에 대한 수선을 하고 수선비 100,000원을 미지급하였다.
② 공장건물에 대한 1년분(20x5년 7월 1일 ~ 20x6년 6월 30일) 화재보험료로 1,000,000원을 지급하였다.
③ 공장직원들의 사내체육대회행사에 식사를 제공하였다.
④ 공장에 있는 제품 10,000,000원이 진부화로 인해 폐기처분되었다.

해설

제품의 폐기는 제조원가명세서에 영향을 미치지 않는다.

26 원가행태에 따른 분류 중에서 일정한 범위의 조업도 내에서는 총원가가 일정하지만 조업도 구간이 달라지면 총액(총원가)이 달라지는 원가를 무엇이라 하는가?

① 변동비　　② 고정비
③ 준변동비　　④ 준고정비

23 ④ 24 ③ 25 ④ 26 ④ 정답

27 **기초재공품액이 기말재공품액보다 더 큰 경우 다음 중 가장 적절한 설명은?**

① 기초재공품액에 당기총제조원가를 더한 금액이 당기제품제조원가가 된다.
② 당기총제조원가가 당기제품제조원가보다 더 크다.
③ 당기제품제조원가가 매출원가보다 더 크다.
④ 당기제품제조원가가 당기총제조원가보다 크다.

해설

기초재공품액 − 기말재공품액 = 당기제품제조원가 − 당기총제조원가
∴ 기초재공품액 > 기말재공품액 = 당기제품제조원가 > 당기총제조원가

28 **일반적으로 제조부문에서 발생하는 노무비에 대한 설명 중 가장 옳은 것은?**

① 제품원가계산 시 당기총제조비용에 반영된다.
② 변동비에 해당한다.
③ 손익계산서상 판매비와관리비에 해당한다.
④ 재료비 계정으로 대체된다.

29 **빵을 만들 때 빵 3개당 포장지 한 개가 소요된다고 한다면 포장지 재료비의 원가행태를 그래프로 가장 적절하게 표현한 것은?(단, x : 빵 생산량, y : 포장지 재료원가)**

①
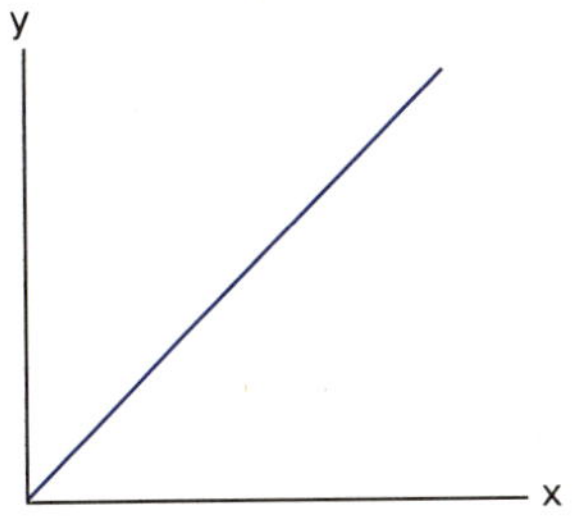

②
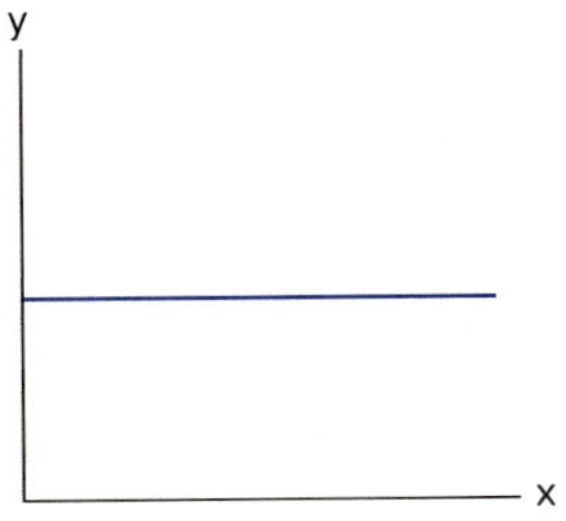

③
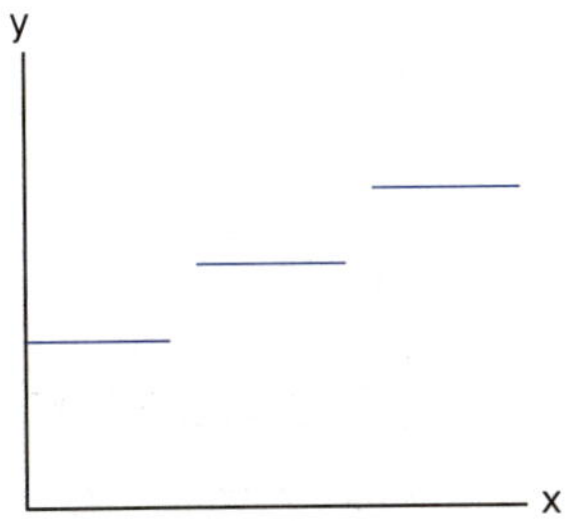

④
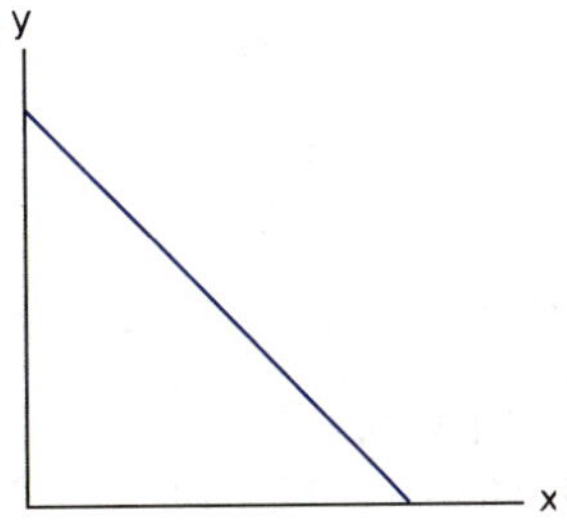

정답 27 ④ 28 ① 29 ③

30 다음 중 고정비와 변동비에 대한 설명 중 옳지 않은 것은?

① 일반적으로 고정비는 조업도와 제품의 단위당 원가가 반비례한다.
② 공장건물의 지급임차료는 고정비의 대표적인 사례이다.
③ 변동비는 조업도의 증감에 관계없이 원가총액이 일정하게 나타나는 특징이 있다.
④ 일반적으로 변동비는 조업도와 제품의 단위당 원가가 일정하게 나타난다.

31 20x5년 원가 및 재고자산에 관련된 자료가 다음과 같을 때, 20x5년의 제품제조원가는 얼마인가?

구 분	20x5년 1월 1일 재고	20x5년 매입	20x5년 12월 31일 재고
원재료	28,000원	220,000원	45,000원
재공품	150,000원		180,000원
직접노무비 발생		150,000원	
제조간접비 발생		270,000원	
제 품	200,000원		310,000원

① 703,000원 ② 623,000원
③ 593,000원 ④ 815,000원

해설

당기제품제조원가는 기초재공품재고와 당기 총제조원가를 더한 금액에서 기말재공품재고를 뺀 금액을 말한다.
- 당기 원재료 사용액 = 28,000원 + 220,000원 − 45,000원 = 203,000원
- 당기 총제조원가 = 203,000원 + 150,000원 + 270,000원 = 623,000원

∴ 당기제품제조원가 = 150,000원 + 623,000원 − 180,000원 = 593,000원

32 다음 중 직접노무비는 어느 원가에 해당하는가?

	기본원가	가공원가	제품원가	기간비용
①	예	예	예	아니오
②	예	아니오	예	아니오
③	예	아니오	예	예
④	아니오	예	예	아니오

해설

- 기본원가 : 직접재료비, 직접노무비
- 가공원가 : 직접노무비, 제조간접비

30 ③ 31 ③ 32 ① 정답

33 기회비용에 대한 설명 중 틀린 것은?

① 기회비용은 재화나 용역을 현재의 용도가 아닌 차선의 용도에 사용했더라면 얻을 수 있었던 최대금액을 말한다.
② 기회비용은 의사결정에 영향을 미친다.
③ 기회비용은 차선의 대안을 포기함으로 인해서 상실한 잠재적 효익을 말한다.
④ 기회비용은 장부상에 나타나며, 현금지출원가라고도 한다.

해설

지출원가에 대한 설명이다.

34 위드산업의 10월 중 발생한 노무비 관련 자료이다. 다음 자료를 토대로 10월 중 발생한 직접노무비를 계산하면 얼마인가?

• 10월 임금발생액	1,000,000원
• 10월의 총 작업시간	1,000시간
• 제조지시서 #101의 작업시간	500시간
• 제조지시서 #102의 작업시간	400시간
• 기계수리 및 정기점검 관련 작업시간	100시간

① 600,000원
② 900,000원
③ 1,000,000원
④ 1,100,000원

해설

직접노무비 = (500시간 + 400시간) × 1,000원 = 900,000원

35 다음 중 당기제품제조원가와 매출원가가 동일해지는 경우는 어느 것인가?

① 기초제품재고액과 기말재공품재고액이 동일한 경우
② 기말제품재고액과 기초재공품재고액이 동일한 경우
③ 기초재공품재고액과 기말재공품재고액이 동일한 경우
④ 기초제품재고액과 기말제품재고액이 동일한 경우

해설

기초제품재고액과 기말제품재고액이 동일한 경우 당기제품제조원가와 매출원가가 동일해진다. 즉, 당기 제조된 제품 전부가 판매된 경우이다.

정답 33 ④ 34 ② 35 ④

36 (주)위드는 당기에 영업을 개시하였다. 당기 중 발생한 다음 거래로 인한 기초(기본)원가는 얼마인가?

- 원재료를 1,000,000원 외상으로 구입하고, 즉시 70%를 생산에 투입하였다.
- 시간당 10,000원인 생산직 근로자 5명이 총 100시간 투입되었다.
- 투입된 원가는 직접비에 해당한다.

① 1,500,000원
② 1,700,000원
③ 3,700,000원
④ 4,000,000원

해설

기초원가 = (1,000,000원 × 70%) + (10,000원 × 100시간) = 1,700,000원

37 (주)위드는 3년 전 취득한 구기계장치를 신기계장치로 대체하기 위하여 두 종류의 신기계장치를 놓고 의사결정을 하고자 한다. (주)위드의 최고경영자가 의사결정을 함에 있어서 목적적합한 관련원가가 아닌 것은?

① 신기계장치의 구입가액
② 구기계의 구입가액
③ 신기계장치 처분가능가액
④ 신기계장치의 유지보수비

해설

구기계장치의 구입가액은 신기계장치를 선택하는 의사결정과는 무관한 원가이다(= 매몰원가).

38 다음 자료를 이용하여 매출원가를 구하면 얼마인가?

• 기초재공품원가	50,000원
• 기말재공품원가	50,000원
• 기초제품재고액	20,000원
• 기말제품재고액	15,000원
• 당기총제조비용	110,000원
• 기초원재료재고액	60,000원

① 105,000원
② 110,000원
③ 115,000원
④ 120,000원

해설

- 당기제품제조원가 = 50,000원 + 110,000원 − 50,000원 = 110,000원

∴ 매출원가 = 20,000원 + 110,000원 − 15,000원 = 115,000원

36 ② 37 ② 38 ③ 정답

39 다음 자료를 이용하여 당월에 완성된 제품의 단위당 원가를 계산하면?

- 월초제품수량 200개
- 월말제품수량 100개
- 당월제품판매수량 450개

재공품

월초재공품	150,000원		( )
	( )	월말재공품	70,000원
	490,000원		490,000원

① 1,000원 ② 1,100원

③ 1,200원 ④ 1,300원

해설

- 당월제품제조수량 : 100개(월말제품) + 450개(판매수량) − 200개(월초제품) = 350개
- 당월제품제조원가 : 490,000원 − 70,000원 = 420,000원

∴ 완성품의 단위당 원가 : 420,000원/350개 = 1,200원

40 다음을 참고로 당기 원재료 매입액을 계산하면 얼마인가?

원재료	• 기초재고 • 기말재고	700,000원 800,000원
노무비	• 전기 미지급액 • 당기 지급액 • 당기 미지급액	1,000,000원 4,000,000원 2,000,000원
제조경비		3,800,000원
재공품	• 기초재공품 • 기말재공품	500,000원 600,000원
당기제품제조원가		12,800,000원

① 4,100,000원 ② 4,200,000원

③ 4,800,000원 ④ 4,900,000원

해설

- 당기제품제조원가 = 기초재공품 + 당기총제조원가 − 기말재공품
- 당기총제조원가 = 당기제품제조원가 − 기초재공품 + 기말재공품
  = 12,800,000원 − 500,000원 + 600,000원 = 12,900,000원
- 노무비 = 당기 지급액 + 당기 미지급액 − 전기 미지급액
  = 4,000,000원 + 2,000,000원 − 1,000,000원 = 5,000,000원
- 재료비 = 당기총제조원가 − 노무비 − 제조경비
  = 12,900,000원 − 5,000,000원 − 3,800,000원 = 4,100,000원

∴ 원재료 매입액 = 재료비 − 기초재고 + 기말재고
  = 4,100,000원 − 700,000원 + 800,000원 = 4,200,000원

정답 39 ③ 40 ②

41 다음은 (주)위드의 당기 제조원가명세서의 일부 내용이다. 기본원가와 가공비의 합계액은 얼마인가?

• 직접재료비	12,000,000원
• 직접노무비	8,000,000원
• 제조간접비	10,000,000원
• 기말재공품	2,000,000원

① 20,000,000원　② 32,000,000원
③ 38,000,000원　④ 42,000,000원

해설

• 기본원가 : 직접재료비 + 직접노무비 = 20,000,000원
• 가공비 : 직접노무비 + 제조간접비 = 18,000,000원

42 조업도에 따른 원가분류에서 성격이 다른 것은 무엇인가?

① 공장건물 임차료
② 공장 화재보험료
③ 기계장치 감가상각비(생산량비례법 제외)
④ 외주가공비

해설

외주가공비는 발주물량에 따라 원가가 상승하는 변동원가이며, 나머지는 고정원가

43 아래의 괄호 안에 들어갈 말로 적절한 것은?

> 재화와 용역 등의 자원을 현재의 용도 이외에 다른 대체적인 용도에 사용할 경우 얻을 수 있는 (　　)을 기회원가라 한다.

① 최소금액　② 적정금액
③ 최대금액　④ 평균금액

41 ③ 42 ④ 43 ③ 정답

44 재무제표의 부속명세서 중 하나인 제조원가명세서에 대한 설명으로 틀린 것은?

① 당기제품제조원가는 기초원가와 가공원가의 총액을 의미한다.
② 당기제품제조원가는 손익계산서상 매출원가에 직접적인 영향을 미친다.
③ 당기총제조원가는 직접재료비, 직접노무비, 제조간접비를 합하여 계산한다.
④ 당기제품제조원가는 당기총제조원가에서 기초재공품가액을 가산하고 기말재공품가액을 차감하여 계산한다.

해설

당기제품제조원가 = 기초재공품재고액 + 당기총제조원가 − 기말재공품재고액

45 다음은 (주)위드의 제조원가명세서를 요약한 것이다. 이에 대한 설명으로 잘못된 것은?

과 목	금 액	
재료비		(가)
기초재료재고액	100,000원	
당기재료매입액	1,600,000원	
기말재료재고액	200,000원	
직접노무원가		800,000원
제조간접원가		250,000원
(나)		(다)
기초재공품재고		150,000원
기말재공품재고		200,000원
(라)		2,500,000원

① (가)에 해당하는 금액은 1,500,000원이다.
② (나)에 해당하는 과목은 당기총제조원가이다.
③ (다)에 해당하는 금액은 2,550,000원이다.
④ (라)에 해당하는 과목은 당기 매출원가이다.

해설

(라)에 해당하는 과목은 당기제품제조원가이다.

46 20x5년 10월 중의 기초원가는 10,000원이었다. 10월 중의 전환원가는 12,000원인데, 이 중 7,000원은 제조간접원가이다. 10월 중 총제조원가는 얼마인가?

① 14,000원　② 17,000원
③ 18,000원　④ 20,000원

해설

10,000 + 7,000 = 17,000

정답 44 ① 45 ④ 46 ②

47 (주)위드는 당기완성품의 전부를 그 제조원가에 20%의 이익을 가산하여 판매한다. 다음 자료에 의할 때 기초재공품의 원가는 얼마인가?(기초 및 기말 제품재고는 없다)

• 직접재료비	70,000원
• 직접노무비	50,000원
• 제조간접비	100,000원
• 기말재공품	25,000원
• 매출액	240,000원

① 0원 ② 3,000원
③ 5,000원 ④ 15,000원

해설

직접재료비	70,000
직접노무비	50,000
제조간접비	100,000
당기총제조원가	220,000
기초재공품재고액	X
기말재공품재고액	(25,000)
당기제품제조원가	200,000(= 240,000 ÷ 1.2)

∴ X = 5,000(= 200,000 + 25,000 − 220,000)

※ 당기완성품 전부를 판매하므로 당기제품제조원가와 매출원가 금액이 일치한다.

48 다음 자료를 이용하여 (주)위드의 총매출액을 산출하면 얼마인가?

• 매출총이익	3,500,000원
• 당기제품제조원가	8,000,000원
• 기초재공품	700,000원
• 기초제품	1,000,000원
• 기말재공품	850,000원
• 기말제품	1,500,000원

① 5,500,000원 ② 7,500,000원
③ 8,000,000원 ④ 11,000,000원

해설

제 품

기초잔액	1,000,000	매출원가	7,500,000
당기제품제조원가	8,000,000	기말잔액	1,500,000

∴ 매출액 : 매출원가 7,500,000 + 매출총이익 3,500,000 = 11,000,000

47 ③ 48 ④ 정답

49 다음의 자료를 이용하여 당기제품제조원가를 계산하시오.

(1) 직접재료비는 40,000원이며 당기총제조원가의 20%
(2) 제조간접비는 가공비의 30%를 차지한다.
(3) 기초재공품은 당기총제조원가의 20%이고 기말재공품은 기초재공품의 1.2배이다.

① 192,000원 ② 105,000원
③ 125,000원 ④ 288,000원

해설
- 당기총제조원가 = 직접재료비/0.2 = 40,000/0.2 = 200,000
- 기초재공품 = 200,000 × 0.2 = 40,000
- 기말재공품 = 40,000 × 1.2 = 48,000

재공품

기초잔액	40,000	당기제품제조원가	192,000
당기총제조원가	200,000	기 말	48,000
	240,000		240,000

02 원가배분과 부문별 원가계산

01 (주)삼일은 보조부문(S1, S2)과 제조부문(P1, P2)을 이용하여 제품을 생산하고 있으며, 단계배분법을 사용하여 보조부문원가를 제조부문에 배분한다. 각 부문 간의 용역 수수관계와 보조부문원가가 다음과 같을 때 P2에 배분될 보조부문원가는?(단, 보조부문원가는 S1, S2의 순으로 배분한다)

공개

구 분	보조부문		제조부문		합 계
	S1	S2	P1	P2	
부문원가	120,000원	100,000원	–	–	
S1	–	25%	50%	25%	100%
S2	20%	–	30%	50%	100%

① 92,500원 ② 95,000원
③ 111,250원 ④ 120,500원

해설
- S1에서 P2 = 120,000 × 25% = 30,000
- S2에서 P2 = (100,000 + 30,000) × 50%/(30% + 50%) = 81,250

∴ P2에 배부된 금액 = 30,000 + 81,250 = 111,250

정답 49 ① / 01 ③

02 공개

다음 중 보조부문의 원가배부 방법에 관한 설명으로 가장 올바르지 않은 것은?

① 직접배분법이란 보조부문 상호 간에 행해지는 용역의 수수를 완전히 무시하고 보조부문의 원가를 배분하는 방법이다.

② 단계배분법이란 보조부문원가의 배분순서를 정하여 그 순서에 따라 단계적으로 보조부문원가를 다른 보조부문과 제조부문에 배분하는 방법이다.

③ 직접배분법의 경우 각 제조부문이 사용한 용역의 상대적인 비율에 따라 각 보조부문원가가 다른 보조부문에 배분된다.

④ 단계배분법의 경우에도 보조부문 간의 용역 수수관계를 일부 인식하며, 보조부문 간의 배분순위 결정이 부적절한 경우 원가가 왜곡될 수 있다.

해설

직접배분법은 보조부문 상호 간의 용역 수수관계를 전혀 고려하지 않고 보조부문비를 직접 제조부문에만 배부하는 방법이다.

03 공개

공통원가를 일정한 배부기준에 따라 하나 또는 둘 이상의 원가대상에 합리적으로 대응시키는 원가배분(cost allocation)의 목적과 가장 거리가 먼 것은?

① 기업의 순이익 측정에 영향을 미치는 재고자산 가액과 매출원가를 측정하여 외부보고를 위한 재무제표를 작성하기 위하여

② 합리적 원가배분을 통하여 적정가격을 설정함으로써 제품가격의 정당성을 확보하기 위하여

③ 최적의 자원배분을 위한 경제적 의사결정과 관련된 원가정보 파악을 위하여

④ 보조부문원가를 제품원가에 포함시킴으로써 당기의 이익을 크게 보고하기 위하여

해설

원가배분의 목적

- 최적의 자원배분을 위한 경제적 의사결정
- 경영자와 종업원의 동기부여 및 성과평가
- 외부보고를 위한 재고자산 및 매출원가와 이익의 측정
- 제품가격결정 및 제품선택 의사결정

04 공개

다음 중 원가배부에 관한 설명으로 가장 옳은 것은?

① 부문별 제조간접원가 배부율을 사용하는 경우에는 보조부문 원가배분 방법에 의해 제조간접원가 배부율이 영향을 받지 않는다.

② 이중배분율법은 변동원가와 고정원가를 구분해서 변동원가는 최대사용가능량을 기준으로 배분하고 고정원가는 서비스의 실제사용량을 기준으로 배분한다.

③ 공장 전체 제조간접원가 배부율을 사용하는 경우에는 보조부문 원가배분 방법에 의해 제조간접원가 배부율이 영향을 받지 않는다.

④ 단계배분법과 상호배분법에서는 배분순서와 관계없이 배분 후의 결과는 일정하게 계산된다.

02 ③ 03 ④ 04 ③ 정답

해설

① 부문별 제조간접원가 배부율을 사용하는 경우에는 보조부문 원가배분 방법에 의해 부문별 제조간접원가 배부율이 상이해진다.
② 변동원가는 실제사용량을 기준으로 배분하고 고정원가는 서비스의 최대사용가능량을 기준으로 배분한다.
④ 단계배분법은 배분순서에 따라 결과가 달라진다.

05 다음 자료를 읽고 문제에 답하시오.

공개

ㄱ. (주)삼일은 두 개의 제조부문(A, B)이 있다. 다음은 당기의 자료이다.

	A 부문	B 부문	합 계
제조간접원가	400,000원	800,000원	1,200,000원
직접기계시간	2,000시간	8,000시간	10,000시간

ㄴ. 당기 중 착수하여 완성된 #1B 작업의 원가자료는 다음과 같다.

	A 부문	B 부문	합 계
직접재료원가	30,000원	10,000원	40,000원
직접노무원가	20,000원	30,000원	50,000원
직접기계시간	120시간	240시간	360시간

ㄷ. 회사는 직접기계시간을 기준으로 제조간접원가를 배부하고 있다.

부문별 제조간접원가 배부율을 사용할 경우 #1B의 가공원가는 얼마인가?

① 98,000원 ② 100,000원
③ 102,000원 ④ 104,000원

해설

• A부문 제조간접원가 배부율 : 400,000/2,000 = 200/시간
• B부문 제조간접원가 배부율 : 800,000/8,000 = 100/시간
• #1B의 가공원가 : (20,000 + 30,000) + (120 × 200) + (240 × 100) = 98,000원

06 다음 중 보조부문의 원가를 제조부문에 배부하는 방법 중 직접배분법에 대한 설명으로 올바른 것은?

① 계산과정이 복잡하지만 이론적으로 가장 타당한 배부방법이다.
② 보조부문원가의 배부순서에 따라서 제조부문에 배부되는 보조부문의 원가가 달라진다.
③ 보조부문 상호 간에 행해지는 용역 수수관계를 전혀 고려하지 않는다.
④ 보조부문 상호 간에 행해지는 용역 수수관계를 일부분만 반영한다.

해설

직접배분법은 보조부문 간 용역 수수관계를 전혀 고려하지 않지만 적용하기가 간편한 방법이다.

정답 05 ① 06 ③

07 부문비의 배부에 관한 설명 중 옳지 않은 것은?

① 직접배부법은 계산이 간편하다는 장점 때문에 실무에서 환영받고 있으나 정확성이 떨어진다는 단점이 있다.

② 보조부문 서로 간의 용역 수수를 배부계산상 어떻게 고려하느냐에 따라 직접배부법, 단계배부법, 공통배부법의 세 가지로 대별된다.

③ 원가관리를 위해서는 제조간접비 모두를 가급적 부문개별비로 파악하는 것이 좋다.

④ 공장건물에 하나의 계량기만 설치되어 있다면 전력비는 부문공통비가 된다.

해설

보조부문 상호 간의 용역 수수관계를 어느 정도 인식할 것이냐에 따라 직접배분법, 단계배분법, 상호배분법으로 구분된다.

08 다음 보조부문원가를 제조부문에 배부하는 방법 중 단계배부법에 관한 설명으로 틀린 것은?

① 직접배부법과 상호배부법의 중간형이다.

② 보조부문의 배부순서에 따라 결과가 달라진다.

③ 보조부문 상호 간의 용역 수수관계의 일부를 고려하는 방법이다.

④ 정확성이 가장 높은 방법이다.

해설

정확성이 높은 순서는 상호배부법, 단계배부법, 직접배부법의 순이다.

09 위드기계는 3개의 제조부문을 통하여 제품 A를 생산하고 있다. 부문 1, 2, 3에서는 직접노동시간을 기준으로 부문원가를 제품에 배부하고 있으며, 예정된 배부율표는 아래와 같다. 제품 A는 실제로는 부문 1에서 10시간, 부문 2에서 100시간, 부문 3에서 200시간의 직접노동시간을 소비한다면, 제품 A에 대한 부문원가 배부액은 얼마인가?

구 분	부문 1	부문 2	부문 3
부문원가	9,000원	10,000원	12,000원
직접노동시간	450시간	500시간	1,200시간

① 3,800원　② 3,950원

③ 4,100원　④ 4,200원

해설

(9,000원/450시간 × 10시간) + (10,000원/500시간 × 100시간) + (12,000원/1,200시간 × 200시간) = 4,200원

07 ② 08 ④ 09 ④ 정답

10 위드는 보조부문 간의 간접원가를 다른 보조부문에 배부하지 않고 제조부문에만 배부한다. 20x5년의 자료는 다음과 같다.

구 분	보조부문	
	수선부문	검사부문
제조간접비총액	30,000	15,000
배부율		
수선부문	–	10%
검사부문	20%	–
제조부문 A	40%	30%
제조부문 B	40%	60%

20x5년 중 제조부문 A에 배분될 수선부문의 원가는 얼마인가?

① 8,000원
② 8,800원
③ 10,000원
④ 15,000원

해설

직접배분법

30,000 × 0.4/(0.4 + 0.4) = 15,000

11 제조간접비(공통비)의 배부기준을 정할 때 고려해야 되는 요소로서 다음 중 가장 합리적이고, 우선적으로 적용되어야 하는 요소는?

① 목적적합성
② 신뢰성
③ 인과관계
④ 예측가능성

해설

제조간접비를 배부하는 기준을 정할 때 제조간접비와 제조부문 사이의 인과관계를 고려하는 것이 가장 합리적이다.

12 다음 중 부문별 원가계산 시 각 보조부문원가를 제조부문에 배부하는 기준으로 가장 적합한 것은?

① 식당부문비 : 매출액
② 전력부문비 : 전력사용량
③ 감가상각비 : 종업원 수
④ 창고부문비 : 기계사용시간

해설

부문별 보조부문원가 발생과 인과관계가 높은 합리적인 배부기준을 선택하여 배부하여야 정확한 원가배부가 가능하다. 전력부문원가는 전력사용량기준을 적용 시 가장 정확하게 배부가 가능하다.

정답 10 ④ 11 ③ 12 ②

13 다음은 무엇에 대한 설명인가?

> 보조부문원가를 보조부문의 배부순서를 정하여 한 번만 다른 보조부문과 제조부문에 배부한다.

① 개별배분법 ② 직접배분법
③ 단계배분법 ④ 상호배분법

14 (주)위드는 보조부문에서 발생한 변동제조간접비는 1,600,000원이고, 고정제조간접비는 3,000,000원이 발생하였다. 이중배분율법에 의하여 보조부문의 제조간접비를 제조부문에 배분할 경우 조립부문에 배분할 제조간접비는 얼마인가?

구 분	실제기계시간	최대기계시간
절단부문	3,000시간	7,000시간
조립부문	5,000시간	8,000시간

① 1,900,000원 ② 2,400,000원
③ 2,600,000원 ④ 3,000,000원

해설

- 변동제조간접비 = 1,600,000원 × 5,000시간 / 8,000시간 = 1,000,000원
- 고정제조간접비 = 3,000,000원 × 8,000시간 / 15,000시간 = 1,600,000원

∴ 조립부문에 배부될 제조간접비는 2,600,000원이다.

03 개별원가계산

01 공개

다음 중 개별원가계산에 관한 설명으로 가장 옳은 것은?

① 제조간접원가는 개별작업과 관련하여 직접적으로 추적할 수 없으므로 이를 배부하는 절차가 필요하다.
② 개별원가계산은 해당 제품이나 공정으로 직접 추적할 수 있기 때문에 실제원가계산만 가능하다.
③ 개별원가계산은 제품원가를 개별작업별로 구분하여 집계하므로 제조직접비와 제조간접비의 구분이 중요하지 않다.
④ 각 작업별로 원가가 계산되기 때문에 원가계산자료가 상세하고 복잡하며 오류가 발생할 가능성이 적어진다.

해설

② 실제원가계산만 가능한 것은 아니다(정상개별원가계산, 표준개별원가계산 등).
③ 개별원가계산은 제품원가를 개별작업별로 구분하여 집계하므로 제조직접비와 제조간접비의 구분이 중요하다.
④ 각 작업별로 원가가 계산되기 때문에 원가계산자료가 상세하고 복잡하며 오류가 발생할 가능성이 커진다는 단점이 있다.

13 ③ 14 ③ / 01 ① 정답

02 공개

다음 중 개별원가계산과 종합원가계산에 관한 설명으로 가장 올바르지 않은 것은?

	구 분	개별원가계산	종합원가계산
①	특 징	특정 제품이 다른 제품과 구분되어 생산됨	동일규격의 제품이 반복하여 생산됨
②	원가보고서	각 작업별로 보고서 작성	각 공정별로 보고서 작성
③	원가계산방법	발생한 총원가를 총생산량으로 나누어 단위당 평균제조원가계산	주문받은 개별 제품별로 작성된 작업원가표에 집계하여 계산
④	적용 적합한 업종	주문에 의해 각 제품을 별도로 제작, 판매하는 제조업종	동일한 규격의 제품을 대량 생산하는 제조업종

해설

원가계산방법에 대한 설명이 서로 바뀌어 있다.

03 공개

다음 중 개별원가계산에 관한 설명으로 가장 올바르지 않은 것은?

① 수요자의 요구에 따라 개별적으로 제품을 생산하는 업종에서 주로 사용한다.
② 직접원가와 간접원가의 구분이 중요하다.
③ 개별작업에 집계되는 실제원가를 예산액과 비교하여 미래예측에 이용할 수 있다.
④ 각 작업별로 원가가 계산되기 때문에 비용과 시간이 절약된다.

해설

각 작업별로 원가가 계산되기 때문에 오히려 비용과 시간이 많이 든다.

PART 3

04 공개

다음 중 개별원가계산의 장점에 대한 설명으로 가장 올바르지 않은 것은?

① 종합원가계산에 비해 상대적으로 보다 정확한 원가계산이 가능하다.
② 종합원가계산에 비하여 제조간접원가의 배부문제가 없고 기장절차가 간단하므로 시간과 비용이 절약된다.
③ 제품별 손익분석 및 계산이 비교적 용이하다.
④ 작업원가표에 의해 개별 제품별로 효율성을 통제할 수 있고 개별작업에 집계되는 실제원가를 예산액과 비교하여 미래예측에 이용할 수 있다.

해설

개별원가계산은 각 작업별로 원가가 계산되기 때문에 비용과 시간이 많이 발생하며, 원가계산자료가 상세하고 복잡해서 오류 발생 가능성이 크다.

정답 02 ③ 03 ④ 04 ②

05 다음 자료는 개별원가계산제도를 이용하여 원가계산을 하는 (주)삼일의 작업 A101과 관련된 것이다.
공개

〈당기의 작업 A101 관련 작업원가표〉

일 자	직접재료원가		직접노무원가		제조간접원가	
	재료출고 청구서 NO.	금 액	작업시간 보고서 NO.	금 액	배부율	배부금액
3월 1일	#1	290,000원	#1	85,000원	800원/시간	150,000원
3월 10일	#2	300,000원	#2	92,000원		

당기에 완성된 작업 A101의 기초재공품원가는 53,000원이다. 작업 A101의 당기제품제조원가는 얼마인가?(단, 기말재공품원가는 없다고 가정한다)

① 595,000원 ② 767,000원
③ 820,000원 ④ 970,000원

해설

• 당기총제조원가 = (290,000 + 300,000) + (85,000 + 92,000) + 150,000 = 917,000
• 당기제품제조원가 = 53,000 + 917,000 − 0 = 970,000

06 (주)삼일은 일반형 자전거와 고급형 자전거 두 가지의 제품을 생산하고 있다. 12월 한 달 동안 생산한 두 제품의 작업원가표는 아래와 같다.
공개

	일반형 자전거	고급형 자전거
직접재료 투입액	300,000원	600,000원
직접노동시간	1,000시간	4,000시간
직접노무원가 임률	100원/시간	200원/시간

동 기간 동안 발생한 회사의 총제조간접원가는 1,000,000원이며, 제조간접원가는 직접노동시간을 기준으로 배부하고 있다. (주)삼일은 실제 발생한 제조간접원가를 실제조업도에 의해 배부하는 원가계산방식을 채택하고 있다. 12월 한 달 동안 생산한 일반형 자전거의 제조원가는 얼마인가?

① 500,000원 ② 600,000원
③ 700,000원 ④ 800,000원

해설

• 제조간접원가 배부율 = $\frac{1,000,000}{1,000 + 4,000}$ = 200

∴ 제조원가 = 300,000 + (1,000 × 100) + (1,000 × 200) = 600,000

 05 ④ 06 ② 정답

07 공개 (주)삼일은 직접노동시간을 기준으로 제조간접원가를 예정배부하고 있으며 연간 제조간접원가는 2,000,000원으로, 연간 직접노동시간은 5,000시간으로 예상하고 있으나 실제로는 4,000시간이 발생하였다. 실제 제조간접원가가 2,000,000원이 발생한 경우 #A의 예정배부와 실제배부의 제조간접원가 차이는 얼마인가?

구 분	#A	#B	합 계
예상직접노동시간	3,000시간	2,000시간	5,000시간
실제직접노동시간	2,000시간	2,000시간	4,000시간

① 100,000원　② 200,000원
③ 300,000원　④ 400,000원

해설

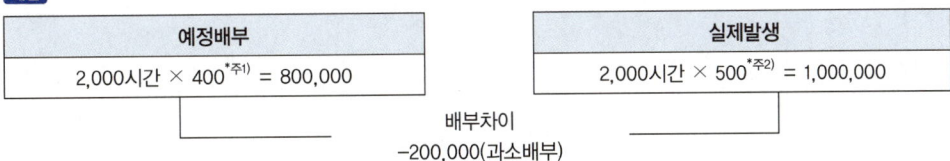

예정배부
2,000시간 × 400[*주1)] = 800,000

실제발생
2,000시간 × 500[*주2)] = 1,000,000

배부차이
-200,000(과소배부)

*주1) 2,000,000/5,000
*주2) 2,000,000/4,000

08 공개 (주)삼일은 개별원가계산제도를 채택하고 있으며, 제품 A의 작업원가표가 아래와 같을 때 제조간접원가 배부율(직접노동시간당)은 얼마인가?

ㄱ. 직접재료 투입액	100,000원	ㄴ. 직접노동시간	200시간
ㄷ. 직접노무원가 임률	500원/시간	ㄹ. 제품 A의 제조원가	360,000원

① 500원　② 750원
③ 800원　④ 1,000원

해설
360,000 = 100,000 + (200시간 × 500) + (200 × X)
∴ X = 800

09 다음 중 개별원가계산제도를 채택하는 것이 적절한 업종은?

① 정유업　② 제분업
③ 조선업　④ 직물업

해설
다품종 소량주문 생산형태는 개별원가계산제도에 적합하다.

정답 07 ② 08 ③ 09 ③

10 개별원가계산에 대한 설명이다. 잘못된 것은 어느 것인가?

① 평균화 과정으로 원가계산을 단순화시킬 수 있다.
② 실제배부율과 예정배부율의 구분은 제조간접비와 관련된 문제이다.
③ 부문별 제조간접비 배분율을 사용하는 것이 공장 전체 제조간접비 배분율 적용보다 더 정확하다.
④ 고객의 주문에 따라 제품을 생산하는 주문생산형태에 적합한 원가계산이다.

해설

평균화 과정은 개별원가계산과 관련이 없고, 종합원가계산과 관련 있다.

11 개별원가계산과 종합원가계산의 비교가 옳지 않은 것은?

① 개별원가계산에서는 제조간접비의 배부과정이 필요하나, 종합원가계산에서는 꼭 필요한 것은 아니다.
② 개별원가계산은 다품종의 제품생산에 적합하나, 종합원가계산은 동일종류 제품생산에 적합하다.
③ 개별원가계산에는 완성품환산량을 적용하나, 종합원가계산에는 그러하지 않다.
④ 개별원가계산과 종합원가계산은 주로 제조업분야에서 활용되는 원가계산방식이다.

해설

종합원가계산에서 완성품환산량을 사용한다.

12 다음은 원가계산방법에 대한 설명이다. 올바르지 못한 것은?

① 개별원가계산은 제품별로 손익분석 및 계산이 용이하다.
② 개별원가계산에서 제조간접비 배부기준은 인과관계와 상관없이 최대한 쉽게 적용할 수 있어야 한다.
③ 종합원가계산에서는 제조원가를 재료비와 가공비로 분류한다.
④ 종합원가계산에서는 기말재공품을 평균법, 선입선출법, 후입선출법 등에 의해 평가한다.

해설

배부기준은 인과관계를 고려하여 최대한 쉽게 적용할 수 있어야 한다.

10 ① 11 ③ 12 ② 정답

13 개별원가계산과 관련한 다음 설명 중 잘못된 것은 어느 것인가?

① 제품원가계산을 정확히 하기 위해서는 제조간접비 배부기준을 다양하게 적용시키는 것이 대안이 될 수 있다.

② 개별원가계산에서는 작업원가표에 직접재료원가, 직접노무원가, 제조간접원가를 집계하여 계산한다.

③ 제조간접비 예정배부액은 제품별 배부기준 원가의 예정발생액 × 실제배부율에 의하여 산정된다.

④ 재료원가 중에서도 제조간접비를 구성하는 항목이 있다.

해설

예정배부액은 제품별 배부기준 원가의 실제발생액 × 예정배부율에 의함

14 (주)위드는 개별원가계산제도를 채택하고 있으며, 제품 A의 생산과 관련된 자료가 다음과 같을 때 제품 A의 제조원가는 얼마인가?

• 직접재료투입액	40,000원
• 직접노동시간	300시간
• 직접노무원가임률	700원/시간
• 기계작업시간	200시간
• 제조간접원가 예정배부율(직접노동시간당)	1,050원

① 480,000원 ② 545,000원

③ 565,000원 ④ 585,000원

해설

40,000 + (300시간 × 700) + (300시간 × 1,050) = 565,000

15 다음은 개별원가계산과 종합원가계산에 대한 내용이다. 틀린 것은?

① 개별원가는 제조원가보고서에 원가를 집계하나, 종합원가는 작업원가계산표에 원가를 집계하여 통제한다.

② 개별원가는 원가를 개별작업별로 집계하나, 종합원가는 공정별로 집계한다.

③ 개별원가는 원가를 직접비와 간접비로 구분하나, 종합원가는 재료비와 가공비로 구분한다.

④ 개별원가는 이종제품을 소량으로 생산하는 기업에 적합하며, 종합원가는 동종제품을 대량으로 연속적인 제조과정에서 생산하는 기업에 적합하다.

해설

개별원가는 작업원가계산표에 개별작업의 원가를 집계하여 통제하나, 종합원가는 공정별 제조원가보고서에 공정원가를 집계하여 통제한다.

정답 13 ③ 14 ③ 15 ①

16 당월 중 실제 발생한 총원가 및 제조지시서상 제조에 실제 발생한 원가는 다음과 같다.

구 분	총원가	제조지시서
직접재료비	7,000,000	3,000,000
직접노무비	11,000,000	360,000
제조간접비	2,400,000	?

당월 중 실제 직접노동시간은 16,000시간이었으며, 이 중 제조지시서상 제조에 투입된 시간은 530시간이었다. 회사가 제조간접비를 직접노동시간에 기준하여 실제 배부하는 경우, 제조지시서에 배부되는 제조간접비는 얼마인가?

① 10,000원 ② 41,600원
③ 79,500원 ④ 83,200원

해설

• 제조간접비 배부율 : 2,400,000 ÷ 16,000시간 = 150
∴ 제조지시서의 제조간접비 배부액 : 150 × 530시간 = 79,500

17 다음 내용은 개별원가계산의 제조간접비에 관한 내용이다. 가장 옳지 않은 것은 무엇인가?

① 제조간접비의 예정배부액이 실제 발생액보다 작은 경우가 발생할 수 있으며, 이때에는 과소배부액이 발생한다.
② 제조간접비의 배부율은 공장 전체 배부율을 적용할 수도 있고, 부문별로 적용할 수도 있다.
③ 재료비는 직접원가이므로 제조간접비를 구성하지 않는다.
④ 제조간접비의 배부율은 노동시간 또는 기계시간 등 가장 합리적인 기준을 적용할 수 있다.

해설

재료비 중 간접재료비는 제조간접비를 구성할 수 있다.

18 (주)위드는 기초원가를 기준으로 제조간접비를 배부한다. 다음 자료에 의해 작업지시서 No.1의 제조간접비 배부액은 얼마인가?

	공장 전체 발생원가	작업지시서 No.1
직접재료비	1,000,000	300,000
직접노무비	1,500,000	400,000
기계시간	150시간	15시간
제조간접비	7,500,000	( )

① 700,000원 ② 2,100,000원
③ 3,000,000원 ④ 3,651,310원

16 ③ 17 ③ 18 ② 정답

해설

• 제조간접비 배부율 = 제조간접비/기초원가 = 7,500,000/2,500,000 = @3/직접원가

∴ 제조간접비 배부액 = 700,000 × @3 = 2,100,000

04 종합원가계산

01 공개 **(주)삼일은 평균법을 이용한 종합원가계산제도를 채택하고 있다. 재료는 공정 초기에 전량 투입되며, 가공원가는 공정 전반에 걸쳐 발생한다. (a) 완성품원가와 (b) 기말재공품원가는 각각 얼마인가?**

〈수 량〉

기초재공품	50개 (완성도 40%)	완성품	400개
착수량	450개	기말재공품	100개 (완성도 20%)

〈원 가〉

구 분	재료원가	가공원가
기초재공품원가	8,000,000원	6,000,000원
당기발생원가	32,000,000원	24,240,000원

① (a) 60,800,000원, (b) 9,440,000원

② (a) 56,192,000원, (b) 56,192,000원

③ (a) 60,800,000원, (b) 56,192,000원

④ (a) 56,192,000원, (b) 9,440,000원

해설

	수 량	완성품환산량 재료비	완성품환산량 가공비
완성품	400	400	400
기말재공품	100 (20%)	100	20(100 × 20%)
		500	420
단위당 원가		40,000,000 ÷ 500 = @80,000	30,240,000 ÷ 420 = @72,000

원가배분
• 완성품원가 = 400 × @80,000 + 400 × @72,000 = 60,800,000
• 기말재공품원가 = 100 × @80,000 + 20 × @72,000 = 9,440,000

정답 01 ①

02 공개 (주)삼일은 단일공정에서 단일제품을 대량으로 생산하고 있다. 재료는 공정의 착수시점에서 전액 투입하며, 가공원가는 공정 전반에 걸쳐 균등하게 발생한다. 공정에 대한 자료는 다음과 같다.

ㄱ. 기초재공품	없 음
ㄴ. 당기투입량	400,000개
ㄷ. 당기완성량	320,000개
ㄹ. 기말재공품 수량	80,000개
가공원가의 완성도	50%
ㅁ. 당기투입원가	
직접재료원가	4,000,000원
가공원가	1,800,000원

직접재료원가와 가공원가에 대한 완성품환산량 단위당 원가는 각각 얼마인가?

① 직접재료원가 5원 가공원가 10원
② 직접재료원가 10원 가공원가 4.5원
③ 직접재료원가 10원 가공원가 5원
④ 직접재료원가 12.5원 가공원가 5.6원

해설

완성품환산량 단위당 원가

	수 량	완성품환산량 재료비	완성품환산량 가공비
완성품	320,000	320,000	320,000
기말재공품	80,000(50%)	80,000	40,000
		400,000	360,000
단위당 원가		$\frac{4,000,000}{400,000}$ = @10	$\frac{1,800,000}{360,000}$ = @5

03 공개 (주)삼일은 종합원가계산을 적용하여 제품의 원가를 계산하고 있다. 재료는 공정 초기에 전량 투입되며 기말재공품 400개에 대한 가공원가는 60%의 완성도를 보이고 있다. 완성품환산량 단위당 재료원가와 가공원가가 각각 1,500원, 500원으로 계산된 경우에 기말재공품의 원가는 얼마인가?

① 640,000원 ② 680,000원
③ 720,000원 ④ 760,000원

해설

400 × @1,500 + {(400 × 60%) × @500} = 720,000

02 ③ 03 ③ 정답

04 공개

(주)삼일은 종합원가계산을 채택하고 있다. 원재료는 공정 시작시점에서 전량 투입되며 가공원가는 공정 전반에 걸쳐서 균등하게 발생한다. 기말재공품 수량은 250개이며, 가공원가의 완성도는 30%이다. 완성품환산량 단위당 직접재료원가와 가공원가가 각각 130원, 90원이라면 기말재공품 원가는 얼마인가?

① 23,400원 ② 34,740원
③ 39,250원 ④ 39,600원

해설

250 × @130 + {(250 × 30%) × @90} = 39,250

05 공개

(주)삼일은 종합원가계산제도를 채택하고 있으며, 원재료는 공정의 초기에 전량 투입되며, 가공원가는 공정 전반에 걸쳐서 진척도에 따라 균등하게 발생한다. 재료원가의 경우 평균법에 의한 완성품환산량은 2,000단위이고, 선입선출법에 의한 완성품환산량은 1,500단위이다. 또한 가공원가의 경우 평균법에 의한 완성품환산량 1,800단위이고, 선입선출법에 의한 완성품환산량은 1,400단위이다. 기초재공품의 진척도는 몇 %인가?

① 50% ② 60%
③ 70% ④ 80%

해설

기초재공품의 재료원가는 500이고, 가공원가는 400이므로 진척도는 80%(= 400/500)이다.

PART 3

06 공개

다음 중 평균법과 선입선출법에 의한 종합원가계산의 차이점에 관한 설명으로 가장 올바르지 않은 것은?

① 평균법은 완성품환산량 산출 시 기초재공품의 기완성도를 고려한다.
② 평균법의 완성품환산량 단위당 원가에는 전기의 원가가 포함되어 있다.
③ 평균법의 원가배분대상액은 기초재공품원가와 당기투입원가의 합계액이다.
④ 선입선출법은 완성품환산량 산출 시 기초재공품과 당기투입량을 구분한다.

해설

완성품환산량 산출 시 기초재공품의 기완성도를 고려하는 것은 선입선출법이다. 평균법은 당기 이전에 착수하였어도 당기에 착수한 것으로 가정하여 계산한다.

정답 04 ③ 05 ④ 06 ①

07 공개 **(주)삼일은 당기 기말재공품의 완성도가 50%인데 이를 30%로 잘못 파악하였다. 기초재공품은 없다고 가정할 때 이 과소계상 오류가 완성품환산량 단위당 원가와 기말재공품원가에 어떠한 영향을 미치는가?**

	완성품환산량 단위당 원가	기말재공품원가
①	과대평가	과대평가
②	과대평가	과소평가
③	과소평가	과대평가
④	과소평가	과소평가

해설

기말재공품 완성도를 과소평가할 경우 → 기말재공품 완성품환산량을 과소평가 → 완성품환산량 단위당 원가가 과대평가 → 완성품원가도 과대평가 → 기말재공품원가는 과소평가

08 공개 **다음은 표준원가계산제도의 도입과 관련된 논의이다. 논의의 내용 중 옳은 것을 고르면?**

> 가. 표준원가를 설정할 때 경영의 실제활동에서 열심히 노력하면 달성할 수 있는 현실적 표준을 설정해야 합니다.
> 나. 현실적 표준을 설정하면 표준원가계산제도를 도입하는 의의가 없습니다. 표준은 최선의 조건하에서 달성 가능한 이상적인 목표하의 최적목표원가로 설정해야 종업원으로 하여금 최선을 다하도록 동기부여할 수 있습니다.
> 다. 표준원가와 실제발생원가의 차이를 성과평가 및 보상과 연계하는 경우, 종업원은 자신에게 불리한 예외사항을 숨기려고 할 유인이 있습니다. 따라서 표준원가계산제도의 정보는 예산수립 등의 계획에만 사용하고, 통제 도구로는 사용하지 않는 것이 바람직합니다.

① 가 ② 나
③ 가, 나 ④ 나, 다

해설

나. 표준원가를 설정할 때 가격, 능률, 조업도와 경영자의 목표에 관한 다양한 수준에서 최선의 조건하에서만 달성할 수 있는 이상적 목표를 이루는 경우를 이상적 표준이라 하는데, 현실에서는 거의 달성하기 어렵다.
다. 표준원가계산은 표준원가와 실제원가를 비교하여 그 차이를 분석함으로써 원가통제에 도움을 주는 정보를 제공해 주는 시스템이다.

07 ② 08 ① 정답

09 공개 **다음 중 종합원가계산의 설명 중 옳은 것은?**

> ㄱ. 종합원가계산은 소품종 대량생산에 적합한 원가계산방법이다.
> ㄴ. 종합원가계산에서 물량은 환산량보다 항상 작거나 같다.
> ㄷ. 기초재공품이 없는 경우 선입선출법과 평균법에 의한 완성품환산량이 동일하다.
> ㄹ. 평균법에 의한 종합원가계산에서는 기초재공품이 그 기간에 착수되어 생산된 것처럼 취급한다.

① ㄱ
② ㄱ, ㄴ
③ ㄱ, ㄹ
④ ㄱ, ㄷ, ㄹ

해설

종합원가계산에서 물량은 환산량보다 항상 크거나 같다(환산량 = 물량 × 완성도).

10 공개 **다음은 선입선출법(FIFO)에 의한 기말재공품원가를 계산하는 식을 나타낸 것이다. 괄호 안에 들어갈 내용으로 적절한 것은?**

$$\text{당기발생원가} \times \frac{\text{기말재공품의 완성품환산량}}{(\qquad\qquad)} = \text{기말재공품원가}$$

① 기초재공품수량 + 당기투입수량 − 기말재공품수량
② 당기완성품수량 + 기말재공품의 완성품환산량
③ 기초재공품의 완성품환산량 + 당기완성품수량 − 기말재공품의 완성품환산량
④ 당기완성품수량 + 기말재공품의 완성품환산량 − 기초재공품의 완성품환산량

해설

당기발생투입분의 완성품환산량(= 당기완성품수량 + 기말재공품의 완성품환산량 − 기초재공품의 완성품환산량)에서 기말재공품의 완성품환산량이 차지하는 비율에 의해 계산한다.

11 공개 **제2공정에서 재료 X는 60% 진행시점에서 투입되며 가공원가는 일정하게 투입된다. 50%가 완료된 재공품의 완성품환산량에는 다음 중 어떤 원가가 포함되는가?**

	재료원가	가공원가
①	불포함	불포함
②	포 함	포 함
③	포 함	불포함
④	불포함	포 함

해설

재료원가는 아직 60%에 도달하지 않았기 때문에 불포함상태이며, 가공원가는 50% 투입상태이다.

정답 09 ④ 10 ④ 11 ④

12 종합원가계산방법에 대한 설명으로 가장 적절하지 않은 것은?

① 제지업, 섬유업 등 소품종을 대량생산하는 업종의 원가계산에 적합하다.
② 작업지시서별로 작업원가표를 작성한다.
③ 완성품환산량을 기준으로 원가를 배분한다.
④ 여러 공정이 있는 경우에도 사용될 수 있는 원가계산방법이다.

해설

개별원가계산에 대한 설명이다.

13 종합원가계산과 개별원가계산에 대한 다음 설명 중 맞는 것은?

① 동질의 제품을 단일의 공정을 통해 대량생산 시 적절한 원가계산방법은 개별원가계산제도이다.
② 종합원가계산은 제조원가의 평준화 과정이다.
③ 종합원가계산제도가 개별원가계산제도에 비해 좀 더 정확한 원가계산이 가능하다.
④ 주문기계제조업체가 주로 사용하는 원가계산방법은 종합원가계산이다.

해설

① 표준규격제품, 즉 동질 제품의 대량연속생산 시에 적용할 적절한 원가계산방법은 종합원가계산제도이다.
③ 개별원가 계산방법은 제품별로 원가집계를 하므로 종합원가계산제도에 비해 상대적으로 원가계산이 정확하나, 비용이 많이 소요된다.
④ 다품종 소량 주문생산의 특성이 있는 기계제조업체에서는 종합원가계산방법보다는 개별원가계산방법이 더 적합하다.

14 신발을 제조하는 제화업처럼 동일한 공정에서 동일한 재료를 사용하여 제품의 모양, 크기, 품질규격 등이 서로 다른 동종제품을 계속적으로 생산하는 경우에 가장 적합한 원가계산방법은?

① 공정별 종합원가계산
② 등급별 종합원가계산
③ 결합원가계산
④ 개별원가계산

12 ② 13 ② 14 ② 정답

15 다음 중 원가계산방법에 대한 설명으로 틀린 것은 무엇인가?

① 종합원가계산은 작업별 원가 총계를 제품별로 배분하는 것이 핵심인 원가계산방법이다.
② 정상개별원가계산에서 직접재료비와 직접노무비는 실제원가로 계산되지만, 제조간접비는 예정배부율을 사용하여 제품에 배부된다.
③ 개별원가계산은 주문방식에 의한 다품종 소량 생산방식 기업에 적합한 원가계산방법이다.
④ 종합원가계산은 일정기간 동안의 총제조원가를 생산된 수량으로 나누어 단위당 원가를 계산하므로 기간별 원가계산방법이라고 할 수 있다.

해설

종합원가계산은 완성품환산량을 기준으로 제조원가를 완성품과 기말재공품에 배분하는 것이 중요한 원가계산방법이다.

16 종합원가계산방식에는 평균법과 선입선출법의 방법이 있다. 두 방법으로 제품 및 재공품의 원가를 계산하는 경우에 다음 중 그 결과치가 일치하는 경우는?

① 기초재공품이 없는 경우
② 기말재공품이 없는 경우
③ 가공비가 공정 중에 균등하게 투입되는 경우
④ 가공비가 공정 초에 전량 투입되는 경우

해설

기초재공품이 없는 경우에는 평균법과 선입선출법의 결과치는 일치한다.

17 다음은 종합원가계산에서 원가를 기말재공품과 완성품에 배부하기 위한 절차이다. 다음 중 올바른 순서는?

ㄱ. 완성품환산량 단위당 원가의 계산
ㄴ. 물량흐름의 파악
ㄷ. 완성품환산량의 계산
ㄹ. 원가 요약
ㅁ. 기말재공품 · 완성품의 원가계산

① ㄱ – ㄴ – ㄷ – ㄹ – ㅁ
② ㄴ – ㄷ – ㄱ – ㄹ – ㅁ
③ ㄴ – ㄷ – ㄹ – ㄱ – ㅁ
④ ㄷ – ㄴ – ㄱ – ㄹ – ㅁ

정답 15 ① 16 ① 17 ③

18 다음은 종합원가계산의 기말재공품 평가와 관련하여 선입선출법과 평균법을 비교한 것이다. 이 중 옳지 않은 것은?

① 선입선출법은 평균법에 비해 실제 물량흐름에 충실하다.
② 선입선출법이 평균법에 비해 당기의 성과를 이전의 기간과 독립적으로 평가할 수 있어 계획과 통제가 유용하다.
③ 평균법에 의한 완성품환산량이 선입선출법보다 작거나 같다.
④ 평균법은 선입선출법에 비해 완성품원가의 계산이 용이하다.

해설
평균법에 의한 완성품환산량은 선입선출법 시보다 크거나 같다.

19 다음 자료를 보고 선입선출법에 의한 가공비의 완성품환산량을 계산하면 얼마인가?

- 기초재공품 : 10,000단위 (완성도 : 60%)
- 기말재공품 : 20,000단위 (완성도 : 50%)
- 착　수　량 : 30,000단위
- 완성품수량 : 20,000단위
- 원재료는 공정 초에 전량 투입되고, 가공비는 공정 전반에 걸쳐 균등하게 발생한다.

① 10,000단위　② 20,000단위
③ 24,000단위　④ 30,000단위

해설
기초재공품 × 40% + (완성품수량 − 기초재공품수량) + 기말재공품 × 50%
= 10,000 × 40% + (20,000 − 10,000) + (20,000 × 50%)
= 24,000

20 완성품은 1,000개이고, 기말재공품은 500개(완성도 40%)인 경우 평균법에 의한 종합원가계산에서 재료비 및 가공비 완성품환성량은 몇 개인가?(단, 재료는 공정 50% 시점에 전량 투입되며, 가공비는 전 공정에 균일하게 투입된다)

	재료비 완성품환산량	가공비 완성품환산량
①	1,000개	1,500개
②	1,000개	1,200개
③	1,500개	1,200개
④	1,500개	1,500개

해설
- 재료비 완성품환산량 = 완성품 = 1,000개(기말재공품는 완성도가 50%에 도달하지 않았으므로 완성품환산량은 0개)
- 가공비 완성품환산량 = 완성품 + 기말재공품 × 완성도 = 1,000개 + 200개(500개 × 40%)

18 ③ 19 ③ 20 ② 정답

21 (주)위드는 당월 초부터 신제품의 생산을 시작하였으며, 당월에 2,000개를 생산에 착수하여 이 중 70%는 완성하고, 30%는 월말재고(완성도 50%)로 남아있다. 원재료는 공정 초기에 전량 투입되며, 가공비는 전 공정에 걸쳐 균등 투입된다. 재료비와 가공비의 완성품환산량을 계산하면?

① 재료비 : 2,000개, 가공비 : 1,400개
② 재료비 : 1,400개, 가공비 : 1,600개
③ 재료비 : 2,000개, 가공비 : 1,700개
④ 재료비 : 2,000개, 가공비 : 1,800개

해설
재료비는 공정 초기에 전량 투입되므로 생산착수량 2,000개가 재료비 환산량이며, 가공비는 완성품인 1,400개(2,000개 × 70%) + 기말재고 300개(2,000개 × 30% × 50%) = 1,700개

22 완성품은 500개이며, 기초재공품은 없으며 기말재공품은 200개(완성도 60%)이다. 가공비는 1,500,000원이 발생하였다. 가공비의 완성품환산량 단위당 원가는 얼마인가?(재료는 공정 초에 모두 투입되고, 가공비는 공정 전반에 걸쳐 균등하게 투입된다. 원단위 미만은 절사함)

① 2,142원 ② 2,419원
③ 2,586원 ④ 12,500원

해설
1,500,000원 ÷ {500개 + (200개 × 60%)} = 2,419원

23 종합원가계산에서 완성품환산량을 계산할 때 일반적으로 재료비와 가공비로 구분하여 원가요소별로 계산하는 가장 올바른 이유는 무엇인가?

① 직접비와 간접비의 구분이 중요하기 때문에
② 고객의 주문에 따라 제품을 생산하는 주문생산형태에 적합한 생산방식이므로
③ 기초재공품원가와 당기발생원가를 구분해야하기 때문에
④ 일반적으로 재료비와 가공비의 투입시점이 다르기 때문에

해설
재료비와 가공비의 투입시점이 다르기 때문에 완성품환산량을 별도로 계산한다.

정답 21 ③ 22 ② 23 ④

24 종합원가계산을 적용하는 공정에서, 재료A는 공정 50% 시점에 전량 투입되며, 가공비는 공정 전반에 균등하게 투입된다. 공정 40%가 진척된 재공품의 완성품환산량에 대한 설명 중 맞는 것은?

① 완성품환산량계산 시 재료비는 포함되지 않으나 가공비는 40% 포함된다.

② 완성품환산량계산 시 재료비는 포함되지 않으나 가공비는 전부 포함된다.

③ 완성품환산량계산 시 재료비와 가공비 모두 포함된다.

④ 완성품환산량계산 시 재료비와 가공비 모두 포함되지 않는다.

해설

재공품이 재료A가 투입되는 50% 시점에 도달하지 아니했으므로 재료비는 포함되지 않고, 가공비는 공정 전반에 균등하게 투입됨으로 공정 진척도인 40%만큼 포함된다.

25 다음 자료를 보고 종합원가계산 시 평균법에 의한 기말재공품 완성도를 계산하면?

• 당기완성품 수량	100개
• 기말재공품 수량	50개
• 기초 재공품가공비	50,000원
• 당기투입가공비	450,000원
• 기말 재공품가공비	100,000원

① 40% ② 50%

③ 60% ④ 70%

해설

(50,000 + 450,000) × a / (100 + a) = 100,000

a = 25, 25/50 = 0.5

26 종합원가계산에서 선입선출법으로 당기의 완성품환산량 단위당 원가를 계산하고자 할 때 고려하여야 할 원가는?

① 당기투입원가

② 당기투입원가와 기말재공품원가의 합계

③ 당기투입원가에서 기초재공품원가를 차감한 금액

④ 당기투입원가와 기초재공품원가의 합계

해설

• 선입선출법의 배분원가 : 당기투입원가

• 평균법의 배분원가 : 당기투입원가 + 기초재공품원가

24 ① 25 ② 26 ① 정답

27 위드공업은 단일의 공정에서 자동차부품을 생산하고 있다. 관련 자료는 다음과 같다.

- 기말재공품수량 80개(진척도 50%)
- 당기제조비용 4,000,000원
- 당기완성품수량 160개

※ 단, 기초재공품이 존재하지 않으며 재공품에 대한 진척도가 모든 원가요소에 동일하게 진행되었다고 가정한다.

위 자료에 의하여 완성품환산량 단위당 원가를 산출하면 얼마인가?

① 25,000원 ② 20,000원
③ 23,000원 ④ 21,000원

해설

	물 량	완성품환산량
완성품	160	160
기말재공품	80(50%)	40
합 계		200

∴ 완성품환산량 단위당 원가 = 4,000,000 / 200 = 20,000

05 표준원가

01 다음 중 표준원가계산의 유용성으로 가장 올바르지 않은 것은?

공개

① 재무제표상의 재고자산가액과 매출원가를 산출할 때 근거가 되는 원가정보를 제공할 수 있다.
② 실제원가와 표준원가를 분석하여 효율적으로 원가를 통제할 수 있다.
③ 예산편성을 위한 원가자료를 수집하는데 소요되는 시간을 절약할 수 있다.
④ 표준원가는 기업의 활동과 성과를 실제 발생한 수치로 표시할 수 있다.

해설

표준원가계산제도는 미리 설정해 놓은 표준원가를 이용하여 표시하므로 실제 발생한 수치로 나타낼 수 없다.

정답 27 ② / 01 ④

02 공개 **실제원가계산을 사용하던 (주)삼일은 새롭게 표준원가계산제도의 도입을 검토하고 있다. 이에 따라 원가관리부서의 실무담당자들은 표준원가계산제도에 대해 아래와 같이 주장하고 있다. 다음 중 올바르지 않은 주장을 펼치고 있는 실무담당자는 누구인가?**

강부장 : 표준원가를 도입하면 차이분석을 실시하는데, 차이분석의 결과는 당기에만 유용하며 차기의 표준이나 예산설정에 피드백되어 유용한 정보를 제공하지 않는다는 점을 고려해야 합니다.
황과장 : 표준원가의 달성을 지나치게 강조할 경우 제품의 품질을 희생시킬 수 있고, 납품업체에 표준원가를 기초로 지나친 원가절감을 요구할 경우 관계가 악화될 수 있으므로 신중을 기해야 합니다.
정대리 : 표준원가는 기업 내적인 요소나 기업 외부환경의 변화에 따라 수시로 수정을 필요로 하기 때문에, 사후 관리하지 않을 경우 향후 원가계산을 왜곡할 소지가 있습니다.
김사원 : 표준원가는 사전에 과학적이고 통계적인 방법으로 적정하게 산정되어야 하지만, 표준원가의 산정에 객관성이 보장되기 힘들고 많은 비용이 소요되는 단점이 있다는 것을 잊어서는 안 됩니다.

① 강부장 ② 황과장
③ 정대리 ④ 김사원

해설
표준원가계산을 통한 차이분석의 결과는 경영자에게 보고되어 차기의 표준이나 예산설정에 피드백되어 유용한 정보를 제공해 준다.

03 공개 **다음 중 차이분석에 대한 설명으로 올바르지 않은 것은 모두 몇 개인가?**

가. 차이분석이란 표준원가와 실제원가를 비교하여 그 차이를 분석하는 것으로서 일종의 투입-산출 분석이다.
나. 직접재료원가 차이분석 시 표준투입량은 사전에 미리 설정해 놓은 최대 조업도에 대한 표준투입량이다.
다. 가격차이는 실제원가와 실제투입량에 대한 표준원가와의 차이이다.
라. 능률차이는 실제투입량에 대한 표준원가와 표준투입량에 대한 표준원가와의 차이이다.

① 0개 ② 1개
③ 2개 ④ 3개

해설
직접재료원가 차이분석 시 표준투입량은 실제산출량에 허용된 원재료의 표준사용량(투입량)이다.

02 ① 03 ② 정답

04 다음 중 표준원가에 관한 설명으로 가장 올바르지 않은 것은?

공개

① 유리한 직접노무원가 가격차이가 발생하였다면 실제임률이 표준임률에 비하여 저렴하였다는 의미이다.

② 직접재료원가 가격차이를 재료 사용시점에 분리한다면 직접재료원가 가격차이에 대한 책임은 생산담당자가 지는 것이 바람직하다.

③ 고정제조간접원가 실제발생액이 고정제조간접원가 예산에 비하여 과다하게 발생하였다면 불리한 예산차이가 발생하게 된다.

④ 가격차이는 실제단가와 예산단가의 차액에 실제 사용한 재화나 용역의 수량을 곱하여 산출된다.

해설

직접재료원가 가격차이는 구매시점에 구매담당자의 비능률 등으로 발생하므로 구매담당자가 책임을 지게 된다.

05 다음 중 표준원가와 표준원가계산제도에 관한 설명으로 가장 올바르지 않은 것은?

공개

① 표준원가계산제도는 원가절감을 위한 원가통제를 포함한다.

② 표준원가에 근접하는 원가항목보다 표준원가에서 크게 벗어나는 항목을 중점적으로 관리해야 한다.

③ 표준원가계산제도를 사용하면 기장에 드는 비용과 시간을 절감할 수 있다.

④ 이상적 표준(ideal standards)을 표준원가로 설정하면 종업원들에게 강한 동기부여 효과를 일으키므로 가장 적합한 표준설정이라고 할 수 있다.

해설

이상적 표준을 표준원가로 설정하면 지나치게 높은 기준으로 종업원들이 보상에 대한 불만이 쌓이므로 동기부여를 저해하는 요소로 작용할 수 있다.

06 다음 중 표준원가계산을 실제원가계산과 비교한 설명으로 가장 옳은 것은?

공개

> 가. 표준원가란 현실적으로 달성 가능한 상황하에서 설정된 목표원가가 아니라 가장 이상적인 상황에서만 달성 가능한 추정치이다.
> 나. 표준원가계산제도는 변동예산 및 책임회계제도와 결합함으로써 성과평가를 위한 자료로 사용될 수 있다.
> 다. 표준원가와 실제발생원가의 차이분석에 있어 중요한 불리한 차이들은 모두 조사하여야 하나, 중요한 유리한 차이들은 조사할 필요가 없다.

① 가　　② 나

③ 가, 다　　④ 나, 다

해설

가. 표준원가란 현실적으로 달성 가능한 상황하에서 설정된 목표원가이다.
다. 중요한 유리한 차이들도 모두 조사해야 한다.

정답 04 ② 05 ④ 06 ②

07 공개

(주)삼일은 표준원가계산을 이용하여 당월에 발생된 차이를 분석한 결과, 가격차이 100,000원(불리), 능률차이 54,000원(유리)이었다. 괄호 (A), (B)에 들어가는 금액과 수량으로 가장 옳은 것은?

실제수량	단위당 실제원가	단위당 표준원가	생산량	표준수량
10,000kg	@100	(A)	5,300개	(B)

	A	B
①	@100	2kg
②	@100	3kg
③	@90	2kg
④	@90	3kg

해설

- 단위당 실제원가 = 900,000(= 1,000,000 − 100,000) ÷ 10,000kg = @90
- 표준수량 = 954,000(= 900,000 + 54,000) ÷ 5,300개 ÷ @90 = 2kg

08 공개

(주)삼일은 변동제조간접원가의 배부기준으로 직접노동시간을 사용하고 있다. 직접노무원가 가격차이가 50,000원(유리), 직접노무원가 능률차이가 30,000원(불리), 직접재료원가 능률차이가 10,000원(유리)이 발생하였다고 할 때, 다음 중 가장 옳은 것은?

① 직접재료원가 가격차이가 불리하게 나타난다.
② 변동제조간접원가 능률차이가 불리하게 나타난다.
③ 변동제조간접원가 소비차이(예산차이)가 불리하게 나타난다.
④ 고정제조간접원가 조업도차이가 유리하게 나타난다.

해설

변동제조간접원가의 배부기준으로 직접노동시간을 사용하는 경우 비숙련도 등의 실제노동시간 증가요인으로 직접노무원가 불리한 능률차이가 발생하게 되면, 변동제조간접원가가 불리한 능률차이가 발생하게 된다.

07 ③ 08 ② 정답

09 공개

(주)삼일은 고정제조간접비를 노동시간 기준으로 배부하는데 기준조업도는 20,000시간이다. 또한 제품 단위당 표준노동시간은 10시간이며, 제품의 실제생산량은 2,100단위이고 고정제조간접비의 실제발생액은 2,300,000원이다. 고정제조간접비 예산차이가 300,000원(불리)이라면 조업도차이는 얼마인가?

① 50,000원 유리　　② 50,000원 불리
③ 100,000원 유리　　④ 100,000원 불리

해설

실제원가	FOH 예산	FOH 배부액
2,300,000	2,000,000*주)	(2,100 × 10) × SP*주)

300,000(불리)　　　조업도차이

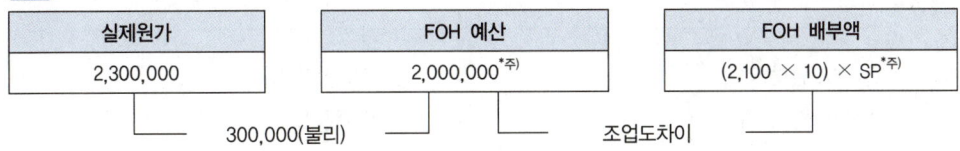

*주) 2,000,000 ÷ 20,000시간 = @100　∴ SP = 100
∴ 조업도차이 = (20,000 × @100) − (2,100 × 10 × @100) = 100,000(유리)

10 공개

(주)삼일은 표준원가제도를 사용하고 있다. 표준노무시간은 제품 한 단위당 5시간이다. 제품의 실제생산량은 2,120단위이고 고정제조간접원가 실제발생액은 24,920,000원이다. (주)삼일의 고정제조간접원가는 노무시간을 기준으로 배부되며 기준조업도는 10,000노무시간이다. 고정제조간접원가 예산차이가 4,360,000원 유리하다면 조업도차이는 얼마인가?

① 1,233,600원 유리　　② 1,233,600원 불리
③ 1,756,800원 유리　　④ 1,756,800원 불리

해설

실제원가	FOH 예산	FOH 배부액
24,920,000	2,928*주) × 10,000	2,928*주) × (2,120 × 5)

4,360,000(유리)　　　조업도차이

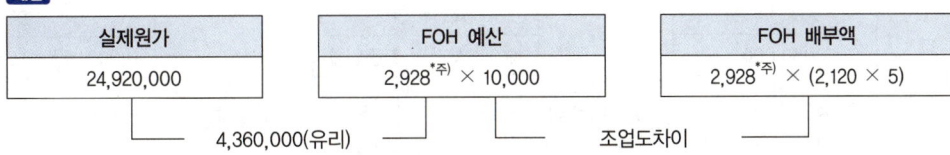

*주) 24,920,000 − (SP × 10,000) = −4,360,000, ∴ SP = 2,928
∴ 조업도차이 : (2,928 × 10,000) − (2,928 × 10,600) = 1,756,800(유리)

정답 09 ③　10 ③

11 공개

(주)삼일의 표준원가계산제도는 직접작업시간을 제조간접원가 배부기준으로 사용한다. (주)삼일의 원가차이분석 자료를 이용할 경우, 변동제조간접비 소비차이는 얼마인가?

• 제조간접비 실제발생액	15,000원
• 고정제조간접비 실제발생액	7,200원
• 실제작업시간	3,500시간
• 표준작업시간	3,800시간
• 변동제조간접비 표준배부율	작업시간당 2.5원

① 950원 불리 ② 750원 불리
③ 750원 유리 ④ 950원 유리

해설

• AQ × AP = 15,000 − 7,200 = 7,800원
• AQ × SP = 3,500시간 × 2.5원 = 8,750원
∴ 소비차이 = 950원(유리)

12 공개

(주)삼일의 직접노무원가와 관련된 자료는 다음과 같다.

• 표준 직접노무시간	11,000시간
• 실제 직접노무시간	10,000시간
• 직접노무원가 가격차이	20,000원(유리)
• 직접노무원가 실제원가	150,000원

이와 관련된 설명 중 가장 올바르지 않은 것은?

① 직접노무원가 표준원가는 180,000원이다.
② 직접노무원가 시간당 실제임률은 15원이다.
③ 직접노무원가 시간당 표준임률은 17원이다.
④ 직접노무원가 능률차이는 17,000원 유리하게 나타난다.

해설

AQ × AP	AQ × SP	SQ × SP
150,000	10,000시간 × 표준임률	11,000시간 × 표준임률

20,000(유리) 능률차이

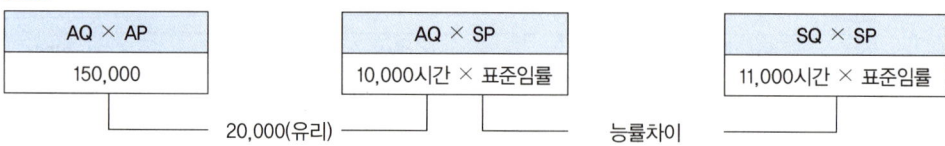

• 표준임률 : 150,000 − (10,000 × SP) = −20,000, ∴ SP = 17
• 능률차이 : (10,000 × 17) − (11,000 × 17) = −17,000(유리)
∴ 직접노무원가 표준원가 = 11,000 × 17 = 187,000

11 ④ 12 ① 정답

13

공개

다음은 (주)삼일의 20x1년 1월 직접노무원가에 관한 자료이다.

ㄱ. 실제 직접노무원가	7,500원
ㄴ. 직접노무원가 가격차이	2,500원 (유리)
ㄷ. 직접노무원가 능률차이	2,800원 (불리)

1월의 실제직접노무시간이 2,500시간이었을 때 실제생산량에 허용된 표준직접노무시간은 얼마인가?

① 1,500시간 ② 1,800시간

③ 2,000시간 ④ 2,500시간

해설

AQ × AP	AQ × SP	SQ × SP
7,500원	2,500시간 × 표준임률	표준직접노무시간 × 표준임률

2,500(유리) 2,800(불리)

- 표준임률 = @4

∴ 표준직접노무시간 = 1,800시간

PART 3

14

공개

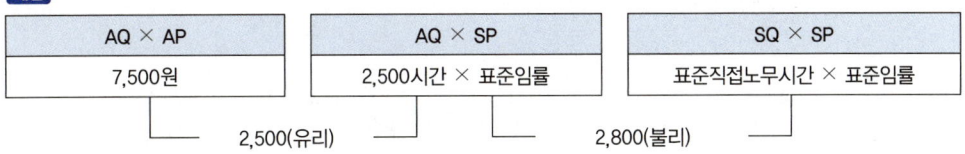

(주)삼일의 직접재료원가에 대한 자료는 다음과 같다. (주)삼일의 직접재료원가 kg당 실제가격은 얼마인가?

• 직접재료 실제투입수량	10,000kg
• 직접재료원가 kg당 표준가격	400원
• 직접재료원가 가격차이(사용시점에 분리)	1,000,000원 (불리)

① 220원 ② 300원

③ 420원 ④ 500원

해설

AQ × AP	AQ × SP
10,000 × AP	10,000 × 400

1,000,000(불리)

∴ AP = 500

정답 13 ② 14 ④

15 공개

(주)삼일은 표준원가계산제도를 채택하고 있으며, 당기의 예산생산량은 1,000개이나 실제생산량은 600개이다. 당기 중 직접재료 1,000kg을 300,000원에 외상으로 구입하여 800kg을 사용하였다. 직접재료의 기초재고는 없으며, 제품 단위당 표준직접재료원가는 아래와 같다. 직접재료원가 가격차이를 (a) 사용시점에 분리했을 경우와 (b) 구입시점에 분리했을 경우의 가격차이는 얼마인가?

> 직접재료원가 : 2kg × 200 = 400원

① (a) 80,000 유리 (b) 100,000 유리
② (a) 80,000 불리 (b) 100,000 불리
③ (a) 80,000 유리 (b) 100,000 불리
④ (a) 80,000 불리 (b) 100,000 유리

해설

AQ × AP		AQ × SP
800kg × 300	사용가격차이 80,000(불리)	800kg × 200

AQ × AP		AQ × SP
1,000kg × 300	구입가격차이 100,000(불리)	1,000kg × 200

16 공개

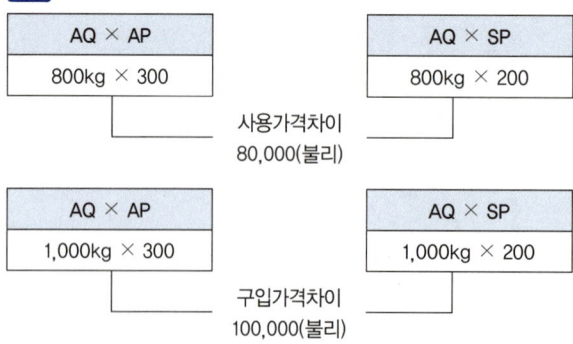

다음 중 (주)삼일의 고정제조간접원가차이에 관한 설명으로 가장 올바르지 않은 것은?

① 고정제조간접원가 실제발생액과 고정제조간접원가 배부액과의 차이를 고정제조간접원가 총차이라고 한다.
② 고정제조간접원가 실제발생액과 고정제조간접원가 예산과의 차이를 고정제조간접원가 예산차이라고 한다.
③ 고정제조간접원가 예산과 고정제조간접원가 배부액과의 차이를 고정제조간접원가 조업도차이라고 한다.
④ 고정제조간접원가 예산은 실제산출량에 허용된 표준조업도에 조업도 단위당 표준배부율을 곱하여 계산한 금액을 의미한다.

해설

- 고정제조간접원가 예산은 기준조업도에 조업도 단위당 표준배부율을 곱하여 계산한 금액
- 고정제조간접원가 배부액은 실제산출량에 허용된 표준조업도에 조업도 단위당 표준배부율을 곱하여 계산한 금액

15 ② 16 ④ 정답

17 **표준원가계산에서 직접재료원가의 가격차이를 구입시점에서 인식하는 것이 사용시점에서 인식하는것보다 바람직하다고 할 수 있는데, 다음 중 그 이유로 가장 타당한 것은 무엇인가?**

① 사용시점에서 인식하면 가격차이와 능률차이의 구분이 어렵기 때문이다.
② 가격차이는 구매부문 담당자의 책임이기 때문이다.
③ 직접재료원가의 생산투입시점에서 재료원가계산과정이 복잡해지기 때문이다.
④ 구매담당자가 구매시점에서 가격차이를 즉시 인식하여 수정조치를 취할 수 있기 때문이다.

18 **다음 설명 중 옳지 않은 것은?**

① 원재료의 효율적 이용으로 예산에 비해 투입량이 절감된 경우 직접재료원가에 있어 유리한 능률차이가 발생할 것이다.
② 생산부문 책임자의 관리소홀로 인하여 일정계획에 차질이 있을 경우 직접노무원가에 있어 불리한 가격차이가 발생할 것이다.
③ 품질이 떨어지는 원재료를 매우 저렴한 가격으로 구매한 경우 직접재료원가에 있어 유리한 가격차이가 발생할 것이나, 이로 인하여 불리한 능률차이가 발생할 수 있다.
④ 공장노무자의 비능률적 업무수행으로 인해 직접노무원가에 있어 불리한 능률차이가 발생할 수 있다.

해설
생산부문 책임자의 감독소홀이나 일정계획 등의 차질로 능률차이가 발생한다.

19 **다음은 표준원가제도에 관한 설명이다. 틀린 것은?**

① 표준원가제도 사용 시 원가통제를 효과적으로 할 수 있다.
② 표준원가는 실제원가에 비해 정밀하므로 원가계산을 정확히 할 수 있다.
③ 표준원가제도는 실제원가에 비해 장부기장을 신속히 할 수 있다.
④ 표준원가는 예산재무제표 작성 시 신뢰할 수 있는 기초자료로 이용된다.

해설
표준원가는 실제원가에 비해 상대적으로 신속하게 계산이 가능하여 원가통제 등에 이용할 수는 있으나, 정밀도는 떨어진다.

정답 17 ④ 18 ② 19 ②

20 (주)위드의 직접재료원가에 대한 자료는 다음과 같다.

• 직접재료 실제산출량에 허용된 표준수량	7,000kg
• 직접재료 실제투입수량	9,000kg
• 직접재료원가 kg당 표준가격	400원
• 직접재료원가 kg당 실제가격	300원

(주)위드의 직접재료원가 능률차이는 얼마인가?

① 800,000원(불리)　　② 800,000원(유리)
③ 1,000,000원(불리)　　④ 1,000,000원(유리)

해설

• AQ × SP = 9,000 × 400 = 3,600,000
• SQ × SP = 7,000 × 400 = 2,800,000
∴ 3,600,000 − 2,800,000 = 800,000(불리)

21 다음 자료에 의하여 당기의 실제직접재료사용량을 계산하면 얼마인가?

• 실제생산량	2,400단위
• 단위당 표준직접재료사용량	20kg
• 직접재료원가 발생액	4,000,000원
• 유리한 직접재료원가 총차이	800,000원
• 유리한 직접재료원가 가격차이	1,200,000원

① 46,000kg　　② 48,000kg
③ 50,000kg　　④ 52,000kg

해설

AQ × AP	AQ × SP	SQ × SP
4,000,000	5,200,000	4,800,000 = (20 × 2,400) × SP

가격차이 1,200,000(유리)　　능률차이 400,000(불리)

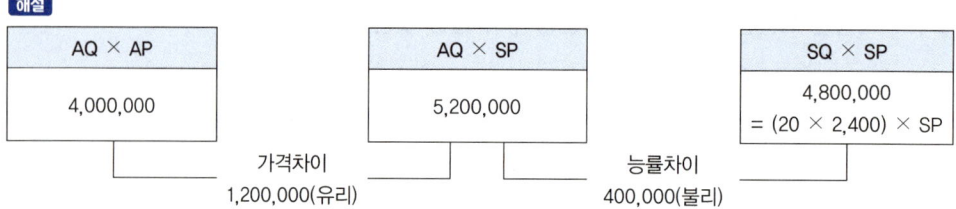

직접재료원가 총차이가 800,000 유리이므로 능률차이는 400,000 불리이다.
SP = 4,800,000 ÷ (20 × 2,400) = @100가 된다.
5,200,000 = AQ × 100
∴ AQ = 52,000kg

20 ① 21 ④ 정답

22 다음 중 직접노무비의 임률차이를 계산하는 식으로 올바르게 표시한 것은?

① 표준시간 × (실제임률 − 표준임률)
② 실제임률 × (실제작업시간 − 표준작업시간)
③ 실제작업시간 × (실제임률 − 표준임률)
④ (실제시간 − 표준시간) × 실제임률

해설

AQ × (AP − SP)

23 (주)위드는 표준원가계산제도를 사용하고 있다. 당기에 발생한 직접재료원가 구입가격차이는 35,000원(불리)이며, 직접재료원가 능률차이는 50,000원(유리)이다. 회사는 기말에 표준원가와 실제원가의 차이를 매출원가조정법을 사용하여 외부보고용 재무제표를 작성하려고 한다. 다음은 원가차이 조정 전 각 계정의 잔액이다.

구 분	원재료	재공품	제 품	매출원가
재료원가	55,000	42,000	50,000	150,000
가공원가	−	20,000	34,000	120,000
합 계	55,000	62,000	84,000	270,000

당기 외부보고용 재무제표에 계상되는 매출원가 금액은 얼마인가?

① 185,000원 ② 235,000원
③ 255,000원 ④ 285,000원

해설

• 표준원가와 실제원가의 차이를 매출원가에서 조정할 경우 불리한 차이는 가산하고, 유리한 차이는 차감한다.
∴ 270,000 − 15,000[유리(35,000 − 50,000)] = 255,000

24 (주)위드는 총재료비 100,000원인 원재료 50,000단위로 완제품 50,000단위를 생산하는 표준예산을 수립하였다. 실제생산량은 50,000단위였고, 원재료는 45,000단위가 투입되었으며, 원재료의 단위당 원가는 2.2원이었다. 직접재료원가의 가격차이와 능률차이는 얼마인가?

	가격차이	능률차이
①	9,000원 불리	10,000원 유리
②	9,000원 유리	10,500원 불리
③	10,000원 불리	10,000원 유리
④	10,000원 유리	4,500원 불리

정답 22 ③ 23 ③ 24 ①

PART 3

해설

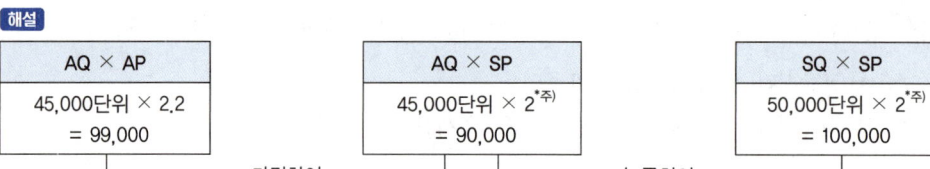

AQ × AP		AQ × SP		SQ × SP
45,000단위 × 2.2 = 99,000		45,000단위 × 2*주) = 90,000		50,000단위 × 2*주) = 100,000
	가격차이 9,000(불리)		능률차이 10,000(유리)	

*주) 100,000 ÷ 50,000단위 = @2

25 **시간당 실제임률이 140원, 실제직접노동시간이 4,500시간, 시간당 표준임률이 120원, 실제산출량에 허용된 표준직접노동시간이 4,000시간일 때 직접노무비 가격차이(임률차이)는 얼마인가?**

① 90,000원 불리
② 90,000원 유리
③ 12,500원 불리
④ 135,000원 불리

해설

직접노무비 가격차이 = (140 − 120) × 4,500시간 = 90,000(불리)

26 **다음은 (주)위드의 20x5년도 제조활동과 관련된 자료이다.**

• 표준직접노동시간	2.5시간
• 직접노동시간	10,500시간
• 제품단위	5,000단위
• 직접노동시간당 표준배부율	3원
• 실제변동제조간접비	28,000원

위드의 20x5년도 변동제조간접비 능률차이는?

① 2,000원 유리　　② 1,500원 불리
③ 6,000원 불리　　④ 6,000원 유리

해설

변동제조간접비 능률차이 = (실제시간 − 표준시간) × 변동제조간접비 표준배부율
= (10,500시간 − 5,000개 × 2.5시간) × 3
= 6,000 유리

25 ① 26 ④ 정답

27 다음은 20x5년도 (주)위드의 변동제조간접원가에 대한 표준원가 및 차이분석 자료이다.

• 표준직접노동시간	2시간
• 변동제조간접원가 표준배부율	6원/시간
• 실제 총직접노동시간	100시간
• 변동제조간접원가 능률차이	120원(유리)

(주)위드의 20x5년도 실제제품생산량은 몇 개인가?(단, 재공품은 없다)

① 60개 ② 62개

③ 64개 ④ 66개

해설

• AQ × SP = 100시간 × 6 = 600

• 실제생산량에 허용된 표준원가 : 600 + 120(유리) = 720

• SQ × SP = 실제생산량 × 2시간(표준시간) × 6(표준원가) = 720

∴ 실제생산량 = 60개

28 (주)위드는 표준원가제도를 사용하고 있다. 다음 자료에 의할 때 위드의 제조간접비 조업도차이는 얼마인가?

• 실제생산량에 허용된 표준노무시간	15,000시간
• 고정제조간접비 예산액	60,000원
• 정상조업도(직접시간)	12,000시간

① 13,000원 유리 ② 15,000원 유리

③ 13,000원 불리 ④ 15,000원 불리

해설

조업도차이 = 고정제조간접비예산 − 배부액

= 60,000 − (15,000 × 60,000/12,000시간) = −15,000(유리)

정답 27 ① 28 ②

06 변동원가와 전부원가

01 공개

발생한 원가가 미래의 동일한 원가의 발생을 방지할 수 없다면, 그 원가는 자산성을 인정할 수 없다는 원가회피개념에 근거를 두고 있는 원가계산방법은 무엇인가?

① 정상원가계산　② 종합원가계산

③ 변동원가계산　④ 전부원가계산

해설

- 변동원가계산 : 원가회피개념에 입각(∵ 고정제조간접비를 당기비용 처리)
- 전부원가계산 : 원가부착개념에 입각(∵ 고정제조간접비를 제조원가 처리)

02 공개

다음 중 변동원가계산에서 재고자산가액에 포함되는 원가항목을 올바르게 나열한 것은?

① 직접재료원가, 직접노무원가

② 직접재료원가, 직접노무원가, 변동제조간접원가

③ 직접재료원가, 직접노무원가, 변동제조간접원가, 고정제조간접원가

④ 직접재료원가, 직접노무원가, 변동제조간접원가, 변동판매비와관리비

해설

변동원가계산제도는 직접재료비, 직접노무비, 변동제조간접비, 즉 변동제조원가만을 제품원가(재고자산)에 포함시키고 고정제조간접비는 기간비용으로 처리하는 방법이다.

03 공개

다음 중 전부원가계산과 변동원가계산에 관한 설명으로 가장 올바르지 않은 것은?

① 당기 생산량이 판매량보다 많으면, 전부원가계산의 영업이익이 변동원가계산의 영업이익보다 항상 크다.

② 변동원가계산의 영업이익은 판매량에 따라 달라진다.

③ 변동원가계산에서는 고정제조간접원가를 기간비용으로 처리한다.

④ 전부원가계산에서는 과잉생산의 유인이 있다.

해설

[변동원가계산하의 영업이익 − 기초재고의 고정제조간접비 + 기말재고의 고정제조간접비 = 전부원가계산하의 영업이익]인데, 기초재고자산의 양에 따라 해당 표현은 맞을 수도 있고 틀릴 수도 있다.

01 ③　02 ②　03 ①　정답

04 공개 **다음 중 모든 조건이 동일할 경우 어떠한 상황에서 변동원가계산에 의한 순이익이 전부원가계산에 의한 순이익보다 크게 나타나는가?**

① 생산량이 판매량보다 많을 때
② 판매량이 생산량보다 많을 때
③ 고정판매비와관리비가 증가할 때
④ 고정판매비와관리비가 감소할 때

해설

전부원가계산에서 판매량이 생산량보다 많을 때 기초재고에 포함된 고정제조간접비도 비용화되므로 생산량의 고정제조간접비만 비용화되는 변동원가계산보다 순이익이 작게 된다.

05 공개 **다음 중 초변동원가계산에 관한 설명으로 가장 올바르지 않은 것은?**

① 초변동원가계산에 의한 영업이익은 단위당 현금창출공헌이익에 판매수량을 곱하고 운영비용을 차감하여 계산한다.
② 생산량이 증가할수록 영업이익이 감소되므로 재고자산보유를 최소화하도록 유인을 제공한다.
③ 제조간접원가에 포함되는 혼합원가를 임의로 고정원가와 변동원가로 구분할 필요 없이 모두 기간비용으로 처리하기에 혼합원가의 주관적 구분이 불필요하다.
④ 전부원가계산제도와 마찬가지로 원가부착개념에 근거를 두고 있다.

PART 3

해설

전부원가계산제도는 기능별 분류, 원가부착개념에 근거를 두며, 초변동원가계산제도는 변동원가계산제도와 마찬가지로 행태별 분류, 원가회피개념에 근거를 둔다.

06 공개 **다음 중 변동원가계산, 전부원가계산 및 초변동원가계산에 관한 설명으로 가장 올바르지 않은 것은?**

① 표준원가는 변동원가계산에는 사용될 수 없고 전부원가계산에서만 사용된다.
② 전부원가계산에서 계산된 영업이익은 판매량뿐만 아니라 생산량의 변화에도 영향을 받는다.
③ 전부원가계산에서는 고정제조간접원가를 제품원가로 인식한다.
④ 초변동원가계산은 직접재료원가만을 제품원가에 포함하고 나머지 제조원가는 모두 기간비용으로 처리한다.

해설

표준원가는 전부원가계산뿐만 아니라 변동원가계산에도 사용된다.

정답 04 ② 05 ④ 06 ①

07 다음 중 변동원가계산, 전부원가계산 및 초변동원가계산에 대한 설명으로 가장 올바르지 않은 것은?

공개

> 가. 전부원가계산에서는 표준원가를 사용할 수 없다.
> 나. 변동원가계산에서는 고정제조간접원가를 기간비용으로 인식한다.
> 다. 초변동원가계산은 판매가 수반되지 않는 상황에서 생산량이 많을수록 영업이익이 낮게 계산되므로 불필요한 재고누적 방지효과가 변동원가계산보다 크다.
> 라. 전부원가계산은 생산량이 이익에 아무런 영향을 미치지 않는다.

① 가, 다　　② 가, 라
③ 나, 라　　④ 나, 다

해설

가. 표준전부원가계산, 표준변동원가계산 모두 가능하다.
라. 이익은 생산량에 의해서도 영향받는다.

08 다음 중 변동원가계산에 의한 손익계산서와 관련된 설명으로 가장 올바르지 않은 것은?

공개

① 판매비와관리비를 변동비와 고정비로 분리하여 보고한다.
② 고정제조간접원가는 공헌이익 산출에 포함되지 않는다.
③ 공헌이익을 계산한다.
④ 변동제조간접원가는 기간비용으로 처리한다.

해설

변동제조간접원가는 제조원가로 고정제조간접원가는 기간비용으로 처리한다.

09 다음 괄호 안에 들어갈 알맞은 용어를 고르면?

공개

> 전부원가계산제도는 (A) 개념에 근거를 두고 있다. (A) 개념이란 제품생산과 관련한 원가는 원가의 행태에 관계없이 모두 제품의 원가로 보는 것이다.
> 변동원가계산제도는 (B) 개념에 근거를 두고 있다. (B) 개념이란 발생한 원가가 미래에 동일한 원가의 발생을 방지할 수 없다면 그 원가는 자산성을 인정할 수 없다는 것이다.

	A	B
①	원가부착	원가회피
②	원가회피	원가부착
③	원가부착	기간원가
④	원가회피	기간원가

해설

• 전부원가계산 = 원가부착개념에 입각
• 변동원가계산 = 원가회피개념에 입각

07 ② 08 ④ 09 ① 정답

10 공개

(주)삼일의 7월 한 달간 변동원가계산에 대한 자료이다. 7월의 총매출액은 얼마인가?

• 제품 단위당 판매가격	7,000원
• 단위당 변동원가	4,500원
• 총고정원가	2,300,000원
• 영업이익	8,750,000원

① 19,890,000원　② 30,940,000원
③ 38,590,000원　④ 42,500,000원

해설

• 판매량 × (7,000 − 4,500) − 2,300,000 = 8,750,000　∴ 판매량 = 4,420
∴ 총매출액 = 7,000 × 4,420 = 30,940,000

11 공개

다음 자료를 이용하여 초변동원가계산에 의한 영업이익을 계산하면 얼마인가?

• 판매수량 = 생산수량	20,000개
• 제품 단위당 판매가격	400원
• 제품 단위당 직접재료원가	50원
• 제품 단위당 직접노무원가	30원
• 제품 단위당 변동제조간접원가	70원
• 제품 단위당 변동판매비	120원
• 고정제조간접원가	500,000원
• 고정판매비와관리비	1,100,000원

① 1,000,000원　② 2,600,000원
③ 5,400,000원　④ 7,000,000원

해설

• 재료처리량공헌이익 = 20,000 × 400 − 20,000 × 50 = 7,000,000
• 운영비용 = 20,000 × 30 + 20,000 × 70 + 20,000 × 120 + 500,000 + 1,100,000 = 6,000,000
∴ 영업이익 = 7,000,000 − 6,000,000 = 1,000,000

정답 10 ② 11 ①

PART 3

12 공개 **다음 중 변동원가계산제도의 특징에 관한 설명으로 옳은 것으로만 짝지은 것은?**

> 가. 변동원가계산제도만 기업회계기준에서 인정하는 원가계산제도이다.
> 나. 특정기간의 이익이 재고자산 수량의 변동에 영향을 받지 않는다.
> 다. 고정제조간접비를 기간비용으로 처리한다.

① 가, 나　　② 가, 다
③ 나, 다　　④ 가, 나, 다

해설

변동원가계산제도는 기업회계기준에서 인정하지 않는 원가계산제도이다.

13 공개 **(주)삼일은 12월 중 아래 영업자료를 참고하여 전부원가계산과 변동원가계산에 의한 순이익을 비교하고 있다. 전부원가계산의 영업이익이 변동원가계산에 비해 75,000원만큼 크다면 판매량은 몇 개인가?**

생산량	2,000개	판매량	?
고정제조원가	300,000원	고정판매관리비	75,000원
(단, 월초재고는 없음)			

① 1,500개　　② 1,600개
③ 1,800개　　④ 2,000개

해설

- 단위당 고정제조간접비 = 300,000 ÷ 2,000 = @150
- 변동원가계산하 영업이익 0 − 기초고정제조간접비 0 + 기말고정제조간접비(x × 150) = 전부원가계산하의 영업이익 75,000

∴ 기말재고수량(x) = 500
∴ 판매량 = 2,000 − 500 = 1,500

14 공개 **(주)삼일은 당기 초에 영업활동을 시작하여 당기에 제품 900단위를 생산하였으며, 당기의 원가자료는 다음과 같다.**

• 단위당 직접재료원가	600원
• 단위당 직접노무원가	400원
• 단위당 변동제조간접원가	200원
• 단위당 변동판매비와관리비	250원
• 고정제조간접원가	180,000원
• 고정판매비와관리비	150,000원

당기 판매량이 800단위였다면, 전부원가계산에 의한 기말제품재고액은 얼마인가?

① 100,000원 ② 120,000원
③ 140,000원 ④ 145,000원

해설

• 단위당 제조원가 = $600 + 400 + 200 + \frac{180,000}{900} = 1,400$

∴ 기말제품재고액 = (900 − 800) × 1,400 = 140,000

15 공개 **변동원가계산에 의한 공헌이익 손익계산서 작성을 위한 자료가 아래와 같을 경우 변동원가계산에 의한 영업이익은 얼마인가?**

• 판매수량	4,500개
• 단위당 판매가격	3,500원/개
• 단위당 변동제조원가	2,300원/개
• 단위당 변동판매비와관리비	300원/개
• 고정제조간접원가	2,000,000원
• 고정판매비와관리비	500,000원

① 1,550,000원 ② 2,050,000원
③ 3,400,000원 ④ 3,550,000원

해설

변동원가계산하의 영업이익 = (4,500 × 3,500) − (4,500 × 2,300) − (4,500 × 300) − (2,000,000 + 500,000) = 1,550,000

정답 14 ③ 15 ①

16

공개

(주)삼일의 6월 중 영업자료는 아래와 같다. 전부원가계산에 의한 영업이익이 변동원가계산에 의한 영업이익보다 24,000원 더 크다면 6월 발생한 고정제조간접원가는 얼마인가?(재고자산은 평균법으로 평가한다)

- 생산량 1,600개
- 판매량 1,200개
- 기초재고량 400개 (단위당 고정제조간접원가 40원)

① 84,000원　② 92,000원
③ 100,000원　④ 108,000원

해설

전부원가계산하의 영업이익	X + 24,000
기초재고자산에 포함된 고정제조간접비(+)	400 × 40
기말재고자산에 포함된 고정제조간접비(−)	800 × Y
변동원가계산하의 영업이익	X

※ X : 변동원가계산에 의한 영업이익
※ Y : 기말재고자산에 포함된 단위당 고정제조간접비
• X + 24,000 + (400 × 40) − (800 × Y) = X
∴ Y = 50

기초재고	400개	판매량	1,200개
(포함 고정제조간접비 16,000원)			
생산량	1,600개	기말재고	800개
(6월 발생 고정제조간접비 A)		(포함 고정제조간접비 40,000원)	

• 단위당 평균 고정제조간접비(Y) $50 = \frac{16,000 + A}{400 + 1,600}$

∴ A = 84,000

17

다음은 생산량 및 판매량과 관련된 전부원가계산과 변동원가계산 및 초변동원가계산의 특징을 설명한 글이다. 타당하지 않은 것은?

① 전부원가계산에서는 기초재고가 없을 때 판매량이 일정하다면 생산량이 증가할수록 매출총이익이 항상 커진다.
② 생산량이 판매량보다 많으면 전부원가계산의 영업이익이 변동원가계산의 영업이익보다 항상 크다.
③ 초변동원가계산에서는 기초재고가 없고 판매량이 일정할 때 생산량이 증가하더라도 재료처리량 공헌이익(throughput contribution)은 변하지 않는다.
④ 전부원가계산에서는 원가를 제조원가와 판매관리비로 분류하므로 판매량 변화에 따른 원가와 이익의 변화를 파악하기 어려운 반면, 변동원가계산에서는 원가를 변동원가와 고정원가로 분류하여 공헌이익을 계산하므로 판매량 변화에 의한 이익의 변화를 알 수 있다.

16 ① 17 ② 정답

해설

일반적으로는 크지만 항상 크지는 않다. 즉, 전기 단위당 고정제조간접비가 당기 단위당 고정제조간접비보다 크면 변동원가순이익이 더 커질 수 있다.

18 제품원가계산방법에 관한 설명으로 옳지 않은 것은?

① 외부재무보고 목적으로 재무제표를 작성할 때 전부원가계산을 사용한다.

② 표준원가계산은 미리 표준으로 설정된 원가자료를 사용하여 원가를 계산하는 방법으로 원가관리에 유용하다.

③ 변동원가계산은 제조원가요소 중에서 고정원가를 제외한 변동원가만 집계하여 제품원가를 계산하는 방법이다.

④ 재무적인 경영의사결정에 필요한 한계원가 및 공헌이익과 같은 정보를 파악하기 위해서는 정상원가계산이 유용하다.

해설

재무적인 경영의사결정에 필요한 한계원가 및 공헌이익과 같은 정보를 파악하기 위해서는 변동원가계산이 유용하다.

19 다음 표의 전부원가계산과 변동원가계산에 대한 설명 중 잘못된 것은?

구 분	전부원가계산	변동원가계산
① 주요 목적	외부보고	내부관리
② 제품원가 구성	변동제조원가와 고정제조간접비	변동제조원가로만 구성
③ 고정제조간접비 배부	모두 제품원가에 배부	모두 제품원가에 배부
④ 조업도차이발생	생산량과 판매량	판매량

해설

변동원가계산에서는 고정제조간접비가 기간비용 처리된다.

20 다음 중 변동원가계산과 전부원가계산에 대한 설명으로 가장 올바른 것은?

① 변동원가계산은 관리회계적인 측면으로 유용하므로 전부원가계산에 비하여 외부보고용으로 적절한 원가계산방법이다.

② 기초재고자산이 없고 당기 생산량과 판매량이 동일하다면 변동원가계산과 전부원가계산의 순이익은 같게 된다.

③ 변동원가계산은 재료처리량 공헌이익 개념을 사용하고 전부원가계산에서는 공헌이익 개념을 사용한다.

④ 변동원가계산은 변동판매비와관리비를 제품원가로 인식하고 전부원가계산은 고정제조간접원가를 제품원가로 인식한다.

정답 18 ④ 19 ③ 20 ②

21 (주)위드는 20x5년 신제품 A를 700단위 생산하였는데 이에 대한 단위당 변동원가는 6원이고 단위당 고정원가는 3원이다. 20x5년도에 신제품에 대한 기초재고수량은 50단위였으며 기말재고수량이 100단위일 경우, 전부원가계산방법 대신에 변동원가계산방법을 적용한다면 20x5년 12월 31일의 기말재고액은 전부원가계산방법에 비해 얼마나 변동할 것인가?

① 150원 감소 ② 100원 감소
③ 100원 증가 ④ 150원 증가

해설

변동원가계산에서는 재고자산에 고정제조원가가 포함되지 않는다.
따라서, (100단위 − 50단위) × @3 = 150원 만큼 전부원가계산보다 감소한다.

22 변동원가계산제도에 대한 다음의 설명 중 올바르지 않은 것은?

① 변동원가만을 제품원가로 처리한다.
② 고정원가를 당기비용으로 처리하므로 장기보다는 단기적 의사결정 시 보다 유용한 계산방법이다.
③ 변동원가계산제도는 발생한 원가가 미래에 동일한 원가의 발생을 방지할 수 없다면 그 원가는 자산성을 인정할 수 없다는 원가회피개념에 근거를 두고 있다.
④ 생산량이 증가할수록 영업이익이 증가하는 특징을 가진다.

해설

변동원가계산제도하에서는 판매량수준에 따라서만 영업이익이 변동하므로 생산량의 증감은 영업이익에 영향을 주지 않는다.

23 전부원가계산, 변동원가계산 및 초변동원가계산에 관한 설명으로 옳지 않은 것은?

① 초변동원가계산에서는 매출액에서 직접재료원가를 차감하여 재료처리량공헌이익을 산출한다.
② 변동원가계산에서는 원가를 기능에 따라 구분하여 변동원가와 고정원가로 분류한다.
③ 변동원가계산은 변동제조원가만을 재고가능원가로 간주한다. 따라서 직접재료원가와 변동가공원가를 제품원가에 포함시킨다.
④ 전부원가계산의 영업이익은 일반적으로 생산량과 판매량에 의해 영향을 받는다.

해설

전부원가계산은 원가를 기능별로 분류하고 변동원가계산은 원가를 기능이 아닌 행태에 따라 구분하여 변동원가와 고정원가로 분류한다.

21 ① 22 ④ 23 ② 정답

24 **(주)위드는 20x5년에 사업을 개시하였다. 20x5년 전부원가계산에 의한 순이익이 300,000원일 때, 다음 자료를 이용하여 변동원가계산에 의한 순이익을 구하면?**

구 분	제조간접원가 배부액	
	변동제조간접원가	고정제조간접원가
재공품	20,000원	40,000원
제 품	60,000원	60,000원
매출원가	200,000원	100,000원

① 200,000원 ② 330,000원
③ 370,000원 ④ 400,000원

해설

사업을 개시한 경우 기초재고가 없으므로 변동원가계산에 의한 순이익은 재공품과 제품에 들어있는 고정제조간접원가만큼 전부원가계산에 의한 순이익보다 작다.

따라서, 40,000 + 60,000 = 100,000만큼 작다.

∴ 300,000 − 100,000 = 200,000

PART 3

25 **(주)위드의 20x5년도 전부원가계산에 의한 영업이익은 1,000,000원이다. (주)위드의 원가자료가 다음과 같을 경우 20x5년도 변동원가계산에 의한 영업이익은 얼마인가?(단, 원가요소 금액은 총액이다)**

구 분	수량(단위)	직접재료원가	직접노무원가	변동제조간접원가	고정제조간접원가
기초재공품	200	50,000	30,000	20,000	240,000
기초제품	400	100,000	70,000	40,000	700,000
기말재공품	500	100,000	65,000	25,000	500,000
기말제품	300	75,000	90,000	35,000	600,000
매출원가	1,000	1,000,000	750,000	650,000	2,000,000

① 640,000원 ② 840,000원
③ 900,000원 ④ 1,100,000원

해설

전부원가계산과 변동원가계산의 이익은 재고자산에 포함되어 있는 고정제조간접원가를 조정한다.

전부원가계산이익		1,000,000
(−)	기말재공품	(500,000)
(−)	기말제품	(600,000)
(+)	기초재공품	240,000
(+)	기초제품	700,000
변동원가계산이익		840,000

정답 24 ① 25 ②

PART 3 원가관리회계

CHAPTER 02 관리회계

01 CVP분석

1. 기본개념과 유용성

(1) 개 념

기업의 의사결정을 위해 조업도의 변동이 수익, 원가 및 이익에 미치는 영향을 분석하는 기법을 말한다. 즉, 생산량이나 판매량의 단기적인 변화가 기업의 원가나 이익에 미치는 영향을 분석하는 기법으로서 간단히 CVP분석(Cost-Volume-Profit analysis)이라고 부른다.

(2) 유용성

① 경영계획 수립에 활용
② 손익분기점 규모 파악(수익과 원가가 동일하게 되는 판매량 수준)
③ 목표이익 달성을 위한 이익규모 계획수립
④ 판매량 증가에 따른 이익증가 계획

(3) CVP분석의 기본적 가정-확실성하의 분석

① 모든 원가(비용)는 변동비와 고정비로 분류된다.
② 생산량은 모두 같은 기간 중 판매된다(생산량과 판매량의 일치).
③ 원가 및 수익 행태는 관련 범위 내에서 모두 선형(linearity)이다(단위당 판매가격, 단위당 변동비, 총고정비가 일정).
④ 조업도만이 원가에 영향을 미치는 유일한 요인이다.
⑤ 단기간의 분석(화폐의 시간가치 고려 안함)
⑥ 단일제품만을 생산하며, 복수제품일 경우에도 매출배합은 일정하다.

2. CVP분석 중요

(1) 용어 정의

① 손익분기점분석
손익분기점(BEP)이란 총수익과 총비용이 동일하여 이익이 ‘0’이 되는 판매량 또는 매출액

② 공헌이익

매출액으로 고정비를 회수하고 이익을 획득하는데 공헌하는 이익을 말한다. 즉, 판매수량의 변화에 따라 변동되는 총수익과 총변동비의 차이를 말한다.

$$\begin{aligned} \text{공헌이익} &= \text{판매가격} - \text{변동원가} \\ &= [\text{P(판매단가)} - \text{V(변동단가)}] \times \text{Q(판매량)} \end{aligned}$$

③ 단위당 공헌이익

단위당 공헌이익은 단위당 판매가격에서 단위당 변동원가를 차감한 금액을 말하는 것으로서, 제조업에 있어서 단위당 공헌이익은 생산하여 판매한 제품 한 단위가 고정원가를 회수하고 이익을 창출하는데 얼마만큼 공헌하는지를 나타내는 금액

$$\text{단위당 공헌이익} = \text{단위당 판매가격} - \text{단위당 변동원가}$$

④ 공헌이익률

매출액에 대한 공헌이익의 비율로 매출액 중에서 고정비를 회수하고도 영업이익의 획득에 공헌하는 비율(%). 또는 공헌이익률은 매출액에 대한 한계이익의 비율로서 (1 − 변동비율)

$$\text{공헌이익률} = \frac{\text{총 공헌이익}}{\text{총 매출액}} = \frac{\text{단위당 공헌이익}}{\text{단위당 판매가격}}$$

(2) 손익분기점분석

- 손익분기점 매출액 $= \dfrac{\text{고정비}}{1 - \dfrac{\text{변동비}}{\text{매출액}}} = \dfrac{\text{고정비}}{1 - \text{변동비율}} = \text{한계이익률}$
- 손익분기점 판매량 $= \dfrac{\text{총고정비}}{\text{단위당 공헌이익}}$
- 공헌이익률 $= 1 - \dfrac{\text{변동비}}{\text{매출액}} = 1 - \text{변동비율}$

(3) 목표이익분석

목표이익분석은 기업이 목표로 설정한 목표치의 매출액 또는 판매수량을 분석하는 것

- 목표이익판매량 $= \dfrac{\text{총고정원가} + \text{목표이익}}{\text{단위당 공헌이익}}$
- 목표이익매출액 $= \dfrac{\text{총고정원가} + \text{목표이익}}{1 - \dfrac{\text{변동비}}{\text{매출액}}}$

(4) 법인세를 고려한 손익분기점분석

손익분기점에는 이익이 '0'이 되므로 이익이 없어 세금이 없지만, 목표판매량을 구할 경우에는 반드시 세금을 고려해야 한다.

$$\bullet\ 목표이익판매량 = \frac{고정원가 + \dfrac{세후목표이익}{1 - 세율}}{단위당\ 공헌이익}$$

$$\bullet\ 목표이익매출액 = \frac{고정원가 + \dfrac{세후목표이익}{1 - 세율}}{단위당\ 공헌이익률}$$

3. CVP 관련 기타분석 중요

(1) 안전한계

안전한계(안전이익)는 매출액이 손익분기점의 매출액을 초과하는 금액이며, 안전한계율이란 안전한계를 매출액으로 나눈 값을 말한다.

안전한계(율)가 클수록 그 기업(제품)의 수익성에 대한 안전성은 높다.

$$\begin{aligned} 안전한계율 &= \frac{현재매출액 - 손익분기점}{현재매출액} \times 100(\%) \\ &= 1 - \frac{손익분기점매출액}{매출액} \\ &= 1 - 손익분기점(조업)률^{*주)} \\ &= \frac{영업이익}{공헌이익} = \frac{1}{영업레버리지도(DOL)} \end{aligned}$$

*주) 손익분기점율 + 안전한계율 = 1

(2) 영업레버리지(OL, Operating Leverage)

고정비가 지렛대역할을 함으로써 매출액의 변화율에 비하여 영업이익의 변화율이 확대되는 효과, 즉 고정비로 인한 영업이익의 확대효과를 말한다.

영업레버리지의 크기는 영업레버리지도(DOL, Degree of Operating Leverage)로 측정

$$영업레버리지도(DOL) = \frac{영업이익의\ 변화율}{매출액의\ 변화율} = \frac{1}{안전한계율} = \frac{공헌이익}{영업이익}$$

02 단기적 의사결정

1. 기본개념

의사결정이란 일정한 목표를 달성하기 위해 여러 가지 선택 가능한 대체적 행동이나 방법 중에서 최적대안을 선택하는 과정을 말한다.

여기서 단기와 장기로 구분하는데 단기와 장기로 구분하는 이유는 화폐의 시간적 가치의 고려 때문이다. 단기의사결정은 화폐의 시간적 가치를 고려할 필요가 없지만, 장기의사결정(= 자본예산)의 경우 화폐의 시간적 가치를 고려하여 이를 분석하여야 한다.

2. 의사결정의 기초개념

관련원가	관련원가(relevant cost)는 여러 대안 사이에 차이가 발생하는 차액원가 • 변동원가 • 회피가능원가 • 기회원가(기회비용)[*주)]	
비관련원가	매몰원가	• 매몰원가(sunk cost)는 경영자가 통제할 수 없는 역사적 원가 • 이는 의사결정과 직접적인 관계가 없는 이미 실행되어 소멸된 원가 • 매몰원가는 어떠한 의사결정과도 관련이 없는 원가
	미래원가	
	회피불능 고정원가	

*주) 기회원가(opportunity cost)는 여러 대안 가운데 하나의 대안을 선택하므로 포기된 다른 대안들 중에 최적대안의 기대치

3. 의사결정의 접근방법

접근법	총액접근법	각 대안별로 총수익과 총비용을 구하여 각 대안 중 가장 큰 이익을 나타내는 것을 선택하는 방법
	증분접근법 (차액접근법)	각 대안 간에 차이가 나는 항목만을 분석하여 의사결정을 하는 방법이다(단기적 특수의사결정에 이용).

4. 단기의사결정의 유형 중요

(1) 특별주문의 수락 또는 거부

개 념	• 기존 거래처가 아닌 신규고객의 주문이나 기존 거래처로부터 대량 구매 조건으로 정상가격 이하로 할인을 요구하는 경우의 의사결정 • 유휴생산능력의 존재여부를 고려하여 결정		
특별주문의 수락여부	유휴생산능력 존재	기존설비로 생산이 가능하므로 증분수익과 증분원가만을 고려하여 의사결정	증분수익(특별주문가격) > 증분원가 → 주문수락
	유휴생산능력이 존재하나 유휴설비의 대체적 용도가 필요	증분원가와 기회원가를 함께 고려해야	특별주문가격 > 증분원가 + 기회원가 → 주문수락
	유휴생산능력이 없는 경우	증분수익, 증분원가와 함께 추가설비원가 및 기존판매량의 감소에 대한 수익과 비용의 감소액(차이)을 함께 고려해야	특별주문가격 > 증분원가 + 추가설비원가 + 기존판매량의 감소분의 공헌이익 → 주문수락

(2) 제품라인의 유지 및 폐지

개 념	• 손실이 발생하는 기존 제품라인의 폐지 여부 • 제품라인 자체의 이익만을 고려하지 않고 기업 전체적인 입장에서 분석 • 폐지할 경우 매출액과 변동원가는 사라지지만 고정원가는 회피가능고정원가와 회피불가능고정원가로 나누어 존재
제품라인 폐지여부	• 제품라인공헌이익 > (회피가능고정원가 + 기회원가) → 제품라인 유지 • 제품라인공헌이익 < (회피가능고정원가 + 기회원가) → 제품라인 폐지

(3) 부품의 자가제조 및 외부구입

개 념	• 부품이나 원재료 등을 자가제조할 것인지 외부에서 구입할 것인지를 결정하는 문제로서 자가제조 시 관련원가와 외부구입가격을 비교하여 결정한다. • 자가제조 관련원가는 제조와 관련된 변동원가뿐 아니라 자가제조를 중단하는 경우 회피가능한 고정원가도 고려해야 하며, 외부가격을 분석할 때는 기존설비를 다른 용도로 사용함에 따라 발생할 수 있는 기회비용을 고려해야 한다.	
외부구입 여부	기존설비의 대체용도가 있는 경우	증분수익(변동원가 + 회피가능고정원가 + 기회원가) > 증분비용(외부구입가격) → 외부구입
	기존설비의 대체용도가 없는 경우	증분수익(변동원가 + 회피가능고정원가) > 증분비용(외부구입가격) → 외부구입

(4) 결합제품의 즉시판매 및 추가가공판매

개 념	• 분리점(추가가공 전)을 거쳐 생산된 중간제품을 즉시 판매할 것인지 아니면 추가가공하여 판매할 것인지를 결정하는 문제 • 분리점까지 발생한 결합원가는 매몰원가(비관련원가) • 또한, 결합원가의 배분방법도 본 의사결정과는 무관
추가가공 여부	• (추가가공 후 판매가격 − 추가가공원가) > 분리점에서의 판매가격 → 추가가공 • (추가가공 후 판매가격 − 추가가공원가) < 분리점에서의 판매가격 → 즉시판매

(5) 특별가격의 결정

① 신제품의 가격결정

상층흡수가격	단기이익을 극대화하기 위해 초기시장 진입가격을 높게 설정하고 점진적으로 시장점유율을 높이기 위해 가격을 내리는 정책
시장침투가격	초기시장 진입율을 높이기 위해 초기시장 진입가격을 낮게 설정하는 정책. 이후 시장인지도나 점유율이 높아지면 서서히 가격을 올리는 정책

② 입찰가격

공헌이익접근법을 이용하며, 입찰가격 결정 시에는 경쟁상황, 이익률, 회전율을 모두 고려하여 결정

5. 대체가격 결정 중요

(1) 개 념

① 대체가격(이전가격)

동일한 기존조직의 한 부문에서 다른 부문으로 재화나 용역을 이전하는 경우 그 재화나 용역에 부여되는 가격. 이때 이루어지는 부문 간 거래를 대체거래라 함

② 대체가격결정 문제는 분권화된 조직에서 발생하는데, 대체가격의 결정에 따라 각 사업부의 성과평가가 달라지므로 대체거래 여부에 따라 회사 전체이익에 영향을 미침

(2) 대체가격 결정 시 선택 기준

목표일치성 기준	내부 각 부문의 성과극대화 노력이 기업 전체의 목표달성과 부합되도록 대체가격을 결정 '준최적화'(부문최적화)를 방지하기 위한 기준
성과평가 기준	각 부문의 기여정도가 성과에 공정히 반영되고 부문별 성과가 공정히 평가되도록 대체가격을 결정
자율성 기준	분권화의 장점을 반영하여 각 부문 경영자가 부문 목표를 극대화하고, 의사결정의 자율성을 최대한 보장하여 대체가격을 결정
재정관리 기준	조세당국의 정당행위가격에 맞추어 세금 등의 불리한 영향을 최소화, 유리한 영향은 최대화되도록 대체가격을 결정

(3) 대체가격 결정방법

시장기준가격	• 동일·유사 제품에 대한 외부시장가격을 대체가격으로 사용하는 방법 • 목표일치성과 성과평가, 자율성을 모두 만족할 수 있음
원가기준가격	• 외부시장이 존재하지 않거나 외부시장이 존재하더라도 개별기업이 이를 이용할 수 없는 경우에 전부원가 또는 이익가산 전부원가를 대체가격으로 설정하는 방법 • 이해하기 쉽고 자료입수가 용이하나 '준최적화' 현상이 발생할 수 있으며, 공급사업부의 비능률이 수요사업부에 전가되는 단점이 있음
협상가격	• 공급사업부와 구매사업부가 합의한 가격. 목표일치성을 달성 가능 • 최고경영자가 구매·공급부문 중재가격을 제시하여 회사 전체 이익을 극대화시킴(목표일치성은 향상되나 자율성 저해) • 또한, 구매·공급부문 간 협의에 의한 협상가격을 선택할 수도 있음(목표일치성 저해, 자율성 향상)

(4) 대체가격 결정의 일반원칙

수요사업부의 최대대체가격	대체가격이 원가를 구성하므로 성과평가를 위해 가능한 낮은가격으로 대체받으려고 하므로 자신이 손해를 보게 되는 일정가격 이상으로는 대체받지 않음(= 최대대체가격) ※ 단위당 최대대체가격 = Min[단위당 지출가능원가*주), 단위당 외부구입가격] *주) 지출가능원가 = 최종제품의 판매가격 − 추가가공원가 = 내부대체품의 순실현가치
공급사업부의 최소대체가격	대체가격이 매출을 구성하므로 성과평가를 위해 가능한 최고가로 대체하려고 하는데, 이때 최소한 자신이 손해를 보지 않기 위해 일정가격 이상으로 대체하려고 함(= 최소대체가격) ※ 단위당 최소대체가격 = 단위당 지출원가(증분원가) + 단위당 기회비용

PART 3

(5) 기업 전체의 이익에 미치는 효과

공급사업부와 구매사업부 간에 합의를 할 수 있는 내부대체가격의 범위는

→ 구매사업부의 최대내부대체가격과 공급사업부의 최소내부대체가격의 사이

∵ 만약 내부대체가격이 최소내부대체가격보다 낮은 경우에는 공급사업부에 손실이 발생하게 되므로 내부이전을 거절할 것이며, 기업 전체적으로도 손실이 발생

반대로, 내부대체가격이 최대내부대체가격보다 높은 경우에는 구매사업부에 손실이 발생하여 내부이전을 거절할 것이며, 기업 전체적으로도 손실이 발생

내부대체가격 < 최소내부대체가격	공급사업부가 내부이전 거절
최소내부대체가격 < 내부대체가격 < 최대내부대체가격	내부대체가능 범위
최대내부대체가격 < 내부대체가격	구매사업부가 내부이전 거절

03 장기적 의사결정

1. 의 의

장기적 계획에 바탕을 두고 이루어지는 기업의 총괄적 투자계획을 자본예산이라 한다.

일반적으로 설비투자안의 경제성을 분석하는 것이므로 현금흐름의 크기는 물론 현금흐름의 발생시점을 고려하여 화폐의 시간가치를 반영하여야 한다.

2. 현금흐름의 파악

(1) 측정의 일반기준

① 현금흐름은 증분기준으로 측정(매몰원가 = 비관련원가)

② 법인세를 고려하는 경우 → 세후기준으로 측정

(감가상각비 = 법인세 고려 시 법인세절감효과만큼 현금유입으로 처리)

③ 이자비용, 배당금 등의 금융비용은 할인율에 반영하므로 현금유출액에는 포함시키지 않음

④ 인플레이션 = 명목현금흐름은 명목할인율로, 실질현금흐름은 실질할인율로 할인함

(2) 발생시점별 현금흐름 측정

투자시점의 현금흐름	① 투자대상자산의 취득원가(현금유출) ② 투자에 따른 운전자본증가액(현금유출) ③ 투자세액공제(현금유입) ④ 구자산 처분에 따른 현금유입액 현금흐름 = 처분가액 − (처분가액 − 장부가액) × 법인세율
투자기간 중 현금흐름	세전 현금흐름 × (1 − 법인세율) + 감가상각비의 절세효과
투자종료시점의 현금흐름	① 설비자산의 잔존가치(처분손익 발생 시 법인세효과 고려) ② 운전자본 회수액 ③ 기존설비 잔존가액 포기액(신설비로 교체 시)

3. 자본예산기법 중요

자본예산기법	의 의	특 징
회수기간법	• 최초투자액을 회수하는데 소요되는 기간에 의하여 투자안 평가 • 투자의사결정 : 회수기간이 짧은 투자안을 선호 (회수기간 ≤ 기준회수기간 → 투자안 선택) • 회수기간 = $\frac{\text{최초투자액}}{\text{연간 순현금유입액}}$	• 장점 : 계산의 간편성, 이해 용이성, 현금기준으로 투자안 평가함 • 단점 : 회수기간 이후의 현금흐름 무시, 화폐의 시간적 가치 무시
회계적이익률법	• 연평균순이익을 최초투자액(또는 평균투자액)으로 나눈 값인 회계적이익률을 기준으로 투자안 평가 • 회계적이익률 = $\frac{\text{연평균순이익}}{\text{최초순투자액 또는 연평균투자액}}$ • 투자의사결정 : 회계적이익률 ≥ 목표이익률 → 투자안 선택)	• 장점 : 계산이 간단, 이해 용이성, 재무제표 자료 곧바로 이용가능, 회수기간법과는 달리 투자안의 수익성을 고려 • 단점 : 비할인모형, 현금흐름에 기초하지 않고 회계적이익을 사용하므로 순이익 계산상의 문제점
순현재가치법	• 투자안으로부터 예상되는 총 현금유입액과 총 현금유출액의 순현재가치에 의하여 투자안 평가 • 순현재가치 = $\sum_{i=0}^{n}\frac{CI_i}{(1+r)^i}-\sum_{i=0}^{n}\frac{CO_i}{(1+r)^i}$ n : 투자안의 내용연수, r : 할인율 CI_i : i기의 현금유입액, CO_i : i기의 현금유출액 • 투자의사결정 NPV ≥ 0 → 투자안 선택	• 장점 : 화폐의 시간가치를 고려, 회계적 순이익이 아닌 현금흐름을 기준으로 투자안을 평가, 가치의 합계원칙이 적용, 내부수익률법보다 계산이 간편, 재투자수익률 가정이 보다 현실적 • 단점 : 자본비용의 산정의 어려움
내부수익률법	• 현금유입액과 현금유출액의 현재가치를 일치시켜주는 내부수익률을 이용하여 평가(내부수익률은 NPV = 0으로 만드는 할인율) • 내부수익률 = $\sum_{i=0}^{n}\frac{CI_i}{(1+r)^i}=\sum_{i=0}^{n}\frac{CO_i}{(1+r)^i}$ n : 투자안의 내용연수, r : 내부수익률 CI_i : i기의 현금유입액, CO_i : i기의 현금유출액 (현금유입액의 가치 − 현금유출액의 가치 = 0) • 투자의사결정 자본비용인 최저필수수익률보다 높은 내부수익률을 나타내는 투자안 선택(내부수익률 ≥ 자본비용 → 투자안 선택)	• 장점 : 화폐의 시간가치 고려, 회계적 순이익이 아닌 현금흐름을 기준으로 투자안을 평가 • 단점 : 현금흐름의 양상에 따라 복수의 내부수익률 존재 가능, 내부수익률로 재투자된다는 가정이 너무 낙관적, 시행착오법과 보간법을 사용하여 내부수익률을 계산하기 때문에 계산이 복잡, 가치의 합계원칙을 적용할 수 없음
수익성지수법	• 수익성지수 = 현금유입액의 PV ÷ 현금유출액의 PV • 투자의사결정 수익성지수가 100% 이상일 경우, 또는 여러 투자안 중 수익성지수가 가장 큰 투자안 선택	• 장점 : 화폐의 시간가치 고려, 현금흐름을 기준으로 투자안 평가 • 단점 : 가치의 합계원칙이 적용되지 않음

PART 3

04 책임회계제도와 성과평가

1. 기본개념

(1) 책임회계제도

책임회계란 회사가 조직 내 여러 형태의 책임중심점을 설정하고 계획과 실적에 관련한 회계 수치를 책임중심점별로 집계한 후 분석하여 해당 책임중심점 관리자의 성과를 평가하기 위한 회계시스템

(2) 책임회계의 전제조건

① 특정원가와 원가발생책임자의 명확한 규정
② 위임받은 원가항목에 대한 통제권한 행사
③ 표준예산자료의 존재와 책임자의 성과평가

(3) 고정예산과 변동예산

① 고정예산

㉠ 특정조업도를 기준으로 사전에 수립되는 예산
㉡ 일정기간 동안의 조업도(생산량)의 변화 여부를 고려하지 않고 하나의 조업도 수준을 기준으로 편성하는 예산으로 결과는 예산과 실적의 비교로 산출. 총액개념

② 변동예산

성과평가를 위해 종합예산을 사후적으로 수정하여 작성되는 예산으로 실제원가를 실제조업도 수량의 예산원가와 비교하여 산출. 단위당 개념

2. 책임중심점의 종류 중요

원가중심점 (cost center)	원가 발생에 대해 책임을 지는 중심점. 일반적으로 제조부문이 이에 해당한다.
수익중심점 (revenue center)	판매량과 매출액 등 수익에 대해서만 책임지고 보고하는 중심점. 대개 판매부서나 영업소가 대표적이다.
이익중심점 (profit center)	원가와 수익 모두에 대해 책임지고 보고하는 중심점. 이익중심점은 수익중심점에 비해 유용한 성과평가 기준이 된다
투자중심점 (investment center)	이익과 사업설비 투하자본의 의사결정 모두에 책임지는 중심점이며, 분권화된 독립사업조직을 말함. 투자중심점의 성과평가는 투자수익률(ROI)이나 잔여이익(RI), 경제적부가가치(EVA) 등에 의해 성과평가를 한다.

3. 성과평가

(1) 성과평가의 의의

성과평가는 사전에 설정한 기대에 대한 각 책임중심점별 결과를 측정하는 것이며, 통제과정의 최종과정. 합리적 성과평가와 적절한 보상은 조직구성원의 동기를 유발하는 유인체계가 되므로 성과평가시스템은 조직구성원의 다양한 이해관계를 조화시키고 기업 전체의 목표를 달성하도록 수렴되어야 한다.

(2) 성과평가 시 고려해야 할 사항

① 목표일치성

각 책임중심점의 이익극대화가 기업전체의 이익극대화로 이어지므로 책임중심점과 기업과의 목표가 일치해야 함

② 성과평가와 오차

성과평가를 측정하는 과정에서 오류가 발생하는 것을 최소화할 수 있도록 설계되어야 함

③ 적시성과 경제성

㉠ 성과평가의 결과는 신속하게 보고되고 조정되어야 한다(적시성).

㉡ 성과평가로 얻는 효익보다 평가과정에서 투입되는 비용이 커서는 안 된다(경제성).

④ 각 책임중심점의 행동에 미치는 영향을 적절히 고려

(3) 사업부별 성과평가

① 성과평가 측정치로서의 이익

㉠ 성과측정치로 사용되는 요소로써 대개 이익을 사용

㉡ 분권화된 사업부의 이익은 회사 전체의 이익과 그 목표가 일치함으로, 이익은 분권화된 사업부의 성과측정치로 효율적인 측정단위가 됨

② 이익지수

공헌이익접근법을 통한 이익측정치

㉠ 공헌이익 : 수익에서 모든 변동원가를 차감한 잔액

㉡ 사업부경영자의 공헌이익

- 공헌이익에서 사업부경영자가 통제할 수 있는 고정원가를 차감한 이익
- 이 개념은 통제가능원가와 통제불가능원가를 구분하기 어렵고, 직접통제할 수 있는 원가는 아니지만, 사업부 때문에 발생한 고정원가 등을 포함하지 않으므로 해당 사업부의 진정한 성과평가를 못하는 단점이 있다.

㉢ 사업부 공헌이익(= 사업부 마진) : 사업부경영자의 공헌이익에서 사업부가 직접 통제할 수는 없으나, 추적 또는 배분이 가능한 고정원가를 차감한 이익개념

㉣ 공통고정원가

- 여러 사업부에서 공통으로 사용되는 고정원가
- 특정 사업부에 추적이 불가능한 원가

4. 책임중심점별 성과평가

(1) 판매부서의 성과평가

일반적으로 예산매출액과 실제매출액의 비교를 통해 이루어짐. 여기서 예산매출액은 고정예산으로 편성된 매출목표를 의미. 이때 예산매출액과 실제매출액의 차이가 발생하게 되는데 그 차이의 원인과 책임을 분석하기 위해 다음과 같이 차이를 세분화함

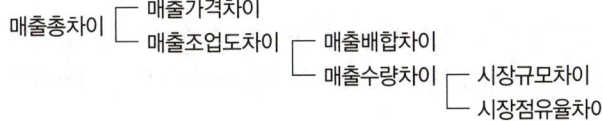

- 매출총차이
  - 매출가격차이
  - 매출조업도차이
    - 매출배합차이
    - 매출수량차이
      - 시장규모차이
      - 시장점유율차이

① 매출총차이

㉠ 고정예산에 의한 매출예산액과 실제매출액 간의 차이

㉡ 생산원가차이는 판매부서와는 무관

㉢ 유불리의 구분이 원가차이 분석과는 반대

② 매출가격차이와 매출조업도차이

㉠ 매출가격차이 : 예산 매출액 산출 시 예상했던 판매가격과 실제 판매가격 간의 차이로 인한 부분

㉡ 매출조업도차이 : 매출가격과 관계없이 예산매출 시 고려했던 판매수량과 실제판매수량의 차이로 인해 발생하는 매출조업도차이

실제액	실제수량에 대한 예산	종합예산
(실제가격 − 예산변동원가) × 실제수량	(예산가격 − 예산변동원가) × 실제수량	(예산가격 − 예산변동원가) × 예산수량

└── 매출가격차이 ──┘ └── 매출조업도차이 ──┘

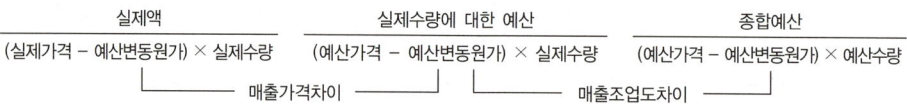

③ 매출배합차이와 매출수량차이

㉠ 일반적으로 예상했던 구성비율과 실제 나타난 성과의 제품별 구성비율이 일치하기 어려운 것이 사실

㉡ 따라서 매출조업도차이는 품목별 구분 없이 회사 전체의 매출 수량이 예산과 실제에서 차이를 보여 발생하는 차이를 매출수량차이로 예산배합비율과 실제배합비율이 다르기 때문에 발생하는 차이, 즉 매출배합차이로 세분할 수 있음

변동예산(실제배합)	변동예산(예산배합)	종합예산
Σ제품별 실제판매수량 × 예산 단위당 공헌이익	Σ예산배합비율에 따른 제품별 실제판매수량 × 예산 단위당 공헌이익	Σ제품별 예산 판매수량 × 예산 단위당 공헌이익

└── 매출배합차이 ──┘ └── 매출수량차이 ──┘

└────── 매출조업도차이 ──────┘

④ 시장점유율차이와 시장규모차이

㉠ 시장점유율차이 : 경쟁회사와의 경쟁을 통해 나타날 수 있으므로 상당부분을 판매부서가 책임져야 할 사항

㉡ 시장규모차이 : 여러 가지 외부변수로서 경제성장률이나 소비자의 구매방식 또는 산업구조조정 등 회사의 판매부서가 크게 책임질 수는 없는 사항

- 시장점유율차이 = (실제시장점유율 − 예산시장점유율) × 실제시장규모 × 예산평균공헌이익*주)
- 시장규모차이 = 예산시장점유율 × (실제시장규모 − 예산시장규모) × 예산평균공헌이익*주)

*주) 예산평균공헌이익 = 예산상 총공헌이익 / 예산상 총판매수량

(2) 원가중심점의 성과평가

① 계량적인 평가가 가능한 제조부문을 위주로 이루어진다.

② 표준원가를 관리적 목적으로 사용하는 기업의 경우에 발생원가를 가격차이(소비차이)와 능률차이로 분석한다.

③ 현실적으로 복수의 원재료와 노동력이 결합되어 생산이 이루어지므로, 가격차이와 능률차이를 구하는 원리는 단일생산요소의 경우와 동일하게 구하고, 능률차이를 배합차이와 수율차이로 세분하는 방법을 추가하여야 한다.

실제투입량 × 표준원가 　　실제총투입량 × 예산배합 × 표준원가 　　표준투입량 × 표준원가

배합차이 　　수율차이

능률차이

(3) 투자중심점의 성과평가 중요

투자중심점은 수익과 원가 및 책임중심점에 투입된 자본의 효율적 사용측면에도 책임을 지는 중심점으로, 투자중심점의 성과평가는 책임자가 투자된 자본을 얼마나 효율적으로 이용하여 기업전체의 이윤창출에 기여했는가를 판단하는 것

투자수익률 (ROI : Return On Investment)법	잔여이익 (RI : Residual Income)법	경제적부가가치 (EVA : Economic Value Added)
투자수익률(ROI)은 단위투자액에 대한 이익을 나타내는 것으로 투자자산이 얼마나 효율적으로 사용되었는지를 나타내는 지표	잔여이익(RI)은 투자액에 대해 요구되는 이익을 초과하는 이익의 정도를 말한다.	현금흐름을 중시하는 최신 기업경영의 변화에 따라 기업이 본질적으로 추구하는 목표인 '주주이익의 극대화'에 초점을 맞춘 개념
= 영업이익/투자된 자산금액(영업자산) = (영업이익/매출액) × (매출액/투자된 자산금액) = 매출액이익률 × 자산회전율	= 회계상 영업이익 − (투자된 자산금액 × 최저 필수수익률)	= 세후순영업이익 − 총자본비용 = (영업이익 − 법인세) − (타인자본비용 + 자기자본비용) = [투하자본 수익률(ROIC) − 가중평균 자본비용(WACC)] × 투하자본(IC)
• 투자안들 간의 수익률을 비교할 수 있으므로 효과적인 수익성지표 • 중심점 자체 성과평가뿐만 아니라 중심점경영자의 성과평가에도 매우 유용 • 여러 개의 투자중심점 내, 각 투자중심점의 사업내용이 각기 상이한 경우, 이익의 비교가능성이 떨어짐 • 투자안을 선택할 경우 준최적화문제가 발생할 수 있음 − 투자안의 장기수익성 분석에는 한계	• 투자수익률이 갖고 있는 준최적화 문제를 극복 • 투자중심점과 회사 전체의 잔여이익을 동시에 극대화 • 투자중심점별 위험에 대한 차이를 투자중심점의 최저필수수익률을 조정함으로써 간단하게 수행 • 잔여이익이 투자 규모에 영향을 받음	• EVA를 경영자의 성과평가및 보상체계와 연계시킬 시 조직의 효율성을 제고 • 투자의 사후관리가 용이 • 기업과 투자자 간의 효과적인 커뮤니케이션 가능 • EVA 산정기준이 상이하고 가중평균 자본비용의 산정이 어려움 • 회계처리방법에 따라 세후영업이익이 달라질 수 있다는 단점

TIP

투자수익률법과 잔여이익법의 비교

- 두 가지 모두 회계상의 이익을 기초로 산출하기 때문에 현금흐름을 중시하는 의사결정방법과 비교할 때 일관성이 결여되어 있다.
- 또한 투자수익률법은 비율로, 잔여이익법은 화폐금액으로 표시되므로, 두 가지 방법에 의한 평가결과가 서로 다르게 나타날 수 있다.
- 잔여이익법과 투자수익률법의 평가가 서로 다르게 나타날 때 잔여이익법이 더 기업가치를 증가시키는 평가방법이므로 일반적으로 잔여이익법을 우선 적용한다.

5. 균형성과표

(1) 의 의

기업의 전략 및 주요 목표를 달성하기 위해 기존의 재무적 측정치뿐만 아니라 고객, 기업내부프로세스, 학습과 성장 등의 비재무적 측정치까지 포함한 새로운 성과평가시스템

(2) 관 점

4가지 관점		내 용
재무적 관점		• 성과측정치 : 투자수익률, 잔여이익, 경제적부가가치 등 • 달성 요인 : 수익증가, 원가절감, 투자된 자산의 효율적 이용 등
고객 관점		• 성과측정치 : 시장점유율, 고객만족도, 고객충성도, 신규고객확보율, 기존고객유지율 등 • 달성 요인 : 고객의 다양한 욕구 충족, 수익성 있는 고객의 확보, 유지
내부프로세스관점	혁 신	고객의 잠재적인 욕구를 충족시키기 위하여 새로운 제품이나 서비스를 창출하는 것(신제품의 수, 신제품수익률, 신제품개발기간, 시장진입기간 등)
	운 영	고객에게 현재의 제품이나 서비스를 좋은 품질로 신속하게 그리고 효율적으로 생산하여 전달하는 것(품질원가, 수율, 불량률, 생산처리시간 등)
	판매 후 서비스	고객에게 사후에 현장서비스나 기술지원을 제공하는 것(불량건수, 현장도달시간, 수선요청건수 등)
학습과 성장관점		종업원의 만족도, 이직률, 교육시간, 기술수준 등

(3) 장점과 단점

장 점	① 재무적, 비재무적 측정치 간 균형 ② 단기, 장기 성과 간 균형 ③ 외부, 내부측정치 간 균형 ④ 결과측정치와 성과동인 간의 균형 ⑤ 객관적, 주관적 측정치 간 균형
단 점	① 비재무적 측정치에 대해서는 여전히 객관적인 측정이 어려움 ② 정형화된 측정수단을 제공해 주지 못함

05 새로운 원가관리시스템

1. 활동기준원가계산 중요

(1) 의 의

조직에서 수행하는 다양한 활동에 초점을 맞추어 원가를 발생시킨 활동에 근거해서 원가를 집계하고 분석하는 원가계산시스템

(2) 도입배경

① 판매시장의 변화로 생산방식도 소품종 대량생산체제에서 다품종 소량생산체제로의 전환이 이루어짐에 따라 간접비에 대한 다양한 배부기준이 필요

② 생산환경의 변화

최근에 유연생산시스템, 컴퓨터통합생산시스템과 같은 생산기술의 발전 및 공장자동화 등으로 인하여, 직접노무비는 감소하고 제조간접비의 비중이 급격히 증가하였으며 제조간접비 중 생산량과 관련이 없는 원가도 많이 발생되어, 전통적 원가배부방법에 문제점이 지적

③ 정보수집기술의 발전

ERP와 IT기술 등의 발전으로 정보수집, 분석비용이 적어짐

(3) 활동의 유형

단위수준활동	제품가공을 위한 개별 제품 단위별 활동으로 기계활동, 직접노동활동 등
묶음수준활동	제품의 한 묶음(Batch)을 생산할 때마다 발생하는 활동으로 작업준비활동, 재료수량, 구매, 주문활동, 묶음별 검사활동 등
제품수준활동	특정제품의 생산을 위하여 발생하는 활동으로 제품의 종류의 수에 따라 발생하며, 제품설계활동, 엔지니어링 활동, 제품광고활동, 설계변경활동, 공정기술변경활동 등
설비수준활동	공장 전체나 공정 전체를 유지·관리하기 위하여 발생하는 활동으로 공장관리활동, 건물관리활동, 조경작업활동, 냉난방활동 등

(4) 원가계산절차

제1단계 : 활동분석	활동분석을 통하여 조직 내에서 수행되는 활동의 종류와 그 수를 파악
제2단계 : 활동별 원가 집합	활동분석을 통하여 정해진 활동별로 조직의 자원이 얼마나 사용되었는지를 파악하기 위하여 각 활동별로 원가를 집계
제3단계 : 원가동인의 결정	원가동인이란 활동을 유발시키는 주요 원인을 말하며, 각 활동별 활동원가의 증감에 직접적으로 영향을 주는 것이어야 한다.
제4단계 : 원가동인률 계산	$\text{원가동인률} = \dfrac{\text{활동별 총원가}}{\text{활동별 원가동인 수}}$
제5단계 : 서비스 또는 제품원가 계산	제품원가 = 활동별 원가동인률 × 제품 또는 서비스의 원가동인 수

(5) 효익과 한계

① 효 익

㉠ 활동별 원가동인을 배부기준으로 사용하여 전통적인 원가계산보다 정확한 원가계산 가능

㉡ 부품의 수, 품질검사시간, 작업준비횟수 등의 비재무적 측정치에 의존하여 성과평가가 이루어지므로 현장관리자가 이해하고 받아들이기가 용이

㉢ 활동을 기준으로 원가계산을 수행하므로 제품구성이 변하더라도 신축적인 원가계산이 가능

㉣ 공정가치분석을 통해 비부가가치활동을 제거하거나 부가가치활동을 효율적으로 수행

② 한 계

㉠ 활동을 명확하게 정의하고 구분하는 기준이 존재하지 않아 원가측정에 시간과 비용이 과다하게 소요

㉡ 공장냉난방비, 공장감가상각비 등 설비수준원가는 원가동인 파악이 어려워 기계, 노동시간 등의 자의적인 원가배부기준 개입 여지

㉢ 원가절감방안 모색이 오히려 회사 전체의 재무적 성과에 악영향 미칠 가능성 내재

2. 수명주기원가계산

(1) 의 의

제품의 수명주기 동안에 발생한 모든 원가를 관리하고자 하는 기법

즉, 제조 단계의 원가뿐만 아니라 연구 개발과 제품 설계와 관련된 생산 전 원가, 마케팅, 유통, 고객 서비스 제공, 자원 및 자산의 폐기 처분 원가와 관련된 생산 후 원가를 모두 포함하여 각 제품의 수명주기 동안 해당 제품과 관련하여 실제 발생한 모든 원가를 추적하고 집계하는 것

(2) 장 점

① 개별 제품과 관련하여 생산 단계에서 발생하는 원가뿐만 아니라 상위 활동원가와 하위 활동원가를 포함하므로 개발 제품의 수익과 비용이 한결 명확함

② 목표원가계산과 가치공학의 중요성을 부각시킨다.

③ 제품 가격 의사 결정에 도움을 준다.

④ 원가의 상호 의존도 파악이 쉬어진다.

3. 품질원가관리 중요

(1) 의 의

품질원가란 품질의 결함(불량)과 관련하여 제품의 생산 전후에 발생하는 모든 원가를 말한다.

(2) 종 류

통제원가	예방원가	제품이나 서비스가 품질표준에 미달하지 않도록 하는데 소요되는 원가 예 품질관리시스템의 계획, 시행 및 유지원가
	평가원가	기준품질에 미달하는 제품이나 서비스를 발견하는데 소요되는 원가 예 검사원가
실패원가	내부실패원가	고객에게 인도하기 이전에 내부적으로 기준품질에 미달하는 제품이 발견될 때 발생하는 원가 예 공손, 폐기물, 재작업원가
	외부실패원가	제품이 고객에게 인도된 후 불량품이 발견된 경우 발생하는 원가 예 반품 및 에누리, 수선비와 보증비용, 고객불만으로 인한 미래 매출감소, 브랜드 이미지 감소에 따른 낮은 가격설정

(3) 최소화관점

허용가능품질관점	최적품질수준은 총품질원가(= 서로 상쇄관계에 있는 통제원가 + 실패원가)의 최소화점
무결점관점	최적품질수준은 불량이 없는 상태, 즉 무결점상태임 (통제원가 추가 투입 → 실패원가 감소 → 다시 통제원가감소가능의 개념)

PART 3

CHAPTER 02

단원별 적중문제

01 CVP분석

01 공개

다음 중 CVP분석에 대한 설명으로 가장 올바르지 않은 것은?

① 모든 원가는 변동원가와 고정원가로 분류할 수 있다고 가정한다.

② 수익과 원가의 행태는 관련 범위 내에서 선형이라고 가정한다.

③ 화폐의 시간가치를 고려하여 분석한다.

④ 복수제품인 경우 매출배합이 일정하다고 가정한다.

해설

CVP분석은 화폐의 시간가치를 고려하지 않는 단기간의 분석을 가정한다. 화폐의 시간가치를 고려하는 분석법은 NPV와 IRR이 있다.

02 공개

다음 중 CVP분석에 관한 설명으로 가장 올바르지 않은 것은?

① 공헌이익률은 원가구조와 밀접한 관련이 있으며 변동원가 비중이 높으면 공헌이익률이 낮게 나타난다.

② 영업레버리지도가 3이라는 의미는 매출액이 1% 변화할 때 영업이익이 3% 변화한다는 의미이다.

③ 법인세를 고려하는 경우 손익분기점 분석결과는 변화한다.

④ 복수제품인 경우 매출배합은 일정하다고 가정한다.

해설

손익분기점에서는 이익이 '0'이므로 법인세를 고려할 필요가 없다.

03 공개

다음 중 원가-조업도-이익분석에서 고려하지 않는 가정은?

① 수익과 원가행태는 관련 범위 내에서 곡선적이다.

② 모든 원가는 변동원가와 고정원가로 나누어질 수 있다.

③ 단위당 판매가격과 단위당 변동원가는 일정하다.

④ 생산량과 판매량이 일치한다.

해설

곡선형이 아닌 선형을 가정한다.

01 ③ 02 ③ 03 ① 정답

04 공개

(주)삼일의 20x1년도 영업이익은 100,000원이고 영업레버리지도(DOL)는 7이다. 만일 경기호황으로 인하여 20x2년도 판매량이 20% 증가한다면 영업이익은 얼마가 될 것으로 예상되는가?(단, 20x1년과 20x2년의 단위당 판매가격, 단위당 변동원가, 총고정원가는 동일하다고 가정한다)

① 120,000원 ② 140,000원
③ 200,000원 ④ 240,000원

해설

- DOL 7 = $\frac{(\text{단위당 판매가격} - \text{단위당 변동원가}) \times \text{판매량}}{100,000}$
- 고정원가 = 700,000 − 100,000 = 600,000

∴ 20x2년 영업이익 = {(단위당 판매가격 − 단위당 변동원가) × 판매량 × 1.2} − 고정원가
= (700,000 × 1.2) − 600,000 = 240,000

[별 해]
- 매출액의 변화율 0.2 × 영업레버리지도 7 = 영업이익의 변화율 1.4

∴ 20x2년 영업이익 = 100,000원 × (1 + 1.4) = 240,000

05 공개

(주)삼일의 과거 원가자료를 바탕으로 총제조간접원가를 추정한 원가함수는 다음과 같다. 이에 관한 설명으로 가장 올바르지 않은 것은?(단, 조업도는 기계시간이다)

$$y = 200,000 + 38x$$

① 200,000은 기계시간당 고정제조간접원가를 의미한다.
② x는 기계시간을 의미한다.
③ 38은 기계시간당 변동제조간접원가를 의미한다.
④ 조업도가 1,000기계시간일 경우 총제조간접비는 238,000원으로 추정된다.

해설

200,000은 고정제조간접원가를 의미한다.

06 공개

다음 중 영업레버리지에 관한 설명으로 올바른 것만 짝지은 것은?

가. 영업레버리지란 영업고정비가 지렛대의 작용을 함으로써 매출액 변화율보다 영업이익 변화율이 확대되는 효과이다.
나. 일반적으로 한 기업의 영업레버리지도는 손익분기점 부근에서 가장 크며, 매출액이 증가함에 따라 점점 작아진다.
다. 영업레버리지도가 높다는 것은 그 기업의 영업이익이 충분히 많다는 것을 의미한다.

① 가, 나 ② 나, 다
③ 가, 다 ④ 가, 나, 다

해설

다. 영업레버리지도는 [공헌이익 ÷ 영업이익]이므로 영업이익이 작을수록 영업레버리지도는 커진다.

정답 04 ④ 05 ① 06 ①

07 다음 자료를 이용하여 공헌이익을 계산하면 얼마인가?

공개

• 생산수량	2,500개
• 판매수량	2,000개
• 단위당 판매가격	3,500원
• 제품 단위당 변동제조원가	2,000원
• 제품 단위당 변동판매비	300원
• 고정제조간접원가	400,000원

① 1,750,000원
② 2,000,000원
③ 2,400,000원
④ 3,000,000원

해설

공헌이익 = 매출액 − 변동비 = (2,000 × 3,500) − (2,000 × 2,300) = 2,400,000

08 다음 자료를 이용하여 손익분기점 판매량을 계산하면 얼마인가?

공개

• 판매가격	4,000원/단위
• 변동제조원가	1,500원/단위
• 변동판매비와관리비	1,200원/단위
• 총고정제조간접원가	2,340,000원

① 600개
② 1,200개
③ 1,800개
④ 2,000개

해설

$$\text{손익분기점 판매량} = \frac{2{,}340{,}000}{4{,}000 - (1{,}500 + 1{,}200)} = 1{,}800$$

07 ③ 08 ③ 정답

09 공개

다음 중 안전한계와 영업레버리지에 관한 설명으로 가장 올바르지 않은 것은?

① 안전한계는 손실을 발생시키지 않으면서 허용할 수 있는 매출액의 최대 감소액을 의미하므로 기업의 안전성을 측정하는 지표로 많이 사용된다.

② 안전한계가 높을수록 기업의 안전성이 높다고 말할 수 있으며, 안전한계가 낮을수록 기업의 안전성에 문제가 있다고 말할 수 있다.

③ 영업레버리지는 영업레버리지도(DOL)를 이용하여 측정할 수 있으며, 영업레버리지도(DOL)는 공헌이익을 영업이익으로 나누어 계산한다.

④ 영업레버리지는 변동원가로 인하여 매출액의 변화액보다 영업이익의 변화액이 더 커지는 현상을 말한다.

해설

영업레버리지란 고정비가 지렛대역할을 함으로써 매출액의 변화율에 비하여 영업이익의 변화율이 확대되는 효과, 즉 고정비로 인한 영업이익의 확대효과를 말한다.

PART 3

10 공개

다음은 신제품 도입과 관련한 (주)삼일의 회의내용이다. 다음 중 괄호 안에 들어갈 수량으로 가장 옳은 것은?(단, 세금은 없는 것으로 가정한다)

사장 : 이전에 지시한 신제품 도입에 대한 타당성검토는 잘 이루어지고 있습니까?
상무 : 일단 원가·조업도·이익(CVP)분석으로 대략적인 윤곽은 드러났습니다.
생산부장 : 신제품 제조원가에 대한 내역이 다음과 같이 조사되었습니다.

제품 단위당 예상 판매가격	5,000원
제품 단위당 예상 변동원가	3,000원
예상 총 고정원가	1억원

영업부장 : 사장님께서 지시하신 목표이익 2억원을 달성하기 위해서는 (   )를 생산하여 판매하면 됩니다.
사장 : 좋습니다. 이것으로 오늘 회의는 마치겠습니다.

① 10,000개　　② 50,000개
③ 100,000개　　④ 150,000개

해설

$$\text{목표이익판매량} = \frac{\text{총고정원가 100,000,000원 + 목표이익 200,000,000원}}{\text{단위당 공헌이익(5,000원 − 3,000원)}} = \text{150,000개}$$

정답 09 ④ 10 ④

11 공개

다음은 매출액과 영업이익이 동일한 (주)삼일과 (주)용산의 영업활동에 관한 자료이다.

	(주)삼일	(주)용산
매출액	2,000,000원	2,000,000원
변동원가	1,400,000원	500,000원
공헌이익	600,000원	1,500,000원
고정원가	300,000원	1,200,000원
영업이익	300,000원	300,000원

다음 중 (주)삼일과 (주)용산의 영업레버리지에 관한 설명으로 가장 올바르지 않은 것은?

① (주)삼일의 경우 매출액이 2,000,000원 증가하면 영업이익은 900,000원으로 증가한다.

② (주)용산의 경우 영업레버리지도는 5이다.

③ 영업레버리지도는 손익분기점 부근에서 가장 크고 매출액이 증가함에 따라 점점 1의 값에 가까워진다.

④ 경기침체로 인해 매출액이 감소할 때 (주)삼일의 영업이익감소율이 (주)용산의 영업이익감소율보다 항상 크다.

해설

- (주)삼일 영업레버리지도 : 2
- (주)용산 영업레버리지도 : 5

④ 경기침체로 인해 매출액이 감소할 때 영업레버리지도가 큰 (주)용산의 영업이익 감소율이 더 크다.

12 공개

다음은 회의 중에 일어난 사장과 이사의 대화이다. 원가·조업도·이익(CVP)분석과 관련하여 괄호 안에 들어갈 용어는 무엇인가?

사장 : 재무담당이사! 올해 우리 회사 매출은 손익분기점 매출액을 얼마나 초과하나?
이사 : 10억원만큼 초과합니다. 이것을 (　　)(이)라고 합니다.
사장 : (　　)? 처음 듣는 용어군
이사 : (　　)는(은) 손실을 발생시키지 않으면서 허용할 수 있는 매출액의 최대 감소액을 의미하며, 기업의 안정성을 측정하는 지표로 많이 사용됩니다.

① 안전한계　　② 공헌이익

③ 영업이익　　④ 목표이익

해설

안전한계는 매출액이 손익분기점의 매출액을 초과하는 금액이며, 안전한계가 클수록 그 기업(제품)의 수익성에 대한 안전성은 높다.

11 ④ 12 ① 정답

13 공개 **단위당 공헌이익이 변동없다는 가정하에서 고정원가가 10% 증가하면 손익분기점 판매량은 어떻게 변화하는가?**

① 10% 감소
② 10% 증가
③ 10%보다 많이 증가
④ 10%보다 적게 증가

해설
10% 증가한다.

14 **다음 중 CVP분석의 목적으로 가장 올바른 것은?**

① 제품원가를 최소화하는 조업도를 파악하는데 유용하다.
② 변동원가와 고정원가의 상관관계를 파악하는데 유용하다.
③ 손익분기점의 조업도수준만을 파악하는데 유용하다.
④ 다양한 조업도수준에서 원가와 이익의 관계를 분석하는데 유용하다.

15 **다음 중 CVP모형의 가정이라고 볼 수 없는 것은?**

① 수익 · 원가의 행동유형은 관련 범위 내에서 선형이다.
② 복수의 제품을 생산할 때 매출배합은 일정하다.
③ 기초와 기말의 재고자산수량은 같거나 차이가 없다.
④ 생산성과 생산효율은 판매량의 증가에 따라 변동한다.

16 **원가의 조업도 간에 선형관계를 가정하는 원가 · 조업도 · 이익(CVP)분석모형에 있어서 판매수량이 증가하는 경우 타당한 설명을 고르시오.**

① 손익분기점이 올라간다.
② 순익분기점이 내려간다.
③ 고정원가가 증가한다.
④ 공헌이익이 증가한다.

해설
생산량과 판매량의 일치를 가정하므로 재고자산의 변화는 손익분기점에 영향을 미치지 아니한다.
공헌이익 = (단위당 판매가격 − 단위당 변동비) × 판매수량

정답 13 ② 14 ④ 15 ④ 16 ④

17 다음 중 원가구조에 관한 설명으로 적절하지 않은 것은?

① 원가구조란 조직 내 고정비와 변동비의 상대적 비율을 의미한다.
② 고정비 비율이 클수록 매출 증가 시 유리하다.
③ 고정비 비율이 클수록 이익의 안정성이 커진다.
④ 원가구조는 영업레버리지에 영향을 미친다.

해설

고정비 비율이 클수록 영업레버리지가 높으며, 매출증감에 따른 영업이익의 증감이 크다.
영업레버리지 = 영업이익변화율/매출액변화율
= 공헌이익/영업이익

18 다음은 원가-조업도-이익(CVP)분석에 관한 설명이다. 이 중 적합하지 않은 표현은 어느 것인가?

① 손익분기점에서는 순이익이 '0'이므로 법인세가 없다.
② 공헌이익이 총고정원가보다 클 경우에는 이익이 발생한다.
③ 생산량과 판매량이 다른 경우에도 변동원가계산의 손익분기점은 변화가 없다.
④ 안전한계율과 손익분기점율의 합은 '0'이 된다.

해설

안전한계율 + 손익분기점율 = 1

19 (주)위드는 신제품을 판매할 계획으로 있다. 회사는 20x5년도에 이 제품을 5,500개 판매할 것으로 예상하고 있다. 판매가격은 개당 2,500원이다. 변동비는 판매가격의 40%로 추정되고 있으며 예상고정비가 6,000,000원이라면, 손익분기점의 판매량은?

① 3,000개　② 3,750개
③ 4,000개　④ 5,500개

해설

손익분기판매량 = 6,000,000 / 2,500 × (1 − 0.4) = 4,000

20 20x5년도 영업실적에 의하면 연간 매출액 25,000,000원, 손익분기점 매출액 16,500,000원, 공헌이익률이 40%이다. 이를 이용하여 20x5년도 매출순이익률을 계산하면 얼마인가?

① 11.3%　② 13.6%
③ 34.0%　④ 45.0%

17 ③ 18 ④ 19 ③ 20 ② 정답

해설

- 매출액 : 25,000,000
- 공헌이익 : 25,000,000 × 40% = 10,000,000
- 고정원가 : 16,500,000 × 40% = 6,600,000
- 순이익 : 10,000,000 − 6,600,000 = 3,400,000

∴ 매출순이익률 = 3,400,000/25,000,000 = 13.6%

21 변동원가 40,000원, 고정원가 30,000원일 때, 손익분기점 매출수량이 400단위라면 401단위 판매 시 증가하는 이익은 얼마인가?

① 50원 ② 75원

③ 100원 ④ 200원

해설

손익분기점이 400단위이므로 401단위를 판매하면 이익은 1단위의 공헌이익만큼 증가한다.
손익분기매출수량 400단위 = 30,000/@공헌이익
따라서, 단위당 공헌이익 = 30,000/400단위 = 75

22 다음은 (주)위드의 20x5년 회계연도의 손익계산서이다.

손익계산서

과 목	금 액	
매출액(단위당 60)		600,000
변동비		
제조원가(단위당 35)	350,000	
판매관리비(단위당 3)	30,000	380,000
공헌이익		220,000
고정비		
제조간접비	50,000	
판매관리비	32,500	82,500
당기순이익		137,500

위 자료를 이용하여 매출수량이 10,000단위일 때의 영업레버리지도를 구하면?

① 1.6 ② 3.2

③ 4.0 ④ 4.16

해설

DOL = 공헌이익/영업이익 = 220,000/137,500 = 1.6

정답 21 ② 22 ①

23 위드사는 장난감을 생산 · 판매하고 있다. 장난감의 개당판매가격은 24원이며, 개당 변동비는 18원, 연간 고정비는 500,000원이다. 20x5년도 중 이익목표를 100,000원으로 책정하고 있다. 다음의 설명 중 틀린 것은?

① 손익분기점의 매출액은 2,000,000원이다.

② 단위당 공헌이익은 6원이다.

③ 목표이익을 달성하려면 30,000개를 생산 · 판매하여야 한다.

④ 목표이익을 달성한 경우의 안전한계율은 16.67%이다.

해설

- 단위당 공헌이익 : 24 − 18 = 6
- 공헌이익률 : 6/24 = 25%
- 손익분기점 매출액 : 500,000 ÷ 0.25 = 2,000,000
- 목표이익 매출액 : (500,000 + 100,000) ÷ 0.25 = 2,400,000
- 목표이익 매출수량 : (500,000 + 100,000) ÷ 6 = 100,000개
- 안전한계율 : (2,400,000 − 2,000,000)/2,400,000 = 16.67%

24 (주)위드는 핸드폰을 제조 · 판매하는 중소기업이다. 20x5년에 신형 핸드폰을 개발했는바, 신제품의 손익분기점 매출액은 600,000원이며 공헌이익률은 40%이다. 20x5년에 신제품의 목표이익을 160,000원으로 설정하였다면 (주)위드가 달성해야 할 총매출액은 얼마인가?

① 500,000원　　② 850,000원

③ 400,000원　　④ 1,000,000원

해설

손익분기점 매출액 = 고정비/공헌이익률

600,000 = 고정비(FC)/0.4

∴ FC = 600,000 × 0.4 = 240,000

∴ 목표이익매출액 = (고정비 + 목표이익)/공헌이익률

= (240,000 + 160,000)/0.4 = 1,000,000

25 (주)위드는 20x5년 초에 설립되어 단일 제품을 생산 · 판매할 예정이며, 20x5년도 원가 관련 자료는 다음과 같이 예상된다.

• 연간 총고정원가	40,000
• 단위당 변동원가	30

(주)위드는 20x5년 동안 1,000개의 제품을 생산하여 전량 판매할 것으로 예상하며, 이를 통해 법인세차감후순이익 12,000원을 실현하려고 한다. 단위당 판매가격은 얼마가 되어야 하는가? (단, 법인세율은 20%이며, 재공품은 없다)

① 85원　　② 100원

③ 110원　　④ 120원

23 ③　24 ④　25 ①　정답

해설

(판매가(×) − 30) × 1,000개 − 40,000 = 12,000/(1 − 20%) 이므로,

∴ 판매가 : 85원

26 작년도에 위드(주)는 750,000원의 매출(25,000단위)로부터 25,000원의 영업이익을 달성하였다. 손익분기점에서의 총공헌이익은 500,000원이다. 이와 같은 상황에서 다음 중 옳은 것은?

① 공헌이익률은 40%이다.

② 손익분기점은 24,000단위이다.

③ 단위당 변동비는 9원이다.

④ 변동비는 매출액의 60%이다.

해설

- 손익분기점에서 공헌이익 − 고정비 = 0이므로, 500,000 = 고정비
- 작년 영업이익 구조는, 750,000(= 25,000단위 × @30) − 변동원가(25,000단위 × @VC) − 고정비(= 500,000) = 25,000

∴ @VC(단위당 변동비) = @9

- 단위당 공헌이익은 525,000/25,000 = @21(또는, @30 − @9 = @21)
- 공헌이익률은 @21/@30 = 70%
- 손익분기점 판매량은 500,000/@21 = 23,809개
- 변동비는 매출액의 30%(= 225,000/750,000)

PART 3

27 (주)위드의 제품 단위당 판매가격과 원가자료는 다음과 같다.

• 단위당 판매가격	200원
• 단위당 직접재료원가	30원
• 단위당 직접노무원가	30원
• 단위당 변동제조간접원가	40원
• 단위당 변동판매비와관리비	50원
• 연간 고정원가	500,000원
• 법인세율	20%

(주)위드가 세후 영업이익 420,000원을 달성하기 위한 판매량은 얼마인가?

① 11,000개

② 20,500개

③ 33,000개

④ 44,000개

해설

$$목표이익판매량 = \frac{고정원가 + \dfrac{세후목표이익}{1 - 세율}}{단위당\ 공헌이익}$$

= 500,000 + 420,000 / (1 − 0.2) / (200 − 150)

= 20,500개

정답 26 ③ 27 ②

02 단기적 의사결정

01 공개 **분권화란 의사결정권한이 조직 전반에 걸쳐서 위임되어 있는 상태를 의미한다. 다음 중 분권화의 문제점으로 가장 올바르지 않은 것은?**

① 고객, 공급업체 및 종업원의 요구에 대한 신속한 대응이 어려워진다.
② 분권화된 사업부는 기업 전체의 관점에서 최적이 아닌 의사결정을 할 가능성이 있다.
③ 각 사업부에서 동일한 활동이 개별적으로 중복 수행될 수 있다.
④ 각 사업부 간의 협력이 저해되어 비효율을 초래할 수 있다.

해설
분권화의 장점으로 신속한 의사결정으로 인해 이해관계자의 요구와 환경변화에 빠르게 대응할 수 있다는 점이다.

02 공개 **(주)삼일은 A 사업부와 B 사업부로 구성되어 있다. B 사업부는 A 사업부에서 생산되는 부품을 가공하여 완제품을 제조한다. B 사업부에서 부품 한 단위를 완제품으로 만드는 데 소요되는 추가 가공원가는 500원이며, 완제품의 단위당 판매가격은 1,100원이다. 부품의 외부시장가격이 단위당 550원인 경우, B 사업부가 받아들일 수 있는 최대대체가격은 얼마인가?**

① 550원 ② 600원
③ 700원 ④ 1,100원

해설
최대대체가격 = Min[①외부구입가격, ②판매가격 − 대체 후 단위당 지출원가]
= Min[① 550, ② (1,100 − 500)] = 550원

03 공개 **(주)삼일의 부품제조에 대한 원가자료는 다음과 같다.**

• 직접재료원가	200원/단위
• 직접노무원가	50원/단위
• 변동제조간접원가	50원/단위
• 총고정제조간접원가	600,000원
• 생산량	20,000단위

외부제조업자가 이 부품의 필요량 20,000단위를 전량 납품하겠다고 제의하였다. 부품을 외부에서 구입할 경우 고정제조간접원가의 1/3을 회피할 수 있다면, 다음 중 (주)삼일이 최대한 허용할 수 있는 부품의 단위당 구입가격은 얼마인가?

① 300원 ② 310원
③ 320원 ④ 330원

01 ① 02 ① 03 ② 정답

해설

- 외부제조 시 회피원가 = 200,000원 ÷ 20,000단위 = @10

∴ 최대 허용가능한 구입가격 = 200 + 50 + 50 + 10 = @310

04 다음 중 의사결정에 관한 설명으로 가장 올바르지 않은 것은?

공개

① 고정원가가 당해 의사결정과 관계없이 계속 발생한다면 고정원가는 비관련원가이다.

② 현재 시설능력을 100% 활용하고 있는 기업이 특별주문의 수락 여부를 고려할 때 동 주문생산에 따른 추가시설 임차료는 고려할 필요가 없다.

③ 제품라인을 폐지한 후 유휴생산시설을 이용하여 발생시키는 수익은 의사결정 시 고려하여야 한다.

④ 부품의 자가제조 또는 외부구입 의사결정 시 회피가능원가가 외부구입원가보다 큰 경우에는 외부구입하는 것이 바람직하다.

해설

시설능력을 100% 활용하고 있는 기업이 특별주문의 수락 여부를 고려할 경우 동 주문생산에 따른 추가시설 임차료는 관련원가에 해당한다.

PART 3

05 (주)삼일의 손익계산서는 다음과 같다.

공개

제품 단위당 판매가격	1,200원
매출액	7,200,000원
매출원가	3,200,000원
매출총이익	4,000,000원
판매비와관리비	2,700,000원
영업이익	1,300,000원

매출원가 중 1/4과 판매비와관리비 중 2/3가 고정비이다. 유휴생산능력이 있다고 할 경우, 제품 단위당 700원에 500단위의 제품에 대한 추가주문을 받아들인다면 회사의 영업이익에 미치는 영향은 얼마인가?(단, 추가주문 수락이 기존주문에 미치는 영향은 없는 것으로 가정한다)

① 75,000원 증가　　② 75,000원 감소

③ 125,000원 증가　　④ 125,000원 감소

해설

- 증분수익 = 500단위 × @700 = 350,000
- 증분비용 = 500단위 × (@400 + @150) = 275,000
- 증분이익 = 증분수익 350,000원 − 증분비용 275,000원 = 75,000

정답 04 ② 05 ①

06 공개

(주)삼일은 최근 고객사로부터 제품 300단위를 단위당 20,000원에 구입하겠다는 제안을 받았다. 이 주문의 수락여부와 회사의 이익에 미치는 영향은 어떠한가?(단, 제품과 관련된 자료는 다음과 같으며 동주문을 수락하더라도 고정원가에는 아무런 영향을 초래하지 않는다)

	제품 단위당 원가
직접재료원가	11,000원
직접노무원가(변동원가)	4,000원
변동제조간접원가	2,500원
고정제조간접원가	3,000원
변동판매비와관리비	500원
고정판매비와관리비	1,000원
	22,000원

① 수락, 150,000원의 이익 증가
② 수락, 600,000원의 이익 증가
③ 거절, 150,000원의 손실 증가
④ 거절, 600,000원의 손실 증가

해설

• 300단위 × @20,000 =	6,000,000
• 300단위 × (@11,000 + @4,000 + @2,500 + @500) =	(5,400,000)
	600,000

∴ 600,000원의 이익이 발생하므로 주문을 수락한다.

07 공개

매월 1,000단위의 제품을 생산하는 (주)삼일의 단위당 판매가격은 700원이고 단위당 변동원가는 500원이며 고정원가는 월 300,000원이다. (주)삼일은 (주)용산으로부터 400단위의 특별주문을 받았다. 현재 유휴설비능력은 특별주문 수량보다 부족한 상황이며, 특별주문을 수락할 경우 주문처리를 위한 비용 900원이 추가로 발생한다. 다음 중 특별주문에 대한 의사결정을 함에 있어 관련 항목으로만 구성된 것은 어느 것인가?

① 특별주문 수락 전의 단위당 고정원가, 단위당 변동원가, 특별주문 처리비용
② 특별주문가, 단위당 변동원가, 특별주문 처리비용, 기존판매량 감소분의 공헌이익
③ 특별주문 수락 후의 단위당 고정원가, 특별주문 처리비용, 기존판매량 감소분의 공헌이익
④ 특별주문가, 특별주문 처리비용, 특별주문 수락 후의 단위당 고정원가, 기존판매량 감소분의 공헌이익

해설

고정원가는 비관련원가이다.

06 ② 07 ② 정답

08 공개 **(주)삼일은 부품의 자가제조 또는 외부구입에 대한 의사결정을 하려고 한다. 이때 고려해야 하는 비재무적 정보에 관한 설명 중 가장 올바르지 않은 것은?**

① 부품을 자가제조할 경우 부품의 공급업자에 대한 의존도를 줄일 수 있는 장점이 있다.
② 부품을 자가제조할 경우 기존 외부공급업자와의 유대관계를 상실하는 단점이 있다.
③ 부품을 자가제조할 경우 향후 급격한 주문의 증가로 회사의 생산능력을 초과할 때 제품을 외부구입하기 어려울 수 있다는 단점이 있다.
④ 부품을 자가제조할 경우 생산관리를 외부에 의존해야 하므로 품질관리가 매우 어렵다.

해설
자가제조할 경우 품질관리를 보다 쉽게 할 수 있는 장점이 있다.

09 공개 **(주)삼일은 두 개의 사업부 A, B로 구성되어 있다. A사업부는 단위당 변동비가 100원인 부품을 제조하고 있는데 이를 170원에 외부에 판매할 수도 있고 B사업부에 대체할 수도 있다. B사업부가 이 부품을 외부에서 구입할 수 있는 가격은 180원이다. 회사 전체의 이익극대화를 위한 B사업부의 의사결정으로 가장 옳은 것은?**

① A사업부에서 구입하여야 한다.
② 외부에서 구입하여야 한다.
③ 외부에서 구입하는 경우와 A사업부에서 구입하는 경우 차이가 없다.
④ 유휴생산시설이 있으면 외부에서 구입한다.

해설
- A사업부 최소대체가격 = 100 + (170 − 100) = 170
- B사업부 최대대체가격 = 180(외부구입가격)

∴ 회사 전체 이익극대화 관점에서는 A사업부에서 구입하여야 한다.

10 공개 **(주)삼일은 진부화된 제품 500단위를 보유하고 있으며 이 제품의 제조원가는 200,000원이다. (주)삼일은 이 제품을 제품 단위당 200원에 즉시 처분할 수도 있고, 100,000원의 비용을 추가 투입하여 개조한 후 제품 단위당 500원에 판매할 수 있는 상황이다. 다음 설명 중 옳은 것은?**

① 100,000원의 추가비용을 지출하지 않고 단위당 200원에 처분하는 것이 가장 유리하다.
② 개조하여 판매하는 것이 그대로 처분하는 것보다 50,000원만큼 유리하다.
③ 개조하여 판매하면 250,000원의 이익이 발생한다.
④ 제품 단위당 200원에 처분하면 100,000원의 손실이 발생하므로 제품을 보유하고 있는 것이 낫다.

해설
개조한 후 판매의 경우

• 증분수익 :	500단위 × (@500 − @200) =	150,000
• 증분비용 :	추가가공원가 =	(100,000)
• 증분이익 :		50,000

정답 08 ④ 09 ① 10 ②

11 다음 중 대체가격 결정 시 고려할 사항으로 가장 올바르지 않은 것은?

공개

① 준최적화 현상이 발생하더라도 각 사업부의 이익극대화가 이루어지도록 결정되어야 한다.

② 각 사업부의 성과를 공정하게 평가할 수 있는 방법으로 결정되어야 한다.

③ 각 사업부의 경영자가 자율적으로 의사결정을 하여 대체가격을 결정해야 한다.

④ 각 사업부 관리자의 경영노력에 대한 동기부여가 가능하도록 결정되어야 한다.

해설

준최적화 현상이란 개별사업부 관점에서는 최적이지만 기업전체의 관점에서는 최적이 되지 않는 상황을 말하는데, 이런 현상이 발생할 때에는 각 사업부의 목표뿐만 아니라 기업전체의 목표도 극대화할 수 있는 방향으로 대체가격을 결정해야 한다.

12 (주)삼일은 여러 사업부를 운영하고 있는 기업이며, 20x1년의 당기순이익은 500,000원이다. 여러 사업부 중에서 사업부 갑의 공헌이익은 100,000원이고, 사업부 갑에 대한 공통원가배분액은 50,000원이다. 공통원가배분액 중 30,000원은 사업부 갑을 폐지하더라도 계속하여 발생하는 것이다. 만약 회사가 사업부 갑을 폐지하였다면 20x1년 당기순이익은 얼마로 변하였겠는가?

공개

① 400,000원　　② 420,000원

③ 450,000원　　④ 470,000원

해설

사업부 갑을 폐지한 경우

• 증분수익 :	공헌이익 =	(100,000)
• 증분비용 :	공통원가배분액 =	20,000
• 증분이익 :		(80,000)

∴ 당기순이익 = 500,000 − 80,000 = 420,000

13 다음은 세 사업부문(A, B, C)을 보유한 (주)삼일의 손익자료이다. 다음 중 자료에 관한 분석으로 가장 올바르지 않은 것은?

공개

(단위 : 원)

	A사업부	B사업부	C사업부	전 체
매출액	4,000	3,000	2,000	9,000
변동원가	2,400	2,000	1,200	5,600
공헌이익	1,600	1,000	800	3,400
회피불능원가	1,900	1,200	400	3,500
이익(손실)	(300)	(200)	400	(100)

① 사업부 A, B를 폐쇄하면 회사의 전체 손실은 2,700원이 된다.

② 사업부 B, C를 폐쇄하면 회사의 전체 손실은 1,900원이 된다.

③ 사업부 A, C를 폐쇄하면 회사의 전체 손실은 2,500원이 된다.

④ 사업부 A, B, C 모두를 폐쇄하면, 현재의 전체 손실 100원은 발생하지 않는다.

11 ① 12 ② 13 ④ 정답

해설

① 사업부 A, B를 폐쇄 시 : 400 − (1,900 + 1,200) = △2,700
② 사업부 B, C를 폐쇄 시 : −300 − (1,200 + 400) = △1,900
③ 사업부 A, C를 폐쇄 시 : −200 − (1,900 + 400) = △2,500
④ 사업부 A, B, C 모두를 폐쇄 시 : 회피불능원가(3,500)만큼 손실 발생

14 공개

다음은 신인가수 발굴 오디션에서 일어난 심사위원과 지원자 김준의 인터뷰 내용이다. 의사결정 기초개념과 관련하여 밑줄 친 (ㄱ), (ㄴ)에 가장 적절하게 대응되는 용어는 무엇인가?

> 심사위원 : 오디션에 합격하면 (ㄱ) 현재의 직장을 포기해야 하는데도 가수를 하실 생각이신가요?
> 김준 : 과거에 (ㄴ) 직장에 들어가기 위해 많은 노력을 했습니다. 하지만, 오디션에 합격하면 어릴 적 꿈이었던 가수로서 2의 인생을 살고 싶습니다.

① (ㄱ) 기회원가 (ㄴ) 간접원가
② (ㄱ) 지출원가 (ㄴ) 기회원가
③ (ㄱ) 기회원가 (ㄴ) 매몰원가
④ (ㄱ) 매몰원가 (ㄴ) 간접원가

해설

- 기회원가 : 어떤 의사결정을 함으로 인해 다른 대체안을 포기하게 될 경우 포기한 대체안에서 얻을 수 있는 최대금액 상실분
- 매몰원가 : 과거 의사결정으로 이미 발생된 원가로서 현재 이후의 어떤 의사결정을 하더라도 회수할 수 없는 원가

15 공개

(주)삼일은 제조에 필요한 부품을 자가제조할 것인지 아니면 외부구입할 것인지의 여부에 대한 의사결정을 하려고 한다. 다음 설명 중 가장 옳은 것은?

① 변동원가는 모두 비관련원가로 보아 의사결정을 하는데 영향을 미치지 않는다.
② 회피불가능한 고정원가는 관련원가로 의사결정을 하는데 반드시 고려하여야 한다.
③ 기존설비를 다른 용도로 사용함에 따라 발생할 수 있는 기회비용도 함께 고려해야 한다.
④ 외부구입원가가 회피가능원가보다 큰 경우에는 외부구입하는 것이 바람직하다.

해설

① 변동원가는 관련원가이다.
② 회피불가능한 고정원가는 비관련원가이다.
④ 외부구입하는것보다 자가제조하는 것이 바람직하다.

정답 14 ③ 15 ③

16 다음의 용어와 용어해설의 연결이 바르지 않은 것은?

① 회피가능원가 : 특정대안을 선택하지 않음으로써 그 발생을 피할 수 있는 원가
② 이연원가 : 의사결정 대안 간에 차이를 보이는 원가
③ 기발생원가 : 이미 발생한 것이기 때문에 회피할 수 없는 원가
④ 기회원가 : 특정자원을 대체적인 투자에 사용하였더라면 얻었을 이익

해설
차액원가에 대한 설명이다.

17 다음 의사결정과 관련된 설명 중 틀린 것은?

① 시설능력을 100% 활용하고 있는 기업이 특별주문의 수락 여부를 고려할 경우 동 주문생산에 따른 추가시설 임차료는 관련원가에 해당한다.
② 기회원가는 선택가능한 여러 대안 가운데 하나의 대안을 선택함으로써 포기하게 된 나머지 대안 가운데 최적대안의 기대가치를 의미하며, 이는 의사결정 과정에서 고려해야 하는 관련원가이다.
③ 고정원가가 당해 의사결정과 관계없이 계속 발생한다면 고정원가도 관련원가이다.
④ 매몰원가는 과거의 의사결정결과로 야기된 역사적 원가로서 관련원가에 해당하지 아니한다.

해설
대안 간의 차이를 발생시키지 않는 고정원가는 비관련원가이다.

18 회사가 유휴설비를 활용하여 제품을 생산할 기회를 가지게 된 경우 단기적으로 당해 제품을 생산 · 판매할 수 있는 기준이 되는 판매가격은 다음 중 어느 것 이상이어야 하는가?

① 변동원가
② 변동원가 + 고정원가
③ 변동원가 + 유휴설비의 기회원가
④ 변동원가 + 정상이윤

해설
단기적으로 판매가격이 변동원가와 기회비용의 합계액보다 크다면 생산하여 판매하는 것이 유리하다.

16 ② 17 ③ 18 ③ 정답

19 사업부 간 대체가격 결정방법에는, 대체되는 재화의 원가를 기준으로 결정하는 원가기준과 대체되는 재화의 시장가격을 기준으로 결정하는 시장가격 기준, 그리고 협상가격기준이 있다. 다음 중 각 방법의 특징으로 가장 옳지 않은 것은?

① 원가기준은 공급사업부의 비능률이 수요사업부에 전가될 수 있다.
② 원가기준은 이미 회계시스템에 기록된 원가자료를 이용하므로 적용이 용이하다.
③ 시장가격기준은 많은 시간이 소요되며 사업부 관리자의 협상능력에 따라 영향을 받는다.
④ 협상가격기준은 최고경영자가 구매·공급부문 중재가격을 제시하여 회사 전체 이익을 극대화시킨다.

해설

시장가격기준은 동일·유사 제품에 대한 외부시장가격을 대체가격으로 사용하는 방법으로서 빠른 적용이 가능하고 협상능력이 개입할 여지가 없다.

PART 3

20 다음은 (주)위드의 제품생산에 사용되는 특정 부품에 관련된 자료이다.

구 분	부품 자가생산 원가	외부 구입원가
직접재료원가	@15	
직접노무원가	@50	
제조간접원가	@200	
단위당 원가	@270	@245

고정제조간접원가는 제조간접원가배부액의 70%로서 본 의사결정과 관계없이 발생한다. 부품을 자가생산 혹은 외부구입할 것인가의 결정에서 자체생산원가 중 총관련원가는 얼마인가?

① 180원
② 125원
③ 150원
④ 100원

해설

직접재료원가	15
직접노무원가	50
변동제조간접원가 200 × (100% − 70%)	60
계	125

정답 19 ③ 20 ②

21 (주)위드는 부품 M을 자가제조하고 있다. 10,000개 자가제조 시 단위당 원가는 다음과 같다.

직접재료비	480
직접노무비	700
변동제조간접비	420
고정제조간접비	1,000
총원가	2,600

한편 다른 회사가 성보회사에서 부품 M을 단위당 2,300원에 연간 10,000개를 납품하겠다고 제의하였다. 이 제안을 수락하는 경우 시설임대로 인하여 연간 7,000,000원의 임대료 수입이 가능하고 M제품에 배부된 고정제조간접비 중 단위당 500원이 회피가능할 때 다음 중 맞는 것은?

① 외부구입 3,000,000원 유리

② 외부구입 5,000,000원 유리

③ 자가제조 2,000,000원 유리

④ 자가제조 3,000,000원 유리

해설

(1) 외부구입비용 @2,300 × 10,000 = 23,000,000

(2) 자가제조 시 관련원가

① 회피가능원가

변동비절감액 (@480 + @700 + @420) × 10,000 = 16,000,000

고정비절감액 @500 × 10,000 = 5,000,000

② 기회비용

임대수익 7,000,000

자가제조 시 관련원가 합계 28,000,000

∴ 외부구입하는 것이 5,000,000(= 23,000,000 − 28,000,000) 유리하다

22 기계장치를 600,000,000원에 구입하였으나 부득이하게 사용할 수 없게 되었다. 만약, 수리비용을 200,000,000원 들여 350,000,000원에 판매할 수 있는 대안과 고물상에 80,000,000원에 판매할 수 있는 대안이 있을 때 매몰원가는 얼마인가?

① 80,000,000원

② 150,000,000원

③ 200,000,000원

④ 600,000,000원

해설

매몰원가 = 기발생원가 = 장부가액

21 ② 22 ④ 정답

23 (주)위드의 연간 제조능력은 30,000단위이다. 20x5년도 종료한 회계연도의 영업결과는 다음과 같다.

매출액(18,000단위, @100)	1,800,000
변동제조 및 변동판매비	954,000
공헌이익	846,000
고정비	495,000
영업이익	351,000

20x6년도에 외국의 한 업체가 회사의 제품을 단위당 92원에 15,000단위를 구매하겠다는 제안을 하였다. 만약 20x6년도에 회사가 이 제안을 받아들여 회사의 제조능력이 30,000단위를 넘지 않기 위해서 기존의 정규판매량을 축소한다면 이때 영업이익은 얼마이겠는가?(단, 회사의 모든 비용구조는 20x5년도와 동일한 형태로 가정)

① 390,000원 ② 600,000원
③ 795,000원 ④ 840,000원

해설

매출액 :		
특별주문판매 : 15,000단위 × 92 =	1,380,000	
기존정규판매 : 15,000단위 × 100 =	1,500,000	2,880,000
변동비 : 30,000단위 × @53*주) =		(1,590,000)
고정비		(495,000)
영업이익		795,000

*주) 954,000 ÷ 18,000단위 = 53

24 다음 중 사내대체가격을 결정하는 원칙으로 옳지 않는 것은?

① 공급부서의 최소대체가격은 변동원가이다.
② 사업부 간 관련이 적은 경우는 보통 시장가격이 최대대체가격이 된다.
③ 대체거래 시 처음에는 변동원가만을 고려하여 시작한다.
④ 사업부 간 경쟁이 심할 때는 시장가격이 대체가격이 된다.

해설

공급부서의 최소대체가격 = 대체 시 발생하는 단위당 지출원가 + 대체 시 발생하는 단위당 기회비용
② 사업부 간 관련성이 적은 경우는 자율성이 강조되므로 시장가격이 구매사업부의 최대대체가격이 된다.
③ 유휴생산설비가 있다는 가정하에 사내대체 시 처음에는 지출원가만을 고려하여 대체거래가 시작된다. 그런데 일반적으로 고정원가는 대체여부와 관계없이 일정하므로 지출원가는 대부분 변동원가와 일치한다.
④ 사업부 간 경쟁이 심할 때는 자율성이 보다 강조되므로 시장가격이 대체가격이 된다.

정답 23 ③ 24 ①

25 (주)위드는 A사업부와 B사업부로 구성되어 있다. A사업부는 부품을 생산하고 B사업부는 A사업부에서 생산한 부품을 가공하여 제품을 생산한다. 연간 A사업부에서 생산할 수 있는 최대생산부품수량은 15,000단위이고 외부시장에 13,000단위를 단위당 250원에 판매하고 있으며 단위당 150원의 변동비(변동판매관리비 포함)가 발생하고 있다. 사내대체를 한다면 단위당 50원의 변동판매관리비를 절감할 수 있다. B사업부는 5,000단위의 부품으로 단위당 230원의 추가가공비를 지출하여 제품을 생산한 후 단위당 500원의 가격으로 외부에 판매한다. B사업부는 외부공급자로부터 부품을 180원에 구입할 수 있다. 두 사업부가 동의할 수 있는 대체가격의 범위로 올바른 것은?

① 110원 ~ 270원　　② 110원 ~ 180원
③ 160원 ~ 180원　　④ 210원 ~ 270원

해설

- A사업부의 최소대체가격 : (150 − 50) + [{3,000*주) × (250 − 150)}/5,000*] = 160원

*주) 최대생산부품수량이 15,000단위이므로, A사업부는 현재 판매단위 13,000개에서 3,000개를 줄이고 B사업부로 대체하기위해 5,000단위를 A사업부에서 생산해야 한다.

- 따라서, 이때 3,000은 A사업부의 기존생산량에서 삭감된 부품생산단위(13,000 − 10,000)를 말하며, 5,000은 B사업부를 위한 신규 생산단위를 가리킨다.
- B사업부의 최대대체가격 : Min[(500 − 230), 180] = 180원

26 A회사의 X사업부는 제품생산에 소요되는 부품을 생산하여 외부에 단위당 350원씩 50,000단위를 판매하고 있다. 단위당 원가는 아래와 같고 부품대체를 할 경우에 변동판매비의 40%를 절감할 수 있으며, Y사업부로부터 5,000개의 공급요청을 받았다. X사업부의 최대생산능력이 60,000단위인 경우(a)와 47,000단위인 경우(b)에 X사업부가 Y사업부에 요구할 수 있는 최소대체가격은 각각 얼마인가?

• 단위당 직접재료비	30원
• 단위당 변동제조간접비	45원
• 단위당 직접노무비	80원
• 단위당 변동판매관리비	65원

	(a)	(b)
①	194원	246원
②	194원	324원
③	220원	246원
④	220원	350원

해설

- 최대생산능력이 60,000단위인 경우 : 단위당(직접재료비 + 직접노무비 + 변동제조간접비 + 변동판매관리비 × 60%) = 194원
- 최대생산능력이 47,000단위인 경우 : 194 + [{5,000 × (350 − 220)}/5,000] = 324원

25 ③　26 ② 정답

27 베어링생산능력이 100,000개인 위드공업(주)의 베어링제작공장과 관련된 자료는 다음과 같다.

• 베어링시장가격	30
• 변동원가	10
• 고정원가	9(생산능력기준)

회사는 베어링을 이용하여 모터를 제작하는 모터제작공장도 보유하고 있으며 모터제작공장은 현재 연간 10,000개인 베어링을 29원에 외부에서 조달하고 있다. 회사가 생산하는 베어링 전량을 외부시장에 팔 수 있고 사내대체 시 변동원가를 3원 절감할 수 있다면 회사 전체의 이익극대화 입장에서 두 부문의 대체가격은?

① 13원 ② 16원

③ 27원 ④ 30원

해설

• 공급사업부의 기회원가 ≤ 대체가격(TP) ≤ 구매사업부의 기회원가
• 공급사업부 기회원가 : 변동원가 − 변동원가절감액 = 30 − 3 = 27
• 구매사업부 기회원가 : 외부시장구입가격 29

28 (주)위드는 두 개의 독립적인 사업부 A와 B로 구성되어 있다. A사업부는 변동비 6,000원에 제품을 생산하는데, 이는 외부시장에 9,000원에 판매할 수도 있고 사업부 B에 대체하여 추가가공할 수도 있다. B사업부가 외부에서 구입할 수 있는 가격이 8,000원이라면 회사 전체의 이익을 극대화하기 위해서 B사업부는 어느 곳에서 구입하여야 하겠는가?(A사업부에서 유휴생산설비가 있을 경우와 유휴생산설비가 없을 경우로 구분하여 대답하라)

① 외부에서 구입하는 것과 A사업부에서 구입하는 것이 무차별하다.

② 유휴생산설비가 있을 경우에는 A사업부에서, 없을 경우에는 외부에서 공급받는다.

③ 유휴생산설비가 있을 경우에는 외부에서, 없을 경우에는 A사업부에서 공급받는다.

④ 모든 경우 A사업부로부터 공급을 받는다.

해설

• 유휴설비가 있을 경우
변동제조비 6,000 ≤ 사내대체가격 ≤ 외부시장구입가격 8,000 → 사내대체
• 유휴설비가 없을 경우
외부시장 판매가격 9,000 ≤ 사내대체가격 ≤ 외부시장구입가격 8,000 → 사내대체 ×

정답 27 ③ 28 ②

03 장기적 의사결정

01 공개 **현재 투자수익률이 각각 17%와 16%인 (a) 마포사업부와 (b) 용산사업부는 모두 신규투자안을 고려하고 있다. 마포사업부와 용산사업부가 고려하고 있는 신규투자안은 기대투자수익률이 각각 15%와 17%이고, 자본비용은 각각 16%와 14%이다. 이 경우 각 사업부가 잔여이익 극대화를 목표로 한다면 각 부문은 어떤 의사결정을 하여야 하는가?**

① (a) 채택, (b) 채택 ② (a) 채택, (b) 기각
③ (a) 기각, (b) 채택 ④ (a) 기각, (b) 기각

해설
• 마포사업부 : 자본비용(16%)에 미달하는 수익률(15%)이 기대된다
∴ 영업이익 < (투자액 × 자본비용)이며 잔여이익이 (−)이므로 → 기각
• 용산사업부 : 자본비용(14%)를 초과하는 수익률(17%)이 기대된다
∴ 영업이익 > (투자액 × 자본비용)이며 잔여이익이 (+)이므로 → 채택

02 공개 **다음 중 자본예산을 편성하기 위해 현금흐름을 추정할 때 주의해야 할 사항으로 가장 올바르지 않은 것은?**

① 명목현금흐름은 명목할인율로 할인해야 하며, 실질현금흐름은 실질할인율로 할인해야 한다.
② 세금을 납부하는 것은 현금의 유출에 해당하므로 세금을 차감한 후의 현금흐름을 기준으로 추정하여야 한다.
③ 감가상각비를 계상함으로써 발생하는 세금의 절약분인 감가상각비 감세효과는 현금흐름을 파악할 때 반드시 고려해야 한다.
④ 이자비용은 명백한 현금유출이므로 현금흐름 추정에 반영해야 한다.

해설
이자비용, 배당금 등의 금융비용은 할인율에 반영되어 있으므로 현금흐름 추정에는 포함시키지 않는다.

03 공개 **다음 중 순현재가치법(NPV법)에 관한 설명으로 가장 올바르지 않은 것은?**

① 투자기간 동안의 현금흐름을 자본비용으로 재투자한다고 가정한다.
② 순현재가치를 계산할 때 사용하는 할인율인 자본비용의 산출이 간단하다.
③ 독립적인 투자안에 대한 의사결정 시 순현재가치가 0(영)보다 크면 수익성이 있는 것으로 판단되어 투자안을 채택한다.
④ 복수투자안의 순현재가치는 그 복수투자안을 구성하는 개별투자안 각각의 순현재가치를 합산한 것과 같다.

해설
순현재가치법은 자본비용의 산정에 어려움이 있다.

01 ③ 02 ④ 03 ② 정답

04 공개 **다음 중 순현재가치(NPV)법과 내부수익률(IRR)법에 관한 설명으로 가장 올바르지 않은 것은?**

① 내부수익률(IRR)법에서는 내부수익률이 최저필수수익률을 상회하는 투자안을 채택한다.
② 내부수익률(IRR)법은 가치가산의 원칙이 적용되나 순현재가치(NPV)법은 그렇지 않다.
③ 두 방법 모두 화폐의 시간가치를 고려하는 방법이다.
④ 순현재가치(NPV)법에서는 순현재가치가 0(영)보다 큰 투자안을 채택한다.

해설

내부수익률법은 가치가산 원칙이 적용되지 않으나, 순현재가치법은 가치가산 원칙이 적용된다.

05 공개 **장기의사결정을 위한 방법 중 회수기간법은 여러 가지 이론적인 단점에도 불구하고 실무상 많이 사용되고 있다. 다음 중 회수기간법이 실무에서 많이 사용되는 이유로 가장 올바르지 않은 것은?**

① 비현금자료도 반영되는 포괄적 분석기법이다.
② 기업의 유동성 확보와 관련된 의사결정에 유용하다.
③ 화폐의 시간적 가치를 고려하지 않으므로 순현재가치법, 내부수익률법에 비해서 적용하기가 쉽다.
④ 투자후반기의 현금흐름이 불확실한 경우에는 유용한 평가방법이 될 수 있다.

해설

회수기간법은 비현금자료가 반영되지 않는다.

06 공개 **다음 중 투자안으로부터 얻어지는 현금유입액의 현재가치와 투자에 소요되는 현금유출액의 현재가치를 같게 해주는 할인율을 산출하는 자본예산모형으로 가장 옳은 것은?**

① 수익성지수(PI)법
② 내부수익률(IRR)법
③ 회계적이익률(ARR)법
④ 순현재가치(NPV)법

해설

내부수익률(IRR)법이란 현금유입액과 현금유출액의 현재가치를 일치시켜주는 내부수익률을 이용하여 평가하는 자본예산기법을 말한다.

07 공개 **(주)삼일은 내용연수가 3년인 기계장치에 투자하려고 하고 있다. 기계장치를 구입하면, 향후 3년 동안 매년 6,000,000원의 현금지출운용비를 줄일 것으로 판단하고 있다. 회사의 최저필수수익률은 12%이고 기계장치에 대한 투자액의 현재가치는 8,000,000원이라고 할 때, 기계장치에 대한 투자안의 순현재가치(NPV)는 얼마인가?(단, 이자율 12%의 1원당 연금의 현재가치는 1년은 0.89, 2년은 1.69, 3년은 2.40이며 법인세는 없는 것으로 가정한다)**

① 1,060,000원
② 2,140,000원
③ 4,300,000원
④ 6,400,000원

해설

$(6,000,000 \times 2.40) - 8,000,000 = 6,400,000$

정답 04 ② 05 ① 06 ② 07 ④

08 자본예산분석기법과 관련된 다음의 설명 중 가장 올바르지 않은 것은?

① 회계적이익률법은 발생주의 모델이다.
② 회수기간법에서는 투자안의 회수기간이 목표회수기간을 초과하는 경우 투자안을 기각한다.
③ 순현재가치법은 투자규모가 다른 경우의 비교에 적합하다.
④ 현금유입의 현재가치와 현금유출의 현재가치가 일치되게 하는 할인율을 내부수익률이라고 한다.

해설
순현재가치법은 투자규모가 다른 경우의 비교에 부적합하다.

09 다음 중 순현재가치법과 내부수익률법에 관한 설명으로 바르지 못한 것은?

① 두 방법 모두 현금흐름 할인모형이다.
② 순현재가치법에서는 자본비용으로 재투자된다고 가정하고, 내부수익률법에서는 내부수익률로 재투자된다고 가정한다.
③ 복수의 배타적인 투자안일 경우에 항상 상반된 결과를 가져온다.
④ 순현재가치법이 내부수익률법보다 우수한 방법이다.

해설
복수의 투자안 분석 시 일부는 상반된 결과를 보이나 대부분 동일한 결과를 보인다.

10 자본예산분석방법에 대한 다음 설명 중 틀린 것은?

① 회수기간법은 투자액 회수시점 이후의 현금유입을 고려하지 못한다.
② 회계적이익률법은 화폐의 시간적 가치를 고려한다.
③ 순현가법에서는 투자안의 순현가가 0보다 작은 경우에 투자안을 기각한다.
④ 내부이익률은 투자액과 투자의 현금유입액의 현가를 동일하게 하는 할인율이다.

해설
회계적이익률법은 화폐의 시간적 가치를 고려하지 않는다.

11 자본예산의 분석기법과 관련하여 올바르지 않은 것은?

① 회계학적이익률법은 현금주의 모델이다.
② 회수기간법에서 투자안의 회수기간이 목표회수기간을 초과하는 경우 투자안을 기각한다.
③ 내부수익률법은 복수의 내부수익률이 존재할 수 있다.
④ 순현재가치법이 가장 우수한 방법으로 인정된다.

해설
발생주의 모델이다.

08 ③ 09 ③ 10 ② 11 ① 정답

12 다음 중 현금흐름분석 시 고려사항으로 적절하지 않은 것은?

① 잠식비용은 현금흐름추정 시에 고려해야 한다.
② 증분개념을 이용하여 현금흐름을 추정해야 한다.
③ 기회비용은 현금흐름추정 시에 고려하여야 한다.
④ 감가상각비는 현금흐름추정 시에 현금유출로 처리한다.

해설

고정자산은 이미 취득시점에 전액 현금유출로 계상하였으므로 감가상각비를 다시 현금유출로 계상하면 이중계산이 된다.

※ 잠식비용 : 새로운 투자로 인하여 기존의 현금흐름이 줄어드는(잠식 당하는) 금액

13 (주)위드는 최근 신기계를 한 대 구입하였다. 이 기계의 취득원가는 320,000원이며, 잔존가치없이 8년에 걸쳐 정액법으로 감가상각할 예정이다. 이 기계의 사용으로 인하여 매년 법인세차감전 순현금유입액이 90,000원에 이를 것으로 예측되며, 법인세율이 50%라고 할 때 이 기계의 회수기간은 얼마인가?

① 3.60년
② 4.92년
③ 7.11년
④ 12.08년

해설

- 연간현금유입액 : 90,000 × (1 − 0.5) + (40,000 × 0.5) = 65,000
- 회수기간 : 320,000 ÷ 65,000 = 4.92년

14 다음 자료에 의하여 회수기간법에 의한 자본예산을 편성할 경우 회수기간은 얼마인가?

연 도	연초투자액	현금유입액
1	3,000원	1,000원
2		1,000원
3	2,000원	1,500원
4		1,500원
5		1,000원

① 3.5년
② 4년
③ 4.5년
④ 5년

해설

연 도	기초미회수투자액	추가투자액	총미회수투자액	현금유입액	기말미투자회수액
1	3,000원		3,000원	1,000원	2,000원
2	2,000원		2,000원	1,000원	1,000원
3	1,000원	2,000원	3,000원	1,500원	1,500원
4	1,500원		1,500원	1,500원	0원
5	0원		0원	1,000원	0원

정답 12 ④ 13 ② 14 ②

15 **상호배타적인 복수의 투자안이 있을 경우, 의사결정자는 다음 중 어떤 투자안을 선택하는 전략을 사용해야 하는가?**

① 가장 오랜 기간에 걸쳐서 현금흐름을 창출하는 투자안을 선택한다.
② 법인세 차감 후 현금흐름의 순현재가치가 최초투자액을 초과하는 투자안을 선택한다.
③ 평균수익률이 가장 큰 투자안을 선택한다.
④ 수익성지수가 가장 큰 투자안을 선택한다.

해설

수익성지수가 큰 투자안이 NPV가 크다.

16 **다음 중 자본예산을 위해 사용되는 순현가법(NPV)과 내부수익률법(IRR)에 대한 설명으로 옳은 것은?**

① 내부수익률법은 복리계산을 하지 않으므로 순현가법보다 열등하다.
② 특정 투자안의 수락 타당성에 대해 두 방법은 일반적으로 다른 결론을 제공한다.
③ 내부수익률법은 현금이 할인율이 아닌, 내부수익률에 의해 재투자된다고 가정한다.
④ 순현가법은 분석시점에 초기 투자액이 없는 경우에는 사용할 수 없다.

해설

① 내부수익률법도 복리계산을 한다.
② 특정 투자안의 수락 타당성에 대해 두 방법은 일반적으로 동일한 결론을 제공한다.
③ 내부수익률법은 내부수익률, 순현가법은 할인율(자본비용)에 의해 재투자된다고 가정한다.
④ 순현가법은 분석시점에 초기 투자액이 있건 없건 관계없이 사용할 수 있다.

17 **법인세 효과를 무시할 경우, 각 투자안 평가방법에서 고려해야 하는 사항을 올바르게 연결한 것은?**

㉠ 감가상각비
㉡ 투자기간 전체의 수익(또는 현금유입액)
㉢ 화폐의 시간가치

	회계적이익률법	순현재가치법	내부수익률법
①	㉡	㉡, ㉢	㉡, ㉢
②	㉠, ㉡	㉠, ㉡, ㉢	㉠, ㉡, ㉢
③	㉡	㉡, ㉢	㉢
④	㉠, ㉡	㉡, ㉢	㉡, ㉢

해설

투자기간의 수익에서 감가상각비를 차감해야 순이익을 계산할 수 있으므로 회계적이익률법에서는 감가상각비를 고려하게 된다.

15 ④ 16 ③ 17 ④ 정답

04 책임회계제도와 성과평가

01 공개

기업은 미래의 불확실성에 대처하기 위하여 계획을 수립하며, 이러한 계획의 일부분으로서 예산을 편성한다. 예산은 다양하게 분류할 수 있는데 조업도의 변동에 따라 조정되어 작성되는 예산을 무엇이라 하는가?

① 변동예산
② 부문예산
③ 종합예산
④ 운영예산

해설
성과평가를 위해 종합예산을 사후적으로 수정하여 작성되는 예산을 변동예산이라 하는데 조업도의 변동에 따라 조정되어 작성된다.

02 공개

다음 중 산출물만을 화폐로 측정하여 통제할 뿐 투입물과 산출물 모두에 의해 결정되는 이익에 대해서는 책임을 지지 않는 책임중심점으로 가장 옳은 것은?

① 원가중심점
② 수익중심점
③ 이익중심점
④ 투자중심점

해설
수익중심점은 판매량과 매출액 등 수익에 대해서만 책임지며 이익에 대해서는 책임지지 않는다. 대개 판매부서나 영업소가 대표적이다.

03 공개

다음 중 책임을 지는 범위가 가장 넓은 책임중심점은 무엇인가?

① 원가중심점
② 수익중심점
③ 이익중심점
④ 투자중심점

해설
투자중심점은 원가 및 수익뿐만 아니라 투자의사결정에도 책임을 지는 개념으로 가장 포괄적인 개념의 책임중심점이다.

04 공개

투자수익률(ROI)은 영업이익을 투자액으로 나누어 계산한 수익성 지표이다. 다음 중 투자수익률의 증대 방안으로 가장 올바르지 않은 것은?

① 매출액의 증가
② 판매비와관리비의 감소
③ 매출채권 회전기간의 감소
④ 총자산회전율의 감소

해설
[투자수익률 = 매출액이익률 × 총자산회전률]로 분석할 수 있는데, 총자산회전율(= 매출액/총자산)의 감소는 투자수익률의 감소로 이어진다.

정답 01 ① 02 ② 03 ④ 04 ④

05 공개

다음 중 투자수익률법(ROI : Return On Investment)에 대한 설명으로 가장 올바르지 않은 것은?

① 투자규모가 다른 투자중심점을 상호 비교하기가 용이하다.

② 사업부의 이익뿐만 아니라 투자액도 함께 고려하는 성과평가 기준이다.

③ 매출액이익률과 자산회전율로 구분하여 분석이 가능하다.

④ 회사 전체의 최저필수수익률을 상회하는 투자안이 개별투자중심점의 투자수익률보다 낮기 때문에 투자가 포기되는 준최적화 현상이 발생하지 않는다.

해설

투자수익률법은 투자안을 선택할 경우 준최적화문제가 발생할 수 있으므로 투자안의 장기수익성 분석에는 한계가 있다. 이를 해결하기 위해 잔여이익법을 사용하기도 한다.

06 공개

다음 중 판매부서의 성과평가에 대한 설명으로 가장 올바르지 않은 것은?

① 판매부서의 성과평가는 이익중심점보다 수익중심점으로 운영하는 것이 바람직하다.

② 판매부서의 성과평가는 예산매출액과 실제매출액의 비교를 통해 이뤄진다.

③ 매출총차이는 매출가격차이와 매출조업도차이로 구분된다.

④ 매출조업도차이는 매출배합차이와 매출수량차이로 구분된다.

해설

판매부서의 성과평가는 수익중심점보다 비용도 함께 고려하는 이익중심점으로 운영하는 것이 바람직하다.

07 공개

다음 중 경제적부가가치(EVA)에 관한 설명으로 가장 올바르지 않은 것은?

① EVA는 투자중심점이 고유의 영업활동에서 세금, 타인자본과 자기자본에 대한 자본비용을 초과하여 벌어들인 이익을 의미한다.

② EVA는 고유의 영업활동에서 창출된 순가치의 증가분을 의미한다.

③ EVA는 자기자본에 대한 자본비용을 고려하지 않고 성과평가를 한다.

④ EVA는 발생주의 회계수치를 성과측정목적에 맞게 수정하여 계산한다.

해설

- EVA는 자기자본에 대한 자본비용을 고려하여 성과평가를 한다.
- EVA = 세후순영업이익 − 총자본비용 = (영업이익 − 법인세) − (타인자본비용 + 자기자본비용)

08 공개

다음 중 경제적부가가치(EVA)에 관한 설명으로 가장 올바르지 않은 것은?

① 경제적부가가치는 기업의 영업, 투자, 재무활동을 모두 반영한 이익개념이다.

② 경제적부가가치는 자기자본에 대한 자본비용을 고려한 이익개념이다.

③ 주주관점에서 기업의 경영성과를 보다 정확히 측정하는데 도움이 된다.

④ 투자중심점과 회사 전체의 목표일치성을 충족시킬 수 있다.

05 ④ 06 ① 07 ③ 08 ① 정답

해설

경제적부가가치는 기업의 영업활동으로 인한 성과를 평가하는 기법이다.

09

공개

다음 중 잔여이익법에 관한 설명으로 가장 올바르지 않은 것은?

① 투자수익률법에 의하여 부당하게 거부되는 투자안이 잔여이익법에서 수락될 수도 있다.

② 투자규모가 다른 투자중심점을 상호 비교하기가 어렵다.

③ 잔여이익법에 의하여 수락되는 투자안은 투자수익률법에 의해서도 수락되므로 두 방법은 상호보완적이다.

④ 투자수익률법의 준최적화 현상을 유발하는 문제점을 극복하기 위하여 잔여이익의 개념이 출현하였다.

해설

투자수익률법은 비율로, 잔여이익법은 화폐금액으로 표시되므로, 두 가지 방법에 의한 평가결과가 서로 다르게 나타날 수 있다. 잔여이익법과 투자수익률법의 평가가 서로 다르게 나타날 때 잔여이익법이 더 기업가치를 증가시키는 평가방법이므로 일반적으로 잔여이익법을 우선 적용한다.

10

공개

(주)삼일은 A와 B의 두 제품을 생산 · 판매하고 있다. 예산에 의하면 제품 A의 단위당 공헌이익은 20원이고, 제품 B의 공헌이익은 4원이다. 20x1년의 예산매출수량은 제품 A가 800단위, 제품 B는 1,200단위로 총 2,000단위였다. 그러나 실제매출수량은 제품 A가 500단위, 제품 B가 2,000단위로 총 2,500단위였다. (주)대한의 20x1년 매출배합차이와 매출수량차이를 계산하면 각각 얼마인가?

	매출배합차이	매출수량차이
①	8,000원 불리	5,200원 유리
②	8,000원 유리	5,200원 불리
③	5,200원 불리	8,000원 유리
④	5,200원 유리	8,000원 불리

해설

• 예산매출배합비율
  – 제품 A : 40%
  – 제품 B : 60%

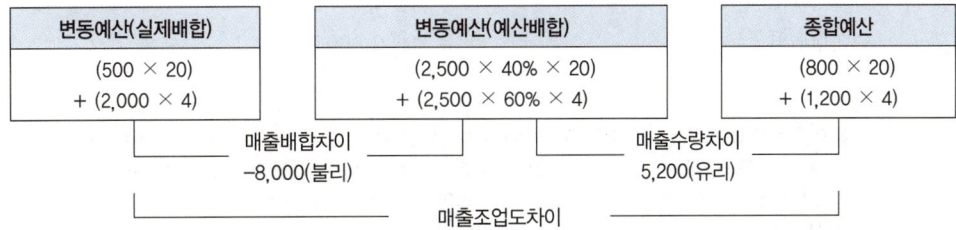

• 매출조업도차이

변동예산(실제배합)	변동예산(예산배합)	종합예산
(500 × 20) + (2,000 × 4)	(2,500 × 40% × 20) + (2,500 × 60% × 4)	(800 × 20) + (1,200 × 4)

매출배합차이 -8,000(불리)

매출수량차이 5,200(유리)

매출조업도차이

정답 09 ③ 10 ①

11 다음 자료를 이용하여 (주)삼일의 시장점유율차이를 계산하면 얼마인가?

공개

• 단위당 예산평균공헌이익	100원
• 실제시장점유율	40%
• 예산시장점유율	35%
• 실제시장규모	100,000개

① 800,000원(불리)
② 800,000원(유리)
③ 500,000원(유리)
④ 500,000원(불리)

해설

시장점유율차이 = (실제시장점유율 40% − 예산시장점유율 35%) × 실제시장규모 100,000개 × 단위당 예산평균공헌이익 100원 = 500,000원(유리)

12 다음은 (주)삼일의 재무상태표와 포괄손익계산서 자료의 일부이다.

공개

항 목	금 액	항 목	금액
유동자산(영업자산)	12,000원	유동부채	8,000원
비유동자산(영업자산)	8,000원	세전영업이익	4,000원

(주)삼일의 경제적부가가치(EVA)를 계산하면 얼마인가?(단, 유동부채 중 2,000원은 단기차입금이며, 가중평균자본비용은 10%, 법인세율은 30%이다)

① 1,400원
② 1,600원
③ 2,000원
④ 2,600원

해설

• 투하자본 = 영업 관련 총자산 (12,000 + 8,000) − 영업 관련 유동부채 (8,000 − 2,000) = 14,000원
※ 단기차입금 등과 같은 이자비용이 지급되는 유동부채는 투하자본 측정 시 차감해서는 안 된다.
• 세후순영업이익 = 세전영업이익 4,000 × (1 − 법인세율 30%) = 2,800원
∴ 경제적부가가치 = 세후순영업이익 2,800 − (투하자본 14,000 × 가중평균자본비용 10%) = 1,400원

11 ③ 12 ① 정답

13 공개

(주)삼일은 계산기를 생산하여 판매하고 있다. 올해 계산기의 예산매출수량 및 단위당 판매가격은 각각 10,000단위와 200원이며, 단위당 표준변동제조원가와 표준변동판매비는 각각 120원과 30원이다. 올해 실제 매출수량과 단위당 판매가격은 다음과 같다.

• 생산 및 매출수량	11,000단위	• 단위당 판매가격	180원

이 경우 (a) 매출가격차이와 (b) 매출조업도차이는 각각 얼마인가?

	매출가격차이	매출조업도차이
①	50,000원 유리	220,000원 불리
②	50,000원 불리	220,000원 유리
③	220,000원 유리	50,000원 불리
④	220,000원 불리	50,000원 유리

해설

- 매출가격차이 = (11,000 × 180) − (11,000 × 200) = (−)220,000(불리)
- 단위당 예산공헌이익 = 200 − (120 + 30) = 50
- 매출조업도차이 = (11,000 × 50) − (10,000 × 50) = 50,000(유리)

PART 3

14 공개

다음은 (주)삼일의 컨설팅부문 20x1년 재무자료이다. (주)삼일의 컨설팅부문 20x1년 잔여이익은 얼마인가?

• 매출액	100,000,000원	• 평균 영업자산	20,000,000원
• 영업이익	7,000,000원	• 최저필수수익률	15%

① 900,000원　② 3,000,000원
③ 4,000,000원　④ 7,000,000원

해설

7,000,000 − 20,000,000 × 15% = 4,000,000

정답 13 ④ 14 ③

15 공개 (주)삼일은 다음과 같은 방법을 사용하여 성과를 평가하고 있다. 다른 조건이 일정할 때 (주)삼일이 투자수익률(ROI) 30%를 달성하기 위한 영업자산 감소액은 얼마인가?

$$\frac{1{,}200{,}000\text{원(매출액)}}{1{,}000{,}000\text{원(영업자산)}} \times \frac{240{,}000\text{원(영업이익)}}{1{,}200{,}000\text{원(매출액)}} = 24\%\text{(투자수익률)}$$

① 200,000원　② 220,000원
③ 240,000원　④ 250,000원

해설
• 투자수익률(ROI) 30%를 달성하기 위한 영업자산은 800,000
∴ 영업자산 감소액 = 1,000,000 − 800,000 = 200,000

16 공개 (주)삼일에 새로 부임한 최이사는 올해 철저한 성과평가제도의 도입을 검토하고 있다. 성과평가제도의 도입과 관련하여 가장 올바르지 않은 주장을 펼치고 있는 실무담당자는 누구인가?

정부장 : 효율적인 성과평가제도는 기업 구성원들의 성과극대화 노력이 기업 전체 목표의 극대화로 연결될 수 있도록 설계되어야 합니다.
유차장 : 각 책임중심점의 성과평가를 수행하는 과정에서 성과측정의 오류가 발생하는 것이 일반적인데, 효율적인 성과평가제도는 성과평가치의 성과측정오류가 최소화되도록 설계되어야 합니다.
황대리 : 많은 시간과 비용을 투입할수록 더욱 정확하고 공정한 성과평가가 가능하므로 성과평가제도의 운영을 적시성 및 경제성의 잣대로 바라보지 않도록 주의해야 합니다.
김사원 : 성과평가를 한다는 사실 자체가 피평가자의 행위에 영향을 미치는 현상도 고려하여 이를 적절히 반영해야 합니다.

① 정부장　② 유차장
③ 황대리　④ 김사원

해설
성과평가제도 성과평가의 결과는 신속하게 보고되고 조정되어야 하며(적시성), 성과평가로 얻는 효익보다 평가과정에서 투입되는 비용이 커서는 안 된다(경제성).

15 ① 16 ③ 정답

17 다음 자료를 기초로 하여 경제적부가가치(EVA)를 계산하면 얼마인가?

공개

• 세후순영업이익	110억원
• 투하자본	500억원
• 타인자본비용(세후)	5%
• 자기자본비용	15%
• 부채비율(부채/자본)	100%

① 20억원　② 40억원
③ 60억원　④ 80억원

해설

• 가중평균자본비용 = $\frac{1}{2} \times 5\% + \frac{1}{2} \times 15\% = 10\%$

∴ EVA = 110억원 − (500억 × 10%) = 60억원

18 다음 중 경제적부가가치를 증대시키기 위한 방안으로 가장 올바르지 않은 것은?

공개

① 자본구조 최적화를 통해 자본비용을 절감한다.
② 유휴설비 등 비효율적으로 관리되고 있는 자산을 매각한다.
③ 생산활동의 효율적 관리를 통해 적정수준의 재고자산을 유지한다.
④ 조직 분위기를 위해 적자사업부를 계속 유지한다.

해설

현금흐름을 중시하는 EVA모델에서는 적자사업부를 폐쇄하는 것이 올바른 선택이다.

19 (주)삼일은 전자제품을 생산하여 판매하는 회사로서 각 사업부의 영업자산, 영업이익 및 매출액에 관한 정보는 다음과 같다. 다음 중 투자수익률이 높은 사업부의 순서로 가장 옳은 것은?

공개

구 분	휴대폰 사업부	청소기 사업부	냉장고 사업부
평균영업자산	500,000원	1,000,000원	2,000,000원
영업이익	50,000원	230,000원	220,000원
매출액	4,000,000원	3,000,000원	1,000,000원

① 휴대폰 > 청소기 > 냉장고　② 청소기 > 휴대폰 > 냉장고
③ 냉장고 > 청소기 > 휴대폰　④ 청소기 > 냉장고 > 휴대폰

해설

• 휴대폰 사업부 = 50,000 ÷ 500,000 = 10%
• 청소기 사업부 = 230,000 ÷ 1,000,000 = 23%
• 냉장고 사업부 = 220,000 ÷ 2,000,000 = 11%

정답 17 ③ 18 ④ 19 ④

20 공개 **다음 중 균형성과표의 관점과 그에 대한 적절한 성과평가지표를 연결한 것으로 가장 올바르지 않은 것은?**

① 재무적 관점 - 총자산수익률, 시장점유율
② 고객 관점 - 고객만족도, 고객수익성
③ 내부프로세스 관점 - 서비스대응시간, 배송시간
④ 학습과 성장 관점 - 종업원만족도, 이직률

해설
시장점유율은 고객관점에서 성과측정치이다.

21 **책임회계제도하에서 작성되는 책임중심점에 대한 성과보고서에 관한 다음 설명 중 옳지 않은 것은?**

① 예외에 의한 관리가 가능하도록 작성하여야 한다.
② 조직도표와 일관성을 유지하여야 한다.
③ 해당책임중심점에 배분된 고정제조간접원가도 포함시켜야 한다.
④ 통제가능원가는 실제와 표준 간의 차이를 포함시켜야 한다.

22 **다음 중 분권화된 조직에서의 책임회계제도, 대체가격, 투자중심점, 성과평가 등과 관련한 설명으로 옳지 않은 것은?**

① 조직의 하위부문 사이에 재화를 주고받을 경우 각 하위부문에 대한 공정한 성과평가를 하려면 공급부문의 실제원가에 근거하여 대체가격을 설정하는 것이 바람직하다.
② 이익중심점이란 수익과 비용 모두에 대하여 책임이 부여된 조직의 하위단위 또는 부문을 말한다.
③ 잔여이익이란 투자중심점이 사용하는 영업자산으로부터 당해 투자중심점이 획득하여야 하는 최소한의 이익을 초과하는 영업이익을 말한다.
④ 책임회계제도는 조직의 자원이 어느 기능을 위하여 사용되었는가 보다는 누가 사용하였는가에 관심을 둔다.

해설
조직의 하위부문 사이에 재화를 주고받을 경우 각 하위부문에 대한 공정한 성과평가를 하려면 재화의 시장가격에 근거하여 대체가격을 설정하거나 표준원가를 기준으로 대체가격을 결정하는 것이 바람직하다.

20 ① 21 ③ 22 ① 정답

23 (주)위드는 분권화된 세 개의 사업부(A, B, C)를 운영하고 있다 이들은 모두 투자중심점으로 설계되어 있으며 (주)위드의 최저필수수익률은 20%이다. 각 사업부와 관련된 정보는 다음과 같다.

구 분	A	B	C
자산회전율	4회	6회	5회
영업이익	300,000	200,000	210,000
매출액	3,000,000	2,000,000	3,000,000

투자수익률(ROI)이 높은 사업부 순서대로 옳게 배열한 것은?

① A > B > C ② A > C > B

③ B > A > C ④ B > C > A

해설

투자수익률(ROI)이 높은 순서

A = 300,000/3,000,000 × 4회 = 0.4 (2순위)

B = 200,000/2,000,000 × 6회 = 0.6 (1순위)

C = 210,000/3,000,000 × 5회 = 0.35 (3순위)

※ 자산회전율 = 매출액/총자산

PART 3

24 책임회계제도에 대한 설명 중 옳지 않은 것은?

① 투자책임단위는 다른 유형의 책임단위보다 가장 분권화된 단위이다.

② 책임회계의 평가지표는 각 책임단위가 통제할 수 있는 결과를 이용하며, 이를 통제가능성의 원칙이라고 한다.

③ 투자책임단위의 바람직한 성과지표는 매출수익률이나 잔여이익 등이다.

④ 원가책임단위의 예로 생산부문, 구매부문, 인력관리부문, 재무부문 등이 있다.

해설

투자책임단위의 경영자는 얼마의 금액을 투자해서 이익을 얼마나 창출했는지에 의하여 성과평가를 받아야 하므로 이익과 투자액을 동시에 고려하여야 한다. 성과평과를 위해서는 투자수익률(ROI), 잔여이익(RI), 경제적부가가치(EVA)를 이용하게 된다.

정답 23 ③ 24 ③

25 **(주)위드에는 X와 Y의 두 개의 사업부가 있는데 다음은 성과평가와 관련된 자료이다.**

구 분	X부문	Y부문
투자액	2,000억원	4,000억원
순이익	400억원	720억원

(주)위드의 자본비용은 10%이다. (주)위드가 사업부의 평가를 투자수익률, 잔여이익을 평가하는 경우 어떠한 평가가 이루어지겠는가?

① 투자수익률로 평가하는 경우에는 X부문, 잔여이익으로 평가하는 경우에는 Y부문이 각각 더 우수한 결과가 나온다.

② 투자수익률로 평가하는 경우에는 Y부문, 잔여이익으로 평가하는 경우에는 X부문이 각각 더 우수한 결과가 나온다.

③ X부문이 투자수익률이나 잔여이익 모두 더 우수하다는 결과가 나온다.

④ Y부문이 투자수익률이나 잔여이익 모두 더 우수하다는 결과가 나온다.

해설

구 분	X부문	Y부문	평 가
투자수익률	400/2,000 = 20%	720/4,000 = 18%	X부문 더 우수
잔여이익	400 − (2,000 × 10%) = 200	720 − (4,000 × 10%) = 320	Y부문 더 우수

26 **투자수익률(ROI), 잔여이익(RI) 및 경제적부가가치(EVA)에 대한 설명으로 옳지 않은 것은?**

① 투자수익률을 전문경영자의 보상평가기준으로 사용한다면 대리인비용이 절감되고 투자안의 경제성 평가기준으로 사용될 수 있다.

② 경제적부가가치는 타인자본비용뿐만 아니라 자기자본비용도 고려하여 산출한다.

③ 경제적부가가치는 주주의 입장에서 바라보는 이익개념으로 기업고유의 영업활동에서 창출된 순가치의 증가분을 의미한다.

④ 투자수익률은 회사 전체적으로 채택하는 것이 유리한 투자안을 부당하게 기각할 가능성이 있지만, 잔여이익과 경제적부가가치는 그럴 가능성이 없다.

해설

투자수익률은 준최적화 현상이 발생할 수 있어 대리인비용이 절감된다고 볼 수 없다.

25 ① 26 ① 정답

27 다음 중 균형성과표(BSC)에 대한 설명으로 옳지 않은 것은?

① 비영리단체에서도 재무적 관점, 고객관점, 내부프로세스관점, 학습과 성장관점을 사용할 수 있다.
② 전략과 연계된 주요평가지표(KPI)를 사용한다.
③ 관점 사이의 인과관계를 전략체계도(strategy map)로 나타낸다.
④ 균형성과표는 전략의 구체화와 의사소통보다 성과보상에 초점이 맞추어진 제도이다.

해설
균형성과표는 성과보상보다는 전략의 구체화와 의사소통에 초점이 맞추어진 제도이다.

28 균형성과표(제도)에 관련된 설명으로 가장 옳지 않은 것은?

① 균형성과표는 기업의 가치를 향상시키기 위해 전통적인 재무적지표 이외에 다양한 관점의 성과지표가 측정되어야 한다는 것을 강조하고 있다.
② 고객의 관점은 고객만족에 대한 성과를 측정하는데 고객만족도 조사, 고객확보율, 고객유지율, 반복구매정도 등의 지표가 사용된다.
③ 내부프로세스의 관점은 원가를 낮은 수준에서 유지하여 제품을 저렴한 가격으로 고객에게 제공할 수 있도록 기업내부의 업무가 효율적으로 수행되는 정도를 의미하는데 불량률, 작업폐물, 재작업률, 수율, 납기, 생산처리시간 등의 지표가 사용된다.
④ 고객의 관점은 기존의 프로세스와 제품에 만족하지 않고 기술 및 제품의 혁신적인 발전을 추구하는 정도를 의미하는데 종업원만족도, 전략적 직무충족도 등의 지표가 이용된다.

해설
학습과 성장관점 내용이다.

PART 3

05 새로운 원가관리시스템

01 다음 중 활동기준원가계산제도의 도입에 따른 효익이 크게 나타날 수 있는 기업의 조건이 아닌 것은?
공개

① 아주 큰 비중의 간접원가가 한 두 개의 원가집합을 사용해서 배부되는 경우
② 기존의 원가시스템이 확립된 후에 제조하는 제품의 종류가 크게 감소하고 있는 경우
③ 복잡한 제품은 수익성이 높게 나타나고, 간단한 제품에서는 손실이 발생되는 것처럼 보이는 경우
④ 생산량, 작업량, 제조과정의 다양성 때문에 제품의 자원소비가 다양한 경우

해설
활동기준원가계산제도는 다품종 소량생산형태에 적합한 방법이므로 제품의 종류가 감소하는 경우에는 효과가 크게 없다.

정답 27 ④ 28 ④ / 01 ②

02 다음 중 활동기준원가계산의 도입배경에 관한 설명으로 가장 올바르지 않은 것은?

공개

① 다품종 소량생산체제로의 제조환경 변화로 단일배부기준에 의한 원가의 배부가 원가의 왜곡현상을 초래하였다.

② 제조간접원가의 비중이 감소하는 반면 직접노동의 투입량이 증가됨에 따라 새로운 원가배부기준이 필요하게 되었다.

③ 최근에는 제조원가뿐만 아니라 연구개발, 제품설계, 마케팅 등의 기타원가를 포함한 정확한 원가계산이 요구되었다.

④ 컴퓨터통합시스템의 도입으로 제조와 관련된 활동에 대한 정보과 관련 원가를 수집하는 것이 용이해졌다.

해설

최근에 유연생산시스템, 컴퓨터통합생산시스템과 같은 생산기술의 발전 및 공장자동화 등으로 인하여, 직접노무비는 감소하고 제조간접비의 비중이 급격히 증가하였으며 제조간접비 중 생산량과 관련이 없는 원가도 많이 발생되어 전통적 원가배부방법에 문제점이 지적되면서 활동기준원가계산을 도입하게 되었다.

03 활동기준경영관리에서 비부가가치활동을 제거함으로써 고객에게 유리한 서비스를 제공할 수 있는 능력을 갖추고 이를 개선하기 위해 공정개선과 원가절감의 관점에서 경영과정을 집중적으로 연구하는 것을 무엇이라고 하는가?

공개

① 가치분석(value analysis)

② 차이분석(variance analysis)

③ 원가동인(cost driver)

④ 선형계획법(linear programming)

해설

가치분석을 통해 비부가가치활동을 제거하거나 부가가치활동을 효율적으로 수행하게 한다.

04 다음 중 수명주기원가계산에 관한 설명으로 가장 올바르지 않은 것은?

공개

① 최근에 제품의 수명이 짧아지면서 생산주기 이외의 주기에서 발생하는 원가가 기업 전체 입장에서 중요해지면서 대두된 관리회계기법이다.

② 프로젝트와 관련하여 언제 어떤 가치사슬단계에서 얼마만큼의 원가가 발생하는지를 알게 됨으로써 상이한 가치사슬단계에서의 원가발생의 상호관계 파악이 가능하다.

③ 제품 또는 서비스의 수명주기 매 단계마다 모든 가치사슬단계에서 발생하는 수익과 비용에 대한 집계를 가능하게 하여 프로젝트 전체에 대한 이해가 향상된다.

④ 제품수명주기원가의 대부분이 제조단계에서 확정되므로 제조단계에서의 원가절감을 강조한다.

해설

수명주기원가계산은 제조 이전단계에서 대부분의 제품원가가 결정된다는 인식을 토대로 연구개발단계와 제품설계단계에서부터 원가절감을 위한 노력을 기울여야 한다는 것을 강조한다.

02 ② 03 ① 04 ④ 정답

05 공개

다음 중 품질원가에 관한 설명으로 가장 올바르지 않은 것은?

① 품질원가란 불량품이 생산되지 않도록 하거나 불량품이 생산된 결과로 발생하는 모든 원가를 말한다.
② 예방원가란 불량품의 생산을 예방하기 위한 원가로 품질교육원가, 예방설비 유지원가 등이 있다.
③ 내부실패원가와 외부실패원가는 불량품이 생산된 결과로써 발생하는 원가이므로 실패원가라고 한다.
④ 일반적으로 예방원가와 평가원가가 증가하면 실패원가도 증가하게 된다.

해설

통제원가(예방원가 + 평가원가) 추가 투입 시 → 실패원가 감소

PART 3

06 공개

(주)삼일은 활동기준원가계산을 사용하며, 제조과정은 다음의 세 가지 활동으로 구분된다.

활 동	원가동인	연간 원가동인 수	연간 가공원가 총액
운 반	재료의 부피	50,000리터	200,000원
압 착	압착기계시간	45,000시간	900,000원
분 쇄	분쇄기계시간	20,000시간	500,000원

X제품 한 단위당 재료부피는 200리터, 압착기계시간은 30시간, 분쇄기계시간은 10시간이다. X제품의 단위당 재료원가가 500원일 경우 제품의 단위당 제조원가는 얼마인가?(단, 위 자료 이외에 추가로 발생하는 원가는 없다)

① 1,400원　　② 1,650원
③ 1,900원　　④ 2,150원

해설

단위당 재료원가 = $500 + (200 \times \frac{200,000}{50,000}) + (30 \times \frac{900,000}{45,000}) + (10 \times \frac{500,000}{20,000}) = @2,150$

정답 05 ④ 06 ④

07 공개 **(주)삼일의 사장은 새로운 성과측정지표를 도입하고자 (주)HE 컨설팅의 컨설턴트와 협의 중이다. 다음 사장과 컨설턴트의 대화에서 괄호 안에 들어갈 말로 가장 올바르지 않은 것은?**

> 사　　장 : 우리 회사는 기존의 손익계산서상 순이익이 아닌 새로운 성과지표를 도입하고 싶습니다.
> 컨설턴트 : 사장님, 많은 기업들이 균형성과표(BSC)를 활용하고 있습니다.
> 사　　장 : 균형성과표(BSC)는 어떤 성과지표입니까?
> 컨설턴트 : 균형성과표(BSC)는 (　　　　)

① 재무적 관점 외에 고객, 내부프로세스, 학습과 성장이라는 비재무적 관점도 함께 고려하여 조직의 전략과 성과를 종합적, 균형적으로 관리, 평가할 수 있는 효과적인 가치중심 성과관리 기법입니다.
② 조직의 수익성을 최종적인 목표로 설정하기 때문에 4가지 관점의 성과지표 중에서 고객관점의 성과지표를 가장 중시합니다.
③ 기업이 추구하는 전략적 목표와 경쟁상황 등의 다양한 변수를 고려하여 측정 지표들을 개발합니다.
④ 매출액 등의 계량화된 객관적 측정치와 종업원의 능력 등과 같은 주관적 측정치 간의 균형을 이룰 수 있는 성과지표입니다.

해설

② 균형성과표(BSC)는 기업의 전략 및 주요 목표를 달성하기 위해 기존의 재무적 측정치뿐만 아니라 고객, 기업내부 프로세스, 학습과 성장 등의 비재무적 측정치까지 포함한 새로운 성과평가시스템으로서 다양한 변수를 고려한 측정치 간의 균형을 이룰 수 있는 성과지표이다. 따라서, 수익성만을 최종적인 목표로 설정하지는 않는다.

08 최근 들어 활동기준원가계산(ABC)이 대기업을 중심으로 빠르게 확산되고 있다. 활동기준원가계산에서는 활동원가를 그 원가의 발생 유형에 따라 크게 4가지로 나누고 있는데 이 네 가지 활동원가 유형에 포함되지 않는 것은?

① 설비수준원가　　② 제품수준원가
③ 묶음수준원가　　④ 품질수준원가

해설

활동은 그 수준에 따라 다음과 같이 단위수준활동과 비단위수준활동(묶음수준활동, 제품수준활동, 설비수준활동)으로 구분된다.

09 활동기준원가계산에 관한 다음 설명 중에서 타당하지 않은 것은?

① 표준원가계산과 같이 일종의 사전원가계산 제도이다.
② 제조간접비에는 생산량 이외의 다른 원가동인에 의하여 발생하는 원가가 많이 포함되어 있다.
③ 배부기준의 수가 전통적인 원가계산에 비해 많다.
④ 제품별 또는 부문별 성과평가의 신뢰성이 높아진다.

해설

활동기준원가는 실제원가계산과 표준원가계산에 다 같이 적용할 수 있다.

07 ② 08 ④ 09 ① 정답

10 다음 중 활동기준원가계산에서 제품수준활동으로 분류될 수 있는 활동은 무엇인가?

① 제품광고활동
② 공장건물에 대한 재산세 납부활동
③ 제품생산의 기계작업활동
④ 원재료처리활동

해설
② 설비유지수준활동
③ 단위수준활동
④ 묶음수준활동

11 다음 중 활동기준회계가 추구하는 목적과 가장 거리가 먼 것은?

① 다양한 원가유발요인(cost driver)을 인식하여 적정한 가격결정에 이용한다.
② 정확한 제품원가를 계산하고자 한다.
③ 제품별 또는 고객별로 보다 정확한 원가분석을 할 수 있다.
④ 직접재료원가 외에는 고정원가로 처리하고자 한다.

해설
기존의 변동비와 고정비로 나누는 것이 아니라 활동중심점별로 구분한다.

12 아래에서 올바른 활동기준원가계산(ABC)의 절차를 나타낸 것은?

ⓐ 활동중심점의 설정	ⓑ 원가동인의 선택
ⓒ 활동분석	ⓓ 제조간접비의 배부
ⓔ 활동별 제조간접비 배부율의 계산	

① ⓒ → ⓐ → ⓑ → ⓔ → ⓓ
② ⓒ → ⓐ → ⓓ → ⓑ → ⓔ
③ ⓒ → ⓐ → ⓔ → ⓑ → ⓓ
④ ⓒ → ⓑ → ⓐ → ⓓ → ⓔ

해설
ⓒ 활동분석 → ⓐ 활동중심점의 설정 → ⓑ 원가동인의 선택 → ⓔ 활동별 제조간접비 배부율의 계산 → ⓓ 제조간접비의 배부

정답 10 ① 11 ④ 12 ①

13 활동기준원가계산과 관련된 다음 설명 중에서 적절하지 못한 것은?

① 활동기준원가계산은 원가 중에서 제조간접비의 비중이 높은 기업에 적용할 경우 도움이 된다.
② 활동기준원가계산은 활동을 원가대상의 중심으로 삼아 활동의 원가를 계산하고 이를 토대로 하여 다른 원가를 계산하는 것을 중점적으로 다루는 원가계산시스템이다.
③ 다품종 소량생산의 제조업체가 이를 적용할 경우 도움이 된다.
④ 서비스업체에서는 활동기준원가계산을 적용하기가 어렵다.

해설

활동기준원가계산은 제조기업이나 서비스기업의 원가계산에 모두 적용이 가능하다.

14 (주)위드는 개별제품의 수익성분석을 위해 다음과 같은 원가배분자료를 검토하고 있다.

구 분	제품 X	제품 Y
생산량	500	500
제품단위당 재료처리회수	10	30
단위당 직접노무비	2,000	2,000

예산상의 재료처리비는 500,000원이다. 활동원가계산 기준에 의하여 제품 Y 한 단위에 배분되는 재료처리비는 얼마인가?

① 1,000원 ② 500원
③ 1,500원 ④ 750원

해설

• 재료처리 1회당 재료처리비 배분율 = 500,000 ÷ (500 × 10 + 500 × 30) = 25
∴ 제품 Y 단위당 재료처리비 배분액 = 30 × 25 = 750

15 (주)위드는 각 작업에 대한 원가계산을 위하여 다음의 자료를 수집하였다.

활 동	원 가	원가범주	원가동인	최대활동량
생산준비	20,000	생산묶음	생산준비시간	1,000시간
재료처리	30,000	생산묶음	재료처리횟수	2,000회
기계사용	500,000	제품단위	기계작업시간	20,000시간
품질관리	100,000	생산묶음	품질관리횟수	12,500회

작 업	기초원가	생산수량	생산준비	품질관리	재료처리	기계작업
P	300,000	12,000단위	30시간	70회	56회	4,000시간

활동기준원가계산을 이용할 때 다음의 작업 P의 총원가는 얼마인가?

① 610,000원 ② 110,000원
③ 482,000원 ④ 402,000원

13 ④ 14 ④ 15 ④ 정답

해설

(1) 활동중심점별 원가배부율

활 동	원가배분율	원가동인
생산준비	20,000/1,000시간 = @20시간	생산준비시간
재료처리	30,000/2,000회 = @15회	재료처리횟수
기계사용	500,000/20,000시간 = @25시간	기계작업시간
품질관리	100,000/12,500회 = @8회	품질관리횟수

(2) 작업A의 총원가

기초원가(직접재료비 + 직접노무비)	300,000
생산준비활동비 : 20 × 30시간 =	600
재료처리활동비 : 15 × 56회 =	840
기계사용활동비 : 25 × 4,000시간 =	100,000
품질관리활동비 : 8 × 70회 =	560
총원가	402,000

16 (주)위드는 2개의 제조부문과 3개의 서비스부문으로 이루어져 있는 바, 서비스부문의 원가와 두 제조부문에 대한 정보는 다음과 같다.

- 기계부문 25,620,000원
- 건물관리부문 60,000,000원
- 공장인사부문 11,000,000원

	제조부문 A	제조부문 B
사용면적	200평	400평
공장근로자임금	33,000,000원	11,000,000원
기계사용시간	200시간	220시간

적절한 간접원가 배부기준을 사용해서 두 제조부문에 서비스 부문원가를 배분하려 한다면 제조부문 B에 배부될 서비스 부문원가들의 합계는?

① 39,187,000원 ② 39,453,000원
③ 40,450,000원 ④ 56,170,000원

해설

서비스부문	배부기준	배부율	제조부문 B
기 계	기계사용시간	25,620,000/420 = @61,000	220 × @61,000 = 13,420,000
건물관리	사용면적	60,000,000/600 = @100,000	400 × @100,000 = 40,000,000
공장인사	공장근로자임금	11,000,000/44,000,000 = @0.25	11,000,000 × @0.25 = 2,750,000
합 계			56,170,000

정답 16 ④

17 (주)위드는 활동기준원가계산방법에 의하여 제품의 가공원가를 계산하고 있다. (주)위드의 각 활동과 활동별 원가배부율은 다음과 같다.

활 동	원가동인	단위당 배부율
재료처리	부품수	10
기계작업	기계시간	120
조립작업	조립시간	75
검 사	검사시간	100

제품A 1단위를 제조하기 위해서는 부품 200개, 기계작업 10시간, 조립작업 20시간, 검사 5시간이 요구된다. (주)위드는 50단위의 제품A를 단위당 50,000원에 판매하여 1,500,000원의 매출총이익을 달성하였다. 이 경우 제품A의 단위당 직접재료원가는 얼마인가?(단, 기초재고자산과 기말재고자산은 없다고 가정한다)

① 5,200원　　② 14,800원

③ 15,250원　　④ 20,000원

해설

매출	2,500,000
매출원가	1,000,000
매출총이익	1,500,000

∴ 1,000,000/50 = 20,000(단위당 원가)

(1) 직접재료원가 = X

(2) 가공원가

재료처리 = 10 × 200개

기계작업 = 120 × 10h

조립작업 = 75 × 20h

검사 = 100 × 5h

(3) 단위당 직접재료원가는 다음과 같다.

X + (2,000 + 1,200 + 1,500 + 500) = 20,000

∴ X = 14,800

17 ② 정답

18 위드마트는 할인매장을 운영하고 있는데 과일, 과자, 냉동식품의 세 가지 제품군에 대해서 활동기준으로 개별제품군의 수익성을 파악해 보고자 한다. 이 회사의 각 활동과 활동별 원가배부율이 다음과 같이 조사되었다. 냉동식품군의 수익과 원가 관련 자료가 다음과 같은 경우에 냉동식품군에서 얻어지는 영업이익은 얼마인가?

활동별 원가배부율	• 주문활동	구매주문 횟수당	10,000원
	• 상품배달과 접수활동	배달 횟수당	8,000원
	• 선반진열활동	진열 시간당	2,000원
	• 고객지원 보조활동	판매 수량당	20원
수익 · 원가 관련 자료	• 냉동식품매출액		2,360,000원
	• 매출원가		480,000원
	• 배달횟수		90회
	• 진열시간		183시간
	• 주문횟수		30회
	• 판매수량		15,500개
	• 판매고객		865명

① 176,000원
② 184,000원
③ 197,000원
④ 203,000원

해설

2,360,000 − 480,000 − (90회 × 8,000) − (183시간 × 2,000) − (30회 × 10,000) − (15,500개 × 20) = 184,000

PART 3

19 품질원가에 관한 설명으로 옳지 않은 것은?

① 일반적으로 원재료 검사비용은 예방원가로 분류한다.
② 품질원가는 제품의 품질에 문제가 발생한 경우 이를 해결하기 위하여 발생하는 원가를 포함한다.
③ 허용품질수준관점에서는 통제원가와 실패원가 사이에 부(−)의 관계가 있는 것으로 본다.
④ 무결점수준관점에서는 불량률이 0(zero)이 될 때 품질원가가 최소가 되므로 불량률이 0이 되도록 품질원가를 관리해야 한다고 본다.

해설

원재료 검사비용은 평가원가이다. 또한 원재료를 납품하는 업체에 대한 평가에 대한 비용은 예방원가이다.

20 품질원가에 대한 설명으로 옳지 않은 것은?

① 제조물책임법에 의한 소송비용, 제품보증수리비용, 불량품으로 인한 회사 이미지 실추에 따른 판매기회상실로 인한 기회비용 등은 외부실패원가에 해당한다.
② 예방원가와 평가원가를 포함하는 통제원가는 불량품의 발생률과 역의 관계를 갖는다.
③ 품질관리계획수립원가, 품질관리기술개발원가, 품질개선을 위한 토의원가 등은 평가원가에 해당한다.
④ 불량품으로 인한 기계가동중단손실, 재작업원가 등은 내부실패원가에 해당한다.

정답 18 ② 19 ① 20 ③

21 품질개선 프로그램의 효과를 평가하기 위해 위드산업의 경영자는 20x5년도와 20x6년도의 자료를 다음과 같이 수집하였다. 20x5년도와 20x6년도의 내부실패원가의 합계액으로 올바른 것은?

구 분	20x5년	20x6년
품질교육비용	50,000원	60,000원
불량품원가	200,000원	300,000원
재료검사비용	70,000원	30,000원
재작업원가	400,000원	250,000원
불량으로인한 공정중단비용	100,000원	150,000원
제품보증수리비용	700,000원	600,000원

	20x5년	20x6년
①	200,000원	300,000원
②	300,000원	450,000원
③	700,000원	700,000원
④	1,400,000원	1,300,000원

해설

- 품질교육비용 : 예방원가
- 재료검사비용 : 평가원가
- 제품보증수리비용 : 외부실패원가
- 불량품원가, 재작업원가, 불량으로 인한 공정중단비용 : 내부실패원가

∴ 20x5년 내부실패원가 : 200,000 + 400,000 + 100,000 = 700,000
20x6년 내부실패원가 : 300,000 + 250,000 + 150,000 = 700,000

22 다음 적시재고시스템(JIT : just-in-time inventory system)에 대한 설명 중 가장 올바르지 않은 것은?

① JIT는 재고유지비용을 가급적 최소화시키기 위해 재고수준이 거의 없도록 노력하는 재고관리기법의 일종이다.

② JIT는 납품 공급업자의 수 및 원재료의 품질검사비용 등을 상당히 줄일 수 있다.

③ JIT는 재고자산을 최소화하므로 재고자산에 대한 회계처리를 간단하게 하는 역류원가계산을 사용한다. 따라서 개별제품의 원가를 직접적으로 추적하기 어렵다.

④ JIT는 일본에서 유래된 재고관리기법으로 팀웍에 의한 자율적 품질관리로 불량률을 최소화시키려고 한다.

해설

JIT는 공정을 셀 방식으로 배치하기 때문에 특정 셀에서 발생하는 비용은 특정 제품과 관련이 있으므로 과거에는 간접비에 해당하던 많은 비용을 개별 제품별로 직접적으로 추적할 수 있게 되었다.

21 ③ 22 ③ 정답

23 다음 중 적시재고시스템(JIT : just-in-time inventory system)에 대한 설명으로 가장 올바르지 않은 것은?

① 필요한 품목을 원하는 수준의 품질로 필요한 수량만큼만 원하는 시점에 생산하는 시스템을 말한다.
② 재고자산이 거의 없으므로 종합원가계산에서 완성품환산량의 중요성이 감소된다.
③ 적시재고시스템의 장점으로는 재고유지비용의 절감, 재고저장공간의 절약, 제품 품절에서 오는 위험의 회피를 들 수 있다.
④ 후공정에서 필요한 양만큼의 부품을 전 공정으로 가져오는 수요견인(demand pull)시스템을 특징으로 한다.

해설

적시재고시스템은 회사가 재고를 보유하지 않음으로써(최소화시킴으로써) 불필요한 재고 관련 비용을 절감하는 데 목적이 있으며, 제품 품절 시 여유 재고가 없기 때문에 즉각적인 대응이 어렵다는 단점이 있다.

PART 3

24 다음 중 새로운 원가관리기법에 관한 설명으로 옳지 않은 것을 모두 나열한 것은?

가. 개선원가계산은 제조단계에서의 원가절감에 초점을 맞추고 있다.
나. 병목자원의 관리를 중요시하는 제약이론은 효과성보다는 효율성을 강조한다.
다. 제품수명주기원가계산은 장기적 의사결정보다는 단기적 의사결정에 더욱 유용하다.
라. 제약이론에서는 직접재료원가만을 변동비로 본다.

① 나, 다　　② 나, 다, 라
③ 가, 다, 라　　④ 나, 라

해설

나. 효율성보다는 효과성을 강조한다.
다. 단기적 의사결정보다는 장기적 의사결정에 더욱 유용하다.

정답 23 ③ 24 ①

배우기만 하고 생각하지 않으면 얻는 것이 없고,
생각만 하고 배우지 않으면 위태롭다.

– 공자 –

PART 4

기출 동형문제

우리가 해야 할 일은 끊임없이 호기심을 갖고
새로운 생각을 시험해보고 새로운 인상을 받는 것이다.

– 월터 페이터 –

제1회 기출 동형문제

※ 본 시험은 현행 기준인 한국채택국제회계기준(K-IFRS)에 따라 출제되었습니다.

재무회계

01 다음 중 재무회계에서 재무제표를 작성하는 목적에 대한 설명으로 가장 올바르지 않은 것은?

① 재무제표는 주로 과거사건의 재무적 영향을 표시하기 위한 것이다.
② 재무제표는 특정한 범주의 정보이용자에 한하여 경제적 의사결정에 유용한 기업의 정보를 제공하기 위하여 작성된다.
③ 재무제표는 위탁받은 자원에 대한 경영진의 수탁책임이나 회계책임의 결과를 반영하고자 한다.
④ 재무제표는 그 고유 한계로 인하여 경제적 의사결정을 위해 필요할 수 있는 모든 정보를 제공하지는 못한다.

02 다음 중 재무제표를 통해 제공되는 정보가 이용자에게 유용하기 위해 갖추어야 할 속성 가운데 근본적인 질적특성에 해당되는 것들로만 짝지어진 것은?

① 중요성, 예측가치와 확인가치, 표현충실성
② 중요성, 비교가능성, 신뢰성
③ 적시성, 이해가능성, 신뢰성
④ 비교가능성, 검증가능성, 적시성

03 다음 중 자산의 측정방법에 대한 설명으로 가장 옳은 것은?

① 역사적 원가 : 자산의 취득 또는 창출에 발생한 원가의 가치로서, 자산을 취득 또는 창출하기 위하여 지급한 대가와 거래원가를 포함한다.
② 공정가치 : 기업이 자산의 사용과 궁극적인 처분으로 얻을 것으로 기대하는 현금흐름 또는 그 밖의 경제적 효익의 현재가치이다.
③ 사용가치 : 측정일 현재 동등한 자산의 원가로서 측정일에 지급할 대가와 그 날에 발생할 거래원가를 포함한다.
④ 현행원가 : 측정일에 시장참여자 사이의 정상거래에서 자산을 매도할 때 받게 될 가격이다.

04 다음 중 포괄손익계산서에서 당기순손익과 총포괄손익 간에 차이를 발생시키는 항목으로 가장 옳은 것은?

① 투자부동산 평가손익

② 확정급여제도의 재측정요소

③ 당기손익-공정가치 측정 금융자산 평가손익

④ 자기주식처분이익

05 다음 중 특수관계자 공시에 대한 설명으로 가장 올바르지 않은 것은?

① 최상위 지배자와 지배기업이 다른 경우에는 최상위 지배자의 명칭도 공시한다.

② 주요 경영진의 보상에는 단기종업원급여, 퇴직급여, 기타 장기종업원급여, 해고급여 및 주식기준보상을 포함한다.

③ 지배기업과 그 종속기업 사이의 관계는 거래의 유무에 관계없이 공시한다.

④ 보고기업에 유의적인 영향력을 행사할 수 있는 개인은 보고기업과 특수관계자가 아니다.

06 (주)삼일은 재고자산을 선입선출법에 의하여 평가하고 있다. 다음의 자료를 토대로 (주)삼일의 20X1년 기말재고자산 금액을 측정한 것으로 가장 옳은 것은?

구 분	장부수량	취득단가	장부금액
전기이월	3,000개	@12,000	36,000,000원
구입(20X1.07.01)	2,000개	@14,000	28,000,000원
시용판매(20X1.11.25)*	4,800개		
구입(20X1.12.22)	1,500개	@14,500	21,750,000원
차기이월	1,700개		

*(주)삼일은 당기 중 4,800개를 시용판매 하였으나 그 중 300개는 고객이 기말 현재까지 매입의사를 표시하지 않고 있다.

① 24,550,000원 ② 24,650,000원

③ 28,750,000원 ④ 29,000,000원

07 (주)삼일은 8월 21일 발생한 홍수로 인하여 보유하고 있던 재고자산이 손상되었다. (주)삼일의 당기 회계자료 중 일부는 다음과 같다.

(1) 재고자산 : 1월 1일		500,000원	8월 21일	?
매출채권 : 1월 1일		2,000,000원	8월 21일	2,400,000원

(2) 1월 1일부터 8월 21일까지 발생한 거래
매출채권 현금회수액 : 7,000,000원
매입액 : 6,300,000원
(3) 8월 21일 현재 도착지 인도조건의 매입 중인 운송상품 10,000원이 있다.
(4) 손상된 재고자산의 처분가치 : 200,000원

매출총이익률이 20%라고 할 때 홍수로 인한 재고손실액은 얼마인가?(단, (주)삼일은 모든 판매와 구매를 외상으로 하고 있다)

① 662,000원　② 670,000원
③ 672,000원　④ 680,000원

08 다음 자료에서 재고자산평가손실은 (주)삼일의 재고자산이 진부화되어 발생하였다. 다음 자료 중 (주)삼일의 20X2년 포괄손익계산서상 매출원가 등 관련비용은 얼마인가?

20X1년 12월 31일 재고자산	500,000원
20X2년 매입액	2,000,000원
20X2년 재고자산평가손실	200,000원
20X2년 재고자산감모손실(정상감모)	100,000원
20X2년 12월 31일 재고자산(평가손실과 감모손실 차감 후)	1,200,000원

① 1,200,000원　② 1,300,000원
③ 1,400,000원　④ 1,500,000원

09 다음 중 유형자산의 인식에 관한 설명으로 가장 옳은 것은?

① 안전 또는 환경상의 이유로 취득하는 유형자산은 직접적인 미래 경제적 효익을 기대할 수 없으므로 자산으로 인식할 수 없다.
② 일상적인 수선·유지와 관련하여 발생하는 후속적 원가는 해당 유형자산의 장부금액에 포함된다.
③ 사용 중이던 유형자산의 일부가 대체될 때 발생하는 원가는 항상 수선비(비용)로 인식한다.
④ 유형자산의 정기적인 종합검사 과정에서 발생하는 원가가 인식기준을 충족한다면 해당 유형자산의 일부가 대체되는 것으로 본다.

10 (주)삼일의 재무상태표상 유형자산으로 표시되는 기계장치의 취득금액으로 가장 옳은 것은?

기계장치의 취득과 관련하여 발생한 원가	금 액
구입금액	700,000,000원
기계장치에서 생산된 새로운 상품을 소개하는 데 소요되는 광고비	50,000,000원
기계장치와 관련된 산출물에 대한 수요가 형성되는 과정에서 발생하는 가동손실	30,000,000원
경영진이 의도하는 방식으로 자산을 가동하는 데 필요한 장소와 상태에 이르게 하는데 직접 관련이 있는 전문가에게 지급한 수수료	15,000,000원
경영진이 의도하는 방식으로 가동될 수 있으나 아직 실제로 사용되지는 않고 있음에 따라 발생하는 원가	500,000원
합 계	795,500,000원

① 715,000,000원　② 715,500,000원
③ 730,500,000원　④ 750,000,000원

11 다음은 (주)삼일의 공장장과 김대리의 대화이다. 다음 중 대화의 주제인 감가상각방법에 대한 설명으로 가장 올바르지 않은 것은?

공장장 : 김대리, 작년에 새로 설치한 기계장치 말이야. 절삭부분 마모가 너무 심해. 요즘처럼 물량이 많으면 내년 말에는 교체해야 되겠어.
김대리 : 공장장님, 구입품의서에는 5년은 쓸 수 있다고 되어 있었는데 마모된 부품만 교체하면 계속 사용할 수 있지 않습니까?
공장장 : 그 부품이 이 장치의 핵심일세. 그걸 교체하느니 새로 사는 게 나을걸세.
김대리 : 그러면 생산물량에 따라서 교체시기가 달라지는 겁니까?
공장장 : 그렇지, 예전처럼 물량이 안정적이면 괜찮은데 최근 들어 물량이 엄청나게 늘지 않았는가. 이 기계로는 총 300만대 이상은 생산 못 해. 예년에 우리가 연평균 60만대씩 생산했으니 5년 동안 사용할 거라고 생각했었는데, 올해는 벌써 100만대를 넘었어. 아무래도 교체시기를 앞당겨야 할 것 같네.
김대리 : 알겠습니다. 이사님께 보고드려서 감가상각방법을 정액법에서 생산량비례법으로 바꾸고 교체 관련 예산이 적기에 반영되도록 노력하겠습니다.
공장장 : 고맙네.

① 감가상각방법은 최소 매 회계연도 말에 재검토가 필요하다.
② 감가상각방법의 변경은 회계추정의 변경으로 처리한다.
③ 상기 사례에서 감가상각방법의 변경과 관련하여 김대리는 비교 표시되는 전기 재무제표를 재작성해야 한다.
④ 유형자산의 감가상각방법은 자산의 미래 경제적 효익이 소비되는 형태를 반영하여 결정해야 한다.

12 **다음 중 무형자산의 상각에 대한 설명으로 가장 올바르지 않은 것은?**

① 내용연수가 유한한 무형자산은 내용연수 동안 상각을 하고, 내용연수가 비한정인 무형자산은 상각을 하지 않는다.

② 무형자산의 상각방법은 자산의 경제적 효익이 소비되는 형태를 반영해야 하며, 소비되는 형태를 신뢰성 있게 결정할 수 없는 경우에는 정액법을 사용한다.

③ 무형자산의 잔존가치, 상각기간과 상각방법을 적어도 매 회계연도 말에 검토한다.

④ 무형자산의 잔존가치, 상각기간, 상각방법을 변경하는 경우에는 회계추정의 변경으로 보고 소급적용하여 회계처리한다.

13 **제조업을 영위하는 (주)삼일은 특허권 취득에 직접적으로 관련하여 20,000,000원을 지출하였다. (주)삼일은 이를 이용하여 향후 10년간 경제적 효익을 얻을 수 있을 것이라고 판단하고 있으나 법적으로 배타적 권리를 보장받는 기간은 5년이다. 동 특허권은 20X1년 10월 1일부터 사용 가능하며 잔존가치는 없다고 할 때, 20X1년 말 무형자산상각비로 인식될 금액은 얼마인가?(단, 동 특허권의 경제적 효익이 소비되는 형태는 신뢰성 있게 결정할 수 없다)**

① 0원　　② 500,000원
③ 1,000,000원　　④ 4,000,000원

PART 4

14 **(주)삼일은 20X1년 초에 임대수익 및 시세차익 등을 목적으로 건물을 10억원에 취득하였다. 취득 당시 건물의 내용연수는 10년, 잔존가치는 없으며, 회사의 감가상각방법은 정액법이다. 건물의 회계처리와 관련하여 (주)삼일의 20X2년 당기순이익에 미치는 영향은 얼마인가?(단, 법인세비용은 고려하지 않으며, (주)삼일은 투자부동산을 공정가치 모형으로 측정하고 있다)**

〈공정가치〉

구 분	20X1년 12월 31일	20X2년 12월 31일
건 물	8억원	12억원

① 2억원 당기순이익 감소　　② 4억원 당기순이익 감소
③ 2억원 당기순이익 증가　　④ 4억원 당기순이익 증가

15 (주)삼일의 단기매매목적으로 취득한 금융자산의 취득, 처분내역은 다음과 같다. 다음 자료를 이용하여 물음에 답하시오.((주)삼일의 결산일은 12월 31일이며, 시가를 공정가치로 본다)

20X1년 1월 7일	주당 액면금액이 500원인 (주)용산의 주식 10주를 주당 2,000원에 취득하였다.
20X1년 9월 10일	(주)용산 주식 중 4주를 주당 3,000원에 처분하였다.
20X1년 12월 31일	(주)용산 주식의 시가는 주당 3,000원이었다.
20X2년 4월 10일	(주)용산 주식 중 2주를 주당 2,000원에 처분하였다.
20X2년 12월 31일	(주)용산 주식의 시가는 주당 1,500원이다.

20X1년 (주)삼일의 포괄손익계산서에 보고될 당기손익-공정가치 측정 금융자산의 평가손익은 얼마인가?

① 평가이익 6,000원
② 평가이익 10,000원
③ 평가손실 5,000원
④ 평가손실 6,000원

16 (주)삼일은 20X1년 1월 1일에 다음과 같은 조건의 회사채를 취득하였으며 이 사채를 기타포괄손익-공정가치 측정 금융자산으로 분류하였다. (주)삼일이 이 회사채를 20X2년 1월 1일에 현금 990,000원에 처분하였다. (주)삼일이 처분시점에서 인식해야 할 금융자산처분손익을 계산한 것으로 가장 옳은 것은?(단, 소수점 첫째 자리에서 반올림한다)

ㄱ. 발행일 : 20X1년 1월 1일
ㄴ. 액면가액 : 1,000,000원
ㄷ. 만기일 : 20X3년 12월 31일
ㄹ. 표시이자율 : 10%(매년 말 지급조건)
ㅁ. 취득원가 : 951,963원(유효이자율 12%)
ㅂ. 20X1년 12월 31일 사채의 공정가치 : 980,000원

① 금융자산처분손실 10,000원
② 금융자산처분이익 10,000원
③ 금융자산처분손실 23,801원
④ 금융자산처분이익 23,801원

17 (주)삼일은 20X1년 1월 1일에 다음과 같은 조건의 사채를 발행하였다. 사채 발행으로 인하여 동일자에 (주)삼일이 현금으로 조달가능한 금액은 얼마인가?

ㄱ. 액면금액 : 30,000,000원
ㄴ. 액면이자 지급조건 : 매년 말 지급조건
ㄷ. 발행일 : 20X1년 1월 1일
ㄹ. 만기일 : 20X3년 12월 31일 (3년)
ㅁ. 액면이자율 : 5%
ㅂ. 시장이자율 : 3%
ㅅ. 현가계수

이자율	현가계수			
	1년	2년	3년	계
3%	0.9709	0.9426	0.9151	2.8286

① 25,695,900원
② 30,000,000원
③ 30,156,900원
④ 31,695,900원

18 다음 중 복합금융상품의 종류와 그에 대한 설명으로 가장 올바르지 않은 것은?

① 전환사채란 유가증권 소유자가 일정한 조건하에 보통주로의 전환권을 행사할 수 있는 사채로서, 전환권을 행사하면 보통주로 전환되는 사채이다.
② 신주인수권부사채란 유가증권의 소유자가 일정한 조건하에 신주인수권을 행사하여 보통주 발행을 청구할 수 있는 권리가 부여된 사채이다.
③ 전환우선주란 유가증권의 소유자가 일정한 조건하에 우선권을 행사할 수 있는 우선주로서, 우선권을 행사하면 보통주로 전환되는 우선주이다.
④ 교환사채란 유가증권의 소유자가 사채발행자가 보유하고 있는 유가증권과 교환을 청구할 수 있는 권리가 부여된 사채이다.

19 (주)삼일은 20X1년 1월 1일에 만기 3년, 표시이자율 7%, 이자는 매년 말에 지급하는 액면금액 3,000,000원의 전환사채를 액면발행하였다. (주)삼일은 전환사채의 만기일에 액면금액의 13%를 할증금으로 지급하기로 하였다. 일반사채의 시장이자율이 12%라고 할 때 발행시점에 계상할 전환권대가와 전환권조정은 각각 얼마인가?(전환권대가는 자본으로 분류되며, 12%, 3년의 현재가치계수는 0.7118이고, 12%, 3년의 연금현재가치계수는 2.4018이다)

	전환권대가	전환권조정
①	82,620원	472,620원
②	55,080원	260,000원
③	78,495원	315,080원
④	82,620원	55,080원

20 **다음은 소송사건 사례에 대한 자료이다. 소송사건과 관련하여 해당 연도에 해당하는 충당부채 또는 우발부채로 인식하는 방법에 대한 설명으로 올바르지 않은 것은?**

> 20X0년 결혼식 후에 10명이 사망하였는데, 기업이 판매한 제품 때문에 식중독이 생겼을 가능성이 있다. 그 기업에 손해배상을 청구하는 법적 절차가 시작되었으나, 기업은 그 책임에 대해 이의를 제기하였다. 법률 전문가는 20X0년 12월 31일로 종료하는 연차 재무제표의 발행승인일까지는 기업에 책임이 있는지 밝혀지지 않을 가능성이 높다고 조언하였다. 그러나 법률 전문가는 20X1년 12월 31일로 종료하는 연차 재무제표를 작성할 때에는 소송 사건의 진전에 따라 기업에 책임이 있다고 밝혀질 가능성이 높다고 조언하였다.

① 20X0년 12월 31일 과거 의무발생사건의 결과로 생기는 현재의무는 재무제표가 승인되는 시점에 사용 가능한 증거에 따르면 과거사건의 결과로 생기는 의무는 없다

② 20X0년 12월 31일 충당부채를 인식하지 아니한다. 다만 유출될 가능성이 희박하지 않다면 그 사항을 충당부채로 공시한다.

③ 20X1년 12월 31일 과거 의무발생사건의 결과로 생기는 현재의무는 사용 가능한 증거에 따르면 현재의무가 존재한다.

④ 20X1년 12월 31일 의무를 이행하기 위한 금액의 최선의 추정치로 충당부채를 인식한다.

21 **다음은 20X1년 말 (주)삼일의 주요 재무정보의 일부이다. (주)삼일은 20X1년에 신설된 법인으로 당기에 추가적인 증자 및 배당은 존재하지 않았다. (주)삼일의 20X1년 당기순이익은 1,000,000,000원이고, 1주당 액면금액은 10,000원일 때 20X1년 말 현재 자본에 관한 설명으로 가장 옳은 것은?**

자본금	10,000,000,000원
주식발행초과금	3,000,000,000원
이익잉여금	1,000,000,000원
자본총계	14,000,000,000원

① (주)삼일의 발행주식수는 100,000주이다.

② (주)삼일의 주식발행금액은 주당 13,000원이다.

③ (주)삼일의 20X1년 주당이익은 1,400원이다.

④ (주)삼일의 법정자본금은 13,000,000,000원이다.

22 다음은 12월 말 결산법인인 (주)삼일의 20X1년 자본거래 내역이다. 20X1년 말 결산 시 (주)삼일의 자본에 대한 보고금액으로 올바르게 짝지어진 것은?

ㄱ. 20X1년 2월 4일 회사는 액면가액 5,000원의 주식 100,000주를 주당 7,500원에 발행하였다.
ㄴ. 20X1년 10월 10일 이사회결의를 통하여 (주)삼일의 자기주식 5,000주를 주당 10,000원에 취득하였다.

자본변동표

(주)삼일 20x1년 1월 1일부터 20x1년 12월 31일까지 (단위 : 백만원)

구 분	자본금	주식발행초과금	자기주식	이익잉여금	총 계
20X1년 1월 1일	500	750	(100)	XXX	XXX
자본의 변동					
20X1년 12월 31일	(가)	(나)	(다)	XXX	XXX

	(가)	(나)	(다)
①	500	1,000	(50)
②	500	750	(150)
③	1,000	1,000	(150)
④	1,000	750	(50)

23 (주)삼일은 (주)용산에 20X1년 1월 1일 제품 A를 2년 후에 이전하기로 하고 5,000원을 수령하였다. (주)삼일의 증분차입이자율이 5%인 경우 (주)삼일이 20X2년 인식할 매출액은 얼마인가?(단, 소수점 첫째 자리에서 반올림한다)

① 0원
② 5,000원
③ 5,250원
④ 5,513원

24 (주)서울은 20X1년 1월 초 (주)부산에 상품을 할부판매하고 할부금을 매년 말에 2,000,000원씩 3년간 회수하기로 하였다. (주)삼일이 작성한 현재가치할인차금 상각표가 다음과 같을 때, 다음 항목 중 매년 값이 증가하는 항목으로 가장 옳은 것은?

일 자	할부금 회수액	이자수익	매출채권 원금회수액	매출채권 장부금액
20X1년 1월 1일				4,803,660원
20X1년 12월 31일	2,000,000원	576,439원	1,423,561원	XXX
20X1년 12월 31일				
20X1년 12월 31일				

① 할부금 회수액
② 이자수익
③ 매출채권 원금회수액
④ 매출채권 장부금액

25 **다음 중 건설계약의 계약수익과 관련된 설명으로 가장 올바르지 않은 것은?**

① 계약수익은 건설사업자가 발주자로부터 지급받을 건설계약금액에 근거하여 계상한다.
② 계약수익은 수령하였거나 수령할 대가의 공정가치로 측정한다.
③ 계약수익은 진행률과 관계없이 청구한 금액으로 인식한다.
④ 계약수익은 최초에 합의된 계약금액과 공사변경, 보상금 및 장려금에 따라 추가되는 금액으로 구성되어 있다.

26 **(주)삼일은 (주)용산의 공장신축과 관련하여 20X1년 초 공사계약을 체결하였다. 총공사계약금액은 3억원, 예정완공일은 20X3년 말이며 기타 공사 관련 내용은 다음과 같다. 20X2년 (주)삼일의 계약손익은 얼마인가?(단, (주)삼일은 누적발생원가에 기초하여 진행률을 측정한다)**

구 분	20X1년	20X2년	20X3년
당기발생계약원가	1.0억원	0.5억원	1.0억원
누적발생계약원가	1.0억원	1.5억원	2.5억원
추정총계약원가	2.5억원	2.5억원	2.5억원

① 0.1억원 이익
② 0.1억원 손실
③ 0.2억원 이익
④ 0.2억원 손실

27 **다음 중 종업원급여(퇴직급여)의 회계처리에 관한 설명으로 가장 옳은 것은?**

① 확정기여제도(DC형)를 도입한 기업은 기여금의 운용결과에 따라 추가납부 의무가 있다.
② 확정급여제도(DB형)는 기업이 기여금을 불입함으로써 퇴직급여와 관련된 모든 의무가 종료된다.
③ 확정급여채무(DB형)의 현재가치를 계산할 때 종업원 이직률, 조기퇴직률, 임금상승률, 할인율 등의 가정은 상황 변화에 관계없이 전기와 동일한 값을 적용한다.
④ 확정급여채무와 사외적립자산의 재측정요소는 기타포괄손익으로 인식한다.

28 **(주)삼일은 20X1년 1월 1일에 기술책임자인 홍길동 이사에게 다음과 같은 조건의 현금결제형 주가차액보상권 10,000개를 부여하였다. 이 경우 20X1년 포괄손익계산서에 계상될 당기보상비용은 얼마인가?(단, 홍길동 이사는 20X3년 12월 31일 이전에 퇴사하지 않을 것으로 예상된다)**

ㄱ. 기본조건 : 20X3년 12월 31일까지 의무적으로 근무할 것
ㄴ. 행사가능기간 : 20X4년 1월 1일 ~ 20X4년 12월 31일
ㄷ. 20X1년 말 추정한 주가차액보상권의 공정가치 : 150,000원/개

① 5억원
② 10억원
③ 15억원
④ 30억원

29 (주)삼일은 20X1년에 영업을 개시하였다. (주)삼일의 과세소득과 관련된 자료는 다음과 같다. 20X1년 말 재무상태표에 계상될 이연법인세자산(부채)(A)과 포괄손익계산서에 계상될 법인세비용(B)은 각각 얼마인가?

법인세비용차감전순이익	3,000,000원
가산(차감)조정	
일시적차이가 아닌 차이	600,000원
일시적차이	800,000원
과세표준	4,400,000원 (세율 30%)

〈추가자료〉

ㄱ. 일시적차이가 사용될 수 있는 미래과세소득의 발생가능성은 높다고 가정한다.

ㄴ. 일시적차이는 20X2년, 20X3년에 걸쳐 400,000원씩 소멸하며, 미래에도 세율의 변동은 없는 것으로 가정한다.

		(A)	(B)
①	이연법인세부채	180,000원	1,140,000원
②	이연법인세자산	240,000원	1,080,000원
③	이연법인세부채	420,000원	1,320,000원
④	이연법인세자산	420,000원	1,560,000원

PART 4

30 20X1년 포괄손익계산서에 계상될 (주)삼일의 법인세비용은 얼마인가?

ㄱ. 20X1년 당기법인세 (법인세법상 당기에 납부할 법인세)	2,500,000원
ㄴ. 20X0년 말 이연법인세자산 잔액	400,000원
ㄷ. 20X1년 말 이연법인세부채 잔액	700,000원

① 1,800,000원
② 2,900,000원
③ 3,200,000원
④ 3,600,000원

31 회계추정의 변경이란 기업환경의 변화, 새로운 정보의 획득 또는 경영의 축적에 따라 지금까지 사용해오던 회계적 추정치의 근거와 방법 등을 바꾸는 것을 말한다. 다음 중 유형자산과 관련된 회계추정의 변경에 해당하지 않는 것은?

① 감가상각방법의 변경
② 내용연수의 변경
③ 잔존가치의 변경
④ 원가모형을 재평가모형으로 변경

32 다음은 (주)삼일의 20X1 회계연도(20X1년 1월 1일 ~ 20X1년 12월 31일) 당기순이익과 자본금 변동상황에 대한 자료이다. (주)삼일의 20X1년도 보통주 기본주당순이익은 얼마인가?

ㄱ. 당기순이익 500,000,000원
ㄴ. 자본금 변동사항(액면 5,000원)

구 분	보통주자본금	
– 1월 1일 기 초	50,000주	250,000,000원
– 4월 1일 유상증자(30%)	15,000주	75,000,000원
– 10월 1일 자기주식구입	(5,000)주	(25,000,000원)

*유통보통주식수 계산 시 월할계산을 가정한다.
*4월 1일 유상증자 시 시가 이하로 유상증자 하지 아니함

ㄷ. 20X1 회계연도 이익에 대한 배당(현금배당)
– 우선주 : 20,000,000원

① 4,000원 ② 6,000원
③ 8,000원 ④ 10,000원

33 20X1년 초 (주)삼일은 (주)한양의 보통주 40%를 800,000원에 취득하여 유의적인 영향력을 행사하게 되었다. 주식취득일 현재 (주)한양의 순자산장부금액은 2,000,000원으로 공정가치와 동일하였다. (주)한양의 20X1년 당기순이익이 400,000원이라 할 때 20X1년 말 (주)삼일의 재무상태표에 기록될 관계기업투자주식(지분법적용투자주식)의 장부금액은 얼마인가?(단, 20X1년 말 영업권과 관련된 손상차손 인식금액은 없다)

① 800,000원 ② 960,000원
③ 1,020,000원 ④ 1,200,000원

34 **지분법은 투자자가 피투자자에 대해 유의적인 영향력을 행사할 수 있는 경우에 적용한다. 다음 중 유의적인 영향력을 행사할 수 있는 경우에 해당하는 것은?(A회사는 투자자, B회사는 피투자자이다)**

① A회사는 B회사의 주식을 40% 보유하고 있으나 계약상 B회사에 관한 의결권을 행사할 수 없다.
② A회사는 B회사의 의결권 있는 주식의 15%를 보유하고 있으나 B회사의 이사회에 참여할 수 있다.
③ A회사는 B회사의 주식을 20% 보유하고 있으나 모두 우선주이며 의결권은 없다.
④ A회사는 12개월 이내에 매각할 목적으로 B회사의 의결권 있는 주식을 15% 취득하여 적극적으로 매수자를 찾고 있는 중이다.

35 **다음 중 환율변동효과와 관련하여 괄호 안에 들어갈 단어로 가장 옳은 것은?**

> 기능통화와 표시통화가 다른 경우 표시통화로 재무상태와 경영성과를 환산하여 보고해야 한다. 재무상태표의 자산과 부채 환산에는 보고기간 말의 마감환율을 적용하고 포괄손익계산서의 수익과 비용 환산에는 해당 거래일의 환율을 적용한다. 이때 발생하는 환산차이는 (   )으로 인식한다.

① 영업손익
② 당기손익
③ 이익잉여금
④ 기타포괄손익

36 **다음 거래목적 중 파생상품평가손익을 기타포괄손익으로 인식하여 자본항목(기타포괄손익누계액)으로 처리하는 것은?**

① 공정가치위험회피목적의 파생상품평가손익
② 매매목적의 파생상품평가손익
③ 현금흐름위험회피목적으로 체결한 파생상품의 평가손익 중 위험회피에 효과적인 부분
④ 현금흐름위험회피목적으로 체결한 파생상품의 평가손익 중 위험회피에 효과적이지 못한 부분

37 **다음 중 일반적으로 금융리스로 분류되는 상황의 예로 가장 올바르지 않은 것은?**

① 단기리스 또는 소액 기초자산 리스
② 리스이용자가 선택권을 행사할 수 있는 날의 공정가치보다 충분히 낮을 것으로 예상되는 가격으로 기초자산을 매수할 수 있는 선택권을 가지고 있고, 그 선택권을 행사할 것이 리스약정일 현재 상당히 확실한 경우
③ 리스약정일 현재, 리스료의 현재가치가 적어도 기초자산 공정가치의 대부분에 해당하는 경우
④ 리스기간 종료시점 이전에 기초자산의 소유권이 리스이용자에게 이전되는 리스

38 (주)삼일의 현금흐름표를 이용하여 요구사항에 답하시오.

현금흐름표

(주)삼일　　제X1기 : 20X1년 1월 1일부터 20X1년 12월 31일까지　　(단위 : 억원)

영업활동 현금흐름	A
당기순이익	XXX
가산) 감가상각비	B
투자활동 현금흐름	(300)
건물매입으로 인한 현금유출	(300)
재무활동 현금흐름	–
현금및현금성자산의 변동	C
기초 현금및현금성자산	150
기말 현금및현금성자산	50

(주)삼일은 20X1년 1월 1일에 건물을 구입하여 영업활동에 사용하고 있다. 건물의 내용연수가 10년으로 추정되며, 잔존가치는 없고 감가상각방법이 정액법인 경우 A, B, C에 해당하는 설명으로 옳은 것은?(단, 감가상각비 외에 비현금항목은 없으며, 영업활동 관련 자산부채의 변동은 없는 것으로 가정한다)

	A	B	C
①	400억원	0억원	100억원 감소
②	200억원	0억원	100억원 증가
③	200억원	30억원	100억원 감소
④	400억원	30억원	100억원 증가

39 다음 중 현금흐름표에 대한 설명으로 가장 올바르지 않은 것은?

① 현금흐름표는 영업활동에 관한 정보뿐만 아니라 투자활동 및 재무활동에 관한 정보도 제공한다.

② 직접법과 간접법은 영업활동뿐만 아니라 투자활동 및 재무활동도 현금흐름표상 표시방법이 다르다.

③ 직접법은 현금흐름을 개별 항목별로 파악할 수 있기 때문에 전문회계지식이 없더라도 그 내용을 쉽게 파악할 수 있다.

④ 현금흐름표상 현금및현금성자산은 보유현금과 요구불예금(이상 '현금') 및 현금성자산을 말한다.

40 **다음은 (주)삼일의 매입활동과 관련된 재무상태표와 포괄손익계산서의 일부이다.**

ㄱ. 재무상태표 일부

구 분	20X0년 12월 31일	20X1년 12월 31일
매입채무	5,000,000원	25,000,000원

ㄴ. 당기 재고자산 매입액은 160,000,000원이다.

(주)삼일의 모든 매입은 외상으로 이루어진다고 할 때, 20X1년 중 (주)삼일이 매입처에 지급한 현금은 얼마인가?

① 100,000,000원
② 120,000,000원
③ 140,000,000원
④ 180,000,000원

세무회계

41 **다음 중 조세법의 기본원칙에 관한 설명으로 가장 올바르지 않은 것은?**

① 조세평등주의란 조세법의 입법과 조세의 부과 및 징수과정에서 모든 납세의무자는 평등하게 취급되어야 한다는 원칙을 말한다.
② 신의성실의 원칙이란 납세자가 그 의무를 이행하거나 세무공무원이 그 직무를 수행함에 있어서 신의에 따라 성실히 하여야 한다는 원칙을 말한다.
③ 조세법률주의에 따르면 법률에 의하지 않고 조세당국이 조세를 부과·징수하는 경우에도 국민은 조세를 납부할 의무가 있다.
④ 조세평등주의에 바탕을 둔 규정으로는 실질과세의 원칙을 그 예로 들 수 있다.

42 **다음 중 세법상 특수관계인에 대한 설명으로 가장 올바르지 않은 것은?**

① 어느 일방을 기준으로 특수관계에 해당하더라도 상대방의 특수관계인 여부에는 직접 영향을 미치지 않는 일방관계가 적용된다.
② 특수관계자인 배우자는 사실혼 관계에 있는 자를 포함한다.
③ 법인과 경제적 연관관계가 있는 임원은 특수관계인에 해당한다.
④ 법인과 경영지배관계에 있는 주주는 특수관계인에 해당한다.

43 **다음 중 국세기본법상 세법 적용의 원칙에 관한 설명으로 가장 올바르지 않은 것은?**

① 세법을 해석·적용할 때에는 과세의 형평과 해당 조항의 합목적성에 비추어 납세자의 재산권이 부당하게 침해되지 않도록 하여야 한다.

② 세법을 개정하면서, 해당 세목의 납세의무가 성립하기 전에 종전의 세율보다 낮게 개정한 경우 해당 개정은 과세의 형평을 해지치 아니하는 경우에만 효력이 있다.

③ 법인세와 같은 기간세에 속하는 조세에 있어서 사업연도 종료 이전에 법령을 개정하면서 사업연도 개시일부터 소급하여 적용한다고 하더라도 소급과세의 원칙에 위반되지 아니한다.

④ '근거과세의 원칙'은 국세기본법상 세법 적용 원칙의 하부원칙이다.

44 **다음 중 수정신고에 관한 설명으로 가장 올바르지 않은 것은?**

① 법정신고기한까지 과세표준과 세액을 신고한 자 및 기한 후 과세표준신고를 한 자는 수정신고를 할 수 있다.

② 과세표준신고서에 기재된 결손금액 또는 환급세액이 세법에 따라 신고하여야 할 금액을 초과할 때 수정신고를 할 수 있다.

③ 수정신고기한은 따로 규정되어 있지 않고 관할세무서장이 결정 또는 경정통지를 하기 전까지 제척기간과 관계없이 수정신고 할 수 있다.

④ 수정신고를 법정신고기한 경과 후 2년 이내에 한 자에 대해서는 기간경과 정도에 따라 과소신고·초과환급신고 가산세의 일정비율을 감면한다.

45 **다음 중 납세자의 권리구제제도에 관한 설명으로 가장 올바르지 않은 것은?**

① 납부고지서가 나오기 전에 구제받을 수 있는 사전권리구제제도에는 과세전적부심사가 있다.

② 사후권리구제제도에는 이의신청, 심사청구, 심판청구의 행정심판과 행정소송이 있다.

③ 행정소송은 조세심판원에 제기하여야 하며, 조세심판원 이외에 제기한 경우 행정소송의 효력이 발생하지 아니한다.

④ 이의신청은 처분이 있음을 안 날부터 90일 이내에 과세관청에 신청하여야 한다.

46 **다음 중 법인세법상 사업연도에 관한 설명으로 가장 올바르지 않은 것은?**

① 법인의 사업연도는 법령 또는 정관상에서 정하고 있는 회계기간을 우선적으로 적용하며 원칙적으로 1년을 초과할 수 없다.

② 사업연도를 변경하려는 법인은 적용 사업연도의 개시일 3개월 전에 사업연도변경신고서를 제출하여 납세지 관할세무서장에게 신고하여야 한다.

③ 신설법인의 최초사업연도 개시일은 설립등기일이다.

④ 법인설립 이전에 발생한 손익은 신설법인의 최초사업연도의 손익에 산입할 수 있다.

47 다음 중 세무조정에 관한 설명으로 가장 올바르지 않은 것은?

① 신고조정이란 세무조정계산서에 익금 또는 손금에 산입하는 것을 말한다.
② 결산조정이란 결산서상에 수익 또는 비용으로 계상하는 형식에 의한 조정을 말한다.
③ 본래의 세무조정은 결산조정만을 의미한다.
④ 결산조정사항 이외의 익금·손금항목은 모두 신고조정사항이다.

48 다음 중 익금의 세무조정에 관한 설명으로 가장 올바르지 않은 것은?

① 법인이 최대주주인 대표이사로부터 유가증권을 시가보다 낮은 가액으로 매입하는 경우 익금산입으로 세무조정한다.
② 전기분 재산세 환급액은 익금불산입으로 세무조정한다.
③ 자산수증이익 중 이월결손금 보전에 충당된 금액은 익금불산입으로 세무조정한다.
④ 법인이 불공정한 유상증자를 통해 특수관계인으로부터 이익을 분여받은 경우 익금산입으로 세무조정한다.

49 다음 중 법인세법상 업무무관경비 손금불산입 항목에 관한 내용으로 가장 올바르지 않은 것은?

① 업무무관부동산 및 업무무관자산의 취득·관리에 따른 비용·유지비·수선비와 이에 관련되는 비용
② 법인이 직접 사용하지 않고 타인(비출자임원·소액주주인 임원 및 직원을 제외함)이 주로 사용하는 장소·건축물·물건 등의 유지비·관리비·사용료와 이에 관련되는 지출금
③ 직원이 사용하고 있는 사택의 유지비·사용료와 이에 관련되는 지출금
④ 형법상 뇌물(외국공무원에 대한 뇌물 포함)에 해당하는 금전과 금전 이외의 자산 및 경제적 이익

50 다음 사항들은 (주)삼일의 제25기 사업연도(2025년 1월 1일 ~ 2025년 12월 31일)의 법인세 계산을 위해 수행한 세무조정의 내용이다. 다음 중 가장 올바르지 않은 것은?

① 증빙이 없는 기업업무추진비에 대하여 손금불산입하고 대표자 상여로 소득처분하였다.
② 영업사원의 교통위반범칙금에 대하여 손금불산입하고 기타사외유출로 소득처분하였다.
③ 법인이 업무용 자산을 임차하고 지급하는 임차료를 손금불산입하고 유보로 소득처분하였다.
④ 임원이 사용한 업무용승용차 관련비용 중 업무사용금액에 해당하지 않는 금액을 손금불산입하고 상여로 소득처분하였다.

51 **제조업을 영위하는 (주)삼일은 제25기 사업연도(2025년 1월 1일 ~ 12월 31일) 7월 1일에 1년 만기 정기적금(이자는 만기 수령조건)에 가입하였다. 당해 적금의 만기 시 이자수령액은 12,000,000원이고, 회사는 제25기 기말 결산 시 손익계산서에 기간경과분 이자수익을 계상하였다. 이러한 회계처리에 대한 회사의 제26기 사업연도의 세무조정으로 옳은 것은?(단, 정기적금 이자는 원천징수 대상에 해당한다)**

① 세무조정 없음

② (익금산입) 이자수익 6,000,000원(유보)

③ (익금불산입) 이자수익 6,000,000원(△유보)

④ (익금산입) 이자수익 12,000,000원(유보)

52 **(주)삼일의 사업용 유·무형자산에 대한 세무상 처리 중 가장 옳은 것은?**

① 기계장치에 대하여 내용연수를 신고하지 않아 기준내용연수를 적용하여 상각범위액을 산출하였다.

② 사업연도 중에 취득한 감가상각자산에 대한 상각범위액은 사업에 사용하기 시작한 날과 관계없이 취득한 날부터 사업연도 종료일까지의 월수에 따라 계산하였다.

③ 개별 차량운반구에 대하여 자본적지출에 해당하는 수선비 6,000,000원을 지출하고 수선비로 비용처리하였다.

④ 유형자산의 잔존가액은 0(영), 무형자산의 잔존가액은 취득가액의 5%로 처리하였다.

53 **용산역에 위치한 (주)삼일은 투자목적으로 회사 주변의 건물을 소유하고 있다. (주)삼일의 김삼일 대표이사는 자신의 향우회로부터 60억원의 현금을 받는 조건으로 회사의 건물을 매각하라는 제안을 받았고, 동 제안을 수락할 경우 어떤 효과가 있을지 고민하고 있다. 동 건물의 시가는 100억원이다. 건물을 위의 조건으로 매각할 경우 다음 중 가장 옳은 세무조정은 어느 것인가?(단, 대표이사 향우회는 (주)삼일과 특수관계자가 아니다)**

① 비지정기부금 10억원

② 일반기부금 10억원

③ 특례기부금 30억원

④ 비지정기부금 40억원

54 **다음 중 법인세법상 기업업무추진비에 관한 설명으로 가장 올바르지 않은 것은?**

① 기업업무추진비는 교제비·사례금 기타 명목여하에 불구하고 이와 유사한 성질의 비용으로서 법인의 업무와 관련하여 지출한 금액이다.

② 기업업무추진비 관련 부가가치세 매입세액 불공제액은 기업업무추진비에 포함된다.

③ 법인의 생산품 등으로 접대한 경우 기업업무추진비를 시가와 장부가액 중 작은 금액으로 평가한다.

④ 광고·선전목적으로 달력 등을 불특정다수인에게 기증한 것은 기업업무추진비로 보지 않는다.

55 **다음 중 법인세법상 지급이자 손금불산입의 소득처분으로 가장 올바르지 않은 것은?**

① 채권자 불분명 사채이자 : 대표자상여(원천징수상당액은 기타사외유출)
② 비실명 채권·증권의 이자상당액 : 기타소득
③ 건설자금이자 : 유보
④ 업무무관자산 등 관련 이자 : 기타사외유출

56 **다음 중 법인세법상 퇴직금 및 퇴직급여충당금에 관한 설명으로 가장 올바르지 않은 것은?**

① 퇴직하는 종업원에게 지급하는 퇴직금은 전액 손금으로 인정된다.
② 퇴직급여충당금의 손금산입은 결산조정사항이다.
③ 퇴직급여충당금 전입액은 일정한 한도 내에서만 손금으로 인정된다.
④ 법인세법상 한도를 초과하여 설정된 퇴직급여충당금은 손금불산입되고 기타사외유출로 소득처분된다.

57 **다음 중 법인세법상 대손금과 대손충당금에 관한 설명으로 가장 옳은 것은?**

① 채무보증으로 인하여 발생한 구상채권(독점규제 및 공정거래에 관한 법률에 따른 채무보증 제외)에 대해서는 대손충당금을 설정할 수 있다.
② 대손충당금 한도미달액은 손금산입하고 △유보로 소득처분한다.
③ 법인세법상 대손금으로 인정된 금액 중 회수된 금액은 회수된 날이 속하는 사업연도의 익금이다.
④ 대손충당금은 매출활동을 통해 발생한 외상매출금과 받을어음에만 설정할 수 있으므로 대여금, 미수금 등에 대해서는 대손충당금을 설정할 수 없다.

58 **영리내국법인 (주)삼일의 제25기(2025년 1월 1일 ~ 2025년 12월 31일) 거래이다. 부당행위계산의 부인과 관련하여 제25기에 세무조정이 필요하지 않은 경우는?(단, 甲, 乙은 모두 거주자이며, (주)삼일의 가중평균차입이자율은 5%이다)**

① (주)삼일의 발행주식의 30%를 출자하고 있는 내국법인 (주)삼이에게 2025년 4월 1일 운영자금 10억원을 3년간 무상으로 대여해준 경우
② 2025년 1월 1일 (주)삼일의 출자임원(지분율 1%) 甲에게 3년간 주택매입자금 3억원을 무상으로 대여해준 경우
③ (주)삼일의 임원에 대한 임면권을 사실상 행사하는 창업주 명예회장 乙이 법인 설립 시부터 사용하는 사택(무수익자산임)의 연간 유지비 1억원을 (주)삼일이 2025년 말 현재까지 전액 부담하고 있는 경우
④ 2025년 3월 5일 (주)삼일과 특수관계 없는 자에게 시가 10억원인 토지를 8억원에 매각한 경우

59 다음에서 설명하고 있는 것으로 가장 옳은 것은?

- 조세정책적 목적에 의해 조세감면을 적용받는 경우라도 과다한 조세감면은 과세형평에 어긋나며 국가의 조세수입을 감소시키므로 일정한도의 세액을 납부하도록 하고 있는바, 이러한 일정한도의 세액을 말한다.
- 조세특례제한법상 모든 조세특례 및 감면을 대상으로 하나, 다른 법률(법인세법, 지방세법 등)상의 조세특례 및 감면은 그 대상이 아니다.

① 외국납부세액공제
② 최저한세
③ 수시부과세액
④ 원천징수세액

60 다음 중 법인세 신고 · 납부에 관한 설명으로 가장 올바르지 않은 것은?

① 법인세 납세의무가 있는 내국법인은 각 사업연도 종료일이 속하는 달의 말일부터 3개월 이내에 법인세 과세표준과 세액을 신고하여야 한다.

② 법인세 과세표준 신고 시 개별 내국법인의 재무상태표, 포괄손익계산서 등의 첨부서류는 제출하지 않아도 된다.

③ 각 사업연도 소득금액이 없거나 결손금이 있는 경우에도 법인세 신고기간 내에 과세표준과 세액을 신고하여야 한다.

④ 법인세는 신고기한 내에 납부하여야 하나 납부할 세액이 일정 금액을 초과할 경우 분납할 수 있다.

61 다음 중 법인세와 소득세의 과세방법에 관한 설명으로 가장 올바르지 않은 것은?

① 법인세와 소득세는 모두 신고납세제도를 적용하고 있다.

② 소득세는 매년 1월 1일부터 12월 31일까지를 과세기간으로 함을 원칙으로 한다.

③ 소득세 중 퇴직소득과 양도소득은 분류과세한다.

④ 법인세는 제한적 열거주의 과세방식을 채택하고 있는 반면 소득세는 원칙적으로 포괄주의 과세방식을 채택하고 있다.

62 다음 중 소득세법상 납세의무자에 대한 설명으로 가장 올바르지 않은 것은?

① 법인 아닌 단체 중 대표자 또는 관리인이 선임되어 있고 이익의 분배방법 및 배분비율이 정해져 있는 단체는 1거주자로 보아 소득세법을 적용한다.

② 거주자가 아닌 자를 비거주자라 하며 국내원천소득에 대해서만 소득세를 과세한다.

③ 1거주자에 해당하지 아니하는 법인 아닌 단체는 공동사업을 경영하는 것으로 보아 공동사업자 각자가 받았거나 받을 소득금액에 따라 각자 소득세 납세의무를 진다.

④ 국내에 주소를 두거나 1과세기간 중 183일 이상 거소를 둔 개인을 거주자라 하며, 국내·외 원천소득에 대하여 소득세를 과세한다.

63 다음 중 필요경비 공제가 인정되지 않는 소득으로만 이루어진 것으로 가장 옳은 것은?

① 이자소득 및 배당소득　② 사업소득 및 기타소득

③ 이자소득 및 기타소득　④ 배당소득 및 사업소득

64 다음 중 소득세법상 이자소득의 수입시기에 관한 설명으로 가장 올바르지 않은 것은?

① 기명채권 등의 이자와 할인액 : 그 지급을 받은 날

② 보통예금의 이자 : 실제로 이자를 지급받는 날

③ 저축성보험의 보험차익 : 보험금 또는 환급금의 지급일

④ 직장공제회의 초과반환금 : 약정에 따른 공제회 반환금의 지급일

65 다음 자료를 보고 복식부기 의무자인 개인사업자 김삼일씨의 2025년 종합소득금액을 계산하면 얼마인가?

ㄱ. 손익계산서상 당기순이익(부동산임대업 제외)	200,000,000원
ㄴ. 손익계산서에는 다음과 같은 수익과 비용이 포함되어 있다.	
- 본인에 대한 급여	30,000,000원
- 회계부장으로 근무하는 배우자의 급여	25,000,000원
- 배당금 수익	5,000,000원
- 유형자산(기계장치)처분이익	3,000,000원
- 세금과공과 중 벌금	2,000,000원

① 197,000,000원　② 224,000,000원

③ 227,000,000원　④ 232,000,000원

66 **(주)삼일에 근무하는 김철수 대리의 2025년 급여지급내역이 다음과 같을 때 연간 과세대상 총급여액은 얼마인가?(단, 김철수 대리는 당해 1년 동안 계속 근무하였다)**

> ㄱ. 월급여 : 3,000,000원(자녀보육수당, 중식대 제외)
> ㄴ. 상여 : 4,000,000원
> ㄷ. 6세 이하 자녀보육수당 : 월 200,000원
> ㄹ. 중식대 : 월 150,000원(구내식당에서 별도의 식사를 제공받고 있음)
> ㅁ. 자가운전보조금 : 3,000,000원(월 250,000원, 종업원 소유차량을 업무에 사용하고 소요비용을 별도로 지급받지 않음)
> ㅂ. (주)삼일로부터 법인세법상 상여로 처분된 금액 : 1,000,000원

① 42,800,000원
② 43,400,000원
③ 44,600,000원
④ 45,800,000원

67 **다음은 근로자 김삼일씨의 2025년도 기타소득금액 자료이다. 김삼일씨의 종합과세될 기타소득금액은 얼마인가?(단, 분리과세 신청은 하지 않았다)**

복권당첨금	5,000,000원
강연료(필요경비 차감 후)	4,000,000원
법인세법상 기타로 소득처분된 금액	2,000,000원

① 6,000,000원
② 7,500,000원
③ 11,000,000원
④ 12,500,000원

68 **다음 중 소득세법상 결손금 및 이월결손금의 공제에 관한 설명으로 가장 올바르지 않은 것은?**

① 사업소득에서 발생한 결손금은 종합소득과세표준을 계산할 때 근로소득금액 · 연금소득금액 · 기타소득금액 · 이자소득금액 · 배당소득금액에서 순서대로 공제한다.
② '①'에도 불구하고 부동산임대업(주거용 건물 임대업 제외)에서 발생한 결손금은 다른 소득금액에서 공제하지 아니하며 다음 연도로 이월시킨다.
③ 부동산임대업에서 발생한 이월결손금은 부동산임대업의 소득금액에서 공제한다.
④ 해당 과세기간의 소득금액에 대해서 추계신고를 하거나 추계조사결정하는 경우에도 이월결손금 공제규정을 적용한다.

69 다음 중 소득세법상 세액공제에 관한 설명으로 가장 올바르지 않은 것은?

① 종합소득이 있는 거주자의 기본공제대상자에 해당하는 자녀로서 8세 이상의 사람에 대해서는 자녀세액공제를 받을 수 있다.

② 기장세액공제액이 100만원을 초과하는 경우에는 100만원을 공제한다.

③ 근로소득이 있는 거주자로서 소득공제나 세액공제 신청을 하지 아니한 경우에는 연 13만원의 표준세액공제를 적용받을 수 있다.

④ 사업자가 천재지변이나 그 밖의 재해로 자산총액 15% 이상에 해당하는 자산을 상실하여 납세가 곤란하다고 인정되는 경우에는 재해손실세액공제를 받을 수 있다.

70 다음 중 소득세법상 원천징수에 관한 설명으로 가장 올바르지 않은 것은?

① 예납적 원천징수에 해당하면 별도의 확정신고가 필요하다.

② 기타소득에 대한 원천징수세율과 이자소득에 대한 원천징수세율은 동일하다.

③ 정부는 원천징수를 통해 조세수입을 조기에 확보할 수 있다.

④ 완납적 원천징수에 해당하면 별도의 확정신고가 불필요하다.

71 다음 중 소득세법상 신고납부에 관한 내용으로 가장 올바르지 않은 것은?

① 소득세의 과세기간은 개인의 임의대로 변경할 수 없다.

② 사업소득이 있는 자는 6개월간의 소득세를 미리 납부하는 중간예납제도 적용대상이다.

③ 부가가치세법에 의한 예정·확정신고를 한 사업자도 사업장의 현황보고서를 다음 연도 3월 31일까지 보고하여야 한다.

④ 근로소득만 있는 자는 연말정산으로 모든 납세절차가 종결되기 때문에 확정신고는 원칙적으로 하지 않아도 된다.

72 다음 중 부가가치세법상 사업자에 대한 설명으로 가장 옳은 것은?

① 사업자는 크게 면세사업자와 간이과세자로 나뉜다.

② 단순히 한두 번 정도의 재화와 용역을 공급하는 행위는 사업성이 인정될 수 없다.

③ 영세율을 적용받는 사업자는 부가가치세법상의 사업자 등록의무가 없다.

④ 과세와 면세사업을 겸영하는 자를 겸영사업자라 하며 겸영사업자도 부가가치세 납세의무가 없다.

73 다음 중 부가가치세법상 과세기간에 관한 설명으로 가장 올바르지 않은 것은?

① 간이과세자의 경우 과세기간을 1월 1일부터 12월 31일로 적용한다.

② 부가가치세의 과세기간은 1년을 4과세기간으로 나누어 3개월마다 신고·납부하도록 하고 있다.

③ 폐업자는 폐업일이 속하는 과세기간 개시일부터 폐업일까지를 최종 과세기간으로 한다.

④ 신규사업자가 사업개시일 전에 사업자등록을 신청한 경우에는 그 신청한 날부터 신청일이 속하는 과세기간의 종료일까지를 최초 과세기간으로 한다.

74 다음 중 부가가치세 납세의무자인 사업자에 관한 설명으로 가장 올바르지 않은 것은?

① 면세사업만을 영위하는 사업자는 부가가치세법상의 사업자 등록의무가 없다.

② 사업자란 사업상 독립적으로 재화나 용역을 공급하는 자를 말한다.

③ 과세사업자라 하더라도 면세대상 재화·용역을 공급하는 경우에는 부가가치세가 면제되는 경우가 있다.

④ 주사업장총괄납부를 신청한 사업자는 본점 또는 주사무소에서 모든 사업장의 부가가치세를 총괄하여 납부뿐만 아니라 신고도 가능하다.

75 다음 중 간주공급에 관한 설명으로 가장 올바르지 않은 것은?

① 자가공급의 경우 해당 재화를 사용하는 때 세금계산서를 발급해야 한다.

② 개인적 공급의 공급시기는 당해 용도에 사용한 때이며, 폐업 시 잔존재화의 간주공급시기는 폐업일이 된다.

③ 사업을 위하여 무상으로 다른 사업자에게 인도 또는 양도하는 견본품은 사업상 증여에 해당하지 않는다.

④ 주사업장총괄납부 사업자가 판매목적 타사업장 반출 시 세금계산서를 발급하고 신고 규정에 따라 신고한 경우 재화의 공급으로 본다.

76 다음 중 부가가치세법상 영세율에 관한 설명으로 가장 올바르지 않은 것은?

① 영세율은 소비지국과세원칙에 따른 이중과세문제를 해소하기 위한 취지로 제정된 제도이다.

② 영세율을 적용할 경우 전 거래단계에 대한 완전면세가 가능하다.

③ 면세사업자가 영세율을 적용받기 위해서는 면세를 포기해야만 한다.

④ 영세율이 적용되는 직수출 거래라 하더라도 세금계산서는 발행해야 한다.

77 다음 자료를 이용하여 부가가치세 과세표준을 구하면 얼마인가?

ㄱ. 외상매출액(매출에누리 1,000,000원이 차감된 금액)	360,000,000원
ㄴ. 거래처 파산으로 인한 대손금	10,000,000원
ㄷ. 금전으로 지급한 판매장려금	5,000,000원
ㄹ. 외상매출금의 지급지연으로 인해 수령한 연체이자	2,000,000원

① 355,000,000원
② 360,000,000원
③ 370,000,000원
④ 385,000,000원

78 다음은 상가건물을 임대하는 (주)삼일의 임대관련 자료이다. 2025년 제2기 확정신고기간(2025년 10월 1일 ~ 2025년 12월 31일)의 부가가치세 과세표준은 얼마인가?

ㄱ. 임대기간 : 2025년 1월 1일 ~ 2025년 12월 31일(단, 1년은 365일로 가정함)
ㄴ. 월임대료 : 2,000,000원(임대료는 매월 말에 지급받기로 함)
ㄷ. 임대보증금 : 1,000,000,000원
ㄹ. 국세청장이 정하는 정기예금이자율 : 3.65%로 가정

① 6,000,000원
② 9,200,000원
③ 15,200,000원
④ 42,500,000원

79 다음 중 부가가치세법상 세금계산서에 관한 설명으로 가장 올바르지 않은 것은?

① 수정세금계산서는 당초에 세금계산서를 발급한 경우에만 가능하며 폐업한 사업자는 폐업 전 거래에 대해서 수정세금계산서를 발급할 수 없다.
② 영세율이 적용되는 공급은 세금계산서 발급의무가 면제되어 구매확인서에 의한 간접수출 시에도 세금계산서를 발급할 필요가 없다.
③ 발급 받은 매입세금계산서상 공급대상 재화의 수량과 단가가 잘못 기재된 경우라도 매입공제가 가능하다.
④ 관계증빙서류에 의해 실제 거래사실이 확인되는 경우 당해 거래일자를 작성연월일로 작성하여 실제 공급일이 속하는 달의 다음 달 10일까지 세금계산서를 발급할 수 있다.

80 **다음 중 부가가치세법상 간이과세자에 대한 설명으로 가장 올바르지 않은 것은?**

① 간이과세자는 간이과세를 포기하고 일반과세자가 될 수 있다.

② 간이과세자는 예외사항에 해당하더라도 세금계산서를 발급할 수 없다.

③ 간이과세자는 대손세액공제를 적용하지 않는다.

④ 간이과세자는 해당 과세기간에 대한 공급대가의 합계액이 4,800만원 미만이면 납부의무(재고납부세액 제외)를 면제한다.

원가관리회계

81 **원가는 경영자의 의사결정목적에 따라 여러 가지로 분류할 수 있다. 다음 중 원가를 분류할 때의 분류방법과 그 내용에 관한 설명으로 가장 올바르지 않은 것은?**

① 원가의 행태에 따라 변동원가와 고정원가로 분류한다.

② 추적가능성에 따라 직접원가와 간접원가로 분류한다.

③ 원가의 통제가능성에 따라 통제가능원가와 예정원가로 분류한다.

④ 수익과의 대응관계에 따라 제품원가와 기간원가로 분류한다.

82 **(주)삼일의 20X1년 기초와 기말의 재고자산은 다음과 같다.**

	1월 1일(기초)	12월 31일(기말)
원재료	100,000원	300,000원
재공품	600,000원	?
제　품	400,000원	900,000원

(주)삼일의 20X1년 중에 발생한 원가는 다음과 같다.

원재료 매입원가	1,200,000원
직접노무원가 발생액	2,000,000원
제조간접원가 발생액	3,800,000원

(주)삼일의 20X1년 매출원가가 6,500,000원이었다면 20X1년 말 기말재공품 재고원가는 얼마인가?

① 400,000원　　② 600,000원

③ 800,000원　　④ 1,000,000원

83 원가배분에서 가장 중요한 문제는 원가배분기준의 설정이다. 다음 중 원가배분기준에 대한 설명으로 가장 올바르지 않은 것은?

① 부담능력기준은 원가대상이 원가를 부담할 수 있는 능력에 따라 원가를 배분하는 기준으로, 품질검사원가를 품질검사시간을 기준으로 배분하는 경우가 대표적인 예이다.

② 수혜기준은 원가배분대상이 공통원가로부터 제공받은 경제적 효익의 정도에 따라 원가를 배분하는 기준으로 수익자 부담의 원칙에 입각한 배분기준이다.

③ 인과관계기준은 원가대상과 배분대상 원가 간의 인과관계에 따라 원가를 배분하는 기준이다.

④ 공정성과 공평성기준은 공정성과 공평성에 따라 공통원가를 원가배분대상에 배분해야 한다는 원칙을 강조하는 포괄적인 기준이다.

84 원목가구 제조회사인 (주)삼일은 두 개의 제조부문(조각부와 도료부)과 두 개의 보조부문(창고부와 전력부)으로 구성되어 있다. 각 부문에서 발생한 원가 및 부문 간의 용역관계는 다음과 같다.

용역사용부문 / 용역제공부문	제조부문		보조부문		합 계
	조각부	도료부	창고부	전력부	
창고부	40%	50%		10%	100%
전력부	30%	50%	20%		100%
발생원가	800,000원	400,000원	200,000원	600,000원	2,000,000원

위 자료에 따라 보조부문 상호 간의 용역수수에 의한 배분방법 중 단계배분법을 사용하여 보조부문 원가를 각 제조부문에 배분하기 위한 계산과정에서 괄호 안에 들어갈 금액에 대한 설명이 가장 올바르지 않은 것은?(단, 창고부문원가부터 먼저 배분한다)

용역사용부문 / 용역제공부문	제조부문		보조부문	
	조각부	도료부	창고부	전력부
각 부문의 발생원가	800,000원	400,000원	200,000원	600,000원
보조부문의 원가배부				
창고부	괄호1(　)	괄호2(　)		
전력부	괄호3(　)	괄호4(　)		

① '괄호1'은 80,000원이다.

② '괄호2'는 100,000원이다.

③ '괄호3'은 180,000원이다.

④ 직접배분법을 사용할 경우 '괄호4'는 375,000원이다.

85 (주)삼일의 박원가 회계팀장은 회사의 업무흐름을 더욱 투명하게 관리하고자 영업활동 flowchart를 작성하려 하고 있다. (주)삼일이 개별원가계산을 채택하고 있을 때 (ㄱ)과 (ㄴ)에 각각 들어갈 내용은?

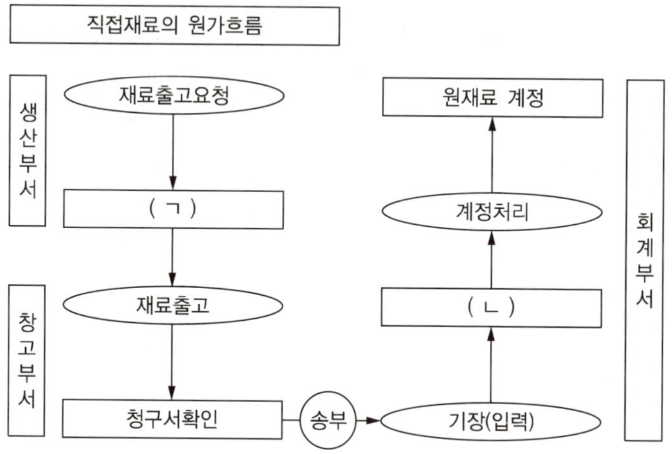

	(ㄱ)	(ㄴ)
①	재료출고청구서	작업시간표
②	재료원가표	작업시간표
③	작업시간표	재료원가표
④	재료출고청구서	재료원가표

86 다음은 (주)삼일의 제조부문과 관련하여 당기 발생한 원가에 대한 자료들이다. 회사가 부문별 제조간접원가 배부율을 사용할 경우 #1B의 가공원가는 얼마인가?

ㄱ. (주)삼일은 두 개의 제조부문(A, B)이 있다. 다음은 당기의 자료이다.

	A부문	B부문	합 계
제조간접원가	400,000원	800,000원	1,200,000원
직접기계시간	2,000시간	8,000시간	10,000시간

ㄴ. 당기 중 착수하여 완성된 #1B 작업의 원가자료는 다음과 같다.

	A부문	B부문	합 계
직접재료원가	30,000원	10,000원	40,000원
직접노무원가	20,000원	40,000원	60,000원
직접기계시간	120시간	240시간	360시간

ㄷ. 회사는 직접기계시간을 기준으로 제조간접원가를 배부하고 있다.

① 100,000원
② 103,200원
③ 108,000원
④ 148,000원

87 **(주)삼일은 제조간접원가를 직접노무시간 기준으로 배부하고 있다. 추정제조간접원가 총액은 1,020,000원이고, 추정직접노무시간은 400,000시간이다. 전기 말의 제조간접원가 금액은 1,080,000원이고, 실제사용 직접노무시간은 420,000시간이다. 전기의 제조간접원가 과소(대) 배부액은?**

① 9,000원 과대배부
② 9,000원 과소배부
③ 60,000원 과대배부
④ 60,000원 과소배부

88 **다음 종합원가계산의 특징 및 장단점에 대한 설명 중 올바른 것을 모두 고르시오.**

ㄱ. 특정기간 동안 특정 공정에서 생산된 제품은 원가측면에서 서로가 동일하다고 가정한다. 즉 제품원가를 평균개념에 의해서 산출한다.
ㄴ. 원가의 집계가 공정별로 이루어지는 것이 아니기 때문에 개별작업별로 작업지시서를 작성해야 한다.
ㄷ. 동일제품을 연속적으로 대량생산하지만 일반적으로 어떤 공정에 있어서든지 기말시점에서는 부분적으로 가공이 완료되지 않은 재공품이 존재하게 된다.
ㄹ. 원가통제와 성과평가가 공정별로 이루어지는 것이 아니라 개별작업별로 이루어진다.
ㅁ. 기장절차가 간단한 편이므로 시간과 비용이 절약된다.

① ㄱ, ㄴ, ㄷ　　② ㄱ, ㄷ, ㅁ
③ ㄴ, ㄷ, ㄹ　　④ ㄷ, ㄹ, ㅁ

89 **(주)삼일은 평균법에 의한 종합원가계산을 채택하고 있다. 기초와 기말의 재공품 물량은 동일하나 기초에 비하여 재공품 기말 잔액이 증가하였다. 다음 중 이 현상을 설명할 수 있는 것으로 가장 옳은 것은?**

① 전년도에 비해 노무임률이 상승하였다.
② 전년도에 비해 제조간접원가가 감소하였다.
③ 기초보다 기말의 재공품 완성도가 감소하였다.
④ 전년도에 비해 판매량이 감소하였다.

90 **(주)삼일은 종합원가계산 방식을 채택하고 있으며, 선입선출법에 의해 완성품환산량을 계산한다. 재료는 공정 초기에 전량 투입되며 가공원가는 공정 전반에 걸쳐 균일하게 발생한다. 다음 자료를 이용하여 재료원가와 가공원가의 원가요소별 완성품환산량 단위당 원가를 구하면 얼마인가?**

수 량	기초재공품 400개(완성도 50%)	완성품 1,000개
	착수량 800개	기말재공품 200개(완성도 80%)
원 가	재료원가	가공원가
기초재공품원가	200,000원	500,000원
당기발생원가	2,000,000원	3,000,000원

① 재료원가 1,666.6원 / 가공원가 3,125원
② 재료원가 2,500원 / 가공원가 3,125원
③ 재료원가 2,500원 / 가공원가 3,750원
④ 재료원가 2,750원 / 가공원가 3,645.8원

91 **다음 중 표준원가계산의 의의에 관한 설명으로 가장 올바르지 않은 것은?**

① 표준원가계산을 사용하면 제품원가계산을 신속하게 할 수 있다.
② 표준원가를 사용하여 원가관리와 예산편성 등에 활용할 수 있다.
③ 표준원가를 기업 회계시스템에 도입하여 사용하는 것을 표준원가계산제도라고 한다.
④ 표준원가는 제품 제조와 관련된 예상원가를 가격표준과 수량표준을 사용하여 사전 또는 사후에 결정한 것이다.

92 **다음 자료는 구입시점에서 직접재료원가 가격차이를 분리하기 위한 자료이다. 직접재료의 단위당 표준가격은 얼마인가?**

기초재고액(실제원가)	145,000원
기말재고액(실제원가)	160,000원
생산공정 투입액(실제원가)	400,000원
단위당 실제 구입가격	200원
불리한 가격차이	41,500원

① 150원　　② 160원
③ 180원　　④ 220원

93 다음 중 직접노무원가 능률차이에 대한 설명으로 가장 올바르지 않은 것은?

① 투입되는 재료의 품질에 따라 직접노무원가 능률차이가 발생할 수 있다.
② 생산부문 책임자의 감독소홀에 의해 직접노무원가 능률차이가 발생할 수 있다.
③ 기술 수준이 낮은 근로자를 투입했을 경우에 직접노무원가 능률차이가 발생할 수 있다.
④ 작업량 증가에 따른 초과근무 수당이 지급될 경우 직접노무원가 능률차이가 발생할 수 있다.

94 다음은 (주)삼일의 표준원가 계산 자료이다. 당기 중의 실제 직접노무시간은 얼마인가?

실제 제품 생산량	10,000개
직접노무원가 발생액	5,000,000원
제품 단위당 표준직접노무시간	10시간
직접노무원가 가격차이(유리)	720,000원
직접노무원가 능률차이(불리)	520,000원

① 100,000시간 ② 110,000시간
③ 120,000시간 ④ 130,000시간

95 (주)삼일의 표준원가계산제도는 제조간접비의 배부에 있어서 직접작업시간을 배부기준으로 사용한다. 다음은 이 회사의 원가차이분석에 필요한 자료이다.

제조간접비 실제발생액	15,000원
고정제조간접비 실제발생액	7,200원
실제작업시간	3,500시간
표준작업시간	3,800시간
변동제조간접비 표준배부율	작업시간당 2.5원

변동제조간접비 소비차이는 얼마인가?

① 950원 불리 ② 750원 불리
③ 750원 유리 ④ 950원 유리

96 **다음 중 초변동원가계산에서 재고자산가액에 포함되는 원가항목을 모두 올바르게 나열한 것은?**

① 직접재료원가
② 직접재료원가, 직접노무원가, 변동제조간접원가
③ 직접재료원가, 직접노무원가, 변동제조간접원가, 고정제조간접원가
④ 직접재료원가, 직접노무원가, 변동제조간접원가, 변동판매비와관리비

97 **(주)삼일은 당기에 영업을 개시하여 10,000단위의 제품을 생산하고 이 중에서 9,500단위의 제품을 단위당 2,000원에 판매하였다. 회사의 경영자는 외부보고목적으로는 전부원가계산제도를 사용하고 있으나, 관리목적으로는 변동원가계산제도를 사용하고 있다.**

제품 단위당 직접재료원가	1,000원
제품 단위당 직접노무원가	400원
제품 단위당 변동제조간접원가	200원
제품 단위당 변동판매비와관리비	100원
고정제조간접원가	1,200,000원
고정판매비와관리비	400,000원

다음 설명 중 가장 올바르지 않은 것은?

① 전부원가계산에 의할 경우 제품 단위당 제조원가는 1,720원이다.
② 변동원가계산에 의할 경우 제품 단위당 제조원가는 1,600원이다.
③ 전부원가계산에 의할 경우 기말제품재고액은 860,000원이다.
④ 변동원가계산에 의한 당기순이익이 전부원가계산에 의한 당기순이익보다 크다.

98 **다음 중 변동원가계산과 전부원가계산에 관한 설명으로 가장 옳은 것은?**

① 변동원가계산은 의사결정에 유용하므로 전부원가계산에 비하여 외부보고용으로 적절한 원가계산 방법이다.
② 기초재고자산이 없고 당기 생산량과 판매량이 동일하다면 변동원가계산과 전부원가계산의 순이익은 같게 된다.
③ 변동원가계산은 표준원가를 사용할 수 있으나 전부원가계산은 표준원가를 사용할 수 없다.
④ 변동원가계산은 변동판매비와관리비를 제품원가로 인식하고 전부원가계산은 고정제조간접원가를 제품원가로 인식한다.

99 20X1년 1월 1일에 영업을 개시한 (주)삼일은 단일제품을 생산, 판매하며 20X1년 한 해 동안 총 2,000단위를 생산하여 1,500단위(단위당 판매가격 1,800원)를 판매하였다. 20X1년에 발생한 추가정보가 다음과 같을 경우 변동원가계산에 의한 (주)삼일의 영업이익은 얼마인가?

	고정원가	단위당 변동원가
직접재료원가	–	300원
직접노무원가	–	250원
제조간접원가	300,000원	150원
판매비와관리비	200,000원	200원

① 825,000원 ② 850,000원
③ 900,000원 ④ 925,000원

100 20X1년 3월에 영업을 시작한 (주)삼일은 선입선출법에 의한 실제원가계산제도를 채택하고 있으며, 20X1년 3월과 4월의 생산과 판매에 관한 자료는 다음과 같다.

	3월	4월
생산량	8,000단위	9,000단위
판매량	7,000단위	10,000단위
고정제조간접원가	1,600,000원	1,620,000원

20X1년 4월 중 전부원가계산에 의한 영업이익이 1,200,000원이라고 할 때, 변동원가계산에 의한 영업이익은 얼마인가?

① 800,000원 ② 1,000,000원
③ 1,200,000원 ④ 1,400,000원

101 다음 중 활동기준원가계산제도에 대한 설명으로 가장 올바르지 않은 것은?

① 전통적 원가회계제도에 비하여 보다 다양한 원가동인 요소를 고려한다.
② 활동 및 활동원가의 분석을 통하여 원가통제를 보다 효과적으로 수행할 수 있다.
③ 활동기준원가계산제도는 전통적 원가회계에서 발생할 수 있는 문제점인 원가왜곡현상을 극복함으로써 적정한 가격설정을 가능하게 한다.
④ 활동기준원가계산제도는 전통적인 개별원가계산이나 종합원가계산과 독립적으로 사용해야만 하는 새로운 원가계산제도이다.

102 다음 자료를 이용하여 공헌이익률을 계산하면 얼마인가?

제품 단위당 판매가격	400원
제품 단위당 변동제조원가	150원
제품 단위당 변동판매비	130원
고정제조간접원가	500,000원
고정판매비와관리비	1,100,000원

① 10% ② 20%
③ 30% ④ 40%

103 (주)삼일의 경영자는 명상센터의 직영운영과 임대운영의 형태를 고민하고 있다. 직영운영의 경우 연간 매출액은 50,000,000원, 변동비율은 60%, 고정원가는 10,000,000원으로 예상된다. 반면 임대운영의 경우에는 매월 1,200,000원의 임대료를 받을 수 있다. 다만, 임대 시에도 직영 시의 고정원가 중 50%는 회피 불가능할 것으로 판단하고 있다. 다음 중 (주)삼일의 경영자는 어떤 결정을 내리는 것이 유리한가?

① 직영 시 600,000원 유리 ② 임대 시 600,000원 유리
③ 직영 시 400,000원 유리 ④ 임대 시 400,000원 유리

104 다음은 CVP 그래프이다. B지점과 비교하여 A지점의 단위당 변동원가와 단위당 고정원가는 어떻게 변하는가?

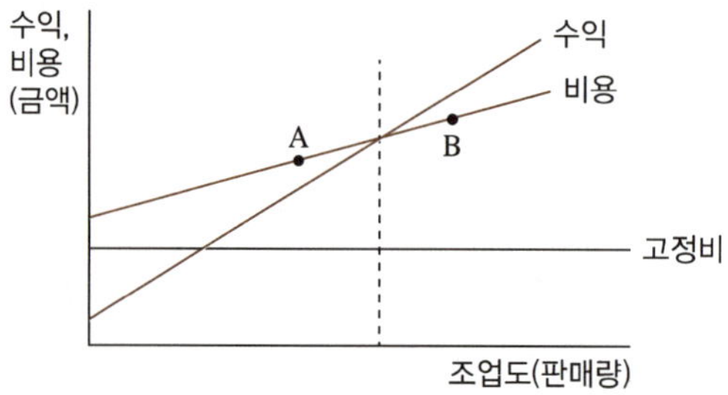

① 단위당 변동원가는 더 크며, 단위당 고정원가는 같다.
② 단위당 변동원가와 단위당 고정원가 모두 크다.
③ 단위당 변동원가는 같으며, 단위당 고정원가는 더 크다.
④ 단위당 변동원가와 단위당 고정원가 모두 같다.

105 (주)삼일의 제품 단위당 판매가격과 원가자료는 다음과 같다.

단위당 판매가격	500원
단위당 직접재료원가	90원
단위당 직접노무원가(변동비)	60원
단위당 변동제조간접원가	70원
단위당 변동판매비와관리비	30원
연간 고정원가	800,000원

(주)삼일이 영업이익 700,000원을 달성하기 위한 판매량은 얼마인가?

① 4,000단위
② 5,000단위
③ 6,000단위
④ 7,000단위

106 다음 중 고정예산에 대한 설명으로 가장 옳은 것은?

① 특정수준의 조업도를 기준으로 하여 사전에 수립되는 예산이다.
② 특정기간의 조업도의 변화여부를 고려하여 고정예산을 조정할 필요가 있다.
③ 특정산출량에 대하여 사용된 투입량의 정도에 대한 정보를 제공한다.
④ 통제를 위한 정보로서 적합하며 경영관리적 측면에서 큰 의미를 갖는다.

107 다음 중 분권화, 책임회계, 성과평가에 관한 설명으로 가장 옳은 것은?

① 잔여이익에 의하여 채택되는 투자안은 투자수익률법에 의해서도 항상 채택된다.
② 잔여이익이 갖고 있는 준최적화의 문제점을 극복하기 위하여 투자수익률이라는 개념이 출현하였으므로 투자수익률에 의한 성과평가기법이 잔여이익보다 더 우월하다고 볼 수 있다.
③ 하부경영자가 자신의 성과측정치를 극대화할 때 기업의 목표도 동시에 극대화될 수 있도록 하부경영자의 성과측정치를 설정해야 하는데, 이를 목표일치성이라고 한다.
④ 투자수익률법은 투자규모가 다른 투자중심점을 상호 비교하기가 어렵다는 문제점이 있는 반면에 잔여이익법에는 이런 문제점이 없다.

108 (주)삼일은 20X1년부터 예산을 수립하며 미래의 불확실성에 대비하기로 하였다. 당사의 20X1년도 예산자료 및 실제생산결과 자료는 다음과 같다.

구 분	20X1년 연간예산	20X1년 실제생산결과
직접재료비	36,000,000원	32,000,000원
직접노무비	12,000,000원	10,000,000원
변동제조간접비	36,000,000원	31,000,000원
고정제조간접비	6,000,000원	5,500,000원
생산량	12,000개	10,000개

위의 자료를 이용하여 변동예산제도를 사용할 때, 총원가의 합계는 얼마인가?

① 75,500,000원
② 76,000,000원
③ 79,000,000원
④ 89,500,000원

109 (주)삼일은 A와 B의 두 제품을 생산 · 판매하고 있다. 예산에 의하면 제품 A의 단위당 공헌이익은 20원이고, 제품 B의 공헌이익은 4원이다. 20X1년의 예산매출수량은 제품 A가 800단위, 제품 B는 1,200단위로 총 2,000단위였다. 그러나 실제매출수량은 제품 A가 500단위, 제품 B가 2,000단위로 총 2,500단위였다. (주)삼일의 20X1년 매출배합차이와 매출수량차이를 계산하면 각각 얼마인가?

	매출배합차이	매출수량차이
①	8,000원 불리	5,200원 유리
②	8,000원 유리	5,200원 불리
③	5,200원 불리	8,000원 유리
④	5,200원 유리	8,000원 불리

110 다음 재무자료를 이용하여 가중평균자본비용(WACC)을 산출하면 얼마인가?

- 투하자본 : 50억원(타인자본 20억원, 자기자본 30억원)
- 타인자본비용 : 8%
- 자기자본비용 : 15%
- 법인세는 고려하지 않는다.

① 9.5%
② 10%
③ 12.2%
④ 15%

111 (주)삼일은 두 개의 사업부가 있으며, 〈가〉사업부와 〈나〉사업부의 당해 연도 영업활동 자료는 다음과 같다.

구 분	〈가〉사업부	〈나〉사업부
매출액	100,000,000원	80,000,000원
공헌이익률	20%	25%
추적가능고정비	10,000,000원	5,000,000원
평균투자자본	50,000,000원	30,000,000원

위의 자료를 이용하여 (주)삼일의 최저필수수익률이 10%라고 할 때, 〈가〉사업부의 투자수익률을 계산하면 얼마인가?

① 10% ② 20%
③ 30% ④ 40%

112 다음 중 의사결정 시에 필요한 원가용어와 그에 대한 정의를 연결한 것으로 가장 올바르지 않은 것은?

① 관련원가는 과거원가이거나 대안 간에 차이가 나지 않는 미래원가이다.
② 지출원가는 미래에 현금 등의 지출을 수반하는 원가이다.
③ 기회원가는 자원을 현재 용도 이외의 다른 용도에 사용할 경우 얻을 수 있는 최대금액이다.
④ 매몰원가는 과거에 발생한 역사적 원가로서 현재 또는 미래에 회수할 수 없는 원가이다.

113 (주)삼일은 부품의 자가제조 또는 외부구입에 대한 의사결정을 하려고 한다. 이때 고려해야 하는 비재무적 정보에 대한 설명 중 가장 올바르지 않은 것은?

① 부품을 자가제조 할 경우 부품의 공급업자에 대한 의존도를 줄일 수 있는 장점이 있다.
② 부품을 자가제조 할 경우 기존 외부공급업자와의 유대관계를 상실하게 되는 단점이 있다.
③ 부품을 외부구입 할 경우 향후 주문량의 변동에 유연하게 대응할 수 있다는 장점이 있다.
④ 부품을 외부구입 할 경우 제품에 특별한 지식이나 기술이 요구될 때 품질을 유지하기 위한 관리가 별도로 필요하게 되는 단점이 있다.

114 **(주)삼일은 진부화된 의류 500벌을 보유하고 있다. 이 제품에 대한 총제조원가는 45,000,000원이었으나 현재로는 의류 한 벌당 25,000원에 처분하거나, 11,000,000원을 투입하여 개조한 후 의류 한 벌당 50,000원에 판매할 수 있는 상황이다. 다음 설명 중 가장 옳은 것은?**

① 그대로 의류 한 벌당 25,000원에 처분하면 32,500,000원의 손실이 발생하므로 처분해서는 안된다.
② 개조하여 판매하면 11,000,000원의 추가적인 손실이 발생한다.
③ 개조하여 판매하는 것이 그대로 처분하는 것보다 1,500,000원 만큼 유리하다.
④ 11,000,000원의 추가비용을 지출하지 않고 의류 한 벌당 25,000원에 판매하는 것이 유리하다.

115 **(주)삼일은 제조에 필요한 부품을 자가제조할 것인지 아니면 외부구입할 것인지의 여부에 대한 의사결정을 하려고 한다. 다음 설명 중 가장 옳은 것은?**

① 당해 의사결정에 따라 회피가능한 고정원가는 관련원가가 아니다.
② 기존설비를 다른 용도로 사용함에 따라 발생할 수 있는 기회비용도 관련원가이다.
③ 고정원가가 당해 의사결정과 관계없이 계속 발생한다면 고정원가도 관련원가이다.
④ 회피가능고정원가가 외부구입원가보다 큰 경우에는 자가제조하는 것이 바람직하다.

116 **다음의 자료를 바탕으로 A제품라인의 폐지 시 예상되는 증분이익은 얼마인가?**

- (주)삼일은 사무용품을 제조・판매하고 있으며, 제품생산을 위하여 A, B, C 제품제조라인을 운영하고 있다. 회사는 고정원가를 각 제품에 배분하는 기준으로 매출액을 사용하고 있다. 라인별 분석 결과 A제품라인에서 100,000원의 손실이 발생하여 A제품라인을 폐지할 것인지를 고려하고 있다.
- A제품라인 당기 중 손익

매출액	변동원가	공헌이익	고정원가	순이익
1,000,000원	600,000원	400,000원	500,000원	(100,000원)

- A제품라인의 폐지 시 고정원가 중 400,000원이 회피가능하며, 유휴설비를 임대하여 당기에 300,000원의 임대수익이 예상된다.

① 100,000원　　② 200,000원
③ 300,000원　　④ 400,000원

117 다음의 투자의사결정 방법이 갖는 장점으로 가장 옳은 것은?

> • 독립 투자안에 대한 투자결정 시 투자대상의 회계적이익률이 기업에서 기준한 회계적이익률 보다 높으면 투자안을 채택한다.
> • 여러 투자안에 대한 투자결정시 가장 높은 회계적이익률을 가진 투자안을 채택한다.

① 화폐의 시간가치를 고려한다.
② 분석의 기초자료가 재무제표이기에 자료확보가 용이하다.
③ 목표수익률을 설정하는데 자의적 판단이 개입되지 않는다.
④ 계산이 간편하며, 투자안에 대한 현금흐름을 고려하고 있다.

118 장기의사결정을 위한 방법 중 회수기간법은 여러 가지 이론적인 단점에도 불구하고 실무상 많이 사용되고 있다. 다음 중 회수기간법이 실무에서 많이 사용되는 이유로 가장 올바르지 않은 것은?

① 비현금자료도 반영되는 포괄적 분석기법이다.
② 기업의 유동성 확보와 관련된 의사결정에 유용하다.
③ 화폐의 시간적 가치를 고려하지 않으므로 순현재가치법, 내부수익률법에 비해서 적용하기가 쉽다.
④ 투자후반기의 현금흐름이 불확실한 경우에는 유용한 평가방법이 될 수 있다.

119 (주)삼일은 A사업부와 B사업부로 구성되어 있다. B사업부는 A사업부에서 생산되는 부품을 가공하여 완제품을 제조한다. B사업부에서 부품 한 단위를 완제품으로 만드는 데 소요되는 추가가공원가는 500원이며, 완제품의 단위당 판매가격은 1,100원이다. 부품의 외부시장가격이 단위당 550원인 경우, B사업부가 받아들일 수 있는 최대대체가격은 얼마인가?

① 550원 ② 600원
③ 700원 ④ 1,100원

120 다음 중 수명주기원가계산의 유용성으로 가장 올바르지 않은 것은?

① 제품 또는 서비스의 수명주기 동안 모든 가치사슬단계에서 발생하는 수익과 비용에 대한 집계를 가능하게 하여 프로젝트 전체에 대한 이해가 향상된다.
② 제조이전단계에서 대부분의 제품원가가 결정된다는 인식을 토대로 연구개발단계와 설계단계에서부터 원가절감을 위한 노력을 기울여야 한다는 것을 강조한다.
③ 프로젝트와 관련하여 언제 어떤 가치사슬단계에서 얼마만큼의 원가가 발생하는지를(비율로) 알게 됨으로써 상이한 가치사슬단계에서 원가발생의 상호관계 파악이 가능하다.
④ 재무적 관점에 의한 단기적 성과 및 원가관리에 유용하다.

제2회 기출 동형문제

※ 본 시험은 현행 기준인 한국채택국제회계기준(K-IFRS)에 따라 출제되었습니다.

재무회계

01 **다음은 재무회계와 관리회계의 특징을 구분한 것이다. 옳게 설명하고 있는 것을 모두 고르면?**

구 분		재무회계	관리회계
(가)	보고대상	투자자, 채권자 등 외부 이해관계자	경영자 및 기타 내부이용자
(나)	작성근거	일반적으로 인정된 회계원칙	경제이론, 경영학, 통계학 등
(다)	보고양식	일정한 양식 없음	재무제표
(라)	보고시점	보통 1년(또는 분기, 반기)	주기적 또는 수시
(마)	법적강제력	있 음	있 음

① (가), (나), (라)
② (나), (다), (라)
③ (나), (라), (마)
④ (다), (라), (마)

02 **다음 중 재무제표의 활용에 대한 설명으로 가장 옳은 것은?**

① 특정 시점의 재무상태는 어디까지나 과거사건에 대한 기록이므로 기업의 미래현금흐름의 시기 및 확실성을 예측하는데 활용할 수 없다.
② 만기가 도래한 금융약정을 이행할 기업의 능력을 예측하기 위해 유동성과 관련된 정보를 파악해 볼 수 있다.
③ 기업의 수익성과 관련된 정보는 추가적인 자원을 효과적으로 동원할 수 있는지 판단하는데 있어서는 유용하지 않다.
④ 재무상태에 관한 정보는 주로 포괄손익계산서에서, 성과에 관한 정보는 재무상태표에서 확인할 수 있다.

03 다음 중 자산의 측정방법에 대한 설명으로 가장 옳은 것은?

① 역사적 원가 : 자산의 취득 또는 창출에 발생한 원가의 가치로서, 자산을 취득 또는 창출하기 위하여 지급한 대가와 거래원가를 포함한다.

② 공정가치 : 기업이 자산의 사용과 궁극적인 처분으로 얻을 것으로 기대하는 현금흐름 또는 그 밖의 경제적 효익의 현재가치이다.

③ 사용가치 : 측정일 현재 동등한 자산의 원가로서 측정일에 지급할 대가와 그 날에 발생할 거래원가를 포함한다.

④ 현행원가 : 측정일에 시장참여자 사이의 정상거래에서 자산을 매도할 때 받게 될 가격이다.

04 다음 중 포괄손익계산서에 대한 설명으로 가장 올바르지 않은 것은?

포괄손익계산서

(주)삼일 20X1년 1월 1일부터 20X1년 12월 31일까지

매 출	XXX
매출원가	(XXX)
매출총이익	XXX
판매비와관리비	(XXX)
영업이익	XXX
법인세비용	(XXX)
당기순이익	XXX
기타포괄이익	XXX
총포괄이익	XXX

① 포괄손익계산서에는 기타포괄손익을 후속적으로 당기순이익으로 재분류되는 항목과 재분류되지 않는 항목을 구분하여 표시한다.

② 기타포괄손익 항목은 관련 법인세효과를 차감한 순액으로만 표시해야 한다.

③ 포괄손익계산서에서 비용을 기능별로 분류하는 경우 주석에 성격별 분류 내용을 공시해야 한다.

④ 포괄손익계산서를 작성할 때 '단일 포괄손익계산서' 또는 '별개의 손익계산서와 포괄손익계산서' 중 하나의 양식을 선택하여 표시할 수 있다.

05 다음 중 특수관계자 공시에 대한 설명으로 가장 올바르지 않은 것은?

① 수익・비용 거래 및 채권・채무 거래 등에 대하여 그 성격이 유사한 항목은 통합하여 공시할 수 있다.

② 지배기업, 종속기업, 관계기업 등 공시의 대상이 되는 특수관계자의 범주별로 해당 거래를 분류하여 공시한다.

③ 보고대상기간 중에 아무런 거래도 존재하지 않았다면 지배기업과 종속기업 사이의 관계에 대한 공시는 생략할 수 있다.

④ 주요 경영진에 대한 보상의 총액 및 그 구성 내역을 공시한다.

06 다음 중 재고자산의 취득원가에 포함되어야 할 항목으로 가장 옳은 것은?

ㄱ. 매입원가	ㄴ. 재고자산의 판매와 관련된 원가
ㄷ. 수입관세 및 제세금*	ㄹ. 재고자산 관리직원에 대한 급여

*과세당국으로부터 추후 환급받을 수 있는 금액 제외

① ㄱ, ㄴ
② ㄱ, ㄷ
③ ㄱ, ㄴ, ㄷ
④ ㄴ, ㄷ, ㄹ

07 다음은 (주)삼일의 20X1년 재고수불부이다. (주)삼일은 20X1년 1월 1일에 설립되었으며, (주)삼일의 김사장은 기말재고자산을 총평균법으로 평가할지 선입선출법으로 평가할지 고민 중이다. 재고자산평가방법에 관한 설명으로 가장 올바르지 않은 것은?

	수 량	단 가	금 액
5/5 구입	3,000개	3,000원	9,000,000원
6/6 구입	5,000개	4,000원	20,000,000원
9/9 판매	6,500개		
기 말	1,500개		

(단, 매출총이익률 = 매출총이익/매출액)

① 매출총이익률은 선입선출법을 적용했을 때보다 총평균법을 적용했을 경우 상대적으로 더 크다.

② 기말재고자산금액은 총평균법을 적용했을 때보다 선입선출법을 적용했을 경우 562,500원만큼 크다.

③ 매출원가는 총평균법을 적용했을 때보다 선입선출법을 적용하였을 경우 562,500원 만큼 작다.

④ 당기순이익은 총평균법을 적용했을 때보다 선입선출법을 적용하였을 경우 562,500원 만큼 크다.

08 다음 자료에서 재고자산평가손실은 (주)삼일의 재고자산이 진부화되어 발생하였다. 다음 중 (주)삼일의 20X2년 포괄손익계산서상 매출원가는 얼마인가?(단, 재고자산감모손실과 재고자산평가손실은 매출원가로 인식한다고 가정한다)

20X1년 12월 31일 재고자산	400,000원
20X2년 매입액	1,000,000원
20X2년 재고자산평가손실	550,000원
20X2년 재고자산감모손실	20,000원
20X2년 12월 31일 재고자산(평가손실과 감모손실 차감 후)	300,000원

① 1,080,000원　② 1,100,000원
③ 1,120,000원　④ 1,670,000원

09 다음 중 유형자산의 취득원가에 관한 설명으로 가장 올바르지 않은 것은?

① 토지는 취득세, 등록세 등 취득부대원가를 가산한 금액을 취득원가로 한다.
② 토지만 사용할 목적으로 토지와 건물을 일괄구입하는 경우 일괄구입대가 모두 토지의 취득원가로 처리한다.
③ 토지와 건물 일괄구입 후 기존 건물을 철거할 때 발생하는 건물철거비용은 토지의 원가에 가산한다.
④ 토지와 건물 일괄구입 후 기존 건물 철거로 발생한 폐자재들을 처리하는 비용이 발생하는 경우 당기 손실로 처리한다.

10 (주)삼일의 재무상태표상 유형자산으로 표시되는 기계장치의 취득금액으로 가장 옳은 것은?

기계장치의 취득과 관련하여 발생한 원가	금 액
구입금액	700,000,000원
기계장치에서 생산된 새로운 상품을 소개하는 데 소요되는 광고비	50,000,000원
기계장치와 관련된 산출물에 대한 수요가 형성되는 과정에서 발생하는 가동손실	30,000,000원
경영진이 의도하는 방식으로 자산을 가동하는 데 필요한 장소와 상태에 이르게 하는데 직접 관련이 있는 전문가에게 지급한 수수료	15,000,000원
경영진이 의도하는 방식으로 가동될 수 있으나 아직 실제로 사용되지는 않고 있음에 따라 발생하는 원가	500,000원
합 계	795,500,000원

① 715,000,000원　② 715,500,000원
③ 730,500,000원　④ 750,000,000원

11 (주)삼일은 연구개발을 전담할 연구소를 신축하기로 하였다. (주)삼일이 20X1년 중 연구소 신축과 관련하여 지출한 금액은 다음과 같으며 완공까지는 약 3년이 소요될 예정이다.

지출일	지출액	비 고
20X1년 1월 1일	10,000,000원	공사착공
20X1년 6월 1일	12,000,000원	
20X1년 9월 1일	9,000,000원	

20X1년 차입원가 산정 시 적격자산에 대한 연평균지출액은 얼마인가?(단, 연평균지출액 계산은 월단위 기준으로 계산한다)

① 19,000,000원　② 20,000,000원
③ 24,000,000원　④ 28,000,000원

12 다음 중 내부적으로 창출한 무형자산에 관한 설명으로 가장 올바르지 않은 것은?

① 내부적으로 창출한 영업권은 자산으로 인식하지 아니한다.
② 내부 프로젝트의 연구단계에서 발생한 지출은 발생시점에 비용으로 인식한다.
③ 무형자산을 창출하기 위한 내부 프로젝트를 연구단계와 개발단계로 구분할 수 없는 경우에는 그 프로젝트에서 발생한 지출은 모두 연구단계에서 발생한 것으로 본다.
④ 재료, 장치, 제품, 공정, 시스템이나 용역에 대한 여러 가지 대체안을 탐색하는 활동은 미래 경제적 효익이 창출될 것으로 예상되므로 무형자산으로 인식한다.

13 다음은 20X1년 (주)삼일의 엔진 개발과 관련하여 20X1년 6월 30일까지 발생한 지출에 대한 자료이다. 동 엔진이 20X1년 7월 1일부터 사용가능할 것으로 예측된 경우 20X1년 (주)삼일이 엔진 개발과 관련하여 무형자산상각비를 포함한 인식해야 할 총비용은 얼마인가?(단, 엔진 개발비에 대하여 내용연수 5년, 정액법 상각함)

연구단계	개발단계
• 엔진 연구 결과의 평가를 위한 지출 : 3,000,000원 • 여러 가지 대체안 탐색 활동을 위한 지출 : 27,000,000원	• 자산인식조건을 만족하는 개발단계 지출 : 40,000,000원 • 자산인식조건을 만족하지 않는 개발단계 지출 : 7,000,000원

① 30,000,000원　② 37,000,000원
③ 41,000,000원　④ 75,000,000원

14 다음 중 투자부동산으로의 계정대체가 가능한 경우로 가장 옳은 것은?

① 제3자에게 운용리스제공을 개시한 경우
② 제3자에게 금융리스제공을 개시한 경우
③ 자가사용을 개시한 경우
④ 정상적인 영업과정에서 판매하기 위한 개발을 시작한 경우

15 다음 중 금융상품에 대한 설명으로 가장 올바르지 않은 것은?

① 금융상품은 금전신탁, 중개어음 등 금융기관의 정형화된 상품뿐만 아니라 비정형적인 계약상의 권리(의무)를 포함한다.
② 사용권자산과 무형자산(예 : 특허권, 상표권)은 금융자산에 해당한다.
③ 금융리스는 금융상품에 해당하지만 운용리스는 금융상품에 해당하지 않는다.
④ 미래 경제적 효익이 현금 등 금융자산을 수취할 권리가 아니라 재화나 용역의 수취인 자산은 금융자산이 아니다.

16 (주)삼일은 20X1년 1월 1일에 다음과 같은 조건의 회사채를 취득하였으며, 회사가 이 사채를 상각후원가 측정 금융자산으로 분류할 경우 20X2년 12월 31일에 인식해야 할 이자수익을 계산한 것으로 옳은 가장 것은?(단, 소수점 이하는 절사한다)

ㄱ. 발행일 : 20X1년 1월 1일
ㄴ. 액면가액 : 1,000,000원
ㄷ. 만기일 : 20X3년 12월 31일
ㄹ. 표시이자율 : 8%(매년 말 지급조건)
ㅁ. 취득원가 : 950,266원(유효이자율 10%)

① 80,000원 ② 95,267원
③ 96,529원 ④ 100,000원

17 다음 중 금융상품에 대한 설명으로 가장 올바르지 않은 것은?

① 금융상품은 거래당사자에게 금융자산을 발생시키고 동시에 거래상대방에게 금융부채나 지분상품을 발생시키는 모든 계약을 말한다.
② 매입채무와 미지급금은 금융부채에 해당한다.
③ 현금및현금성자산, 매출채권, 다른 기업의 지분상품 및 채무상품은 금융자산에 해당한다.
④ 잠재적으로 유리한 조건으로 거래상대방과 금융자산이나 금융부채로 교환하기로 한 계약상 권리는 금융부채이다.

18 다음의 빈칸에 들어갈 말로 가장 적절한 것은 무엇인가?

(㉠)는 사채 소유자가 일정한 조건하에 전환권을 행사할 수 있는 사채로서, 권리를 행사하면 보통주로 전환되는 사채를 말한다. 반면에, (㉡)는 유가증권 소유자가 사전에 약정된 가격으로 보통주의 발행을 청구할 수 있는 권리가 부여된 사채를 말한다.

	㉠	㉡
①	영구채	회사채
②	신주인수권부사채	전환사채
③	전환사채	신주인수권부사채
④	회사채	영구채

19 (주)삼일은 20X1년 1월 1일 만기 3년, 표시이자율 7%, 이자는 매년 말에 지급하는 액면 1,000,000원의 전환사채를 액면발행하였다. (주)삼일은 전환사채의 만기일에 액면금액의 13%를 할증금으로 지급하기로 하였다. 일반사채의 시장이자율이 12%라고 할 때 발행시점에 계상할 전환권대가와 전환권조정은 각각 얼마인가?(12%, 3기간, 현재가치계수 : 0.7118이고 12%, 3기간 연금현재가치계수는 2.4018이다)

	전환권대가	전환권조정
①	27,540원	130,000원
②	130,000원	130,000원
③	27,540원	157,540원
④	157,540원	27,540원

20 (주)삼일은 판매일로부터 1년간 판매한 제품에 발생하는 하자를 무상으로 수리해주는 제품보증정책(확신유형의 보증)을 시행하고 있다. 제품보증비용은 매출액의 2%가 발생할 것으로 예측된다. 각 회계연도의 매출액과 실제 제품보증 발생액이 다음과 같은 경우 20X2년 말 재무상태표상 제품보증충당부채로 계상할 금액은 얼마인가?

구 분	20X1년	20X2년
매출액	10,000,000원	14,000,000원
20X1년 판매분에 대한 제품보증비용	50,000원	100,000원
20X2년 판매분에 대한 제품보증비용	–	120,000원

① 60,000원
② 160,000원
③ 180,000원
④ 280,000원

21 (주)삼일은 20X1년 초 설립된 회사로 설립 시에 보통주와 우선주를 모두 발행하였다. 설립일 이후 자본금의 변동은 없었으며, 20X1년 12월 31일 현재 보통주자본금과 우선주자본금은 다음과 같다.

구 분	주당액면금액	발행주식수	자본금
보통주	1,000원	5,000주	5,000,000원
우선주(*)	1,000원	2,000주	2,000,000원

*우선주의 배당률은 10%이며, 비누적적·비참가적 우선주이다.

(주)삼일은 20X1년 12월 31일로 종료되는 회계연도의 정기주주총회에서 배당금 총액을 300,000원으로 선언할 예정인 경우 우선주 주주에게 배분될 배당금은 얼마인가?

① 70,000원 ② 100,000원
③ 200,000원 ④ 300,000원

22 다음 중 자본거래가 각 자본항목에 미치는 영향에 관한 설명으로 가장 올바르지 않은 것은?

		주식배당	무상증자	주식분할
①	자본금	증 가	증 가	불 변
②	주식수	불 변	증 가	증 가
③	이익잉여금	감 소	감소 가능	불 변
④	총자본	불 변	불 변	불 변

23 수익인식 5단계 모형에 따라 수익을 인식하는 순서가 아래와 같다면 다음 빈칸에 들어갈 말로 가장 옳은 것은?

[1단계] 고객과의 계약 식별
[2단계] 별도의 수행의무 식별
[3단계] (㉠)
[4단계] 각 수행의무에 거래가격 배분
[5단계] (㉡)

	㉠	㉡
①	통제 이전 시점 식별	각 수행의무 충족 시 수익인식
②	거래가격의 산정	변동대가 고려
③	통제 이전 시점 식별	변동대가 고려
④	거래가격의 산정	각 수행의무 충족 시 수익인식

24 (주)삼일은 20X1년 12월 31일 (주)반품에 60,000,000원(원가 30,000,000원)의 제품을 판매하고 1년 이내 반품할 수 있는 권리를 부여하였다. 인도일 현재 매출액 기준 10,000,000원(원가 5,000,000원)이 반품될 것으로 예상된다면 (주)삼일이 20X1년에 인식할 매출액은 얼마인가?

① 10,000,000원 ② 40,000,000원
③ 50,000,000원 ④ 60,000,000원

25 수익인식 5단계 중 한 시점에 이행하는 수행의무는 고객이 약속된 자산을 통제하고 기업이 의무를 이행하는 시점에 수익을 인식한다. 고객이 자산을 통제하는 시점으로 가장 올바르지 않은 것은?

① 고객은 기업이 수행하는 대로 기업의 수행에서 제공하는 효익을 동시에 얻고 소비한다.
② 자산의 소유에 따른 유의적인 위험과 보상이 고객에게 있다.
③ 고객에게 자산의 법적소유권이 있다.
④ 판매기업이 자산의 물리적 점유를 이전하였다.

26 (주)삼일건설은 (주)용산과 20X1년 7월 1일 총계약금액 90,000,000원의 공장신축공사계약을 체결하였다. 회사가 누적발생계약원가에 기초하여 진행률을 측정하여 진행기준으로 수익을 인식한다면 (주)삼일건설의 20X2년 계약손익은 얼마인가?

구 분	20X1년	20X2년	20X3년
당기발생계약원가	10,000,000원	30,000,000원	40,000,000원
추정총계약원가	80,000,000원	80,000,000원	80,000,000원
공사대금청구액(연도별)	10,000,000원	30,000,000원	50,000,000원

① 이익 1,250,000원 ② 이익 3,750,000원
③ 이익 4,500,000원 ④ 이익 5,000,000원

27 다음 중 확정급여채무의 현재가치 증감 항목으로 가장 올바르지 않은 것은?

① 당기근무원가
② 확정급여채무의 이자원가
③ 확정급여채무에서 발생한 보험수리적손익
④ 사외적립자산의 이자수익

28 (주)삼일은 20X1년 1월 1일에 기술책임자인 홍길동 이사에게 다음과 같은 조건의 현금결제형 주가차액보상권 30,000개를 부여하였다. 이 경우 20X1년 포괄손익계산서에 계상될 당기보상비용은 얼마인가?(단, 홍길동 이사는 20X4년 12월 31일 이전에 퇴사하지 않을 것으로 예상된다)

> ㄱ. 기본조건 : 20X4년 12월 31일까지 의무적으로 근무할 것
> ㄴ. 행사가능기간 : 20X5년 1월 1일 ~ 20X5년 12월 31일
> ㄷ. 20X1년 말 추정한 주가차액보상권의 공정가치 : 150,000원/개

① 10억원　　② 11.25억원
③ 15억원　　④ 20억원

29 다음 중 법인세회계에 관한 설명으로 가장 올바르지 않은 것은?

① 이연법인세자산은 유동자산과 비유동자산으로 구분된다.
② 이연법인세부채는 비유동부채로만 계상한다.
③ 차감할 일시적차이가 사용될 수 있는 미래과세소득의 발생 가능성이 높은 경우에 이연법인세자산을 인식한다.
④ 일시적차이가 소멸될 것으로 예상되는 기간의 과세소득에 적용될 것으로 기대되는 평균세율을 적용하여 이연법인세자산·부채를 측정한다.

30 다음은 (주)삼일의 20X1년과 20X2년 말의 법인세회계와 관련된 내역이다. 20X2년에 (주)삼일이 계상하여야 할 법인세비용은 얼마인가?

구 분	20X1년 말	20X2년 말
이연법인세자산	10,000원	50,000원
이연법인세부채	30,000원	10,000원
20X2년 당기법인세	200,000원	

① 110,000원　　② 120,000원
③ 140,000원　　④ 190,000원

31 (주)삼일은 20X1년 1월 1일에 취득한 내용연수 5년의 기계장치 100,000원을 정률법으로 상각하여 오던 중 20X3년 1월 1일에 정액법으로 감가상각방법을 변경하기로 하였다. (주)삼일이 취득한 기계장치의 내용연수 종료시점의 잔존가치는 없으며, 정률법의 상각률이 40%일 경우 (주)삼일이 회계변경으로 인하여 20X3년 인식할 감가상각비는 얼마인가?

① 12,000원　　② 14,400원
③ 20,000원　　④ 40,000원

32 (주)삼일의 20X1년 당기순이익은 20,000,000원이며, 우선주배당금은 2,000,000원이다. (주)삼일의 20X1년 1월 1일 유통보통주식수는 17,000주이며, 9월 1일에는 유상증자를 통해 보통주 9,000주를 발행하였다. (주)삼일의 20X1년 기본주당순이익은 얼마인가?(단, 유상신주의 발행금액과 공정가치는 동일하며, 가중평균유통보통주식수는 월할로 계산한다)

① 300원 ② 600원
③ 900원 ④ 1,000원

33 20X1년 초에 (주)삼일은 (주)용산의 주식 30%를 1,000,000원에 취득하면서 (주)용산에 대해 유의적인 영향력을 갖게 되었다. 20X1년 초 (주)용산의 순자산 장부금액은 2,000,000원이었으며, 건물을 제외한 자산과 부채에 대해서는 공정가치와 장부금액이 일치하였다. 동 건물의 공정가치는 장부금액보다 200,000원 높게 평가되었으며, 잔존내용연수 5년, 잔존가치 0원, 정액법으로 감가상각하고 있다. (주)용산의 20X1년 당기순이익이 300,000원일 경우, (주)삼일의 20X1년 말 재무제표상 관계기업투자주식의 장부금액은 얼마인가?

① 98,000원 ② 1,078,000원
③ 1,090,000원 ④ 1,102,000원

34 원화를 기능통화로 사용하고 있는 (주)삼일은 20X1년 10월 1일에 중국 현지공장에서 재고자산을 CNY 2,000에 매입하여 기말까지 보유하고 있다. 이 재고자산의 기말 순실현가능가치는 CNY 1,800이다. CNY 대비 원화의 환율이 다음과 같을 때 (주)삼일이 20X1년 상기 재고자산에 대하여 인식할 평가손실 금액은 얼마인가?

- 20X1년 10월 1일 : CNY 1 = 110원
- 20X1년 12월 31일 : CNY 1 = 115원

① 13,000원 ② 92,000원
③ 132,000원 ④ 142,000원

35 다음 중 재무제표의 외화환산에 관한 설명으로 가장 올바르지 않은 것은?

① 기능통화와 표시통화가 다른 경우 표시통화로 재무상태와 경영성과를 환산하여 보고해야 한다.
② 연결실체는 연결재무제표를 작성하기 위하여 각 기업의 경영성과와 재무상태를 같은 통화로 표시한다.
③ 포괄손익계산서의 수익과 비용은 마감환율을 적용한다.
④ 재무제표의 환산에서 생기는 외환차이는 기타포괄손익으로 인식한다.

36 (주)삼일은 원재료 $2,000을 외상으로 매입하고, 대금을 9개월 후에 달러($)로 지급하기로 하였다. 이 경우 (주)삼일의 외화매입채무 $2,000은 환율변동위험에 노출되게 되었다. 해당 거래와 관련하여 환율변동위험을 회피할 수 있는 방법으로 가장 옳은 것은?

① 약정된 환율로 9개월 후 $2,000을 매도하는 통화선도계약을 체결한다.
② 약정된 환율로 9개월 후 $2,000을 매입하는 통화선도계약을 체결한다.
③ 약정된 환율로 9개월 후 $2,000을 거래할 수 있는 콜옵션을 매입한다.
④ 약정된 환율로 9개월 후 $2,000을 거래할 수 있는 풋옵션을 매도한다.

37 (주)삼일리스는 20X1년 1월 1일(리스약정일)에 (주)대구(리스이용자)와 기계장치에 대한 금융리스계약을 체결하였으며, 관련 자료는 다음과 같다. 이러한 리스거래로 인하여 리스이용자인 (주)대구가 리스부채와 사용권자산에 대해 20X1년에 인식할 이자비용과 감가상각비의 합계액은 얼마인가?(단, 계산금액은 소수점 첫째 자리에서 반올림함을 원칙으로 하고, 가장 근사치를 답으로 선택한다)

ㄱ. 리스기간 : 3년(리스기간 종료 시 (주)대구는 소유권을 이전 받음)
ㄴ. 리스료 총액 : 150,000원 (매 50,000원씩 매년 말 3회 후불)
ㄷ. 리스자산의 취득원가 : 120,092원(리스약정일의 공정가치와 동일)
ㄹ. 리스자산의 내용연수와 잔존가치 : 내용연수 5년, 잔존가치 20,092원
ㅁ. 리스의 내재이자율 : 연 12%
ㅂ. 이자율 12%, 3년 연금현가계수 : 2.40183, 이자율 12%, 3년 현가계수 : 0.71178

① 18,000원
② 34,411원
③ 44,411원
④ 47,744원

PART 4

38 다음 중 현금흐름표에 관한 설명으로 가장 올바르지 않은 것은?

① 현금흐름표는 회계기간 동안 발생한 현금흐름을 영업활동, 투자활동 및 재무활동으로 분류하여 보고한다.
② 영업활동은 기업의 주요 수익창출활동, 그리고 투자활동이나 재무활동이 아닌 기타의 활동을 말한다.
③ 투자활동은 유・무형자산, 다른 기업의 지분상품이나 채무상품 등의 취득과 처분활동, 제3자에 대한 대여 및 회수활동 등을 포함한다.
④ 간접법을 적용하여 표시한 영업활동 현금흐름은 직접법에 의한 영업활동 현금흐름에서는 파악할 수 없는 정보를 제공하기 때문에 미래현금흐름을 추정하는 데 보다 유용한 정보를 제공한다.

39 다음은 유통업을 영위하는 (주)삼일의 매입활동 관련자료이다.

ㄱ. 재무상태표 관련자료

구 분	20X2년 12월 31일	20X1년 12월 31일
재고자산	67,000원	92,000원
매입채무	55,000원	70,000원

ㄴ. 포괄손익계산서 관련자료

구 분	20X2년	20X1년
매출원가	210,000원	165,000원

(주)삼일의 모든 매입은 외상으로 이루어진다고 할 때, 20X2년 중 (주)삼일이 매입처에 지급한 현금은 얼마인가?

① 200,000원
② 210,000원
③ 225,000원
④ 250,000원

40 (주)삼일은 기중에 다음과 같은 자금의사결정을 하였다. 아래의 의사결정으로 인한 현금흐름 중 투자활동 관련 순현금흐름은 얼마인가?

매출채권의 회수	950,000원
차입금의 상환	1,000,000원
유형자산의 처분	500,000원
기타포괄손익-공정가치 측정 금융자산의 취득	1,000,000원
유상증자	2,000,000원
급여의 지급	500,000원
배당금의 지급	800,000원

① 200,000원 현금유입
② 350,000원 현금유출
③ 450,000원 현금유입
④ 500,000원 현금유출

세무회계

41 **다음 뉴스를 보고 재무팀장과 사원이 나눈 대화 중 괄호 안에 들어갈 단어로 가장 옳은 것은?**

> ○○도의 지난해 지방세 수입액이 사상 처음으로 10조원을 돌파했다. 세목별로는 보통세가 8조 2,694억원으로 가장 많았고, 목적세가 2조 570억원이었다.

> 사　　원 : 팀장님, 목적세라는 것이 무엇인가요?
> 재무팀장 : 목적세는 (　　)가 특별히 지정되어있는 조세로, 보통세와 구분이 되는 조세입니다.

① 조세의 사용용도
② 과세권자
③ 과세물건의 측정 단위
④ 조세부담의 전가여부

42 **다음 중 세법상 기간과 기한의 규정에 관한 설명으로 가장 올바르지 않은 것은?**

① 기간을 일・주・월・연으로 정한 때에는 기간의 초일은 기간 계산 시 산입하지 않는다.
② 기간의 계산은 국세기본법 또는 그 세법에 특별한 규정이 있는 것을 제외하고는 민법에 따른다.
③ 2024년 12월 31일로 사업연도가 종료하는 법인은 2025년 3월 31일까지 법인세를 신고・납부하여야 하는데 공교롭게도 2025년 3월 31일이 일요일인 경우에는 그 이틀 전인 2025년 3월 29일까지 법인세를 신고・납부하여야 한다.
④ 신고서 등을 국세정보통신망을 이용하여 제출하는 경우에는 해당 신고서 등이 국세청장에게 전송된 때에 신고되거나 청구된 것으로 본다.

PART 4

43 **다음 중 국세기본법상 국세 부과의 원칙 및 세법 적용의 원칙에 대한 설명으로 가장 올바르지 않은 것은?**

① 실질과세의 원칙은 조세평등주의를 구체화한 국세 부과의 원칙이다.
② 소급과세금지의 원칙이란 세법의 해석이나 국세행정의 관행이 일반적으로 납세자에게 받아들여진 후에는 새로운 해석이나 관행에 의하여 소급하여 과세하지 아니하는 것을 말한다.
③ 세무공무원이 그 의무를 이행할 때 신의에 따라 성실하게 할 것을 요구하는 신의성실의 원칙은 납세자에게는 적용되지 않는다.
④ 근거과세의 원칙이란 국세를 조사・결정할 때, 장부의 기록내용이 사실과 다르거나 장부의 기록에 누락된 것이 있을 때에는 그 부분에 대해서만 과세관청이 조사한 사실에 따라 결정할 수 있다.

44 **다음 중 국세기본법상 이의신청, 심사청구 및 심판청구에 관한 설명으로 가장 올바르지 않은 것은?**

① 국세기본법에 따른 동일한 처분에 대하여 심사청구와 심판청구를 중복하여 제기할 수 없다.
② 이의신청을 하려면 납부고지서를 받은 날로부터 30일 이내에 신청하여야 한다.
③ 심판청구에 대한 결정이 있으면 해당 행정청은 결정의 취지에 따라 즉시 필요한 처분을 하여야 한다.
④ 납세자는 행정소송을 제기하고자 하는 경우에는 결정통지서를 받은 날(결정통지 전이라도 그 결정기간이 지난 날)로부터 90일 이내에 서류를 제출해야 한다.

45 **다음 중 법인세 납세의무자에 대한 설명으로 가장 올바르지 않은 것은?**

① 영리외국법인은 미환류소득에 대한 법인세 납세의무를 진다.
② 영리외국법인은 토지 등 양도소득에 대한 법인세 납세의무를 진다.
③ 비영리외국법인은 토지 등 양도소득에 대한 법인세 납세의무를 진다.
④ 비영리외국법인은 국내원천소득 중 수익사업소득에 대한 법인세 납세의무를 진다.

46 **다음은 (주)삼일의 분개장의 일부이다. (주)삼일의 경리부장은 각각의 분개에 대해 다음과 같은 근거로 세무조정이 필요하다고 주장하고 있다. 경리부장의 주장 중 현행 법인세법상 가장 올바르지 않은 것은?**

〈분개장〉

(a)	(차)	자본금	500,000	(대)	현 금	300,000
					감자차익	200,000
(b)	(차)	현 금	50,000	(대)	이자수익	50,000
(c)	(차)	기부금	400,000	(대)	미지급금	400,000
(d)	(차)	현 금	600,000	(대)	부가세예수금	600,000

① (a) : 감자차익은 회계상 자본잉여금항목이며, 법인세법상 익금불산입항목이므로 세무조정을 할 필요가 없다.
② (b) : 지방세 과오납금에 대한 환급이자를 수령한 것으로 이는 세무상 익금에 해당하므로 세무조정을 할 필요가 없다.
③ (c) : 세법상 기부금의 손익귀속시기는 실제로 현금이 지출되는 시점이므로 연도 말까지 미지급한 기부금을 손금불산입하고 유보로 소득처분해야 한다.
④ (d) : 부가가치세 매출세액을 수익이 아닌 부채항목으로 계상한 것은 세법상으로도 타당하므로 세무조정을 할 필요가 없다.

47 다음 중 법인세법상 익금으로 인정되는 금액은 얼마인가?

1. 부가가치세 매출세액	6,000,000원
2. 자산수증이익(이월결손금 보전에 충당되지 않음)	10,000,000원
3. 고정자산 양도가액	3,000,000원
4. 사무실 임대료 수익	2,000,000원
5. 이익잉여금 자본전입으로 인한 의제배당	1,000,000원
6. 합병차익	3,000,000원

① 15,000,000원
② 16,000,000원
③ 19,000,000원
④ 25,000,000원

48 다음 중 법인세법상 손금으로 인정되는 평가손실로 가장 올바르지 않은 것은?

① (주)서울은 보유 중인 주식을 발행한 법인이 파산하여 동 주식에 대한 평가손실을 계상하였다.
② (주)부산은 단기간 내의 매매차익을 목적으로 취득한 단기매매증권에 대하여 결산일에 시가 하락에 따른 평가손실을 계상하였다.
③ (주)대구는 세법상 재고자산평가방법을 저가법으로 신고하고, 동 재고자산에 대한 평가손실을 계상하였다.
④ (주)광주는 홍수로 침수된 공장설비에 대하여 평가손실을 계상하였다.

49 다음 중 법인세법상 손익귀속시기에 대한 설명으로 가장 올바르지 않은 것은?

① 장기할부판매 : 현금이 회수되는 때
② 상품, 제품 등의 판매 : 상품 등을 인도한 날
③ 건설·제조 기타 용역의 제공 : 진행기준
④ 지급이자 : 지급의무확정주의(발생주의에 따라 회계처리 시 인정)

50 (주)삼일은 기계장치를 2024년 1월 10일에 취득하여 당기 말 현재 보유 중이다. 다음 자료에 의할 경우 당해 사업연도(2025년 1월 1일 ~ 2025년 12월 31일)의 상각범위액은?

> (1) 기계장치의 취득가액 : 500,000,000원
> (2) 신고내용연수 : 5년
> (3) 신고 감가상각방법 : 정액법(상각률 0.2)
> (4) 전기 말 감가상각누계액 : 100,000,000원
> (5) 2025년 8월 15일 기계장치에 대한 자본적 지출 : 120,000,000원
> (6) 2025년 9월 20일 기계장치에 대한 수익적 지출 : 10,000,000원

① 120,000,000원 ② 122,000,000원
③ 124,000,000원 ④ 126,000,000원

51 다음 중 법인세법상 감가상각비에 관한 설명으로 가장 올바르지 않은 것은?

① 시설의 개체 또는 기술의 낙후로 인하여 생산설비의 일부를 폐기한 경우 시부인 계산과정을 거치지 않고 해당 자산의 장부가액 전액을 손금으로 인정할 수 있다.
② 유형자산의 잔존가액은 0(영)으로 하는 것이 원칙이다.
③ 기계장치의 감가상각방법을 신고하지 아니한 경우에는 정률법을 적용한다.
④ 사업연도 중에 취득하여 사업에 사용한 감가상각자산에 대한 상각범위액은 사업에 사용한 날부터 당해 사업연도 종료일까지의 월수에 따라 계산한다.

52 일반기업회계기준을 적용하고 있는 (주)삼일은 제25기(2025년 1월 1일 ~ 2025년 12월 31일) 사업연도 개시일에 기계장치를 10억원에 구입하고 아래와 같이 감가상각하였다. 다음 중 감가상각비에 관한 세무조정으로 가장 옳은 것은?(단, 회사는 세무상 기계장치의 상각방법을 정액법, 내용연수를 5년으로 신고하였고, 감가상각의제 적용 대상 법인이 아니다)

구 분	제25기	제26기	제27기	제28기
회사계상 감가상각비	–	1억원	9억원	–
감가상각범위액	2억원	2억원	2억원	2억원

① 제25기에 회계상 감가상각비를 계상하지 않았으므로 별도의 세무조정을 해야 한다.
② 제26기에 부족한 감가상각비 1억원을 손금산입한다.
③ 제27기에 과다하게 상각한 7억원을 손금불산입한다.
④ 제28기에 회계상 감가상각이 종료되었으므로 별도의 세무조정은 없다.

53 다음 중 법인세법상 기부금에 관한 설명으로 가장 옳은 것은?

① 기부금은 현금주의에 의하여 손금에 계상한다. 다만, 법인이 실제로 지급하지 아니한 기부금을 미지급으로 하여 손금에 계상한 경우에는 이를 해당 사업연도의 기부금으로 본다.

② 기부금을 금전 외의 자산으로 제공하는 경우 기부금의 종류에 불문하고 장부가액으로 평가한다.

③ 기부금을 손금에 산입할 때 이월된 기부금을 우선 손금에 산입하고, 남은 기부금공제 한도 내에서 해당 사업연도에 제출한 기부금을 손금에 산입한다.

④ 특례기부금은 기준소득금액의 100% 범위 내에서 손금에 산입한다.

54 다음 중 법인세법상 기업업무추진비에 관한 설명으로 가장 올바르지 않은 것은?

① 기업업무추진비의 손금귀속시기는 발생주의에 따라 접대행위가 이루어진 사업연도의 손금으로 본다.

② 기업업무추진비는 교제비·사례금 기타 명목여하에 불구하고 이와 유사한 성질의 비용으로서 법인의 업무와 관련하여 지출한 금액이다.

③ 광고·선전목적으로 달력 등을 불특정 다수인에게 기증한 것은 일반적으로 기업업무추진비로 보지 않고 전액 손금으로 인정한다.

④ 세무상 기업업무추진비 한도액을 초과하는 금액은 손금불산입하여 대표자 상여로 처분한다.

55 다음 중 법인세법상 기업업무추진비 한도계산 시 건당 3만원을 초과하는 기업업무추진비로서 전액 손금불산입되는 것은?

① 매입자발행세금계산서를 발행하여 지출하는 기업업무추진비

② 사업자등록을 하지 않은 개인사업자에게 기타소득 원천징수영수증을 발행하여 지출하는 기업업무추진비

③ 법인 명의의 신용카드를 사용하여 지출한 기업업무추진비

④ 농어민으로부터 직접 재화를 공급받고 법정증빙을 수취하지 아니한 기업업무추진비

56 **(주)삼일의 담당 회계사인 김세무 회계사가 (주)삼일의 제25기 사업연도(2025년 1월 1일 ~ 2025년 12월 31일) 지급이자 손금불산입에 대하여 자문한 다음 내용 중 가장 옳은 것은?**

① 회사가 사채를 빌려다 쓰고 사채업자에게 지급하는 이자는 채권자가 누구인지 실명으로 밝히더라도 변칙적인 자금거래로 보아 전액 손금불산입합니다.

② 법인세법에서는 자본화 대상자산의 취득과 직접 관련하여 개별적으로 차입된 자금(특정차입금)에 대한 이자만을 자본화할 수 있으므로 일반차입금에 대한 이자는 자본화할 수 없습니다.

③ 업무에 직접 사용되지 않는 자동차를 보유하게 되면 지급이자 중 일정 금액이 손금불산입되므로 업무에 직접 사용하지 아니하는 자동차를 취득하는 것은 신중하게 검토해야 합니다.

④ 채권의 이자를 당해 채권의 발행법인이 직접 지급하는 경우에는 해당 이자를 전액 손금불산입하고 대표자 상여로 소득처분합니다.

57 **다음은 제조업을 영위하는 (주)삼일의 제25기(2025년 1월 1일 ~ 2025년 12월 31일) 대손충당금 변동내역과 이와 관련된 자료이다. 대손충당금과 관련하여 (주)삼일이 수행하여야 하는 세무조정으로 가장 옳은 것은?**

대손충당금

당기사용액	3,000,000원	기초 잔액	4,000,000원
기말 잔액	2,000,000원	당기설정액	1,000,000원
계	5,000,000원	계	5,000,000원

ㄱ. 전기 말 대손충당금 한도초과액 : 600,000원

ㄴ. 세무상 기말 채권 잔액 : 120,000,000원(특수관계인에 대한 업무무관가지급금 20,000,000원 포함)

ㄷ. 당기 대손실적률 : 0.8%

ㄹ. 대손충당금의 당기사용액은 대손발생금액으로 세법상 대손요건을 충족함

① (손금불산입) 1,000,000원(유보), (손금산입) 600,000원(△유보)

② (손금불산입) 1,200,000원(유보), (손금산입) 600,000원(△유보)

③ (손금불산입) 1,000,000원(유보)

④ (손금불산입) 1,200,000원(유보)

58 **법인세법에서는 '특수관계인에게 법인의 업무에 직접적인 관련이 없이 대여한 자금'을 업무무관 가지급금으로 보아 불이익을 주고 있다. 업무무관 가지급금에 대한 법인세법상 처리내용 중 옳은 것을 모두 고르면?**

> ㄱ. 업무무관가지급금에 대하여 이자를 받지 않거나 또는 법인세법상 적정이자율보다 낮은 이율로 대여한 경우 적정이자율로 계산한 이자상당액 또는 이자상당액과의 차액을 익금산입한다.
> ㄴ. 업무무관가지급금에 대하여 설정한 대손충당금은 손금으로 인정되지 않는다.
> ㄷ. 업무무관가지급금 관련 지급이자는 전액 손금 인정된다.

① ㄱ, ㄴ
② ㄱ, ㄷ
③ ㄴ, ㄷ
④ ㄱ, ㄴ, ㄷ

59 **다음 중 법인세법상 과세표준의 계산에 대한 설명으로 가장 올바르지 않은 것은?**

① 과세표준은 각 사업연도 소득에서 이월결손금, 비과세소득, 소득공제를 순서대로 공제하여 계산한다.
② 자산수증이익이나 채무면제이익에 충당된 이월결손금은 과세표준 계산 시 공제하지 않는다.
③ 소득공제는 조세정책적 목적에서 일정한 요건에 해당하는 경우 소득금액에서 일정액을 공제하여 주는 제도이다.
④ 결손금과 소득공제는 이월공제가 가능하나, 비과세소득은 이월공제가 불가능하다.

60 **다음 중 사업연도가 1월 1일에서 12월 31일인 법인의 2025년 각 사업연도 소득에 관한 법인세 과세표준의 확정신고기한은 언제인가?(단, 성실신고 확인서를 제출하지 않았고 연장신청도 하지 않았다고 가정한다)**

① 2025년 12월 31일
② 2026년 3월 31일
③ 2026년 4월 30일
④ 2026년 5월 31일

61 **다음 중 소득세의 신고와 납부에 관한 설명으로 가장 올바르지 않은 것은?**

① 소득세법은 원칙적으로 열거주의에 의해 과세대상소득을 규정하고 있으며 예외적으로 이자 및 배당소득에 한하여 유형별 포괄주의를 채택하고 있다.
② 소득세법은 부부인 경우에 한하여 소득을 합산하여 소득세를 신고·납부하는 것을 허용하고 있다.
③ 소득세법은 신고납세제도를 채택하고 있으므로 납세의무자의 확정신고로 과세표준과 세액이 확정된다.
④ 소득세법은 소득의 증가에 따라 세율이 증가하는 누진과세를 채택하고 있다.

62 다음 중 무조건 분리과세대상 금융소득에 해당되는 것으로 가장 옳은 것은?

① 법원보증금 등의 이자
② 국외금융소득
③ 출자공동사업자의 배당소득
④ 국내금융소득 중 원천징수하지 않은 금융소득

63 다음 중 소득세법상 사업소득금액과 법인세법상 각 사업연도 소득금액의 차이점에 대한 설명으로 가장 올바르지 않은 것은?

① 재고자산의 자가소비에 관하여 법인세법에서는 부당행위부인에 적용되나 소득세법에서는 개인사업자가 재고자산을 가사용으로 소비하거나 이를 사용인 또는 타인에게 지급한 경우에는 총수입금액에 산입한다.
② 종업원 및 대표자에 대한 급여는 각 사업연도 소득금액의 계산에 있어서 손금으로 인정되며 사업소득금액의 계산에 있어서도 필요경비로 인정된다.
③ 유가증권처분손익은 각 사업연도 소득금액의 계산에 있어서 익금 및 손금으로 보지만 사업소득금액의 계산에 있어서는 총수입금액 및 필요경비로 보지 아니한다.
④ 수입이자와 수입배당금은 각 사업연도 소득금액의 계산에 있어서 익금으로 보나 사업소득금액의 계산에 있어서는 총수입금액으로 보지 아니한다.

64 다음 중 소득세가 과세되는 근로소득은?

① 연・월차수당으로서 100만원 이내의 금액
② 여비로서 실비변상정도의 지급액
③ 소방공무원이 받는 월 20만원 이내의 화재진화수당
④ 기자의 취재수당으로서 월 20만원 이내의 금액

65 다음 중 소득세법상 기타소득에 관한 설명으로 가장 올바르지 않은 것은?

① 기타소득은 종합과세하는 것이 원칙이나 기타소득금액이 연 300만원 이하인 경우 분리과세를 선택할 수 있다.
② 국가지정문화재로 지정된 서화・골동품의 양도로 발생하는 소득은 기타소득으로 과세되지 않는다.
③ 복권당첨소득은 기타소득으로 분류되며 무조건 분리과세되므로 별도로 종합과세 되지 않는다.
④ 고용관계 없는 자가 다수인에게 강연을 하고 받는 강연료는 기타소득으로 분류되며 총수입금액의 80%를 필요경비로 인정한다.

66 다음 중 소득세법상 신용카드 소득공제 대상에서 제외되는 항목으로 묶인 것은?

ㄱ. 국민연금법에 의한 연금보험료
ㄴ. 지방자치단체에 납부하는 지방세
ㄷ. 취득세 또는 등록세가 부과되는 재산의 구입비용
ㄹ. 상품권 등 유가증권 구입비
ㅁ. 리스료

① ㄱ, ㄴ, ㄷ, ㄹ
② ㄱ, ㄴ, ㄹ, ㅁ
③ ㄴ, ㄷ, ㄹ, ㅁ
④ ㄱ, ㄴ, ㄷ, ㄹ, ㅁ

67 김영인씨의 20X4년도 소득자료는 다음과 같다. 아래 자료를 기초로 20X5년 5월 말까지 신고해야 할 종합소득금액을 계산하면 얼마인가?

ㄱ. 근로소득금액	12,000,000원
ㄴ. 퇴직소득금액	13,000,000원
ㄷ. 사업소득금액	15,000,000원
ㄹ. 기타소득금액*	4,800,000원
ㅁ. 이자소득금액(정기예금이자)	15,200,000원

*기타소득금액은 강사료 수입으로 필요경비를 공제한 후의 금액임

① 27,000,000원
② 31,800,000원
③ 42,200,000원
④ 47,000,000원

68 다음 중 소득세법상 원천징수에 관한 설명으로 가장 올바르지 않은 것은?

① 분리과세대상소득은 원천징수로써 납세의무가 종결된다.
② 원천징수에 있어서 세금을 부담하는 담세자와 실제 신고·납부하는 자는 동일하다.
③ 소득을 지급받는 자가 법인인 경우에는 법인세법을, 개인인 경우에는 소득세법을 적용하여 원천징수한다.
④ 국외에서 지급하는 소득에 대하여는 원천징수를 하지 않는다.

69 다음 중 양도소득세 과세대상자산으로 가장 올바르지 않은 것은?

① 부동산을 취득할 수 있는 권리
② 과점주주가 보유하는 부동산과다보유법인 주식
③ 대주주소유 상장주식
④ 토지 · 건물과 별개로 양도하는 영업권

70 다음 중 소득세법상 양도소득에 관한 설명으로 가장 올바르지 않은 것은?

① 양도소득세 과세대상 자산인 건물에는 건물에 부속된 시설물과 구축물을 포함한다.
② 부동산 임차권은 등기된 임차권만 양도소득세 과세대상에 포함된다.
③ 신탁의 이익을 받을 권리(금전신탁수익증권, 투자신탁 수익권의 그 양도로 발생하는 소득이 배당소득으로 과세되는 경우 제외)의 양도로 발생하는 소득은 양도소득세 과세대상에 포함되지 않는다.
④ 부동산의 취득시기가 도래하기 전에 해당 부동산을 취득할 수 있는 권리는 양도소득세 과세대상에 포함된다.

71 다음 중 부가가치세법에 관한 설명으로 가장 옳은 것은?

① 부가가치세는 납세의무자와 담세자가 동일한 직접세에 해당한다.
② 부가가치세는 원칙적으로 특정한 재화 또는 용역의 공급만을 과세대상으로 하는 특정소비세에 해당한다.
③ 개인사업자는 사업상 독립적으로 재화 또는 용역을 공급하더라도 부가가치세법상 사업자에 해당되지 않는다.
④ 부가가치세는 원칙적으로 사업자별로 종합과세하지 않고 사업장별로 과세한다.

72 다음 중 부가가치세에 관한 설명으로 가장 올바르지 않은 것은?

① 부가가치세란 재화 또는 용역이 생산되거나 유통되는 모든 단계에서 창출되는 부가가치를 과세대상으로 하는 조세이다.

② 주된 재화 또는 용역의 공급에 부수되어 공급되는 것으로 해당 대가가 주된 재화 또는 용역의 공급에 대한 대가에 통상적으로 포함되어 공급되는 재화 또는 용역은 주된 재화 또는 용역의 공급에 포함되는 것으로 본다.

③ 재화 수입의 경우 수입하는 자가 사업자인 경우에만 부가가치세를 과세한다.

④ 우리나라의 부가가치세율은 원칙적으로 10%를 적용하되 수출하는 재화 등에는 0%의 세율을 적용한다.

73 다음 중 우리나라 부가가치세법상 납세의무자에 관한 설명으로 가장 올바르지 않은 것은?

① 부가가치세의 납세의무자는 재화 또는 용역을 공급받는 사업자이다.

② 과세사업과 면세사업을 겸영하는 겸영사업자는 과세사업자로 분류된다.

③ 신규로 사업을 개시하는 자는 사업장마다 사업자등록을 하여야 한다.

④ 과세사업자라 하더라도 면세대상 재화 또는 용역을 공급하는 경우 부가가치세가 면제되는 경우가 있다.

74 다음 중 부가가치세법상 과세기간에 관한 설명으로 가장 올바르지 않은 것은?

① 신규사업자의 경우 사업개시일부터 개시일이 속하는 과세기간의 종료일까지를 최초 과세기간으로 한다.

② 폐업자의 경우 폐업일이 속하는 과세기간 개시일부터 폐업일까지를 최종 과세기간으로 한다.

③ 공급대가의 변동으로 간이과세자가 일반과세자로 변경되는 경우 그 변경되는 연도의 1월 1일부터 6월 30일까지는 간이과세규정이 적용된다.

④ 확정신고 시에는 예정신고 시 이미 신고한 과세표준과 세액을 포함하여 과세기간의 말일부터 25일 이내에 각 사업장 관할세무서장에게 과세표준과 세액을 신고・납부하여야 한다.

75 다음 중 부가가치세 과세대상에 관한 설명으로 가장 옳은 것은?

① 총괄납부승인을 얻은 자가 직매장으로 재화를 반출하는 경우에는 재화의 공급으로 보지 아니한다.

② 건설업자가 건설자재의 전부 또는 일부를 부담하는 경우에도 재화의 공급으로 본다.

③ 사업을 위하여 대가를 받지 아니하고 다른 사업자에게 인도하거나 양도하는 견본품은 재화의 공급에 해당한다.

④ 대가수령 여부와 관계없이 타인에게 용역을 공급하는 것은 부가가치세 과세 대상이다.

76 다음 중 부가가치세법상 영세율에 관한 설명으로 가장 올바르지 않은 것은?

① 영세율은 국제적인 이중과세를 방지하는 효과가 있다.

② 면세사업자는 면세를 포기하더라도 영세율을 적용받을 수 없다.

③ 영세율을 적용받는 사업자는 사업자등록 및 세금계산서발급 등 부가가치세법상 제반 의무를 이행하여야 한다.

④ 영세율을 적용받는 사업자가 사업과 관련하여 부담한 매입세액은 부가가치세 납부세액 계산 시 공제된다.

77 다음은 제조업을 영위하는 (주)삼일의 2025년 제1기 예정신고기간에 발생한 거래이다. 2025년 제1기 예정신고기간의 과세표준은 얼마인가?(단, 모든 금액에는 부가가치세가 포함되지 아니하였다)

(1) 특수관계인에게 제품을 5,000,000원(시가 8,000,000원)에 판매하였다.
(2) 제3자에게 제품을 장기할부조건으로 판매하였으며, 총 판매대금은 24,000,000원이다. 이 중 2025년 제1기 예정신고기간 동안 회수하기로 약정된 금액은 3,000,000원이나 실제로 회수된 금액은 4,000,000원이다.
(3) 제3자에게 10,000,000원 상당의 제품을 판매하고 이 중 2,000,000원은 (주)삼일이 적립한 마일리지로 결제하였으며, 나머지는 현금으로 결제하였다.
(4) 거래처에 판매장려 목적으로 현금 4,000,000원과 당사의 제품(원가 3,000,000원, 시가 4,000,000원)을 제공하였다.

① 21,000,000원 ② 23,000,000원

③ 24,000,000원 ④ 27,000,000원

78 다음 중 부가가치세법상 과세표준에 포함되거나 과세표준에서 공제하지 않는 것은 몇 개인가?

ㄱ. 매출에누리와 매출환입
ㄴ. 거래처의 부도 등으로 인하여 회수할 수 없는 매출채권 등의 대손금
ㄷ. 재화 또는 용역의 공급과 직접 관련되지 않은 국고보조금
ㄹ. 판매촉진 등을 위하여 거래수량이나 거래금액에 따라 지급하는 판매장려금
ㅁ. 재화 또는 용역을 공급한 후 대금의 조기회수를 사유로 당초의 공급가액에서 할인해준 금액

① 2개 ② 3개

③ 4개 ④ 5개

79 다음 자료를 이용하여 부가가치세 과세표준을 구하면 얼마인가?

ㄱ. 특수관계가 없는 자에 대한 외상매출액 (매출에누리 5,000,000원, 매출할인 10,000,000원이 차감되어 있음)	200,000,000원
ㄴ. 특수관계인에 대한 재화매출액(시가 50,000,000원)	40,000,000원
ㄷ. 상가건물의 처분액	700,000,000원
ㄹ. 하치장 용도로 사용하던 토지의 처분액	15,000,000원

① 250,000,000원 ② 940,000,000원
③ 950,000,000원 ④ 965,000,000원

80 다음 중 부가가치세법상 세금계산서에 관한 설명으로 가장 올바르지 않은 것은?

① 사업자의 편의를 위하여 일정기간의 거래액을 합계하여 한 번에 세금계산서를 발급할 수 있다.
② 부동산임대용역은 실제임대료와 간주임대료 모두 세금계산서 발급 의무가 면제된다.
③ 재화나 용역의 공급 전에 세금계산서를 발행하고 7일 이내에 대가를 지급받은 경우 공급받는 자는 발급받은 세금계산서로서 매입세액을 공제받을 수 있다.
④ 수정세금계산서는 당초에 세금계산서를 발급한 경우에만 적용되는 것이다.

PART 4

원가관리회계

81 다음은 (주)삼일이 생산하는 제품에 대한 원가자료이다.

단위당 직접재료원가	27,000원
단위당 직접노무원가	13,500원
단위당 변동제조간접원가	84,500원
월간 총고정제조간접원가	1,125,000원
월간 총생산량은 100단위이다.	

(주)삼일의 제품 (a) 단위당 기초원가와 (b) 단위당 가공원가를 구하면 얼마인가?

① (a) 13,500원, (b) 95,750원
② (a) 40,500원, (b) 109,250원
③ (a) 13,500원, (b) 109,250원
④ (a) 40,500원, (b) 224,000원

82 다음은 원가의 분류에 대한 설명이다. 괄호 안에 들어갈 용어로 가장 옳은 것은?

원가란 특정목적을 달성하기 위해 소멸된 경제적 자원의 희생을 화폐가치로 측정한 것으로 발생한 원가 중 기업의 수익획득에 아직 사용되지 않은 부분은 (a)(으)로, 수익획득에 사용된 부분은 (b)(으)로 재무제표에 계상되며 수익획득에 기여하지 못하고 소멸된 부분은 (c)(으)로 계상된다.

① (a) 손실, (b) 비용, (c) 자산
② (a) 비용, (b) 자산, (c) 손실
③ (a) 자산, (b) 손실, (c) 비용
④ (a) 자산, (b) 비용, (c) 손실

83 다음은 (주)삼일의 20X1년 한 해 동안의 제조원가 자료이다.

	기 초	기 말
직접재료	5,000원	7,000원
재공품	10,000원	8,000원
제 품	12,000원	10,000원
직접재료 매입액	45,000원	
기초원가	50,000원	
가공원가	35,000원	

(주)삼일의 20X1년 제조원가명세서상의 당기제품제조원가는 얼마인가?

① 78,000원
② 80,000원
③ 82,000원
④ 88,000원

84 다음 중 보조부문과 제조부문을 포함한 원가배분의 절차에 대한 설명으로 올바르지 않은 것은?

① 부문공통원가의 배분은 공통적으로 발생한 원가를 회사의 각 부문에 배분하는 과정이다.
② 보조부문원가의 배분은 보조부문에 집계되거나 보조부문이 배분받은 공통원가를 제조부문에 배분하는 과정이다.
③ 제조간접원가의 배부는 제조부문에 집계된 원가를 제품제조원가와 판매관리비로 배부하는 과정이다.
④ 제품원가계산은 제품별로 집계된 제조원가를 기초로 매출원가와 재고자산가액을 산출하는 과정이다.

85 두 개의 제조부문과 두 개의 보조부문으로 이루어진 (주)삼일의 부문 간 용역수수에 관련된 자료는 다음과 같다.

구 분	보조부문		제조부문	
	A	B	C	D
A부문 용역제공	–	40%	20%	40%
B부문 용역제공	20%	–	50%	30%
발생원가	200,000원	300,000원	450,000원	600,000원

단계배분법을 사용할 경우 제조부문 C에 배분되는 보조부문의 원가는 얼마인가?(단, 보조부문원가는 A부문의 원가를 우선 배분한다)

① 182,500원　　② 222,500원
③ 230,000원　　④ 277,500원

86 다음 중 개별원가계산에 관한 설명으로 가장 올바르지 않은 것은?

① 여러 종류의 제품을 주문에 의해 생산하거나 또는 동종의 제품을 일정 간격을 두고 비반복적으로 생산하는 업종에 적합한 원가계산제도이다.
② 조선업, 기계제작업 등과 같이 수요자의 주문에 기초하여 제품을 생산하는 업종에서 주로 사용한다.
③ 각 제품의 원가요소별 단위당 원가를 완성품환산량에 기초하여 계산한다.
④ 제조과정에서 발생한 원가는 개별제품별로 작성된 작업원가표에 집계되므로 재공품원가를 집계하는 것이 용이하다.

PART 4

87 (주)삼일은 직접노동시간을 기준으로 제조간접원가를 예정배부하고 있으며, 연간 제조간접원가는 2,000,000원, 연간 직접노동시간은 40,000시간으로 예상하고 있다. 20X1년 12월 중 작업지시서 #A와 #B를 시작하여 #A만 완성하였다면 제품제조원가(a)와 재공품원가(b)는 각각 얼마인가?(단, 월초에 재공품은 없다고 가정한다)

구 분	#A	#B	계
직접재료원가	150,000원	90,000원	240,000원
직접노무원가	60,000원	30,000원	90,000원
직접노동시간	2,400시간	1,600시간	4,000시간

① a : 330,000원, b : 200,000원
② a : 200,000원, b : 330,000원
③ a : 530,000원, b : 0원
④ a : 0원, b : 530,000원

88 다음은 (주)삼일의 원가자료이다. 원재료는 공정 초기에 전량 투입되고 가공원가는 공정 전반에 걸쳐 균등하게 투입된다.

〈수 량〉

기초재공품수량	200개 (?%)	완성품수량	1,600개
당기투입량	1,800개	기말재공품수량	400개 (70%)

(주)삼일이 선입선출법을 적용하여 계산한 가공원가의 당기 완성품환산량이 1,800개일 경우 기초재공품의 완성도(%)는 얼마인가?

① 20%
② 40%
③ 50%
④ 70%

89 (주)삼일은 선입선출법을 이용한 종합원가계산제도를 채택하고 있다. 원재료는 공정 초기에 모두 투입되고, 가공원가는 공정 전반에 걸쳐 균등하게 발생하고 있다. 물량흐름 및 원가관련 정보는 다음과 같을 때, 완성품원가는 얼마인가?

	수 량	완성도	재료원가	가공원가
기초재공품	2,000개	50%	8,000개	10,000원
당기투입	30,000개	–	120,000원	280,000원
기말재공품	4,000개	25%		

① 200,000원
② 290,000원
③ 374,000원
④ 392,000원

90 다음은 (주)삼일의 원가자료이다. 원재료는 공정 시작 시점에서 전량 투입되고 가공원가는 공정 전반에 걸쳐 균등하게 발생한다.

〈수 량〉

기초재공품수량	600개 (80%)	완성수량	2,300개
착수수량	2,500개	기말재공품수량	800개 (40%)

평균법과 선입선출법을 적용하여 종합원가계산을 하는 경우 가공원가 완성품환산량 차이는 얼마인가?

① 선입선출법이 120개 더 크다.
② 선입선출법이 120개 더 작다.
③ 평균법이 480개 더 크다.
④ 평균법이 480개 더 작다.

91 **다음 중 표준제조간접원가를 결정하기 위한 기준조업도와 관련된 내용으로 가장 올바르지 않은 것은?**

① 기준조업도는 단순하고 이해하기 쉬워야 한다.
② 기준조업도는 물량기준보다는 금액기준으로 설정하는 것이 바람직하다.
③ 기준조업도와 제조간접원가의 발생 사이에는 인과관계가 존재하여야 한다.
④ 사전에 설정된 제조간접원가 예산을 기준조업도로 나누어 표준배부율을 계산한다.

92 **(주)삼일의 직접재료원가에 대한 자료는 다음과 같다.**

제품예산생산량	2,000개
제품실제생산량	2,500개
kg당 실제재료원가	400원
제품 1개당 표준투입수량	4kg
직접재료원가 kg당 표준가격	300원
직접재료원가 가격차이(불리한차이)	900,000원

직접재료원가의 능률차이는 얼마인가?

① 300,000원(유리)　② 300,000원(불리)
③ 600,000원(유리)　④ 600,000원(불리)

93 **다음은 20X1년 (주)삼일의 직접노무원가에 관한 자료이다. 20X1년 (주)삼일의 제품 단위당 실제 직접노무시간은 얼마인가?**

ㄱ. 실제제품생산량	5,000개
ㄴ. 실제직접노무원가 발생액	21,000,000원
ㄷ. 제품 단위당 표준직접노무시간	5시간
ㄹ. 직접노무원가 가격차이	3,000,000원(유리)
ㅁ. 직접노무원가 능률차이	4,800,000원(불리)

① 5시간　② 5.25시간
③ 6.25시간　④ 6.5시간

94 (주)삼일의 변동제조간접원가와 관련한 자료가 다음과 같을 때 변동제조간접원가 능률차이는 얼마인가?

변동제조간접원가 실제 발생액	3,150,000원
실제작업시간기준 변동제조간접원가 예산	3,452,000원
실제생산량에 허용된 변동제조간접원가 예산	3,124,500원

① 302,000원(불리) ② 302,000원(유리)
③ 327,500원(불리) ④ 327,500원(유리)

95 다음 중 표준원가계산에서 원가차이의 처리방법인 매출원가조정법에 관한 설명으로 가장 옳은 것은?

① 매출원가조정법에서는 재공품과 제품 계정은 모두 표준원가로 기록된다.
② 유리한 원가차이는 매출원가에 가산하며 불리한 원가차이는 매출원가에서 차감한다.
③ 매출원가조정법은 원가차이를 매출원가와 재고자산에 가감하여 차이를 조정하는 방법이다.
④ 매출원가조정법을 사용하면 비례배분법을 사용하는 경우보다 당기순이익이 크게 나타난다.

96 다음 중 변동원가계산과 전부원가계산의 차이에 관한 설명으로 가장 옳은 것은?

① 고정판매비와관리비 또한 고정제조간접원가와 마찬가지로 변동원가계산과 전부원가계산 간의 처리방법이 상이하다.
② 변동원가계산은 표준원가를 사용할 수 있으나 전부원가계산은 표준원가를 사용할 수 없다.
③ 변동원가계산은 고정제조간접원가를 제품원가로 인식하고 전부원가계산은 고정제조간접원가를 기간원가로 인식한다.
④ 기초재고자산이 없고 당기 생산량과 판매량이 동일하다면 변동원가계산과 전부원가계산의 순이익은 같게 된다.

97 다음 괄호 안에 들어갈 알맞은 용어를 고르면?

전부원가계산제도는 (A)개념에 근거를 두고 있다. (A)개념이란 제품생산과 관련한 원가는 원가의 행태에 관계없이 모두 제품의 원가로 보는 것이다. 변동원가계산제도는 (B)개념에 근거를 두고 있다. (B)개념이란 발생한 원가가 미래에 동일한 원가의 발생을 방지할 수 없다면 그 원가는 자산성을 인정할 수 없다는 것이다.

	A	B
①	원가부착	원가회피
②	원가회피	원가부착
③	원가부착	기간원가
④	원가회피	기간원가

98 변동원가계산에 의한 공헌이익 손익계산서 작성 자료가 아래와 같을 경우 공헌이익은 얼마인가?

판매수량	4,500개
단위당 판매가격	3,500원/개
단위당 변동제조원가	2,300원/개
단위당 변동판매비와관리비	300원/개
고정제조간접원가	2,000,000원
고정판매비와관리비	500,000원

① 3,550,000원
② 4,050,000원
③ 4,900,000원
④ 5,400,000원

99 (주)삼일의 초변동원가계산에 의한 영업이익이 5,000,000원이라고 할 때 아래의 자료를 이용하여 변동원가계산에 의한 영업이익을 구하면 얼마인가?(단, 기초와 기말 재공품 재고는 존재하지 않는다)

기초제품재고수량	3,000개
기말제품재고수량	2,000개
제품 단위당 고정제조간접원가	500원
제품 단위당 변동제조간접원가	400원
제품 단위당 직접노무원가	200원

① 4,400,000원
② 4,500,000원
③ 5,400,000원
④ 5,500,000원

100 (주)삼일의 6월 중 영업자료는 아래와 같다. 전부원가계산에 의한 영업이익이 변동원가계산에 의한 영업이익보다 31,000원 더 크다면 6월 발생한 고정제조간접원가는 얼마인가?(재고자산은 평균법으로 평가한다)

생산량	2,000개
판매량	1,800개
기초재고량	500개 (단위당 고정제조간접원가 50원)

① 100,000원
② 160,000원
③ 175,000원
④ 185,000원

101 (주)삼일은 활동기준원가계산제도(ABC)를 사용하며, 작업활동별 예산자료와 생산관련자료는 다음과 같다.

〈작업활동별 예산자료(제조간접원가)〉

작업활동	배부기준	배부기준당 예정원가
포 장	생산수량	300원
재료처리	부품의 수	15원
절 삭	부품의 수	20원
조 립	직접작업시간	150원

〈생산 관련 자료〉

제 품	보급형	특수형
생산수량	5,000개	4,000개
부품의 수	90,000개	80,000개
직접작업시간	6,000시간	4,000시간
직접재료원가	8,000,000원	8,000,000원
직접노무원가	7,000,000원	4,000,000원

(주)삼일이 생산하는 제품 중 보급형 제품의 단위당 제조원가는 얼마인가?

① 2,200원
② 2,671원
③ 3,310원
④ 4,110원

102 **다음 중 CVP분석에 관한 설명으로 가장 올바르지 않은 것은?**

① 장기적인 의사결정 방법이다.
② 복수의 제품을 생산할 경우 매출배합은 항상 일정하다고 가정한다.
③ 모든 원가는 변동원가와 고정원가로 구분할 수 있다고 가정한다.
④ 화폐의 시간가치를 고려하지 않는다.

103 **(주)삼일은 회계프로그램을 판매하는 회사로 단위당 판매가격은 40원이며, 단위당 변동원가는 30원이다. 연간 고정원가는 30,000원이며 당기에 10,000원의 이익을 목표로 하고 있다. 다음 설명 중 가장 올바르지 않은 것은?**

① 공헌이익률은 25%이다.
② 단위당 공헌이익은 10원이다.
③ 목표이익을 달성하려면 150,000원의 매출을 하여야 한다.
④ 손익분기점을 달성하기 위한 매출수량은 3,000단위이다.

104 **다음은 회의 중에 일어난 사장과 이사의 대화이다. 원가·조업도·이익(CVP)분석과 관련하여 괄호 안에 들어갈 용어는 무엇인가?**

사장 : 재무담당이사! 올해 우리 회사 매출은 손익분기점 매출액을 얼마나 초과하나?
이사 : 10억원만큼 초과합니다. 이것을 (　　)(이)라고 합니다.
사장 : (　　)? 처음 듣는 용어군.
이사 : (　　)는(은) 손실을 발생시키지 않으면서 허용할 수 있는 매출액의 최대 감소액을 의미하며, 기업의 안정성을 측정하는 지표로 많이 사용됩니다.

① 안전한계　　② 공헌이익
③ 영업이익　　④ 목표이익

105 **제조업을 영위하는 (주)삼일의 재무자료를 분석할 경우 변동원가 30,000원, 고정원가 5,000,000원일 때, 손익분기점 매출수량이 500단위이다. (주)삼일이 제조하여 판매하는 제품의 단위당 판매가격은 얼마인가?**

① 10,000원　　② 40,000원
③ 60,000원　　④ 70,000원

106 **다음 중 책임회계제도에 대한 설명으로 가장 올바르지 않은 것은?**

① 책임회계제도가 그 기능을 효율적으로 수행하기 위해서는 각 책임중심점의 경영자가 권한을 위임 받은 원가항목들에 대해 통제권을 행사할 수 없어야 한다.

② 책임중심점이란 경영관리자가 특정활동에 대해 통제할 책임을 지는 조직의 부문을 말한다.

③ 책임회계제도하에서는 권한을 위임 받은 관리자가 책임범위 내에서 독자적인 의사결정을 내릴 수 있다.

④ 책임중심점은 책임의 성격 및 책임범위에 따라 원가중심점, 수익중심점, 이익중심점 및 투자중심점으로 분류할 수 있다.

107 **다음 중 고정예산과 변동예산의 차이에 관한 설명으로 가장 옳은 것은?**

① 고정예산의 범위는 회사 전체인 반면, 변동예산의 범위는 특정부서에 한정된다.

② 변동예산은 변동원가만을 고려하고, 고정예산은 변동원가와 고정원가 모두를 고려한다.

③ 고정예산은 특정 조업도 수준에 대하여 편성한 예산이고, 변동예산은 관련범위 내의 여러 조업도 수준에 대하여 편성한 예산이다.

④ 변동예산에서는 권한이 하부 경영자들에게 위양되나, 고정예산에서는 그렇지 않다.

108 **(주)삼일의 20X1년 고정예산 대비 실적자료는 다음과 같다. 동 자료를 토대로 당초 예상보다 영업이익이 차이가 나는 원인을 (i)매출가격차이, (ii)변동원가차이, (iii)고정원가차이 이외에 중요한 차이항목인 매출조업도차이를 추가하여 경영진에게 의미 있게 요약·보고하고자 한다. 매출가격차이와 매출조업도차이의 금액은 얼마인가?**

	실 적	고정예산
판매량	500개	300개
단위당 판매가격	20원	22원
단위당 변동원가	12원	10원
단위당 공헌이익	8원	12원
고정원가	1,400개	1,800원

	매출가격차이	매출조업도차이
①	1,000원 유리	2,000원 유리
②	1,000원 불리	2,400원 유리
③	1,000원 유리	2,400원 유리
④	1,000원 불리	2,000원 유리

109 다음 중 투자수익률법(return on investment, ROI)에 대한 설명으로 가장 올바르지 않은 것은?

① 투자규모가 다른 투자중심점을 상호 비교하기가 용이하다.
② 사업부의 이익뿐만 아니라 투자액도 함께 고려하는 성과평가 기준이다.
③ 매출액이익률과 자산회전율로 구분하여 분석이 가능하다.
④ 회사 전체의 최저필수수익률을 상회하는 투자안이 개별투자중심점의 투자수익률보다 낮기 때문에 투자가 포기되는 준최적화 현상이 발생하지 않는다.

[110~111] 다음 (주)삼일의 20X1년 자료를 토대로 물음에 답하시오(단, 자기자본의 장부가치와 시장가치는 일치한다고 가정한다).

법인세차감전영업이익	100,000,000원
부채(장기차입금, 연 이자율 12%)	150,000,000원
자기자본(주주 요구수익률 15%)	350,000,000원
법인세율	20%

110 위 자료를 기초로 가중평균자본비용을 계산하면 얼마인가?

① 12.69%
② 13.38%
③ 13.71%
④ 14.10%

111 위 자료를 기초로 EVA(경제적부가가치)를 계산하면 얼마인가?

① 9,500,000원
② 13,100,000원
③ 27,500,000원
④ 33,100,000원

112 (주)삼일은 제품 A의 생산을 위하여 부품 X를 직접 생산하여 사용하고 있다. (주)삼일의 부품 X 제조에 대한 원가자료는 다음과 같다.

부품 단위당 직접재료원가	500원
부품 단위당 직접노무원가	100원
부품 단위당 변동제조간접원가	200원
부품 X 관련 고정제조간접원가	500,000원
생산량	5,000단위

(주)삼일은 현재 원가절감을 위하여 부품 X의 외부구매를 검토하고 있다. 부품을 외부에서 구입하더라도 고정제조간접원가는 계속해서 발생할 것이다. (주)삼일이 최대한 허용할 수 있는 부품의 단위당 구입가격은 얼마인가?

① 600원
② 800원
③ 820원
④ 900원

113 다음 중 부품을 자가제조하고 있는 어떤 기업이 외부에서 부품을 구입하는 대안을 고려하고 있다고 가정할 경우 가장 부적절한 의사결정은 무엇인가?(단, 고정제조간접원가는 당해 부품 생산설비의 감가상각비만 존재한다고 가정한다)

① 금액적인 증분수익과 증분원가 이외에 외부공급처의 지속적 확보 여부, 품질의 동질성 등 비재무적 요인도 고려하여야 한다.
② 유휴설비를 1년간 임대해 주고 임대료를 받을 수 있는 경우에는 변동제조원가 절감액과 임대료 수입액의 합계에서 외부부품 구입대금을 차감한 금액이 0(영)보다 큰 경우 외부구입 대안을 선택한다.
③ 유휴설비의 다른 용도가 없는 경우에는 변동제조원가 절감액에서 외부부품 구입대금을 차감한 금액이 0(영)보다 큰 경우 외부구입 대안을 선택한다.
④ 유휴설비를 다른 제품의 생산에 이용할 수 있는 경우에는 변동제조원가 절감액에서 외부부품 구입대금을 차감한 금액이 0(영)보다 작은 경우 외부구입 대안을 선택한다.

114 (주)삼일은 여러 사업부를 운영하고 있는 기업이며, 20X1년의 당기순이익은 1,000,000원이다. 여러 사업부 중에서 사업부 갑의 공헌이익은 300,000원이고, 사업부 갑에 대한 공통원가배분액은 200,000원이다. 공통원가배분액 중 70,000원은 사업부 갑을 폐지하더라도 계속하여 발생하는 것이다. 만약 회사가 사업부 갑을 폐지하였다면 20X1년 당기순이익은 얼마로 변하였겠는가?

① 630,000원
② 770,000원
③ 830,000원
④ 900,000원

115 선박 제조회사인 (주)삼일은 소형모터를 자가제조하고 있다. 소형모터 10,000개를 자가제조하는 경우, 단위당 원가는 다음과 같다.

직접재료원가	7원
직접노무원가	3원
변동제조간접원가	2원
특수기계 감가상각비	2원
공통제조간접원가 배부액	5원
제품원가	19원

외부 회사에서 (주)삼일에 소형모터 10,000개를 단위당 ₩18에 공급할 것을 제안하였다. (주)삼일이 외부업체의 공급제안을 수용하는 경우, 소형모터 제작을 위하여 사용하던 특수기계는 다른 용도로 사용 및 처분이 불가능하며, 소형모터에 배부된 공통제조간접원가의 40%를 절감할 수 있다. (주)삼일이 외부업체의 공급제안을 수용한다면, 자가제조하는 것보다 얼마나 유리 또는 불리한가?

① 30,000원 불리　② 30,000원 유리
③ 40,000원 불리　④ 40,000원 유리

116 다음 중 자본예산에 대한 설명으로 가장 올바르지 않은 것은?

① 자본예산이란 고정자산에 대한 효율적인 투자 수행을 위해 투자안의 타당성을 평가하고 투자안의 현금흐름이나 이익에 미치는 영향을 평가하는 기법이다.
② 현금흐름추정의 기본원칙으로는 증분기준, 세후기준, 감가상각비의 감세효과 고려, 이자비용 미고려 등이 있다.
③ 자본예산모형에는 화폐의 시간적 가치를 고려하는 할인모형과 화폐의 시간적 가치를 고려하지 않는 비할인모형이 있다.
④ 할인모형에는 회수기간법과 회계적이익률법이 있고 비할인모형에는 순현재가치법과 내부수익률법이 있다.

PART 4

117 (주)삼일의 경영진은 새로운 투자안을 검토 중이며, 경영진이 분석한 이 투자안의 NPV는 0보다 큰 값이 산출되었다. 그러나 재무담당자인 갑의 분석에 의하면 이 투자안은 경제성이 없는 것으로 판단된다. 갑의 분석이 옳다고 했을 때, 이 기업의 경영진은 경제성분석 과정에서 어떤 오류를 범하였겠는가?

① 자본비용을 너무 높게 추정하였다.
② 투자종료시점의 투자안의 처분가치를 너무 낮게 추정하였다.
③ 현금영업비용을 너무 낮게 추정하였다.
④ 투자시점의 투자세액공제액을 현금흐름에 포함시키지 않았다.

118 (주)삼일은 내용연수가 3년인 기계장치에 투자하려고 하고 있다. 기계장치를 구입하면, 처음 2년 동안은 500,000원을, 그리고 3년차에는 900,000원의 운용비용을 줄일 것으로 판단하고 있다. 10% 이자율의 1원에 대한 1년 현재가치계수는 0.91이고, 2년 현재가치계수는 0.83이며, 3년 현재가치계수는 0.75이다. (주)삼일의 최저필수수익률이 10%라고 할 경우, 동 기계장치를 구입하면 (주)삼일이 줄일 수 있는 운용비용 절감액의 현재가치는 얼마인가?

① 1,545,000원
② 1,595,000원
③ 1,675,000원
④ 1,741,000원

119 다음 중 신제품출시 초기에 높은 시장점유율을 얻기 위한 가격정책으로 초기시장진입가격을 낮게 설정하는 가격정책으로 가장 옳은 것은?

① 약탈가격
② 입찰가격
③ 상층흡수가격
④ 시장침투가격

120 다음 중 균형성과표(BSC, Balanced Scorecard)에 관한 설명으로 가장 올바르지 않은 것은?

① 균형성과표는 재무적인 성과지표를 중심으로 하는 전통적인 성과측정제도의 문제점을 보완할 수 있는 성과측정시스템으로 인식되고 있다.
② 균형성과표는 조직의 수익성을 최종적인 목표로 설정하기 때문에 네 가지 관점의 성과지표 중에서 학습과 성장관점의 성과지표를 가장 중시한다.
③ 조직구성원들이 조직의 전략을 이해하여 달성하도록 만들기 위해, 균형성과표에서는 전략과 정렬된 핵심성과지표를 설정한다.
④ 전략 달성에 초점을 맞춘 조직을 구성하여 조직구성원들이 전략을 달성하는데 동참할 수 있도록 유도한다.

제3회 기출 동형문제

※ 본 시험은 현행 기준인 한국채택국제회계기준(K-IFRS)에 따라 출제되었습니다.

재무회계

01 **다음 중 국제회계기준의 특징으로 가장 올바르지 않은 것은?**

① 국제회계기준은 원칙중심 회계기준이다.

② 국제회계기준은 개별재무제표가 아닌 연결재무제표 중심이다.

③ 국제회계기준의 가장 큰 특징은 공정가치 측정에서 역사적 원가에 기초한 측정으로 대폭 그 방향을 전환하였다는 점이다.

④ 국제회계기준은 각국의 협업을 통해 기준을 제정한다.

02 **다음 중 재무제표의 기본가정에 대한 설명으로 가장 올바르지 않은 것은?**

① 기본가정이란 회계이론 전개의 기초가 되는 사실들을 의미한다.

② 기업에 경영활동을 청산할 의도나 필요성이 있더라도 계속기업의 가정에 따라 재무제표를 작성한다.

③ 목적적합성은 재무제표를 통해 제공되는 정보가 갖추어야 할 근본적인 질적특성이지만 개념체계에서 규정하는 기본가정에 해당하지는 않는다.

④ 재무보고를 위한 개념체계에서는 계속기업을 기본가정으로 규정한다.

03 다음의 빈칸에 들어갈 알맞은 말을 올바르게 짝지은 것은?

> 재무제표가 제공하는 정보가 정보이용자의 의사결정에 목적적합성을 제공하기 위해서 기본적으로 갖추어야 할 주요 질적특성으로 (ㄱ)와 (ㄴ), (ㄷ)을 들 수 있다.
> 정보가 정보이용자들이 미래 결과를 예측하기 위해 사용하는 절차의 투입요소로 사용될 수 있다면 그 재무정보는 (ㄱ)를 갖는다. 재무정보가 과거 평가에 대한 피드백을 제공, 즉 확인하거나 변경시킨다면 (ㄴ)를 갖는다.
> 정보가 누락되거나 잘못 기재된 경우 특정 보고기업의 재무정보에 근거한 정보이용자의 의사결정에 영향을 줄 수 있다면 그 정보는 중요한 것이다.
> (ㄷ)은 개별 기업 재무보고서 관점에서 해당 정보와 관련된 항목의 성격이나 규모 또는 이 둘 모두에 근거하여 해당 기업에 특유한 측면의 목적적합성을 의미한다.

	(ㄱ)	(ㄴ)	(ㄷ)
①	충실한표현	비교가능성	중요성
②	예측가치	확인가치	중요성
③	예측가치	적시성	중요성
④	적시성	이해가능성	확인가치

04 다음 중 재무제표의 작성 및 표시에 관한 설명으로 가장 올바르지 않은 것은?

① 경영진은 재무제표를 작성할 때 계속기업으로서의 존속가능성을 평가해야 한다.
② 매출채권에 대해 대손충당금을 차감하여 순액으로 측정하는 것은 상계표시에 해당한다.
③ 기업은 현금흐름 정보를 제외하고는 발생기준 회계를 사용하여 재무제표를 작성한다.
④ 중요하지 않은 항목은 성격이나 기능이 유사한 항목과 통합하여 표시할 수 있다.

05 다음 중 수정을 요하는 보고기간 후 사건에 해당하는 것을 모두 고른 것은?

> ㄱ. 보고기간 말에 존재하였던 현재의무가 보고기간 후에 소송사건의 확정에 의해 확인되는 경우
> ㄴ. 보고기간 말 이전 사건의 결과로서 보고기간 말에 종업원에게 지급하여야 할 법적 의무가 있는 상여금 지급금액을 보고기간 후에 확정하는 경우
> ㄷ. 보고기간 말과 재무제표 발행승인일 사이에 투자자산의 공정가치가 하락하는 경우

① ㄱ　　② ㄱ, ㄷ
③ ㄱ, ㄴ　　④ ㄱ, ㄴ, ㄷ

06 단일 제품을 생산하는 (주)삼일은 제품생산에 투입될 취득원가 100,000원의 원재료와 제조원가 200,000원의 제품 재고를 보유하고 있다. 원재료의 현행대체원가가 90,000원이고 제품의 순실현가능가치가 230,000원일 때, 저가법에 의한 재고자산평가손실은 얼마인가?(단, 기초에 재고자산평가충당금은 없다)

① 0원 ② 10,000원

③ 20,000원 ④ 30,000원

07 재고자산 평가방법으로 이동평균법을 적용하고 있는 (주)삼일의 재고자산수불부가 다음과 같을 때, (주)삼일의 기말재고자산 금액으로 가장 옳은 것은?(단, 기말재고자산 실사결과 확인된 재고수량은 600개이다)

	수 량	단 가	금 액
전기이월	1,000개	80원	80,000원
3월 5일 구입	200개	110원	22,000원
4월 22일 판매	800개		
6월 8일 구입	200개	120원	24,000원
기 말	600개		

① 58,000원 ② 62,000원

③ 68,000원 ④ 72,000원

PART 4

08 다음 중 재고자산의 평가에 관한 설명으로 가장 올바르지 않은 것은?

① 재고자산은 취득원가와 순실현가능가치 중 낮은 금액으로 측정한다.

② 상품 및 제품의 순실현가능가액은 예상판매가격에서 추가예상원가 및 기타 판매비용을 차감한 금액으로 추정한다.

③ 원재료의 현행대체원가가 장부금액보다 낮게 추정된다면 예외없이 재고자산평가손실이 발생한다.

④ 재고자산의 판매가 계약에 의해 확정되어 있는 경우 순실현가능가액은 그 계약가격에 기초한다.

09 (주)삼일은 20X1년 1월 1일 내용연수 5년, 잔존가치 500,000원인 기계장치를 5,000,000원에 취득하였다. 다음 감가상각방법 중 20X1년 감가상각비로 인식되는 금액이 가장 작은 것은?

① 정액법

② 정률법(상각률 : 0.451)

③ 생산량비례법(추정 총 생산제품수량 6,000개 중 20X1년 생산량 1,500개)

④ 연수합계법

10 **다음 중 유형자산의 후속측정에 관한 설명으로 가장 올바르지 않은 것은?**

① 기업은 원가모형과 재평가모형 중 하나를 회계정책으로 선택하여 유형자산의 유형별로 동일하게 적용하여야 한다.

② 재평가모형이란 취득일 이후 재평가일의 공정가치로 해당 자산금액을 수정하고, 당해 공정가치에서 재평가일 이후의 감가상각누계액과 손상차손누계액을 차감한 금액을 장부금액으로 공시한다.

③ 재평가로 인하여 자산이 증가된 경우 그 증가액은 기타포괄이익으로 인식하고 재평가잉여금의 과목으로 자본(기타포괄손익누계액)에 가산한다.

④ 재평가로 인하여 자산이 감소된 경우 그 감소액은 기타포괄손실로 인식하고 재평가잉여금의 과목으로 자본(기타포괄손익누계액)에 차감한다.

11 **다음 중 유형자산의 손상에 관한 설명으로 가장 올바르지 않은 것은?**

① 기업은 매보고기간 말마다 자산손상을 시사하는 징후가 있는지를 검토하고 그러한 징후가 있다면 당해 자산의 회수가능가액을 추정하여 회수가능액이 장부금액에 미달하는 경우 손상차손을 인식한다.

② 자산손상을 시사하는 징후가 있는지를 검토할 때는 외부정보와 내부정보 모두 고려해야 한다.

③ 자산의 회수가능액은 당해 자산의 순공정가치와 사용가치 중 큰 금액이다.

④ 유형자산에 대하여 손상차손 또는 손상차손환입을 인식한 후에는 재평가모형을 적용한 경우에만 수정된 장부금액에서 잔존가치를 차감한 금액에 기초하여 잔존내용연수에 걸쳐 감가상각을 한다.

12 **(주)삼일은 20X1년 7월 1일 기계장치 A를 100억원에 취득한 후 이를 신약개발활동에 사용하고 있다. 동 활동이 개발비의 인식요건을 충족하며, 당기 말 현재 동 신약개발활동이 계속 진행 중이라면 (주)삼일이 당기 포괄손익계산서에 비용으로 인식할 금액은 얼마인가?(단, 기계장치 A는 내용연수 5년, 정액법으로 상각한다)**

① 0억원　　② 10억원

③ 20억원　　④ 100억원

13 **다음 중 무형자산의 후속 측정에 관한 설명으로 가장 옳은 것은?**

① 내용연수가 비한정인 무형자산은 최소한 3년에 1회 이상의 손상검사가 이루어져야 한다.

② 손상검토 시 회수가능액은 순공정가치와 사용가치 중 작은 금액을 기준으로 판단한다.

③ 무형자산의 경제적 효익이 소비되는 형태를 신뢰성 있게 결정할 수 없는 경우 정률법으로 상각한다.

④ 무형자산의 잔존가치, 상각기간 및 상각방법의 적정성에 대하여 매 보고기간 말에 재검토하여야 한다.

14 **부동산매매업을 영위하고 있는 (주)삼일은 당기 중 판매목적으로 보유하던 장부금액 120억원의 상가건물을 제3자에게 운용리스를 통해 제공하기로 하였다. 용도 변경시점의 동 상가건물의 공정가치가 150억원이었다고 가정할 때, (주)삼일의 회계처리로 가장 옳은 것은?(단, (주)삼일은 투자부동산에 대하여 공정가치모형을 적용한다)**

① (차)	투자부동산	150억	(대)	재고자산	120억
				재평가이익(당기손익)	30억
② (차)	투자부동산	150억	(대)	재고자산	150억
③ (차)	투자부동산	150억	(대)	재고자산	120억
				재평가잉여금(기타포괄손익)	30억
④ (차)	투자부동산	120억	(대)	재고자산	120억

15 **다음 중 상각후원가 측정 금융자산에 관한 설명으로 가장 올바르지 않은 것은?**

① 상각후원가 측정 금융자산은 계약상 현금흐름이 원리금으로만 구성되어 있고, 사업모형이 계약상 현금흐름을 수취하는 것인 금융자산을 의미한다.
② 상각후원가 측정 금융자산 취득 시 지출된 거래원가는 취득원가에 가산한다.
③ 상각후원가 측정 금융자산은 유효이자율법을 적용하여 상각후원가로 평가한다.
④ 원칙적으로 모든 채무증권은 상각후원가 측정 금융자산으로 분류한다.

16 **다음 중 기타포괄손익-공정가치 측정 금융자산에 관한 설명으로 가장 옳은 것은?**

① 기타포괄손익-공정가치 측정 금융자산은 원칙적으로 공정가치로 평가하여 평가손익을 당기손익으로 반영한다.
② 기타포괄손익-공정가치 측정 금융자산으로 분류되는 채무상품은 당기손익-공정가치 측정 금융자산으로 분류변경할 수 있다.
③ 기타포괄손익-공정가치 측정 금융자산 취득 시 지출된 거래원가는 당기비용으로 처리한다.
④ 기타포괄손익-공정가치 측정 금융자산으로 분류되는 채무상품에 대한 손상차손은 인식하지 아니한다.

17 (주)삼일은 20X1년 1월 1일 다음과 같은 조건의 회사채에 투자하기로 하였다. 동 투자사채의 취득원가는 얼마인가?(단, 소수점 이하 첫째 자리에서 반올림하며, (주)삼일은 동 투자사채를 기타포괄손익-공정가치 측정 금융자산으로 분류하였다)

ㄱ. 액면금액 : 200,000,000원
ㄴ. 만기일 : 20X2년 12월 31일
ㄷ. 액면이자율 : 12%, 매년 말 지급 조건
ㄹ. 시장이자율 : 8%
ㅁ. 금융거래 수수료 : 액면금액의 0.5%

① 186,479,592원
② 200,000,000원
③ 214,266,118원
④ 215,266,118원

18 다음 중 금융부채에 관한 설명으로 가장 올바르지 않은 것은?

① 금융부채는 원칙적으로 최초인식 시 공정가치로 인식한다.
② 당기손익-공정가치 측정 금융부채와 관련되는 거래원가는 당기손익으로 처리한다.
③ 사채의 상환손익이 발생하는 이유는 상환일의 시장이자율이 발행일의 시장이자율과 다르기 때문이다.
④ 연속상환사채의 발행금액은 사채로부터 발생하는 미래 현금흐름의 사채 상환시점의 시장이자율로 할인한 현재가치가 된다.

19 20X1년 4월 1일 발행한 사채(액면 1,000,000원, 표시이자율 10%, 이자지급일 매년 3월 31일 후급, 만기 20X4년 3월 31일)를 20X2년 4월 1일 공정가치(단, 공정가치는 아래의 현가계수 자료를 이용해서 계산하시오)로 상환할 경우 이 사채의 조기상환손익은 얼마인가?(단, 단수차이로 인해 오차가 있다면 가장 근사치를 선택하며, 20X1년 4월 1일과 20X2년 4월 1일의 시장이자율은 각각 8%와 10%이다)

구 분	8%		10%	
	1원의 현가계수	연금현가계수	1원의 현가계수	연금현가계수
2년	0.8573	1.7833	0.8264	1.7355
3년	0.7938	2.5771	0.7513	2.4868

① 사채상환이익 35,680원
② 사채상환이익 90,780원
③ 사채상환손실 35,680원
④ 사채상환손실 90,780원

20 (주)삼일은 20X1년 초에 한정 생산판매한 제품에 대하여 3년 동안 품질을 보증하기로 하였다. 20X1년 중 실제 발생한 품질보증비는 210원이다. (주)삼일은 기대가치를 계산하는 방식으로 최선의 추정치 개념을 사용하여 충당부채를 인식한다. (주)삼일은 이 제품의 품질보증과 관련하여 20X1년 말에 20X2년 및 20X3년에 발생할 것으로 예상되는 품질보증비 및 예상 확률을 다음과 같이 추정하였다. (주)삼일은 20X2년 및 20X3년에 발생할 것으로 예상되는 품질보증비에 대해 설정하는 충당부채를 20%의 할인율을 적용하여 현재가치로 측정하기로 하였다. (주)삼일의 20X1년 말 재무상태표에 보고될 제품보증충당부채는 얼마인가?(단, 20X2년과 20X3년에 발생할 것으로 예상되는 품질보증비는 각 회계연도 말에 발생한다고 가정한다)

20X2년		20X3년	
품질보증비	예상확률	품질보증비	예상확률
144원	10%	220원	40%
296원	60%	300원	50%
640원	30%	500원	10%

① 520원　② 560원
③ 730원　④ 770원

21 20X1년 설립된 (주)삼일의 20X1년 당기순이익은 1,000,000,000원이고, 1주당 액면금액은 5,000원이다. 20X1년 말 자본이 아래와 같을 때 가장 옳은 것은?(단, 설립 이후 추가 증자는 없었다)

자본금	5,000,000,000원
주식발행초과금	3,000,000,000원
이익잉여금	1,000,000,000원
자본총계	9,000,000,000원

① (주)삼일의 발행주식수는 1,600,000주이다.
② (주)삼일의 주식발행금액은 주당 8,000원이다.
③ (주)삼일의 법정자본금은 9,000,000,000원이다.
④ (주)삼일의 20X1년 주당이익은 2,000원이다.

22 **다음 중 자본변동표에 관한 설명으로 가장 올바르지 않은 것은?**

① 납입자본, 이익잉여금, 기타포괄손익 등 자본의 각 항목별로 포괄손익, 소유주와의 자본거래 등에 따른 변동액을 표시한다.

② 일정기간 동안에 발생한 기업실체와 소유주 간의 거래 내용을 이해하고 소유주에게 귀속될 이익 및 배당가능이익을 파악하는데 유용하다.

③ 재무상태표에 표시되어 있는 자본의 기말잔액만 제시하고 기초잔액은 제공하지 않는다.

④ 지배기업의 소유주와 비지배지분에게 각각 귀속되는 금액으로 구분하여 표시한 해당 기간의 총포괄손익을 표시한다.

23 **수익인식 5단계 중 한 시점에 이행하는 수행의무는 고객이 약속된 자산을 통제하고 기업이 의무를 이행하는 시점에 수익을 인식한다. 고객이 자산을 통제하는 시점으로 가장 올바르지 않은 것은?**

① 판매기업이 자산에 대해 현재 지급청구권이 있다.

② 고객에게 자산의 법적소유권이 있다.

③ 판매기업이 자산의 물리적 점유를 이전하였다.

④ 고객은 기업이 수행하는 대로 기업의 수행에서 제공하는 효익을 동시에 얻고 소비한다.

24 **(주)삼일은 20X2년 3월 1일 (주)용산에 상품 10,000개를 10,000,000원(원가 7,000,000원)에 외상으로 판매하고 6개월 이내에 반품할 수 있는 권리는 부여하였다. 회사의 과거 경험에 따르면 판매일 현재 전체 매출 중 500개가 반품될 것으로 예상되고, 예상이 합리적이라면 (주)삼일이 해당 상품의 인도일에 인식해야 할 매출총이익을 계산한 것으로 가장 옳은 것은?**

① 2,500,000원 ② 2,650,000원

③ 2,850,000원 ④ 3,000,000원

25 (주)삼일은 20X1년 1월 5일에 서울시와 교량건설 도급공사계약을 체결하였다. 총계약금액은 500,000,000원이며 공사가 완성되는 20X3년 12월 31일까지 건설과 관련된 회계자료는 다음과 같다. (주)삼일이 공사진행기준으로 수익을 인식한다면 20X1년, 20X2년 및 20X3년 공사이익으로 계상할 금액은 얼마인가?(단, (주)삼일은 누적발생원가에 기초하여 진행률을 산정한다)

	20X1년	20X2년	20X3년
당해연도발생계약원가	60,000,000원	120,000,000원	180,000,000원
추정총계약원가	300,000,000원	360,000,000원	360,000,000원
공사대금청구액(연도별)	140,000,000원	160,000,000원	200,000,000원

	20X1년	20X2년	20X3년
①	40,000,000원	20,000,000원	80,000,000원
②	40,000,000원	30,000,000원	70,000,000원
③	60,000,000원	30,000,000원	50,000,000원
④	60,000,000원	50,000,000원	30,000,000원

26 (주)서울은 (주)마포로부터 건설공사를 수주하였다. (주)마포와 체결한 건설공사에서 손실이 발생할 것으로 예상되는 경우 (주)서울이 수행할 회계처리로 가장 옳은 것은?

① 건설계약에서 예상되는 손실액은 진행률에 따라 비용으로 인식한다.
② 건설계약에서 예상되는 손실액은 공사완료시점에 비용으로 인식한다.
③ 건설계약에서 예상되는 손실액은 당기에 즉시 비용으로 인식한다.
④ 건설계약에서 예상되는 손실액은 전기에 인식했던 수익에서 직접 차감한다.

27 (주)삼일은 확정급여형 퇴직급여제도를 시행하고 있다. 확정급여채무의 현재가치와 사외적립자산의 공정가치 변동내역이 다음과 같을 경우 20X1년 당기손익에 미치는 영향은 얼마인가?

〈확정급여채무의 현재가치〉

20X1년 1월 1일	100,000원
당기근무원가	10,000원
이자원가	2,000원
보험수리적손익	200원
20X1년 12월 31일	112,200원

〈사외적립자산의 공정가치〉

20X1년 1월 1일	50,000원
사외적립자산의 적립	5,000원
사외적립자산의 기대수익	2,000원
재측정요소	100원
20X1년 12월 31일	57,100원

① 10,000원
② 11,000원
③ 12,000원
④ 12,200원

28 (주)삼일은 20X1년 1월 1일 임원 10명에게 용역제공조건으로 주식결제형 주식선택권을 부여하였다. 주식결제형 주식기준보상과 관련하여 20X2년 주식보상비용 계산 시 필요한 정보로 가장 올바르지 않은 것은?

① 용역제공기간(가득기간)
② 부여된 지분상품의 수량
③ 연평균기대권리소멸률
④ 보고기간 말 현재 주가차액보상권의 공정가치

29 (주)삼일은 20X1년에 사업을 개시하였으며 20X1년 당기순이익은 2,000,000원이다. 당기 세무조정으로 인하여 20X1년 말에는 미래 법인세부담을 경감시키는 차감할 일시적차이 500,000원이 존재한다. (주)삼일의 20X1년 재무상태표에 계상될 이연법인세자산·부채는 얼마인가?(단, 일시적차이가 소멸될 것으로 예상되는 기간의 과세소득에 적용될 것으로 기대되는 평균세율은 30%이고 이연법인세자산·부채 인식요건을 모두 만족한다)

① 이연법인세자산 150,000원
② 이연법인세자산 210,000원
③ 이연법인세부채 150,000원
④ 이연법인세부채 210,000원

30 다음은 (주)삼일의 20X1년과 20X2년 말의 법인세회계와 관련된 내역이다. 20X2년에 (주)삼일이 계상하여야할 법인세비용은 얼마인가?

구 분	20X1년 말	20X2년 말
이연법인세자산	10,000원	50,000원
이연법인세부채	50,000원	10,000원
20X2년 당기법인세	200,000원	

① 110,000원 ② 120,000원
③ 160,000원 ④ 190,000원

31 (주)삼일의 20X3년 말 회계감사과정에서 발견된 기말재고자산 관련 오류사항은 다음과 같다.

20X1년 말	20X2년 말	20X3년 말
5,000원 과대	2,000원 과대	3,000원 과대

위의 오류사항을 반영하기 전 20X3년 말 이익잉여금은 100,000원, 20X3년도 당기순이익은 30,000원이었다. 오류를 수정한 후의 20X3년 말 이익잉여금(A)과 20X3년도 당기순이익(B)은 각각 얼마인가?(단, 오류는 중요한 것으로 가정한다)

	(A)	(B)
①	90,000원	27,000원
②	97,000원	27,000원
③	90,000원	29,000원
④	97,000원	29,000원

32 (주)삼일의 20X1년 초 자본의 일부 내역은 다음과 같다.

	보통주	우선주
액면금액	5,000원	5,000원
발행주식수	15,000주	2,000주
자기주식	1,000주	0주

다음은 20X1년 중 주식수의 변동내역이다.

- 20X1년 4월 30일 보통주 유상증자 1,000주 발행
- 20X1년 6월 30일 보통주 유상증자 500주 발행
- 20X1년 10월 31일 보통주 자기주식 300주 취득
- 20X1년 11월 30일 보통주 자기주식 160주 재발행

20X1년의 가중평균유통보통주식수는 얼마인가?(단, 유통발행주식수는 월수로 계산하여 가장 근사치를 선택한다)

① 14,853주 ② 14,880주
③ 15,000주 ④ 15,200주

PART 4

33 (주)삼일은 20X1년 1월 1일에 (주)용산의 발행주식총수의 40%를 4,000원에 취득하였으며, (주)용산의 주식은 지분법으로 회계처리한다. 주식취득일 현재 (주)용산의 자산·부채의 장부금액은 공정가치와 동일하였다. 20X1년 초와 20X1년 말 (주)용산의 순자산장부금액은 아래와 같으며 20X1년 중 이익잉여금의 처분은 없었다.

구 분	20X1년 1월 1일	20X1년 12월 31일
자본금	5,000원	5,000원
이익잉여금	5,000원	25,000원
순자산장부금액	10,000원	30,000원

(주)삼일의 20X1년 말 재무상태표에 계상될 (주)용산의 관계기업투자주식(지분법적용투자주식) 장부금액은 얼마인가?

① 11,000원
② 11,800원
③ 12,000원
④ 13,000원

34 (주)삼일은 20X1년 4월 1일에 유형자산으로 분류되는 토지를 $10,000에 취득하였다. (주)삼일은 유형자산에 대해 재평가모형을 적용하고 있으며, 매년 말에 공정가치로 재평가한다. 20X1년 말 토지의 공정가치가 $15,000일 경우, (주)삼일이 20X1년 말에 인식할 재평가잉여금(기타포괄손익)은 얼마인가?(단, (주)삼일의 기능통화는 원화이며, 관련 환율은 다음과 같다)

일 자	20X1년 4월 1일	20X1년 12월 31일
환율(₩/$)	1,000	1,200

① 2,000,000원
② 3,000,000원
③ 5,000,000원
④ 8,000,000원

35 다음 중 기능통화, 표시통화 및 외화거래에 대한 설명으로 가장 올바르지 않은 것은?

① 재무제표를 표시통화로 환산할 때 발생하는 환산차이는 당기손익으로 인식한다.
② 외화거래를 보고기간 말에 기능통화로 환산할 때 화폐성항목은 마감환율로 환산하고, 외환차이를 당기손익으로 인식한다.
③ 외화거래를 보고기간 말에 기능통화로 환산할 때 역사적 원가로 측정하는 비화폐성항목은 거래일의 환율로 환산하기 때문에, 외환차이가 발생하지 않는다.
④ 외화거래를 보고기간 말에 기능통화로 환산할 때 공정가치로 측정하는 비화폐성항목은 공정가치가 결정된 날의 환율로 환산하며, 외환차이는 당기손익 또는 기타포괄손익으로 인식한다.

36 (주)삼일은 6개월 후에 $2,000의 재고자산을 구입할 예정이며 현재 환율은 1,000원/$이다. 그러나 6개월 후에 환율이 1,100원/$으로 상승한다면 재고자산의 매입으로 인한 현금유출액은 당초 계획보다 증가하게 될 것이다. (주)삼일은 이를 회피하기 위하여 6개월 후에 $2,000를 $1당 1,050원에 매입하는 통화선도계약을 체결하였다. 해당 거래의 위험회피 유형으로 가장 옳은 것은?

① 공정가치위험회피
② 현금흐름위험회피
③ 해외사업장순투자위험회피
④ 매매목적위험회피

37 (주)삼일리스는 20X1년 1월 1일 (주)용산과 금융리스계약을 체결하였다. 20X1년 (주)용산의 감가상각비(정액법 적용)는 얼마인가?(단, 소수점 첫째 자리에서 반올림한다)

ㄱ. 리스기간 : 20X1년 1월 1일 ~ 20X4년 12월 31일
ㄴ. 기초자산 내용연수 : 5년
ㄷ. 기초자산 잔존가치 : 0(영)
ㄹ. 리스료 지급방법 : 리스기간 동안 매년 말 지급
ㅁ. 리스실행일 현재 리스료의 현재가치 : 400,000원
ㅂ. 리스실행일 현재 기초자산의 공정가치 : 400,000원
ㅅ. 리스기간 종료 후 소유권을 (주)용산에 이전하기로 하였다.

① 80,000원
② 100,000원
③ 133,333원
④ 144,444원

38 (주)삼일은 제조업을 영위하고 있으며 모든 매출은 외상으로 이루어진다. 다음 자료를 이용하여 20X1년 매출로부터의 현금유입액을 계산하면 얼마인가?(단, 선수금에 의한 매출, 매출에누리와 환입, 매출할인 등은 없다고 가정함)

ㄱ. 재무상태표

구 분	20X1년 초	20X1년 말
매출채권	10,000원	20,000원
대손충당금(매출채권)	300원	470원

ㄴ. 포괄손익계산서(20X1년 1월 1일 ~ 20X1년 12월 31일)

매출액 560,000원 대손상각비(매출채권) 550원

① 524,470원
② 532,170원
③ 549,620원
④ 569,010원

39 다음 (주)삼일의 20X1년 재무제표 관련 자료를 이용하여 현금흐름표에 보고될 영업활동 현금흐름을 계산하면 얼마인가?

당기순이익	20,000원
감가상각비	4,600원
매출채권의 증가	15,000원
재고자산의 감소	2,500원
매입채무의 증가	10,400원

① 20,200원
② 21,000원
③ 22,500원
④ 33,200원

40 현금의 유입과 유출이 없는 중요한 거래는 현금흐름표에는 표시되지 않지만 재무제표를 이해하는 데 목적적합한 정보인 경우 주석으로 표시한다. 다음 중 현금의 유입과 유출이 없는 거래가 아닌 것은?

① 현물출자로 인한 유형자산의 취득
② 주식배당
③ 전환사채의 전환
④ 유상증자

세무회계

41 다음 중 조세의 분류기준 및 구분과 조세항목을 연결한 것으로 가장 올바르지 않은 것은?

	분류기준	구 분	조세항목
①	과세권자	국 세	법인세, 소득세
		지방세	취득세, 등록면허세, 주민세
②	독립된 세원	독립세	법인세, 소득세
		부가세	교육세
③	과세물건의 측정단위	종가세	주세(주정에 한함)
		종량세	인지세(단순정액세율인 경우)
④	조세부담의 전가여부	직접세	법인세, 소득세
		간접세	부가가치세, 개별소비세

42 다음 중 국세기본법상 특수관계인에 관한 설명으로 가장 올바르지 않은 것은?

① 본인이 법인인 경우 해당 법인의 임원은 특수관계인에 해당한다.
② 본인이 법인인 경우 해당 법인에 지배적인 영향력을 행사하는 주주는 특수관계인에 해당한다.
③ 본인이 개인인 경우 해당 개인의 3촌 이내의 인척은 특수관계인에 해당한다.
④ 본인이 법인인 경우 해당 법인의 소액주주는 특수관계인에 해당한다.

43 다음 중 국세기본법상 국세 부과의 원칙에 관한 설명으로 가장 올바르지 않은 것은?

① 납세자가 그 의무를 이행할 때에는 신의에 따라 성실하게 하여야 한다. 세무공무원이 그 직무를 수행할 때에도 또한 같다.
② 세무서장이 종합소득 과세표준과 세액을 경정하는 경우 거주자가 추계 신고한 경우에도 소득금액을 계산할 수 있는 장부나 그 밖의 증빙서류를 비치, 기장하고 있는 때에는 그 장부나 그 밖의 증빙서류에 근거하여 실지조사에 따라 결정하여야 한다.
③ 세무공무원이 재량으로 직무를 수행할 때에는 과세의 형평과 해당 세법의 목적에 비추어 일반적으로 적당하다고 인정되는 한계를 엄수하여야 한다.
④ 명의신탁부동산을 매각처분한 경우에는 양도의 주체 및 납세의무자는 원칙적으로 명의수탁자가 아니고 명의신탁자이다.

44 다음 중 국세기본법상 가산세에 관한 설명으로 가장 올바르지 않은 것은?

① 가산세란 세법에서 규정하는 의무의 성실한 이행을 확보하기 위하여 세법에 따라 산출한 세액에 가산하여 징수하는 금액을 말하고, 이에는 가산금이 포함되지 아니한다.
② 가산세는 해당 의무가 규정된 세법의 해당 국세의 세목으로 한다.
③ 국세를 감면하는 경우에 가산세는 그 감면하는 국세에 포함한다.
④ 납세자가 의무를 이행하지 아니한 데 대한 정당한 사유가 있는 때에는 해당 가산세를 부과하지 아니한다.

45 다음 중 법인의 납세의무에 관한 설명으로 가장 올바르지 않은 것은?

① 토지 등 양도소득에 대한 법인세는 영리법인·비영리법인, 내국법인·외국법인에 관계없이 모두 부담한다.
② 미환류소득에 대한 법인세는 영리내국법인만 부담한다.
③ 청산소득에 대한 법인세는 내국법인·외국법인에 관계없이 영리법인만 부담한다.
④ 비영리법인의 경우 수익사업에서 발생한 소득에 대해서만 납세의무를 진다.

46 다음 중 자본금과 적립금조정명세서(을)에 기재해야 하는 세무조정 사항에 해당하는 것은?

① 기부금 한도초과액
② 자기주식처분이익의 익금산입
③ 임원상여금 한도초과액
④ 감가상각비 한도초과액

47 (주)삼일은 다음 항목을 손익계산서에 비용처리하였다. (주)삼일의 제25기(2025년 1월 1일 ~ 2025년 12월 31일) 각 사업연도 소득금액 계산 시 손금불산입되는 금액은 얼마인가?

ㄱ. 업무무관자산 수선유지비	5,000,000원
ㄴ. 국민건강보험료(사용자부담분)	12,000,000원
ㄷ. 제25기 사업연도에 납부한 과태료	5,000,000원
ㄹ. 제24기 사업연도에 상법상 소멸시효가 완성된 외상매출금	2,000,000원

① 10,000,000원
② 12,000,000원
③ 22,000,000원
④ 24,000,000원

48 다음 중 법인세법상 업무무관경비의 손금불산입 항목에 대한 내용으로 가장 올바르지 않은 것은?

① 업무무관부동산 및 업무무관자산을 취득하기 위한 자금의 차입과 관련되는 비용
② 법인이 직접 사용하지 않고 타인(비출자임원・소액주주인 임원 및 직원을 제외함)이 주로 사용하는 장소・건축물・물건 등의 유지비・관리비・사용료와 이에 관련되는 지출금
③ 출자자(소액주주 포함)가 사용하고 있는 사택의 유지비・사용료와 이에 관련되는 지출금
④ 형법상 뇌물(외국공무원에 대한 뇌물 포함)에 해당하는 금전과 금전 이외의 자산 및 경제적 이익

49 제조업을 영위하는 (주)삼일은 제25기 사업연도(2025년 1월 1일 ~ 12월 31일) 7월 1일에 1년 만기 정기적금(이자는 만기 수령조건)에 가입하였다. 당해 적금의 만기 시 이자수령액은 12,000,000원이고, 회사는 제25기 기말 결산 시 손익계산서에 기간경과분 이자수익을 계상하였다. 이러한 회계처리에 대한 회사의 제26기 사업연도의 세무조정으로 옳은 것은?(단, 정기적금 이자는 원천징수 대상에 해당한다)

① (익금산입) 이자수익 6,000,000원(유보)
② (익금불산입) 이자수익 6,000,000원(△유보)
③ (익금산입) 이자수익 12,000,000원(유보)
④ (익금불산입) 이자수익 12,000,000원(△유보)

50 **다음은 소프트웨어를 제조 · 판매하는 중소기업인 (주)삼일의 절세전략을 논의하기 위한 회의의 한 장면이다. 이 중에서 세법의 내용에 가장 부합하지 않는 주장을 하는 사람은 누구인가?**

최부장 : 이번에 우리 회사가 출시한 제품이 시장에서 반응이 좋아 당분간 회사는 당기순이익이 크게 증가할 것으로 예상됩니다. 하지만 이익이 늘어나는 만큼 법인세도 늘어나므로 이에 대한 적절한 대책이 필요하다고 생각됩니다.
한대리 : 지금 우리 회사가 보유하고 있는 업무무관부동산에 대하여 유지비와 수선비, 관리비가 손금불산입될 뿐 아니라 지급이자 손금불산입규정을 적용받고 있습니다. 이 부동산을 처분하는 것이 어떨까요?
황과장 : 재고자산 평가방법을 신고하지 않았으므로 시장에서 유행이 지난 재고에 대해 장부상 재고자산평가손실을 계상한다면 이는 세법상 손금으로 인정받을 수 있어 과세표준이 줄어들게 됩니다.
신대리 : 연구개발활동으로 인해 발생한 비용 등에 대하여는 별도의 세액공제도 받을 수 있으므로 세법에서 규정하고 있는 세액공제 요건에 대해 구체적으로 알아보고 평소에 준비해야 할 것입니다.
전주임 : 퇴직연금제도를 고려해야 합니다. 퇴직연금에 가입하면 세무상 손금으로 인정받을 수 있어 법인세가 감소됩니다.
최부장 : 여러분의 의견을 잘 들었습니다. 앞으로 이를 고려하여 절세전략을 수립하겠습니다.

① 한대리
② 황과장
③ 신대리
④ 전주임

51 **다음 중 법인세법상 감가상각범위액의 결정요소에 관한 설명으로 가장 올바르지 않은 것은?**

① 감가상각자산의 내용연수는 법인세법 시행규칙 〈별표〉에서 자산별 · 업종별로 규정하고 있는 기준내용연수를 일괄적으로 적용한다.
② 세법은 유형 · 무형자산의 구분없이 잔존가액을 0(영)으로 하고 있다.
③ 사업의 폐지로 임대차계약에 따라 임차한 사업장의 원상회복을 위하여 시설물을 철거하는 경우 당해 자산의 장부가액에서 1천원을 공제한 금액을 폐기일이 속하는 사업연도의 손금에 산입할 수 있다.
④ 감가상각자산의 취득가액은 취득당시의 자산가액과 법인이 자산을 취득하여 법인 고유의 목적사업에 사용할 때까지의 제반비용을 포함하며, 건설자금이자도 포함한다.

52 다음은 (주)삼일의 유형자산 감가상각과 관련한 자료이다. 필요한 세무조정으로 가장 옳은 것은? (단, K-IFRS 도입에 따라 추가로 손금산입되는 감가상각비는 없는 것으로 한다)

구 분	기초상각부인액	비용계상액	상각범위액
컴퓨터	–	80만원	40만원
책 상	–	20만원	30만원
탁 자	–	30만원	25만원
차 량	50만원	200만원	220만원

① (손금불산입) 감가상각비 한도초과액 45만원(유보)
② (손금산입) 전기 감가상각비 한도초과액 20만원(△유보)
③ (손금산입) 전기 감가상각비 한도초과액 50만원(△유보)
④ (손금불산입) 감가상각비 한도초과액 45만원(유보)
(손금산입) 전기 감가상각비 한도초과액 20만원(△유보)

53 다음 중 법인세법상 기부금에 관한 설명으로 가장 올바르지 않은 것은?

① 기부금은 특수관계가 없는 자에게 사업과 직접 관련없이 무상으로 지출하는 재산적 증여가액을 말한다.
② 대표이사 동창회에 지출한 기부금은 비지정기부금으로 전액 손금불산입 된다.
③ 특례기부금 한도초과액은 그 다음 사업연도의 개시일로부터 10년 이내에 종료하는 사업연도에 이월하여 손금에 산입할 수 있다.
④ 특례기부금을 금전 외의 자산으로 제공하는 경우 MAX[시가, 장부가액]으로 평가한다.

54 (주)삼일의 일반기부금에 대한 다음 자료를 기초로 2024년과 2025년의 각 사업연도 소득금액 계산 시 기부금 관련 조정내역으로 가장 옳은 것은?(단, 회사는 2024년에 사업을 개시하였다고 가정한다)

연 도	일반기부금 지출액	일반기부금 한도액
2024년	2,000만원	1,400만원
2025년	3,800만원	4,000만원

① 2024년 : (손금불산입) 일반기부금한도초과액 600만원
2025년 : (손금산입) 일반기부금한도초과이월액 600만원
(손금불산입) 일반기부금한도초과액 400만원
② 2024년 : (손금불산입) 일반기부금한도초과액 600만원
2025년 : (손금산입) 일반기부금한도초과이월액 400만원
③ 2024년 : (손금불산입) 일반기부금한도초과액 600만원
2025년 : (손금산입) 일반기부금한도초과이월액 600만원
④ 2024년 : (손금불산입) 일반기부금한도초과액 600만원
2025년 : 조정없음

55 다음 중 법인세법상 기업업무추진비로 보는 금액이 아닌 것은?

① 직원이 조직한 조합 또는 단체(법인에 한함)에 지출한 복리시설비
② 연간 5만원을 초과하여 불특정 다수인에게 기증한 광고선전물품
③ 기업업무추진비 관련 VAT 매입세액 불공제액
④ 약정에 의하여 매출채권을 포기한 금액

56 (주)삼일은 2025년 1월 1일 자회사(특수관계인)에 업무와 관련없이 100,000,000원을 법인세법상 적정이자율로 대여(대여기간 : 2025년 1월 1일 ~ 2026년 12월 31일)하였다. (주)삼일의 제25기(2025년 1월 1일 ~ 2025년 12월 31일)의 지급이자가 6,000,000원, 차입금적수가 730억원인 경우 업무무관자산 등 관련 지급이자 손금불산입액은 얼마인가?(단, 선순위로 손금불산입된 지급이자는 없다)

① 없 음
② 2,000,000원
③ 3,000,000원
④ 6,000,000원

57 다음 자료를 기초로 확정급여형 퇴직연금으로 손금에 산입할 수 있는 금액은 얼마인가?

당기말 퇴직급여충당금 잔액(추계액)	5,000만원
당기말 세무상 퇴직급여충당금 잔액	750만원
당기말 퇴직연금운용자산 잔액	4,000만원
세법상 퇴직연금충당금 이월잔액	3,000만원

① 750만원
② 1,000만원
③ 1,250만원
④ 2,000만원

58 (주)삼일은 A에게 정당한 사유 없이 시가 10억원의 토지를 5억원에 양도하였다. 개별 상황이 다음과 같은 경우 각 상황에 따른 의제기부금 금액과 부당행위계산부인 대상 금액으로 각각 가장 옳은 것은?

상황1. A가 (주)삼일의 특수관계인이 아닌 경우
상황2. A가 (주)삼일의 특수관계인인 경우

	상황1	상황2
①	2억원	2억원
②	2억원	5억원
③	5억원	2억원
④	5억원	5억원

59 **다음 중 법인세법상 과세표준의 계산에 대한 설명으로 가장 올바르지 않은 것은?**

① 과세표준은 각 사업연도 소득에서 이월결손금, 비과세소득, 소득공제를 순서대로 차감하여 계산한다.

② 공제대상 이월결손금은 각 사업연도 소득의 80%(중소기업과 회생계획 이행 중 기업 등은 100%) 범위에서 공제한다.

③ 각 사업연도 소득금액에서 이월결손금을 공제한 금액을 초과하는 비과세소득은 다음 사업연도로 이월되지 않고 소멸한다.

④ 자산수증이익이나 채무면제이익에 의해 충당된 이월결손금은 과세표준 계산 시 공제 가능하다.

60 **다음 중 법인세의 신고 및 납부에 관한 설명으로 가장 올바르지 않은 것은?**

① 직전 사업연도 부담세액의 50%를 중간예납세액으로 하여 법정기한 내에 신고・납부하여야 한다.

② 내국법인에게 이자소득금액을 지급하는 자는 이자소득금액의 14%(비영업대금의 이익은 25%)를 원천징수하여 납부하여야 한다.

③ 과세표준을 신고할 때 개별내국법인의 재무상태표와 포괄손익계산서를 제출하지 아니한 경우에는 신고하지 않은 것으로 본다.

④ 법인이 납부할 세액이 4천만원인 경우에는 2천만원을 기한 내에 납부하고 나머지 2천만원은 일정 기한이 경과한 후에 분납할 수 있다.

61 **다음은 문구류 소매업을 영위하는 거주자 김삼일씨의 2025년 소득금액이다. 아래 소득 이외에 다른 소득이 없는 경우 종합소득세 신고 시 반드시 포함해야 할 소득은 무엇인가?(단, 모든 소득은 국내에서 발생하였다)**

① 은행예금에서 발생한 이자수익 20,000,000원

② 문구소매점 운영수익 5,000,000원

③ 복권당첨소득 200,000,000원

④ 보유주식 처분 시 발생한 이익 2,000,000원

62 **다음 중 소득세법상 무조건 종합과세대상이 되는 금융소득에 해당되지 않는 것은?**

① 국외에서 받은 배당소득(국내 대리인이 원천징수한 것은 제외)

② 직장공제회 초과반환금

③ 국내금융소득 중 원천징수하지 않은 금융소득

④ 출자공동사업자의 배당소득

63 **다음 중 소득세법상 부동산임대소득에 관한 설명으로 가장 올바르지 않은 것은?**

① 부동산임대소득은 사업소득에 포함하여 과세된다.

② 부동산임대업에서 장기간의 임대료(선세금)를 미리 일시에 받는 경우 발생주의에 따라 수익을 인식한다.

③ 전기료 및 수도료 등 공공요금으로 수령하는 금액은 원칙적으로 총수입금액에 산입한다.

④ 임대인이 부동산 등을 임대하고 임대보증금을 받는 경우에는 실제 반환의무가 있는 보증금 외에 수령하는 금액이 없더라도 간주임대료를 계산하여 총수입금액에 산입하여야 한다.

64 **중소기업인 (주)용산에 근무하는 김삼일씨의 2025년 급여내역이 다음과 같을 때 과세대상 총급여액은 얼마인가?(단, 김삼일씨는 당해 1년 동안 계속 근무하였다)**

월급여액 : 2,000,000원
상여 : 월급여액의 400%
연월차수당 : 2,000,000원
가족수당 : 1,000,000원
주택자금대여이익 : 500,000원
식사대 : 1,200,000원(월 100,000원. 단, 식사 또는 기타 음식물을 제공받음)
자가운전보조금 : 3,000,000원(월 250,000원)
회사로부터 법인세법상 상여로 소득처분된 금액 : 1,000,000원

① 36,600,000원
② 37,200,000원
③ 37,800,000원
④ 38,300,000원

PART 4

65 **다음 중 기타소득에 해당하지 않는 것은?**

① 일시적인 문예창작소득
② 주택입주 지체상금
③ 복권당첨소득
④ 저작자가 수령하는 저작권 사용료

66 **다음 중 소득세법상 의료비세액공제에 관한 설명으로 가장 올바르지 않은 것은?**

① 근로소득이 있는 거주자는 소득 및 연령조건을 미충족한 기본공제대상자의 의료비에 대해서도 의료비세액공제 적용이 가능하다.

② 건강증진을 위한 의약품 구입비용은 공제대상 의료비에 해당하지 않는다.

③ 의료비세액공제는 세액공제대상 금액의 20%로 한다.

④ 시력보정용 안경 또는 콘택트렌즈 구입을 위하여 지출한 비용으로서 기본공제대상자(나이 및 소득 제한 없음) 1명당 50만원 이내의 금액은 공제대상 의료비에 해당한다.

67 다음 중 소득세법상 원천징수에 관한 설명으로 가장 올바르지 않은 것은?

① 원천징수는 납세의무자 입장에서 세금부담을 집중시킨다.
② 원천징수는 징세비용절약과 징수사무의 간소화를 기한다.
③ 원천징수는 조세수입의 조기확보와 정부재원조달의 평준화를 기한다.
④ 원천징수는 세원의 원천에서 세금을 일괄 징수하여 세원의 탈루를 최소화할 수 있다.

68 다음 중 예납적 원천징수와 완납적 원천징수에 관한 비교내용으로 가장 올바르지 않은 것은?

	예납적 원천징수	완납적 원천징수
① 납세의무	원천징수로 납세의무 종결되지 않음	원천징수로 납세의무 종결
② 확정신고	확정신고 의무 있음	확정신고 의무 없음
③ 조세부담	확정신고 시 정산하고 원천징수 세액을 기납부세액으로 공제함	원천징수세액
④ 대상소득	분리과세 소득	분리과세 이외의 소득

69 다음 중 연말정산 공제항목에 관한 설명으로 가장 올바르지 않은 것은?

① 일본에 있는 병원에서 치료를 받고 지급한 의료비는 의료비공제를 받을 수 없다.
② 본인을 위해 자동차종합보험에 가입하고 납부한 보험료도 보험료공제 대상에 해당한다.
③ 자동차리스료를 신용카드로 지급한 경우에도 신용카드 등 사용금액에 대한 소득공제를 적용 받을 수 있다.
④ 고등학생 자녀의 학교 수업료뿐만 아니라 급식비나 교과서 구입비도 교육비공제대상에 해당한다.

70 다음 중 양도소득에 관한 설명으로 가장 올바르지 않은 것은?

① 토지를 현물출자하는 경우 양도소득세 과세대상에 해당한다.
② 대주주가 양도하는 상장법인의 주식은 양도소득세 과세대상이다.
③ 부동산에 관한 권리의 양도는 양도소득세 과세대상이다.
④ 양도소득기본공제는 자산그룹별로 각각 250만원을 공제하며 '미등기양도자산'에 대해서도 동일하게 적용한다.

71 다음 중 부가가치세법에 관한 설명으로 가장 옳은 것은?

① 부가가치세는 납세의무자와 담세자가 동일한 직접세에 해당한다.
② 부가가치세는 원칙적으로 특정한 재화 또는 용역의 공급만을 과세대상으로 하는 특정소비세에 해당한다.
③ 개인사업자는 사업상 독립적으로 재화 또는 용역을 공급하더라도 부가가치세법상 사업자에 해당되지 않는다.
④ 부가가치세는 원칙적으로 사업자별로 종합과세하지 않고 사업장별로 과세한다.

72 다음 중 부가가치세에 관한 설명으로 가장 올바르지 않은 것은?

① 부가가치세의 납세의무자는 재화 또는 용역을 공급하는 사업자이므로 일반 개인이 수입하는 재화에 대하여는 부가가치세가 과세되지 아니한다.
② 부수재화 또는 용역의 과세범위, 공급장소, 공급시기 등은 모두 주된 재화 또는 용역의 공급에 따라 판단한다.
③ 금융업(면세)을 영위하는 사업자가 사업용 고정자산(과세)을 매각한 경우 부가가치세가 과세되지 아니한다.
④ 건설업은 주된 재화의 일부 또는 전부를 사업자가 공급하더라도 용역의 공급으로 본다.

73 다음 중 법인의 업종과 부가가치세법상 사업장을 연결한 것으로 가장 올바르지 않은 것은?

① 부동산임대업 – 법인 등기부상 소재지
② 부동산매매업 – 법인 등기부상 소재지
③ 운수업 – 법인 등기부상 소재지(지점소재지 포함)
④ 제조업 – 최종 제품을 완성하는 장소

74 다음 중 부가가치세법상 재화의 공급에 관한 설명으로 가장 올바르지 않은 것은?(단, 해당 재화는 매입세액공제를 받았음을 가정한다)

① 과세사업을 위해 생산 · 취득한 재화를 부가가치세 면세사업을 위하여 사용 · 소비하는 경우에는 재화의 공급으로 본다.
② 과세사업을 위하여 생산 · 취득한 재화를 비영업용 소형승용차의 유지를 위하여 사용하는 경우에는 재화의 공급으로 본다.
③ 사업자가 자기의 사업과 관련하여 생산한 재화를 개인적인 목적으로 사용하는 것은 재화의 공급으로 본다.
④ 사업자 단위과세를 적용받는 사업자가 자기사업과 관련하여 생산 · 취득한 재화를 타인에게 직접 판매할 목적으로 다른 사업장에 반출하는 경우에는 재화의 공급으로 본다.

75 다음 중 부가가치세법상 간주공급에 관한 설명으로 가장 올바르지 않은 것은?

① 간주공급에 해당하는 경우 해당 과세표준은 일반적으로 시가에 의해 계산되나 직매장 등 반출 시에는 취득가액으로 한다.

② 개인적 공급 및 사업상 증여에 해당하는 간주공급의 경우 세금계산서 발행의무가 면제된다.

③ 면세전용 및 개인적 공급의 간주공급 시기는 재화를 사용하거나 소비하는 때이다.

④ 폐업 시 잔존재화로 과세된 경우로서 추후 해당 재화를 판매하는 경우에는 재화의 공급에 해당되어 납세의무가 있다.

76 다음은 김삼일씨의 2025년 1월 가계부 지출내역이다. 지출금액에 포함된 부가가치세의 합계는 얼마인가?(단, 공급자는 부가가치세법에 따라 적정하게 부가가치세를 거래징수하였다고 가정한다)

일 자	적 요	금 액
1월 14일	국민주택 월세	330,000원
1월 21일	영화 관람권	22,000원
1월 27일	택시 이용	11,000원

① 2,000원 ② 3,000원

③ 32,000원 ④ 33,000원

77 다음 중 부가가치세 과세표준에 관한 설명으로 가장 올바르지 않은 것은?

① 거래처의 자금악화로 이번 달 제품공급에 대한 대가를 해당 거래처가 제작한 제품으로 받은 경우 거래처가 제공한 제품의 시가를 과세표준으로 한다.

② 임대사업자인 아버지가 자신의 아들에게 소유 중인 상가의 임대서비스를 제공하는 경우 통상의 임대료 시가액을 과세표준으로 한다.

③ 대손금과 판매촉진을 위해 거래처에 지급하는 장려금은 과세표준에서 공제하지 아니한다.

④ 폐업 시 잔존재화는 시가를 과세표준으로 한다.

78 과일도매업(면세)과 과일통조림제조업(과세)을 영위하는 (주)삼일은 두 사업에 공통으로 사용할 목적으로 기계장치를 1억원에 매입(매입일 2025년 3월 28일, 공통매입세액 10,000,000원)하였다. 과세기간별 공급가액이 다음과 같을 때 2025년 제1기 당해 기계장치의 매입과 관련하여 불공제되는 매입세액의 총 금액은 얼마인가?

구 분	2024년 7월 1일 ~ 12월 31일	2025년 1월 1일 ~ 3월 31일	2025년 4월 1일 ~ 6월 30일
과일도매업	20,000,000원	30,000,000원	40,000,000원
과일통조림제조업	80,000,000원	70,000,000원	60,000,000원
합 계	100,000,000원	100,000,000원	100,000,000원

① 2,000,000원　　② 3,000,000원
③ 3,500,000원　　④ 4,000,000원

79 다음은 제조업을 영위하는 (주)삼일의 제1기 부가가치세 확정신고(2025년 4월 1일 ~ 2025년 6월 30일)와 관련된 자료이다. 확정신고 시 (주)삼일의 가산세를 포함한 차가감 납부세액은 얼마인가?(아래의 금액은 부가가치세가 제외된 금액임)

ㄱ. 확정신고기간 중 (주)삼일의 제품공급가액 50,000,000원
(이 중 세금계산서를 발행하지 않은 공급가액은 2,500,000원이다)
ㄴ. 확정신고기간 중 (주)삼일의 매입액 40,000,000원
(매입세액 불공제 대상인 매입액은 5,000,000원이다)
ㄷ. 세금계산서 관련 가산세는 미교부금액의 2%를 적용한다.
(그 외 가산세는 없다고 가정한다)

① 1,250,000원　　② 1,550,000원
③ 1,600,000원　　④ 1,650,000원

80 다음 중 부가가치세법상 세금계산서 및 영수증에 관한 설명으로 가장 올바르지 않은 것은?

① 일반과세자는 세금계산서를 발급할 수 있으나, 간이과세자는 세금계산서를 발급할 수 없다.
② 위탁판매의 경우 수탁자는 위탁자의 명의로 된 세금계산서를 발급하여야 한다.
③ 재화나 용역의 공급 전에 세금계산서를 발행하고 7일 이내에 대가를 지급받은 경우 공급받는 자는 발급받은 세금계산서로 매입세액을 공제받을 수 있다.
④ 과세대상 수입재화에 대해서는 세관장이 부가가치세를 징수하는 때에 수입세금계산서를 발급한다.

81 다음은 (주)삼일의 제조원가 자료이다. 아래 자료를 이용하여 (주)삼일의 기초원가와 가공원가를 계산하면 얼마인가?

제조원가명세서

ㄱ. 직접재료원가	300,000원
ㄴ. 직접노무원가	200,000원
ㄷ. 변동제조간접원가	150,000원
ㄹ. 고정제조간접원가	250,000원
ㅁ. 당기총제조원가	900,000원

	기초원가	가공원가
①	300,000원	500,000원
②	300,000원	600,000원
③	500,000원	400,000원
④	500,000원	600,000원

82 제조업을 영위하고 있는 (주)삼일에서 발생하고 있는 다음의 원가 중 제조원가에 포함될 수 있는 항목으로 가장 옳은 것은?

① 공장설비에 대한 감가상각비
② SNS를 활용한 제품 광고선전비
③ 제품생산과 관련된 설비의 처분으로 인한 유형자산처분손실
④ 본사건물 감가상각비

83 다음에서 설명하고 있는 원가를 원가행태에 따라 분류하고자 할 때 가장 옳은 것은?

특정범위의 조업도 내에서는 총원가가 일정하지만 조업도가 특정범위를 벗어나면 일정액 만큼 증감하는 원가

① 준고정원가　　② 준변동원가
③ 고정원가　　④ 변동원가

84 다음은 (주)삼일의 20X1년 6월 한 달 동안의 제조원가 자료이다.

	6월 1일	6월 30일
원재료	5,000원	12,000원
재공품	10,000원	8,000원
원재료 매입액	24,000원	
가공원가	35,000원	

(주)삼일의 20X1년 6월 제조원가명세서상의 당기제품제조원가는 얼마인가?

① 50,000원　② 52,000원
③ 54,000원　④ 56,000원

85 (주)삼일은 제조간접원가를 직접노동시간에 비례하여 실제배부한다. 1월 중 발생한 원가자료가 다음과 같을 경우 작업지시서 #03와 관련된 총제조원가는 얼마인가?

1월 중 발생한 제조간접원가 총액	2,400,000원
1월 중 발생한 실제직접노무시간	200시간
작업지시서 #03에 투입된 직접노무시간	180시간
작업지시서 #03 직접재료원가	1,340,000원
작업지시서 #03 직접노무원가	760,000원

① 3,900,000원　② 4,000,000원
③ 4,260,000원　④ 4,500,000원

86 제2공정에서 재료 X는 60% 진행시점에서 투입되며 가공원가는 공정 전반에 걸쳐 균등하게 발생한다. 50%가 완료된 재공품의 완성품환산량에는 다음 중 어떤 원가가 포함되는가?

	재료원가	가공원가
①	불포함	불포함
②	불포함	포 함
③	포 함	불포함
④	포 함	포 함

PART 4

87 (주)삼일은 단일공정에서 단일제품을 대량으로 생산하고 있다. 재료는 공정의 착수시점에서 전액 투입하며, 가공원가는 공정 전반에 걸쳐 균등하게 발생한다. 공정에 대한 자료는 다음과 같다.

ㄱ. 기초재공품	없 음
ㄴ. 당기투입량	400,000개
ㄷ. 당기완성량	320,000개
ㄹ. 기말재공품 수량	80,000개
가공원가의 완성도	50%
ㅁ. 당기투입원가	
직접재료원가	4,000,000원
가공원가	1,800,000원

직접재료원가와 가공원가에 대한 완성품환산량 단위당 원가는 각각 얼마인가?

① 직접재료원가 5원 / 가공원가 10원
② 직접재료원가 10원 / 가공원가 4.5원
③ 직접재료원가 10원 / 가공원가 5원
④ 직접재료원가 12.5원 / 가공원가 5.6원

88 다음 중 종합원가계산에 관한 설명으로 가장 올바르지 않은 것은?

① 평균법에서는 기초재공품도 당기에 착수한 것으로 간주한다. 즉, 완성품환산량 계산 시 기초재공품의 완성도는 고려할 필요가 없다.
② 선입선출법을 적용하여 완성품환산량의 단위당 원가를 계산하는 경우 기초재공품에 포함된 원가를 고려하지 않는다.
③ 기초재공품이 없는 경우 선입선출법에 의한 경우와 평균법에 의한 완성품환산량은 같다.
④ 선입선출법을 이용하는 상황에서 기말재공품 완성도가 실제보다 과소평가되어 원가계산이 이루어지면 기말재공품원가가 과소평가되고 완성품원가도 과소평가된다.

89 다음은 (주)삼일의 원가자료이다. (주)삼일이 선입선출법을 사용한 가공원가의 당기 완성품환산량이 1,640개일 경우 기말재공품의 완성도(%)는 얼마인가?(단, 가공원가는 공정 전반에 걸쳐 균등하게 발생한다)

〈수 량〉

기초재공품	400개 (60%)
당기완성품	1,400개
당기투입량	1,600개
기말재공품	600개 (?%)

① 40%
② 50%
③ 60%
④ 80%

90 (주)삼일은 평균법을 이용한 종합원가계산제도를 채택하고 있다. 재료는 공정 초기에 전량 투입되며, 가공원가는 공정 전반에 걸쳐 균등하게 발생한다. 당기 완성품원가와 기말재공품원가는 각각 얼마인가?

〈수 량〉

기초재공품	80개 (완성도 40%)
당기완성품	400개
당기투입량	420개
기말재공품	100개 (완성도 40%)

〈원 가〉

	재료원가	가공원가
기초재공품원가	8,000,000원	6,000,000원
당기발생원가	32,000,000원	27,000,000원

	당기완성품원가	기말재공품원가
①	58,400,000원	14,600,000원
②	59,000,000원	14,000,000원
③	62,000,000원	11,000,000원
④	65,100,000원	7,900,000원

PART 4

91 다음은 (주)삼일의 20X1년 1월 직접노무원가에 관한 자료이다.

실제직접노무원가	20,000원
직접노무원가 가격차이	2,000원(불리)
직접노무원가 능률차이	1,800원(불리)

1월의 실제직접노무시간이 2,000시간이었을 때 실제생산량에 허용된 표준직접노무시간은 얼마인가?

① 1,500시간
② 1,750시간
③ 1,800시간
④ 2,000시간

92 (주)삼일은 표준원가계산제도를 채택하고 있으며 당기 자료는 다음과 같다.

실제생산량	2,000단위
직접노무비 발생액	5,000,000원
표준직접노동시간	30,000시간
직접노무비 가격차이	360,000원(불리한 차이)
직접노무비 능률차이	160,000원(유리한 차이)

당기의 실제직접노동시간은 얼마인가?

① 28,000시간
② 29,000시간
③ 30,000시간
④ 31,000시간

93 (주)삼일의 생산 및 원가와 관련된 자료는 다음과 같다.

실제 생산량	1,100개
단위당 실제 직접재료사용량	3.2Kg
단위당 표준 직접재료사용량	3Kg
Kg당 실제 직접재료원가	28원
Kg당 표준 직접재료원가	30원

이와 관련된 설명으로 가장 올바르지 않은 것은?

① 직접재료원가 표준원가는 99,000원이다.
② 직접재료원가 실제원가는 92,400원이다.
③ 직접재료원가 가격차이는 7,040원 유리하게 나타난다.
④ 직접재료원가 능률차이는 6,600원 불리하게 나타난다.

94 다음 중 (주)삼일의 고정제조간접원가 차이분석에 관한 설명으로 가장 올바르지 않은 것은?

① 고정제조간접원가 실제발생액과 고정제조간접원가 배부액과의 차이를 고정제조간접원가 총차이라고 한다.

② 고정제조간접원가 실제발생액과 고정제조간접원가 예산과의 차이를 고정제조간접원가 예산차이라고 한다.

③ 고정제조간접원가 예산과 고정제조간접원가 배부액과의 차이를 고정제조간접원가 조업도차이라고 한다.

④ 고정제조간접원가 예산은 실제산출량에 허용된 표준조업도에 조업도 단위당 표준배부율을 곱하여 계산한 금액을 의미한다.

95 다음 중 표준원가계산제도에서 차이분석 시 이용하는 표준직접노동시간으로 가장 옳은 것은?

① 표준산출량에 허용된 표준직접노동시간

② 표준산출량에 허용된 실제직접노동시간

③ 실제산출량에 허용된 표준직접노동시간

④ 실제산출량에 허용된 실제직접노동시간

96 다음 중 2분법에 의한 제조간접원가차이 분석에 대한 설명으로 가장 옳은 것은?

① 예산차이에는 변동제조간접원가차이만이 포함되며, 조업도차이에는 고정제조간접원가차이만이 포함된다.

② 예산차이에는 변동제조간접원가차이와 고정제조간접원가차이의 일부가 포함되며, 조업도차이에는 고정제조간접원가차이의 일부만이 포함된다.

③ 예산차이에는 변동제조간접원가차이의 일부만이 포함되며, 조업도차이에는 변동제조간접원가차이의 일부와 고정제조간접원가차이가 포함된다.

④ 예산차이와 조업도차이에는 모두 변동제조간접원가차이와 고정제조간접원가차이가 포함된다.

97 다음 중 변동원가계산과 전부원가계산에 관한 설명으로 가장 옳은 것은?

① 변동원가계산은 의사결정에 유용하므로 전부원가계산에 비하여 외부보고용으로 적절한 원가계산 방법이다.

② 기초재고자산이 없고 당기 생산량과 판매량이 동일하다면 변동원가계산 순이익이 전부원가계산보다 크다.

③ 변동원가계산과 전부원가계산 모두 표준원가를 사용할 수 있다.

④ 변동원가계산은 변동판매비와관리비를 제품원가로 인식하고 전부원가계산은 고정제조간접원가를 제품원가로 인식한다.

98 변동원가계산에 의한 공헌이익 손익계산서 작성을 위한 자료가 아래와 같을 경우 변동원가계산에 의한 영업이익은 얼마인가?

판매수량	4,500개
단위당 판매가격	3,500원/개
단위당 변동제조원가	2,300원/개
단위당 변동판매비와관리비	300원/개
고정제조간접원가	2,000,000원
고정판매비와관리비	500,000원

① 1,550,000원
② 2,050,000원
③ 3,050,000원
④ 3,550,000원

99 다음 중 전부원가계산에서 재고자산가액에 포함되는 원가항목을 모두 올바르게 나열한 것은?

① 직접재료원가
② 직접재료원가, 직접노무원가, 변동제조간접원가
③ 직접재료원가, 직접노무원가, 변동제조간접원가, 고정제조간접원가
④ 직접재료원가, 직접노무원가, 변동제조간접원가, 변동판매비와관리비

100 다음은 (주)삼일의 20X1년 동안의 수익 및 원가에 대한 자료이다. 변동원가계산에 의한 (주)삼일의 기말제품재고액은 얼마인가?

순매출액	4,000,000원
변동제조원가	1,120,000원
고정제조원가	700,000원
변동판매관리비	240,000원
고정판매관리비	320,000원
판매량	60,000단위
생산량	80,000단위
기초제품	없 음

① 280,000원
② 455,000원
③ 700,000원
④ 840,000원

101 (주)삼일은 활동기준원가계산을 사용하며, 제조과정은 다음의 3가지 활동으로 구분된다.

활 동	원가동인	연간 원가동인수	연간 변동가공원가총액
세 척	재료의 부피	100,000리터	200,000원
압 착	압착기계시간	45,000시간	900,000원
분 쇄	분쇄기계시간	21,000시간	546,000원

X제품 한 단위당 재료부피는 20리터, 압착기계시간은 30시간, 분쇄기계시간은 10시간이다. X제품의 단위당 판매가격과 직접재료원가가 각각 2,000원과 300원일 경우 제품의 단위당 공헌이익은 얼마인가?(단, 판매관리비는 없다)

① 560원
② 600원
③ 700원
④ 800원

102 다음 중 CVP분석의 목적으로 가장 옳은 것은?

① 품질관리에서 발생하는 낭비요소를 파악하는데 유용하다.
② 변동원가와 고정원가의 상관관계를 파악하는데 유용하다.
③ 다양한 조업도수준에서 원가와 이익의 관계를 분석하는데 유용하다.
④ 기업의 비재무적 성과를 파악하는데 유용하다.

103 원가추정을 위한 방법에는 공학적 방법, 계정분석법, 산포도법, 고저점법, 회귀분석법 등이 있다. 다음 중 회귀분석법에 대한 설명으로 가장 올바르지 않은 것은?

① 독립변수가 한 단위 변화함에 따른 종속변수의 평균적 변화량을 측정하는 통계적 방법에 의하여 원가함수를 추정하는 방법이다.
② 통계적 가정이 충족되지 않을 경우에는 무의미한 결과가 산출될 수 있다.
③ 정상적인 원가자료를 모두 이용한다.
④ 상대적으로 적용이 간단하나 분석자의 주관적 판단이 개입될 수 있다는 단점이 있다.

104 영업레버리지도(Degree of Operating Leverage)에 대한 다음의 설명 중 가장 옳은 것은?(단, 모든 경우에 영업이익은 0보다 크다고 가정한다)

① 영업레버리지란 매출액의 변화율보다 영업이익의 변화율이 확대되는 효과이다.
② 고정원가가 감소하면 영업레버리지도는 높아진다.
③ 매출액이 증가하여도 영업레버리지도는 일정하다.
④ 영업레버리지도는 손익분기점 부근에서 가장 작다.

105 **단일 제품을 제조 및 판매하는 (주)삼일의 단위당 판매가격은 1,000원이고(단위당 변동원가 600원) 연간 고정원가는 300,000원이다. (주)삼일이 20X1년의 목표 매출 수량으로 1,000단위를 설정한 경우, 손익분기점 매출액 및 안전한계율로 가장 옳은 것은?**

	손익분기점 매출액	안전한계율
①	750,000원	75%
②	750,000원	25%
③	500,000원	25%
④	500,000원	75%

106 **다음 중 책임회계제도에 관한 설명으로 가장 올바르지 않은 것은?**

① 책임회계제도는 실제 성과와 예산과의 차이를 쉽게 파악할 수 있게 해줌으로써 예외에 의한 관리가 가능하다.

② 책임회계제도가 그 기능을 효율적으로 수행하기 위해서는 각 책임중심점의 경영자가 권한을 위임 받은 원가항목들에 대해 통제권을 행사할 수 없어야 한다.

③ 책임중심점은 책임의 성격 및 책임범위에 따라 원가중심점, 수익중심점, 이익중심점 및 투자중심점으로 분류할 수 있다.

④ 책임회계제도하에서는 권한을 위임 받은 관리자가 책임범위 내에서 독자적인 의사결정을 내릴 수 있다.

107 **(주)삼일에 새로 부임한 최이사는 올해 철저한 성과평가제도의 도입을 검토하고 있다. 성과평가제도의 도입과 관련하여 가장 올바르지 않은 주장을 펼치고 있는 실무담당자는 누구인가?**

정부장 : 효율적인 성과평가제도는 기업 구성원들의 성과극대화 노력이 기업전체 목표의 극대화로 연결될 수 있도록 설계되어야 합니다.

유차장 : 각 책임중심점의 성과평가를 수행하는 과정에서 성과측정의 오류가 발생하는 것이 일반적인데, 효율적인 성과평가제도는 성과평가치의 성과측정오류가 최소화되도록 설계되어야 합니다.

황대리 : 많은 시간과 비용을 투입할수록 더욱 정확하고 공정한 성과평가가 가능하므로 성과평가제도의 운영을 적시성 및 경제성의 잣대로 바라보지 않도록 주의해야 합니다.

김사원 : 성과평가를 한다는 사실 자체가 피평가자의 행위에 영향을 미치는 현상도 고려하여 이를 적절히 반영해야 합니다.

① 정부장 ② 유차장

③ 황대리 ④ 김사원

108 (주)삼일은 선박을 생산하여 판매하는 조선회사로서, 분권화된 세 개의 제품별 사업부를 운영하고 있다. 이들은 모두 투자중심점으로 설계되어 있으며, 회사의 최저필수수익률은 12%이다. 각 사업부의 영업자산, 영업이익 및 매출액에 관한 정보는 다음과 같다. 각 사업부를 잔여이익법으로 평가했을 경우 잔여이익이 높은 사업부의 순서로 가장 옳은 것은?

구 분	군함사업부	여객선사업부	화물선사업부
평균영업자산	500,000원	1,000,000원	2,000,000원
영업이익	100,000원	170,000원	230,000원
매출액	1,000,000원	2,000,000원	3,000,000원

① 군함 > 여객선 > 화물선
② 여객선 > 군함 > 화물선
③ 화물선 > 여객선 > 군함
④ 여객선 > 화물선 > 군함

109 다음 중 투자중심점의 성과지표로 투자수익률(return on investment, ROI)을 사용할 때의 특징으로 가장 옳은 것은?

① 자본예산기법은 장기적인 관점인데 반하여 투자수익률은 단기적인 성과를 강조한다.
② 현금의 흐름을 기준으로 성과를 평가하므로 적용되는 회계기준과 무관한 결과를 도출한다.
③ 사업부의 경영자가 자신의 사업부 투자액에 대한 통제권한이 있더라도 그 경영자의 성과측정 지표로 활용될 수 없다.
④ 준최적화 현상이 발생하지 않는다.

110 다음 중 경제적부가가치(EVA)를 증대시키기 위한 방안으로 가장 옳은 것은?

① 타인자본을 축소하고 자기자본을 증가시키면 경제적부가가치는 항상 증가한다.
② 자본비용보다 적은 수익을 달성하더라도 과거의 수익률을 초과하는 투자를 계속 진행한다.
③ 유휴설비 등은 차기연도의 재투자를 위해 매각하지 않고 유지한다.
④ 재고자산의 보유기간과 매출채권의 회수기간을 줄인다.

111 다음은 (주)삼일의 재무상태표와 포괄손익계산서 자료의 일부이다.

항 목	금 액	항 목	금 액
유동자산(영업자산)	12,000원	유동부채(무이자부채)	6,000원
비유동자산(영업자산)	8,000원	세전영업이익	4,000원

(주)삼일의 가중평균자본비용 계산에 관련된 자료가 다음과 같을 때 경제적부가가치(EVA)는? (단, 법인세율은 30%이다)

타인자본	20,000원	이자율	10%
자기자본	20,000원	자기자본비용	13%

① 600원
② 1,270원
③ 1,330원
④ 1,400원

112 (주)삼일은 흠집이 있는 제품 A를 4개 보유하고 있다. 흠집이 없는 정상적 제품 A의 판매가격은 300원이다. 제품 A의 생산에는 단위당 변동제조원가 80원과 단위당 고정제조원가 20원이 투입되었다. 흠집이 있는 제품 A를 외부에 단위당 150원에 처분하려면 단위당 판매관리비가 15원이 소요될 것으로 추정된다. 이 의사결정에 고려될 관련원가로 가장 옳은 것은?

① 단위당 변동제조원가 80원
② 단위당 판매관리비 15원
③ 단위당 고정제조원가 20원
④ 정상판매가격 300원

113 (주)삼일은 부품 A를 자가제조하고 있으며, 이와 관련된 연간 생산 및 원가자료는 다음과 같다.

직접재료원가	43,000원
변동직접노무원가	17,000원
변동제조간접원가	13,000원
고정제조간접원가	30,000원
생산량	250단위

최근 외부업체로부터 부품 A 250단위를 단위당 500원에 공급하겠다는 제안을 받았다. 외부업체의 제안을 수용하면, 자가제조보다 연간 얼마나 유리(또는 불리)한가?(단, 고정제조간접원가는 50% 회피가능하다)

① 37,000원 불리
② 37,000원 유리
③ 52,000원 불리
④ 52,000원 유리

114 다음은 신인가수 발굴 오디션에서 일어난 심사위원과 지원자 김삼일의 인터뷰 내용이다. 의사결정 기초개념과 관련하여 밑줄 친 (ㄱ), (ㄴ)에 가장 적절하게 대응되는 용어는 무엇인가?

> 심사위원 : 오디션에 합격하면 (ㄱ) 현재의 직장을 포기해야 하는데도 가수를 하실 생각이신가요?
> 김 삼 일 : 과거에 (ㄴ) 직장에 들어가기 위해 많은 노력을 했습니다. 하지만, 오디션에 합격하여 어릴 적 꿈이었던 가수로서 제2의 인생을 살고 싶습니다.

① (ㄱ) 기회원가, (ㄴ) 간접원가
② (ㄱ) 지출원가, (ㄴ) 기회원가
③ (ㄱ) 기회원가, (ㄴ) 매몰원가
④ (ㄱ) 매몰원가, (ㄴ) 간접원가

115 (주)삼일이 자가제조하고 있는 부품의 원가자료는 다음과 같다.

부품 단위당 직접재료원가	1,200원
부품 단위당 직접노무원가	800원
부품 단위당 변동제조간접원가	400원
고정제조간접원가	10,000,000원
생산량	50,000단위

부품을 자가제조하지 않는 경우 고정제조간접원가의 30%를 회피할 수 있다면 부품을 외부구입할 때 지불할 수 있는 최대가격은 얼마인가?

① 2,400원
② 2,460원
③ 2,540원
④ 2,600원

116 다음 자료에 의하여 회수기간법에 따른 의사결정을 할 경우 가장 옳은 것은?

(주)삼일은 210,000원에 기계를 구입하고자 할 때, 조건은 다음과 같다.

- 5년 이내에 회수가 되어야 한다.
- 연중 현금흐름은 일정하게 발생한다고 가정하며, 회수기간이 짧은 기계를 선택한다.

연 도	기계 A 연간 원가절감액	기계 B 연간 원가절감액
1	100,000원	50,000원
2	50,000원	50,000원
3	30,000원	50,000원
4	20,000원	50,000원
5	20,000원	50,000원

① 기계 A를 구입한다.
② 기계 B를 구입한다.
③ 둘 중 어떤 것을 구입해도 관계없다.
④ 기계 A, B 모두 조건에 충족하지 않아 구입하지 않는다.

117 (주)삼일은 내용연수가 3년인 기계장치에 투자하려고 하고 있다. 기계장치를 구입하면, 처음 2년 동안은 매년 4,000,000원을, 그리고 3년째에는 6,000,000원의 현금지출운용비를 줄일 것으로 판단하고 있다. 회사의 최저필수수익률은 12%이고 기계장치에 대한 투자액의 현재가치는 8,000,000원이라고 할 때, 기계장치에 대한 투자안의 순현재가치(NPV)는 얼마인가?(단, 이자율 12%의 1원당 연금의 현재가치는 1년은 0.89, 2년은 1.69, 3년은 2.40이며 법인세는 없는 것으로 가정한다)

① 2,580,000원
② 3,020,000원
③ 4,270,000원
④ 5,100,000원

118 다음 중 순현재가치법과 내부수익률법에 관한 설명으로 가장 올바르지 않은 것은?

① 순현재가치법과 내부수익률법에 따른 투자안 평가결과는 항상 동일하다.
② 순현재가치법은 투자기간 동안 현금흐름을 자본비용으로 재투자한다고 가정한다.
③ 내부수익률법은 투자안의 내부수익률이 최저필수수익률을 상회하면 그 투자안을 채택한다.
④ 두 방법 모두 화폐의 시간적 가치를 고려하는 방법이다.

119 (주)삼일은 A사업부와 B사업부로 구성되어 있다. B사업부는 A사업부에서 생산되는 부품을 가공하여 완제품을 제조한다. B사업부에서 부품 한 단위를 완제품으로 만드는 데 소요되는 추가가공원가는 500원이며, 완제품의 단위당 판매가격은 1,150원이다. 부품의 외부시장가격이 단위당 600원인 경우, B사업부가 받아들일 수 있는 최대대체가격은 얼마인가?

① 550원
② 600원
③ 650원
④ 1,150원

120 다음 중 불량품이 고객에게 인도되기 전에 발견됨으로써 발생하는 원가로 공손품, 작업폐물, 재작업 후 재검사, 작업중단 등으로 발생하는 품질원가로 가장 옳은 것은?

① 평가원가
② 예방원가
③ 외부실패원가
④ 내부실패원가

제4회 기출 동형문제

※ 본 시험은 현행 기준인 한국채택국제회계기준(K-IFRS)에 따라 출제되었습니다.

재무회계

01 다음은 재무회계와 관리회계의 특징을 구분한 것이다. 옳게 설명하고 있는 것을 모두 고르면?

구 분		재무회계	관리회계
(가)	보고대상	투자자, 채권자 등 외부 이해관계자	경영자 및 기타 내부이용자
(나)	작성근거	일반적으로 인정된 회계원칙	경제이론, 경영학, 통계학 등
(다)	보고양식	일정한 양식없음	재무제표
(라)	보고시점	보통 1년(또는 분기, 반기)	주기적 또는 수시
(마)	법적 강제력	있 음	있 음

① (가), (나), (라)
② (나), (다), (라)
③ (나), (라), (마)
④ (다), (라), (마)

PART 4

02 다음 중 자산의 측정방법에 대한 설명으로 가장 올바르지 않은 것은?

① 사용가치 : 기업이 자산의 사용과 궁극적인 처분으로 얻을 것으로 기대하는 현금흐름의 현재가치
② 현행원가 : 기업이 부채를 이행할 때 이전해야 하는 현금이나 그 밖의 경제적 자원의 현재가치
③ 역사적 원가 : 기업이 자산을 취득 또는 창출하기 위하여 지급한 대가(거래원가 포함)
④ 공정가치 : 자산 측정일에 시장참여자 사이의 정상거래에서 자산을 매도할 때 받을 가격 등

03 다음 중 기타포괄손익 항목 중 후속적으로 당기손익으로 재분류 되지 않는 항목은?

① 재평가잉여금의 변동
② 해외사업장의 재무재표 환산으로 인한 손익
③ 현금흐름위험회피의 위험회피수단평가손익 중 효과적인 부분
④ 관계기업의 재분류되는 기타포괄손익에 대한 지분

04 다음은 자산에 속하는 계정들의 잔액이다. 재무상태표에 유동자산으로 계상될 금액은 얼마인가?

(가) 단기대여금	50,000원
(나) 매출채권	200,000원
(다) 재고자산	300,000원
(라) 선급금	100,000원
(마) 기계장치	450,000원
(바) 개발비	200,000원

① 250,000원
② 550,000원
③ 650,000원
④ 750,000원

05 다음 중 재무제표 보고기간 후에 발생한 사건에 대한 설명으로 가장 올바르지 않은 것은?

① 수정을 요하지 않는 보고기간 후 사건의 예로 보고기간 말과 재무제표 발행 승인일 사이에 투자자산의 공정가치의 하락을 들 수 있다.
② 수정을 요하지 않는 보고기간 후 사건으로서 중요한 것은 그 범주별로 사건의 성격이나 재무적 영향에 대한 추정치 등을 공시하여야 한다.
③ 수정을 요하는 보고기간 후 사건의 예로 보고기간 말 이전에 구입한 자산의 취득원가나 매각한 자산의 대가를 보고기간 후에 결정하는 경우 등을 들 수 있다.
④ 수정을 요하는 보고기간 후 사건이란 보고기간 후에 발생한 상황을 나타내는 사건을 말한다.

06 다음 중 재고자산에 대한 설명으로 가장 옳은 것은?

① 재고자산은 취득원가와 순실현가능가치 중 높은 금액으로 측정한다.
② 매입할인, 리베이트 및 기타 유사한 항목은 매입원가를 결정할 때 차감하지 않는다.
③ 재고자산을 현재의 장소에 현재의 상태로 이르게 하는데 기여하지 않은 관리간접원가는 재고자산의 취득원가에 포함한다.
④ 판매원가는 재고자산의 취득원가에 포함하지 않는다.

07 (주)삼일은 창업연도부터 개별법으로 재고자산을 평가해왔으나, 회사의 규모가 커지고 판매상품의 종류가 많아짐에 따라 재고자산평가방법을 선입선출법으로 변경하고자 한다. 재고자산평가방법을 선입선출법으로 변경할 경우 (주)삼일의 기말재고자산 금액은 얼마인가?

	수 량	단 가	금 액
전기이월	1,000개	1,000원	1,000,000원
2월 3일 구입	2,000개	1,500원	3,000,000원
8월 7일 판매	2,750개		
9월 5일 구입	3,000개	2,000원	6,000,000원
기 말	3,250개		

① 5,375,000원 ② 6,000,000원
③ 6,375,000원 ④ 6,500,000원

08 다음은 (주)삼일의 20X1년 재고수불부이다. (주)삼일은 20X1년 1월 1일에 설립되었으며, (주)삼일의 김사장은 기말재고자산을 총평균법으로 평가할지 선입선출법으로 평가할지 고민 중이다. 재고자산평가방법에 관한 설명으로 가장 올바르지 않은 것은?

	수 량	단 가	금 액
5월 5일 구입	3,000개	2,000원	6,000,000원
6월 6일 구입	7,000개	3,000원	21,000,000원
9월 9일 판매	8,500개		
기 말	1,500개		

※ 단, 매출총이익률 = 매출총이익/매출액

① 기말재고자산금액은 선입선출법을 적용했을 때보다 총평균법을 적용하였을 경우 450,000원만큼 작다.
② 매출총이익률은 선입선출법을 적용했을 때보다 총평균법을 적용했을 경우 상대적으로 더 크다.
③ 매출원가는 선입선출법을 적용했을 때보다 총평균법을 적용하였을 경우 450,000원만큼 크다.
④ 당기순이익은 선입선출법을 적용했을 때보다 총평균법을 적용하였을 경우 450,000원만큼 작다.

09 다음은 의류 제조업을 영위하는 (주)삼일이 20X1년 1월 1일에 취득한 자산의 목록이다. 동 자산의 취득으로 인하여 20X1년 말에 증가할 유형자산의 금액은 얼마인가?(단, (주)삼일은 모든 상각대상 유형자산에 대하여 내용연수 4년, 정액법, 잔존가치 0원을 적용한다)

ㄱ. 본사 사옥 건설을 위해 취득한 토지	10억원
ㄴ. 임대수익을 얻을 목적으로 취득한 건물	8억원
ㄷ. 재고자산의 운송을 위해 취득한 설비자산	2억원
ㄹ. 제조공장 내 구축물을 자체 건설하는데 소요된 원가(20X1년 말 현재 건설 중임)	1억원

① 12억원
② 12.5억원
③ 13억원
④ 21억원

10 다음 중 유형자산의 취득원가에 관한 설명으로 가장 올바르지 않은 것은?

① 토지는 취득세, 등록세 등 취득부대원가를 가산한 금액을 취득원가로 한다.
② 토지만 사용할 목적으로 토지와 건물을 일괄구입하는 경우 일괄구입대가 모두 토지의 취득원가로 처리한다.
③ 토지와 건물 일괄구입 후 기존 건물을 철거할 때 발생하는 건물철거비용은 토지의 원가에 가산한다.
④ 토지와 건물 일괄구입 후 기존 건물 철거로 발생한 폐자재들을 처리하는 비용이 발생하는 경우 당기손실로 처리한다.

11 통신업을 영위하고 있는 (주)삼일은 20X1년 7월 1일 5억원에 취득하여 사용해 오던 건물 A(내용연수 10년, 정액법, 잔존가치 0원)를 20X5년 1월 1일 3억원에 처분하였다. 다음 중 (주)삼일이 건물 A의 처분과 관련하여 20X5년 포괄손익계산서에 인식할 계정과 금액으로 가장 옳은 것은?(단, (주)삼일은 건물을 원가모형으로 후속측정한다)

① 유형자산처분이익 25,000,000원
② 유형자산처분이익 12,500,000원
③ 유형자산처분손실 25,000,000원
④ 유형자산처분손실 12,500,000원

12 다음은 (주)삼일의 프로젝트 개발활동과 관련된 지출내용이다. 무형자산(개발비)으로 회계처리가 가능한 금액은 얼마인가?

프로젝트	금 액	내 용
가	350,000원	프로젝트 연구단계에서의 지출
나	900,000원	프로젝트 개발단계에서의 지출로 자산인식조건을 만족시킴
다	1,000,000원	프로젝트 개발단계에서의 지출로 자산인식조건을 만족시키지 못함
라	250,000원	프로젝트 개발과 관련된 내부개발 소프트웨어로 자산인식조건을 만족시킴

① 900,000원
② 1,150,000원
③ 1,500,000원
④ 1,600,000원

13 다음 중 무형자산의 상각에 대한 설명으로 가장 올바르지 않은 것은?

① 내용연수가 유한한 무형자산은 내용연수 동안 상각하지만 내용연수가 비한정인 무형자산은 상각하지 않는다.
② 무형자산의 잔존가치는 처분으로 회수가능한 금액을 근거로 하여 추정하며, 적어도 매 회계기간 말에 검토한다.
③ 무형자산의 상각방법을 변경하는 경우에는 회계추정의 변경으로 본다.
④ 내용연수가 비한정인 무형자산이란 내용연수가 무한하여 미래 경제적 효익이 무한할 것으로 기대되는 무형자산을 의미한다.

14 다음 중 투자부동산의 후속 측정에 관한 설명으로 가장 옳은 것은?

① 투자부동산으로 분류된 건물에 대하여 공정가치모형을 적용할 경우 감가상각은 하지 않는다.
② 투자부동산은 보고기간 말에 공정가치모형과 원가모형 중 하나를 선택하여 각각의 투자부동산에 다르게 선택하여 적용할 수 있다.
③ 투자부동산의 공정가치모형 적용 시 공정가치 변동으로 발생하는 손익은 당기손익에 반영하지 않는다.
④ 투자부동산은 원가모형만 적용이 가능하다.

15 다음 중 상각후원가 측정 금융자산에 관한 설명으로 가장 올바르지 않은 것은?

① 원칙적으로 지분상품은 상각후원가 측정 금융자산으로 분류될 수 없다.
② 상각후원가 측정 금융자산은 유효이자율법을 적용하여 상각후원가로 평가한다.
③ 원칙적으로 모든 채무증권은 상각후원가 측정 금융자산으로 분류한다.
④ 상각후원가 측정 금융자산 취득 시 지출된 거래원가는 취득원가에 우선 가산한 후 유효이자율법에 의해 이자수익에 가감된다.

16 (주)서울은 20X1년 초에 (주)용산의 주식 1,000주를 취득하고 당기손익-공정가치 측정 금융자산으로 분류하였다. 20X2년 초에 1,000주를 공정가치로 처분한 경우 (주)서울이 20X2년의 포괄손익계산서에 계상할 처분손익은 얼마인가?

일 자	구 분	주당 금액
20X1년 1월 3일	취득원가	10,000원
20X1년 12월 31일	공정가치	9,500원
20X2년 1월 1일	공정가치	10,200원

① 손실 500,000원
② 손실 200,000원
③ 이익 200,000원
④ 이익 700,000원

17 다음 중 금융자산 제거의 경제적 실질 판단 요소에 포함되는 사항으로 가장 올바르지 않은 것은?

① 법률상 금융자산의 이전 여부
② 금융자산의 소유에 따른 위험과 보상의 이전 여부
③ 금융자산의 현금흐름 양도에 대한 판단
④ 금융자산에 대한 통제권 상실 여부

18 (주)삼일은 20X1년 1월 1일에 만기 3년, 액면금액 100,000,000원, 표시이자율 10%인 사채를 발행하였다. 이자는 매년 말에 지급되고 사채 발행시점의 유효이자율은 8%라고 할 때 사채의 발행가액은 얼마인가?

8%	1년	2년	3년	합 계
현가계수	0.92593	0.85734	0.79383	2.57710

① 100,000,000원
② 103,197,900원
③ 105,154,000원
④ 106,245,000원

19 다음 중 전환사채에 대한 설명으로 가장 올바르지 않은 것은?

① 전환사채는 전환사채소유자가 일정한 조건하에 전환권을 행사할 수 있는 사채로, 일반사채보다 표면금리가 낮게 책정된다.
② 전환권에 대한 대가가 자본으로 분류되는 전환사채는 복합금융상품에 해당한다.
③ 전환사채 만기에 주식으로 전환되지 못했을 경우 투자자에게 지급되는 상환할증금은 지급이 확정된 시점에서 인식한다.
④ 전환권조정은 사채할인발행차금과 마찬가지로 상환기간 동안 유효이자율법을 적용하여 상각하고 상각된 금액은 이자비용으로 인식한다.

20 전자제품을 판매하는 (주)삼일은 확신유형의 보증으로 판매 후 1년간 판매한 제품에서 발생하는 결함을 무상으로 수리해주고 있다. 과거의 판매경험에 의하면 제품보증비용은 매출액의 5%가 발생할 것으로 예상된다. (주)삼일의 20X1년도 매출액이 200억원이고 20X1년 중 발생된 제품보증비용이 7억원인 경우, 포괄손익계산서에 계상되는 20X1년도 제품보증비는 얼마인가?

① 0억원
② 3억원
③ 7억원
④ 10억원

21 다음은 (주)삼일의 제1기 말(20X1년 12월 31일) 현재의 주요 재무정보이다. (주)삼일은 제1기에 증자 및 배당 등 다른 자본거래가 없었다. (주)삼일의 20X1년 당기순이익은 1,500,000,000원이고, 주당 액면금액은 5,000원일 때 20X1년 말 현재 자본에 대한 설명으로 가장 올바르지 않은 것은?

자본금	5,000,000,000원
주식발행초과금	3,500,000,000원
…	…
자본총계	10,000,000,000원

① (주)삼일의 법정자본금은 5,000,000,000원이다.
② (주)삼일의 발행주식수는 1,000,000주이다.
③ (주)삼일의 기말 이익잉여금은 1,500,000,000원이다.
④ (주)삼일의 주식발행금액은 주당 10,000원이다.

22 다음 중 자기주식에 관한 설명으로 가장 올바르지 않은 것은?

① 주식을 발행한 회사가 자사발행주식을 재취득한 주식을 말한다.
② 자기주식의 매각이나 소각에 따른 손실은 자기주식처분이익으로 우선 상계한다.
③ 상법상 자기주식취득은 주가수준 유지나 stock option과 같은 특별한 경우에 한하여 인정하고 있다.
④ 자기주식처분에 따른 손실에 대한 자기주식처분이익 상계 후 잔액은 결손금 처리순서에 준하여 처리한다.

23 기업은 고객에게 약속한 재화나 용역을 이전하여 수행의무를 이행할 때 수익을 인식하여야 하는데, 만약 수행의무가 한 시점에 이행되는 경우라면 고객이 약속된 자산을 통제하고 기업이 의무를 이행하는 시점에서 수익을 인식한다. 여기서 고객이 자산을 통제하는 시점의 예로 가장 올바르지 않은 것은?

① 판매기업이 자산에 대해 현재 지급청구권이 있다.
② 판매기업이 자산의 물리적 점유를 이전하였다.
③ 판매기업에게 자산의 법적 소유권이 있다.
④ 자산의 소유에 따른 유의적인 위험과 보상이 고객에게 있다.

24 (주)삼일은 20X1년 12월 31일 (주)반품에 50,000,000원(원가 30,000,000원)의 제품을 판매하고 1년 이내 반품할 수 있는 권리를 부여하였다. 인도일 현재 판매금액 중 10,000,000원이 반품될 것으로 예상된다면 (주)삼일이 20X1년에 인식할 매출원가는 얼마인가?

① 21,000,000원
② 24,000,000원
③ 27,000,000원
④ 30,000,000원

25 다음 중 건설계약에 관한 설명으로 가장 올바르지 않은 것은?

① 진행률 계산 시 발주자에게서 받은 기성금과 선수금도 공사의 정도를 반영하므로 이를 기준으로 진행률을 결정할 수 있다.
② 공사가 완료된 후에 일정기간 발생하는 하자보수원가를 추정하여 하자보수비로 인식하고 상대계정으로 하자보수충당부채를 인식한다.
③ 계약수익은 수령하였거나 수령할 대가의 공정가치로 측정한다.
④ 진행률은 보고기간 말마다 다시 측정하며 진행률의 변동은 회계추정의 변경으로 회계처리한다.

26 (주)삼일건설은 20X1년 1월 1일에 대전시로부터 교량건설을 총공사계약액 50,000,000원에 수주하였다. 공사기간은 20X1년 1월 1일부터 20X3년 12월 31일까지이다. 추정 총계약원가는 40,000,000원으로 공사기간 동안 변동이 없으며, 회사는 누적발생계약원가에 기초하여 공사진행률을 측정하고 있다. 20X1년과 20X2년 계약수익이 다음과 같을 때 20X2년 말 누적공사진행률을 계산한 것으로 가장 옳은 것은?

ㄱ. 20X1년 계약수익	20,000,000원
ㄴ. 20X2년 계약수익	10,000,000원

① 10%
② 20%
③ 40%
④ 60%

27 다음 중 확정급여형 퇴직급여제도와 관련하여 당기손익으로 인식되는 항목으로 가장 올바르지 않은 것은?

① 당기근무원가
② 이자원가
③ 보험수리적손익
④ 과거근무원가

28 (주)삼일은 20X1년 1월 1일 임원 10명에게 2년의 용역제공조건(20X1년 1월 1일 ~ 20X2년 12월 31일)으로 1인당 주식결제형 주식선택권 100개를 부여하였다. 부여일 현재 주식선택권의 단위당 공정가치는 100원으로 추정되며 추정권리상실률은 20%로 예상되는 경우 (주)삼일이 20X1년 중 인식할 주식보상비용은 얼마인가?

① 40,000원
② 50,000원
③ 80,000원
④ 100,000원

29 20X1년 초 사업을 개시한 (주)삼일의 과세소득과 관련된 다음 자료를 이용하여 20X1년 말 재무상태표상의 이연법인세자산(부채)금액을 구하면 얼마인가?

법인세비용차감전순이익	4,000,000원
가산(차감)조정	
접대비한도초과액	600,000원
감가상각비한도초과액	900,000원
과세표준	5,500,000원
세 율	25%

〈추가자료〉

ㄱ. 차감할 일시적차이가 사용될 수 있는 미래과세소득의 발생가능성은 높다고 가정한다.

ㄴ. 감가상각비한도초과액에 대한 일시적차이는 20X2년, 20X3년, 20X4년에 걸쳐 300,000원씩 소멸하며, 일시적차이가 소멸될 것으로 예상되는 기간의 과세소득에 적용될 것으로 기대되는 평균세율은 다음과 같다.

연 도	20X2년	20X3년	20X4년
세 율	25%	30%	30%

① 이연법인세부채 225,000원　② 이연법인세자산 255,000원

③ 이연법인세부채 325,000원　④ 이연법인세자산 375,000원

30 (주)삼일은 결손이 누적되고 미래 과세소득이 발생하지 않을 것이라 판단하여 미사용 세무상 결손금에 대하여 더 이상 이연법인세자산을 인식하지 않기로 하였다. 전기까지 인식하였던 세무상 결손금에 대한 이연법인세자산을 더 이상을 인식하지 않을 경우 (주)삼일의 재무제표에 미치는 영향으로 가장 옳은 것은?

① 부채비율(부채/자본)의 감소

② 법인세비용의 증가

③ 당기순이익 증가

④ 법인세비용차감전순이익의 감소

31 다음 중 회계추정의 변경에 해당하는 것으로 가장 올바르지 않은 것은?

① 수취채권의 대손상각률 변경

② 재고자산 원가흐름의 가정을 선입선출법에서 평균법으로 변경

③ 유형자산 감가상각방법의 변경

④ 유형자산 내용연수의 변경

32 다음 정보를 이용하여 (주)삼일의 주가를 계산하면 얼마인가?

ㄱ. 업종 평균 주가수익률(PER)	10배
ㄴ. (주)삼일의 당기순이익	50,000원
ㄷ. (주)삼일의 가중평균유통보통주식수	1,000주

① 500원
② 5,000원
③ 10,000원
④ 50,000원

33 (주)삼일은 20X1년 1월 1일 (주)용산의 보통주 40%를 4,000,000원에 취득하였고 그 결과 (주)용산에 유의적인 영향력을 행사할 수 있게 되었다. 주식 취득일 현재 (주)용산의 순자산 공정가치가 9,000,000원인 경우 관계기업투자주식의 취득원가 중 영업권에 해당하는 금액은 얼마인가?

① 0원
② 160,000원
③ 400,000원
④ 5,000,000원

34 다음 중 환율변동효과와 관련하여 괄호 안에 들어갈 단어로 가장 옳은 것은?

기능통화와 표시통화가 다른 경우 표시통화로 재무상태와 경영성과를 환산하여 보고해야 한다. 재무상태표의 자산과 부채는 (ㄱ)을 적용하고, 포괄손익계산서의 수익과 비용은 (ㄴ)을 적용하되 환율이 유의적으로 변동하지 않을 경우에는 (ㄷ)을 적용할 수 있다.

	(ㄱ)	(ㄴ)	(ㄷ)
①	보고기간 말의 마감환율	해당 거래일의 환율	해당 기간의 평균환율
②	보고기간 말의 마감환율	해당 기간의 평균환율	해당 거래일의 환율
③	해당 기간의 평균환율	보고기간 말의 마감환율	해당 거래일의 환율
④	해당 기간의 평균환율	해당 거래일의 환율	보고기간 말의 마감환율

35 외화거래를 최초로 인식하는 경우 거래일의 외화와 기능통화 사이의 현물환율을 외화금액에 적용하여 기능통화로 기록한다. 다음의 외화자산 및 부채 중 보고기간 말의 마감환율을 적용하여 환산하여야 할 화폐성항목으로 가장 올바르지 않은 것은?

① 선수금
② 매입채무
③ 매출채권
④ 장기차입금

36 다음 거래목적 중 파생상품평가손익을 당기손익으로 처리하지 않는 것은?

① 매매목적으로 체결한 파생상품의 평가손익
② 공정가치위험회피 목적으로 체결한 파생상품의 평가손익
③ 현금흐름위험회피 목적으로 체결한 파생상품의 평가손익 중 위험회피에 효과적인 부분
④ 현금흐름위험회피 목적으로 체결한 파생상품의 평가손익 중 위험회피에 효과적이지 못한 부분

37 다음 중 리스와 관련된 용어에 대한 설명으로 가장 올바르지 않은 것은?

① 리스총투자는 금융리스에서 리스제공자가 받게 될 리스료와 무보증잔존가치의 합계액을 말한다.
② 리스순투자는 리스총투자를 리스의 내재이자율로 할인한 금액을 말하며, 리스개시일 현재 기초자산의 공정가치와 리스제공자가 지출한 리스개설직접원가로 구성된다.
③ 변동리스료는 리스기간 중에 기초자산의 사용권에 대하여 리스이용자가 리스제공자에게 지급하는 리스료의 일부로서 시간의 경과가 아닌 리스개시일 후 사실이나 상황의 변화 때문에 달라지는 부분을 말한다.
④ 내재이자율은 리스제공자의 목표수익률을 의미하며, 내재이자율 산정 시에는 리스료만을 고려하고 무보증잔존가치는 제외한다.

38 (주)삼일리스는 20X1년 1월 1일(리스약정일)에 (주)대구(리스이용자)와 기계장치에 대한 금융리스계약을 체결하였으며, 관련 자료는 다음과 같다. 이러한 리스거래로 인하여 리스이용자인 (주)대구가 20X1년에 인식할 감가상각비는 얼마인가?(단, 계산금액은 소수점 첫째 자리에서 반올림함을 원칙으로 하고, 가장 근사치를 답으로 선택한다)

ㄱ. 리스기간 : 3년(리스기간 종료 시 (주)대구는 소유권을 이전 받음)
ㄴ. 리스료 총액 : 300,000원(매 100,000원씩 매년 말 3회 후불)
ㄷ. 기초자산의 취득원가 : 240,183원(리스약정일의 공정가치와 동일)
ㄹ. 기초자산의 내용연수와 잔존가치 : 내용연수 5년, 잔존가치 40,183원
ㅁ. 리스의 내재이자율 : 연 12%
ㅂ. 이자율 12 %, 3년 연금현가계수 : 2.40183
이자율 12 %, 3년 현가계수 : 0.71178

① 24,018원　② 28,822원
③ 40,000원　④ 68,822원

39 다음은 (주)삼일의 매입활동과 관련된 재무상태표와 포괄손익계산서의 일부이다.

ㄱ. 재무상태표 일부

구 분	20X0년 12월 31일	20X1년 12월 31일
매입채무	10,000,000원	35,000,000원

ㄴ. 당기 재고자산 매입액은 160,000,000원이다.

(주)삼일의 모든 매입은 외상으로 이루어진다고 할 때, 20X1년 중 (주)삼일이 매입처에 지급한 현금은 얼마인가?

① 120,000,000원 ② 135,000,000원
③ 155,000,000원 ④ 185,000,000원

40 다음은 (주)삼일의 20X1년 영업활동에 관련된 자료이다. 20X1년 12월 31일로 종료되는 회계연도에 (주)삼일의 현금흐름표에 보고되어야 할 영업활동 현금흐름은 얼마인가?(단, 상기 자료 이외에 간접법으로 현금흐름표 작성 시 고려할 사항은 없다고 가정함)

당기순이익	15,000,000원
매출채권의 증가	3,000,000원
매입채무의 감소	2,500,000원
감가상각비	1,000,000원

① 8,500,000원 ② 9,000,000원
③ 10,000,000원 ④ 10,500,000원

세무회계

41 다음 중 조세에 관한 설명으로 가장 올바르지 않은 것은?

① 조세는 금전납부가 원칙이다.
② 조세는 법률에 규정된 과세요건을 충족한 모든 자에게 부과된다.
③ 위법행위에 대한 제재를 목적을 두고 있는 벌금, 과태료는 조세에 해당한다.
④ 조세는 납세자가 납부한 세액에 비례하여 개별적 보상을 제공하지 않는다.

42 **다음 중 국세기본법상 특수관계인에 관한 설명으로 가장 올바르지 않은 것은?**

① 본인이 법인인 경우 해당 법인의 임원은 특수관계인에 해당한다.

② 본인이 법인인 경우 해당 법인에 지배적인 영향력을 행사하는 주주는 특수관계인에 해당한다.

③ 본인이 개인인 경우 해당 개인의 3촌 이내의 인척은 특수관계인에 해당한다.

④ 본인이 법인인 경우 해당 법인의 소액주주는 특수관계인에 해당한다.

43 **다음 중 국세 부과의 원칙에 관한 설명으로 가장 올바르지 않은 것은?**

① 신의성실의 원칙이란 납세자가 그 의무를 이행할 때에는 신의에 따라 성실하게 하여야 한다는 원칙으로 세무공무원의 직무수행에는 적용되지 않는다.

② 근거과세의 원칙이란 장부 등 직접적인 자료에 입각하여 납세의무를 확정해야 한다는 원칙이다.

③ 조세감면 사후관리란 세법이 정하는 바에 따라 감면한 세액에 상당하는 자금 또는 자산의 운용범위를 정할 수 있는 원칙이다.

④ 실질과세의 원칙은 조세평등주의를 구체화한 국세 부과의 원칙이다.

44 **다음 자료를 기초로 (주)삼일의 제25기(2025년 1월 1일 ~ 2025년 12월 31일) 법인세 산출세액을 계산하면 얼마인가?**

손익계산서

2025년 1월 1일 ~ 2025년 12월 31일

(주)삼일	(단위 : 원)
매출액	950,000,000
매출원가	600,000,000
급 여	126,000,000
감가상각비	24,000,000
법인세비용차감전순이익	200,000,000

• 손익계산서의 수익과 비용은 다음을 제외하고 모두 세법상 적정하게 계상되어 있다.
  - 급여 126,000,000원에는 대표이사에 대한 상여금 한도초과액 10,000,000원이 포함되어 있다.
  - 감가상각비 24,000,000원에 대한 세법상 감가상각범위액은 14,000,000원이다.
  - 법인세율(과세표준 2억원 이하 9%, 2억원 초과 200억원 이하분 19%)

① 19,900,000원 ② 21,800,000원

③ 23,700,000원 ④ 25,600,000원

45 **다음 중 법인세법상 결산조정사항과 신고조정사항에 관한 설명으로 가장 올바르지 않은 것은?**

① 결산조정사항은 원칙적으로 회계상 비용으로 계상한 경우에만 세무상 손금으로 인정받을 수 있는 사항이다.

② 신고조정사항은 기업회계 결산 시 기장처리하지 않고 법인세 과세표준신고의 과정에서 세무조정계산서에만 계상함으로써 세무회계상 인정받을 수 있는 사항이다.

③ 결산조정사항을 결산 시 손금에 산입하지 않고 법인세 신고기한이 경과한 경우에는 경정청구를 통해 정정이 가능하다.

④ 법인세법상 준비금은 결산조정사항이지만 조세특례제한법상 준비금은 신고조정이 가능하다.

46 **다음 중 법인세법상 익금에 관한 설명으로 가장 올바르지 않은 것은?**

① 자산수증이익과 채무면제이익은 익금이지만 세무상 이월결손금의 보전에 충당된 부분은 익금불산입항목이다.

② 법인이 특수관계인인 개인 또는 법인으로부터 유가증권을 시가보다 낮은 가액으로 매입하는 경우 동 매입가액과 시가의 차액은 익금으로 본다.

③ 손금에 산입한 금액이 환입된 경우 동 금액은 익금이다.

④ 자기주식의 양도금액은 익금에 해당하며, 그 장부가액은 손금에 해당한다.

PART 4

47 **다음 중 법인세법상 손금불산입 항목에 관한 설명으로 가장 올바르지 않은 것은?**

① 주식을 액면에 미달하는 가액으로 발행하는 경우에, 그 액면에 미달하는 금액인 주식할인발행차금은 손금불산입항목이다.

② 잉여금 처분항목은 확정된 소득의 처분사항이므로 손금으로 인정되지 않는다.

③ 세법상 재고자산평가방법을 저가법으로 신고한 법인이 계상한 재고자산평가손실은 자산의 임의적 평가손실로 간주되므로 손금으로 인정되지 않는다.

④ 제반 법령이나 행정명령을 위반하여 부과된 벌금・과료・과태료를 손금으로 인정해 주면 징벌효과가 감소되므로 손금으로 인정되지 않는다.

48 **다음 중 법인세법상 손익의 귀속시기에 대한 설명으로 가장 올바르지 않은 것은?**

① 원천징수되지 아니하는 이자소득에 대해 발생주의에 따라 장부상 미수수익을 계상한 경우 익금으로 인정한다.

② 임대료 지급기간이 1년을 초과하는 경우 이미 경과한 기간에 대응하는 임대료 상당액과 비용은 이를 각각 당해 사업연도의 익금과 손금으로 한다.

③ 부동산의 경우 대금청산일, 소유권이전등기일, 인도일, 사용수익일 중 가장 빠른 날을 귀속시기로 한다.

④ 법인이 잉여금처분으로 수입하는 배당금은 실제 배당금을 지급받는 날이 속하는 사업연도의 익금에 산입한다.

49 **(주)삼일은 재고자산 평가방법을 총평균법으로 신고하였으나 평가방법 변경신고를 하지 아니하고 후입선출법에 의하여 기말재고자산을 평가하였다. 각 평가방법에 따른 재고자산평가금액이 다음 자료와 같을 경우 필요한 세무조정으로 가장 옳은 것은?(단, (주)삼일은 부동산 매매기업이 아님)**

총평균법에 의한 기말재고자산 평가액	10,000,000원
이동평균법에 의한 기말재고자산 평가액	11,000,000원
선입선출법에 의한 기말재고자산 평가액	12,000,000원
후입선출법에 의한 기말재고자산 평가액	9,000,000원

① (익금산입) 재고자산평가감 1,000,000원(유보)

② (익금산입) 재고자산평가감 3,000,000원(유보)

③ (손금산입) 재고자산평가증 1,000,000원(△유보)

④ (손금산입) 재고자산평가증 2,000,000원(△유보)

50 **다음 중 법인세법상 감가상각비에 관한 설명으로 가장 올바르지 않은 것은?**

① 시설의 개체 또는 기술의 낙후로 인하여 생산설비의 일부를 폐기한 경우 시부인 계산과정을 거치지 않고 해당 자산의 장부가액 전액을 손금으로 인정할 수 있다.

② 유형자산의 잔존가액은 0(영)으로 하는 것이 원칙이다.

③ 기계장치의 감가상각방법을 신고하지 아니한 경우에는 정률법을 적용한다.

④ 사업연도 중에 취득하여 사업에 사용한 감가상각자산에 대한 상각범위액은 사업에 사용한 날부터 당해 사업연도 종료일까지의 월수에 따라 계산한다.

51 (주)삼일은 2024년 1월 1일에 기계장치를 100,000,000원에 취득하였다. 회사는 세법상 기계장치에 대한 감가상각방법을 정액법으로, 내용연수는 5년으로 신고하였으며 잔존가치는 없다고 가정한다. 회사가 2025년 감가상각비로 18,000,000원을 계상한 경우, 다음 각 상황에 따른 세무조정으로 가장 옳은 것은?

> 상황 1. 전기 상각부인액이 2,000,000원이 있는 경우
> 상황 2. 전기 시인부족액이 1,000,000원이 있는 경우
> 상황 3. 전기 상각부인액이나 전기 시인부족액이 없는 경우

	상황 1	상황 2	상황 3
①	〈손금산입〉 2,000,000원	세무조정 없음	세무조정 없음
②	〈손금불산입〉 2,000,000원	〈손금산입〉 1,000,000원	〈손금불산입〉 2,000,000원
③	〈손금불산입〉 2,000,000원	〈손금불산입〉 1,000,000원	세무조정 없음
④	〈손금산입〉 2,000,000원	세무조정 없음	〈손금불산입〉 2,000,000원

52 다음 기부금 중 세법상 성격이 다른 것으로 가장 옳은 것은?

① 사회복지공동모금회에 지출하는 기부금
② 의료법인의 고유목적사업비로 지출하는 기부금
③ 사립학교 시설비를 위해 지출하는 기부금
④ 천재지변으로 인한 이재민을 위한 구호금품

PART 4

53 2024년에 사업을 개시한 (주)삼일의 연도별 일반기부금에 대한 자료가 다음과 같을 때, 2024년과 2025년의 세무조정으로 가장 올바른 것은?

연 도	일반기부금 지출액	일반기부금 한도액
2024년	1,500만원	1,000만원
2025년	2,000만원	2,300만원

① 2024년 : 〈손금불산입〉 일반기부금한도초과 500만원
2025년 : 〈손금산입〉 일반기부금한도초과이월 500만원
〈손금불산입〉 일반기부금한도초과 200만원
② 2024년 : 〈손금불산입〉 일반기부금한도초과 500만원
2025년 : 〈손금산입〉 일반기부금한도초과이월 200만원
③ 2024년 : 〈손금불산입〉 일반기부금한도초과 300만원
2025년 : 〈손금산입〉 일반기부금한도초과이월 300만원
④ 2024년 : 〈손금불산입〉 일반기부금한도초과 500만원
2025년 : 세무조정 없음

54 **(주)삼일의 담당 회계사인 김삼일 회계사가 (주)삼일의 제25기 사업연도(2025년 1월 1일 ~ 2025년 12월 31일) 기업업무추진비에 대하여 자문한 다음 내용 중 가장 올바르지 않은 것은?**

① 기업업무추진비를 금전이 아닌 현물로 제공한 경우에는 시가와 장부가액 중 큰 금액을 기업업무추진비로 보아야 합니다.

② 기업업무추진비와 관련된 부가가치세 매입세액은 불공제되며, 전액 손금불산입하여야 합니다.

③ 문화 관련 기업업무추진비는 일반기업업무추진비 한도액의 20% 범위 내에서 추가로 손금에 산입합니다.

④ 2025년 12월에 신용카드로 접대 행위를 하고, 2026년 1월에 신용카드 대금을 결제한 경우에는 이를 2025년의 기업업무추진비로 처리하여야 합니다.

55 **다음은 (주)삼일의 제25기(2025년 1월 1일 ~ 2025년 12월 31일) 기업업무추진비 보조원장을 요약 정리한 것이다. 다음 중 (주)삼일의 제25기 세무조정으로 가장 옳은 것은?(단, 법인세법상 기업업무추진비 한도액은 20,000,000원이다)**

〈기업업무추진비 보조원장〉

적 요	금 액	비 고
거래처 기업업무추진비(1건)	500,000원	증빙 미수취분
거래처 기업업무추진비(5건)	100,000원	건당 2만원인 영수증 5매 수취
거래처 기업업무추진비(1건)	200,000원	경조금
거래처 기업업무추진비(23건)	22,200,000원	신용카드 매출전표 수취분
합 계	23,000,000원	

① (손금불산입) 증빙없는 기업업무추진비 500,000원(상여)

② (손금불산입) 기업업무추진비한도초과액 3,000,000원(기타사외유출)

③ (손금불산입) 증빙없는 기업업무추진비 500,000원(상여)
(손금불산입) 기업업무추진비한도초과액 2,500,000원(기타사외유출)

④ (손금불산입) 증빙없는 기업업무추진비 600,000원(상여)
(손금불산입) 기업업무추진비한도초과액 2,400,000원(기타사외유출)

56 **다음 중 특수관계인에 대한 업무무관가지급금과 관련한 법인세법상 처리내용으로 옳은 것을 모두 고르면?**

ㄱ. 사업연도 동안 발생한 이자비용 중 특수관계인에 대한 업무무관가지급금에 상당하는 금액은 손금불산입한다.
ㄴ. 특수관계인에 대한 업무무관가지급금에 대하여 이자를 받지 않거나 또는 법인세법상 적정이자율보다 낮은 이율로 대여한 경우 적정이자율로 계산한 이자상당액 또는 이자상당액과의 차액을 익금산입한다.
ㄷ. 특수관계인에 대한 업무무관가지급금은 대손충당금 설정대상 채권에 포함하지 않는다.

① ㄱ
② ㄱ, ㄷ
③ ㄴ, ㄷ
④ ㄱ, ㄴ, ㄷ

57 **다음 중 손금불산입 대상인 지급이자와 이에 대한 소득처분을 연결한 것으로 가장 옳은 것은?(단, 지급이자에 대한 원천징수는 고려하지 않는다)**

	구 분	소득처분
①	채권자 불분명 사채이자	배 당
②	비실명채권·증권의 이자상당액	기타사외유출
③	건설자금이자	유 보
④	업무무관자산 등 관련이자	기 타

PART 4

58 **다음 중 법인세법상 퇴직급여충당금에 관한 설명으로 가장 올바르지 않은 것은?**

① 퇴직급여충당금 설정액 중 한도초과액은 손금불산입하고 유보로 소득처분한다.
② 퇴직급여충당금은 법인의 장부에 비용으로 계상한 경우에만 손금에 산입할 수 있는 결산조정사항이다.
③ 퇴직금추계액은 일시퇴직기준 퇴직급여추계액과 보험수리적기준에 의한 퇴직급여추계액 중 작은 금액으로 한다.
④ 퇴직급여충당금 한도액 계산 시 기준이 되는 총급여액이란 근로제공으로 인한 봉급·상여·수당 등을 말하는 것으로 손금불산입되는 인건비와 인정상여 등은 포함되지 않는다.

59 **다음 중 준비금에 관한 설명으로 가장 올바르지 않은 것은?**

① 비영리내국법인은 법인세법에 따라 고유목적사업준비금을 손금에 산입할 수 있다.
② 준비금은 법인세법에서만 규정하고 있고, 조세특례제한법에서 규정하는 준비금은 현재 없다.
③ 보험업을 영위하는 법인은 책임준비금을 손금에 산입할 수 있다.
④ 전입한 준비금은 일정기간이 경과한 후에 다시 익금산입하여야 한다.

60 다음 중 법인세의 신고와 납부에 대한 설명으로 가장 옳은 것은?

① 법인세 납세의무가 있는 모든 내국법인은 각 사업연도 종료일이 속하는 달의 말일로부터 4개월 이내에 법인세 과세표준과 세액을 신고하여야 한다.
② 법인세 과세표준 신고 시 필수적 첨부서류인 개별법인의 재무상태표, 포괄손익계산서 및 합계잔액시산표를 첨부하여야 한다.
③ 각 사업연도 소득금액이 없거나 결손금이 있는 경우에도 법인세 과세표준 신고의무가 있다.
④ 중간예납 시 직전 사업연도 부담세액의 50%를 중간예납세액으로 납부하여야 하므로 전기 납부세액이 없는 경우 중간예납을 할 필요가 없다.

61 다음 중 소득세법에 관한 설명으로 가장 옳은 것은?

① 소득세법은 열거주의에 의해 과세대상소득을 규정하고 있으므로 열거되지 아니한 모든 소득은 과세되지 않는다.
② 개인별 소득을 기준으로 과세하는 개인단위과세제도를 원칙으로 하나, 부부인 경우에는 합산과세한다.
③ 신규사업자의 과세기간은 사업개시일로부터 12월 31일까지의 기간을 1과세기간으로 한다.
④ 소득세는 신고납세제도를 채택하고 있으므로 납세의무자는 과세기간의 다음 연도 5월 1일 ~ 5월 31일까지 과세표준확정신고를 함으로써 소득세가 확정된다.

62 다음은 2025년 중 각 거주자가 얻은 금융소득에 대한 자료이다. 금융소득에 대하여 종합과세를 적용받는 사람은 누구인가?(단, 자료 이외의 금융소득은 없다)

지수 : 비실명 이자소득 5,000,000원
제니 : 보험기간이 5년인 저축성보험의 보험차익 20,000,000원
로제 : 국외 상장주식에서 받은 배당금 수령액으로 원천징수되지 않은 금액 20,000,000원
리사 : 국내 비상장법인에서 받은 현금배당금 20,000,000원

① 지 수 ② 제 니
③ 로 제 ④ 리 사

63 다음 자료를 참고하여 2025년 거주자 이철수의 세법상 부동산임대사업소득 총수입금액은 얼마인가?(단, 소수점 첫째 자리에서 반올림한다)

1. 임대자산의 취득내역(토지가격 제외함)

구 분	취득일자	취득가액
사무실	2018년 10월 10일	50,000,000원

2. 임대자산의 임대현황

구 분	월임대료	임대보증금	임대기간
사무실	200,000원	100,000,000원	2025년 1월 1일 ~ 2025년 6월 30일

3. 임대보증금은 정기예금에 가입하여 이자수익 200,000원을 수령하였고, 기획재정부령이 정하는 정기예금이자율은 1.2%이다.

① 97,534원
② 1,200,000원
③ 1,297,534원
④ 1,497,534원

64 다음 자료에 의하여 거주자 김삼일씨의 20X4년 근로소득금액을 계산하면 얼마인가?

ㄱ. 월급여 : 2,000,000원(자녀보육수당, 중식대 제외)
ㄴ. 상여 : 월급여의 500%
ㄷ. 6세 이하 자녀 보육수당 : 월 250,000원
ㄹ. 중식대 : 월 100,000원(식사를 별도 제공받음)
ㅁ. 연월차수당 : 2,000,000원
ㅂ. 거주자는 당해 1년 동안 계속 근무하였다.

총급여액	근로소득공제액
1,500만원 초과 4,500만원 이하	750만원 + 1,500만원 초과액 × 15%
4,500만원 초과 1억원 이하	1,200만원 + 4,500만원 초과액 × 5%

① 18,320,000원
② 22,890,000원
③ 24,690,000원
④ 26,880,000원

65 다음 중 소득세법상 결손금 및 이월결손금 공제에 대한 설명으로 가장 옳은 것은?

① 사업소득에서 발생한 결손금은 이자소득금액 → 배당소득금액 → 근로소득금액 → 연금소득금액 → 기타소득금액에서 순서대로 공제한다.

② 주거용 건물임대업에서 발생한 결손금은 다른 부동산임대업에서 발생한 결손금과 마찬가지로 다른 소득금액에서 공제할 수 없다.

③ 부동산임대업에서 발생한 이월결손금은 다른 소득금액에서 공제할 수 있다.

④ 결손금은 발생연도 종료일로부터 15년(2020년 1월 1일 전에 개시하는 과세연도에 발생한 결손금 10년) 이내에 먼저 발생한 과세기간의 이월결손금부터 순차로 공제한다.

66 거주자인 김삼일씨의 20X4년도 소득자료는 다음과 같다. 이에 의하여 20X5년 5월 말까지 신고해야 할 종합소득금액은 얼마인가?

ㄱ. 근로소득금액	22,000,000원
ㄴ. 양도소득금액	13,000,000원
ㄷ. 사업소득금액	15,000,000원
ㄹ. 퇴직소득금액	20,000,000원
ㅁ. 기타소득금액	4,800,000원

① 37,000,000원

② 41,800,000원

③ 57,000,000원

④ 65,200,000원

67 다음 중 소득세법상 종합소득공제에 관한 설명으로 가장 올바르지 않은 것은?

① 경로우대공제는 70세 이상인 경우에 적용된다.

② 기본공제대상자가 아닌 자는 추가공제대상자가 될 수 없다.

③ 거주자와 생계를 같이하는 장애인 아들은 소득과 관계없이 그 거주자의 기본공제대상자가 된다.

④ 부양가족공제 시 부양가족에는 계부·계모 및 의붓자녀도 해당된다.

68 다음은 근로소득자(일용근로자 아님)인 나철수씨가 부양가족을 위해 지출한 내역이다. 연말정산 시 세액공제대상 의료비는 모두 얼마인가?

구 분	연령 및 소득	의료비 지출금액
ⓐ 본인의 건강검진비	50세이며, 급여총액 50,000,000원	1,500,000원
ⓑ 장남의 시력보정용 안경구입비	20세이며, 소득금액 없음	800,000원
ⓒ 장녀의 미용목적의 쌍꺼풀수술비	19세이며, 소득금액 없음	1,500,000원
ⓓ 부친의 보청기구입비	75세이며, 이자소득금액 5,000,000원	7,000,000원

① 8,500,000원
② 9,000,000원
③ 9,300,000원
④ 10,100,000원

69 거주자 최순희씨는 얼마 전 6년간 보유한 토지(등기된 사업용토지)를 양도하였다. 다음 자료에 의해 양도소득과세표준을 계산하면 얼마인가?(단, 동 토지의 실제양도비용은 3,000,000원이다)

구 분	실지거래가액	기준시가(개별공시지가)
양도가액	120,000,000원	70,000,000원
취득가액	72,000,000원	40,000,000원

※ 단, 장기보유특별공제율은 12%를 적용한다.

① 37,100,000원
② 39,600,000원
③ 41,360,000원
④ 45,000,000원

70 다음 중 소득세법상 신고납부에 관한 내용으로 가장 올바르지 않은 것은?

① 소득세의 과세기간은 개인의 임의대로 변경할 수 없다.
② 사업소득이 있는 자는 6개월간의 소득세를 미리 납부하는 중간예납제도 적용대상이다.
③ 부가가치세법에 의한 예정·확정신고를 한 사업자도 사업장의 현황보고서를 다음 연도 3월 31일까지 보고하여야 한다.
④ 근로소득만이 있는 자는 연말정산으로 모든 납세절차가 종결되기 때문에 확정신고는 원칙적으로 하지 않아도 된다.

71 원재료 생산업자가 생산한 원료를 (주)삼일에게 2,000,000원에 판매하고, (주)삼일은 제품을 생산하여 도매업자인 (주)용산에게 5,000,000원에 판매하였다. 그 후 (주)용산은 소매업자인 (주)강남에게 7,000,000원에 판매하고, (주)강남은 소비자 김삼일에게 10,000,000원에 판매한 경우 전체 거래에서 창출된 총 부가가치 금액을 구하면 얼마인가?

① 1,000,000원
② 8,000,000원
③ 10,000,000원
④ 24,000,000원

72 다음 중 부가가치세법에 관한 설명으로 가장 올바르지 않은 것은?

① 납세의무자와 담세자가 일치하는 직접세이다.
② 모든 거래단계에서 창출된 부가가치에 대하여 각 단계별로 과세하는 다단계과세방법이다.
③ 매출세액에서 매입세액을 차감하여 납부세액을 계산하는 전단계세액공제법을 채택하고 있다.
④ 국제적 이중과세의 문제를 해결하기 위하여 소비지국과세원칙을 채택하고 있다.

73 다음은 과세사업과 면세사업을 함께 영위하는 (주)삼일의 제1기 부가가치세 예정신고 관련 자료이다. 예정신고와 관련한 설명으로 가장 올바르지 않은 것은?

(1) 1월 1일 ~ 3월 31일까지의 제품공급가액(부가가치세 제외금액)
가. 과세공급가액 : 120,000,000원
나. 면세공급가액 : 80,000,000원

(2) 1월 1일 ~ 3월 31일까지의 매입세액
가. 과세사업 관련 매입세액 : 4,000,000원(불공제 대상 1,000,000원 포함)
나. 면세사업 관련 매입세액 : 2,000,000원
다. 과세·면세사업 공통매입세액 : 1,000,000원

① 제1기 예정신고 시 부가가치세 매출세액은 12,000,000원이다.
② 면세공급가액 80,000,000원에 대해서는 계산서 또는 영수증을 발급하여야 한다.
③ 과세사업 관련 매입세액 중 불공제 대상과 면세사업 관련 매입세액은 매입세액공제를 받을 수 없다.
④ 공통매입세액은 직전 과세기간의 총공급가액 중 과세공급가액의 비율로 안분하여 공제한다.

74 다음 중 부가가치세법상 과세기간에 관한 설명으로 가장 옳은 것은?

① 간이과세자의 과세기간은 1년을 2과세기간으로 나누어 6개월마다 신고·납부하도록 하고 있다.
② 폐업자는 폐업일이 속하는 과세기간 개시일부터 폐업일이 속하는 과세기간 종료일까지를 최종 과세기간으로 한다.
③ 신규사업자가 사업개시일 전에 사업자등록을 신청한 경우에는 사업개시일부터 신청일이 속하는 과세기간의 종료일까지를 최초 과세기간으로 한다.
④ 간이과세자가 간이과세를 포기함으로써 일반과세자로 되는 경우 그 적용을 받고자 하는 달의 전달 마지막 날까지 간이과세 포기신고를 해야 한다.

75 다음 중 부가가치세법의 주사업장총괄납부에 대한 설명으로 가장 올바르지 않은 것은?

① 총괄납부하려는 자는 주사업장총괄납부신청서를 총괄납부하고자 하는 과세기간 개시 20일 전에 주사업장 관할세무서장에게 제출하여야 한다.
② 법인의 지점은 본점을 대신하여 주된 사업장이 될 수 없다.
③ 주사업장총괄납부를 하기 위해서는 주사업장 관할세무서장의 승인은 필요하지 않다.
④ 주사업장총괄납부에 따라 납부하던 사업자가 총괄납부 포기신고를 하면 각 사업장에서 납부가 가능하다.

PART 4

76 다음 중 재화의 간주공급에 대한 설명으로 가장 올바르지 않은 것은?

① 자가공급 : 사업자가 자기의 과세사업을 위하여 취득한 재화를 자기의 면세사업을 위하여 직접 사용하는 것은 매입세액 공제만 받고 면세로 재화를 공급하는 효과가 있으므로 간주공급으로 본다.
② 개인적 공급 : 사업자가 생산한 햄세트를 종업원에게 추석 선물로 제공하는 것은 부가가치세 부담 없이 재화를 개인적인 목적으로 사용하는 효과가 있으므로 금액에 상관없이 간주공급으로 본다.
③ 사업상 증여 : 사업자가 자기가 생산한 TV를 자기의 고객에게 무상으로 증여하는 것은 부가가치세 부담 없이 재화를 공급하는 효과가 있으므로 간주공급으로 본다.
④ 폐업 시 잔존재화 : 사업자가 사업을 폐업할 때에 자기가 취득한 재화 중 남아 있는 재화는 부가가치세 매입세액 공제만 받고 부가가치세 부담이 없어지는 효과가 있으므로 간주공급으로 본다.

77 다음 중 2025년 2기 예정신고 시 부가가치세 과세표준 금액이 다른 회사는?(단, 보기 이외의 다른 거래는 없으며 세금계산서는 부가가치세법상 원칙적인 교부시기에 발급했다고 가정한다)

① (주)서울 : 2025년 7월 15일에 제빵기계 1대를 2,000,000원에 외상판매하였다.

② (주)파리 : 2025년 9월 1일에 제빵기계 1대를 2,000,000원에 할부판매하고 대금은 당월부터 10개월에 거쳐 매월 200,000원씩 받기로 하였다.

③ (주)런던 : 2025년 8월 1일에 제빵기계 1대를 2,000,000원에 할부판매하고 대금은 당월부터 5개월에 거쳐 매월 400,000원씩 받기로 하였다.

④ (주)도쿄 : 2025년 9월 7일에 매출 부진으로 폐업하였다. 폐업 시에 남아있던 재고자산(장부가액 2,000,000원, 시가 2,500,000원)은 10월 3일에 처분되었다.

78 다음 중 부가가치세법상 영세율이 적용되는 거래에 해당하는 것을 모두 고르면?

ㄱ. 재화의 수출
ㄴ. 가공되지 아니한 식료품의 국내판매
ㄷ. 선박 · 항공기의 외국항행 용역
ㄹ. 내국신용장에 의하여 공급하는 재화

① ㄱ, ㄷ
② ㄱ, ㄴ, ㄷ
③ ㄱ, ㄴ, ㄹ
④ ㄱ, ㄷ, ㄹ

79 다음 중 전자세금계산서에 대한 설명으로 가장 올바르지 않은 것은?

① 전자세금계산서 의무발급대상자가 아닌 사업자도 전자세금계산서를 발급할 수 있다.

② 전자세금계산서를 발급하고 전자세금계산서 발급명세를 국세청에 전송하지 않거나 지연전송하면 가산세를 부과한다.

③ 전자세금계산서는 법인사업자만이 발급 가능하다.

④ 전자세금계산서를 발급하거나 발급받고 전자세금계산서 발급명세를 해당 재화 또는 용역의 공급시기가 속하는 과세기간 마지막 날의 다음 달 11일까지 국세청장에게 전송한 경우에는 해당 예정신고 또는 확정신고 시 매출 · 매입처별 세금계산서합계표를 제출하지 아니할 수 있다.

80 다음은 (주)삼일의 제2기 부가가치세 확정신고를 위한 자료이다. (ㄱ)에 들어갈 금액으로 가장 옳은 것은?

ㄱ. 국내판매분
  - 세금계산서 발행 매출액 30,000,000원(부가가치세 제외)
  - 신용카드매출전표 발행분 22,000,000원(부가가치세 포함)

ㄴ. 내국신용장에 의한 수출 10,000,000원

ㄷ. 직수출분 12,000,000원

〈신고내용〉

구 분			금 액	세 율	세 액
과세표준 및 매출세액	과 세	세금계산서 발급분		10/100	
		매입자발행세금계산서		10/100	
		신용카드・현금영수증발행분		10/100	
		기타(정규영수증 외 수취분)		10/100	
	영세율	세금계산서 발급분	(ㄱ)	0/100	
		기 타		0/100	

① 10,000,000원　② 12,000,000원
③ 22,000,000원　④ 32,000,000원

원가관리회계

81 다음 중 원가회계의 한계점에 관한 설명으로 가장 올바르지 않은 것은?

① 비화폐성 정보와 질적인 정보는 제공하지 못한다.
② 객관적으로 측정가능한 회계자료를 기초로 수익과 비용을 인식해야 하므로 자료수집에 어려움이 있다.
③ 경영자의 목적에 따라 다양한 회계절차를 적용해야 하는 어려움이 있다.
④ 특정한 시점에서 모든 의사결정에 목적적합한 원가정보를 제공할 수는 없다.

82 경영자의 의사결정 목적에 따라 원가를 여러 가지로 분류할 수 있다. 다음 중 원가를 분류할 때의 분류방법과 그 내용에 관한 설명으로 가장 올바르지 않은 것은?

① 원가의 행태에 따라 변동원가와 고정원가로 분류한다.
② 추적가능성에 따라 직접원가와 간접원가로 분류한다.
③ 원가의 통제가능성에 따라 통제가능원가와 예정원가로 분류한다.
④ 수익과의 대응관계에 따라 제품원가와 기간원가로 분류한다.

83 다음은 (주)삼일의 20X1년 한 해 동안의 제조원가 자료이다.

	기 초	기 말
직접재료	5,000원	7,000원
재공품	10,000원	8,000원
제 품	12,000원	10,000원

직접재료 매입액	25,000원
기초원가	50,000원
가공원가	35,000원

(주)삼일의 20X1년 제조원가명세서상의 당기제품제조원가는 얼마인가?

① 58,000원
② 60,000원
③ 62,000원
④ 68,000원

84 (주)삼일은 보조부문원가를 배부하는 방법으로 단계배부법과 직접배부법을 검토하고 있다. 단계배부법을 적용하는 경우 동력부문원가부터 먼저 적용한다. 다음 설명 중 가장 옳은 것은?

구 분	제조부문		보조부문	
	기계가공부문	조립부문	공장관리부문	동력부문
발생원가	64,000원	73,000원	48,000원	69,000원
공장면적	2,400m^2	1,600m^2	800m^2	500m^2
전력량	1,200kw	800kw	300kw	200kw

① 기계가공부문에 대체된 동력부문 대체액은 단계배부법이 직접배부법보다 크다.
② 기계가공부문에 대체된 공장관리부문 대체액은 직접배부법이 단계배부법보다 크다.
③ 조립부문에 대체된 동력부문 대체액은 두 방법 간에 5,400원의 차이가 있다.
④ 조립부문에 대체된 공장관리부문 대체액은 두 방법 간에 3,600원의 차이가 있다.

85 다음 중 개별원가계산에 대한 설명으로 가장 옳은 것은?

① 개별원가계산은 제품을 반복적으로 생산하는 업종에 적합한 원가제도이다.
② 개별원가계산은 제품별로 원가를 집계하기 때문에 간접원가의 구분은 중요하지 않다.
③ 개별원가계산은 개별작업에 집계되는 실제원가와 예산을 비교하여 미래예측에 이용할 수 있다.
④ 개별원가계산은 식료품업, 화학산업, 조선업 등에 적합하다.

86 다음은 (주)삼일의 제조부문과 관련하여 당기 발생한 원가에 대한 자료들이다. 회사가 부문별 제조간접원가배부율을 사용할 경우 #10작업의 가공원가는 얼마인가?

(1) (주)삼일은 두 개의 제조부문(조립, 도장)이 있다. 다음은 당기의 자료이다.

	조립 부문	도장 부문
제조간접원가	200,000원	400,000원
직접노무시간	1,000시간	4,000시간

(2) 당기 중 착수하여 완성된 #10작업의 가공원가자료는 다음과 같다.

	조립 부문	도장 부문	합 계
직접노무원가	10,000원	15,000원	25,000원
직접노무시간	60시간	120시간	180시간

(3) 회사는 직접노무시간을 기준으로 제조간접원가를 배부하고 있다.

① 46,600원
② 49,000원
③ 70,000원
④ 75,000원

PART 4

87 다음 종합원가계산의 특징 및 장단점에 대한 설명 중 올바른 것을 모두 고르시오.

ㄱ. 특정기간 동안 특정공정에서 생산된 제품은 원가측면에서 서로가 동일하다고 가정한다. 즉 제품원가를 평균개념에 의해서 산출한다.
ㄴ. 원가의 집계가 공정별로 이루어지는 것이 아니기 때문에 개별작업별로 작업지시서를 작성해야 한다.
ㄷ. 동일제품을 연속적으로 대량생산하지만 일반적으로 어떤 공정에 있어서든지 기말시점에서는 부분적으로 가공이 완료되지 않은 재공품이 존재하게 된다.
ㄹ. 원가통제와 성과평가가 공정별로 이루어지는 것이 아니라 개별작업별로 이루어진다.
ㅁ. 기장절차가 간단한 편이므로 시간과 비용이 절약된다.

① ㄱ, ㄴ, ㄷ
② ㄱ, ㄷ, ㅁ
③ ㄴ, ㄷ, ㄹ
④ ㄷ, ㄹ, ㅁ

88 다음은 (주)삼일의 원가자료이다. (주)삼일은 평균법을 이용하여 종합원가계산을 하며, 원재료는 공정 시작시점에서 전량 투입되고 가공원가는 공정 전반에 걸쳐 균등하게 투입된다.

〈수 량〉

기초재공품수량	0개	완성수량	1,200개
착수수량	2,000개	기말재공품수량	800개(50%)

〈원 가〉

	재료원가	가공원가
당기발생원가	1,000,000원	800,000원

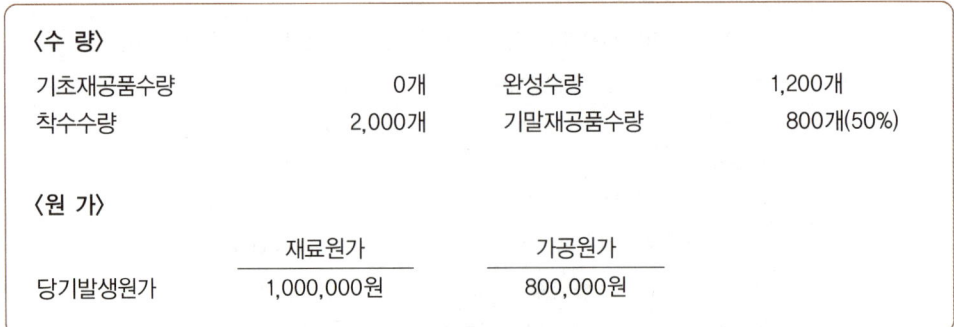

(주)삼일의 (ㄱ) 재료원가와 (ㄴ) 가공원가의 완성품환산량 단위당 원가는 얼마인가?

	(ㄱ)	(ㄴ)
①	625원	500원
②	625원	400원
③	500원	500원
④	500원	400원

89 (주)삼일은 종합원가계산을 채택하고 있다. 기말재공품에 대한 완성도가 실제보다 과대평가되있다면 이 오류가 각 항목에 끼치는 영향으로 가장 올바르지 않은 것은?(기초재공품은 없다고 가정한다)

① 기말재공품 완성품환산량은 실제보다 과대평가되어 있을 것이다.
② 완성품환산량 단위당 원가는 실제보다 과소평가되어 있을 것이다.
③ 완성품원가는 실제보다 과소평가되어 있을 것이다.
④ 기말재공품 원가는 실제보다 과소평가되어 있을 것이다.

90 (주)삼일은 단일제품을 대량으로 생산하고 있으며, 평균법에 의한 종합원가계산을 채택하고 있다. 원재료는 공정초기에 모두 투입되고, 가공원가는 공정전반에 걸쳐 균등하게 발생하고 있다. 기초재공품이 5,000단위이고 당기착수량이 21,000단위이다. 기말재공품이 2,000단위이고, 완성도는 40%이다. 기초재공품에 포함된 가공비가 33,200원이고 당기발생 가공비가 190,000원이면 기말재공품에 포함된 가공원가는 얼마인가?

① 7,200원 ② 8,000원
③ 8,400원 ④ 9,200원

91 다음 중 표준원가계산제도에 대한 설명으로 가장 올바르지 않은 것은?

① 비계량적인 정보를 활용하여 의사결정에 사용할 수 있다.

② 표준원가계산제도란 제품을 생산하는데 발생할 것으로 예상되는 원가를 사전에 결정하여 원가계산을 하는 제도이다.

③ 예외에 의한 관리로 효과적인 원가통제가 가능하다.

④ 사전에 설정된 표준원가를 적용하여 원가자료 수집에 소요되는 시간을 절약할 수 있다.

92 표준원가의 종류는 이상적 표준, 정상적 표준 및 현실적 표준으로 구분할 수 있다. 다음 중 이상적 표준을 기준으로 표준원가를 설정할 경우 나타날 수 있는 영향으로 가장 옳은 것은?

① 종업원의 동기부여 측면에서 가장 효과적이다.

② 이상적 표준을 달성하는 경우가 거의 없기 때문에 불리한 차이가 발생할 가능성이 크다.

③ 실제원가와의 차이가 크지 않으므로 재고자산가액과 매출원가가 항상 적절하게 계상된다.

④ 근로자들의 임금상승 효과를 가져온다.

93 다음 중 표준원가 차이분석에 관한 설명으로 가장 올바르지 않은 것은?

① 가격차이는 실제단가와 표준단가의 차액에 정해진 표준수량을 곱하여 산출된다.

② 능률차이는 사전에 정해진 표준단가에 실제수량과 표준수량의 차액을 곱하여 산출된다.

③ 직접재료원가 가격차이는 재료를 구입하는 시점에 분리할 수도 있고, 재료를 사용하는 시점에 분리할 수도 있다.

④ 불리한 직접노무원가 가격차이가 발생하였다면 실제임률이 표준임률보다 높다는 의미이다.

94 (주)삼일은 표준원가계산제도를 채택하고 있다. 20X1년 직접재료원가와 관련된 표준 및 실제원가 자료가 다음과 같을 때, 20X1년의 실제 제품생산량은 몇 단위인가?

실제 발생 직접재료원가	28,000원
직접재료 단위당 실제구입원가	35원
제품 단위당 표준재료투입량	9개
직접재료원가 가격차이	4,000 불리
직접재료원가 수량차이	3,000 유리

① 80단위　　② 90단위

③ 100단위　　④ 110단위

95 (주)삼일의 표준원가계산제도는 제조간접원가의 배부에 있어서 직접작업시간을 배부기준으로 사용한다. 다음은 이 회사의 원가차이분석에 필요한 자료이다.

제조간접비 실제발생액	15,000원
고정제조간접비 실제발생액	7,800원
실제작업시간	3,000시간
표준작업시간	3,500시간
변동제조간접비 표준배부율	작업시간당 2.5원

변동제조간접비 소비차이는 얼마인가?

① 300원 유리
② 300원 불리
③ 950원 유리
④ 950원 불리

96 다음 변동원가계산에 의한 손익계산서와 관련된 내용 중 옳은 것을 모두 나열한 것은?

ㄱ. 공헌이익을 계산한다.
ㄴ. 변동제조간접원가를 기간비용으로 처리한다.
ㄷ. 고정제조간접원가는 공헌이익 산출에 포함되지 않는다.
ㄹ. 제품생산량이 영업이익에 영향을 미친다.
ㅁ. 판매비와관리비를 변동비와 고정비로 분리하여 보고한다

① ㄱ, ㄴ, ㄷ
② ㄱ, ㄷ, ㅁ
③ ㄴ, ㄷ, ㄹ
④ ㄴ, ㄷ, ㅁ

97 다음 중 변동원가계산, 전부원가계산 및 초변동원가계산에 관한 설명으로 가장 올바르지 않은 것은?

① 표준원가는 변동원가계산에는 사용될 수 없고 전부원가계산에서만 사용된다.
② 전부원가계산에서 계산된 영업이익은 판매량뿐만 아니라 생산량의 변화에도 영향을 받는다.
③ 전부원가계산에서는 고정제조간접원가를 제품원가로 인식한다.
④ 초변동원가계산은 직접재료원가만을 제품원가에 포함하고 나머지 제조원가는 모두 기간비용으로 처리한다.

98 다음은 (주)삼일의 20X1년 동안의 손익에 대한 자료이다.

순매출액	5,000,000원	변동판매관리비	260,000원
생산량	90,000단위	변동제조원가	1,350,000원
판매량	70,000단위	고정판매관리비	550,000원
기초제품재고	없음	고정제조원가	500,000원

변동원가계산에 의한 (주)삼일의 기말제품재고액과 영업이익은 얼마인가?

	기말제품재고액	영업이익		기말제품재고액	영업이익
①	300,000원	2,840,000원	②	300,000원	2,640,000원
③	350,000원	2,840,000원	④	350,000원	2,640,000원

99 (주)삼일의 20X1년 손익에 대한 자료가 다음과 같을 경우 (a) 전부원가계산에 따른 매출총이익, (b) 변동원가계산에 따른 공헌이익, (c) 초변동원가계산에 따른 재료처리량공헌이익은 각각 얼마인가?

단위당 판매가격	500원	고정제조간접원가	200,000원
단위당 직접재료원가	130원	고정판매비와관리비	70,000원
단위당 직접노무원가(변동원가)	100원	기초제품	없음
단위당 변동제조간접원가	70원	생산량	25,000개
단위당 변동판매비와관리비	30원	판매량	20,000개

① (a) 3,800,000원 (b) 3,000,000원 (c) 7,000,000원
② (a) 3,840,000원 (b) 3,000,000원 (c) 7,400,000원
③ (a) 3,800,000원 (b) 3,400,000원 (c) 7,000,000원
④ (a) 3,840,000원 (b) 3,400,000원 (c) 7,400,000원

100 (주)삼일의 6월 중 영업자료는 아래와 같다. 전부원가계산에 의한 영업이익이 변동원가계산에 의한 영업이익보다 40,000원 더 크다면 6월 중 발생한 고정제조간접원가는 얼마인가?(재고자산은 평균법으로 평가한다)

생산량	2,000개
판매량	1,400개
기초재고량	400개 (단위당 고정제조간접원가 50원)

① 100,000원
② 114,000원
③ 120,000원
④ 124,000원

PART 4

101 (주)삼일은 다음과 같이 활동기준원가계산(ABC)제도를 운영하고 있다. 20X1년 9월에 제품 20단위가 생산되었으며, 각 단위에는 10개의 부품과 5시간의 기계시간이 소요된다. 완성된 단위당 직접재료원가는 50,000원이며, 다른 모든 원가는 가공원가로 분류된다.

제조관련활동	배분기준으로 사용되는 원가요소	배부기준 단위당 가공원가
기 계	기계사용시간	400원
조 립	부품의 수	10,000원
검 사	완성단위의 수	5,000원

9월에 생산된 제품 20단위의 총제조원가는 얼마인가?

① 2,440,000원　　② 2,840,000원
③ 3,140,000원　　④ 3,640,000원

102 다음 중 원가추정방법에 관한 설명으로 가장 올바르지 않은 것은?

① 공학적 방법은 과거의 원가 자료를 이용할 수 없는 경우에도 사용 가능한 원가추정방법이다.
② 계정분석법과 산포도법은 분석자의 주관적 판단이 개입될 수 있는 원가추정방법이다.
③ 고저점법은 최고원가와 최저원가의 조업도자료를 이용하여 원가함수를 추정하는 방법이다.
④ 고저점법과 회귀분석법은 객관적인 원가추정방법이다.

103 (주)삼일은 야구공을 제조하여 개당 10,000원에 판매하고 있다. 야구공 제조에 사용되는 변동원가는 개당 5,000원이고 고정원가는 한 달에 2,000,000원이다. (주)삼일이 월간 1,500,000원의 영업이익을 얻기 위해서는 몇 개의 야구공을 생산·판매하여야 하는가?

① 400개　　② 500개
③ 600개　　④ 700개

104 다음 중 안전한계와 영업레버리지에 관한 설명으로 가장 올바르지 않은 것은?

① 안전한계는 손실을 발생시키지 않으면서 허용할 수 있는 매출액의 최대 감소액을 의미하므로 기업의 안전성을 측정하는 지표로 많이 사용된다.
② 안전한계가 높을수록 기업의 안전성이 높다고 말할 수 있으며, 안전한계가 낮을수록 기업의 안전성에 문제가 있다고 말할 수 있다.
③ 영업레버리지도는 손익분기점에서 가장 크고 매출액이 증가함에 따라 점점 작아진다.
④ 영업레버리지는 변동원가로 인하여 매출액의 변화액보다 영업이익의 변화액이 더 커지는 현상을 말한다.

105 (주)삼일의 20X1년 공헌이익은 400,000원이고, 영업이익은 100,000원이다. 만일 20X2년에 판매량이 40% 증가한다면 영업이익의 증가율은 얼마가 될 것으로 예상되는가?(단, 20X1년과 20X2년의 단위당 판매가격, 단위당 변동원가, 총고정원가는 동일하다고 가정한다)

① 10% ② 40%
③ 60% ④ 160%

106 다음 중 사업부별 성과평가에 관한 설명으로 가장 옳은 것은?

① 여러 사업부에 공통으로 관련되는 공통고정원가를 특정사업부에 임의로 배분하는 경우 성과의 왜곡이 발생할 수 있다.
② 특정사업부로의 추적가능성에 따라 사업부별 추적가능고정원가와 공통고정원가로 구분하지 않는 것이 바람직하다.
③ 통제가능원가와 통제불능원가의 구분은 불가능하므로 구분할 필요가 없다.
④ 특정사업부의 경영자에 대한 성과평가 시 통제불능원가를 포함하는 것이 바람직하다.

107 다음은 (주)삼일의 20X1년도 이익중심점의 통제책임이 있는 A사업부의 공헌이익 손익계산서이다.

매출액	5,000,000원
변동원가	2,000,000원
공헌이익	3,000,000원
추적가능 · 통제가능고정원가	500,000원
사업부경영자공헌이익	2,500,000원
추적가능 · 통제불능고정원가	500,000원
사업부공헌이익	2,000,000원
공통고정원가배분액	400,000원
법인세비용차감전순이익	1,600,000원
법인세비용	600,000원
순이익	1,000,000원

A사업부의 성과평가목적에 가장 적합한 이익은 얼마인가?

① 1,000,000원 ② 2,000,000원
③ 2,500,000원 ④ 3,000,000원

108 (주)삼일은 A, B 의 두 가지 제품을 생산하여 판매한다. 20X1년 예산과 실제자료는 다음과 같다.

〈20X1년도 예산〉

제품 종류	단위당 판매가격	단위당 변동원가	판매수량 및 비율	
			수 량	비 율
A	800원	500원	4,000개	40%
B	600원	400원	6,000개	60%
합 계			10,000개	100%

〈20X1년도 실제 결과〉

제품 종류	단위당 판매가격	단위당 변동원가	판매수량 및 비율	
			수 량	비 율
A	780원	510원	4,950개	45%
B	560원	390원	6,050개	55%
합 계			11,000개	100%

20X1년도 매출배합차이와 매출수량차이는 얼마인가?

	매출배합차이	매출수량차이
①	55,000원 유리	240,000원 유리
②	55,000원 불리	240,000원 불리
③	60,000원 유리	235,000원 유리
④	60,000원 불리	235,000원 불리

109 사업부 A는 현재 자기사업부의 투자수익률보다 낮으나 최저필수수익률을 초과하는 수익률이 기대되는 투자안을 고려하고 있다. 반면에 사업부 B는 현재 자기사업부의 투자수익률보다 높으나 최저필수수익률에 미달하는 수익률이 기대되는 투자안을 고려하고 있다. 잔여이익법에 의하여 성과평가가 이루어진다면 각 사업부는 어떤 의사결정을 할 것인가?

	A	B
①	수 락	수 락
②	수 락	거 절
③	거 절	수 락
④	거 절	거 절

110 다음 중 분권화, 책임회계, 성과평가에 관한 설명으로 가장 옳은 것은?

① 잔여이익에 의하여 채택되는 투자안은 투자수익률법에 의해서도 항상 채택된다.

② 잔여이익이 갖고 있는 준최적화의 문제점을 극복하기 위하여 투자수익률이라는 개념이 출현하였으므로 투자수익률에 의한 성과평가기법이 잔여이익보다 더 우월하다고 볼 수 있다.

③ 하부경영자가 자신의 성과측정치를 극대화할 때 기업의 목표도 동시에 극대화될 수 있도록 하부경영자의 성과측정치를 설정해야 하는데, 이를 목표일치성이라고 한다.

④ 투자수익률법은 투자규모가 다른 투자중심점을 상호 비교하기가 어렵다는 문제점이 있는 반면에 잔여이익법에는 이런 문제점이 없다.

111 (주)삼일은 다음과 같은 3개의 사업부(A, B, C)를 갖고 있다. 다음 자료를 이용하여 각 사업부를 잔여이익으로 평가했을 때 성과가 높은 사업부 순서대로 올바르게 배열한 것은?

구 분	A	B	C
투자액	1,000,000원	2,000,000원	3,000,000원
영업이익	500,000원	1,000,000원	1,000,000원
최저필수수익률	10%	40%	30%

① A ＞ B ＞ C
② A ＞ C ＞ B
③ B ＞ A ＞ C
④ C ＞ B ＞ A

112 (주)삼일의 사업부 X의 매출액은 500,000원, 변동원가는 280,000원이고 고정원가는 120,000원이다. 고정원가 중 100,000원은 사업부 X를 폐지한다면 회피가능한 원가이다. 만약 회사가 사업부 X를 폐지한다면 회사 전체 순이익은 어떻게 변화하겠는가?

① 120,000원 증가
② 120,000원 감소
③ 220,000원 증가
④ 220,000원 감소

113 (주)삼일은 최근에 제품 단위당 10,000원에 200단위를 구입하겠다는 특별주문을 받았다. 주문을 수락하더라도 기존 판매가격이나 고정원가에는 아무런 영향을 주지 않으며 유휴생산능력은 충분하다. 단위당 원가가 다음과 같을 경우 (주)삼일의 특별주문 수락여부와 회사의 이익에 미치는 영향은 어떠한가?

	금 액
직접재료원가	3,000원
직접노무원가(변동비)	3,000원
변동제조간접원가	3,500원
고정제조간접원가	3,000원
제품 단위당 원가	12,500원

① 수락, 100,000원의 추가이익 발생
② 수락, 400,000원의 추가이익 발생
③ 거절, 100,000원의 추가손실 발생
④ 거절, 400,000원의 추가손실 발생

114 다음 중 부품을 자가제조하고 있는 어떤 기업이 외부에서 부품을 구입하는 대안을 고려하고 있다고 가정할 경우 가장 부적절한 의사결정은 무엇인가?(단, 고정제조간접원가는 당해 부품 생산설비의 감가상각비만 존재한다고 가정한다)

① 금액적인 증분수익과 증분원가 이외에 외부공급처의 지속적 확보 여부, 품질의 동질성 등 비재무적 요인도 고려하여야 한다.

② 유휴설비를 1년간 임대해 주고 임대료를 받을 수 있는 경우에는 변동제조원가 절감액과 임대료 수입액의 합계에서 외부부품 구입대금을 차감한 금액이 0(영)보다 큰 경우 외부구입 대안을 선택한다.

③ 유휴설비의 다른 용도가 없는 경우에는 변동제조원가 절감액에서 외부부품 구입대금을 차감한 금액이 0(영)보다 큰 경우 외부구입 대안을 선택한다.

④ 유휴설비를 다른 제품의 생산에 이용할 수 있는 경우에는 변동제조원가 절감액에서 외부부품 구입대금을 차감한 금액이 0(영)보다 작은 경우 외부구입 대안을 선택한다.

115 (주)삼일의 부품제조에 대한 원가자료는 다음과 같다.

직접재료원가	200원/단위
직접노무원가	50원/단위
변동제조간접원가	50원/단위
총고정제조간접원가	600,000원
생산량	20,000단위

외부제조업자가 이 부품의 필요량 20,000단위를 전량 납품하겠다고 제의하였다. 부품을 외부에서 구입할 경우 고정제조간접원가의 2/3를 회피할 수 있다면, 다음 중 (주)삼일이 최대한 허용할 수 있는 부품의 단위당 구입가격은 얼마인가?

① 300원
② 310원
③ 320원
④ 330원

116 다음 중 투자안으로부터 얻어지는 현금유입액의 현재가치와 투자에 소요되는 현금유출액의 현재가치를 같게 해주는 할인율을 산출하는 자본예산모형으로 가장 옳은 것은?

① 수익성지수(PI)법
② 회계적이익률(ARR)법
③ 내부수익률(IRR)법
④ 순현재가치(NPV)법

117 (주)삼일은 30,000원에 기계를 구입할 예정이며, 기계를 사용할 때 연간 원가절감액은 아래의 표와 같다. 연중 현금흐름이 고르게 발생한다고 가정하고 이 투자안의 회수기간을 계산하면 얼마인가?

연 도	1년	2년	3년	4년
연간 원가절감액	5,000원	9,000원	8,000원	10,000원

① 2.75년 ② 2.95년
③ 3.75년 ④ 3.80년

118 (주)삼일은 신제품 생산 및 판매를 위하여 새로운 설비를 구입하려고 한다. 관련자료는 다음과 같다. 감가상각방법은 정액법을 사용하고, 법인세율은 30%이다. 감가상각비 이외의 모든 수익과 비용은 현금으로 거래한다. 새로운 설비의 구입으로 인한 매년도 영업활동으로 인한 순현금흐름은 얼마인가?

신설비 취득원가	50,000,000원	4년 후 추정처분가치	없음
내용연수	5년	매년 예상되는 매출액	35,000,000원
잔존가치	5,000,000원	매년 예상되는 현금영업비용	17,000,000원

※ 매년 예상되는 현금영업비용은 감가상각비를 제외한 금액이다.

① 12,600,000원 ② 15,300,000원
③ 15,600,000원 ④ 21,600,000원

119 (주)삼일은 A사업부와 B사업부로 구성되어 있다. B사업부는 A사업부에서 생산되는 부품을 가공하여 완제품을 제조한다. B사업부에서 부품 한 단위를 완제품으로 만드는 데 소요되는 추가가공원가는 500원이며, 완제품의 단위당 판매가격은 1,100원이다. 부품의 외부시장가격이 단위당 550원인 경우, B사업부가 받아들일 수 있는 최대대체가격은 얼마인가?

① 500원 ② 550원
③ 600원 ④ 1,100원

120 프린터를 생산하여 판매하고 있는 (주)삼일의 품질원가와 관련한 정보이다. 외부실패원가는 얼마인가?

생산라인 검사원가	3,000원	반품원가	2,500원
생산직원 교육원가	1,000원	구입재료 검사원가	2,000원
제품 검사원가	1,500원	소비자 고충처리비	5,000원

① 1,000원 ② 1,500원
③ 7,500원 ④ 9,000원

제5회 기출 동형문제

※ 본 시험은 현행 기준인 한국채택국제회계기준(K-IFRS)에 따라 출제되었습니다.

재무회계

01 **다음 중 일반목적재무보고에 관한 설명으로 가장 올바르지 않은 것은?**

① 일반목적재무보고의 목적은 기업에 자원을 제공하는 것에 대한 의사결정을 할 때 유용한 보고기업 재무정보를 제공하는 것이다.

② 현재 및 향후 잠재적인 투자자, 대여자 및 기타채권자가 일반목적재무보고의 주요 이용자에 해당한다.

③ 감독당국 및 일반 대중도 일반목적재무보고를 유용하게 활용할 수 있다.

④ 경영진은 필요한 재무정보를 기업내부에서 얻을 수 없으므로 의사결정을 위하여 일반목적재무보고에 의존한다.

02 **다음 중 재무제표를 통해 제공되는 정보가 이용자에게 유용하기 위해 갖추어야 할 속성 가운데 근본적인 질적특성에 해당되는 것들로만 짝지어진 것은?**

① 중요성, 예측가치와 확인가치, 표현충실성

② 중요성, 비교가능성, 신뢰성

③ 적시성, 이해가능성, 신뢰성

④ 비교가능성, 검증가능성, 적시성

03 **다음 중 12월 말 결산법인인 (주)삼일의 3분기 중간재무보고서에 관한 설명으로 가장 올바르지 않은 것은?**

① 자본변동표는 당 회계연도 7월 1일부터 9월 30일까지의 중간기간과 1월 1일부터 9월 30일까지의 누적기간을 대상으로 작성하고 직전 회계연도의 동일 기간을 대상으로 작성한 자본변동표와 비교 표시한다.

② 포괄손익계산서는 당 회계연도 7월 1일부터 9월 30일까지의 중간기간과 1월 1일부터 9월 30일까지의 누적기간을 대상으로 작성하고 직전 회계연도의 동일 기간을 대상으로 작성한 포괄손익계산서와 비교 표시한다.

③ 현금흐름표는 당 회계연도 1월 1일부터 9월 30일까지의 누적기간을 대상으로 작성하고 직전 회계연도의 동일 기간을 대상으로 작성한 현금흐름표와 비교 표시한다.

④ 재무상태표는 당 회계연도 9월 30일 현재를 기준으로 작성하고 직전 회계연도 12월 31일 재무상태표와 비교 표시한다.

04 **다음 중 재무상태표의 작성기준으로 가장 올바르지 않은 것은?**

① 한국채택국제회계기준에서 요구하거나 허용하지 않는 한 자산과 부채 그리고 수익과 비용은 상계하지 않는다.

② 중요하지 않은 항목이더라도 성격이나 기능이 유사한 항목끼리 통합하여 표시할 수 없다.

③ 재무상태표에 포함될 항목이 한국채택국제회계기준에서 세부적으로 명시되어 있지 않으므로 기업의 재량에 따라 결정하는 것이 가능하다.

④ 유동성 순서에 따른 표시방법이 신뢰성 있고 더욱 목적적합한 정보를 제공하는 경우를 제외하고는 원칙적으로 유동성·비유동성 구분법을 선택해야 한다.

PART 4

05 **다음 중 수정을 요하는 보고기간 후 사건에 해당하는 것을 모두 고른 것은?**

ㄱ. 보고기간 말에 존재하였던 현재의무가 보고기간 후에 소송사건의 확정에 의해 확인되는 경우
ㄴ. 보고기간 말에 이미 자산손상이 발생되었음을 나타내는 정보를 보고기간 후에 입수하는 경우
ㄷ. 보고기간 말 이전에 구입한 자산의 취득원가나 매각한 자산의 대가를 보고기간 후에 결정하는 경우
ㄹ. 재무제표가 부정확하다는 것을 보여주는 부정이나 오류를 발견한 경우

① ㄱ, ㄴ, ㄷ　　② ㄱ, ㄷ, ㄹ
③ ㄴ, ㄷ, ㄹ　　④ ㄱ, ㄴ, ㄷ, ㄹ

06 다음 중 재고자산의 평가와 관련된 설명으로 가장 올바르지 않은 것은?

① 선입선출법은 실제 물량의 흐름을 고려하여 기말 재고액을 결정하는 방법이다.

② 선입선출법에 의하면 실지재고조사법과 계속기록법 중 어느 것을 사용하는지에 관계없이 한 회계기간에 계상될 기말재고자산 및 매출원가의 금액이 동일하게 산정된다.

③ 가중평균법으로 재고자산을 평가하고자 할 때 계속기록법에 따라 장부를 기록하는 경우에는 이동평균법을 적용하여야 한다.

④ 특정 프로젝트별로 생산되는 제품 또는 서비스의 원가는 개별법을 사용하여 결정한다.

07 다음은 (주)삼일의 재고수불부이다. (주)삼일이 기말재고자산을 총평균법과 선입선출법으로 각각 평가할 경우 두 평가금액의 차이는 얼마인가?

구 분	단 위	단위원가
기초재고(1월 1일)	1,000개	@100
매입(3월 5일)	500개	@120
매입(5월 15일)	1,500개	@140
매입(11월 10일)	200개	@150
총 판매가능수량	3,200개	
매출(4월 22일)	1,500개	
매출(9월 29일)	1,000개	
총 판매수량	2,500개	
기말재고(12월 31일)	700개	

① 2,500원 ② 7,500원

③ 10,000원 ④ 12,500원

08 다음 중 (주)삼일의 재무상태표상 재고자산으로 표시될 순장부금액은 얼마인가?(단, 각 상품은 성격과 용도가 유사하지 않다)

구 분	장부수량	단위당 장부금액	실사수량	단위당 순실현가능가치
상품 A	1,500개	@100	1,500개	@90
상품 B	5,000개	@500	4,500개	@1,000
상품 C	2,000개	@400	2,000개	@300

① 2,985,000원 ② 3,150,000원

③ 5,235,000원 ④ 5,735,000원

09 다음 중 (주)삼일의 재무상태표상 유형자산으로 표시되는 기계장치의 취득금액으로 가장 옳은 것은?

기계장치의 취득과 관련하여 발생한 원가	금 액
구입금액	700,000,000원
기계장치에서 생산된 새로운 상품을 소개하는 데 소요되는 광고비	50,000,000원
기계장치와 관련된 산출물에 대한 수요가 형성되는 과정에서 발생하는 가동손실	30,000,000원
경영진이 의도하는 방식으로 자산을 가동하는 데 필요한 장소와 상태에 이르게 하는데 직접 관련이 있는 전문가에게 지급한 수수료	15,000,000원
합 계	795,000,000원

① 700,000,000원
② 715,000,000원
③ 750,000,000원
④ 795,000,000원

10 다음 중 유형자산의 감가상각에 관한 설명으로 가장 올바르지 않은 것은?

① 감가상각방법은 자산의 미래 경제적 효익이 소비될 것으로 예상되는 형태를 반영한다.
② 감가상각방법은 적어도 매 회계연도 말에 재검토하며, 재검토 결과 자산에 내재된 미래 경제적 효익의 예상되는 소비형태에 유의적인 변동이 있다면 이를 반영하기 위하여 감가상각방법을 변경한다. 이러한 변경은 회계정책의 변경으로 회계처리한다.
③ 채석장이나 매립지 등을 제외하고는 토지의 내용연수가 무한하므로 감가상각하지 않는다.
④ 정률법은 내용연수 초기에 감가상각비를 많이 계상하다가 내용연수 후기로 갈수록 감가상각비를 적게 계상하는 방법인데, 이를 체감잔액법이라고도 한다.

11 (주)삼일은 20X1년 초에 토지를 10,000원에 구입하였으며, 이 토지에 대해 재평가모형을 적용하여 매년 말에 재평가하였다. 토지는 20X1년 말에 15,000원, 20X2년 말에 7,000원으로 각각 재평가되었다. 20X2년 말에 시행한 토지의 재평가가 (주)삼일의 20X2년도 당기순이익에 미치는 영향은 얼마인가?

① 영향 없음
② 3,000원 감소
③ 5,000원 감소
④ 8,000원 감소

12 다음 중 내부적으로 창출한 무형자산에 관한 설명으로 가장 올바르지 않은 것은?

① 무형자산을 창출하기 위한 내부 프로젝트를 연구단계와 개발단계로 구분할 수 없는 경우에는 그 프로젝트에서 발생한 지출은 모두 개발단계에서 발생한 것으로 본다.

② 내부 프로젝트의 연구단계에서는 미래 경제적 효익을 창출할 무형자산이 존재한다는 것을 제시할 수 없기 때문에 연구단계에서 발생한 지출은 발생한 기간의 비용으로 인식한다.

③ 내부적으로 창출한 영업권은 원가를 신뢰성 있게 측정할 수 없고 기업이 통제하고 있는 식별가능한 자원이 아니기 때문에 자산으로 인식하지 아니한다.

④ 재료, 장치, 제품, 공정, 시스템이나 용역에 대한 여러 가지 대체안을 탐색하는 활동은 연구단계에 속하는 활동의 일반적인 예에 해당한다.

13 다음 중 무형자산의 상각에 관한 설명으로 가장 올바르지 않은 것은?

① 내용연수가 비한정인 무형자산은 상각하지 않으며, 내용연수가 유한한 무형자산으로 변경할 수 없다.

② 내용연수가 유한한 무형자산은 자산을 사용할 수 있는 때부터 상각한다.

③ 내용연수가 유한한 무형자산의 상각방법은 자산의 경제적 효익이 소비되는 형태를 반영한 방법이어야 한다.

④ 내용연수가 유한한 무형자산의 상각기간과 상각방법은 적어도 매 회계연도 말에 검토한다.

14 다음 중 투자부동산으로 분류되는 것으로 가장 옳은 것은?

① 자가사용 부동산

② 정상적인 영업과정에서 판매하기 위한 부동산이나 이를 위하여 건설 또는 개발 중인 부동산

③ 금융리스로 제공한 부동산

④ 장래 사용목적을 결정하지 못한 채로 보유하고 있는 토지

15 다음 중 재무상태표상에 기재될 현금및현금성자산 잔액은 얼마인가?

양도성예금증서	100,000원
배당금지급통지표	130,000원
환매채(120일 만기)	90,000원
당좌예금	100,000원

① 290,000원　　② 320,000원
③ 330,000원　　④ 420,000원

16 (주)삼일은 20X1년 1월 1일 다음과 같이 금융자산을 취득하였다. 최초 인식시점에 재무상태표에 인식될 금융자산의 분류별 측정금액은 각각 얼마인가?

(주)용산의 지분증권	(주)마포의 채무증권	(주)구로의 지분증권
• 취득가격 : 1,000,000원 • 거래원가 : 100,000원 • 단기매매목적	• 액면가액 : 1,000,000원 • 시장이자율 : 10 % • 액면이자율 : 10 % • 계약상 현금흐름 수취목적	• 취득가격 : 1,500,000원 • 거래원가 : 150,000원 • 취득시점에 기타포괄손익-공정가치 측정 금융자산으로 지정

	당기손익-공정가치 측정 금융자산	기타포괄손익-공정가치 측정 금융자산	상각후원가 측정 금융자산
①	1,100,000원	1,650,000원	1,000,000원
②	1,000,000원	1,650,000원	1,000,000원
③	1,100,000원	1,500,000원	1,100,000원
④	1,000,000원	1,500,000원	1,000,000원

17 (주)삼일의 단기매매목적으로 취득한 금융자산의 취득, 처분내역은 다음과 같다. 다음 자료를 이용하여 물음에 답하시오((주)삼일의 결산일은 12월 31일이며, 시가를 공정가치로 본다).

20X1년 1월 7일	주당 액면금액이 500원인 (주)용산의 주식 10주를 주당 2,000원에 취득하였다.
20X1년 9월 10일	(주)용산 주식 중 4주를 총 3,000원에 처분하였다.
20X1년 12월 31일	(주)용산 주식의 시가는 주당 3,000원이었다.

20X1년 (주)삼일의 포괄손익계산서에 보고될 당기손익-공정가치 측정 금융자산의 평가손익은 얼마인가?

① 평가이익 6,000원
② 평가이익 10,000원
③ 평가손실 5,000원
④ 평가손실 6,000원

18 (주)삼일은 20X1년 1월 1일에 다음과 같은 조건의 회사채를 취득하였으며 이 사채를 기타포괄손익인식-공정가치 측정 금융자산으로 분류하였다. (주)삼일이 이 회사채를 20X2년 1월 1일에 현금 990,000원에 처분하였다. (주)삼일이 처분 시 인식해야 할 금융자산처분손익을 계산한 것으로 가장 옳은 것은?(단, 소수점 첫째 자리에서 반올림한다)

ㄱ. 발행일 : 20X1년 1월 1일
ㄴ. 액면가액 : 1,000,000원
ㄷ. 만기일 : 20X3년 12월 31일
ㄹ. 표시이자율 : 10%(매년 말 지급조건)
ㅁ. 취득원가 : 951,963원(유효이자율 12%)
ㅂ. 20X1년 12월 31일 사채의 공정가치 : 980,000원

① 금융자산처분손실 10,000원
② 금융자산처분이익 10,000원
③ 금융자산처분손실 23,801원
④ 금융자산처분이익 23,801원

19 (주)삼일은 20X1년 1월 1일에 액면금액 50,000,000원의 사채를 48,275,300원에 발행하였다. 다음 중 (주)삼일이 만기까지 매년 인식해야 할 유효이자율법에 의한 이자비용의 금액 변화를 나타낸 그래프로 가장 옳은 것은?

①
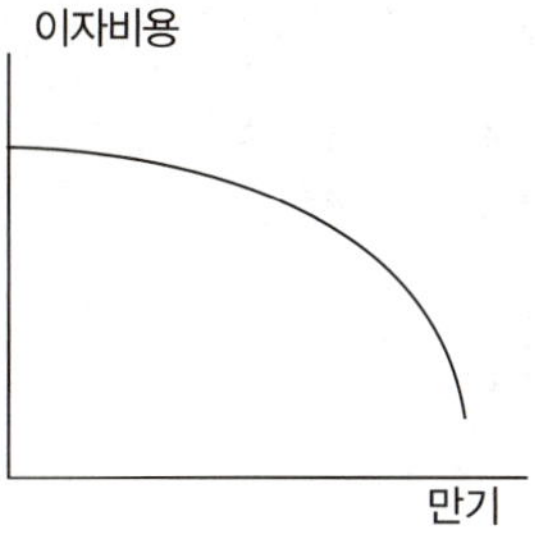

②
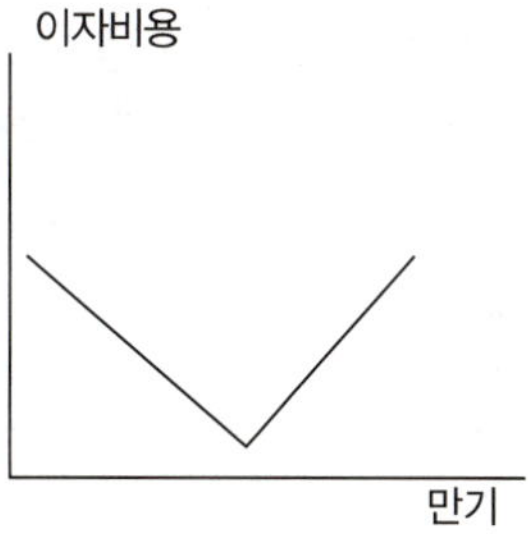

③
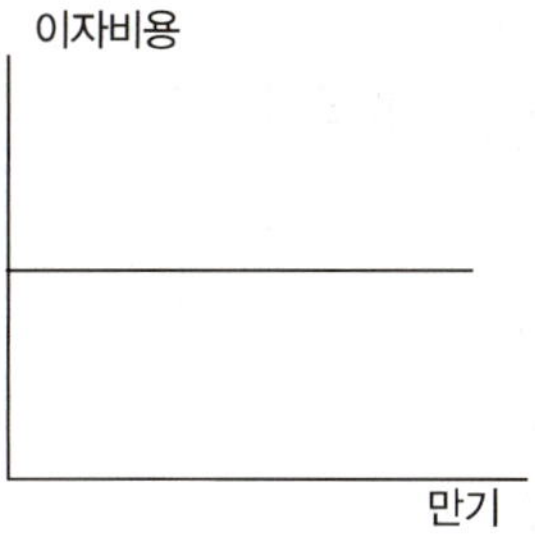

④
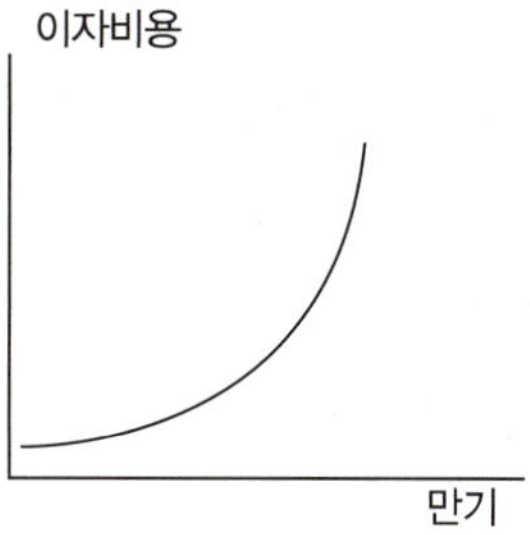

20 다음 중 재무상태표에 충당부채를 인식하는 경우로 짝지어진 것은?

자원유출가능성 \ 금액추정가능성	신뢰성있게 추정가능	추정불가능
가능성이 높음	(ㄱ)	(ㄴ)
가능성이 높지 않음	–	–
가능성이 아주 낮음	(ㄷ)	–

① (ㄱ)

② (ㄱ), (ㄴ)

③ (ㄱ), (ㄷ)

④ (ㄱ), (ㄴ), (ㄷ)

21 **다음 중 자본거래가 각 자본항목에 미치는 영향으로 가장 올바르지 않은 것은?**

	자본금	이익잉여금	총자본
① 주식배당	증 가	감 소	불 변
② 주식의 할인발행	증 가	불 변	증 가
③ 자기주식 취득	감 소	불 변	감 소
④ 현금배당	불 변	감 소	감 소

22 **다음 중 자기주식의 회계처리에 관한 설명으로 가장 올바르지 않은 것은?**

① 취득 시 분개

(차)	자기주식	XXX	(대)	현 금	XXX

② 처분 시 분개(취득원가 〈 처분가액)

(차)	현 금	XXX	(대)	자기주식	XXX
				자기주식처분이익	XXX

③ 처분 시 분개(취득원가 〉 처분가액)

(차)	현 금	XXX	(대)	자기주식	XXX
	자기주식처분손실	XXX			

④ 소각 시 분개(취득원가 〈 액면금액)

(차)	자본금	XXX	(대)	자기주식	XXX
	감자차손	XXX			

23 **다음 중 수익인식 기준에 관한 설명으로 가장 올바르지 않은 것은?**

① 고객충성제도를 시행하는 경우 보상점수를 배부하는 대가는 상대적 개별판매가격에 따라 배분된 금액이다.

② 매출에 확신유형의 보증을 제공하는 경우 총 판매금액을 수익으로 인식하고 보증에 대해서는 충당부채를 인식한다.

③ 라이선스 계약이 접근권에 해당하면 일정기간 동안 권리를 부여하는 수행의무가 부여된 것이므로 그 기간에 걸쳐 수익을 인식한다.

④ 검사 조건부 판매의 경우 재화나 용역이 합의된 규약에 부합하는지 객관적으로 판단이 가능한 경우에는 고객이 인수하는 시점에 수익을 인식한다.

24 (주)삼일은 20X1년 1월 초 (주)부산에 상품을 할부판매하고 할부금을 매년 말에 2,000,000원씩 3년간 회수하기로 하였다. (주)삼일이 작성한 현재가치할인차금 상각표가 다음과 같을 때, 매년 값이 증가하는 항목으로 가장 옳은 것은?

일 자	할부금 회수액	이자수익	매출채권 원금회수액	매출채권 장부금액
20X1년 1월 1일				4,803,660원
20X1년 12월 31일	2,000,000원	576,439원	1,423,561원	XXX원
20X2년 12월 31일				
20X3년 12월 31일				

① 할부금 회수액
② 이자수익
③ 매출채권 원금회수액
④ 매출채권 장부금액

PART 4

25 (주)삼일건설은 (주)용산과 20X1년 5월 1일, 총 계약금액 170,000,000원의 다음과 같은 공장신축 공사계약을 체결하였다. 회사가 진행기준으로 수익을 인식한다면 (주)삼일건설의 20X2년과 20X3년 계약손익은 얼마인가?(단, 진행률은 누적발생계약원가에 기초하여 계산한다)

	20X1년	20X2년	20X3년
당기발생계약원가	60,000,000원	52,000,000원	53,000,000원
추정총계약원가	150,000,000원	160,000,000원	165,000,000원
공사대금청구액(연도별)	50,000,000원	80,000,000원	40,000,000원

	20X2년	20X3년
①	계약손실 1,000,000원	계약이익 2,000,000원
②	계약손실 1,000,000원	계약손실 2,000,000원
③	계약이익 7,000,000원	계약손실 2,000,000원
④	계약이익 8,000,000원	계약손실 3,000,000원

26 (주)서울은 20X1년 2월 5일에 (주)부산과 공장 건설계약을 맺었다. 총공사계약액은 120,000,000원이며 (주)서울은 누적발생계약원가에 기초하여 진행률을 산정하여 진행기준에 따라 수익을 인식한다. (주)서울의 건설계약과 관련한 20X1년 자료는 다음과 같다.

누적발생원가	추정총계약원가	공사대금청구액
40,000,000원	100,000,000원	40,000,000원

(주)서울의 20X1년 말 재무상태표상 계약자산 또는 계약부채의 금액은 얼마인가?

① 계약자산 6,000,000원
② 계약부채 6,000,000원
③ 계약자산 8,000,000원
④ 계약부채 8,000,000원

27 다음 중 퇴직급여에 관한 설명으로 가장 올바르지 않은 것은?

① 확정급여제도란 보험수리적위험과 투자위험을 기업이 부담하는 퇴직급여제도를 의미한다.
② 확정급여채무의 현재가치는 예측단위적립방식으로 계산된다.
③ 순확정급여부채(자산)의 재측정요소는 기타포괄손익으로 인식하고 후속기간에 당기손익으로 재분류하지 않는다.
④ 확정급여제도의 경우 사외적립자산은 공정가치로 측정하여 재무상태표에 인식되는 순확정급여부채를 결정할 때 가산한다.

28 (주)삼일은 20X1년 1월 1일에 기술책임자인 홍길동 이사에게 다음과 같은 조건의 현금결제형 주가차액보상권 10,000개를 부여하였다. 이 경우 20X1년 포괄손익계산서에 계상될 당기보상비용은 얼마인가?(단, 홍길동 이사는 20X3년 12월 31일 이전에 퇴사하지 않을 것으로 예상된다)

ㄱ. 기본조건 : 20X3년 12월 31일까지 의무적으로 근무할 것
ㄴ. 행사가능기간 : 20X4년 1월 1일 ~ 20X4년 12월 31일
ㄷ. 20X1년 말 추정한 주가차액보상권의 공정가치 : 150,000원/개

① 5억원
② 10억원
③ 15억원
④ 30억원

29 (주)삼일은 20X1년 초에 설립된 회사로 장기건설계약과 관련된 수익을 재무보고 목적으로는 진행기준을 적용하여 인식하고, 세무신고 목적으로는 완성기준을 적용하여 인식한다.

연 도	진행기준	완성기준
20X1년	500,000원	300,000원

법인세율이 30%일 경우 상기 자료를 토대로 (주)삼일이 20X1년 말 인식할 이연법인세자산(부채)의 금액은 얼마인가?

① 이연법인세자산 30,000원
② 이연법인세자산 60,000원
③ 이연법인세부채 30,000원
④ 이연법인세부채 60,000원

30 (주)삼일의 20X1년 법인세와 관련한 세무조정사항은 다음과 같다. 20X0년 12월 31일 현재 이연법인세자산과 이연법인세부채의 잔액은 없었다. 20X1년의 포괄손익계산서의 법인세비용은 얼마인가?(단, 이연법인세자산의 실현가능성은 높으며, 법인세율은 20%이고 이후 변동이 없다고 가정한다)

법인세비용차감전순이익	2,000,000원
기업업무추진비한도초과액	50,000원
감가상각비한도초과액	80,000원
당기손익-공정가치 측정 금융자산평가이익	20,000원

① 400,000원
② 410,000원
③ 420,000원
④ 440,000원

31 다음 중 회계추정의 변경 사항이 아닌 것은?

① 매출채권에 대한 대손상각률의 변경
② 유형자산의 감가상각방법의 변경
③ 유형자산 잔존가치의 변경
④ 재고자산 원가흐름의 가정을 개별법에서 평균법으로 변경

32 (주)삼일의 20X1년 보통주 발행주식수 변동상황은 다음과 같다. 20X1년의 당기순이익이 2,600,000원일 경우, 20X1년의 기본주당순이익은 얼마인가?(단, 가중평균유통보통주식수는 월할로 계산한다)

일 자	내 용	주식수
20X1년 1월 1일	기초 유통보통주식수	12,000주
20X1년 3월 1일	공정가치로 유상증자	3,000주
20X1년 7월 1일	자기주식 취득	3,000주

① 150원
② 200원
③ 250원
④ 300원

33 20X1년 초에 (주)삼일은 (주)용산의 주식 30%를 1,000,000원에 취득하면서 (주)용산에 대해 유의적인 영향력을 갖게 되었다. 20X1년 초 (주)용산의 순자산 장부금액은 2,000,000원이었으며, 건물을 제외한 자산과 부채에 대해서는 공정가치와 장부금액이 일치하였다. 동 건물의 공정가치는 장부금액보다 200,000원 높게 평가되었으며, 잔존내용연수 5년, 잔존가치 0원, 정액법으로 감가상각하고 있다. (주)용산의 20X1년 당기순이익이 300,000원일 경우, (주)삼일의 20X1년 말 재무제표상 관계기업투자주식의 장부금액은 얼마인가?

① 98,000원
② 1,078,000원
③ 1,090,000원
④ 1,102,000원

34 다음 중 기능통화와 표시통화에 관한 설명으로 가장 올바르지 않은 것은?

① 기능통화란 영업활동이 이루어지는 주된 경제환경의 통화를 의미한다.
② 표시통화란 재무제표를 표시할 때 사용하는 통화로서 기업은 어떤 통화든지 표시통화로 사용할 수 있다.
③ 기업의 표시통화와 기능통화가 다른 경우에는 경영성과와 재무상태를 기능통화로 환산하여 재무제표에 보고한다.
④ 외화거래를 최초로 인식하는 경우 거래일의 환율을 외화금액에 적용하여 기능통화로 기록한다.

35 다음 중 화폐성 항목으로 가장 옳은 것은?

① 재고자산
② 매출채권
③ 선수금
④ 영업권

36 (주)삼일은 상품 $3,000을 외상으로 매출하고, 대금을 9개월 후에 달러($)로 지급받기로 하였다. 이 경우 (주)삼일의 외화매출채권 $3,000은 환율변동위험에 노출되게 되었다. 해당 거래와 관련하여 환율변동위험을 회피할 수 있는 방법으로 가장 옳은 것은?

① 약정된 환율로 9개월 후 $3,000을 매도하는 통화선도계약을 체결한다.
② 약정된 환율로 9개월 후 $3,000을 매입하는 통화선도계약을 체결한다.
③ 약정된 환율로 9개월 후 $3,000을 거래할 수 있는 콜옵션을 매입한다.
④ 약정된 환율로 9개월 후 $3,000을 거래할 수 있는 풋옵션을 매도한다.

37 다음 중 (   ) 안에 들어갈 단어로 가장 옳은 것은?

> 리스이용자의 (   )은 리스이용자가 비슷한 경제적 환경에서 비슷한 기간에 걸쳐 비슷한 담보로 사용권자산과 가치가 비슷한 자산 획득에 필요한 자금을 차입한다면 지급해야 하는 이자율을 말한다.

① 내재이자율
② 증분차입이자율
③ 증분리스이자율
④ 우량회사채이자율

38 **다음 중 제조자나 판매자인 리스제공자의 금융리스에 관한 설명으로 가장 올바르지 않은 것은?**

① 리스제공자가 인식할 매출액은 기초자산의 공정가치와 리스료의 현재가치 중 적은 금액으로 한다.

② 리스제공자가 인식할 매출액 계산시 리스료의 현재가치는 리스제공자의 증분차입이자율로 할인하여 계산한다.

③ 리스제공자가 인식할 매출원가는 원칙적으로 기초자산의 원가에서 무보증잔존가치의 현재가치를 차감한 금액으로 한다.

④ 리스제공자가 인식할 매출원가의 계산시 리스자산의 원가와 리스자산의 장부금액이 다를 경우에는 기초자산의 장부금액에서 무보증잔존가치의 현재가치를 차감한 금액을 매출원가로 한다.

39 **다음은 특정 현금흐름을 영업활동, 투자활동 및 재무활동과 짝지은 것이다. 잘못 짝지어진 것은 어느 것인가?**

① 선수금의 증가 – 영업활동

② 비품의 취득 – 투자활동

③ 단기매매금융자산의 취득 – 투자활동

④ 단기차입금의 상환 – 재무활동

40 **(주)삼일은 기중에 다음과 같은 자금의사결정을 하였다. 아래의 의사결정으로 인한 현금흐름 중 투자활동 관련 순현금흐름은 얼마인가?**

매출채권의 회수	950,000원
차입금의 상환	1,000,000원
유형자산의 처분	500,000원
기타포괄손익-공정가치 측정 금융자산의 취득	1,000,000원
유상증자	2,000,000원
급여의 지급	500,000원
배당금의 지급	800,000원

① 200,000원 현금유입

② 350,000원 현금유출

③ 450,000원 현금유입

④ 500,000원 현금유출

41 **다음 중 조세의 개념에 관한 설명으로 가장 옳은 것은?**

① 공공단체가 공공사업에 필요한 경비에 충당하기 위하여 부과하는 공과금도 조세에 해당한다.
② 조세는 위법행위에 대한 제재에 목적을 두고 있는 과태료와 그 성격이 매우 유사하다.
③ 조세법률주의에 따라 조세의 과세요건은 법률로 규정해야 한다.
④ 조세는 납부하는 금액에 비례하여 반대급부가 제공된다.

42 **다음 중 세법상 기간과 기한의 규정에 관한 설명으로 가장 올바르지 않은 것은?**

① 기간을 일·주·월·연으로 정한 때에는 기간의 초일은 기간 계산 시 산입하지 않는다.
② 기간의 계산은 국세기본법 또는 그 세법에 특별한 규정이 있는 것을 제외하고는 민법에 따른다.
③ 2024년 12월 31일로 사업연도가 종료하는 법인은 2025년 3월 31일까지 법인세를 신고·납부하여야 하는데 공교롭게도 2025년 3월 31일이 토요일인 경우에는 그 전 날인 2025년 3월 30일까지 법인세를 신고·납부하여야 한다.
④ 신고서 등을 국세정보통신망을 이용하여 제출하는 경우에는 해당 신고서 등이 국세청장에게 전송된 때에 신고되거나 청구된 것으로 본다.

43 **다음 중 국세기본법상 경정청구에 관한 설명으로 가장 올바르지 않은 것은?**

① 결손금을 과소신고한 경우에도 경정청구를 할 수 있다.
② 법정신고기한이 지난 후 5년 이내에 청구하여야 한다.
③ 결정 또는 경정으로 인하여 증가된 과세표준 및 세액에 대해서는 해당 처분이 있음을 안 날로부터 60일 이내에 경정청구를 할 수 있다.
④ 소송에 대한 판결 등의 후발적 사유가 발생하였을 경우 그 사유가 발생한 것을 안 날로부터 3개월 이내 결정 또는 경정을 청구할 수 있다.

44 **다음 중 법인세법상 소득처분에 대한 설명으로 가장 올바르지 않은 것은?**

① 익금산입액이 개인사업자에게 귀속되는 경우에는 기타사외유출로 처분한다.
② 유보로 처분된 익금산입액은 세무상 자기자본을 증가시킨다.
③ 채권자 불분명 사채이자 중 원천징수분을 제외한 금액은 대표자에 대한 상여로 처분한다.
④ 출자자 및 출자임원에게 귀속되는 소득은 모두 배당으로 처분한다.

45 다음 중 법인세법상 영리내국법인의 인건비, 기업업무추진비 및 지급이자에 관한 설명으로 가장 올바르지 않은 것은?

① 법인이 임원 또는 사용인에게 지급하는 상여금 중 이사회의 결의에 의하여 결정된 급여지급기준을 초과하여 지급한 경우 그 초과금액은 손금에 산입하지 아니한다.

② 비상근임원에게 지급하는 보수는 부당행위계산부인에 해당하는 경우를 제외하고 이를 손금에 산입한다.

③ 법인이 그 사용인이 조직한 조합 또는 단체에 복리시설비를 지출한 경우 당해 조합이나 단체가 법인인 때에는 이를 기업업무추진비로 본다.

④ 건설자금에 충당한 차입금 이자 중 특정차입금에 대한 지급이자는 건설 등이 준공된 날까지 이를 자본적 지출로 하여 그 원본에 가산한다.

46 다음 자료를 이용하여 당기 각 사업연도 소득금액을 계산하면 얼마인가?(단, 당기에 주어진 자료 이외의 세무조정 사항은 없다고 가정한다)

〈자료 1〉 자본금과 적립금조정명세서(을)

(단위 : 원)

① 과 목	② 기초잔액	당기 중 증감		⑤ 기말잔액
		③ 감 소	④ 증 가	
재고자산	△8,000,000	△8,000,000	△4,000,000	△4,000,000
퇴직급여충당금 한도초과	1,300,000	300,000	2,000,000	3,000,000
감가상각비 한도초과	4,650,000	0	3,500,000	8,150,000
합 계	△2,050,000	△7,700,000	1,500,000	7,150,000

〈자료 2〉

ㄱ. 결산서상 당기순이익 300,000,000원
ㄴ. 법인세비용 2,000,000원
ㄷ. 기업업무추진비 한도초과액 2,000,000원

① 298,800,000원
② 300,800,000원
③ 309,200,000원
④ 313,200,000원

47 다음 중 법인세법상 익금으로 인정되는 금액은 얼마인가?

ㄱ. 전기분 법인세 환급액	6,000,000원
ㄴ. 자산수증이익(이월결손금 보전에 사용되지 않음)	10,000,000원
ㄷ. 고정자산 양도가액	3,000,000원
ㄹ. 부가가치세 매출세액	2,000,000원
ㅁ. 간접외국납부세액	6,000,000원

① 15,000,000원
② 16,000,000원
③ 19,000,000원
④ 21,000,000원

48 다음은 (주)삼일의 임원 또는 사용인을 위하여 지출한 복리후생비 보조원장의 일부이다. 이 중 법인세법상 손금으로 인정받지 못하는 금액은 얼마인가?

<u>복 리 후 생 비</u>

(주)삼일 2025년 1월 1일 ~ 2025년 12월 31일 (단위 : 원)

월/일	적 요	금 액
01/23	우리사주조합운영비	5,000,000
01/25	건강검진비	500,000
02/03	대주주인 임원에 대한 사택유지비	3,000,000
02/13	이익처분에 의하여 지급하는 상여금	2,000,000
02/27	고용보험료(사용자부담분)	500,000
03/10	폐수배출부담금	1,000,000

① 3,000,000원
② 5,000,000원
③ 5,500,000원
④ 6,000,000원

49 **다음 중 법인세법상 손익의 귀속사업연도에 관한 설명으로 가장 올바르지 않은 것은?**

① 위탁판매는 수탁자가 상품 등을 판매한 날에 손익을 인식한다.

② 부동산의 양도는 대금청산일, 소유권이전등기일, 인도일 또는 사용수익일 중 빠른 날에 손익을 인식한다.

③ 중소기업의 경우 장기할부판매는 결산상 인도기준으로 인식한 경우에도 회수기일도래기준을 적용할 수 있다.

④ 기부금은 발생주의로 손익을 인식한다.

50 **다음 중 법인세법상 재고자산 평가에 관한 설명으로 가장 옳은 것은?**

① 재고자산은 영업장별로 상이한 방법으로 평가할 수 없다.

② 재고자산평가방법 무신고 시 후입선출법을 적용한다(매매목적용 부동산은 개별법).

③ 재고자산평가방법 변경신고를 신고기한을 경과하여 신고한 경우 선입선출법(매매목적용 부동산은 개별법)으로 평가한 금액과 당초 신고한 방법으로 평가한 금액 중 큰 금액으로 평가한다.

④ 세무상 재고자산의 평가금액이 재무상태표상 재고자산 기말가액보다 작은 경우에 차이금액을 익금산입하여 유보처분한다.

51 **도매업을 영위하는 (주)삼일은 전기까지 매장을 임차하여 사용하다 당기(2025년 1월 1일 ~ 2025년 12월 31일) 중 건물을 최초로 취득하고 세무상 감가상각 내용연수를 신고하고자 한다. 건물의 취득일자가 2025년 5월 14일인 경우 세무상 감가상각 내용연수 신고는 언제까지 해야 하는가?**

① 2025년 6월 30일

② 2025년 9월 30일

③ 2025년 12월 31일

④ 2026년 3월 31일

52 **다음 중 (주)삼일의 사업용 유·무형자산 세무상 처리에 관한 설명으로 가장 옳은 것은?**

① 기계장치에 대하여 내용연수를 신고하지 않아 기준내용연수를 적용하여 상각범위액을 산출하였다.

② 사업연도 중에 취득한 감가상각자산에 대한 상각범위액은 사업에 사용하기 시작한 날과 관계없이 취득한 날부터 사업연도 종료일까지의 월수에 따라 계산하였다.

③ 차량운반구에 대하여 자본적 지출에 해당하는 수선비 7,000,000원을 지출하고 수선비로 비용처리하였다.

④ 유형자산의 잔존가액은 0(영), 무형자산의 잔존가액은 취득가액의 5%로 처리하였다.

53 **(주)삼일은 지방자치단체(특수관계 없음)에 정당한 사유없이 시가 20억원 건물을 10억원에 양도하였다. 이 거래와 관련하여 (주)삼일이 기부금으로 의제할 금액은 얼마인가?**

① 2억원
② 4억원
③ 6억원
④ 10억원

54 **다음 중 법인세법에 관한 설명으로 가장 올바르지 않은 것은?**

① 기업업무추진비한도액 계산 시 수입금액이라 함은 회계상 계산한 매출액을 의미한다.
② 특수관계인에게 기부한 일반기부금을 금전 외의 자산으로 제공하는 경우 시가와 장부가액 중 큰 금액으로 평가한다.
③ 사업연도 중 재해로 인하여 사업용 자산가액의 30% 이상을 상실하여 납세하기가 곤란하다고 인정되는 경우 그 상실된 자산의 가액을 한도로 재해손실세액공제를 받을 수 있다.
④ 약정에 의해 거래처에 대한 매출채권을 포기한 금액도 세법상 기업업무추진비에 포함된다.

PART 4

55 **다음은 제조업을 영위하는 중소기업인 (주)삼일의 제25기(2025년 1월 1일 ~ 2025년 12월 31일) 기업업무추진비 관련 자료이다. 기업업무추진비 관련 세무조정으로 인한 손금불산입액의 총합계액은 얼마인가?**

ㄱ. 기업업무추진비지출액 : 45,000,000원
[이 중 신용카드 등 법정증빙서류를 수취하지 못한 금액 1,000,000원(1건) 포함]
ㄴ. 손익계산서상 매출액 : 20억원(이 중 특수관계인에 대한 매출액 2억원 포함)
ㄷ. 기업업무추진비 손금한도액 계산 시 수입금액기준한도액 계산에 필요한 적용률은 수입금액 100억원 이하분에 대하여 0.3%이다.
ㄹ. 기업업무추진비 손금한도액 계산 시 중소기업의 기본한도금액은 36,000,000원이다.

① 2,000,000원
② 2,540,000원
③ 3,000,000원
④ 3,540,000원

56 다음 중 법인세법상 대손처리할 수 있는 채권으로 가장 옳은 것은?

① 특수관계인에 대한 업무무관가지급금
② 채무보증으로 인하여 발생한 구상채권
③ 물품의 수출로 인하여 발생한 채권
④ 매각거래에 해당하는 할인어음

57 다음 중 준비금에 관한 설명으로 가장 올바르지 않은 것은?

① 비영리내국법인은 법인세법에 따라 고유목적사업준비금을 손금에 산입할 수 있다.
② 준비금은 법인세법에서만 규정하고 있고, 조세특례제한법에서 규정하는 준비금은 현재 없다.
③ 보험업을 영위하는 법인은 책임준비금을 손금에 산입할 수 있다.
④ 전입한 준비금은 일정기간이 경과한 후에 다시 익금산입하여야 한다.

58 (주)삼일은 대표이사인 홍길동씨에게 업무와 관련 없이 자금을 대여하고 있으며, 동 대여금의 2025년 적수는 1,000,000,000원이다. 2025년 중 대표이사로부터 60,000원의 이자를 수령하였으며 (주)삼일의 가중평균차입이자율이 7%인 경우 필요한 세무조정으로 가장 옳은 것은?(단, 인정이자 계산 시 가중평균차입이자율 적용, 1년은 365일, 소수점 첫째 자리에서 반올림한다)

① (익금불산입) 가지급금 인정이자 131,781원(상여)
② (익금산입) 가지급금 인정이자 131,781원(상여)
③ (익금불산입) 가지급금 인정이자 191,781원(상여)
④ (익금산입) 가지급금 인정이자 191,781원(상여)

59 다음은 (주)삼일의 제25기(2025년 1월 1일 ~ 2025년 12월 31일) 기부금 관련 자료이다. (주)삼일의 기부금 관련 손금불산입액은 얼마인가?(단, 기부금 조정금액은 없으며, 비과세소득 및 소득공제 금액은 없다)

> ㄱ. 소득 자료
> - 차가감 소득금액 : 100,000,000원
> - 세무상 이월결손금 : 70,000,000원
>
> ㄴ. 기부금 지출액
> - 특례기부금 : 50,000,000원
> - 일반기부금 : 20,000,000원

> 특례기부금 손금산입 한도액
>
> 한도액 = (차감전 소득금액 − 세무상 이월결손금) × 50%
>
> 일반기부금 손금산입 한도액
>
> 한도액 = (차감전 소득금액 − 세무상 이월결손금 − 특례기부금 손금산입액) × 10%

① 10,000,000원
② 15,000,000원
③ 60,000,000원
④ 65,000,000원

60 다음 중 사업연도가 1월 1일에서 12월 31일인 법인의 2025년 각 사업연도 소득에 관한 법인세 과세표준의 확정신고기한은 언제인가?(단, 성실신고확인서를 제출하지 않았고 연장신청도 하지 않았다고 가정한다)

① 2025년 12월 31일
② 2026년 3월 31일
③ 2026년 4월 30일
④ 2026년 5월 31일

61 다음 중 소득세의 납세의무자에 관한 설명으로 가장 올바르지 않은 것은?

① 소득세의 납세의무자는 자연인인 개인에 한정된다.

② 비거주자에 대하여는 국내원천소득에 대해서만 소득세를 과세한다.

③ 1 거주자로 보는 법인 아닌 단체의 경우 그 단체의 소득을 단체구성원들의 다른 소득과 합산하여 과세한다.

④ 국내에 주소를 두거나 1 과세기간 중 183일 이상 거소를 둔 개인을 거주자라고 한다.

62 다음 중 무조건 분리과세대상 금융소득으로 가장 올바르지 않은 것은?

① 출자공동사업자의 배당소득

② 법원보증금 등의 이자

③ 직장공제회 초과반환금

④ 법인으로 보는 단체 이외의 단체 중 수익을 구성원에게 분배하지 아니하는 단체가 단체명을 표시하여 금융거래를 함으로써 금융기관으로부터 받는 이자소득 및 배당소득

63 다음 중 소득세법상 사업소득금액과 법인세법상 각 사업연도 소득금액의 차이점에 관한 설명으로 가장 올바르지 않은 것은?

① 법인의 주주는 법인의 자금을 임의로 인출하여 사용할 수 없으며, 개인사업자 역시 출자금을 임의로 인출할 수 없다.

② 재고자산의 자가소비에 관하여 법인세법에서는 부당행위부인에 적용되나, 소득세법에서는 개인사업자가 재고자산을 가사용으로 소비하거나 이를 사용인 또는 타인에게 지급한 경우에는 총수입금액에 산입한다.

③ 대표자에 대한 급여는 법인세법상 손금으로 인정되나, 개인사업자의 경우 필요경비에 산입되지 아니한다.

④ 수입이자와 수입배당금은 각 사업연도 소득금액의 계산에 있어서 익금으로 보나, 사업소득금액의 계산에 있어서는 총수입금액으로 보지 아니한다.

64 다음 중 근로소득으로 과세되는 항목을 모두 고른 것은 무엇인가?

ㄱ. 법인세법에 의해 상여로 처분된 금액(인정상여)
ㄴ. 연 또는 월단위로 받는 여비
ㄷ. 종업원이 출퇴근을 위하여 차량을 제공받는 경우의 운임
ㄹ. 사내근로복지기금으로부터 무주택근로자가 지급받는 주택보조금
ㅁ. 회사에 기여한 공로를 인정받아 지급받는 공로금

① ㄱ, ㄴ
② ㄱ, ㄷ, ㄹ
③ ㄴ, ㄷ, ㅁ
④ ㄱ, ㄴ, ㅁ

65 다음은 정영수씨에게 지급된 상여금과 (주)삼일의 법인세신고 시 정영수씨에게 처분된 것으로 인정된 익금산입액에 대한 명세서 내용이다. 주어진 내용에 따라 정영수씨의 2025년 근로소득 과세금액을 구하면 얼마인가?

1) 주주총회에서 잉여금 처분결의에 따라 지급된 상여금 내역

대상 사업연도	처분결의일	지급일	금 액
2024년	2025년 2월 20일	2025년 3월 10일	2,000,000원
2025년	2026년 2월 15일	2026년 6월 25일	1,800,000원

2) 법인세 신고 시 익금산입으로 인정된 금액에 대한 명세서 내역

대상 사업연도	결산확정일	법인세 신고일	금 액
2024년	2025년 2월 20일	2025년 3월 10일	3,000,000원
2025년	2026년 2월 15일	2026년 3월 25일	1,800,000원

① 1,800,000원
② 3,000,000원
③ 3,800,000원
④ 4,800,000원

66 개인사업자인 김삼일씨는 2024년 사업부진으로 사업소득과 부동산임대소득(주거용 건물임대업 제외)에서 결손금이 발생하였다. 소득자료가 다음과 같을 때, 2024년과 2025년의 종합소득금액을 구하면 각각 얼마인가?(단, 아래의 소득은 모두 종합과세 대상이며, △는 결손금을 표시함)

구 분	2024년	2025년
ㄱ. 부동산임대소득금액	△3,000,000	5,000,000
ㄴ. 사업소득금액	△10,000,000	12,000,000
ㄷ. 근로소득금액	20,000,000	20,000,000

	2024년	2025년
①	7,000,000원	37,000,000원
②	10,000,000원	34,000,000원
③	17,000,000원	27,000,000원
④	20,000,000원	24,000,000원

67 다음 중 추가공제에 관한 설명으로 가장 올바르지 않은 것은?

① 해당 과세기간에 종합소득금액이 50,000,000원 이하인 거주자가 배우자가 없는 여성으로서 부양가족이 있는 세대주이거나 배우자가 있는 여성인 경우 연 50만원의 부녀자공제를 적용한다.
② 한부모공제와 부녀자공제 동시에 적용되는 경우 한부모공제를 적용한다.
③ 거주자의 기본공제대상자 중 장애인복지법에 따른 장애인이 있는 경우에는 연 200만원의 장애인공제를 적용한다.
④ 거주자의 기본공제대상자 중 70세 이상인 경우에는 연 100만원의 경로우대공제를 적용한다.

68 다음 자료를 바탕으로 근로소득자 김삼일씨의 교육비세액공제액을 계산하면 얼마인가?

교육비 지출내역	금 액
본인의 대학원 학비	600만원
총급여액이 500만원이 있는 배우자의 대학교 학비	400만원
15세인 장녀의 중학교 학비	250만원
7세인 차녀의 유치원 학비	150만원

① 900,000원
② 1,000,000원
③ 1,500,000원
④ 2,100,000원

69 **다음은 왕대영 회계사의 홈페이지에 있는 연말정산에 대한 상담사례들을 모은 것이다. 상담사례의 답변 중 가장 올바르지 않은 것은?**

> 질문 1 : 안녕하세요, 왕대영 회계사님. 제 아이가 아토피성피부염을 앓고 있어 일본에 있는 병원에서 치료를 받았는데 의료비공제를 받을 수 있을까요?
> 답변 1 : 외국에 있는 병원은 의료법 제3조에 규정하는 의료기관에 해당되지 아니하므로 동 병원에 지급한 의료비는 의료비공제를 받을 수 없습니다.
>
> 질문 2 : 수고가 많으십니다. 저는 봉급생활자인데 자동차종합보험료도 보험료공제를 받을 수 있습니까?
> 답변 2 : 자동차종합보험은 보장성보험이므로 지급된 보험료가 보험료공제 대상이 됩니다.
>
> 질문 3 : 안녕하세요. 이번에 일본여행을 다녀왔는데 여행 중 신용카드로 핸드백을 구매했습니다. 일본에서 구매했더라도 물론 신용카드공제 대상이 되겠죠?
> 답변 3 : 물론입니다. 국내뿐만 아니라 국외에서 지출한 신용카드 사용액도 신용카드공제 대상에 포함됩니다.
>
> 질문 4 : 수고하십니다. 저는 40세의 근로소득자 인데요, 61세이시고 소득이 없는 아버지의 노인대학교 학비도 교육비공제를 받을 수 있나요?
> 답변 4 : 교육비공제는 기본공제대상자인 본인·배우자·직계비속·형제자매·입양자를 위하여 지출한 교육비를 대상으로 하므로 직계존속의 교육비는 공제되지 않습니다.

① 답변 1
② 답변 2
③ 답변 3
④ 답변 4

70 **다음 중 소득세법상 중간예납에 관한 설명으로 가장 올바르지 않은 것은?**

① 중간예납은 1년간 소득에 대한 소득세를 분할 예납하게 하여 정부의 세입 충족면에서나 납세자의 자금부담을 분산시킬 수 있어 효율적이다.
② 소득세 중간예납대상자는 종합소득이 있는 거주자 중 사업소득이 있는 자이다.
③ 중간예납이란 매년 1월 1일부터 6월 30일까지의 기간 동안의 소득에 대해 소득세를 납부하는 것이며, 납부기한은 8월 30일이다.
④ 중간예납세액이 50만원 미만일 경우 중간예납세액을 징수하지 아니한다.

71 다음 중 부가가치세에 대하여 가장 옳은 주장을 하는 사람은 누구인가?

① 김철수 : 부가가치세가 과세되는 재화란 재산 가치가 있는 유체물을 말한다. 따라서 동력이나 열과 같은 무체물은 부가가치세 과세대상이 아니다.

② 김영희 : 우리나라의 부가가치세 제도는 전단계거래액공제법을 채택하고 있다.

③ 김영수 : 재화의 수입은 수입자가 사업자인 경우에만 부가가치세가 과세된다. 따라서 사업자가 아닌 개인이 재화를 수입하는 경우에는 부가가치세가 과세되지 않는다.

④ 김순희 : 간접세에 대한 국제적 중복과세의 문제를 해결하기 위하여 수입국에서만 간접세를 과세할 수 있도록 소비지국과세원칙을 채택하고 있다

72 다음 부가가치세와 관련된 재경담당자들의 대화 내용 중 가장 올바르지 않은 설명을 하고 있는 사람은 누구인가?

김부장 : 부가가치세 납세의무자인 사업자는 1년에 네 번 부가가치세를 신고·납부해야 한다.
이차장 : 주된 사업장에서 총괄납부하더라도 세금계산서는 각 사업장에서 발급하여야 하며, 신고도 각 사업장별로 이행하여야 한다.
박과장 : 면세사업자의 경우 부가가치세법상 납세의무는 없으나, 법정증빙을 구비한 매입에 대하여는 매입세액을 받을 수 있다.
최사원 : 사업자란 사업목적이 영리이든 비영리이든 관계없이 사업상 독립적으로 재화 또는 용역을 공급하는 자를 말한다.

① 김부장
② 이차장
③ 박과장
④ 최사원

73 다음 중 부가가치세 과세표준에 관한 설명으로 가장 올바르지 않은 것은?

① 거래처의 자금악화로 이번 달 제품공급에 대한 대가를 해당 거래처가 제작한 제품으로 받은 경우 거래처가 제공한 제품의 시가를 과세표준으로 한다.

② 임대사업자인 아버지가 자신의 아들에게 소유 중인 상가의 임대서비스를 제공하는 경우 통상의 임대료 시가액을 과세표준으로 한다.

③ 대손금과 판매촉진을 위해 거래처에 지급하는 장려금은 과세표준에서 공제하지 아니한다.

④ 폐업 시 잔존재화는 시가를 과세표준으로 한다.

74 **다음 중 사업장에 관한 설명으로 가장 옳은 것은?**

① 사업장이란 사업을 하기 위하여 거래의 전부가 일어나야 하며, 거래의 일부를 하는 고정된 장소는 사업장으로 볼 수 없다.

② 부가가치세 납세지란 납세의무를 이행함에 있어서 기준이 되는 장소로서 세법에서 정한 각종 신고의무를 이행하고 세액을 납부하기 위한 관할세무서를 결정하는 의미를 가지고 있으며, 납세지는 원칙적으로 각 사업장이다.

③ 총괄납부신청을 한 경우에는 신고는 주된 사업장에서 할 수 있고, 납부는 각 사업장에서 하여야 한다.

④ 수탁자가 납세의무자가 되는 경우 해당 신탁재산의 등기부상 소재지 또는 그 사업에 관한 업무를 총괄하는 장소는 사업장이 될 수 없다.

75 **다음은 제조업을 영위하는 (주)삼일의 거래내역이다. 2025년 제1기 예정신고기간(2025년 1월 1일 ~ 2025년 3월 31일)의 과세표준은 얼마인가?**

(1) 2024년 12월 5일에 제품을 반환조건부로 판매(인도)하고, 그 대금 1,500,000원을 수령함. 2025년 1월 5일에 반환기간이 종료되어 판매가 확정됨

(2) 2025년 1월 5일에 제품을 장기할부판매하고 그 대금을 1월 5일부터 20회에 걸쳐 매월 1,000,000원씩 회수하기로 약정함

(3) 2025년 1월 5일에 제품을 다음의 조건으로 판매함
가. 계약금 2,000,000원을 2025년 1월 5일에 수령
나. 중도금 3,000,000원을 2025년 3월 5일에 수령
다. 잔금 5,000,000원을 2025년 6월 5일에 수령하고 제품을 인도

① 3,000,000원

② 4,500,000원

③ 8,000,000원

④ 9,500,000원

76 다음은 산후조리원 이용요금의 부가가치세 면세에 관한 신문기사의 일부를 발췌한 것이다. 대화 내용 중 가장 올바르지 않은 설명을 하고 있는 사람은?

> **서울시, 산후조리원 이용요금 공개한다!**
> 서울시 김갑동 복지건강실장은 "앞으로 산후조리원에 대한 지속적인 점검을 실시해 산후조리원 부가가치세 면세금의 혜택을 서울시 산모들에게 돌아갈 수 있도록 적극적으로 노력할 것이며 부가가치세 면세 후 요금 인하 불이행 산후조리원은 세무조사를 의뢰하고 향후 저소득 산모도 산후조리원을 이용할 수 있는 방안을 강구하겠다"고 밝혔다.

① 철수 : 산후조리원이 면세사업자가 되었으니 부가가치세법상 세금계산서 발급, 과세표준 신고 등 의무를 부담하지 않는다.

② 영희 : 산후조리원이 매입한 재화 또는 용역에 대해 부담한 매입세액은 공제받을 수 없다.

③ 영수 : 산후조리원이 부담한 매입세액을 공제받기 위해 면세를 포기할 경우 5년간은 면세적용을 받을 수 없다.

④ 순희 : 산후조리원도 부가가치세가 과세되는 재화 또는 용역을 공급 받는 때에는 그에 대한 부가가치세를 부담해야 한다.

77 다음 자료를 이용하여 부가가치세 과세표준을 구하면 얼마인가?

ㄱ. 외상매출액(매출에누리 1,000,000원이 차감된 금액)	370,000,000원
ㄴ. 거래처 파산으로 인한 대손금	10,000,000원
ㄷ. 금전으로 지급한 판매장려금	7,000,000원
ㄹ. 외상매출금의 지급지연으로 인해 수령한 연체이자	3,000,000원

① 350,000,000원

② 360,000,000원

③ 370,000,000원

④ 390,000,000원

78 **다음 중 부가가치세 과세표준 계산 특례에 관한 설명으로 가장 옳은 것은?**

① 재화의 자가공급 등 간주공급에 대한 과세표준은 당해 재화의 장부가액에 의한다.

② 간주공급 재화가 감가상각자산일 경우에는 중고재화로서 일반적인 거래대상이 아니기 때문에 객관적인 정상가격을 산정하기 어려우므로 재화의 취득가액을 당해 재화의 시가로 본다.

③ 부동산임대용역을 제공하고 임대보증금이나 전세금을 받는 경우에는 임대보증금 등을 운용하여 발생하리라고 예상되는 이자상당액을 임대료로 간주하여 과세표준에 산입한다.

④ 부가가치세가 면세되는 토지와 과세되는 건물을 일괄 양도하였다면 건물 등의 공급가액은 실지거래가액이 있더라도 기준시가에 따라 안분 계산한다.

79 **다음 중 부가가치세법상 세금계산서에 관한 설명으로 가장 올바르지 않은 것은?**

① 사업자의 편의를 위하여 일정기간의 거래액을 합계하여 한 번에 세금계산서를 발급할 수 있다.

② 부동산임대용역은 실제임대료와 간주임대료 모두 세금계산서 발급 의무가 면제된다.

③ 재화나 용역의 공급 전에 세금계산서를 발행하고 7일 이내에 대가를 지급받은 경우 공급받는 자는 발급받은 세금계산서로서 매입세액을 공제받을 수 있다.

④ 수정세금계산서는 당초에 세금계산서를 발급한 경우에만 적용되는 것이다.

80 **다음 중 부가가치세법상 일반과세자와 간이과세자를 비교한 내용으로 가장 올바르지 않은 것은?**

	구 분	일반과세자	간이과세자
①	적용대상	간이과세자 이외의 사업자	직전 1역년의 공급대가가 10,400만원 미만인 개인사업자
②	포기제도	포기제도 없음	간이과세자를 포기하고 일반과세자가 될 수 있음
③	대손세액공제	규정있음	공제없음
④	세금계산서 발급	세금계산서 발급 원칙	세금계산서 발급 불가

81 **다음 중 원가의 일반적인 특성으로 보기 가장 어려운 것은?**

① 기업의 수익획득 활동에 필요한 물품을 단순히 구입하는 것만으로는 원가가 되지 않으며 이를 소비해야 비로소 원가가 된다.

② 원가는 정상적인 경제활동 과정에서 소비된 가치와 비정상적인 상황에서 발생한 가치의 감소분을 모두 포함한다.

③ 경제적 가치를 가지고 있는 요소만이 원가가 될 수 있다.

④ 발생한 제조원가 중 기업의 수익획득에 아직 사용되지 않은 부분은 자산으로, 수익획득에 사용된 부분은 비용으로 재무제표에 계상된다.

82 **다음은 (주)삼일의 제조원가명세서(약식)와 관련된 자료이다. 아래 자료를 이용하여 (주)삼일의 당기 기초원가와 가공원가를 계산하면 얼마인가?**

<u>제조원가명세서</u>

(20X1년 1월 1일 ~ 20X1년 3월 31일)

ㄱ. 직접재료원가		
- 기초재료재고액	30,000원	
- 당기원재료매입액	300,000원	
- 기말원재료재고액	20,000원	
ㄴ. 직접노무원가		90,000원
ㄷ. 제조간접원가		150,000원
ㄹ. 기초재공품원가		100,000원
ㅁ. 기말재공품원가		50,000원

	기초원가	가공원가
①	390,000원	150,000원
②	400,000원	100,000원
③	390,000원	240,000원
④	400,000원	240,000원

83 **원가는 경영자의 의사결정 목적에 따라 여러 가지로 분류할 수 있다. 다음 중 원가 분류에 관한 설명으로 가장 옳은 것은?**

① 원가의 추적가능성에 따라 직접원가와 고정원가로 분류할 수 있다.
② 원가의 행태에 따라 변동원가와 기간원가로 분류할 수 있다.
③ 수익과의 대응관계에 따라 제품원가와 제조원가로 분류할 수 있다.
④ 경영자의 의사결정과의 관련성에 따라 관련원가와 매몰원가로 분류할 수 있다.

84 **두 개의 제조부문과 두 개의 보조부문으로 이루어진 (주)삼일의 부문 간 용역수수에 관련된 자료는 다음과 같다.**

구 분	보조부문		제조부문	
	A	B	C	D
A 부문 용역제공	–	40%	20%	40%
B 부문 용역제공	20%	–	50%	30%
발생원가	200,000원	300,000원	450,000원	600,000원

단계배분법을 사용할 경우 제조부문 C에 배분되는 보조부문의 원가는 얼마인가?(단, 보조부문원가는 A 부문의 원가를 우선 배분한다)

① 182,500원
② 222,500원
③ 230,000원
④ 277,500원

85 **다음 중 개별원가계산의 절차에 관한 설명으로 가장 올바르지 않은 것은?**

① 개별원가계산에서 작업원가표는 통제계정이며 재공품계정은 보조계정이 된다.
② 원가가 작업원가표에 기재되면 동일한 금액이 재공품계정의 차변에 기록된다.
③ 제조원가 중 직접원가는 발생시점에 작업원가표에 기록된다.
④ 재료출고청구서로 생산부서에 출고된 원재료가 간접재료원가일 경우에는 제조간접원가 통제계정에 기입한다.

86 (주)삼일은 개별원가계산제도를 채택하고 있으며, 직접노무원가를 기준으로 제조간접원가를 배부한다. 20X1년의 제조간접원가배부율은 X부문에 대해서는 30%, Y부문에 대해서는 40%이다. 제조지시서 #105는 20X1년 중에 시작되어 완성되었으며, 원가 발생액과 관련된 자료가 다음과 같은 경우 제조지시서 #105와 관련된 총제조원가는 얼마인가?

구 분	X부문	Y부문	합 계
직접재료원가	800,000원	500,000원	
직접노무원가	1,000,000원		
제조간접원가		200,000원	
합 계			

① 2,800,000원
② 3,000,000원
③ 3,300,000원
④ 3,800,000원

87 다음 중 종합원가계산의 평균법과 선입선출법에 관한 설명으로 가장 옳은 것은?

① 선입선출법에 의한 종합원가계산은 기초재공품이 그 기간에 착수되어 생산된 것처럼 취급한다.
② 선입선출법이 적용되는 종합원가계산에서는 전기에 투입한 기초재공품원가와 당기투입원가의 합계액을 완성품원가와 기말재공품원가에 배분한다.
③ 기초재공품이 없는 경우 종합원가계산에서의 제조원가는 평균법과 선입선출법이 동일하게 계산된다.
④ 평균법이 적용되는 종합원가계산의 경우 완성품환산량은 당기 작업량을 의미한다.

88 (주)삼일은 평균법을 이용한 종합원가계산제도를 채택하고 있다. 재료는 공정 초기에 전량 투입되며, 가공원가는 공정 전반에 걸쳐 균등하게 발생할 경우 당기완성품원가와 기말재공품원가는 각각 얼마인가?

〈수량, 재공품 완성도〉

기초재공품	100개(완성도 40%)	완성품	800개
착수량	900개	기말재공품	200개(완성도 20%)

〈원 가〉

	재료원가	가공원가
기초재공품원가	200,000원	150,000원
당기발생원가	800,000원	606,000원

	당기완성품원가	기말재공품원가
①	1,520,000원	180,000원
②	1,520,000원	236,000원
③	1,607,089원	236,000원
④	1,607,089원	260,022원

PART 4

89 다음은 (주)삼일의 원가자료이다. 원재료는 공정 초기에 전량 투입되고 가공원가는 공정 전반에 걸쳐 균등하게 투입된다.

〈수 량〉

기초재공품수량	600개 (완성도 40%)	완성수량	2,000개
착수수량	1,900개	기말재공품수량	500개 (완성도 70%)

평균법과 선입선출법을 적용하여 종합원가계산을 하는 경우 가공원가 완성품환산량 차이는 얼마인가?

① 평균법이 360개 더 크다.
② 평균법이 360개 더 작다.
③ 선입선출법이 240개 더 크다.
④ 선입선출법이 240개 더 작다.

90 (주)삼일은 종합원가계산제도를 채택하고 있다. 원재료는 공정 초기에 전량 투입되며, 가공원가는 공정전반에 걸쳐 균등하게 발생한다. 평균법과 선입선출법에 따른 가공원가의 완성품환산량은 각각 65,000개와 53,000개이다. 기초재공품의 완성도가 60%라면, 기초재공품 수량은 몇 단위인가?

① 12,000개 ② 20,000개
③ 24,000개 ④ 30,000개

91 다음 중 표준원가시스템에 관한 설명으로 가장 옳은 것은?

① 예외에 의한 관리는 책임을 명확히 하여 종업원의 동기를 유발시키는 방법으로 적절하다.
② 관리목적상 표준원가에 근접하는 원가항목을 보다 중점적으로 관리해야 한다.
③ 원가통제를 포함한 표준원가시스템을 잘 활용하여도 원가감소를 유도할 수는 없다.
④ 표준원가와 실제발생원가의 차이분석시 중요한 불리한 차이뿐만 아니라 중요한 유리한 차이도 검토할 필요가 있다.

92 다음 중 차이분석에 관한 내용으로 가장 올바르지 않은 것은?

① 유리한 차이란 실제원가가 표준원가보다 작아 영업이익을 증가시키는 차이를 의미한다.
② 능률차이는 실제투입량에 대한 표준원가와 표준투입량에 대한 표준원가와의 차이를 의미한다.
③ 가격차이는 실제원가와 실제투입량에 대한 표준원가와의 차이를 의미한다.
④ 총차이란 실제발생원가에서 목표산출량에 허용된 표준원가를 차감한 차이를 의미한다.

93 (주)삼일의 표준원가계산 자료가 다음과 같을 때 실제작업시간은 몇 시간인가?

ㄱ. 실제 생산량	2,000단위
ㄴ. 노무원가 발생액	4,000,000원
ㄷ. 단위당 표준허용시간	24시간
ㄹ. 유리한 가격차이	1,200,000원
ㅁ. 불리한 능률차이	400,000원

① 40,000시간 ② 44,000시간
③ 50,000시간 ④ 52,000시간

94 (주)삼일의 표준원가계산제도는 직접작업시간을 제조간접원가 배부기준으로 사용한다. (주)삼일의 원가차이분석 자료를 이용할 경우, 변동제조간접원가 능률차이는 얼마인가?

제조간접비 실제발생액	15,000원
고정제조간접비 실제발생액	7,200원
실제작업시간	3,500시간
표준작업시간	3,800시간
변동제조간접비 표준배부율	작업시간당 2.5원

① 950원 불리
② 750원 불리
③ 750원 유리
④ 950원 유리

95 다음 중 고정제조간접원가 차이분석에 관한 설명으로 가장 올바르지 않은 것은?

① 고정제조간접원가 실제발생액과 고정제조간접원가 배부액과의 차이를 고정제조간접원가 총차이라고 한다.
② 고정제조간접원가 실제발생액과 고정제조간접원가 예산과의 차이를 고정제조간접원가 예산차이라고 한다.
③ 고정제조간접원가 예산과 고정제조간접원가 배부액과의 차이를 고정제조간접원가 조업도차이라고 한다.
④ 고정제조간접원가 예산은 실제산출량에 허용된 표준조업도에 조업도 단위당 표준배부율을 곱하여 계산한 금액을 의미한다.

96 다음 중 변동원가계산과 전부원가계산의 차이에 관한 설명으로 가장 옳은 것은?

① 고정판매비와관리비 또한 고정제조간접원가와 마찬가지로 변동원가계산과 전부원가계산 간의 처리방법이 상이하다.
② 변동원가계산은 표준원가를 사용할 수 있으나 전부원가계산은 표준원가를 사용할 수 없다.
③ 변동원가계산은 고정제조간접원가를 제품원가로 인식하고 전부원가계산은 고정제조간접원가를 기간원가로 인식한다.
④ 기초재고자산이 없고 당기 생산량과 판매량이 동일하다면 변동원가계산과 전부원가계산의 순이익은 같게 된다.

97 20X1년 (주)삼일은 신제품 A를 500단위 생산하였는데 이에 대한 단위당 변동원가는 10원이고, 단위당 고정원가는 3원이다. 20X1년에 신제품에 대한 기초재고액은 없었으며 기말재고 수량만이 300단위일 경우, 전부원가계산방법 대신에 변동원가계산방법을 적용한다면 20X1년 12월 31일의 기말재고액은 전부원가계산방법에 비해 얼마나 변동할 것인가?

① 900원 증가
② 900원 감소
③ 3,000원 증가
④ 3,000원 감소

98 (주)삼일의 20X1년 2월의 제품 생산 및 판매와 관련된 자료는 다음과 같다. 초변동원가계산을 이용한 (주)삼일의 20X1년 2월 재료처리량 공헌이익은 얼마인가?

생산량	5,000개
판매량	4,500개
판매가격	350원
직접재료원가	80원
직접노무원가	20원
변동제조간접원가	30원
고정제조간접원가	75,000원

단, 기초 제품재고는 없다.

① 915,000원
② 990,000원
③ 1,125,000원
④ 1,215,000원

99 다음은 (주)삼일의 5월 전부원가계산과 변동원가계산에 의한 순이익을 비교한 자료이다.

생산량	?	판매량	800개
판매단가	100원	고정판매관리비	12,000원
고정제조원가	24,000원	단위당 변동판매관리비	15원
단위당 변동제조원가	30원		

단, 월초재고는 없음

전부원가계산의 영업이익이 변동원가계산에 비해 8,000원 만큼 많다면 생산량은 몇 개인가?

① 800개
② 1,000개
③ 1,200개
④ 1,400개

100 (주)삼일의 20X1년 손익에 대한 자료가 다음과 같을 경우 (a) 전부원가계산에 따른 매출총이익, (b) 변동원가계산에 따른 공헌이익, (c) 초변동원가계산에 따른 재료처리량공헌이익은 각각 얼마인가?

단위당 판매가격	500원	고정제조간접원가	200,000원
단위당 직접재료원가	150원	고정판매비와관리비	70,000원
단위당 직접노무원가	120원	기초제품	없 음
단위당 변동제조간접원가	50원	생산량	20,000개
단위당 변동판매비와관리비	30원	판매량	10,000개

① (a) 1,700,000원 (b) 1,500,000원 (c) 3,500,000원
② (a) 1,700,000원 (b) 1,230,000원 (c) 2,300,000원
③ (a) 3,400,000원 (b) 1,500,000원 (c) 3,500,000원
④ (a) 3,400,000원 (b) 1,230,000원 (c) 2,300,000원

PART 4

101 (주)삼일은 활동기준원가계산을 사용하며, 제조과정은 다음의 3가지 활동으로 구분된다.

활 동	원가동인	연간 원가동인수	연간 가공원가총액
세 척	재료의 부피	100,000리터	200,000원
압 착	압착기계시간	45,000시간	900,000원
분 쇄	분쇄기계시간	21,000시간	546,000원

X 제품 한 단위당 재료부피는 30리터, 압착기계시간은 10시간, 분쇄기계시간은 5시간이다. X 제품의 단위당 판매가격과 재료원가가 각각 2,000원과 400원일 경우 제품의 단위당 공헌이익은 얼마인가?

① 390원
② 800원
③ 1,210원
④ 1,600원

102 (주)삼일의 과거 원가자료를 바탕으로 총제조간접원가를 추정한 원가함수는 다음과 같다. 이에 관한 설명으로 가장 올바르지 않은 것은?(단, 조업도는 기계시간이다)

$$y = 200{,}000 + 38x$$

① 200,000은 기계시간당 고정제조간접원가를 의미한다.
② x는 기계시간을 의미한다.
③ 38은 기계시간당 변동제조간접원가를 의미한다.
④ 조업도가 1,000기계시간일 경우 총제조간접비는 238,000원으로 추정된다.

103 (주)삼일의 차기 예산자료를 이용하여 안전한계율을 계산하면 얼마인가?

매출액	3,000,000원
공헌이익률	25%
고정원가	600,000원

① 20%　　② 25%
③ 30%　　④ 35%

104 다음 중 원가-조업도-이익 도표에 관한 설명으로 가장 올바르지 않은 것은?

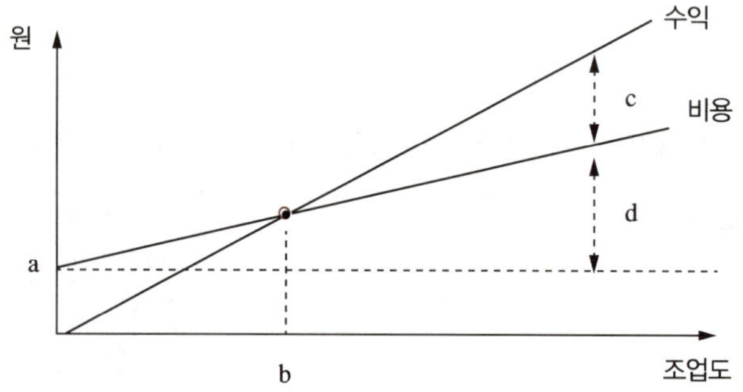

① a는 총고정원가를 의미한다.
② b는 손익분기점 판매량을 의미한다.
③ c는 공헌이익을 의미한다.
④ d는 총변동비를 의미한다.

105 (주)삼일은 기업 전반에 대한 세무 및 회계서비스를 제공하려고 한다. 이 서비스의 손익분기점 매출액은 15,000원, 변동원가율은 60%이다. (주)삼일이 동 서비스로부터 2,000원의 세전이익을 획득하기 위한 매출액은 얼마인가?

① 15,000원
② 20,000원
③ 25,000원
④ 42,500원

106 (주)삼일에 새로 부임한 박상무는 올해 철저한 성과평가제도의 도입을 검토하고 있다. 성과평가제도의 도입과 관련하여 가장 올바르지 않은 주장을 펼치고 있는 실무담당자는 누구인가?

> 유팀장 : 효율적인 성과평가제도는 기업 구성원들의 성과극대화 노력이 기업전체 목표의 극대화로 연결될 수 있도록 설계되어야 합니다.
> 장과장 : 각 책임중심점의 성과평가를 수행하는 과정에서 성과측정의 오류가 발생하는 것이 일반적인데, 효율적인 성과평가제도는 성과평가치의 성과측정오류가 최소화되도록 설계되어야 합니다.
> 김대리 : 많은 시간과 비용을 투입할수록 더욱 정확하고 공정한 성과평가가 가능하므로 성과평가제도의 운영을 적시성 및 경제성의 잣대로 바라보지 않도록 주의해야 합니다.
> 최사원 : 성과평가를 한다는 사실 자체가 피평가자의 행위에 영향을 미치는 현상도 고려하여 이를 적절히 반영해야 합니다.

① 유팀장
② 장과장
③ 김대리
④ 최사원

107 다음은 (주)삼일의 20X1년도 이익중심점의 통제책임이 있는 A사업부의 공헌이익 손익계산서이다. A사업부의 성과평가목적에 가장 적합한 이익은 얼마인가?

매출액	5,000,000원
변동원가	2,000,000원
공헌이익	3,000,000원
추적가능 · 통제가능고정원가	500,000원
사업부경영자공헌이익	2,500,000원
추적가능 · 통제불능고정원가	500,000원
사업부공헌이익	2,000,000원
공통고정원가배분액	400,000원
법인세비용차감전순이익	1,600,000원
법인세비용	600,000원
순이익	1,000,000원

① 1,000,000원 ② 2,000,000원
③ 2,500,000원 ④ 3,000,000원

108 (주)삼일은 A와 B의 두 제품을 생산 · 판매하고 있다. 예산에 의하면 제품 A의 단위당 공헌이익은 10원이고, 제품 B의 공헌이익은 5원이다. 20X1년의 예산매출수량은 제품 A가 800단위, 제품 B는 1,200단위로 총 2,000단위였다. 그러나 실제매출수량은 제품 A가 500단위, 제품 B가 2,000단위로 총 2,500단위였다. (주)삼일의 20X1년 매출배합차이와 매출수량차이를 계산하면 각각 얼마인가?

	매출배합차이	매출수량차이
①	2,500원 유리	3,500원 불리
②	2,500원 불리	3,500원 유리
③	3,000원 유리	2,000원 불리
④	3,000원 불리	2,000원 유리

109 다음 중 투자중심점의 성과지표로 투자수익률(return on investment, ROI)을 사용할 때의 단점으로 가장 옳은 것은?

① 규모가 다른 투자중심점의 성과비교가 곤란하다.
② 사업부의 이익만을 고려하고 투자액은 고려하지 않는다.
③ 사업부의 경영자가 자신의 사업부 투자액에 대한 통제권한이 있더라도 그 경영자의 성과측정 지표로 활용될 수 없다.
④ 현재의 투자수익률보다 낮은 투자수익률이 기대되는 사업에 대한 투자를 기피하게 된다.

110 다음 자료를 기초로 하여 경제적부가가치(EVA)를 계산하면 얼마인가?

세후순영업이익	110억원
투하자본	500억원
타인자본비용	6.25%
자기자본비용	15%
부채비율(부채/자본)	100%
세 율	20%

① 40억원
② 41억 2,500만원
③ 47억 5,000만원
④ 60억원

111 다음 중 이익중심점인 판매부서의 성과평가 시 복수제품을 판매하는 경우에만 나타나는 차이는 무엇인가?

① 매출가격차이
② 매출배합차이
③ 매출조업도차이
④ 시장점유율차이

112 (주)삼일은 3년 전 기계장치를 10억원에 구입하였으나 이 기계를 사용할 수 없게 되었다. 이에 따라 동 기계장치를 처리하고자 하는데 방안 A는 2억원을 지출하여 수리한 후 7억원에 판매하는 것이고, 방안 B는 4억원에 바로 처분하는 것이다. 이 경우 매몰원가는 얼마인가?

① 2억원 ② 4억원
③ 7억원 ④ 10억원

113 (주)삼일은 3가지 제품을 생산·판매하고 있으며, 관련된 변동손익계산서는 다음과 같다. 손실이 발생하는 A제품의 생산라인을 폐지하더라도 고정비 32,000원 중 7,000원은 계속발생하며, 다른 제품에 미치는 영향이 없다고 가정할 때 A제품 생산라인의 폐지여부와 회사의 이익에 미치는 영향은 어떠한가?

구 분	A	B	C	합 계
매출액	150,000	400,000	100,000	650,000
변동비	(120,000)	(280,000)	(60,000)	(460,000)
공헌이익	30,000	120,000	40,000	190,000
고정비	(32,000)	(90,000)	(30,000)	(152,000)
순이익	(2,000)	30,000	10,000	38,000

① A제품 생산라인을 폐지하는 것이 유지하는 것보다 순이익이 5,000원 증가한다.
② A제품 생산라인을 폐지하는 것이 유지하는 것보다 순이익이 7,000원 증가한다.
③ A제품 생산라인을 유지하는 것이 폐지하는 것보다 순이익이 5,000원 증가한다.
④ A제품 생산라인을 유지하는 것이 폐지하는 것보다 순이익이 7,000원 증가한다.

114 (주)삼일이 제조에 필요한 부품을 자가제조할 것인지 아니면 외부구입할 것인지의 의사결정 시 고려할 사항에 관한 설명으로 가장 옳은 것은?

① 당해 의사결정에 따라 회피가능한 고정원가는 관련원가가 아니다.
② 기존설비를 다른 용도로 사용함에 따라 발생할 수 있는 기회비용도 관련원가이다.
③ 고정원가가 당해 의사결정과 관계없이 계속 발생한다면 고정원가도 관련원가이다.
④ 회피가능고정원가가 외부구입원가보다 큰 경우에는 자가제조하는 것이 바람직하다.

115 (주)삼일은 파손된 제품 500단위를 보유하고 있다. 이 제품을 300,000원을 들여 재작업하는 경우 3,000,000원에 판매할 수 있고, 재작업을 하지 않으면 2,800,000원에 판매할 수 있다. 재작업을 할 경우 기회원가는 얼마인가?

① 2,500,000원
② 2,700,000원
③ 2,800,000원
④ 3,000,000원

116 다음 중 자본예산을 편성하기 위해 현금흐름을 추정할 때 주의해야 할 사항으로 가장 올바르지 않은 것은?

① 명목현금흐름은 명목할인율로 할인해야 하며, 실질현금흐름은 실질할인율로 할인해야 한다.
② 세금을 납부하는 것은 현금의 유출에 해당하므로 세금을 차감한 후의 현금흐름을 기준으로 추정하여야 한다.
③ 감가상각비를 계상함으로써 발생하는 세금의 절약분인 감가상각비 감세효과는 현금흐름을 파악할 때 고려해야 한다.
④ 이자비용은 명백한 현금유출이므로 현금흐름 추정에 반영해야 한다.

117 다음은 투자안 타당성 평가와 관련한 담당이사들의 대화내용이다. 각 담당이사별로 선호하는 자본예산모형을 가장 올바르게 짝지은 것은?

> 최이사 : 저는 투자안 분석의 기초자료가 재무제표이기 때문에 자료확보가 용이한 (a)모형을 가장 선호합니다.
> 박이사 : (a)모형의 경우 현금흐름이 아닌 회계이익에 기초하고 있다는 단점이 있습니다. 그래서 저는 현금흐름을 기초로 화폐의 시간가치를 고려하는 (b)모형을 가장 선호합니다. 이 모형은 투자기간 동안 자본비용으로 재투자된다고 보기 때문에 가장 현실적인 가정을 하고 있습니다.

① (a) 내부수익률법 (b) 순현재가치법
② (a) 회계적 이익률법 (b) 순현재가치법
③ (a) 회수기간법 (b) 내부수익률법
④ (a) 회계적 이익률법 (b) 회수기간법

118 **(주)삼일은 서로 독립적으로 운영되는 중간사업부와 최종사업부로 이루어져 있다. 중간사업부는 중간제품을 생산해 이를 최종사업부에 공급하거나 경쟁적인 외부시장에 판매한다. 최종사업부는 중간제품을 가공하여 이를 외부시장에 판매한다. 회사의 최고경영자는 사업부의 자율경영을 촉진하기 위해 중간제품에 대한 사내대체가격제도의 도입을 검토 중이다. 이와 관련된 설명으로 가장 올바르지 않은 것은?**

① 회사 전체에 이익이 되도록 사내대체가격제도를 운영하기 위해서는 최종사업부가 중간제품을 외부로부터 구입하는 것을 허용해야 한다.

② 중간제품에 대한 경쟁적인 외부시장이 있을 경우에는 원칙적으로 외부시장가격을 사내대체가격으로 채택하는 것이 장기적으로 회사의 이익 증대에 유리하다.

③ 이익중심점인 중간사업부로 하여금 공정개선 및 기술혁신을 통한 원가절감을 이루도록 하기 위해서는 시장가격보다 고정원가를 포함한 단위당 제품원가를 사내대체가격으로 채택하는 것이 효과적이다.

④ 회사가 중간사업부를 이익중심점 또는 투자중심점으로 설정하기 위해서는 사내대체가격제도의 도입이 필요하다.

119 **(주)삼일의 A사업부는 모터를 생산하고 있으며, 연간 생산능력은 300,000단위이다. (주)삼일의 A 사업부 수익과 원가자료는 다음과 같다.**

단위당 외부판매가격	700원
단위당 변동원가	570원
단위당 고정원가(연간 300,000단위 기준)	350원

(주)삼일은 냉장고를 생산하는 B사업부도 보유하고 있다. B사업부는 현재 연간 10,000단위의 모터를 단위당 680원에 외부에서 조달하고 있다. 회사가 생산하는 제품 전량을 외부시장에 판매할 수 있고 사내대체 시 단위당 변동원가 30원을 절감할 수 있다면, 회사 전체의 이익극대화 입장에서 모터의 단위당 최소 대체가격은 얼마인가?

① 570원 ② 600원

③ 670원 ④ 700원

120 **다음의 목표원가계산의 절차를 올바르게 나타낸 것은 무엇인가?**

> ⓐ 목표원가 달성을 위한 가치공학을 수행
> ⓑ 잠재 고객의 요구를 충족하는 제품의 개발
> ⓒ 목표가격에서 목표이익을 고려하여 목표원가를 산출
> ⓓ 고객이 인지하는 가치와 경쟁기업의 가격 등을 고려하여 목표가격을 선택

① ⓐ → ⓑ → ⓒ → ⓓ
② ⓑ → ⓓ → ⓒ → ⓐ
③ ⓒ → ⓑ → ⓐ → ⓓ
④ ⓓ → ⓐ → ⓒ → ⓑ

제6회 기출 동형문제

※ 본 시험은 현행 기준인 한국채택국제회계기준(K-IFRS)에 따라 출제되었습니다.

재무회계

01 **다음 중 재무회계와 관리회계에 관한 설명으로 가장 옳은 것은?**

① 국제회계기준에는 관리회계에 대한 기준서가 존재하며, 이를 통해서 관리회계 회계처리가 이루어진다.

② 주주와 채권자는 재무정보를 필요로 하지만 종업원의 경우는 필요로 하지 않는다.

③ 재무회계는 일반적으로 인정된 회계원칙에 근거하여 재무제표 양식으로 보통 1년 단위(또는 분기, 반기)로 공시된다.

④ 관리회계는 내부보고 보다는 외부보고에 사용된다.

02 **다음 중 재무제표 요소의 인식에 관한 설명으로 가장 올바르지 않은 것은?**

① 미래 경제적 효익의 유입(유출) 가능성이 높고 이를 금액적으로 신뢰성 있게 측정할 수 있다면 재무제표에 인식되어야 한다.

② 자산이나 부채의 정의를 충족하는 항목이 인식되지 않더라도, 기업은 해당 항목에 대한 정보를 주석에 제공해야 할 수도 있다.

③ 주문 후 아직 인도되지 않은 재고자산 매입대금에 대한 부채는 일반적으로 재무상태표에 부채로 인식되지 않는다.

④ 비용의 인식은 부채가 증가하는 경우에만 인식된다.

03 **다음 중 자산의 측정방법에 관한 설명으로 가장 옳은 것은?**

① 역사적 원가 : 자산의 취득 또는 창출에 발생한 원가의 가치로서, 자산을 취득 또는 창출하기 위하여 지급한 대가와 거래원가를 포함한다.

② 현행원가 : 기업이 자산의 사용과 궁극적인 처분으로 얻을 것으로 기대하는 현금흐름 또는 그 밖의 경제적 효익의 현재가치이다.

③ 공정가치 : 측정일 현재 동등한 자산의 원가로서 측정일에 지급할 대가와 그 날에 발생할 거래원가를 포함한다.

④ 사용가치 : 측정일에 시장참여자 사이의 정상거래에서 자산을 매도할 때 받게 될 가격이다.

04 다음은 자산에 속하는 계정들의 잔액이다. 유동성 분류에 따라 재무상태표에 유동자산으로 계상될 금액은 얼마인가?

ㄱ. 단기대여금	80,000원	ㄴ. 이연법인세자산	100,000원
ㄷ. 선급비용	400,000원	ㄹ. 재고자산	250,000원
ㅁ. 기계장치	1,000,000원	ㅂ. 매출채권	320,000원

① 650,000원
② 730,000원
③ 1,050,000원
④ 1,150,000원

05 다음 중 특수관계자 공시에 관한 설명으로 가장 옳은 것은?

① 최상위 지배자와 지배기업이 다른 경우에는 최상위 지배자의 명칭은 공시를 생략할 수 있다.
② 주요 경영진에 대한 보상에는 단기종업원급여와 퇴직급여만을 포함한다.
③ 보고기업에 유의적인 영향력을 행사할 수 있는 개인은 보고기업과 특수관계에 있다.
④ 지배기업과 그 종속기업 사이의 관계는 거래가 없을 경우 공시를 생략할 수 있다.

06 20X1년 말 재고실사를 수행한 결과 (주)삼일의 재고자산 현황은 아래와 같다. 자료를 바탕으로 (주)삼일이 재고자산감모손실로 인식할 금액을 계산하면 얼마인가?(장부금액은 재고자산감모손실 인식 전 금액임)

	장부수량	장부금액	실사수량
상 품	1,100개	4,400,000원	1,000개
제 품	1,000개	3,000,000원	1,000개

① 400,000원
② 1,000,000원
③ 1,400,000원
④ 1,900,000원

07 지난 2년간 재고자산의 매입가격이 계속적으로 상승했을 경우, 기말재고평가 시 이동평균법을 적용했을 경우와 총평균법을 적용했을 경우에 관한 설명으로 가장 올바르지 않은 것은?(단, 기말재고 수량이 기초재고 수량보다 크다)

① 총평균법은 회계기간 단위로 품목별 총평균원가를 산출하는 방법이고, 이동평균법은 자산을 취득할 때마다 장부재고금액을 장부재고수량으로 나누어 평균단가를 산출하는 방법이다.
② 이동평균법을 적용할 때 매출원가가 보다 높게 평가된다.
③ 총평균법을 적용할 때 기말재고자산이 보다 낮게 평가된다.
④ 총평균법을 적용할 때 회계적 이익이 보다 낮게 평가된다.

08 다음은 (주)삼일의 20X1년 결산 시 재고자산과 관련된 자료이다. 재고자산과 관련된 결산수정분개가 당기손익에 미치는 영향으로 가장 옳은 것은?(단, 20X1년 기초재고자산의 재고자산평가충당금은 없다)

ㄱ. 결산수정분개 전 기말재고자산 장부상 수량	100개
ㄴ. 결산수정분개 전 기말재고자산 장부상 매입단가	200원/개
ㄷ. 기말재고자산 실사수량	95개
ㄹ. 기말재고자산의 예상판매가격	160원/개
ㅁ. 기말재고자산의 예상판매비용	10원/개

① 5,560원 증가
② 5,560원 감소
③ 5,750원 증가
④ 5,750원 감소

09 (주)삼일은 20X1년 1월 1일 내용연수 5년, 잔존가치 500,000원인 기계장치를 5,000,000원에 취득하였다. 다음 중 20X1년 감가상각비가 가장 크게 인식되는 상각방법은 무엇인가?

① 정액법
② 정률법(상각률 : 0.451)
③ 생산량비례법(추정 총 생산제품수량 6,000개 중 20X1년 생산량 1,500개)
④ 연수합계법

10 다음 중 유형자산의 후속측정에 관한 설명으로 가장 올바르지 않은 것은?

① 당해 자산이 폐기되거나 제거될 때에는 해당 자산과 관련하여 자본(기타포괄손익누계액)에 계상된 재평가잉여금을 당기손익으로 재분류한다.

② 재평가모형은 취득일 이후 재평가일의 공정가치로 해당 자산금액을 수정하고, 당해 공정가치에서 재평가일 이후의 감가상각누계액과 손상차손누계액을 차감한 금액을 장부금액으로 공시한다.

③ 재평가로 인하여 자산이 증가된 경우 그 증가액은 기타포괄이익으로 인식하고 재평가잉여금의 과목으로 자본(기타포괄손익누계액)에 가산한다.

④ 재평가로 인하여 자산이 감소된 경우 그 감소액은 당기손실로 인식한다.

11 (주)삼일은 20X1년 1월 1일에 기계장치(내용연수는 5년, 잔존가치는 없음)를 100,000원에 취득하였다. (주)삼일은 기계장치에 대하여 원가모형을 적용하고 있으며, 감가상각방법으로 정액법을 사용한다. 20X1년 말에 동 기계장치의 회수가능액이 40,000원으로 하락하여 손상차손을 인식하였다. 그러나 20X2년 말에 동 기계장치의 회수가능액이 50,000원으로 회복되었다. 20X2년 말에 인식할 손상차손환입액은 얼마인가?

① 10,000원 ② 20,000원

③ 30,000원 ④ 40,000원

PART 4

12 다음 항목 중 무형자산에 해당되는 금액의 합계는 얼마인가?

새로운 지식을 얻고자 하는 활동 지출액	140,000원
내부적으로 창출된 브랜드의 가치평가금액	200,000원
내부적으로 창출된 영업권의 가치평가금액	160,000원
개발단계 지출로 자산인식 조건을 만족하는 금액	320,000원
사업결합으로 취득한 고객목록 평가금액	180,000원

① 500,000원 ② 660,000원

③ 800,000원 ④ 860,000원

13 다음 중 무형자산의 상각에 관한 설명으로 가장 올바르지 않은 것은?

① 내용연수가 유한한 무형자산은 자산을 사용할 수 있는 때부터 상각을 시작한다.

② 내용연수가 비한정인 무형자산은 감가상각하지 않고, 매 회계기간마다 내용연수가 비한정이라는 평가가 정당한지 검토한다.

③ 내용연수가 유한한 무형자산은 경제적 효익이 소비되는 형태를 신뢰성 있게 결정할 수 없는 경우에는 정률법을 적용하여 상각한다.

④ 내용연수가 유한한 무형자산은 잔존가치뿐만 아니라 상각기간과 상각방법을 적어도 매 회계연도 말에 검토한다.

14 통신업을 영위하는 (주)삼일은 임대수익을 얻기 위한 목적으로 20X1년 1월 1일 건물을 1억원에 취득하였다. 공정가치모형을 적용할 경우 동 건물과 관련하여 (주)삼일이 20X2년 말에 수행할 회계처리로 가장 옳은 것은?(단, (주)삼일은 건물을 10년간 사용할 것으로 예상하고 있다)

〈건물의 공정가치〉
- 20X1년 말 : 97,000,000원
- 20X2년 말 : 95,000,000원

①	(차) 감가상각비	10,000,000원	(대) 감가상각누계액	10,000,000원
②	(차) 투자부동산평가손실	5,000,000원	(대) 투자부동산	5,000,000원
③	(차) 감가상각비	10,000,000원	(대) 감가상각누계액	10,000,000원
	투자부동산	15,000,000원	투자부동산평가이익	15,000,000원
④	(차) 투자부동산평가손실	2,000,000원	(대) 투자부동산	2,000,000원

15 다음 중 상각후원가 측정 금융자산에 관한 설명으로 가장 올바르지 않은 것은?

① 상각후원가 측정 금융자산을 당기손익-공정가치 측정 금융자산으로 재분류하는 경우 재분류일의 공정가치로 대체한다.

② 원리금 수취와 매도가 목적인 채무상품은 기타포괄손익-공정가치 측정 금융자산으로 분류한다.

③ 상각후원가 측정 금융자산을 기타포괄손익-공정가치 측정 금융자산으로 재분류하는 경우 공정가치로 대체하되 평가손익을 기타포괄손익으로 인식한다.

④ 상각후원가 측정 금융자산을 재분류할 때 최초 취득일의 액면이자율을 사용하고 조정하지 않는다.

16 다음 중 금융상품에 관한 설명으로 가장 올바르지 않은 것은?

① 금융상품은 거래당사자에게 금융자산을 발생시키고 동시에 거래상대방에게 금융부채나 지분상품을 발생시키는 모든 계약을 말한다.

② 잠재적으로 유리한 조건으로 거래상대방과 금융자산이나 금융부채를 교환하기로 한 계약상 권리는 금융자산이다.

③ 매입채무와 미지급금, 미지급법인세는 금융부채에 해당한다.

④ 현금및현금성자산, 매출채권, 다른 기업의 지분상품 및 채무상품은 금융자산에 해당한다.

17 다음 중 금융부채에 관한 설명으로 가장 올바르지 않은 것은?

① 금융부채는 원칙적으로 최초 인식 시 공정가치로 인식한다.

② 당기손익-공정가치 측정 금융부채와 관련되는 거래원가는 최초 인식하는 공정가치에서 차감하여 측정한다.

③ 사채의 상환손익이 발생하는 이유는 상환일의 시장이자율이 발행일의 시장이자율과 다르기 때문이다.

④ 연속상환사채의 발행금액은 사채로부터 발생하는 미래현금흐름을 사채 발행시점의 시장이자율로 할인한 현재가치가 된다.

18 (주)삼일은 20X1년 1월 1일에 다음과 같은 조건의 사채를 발행하였다. (주)삼일의 사채발행으로 인한 자금조달 금액은 얼마인가?

- 액면가액 : 10,000,000원
- 액면이자 지급조건 : 매년 말 지급조건
- 발행일 : 20X1년 1월 1일
- 만기일 : 20X2년 12월 31일
- 액면이자율 : 5%
- 시장이자율 : 6%(사채발행비는 고려되지 않음)

(시장이자율 6%, 기간 2년, 1원의 현가계수 0.8396, 1원의 연금현가계수 2.673)

① 8,815,800원

② 9,732,500원

③ 9,999,800원

④ 10,000,000원

19 다음 중 전환사채에 관한 설명으로 가장 올바르지 않은 것은?

① 전환사채는 부채요소와 자본요소를 모두 가지고 있는 복합금융상품을 의미한다.
② 전환사채의 전환권조정은 사채할인발행차금과 유사하게 상환기간 동안 유효이자율법을 적용하여 상각하고 상각된 금액은 이자비용으로 인식한다.
③ 전환사채는 유가증권의 소유자가 사전에 약정된 가격으로 보통주의 발행을 청구할 수 있는 권리가 부여된 사채를 의미한다.
④ 상환할증금지급조건에 의해 발행된 상환할증금은 전환사채의 액면금액에 부가하여 표시한다.

20 (주)삼일은 판매일로부터 1년간 판매한 제품에 발생하는 하자를 무상으로 수리해 주는 제품보증정책(확신유형의 보증)을 시행하고 있다. 제품보증비용은 매출액의 2%가 발생할 것으로 예측된다. 각 회계연도의 매출액과 실제 제품보증 발생액이 다음과 같은 경우 20X2년 말 재무상태표상 제품보증충당부채로 계상할 금액은 얼마인가?

구 분	20X1년	20X2년
매출액	10,000,000원	14,000,000원
20X1년 판매분에 대한 제품보증비용	50,000원	120,000원
20X2년 판매분에 대한 제품보증비용	–	100,000원

① 60,000원
② 160,000원
③ 180,000원
④ 280,000원

21 20X1년 설립된 (주)삼일의 20X1년 당기순이익은 1,000,000,000원이고, 1주당 액면금액은 5,000원이다. 20X1년 말 자본이 아래와 같을 때 가장 옳은 것은?(단, 설립 이후 추가 증자는 없었다)

자본금	5,000,000,000원
주식발행초과금	3,000,000,000원
이익잉여금	1,000,000,000원
자본총계	9,000,000,000원

① (주)삼일의 발행주식수는 1,600,000주이다.
② (주)삼일의 주식발행금액은 주당 8,000원이다.
③ (주)삼일의 법정자본금은 9,000,000,000원이다.
④ (주)삼일의 20X1년 주당이익은 2,000원이다.

22 결산일이 12월 31일인 (주)삼일의 20X1년 12월 31일 재무상태표의 이익준비금은 100,000원, 임의적립금은 50,000원, 미처분이익잉여금은 300,000원이다. 20X1년 재무제표에 대한 결산승인은 20X2년 3월 23일에 개최된 주주총회에서 이루어졌으며, 그 내용이 다음과 같을 때, 20X2년 3월 23일 현재 미처분이익잉여금은 얼마인가?

- 주식할인발행차금 상계 : 30,000원
- 현금배당 : 60,000원
- 이익준비금 적립 : 법정 최소금액(자본금의 1/2에 미달)

① 160,000원　② 204,000원
③ 210,000원　④ 234,000원

23 다음 중 고객과의 계약에서 생기는 수익에 관한 설명으로 가장 옳은 것은?

① 고객에게 이전할 재화나 용역에 대하여 받을 권리를 갖게 될 대가의 회수가능성이 높지 않더라도 계약에 상업적 실질이 존재하고 이전할 재화나 용역의 지급조건을 식별할 수 있으면 고객과의 계약으로 회계처리한다.
② 수익을 인식하기 위해서는 [고객과의 계약 식별 – 수행의무 식별 – 거래가격 산정 – 거래가격을 계약 내 수행의무에 배분 – 수행의무를 이행할 때 수익인식]의 단계를 거친다.
③ 거래가격 산정시 제3자를 대신해서 회수한 금액도 포함되어야 하며, 변동대가, 비현금대가 및 고객에게 지급할 대가 등이 미치는 영향을 고려하여야 한다.
④ 자산은 고객이 그 자산을 통제하지 않더라도 인도하였을 때 이전된다.

24 방송프로그램 제작사인 (주)삼일은 20X1년 1월 1일 장난감 제조사인 (주)용산과 4년간 방송프로그램 캐릭터 사용계약을 체결하였다. (주)용산은 현재 및 향후 방송에 나올 캐릭터를 모두 사용할 권리를 가지고 4년간 사용대가로 계약일에 200,000,000원을 지급하였다. 20X1년 (주)삼일의 라이선스 수익인식 금액은 얼마인가?

① 0원
② 25,000,000원
③ 50,000,000원
④ 200,000,000원

25 **다음 중 건설계약의 수익과 원가 인식방법에 관한 설명으로 가장 옳은 것은?**

① 계약수익은 진행률과 관계없이 청구한 금액으로 인식한다.

② 하도급계약에 따라 수행될 공사에 대해 하도급자에게 선급한 금액은 진행률 산정을 위한 누적발생원가에 포함시켜야 한다.

③ 총계약원가가 총계약수익을 초과하는 경우, 예상되는 손실을 즉시 당기비용으로 인식한다.

④ 건설계약의 결과를 신뢰성 있게 추정할 수 없는 경우, 건설계약과 관련한 계약수익과 계약원가는 보고기간 말 현재 계약활동의 진행률을 기준으로 각각 수익과 비용으로 인식한다.

26 **(주)삼일건설은 (주)용산과 20X1년 7월 1일 총 계약금액 50,000,000원의 공장신축공사계약을 체결하였다. 회사가 진행기준으로 수익을 인식한다면 (주)삼일건설의 20X2년 계약이익은 얼마인가?**

	20X1년	20X2년
누적발생계약원가	10,000,000원	30,000,000원
추정총계약원가	40,000,000원	40,000,000원
공사대금청구액(연도별)	5,000,000원	25,000,000원

① 1,000,000원

② 5,000,000원

③ 7,500,000원

④ 8,000,000원

27 **다음 중 종업원급여(퇴직급여)의 회계처리에 관한 설명으로 가장 올바르지 않은 것은?**

① 확정기여제도(DC형)를 도입한 기업은 기여금의 운용결과에 따라 추가납부 의무가 없다.

② 확정급여제도(DB형)는 기업이 기여금을 불입한다해도 퇴직급여와 관련된 모든 의무가 종료된다고 볼 수 없다.

③ 확정급여채무(DB형)의 현재가치를 계산할 때 종업원 이직률, 조기퇴직률, 임금상승률, 할인율 등의 가정은 상황 변화에 관계없이 전기와 동일한 값을 적용한다.

④ 확정급여채무와 사외적립자산의 재측정요소는 기타포괄손익으로 인식한다.

28 (주)삼일은 20X1년 1월 1일에 기술책임자인 홍길동 이사에게 다음과 같은 조건의 현금결제형 주가차액보상권 300개를 부여하였다. 이 경우 20X2년 포괄손익계산서에 계상될 당기보상비용은 얼마인가?(단, 홍길동 이사는 20X3년 12월 31일 이전에 퇴사하지 않을 것으로 예상된다)

> ㄱ. 기본조건 : 20X3년 12월 31일까지 의무적으로 근무할 것
> ㄴ. 행사가능기간 : 20X4년 1월 1일 ~ 20X5년 12월 31일
> ㄷ. 20X1년 말 추정한 주가차액보상권의 공정가치 : 15,000원/개
> ㄹ. 20X2년 말 추정한 주가차액보상권의 공정가치 : 20,000원/개

① 1,000,000원
② 1,125,000원
③ 1,500,000원
④ 2,500,000원

29 다음 중 이연법인세자산으로 인식할 수 있는 항목으로 가장 올바르지 않은 것은?

① 가산할 일시적차이
② 차감할 일시적차이
③ 미사용 세무상결손금
④ 미사용 세액공제

30 (주)삼일은 20X1년에 사업을 개시하였다. 아래의 자료를 이용할 경우 (주)삼일의 20X1년 재무상태표에 계상될 이연법인세자산·부채는 얼마인가?

> ㄱ. 당기순이익 : 9,000,000원
> ㄴ. 세무조정내역 : 가산할 일시적차이 6,000,000원
> ㄷ. 평균세율 : 20%(매년 동일할 것으로 예상)
> ㄹ. 이연법인세자산·부채를 인식하지 아니하는 예외사항에 해당되지는 않는다고 가정

① 이연법인세부채 1,200,000원
② 이연법인세자산 1,200,000원
③ 이연법인세부채 1,800,000원
④ 이연법인세자산 1,800,000원

31 (주)삼일의 20X3년 말 회계감사과정에서 발견된 기말재고자산 관련 오류사항은 다음과 같다. 위의 오류사항을 반영하기 전 20X3년 말 이익잉여금은 100,000원, 20X3년 당기순이익은 30,000원이었다. 오류를 수정한 후의 20X3년 말 이익잉여금(A)과 20X3년 당기순이익(B)은 각각 얼마인가?(단, 오류는 중요한 것으로 가정한다)

20X1년 말	20X2년 말	20X3년 말
5,000원 과대	2,000원 과소	3,000원 과대

	(A)	(B)
①	90,000원	29,000원
②	97,000원	25,000원
③	90,000원	25,000원
④	97,000원	29,000원

32 (주)삼일의 20X1년 당기순이익은 14,000,000원이며, 우선주배당금은 2,000,000원이다. (주)삼일의 20X1년 1월 1일 유통보통주식수는 17,000주이며, 9월 1일에는 유상증자를 통해 보통주 9,000주를 발행하였다. (주)삼일의 20X1년 기본주당순이익은 얼마인가?(단, 유상신주의 발행금액과 공정가치는 동일하며, 가중평균유통보통주식수는 월할로 계산한다)

① 300원

② 600원

③ 900원

④ 1,000원

33 다음 중 관계기업투자주식의 회계처리에 관한 설명으로 가장 올바르지 않은 것은?

① 유의적인 영향력 판단에는 지분율기준과 실질영향력기준이 있다.

② 유의적인 영향력을 판단함에 있어 피투자자에 대한 의결권은 투자자의 지분율과 종속기업이 보유하고 있는 지분율의 단순합계로 계산한다.

③ 실질영향력기준이 적용되지 않을 경우 투자자가 직접 또는 간접으로 피투자자에 대한 의결권의 20% 미만을 소유하고 있다면 유의적인 영향력이 없는 것으로 본다.

④ 투자자와 관계기업 사이의 상향거래나 하향거래에서 발생한 당기손익에 대하여 투자자는 그 관계기업에 대한 투자지분과 관련된 손익까지만 투자자의 재무제표에 인식한다.

34 20X1년 1월 1일 (주)삼일은 (주)용산의 보통주 30%를 850,000원에 취득하여 유의적인 영향력을 행사하게 되었으며, 취득 당시 (주)용산의 순자산 장부금액과 공정가치는 2,000,000원으로 동일하였다. 20X1년 (주)용산의 자본은 아래와 같으며, 당기순손익 이외에 자본의 변동은 없다고 가정한다. 20X1년 말 (주)삼일의 관계기업투자주식의 장부금액은 얼마인가?

구 분	20X1년 1월 1일	20X1년 12월 31일
자본금	900,000원	900,000원
이익잉여금	1,100,000원	1,000,000원
합 계	2,000,000원	1,900,000원

① 820,000원
② 880,000원
③ 910,000원
④ 930,000원

35 (주)삼일은 20X1년 4월 1일에 유형자산으로 분류되는 토지를 $10,000에 취득하였다. (주)삼일은 유형자산에 대해 재평가모형을 적용하고 있으며, 매년 말에 공정가치로 재평가한다. 20X1년 말 토지의 공정가치가 $14,000일 경우, (주)삼일이 20X1년 말에 인식할 재평가잉여금(기타포괄손익)은 얼마인가?(단, (주)삼일의 기능통화는 원화이며, 관련 환율은 다음과 같다)

일 자	20X1년 4월 1일	20X1년 12월 31일
환율(₩/$)	1,000	1,200

① 2,000,000원
② 3,000,000원
③ 6,800,000원
④ 8,000,000원

36 다음 중 파생상품회계에 관한 설명으로 가장 올바르지 않은 것은?

① 위험회피수단으로 지정되지 않고 매매목적으로 보유하고 있는 파생상품의 평가손익은 당기손익으로 처리한다.
② 공정가치위험회피 목적으로 보유하고 있는 파생상품의 평가손익은 기타포괄손익으로 처리한다.
③ 현금흐름위험회피 목적으로 보유하고 있는 파생상품의 평가손익 중 위험회피에 효과적인 부분은 기타포괄손익으로 처리한다.
④ 현금흐름위험회피 목적으로 보유하고 있는 파생상품의 평가손익 중 위험회피에 효과적이지 못한 부분은 당기손익으로 처리한다.

37 (주)삼일리스는 20X1년 1월 1일 (주)용산과 금융리스계약을 체결하였다. 20X1년 (주)용산이 사용권자산에 대해 인식할 감가상각비(정액법 적용)는 얼마인가?

ㄱ. 리스기간 : 20X1년 1월 1일 ~ 20X4년 12월 31일
ㄴ. 기초자산 내용연수 : 5년
ㄷ. 기초자산 잔존가치 : 0(영)
ㄹ. 리스료 지급방법 : 리스기간 동안 매년 말 지급
ㅁ. 리스실행일 현재 리스료의 현재가치 : 400,000원
ㅂ. (주)용산의 리스개설직접원가 : 100,000원
ㅅ. 리스기간 종료 후 소유권을 (주)용산에 이전하기로 하였다.

① 80,000원
② 100,000원
③ 133,333원
④ 144,444원

38 다음은 (주)삼일의 매입활동과 관련된 재무상태표와 포괄손익계산서의 일부이다. (주)삼일의 모든 매입은 외상으로 이루어진다고 할 때, 20X1년 중 (주)삼일이 매입처에 지급한 현금은 얼마인가?

ㄱ. 재무상태표 일부

구 분	20X0년 12월 31일	20X1년 12월 31일
매입채무	10,000,000원	35,000,000원

ㄴ. 당기 재고자산 매입액은 145,000,000원이다.

① 120,000,000원
② 135,000,000원
③ 155,000,000원
④ 185,000,000원

39 다음 중 리스이용자의 리스부채 원금상환에 따라 발생하는 현금흐름의 분류로 가장 옳은 것은?

① 영업활동
② 투자활동
③ 재무활동
④ 영업활동, 투자활동 또는 재무활동 중 기업의 자율선택

40 다음은 간접법에 의한 영업활동으로 인한 현금흐름 계산 자료이다. 자료의 빈칸에 들어갈 말로 알맞게 짝지어진 것은?

영업활동으로 인한 현금흐름	50,000원	법인세비용차감전순이익	500,000원
감가상각비	300,000원	재고자산의 증가	300,000원
유형자산처분손실	150,000원	매출채권의 (ㄱ)	(ㄴ)원

	(ㄱ)	(ㄴ)
①	증 가	1,250,000원
②	증 가	600,000원
③	감 소	600,000원
④	감 소	1,250,000원

세무회계

41 다음 중 조세법의 기본원칙에 관한 설명으로 가장 올바르지 않은 것은?

① 조세평등주의란 조세법의 입법과 조세의 부과 및 징수과정에서 모든 납세의무자는 평등하게 취급되어야 한다는 원칙을 말한다.

② 국세기본법에서 규정하고 있는 실질과세의 원칙에 반하는 규정을 다른 세법에서 규정하고 있는 경우 국세기본법에서 규정하고 있는 실질과세의 원칙을 우선하여 적용한다.

③ 신의성실의 원칙이란 납세자가 그 의무를 이행하거나 세무공무원이 그 직무를 수행함에 있어서 신의에 따라 성실히 하여야 한다는 원칙을 말한다.

④ 납세의무자가 세법에 따라 장부를 갖추어 기록하고 있는 경우에는 해당 국세 과세표준의 조사와 결정은 그 장부와 이에 관계되는 증거자료에 의하여야 한다.

PART 4

42 다음 중 국세기본법상 소멸시효 정지사유에 해당하는 것으로 가장 옳은 것은?

① 납부고지

② 독 촉

③ 압 류

④ 체납자가 국외에 6개월 이상 계속 체류하는 경우 해당 국외 체류 기간

43 다음은 신문기사의 일부이다. 괄호 안에 들어갈 내용으로 가장 옳은 것은?

> **빠뜨린 연말정산 추가 환급 이렇게 신청**
> 시간이 촉박해 소득 및 세액공제 항목 중 일부를 누락한 사람들도 많다. 국세청에서 간소화 서비스를 제공하면서 각종 영수증을 일일이 챙기는 부담은 덜었지만 1년에 한 번하는 연말정산이다 보니 빠뜨리는 경우가 많다.
> 이럴 때 활용할 수 있는 것이 바로 (　　　)라는 제도이다. (　　　)는 연말정산시 신고는 하였으나, 소득 및 세액공제 항목 중 일부를 누락하여 세금을 환급받지 못한 사람들에게 환급받을 수 있는 기회를 주는 제도이다.

① 수정신고
② 수시부과
③ 경정청구
④ 기한후신고

44 다음 중 국세환급금 및 국세환급가산금에 관한 설명으로 가장 올바르지 않은 것은?

① 국세환급금이란 납세의무자가 국세 및 강제징수비로서 납부한 금액 중 잘못 납부하거나 초과하여 납부한 금액이 있거나 세법에 따라 환급하여야 할 환급세액이 있을 때 환급을 결정한 금액을 말한다.
② 세법에 따라 환급세액에서 공제하여야 할 세액이 있을 경우, 국세환급금은 공제한 후에 남은 금액을 말한다.
③ 국세환급가산금이란 국세환급금을 충당 또는 지급하는 경우 그 국세환급금에 가산되는 법정이자 상당액을 말한다.
④ 국세환급가산금에 대한 권리는 행사할 수 있는 때로부터 3년간 행사하지 않으면 소멸시효가 완성된다.

45 다음 중 법인세 납세의무자에 관한 설명으로 가장 올바르지 않은 것은?

① 외국법인은 토지 등 양도소득에 대한 법인세 납세의무가 없다.
② 외국에 본점을 둔 단체로서 국내에 사업의 실질적 관리장소가 소재하지 아니한 경우에는 이를 외국법인으로 본다.
③ 외국법인은 본점이 있는 외국에서 해산을 하기 때문에 국내에서 청산소득이 발생하지 않아 청산소득에 대한 납세의무가 없다.
④ 내국법인 중 국가 또는 지방자치단체(지방자치단체조합을 포함)는 법인세 납세의무가 없다.

46 (주)삼일의 당기(2025년 1월 1일 ~ 2025년 12월 31일) 세무조정 자료는 다음과 같다. 다음 자료를 기초로 자본금과적립금조정명세서(을)의 〈#1〉의 값을 구하면?

〈자료 1〉 소득금액조정합계표

익금산입 및 손금불산입		손금산입 및 익금불산입	
과 목	금 액	과 목	금 액
임대보증금에 대한 간주임대료	15,500,000원	재고자산평가이익	9,500,000원
감가상각비한도초과액	33,000,000원	단기매매금융자산평가이익	8,000,000원
대손충당금한도초과액	5,500,000원	전기대손충당금한도초과액	5,000,000원
합 계	54,000,000원	합 계	22,500,000원

〈자료 2〉 자본금과적립금조정명세서(을)

① 과목 또는 사항	② 기초잔액	당기 중 증감		⑤ 기말잔액
		③ 감 소	④ 증 가	
대손충당금한도초과액	5,000,000원	(?)	(?)	(?)
감가상각비한도초과액	22,000,000원	(?)	(?)	(?)
재고자산평가이익	–	(?)	(?)	(?)
단기매매금융자산평가이익	–	(?)	(?)	(?)
합 계	27,000,000원	(?)	(?)	〈#1〉

① 36,000,000원
② 40,000,000원
③ 43,000,000원
④ 55,500,000원

47 (주)삼일은 제25기(2025년 1월 1일 ~ 2025년 12월 31일)에 채무에 대한 출자전환을 하였는데, 채무가액은 8,500원, 발행 당시 주식의 시가는 7,000원 그리고 주식의 액면가액은 5,000원이었다. (주)삼일의 제25기 법인세법상 주식발행액면초과액과 채무면제이익은 각각 얼마인가?

	주식발행액면초과액	채무면제이익
①	1,000원	1,500원
②	1,500원	2,000원
③	1,500원	3,500원
④	2,000원	1,500원

48 **(주)삼일의 경리부장은 2025년 회계처리에 대하여 다음과 같은 근거로 세무조정을 수행하였다. 경리부장이 수행한 세무조정 중 법인세법상 가장 올바르지 않은 것은?**

〈분개장〉

(a) (차) 현 금	800,000	(대)	자본금	500,000
			주식발행초과금	300,000
(b) (차) 현 금	50,000	(대)	이자수익	50,000
(c) (차) 기부금	400,000	(대)	미지급금	400,000
(d) (차) 외화매출채권	600,000	(대)	외화환산이익	600,000

① (a) 주식발행초과금을 자본잉여금으로 회계처리한 것은 세법상으로도 타당하므로 아무런 조정도 하지 않았다.

② (b) 지방세 과오납금에 대한 환급이자를 수령한 것으로 이는 세무상 익금에 해당하지 않으므로 익금불산입하고 기타로 소득처분하였다.

③ (c) 세법상 기부금의 손익귀속시기는 실제로 현금이 지출되는 시점이므로 연도말까지 미지급한 기부금을 손금불산입하고 기타사외유출로 소득처분하였다.

④ (d) 외화매출채권은 화폐성 외화자산이므로 환산이익을 인식한 회계처리는 세법상으로도 타당하므로 아무런 조정도 하지 않았다.

49 **(주)삼일의 제25기 사업연도(2025년 1월 1일 ~ 2025년 12월 31일)의 법인세 계산을 위해 수행한 세무조정에 관한 내용으로 가장 올바르지 않은 것은?**

① 증빙이 없는 기업업무추진비에 대하여 손금불산입하고 대표자 상여로 소득처분하였다.

② 영업사원의 교통위반 범칙금에 대하여 손금불산입하고 상여로 소득처분하였다.

③ 법인이 비업무용 자산을 수선하고 지급하는 수선비를 손금불산입하고 기타사외유출로 소득처분하였다.

④ 임원이 사용한 업무용승용차 관련 비용 중 업무사용금액에 해당하지 않는 금액을 손금불산입하고 상여로 소득처분하였다.

50 **다음 중 법인세법상 손익의 귀속시기에 관한 설명으로 가장 올바르지 않은 것은?**

① 제조업을 영위하는 법인이 이자지급일 이전에 기간 경과분을 이자비용으로 계상하는 경우 해당 사업연도의 손금으로 인정되지 아니한다.

② 중소기업의 단기 건설용역의 경우에는 그 목적물이 인도되는 사업연도의 익금과 손금에 산입할 수 있다.

③ 금융회사 등이 수입하는 이자 등은 원칙적으로 현금주의에 의해 수익의 귀속사업연도를 결정하되 선수입이자 등은 제외한다.

④ 중소기업이 장기할부조건으로 자산을 판매하고 결산서상 인도기준으로 손익을 인식한 경우에도 신고조정을 통해 회수기일도래기준으로 익금과 손금에 산입할 수 있다.

51 **(주)삼일은 당기 중 사업용 유형자산의 수선비 지출에 대하여 다음과 같은 대화를 나누었다. (주)삼일의 담당자들 중 세법의 내용에 가장 부합하지 않게 주장하는 사람은 누구인가?**

김부장 : 지난 12월에 시행된 대규모 옥외창고(A) 지붕설치 공사로 인해 다들 수고가 많았습니다. 다들 아시다시피 신규설치 비용이 총 1억원이 발생했는데, 제가 알기로는 수선비가 그 실질에 따라 자산의 취득원가를 구성하기도 하고, 혹은 당기 비용으로 처리되기도 합니다. 이를 자본적 지출과 수익적 지출로 구분하기도 하는데, 이번 옥외창고(A)의 신규지붕 설치 공사건에 대한 세무상 처리가 어떻게 되는지 설명해 주실 분 계십니까?

정과장 : 통상 지붕수리 비용은 수선비로 하여 당기 비용처리하면 되나, 이번 경우는 신규 설치이고 금액이 크고 자산의 내용연수를 증가시키기 때문에 자산의 취득원가로 처리하면 될 것이라고 생각합니다.

윤대리 : 자산의 취득원가로 처리한다는 것은 옥외창고(A)에 대한 자본적 지출로 처리해야 한다는 의미인 것 같은데, 제가 알기로는 결산팀에서는 이미 장부상 수선비로 하여 당기 비용처리한 것으로 알고 있습니다. 따라서 세무조정 시 해당 수선비를 자산의 취득원가에 포함하여 감가상각 범위액을 계산하고, 동시에 동 수선비를 감가상각비 계상액에 포함하여 감가상각한도시부인을 수행하면 될 것입니다.

최사원 : 한편, 기존 창고(B)에 설치되어 있던 지붕이 노후화로 말미암아, 빗물이 조금씩 새고 있습니다. 따라서 다음 달 중에 보완공사를 할 예정에 있습니다. 물론, 동 보완공사로 인해 창고의 내용연수가 연장되거나 하지는 않습니다만, 해당 공사도 건물과 관련된 비용이라고 볼 수 있으므로 동 보완공사에 소요되는 비용은 이번 옥외창고(A)건과 마찬가지로 창고에 대한 자본적 지출로 처리하도록 하겠습니다.

① 김부장
② 정과장
③ 윤대리
④ 최사원

52 (주)삼일은 2024년 1월 1일에 기계장치를 100,000,000원에 취득하였다. 회사는 세법상 기계장치에 대한 감가상각방법을 정액법으로, 내용연수는 5년으로 신고하였으며 잔존가치는 없다고 가정한다. 회사가 2025년 감가상각비로 18,000,000원을 계상한 경우, 다음 각 상황에 따른 세무조정으로 가장 옳은 것은?

> 상황 1. 전기 상각부인액이 2,000,000원이 있는 경우
> 상황 2. 전기 시인부족액이 1,000,000원이 있는 경우
> 상황 3. 전기 상각부인액이나 전기 시인부족액이 없는 경우

	상황 1	상황 2	상황 3
①	손금산입 2,000,000원	세무조정 없음	세무조정 없음
②	손금불산입 2,000,000원	손금산입 1,000,000원	손금불산입 2,000,000원
③	손금불산입 2,000,000원	손금불산입 1,000,000원	세무조정 없음
④	손금산입 2,000,000원	세무조정 없음	손금불산입 2,000,000원

53 (주)삼일의 담당 회계사인 김자문 회계사는 제25기(2025년 1월 1일 ~ 2025년 12월 31일)의 기업업무추진비와 기부금에 대하여 다음과 같이 자문하였다. 김자문 회계사가 자문한 내용 중 가장 올바르지 않은 것은?

① 기업업무추진비 지출액에 대해서는 반드시 법적 증빙을 수취하는 습관을 가지셔야 합니다. 건당 3만원 초과 기업업무추진비 지출액에 대하여 법적 증빙을 수취하지 않고 간이영수증을 수취한다면 동 금액은 세법상 전액 손금 부인되기 때문입니다.

② 건당 20만원 이하의 경조사비의 경우에는 법정증빙서류를 수취하지 않더라도 손금불산입되지 않습니다.

③ 우리사주조합에 지출한 기부금은 법인세법상 소득금액의 10% 범위 내에서 손금인정 받을 수 있으므로 기부금 지출 계획을 마련할 시에 우선적으로 고려하셔야 할 것입니다.

④ 기부금을 지출할 경우 기부금 모금 단체가 세법상 적정한 모금단체인지 확인할 필요가 있습니다. 세법상 적정한 기부금 단체 이외의 단체에 납부한 기부금은 세법상 비지정기부금으로서 전액 손금 부인되기 때문입니다.

54 다음 중 법인세법상 기부금에 관한 설명으로 가장 올바르지 않은 것은?

① 특례기부금은 회사의 기준소득금액에서 이월결손금을 차감한 금액의 50%에 해당하는 금액을 손금산입한도로 한다.

② 이월결손금을 각사업연도소득의 80%를 한도로 공제받는 법인의 경우 기부금의 손금산입 한도계산 시 차감하는 이월결손금 공제액도 기준소득금액의 80%를 한도로 한다.

③ 특수관계인(일반기부금단체)에게 금전 외의 자산으로 기부한 경우 당해 기부금은 시가와 장부가액 중 작은 금액으로 한다.

④ 특례기부금을 금전 외의 자산으로 제공한 경우 당해 기부금은 장부가액으로 평가한다.

55 다음 중 법인세법상 과세표준 계산에 관한 설명으로 가장 올바르지 않은 것은?

① 소득공제는 조세정책적 목적에서 일정한 요건에 해당하는 경우 소득금액에서 일정액을 공제하여 주는 제도이다.

② 과세표준은 각사업연도소득에서 이월결손금, 소득공제, 비과세소득을 순서대로 공제하여 계산한다.

③ 자산수증이익이나 채무면제이익에 의해 충당된 이월결손금은 과세표준계산 시 공제하지 않는다.

④ 결손금은 이월공제가 가능하나, 소득공제는 이월공제가 불가능하다.

56 다음 지급이자 손금불산입 항목 중 유보로 소득처분해야 하는 것을 모두 고르면?

ㄱ. 채권자가 불분명한 사채의 이자(원천징수세액 제외)
ㄴ. 비실명 채권·증권의 이자상당액(원천징수세액 제외)
ㄷ. 건설자금이자
ㄹ. 업무무관자산 등 관련 이자

① ㄴ　　② ㄱ, ㄴ
③ ㄷ　　④ ㄷ, ㄹ

57 다음 중 법인세법상 대손금과 대손충당금에 관한 설명으로 가장 옳은 것은?

① 채무보증으로 인하여 발생한 구상채권(독점규제 및 공정거래에 관한 법률에 따른 채무보증 제외)에 대한 대손금은 손금으로 인정되지 않는다.

② 대손충당금 한도미달액은 손금산입하고 △유보로 소득처분한다.

③ 법인세법상 대손금으로 인정된 금액 중 회수된 금액은 대손 인정된 날이 속하는 사업연도의 익금에 산입한다.

④ 대손충당금은 매출활동을 통해 발생한 외상매출금과 받을어음에만 설정할 수 있으므로 대여금, 미수금 등에 대해서는 대손충당금을 설정할 수 없다.

58 다음은 제조업을 영위하는 (주)삼일의 법인세 절세전략에 대한 회의 내용이다. 다음 중 가장 적합하지 않은 주장을 하고 있는 사람은 누구인가?

이부장 : 이번에 우리 회사가 출시한 제품이 시장에서 반응이 좋아 회사의 당기순이익이 크게 증가할 것으로 예상됩니다. 하지만 이익이 늘어나는 만큼 법인세도 늘어나므로 이에 대한 적절한 대책이 필요하다고 생각됩니다.

김차장 : 퇴직연금에 가입하는 것이 필요합니다. 퇴직연금에 가입하면 세무상 부인된 퇴직급여충당금 범위 내에서 손금산입이 가능합니다.

정과장 : 연구개발과 관련하여 발생한 비용 중 법에서 정한 비용은 일정비율만큼 소득공제가 가능합니다. 따라서, 연구개발비 중 소득공제가 가능한 비용을 검토해야 합니다.

박과장 : 사업용자산을 취득하는데 투자하도록 합시다. 그러면 투자금액의 일정률에 해당하는 세액공제를 받을 수 있습니다.

장대리 : 재고자산 평가방법을 신고하지 않았어도 파손된 재고에 대해서는 장부상 재고자산평가손실을 계상한 경우 이는 세법상 손금으로 인정받을 수 있어 과세표준이 줄어들게 됩니다.

이부장 : 여러분의 의견을 잘 들었습니다. 앞으로 이를 고려하여 절세전략을 수립하겠습니다.

① 김차장
② 정과장
③ 박과장
④ 장대리

59 다음 중 법인세법상 부당행위계산부인규정에 관한 설명으로 가장 올바르지 않은 것은?

① 임원에 대한 경조사비 대여액은 인정이자 계산대상 가지급금에 해당한다.

② 법인의 임원·사용인은 법인의 특수관계인에 해당한다.

③ 법인의 대주주와 생계를 같이하는 친족은 법인의 특수관계인에 해당하지 아니한다.

④ 특수관계인이라 함은 그 쌍방관계를 각각 특수관계인으로 하는 바, 어느 일방을 기준으로 특수관계에 해당하면 이들 상호간에 특수관계가 있는 것으로 본다.

60 **(주)삼일의 2025년 법인세 세무조정을 수행하던 중 (주)삼일이 법인의 대표이사에게 업무와 관련 없는 가지급금을 계상하고 있는 것이 발견되었다. 이 경우 고려해야 할 사항이 아닌 것은?**

① 가지급금인정이자 세무조정
② 대손충당금에 대한 세무조정
③ 의제배당에 대한 세무조정
④ 업무무관자산 등에 대한 지급이자 손금불산입 세무조정

61 **다음 중 소득세의 특징에 관한 설명으로 가장 올바르지 않은 것은?**

① 분류과세는 기간별로 합산하지 않고 그 소득이 지급될 때 소득세를 원천징수함으로써 과세를 종결하는 방법이다.
② 퇴직소득과 양도소득을 다른 소득과 합산하지 않고 별도로 과세하는 이유는 장기간에 걸쳐 발생한 소득이 일시에 실현되는 특징 때문이다.
③ 소득세법은 개인별 소득을 기준으로 과세하는 개인단위과세제도를 원칙으로 한다.
④ 소득세법은 열거주의에 의하여 과세대상 소득을 규정하고 있으므로 열거되지 아니한 소득은 과세되지 않는다. 다만, 예외적으로 이자소득과 배당소득은 유사한 소득을 포함하는 유형별 포괄주의를 채택하고 있다.

62 **다음 자료에 의하여 거주자 김삼일씨의 2025년 소득 중 종합과세할 금융소득금액을 계산하면 얼마인가?(배당소득 가산율은 10%이다)**

ㄱ. 현금배당 : 10,000,000원
ㄴ. 주식배당 : 상장법인 30,000,000원
비상장법인 20,000,000원
ㄷ. 은행예금이자 : 10,000,000원
ㄹ. 직장공제회 초과반환금 : 20,000,000원

① 64,000,000원
② 75,000,000원
③ 86,000,000원
④ 97,000,000원

63 다음 중 사업소득에 관한 설명으로 가장 옳은 것은?

① 개인사업자가 재고자산을 가사용으로 소비한 경우 총수입금액에 산입한다.
② 개인사업자가 출자금을 인출하는 경우 가지급금인정이자를 계산하여 총수입금액에 산입한다.
③ 복식부기의무자의 경우 유형자산처분손익은 어떤 경우에도 사업소득에 포함하지 않는다.
④ 1주택을 소유하는 자의 주택임대소득(기준시가 9억원을 초과하는 주택 포함)에 대해서는 비과세가 적용된다.

64 다음 자료에 의하여 거주자 김삼일씨의 20X4년 근로소득금액을 계산하면 얼마인가?

ㄱ. 월급여 : 2,500,000원
ㄴ. 상여 : 월급여의 500%
ㄷ. 실비변상비적 성격의 자가운전보조금 : 월 250,000원
ㄹ. 중식대 : 월 100,000원(별도의 식사를 제공받음)
ㅁ. 연간 연월차수당 총합계 : 1,000,000원
※ 거주자는 당해 1년 동안 계속 근무하였다.

총급여액	근로소득공제액
1,500만원 초과 ~ 4,500만원 이하	750만원 + 1,500만원 초과액 × 15%
4,500만원 초과 ~ 1억원 이하	1,200만원 + 4,500만원 초과액 × 5%

① 31,725,000원
② 32,235,000원
③ 33,285,000원
④ 35,565,000원

65 다음 중 소득세법상 기타소득에 해당하는 것을 모두 고르면?

ㄱ. 고용관계 없이 다수인에게 강연을 하고 강연료 등 대가를 받은 용역
ㄴ. 계약의 위약으로 받는 위약금
ㄷ. 법인세법상 기타소득으로 처분된 소득
ㄹ. 업무와 관계 있는 사보게재 원고료

① ㄱ, ㄴ, ㄷ
② ㄱ, ㄷ, ㄹ
③ ㄱ, ㄴ, ㄷ, ㄹ
④ ㄱ, ㄴ, ㄹ

66 다음은 20X4년 김삼일씨의 소득내역이다. 김삼일씨의 20X4년 종합소득 과세표준을 계산하면 얼마인가?

ㄱ. 비실명금융소득	20,000,000원
ㄴ. 사업소득금액	40,000,000원
ㄷ. 근로소득금액	80,000,000원
ㄹ. 퇴직소득금액	90,000,000원
ㅁ. 양도소득금액	50,000,000원
ㅂ. 종합소득공제	40,000,000원

① 80,000,000원
② 100,000,000원
③ 130,000,000원
④ 240,000,000원

67 다음 중 소득세법상 기부금 세액공제에 관한 설명으로 가장 올바르지 않은 것은?

① 기부금 세액공제 한도를 초과하는 금액은 10년간 이월하여 공제한다.
② 기부금 세액공제는 해당 거주자의 기본공제대상자가 지출한 기부금도 대상금액에 포함된다.
③ 기부금지출액이 1천만원을 초과하는 경우, 그 초과분에 대해서는 30%의 공제율이 적용된다.
④ 근로소득이 있는 거주자만이 기부금세액공제 적용이 가능하다.

68 다음 중 소득세법상 원천징수에 관한 설명으로 가장 옳은 것은?

① 실지명의가 확인되지 아니하는 배당소득에 대해서는 25%의 세율을 적용하여 원천징수한다.
② 인적용역과 의료·보건용역 등의 특정사업소득수입금액은 5%의 세율을 적용하여 원천징수한다.
③ 3억원을 초과한 복권당첨소득에 대해서는 20%의 세율을 적용하여 원천징수한다.
④ 원천징수는 국내에서 지급하는 경우에 한하여 적용된다.

69 **다음 중 근로소득 연말정산에 관한 설명으로 가장 올바르지 않은 것은?**

① 일반적으로 다음 해 2월분 급여를 지급하는 때에 1년간의 총급여에 대한 근로소득세액을 정산하는 절차를 말한다.

② 중도 퇴직한 경우에는 퇴직한 달의 급여를 지급하는 때 정산한다.

③ 해외에서 지출한 신용카드 사용액도 신용카드소득공제 대상에 포함된다.

④ 자동차보험은 보험료세액공제의 대상이다.

70 **다음 자료를 이용하여 등기된 토지의 양도로 인한 양도소득세 과세표준을 계산하면 얼마인가?**

ㄱ. 양도가액 : 120,000,000원(양도 당시 기준시가 : 80,000,000원)
ㄴ. 취득가액 : 60,000,000원(취득 당시 기준시가 : 40,000,000원)
ㄷ. 양도비용 : 2,000,000원
ㄹ. 보유기간 : 2016년 5월 6일에 취득하여 2025년 8월 10일에 양도
ㅁ. 장기보유특별공제율(9년 이상 10년 미만 보유) : 18%
ㅂ. 2025년에 위 토지 외의 다른 양도소득세 과세대상 자산을 양도하지 아니함

① 36,860,000원

② 39,360,000원

③ 45,060,000원

④ 47,560,000원

71 **다음 중 우리나라의 부가가치세 제도에 관한 설명으로 가장 올바르지 않은 것은?**

① 우리나라의 부가가치세는 전단계거래액공제법의 방식을 채택하고 있다.

② 납세의무자와 담세자가 일치하지 않는 간접세이다.

③ 사업상 독립적으로 재화 또는 용역을 공급하는 경우 법인 뿐 아니라 개인도 부가가치세법상 사업자에 해당한다.

④ 국제적 이중과세의 문제를 해결하기 위하여 소비지국과세원칙을 채택하고 있다.

72 다음 중 부가가치세 납세의무자인 사업자에 관한 설명으로 가장 옳은 것은?

① 영세율을 적용받는 사업자는 부가가치세법상의 사업자 등록의무가 없다.
② 비영리사업자는 납세의무자가 아니므로 부가가치세를 거래징수하지 않아도 된다.
③ 주사업장 총괄납부 사업자는 본점 또는 주사무소에서 모든 사업장의 부가가치세를 총괄하여 신고 및 납부할 수 있다.
④ 겸영사업자는 일반과세사업과 면세사업을 함께 영위하는 자를 말한다.

73 다음 중 부가가치세법상 과세기간에 관한 설명으로 가장 올바르지 않은 것은?

① 부가가치세는 1년을 2과세기간으로 나누어 매 6개월마다 확정신고·납부하도록 규정하고 있다.
② 신규사업자의 경우 사업개시일로부터 개시일이 속하는 과세기간의 종료일까지를 최초 과세기간으로 한다.
③ 간이과세자의 경우 과세기간을 1월 1일부터 12월 31일로 적용한다.
④ 폐업자는 폐업일이 속하는 과세기간 개시일부터 종료일까지를 최종 과세기간으로 한다.

74 다음 중 부가가치세법상 사업장에 관한 설명으로 가장 올바르지 않은 것은?

① 부동산임대업은 그 부동산의 등기부상의 소재지를 사업장으로 한다.
② 제조업은 최종 제품을 완성하는 장소를 사업장으로 하며, 따로 제품의 포장만을 하거나 용기에 충전만을 하는 장소도 사업장에 포함한다.
③ 사업장을 설치하지 않은 경우에는 사업자의 주소 또는 거소를 사업장으로 한다.
④ 재화의 보관·관리 시설만을 갖춘 장소로서 사업자가 관할세무서장에게 그 설치신고를 한 하치장은 사업장으로 보지 아니한다.

75 다음 중 부가가치세법상 재화의 공급에 해당하지 않는 것은?

① 사업을 폐지하는 때에 잔존하는 재화
② 교환계약에 의하여 인도하는 재화
③ 사업상 증여하는 것으로 구입시 매입세액공제를 받지 못한 재화
④ 총괄납부 신청을 하지 아니한 자가 직매장으로 반출하는 재화

76 다음 중 부가가치세법상 공급시기에 관한 설명으로 가장 옳은 것은?

① 반환조건부판매, 동의조건부판매, 그 밖의 조건부 및 기한부판매의 경우 실제로 대가를 수령하는 때를 공급시기로 한다.

② 2과세기간 이상에 걸쳐 부동산임대용역을 제공하고 그 대가를 선・후불로 받는 경우 예정신고기간 또는 과세기간의 종료일을 공급시기로 한다.

③ 내국신용장에 의하여 공급하는 재화의 공급시기는 수출재화의 선(기)적일로 한다.

④ 위탁판매 또는 대리인에 의한 매매의 경우 위탁자 또는 대리인의 공급을 기준으로 하여 공급시기 규정을 적용한다.

77 다음 중 부가가치세 영세율과 면세에 관한 설명으로 가장 올바르지 않은 것은?

① 영세율 제도가 국제적인 이중과세를 방지하는 효과가 있다면, 면세 제도는 부가가치세의 역진성을 완화하는 효과가 있다.

② 영세율 적용 대상자는 세금계산서 발급 등의 부가가치세법에서 규정하고 있는 제반 사항을 준수해야 할 의무가 있으나 면세사업자는 그러한 의무가 없다.

③ 면세사업자는 매입세액을 공제받지만, 영세율 적용 대상자는 매입세액을 공제받지 못한다.

④ 사업자가 토지를 공급하는 때에는 면세에 해당하나, 주택부수토지를 제외한 토지의 임대용역을 공급하는 때에는 원칙적으로 과세에 해당한다.

78 다음 중 부가가치세 과세표준에 관한 설명으로 가장 올바르지 않은 것은?

① 과세표준이란 세액산출의 기초가 되는 과세대상의 수량 또는 가액을 말한다.

② 재화를 공급하고 금전 이외의 대가를 받는 경우에는 자기가 받은 재화의 시가를 과세표준으로 한다.

③ 대손금의 경우 과세표준에서 공제하지 아니한다.

④ 공급받는 자에게 도달하기 전에 공급자의 부주의로 인한 파손, 훼손, 멸실된 재화의 가액은 과세표준에 포함하지 아니한다.

79 다음은 제조업을 영위하는 과세사업자인 (주)삼일의 2025년 10월 1일부터 12월 31일까지의 매입내역이다. 2025년 제2기 확정신고 시 공제받을 수 있는 매입세액은 얼마인가?(단, 필요한 경우 적정하게 세금계산서를 수령하였다)

매입내역	매입가액	매입세액
원재료 매입	500,000,000원	50,000,000원
기업업무추진비	60,000,000원	6,000,000원
토지 조성을 위한 자본적 지출	30,000,000원	3,000,000원
기계장치(세금계산서의 필요적 기재사항 누락)	60,000,000원	6,000,000원

① 50,000,000원
② 56,000,000원
③ 57,000,000원
④ 59,000,000원

80 다음 중 부가가치세의 일반 사항에 관한 설명으로 가장 올바르지 않은 것은?

① 매입 시 매입세금계산서를 발급받지 않은 경우 매입세액공제가 불가능하다.
② 재화의 공급 이전에 세금계산서를 발급하고 그 세금계산서 발급일로부터 7일 이내에 대가를 받은 경우 세금계산서를 발급한 때에 재화를 공급한 것으로 본다.
③ 일반환급세액은 확정신고기한 경과 후 30일 이내에 환급한다.
④ 의제매입세액은 면세농산물 등을 사용한 날이 속하는 과세기간의 매출세액에서 공제한다.

원가관리회계

81 다음에서 설명하고 있는 원가를 원가행태에 따라 분류하고자 할 때 가장 옳은 것은?

> 조업도의 증감에 따라 총원가는 일정하나, 단위당 원가는 조업도의 증가(감소)에 따라 감소(증가)하는 원가

① 준고정원가
② 준변동원가
③ 고정원가
④ 변동원가

82 (주)삼일의 다음 자료를 이용하여 당기 발생하는 제조간접원가를 계산하면 얼마인가?

• 직접재료원가	60,000원
• 직접노무원가	200,000원
• 기초재공품원가	50,000원
• 기말재공품원가	60,000원
• 기초제품원가	70,000원
• 기말제품원가	100,000원
• 매출액	500,000원
• 매출총이익률	30%

① 120,000원
② 130,000원
③ 140,000원
④ 150,000원

83 다음 중 제조원가명세서의 최종결과치가 의미하는 것으로 가장 옳은 것은?

① 당기에 완성되어 제품으로 대체된 완성품의 제조원가
② 당기에 현금 지출된 투입 원가
③ 당기에 완성된 산출물에 대해 당기에 투입된 원가
④ 당기에 투입 발생된 모든 원가

84 두 개의 제조부문과 두 개의 보조부문으로 이루어진 (주)삼일의 부문 간 용역수수에 관련된 자료는 다음과 같다. 상호배분법을 사용할 경우 조각부문에 배분되는 보조부문의 원가는 얼마인가? (단, 소수점 첫째 자리에서 반올림한다)

• 보조부문 : 창고부문, 전력부문
• 제조부문 : 조각부문, 도료부문

• 창고부문의 제공용역 : 전력(40%), 조각(30%), 도료(30%)
• 전력부문의 제공용역 : 창고(20%), 조각(50%), 도료(30%)
• 각 부문별 발생원가 : 창고(200,000원), 전력(800,000원)

① 391,304원
② 404,348원
③ 595,652원
④ 956,522원

85 **다음 중 개별원가계산에 관한 설명으로 가장 옳은 것은?**

① 개별원가계산은 해당 제품이나 공정으로 직접 추적할 수 있기 때문에 실제원가계산만 가능하다.
② 개별원가계산은 제품원가를 개별작업별로 구분하여 집계하므로 제조직접비와 제조간접비의 구분이 중요하지 않다.
③ 각 작업별로 원가가 계산되기 때문에 원가계산자료가 상세하고 복잡하며 오류가 발생할 가능성이 많아진다.
④ 제조간접원가는 개별작업과 관련하여 직접적으로 추적 가능하므로 이를 배부하는 절차가 불필요하다.

86 **(주)삼일은 일반형 전화기와 프리미엄 전화기 두 종류의 제품을 생산하고 있다. 4월 한 달 동안 생산한 두 제품의 작업원가표는 아래와 같다.**

	일반형 전화기	프리미엄 전화기
직접재료 투입액	400,000원	800,000원
직접노동시간	100시간	200시간
직접노무원가 임률	1,000원/시간	2,000원/시간

동 기간 동안 발생한 회사의 총제조간접원가는 3,000,000원이며, 제조간접원가는 직접노무원가를 기준으로 배부하고 있다. (주)삼일은 실제 발생한 제조간접원가를 실제조업도에 의해 배부하는 원가계산방식을 채택하고 있다. 4월 한 달 동안 생산한 프리미엄 전화기와 일반형 전화기의 제조원가 차이는 얼마인가?

① 1,700,000원 ② 1,800,000원
③ 2,500,000원 ④ 3,600,000원

87 **다음 중 일반적인 개별원가계산절차를 나열한 것으로 가장 옳은 것은?**

ㄱ. 집계된 제조간접원가를 배부하기 위한 배부기준을 설정한다.
ㄴ. 원가집적대상이 되는 개별작업을 파악한다.
ㄷ. 원가배부기준에 따라 제조간접원가 배부율을 계산하여 개별작업에 배부한다.
ㄹ. 개별작업에 대한 제조직접원가를 계산하여 개별작업에 직접 추적한다.
ㅁ. 개별작업에 직접 대응되지 않는 제조간접원가를 파악한다.

① ㄱ – ㄴ – ㄷ – ㄹ – ㅁ ② ㄴ – ㄱ – ㄹ – ㅁ – ㄷ
③ ㄴ – ㄱ – ㅁ – ㄷ – ㄹ ④ ㄴ – ㄹ – ㅁ – ㄱ – ㄷ

88 **다음은 (주)삼일의 원가자료이다. 원재료는 공정시작 시점에서 전량 투입되고 가공원가는 공정전반에서 균등하게 투입된다.**

- 기초재공품수량 : 1,000개(40%)
- 완성수량 : 2,800개
- 착수수량 : 2,500개
- 기말재공품수량 : 700개(80%)

(주)삼일의 종합원가계산 방법에 따른 가공원가 완성품환산량이 올바르게 연결된 것은?

① 선입선출법 3,360개

② 선입선출법 2,960개

③ 평균법 2,760개

④ 평균법 2,960개

89 **(주)삼일은 선입선출법을 이용한 종합원가계산제도를 채택하고 있다. 원재료는 공정초기에 전량 투입되고, 가공원가는 공정전반에 걸쳐 균등하게 발생하고 있다. 물량흐름 및 원가관련 정보가 다음과 같을 때, 당기완성품원가는 얼마인가?**

	수 량	완성도	재료원가	가공원가
기초재공품	3,000개	60%	8,000원	10,000원
당기투입	30,000개	-	150,000원	320,400원
기말재공품	6,000개	25%		

① 408,000원　　② 422,400원

③ 432,000원　　④ 440,400원

90 **다음 중 종합원가계산에 관한 설명이 가장 올바르지 않게 짝지어진 것은?**

① 평균법 - 완성품환산량 산출 시 기초재공품은 당기에 투입된 것으로 간주한다.

② 평균법 - 원가 통제의 관점에서 상대적으로 유용한 정보를 제공한다.

③ 선입선출법 - 완성품원가는 기초재공품원가와 당기 투입원가 중 완성품에 배분된 금액의 합계이다.

④ 선입선출법 - 기말재공품은 모두 당기 투입분으로 이루어진 것으로 보고 물량의 흐름을 파악한다.

91 **표준원가의 종류는 이상적 표준, 정상적 표준 및 현실적 표준으로 구분할 수 있다. 다음 중 이상적 표준을 기준으로 표준원가를 설정할 경우 나타날 수 있는 영향으로 가장 옳은 것은?**

① 종업원의 동기부여 측면에서 가장 효과적이다.
② 이상적 표준을 달성하는 경우가 거의 없기 때문에 불리한 차이가 발생할 가능성이 크다.
③ 실제원가와의 차이가 크지 않으므로 재고자산가액과 매출원가가 항상 적절하게 계상된다.
④ 근로자들의 임금상승 효과를 가져온다.

92 **다음은 (주)삼일의 20X1년 1월 직접노무원가에 관한 자료이다. 1월의 실제직접노무시간이 1,800시간이었을 때 실제 생산량에 허용된 표준직접노무시간은 얼마인가?**

ㄱ. 실제 직접노무원가	4,500원
ㄴ. 직접노무원가 가격차이	900원(불리)
ㄷ. 직접노무원가 능률차이	100원(유리)

① 1,750시간
② 1,767시간
③ 1,850시간
④ 1,867시간

93 **다음 중 표준원가계산의 장점을 모두 고른 것은?**

ㄱ. 예외에 의한 관리를 통한 원가관리 및 통제가 가능함
ㄴ. 효율적인 예산 편성
ㄷ. 적정원가의 산정에 있어 객관성의 확보가 용이함
ㄹ. 회계업무의 간소화 및 신속한 원가보고

① ㄱ, ㄴ
② ㄱ, ㄷ
③ ㄱ, ㄴ, ㄹ
④ ㄱ, ㄴ, ㄷ, ㄹ

94 다음 중 실제원가와 표준원가의 차이를 가격차이와 능률차이로 분리하는 이유로 가장 올바르지 않은 것은?

① 관리자의 통제 가능한 범위에 대한 성과평가가 이루어져야 하기 때문이다.
② 구입을 책임지는 부서와 사용에 대한 책임을 지는 부서가 같지 않기 때문이다.
③ 구입과 사용에 대한 통제는 각각 이루어져야 하기 때문이다.
④ 직접재료원가 가격차이를 구입시점에서 분리하는 경우에는 원가차이의 발생 원인을 신속하게 규명할 수 없기 때문이다.

95 다음은 표준원가계산을 사용하는 (주)삼일의 직접재료원가에 관한 자료이다. 원재료의 실제 구입가격이 총 1,950억원이라고 할 때, 직접재료원가 가격차이와 능률차이는 각각 얼마인가?(단, 가격차이는 사용시점에 분리한다고 가정한다)

ㄱ. 실제구입량	25,000Ton
ㄴ. 실제사용량	24,000Ton
ㄷ. 실제생산량	15,000단위
ㄹ. 예상생산량	16,000단위
ㅁ. 단위당 표준투입량	1.8Ton
ㅂ. 톤당 표준가격	8,000,000원

	가격차이	능률차이
①	50억원(유리)	160억원(유리)
②	50억원(유리)	304억원(유리)
③	48억원(유리)	240억원(유리)
④	48억원(유리)	384억원(유리)

96 직접재료원가와 직접노무원가는 실제원가로, 제조간접원가는 사전에 전해놓은 예정배부율로 측정하는 원가계산방법은 무엇인가?

① 전부원가계산
② 종합원가계산
③ 정상원가계산
④ 표준원가계산

97 **다음 중 변동원가계산의 유용성에 관한 설명으로 가장 올바르지 않은 것은?**

① 이익이 생산량에 영향을 받으므로 불필요한 재고의 누적을 막을 수 있다.
② 공통부문의 고정원가를 사업부나 제품별로 배분하지 않으므로 사업부별 또는 제품별 의사결정문제에 왜곡을 초래하지 않는다.
③ 예산편성에 필요한 원가, 조업도, 이익에 관련된 자료를 얻는데 유용하다.
④ 표준원가 및 변동예산과 같이 사용하면 원가통제와 성과평가에 유용하게 활용할 수 있다.

98 **다음 자료를 이용하여 초변동원가계산에 의한 영업이익을 계산하면 얼마인가?**

판매수량 = 생산수량	50,000개
제품단위당 판매가격	1,200원
제품단위당 직접재료원가	450원
제품단위당 직접노무원가	85원
제품단위당 변동제조간접원가	135원
제품단위당 변동판매비	200원
고정제조간접원가	1,800,000원
고정판매비와관리비	9,000,000원

① 3,000,000원
② 5,700,000원
③ 7,500,000원
④ 12,900,000원

99 **(주)삼일전자의 20X1년 제품 생산 및 판매와 관련된 자료는 다음과 같다. 전부원가계산에 의한 영업이익이 260,000원일 경우, 변동원가계산을 이용한 (주)삼일전자의 20X1년 영업이익은 얼마인가?**

매출량	3,000개 (단위당 판매가격 200원)
기말제품재고량	500개 (단, 기초제품재고는 없다)
변동판매관리비	50,000원
단위당 변동직접원가	60원
단위당 변동제조간접원가	20원
단위당 고정제조간접원가	5원

단, 고정판매관리비는 발생하였으나 금액은 알 수 없다.

① 220,000원
② 257,500원
③ 258,000원
④ 260,000원

PART 4

100 다음 중 변동원가계산에 관한 설명으로 가장 올바르지 않은 것은?

① 변동원가계산은 원가회피개념에 근거를 두고 있다.
② 일반적으로 인정된 회계원칙에 의한 외부보고 목적으로 사용 가능하다.
③ 특정 기간의 이익이 생산량에 영향을 받지 않는다.
④ 부문별, 제품별 의사결정 문제에 왜곡을 초래하지 않는다.

101 (주)삼일은 활동기준원가계산을 사용하며, 제조과정은 다음의 3가지 활동으로 구분된다. X제품 단위당 재료부피는 100리터, 압착기계시간은 30시간, 분쇄기계시간은 8시간이다. X제품의 단위당 판매가격과 재료원가가 각각 2,400원과 500원일 경우 제품의 단위당 공헌이익은 얼마인가? (단, 판매관리비는 없다)

활 동	원가동인	연간 원가동인수	연간 가공원가총액
세 척	재료의 부피	100,000리터	300,000원
압 착	압착기계시간	90,000시간	1,800,000원
분 쇄	분쇄기계시간	24,000시간	600,000원

① 700원　　② 800원
③ 900원　　④ 1,000원

102 다음 중 CVP 분석에 관한 설명으로 가장 올바르지 않은 것은?

① 단위당 판매단가는 판매량의 변동과 무관하게 일정하고, 단위당 변동원가도 조업도의 변동과 관계없이 항상 일정하다는 가정이 필요하다.
② 화폐의 시간가치를 고려하지 않으므로 장기적 의사결정에의 활용에 있어 한계점을 갖는다.
③ 다양한 조업도수준에서 원가와 이익의 관계를 분석하는 데 유용하다.
④ 매출액의 변화가 기업의 순이익에 미치는 영향을 파악하는 데 있어서는 공헌이익률보다 공헌이익 개념이 더 유용하다.

103 (주)삼일의 재무팀 직원들이 식사 중에 나눈 다음의 대화 중 가장 올바르지 않은 설명은 무엇인가?

> 대리 : 부장님, 이 식당은 맛집으로 소문이 나서 그런지 사람들이 정말 많네요.
> 부장 : 그래, 나도 항상 여기서 식사를 할 때마다 그런 생각이 들어
> 대리 : 월 이익이 얼마일까요?
> 부장 : ① 냉면 한 그릇에 6,000원이고, 한 그릇을 만들 때마다 2,000원 정도의 비용이 들어갈 것으로 생각되니까, 단위당 공헌이익은 4,000원, 공헌이익률은 67% 정도겠군
> 대리 : ② 임대료와 인건비 등 고정비를 한 달에 500만원 수준으로 가정하면 손익분기 판매량은 월 1,250그릇이 되네요.
> 부장 : ③ 그렇지, 목표이익이 1,000만원이라면 그것보다 2,000그릇을 더 팔아야겠군
> 대리 : ④ 세금을 고려하면 목표 판매량은 더 많아져야 할테니 생각보다 쉽지 않겠어요.

104 (주)삼일의 식품사업부를 총괄하는 김철수 전무는 해외식품사업부의 김영수 부장에게 총 매출액의 25%의 이익 달성을 지시하였다. 김영수 부장의 분석 결과 해외식품사업부의 변동비는 매출액의 60%, 연간 고정비는 30,000원이다. 총 매출액의 25%의 이익을 달성하기 위한 목표 매출액은 얼마인가?

① 150,000원
② 200,000원
③ 250,000원
④ 300,000원

PART 4

105 (주)삼일의 총매출액은 10,000,000원이고 총변동비가 6,000,000원, 총고정비는 2,800,000원인 경우, (주)삼일의 안전한계율은 얼마인가?

① 20%
② 25%
③ 30%
④ 35%

106 다음 중 예산에 관한 설명으로 가장 올바르지 않은 것은?

① 예산이란 공식적인 경영계획을 화폐단위로 표현한 것이다.
② 예산은 조직원들에게 동기를 부여함과 동시에 의사전달과 조정의 역할을 수행한다.
③ 예산 편성성격에 따라 종합예산과 부문예산으로 분류된다.
④ 고정예산은 조업도의 변동을 고려하지 않고 특정조업도를 기준으로 작성된다.

107 **다음 중 책임회계에 근거한 성과보고서에 관한 설명으로 가장 올바르지 않은 것은?**

① 통제가능원가와 통제불능원가를 반드시 구분하여야 한다.
② 통제가능원가의 실제와 표준간의 차이를 포함시켜야 한다.
③ 해당 책임중심점에 배분된 고정제조간접원가는 통제가능원가에 포함시켜야 한다.
④ 예외에 의한 관리가 가능하도록 작성하여야 한다.

108 **다음 중 책임회계제도의 성과평가 시 고려해야 할 사항으로 가장 올바르지 않은 것은?**

① 하이젠버그 불확실성원칙(Heisenberg uncertainty priciple)을 고려하여야 한다.
② 기업 구성원들의 성과극대화 노력이 기업전체목표의 극대화로 연결될 수 있도록 설계하여야 한다.
③ 정확한 성과평가 보다는 적시성과 경제성이 최우선적으로 고려되어야 한다.
④ 성과평가치의 성과측정오류가 최소화되도록 설계되어야 한다.

109 **(주)삼일은 다음과 같은 3개의 사업부(A, B, C)를 갖고 있다. 다음 자료를 이용하여 각 사업부를 잔여이익으로 평가했을 때 성과가 높은 사업부 순서대로 올바르게 배열한 것은?**

구 분	A	B	C
영업자산	1,000,000원	4,000,000원	3,000,000원
영업이익	900,000원	1,500,000원	1,500,000원
최저필수수익률	10%	20%	30%

① A 〉 B 〉 C
② A 〉 C 〉 B
③ B 〉 A 〉 C
④ C 〉 B 〉 A

110 **다음 중 경제적부가가치(EVA)와 관련된 설명으로 가장 올바르지 않은 것은?**

① 고유의 영업활동에서 창출된 순가치의 증가분을 의미한다.
② 투하자본 산정 시 이자비용이 지급되는 유동부채는 차감하지 않는다.
③ 가중평균자본비용의 측정에 있어 법인세 효과는 별도로 고려하지 않는다.
④ 투하자본의 회전율을 높이면 매출액이익률이 동일하더라도 경제적부가가치는 높아진다.

111 **다음 중 투자중심점 성과평가에 관한 설명으로 가장 올바르지 않은 것은?**

① 투자수익율(ROI)은 투자규모가 다른 투자중심점을 상호 비교하기가 용이하다.
② 잔여이익(RI)은 각 투자중심점과 회사 전체의 목표일치성을 충족시킬 수 있다.
③ 경제적부가가치(EVA)를 기준으로 성과평가를 하는 경우에는 산업 간 위험의 차이에 대해서 쉽게 조정할 수 있다.
④ 경제적부가가치(EVA)는 자기자본에 대한 자본비용을 고려하여 성과평가를 할 수 있다.

112 **다음 중 의사결정 시에 필요한 원가용어에 관한 설명으로 가장 올바르지 않은 것은?**

① 관련원가는 대안 간에 차이가 나는 미래원가로 의사결정과 관련된 원가이다.
② 회피가능원가는 대표적인 비관련원가에 해당한다.
③ 기회원가는 자원을 현재 용도 이외의 다른 용도에 사용할 경우 얻을 수 있는 최대금액이다.
④ 매몰원가는 과거에 발생한 역사적 원가로서 현재 또는 미래에 회수할 수 없는 원가이다.

113 **(주)삼일의 사업부 X의 매출액은 300,000원, 변동원가는 280,000원, 고정원가는 120,000원이다. 고정원가 중 70,000원은 회피불능원가에 해당한다. 만약 회사가 사업부 X를 폐지한다면 회사 전체 순이익은 어떻게 변화하겠는가?**

① 30,000원 증가　　② 30,000원 감소
③ 100,000원 증가　　④ 100,000원 감소

114 **(주)삼일의 부품제조에 대한 원가자료는 다음과 같다. 외부의 제조업자가 이 부품을 납품하겠다고 제의하였으며, 부품을 외부에서 구입할 경우 고정제조간접원가의 2/3를 회피할 수 있다면 (주)삼일이 최대한 허용할 수 있는 부품의 단위당 구입가격은 얼마인가?**

부품단위당 직접재료원가	200원
부품단위당 직접노무원가	80원
부품단위당 변동제조간접원가	120원
고정제조간접원가	600,000원
생산량	10,000단위

① 280원　　② 400원
③ 420원　　④ 440원

115 **(주)삼일은 제조에 필요한 부품을 자가제조할 것인지 아니면 외부구입할 것인지의 여부에 대한 의사결정을 하려고 한다. 다음 설명 중 가장 올바르지 않은 것은?**

① 매몰원가는 비관련원가로 의사결정을 하는 데 영향을 미치지 않는다.

② 회피가능 고정원가는 의사결정을 하는 데 있어 고려대상이 아니다.

③ 외부구입원가가 회피가능원가보다 큰 경우에는 자가제조하는 것이 바람직하다.

④ 기존설비를 다른 용도로 사용함에 따라 발생할 수 있는 기회비용도 함께 고려해야 한다.

116 **다음 중 자본예산을 편성하기 위해 현금흐름을 추정할 때 주의해야 할 사항으로 가장 올바르지 않은 것은?**

① 감가상각비를 계상함으로써 발생하는 세금의 절약분인 감가상각비 감세효과는 현금흐름을 파악할 때 고려해야 한다.

② 세금을 납부하는 것은 현금의 유출에 해당하므로 세금을 차감한 후의 현금흐름을 기준으로 추정하여야 한다.

③ 이자비용은 현금의 유출에 해당하므로 이자비용을 차감한 후의 현금흐름을 기준으로 추정하여야 한다.

④ 인플레이션 효과는 현금흐름과 할인율에 일관성 있는 기준을 적용하여 고려되어야 한다.

117 **(주)삼일은 당기 초 새로운 투자안에 950,000원을 투자하였다. 회사는 이 투자안으로부터 앞으로 5년 동안 매년 말 300,000원의 현금유입을 예측하고 있다. 회사의 최저필수수익률이 연 10%일 경우 이 투자안의 순현재가치(NPV)는 얼마인가?**

	연 10%
5년 현가계수	0.62
5년 연금현가계수	3.79

① 115,000원 ② 120,000원

③ 187,000원 ④ 550,000원

118 **다음 중 자본예산모형에 관한 설명으로 가장 올바르지 않은 것은?**

① 투자안의 타당성을 평가하기 위하여 투자안의 현금흐름이나 이익에 미치는 영향을 평가하는 방법이다.

② 자본예산모형 중 화폐의 시간적 가치를 고려하는 할인모형에는 순현재가치법과 내부수익률법이 있다.

③ 자본예산모형 중 화폐의 시간적 가치를 고려하지 않는 모형은 비할인모형이다.

④ 자본예산모형 중 실제 현금흐름으로 자본예산을 실행하는 현금모형에는 회수기간법과 회계적이익률법이 있다.

119 **(주)삼일은 두 개의 사업부 A, B로 구성되어 있다. A사업부는 단위당 변동비가 100원인 부품을 제조하고 있는데 이를 170원에 외부에 판매할 수도 있고 B사업부에 대체할 수도 있다. B사업부가 이 부품을 외부에서 구입할 수 있는 가격은 160원이다. 회사 전체의 이익극대화를 위한 B사업부의 의사결정으로 가장 옳은 것은?**

① A사업부에서 구입하여야 한다.

② 외부에서 구입하여야 한다.

③ 외부에서 구입하는 경우와 A사업부에서 구입하는 경우 차이가 없다.

④ 유휴생산능력이 있으면 A사업부에서, 없으면 외부에서 구입한다.

120 **다음 중 수명주기원가계산에 관한 설명으로 가장 올바르지 않은 것은?**

① 가치사슬 관점에서 제품수명주기 초기단계에서의 원가절감을 강조한다.

② 제조활동 이후의 하위활동은 원가계산 시 고려하지 않는다.

③ 제품 또는 서비스의 수명주기 매 단계마다 모든 가치사슬단계에서 발생하는 수익과 비용에 대한 집계를 가능하게 하여 프로젝트 전체에 대한 이해가 향상된다.

④ 장기적 관점의 원가절감 및 원가관리에 유용하다.

제7회 기출 동형문제

※ 본 시험은 현행 기준인 한국채택국제회계기준(K-IFRS)에 따라 출제되었습니다.

재무회계

01 **다음 중 한국채택국제회계기준과 일반기업회계기준의 특징으로 가장 올바르지 않은 것은?**

① 한국채택국제회계기준은 연결재무제표를 기본 재무제표로 제시하고 있다.

② 한국채택국제회계기준은 재무제표의 구체적인 양식이나 계정과목을 정형화하고 있다.

③ 일반기업회계기준은 자본항목을 자본금, 자본잉여금, 자본조정, 기타포괄손익누계액, 이익잉여금(결손금)으로 구분하고 있다.

④ 한국채택국제회계기준은 자산과 부채에 대한 공정가치 적용이 확대되고 있다.

02 **다음 중 정보이용자의 의사결정에 차이가 나도록 하는 목적적합한 재무정보에 관한 설명으로 가장 올바르지 않은 것은?**

① 재무정보에 예측가치와 확인가치 또는 둘 모두가 있다면 의사결정에 차이가 나도록 할 수 있다.

② 미래 결과를 예측하기 위해 사용하는 절차의 투입요소로 사용될 수 있다면 그 정보는 예측가치를 갖는다.

③ 재무정보가 과거 평가에 대해 피드백을 제공, 즉 확인하거나 변경시킨다면 확인가치를 갖는다.

④ 재무정보가 예측가치를 가지기 위해서는 그 자체로 예측치가 되어야만 한다.

03 **다음 중 재무정보의 질적특성에 관한 설명으로 가장 옳은 것은?**

① 적시성과 이해가능성은 근본적 질적특성에 해당한다.

② 목적적합성과 표현충실성은 보강적 질적특성에 해당한다.

③ 보강적 질적특성은 가능한 극대화되어야 하나, 하나의 보강적 질적특성이 다른 질적특성의 극대화를 위해 감소되어야 할 수도 있다.

④ 재무정보가 제공되기 위해서는 해당 정보 보고의 효익이 관련 원가를 정당화할 수 있어야 하는 것은 아니다.

04 **다음 중 재무제표 작성에 관한 설명으로 가장 올바르지 않은 것은?**

① 비교정보를 포함한 전체 재무제표는 적어도 1년마다 작성되어야 한다.
② 재무제표 본문과 주석에 적용하는 중요성의 기준은 항상 일치하여야 한다.
③ 중요하지 않은 항목은 성격이나 기능이 유사한 항목과 통합하여 표시할 수 있다.
④ 한국채택국제회계기준을 준수하여 재무제표를 작성하는 기업은 그 사실을 주석에 기재하여야 한다.

05 **다음 중 중간재무보고서에 포함시켜야 할 구성요소로 가장 올바르지 않은 것은?**

① 요약재무상태표
② 요약현금흐름표
③ 요약제조원가명세서
④ 선별적 주석

06 **(주)삼일은 재고자산을 선입선출법으로 평가하고 있다. 기말재고자산 실사결과 확인된 재고수량은 3,500개이며, 전기 이월분은 모두 전기 말에 일괄하여 매입한 것이다. 다음의 재고수불부에 따르면 매출원가는 얼마인가?**

	수 량	단 가	금 액
전기이월	1,000개	2,000원	2,000,000원
5월 5일 구입	1,500개	2,500원	3,750,000원
7월 8일 판매	1,200개		
9월 3일 구입	1,000개	2,800원	2,800,000원
10월 7일 판매	1,500개		
기 말	800개		

① 6,210,000원
② 6,310,000원
③ 6,600,000원
④ 6,950,000원

07 다음 자료에서 재고자산평가손실은 (주)삼일의 재고자산이 진부화되어 발생하였다. 자료를 바탕으로 (주)삼일의 20X2년 포괄손익계산서상 매출원가를 계산하면 얼마인가?(단, (주)삼일은 재고자산평가손실과 정상재고자산감모손실을 매출원가에 반영하고, 비정상재고자산감모손실은 기타비용으로 처리하고 있다)

20X1년 12월 31일 재고자산	400,000원
20X2년 매입액	1,000,000원
20X2년 재고자산평가손실	500,000원
20X2년 재고자산감모손실(정상감모)	50,000원
20X2년 재고자산감모손실(비정상감모)	20,000원
20X2년 12월 31일 재고자산(모든 평가손실과 감모손실 차감 후)	300,000원

① 1,080,000원
② 1,100,000원
③ 1,120,000원
④ 1,400,000원

08 다음은 (주)삼일의 20X1년 재고수불부이다. (주)삼일은 20X1년 1월 1일에 설립되었으며, (주)삼일의 김사장은 기말재고자산을 총평균법으로 평가할지 선입선출법으로 평가할지 고민 중이다. 재고자산평가방법에 관한 설명으로 가장 올바르지 않은 것은?

	수 량	단 가	금 액
5월 5일 구입	3,000개	2,000원	6,000,000원
6월 6일 구입	7,000개	1,200원	8,400,000원
9월 9일 판매	8,500개		
기 말	1,500개		

(단, 매출총이익률 = 매출총이익/매출액)

① 기말재고자산금액은 선입선출법을 적용했을 때보다 총평균법을 적용하였을 경우 360,000원만큼 크다.
② 매출총이익률은 선입선출법을 적용했을 때보다 총평균법을 적용했을 경우 상대적으로 더 작다.
③ 매출원가는 선입선출법을 적용했을 때보다 총평균법을 적용하였을 경우 360,000원만큼 작다.
④ 당기순이익은 선입선출법을 적용했을 때보다 총평균법을 적용하였을 경우 360,000원만큼 크다.

09 다음 중 유형자산에 관한 설명으로 가장 올바르지 않은 것은?

① 일상적인 수선유지와 관련하여 발생한 원가는 해당 유형자산의 장부금액에 포함한다.

② 유형자산은 인식시점의 원가로 측정하며, 원가는 자산을 취득하기 위하여 자산의 취득시점이나 건설시점에서 지급한 현금 또는 현금성자산이나 제공한 기타 대가의 공정가치를 말한다.

③ 감가상각방법은 해당 자산에 내재되어 있는 미래 경제적 효익의 예상소비형태를 가장 잘 반영하는 방법에 따라 선택한다.

④ 유형자산의 정기적인 종합검사 과정에서 발생하는 원가가 인식기준을 충족한다면 해당 유형자산의 일부가 대체되는 것으로 보아 해당 유형자산의 장부금액에 포함한다.

10 (주)삼일은 20X1년 초에 토지를 10,000원에 구입하였으며, 이 토지에 대해 재평가모형을 적용하여 매년 말에 재평가하였다. 토지는 20X1년 말에 5,000원, 20X2년 말에 13,000원으로 각각 재평가되었다. 20X2년 말에 시행한 토지의 재평가가 (주)삼일의 20X2년 당기순이익에 미치는 영향은 얼마인가?

① 영향 없음
② 3,000원 증가
③ 5,000원 증가
④ 8,000원 증가

11 제조업을 영위하는 (주)삼일은 20X1년 1월 1일에 경리과장이 사용할 컴퓨터를 5,000,000원에 취득해서 사용하다가 20X3년 7월 1일에 3,500,000원에 처분하면서 다음과 같이 500,000원의 처분이익을 계상하였다. (주)삼일은 이 컴퓨터에 대해 내용연수 5년, 잔존가치 0원, 정액법을 적용하여 감가상각하였다. 당신이 (주)삼일의 담당회계사라면, 이 회계처리에 대해 (주)삼일의 경리과장에게 바르게 조언한 것은?

(주)삼일의 회계처리

(차)	현 금	3,500,000원	(대)	컴퓨터	5,000,000원
	감가상각누계액	2,000,000원		유형자산처분이익	500,000원

① 회사는 처분한 컴퓨터의 전기말 재무상태표상 장부금액과 당기 중 처분가액과의 차액을 처분이익으로 계상하였으므로 회사의 회계처리는 적정합니다.

② 회사는 당기 6개월분에 대한 감가상각비 500,000원을 계상하지 않았으며, 유형자산처분이익 500,000원을 과소계상하였으므로 당기순이익이 1,000,000원 과소계상되었습니다.

③ 포괄손익계산서에 유형자산처분이익으로 1,000,000원이 계상되어야 적정하지만 감가상각비가 500,000원 과소계상되어, 당기순이익에 미치는 영향은 없습니다.

④ ①, ②, ③ 모두 올바른 조언임

12 다음은 20X1년 (주)삼일의 엔진 개발과 관련하여 20X1년 6월 30일까지 발생한 지출에 대한 자료이다. 동 엔진이 20X2년 1월 1일부터 사용가능할 것으로 예측된 경우 20X1년 (주)삼일이 엔진 개발과 관련하여 무형자산 상각비를 포함한 인식해야 할 총비용은 얼마인가?(단, 엔진 개발비에 대하여 내용연수 5년, 정액법 상각함)

연구단계	개발단계
• 엔진 연구 결과의 평가를 위한 지출 : 3,000,000원 • 여러 가지 대체안 탐색 활동을 위한 지출 : 27,000,000원	• 자산인식조건을 만족하는 개발단계 지출 : 40,000,000원 • 자산인식조건을 만족하지 않는 개발단계 지출 : 7,000,000원

① 30,000,000원
② 37,000,000원
③ 41,000,000원
④ 45,000,000원

13 다음 중 무형자산의 상각에 관한 설명으로 가장 올바르지 않은 것은?

① 내용연수가 유한한 무형자산은 내용연수 동안 상각하지만 내용연수가 비한정인 무형자산은 상각하지 않는다.
② 무형자산의 잔존가치는 처분으로 회수가능한 금액을 근거로 하여 추정하며, 적어도 매 회계기간 말에 검토한다.
③ 상각기간이나 상각방법을 변경하는 경우에는 회계정책의 변경으로 본다.
④ 상각하지 않는 무형자산에 대하여 매 회계기간마다 내용연수가 비한정이라는 평가가 정당한지 검토한다.

14 (주)삼일은 20X1년 초에 임대수익을 얻을 목적으로 건물을 100,000,000원에 취득하였다. 취득 당시 건물의 내용연수는 10년, 잔존가치 20,000,000원이며 감가상각방법은 정액법이다. (주)삼일은 투자부동산을 공정가치모형으로 평가하고 있으며, 20X1년 말과 20X2년 말에 건물의 공정가치는 각각 100,000,000원과 120,000,000원이었다. (주)삼일이 투자부동산과 관련하여 20X2년에 당기손익으로 인식할 금액은 얼마인가?

① 이익 20,000,000원
② 손실 20,000,000원
③ 이익 36,000,000원
④ 손실 36,000,000원

15 **다음 중 기타포괄손익-공정가치 측정 금융자산에 관한 설명으로 가장 옳은 것은?**

① 기타포괄손익-공정가치 측정 금융자산은 원칙적으로 공정가치로 평가하여 평가손익을 당기손익으로 반영한다.

② 기타포괄손익-공정가치 측정 금융자산으로 분류되는 채무상품은 당기손익-공정가치 측정 금융자산으로 분류변경할 수 없다.

③ 기타포괄손익-공정가치 측정 금융자산 취득 시 지출된 거래원가는 당기비용으로 처리한다.

④ 기타포괄손익-공정가치 측정 금융자산으로 분류되는 지분상품에 대한 손상차손은 인식하지 아니한다.

16 **(주)삼일은 20X1년 초 만기 3년, 액면이자율 5%, 액면금액 100,000원의 사채를 87,565원에 할인발행하였다. 사채 발행시점의 유효이자율이 10%라면, 20X1년 말 (주)삼일의 재무상태표상 사채의 순장부금액은 얼마인가?(단, 소수점 첫째 자리에서 반올림한다)**

① 91,322원 ② 93,765원

③ 95,454원 ④ 100,000원

17 **다음 중 복합금융상품에 관한 설명으로 가장 올바르지 않은 것은?**

① 전환사채란 유가증권 소유자가 일정한 조건하에 보통주로의 전환권을 행사할 수 있는 사채로서, 전환권을 행사하면 보통주로 전환되는 사채이다.

② 신주인수권부사채란 유가증권의 소유자가 일정한 조건하에 신주인수권을 행사하여 보통주 발행을 청구할 수 있는 권리가 부여된 사채이다.

③ 전환우선주란 유가증권의 소유자가 일정한 조건하에 전환권을 행사할 수 있는 우선주로서, 전환권을 행사하면 보통주로 전환되는 우선주이다.

④ 복합금융상품의 발행금액에서 지분상품(자본)의 공정가치를 차감한 잔액은 금융부채로 인식한다.

18 다음의 빈칸에 들어갈 말로 가장 적절한 것끼리 묶인 것은?

> 일반적으로 사채는 상각후원가로 후속 측정된다. 만약 사채발행 시점에 시장이자율보다 계약상 액면이자율이 더 작은 경우에는 사채가 (㉠)되는데 이 경우에는 상각후원가가 만기로 갈수록 점점 (㉡)하게 된다.

	㉠	㉡
①	할인발행	증 가
②	할인발행	감 소
③	할증발행	증 가
④	할증발행	감 소

19 다음 자료를 이용하여 전환사채 발행일에 (주)삼일이 전환권대가(자본)로 계상할 금액을 계산하면 얼마인가?

> (주)삼일은 다음과 같은 조건으로 전환사채를 액면발행하였다.
> ㄱ. 액면금액 : 3,000,000원
> ㄴ. 액면이자 : 지급하지 않음
> ㄷ. 발행일 : 20X1년 1월 1일
> ㄹ. 만기일 : 20X3년 12월 31일(3년)
> ㅁ. 상환할증금 : 390,000원
> ㅂ. 전환사채가 일반사채인 경우의 시장이자율 : 12%(12%, 3년의 현재가치계수는 0.7118이다)

① 397,888원
② 586,998원
③ 864,600원
④ 924,428원

20 다음 중 충당부채를 재무상태표에 부채로 인식할 수 있는 요건에 해당하지 않는 것은?

① 과거사건의 결과로 현재 의무가 존재한다.
② 당해 의무를 이행하기 위하여 경제적 효익이 있는 자원이 유출될 가능성이 매우 높다.
③ 지출의 시기 및 금액을 확실히 추정할 수 있다.
④ 해당 의무를 이행하기 위하여 필요한 금액을 신뢰성 있게 추정할 수 있다.

21 (주)삼일은 20X1년 초 설립된 회사로 설립시에 보통주와 우선주를 모두 발행하였다. 설립일 이후 자본금의 변동은 없었으며, 20X3년 12월 31일 현재 보통주자본금과 우선주자본금은 다음과 같다. (주)삼일은 설립된 이후 어떠한 배당도 하지 않았으나 20X3년 12월 31일로 종료되는 회계연도의 정기주주총회에서 배당금 총액을 300,000원으로 선언할 예정일 경우, 우선주 주주에게 배분될 배당금은 얼마인가?

구 분	주당 액면금액	발행주식수	자본금
보통주	1,000원	1,000주	1,000,000원
우선주(*)	1,000원	500주	500,000원

※ 누적적 · 비참가적 우선주, 배당률 10%

① 25,000원
② 50,000원
③ 150,000원
④ 300,000원

22 다음 중 이익잉여금의 처분거래로 가장 올바르지 않은 것은?

① 이익준비금의 적립
② 현금배당
③ 임의적립금의 적립
④ 자기주식의 처분

PART 4

23 수익인식 5단계 모형에 따라 수익을 인식하는 순서가 아래와 같다면 다음 빈칸에 들어갈 말로 가장 옳은 것은?

[1단계] 계약 식별
[2단계] (㉠)
[3단계] (㉡)
[4단계] 거래가격 배분
[5단계] 수행의무별 수익인식

	㉠	㉡
①	거래가격 산정	계약의 결합
②	수행의무 식별	거래가격 산정
③	수행의무 식별	통제이전
④	거래가격 산정	수행의무 식별

24 (주)서울은 20X1년 1월 1일 (주)용산에 상품을 할부로 판매하였다. 상품의 원가는 7,000,000원이며, 할부대금은 매년 말 3,000,000원씩 3년간 회수하기로 하였다. 또한 시장이자율은 10%이며, 연금현가계수(10%, 3년)는 2.48685이다. 동 할부매출과 관련하여 (주)서울이 20X1년에 인식할 매출총이익과 이자수익은 각각 얼마인가?(단, 소수점 이하는 반올림한다)

	매출총이익	이자수익
①	460,550원	746,055원
②	746,055원	1,200,000원
③	2,000,000원	994,740원
④	2,000,000원	1,200,000원

25 (주)삼일은 20X1년 1월 5일에 서울시와 교량건설 도급공사계약을 체결하였다. 총계약금액은 500,000,000원이며 공사가 완성되는 20X3년 12월 31일까지 건설과 관련된 회계자료는 다음과 같다. (주)삼일이 공사진행기준으로 수익을 인식한다면 20X1년, 20X2년 및 20X3년 계약이익으로 계상할 금액은 얼마인가?(단, 진행률은 발생원가에 기초하여 측정한다)

	20X1년	20X2년	20X3년
당기계약원가	60,000,000원	120,000,000원	180,000,000원
추정총계약원가	300,000,000원	360,000,000원	360,000,000원
공사대금청구액	140,000,000원	160,000,000원	200,000,000원

	20X1년	20X2년	20X3년
①	40,000,000원	30,000,000원	70,000,000원
②	40,000,000원	60,000,000원	40,000,000원
③	60,000,000원	30,000,000원	50,000,000원
④	60,000,000원	50,000,000원	30,000,000원

26 (주)서울은 (주)용산으로부터 건설공사를 수주하였다. (주)용산과 체결한 건설공사에서 손실이 발생할 것으로 예상되는 경우 (주)서울이 수행할 회계처리로 가장 옳은 것은?

① 건설계약에서 예상되는 손실액은 진행률에 따라 비용으로 인식한다.
② 건설계약에서 예상되는 손실액은 공사완료시점에 비용으로 인식한다.
③ 건설계약에서 예상되는 손실액은 전기에 인식했던 수익에서 직접 차감한다.
④ 건설계약에서 예상되는 손실액은 당기에 즉시 비용으로 인식한다.

27 다음의 빈칸에 들어갈 말로 가장 적절한 것끼리 묶인 것은?

> 확정급여제도의 회계처리에서 당기근무원가, 과거근무원가와 정산으로 인한 손익, 순확정급여부채 및 사외적립자산의 순이자는 (㉠)으로 인식한다.
> 보험수리적손익, 순확정급여부채(자산)의 순이자에 포함된 금액을 제외한 사외적립자산의 수익, 순확정급여부채(자산)의 순이자에 포함된 금액을 제외한 자산인식상한 효과의 변동은 (㉡)으로 인식한다.

	㉠	㉡
①	당기손익	기타포괄손익
②	당기손익	당기손익
③	기타포괄손익	당기손익
④	기타포괄손익	기타포괄손익

28 다음 중 주식결제형 주식기준보상(주식선택권)과 관련하여 괄호 안에 들어갈 단어로 가장 옳은 것은?

> 종업원 및 유사용역제공자에게 제공받은 용역의 보상원가는 부여한 지분상품의 공정가치에 수량을 곱한 금액으로 산정한다. 부여한 지분상품의 공정가치를 신뢰성 있게 추정할 수 있는 경우 지분상품의 공정가치는 (   ) 현재로 측정한다.

① 부여일　② 가득일
③ 행사일　④ 결산일

29 다음 중 법인세 관련 자산, 부채, 비용(수익)의 재무제표 표시와 공시에 관한 설명으로 가장 올바르지 않은 것은?

① 과거기간의 당기법인세에 대하여 당기에 인식한 조정사항은 주석으로 공시한다.
② 당기법인세자산과 당기법인세부채는 항상 상계하여 표시한다.
③ 이연법인세자산(부채)은 비유동으로 구분한다.
④ 당기법인세자산(부채)은 유동으로 구분한다.

30 다음 자료를 바탕으로 20X1년 포괄손익계산서에 계상될 (주)삼일의 법인세비용을 계산하면 얼마인가?

ㄱ. 20X1년 당기법인세(법인세법상 당기에 납부할 법인세)	2,500,000원
ㄴ. 20X0년 말 이연법인세자산 잔액	400,000원
ㄷ. 20X1년 말 이연법인세부채 잔액	300,000원

① 1,800,000원
② 2,900,000원
③ 3,200,000원
④ 3,600,000원

31 (주)삼일은 20X2년에 처음으로 회계감사를 받았는데, 기말상품재고에 대하여 다음과 같은 오류가 발견되었다. 20X1년 및 20X2년에 (주)삼일이 보고한 당기순이익이 다음과 같을 때, 20X2년의 오류수정 후 당기순이익은 얼마인가?(단, 법인세효과는 무시한다)

연 도	당기순이익	기말상품 재고오류
20X1년	30,000원	3,000원 과소평가
20X2년	35,000원	2,000원 과대평가

① 30,000원
② 36,000원
③ 38,000원
④ 40,000원

32 다음은 (주)삼일의 20X1년 초 자본의 일부 내역과 20X1년 중 주식수의 변동내역이다. 20X1년의 가중평균유통보통주식수는 얼마인가?(단, 가중평균유통보통주식수는 월수로 계산하며, 소수점 첫째 자리에서 반올림한다)

1. 20X1년 초 자본의 일부 내역

구 분	보통주	우선주
액면금액	5,000원	5,000원
발행주식수	15,000주	2,000주
자기주식	1,000주	0주

2. 20X1년 중 주식수의 변동내역

20X1년 4월 30일	보통주 유상증자 1,000주 발행
20X1년 10월 31일	보통주 자기주식 300주 취득
20X1년 11월 30일	보통주 자기주식 160주 재발행

① 14,630주
② 14,880주
③ 15,000주
④ 15,200주

33 (주)삼일은 20X1년 1월 1일에 (주)용산의 보통주 30%를 3,000,000원에 취득하였고 그 결과 (주)용산의 의사결정에 유의적인 영향력을 행사할 수 있게 되었다. (주)용산에 대한 재무정보 및 기타 관련정보가 다음과 같을 경우 (주)삼일의 20X1년 말 현재 관계기업투자주식의 장부금액은 얼마인가?

(주)용산에 대한 재무정보
ㄱ. 20X1년 1월 1일 현재 순자산장부금액 : 9,000,000원(공정가치와 동일)
ㄴ. 20X1년 총포괄이익 : 1,000,000원(기타포괄이익 200,000원 포함)
※ (주)용산의 20X1년 중 순자산 장부금액 변동은 당기순이익 및 기타포괄이익으로 인한 것 외에 없다고 가정한다.

① 3,000,000원
② 3,240,000원
③ 3,300,000원
④ 3,360,000원

34 다음 중 지분법 회계처리에 관한 설명으로 가장 올바르지 않은 것은?

① 지분법은 취득시점에서 관계기업투자주식을 공정가치로 측정한다.
② 피투자회사의 당기순이익 중 투자회사의 지분에 해당하는 금액은 투자회사의 지분법이익으로 보고된다.
③ 피투자회사가 배당금지급을 결의한 시점에 투자회사가 수취하게 될 배당금 금액을 관계기업투자주식에서 직접 차감한다.
④ 투자자와 관계기업 사이의 내부거래에서 발생한 당기손익에 대하여 투자자는 그 관계기업에 대한 투자지분과 무관한 손익까지만 투자자의 재무제표에 인식한다.

35 (주)삼일은 20X1년 4월 1일에 재고자산을 $2,000에 매입하여 보고기간 말 현재 보유 중이다. 매입 시점의 현물환율은 1,000원/$이며, 보고기간 말 현물환율은 1,300원/$이다. 20X1년 12월 31일에 재고자산의 순실현가능가치가 $1,600일 경우 (주)삼일이 인식할 재고자산평가손실은 얼마인가?

① 0원
② 400,000원
③ 520,000원
④ 640,000원

36 다음 중 선물(futures)과 옵션(option)에 관한 설명으로 가장 올바르지 않은 것은?

① 미국형 옵션은 만기일에만 권리를 행사할 수 있는 옵션이며, 유럽형 옵션은 만기일 이전에는 언제라도 권리를 행사할 수 있는 옵션이다.

② 선물거래에는 매일매일의 평가손익을 증거금에 반영하는 체계적인 과정인 '일일정산제도'가 있다.

③ 선물과 옵션 모두 파생상품에 해당한다.

④ 선물과 옵션 모두 위험회피기능을 가지고 있다.

37 (주)삼일리스는 20X1년 1월 1일(리스약정일)에 (주)한강(리스이용자)와 기계장치에 대한 금융리스계약을 체결하였으며, 관련 자료는 다음과 같다. 이러한 리스거래로 인하여 (주)삼일리스가 인식할 20X1년 이자수익은 얼마인가?(단, 계산금액은 소수점 첫째 자리에서 반올림함을 원칙으로 하고, 가장 근사치를 답으로 선택한다)

ㄱ. 리스기간 : 3년(리스기간 종료 시 (주)한강은 소유권을 이전 받음)
ㄴ. 리스료 총액 : 150,000원(매 50,000원씩 매년 말 3회 후불)
ㄷ. 기초자산의 취득원가 : 120,092원(리스약정일의 공정가치와 동일)
ㄹ. 기초자산의 내용연수와 잔존가치 : 내용연수 5년, 잔존가치 20,092원
ㅁ. 리스의 내재이자율 : 연 12%
ㅂ. 이자율 12%, 3년 연금현가계수 : 2.40183
　　이자율 12%, 3년 현가계수 : 0.71178

① 14,411원　　② 24,411원
③ 27,744원　　④ 35,589원

38 다음 (주)삼일의 20X1년 재무제표 관련 자료를 이용하여 현금흐름표에 보고될 간접법에 의한 영업활동현금흐름을 계산하면 얼마인가?

법인세비용차감전순이익	20,000원
감가상각비	4,600원
매출채권의 증가	15,000원
재고자산의 감소	2,500원
매입채무의 증가	10,400원
유형자산처분손실	2,400원

① 20,200원　　② 21,000원
③ 22,500원　　④ 24,900원

39 다음은 (주)삼일의 이자수익과 관련된 재무제표 자료이다. (주)삼일의 20X2년 현금흐름표에 표시될 이자수취액은 얼마인가?

ㄱ. 재무상태표 관련 자료

구 분	20X2년 12월 31일	20X1년 12월 31일
미수이자	20,000원	30,000원
선수이자	40,000원	20,000원

ㄴ. 포괄손익계산서 관련 자료

구 분	20X2년	20X1년
이자수익	200,000원	150,000원

① 190,000원
② 200,000원
③ 210,000원
④ 230,000원

40 (주)삼일은 20X1년 포괄손익계산서상 기계장치와 관련하여 감가상각비 15,000원, 처분이익 30,000원을 보고하였다. 다음 자료를 이용하여 20X1년 기계장치 처분으로 인한 투자활동 순현금흐름을 계산하면 얼마인가?(단, 기중 기계장치의 취득은 없다)

구 분	20X0년 12월 31일	20X1년 12월 31일
기계장치	100,000원	60,000원
감가상각누계액	(30,000원)	(25,000원)
장부금액	70,000원	35,000원

① 45,000원 유입
② 50,000원 유입
③ 65,000원 유입
④ 70,000원 유입

세무회계

41 다음 중 법인세법상 기간과 기한에 관한 설명으로 가장 올바르지 않은 것은?

① 기간이란 어느 일정시점에서 다른 일정시점까지의 계속된 시간을 말한다.
② 기간의 계산은 세법에 특별한 규정이 있는 경우를 제외하고는 민법의 역법적 계산방법에 따른다.
③ 우편으로 과세표준신고서를 제출한 경우에는 도착한 날에 신고된 것으로 본다.
④ 기간 말일이 공휴일에 해당하는 때에는 그 다음 날로 기간이 만료된다.

42 **국세 부과의 원칙 중 법적 형식이나 외관에 관계없이 실질에 따라 세법을 해석하고 과세요건사실을 인정해야 한다는 것은 어떤 원칙에 입각한 것인가?**

① 소급과세금지의 원칙
② 조세법률주의
③ 공평과세의 원칙
④ 실질과세의 원칙

43 **다음 중 국세기본법상 기한 후 신고제도에 관한 설명으로 가장 올바르지 않은 것은?**

① 법정신고기한 내에 과세표준신고서를 제출하지 아니한 자도 기한 후 신고를 할 수 있다.
② 법정신고기한이 지난 후 1개월 초과 6개월 이내 기한 후 신고납부를 한 경우 무신고가산세의 10%를 감면한다.
③ 관할 세무서장이 세법에 의하여 당해 국세의 과세표준과 세액을 결정하여 통지하기 전까지 기한후 과세표준신고서를 제출할 수 있다.
④ 기한후과세표준신고서를 제출한 자는 기한후과세표준신고액에 상당하는 세액과 세법에서 정하는 가산세를 기한후과세표준신고서의 제출과 동시에 납부하여야 한다.

44 **다음 중 납세자의 권리구제제도에 관한 설명으로 가장 올바르지 않은 것은?**

① 납부고지서가 나오기 전에 구제받을 수 있는 사전권리구제제도에는 과세전적부심사가 있다.
② 사후권리구제제도에는 이의신청, 심사청구, 심판청구의 행정심판과 행정소송이 있다.
③ 행정소송은 조세심판원에 제기하여야 하며, 조세심판원 이외에 제기한 경우 행정소송의 효력이 발생하지 아니한다.
④ 이의신청은 처분이 있음을 안 날부터 90일 이내에 과세관청에 신청하여야 한다.

45 **다음 중 법인세법상 사업연도에 관한 설명으로 가장 옳은 것은?**

① 법인의 사업연도는 법령 또는 정관 등에서 정하는 1회계기간으로 하며 그 기간은 1년을 초과할 수 없다.
② 법령 또는 정관에 사업연도 규정이 없는 법인의 사업연도는 일률적으로 1월 1일부터 12월 31일까지로 한다.
③ 사업연도를 변경하려는 법인은 변경하려는 사업연도 종료일로부터 3개월 이내에 사업연도변경신고서를 납세지 관할세무서장에게 제출하여야 한다.
④ 법인설립 이전에 발생한 손익은 법인세 과세대상 손익에서 산입할 수 없다.

46 **다음 중 법인세법상 결산조정사항과 신고조정사항에 관한 설명으로 가장 옳은 것은?**

① 신고조정사항은 원칙적으로 장부에 기장처리해야만 세무회계상 손금으로 인정받을 수 있는 사항이다.

② 결산조정사항은 기업회계 결산 시 회계처리하지 않고 법인세 과세표준신고의 과정에서 세무조정계산서에만 계상함으로써 손금으로 인정받을 수 있다.

③ 신고조정사항은 법인세신고기한 후 경정청구 대상에서 제외된다.

④ 조세특례제한법상 준비금은 이익잉여금 처분 시 별도의 적립금으로 적립해야만 신고조정이 가능하다.

47 **다음은 제조업을 영위하는 내국법인 (주)삼일이 제25기 사업연도(2025년 1월 1일 ~ 2025년 12월 31일)에 계상한 비용이다. 각 사업연도 소득금액 계산 시 손금에 산입되지 아니하는 금액은 얼마인가?**

가. 지배주주 갑에게 지급한 여비 : 1,000,000원(갑은 (주)삼일의 임원 또는 사용인이 아님) 나. 대표이사 을에게 지급한 상여금 : 2,500,000원(주주총회에서 결의된 급여지급기준 내의 금액임) 다. 제25기 사업연도에 지출한 업무무관자산에 대한 수선비 : 1,200,000원 라. 판매한 제품의 판매장려금으로서 사전약정 없이 지급한 금액 : 1,400,000원

① 2,200,000원

② 2,500,000원

③ 3,600,000원

④ 3,700,000원

48 **다음 중 법인세법상 손금불산입 항목에 관한 설명으로 가장 올바르지 않은 것은?**

① 주식을 액면에 미달하는 가액으로 발행하는 경우 그 액면에 미달하는 금액인 주식할인발행차금은 손금불산입항목이다.

② 잉여금 처분항목은 확정된 소득의 처분사항이므로 잉여금의 처분을 손비로 계상한 경우 동 금액은 원칙적으로 손금으로 인정되지 않는다.

③ 제반 법령이나 행정명령을 위반하여 부과된 벌금・과료・과태료를 손금으로 인정해 주면 징벌효과가 감소되므로 손금으로 인정되지 않는다.

④ 세법상 업무무관자산을 처분한 경우 당해 자산의 장부가액은 업무와 관련 없는 지출액이므로 손금으로 인정되지 않는다.

49 다음 중 법인세법상 손익의 귀속사업연도에 관한 설명으로 가장 올바르지 않은 것은?

① 장기할부판매손익은 원칙적으로 인도기준에 의하여 손익을 인식한다.

② 부동산의 양도는 대금청산일, 소유권이전등기일, 인도일 또는 사용수익일 중 빠른 날에 손익을 인식한다.

③ 중소기업의 경우 장기할부판매는 결산상 인도기준으로 인식한 경우에도 회수기일도래기준을 적용할 수 있다.

④ 금융회사 등 이외의 일반법인이 발생주의에 따라 미수수익을 계상한 경우 원천징수되는 이자소득에 한해 인정한다.

50 다음 중 법인세법상 재고자산 평가에 관한 설명으로 가장 옳은 것은?

① 재고자산은 영업장별로 상이한 방법으로 평가할 수 없다.

② 재고자산평가방법 무신고 시 후입선출법을 적용한다(매매목적용 부동산은 개별법).

③ 재고자산평가방법 변경신고를 신고기한을 경과하여 신고한 경우 선입선출법(매매목적용 부동산은 개별법)으로 평가한 금액과 당초 신고한 방법으로 평가한 금액 중 큰 금액으로 평가한다.

④ 세무상 재고자산의 평가금액이 재무상태표상 재고자산 기말가액보다 작은 경우 차이금액을 익금산입하여 유보처분한다.

51 다음 자료에 의한 (주)삼일의 제25기(2025년 1월 1일 ~ 2025년 12월 31일) 사업연도의 세무조정 사항이 과세표준에 미치는 영향으로 가장 옳은 것은?

구 분	건 물	기계장치	영업권
회사계상 상각비	5,000,000원	4,000,000원	1,000,000원
세법상 상각범위액	7,000,000원	3,500,000원	1,200,000원
내용연수	40년	5년	5년
전기이월상각 부인액	1,500,000원	-	-

① 영향 없음

② 500,000원 감소

③ 500,000원 증가

④ 1,000,000원 감소

52 **다음 중 법인세법상 감가상각비의 시부인계산에 관한 설명으로 가장 올바르지 않은 것은?**

① 회사가 계상한 감가상각비와 상각범위액의 차액을 상각부인액 또는 시인부족액이라고 한다.

② 상각부인액은 손금불산입(유보)로 세무조정하고 차기 이후 시인부족액이 발생하면 그 시인부족액의 범위 내에서 손금산입(△유보)로 추인한다.

③ 시인부족액은 전기로부터 이월된 상각부인액이 없는 경우 손금에 산입하는 세무조정을 할 필요가 없다.

④ 법인의 각 사업연도 감가상각액의 시부인은 개별 감가상각자산별로 계산하며, 한 자산의 상각부인액과 다른 자산의 시인부족액은 서로 상계하는 것이 원칙이다.

53 **(주)삼일은 특수관계인이 아닌 다른 법인으로부터 사업용 토지를 15억원(시가 10억원)에 매입하였다. 다음 중 당해 토지매입거래에 관한 설명으로 가장 옳은 것은?**

① 토지의 세무상 취득가액은 실제로 지급한 15억원이다.

② 의제기부금은 2억원이며, 이에 대하여는 별도의 세무조정을 하여야 한다.

③ 시가를 초과하여 지급한 대가에 해당하는 5억원을 손금불산입하여야 한다.

④ 세무조정이 불필요하다.

54 **다음은 제조업을 영위하는 (주)삼일의 제25기(2025년 1월 1일 ~ 2025년 12월 31일) 사업연도 기부금에 관한 자료이다. (주)삼일의 제25기 사업연도 특례기부금 한도초과액은 얼마인가?**

(1) 당기순이익 100,000,000원, 특례기부금 70,000,000원, 일반기부금 12,000,000원
(2) 기부금 외의 익금산입 · 손금불산입액 26,000,000원(비지정기부금 4,000,000원 포함)이며, 손금산입 · 익금불산입액 10,000,000원
(3) 공제가능한 이월결손금 80,000,000원(각 사업연도 소득의 100%를 한도로 이월결손금을 공제받는 법인)

① 11,000,000원

② 12,000,000원

③ 17,000,000원

④ 18,000,000원

55 **다음 중 법인세법상 기업업무추진비 세무조정에 관한 설명으로 가장 올바르지 않은 것은?**

① 기업업무추진비 기본한도액은 1,200만원(중소기업은 3,600만원)이며 사업연도가 12개월 미만인 경우 개월 수에 따라 안분하여야 한다. 이 경우 1개월 미만의 일수는 1개월로 한다.

② 기업업무추진비한도액 계산 시 수입금액이란 기업회계기준에 따라 계산한 매출액을 말하며, 매출에누리 등을 차감하고 부산물매각액을 포함한 금액이다.

③ 일반수입금액과 특정수입금액이 동시에 발생한 경우 특정수입금액, 일반수입금액의 순서로 한도율을 적용하며, 특정수입금액에 대하여는 추가적으로 10%를 곱하여 수입금액기준한도액을 산출한다.

④ 문화기업업무추진비 한도액은 문화기업업무추진비지출액과 일반기업업무추진비한도액의 20%에 해당하는 금액 중 적은 금액으로 한다.

56 **(主)삼일은 2025년 1월 1일 대표이사 아들이 사용할 목적으로 스포츠카를 30,000,000원에 구입하였다. (主)삼일의 지급이자가 8,000,000원, 차입금적수가 21,900,000,000원인 경우 업무무관자산 등에 관한 지급이자 손금불산입금액으로 가장 옳은 것은?(단, 1년은 365일이며 선순위 부인된 지급이자 손금불산입 금액은 없다)**

① 2,100,000원

② 2,300,000원

③ 2,900,000원

④ 4,000,000원

57 **다음은 제조업을 영위하는 (주)삼일의 제25기(2025년 1월 1일 ~ 2025년 12월 31일) 대손충당금 변동 내역과 이와 관련된 자료이다. 대손충당금과 관련하여 (주)삼일이 수행하여야 하는 세무조정으로 가장 옳은 것은?**

대손충당금

당기사용액	3,000,000원	기초 잔액	4,000,000원
기말 잔액	2,000,000원	당기설정액	1,000,000원
계	5,000,000원	계	5,000,000원

ㄱ. 전기말 대손충당금 한도초과액 : 600,000원

ㄴ. 세무상 기말 채권 잔액 : 140,000,000원(특수관계인에 대한 업무무관가지급금 40,000,000원 포함)

ㄷ. 당기 대손실적률 : 0.8%

ㄹ. 대손충당금의 당기사용액은 대손발생금액으로 세법상 대손요건을 충족함

① (손금불산입) 800,000원(유보), (손금산입) 600,000원(△유보)

② (손금불산입) 1,000,000원(유보), (손금산입) 600,000원(△유보)

③ (손금불산입) 800,000원(유보)

④ (손금불산입) 1,000,000원(유보)

58 **다음 중 법인세법상 부당행위계산부인 규정에 관한 설명으로 가장 올바르지 않은 것은?**

① 부당행위계산부인 규정이 적용되기 위해서는 원칙적으로 특수관계인 사이에서 이루어진 거래이어야 한다.

② 특수관계인과의 거래에 대하여는 그 법인의 소득에 대한 조세부담이 감소했는지 여부와는 관계없이 부당행위계산부인 규정을 적용하여야 한다.

③ 중소기업에 근무하는 직원에게 주택임차자금을 대여하는 경우에는 복리후생적 지출로 보아 부당행위계산부인 규정을 적용하지 않는다.

④ 회사가 사택을 출자임원(지분율 5%)에게 무상으로 제공하는 경우에는 부당행위계산부인 규정을 적용하여야 한다.

59 다음 중 법인세 신고납부제도에 관한 설명으로 가장 올바르지 않은 것은?

① 중간예납이란 각 사업연도 기간이 6개월을 초과하는 법인이 6개월간을 중간예납기간으로 하여 법인세법에 따라 신고납부하는 규정으로써, 각 사업연도 기간이 6개월 이하인 내국법인은 중간예납대상에서 제외된다.

② 중간예납세액은 중간예납기간이 경과한 날로부터 2개월 이내에 신고・납부하여야 한다.

③ 내국법인에게 배당소득금액을 지급하는 자는 원천징수세율을 적용하여 계산한 금액에 상당하는 법인세를 징수하여 그 징수일이 속하는 달의 다음 달 10일까지 납세지에 납부하여야 한다.

④ 법인세법에서는 법인세포탈의 우려가 있어 조세채권을 조기에 확보하여야 할 것으로 인정되는 경우에 사업연도 중이라도 법인세를 수시로 부과할 수 있다.

60 다음 중 법인세 신고・납부에 관한 설명으로 가장 올바르지 않은 것은?

① 법인세 납세의무가 있는 내국법인은 각 사업연도 종료일이 속하는 달의 말일부터 3개월 이내에 법인세 과세표준과 세액을 신고하여야 한다.

② 법인세 과세표준 신고 시 개별 내국법인의 재무상태표, 포괄손익계산서 등의 첨부서류를 제출하지 않을 경우 무신고로 본다.

③ 각 사업연도 소득금액이 없거나 결손금이 있는 경우에는 실질적인 세부담이 없으므로 법인세 신고기간 내에 과세표준과 세액의 신고를 생략할 수 있다.

④ 법인세는 신고기한 내에 납부하여야 하나 납부할 세액이 일정금액을 초과할 경우 분납할 수 있다.

61 다음 중 소득세법상 과세기간 및 납세지에 관한 설명으로 가장 옳은 것은?

① 소득세법상 과세기간은 매년 1월 1일부터 12월 31일까지가 원칙이나 납세의무자가 1년의 범위 내에서 신청할 수 있다.

② 거주자가 폐업을 한 경우 1월 1일부터 폐업일까지를 과세기간으로 한다.

③ 사업소득이 있는 거주자는 사업장소재지를 납세지로 신청할 수 있다.

④ 거주자와 비거주자의 납세지는 모두 주소지로 하는 것이 원칙이다.

62 다음 중 소득세법상 이자소득의 수입시기에 관한 설명으로 가장 올바르지 않은 것은?

① 비영업대금의 이익 : 실제로 이자를 지급받는 날
② 무기명채권 등의 이자와 할인액 : 그 지급을 받은날
③ 저축성보험의 보험차익 : 보험금 또는 환급금의 지급일
④ 직장공제회의 초과반환금 : 약정에 따른 공제회 반환금의 지급일

63 다음 자료를 바탕으로 개인사업자(복식부기 의무자) 김삼일씨의 20X4년 사업소득금액을 계산하면 얼마인가?

ㄱ. 손익계산서상 당기순이익(부동산임대업 제외)	200,000,000원
ㄴ. 손익계산서에는 다음과 같은 수익과 비용이 포함되어 있다.	
– 본인에 대한 급여	30,000,000원
– 회계부장으로 근무하는 배우자의 급여	25,000,000원
– 배당금수익	5,000,000원
– 유형자산(토지)처분손실	3,000,000원
– 세금과공과 중 벌금	2,000,000원

① 225,000,000원
② 227,000,000원
③ 230,000,000원
④ 235,000,000원

64 다음은 (주)삼일에 근무하는 김철수 대리의 20X4년 급여지급 내역이다. 이와 관련한 설명으로 가장 올바르지 않은 것은?

ㄱ. 월 급여 : 3,200,000원(상여, 자녀보육수당, 중식대 제외)
ㄴ. 상여 : 연간 6,000,000원
ㄷ. 6세 이하 자녀보육수당 : 월 200,000원
ㄹ. 중식대 : 월 200,000원(식사를 제공받지 않음)

① 총급여액 계산 시 비과세소득은 근로소득에서 제외된다.
② 법인세법에 따라 상여로 처분된 금액은 근로소득에서 제외된다.
③ 근로자가 식사를 제공받지 않은 경우 월 20만원 이내의 식사대는 비과세한다.
④ 6세 이하의 자녀 보육과 관련하여 사용자로부터 받는 급여로서 월 20만원 이내의 금액은 비과세한다.

65 다음 중 소득세법상 기타소득에 관한 설명으로 가장 올바르지 않은 것은?

① 고용관계 없는 자가 다수인에게 강연을 하고 받는 강연료는 기타소득으로 분류되며 증빙이 없더라도 총수입금액의 60%를 필요경비 인정률로 적용받을 수 있다.

② 국가지정문화재로 지정된 서화·골동품의 양도로 발생하는 소득은 기타소득으로 과세되지 않는다.

③ 복권당첨소득은 기타소득으로 분류되며 무조건 분리과세되므로 별도로 종합과세되지 않는다.

④ 기타소득은 종합과세하는 것이 원칙이나 기타소득금액이 연 300만원 이하인 경우 무조건 분리과세된다.

66 다음 자료는 거주자 김삼일씨의 20X4년 소득금액이다. 종합소득산출세액을 계산하면 얼마인가?(단, 모든 소득은 국내에서 발생한 것이다)

ㄱ. 이자소득금액(비영업대금의 이익이 아님)	10,000,000원
ㄴ. 배당소득금액(현금배당)	20,000,000원
ㄷ. 근로소득금액	80,000,000원
ㄹ. 부동산임대사업소득금액	20,000,000원
ㅁ. 기타소득금액(분리과세 대상이 아님)	30,000,000원
ㅂ. 종합소득공제	20,000,000원

※ 배당소득 가산율은 10%이다.

〈종합소득세율〉

종합소득 과세표준	세 율
5,000만원 초과 ~ 8,800만원 이하	624만원 + 5,000만원 초과금액의 24%
8,800만원 초과 ~ 1억 5,000만원 이하	1,536만원 + 8,800만원 초과금액의 35%

① 27,260,000원
② 28,000,000원
③ 29,710,000원
④ 34,485,000원

67 다음은 20X4년 근로소득에 대한 연말정산 과정에서 거주자 김성실(여, 45세)씨가 계산한 자신의 인적공제 계산내역이다. 부양가족 공제는 우선적으로 김성실씨가 공제받는 것으로 가정할 때, 아래의 부양가족현황을 참고하여 김성실씨의 인적공제금액을 계산한 내용 중 가장 올바르지 않은 것은?

〈부양가족 현황〉

부양가족	연 령	소득종류 및 금액
김성실(본인)	45세	근로소득금액 1억원
배우자	43세	소득없음
모 친	61세	소득없음
장남(장애인)	25세	소득없음
장 녀	4세	소득없음

〈인적공제액〉

ㄱ. 기본공제액 = 750만원

5명(본인, 배우자, 모친, 장남, 장녀) × 150만원 = 750만원

ㄴ. 추가공제액 = 300만원

경로우대공제액 = 1명(모친) × 100만원 = 100만원
장애인공제액 = 1명(장남) × 200만원 = 200만원

ㄷ. 부녀자공제액 = 해당 사항 없음

① 기본공제액 750만원
② 경로우대공제액 100만원
③ 장애인공제액 200만원
④ 부녀자공제액 0원

PART 4

68 다음 중 소득세법상 원천징수세율에 관한 내용으로 가장 올바르지 않은 것은?

① 일용근로자 근로소득의 원천징수세율은 8%이다.
② 비영업대금의 이익의 원천징수세율은 25%이다.
③ 일반적인 이자소득과 배당소득의 원천징수세율은 지급액의 14%이다.
④ 특정 사업소득의 원천징수세율은 특정사업소득수입금액(인적용역과 의료・보건용역)의 3%이다.

69 다음 중 양도소득세 과세대상에 해당하는 것들을 모두 고르면?

ㄱ. 토지의 현물출자
ㄴ. 등기된 부동산의 임차권 양도
ㄷ. 1세대 1주택(고가주택 아님)의 양도
ㄹ. 임대하던 점포를 양도한 경우

① ㄱ, ㄴ
② ㄱ, ㄹ
③ ㄱ, ㄴ, ㄹ
④ ㄱ, ㄷ, ㄹ

70 다음 중 소득세법상 신고납부에 관한 설명으로 가장 올바르지 않은 것은?

① 부동산에 관한 권리를 양도한 경우 양도일이 속하는 달의 말일부터 2개월 이내에 예정신고를 하여야 한다.
② 소득세법상 사업자는 사업자의 기본사항과 휴・폐업 사실 등을 기재한 현황보고서를 해당 과세기간의 다음 연도 3월 10일까지 보고하여야 한다.
③ 근로소득만 있는 자는 연말정산으로 모든 납세절차가 종결되기 때문에 확정신고는 원칙적으로 하지 않아도 된다.
④ 사업소득이 있는 자는 6개월간의 소득세를 미리 납부하는 중간예납제도 적용대상으로서, 11월 말까지 중간예납세액을 납부하여야 한다.

71 다음의 자료를 통해서 부가가치세 차가감납부세액을 계산하면 얼마인가?(단, 면세로 매입한 금액 중 의제매입세액공제대상은 없다고 가정한다)

(1) 공급가액 : 9,000,000원(면세공급가액 2,000,000원 포함)
(2) 매입가액 : 5,000,000원(면세 매입금액 500,000원, 기업업무추진비 관련 매입금액 1,000,000원 포함)
(3) 세금계산서 불성실가산세 : 5,000원
※ 단, 위의 공급가액과 매입가액은 모두 부가가치세가 포함되지 않은 금액이다.

① 205,000원
② 305,000원
③ 355,000원
④ 405,000원

72 다음 중 부가가치세 납세지인 사업장에 관한 내용으로 가장 올바르지 않은 것은?

① 부가가치세는 원칙적으로 각 사업장별로 납부하나, 하치장은 사업장으로 보지 않는다.
② 사업자가 주사업장 총괄납부를 신청하면 주사업장에서 다른 사업장의 세액까지 총괄하여 납부할 수 있다.
③ 주사업장 총괄납부를 하는 경우 사업자등록은 주사업장을 대표로 하여 한곳으로만 등록하여야 한다.
④ 사업자단위과세제도에 따라 사업자단위 신고·납부를 하는 경우에는 사업자등록 및 세금계산서의 발급과 수령까지도 단일화하여 본점 또는 주사무소에서 수행할 수 있다.

73 다음 중 부가가치세법상 사업의 양도에 관한 설명으로 가장 올바르지 않은 것은?

① 포괄적 사업양도에 해당하는 경우 재화의 공급으로 보지 아니한다.
② 포괄적 사업양도란 사업에 관한 모든 권리와 의무를 양수자에게 승계하는 것을 말하며 사업과 관련이 없는 미수금이나 미지급금을 승계하지 않을 경우 포괄적 사업양도에 해당하지 아니한다.
③ 포괄적 사업양도에 대해 양수자가 부가가치세를 대리납부한 경우 해당 부가가치세는 양수자 매입세액 공제대상에 포함된다.
④ 사업의 양도에 대해 부가가치세에서 예외를 두는 것은 양수인에게 불필요한 자금부담이 발생하는 것을 방지하기 위한 정책적 배려차원이다.

74 다음 중 부가가치세법에 따른 재화의 공급에 관한 설명으로 가장 올바르지 않은 것은?

① 재화의 공급은 계약상 또는 법률상의 모든 원인에 의해 재화를 인도 또는 양도하는 것으로 한다.
② 위탁매매 또는 대리인에 의한 매매를 할 때에는 위탁자 또는 본인을 알 수 없는 경우라도 위탁자 또는 본인이 직접 재화를 공급하거나 공급받은 것으로 본다.
③ 질권·저당권 또는 양도담보의 목적으로 동산·부동산 및 부동산상의 권리를 제공하는 경우 재화의 공급으로 보지 않는다.
④ 세금계산서를 발급받지 않아 매입세액을 공제받지 못한 재화를 면세사업에 사용하는 경우에는 재화의 공급에 해당하지 않는다.

75 다음 중 부가가치세법상 재화와 용역의 공급시기에 관한 설명으로 가장 올바르지 않은 것은?

① 통상적인 용역공급 : 역무의 제공이 완료되는 때
② 중간지급조건부 : 대가의 각 부분을 받기로 한 때
③ 사업상 증여 : 재화를 증여하는 때
④ 내국신용장에 의해 수출하는 재화 : 수출재화의 선·기적일

76 수산물 및 농산물을 수출 및 국내판매하고 있는 (주)삼일이 2025년 9월 20일 농산물 포장에 사용하던 포장기계를 30,000,000원에 매각하였다. 다음 자료에 의거하여 동 기계매출에 대한 2025년 제2기 부가가치세 과세표준을 계산하면 얼마인가?

(1) 포장용 기계의 매매일자 : 2025년 9월 20일
(2) 2025년 제1기 수산물의 공급가액
- 수출(영세율) : 50,000,000원
- 국내판매(면세) : 50,000,000원

(3) 2025년 제1기 농산물의 공급가액
- 수출(영세율) : 200,000,000원
- 국내판매(면세) : 300,000,000원

① 0원
② 12,000,000원
③ 15,000,000원
④ 30,000,000원

77 과세사업을 영위하는 (주)삼일은 2025년 2월 5일에 사업을 폐지하였다. 폐업 당시의 잔존재화가 다음과 같다면 부가가치세 과세표준은 얼마인가?

자산종류	취득일	취득원가	시 가
제 품	2023년 9월 20일	50,000,000원	40,000,000원
토 지	2021년 4월 20일	700,000,000원	800,000,000원
건 물	2023년 2월 10일	500,000,000원	300,000,000원

① 340,000,000원
② 390,000,000원
③ 440,000,000원
④ 490,000,000원

78 다음은 음식점업을 영위하지 않는 일반과세자 (주)삼일의 제2기 예정신고기간의 매입내역과 매입세액이다. 제2기 예정신고기간의 매입세액 공제액은 얼마인가?(단, 별도의 언급이 없는 항목은 정당하게 세금계산서를 수령하였다고 가정하고, 의제매입세액은 면세로 구입한 농·축·수·임산물 매입가액의 102분의 2이며, 의제매입세액은 공제한도를 초과하지 않았다고 가정한다. 소수점 첫째 자리에서 반올림하시오)

매입내역	매입가액	매입세액
기계장치 구입	300,000,000원	30,000,000원
업무무관자산 구입	100,000,000원	10,000,000원
원재료 구입	50,000,000원	5,000,000원
면세로 구입한 농산물	10,000,000원	–
비품 구입(신용카드매출전표 수령)*	30,000,000원	3,000,000원

* 단, 신용카드매출전표는 일반과세자로부터 수취한 것으로 부가가치세액이 별도로 구분가능하며 신용카드매출전표 등 수령명세서를 제출하였다.

① 33,196,078원
② 38,000,000원
③ 38,196,078원
④ 43,000,000원

79 다음 중 세금계산서에 관한 설명으로 가장 올바르지 않은 것은?

① 영세율 적용대상의 경우 세금계산서 교부의무가 없다.
② 필요적 기재사항이 일부라도 기재되지 아니하거나 기재된 사항이 사실과 다를 때에는 적법한 세금계산서로 인정되지 않는다.
③ 세금계산서는 원칙적으로 재화 또는 용역의 공급시기에 발급한다.
④ 한 번 발행된 세금계산서라도 기재사항에 착오나 정정사유가 있다면 수정세금계산서를 발행할 수 있다.

80 다음 중 부가가치세법상 일반과세자와 간이과세자에 관한 설명으로 가장 올바르지 않은 것은?

① 법인은 일반과세자이며 간이과세자가 될 수 없다.
② 직전 연도의 공급대가의 합계액이 4,800만원을 초과하는 간이과세자는 세금계산서를 발급하여야 한다.
③ 모든 간이과세자는 의제매입세액공제가 가능하다.
④ 간이과세자는 간이과세를 포기함으로써 일반과세자가 될 수 있다.

81 **다음 중 원가의 일반적인 특성에 관한 설명으로 가장 올바르지 않은 것은?**

① 기업의 수익획득 활동에 필요한 물품을 단순히 구입하는 것만으로는 원가가 되지 않으며 이를 소비해야 비로소 원가가 된다.

② 원가는 정상적인 경제활동 과정에서 소비된 가치와 비정상적인 상황에서 발생한 가치의 감소분을 모두 포함한다.

③ 경제적 가치를 가지고 있는 요소만이 원가가 될 수 있다.

④ 발생한 제조원가 중 기업의 수익획득에 아직 사용되지 않은 부분은 자산으로, 수익획득에 사용된 부분은 비용으로 재무제표에 계상된다.

82 **다음은 (주)삼일의 제조원가명세서(약식)와 관련된 자료이다. 아래 자료를 이용하여 (주)삼일의 당기 기초원가와 가공원가를 계산하면 얼마인가?**

제조원가명세서

20X1년 1월 1일 ~ 20X1년 3월 31일

ㄱ. 직접재료원가		
- 기초재료재고액	30,000원	
- 당기재료매입액	300,000원	
- 기말재료재고액	20,000원	
ㄴ. 직접노무원가		100,000원
ㄷ. 제조간접원가		350,000원
ㄹ. 기초재공품원가		100,000원
ㅁ. 기말재공품원가		50,000원

	기초원가	가공원가
①	400,000원	350,000원
②	410,000원	450,000원
③	400,000원	450,000원
④	410,000원	660,000원

83 **다음 중 원가의 개념과 관련된 내용 중 올바른 설명을 모두 고르시오.**

> ㄱ. 경영자는 원가배분 대상과 배분대상 원가간의 인과관계에 의한 원가배분이 경제적으로 실현가능한 경우에는 인과관계기준에 의하여 원가를 배분하여야 한다.
> ㄴ. 당기총제조원가란 당기 중에 완성된 제품의 제조원가이며, 당기제품제조원가에 기초재공품재고액은 가산하고, 기말재공품재고액은 차감하여 구한다.
> ㄷ. 원가행태란 조업도의 변동에 따른 원가 발생액의 변동양상을 의미한다.
> ㄹ. 원가는 미래에 경제적 효익을 제공할 수 있는 용역잠재력을 갖는지에 따라 관련원가와 기회원가로 분류한다.
> ㅁ. 제품생산을 위해 구입한 공장 건물은 구입시점에 원가가 아니라 자산에 해당된다.

① ㄱ, ㄴ, ㅁ
② ㄱ, ㄷ, ㅁ
③ ㄴ, ㄷ, ㄹ
④ ㄴ, ㄹ, ㅁ

84 **다음 중 보조부문원가의 배분방법인 직접배분법, 단계배분법, 상호배분법에 관한 설명으로 가장 옳은 것은?**

① 보조부문 간의 용역수수관계를 고려하는 가장 합리적인 보조부문원가의 배분방법은 직접배분법이다.
② 배분순서가 중요한 계산방법은 단계배분법이다.
③ 용역의 수수관계를 완전히 무시하고 보조부문의 원가를 각 제조부문이 사용한 용역의 상대적 비율에 따라 각 제조부문에 직접 배분하는 방법은 상호배분법이다.
④ 보조부문원가의 배분방법에 따라 공장 전체의 제조간접원가가 달라진다.

PART 4

85 **다음 중 개별원가계산의 절차에 관한 설명으로 가장 올바르지 않은 것은?**

① 개별원가계산에서 작업원가표는 통제계정이며, 재공품 계정은 보조계정이 된다.
② 원가가 작업원가표에 기재되면 동일한 금액이 재공품 계정의 차변에 기록된다.
③ 제조원가 중 직접원가는 발생시점에 작업원가표에 기록된다.
④ 재료출고청구서로 생산부서에 출고된 원재료가 간접재료원가일 경우에는 제조간접원가 통제계정에 기입한다.

86 (주)삼일은 개별원가계산제도를 채택하고 있으며, 직접노무원가를 기준으로 제조간접원가를 배부한다. 20X1년의 제조간접원가배부율은 X부문에 대해서는 20%, Y부문에 대해서는 50%이다. 제조지시서 #105는 20X1년 중에 시작되어 완성되었으며, 원가 발생액과 관련된 자료가 다음과 같은 경우 제조지시서 #105와 관련된 총제조원가는 얼마인가?

구 분	X부문	Y부문	합 계
직접재료원가	700,000원	500,000원	
직접노무원가	1,000,000원		
제조간접원가		200,000원	
합 계			

① 2,800,000원
② 3,000,000원
③ 3,300,000원
④ 3,800,000원

87 (주)삼일은 선입선출법을 이용한 종합원가계산을 한다. 원재료는 공정시작 시점에서 전량 투입되며, 가공원가는 공정 전반에 걸쳐 균등하게 발생한다. 만약 기말재공품의 완성도가 70%임에도 90%로 잘못 파악하여 종합원가계산을 수행한다면 어떤 결과가 발생하는가?

① 기말재공품의 원가가 과대계상된다.
② 당기완성품의 완성품환산량이 과대계상된다.
③ 완성품환산량 단위당 원가가 과대계상된다.
④ 기말재공품의 완성품환산량이 과소계상된다

88 (주)삼일은 종합원가계산제도를 채택하고 있으며, 원재료는 공정의 초기에 전량 투입되며, 가공원가는 공정 전반에 걸쳐서 진척도에 따라 균등하게 발생한다. 재료원가의 경우 평균법에 의한 완성품환산량은 20,000단위이고, 선입선출법에 의한 완성품환산량은 18,000단위이다. 또한 가공원가의 경우 평균법에 의한 완성품환산량 20,000단위이고, 선입선출법에 의한 완성품환산량은 19,600단위이다. (주)삼일의 기말재공품이 없는 경우 기초재공품의 진척도는 몇 %인가?

① 10%
② 20%
③ 30%
④ 80%

89 (주)삼일은 평균법을 이용한 종합원가계산을 한다. 원재료는 공정시작 시점에서 전량 투입되며, 가공원가는 공정 전반에 걸쳐 균등하게 발생한다. 자료를 이용하여 가공원가의 완성품환산량을 계산하면 얼마인가?

기초재공품	600개 (완성도 60%)
착수수량	2,000개
완성수량	2,200개
기말재공품	400개 (완성도 30%)

① 2,200개
② 2,320개
③ 2,440개
④ 2,600개

90 (주)삼일은 종합원가계산방법을 사용하고 있다. 재료는 공정초기에 전량 투입되며, 가공원가는 공정전반에 걸쳐 균등하게 발생한다. 기초재공품의 가공원가 완성도는 60%였고, 기말재공품의 가공원가 완성도는 40%였다. 다음 설명 중 가장 올바르지 않은 것은?

	물량자료	재료원가	가공원가
기초재공품	100개	20,000원	9,000원
당기착수	200개	52,000원	34,200원
당기완성량	200개		
기말재공품	100개		

① 선입선출법의 완성품환산량은 재료원가 200개, 가공원가 180개이며 기초재공품의 완성품환산량은 재료원가 100개, 가공원가 60개이다. 선입선출법 완성품환산량에 기초재공품완성품환산량을 가산하면 평균법 완성품환산량이다.
② 선입선출법의 경우 전기의 완성품환산량 단위당 원가는 재료원가 200원, 가공원가 150원이며, 당기의 완성품환산량 단위당 원가는 재료원가 260원, 가공원가 190원이다.
③ 선입선출법의 완성품에 포함된 재료원가가 평균법보다 작다.
④ 평균법의 완성품에 포함된 가공원가가 선입선출법보다 작다.

91 다음 중 표준원가시스템의 특징을 가장 잘 설명한 것은?

① 책임을 명확히 하고 종업원의 동기를 유발시킬 수 없다.
② 표준과 일치하는 원가항목을 중점적으로 검토하여야 한다.
③ 원가통제를 포함한 표준원가는 원가절감을 유도할 수 있다.
④ 모든 중요한 불리한 차이는 검토해야 하나 중요한 유리한 차이는 검토할 필요가 없다.

92 다음 자료는 구입시점에서 직접재료원가 가격차이를 분리하기 위한 자료이다. 직접재료원가의 단위당 표준가격은 얼마인가?

기초재고액	160,000원
기말재고액	200,000원
생산공정 투입액	325,000원
단위당 실제 구입가격	250원
유리한 가격차이	51,100원

① 210원
② 215원
③ 285원
④ 289원

93 다음은 표준원가계산을 사용하는 (주)삼일의 노무원가에 관한 자료이다. (주)삼일의 직접노무원가 가격차이와 능률차이로 가장 옳은 것은?

ㄱ. 생산수량	1,000단위
ㄴ. 단위당 표준 투입시간	4시간
ㄷ. 단위당 실제 투입시간	3.5시간
ㄹ. 시간당 표준 임률	10,000원
ㅁ. 실제 노무비 발생액	38,500,000원

	가격차이	능률차이
①	3,500,000원 (유리)	0원
②	3,500,000원 (불리)	5,000,000원 (불리)
③	3,500,000원 (유리)	5,000,000원 (유리)
④	3,500,000원 (불리)	5,000,000원 (유리)

94 다음 중 (주)삼일의 고정제조간접원가 차이분석에 관한 설명으로 가장 옳은 것은?

① 고정제조간접원가 실제발생액과 고정제조간접원가 예산과의 차이를 고정제조간접원가 총차이라고 한다.

② 고정제조간접원가 예산은 실제산출량에 허용된 표준조업도에 조업도 단위당 표준배부율을 곱하여 계산한 금액을 의미한다.

③ 고정제조간접원가 실제발생액과 고정제조간접원가 배부액과의 차이를 고정제조간접원가 예산차이라고 한다.

④ 고정제조간접원가 예산과 고정제조간접원가 배부액과의 차이를 고정제조간접원가 조업도차이라고 한다.

95 다음 중 표준원가계산에서 원가차이의 처리방법인 매출원가조정법에 관한 설명으로 가장 옳은 것은?

① 매출원가조정법에서는 재공품과 제품 계정은 모두 실제원가로 기록된다.

② 매출원가조정법을 사용하면 비례배분법을 사용하는 경우보다 당기순이익이 작게 나타난다.

③ 매출원가조정법은 제조간접원가 배부차이를 매출원가, 제품 및 재공품에 배분하여 차이를 조정한다.

④ 과소배부액은 매출원가에 가산하고 과대배부액은 매출원가에서 차감한다.

96 다음은 (주)삼일의 12월 한 달간 변동원가계산에 관한 자료이다. 당월의 총매출액은 얼마인가?

제품 단위당 판매가격	12,000원
단위당 변동원가	7,500원
총고정원가	4,800,000원
영업이익	20,040,000원

① 24,840,000원

② 39,744,000원

③ 40,640,000원

④ 66,240,000원

97 다음 중 초변동원가계산에 관한 설명으로 가장 올바르지 않은 것은?

① 내부계획과 통제, 단기적 의사결정에 활용된다.
② 재료처리량 공헌이익을 계산하여 의사결정에 활용한다.
③ 제품원가는 직접재료원가와 변동제조간접원가로 구성된다.
④ 기간비용은 '직접노무원가 + 제조간접원가 + 판매비와관리비'로 계산된다.

98 (주)삼일은 당기 초에 영업활동을 시작하여 당기에 제품 1,100단위를 생산하였으며, 당기의 원가자료는 다음과 같다. 당기 판매량이 800단위였다면, 전부원가계산에 의한 기말제품재고액은 얼마인가?

단위당 직접재료원가	800원
단위당 직접노무원가	300원
단위당 변동제조간접원가	100원
단위당 변동판매비와관리비	300원
고정제조간접원가	220,000원
고정판매비와관리비	110,000원

① 140,000원 ② 420,000원
③ 450,000원 ④ 540,000원

99 (주)삼일은 아래 영업자료를 참고하여 전부원가계산과 변동원가계산에 의한 순이익을 비교하고 있다. 전부원가계산의 영업이익이 변동원가계산에 비해 120,000원만큼 많다면 기말제품재고량은 몇 개인가?

생산량	2,500개
고정제조원가	500,000원
판매량	?
고정판매관리비	100,000원

※ 단, 기초재고 및 재공품재고는 없음

① 500개 ② 600개
③ 800개 ④ 1,000개

100 (주)삼일의 20X1년 재고자산 물량 자료는 다음과 같다. (주)삼일의 제조간접비 및 판매비와관리비 중 약 50%는 변동비성 원가이다. 다음 중 각 원가계산 방법을 적용했을 때 당기 영업이익이 큰 순서대로 나열한 것으로 가장 옳은 것은?

기초재고수량	10,000개
당기제조	20,000개
당기판매	25,000개
기말재고수량	5,000개

① 초변동원가계산 〉 변동원가계산 〉 전부원가계산
② 전부원가계산 〉 변동원가계산 〉 초변동원가계산
③ 초변동원가계산 = 변동원가계산 〉 전부원가계산
④ 초변동원가계산 〉 변동원가계산 = 전부원가계산

101 다음 중 활동기준원가계산(ABC)의 절차를 올바르게 나타낸 것은 무엇인가?

가. 제조간접원가 배부율 계산
나. 활동분석
다. 원가대상별 원가계산
라. 활동별 원가동인(배부기준)의 결정
마. 각 활동별로 제조간접원가 집계

① 나 – 마 – 라 – 가 – 다
② 나 – 마 – 가 – 라 – 다
③ 나 – 라 – 다 – 가 – 마
④ 라 – 마 – 나 – 가 – 다

102 다음 중 CVP 분석에 관한 설명으로 가장 올바르지 않은 것은?

① 다양한 조업도 수준에서 원가와 이익의 관계를 분석하는 기법이다.
② 복수제품에 대하여 매출배합이 일정하다는 가정을 기초로 한다는 점은 분석의 한계로 작용한다.
③ 제품의 가격을 결정하거나 생산 및 판매계획을 수립하는데 활용할 수 있다.
④ 공헌이익률은 원가구조와 밀접한 관련이 있으며, 총원가 중 변동원가 비중이 높으면 공헌이익률도 높게 나타난다.

103 (주)삼일의 제품에 대한 예상 손익자료는 다음과 같다. 제품의 판매가격을 20% 인하하면 판매량은 30% 증가할 것으로 예상된다. 만약 (주)삼일이 20%의 가격인하를 단행한다면 영업이익은 얼마인가?

예상 매출액	5,000,000원
제품단위당 판매가격	1,000원
제품단위당 변동원가	600원
총 고정원가	1,000,000원

① 300,000원 ② 350,000원
③ 400,000원 ④ 450,000원

104 제조업을 영위하는 (주)삼일의 재무자료를 분석한 결과 단위당 변동원가 20,000원, 총고정원가 28,000,000원일 때, 손익분기점 매출수량이 700단위이다. (주)삼일이 제조하여 판매하는 제품의 단위당 판매가격은 얼마인가?

① 10,000원 ② 40,000원
③ 60,000원 ④ 70,000원

105 다음 중 예산편성 대상에 따른 분류에 해당하는 것으로 가장 옳은 것은?

① 종합예산
② 재무예산
③ 고정예산
④ 변동예산

106 다음 중 효율적인 성과평가제도를 설계하기 위해 고려해야 할 사항에 관한 설명으로 가장 올바르지 않은 것은?

① 기업전체 목표의 극대화보다 기업 구성원들의 성과극대화가 달성될 수 있도록 설계되어야 한다.
② 성과평가치의 성과측정오류가 최소화되도록 설계되어야 한다.
③ 적시성과 경제성을 적절히 고려하여야 한다.
④ 각 책임중심점의 행동에 미치는 영향을 고려하여야 한다.

107 다음 중 책임회계제도에 관한 설명으로 가장 올바르지 않은 것은?

① 책임회계는 분권화된 조직행태로 이루어지기 쉬운데 이 경우 신속한 의사결정 및 대응, 부문관리자 동기부여의 장점이 있다.
② 책임회계는 각 개인 및 조직단위별로 경영계획과 통제가 이루어지는 관리통제시스템의 최종단계이다.
③ 책임회계는 제품원가계산과 재무보고 목적을 위해 원가정보를 제공한다.
④ 책임회계제도는 실제 성과와 예산과의 차이를 쉽게 파악할 수 있게 해준다.

108 (주)삼일의 분권화된 사업부 A의 당기 영업이익은 80,000원이며, 평균 영업자산은 400,000원, 평균 영업부채는 200,000원이다. 다음 중 사업부 A의 투자수익률(ROI)로 가장 옳은 것은?

① 20%
② 30%
③ 40%
④ 50%

109 (주)삼일은 휴대폰을 생산하여 판매하는 제조회사로서, 분권화된 세 개의 제품별 사업부를 운영하고 있다. 이들은 모두 투자중심점으로 설계되어 있으며, 회사의 최저필수수익률은 15%이다. 각 사업부의 영업자산, 영업이익 및 매출액에 관한 정보는 다음과 같다. 각 사업부를 잔여이익법으로 평가했을 경우 잔여이익이 높은 사업부의 순서로 가장 옳은 것은?

구 분	A사업부	B사업부	C사업부
평균영업자산	500,000원	1,000,000원	2,000,000원
영업이익	100,000원	170,000원	230,000원
매출액	1,000,000원	2,000,000원	3,000,000원

① A 〉 B 〉 C
② B 〉 A 〉 C
③ C 〉 B 〉 A
④ B 〉 C 〉 A

PART 4

110 다음은 (주)삼일의 제품생산 관련 자료이다. 아래 자료에서 직접재료원가의 배합차이는 20,000원 불리한 차이이고, 수율차이는 100,000원 유리한 차이일 경우 제품생산량은 몇 단위인가?

• 제품단위당 표준원가
  – 직접재료 A : 30개(단위당 10원)
  – 직접재료 B : 10개(단위당 20원)
• 직접재료 실제투입량
  – 직접재료 A : 88,000개
  – 직접재료 B : 32,000개

① 3,000단위
② 3,200단위
③ 3,500단위
④ 3,800단위

111 다음 자료를 기초로 하여 경제적부가가치(EVA)를 계산하면 얼마인가?

세후순영업이익	150억원
투하자본	400억원
타인자본비용(세후)	9%
자기자본비용	15%
부채비율(부채/자본)	200%

① 100억원
② 102억원
③ 106억원
④ 110억원

112 A, B, C 3개의 사업부를 운영하는 (주)삼일은 20X1년 당기순이익으로 500,000원을 보고하였으며, 최근 수익성이 악화되고 있는 A 사업부의 폐지를 고려 중이다. A 사업부의 공헌이익은 60,000원이고, A 사업부에 대한 공통원가 배분액은 70,000원이다. 공통원가배분액 중 30,000원은 A 사업부를 폐지하더라도 계속하여 발생한다. A 사업부를 폐지하는 경우 20X1년 당기순이익은 얼마인가?

① 450,000원
② 460,000원
③ 470,000원
④ 480,000원

113 (주)삼일은 제품 A의 생산을 위하여 부품 X를 직접 생산하여 사용하고 있다. (주)삼일의 부품 X 제조에 대한 원가자료는 다음과 같다. (주)삼일은 현재 원가절감을 위하여 부품 X의 외부구매를 검토하고 있다. 부품을 외부에서 구입하더라도 고정제조간접원가의 80%는 계속해서 발생할 것이다. (주)삼일이 최대한 허용할 수 있는 부품의 단위당 구입가격은 얼마인가?

부품단위당 직접재료원가	500원
부품단위당 직접노무원가	300원
부품단위당 변동제조간접원가	200원
부품 X 관련 고정제조간접원가	500,000원
생산량	5,000단위

① 800원
② 1,000원
③ 1,020원
④ 1,080원

114 (주)삼일은 진부화된 의류 300벌을 보유하고 있다. 이 제품에 대한 총제조원가는 21,000,000원이었으나 현재로는 의류 한벌당 30,000원에 처분하거나, 3,000,000원을 투입하여 개조한 후 의류 한 벌당 50,000원에 판매할 수밖에 없는 상황이다. 다음 설명 중 가장 옳은 것은?

① 한벌당 30,000원에 처분하면 12,000,000원의 손실이 발생하므로 처분하면 안된다.
② 추가비용을 지출하지 않고 처분하는 것이 유리하다.
③ 개조하여 판매하면 3,000,000원의 추가적인 손실이 발생한다.
④ 개조하여 판매하는 것이 3,000,000원 만큼 유리하다.

115 (주)삼일은 부품의 자가제조 또는 외부구입에 관한 의사결정을 하려고 한다. 이때 고려해야 하는 비재무적 정보에 관한 설명으로 가장 올바르지 않은 것은?

① 부품을 외부구입할 경우 부품의 공급업자에 대한 의존도가 높아진다는 단점이 있다.
② 부품을 외부구입할 경우 제품에 특별한 지식이나 기술이 요구될 때 품질유지가 보다 어려워진다.
③ 부품을 자가제조할 경우 향후 급격한 주문의 증가로 회사의 생산능력을 초과할 때 제품을 외부구입하기 어려울 수 있다는 단점이 있다.
④ 부품을 자가제조할 경우 상대적으로 품질관리가 용이하다.

116 (주)삼일은 취득가액 9,000,000원(잔존가액 0원, 정액법 상각), 내용연수가 3년인 컴퓨터를 구입하려고 하고 있다. 컴퓨터를 구입하면, 향후 3년 동안 매년 6,000,000원의 현금지출영업비용을 줄일 것으로 판단하고 있다. 회사의 최저필수수익률이 12%일 경우 컴퓨터에 대한 투자안의 순현재가치(NPV)는 얼마인가?(단, 이자율 12%의 1원당 연금의 현재가치는 1년은 0.89, 2년은 1.69, 3년은 2.40이며 법인세율은 30%이다)

① 1,080,000원

② 3,240,000원

③ 5,400,000원

④ 6,120,000원

117 다음은 (주)삼일의 신규투자담당 팀장과의 인터뷰 내용이다. 괄호 안에 들어갈 말로 가장 올바르지 않은 것은?

> 기자 : 신규 투자 기획팀에서 15년 동안 팀장을 맡고 계신데 신규 투자에 대한 타당성 검토에는 어떠한 모형들이 사용됩니까?
> 팀장 : 여러 모형이 있지만 우리 회사에서는 회수기간법, 순현재가치법, 내부수익률법, 수익성지수법을 이용하여 타당성 검토를 합니다.
> 기자 : 그렇다면, 그 중에서 가장 중요시하는 모형이 있습니까?
> 팀장 : 물론입니다. 투자안마다 약간 다르긴 하지만 우리 회사는 회수기간법을 가장 중요시합니다. 왜냐하면 (   )

① 회수기간 이후의 현금흐름을 포함한 수익성을 고려하는 투자안이기 때문입니다.

② 투자자금을 빨리 회수하는 투자안을 선택하여 기업의 유동성확보에 도움을 줄 수 있기 때문입니다.

③ 현금흐름의 할인을 고려하지 않고 계산할 수도 있는 장점이 있기 때문입니다.

④ 회수기간이 짧을수록 안전한 투자안이라는 위험지표로서의 정보를 제공하기 때문입니다.

118 다음은 (주)삼일의 제품별 예산자료의 일부이다. 사용가능한 총 기계시간이 연간 300시간일 때, 이익을 극대화하기 위해서는 세 제품을 각각 몇 단위씩 생산 · 판매하여야 하는가?

구 분	제품 A	제품 B	제품 C
단위당 공헌이익	200원	150원	300원
단위당 기계시간	4시간	2시간	5시간
최대 수요량(연간)	50단위	100단위	50단위

	제품 A	제품 B	제품 C
①	50단위	50단위	0단위
②	0단위	25단위	50단위
③	0단위	100단위	20단위
④	12단위	0단위	50단위

119 (주)삼일의 A 사업부는 LED를 생산하고 있으며, 연간 생산능력은 100,000단위이다. (주)삼일의 A 사업부 수익과 원가자료는 다음과 같다. (주)삼일은 텔레비전을 생산하는 B 사업부도 보유하고 있다. B 사업부는 현재 연간 10,000단위의 LED를 단위당 380원에 외부에서 조달하고 있다. A 사업부가 생산하는 제품 전량을 외부시장에 판매할 수도 있고 사내대체 시 단위당 변동원가 30원을 절감할 수 있다면, 회사 전체의 이익극대화 입장에서 LED의 단위당 최소대체가격은 얼마인가?

단위당 외부판매가격	400원
단위당 변동원가	230원
단위당 고정원가(연간 100,000단위 기준)	12원

① 230원　　② 242원
③ 370원　　④ 380원

120 다음이 설명하는 품질원가는 무엇인가?

> 불량품이 고객에게 인도되기 전에 발견됨으로써 발생하는 원가이다. 예를 들면 공손품, 작업폐물, 재작업, 재검사, 작업중단 등으로 인하여 소요되는 원가가 있다.

① 예방원가　　② 평가원가
③ 내부실패원가　　④ 외부실패원가

PART 4

제1회 정답 및 해설

| 재무회계 |

01	②	02	①	03	①	04	②	05	④	06	③	07	④	08	②	09	④	10	①
11	③	12	④	13	③	14	④	15	①	16	④	17	④	18	③	19	①	20	②
21	②	22	③	23	④	24	③	25	③	26	①	27	④	28	①	29	②	30	④
31	④	32	③	33	②	34	②	35	④	36	③	37	①	38	③	39	②	40	③

01 ② 특정한 범주의 정보이용자 → 광범위한 정보이용자

02 ① 근본적인 질적특성에는 목적적합성(예측가치와 확인가치, 중요성)과 표현충실성이 있다.

03 ② 사용가치(자산), ③ 현행원가(자산), ④ 공정가치(자산)

04 ② 기타포괄손익 항목은 당기순손익과 총포괄손익 간에 차이를 발생시키는 항목이다.

05 다음 개인의 경우 보고기업과 특수관계가 있다고 본다.
- 보고기업에 지배력 또는 공동지배력이 있는 경우
- 보고기업에 유의적인 영향력이 있는 경우
- 보고기업 또는 그 지배기업의 주요 경영진의 일원인 경우

06 기말재고자산 = (200개 × 14,000) + (시용판매분 중 미의사표시 300개 × 14,000) + (1,500개 × 14,500)
= 28,750,000원

07
- 매출액 = 매출채권 회수액 7,000,000 + 매출채권 증가액 400,000(= 2,400,000 − 2,000,000) = 7,400,000
- 매출원가 = 7,400,000 × (1 − 20%) = 5,920,000
- 기말재고 = 500,000 + 6,300,000 − 5,920,000 = 880,000

∴ 손실액 = 880,000 − 200,000 = 680,000

08 평가손실과 감모손실 차감 전 매출원가 1,000,000 + 200,000 + 100,000 = 1,300,000

09 ① 안전 또는 환경상의 이유로 취득하는 유형자산은 그 자체로 직접적인 미래 경제적 효익을 얻을 수 없지만 다른 자산에서 미래 경제적 효익을 얻기 위하여 필요할 수 있다. 이러한 유형자산은 당해 유형자산을 취득하지 않았을 경우보다 관련 자산으로부터 미래 경제적 효익을 더 많이 얻을 수 있게 해주기 때문에 자산으로 인식할 수 있다.

② 일상적인 수선・유지와 관련하여 발생하는 원가는 해당 유형자산의 장부금액에 포함하여 인식하지 아니한다. 이러한 원가는 발생시점에 당기손익으로 인식한다.

③ 유형자산의 일부를 대체할 때 발생하는 원가가 인식기준을 충족하는 경우에는 이를 해당 유형자산의 장부금액에 포함하여 인식하고, 대체되는 부분의 장부금액은 제거한다.

10 • 경영진이 의도하는 방식으로 자산을 가동하는 데 필요한 장소와 상태에 이르게 하는 데 직접 관련되는 원가는 유형자산의 원가를 구성한다.

∴ 기계장치 취득원가 = 700,000,000 + 15,000,000 = 715,000,000

11 ③ 감가상각방법의 변경은 회계추정의 변경으로 전진법으로 처리하므로 전기 재무제표를 재작성할 필요가 없다.

12 ④ 소급적용하지 않고 회계추정의 변경효과를 당기 및 그 후의 기간에 인식한다.

13 무형자산의 내용연수는 경제적 내용연수와 법적 내용연수 중 짧은 기간을 적용한다.

∴ 20X1년 인식할 무형자산상각비 = 20,000,000 ÷ 5년 × 3/12 = 1,000,000

14 평가이익 = 12억원 − 8억원 = 4억원

15 평가손익 = (3,000 − 2,000) × 6주 = 6,000(평가이익)

16 • 20X1년 12월 31일 회사채 장부가액 = 951,963 + {(951,963 × 12%) − (1,000,000 × 10%)} = 966,199

∴ 처분손익 = 990,000 − 966,199 = 23,801(처분이익)

17 사채발행가액 = {(30,000,000 × 5%) × 2.8286} + (30,000,000 × 0.9151) = 31,695,900

18 ③ 전환우선주란 유가증권의 소유자가 일정한 조건하에 전환권을 행사할 수 있는 우선주로서, 전환권을 행사하면 보통주로 전환되는 우선주이다.

19 **[전환권대가]**

• 전환사채의 발행가액 : 3,000,000

• 일반사채의 현재가치 = 액면이자의 현재가치 + (액면금액 + 상환할증금)의 현재가치 = (3,000,000 × 7% × 2.4018) + {3,000,000 + (3,000,000 × 13%)} × 0.7118 = 2,917,380

∴ 전환권대가 = 3,000,000 − 2,917,380 = 82,620

전환권조정 = 전환권대가 82,620 + 상환할증금 390,000 = 472,620

20 ② 충당부채를 인식하지 아니한다. 다만, 유출될 가능성이 희박하지 않다면 그 사항을 우발부채로 공시한다.

21 발행주식수 : 1,000,000주, 주당이익 : 1,000원, 법정자본금 : 10,000,000,000원

22 (가) 기말 자본금 = 5억 + 5억 = 10억
(나) 기말 주식발행초과금 = 7.5억 + 2.5억 = 10억
(다) 기말 자기주식 = △100 + △50 = △150

23 매출액 = 5,000 × 1.05 × 1.05 = 5,513

24 할부금 회수액 : 매기 동일, 이자수익 : 감소, 매출채권 장부금액 : 감소

25 ③ 계약수익은 총 계약금액에 진행률을 곱하여 인식한다.

26
- 공사진행률 = 1.5억/2.5억 = 60%
- 20x2년 공사수익 = 3억 × (60% − 40%) = 0.6억
- 20x2년 공사원가 : 0.5억

∴ 20x2년 계약손익 : 0.1억(이익)

27 ① 확정급여제도(DB형)가 추가납부 의무가 있음
② 확정기여제도(DC형) 설명
③ 확정급여채무(DB형)의 현재가치를 계산할 때 종업원 이직률, 조기퇴직률, 임금상승률, 할인율 등의 가정은 상황변화에 따라 상이한 값을 적용해야 한다.

28 10,000개 × 150,000원 × 1/3 = 500,000,000

29
- 당기법인세 = 4,400,000 × 30% = 1,320,000
- 이연법인세자산 = 800,000 × 30% = 240,000
- 법인세비용 회계처리

(차)	법인세비용	1,080,000	(대)	미지급법인세	1,320,000
	이연법인세자산	240,000			

30
- 법인세비용 회계처리

(차)	법인세비용	3,600,000	(대)	미지급법인세	2,500,000
				이연법인세자산	400,000
				이연법인세부채	700,000

31 ④ 원가모형을 재평가모형으로 변경하는 것은 회계정책의 변경이다.

32
- 가중평균유통보통주식수 = {(50,000주 × 3월) + (65,000주 × 6월) + (60,000주 × 3월)} ÷ 12 = 60,000주
- 기본주당순이익 = (500,000,000 − 20,000,000) ÷ 60,000주 = 8,000원

33 장부금액 = 800,000 + (400,000 × 40%) = 960,000

34 ② 투자자가 피투자자에 대한 의결권 있는 주식을 20% 미만 소유하더라도 이사회 같은 정책결정과정에 참여하는 일정사유가 있는 경우에는 유의적인 영향력이 있는 것으로 본다.

35 ④ 환산차이는 기타포괄손익으로 처리한다.

36

현금흐름위험회피목적 파생상품의 평가손익	위험회피에 효과적인 부분	기타포괄손익으로 인식
	위험회피에 비효과적인 부분	당기손익으로 인식

37 ① 단기리스와 소액 기초자산 리스는 리스이용자가 금융리스로 회계처리하지 않을 수 있다(인식면제).

38 B = 30억(300억/10년), C = −100억(150억 → 50억으로 감소), A = 200억

39 ② 영업활동 현금흐름에서만 직접법과 간접법으로 구분하여 표시한다.

40 ③ 매입처에 지급한 현금 = (5,000,000 + 160,000,000) − 25,000,000 = 140,000,000

| 세무회계 |

41	③	42	①	43	④	44	③	45	③	46	②	47	③	48	②	49	③	50	③
51	②	52	①	53	①	54	③	55	②	56	④	57	③	58	④	59	②	60	②
61	④	62	①	63	①	64	①	65	③	66	②	67	①	68	④	69	④	70	②
71	③	72	②	73	②	74	④	75	①	76	④	77	②	78	③	79	②	80	②

41 ③ 조세법률주의는 행정부의 과세권 남용으로부터 국민의 재산권을 보호하기 위한 원칙을 따른다.

42 ① 특수관계 해당 여부는 거래당사자 중 어느 일방만을 기준으로 판정하는 것은 아니나 어느 일방을 기준으로 특수관계에 해당되기만 하면 쌍방은 특수관계자가 된다. 즉, 그 쌍방관계를 각각 특수관계 있는 자로 한다.

43 ④ 근거과세의 원칙은 국세 부과의 하부원칙이다.

44 ③ 관할세무서장이 결정 또는 경정통지를 하기 전으로서 국세 부과제척기간이 끝나기 전까지 과세표준 수정신고서를 제출할 수 있다.

45 ③ 행정소송은 행정심판 전치주의로 진행되며, 국세에 관한 행정쟁송은 국세기본법에 따른 불복 또는 감사원 심사청구에 의해 이루어지며 이를 적법하게 거치지 않으면 행정소송을 제기할 수 없다.

46 ② 사업연도를 변경하려는 법인은 그 법인의 직전 사업연도 종료일부터 3개월 이내에 납세지 관할세무서장에게 신고하여야 한다.

47 ③ 본래의 세무조정은 신고조정만을 의미한다.

48 ② 전기 재산세는 손금산입 항목이므로 이에 대한 환급분은 당기 익금산입으로 처리한다. 단, 재산세 환급금 이자는 익금불산입한다.

49 ③ 직원, 비출자임원, 소액주주임원에게 사택을 제공하는 경우 해당 금액은 손금처리한다.

50 ③ 법인의 업무용 자산을 임차하고 지불한 비용은 손비처리한다.

51 • 기간계산(6개월치, 6,000,000원)하여 미수이자의 수익을 인식한다.

∴ [익금산입] 이자수익 6,000,000(유보)

52 ② 사업에 사용하기 시작한 날부터 계산한다.

③ 6,000,000원을 자산으로 계상 후 남은 내용연수에 걸쳐 상각한다.

④ 무형자산의 잔존가액도 '0'으로 한다.

53 • 특수관계인 외에게 정상가액보다 낮은 가액으로 매각할 경우 시가의 30%를 뺀 범위의 가액 초과분에 대해서는 간주기부금으로 처리한다.

• 100억 × (1 − 30%) = 70억 − 60억 = 10억

∴ [손금불산입] 비지정기부금 10억(기타사외유출)

54 ③ 현물기업업무추진비는 시가와 장부가액 중 큰 금액으로 한다.

55 ② 비실명 채권·증권의 이자상당액 → 대표자상여

56 ④ 유보로 소득처분한다.

57 ① 채무보증으로 인한 구상채권은 대손충당금 설정대상에서 제외된다.

② 한도미달액은 손금산입할 수 없다.

④ 대여금, 미수금에 대해서도 대손충당금을 설정할 수 있다.

58 ④ 특수관계 없는 자에게 저가로 양도한 경우에는 부당행위계산부인에 해당하지 않는다.

59 ② 최저한세에 대한 설명이다.

60 ② 필수 첨부서류이다.

61 ④ 법인세는 포괄주의 과세방식을 취하고 있고, 소득세는 제한적 열거주의 과세방식을 채택하고 있다.

62 ① 이익의 분배방법 및 배분비율이 정해져 있지 않는 경우 그 단체를 1거주자로 보아 소득세법을 적용한다.

63 ① 이자소득과 배당소득은 필요경비를 인정하지 않는다.

64 ① 기명채권 등의 이자와 할인액 : 약정에 따른 이자지급 개시일

65 200,000,000 + 본인 급여 손금불산입 30,000,000 − 배당금 수익 익금불산입 5,000,000 + 벌금 손금불산입 2,000,000 = 227,000,000

66 (3,000,000 × 12) + 4,000,000 + (150,000 × 12) + (50,000 × 12) + 1,000,000 = 43,400,000

67 ① 복권당첨금은 무조건 분리과세대상이다.
종합 합산 기타소득금액 : 4,000,000(강연료) + 2,000,000(인정기타소득) = 6,000,000

68 ④ 추계신고나 추계조사결정하는 경우에는 이월결손금 공제규정을 적용하지 않는다.

69 ④ 15% → 20%

70 ② 기타소득 : 20%, 이자소득(일반) : 14%

71 ③ 사업장현황신고를 할 필요 없다. 부가세 신고를 완료하면 사업장현황보고서 제출은 필요 없다.

72 사업자는 크게 과세사업자와 면세사업자로 나뉜다. 영세율 적용 사업자도 부가세법상 사업자 등록의무가 있다. 겸영사업자도 부가세법상 신고납세의무가 있다.

73 ② 부가세법상 1년을 2과세기간으로 나누어 매 6개월마다 신고・납부하도록 하고 있다.

74 ④ 주사업장총괄납부 사업자라 하더라도 신고는 각 사업장별로 해야한다.

75 ① 자가공급 같은 간주공급에 해당하는 경우 세금계산서 발급의무를 면제한다.

76 ④ 영세율 적용대상거래인 직수출의 경우 세금계산서 발행의무는 없다.

77
- 매출에누리, 연체이자 : 공급가액에 포함하지 않는 항목
- 판매장려금, 대손금 : 과세표준에서 공제하지 않는 항목

∴ 과세표준 금액 : 360,000,000원

78 (2,000,000 × 3) + (1,000,000,000 × 3.65% × 92/365) = 15,200,000

79 ② 구매확인서, 내국신용장에 의해 공급하는 재화에 대해서는 세금계산서 발급의무가 있다.

80 ② 간이과세자라 하더라도 직전 연도의 공급대가의 합계액이 4,800만원 이상 10,400만원 미만인 사업자의 경우 세금계산서 발급이 원칙이다.

| 원가관리회계 |

81	③	82	①	83	①	84	③	85	④	86	③	87	②	88	②	89	①	90	②
91	④	92	③	93	④	94	②	95	④	96	①	97	④	98	②	99	②	100	④
101	④	102	③	103	①	104	③	105	③	106	①	107	③	108	②	109	①	110	③
111	②	112	①	113	④	114	③	115	②	116	③	117	②	118	①	119	①	120	④

81 ③ 원가의 통제가능성에 따라 통제가능원가와 통제불능원가로 분류한다.

82
- 당기총제조원가 = 직접재료비(100,000 + 1,200,000 − 300,000) + 2,000,000 + 3,800,000 = 6,800,000
- 당기제품제조원가 = 6,500,000 + 900,000 − 400,000 = 7,000,000
- 기말재공품 = 600,000 + 6,800,000 − 7,000,000 = 400,000

83 ① 품질검사원가를 품질검사시간을 기준으로 배분하는 것은 인과관계기준에 의한 배분이다.

84

용역사용부문 / 용역제공부문	제조부문		보조부문		합 계
	조각부	도료부	창고부	전력부	
창고부	40% 80,000	50% 100,000	(200,000)	10% 20,000	100%
전력부	30% 232,500	50% 387,500	20%	(620,000)	100%
발생원가	800,000원	400,000원	200,000원	600,000원	2,000,000원

용역사용부문 / 용역제공부문	제조부문		보조부문	
	조각부	도료부	창고부	전력부
각 부문의 발생원가	800,000원	400,000원	200,000원	600,000원
보조부문의 원가배부				
창고부	괄호1(80,000)	괄호2(100,000)		
전력부	괄호3(232,500)	괄호4(387,500)		

④ 직접배분법을 사용할 경우 '괄호4'는 375,000원(= 600,000 × 5/8)이다.

85 ④ (ㄱ) 재료출고청구서, (ㄴ) 재료원가표

86 • 가공원가 = 직접노무원가 + 제조간접원가
• 직접노무원가 = 20,000 + 40,000 = 60,000
• 제조간접원가 = 24,000 + 24,000 = 48,000

구 분	배부율	배부액
A부문	400,000/2,000 = @200	@200 × 120시간 = 24,000
B부문	800,000/8,000 = @100	@100 × 240시간 = 24,000

∴ 가공원가 = 60,000 + 48,000 = 108,000

87 • 예정배부율 = 1,020,000 ÷ 400,000 = @2.55
• 예정배부율 @2.55 × 실제시간 420,000 = 1,071,000
• 제조간접원가 과소(대)배부액 = 1,080,000 − 1,071,000 = 9,000(과소배부)

88 ㄴ, ㄹ은 개별원가계산에 대한 설명이다.

89 ② 전년도보다 증가
③ 완성도가 증가
④ 전년도보다 판매량이 증가

90 • 완성품환산량 계산

			완성품환산량	
		수 량	재료원가	가공원가
완성품	기초재공품	400개	0	200
	당기투입	600개	600	600
기말재공품(80%)		200개	200	160
			800	960

• 재료원가 완성품환산량 단위당 원가 = 재료비 2,000,000 ÷ 800 = @2,500
• 가공원가 완성품환산량 단위당 원가 = 가공원가 3,000,000 ÷ 960 = @3,125

91 ④ 사전에 결정한다.

92 • 직접재료원가 구입액 = (400,000 + 160,000) − 145,000 = 415,000

AQ × AP	AQ × SP
415,000 = 2,075 × 200	373,500 = 2,075 × 180

41,500(불리)

93 ④ 초과근무로 인한 시간 외 근무수당의 지급이 발생한 경우 가격차이(임률차이)가 발생한다.

94

AQ × AP	AQ × SP	SQ × SP
5,000,000	5,720,000 = 110,000시간 × @52	5,200,000 = 10,000개 × 10시간 × @52

720,000(유리) 520,000(불리)

95

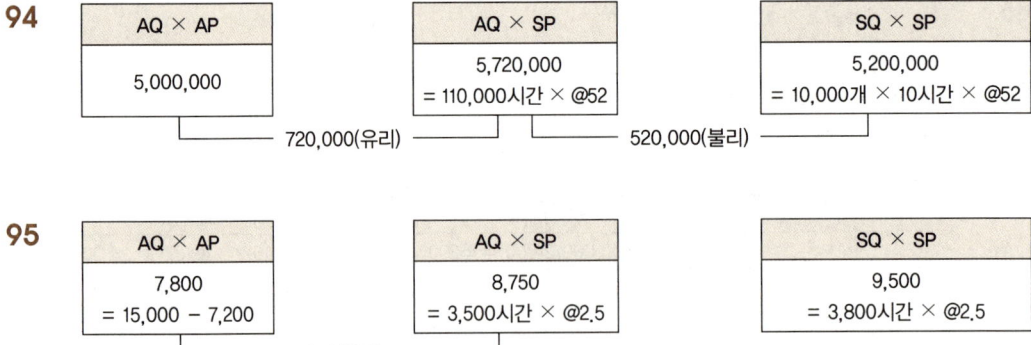

AQ × AP	AQ × SP	SQ × SP
7,800 = 15,000 − 7,200	8,750 = 3,500시간 × @2.5	9,500 = 3,800시간 × @2.5

950(유리)

96 ① 초변동원가계산하에서는 직접재료원가만 재고자산가액에 포함한다.

97 ① 1,000 + 400 + 200 + 120(= 1,200,000/10,000) = 1,720

② 1,000 + 400 + 200 = 1,600

③ 500 × 1,720 = 860,000

④ 변동원가계산에 의한 당기순이익 < 전부원가계산에 의한 당기순이익(∵ 기초고정제조간접원가 : 0, 기말고정제조간접원가 : (+))

98 ① 외부보고용은 전부원가계산방법을 사용하여야 한다.

③ 전부원가계산도 표준원가를 사용할 수 있다.

④ 판매관리비는 모든 원가계산방법에서 당기비용처리한다.

99

매출액	1,500개 × @1,800	2,700,000
변동비	1,500개 × @300 1,500개 × @250 1,500개 × @150 1,500개 × @200	1,350,000
고정비	고정제조간접원가 300,000 고정판관비 200,000	500,000
영업이익		850,000

100

변동원가계산하의 영업이익	X
기초재고자산에 포함된 고정제조간접비(−)	(200,000)*
기말재고자산에 포함된 고정제조간접비(+)	0
전부원가계산하의 영업이익	1,200,000

* 1,000개 × @(1,600,000/8,000) = 200,000

∴ 변동원가계산하의 영업이익 = 1,400,000

101 ④ 독립적이 아니라 상호 결합해서 사용할 수 있다.

102 (400 − 280)/400 = 30%

103 • 증분수익 = (1,200,000 × 12개월) − 50,000,000 = −35,600,000
• 증분비용 = (−50,000,000 × 60%) − (10,000,000 × 50%) = −35,000,000
• 증분이익 = −35,600,000 − (−35,000,000) = −600,000
∴ 회사가 직영 시 600,000원 이익 발생

104 ③ 단위당 변동원가는 같고, 단위당 고정원가는 생산량이 늘수록 적어진다(CVP분석에서는 '생산량 = 판매량' 가정).

105 (500 × Q) − (250 × Q) − 800,000 = 700,000
∴ Q = 6,000

106 ① 고정예산이란 특정조업도를 기준으로 사전에 수립되는 예산이며, 일정기간 동안의 조업도(생산량)의 변화 여부를 고려하지 않고 하나의 조업도 수준을 기준으로 편성하는 예산으로 결과는 예산과 실적의 비교로 산출한다.

107 ③ 준최적화를 방지하며 기업 전체의 극대화 목표에 맞게 설정해야 하는데 이를 목표일치성이라 한다.

108 • 변동예산제도 : 실제생산량 10,000개
• 직접재료비 = 10,000 × (36,000,000/12,000) = 30,000,000
• 직접노무비 = 10,000 × (12,000,000/12,000) = 10,000,000
• 변동제조간접비 = 10,000 × (36,000,000/12,000) = 30,000,000
• 고정제조간접비 = 6,000,000(조업도에 변동하지 않는다)
∴ 총원가 = 76,000,000

109

변동예산(실제배합)	변동예산(예산배합)	종합예산
(500개 × 20)	(1,000개 × 20)	(800개 × 20)
+ (2,000개 × 4)	+ (1,500개 × 4)	+ (1,200개 × 4)
= 18,000	= 26,000	= 20,800

매출배합차이 8,000(불리)
매출수량차이 5,200(유리)

110 8% × (20/50) + 15% × (30/50) = 12.2%

111 (1억 × 20% − 10,000,000) ÷ 50,000,000 = 20%

112 ① 관련원가란 의사결정 대안 간에 차이가 나는 원가이다.

113 ④ 품질을 유지하기 위한 별도 관리가 필요없다.

114 • 증분수익 = (500벌 × 50,000) − (500벌 × 25,000) = 12,500,000
• 증분비용 : 11,000,000
• 증분이익 : +1,500,000
∴ 개조하여 판매하는 것이 1,500,000원 유리하다.

115 ② 회피가능한 고정원가도 관련원가이다. 고정원가가 의사결정과 관계없이 계속 발생한다면 비관련원가이다. 회피가능고정원가가 외부구입원가보다 큰 경우에는 외부구입하는 것이 바람직하다.

116 • 증분수익 = +300,000 − 1,000,000 = −700,000
• 증분비용 = −600,000 − 400,000 = −1,000,000
• 증분이익 : +300,000

117 회계적이익률법에 대한 설명이다. 재무제표 자료를 그대로 가지고 오기 때문에 자료 확보가 용이하다.

118 ① 회수기간법은 현금모형이다.

119 최대대체가격 = Min[외부구입가격 550, (매출액 1,100 − 추가가공원가 500)] = 550

120 ④ 제품의 수명주기 동안에 발생한 모든 원가를 관리하고자 하는 기법으로 장기적 성과 및 원가관리에 유용하다.

제2회 정답 및 해설

| 재무회계 |

01	①	02	②	03	①	04	②	05	③	06	②	07	①	08	②	09	④	10	①
11	②	12	④	13	③	14	①	15	②	16	③	17	④	18	③	19	③	20	②
21	③	22	②	23	④	24	③	25	①	26	②	27	④	28	②	29	①	30	③
31	①	32	③	33	②	34	①	35	③	36	②	37	②	38	④	39	①	40	④

01 (다) 재무회계 보고양식은 재무제표이며, 관리회계의 보고양식은 일정한 양식이 없다.
(마) 법적강제력이 재무회계는 있지만 관리회계는 없다.

02 ① 특정 시점의 재무상태도 기업의 미래현금흐름의 시기 및 확실성을 예측하는 데 활용할 수 있다.
③ 기업의 수익성과 관련된 정보는 추가적인 자원을 효과적으로 동원할 수 있는지 판단하는 데 있어 유용하다.
④ 재무상태에 관한 정보는 주로 재무상태표에서 성과에 관한 정보는 포괄손익계산서에서 확인할 수 있다.

03 ② 사용가치, ③ 현행원가, ④ 공정가치

04 ② 기타포괄손익은 관련 법인세효과를 차감한 순액으로 표시하거나 기타포괄손익의 구성요소를 법인세효과 반영 전 금액으로 표시하고, 법인세효과를 합산하여 단일금액으로 표시할 수 있다.

05 ③ 보고대상기간 중에 아무런 거래도 존재하지 않았다 해도 지배기업과 종속기업 사이의 관계에 대한 공시는 생략할 수 없다.

06 (ㄴ) 판매관리비, (ㄹ) 판매관리비

07 ① 매입단가가 오르고 있으므로 선입선출법의 매출총이익이 더 크다. 따라서 매출총이익률은 선입선출법을 적용했을 때가 총평균법을 적용했을 때보다 상대적으로 더 크다.

08

제 품

기초재고	400,000	매출원가 재고자산평가손실 재고자산감모손실	
당기매입	1,000,000	기말재고	300,000

• 재고자산감모손실과 재고자산평가손실은 매출원가로 인식한다고 가정한다.
∴ 총 매출원가 = 1,400,000 − 300,000 = 1,100,000

09 ④ 토지와 건물 일괄구입 후 기존 건물 철거로 발생한 폐자재들을 처리하는 비용이 발생하는 경우 토지원가로 처리한다.

10 기계장치 취득금액 = 700,000,000 + 15,000,000 = 715,000,000

11 • [1월 1일] 10,000,000 × $\frac{12}{12}$ = 10,000,000

• [6월 1일] 12,000,000 × $\frac{7}{12}$ = 7,000,000

• [9월 1일] 9,000,000 × $\frac{4}{12}$ = 3,000,000

∴ 연평균지출액 : 20,000,000

12 ④ 재료, 장치, 제품, 공정, 시스템이나 용역에 대한 여러 가지 대체안을 탐색하는 활동은 연구단계이므로 당기비용 처리한다.

13 • 연구단계 = 3,000,000 + 27,000,000

• 개발단계 = 7,000,000 + (40,000,000 × $\frac{1}{5}$ × $\frac{6}{12}$)

∴ 총비용 = 41,000,000

14 ① 투자부동산은 임대목적 자산이므로 운용리스목적으로 제공한 경우 투자부동산으로 대체한다.

15 ② 사용권자산과 무형자산(예 특허권, 상표권)은 실물자산에 해당한다.

16 • [20X1년 말] 이자수익 = 950,266 × 10% = 95,026
• [20X1년 말] 상각액 = 95,026 − 80,000 = 15,026
• [20X2년 말] 이자수익 = (950,266 + 15,026) × 10% = 96,529

17 ④ 잠재적으로 유리한 조건으로 거래상대방과 금융자산이나 금융부채로 교환하기로 한 계약상 권리는 금융자산이다.

18 ③ 전환사채와 신주인수권부사채에 대한 설명이다.

19 • 전환권대가 = 1,000,000 − (1,130,000 × 0.7118 + 70,000 × 2.4018) = 27,540
• 전환권조정 = 27,540 + 130,000 = 157,540

20 14,000,000 × 2% − 120,000 = 160,000

21 비누적적 · 비참가적 우선주 = 2,000,000 × 10% = 200,000

22 ② 주식배당은 주식수가 증가, 무상증자와 주식분할도 주식수가 증가

23 ④ 거래가격의 산정, 각 수행의무 충족 시 수익인식

24 인식할 매출액 = 60,000,000 − 10,000,000 = 50,000,000

25 ① 고객은 기업이 수행하는 대로 기업의 수행에서 제공하는 효익을 동시에 얻고 소비하는 경우에는 한 시점이 아닌 기간에 걸쳐 수익을 인식한다.

26
- 20x2년 누적이익 = (90,000,000 − 80,000,000) × 50% = 5,000,000
- 20x1년 누적이익 = (90,000,000 − 80,000,000) × 12.5% = 1,250,000
- 20x2년 계약손익 = 3,750,000(이익)

27 ④ 사외적립자산의 이자수익은 사외적립자산에 가감한다.

28 30,000개 × 150,000 × $\frac{1}{4}$ = 1,125,000,000

29 ① 이연법인세자산은 무조건 비유동자산으로 구분된다.

30

(차)	이연법인세자산	40,000	(대)	당기법인세부채	200,000
	이연법인세부채	20,000			
	법인세비용	140,000			

31 **[회계추정의 변경(전진법)]**
- 20x2년 말 장부가액 = 100,000 − 40,000 − 24,000 = 36,000원

∴ 20x3년 감가상각비 = 36,000원 ÷ 3년 = 12,000원

32 기본주당순이익 = $\frac{20,000,000 - 2,000,000}{17,000 + 3,000}$ = @900

33 장부금액 = 1,000,000 + 90,000*주1) − 12,000*주2) = 1,078,000

*주1) 300,000 × 30% = 90,000

*주2) 공정가치를 반영한 건물 증가분 200,000 × 30% = 60,000

60,000원에 대한 정액법 감가상각비 = 60,000 ÷ 5년 = 12,000

34
- 10월 1일 : CNY 2,000 × 110 = 220,000
- 12월 31일 : CNY 1,800 × 115 = 207,000

∴ 평가손실 금액 = 220,000 − 207,000 = 13,000

PART 4

35 ③ 포괄손익계산서의 수익과 비용은 거래발생 당시의 환율이나 당기 평균환율을 적용하여 환산한다.

36 ② 9개월 후 대금 지급예정이므로 환율변동위험을 회피하기 위해 통화선도 매입계약을 체결하면 된다.

37 • 사용권자산 감가상각비 = (120,092 − 20,092)/5년 = 20,000
• 리스부채의 이자비용 = 120,092 × 12% = 14,411
∴ 20,000 + 14,411 = 34,411

38 ④ 미래현금흐름을 추정하는 데에는 직접법이 보다 유용하다.

39 매출원가 (−210,000) + 재고자산 감소분 25,000 − 매입채무 감소분 15,000 = 200,000(현금유출)

40 • 투자활동 : 500,000(+), 1,000,000(−)
∴ 500,000원의 현금유출이 발생했다.

| 세무회계 |

41	①	42	③	43	③	44	②	45	①	46	②	47	②	48	②	49	①	50	③
51	①	52	③	53	③	54	④	55	④	56	③	57	①	58	①	59	④	60	②
61	②	62	①	63	②	64	①	65	④	66	④	67	②	68	②	69	④	70	③
71	④	72	③	73	①	74	④	75	①	76	②	77	②	78	①	79	③	80	②

41 ① 목적세는 그 세금의 사용용도가 정해진 세금을 말한다.

42 ③ 3월 31일이 일요일이면 그 다음 날인 4월 1일까지 법인세를 신고・납부하여야 한다.

43 ③ 신의성실의 원칙은 납세자든 세무공무원이든 모두에게 신의에 따라 납세의무를 이행하라는 원칙이다.

44 ② 이의신청을 하려면 납부고지서를 받은 날로부터 90일 이내 주소지 관할세무서장에게 이의신청서를 제출하면 된다.

45 ① 영리내국법인 중 일부(상호출자제한기업집단 소속 법인)만 미환류소득에 대한 납세의무를 진다.

46 ② 지방세 과오납금에 대한 환급이자는 익금불산입 항목이므로 세무조정을 해야 한다.

47 ② 부가가치세 매출세액과 합병차익은 익금불산입 항목이다.

∴ 익금산입 금액 = 10,000,000 + 3,000,000 + 2,000,000 + 1,000,000 = 16,000,000

48 ② 단기매매증권 평가손실은 세법상 손금불산입한다.

49 ① 법인세법상 장기할부판매의 손익귀속시기는 원칙적으로 상품 등을 인도한 날이다.

50 • (5억 + 1.2억) × 0.2 = 1.24억

※ 자본적 지출은 기초에 발생한 것으로 가정하여 기초가액에 합산하여 계산한다.

51 ① 비망가액 1,000원을 남겨두고 폐기처리한다.

52 • 각 시기별 세무조정

- 25기 : 시인부족액 △2억 → 소멸
- 26기 : 시인부족액 △1억 → 소멸
- 27기 : 상각부인액 7억 → 손금불산입(유보)
- 28기 : 시인부족액 △2억 → 손금산입(△유보)

53 ① 법인이 실제로 지급하지 아니한 기부금을 미지급으로 하여 손금에 계상한 경우에는 실제로 이를 제출할 때까지 기부금으로 보지 않는다.

② 일반기부금 중 특수관계인에게 기부한 경우나 비지정기부금의 경우 시가와 장부가액 중 큰 금액으로 한다.

④ 50% 범위 내에서 손금산입한다.

54 ④ 기타업무추진비 한도초과액은 기타사외유출로 처분한다.

PART 4

55 ④ 농어민으로부터 직접 재화를 공급받고 법정증빙을 수취하지 아니한 경우에는 손금불산입되지만 금융회사 등을 통해 지급한 송금명세서를 첨부하는 경우에는 손금산입한다.

56 ① 사채업자라 하더라도 원천징수의무를 이행하고 이자를 지급한 경우 전액 손금불산입하지는 않는다.

② 일반차입금에 대한 이자도 회사의 선택에 의해 자본화할 수 있다.

④ 발행법인이 직접 지급하는 경우 그 지급사실이 객관적으로 인정되지 않는 경우에만 손금불산입한다.

57 • 전기 말 대손충당금 한도초과액

∴ 손금산입 600,000(△유보)

• 대손충당금 한도 = 100,000,000 × Max(1%, 0.8%) = 1,000,000

∴ 한도시부인 = 2,000,000 − 1,000,000 = 손금불산입 1,000,000(유보)

58 ① 가지급금과 업무무관자산액의 비율만큼 손금불산입한다.

59 ④ 비과세소득과 소득공제액은 이월하여 공제할 수 없다.

60 ② 각 사업연도 종료일이 속하는 달의 말일부터 3개월 이내

61 ② 현재 소득세법상 부부합산과세는 허용하고 있지 않는다.

62 ① 법원보증금 등의 이자는 무조건 분리과세대상이다.

63 ② 대표자 급여는 사업소득금액 계산에 있어 필요경비 불산입한다.

64 ① 각종 명목의 수당 등은 과세항목이다.

65 ④ 60%를 필요경비로 인정한다.

66 ④ 해당 항목 모두 소득공제 대상에서 제외한다.

67 • 확정신고해야 할 종합소득금액 = 12,000,000 + 15,000,000 + 4,800,000 = 31,800,000
※ 퇴직소득은 분류과세하며, 이자소득은 2천만 원 이하이므로 원천징수 분리과세로 종결한다.

68 ② 담세자와 납세자가 서로 상이하다.

69 ④ 토지·건물과 별개로 양도하는 영업권은 기타소득으로 과세한다.

70 ③ 신탁의 이익을 받을 권리(신탁수익권)는 양도세 과세대상이다.

71 ① 부가세는 납세의무자와 담세자가 다른 간접세에 해당한다.
② 특정한 재화 또는 용역의 공급만을 과세대상으로 하는 특정소비세는 개별소비세이다.
③ 개인사업자도 부가세법상 사업자에 해당한다.

72 ③ 수입하는 경우 사업자 여부를 따지지 않고 세관장이 부가세를 과세한다.

73 ① 부가세법상 납세의무자는 사업목적에 관계없이 사업상 독립적으로 재화 또는 용역을 공급하는 자를 말한다.

74 ④ 확정신고 시에는 예정신고 시 이미 신고한 부분은 제외하고 신고하여야 한다.

75 ② 건설자재의 전부 또는 일부를 부담하는 경우 → 용역의 공급
③ 재화의 공급에 해당하지 아니한다.
④ 무상 용역의 공급은 부가세 과세대상이 아니다(단, 특수관계인은 제외).

76 ② 면세사업자의 경우 면세포기를 함으로써 영세율을 적용받을 수 있다.

77 8,000,000(시가) + 3,000,000(약정금액) + [10,000,000 - 2,000,000(마일리지)] + 4,000,000(시가) = 23,000,000

78 ㄴ, ㄹ → 2개

79
- 200,000,000 + 50,000,000(시가) + 700,000,000 = 950,000,000
- 토지 처분액은 면세항목이다.

80 ② 실제임대료는 세금계산서를 발급해야 한다.

| 원가관리회계 |

81	②	82	④	83	②	84	③	85	④	86	③	87	①	88	②	89	④	90	③
91	②	92	①	93	③	94	③	95	①	96	④	97	①	98	②	99	①	100	③
101	④	102	①	103	③	104	①	105	②	106	①	107	③	108	②	109	④	110	②
111	②	112	②	113	④	114	③	115	③	116	④	117	③	118	①	119	④	120	②

81
(a) 27,000 + 13,500 = 40,500
(b) 13,500 + 84,500 + (1,125,000/100) = 109,250

82 ④ 자산, 비용, 손실

83

재공품

기초잔액	10,000	당기제품제조원가	80,000
직접재료원가	43,000		
직접노무원가	7,000		
제조간접원가	28,000	기말잔액	8,000
	88,000		88,000

84 ③ 제조간접원가의 배부는 제조부문에 집계된 원가를 제품제조원가와 기말제품으로 배부하는 과정이다.

85

구 분	보조부문		제조부문		합 계
	A	B	C	D	
A부문	(200,000)	40% 80,000	20% 40,000	40% 80,000	100%
B부문		(380,000)	50% 237,500	30% 142,500	100%
배분원가			277,500		

PART 4

86 ③ 종합원가계산에 대한 설명이다.

87 (a) 제품제조원가 = 150,000 + 60,000 + {2,400 × (2,000,000/40,000)} = 330,000

(b) 재공품원가 = 90,000 + 30,000 + {1,600 × (2,000,000/40,000)} = 200,000

88

	수 량	완성품환산량
기초재공품	200개(x)	120개
당기투입	1,400개	1,400개
기말재공품	400개(70%)	280개
		1,800개

∴ 기초재공품 완성도는 40%

89

	수 량	완성품환산량	
		재료비	가공비
기초재공품(50%)	2,000개	0	1,000개
당기투입	26,000개	26,000개	26,000개
기말재공품(25%)	4,000개	4,000개	1,000개
		30,000개	28,000개

[원가요소별로 완성품환산량의 단위당 원가 계산]

① 재료비의 완성품환산량 단위당 원가 = 120,000원 ÷ 30,000개 = @4

② 가공비의 완성품환산량 단위당 원가 = 280,000원 ÷ 28,000개 = @10

[완성품원가](① + ② + ③)

① 기초재공품원가 = 8,000 + 10,000 = 18,000

② 기초재공품 당기완성분 = 1,000개 × @10 = 10,000

③ 당기투입 당기완성분 = (26,000개 × @4) + (26,000개 × @10) = 364,000

∴ 완성품원가 = 392,000원

90 • 기초재공품완성품환산량만큼 평균법이 크다.

∴ 600개 × 80% = 480개

91 ② 금액기준으로 설정하게 되면 물가변동에 영향을 받게 된다.

92

AQ × AP	AQ × SP	SQ × SP
2,500개 × X × 400	2,500개 × X × 300	2,500개 × 4kg × 300 = 3,000,000

가격차이 900,000(불리)   능률차이

∴ X = 3.6원

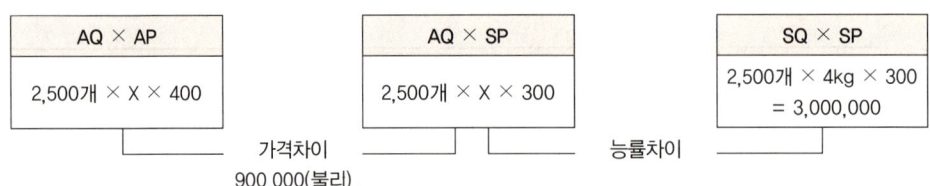

∴ 능률차이 = 2,700,000 − 3,000,000 = 300,000(유리)

93

AQ × AP	AQ × SP	SQ × SP
= 21,000,000	31,250시간 × 768 = 24,000,000	5,000개 × 5시간 × 768 = 19,200,000

가격차이 3,000,000(유리)　　　능률차이 4,800,000(불리)

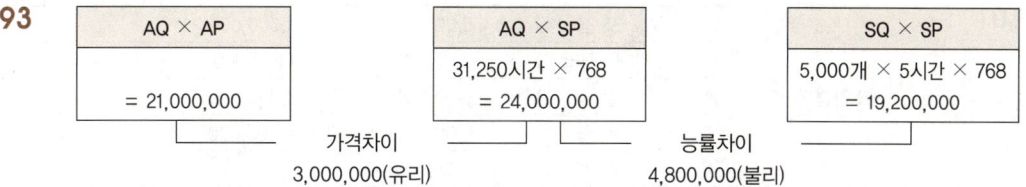

∴ 제품 단위당 실제직접노무시간 = 31,250시간 ÷ 5,000개 = 6.25시간

94 3,452,000 − 3,124,500 = 327,500(불리)

95 ② 유리한 원가차이는 원가가 덜 발생했으므로 매출원가에서 차감해야 한다. 불리한 원가차이는 매출원가에 가산해야 한다.

③ 매출원가에서만 조정한다.

④ 알 수가 없다.

96 ① 고정판관비는 두 방법에서 동일하다.

② 둘 다 사용할 수 있다.

③ 변동원가계산은 고정제조간접원가를 기간원가로 인식하며, 전부원가계산은 고정제조간접원가를 제품원가로 인식한다.

97 A : 원가부착, B : 원가회피

98 (4,500개 × 3,500) − {4,500개 × (2,300 + 300)} = 4,050,000

99 초변동원가계산과 변동원가계산의 차이는 직접노무원가와 변동제조간접원가에서만 발생한다.

• 기말 = 2,000개 × (200원 + 400원) = 1,200,000원(+)

• 기초 = 3,000개 × (200원 + 400원) = 1,800,000원(−)

∴ −600,000원 만큼 차이가 난다.

∴ 5,000,000 − 600,000 = 4,400,000

100 변동원가계산이익 + 기말고정제조간접원가 − 기초고정제조간접원가 = 전부원가계산이익

0 + (700 × X) − (500 × 50) = 31,000

∴ X = 80원

제 품

500 × 50 = 25,000	1,800 × 80 = 144,000
2,000 × ? = 175,000	700 × 80 = 56,000

101

제조간접원가	포 장	5,000개 × 300원 = 1,500,000
	재료처리	90,000개 × 15원 = 1,350,000
	절 삭	90,000개 × 20원 = 1,800,000
	조 립	6,000시간 × 150원 = 900,000
	합 계	= 5,550,000

• 총 제조원가 = 8,000,000 + 7,000,000 + 5,550,000 = 20,550,000

∴ 보급형 제품의 단위당 제조원가 = 20,550,000 ÷ 5,000 = @4,110

102 ① 단기의사결정 방법이다.

103
• 단위당 공헌이익 = @10
• 공헌이익률 = 10 ÷ 40 = 25%
• 손익분기 매출액 = 30,000 ÷ 25% = 120,000
• 매출수량 = 120,000 ÷ 40원 = 3,000단위
• 목표이익을 달성하기 위한 매출액 = (30,000 + 10,000) ÷ 25% = 160,000

104 ① 안전한계에 대한 설명이다.

105
• 단위당 공헌이익 = 5,000,000 ÷ 500 = @10,000

∴ 단위당 판매가격 = 10,000 + 30,000 = @40,000

106 ① 책임회계제도가 그 기능을 효율적으로 수행하기 위해서는 각 책임중심점의 경영자가 권한을 위임받은 원가항목들에 대해 통제권을 행사할 수 있어야 한다.

107 ③ 고정예산과 변동예산의 정의에 대한 설명이다.

108

500개 × 20 = 10,000	500개 × 22 = 11,000

매출가격차이 1,000(불리)

500개 × 12 = 6,000	300개 × 12 = 3,600

매출조업도차이 2,400(유리)

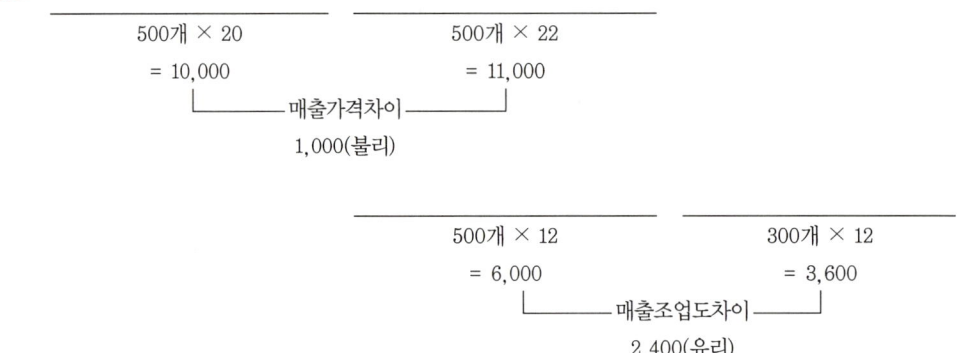

109 ④ 회사 전체의 최저필수수익률을 상회하는 투자안이 개별투자중심점의 투자수익률보다 낮게 되면 투자를 안 하게 되는 준최적화 현상이 발생하게 된다. 이는 투자수익률법의 가장 큰 단점이다.

110 가중평균자본비용(WACC) = {12% × (1 − 0.2) × 30%} + {15% × 70%} = 13.38%

111 EVA = 1억 × (1 − 0.2) − 5억 × 13.38% = 13,100,000

112 • 고정제조간접원가는 회피불가능원가. 따라서 변동제조간접원가까지가 구입가격이 된다.
∴ 단위당 구입가격 = 500 + 100 + 200 = 800

113 ④ 유휴설비에 대한 대체안(기회비용)도 고려해야 한다.

114

수 익	(+)
	(−) 300,000
비 용	(+)
	(−) 130,000

∴ 170,000원 만큼 감소한다. 따라서 당기순이익은 830,000원

115

수 익	(+)
	(−)
비 용	(+) 180,000[= 10,000 × 18]
	(−) 140,000[= (10,000 × 12) + (50,000 × 40%)]

∴ 40,000원 만큼 불리하다.

116 ④ 할인모형에는 순현재가치법과 내부수익률법이 있고, 비할인모형에는 회수기간법과 회계적이익률법이 있다.

117 ③ 경영진은 NPV 값을 과대평가했다. 현금영업비용을 너무 낮게 추정하는 경우 NPV 값을 과대평가하게 된다. 나머지는 모두 NPV 값을 과소평가하는 경우이다.

118 (900,000 × 0.75) + (500,000 × 0.83) + (500,000 × 0.91) = 1,545,000

119 ④ 시장침투가격에 대한 설명이다.

120 ② 학습과 성장관점이 아닌 재무적 관점의 성과지표를 중시한다.

제3회 정답 및 해설

| 재무회계 |

01	③	02	②	03	②	04	②	05	③	06	①	07	①	08	③	09	①	10	④
11	④	12	①	13	④	14	①	15	④	16	②	17	④	18	④	19	①	20	①
21	②	22	③	23	④	24	③	25	②	26	③	27	①	28	④	29	①	30	②
31	④	32	②	33	③	34	④	35	①	36	②	37	①	38	③	39	③	40	④

01 ③ 국제회계기준의 가장 큰 특징은 공정가치 측정을 확대하고 있다는 점이다.

02 ② 기업에 경영활동을 청산할 의도나 필요성이 있다면 계속기업의 가정에 따라 재무제표를 작성하면 안된다.

03 ② 예측가치, 확인가치, 중요성

04 ② 매출채권에 대해 대손충당금을 차감하여 순액으로 측정하는 것은 상계표시에 해당하지 않는다.

05 ③ 보고기간 말과 재무제표 발행승인일 사이에 투자자산의 공정가치가 하락하는 경우는 보고기간 후 사건에 해당하지 않는다.

06 완성될 제품이 원가 이상으로 판매될 것이 예상되는 경우에는 그 생산에 투입하기 위해 보유하는 원재료 및 기타 소모품을 감액하지 않는다.

07
- 3월 5일 평균단가 = $\frac{80,000 + 22,000}{1,000 + 200}$ = @85
- 기말재고자산 금액 = 34,000 + 24,000 = 58,000

08 ③ 원재료의 현행대체원가가 장부금액보다 낮게 추정된다면 재고자산평가손실을 인식한다. 단, 현행대체원가가 더 낮더라도 완성된 제품이 원가 이상으로 판매될 것이 예상되는 경우 감액하지 않는다.

09
- 정액법 = (5,000,000 − 500,000) ÷ 5 = 900,000
- 정률법 = 5,000,000 × 0.451 = 2,255,000
- 생산량비례법 = (5,000,000 − 500,000) × (1,500/6,000) = 1,125,000
- 연수합계법 = (5,000,000 − 500,000) × (5/15) = 1,500,000

10 ④ 재평가로 인하여 자산이 감소된 경우 그 감소액은 당기손익처리하고 재평가손실 과목으로 처리한다.

11 ④ 유형자산에 대하여 손상차손 또는 손상차손환입을 인식한 후에는 원가모형, 재평가모형 모두 수정된 장부금액에서 잔존가치를 차감한 금액에 기초하여 잔존내용연수에 걸쳐 감가상각을 한다.

12 ① 기계장치의 감가상각비는 개발비로(자산) 계상하며, 아직 개발비가 사용가능상태가 아니므로 비용처리하지 않는다.

13 ① 내용연수가 비한정인 무형자산은 매년 손상검사가 이루어져야 한다.
② 손상검토 시 회수가능액은 순공정가치와 사용가치 중 큰 금액을 기준으로 판단한다.
③ 무형자산의 경제적 효익이 소비되는 형태를 신뢰성 있게 결정할 수 없는 경우 정액법으로 상각한다.

14

(차)	투자부동산	150억	(대)	재고자산	120억
				재평가이익	30억

15 ④ 모든 채무증권은 당기손익인식금융자산, 기타포괄손익인식금융자산, 상각후원가 측정 금융자산으로 중 선택한다.

16 ① 기타포괄손익-공정가치 측정 금융자산은 원칙적으로 공정가치로 평가하여 기타포괄손익에 반영한다.
③ 기타포괄손익-공정가치 측정 금융자산 취득 시 지출된 거래원가는 취득원가에 가산처리한다.
④ 기타포괄손익-공정가치 측정 금융자산으로 분류되는 채무상품에 대한 손상차손은 인식한다.

17 기타포괄손익인식금융자산 = $(24,000,000 \div 1.08) + (224,000,000 \div 1.08^2)$ = 22,222,222 + 192,043,896
= 214,266,118
∴ 취득원가 = 214,266,118 + $(200,000,000 \times 0.5\%)$ = 215,266,118

18 ④ 연속상환사채의 발행금액은 사채로부터 발생하는 미래 현금흐름의 사채 발행시점의 시장이자율로 할인한 현재가치가 된다.

19
• 상환할 장부가액 = $(1,000,000 \times 0.8573) + (100,000 \times 1.7833)$ = 1,035,630
• 실제 상환가액 = $(1,000,000 \times 0.8264) + (100,000 \times 1.7355)$ = 999,950
∴ 사채상환이익 35,680

20
• [20x2년 말 추정] $144 \times 0.1 + 296 \times 0.6 + 640 \times 0.3 = 384$
• [20x3년 말 추정] $220 \times 0.4 + 300 \times 0.5 + 500 \times 0.1 = 288$
∴ $(384 \div 1.2) + (288 \div 1.2^2) = 320 + 200 = 520$

21 ① (주)삼일의 발행주식수는 1,000,000주이다(= 50억 ÷ 5,000).
② (주)삼일의 주식발행금액은 주당 8,000원이다(= 80억 ÷ 1,000,000주).
③ (주)삼일의 법정자본금은 5,000,000,000원이다.
④ (주)삼일의 20X1년 주당이익은 1,000원이다(= 10억 ÷ 1,000,000주).

22 ③ 재무상태표에 표시되어 있는 자본의 기말잔액뿐만 아니라 기초잔액도 제공한다.

23 ④ 고객은 기업이 수행하는 대로 기업의 수행에서 제공하는 효익을 동시에 얻고 소비하는 경우에는 한 시점이 아닌 기간에 걸쳐 수익을 인식한다.

24 (10,000 − 500) × (@1,000 − @700) = 2,850,000

25 [20x3년] (5억 − 3.6억) × 100% = 1.4억, 계상할 공사이익 = 1.4억 − 0.7억 = 0.7억
[20x2년] (5억 − 3.6억) × 50% = 0.7억, 계상할 공사이익 = 0.7억 − 0.4억 = 0.3억
[20x1년] (5억 − 3억) × 20% = 0.4억

26 ③ 손실이 예상되는 경우 당기에 즉시 비용으로 인식한다.

27

당기손익		기타포괄손익	
당기근무원가	10,000	보험수리적손익	(200)
이자원가	2,000	재측정요소	100
사외적립자산의 기대수익	(2,000)		
	10,000		(100)

28 ④ 보고기간 말 현재 주가차액보상권의 공정가치는 주가차액보상권에는 필요한 정보이지만, 주식결제형 주식선택권에서는 불필요한 정보이다.

29 차감할 일시적차이 = 500,000 × 30% = 150,000(이연법인세자산)

30

(차)	이연법인세자산	40,000	(대) 당기법인세부채	200,000
	이연법인세부채	40,000		
	법인세비용	120,000		

31

구 분	20X1년	20X2년	20X3년			
수정 전			당기순이익	30,000	기말 이익잉여금	100,000
20X1년	(5,000)	5,000				
20X2년		(2,000)		2,000		
20X3년				(3,000)		(3,000)
수정 후			당기순이익	29,000	기말 이익잉여금	97,000

32

1/1	14,000 × (12/12) =	14,000
4/30	1,000 × (8/12) =	667
6/30	500 × (6/12) =	250
10/31	(300) × (2/12) =	(50)
11/30	160 × (1/12) =	13
합 계		14,880

∴ 가중평균유통보통주식수 = 14,880주

33 장부가액 = 4,000 + (20,000 × 40%) = 12,000

34 [4월 1일] $10,000 × 1,000 = 10,000,000
[12월 31일] $15,000 × 1,200 = 18,000,000
∴ 재평가잉여금 = 8,000,000원

35 ① 재무제표를 표시통화로 환산할 때 발생하는 환산차이는 기타포괄손익으로 인식한다.

36 ② 매입을 위한 현금유출액 위험을 회피하기 위해 통화선도계약을 체결하는 경우 현금흐름위험회피 유형으로 분류한다.

37 사용권자산의 감가상각비 = 400,000 ÷ 5년 = 80,000

38 현금유입액 = 560,000 − 550 − 10,000 + 170 = 549,620

39 간접법 = 20,000 + 4,600 − 15,000 + 2,500 + 10,400 = 22,500

40
- 비현금거래는 주석으로 표시한다.
- 비현금거래이면서 투자・재무활동인 것은 현물출자로 인한 유형자산의 취득, 주식배당, 전환사채의 전환이다. 유상증자는 실제로 현금유입되는 거래이다.

| 세무회계 |

41	③	42	④	43	③	44	③	45	③	46	④	47	②	48	③	49	①	50	②
51	①	52	④	53	④	54	①	55	②	56	③	57	②	58	②	59	④	60	①
61	②	62	②	63	③	64	③	65	④	66	③	67	①	68	④	69	③	70	④
71	④	72	①	73	①	74	④	75	④	76	②	77	①	78	③	79	②	80	①

PART 4

41 ③ 주세는 종가세와 종량세가 있는데, 종가세는 현재 주정, 탁주, 맥주를 제외한 모든 주류이며, 종량세는 주정, 탁주, 맥주에 적용한다.

42 ④ 소액주주는 특수관계인에서 제외한다.

43 ③ 해당 내용은 세법 적용의 원칙이다.

44 ③ 국세를 감면하는 경우에는 가산세는 그 감면대상에 포함시키지 않는다.

45 ③ 청산소득에 대한 법인세는 국내 영리법인만 부담한다.

46 ④ 자본금과 적립금조정명세서(을)은 유보를 관리하는 서식이다. 감가상각비 한도초과액은 유보로 소득처분하므로 해당 서식에 기재한다.

47 (ㄱ) 5,000,000 + (ㄷ) 5,000,000 + (ㄹ) 2,000,000 = 12,000,000

48 ③ 소액주주가 사용하고 있는 사택의 유지비·사용료와 이에 관련되는 지출금은 손금산입 가능하다.

49 ① 미수이자 기간경과분 인식 세무조정이다.

50 ② 법인세법상 재고자산평가손실은 인정하지 아니하므로 손금불산입대상이다.

51 ① 기준내용연수에서 법인이 선택한 신고내용연수(기준내용연수의 25% 가감)를 적용하게 된다.

52 ④ 컴퓨터와 탁자는 한도초과(40만 + 5만), 차량은 손금추인(20만)

53 ④ 특례기부금을 현물로 제공한 경우에는 기부한 때의 장부가액으로 한다.

54 **[2024년도]** 일반기부금 한도초과(600만원),
[2025년도] 이월기부금한도초과액 중 일부 손금추인(200만원)

55 ② 기업업무추진비가 아닌 소액광고선전비

56 지급이자 손금불산입 = 600만원 × (1억 × 365)/730억 = 300만원

57 Min[(5,000만원 − 750만원), 4,000만원] − 3,000만원 = 1,000만원

58
- 의제기부금 = (10억 × 70%) − 5억 = 2억
- 부당행위계산부인 : 시가와 저가양도금액 차이

59 ④ 자산수증이익이나 채무면제이익에 의해 충당된 이월결손금은 과세표준 계산 시 차감하여 계산한다.

60 ① 신고는 하지 않고 납부만 하면 된다.

61 ② 문구점 운영수익은 사업소득이다. 사업소득은 분리과세하지 않고 종합소득에 포함하여 신고한다.

62 ② 직장공제회 초과반환금은 무조건 분리과세 대상이다.

63 ③ 공공요금은 원칙적으로 총수입금액 불산입한다. 단, 공공요금 납부액을 초과하여 받은 금액이 있을 때에는 총수입금액에 산입한다.

64 총급여액 = (2,000,000 × 12) + (2,000,000 × 400%) + 2,000,000 + 1,000,000 + 1,200,000 + (50,000 × 12) + 1,000,000 = 37,800,000

65 ④ 저작자가 계속 반복적으로 수령하는 저작권 사용료는 사업소득이다.

66 ③ 본인 등 의료비는 15% 세율로 공제한다. 다만, 미숙아 등 의료비는 20%, 난임시술비는 30% 세율로 공제한다.

67 ① 납세의무자 입장에서 세금부담은 동일하다.

68 ④ 예납적 원천징수 = 분리과세 이외의 소득, 완납적 원천징수 = 분리과세 소득

69 ③ 자동차리스료는 신용카드 소득공제 배제대상이다.

70 ④ 미등기양도자산에 대해서는 기본공제를 적용하지 아니한다.

71 ④ 부가가치세는 납세의무자와 담세자가 다른 간접세. 부가가치세는 일반소비세. 개인사업자도 부가가치세법상 사업자가 될 수 있다.

72 ① 수입하는 재화는 사업자 여부에 관계없이 부가가치세가 과세된다(세관장이 거래징수).

73 ① 부동산임대업 - 부동산의 등기부상 소재지

74 ④ 사업자 단위과세 적용 사업자가 판매목적으로 다른 사업장에 반출하는 경우 재화의 공급으로 보지 않는다.

75 ④ 이미 폐업 시 공급의제로 과세가 되었으므로 추후 해당 재화가 판매되었다 하더라도 추가적인 납세의무는 없다.

76 ② 국민주택규모 이하 주택의 임대나 매매는 모두 면세를 적용한다. 따라서, 나머지 영화관람권과 택시 이용 관련 부가세만 합산한다.

77 ① 금전 외의 대가를 받은 경우 자기가 공급한 재화의 시가를 과세표준으로 한다.

78 • 예정신고 시 처리 = 1천만원 × 3/10 = 3,000,000
• 확정신고 시 처리 = 1천만원 × 7/20 − 3,000,000 = 500,000
∴ 1기 총 매입세액불공제 금액 = 3,500,000원

79 납부세액 = {50,000,000 − (40,000,000 − 5,000,000)} × 10% + (2,500,000 × 2%) = 1,550,000

80 ① 간이과세자 중에도 직전 연도 공급대가가 4,800만원 이상 10,400만원 미만인 사업자는 세금계산서 발급이 가능하다(원칙).

| 원가관리회계 |

81	④	82	①	83	①	84	③	85	③	86	②	87	③	88	④	89	④	90	③
91	③	92	②	93	②	94	④	95	③	96	②	97	③	98	①	99	③	100	①
101	④	102	③	103	④	104	①	105	②	106	②	107	③	108	②	109	①	110	④
111	④	112	②	113	①	114	③	115	②	116	②	117	②	118	①	119	②	120	④

81 • 기초원가 = 300,000 + 200,000 = 500,000
• 가공원가 = 200,000 + 150,000 + 250,000 = 600,000

82 ②, ④ 판매관리비, ③ 영업외비용

83 ① 준고정원가에 대한 설명이다.

84 • 당기원재료투입원가 = 5,000 + 24,000 − 12,000 = 17,000
∴ 당기제품제조원가 = 10,000 + (17,000 + 35,000) − 8,000 = 54,000

85 • 제조간접원가 배부율 = 2,400,000 ÷ 200 = @12,000
• [#3] 총제조원가 = 1,340,000 + 760,000 + (180 × @12,000) = 4,260,000

86 재료원가는 60% 진행시점에 전량 투입되므로 50% 시점에서는 투입량이 '0'이다.

87

	수 량	완성품환산량 재료비	가공비
완성품	320,000개	320,000개	320,000개
기말재공품(50%)	80,000개	80,000개	40,000개
		400,000개	360,000개

	완성품환산량 재료비	가공비
기초재공품	0원	0원
당기발생원가	4,000,000원	1,800,000원
	4,000,000원	1,800,000원

∴ 원가요소별로 완성품환산량의 단위당 원가 계산

① 재료비의 완성품환산량 단위당 원가 = 4,000,000원 ÷ 400,000개 = @10

② 가공비의 완성품환산량 단위당 원가 = 1,800,000원 ÷ 360,000개 = @5

88 ④ 완성품환산량의 단위당 원가가 과대평가되므로 완성품원가도 과대평가된다. 따라서, 기말재공품원가는 완성품원가가 과대평가된 만큼 과소평가된다. T-계정(재공품)을 통해 쉽게 알 수 있다(대차평균의 원리).

89

		수 량	완성품환산량 재료비	가공비
완성품	기초재공품(60%)	400개		160(40%)
	당기투입	1,000개		1,000개
기말재공품(40%)		600개		? 개
				1,640개

• 가공원가 완성품환산량 = 1,640 − 1,000 − 160 = 480

∴ 완성도는 480 ÷ 600 = 80%

90 **[원가요소별(직접재료비 · 가공비)로 완성품환산량 계산]**

	수 량	완성품환산량 재료비	가공비
완성품	400개	400개	400개
기말재공품(40%)	100개	100개	40개
		500개	440개

[총원가를 요약하고 배분대상원가를 결정(기초재공품원가와 당기발생원가를 파악)]

	완성품환산량 재료비	가공비
기초재공품	8,000,000원	6,000,000원
당기발생원가	32,000,000원	27,000,000원
	40,000,000원	33,000,000원

PART 4

[원가요소별로 완성품환산량의 단위당 원가 계산]

① 재료비의 완성품환산량 단위당 원가 = 40,000,000원 ÷ 500개 = @80,000

② 가공비의 완성품환산량 단위당 원가 = 33,000,000원 ÷ 440개 = @75,000

[총원가를 완성품원가와 기말재공품원가로 배분]

① 완성품원가 = (400개 × @80,000) + (400개 × @75,000) = 62,000,000원

② 기말재공품원가 = (100개 × @80,000) + (40개 × @75,000) = 11,000,000원

91

AQ × AP	AQ × SP	SQ × SP
20,000	2,000 × 표준임률	표준시간 × 표준임률

가격차이 2,000(불리)　　능률차이 1,800(불리)

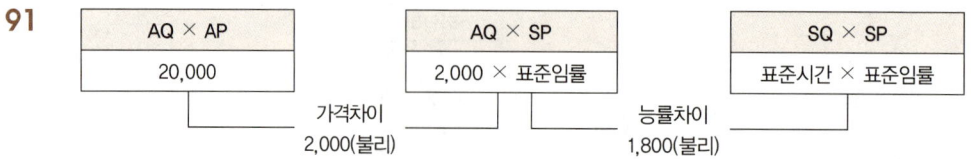

• 가격차이 : 20,000 − (2,000 × 표준임률) = 2,000　∴ 표준임률 = @9원

• 능률차이 : 18,000 − (표준시간 × @9) = 1,800　∴ 표준시간 = @1,800시간

92

AQ × AP	AQ × SP	SQ × SP
5,000,000	실제작업시간 × 표준임률	30,000 × 표준임률

가격차이 360,000(불리)　　능률차이 160,000(유리)

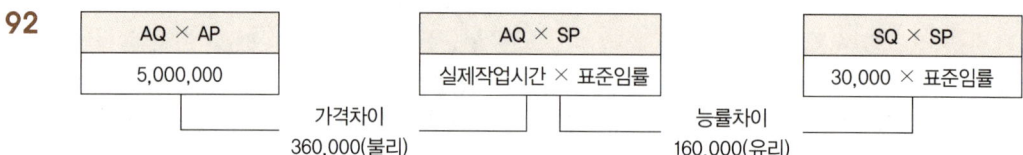

• 가격차이 360,000 = 5,000,000 − (실제작업시간 × 표준임률)

∴ (실제작업시간 × 표준임률) = 4,640,000

• 능률차이 160,000 = (30,000 × 표준임률) − 4,640,000　∴ 표준임률 = @160원

∴ 실제작업시간 = 29,000시간

93 ① SQ × SP = 1,100개 × 3kg × 30원 = 99,000원

② AQ × AP = 1,100개 × 3.2kg × 28원 = 98,560원

③ (AQ × AP) − (AQ × SP) = 98,560원 − (1,100개 × 3.2kg × 30원) = −7,040원(유리)

④ 105,600 − 99,000 = 6,600(불리)

94 ④ 실제산출량에 허용된 표준조업도에 조업도 단위당 표준배부율을 곱하여 계산한 금액은 고정제조간접원가 배부액을 의미한다. 고정제조간접원가 예산은 기준조업도에 조업도 단위당 표준배부율을 곱하여 계산한 금액을 말한다.

95 ③ 실제산출량(생산량)에 허용된 표준직접노동시간(SQ)

96 ② 예산차이에는 변동제조간접원가차이(소비차이&능률차이)와 고정제조간접원가 중 일부가 포함되며, 조업도 차이에는 고정제조간접원가차이 중 일부가 포함된다.

97 ① 변동원가계산은 의사결정에 유용하므로 전부원가계산에 비하여 내부관리용으로 적절한 원가계산방법이다.

② 기초재고자산이 없고 당기 생산량과 판매량이 동일하다면 변동원가계산 순이익이 전부원가계산금액과 같다.

④ 변동원가계산은 변동판매비와관리비를 기간비용 처리한다.

98 매출액(4,500 × 3,500) − 변동원가(4,500 × 2,600) − 2,500,000 = 1,550,000

99 ③ 직접재료원가, 직접노무원가, 변동제조간접원가, 고정제조간접원가

100 • 1개당 단가 = 1,120,000 ÷ 80,000 = @14
∴ 기말제품재고액 = 20,000 × @14 = 280,000

101

세척활동	200,000 ÷ 100,000 = @2/리터	@2 × 20리터 = 40
압착활동	900,000 ÷ 45,000 = @20/시간	@20 × 30시간 = 600
분쇄활동	546,000 ÷ 21,000 = @26/시간	@26 × 10시간 = 260
합 계		= 900

• 변동제조원가 = 900 + 300 = 1,200
∴ 단위당 공헌이익 = 2,000 − 1,200 = 800

102 ③ CVP분석 : 다양한 조업도수준(Volume)에서 원가(Cost)와 이익(Profit)의 관계를 분석하는데 유용하다.

103 ④ 여러 변수의 측정된 함수값을 통해 귀납적 방법으로 원가함수를 추정하는 방법을 회귀분석이라 한다. 상대적으로 적용이 복잡하고 분석자의 주관적 판단이 개입될 여지가 없다.

104 영업레버리지도(DOL) $= \frac{\text{영업이익의 변화율}}{\text{매출액의 변화율}} = \frac{1}{\text{안전한계율}} = \frac{\text{공헌이익}}{\text{영업이익}}$

② 고정원가가 감소하면 영업레버리지도는 낮아진다.
③ 매출액이 증가하여도 영업레버리지도는 변동하게 된다.
④ 영업레버리지도는 손익분기점 부근에서 가장 크다.

PART 4

105 • 단위당 공헌이익 = 1,000 − 600 = 400
• 단위당 공헌이익률 = 400 ÷ 1,000 = 40%
• 손익분기점 매출액 = 300,000 ÷ 40% = 750,000
• 안전한계율 = (1,000,000 − 750,000) ÷ (1,000단위 × 1,000) = 25%

106 ② 책임회계제도가 그 기능을 효율적으로 수행하기 위해서는 각 책임중심점의 경영자가 권한을 위임받은 원가항목들에 대해 통제권을 행사할 수 있어야 한다.

107 ③ 성과평가제도는 적시성과 경제성이 균형을 이루어야 한다.

108 • 군함사업부 : 잔여이익 = 100,000 − (500,000 × 12%) = 40,000
• 여객선사업부 : 잔여이익 = 170,000 − (1,000,000 × 12%) = 50,000
• 화물선사업부 : 잔여이익 = 230,000 − (2,000,000 × 12%) = −10,000

109 ② 회계적 이익을 기준으로 성과를 평가한다.

③ 사업부의 경영자가 자신의 사업부 투자액에 대한 통제권한이 있어야 그 경영자의 성과측정 지표로 활용될 수 있다.

④ 준최적화 현상이 발생한다.

110 • EVA = 세후영업이익 − (투하자본 × WACC)

• 재고자산의 보유기간과 매출채권의 회수기간을 줄이게 되면 투하자본이 줄어들므로 경제적부가가치는 증가한다.

111 • EVA = 세후영업이익 − (투하자본 × WACC)

= 4,000 × (1 − 0.3) − (12,000 + 8,000 − 6,000) × {10% × (1 − 0.3) × 50% + 13% × 50%}

= 1,400

112 ② 관련원가 : 외부판매가격 150원, 처분 시 판매관리비 15원

113 수용 시

수 익	(+)
	(−)
비 용	(+) 125,000[= 250개 × 500]
	(−) 88,000[= 43,000 + 17,000 + 13,000 + (30,000 × 50%)]

따라서, 37,000원 손실이 발생한다.

114 • 포기해야 하는 비용 : 기회원가

• 과거에 들인 노력 : 매몰원가

115

비 용	(+) 50,000개 × X
	(−) 50,000개 × 2,400 + (10,000,000 × 30%)

• 50,000개 × X = 50,000개 × 2,400 + (10,000,000 × 30%)

∴ X = 2,460

116 • A : 4년 + 10,000 ÷ 20,000 = 4.5년

• B : 4년 + 10,000 ÷ 50,000 = 4.2년

∴ B를 구입한다.

117 NPV = [(4,000,000 × 1.69) + {6,000,000 × (2.4 − 1.69)}] − 8,000,000 = 3,020,000

118 ① 순현재가치법과 내부수익률법에 따른 투자안 평가결과가 다를 수 있으며 그때에는 순현재가치법을 사용한다.

119 • 순실현가치 = 1,150 − 500 = 650

• 최대대체가격 = Min[650, 600(외부구입가격)] = 600원

120 ④ 내부실패원가에 대한 설명이다.

제4회 정답 및 해설

| 재무회계 |

01	①	02	②	03	①	04	③	05	④	06	④	07	③	08	②	09	②	10	④
11	③	12	②	13	④	14	①	15	③	16	④	17	①	18	③	19	③	20	④
21	④	22	②	23	③	24	②	25	①	26	④	27	③	28	①	29	②	30	②
31	②	32	①	33	③	34	①	35	①	36	③	37	④	38	③	39	②	40	④

01 (다) 재무회계 : 재무제표, 관리회계 : 일정한 양식 없음
(마) 재무회계 : 있음, 관리회계 : 없음

02 ② 현행원가(부채) : 기업이 측정일 현재 동등한 부채에 대해 수취할 수 있는 대가에서 그 날에 발생한 거래원가를 차감한다.

04 50,000 + 200,000 + 300,000 + 100,000 = 650,000

05 ④ 수정을 요하는 보고기간 후 사건이란 보고기간 말과 재무제표 발행승인일 사이에 발생한 유리하거나 불리한 사건 중 보고기간 말 존재하였던 상황에 대해 증거를 제공하는 사건을 말한다.

06 ① 재고자산은 취득원가와 순실현가능가치 중 낮은 금액으로 측정한다.
② 매입할인, 리베이트 및 기타 유사한 항목은 매입원가를 결정할 때 차감한다.
③ 재고자산을 현재의 장소에 현재의 상태로 이르게 하는데 기여하지 않은 관리간접원가는 재고자산의 취득원가에 포함하지 않는다.

07 기말재고 = (250개 × 1,500원) + (3,000개 × 2,000원) = 6,375,000

08
- 선입선출법하의 기말재고자산금액 = 1,500개 × 3,000원 = 4,500,000
- 총평균법하의 기말재고자산금액 = (27,000,000 ÷ 10,000) × 1,500 = 4,050,000
- 거래가 빈번하고 물가가 상승하며 기초재고보다 기말재고가 많다는 가정하에 당기순이익(이익률) 또는 기말재고금액은 [선입선출법 ≥ 이동평균법 ≥ 총평균법 ≥ 후입선출법]이다.

∴ ② 매출총이익률은 선입선출법을 적용했을 때보다 총평균법을 적용했을 경우 상대적으로 더 작다.

09 10억 + 2억 − (2억 ÷ 4년) + 1억 = 12.5억

10 ④ 당기손실이 아닌 토지 원가로 가산한다.

11
- 감가상각누계액 = 5억 ÷ 10년 × 3.5년 = 1.75억
- 장부가액 = 5억 − 1.75억 = 3.25억
- 처분손익 = 3억 − 3.25억 = −0.25억 (손실)

12 90만원 + 25만원 = 115만원

13 ④ 내용연수가 비한정인 무형자산이란 내용연수가 무한하여 미래 경제적 효익이 무한히 지속될 것으로 보는 것이 아니라 미래 경제적 효익의 지속 연수를 정하지 못한 무형자산을 의미한다.

14 ② 투자부동산은 보고기간 말에 공정가치모형과 원가모형 중 하나를 선택하여 각각의 투자부동산에 동일하게 적용해야 한다.

③ 투자부동산의 공정가치모형 적용 시 공정가치 변동으로 발생하는 손익은 당기손익에 반영해야 한다.

④ 투자부동산은 원가모형 또는 공정가치모형 모두 적용 가능하다.

15 ③ 원칙적으로 모든 채무증권은 상각후원가 측정 금융자산, 당기손익인식금융자산, 기타포괄손익인식금융자산 모두로 분류가능하다.

16 (10,200 − 9,500) × 1,000주 = 700,000(이익)

18 (100,000,000 × 0.79383) + (10,000,000 × 2.57710) = 105,154,000

19 ③ 전환사채 만기에 주식으로 전환되지 못했을 경우 투자자에게 지급되는 상환할증금은 전환사채 발행시점에 인식한다.

20
- 200억 × 5% = 10억 → 당기비용으로 계상
- (200억 × 5%) − 7억 = 3억 → 부채로 계상

21
- 50억 ÷ 5,000원 = 1,000,000주
- 발행가액(50억 + 35억) ÷ 1,000,000주 = 8,500원(주당 발행금액)

22 ② 자기주식의 매각으로 발생하는 처분손실은 자기주식처분이익으로 상계처리하지만, 자기주식의 소각에 따른 손익은 감자차손익으로 상계한다.

23 ③ 판매기업에게 자산의 법적 소유권이 있다면 고객이 자산을 통제하고 있다고 보기 어렵다.

24 • 반품율 = 10,000,000 ÷ 50,000,000 = 0.2(20%)
∴ 매출원가로 인식할 금액 = 30,000,000 × (1 − 20%) = 24,000,000
• 반환재고회수권(자산) = 30,000,000 − 24,000,000 = 6,000,000

25 ① 기성금과 선수금은 공사의 정도를 반영하지 못하므로 진행률 계산 시 포함하지 않는다.

26 • 20X2년 계약수익 10,000,000 = (총공사계약금 50,000,000 × 20X2년 말 누적공사진행률) − 20X1년 누적계약수익 20,000,000
∴ 20X2년 말 누적공사진행률 = 60%

27 ③ 보험수리적손익은 기타포괄손익으로 인식한다.

28 20X1년 주식보상비용 = 10명 × (1 − 20%) × 100개 × 100원 × 1/2 = 40,000

29

구 분	20X1년	20X2년	20X3년	20X4년
법인세비용차감전순이익	4,000,000			
접대비한도초과액	600,000			
감가상각비한도초과액	900,000(유보)	(300,000)	(300,000)	(300,000)
세 율	25%	25%	30%	30%
		75,000	90,000	90,000

∴ 20X1년 말 재무상태표상의 이연법인세자산 : 255,000(= 75,000 + 90,000 + 90,000)

30 • 이연법인세자산을 제거하게 되면 법인세비용이 증가하게 된다.
(차) 법인세비용 xxx (대) 이연법인세자산 xxx
• 법인세비용이 증가하면 당기순이익은 감소(③)하며, 부채비율은 증가(①)하게 된다.
④ 법인세비용차감전순이익은 동일하다.

31 ② 재고자산 원가흐름의 가정을 선입선출법에서 평균법으로 변경은 회계정책의 변경이다.

32 • PER = 주가/EPS = 10
• EPS = 50,000원/1,000주 = 50
∴ 주가 = 50 × 10 = 500

33 영업권 = 4,000,000 − (9,000,000 × 40%) = 400,000

35 • 화폐성항목 : 채권 · 채무
• 선수금은 채권 · 채무가 아니므로 화폐성항목이 아니다.

36 ③ 현금흐름위험회피 목적으로 체결한 파생상품의 평가손익 중 위험회피에 효과적인 부분은 기타포괄손익 항목이다.

37 ④ 내재이자율 산정 시에는 리스료뿐만 아니라 무보증잔존가치도 포함하여 계산한다.

38
- 리스이용자 입장의 리스부채(사용권 자산) = 100,000 × 2.40183 = 240,183
- 감가상각비 = (240,183 − 40,183) ÷ 내용연수 5년 = 40,000

39 지급한 금액 = 기초매입채무 10,000,000 + 당기외상매입금 160,000,000 − 기말매입채무 35,000,000
= 135,000,000

40 당기순이익 15,000,000 − 매출채권의 증가 3,000,000 − 매입채무의 감소 2,500,000 + 감가상각비 1,000,000
= 10,500,000

| 세무회계 |

41	③	42	④	43	①	44	②	45	③	46	②	47	③	48	④	49	②	50	①
51	①	52	②	53	①	54	②	55	③	56	④	57	③	58	③	59	②	60	③
61	④	62	③	63	③	64	④	65	④	66	②	67	③	68	②	69	①	70	③
71	③	72	①	73	④	74	④	75	②	76	②	77	④	78	④	79	③	80	①

41 ③ 위법행위에 대한 제재를 목적을 두고 있는 벌금, 과태료는 조세에 해당하지 않는다.

42 ④ 본인이 법인인 경우 해당 법인의 소액주주(1% 미만)는 특수관계인에서 제외한다.

43 ① 신의성실의 원칙이란 납세자가 그 의무를 이행할 때에는 신의에 따라 성실하게 하여야 한다는 원칙으로 세무공무원의 직무수행에도 동일하게 적용된다.

44
- 과세표준 = 법인세비용차감전순이익 200,000,000 + 대표이사 상여금 한도초과 10,000,000 + 감가상각비 한도초과 10,000,000 = 220,000,000

∴ 산출세액 = 2억 × 9% + 0.2억 × 19% = 21,800,000

45 ③ 결산조정사항을 결산 시 손금에 산입하지 않고 법인세 신고기한이 경과한 경우에는 차기와 그 이후 결산시 손금에 산입한다. 즉, 결산조정사항은 경정청구 대상이 아니다.

46 ② 유가증권의 저가매입에 따른 익금산입규정은 법인이 특수관계있는 개인으로부터 저가매입하는경우에만 발생하는 문제이며, 법인이 특수관계인인 법인으로부터 유가증권을 시가보다 낮은 가액으로 매입하는 경우에는 발생하지 아니한다.

47 ③ 세법상 재고자산평가방법을 저가법으로 신고한 법인이 계상한 재고자산평가손실은 손금으로 인정된다.

48 ④ 법인이 잉여금처분으로 수입하는 배당금은 잉여금 처분결의일이 속하는 사업연도 익금에 산입한다.

49 **[재고자산 평가방법의 임의변경]**
- 회사장부 : 후입선출법 9,000,000 표시
- 세법처리 : Max[선입선출법 12,000,000, 종전평가방법(총평균법 10,000,000)] = 12,000,000

∴ 세무조정 : (익금산입) 재고자산평가감 3,000,000 (유보)

50 ① 비망금액으로 1,000원은 남겨놔야 한다.

51
- 매년 감가상각비 = 1억 ÷ 5년 = 20,000,000
- 상황1) 전기 상각부인액이 있다면 당기 시인부족액만큼 손금산입 가능하다.
  〈손금산입〉 감가상각비시부인 2,000,000 (△유보)
- 상황2) 전기 당기 모두 시인부족액이 있다면 별도의 세무조정은 없다.
- 상황3) 전기에 감가상각비 한도만큼 회사가 비용으로 계상했다면 당기 시인부족액 상황에서 별도의 세무조정은 없다.

52 ② 의료법인의 고유목적사업비로 지출하는 기부금은 일반기부금이다.

53

구 분	장부 계상액	세법상 한도	세무조정	
2024년	1,500만원	1,000만원	〈손금불산입〉 일반기부금한도초과	500만원
2025년	2,000만원	2,300만원	〈손금산입〉 일반기부금한도초과이월 〈손금불산입〉 일반기부금한도초과	500만원 200만원

54 ② 기업업무추진비와 관련된 부가가치세 매입세액은 불공제하지만 법인세법상 손금으로는 산입한다.

55
- 증빙불비 기업업무추진비 : 500,000 (증빙미수취분) → 상여 처분
- 한도초과 기업업무추진비 : 2,500,000 (= 22,500,000 − 20,000,000) → 기타사외유출 처분

56 모두 맞는 표현이다.

57

구 분	소득처분
채권자 불분명 사채이자	상 여
비실명채권 · 증권의 이자상당액	상 여
업무무관자산 등 관련이자	기타사외유출

58 ③ 퇴직금추계액은 일시퇴직기준 퇴직급여추계액과 보험수리적기준에 의한 퇴직급여추계액 중 큰 금액으로 한다.

59 ② 조세특례제한법은 현재 손실보전준비금 등의 규정을 두고 있다.

60 ① 3개월 이내에
② 합계잔액시산표는 필수서류가 아니다.
④ 전기 납부세액이 없는 경우 가결산방법으로 중간예납세액을 계산해야 한다.

61 ① 이자·배당소득은 유형별포괄주의 과세를 택하고 있으므로 열거되지 않은 소득도 과세가능하다.
② 부부합산과세는 폐지되었다.
③ 신규사업자라 하더라도 과세기간은 1월 1일부터 12월 31일까지의 기간을 1과세기간으로 한다.

62 ③ 원천징수되지 않는 금융소득은 무조건 종합과세한다.
①, ②, ④ 분리과세대상이다.

63 • 월세 = 20만원 × 6개월 = 120만원
• 보증금 = (1억 − 5천만) × 1.2% × (181/365) − 200,000 = 97,534
∴ 총수입금액 = 1,200,000 + 97,534 = 1,297,534

64 • 총급여 = 급여 2백만원 × 12 + 급여 2백원 × 500% + (보육수당 25만원 − 20만원) × 12 + 식대 10만원 × 12 + 월차수당 2백만원 = 3,780만원
• 근로소득공제 = 750만원 + (3,780만원 − 1,500만원) × 15% = 1,092만원
∴ 근로소득금액 = 3,780만원 − 1,092만원 = 2,688만원

65 ① 근로소득금액 → 연금소득금액 → 기타소득금액 → 이자소득금액 → 배당소득금액
② 주거용 건물임대업에서 발생한 결손금은 다른 부동산임대업에서 발생한 결손금과 다르게 다른 소득금액에서 공제할 수 있다.
③ 부동산임대업에서 발생한 이월결손금은 다른 소득금액에서 공제할 수 없다.

66 22,000,000 + 15,000,000 + 4,800,000 = 41,800,000
※ 양도소득과 퇴직소득은 분류과세한다.

67 ③ 장애인도 소득기준은 따진다.

68

특정의료비	ⓐ 본인의 건강검진비	1,500,000원
	ⓓ 부친의 보청기구입비	7,000,000원
일반의료비	ⓑ 장남의 시력보정용 안경구입비	500,000원

∴ 공제대상 의료비 총 금액은 : 9,000,000원

69 • 양도차익 = 120,000,000 − 72,000,000 − 3,000,000 = 45,000,000원
• 장기보유특별공제(12%) = 45,000,000 × 12% = 5,400,000원
• 기본공제 : 2,500,000원
∴ 양도소득과세표준 = 45,000,000 − 5,400,000 − 2,500,000 = 37,100,000원

70 ③ 사업장의 현황보고서를 제출할 필요없다.

71 창출된 총 부가가치 금액 = 최종판매금액 = 10,000,000

72 ① 부가가치세는 납세의무자와 담세자가 일치하지 않는 간접세이다.

73 ④ 공통매입세액은 당기 과세기간의 총공급가액 중 과세공급가액의 비율로 안분하여 공제한다.

74 ① 간이과세자의 과세기간은 1년을 1과세기간으로 나누어 신고·납부하도록 하고 있다.
② 폐업자는 폐업일이 속하는 과세기간 개시일부터 폐업일까지를 최종 과세기간으로 한다.
③ 신규사업자가 사업개시일 전에 사업자등록을 신청한 경우에는 등록신청일부터 신청일이 속하는 과세기간의 종료일까지를 최초 과세기간으로 한다.

75 ② 법인의 지점은 본점을 대신하여 주된 사업장이 될 수 있다.

76 ② 임직원에게 경조사 등과 관련하여 연간 1인당 10만원을 한도로 제공하는 재화의 경우 간주공급으로 보지 아니한다.

77 ④ 폐업 시 잔존재화는 시가(2,500,000원)를 과세표준으로 한다. 나머지는 모두 2,000,000원

78 ㄴ. 가공되지 아니한 식료품의 국내판매는 면세대상이다.

79 ③ 전자세금계산서는 개인사업자도 발급가능하며, 일부 개인사업자의 경우 전자세금계산서 의무발행대상이다.

80 ㄴ. 내국신용장에 의한 수출 : 국내사업자 간의 거래지만 영세율을 적용하는 경우 세금계산서를 발행해야 한다.

PART 4

| 원가관리회계 |

81	②	82	③	83	②	84	④	85	③	86	②	87	②	88	③	89	④	90	①
91	①	92	②	93	①	94	③	95	①	96	②	97	①	98	②	99	④	100	④
101	③	102	③	103	④	104	④	105	④	106	①	107	②	108	①	109	②	110	③
111	①	112	②	113	①	114	④	115	③	116	③	117	④	118	②	119	②	120	③

81 ② 측정가능한 회계자료를 기초로 하므로 자료수집에 어려움은 없다.

82 ③ 원가의 통제가능성에 따라 통제가능원가와 통제불가능원가로 분류한다.

83

직접재료(DM)

기초	5,000	투입	23,000
매입	25,000	기말	7,000

직접노무(DL)

	27,000 (= 50,000 − 23,000)

제조간접(OH)

	8,000 (= 35,000 − 27,000)

재공품

기초	10,000	당기제품제조	60,000
DM	23,000		
DL	27,000		
OH	8,000	기말	8,000

84

[직접배부법]

구 분		기계가공	조 립	공장관리	동 력
배부 전 원가		64,000	73,000	48,000	69,000
배부액	공장관리	28,800	19,200	(48,000)	
	동 력	41,400	27,600		(69,000)
배부 후 원가		134,200	119,800		

[단계배부법]

구 분		기계가공	조 립	공장관리	동 력
배부 전 원가		64,000	73,000	48,000	69,000
배부액	공장관리	34,200	22,800	(57,000)	
	동 력	36,000	24,000	9,000	(69,000)
배부 후 원가		134,200	119,800		

∴ 조립부문에 대체된 공장관리부문 대체액은 두 방법 간에 3,600원(= 22,800 − 19,200)의 차이가 발생한다.

85

① 종합원가계산은 제품을 반복적으로 생산하는 업종에 적합한 원가제도이다.
② 개별원가계산은 제품별로 원가를 집계하기 때문에 간접원가의 구분이 중요하다.
④ 종합원가계산은 식료품업, 화학산업에 적합하며, 개별원가계산은 조선업에 적합하다.

86

[직접노무시간당 제조간접원가배부]

- 조립부문 = 200,000/1,000 = @200, 조립부문 제조간접원가 = 60시간 × @200 = 12,000
- 도장부문 = 400,000/4,000 = @100, 도장부문 제조간접원가 = 120시간 × @100 = 12,000

∴ #10작업 가공원가 = (10,000 + 12,000) + (15,000 + 12,000) = 49,000

87

(ㄴ), (ㄹ) 개별원가 설명

88

	수 량	완성품환산량 재료비	완성품환산량 가공비
완성품	1,200개	1,200개	1,200개
기말재공품(50%)	800개	800개	400개
		2,000개	1,600개

① 재료비의 완성품환산량 단위당 원가 = 1,000,000원 ÷ 2,000개 = @500
② 가공비의 완성품환산량 단위당 원가 = 800,000원 ÷ 1,600개 = @500

89 ④ 가공비 완성품환산량의 과대평가로 인해 기말재공품원가에 더 많은 원가가 배분된다. 따라서 기말재공품원가는 과대계상된다.

90

	수 량	완성품환산량 재료비	완성품환산량 가공비
기초(5,000개)			
착수(21,000개)			
완성품	24,000개	24,000개	24,000개
기말재공품(40%)	2,000개	2,000개	800개
		26,000개	24,800개

	완성품환산량 재료비	완성품환산량 가공비
기초재공품		33,200원
당기발생원가		190,000원
		223,200원

• 가공비의 완성품환산량 단위당 원가 = 223,200원 ÷ 24,800개 = @9
∴ 기말재공품에 포함된 가공원가 = 800개 × @9 = 7,200원

91 ① 계량적인 정보만 활용하여 의사결정에 사용한다.

92 너무 높은 표준을 설정하므로 항상 불리한 차이가 발생하며 종업원들의 동기부여가 저하된다.

93 ① 가격차이는 실제단가와 표준단가의 차액에 실제수량을 곱하여 산출된다.

94

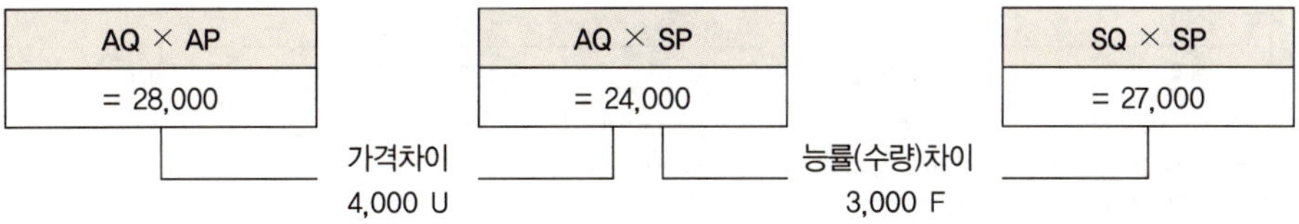

• AQ × AP = 28,000 = AQ × 35 ∴ AQ = 800
• AQ × SP = 24,000 = 800 × SP ∴ SP = 30
• SQ × SP = 27,000 = 생산수량 × 9개 × 30
∴ 실제 제품생산량 단위 : 100단위

95

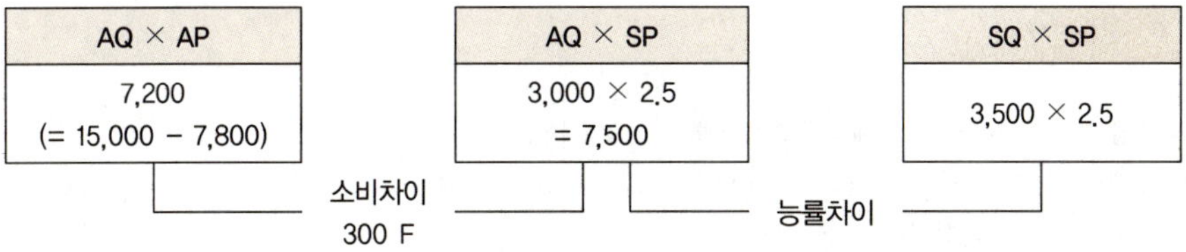

96 (ㄴ) 변동제조원가가 아닌 고정제조간접원가를 기간비용으로 처리한다.
(ㄹ) 제품생산량이 영업이익에 영향을 미치지 않는다.

97 ① 표준원가는 변동원가계산과 전부원가계산하에서 모두 사용 가능하다.

98
- 변동제조원가 : 1,350,000
- 단위당 변동제조원가 = 1,350,000/90,000 = @15
- 기말제품재고액 = (생산량 90,000 − 판매량 70,000) × @15 = 300,000원

변동원가계산 손익계산서

(순) 매 출 액	5,000,000	
변동매출원가		
직접재료비		
직접노무비		
변동제조간접비	1,050,000	(70,000 × @15)
변동판매관리비	260,000	
공헌이익	3,690,000	
고정제조간접비	500,000	
고정판매관리비	550,000	
영업이익	2,640,000	

99

전부원가계산 손익계산서		변동원가계산 손익계산서		초변동원가계산 손익계산서	
매 출 액	10,000,000 (= 20,000 × @500)	매 출 액	10,000,000	매 출 액	10,000,000
매출원가	6,160,000	변동원가	6,600,000	직접재료원가	2,600,000 (= 20,000개 × @130)
기초	0	변동매출원가	6,000,000 (= 20,000개 × @300*주2))		
당기	7,700,000 (= 25,000개 × @308*주1))	변동판매관리비	600,000 (= 20,000개 × @30)		
기말	1,540,000 (= 5,000개 × @308*주1))				
매출총이익	3,840,000	공헌이익	3,400,000	재료처리량공헌이익	7,400,000

*주1) 130 + 100 + 70 + (200,000/25,000) = @308
*주2) 130 + 100 + 70 = @300

100

	변동원가계산하의 이익	X
(−)	기초재고자산에 포함된 고정제조간접비	20,000 [= 400 × @50]
(+)	기말재고자산에 포함된 고정제조간접비	Y [= (400 + 2,000 − 1,400) × @FOH]
	전부원가계산하의 이익	X + 4,000

∴ @FOH = @60

- 평균법에 따른 당기총고정제조간접원가를 구하게 되면,
  (400개 × @50 + 당기총FOH) ÷ (400개 + 2,000개) = @60
  ∴ 당기총고정제조간접원가 : 124,000

101 **[제품 20단위의 총제조원가]**

	직접재료원가 = 50,000 × 20단위 =	1,000,000
(+)	기계 : 20단위 × 5h × @400 =	40,000
(+)	조립 : 20단위 × 10개 × @10,000 =	2,000,000
(+)	검사 : 20단위 × @5,000 =	100,000
	총원가 :	3,140,000

102 ③ 고저점법은 최고원가와 최저원가의 2개의 관측치만 사용하여 원가함수를 만들어 원가를 추정하는 방식이다. 고저점법은 여러 관측치 중 단지 2개의 관측치만 사용하고 나머지는 무시하기 때문에 관측치가 많을때에는 적합하지 못하다.

103 10,000Q − 5,000Q − 2,000,000 = 1,500,000

∴ Q = 700개

104 ④ 영업레버리지는 고정원가로 인하여 매출액의 변화액보다 영업이익의 변화액이 더 커지는 현상을 말한다.

105 • 영업레버리지도(DOL) $= \dfrac{\text{영업이익의 변화율}}{\text{매출액의 변화율}} = \dfrac{\text{공헌이익 } 400{,}000}{\text{영업이익 } 100{,}000} = 4$

• DOL $4 = \dfrac{\text{영업이익의 변화율}}{40\%}$

∴ 영업이익의 변화율 = 4 × 40% = 160%

106 ② 특정사업부로의 추적가능성에 따라 사업부별 추적가능고정원가와 공통고정원가로 구분하는 것이 바람직하다.
③ 통제가능원가와 통제불능원가로 구분하여야 한다.
④ 특정사업부의 경영자에 대한 성과평가 시 통제불능원가를 포함하는 것은 바람직하지 않다.

107 경영자 사업평가는 사업부경영자공헌이익으로 평가하고, 특정사업부의 평가는 사업부공헌이익으로 평가하는 것이 적합하다.

108

변동예산(실제배합)	변동예산(예산배합)	종합예산
Σ제품별 실제판매수량 × 예산단위당 공헌이익	Σ예산배합비율에 따른 제품별 실제판매수량 × 예산단위당 공헌이익	Σ제품별 예산 판매수량 × 예산단위당 공헌이익
• A : 4,950 × (800 − 500) = 1,485,000 • B : 6,050 × (600 − 400) = 1,210,000	• A : 11,000개 × 40% ×(800 − 500) = 1,320,000 • B : 11,000개 × 60% × (600 − 400) = 1,320,000	• A : 4,000 × (800 − 500) = 1,200,000 • B : 6,000 × (600 − 400) = 1,200,000
= 2,695,000	= 2,640,000	= 2,400,000

매출배합차이 55,000 유리 (변동예산(실제배합) − 변동예산(예산배합))

매출수량차이 240,000 유리 (변동예산(예산배합) − 종합예산)

PART 4

109 • 잔여이익법 : A사업부 투자수익 플러스(수락), B사업부 투자수익 마이너스(거절)
• 투자수익률법 : A사업부 투자수익 마이너스(거절), B사업부 투자수익 플러스(수락)

110 ① 잔여이익에 의하여 채택되는 투자안이 투자수익률법에 의할 경우 기각될 수도 있다.
② 투자수익률이 갖고 있는 준최적화의 문제점을 극복하기 위하여 잔여이익이라는 개념이 출현하였다.
④ 잔여이익법은 투자규모가 다른 투자중심점을 상호 비교하기가 어렵다는 문제점이 있는 반면에 투자수익률법에는 이런 문제점이 없다.

111 • 잔여이익 = 회계상 영업이익 – (투자된 자산금액 × 최저 필수수익률)
• A사업부 : 500,000 – (1,000,000 × 10%) = 400,000
• B사업부 : 1,000,000 – (2,000,000 × 40%) = 200,000
• C사업부 : 1,000,000 – (3,000,000 × 30%) = 100,000

112 • 증분수익 : –500,000
• 증분비용 = –(–280,000 – 100,000) = 380,000
∴ 전체 순이익 : 120,000원 감소

113 • 증분수익 = 200개 × @10,000 = 2,000,000
• 증분비용 = 200개 × (@3,000 + @3,000 + @3,500) = 1,900,000
∴ 100,000원 추가이익 발생

114 ④ 유휴설비를 다른 제품의 생산에 이용할 수 있는 경우에는 변동제조원가 절감액에서 외부부품 구입대금을 차감한 금액이 0(영)보다 큰 경우 외부구입 대안을 선택한다.

115 • 20,000개 × @구입가격 = 20,000개 × (200 + 50 + 50) + (600,000 × 2/3)
∴ 최대 허용 구입가격 : 320원

116 내부수익률법에 대한 설명이다.

117 • 3년 말까지 22,000원 회수되었고, 4년차때 10,000원이므로
(30,000원 – 22,000원)/10,000원 = 0.8년
∴ 3년 + 0.8년 = 3.8년

118 (35,000,000 – 17,000,000) × (1 – 30%) + (9,000,000*주) × 30%) = 15,300,000
*주) (50,000,000 – 5,000,000)/5년

119 단위당 최대대체가격 = Min[단위당 지출가능원가*주) 600, 단위당 외부구입가격 550] = 550
*주) 단위당 지출가능원가 = 1,100 – 500 = 600

120 외부실패원가 = 반품원가 2,500 + 소비자 고충처리비 5,000 = 7,500

제5회 정답 및 해설

| 재무회계 |

01	④	02	①	03	①	04	②	05	④	06	①	07	④	08	①	09	②	10	②
11	②	12	①	13	①	14	④	15	③	16	②	17	①	18	④	19	④	20	①
21	③	22	④	23	④	24	③	25	②	26	③	27	④	28	①	29	④	30	②
31	④	32	②	33	②	34	③	35	②	36	①	37	②	38	②	39	③	40	④

01 ④ 경영진은 필요한 재무정보를 기업내부에서 얻을 수 있음

02 ① 근본적인 질적특성 : 목적적합성[중요성, 예측가치와 확인(피드백)가치]과 표현의 충실성

03 ① 자본변동표는 누적기간으로 표시하여 비교한다. 따라서, 당해 회계연도 누적기간(1월 1일 ~ 9월 30일)을 직전 회계연도의 동일기간과 비교한다.

04 ② 중요하지 않은 항목이더라도 성격이나 기능이 유사한 항목끼리 통합하여 표시할 수 있다.

05 ④ 수정을 요하는 보고기간 후 사건이란 보고기간 말 이전에 이미 존재했는데 보고기간 후 추가적 정보 발견으로 재무제표를 소급하여 수정하는 것을 말한다. 위 모두 수정을 요하는 사건에 해당한다.

06 ① 실제 물량의 흐름을 고려한 방법은 개별법이다. 선입선출법은 먼저 입고된 재고가 먼저 출고된다는 가정에 입각한 방법이다.

07
- 총평균법상 재고단가 = (1,000개 × 100원 + 500개 × 120원 + 1,500개 × 140원 + 200개 × 150원) ÷ 3,200개 = 125원

∴ 총평균법상 기말재고액 = 700개 × 125원 = 87,500원
- 선입선출법상 기말재고액 = (200개 × 150원 + 500개 × 140원) = 100,000원

∴ 평가금액 차이 = 100,000원 − 87,500원 = 12,500원

08 재고자산으로 표시될 순장부금액

구 분	순장부금액
상품 A	1,500개 × 90원 = 135,000원
상품 B	4,500개 × 500원 = 2,250,000원
상품 C	2,000개 × 300원 = 600,000원
합 계	2,985,000원

09 취득가액 = 700,000,000원 + 15,000,000원 = 715,000,000원

10 ② 회계추정의 변경으로 회계처리한다.

11 • 20X2년 말 : 우선, 20X1년 말 계상된 재평가잉여금 5,000원을 차감(자본)하고, 취득가액에서 재평가금액의 차감금액인 3,000원(= 10,000원 − 7,000원)을 재평가손실(손익계산서)로 처리한다.

12 ① 무형자산을 창출하기 위한 내부 프로젝트를 연구단계와 개발단계로 구분할 수 없는 경우에는 그 프로젝트에서 발생한 지출은 모두 연구단계에서 발생한 것으로 본다.

13 ① 내용연수가 비한정인 무형자산은 상각하지 않으며, 내용연수가 유한한 무형자산으로 변경할 수 있다. 이를 회계추정의 변경이라 한다.

14 ① 유형자산, ② 재고자산, ③ 금융리스채권

15 현금및현금성자산 = 양도성예금증서(90일 이내라고 가정 시) 100,000원 + 배당금지급통지표 130,000원 + 당좌예금 100,000원 = 330,000원

16

구 분		측정금액	내 용
(주)용산의 지분증권	당기손익-공정가치 측정 금융자산	1,000,000원	취득가액으로 측정, 거래원가는 당기비용처리
(주)구로의 지분증권	기타포괄손익-공정가치 측정 금융자산	1,650,000원	= 취득가격 1,500,000원 + 거래원가 150,000원
(주)마포의 채무증권	상각후원가 측정 금융자산	1,000,000원	시장이자율과 액면이자율이 동일하므로 액면가액으로 측정

17 평가손익 = 6주 × (@3,000원 − @2,000원) = 6,000원(평가이익)

18 • 20X1년 말 장부가액 = 951,963원 × 1.12 − 100,000원 = 966,199원
∴ 처분이익 = 990,000원 − 966,199원 = 23,801원(처분이익)

19 ④ 할인발행 시 만기로 갈수록 이자비용이 체증하는 형태를 띤다.

20 ① 신뢰성 있게 금액을 추정가능하며 자원유출가능성이 높을 경우에만 충당부채를 인식한다.

21 ③ 자기주식 취득 시 자본금은 불변이다.

22 ④ 감자차손이 아니라 감자차익이 발생한다.

23 ④ 실제로 인수되었으므로 형식적인 고객 인수 절차와 관계없이 지금 인도시점에 수익을 인식한다.

24 ① 할부금 회수액 : 동일
② 이자수익 : 감소
④ 매출채권 장부금액 : 감소

25

구 분	20x1년	20x2년	20x3년
진행률 ①	40% (= 0.6억/1.5억)	70% (= 1.12/1.6억)	100% (= 1.65억/1.65억)
당기수익 (= 공사계약금액 × ① − 전기누적수익)	68,000,000	51,000,000	51,000,000
당기비용	60,000,000	52,000,000	53,000,000
당기이익	8,000,000	−1,000,000	−2,000,000

26 • 20X1년 말 누적공사수익 = 120,000,000원 × (40,000,000원/100,000,000원) = 48,000,000원(공사청구가능금액)
• 실제대금청구금액 : 40,000,000원
∴ 계약자산(미청구금액) = 48,000,000원 − 40,000,000원 = 8,000,000원

27 ④ 확정급여제도의 경우 사외적립자산은 공정가치로 측정하여 재무상태표에 인식되는 순확정급여부채를 결정할 때 차감한다.

28 당기보상비용 = 10,000개 × 150,000원 × (1/3) = 500,000,000원

29 〈익금불산입〉 200,000원(= 500,000원 − 300,000원) △유보
200,000원 × 30% = 60,000원 가산할 일시적 차이로 인식한다(이연법인세부채).

30 • 과세소득 = 2,000,000원 + 50,000원 + 80,000원 − 20,000원 = 2,110,000원
• 당기법인세 = 2,110,000원 × 20% = 422,000원
• 이연법인세자산 = 80,000원 × 20% = 16,000원
• 이연법인세부채 = 20,000원 × 20% = 4,000원
∴ 당기 법인세비용 = 422,000원 − 16,000원 + 4,000원 = 410,000원

31 ④ 회계정책의 변경이다(측정기준의 변경).

32 기본주당순이익 = 2,600,000원 ÷ [12,000주 + (3,000주 × 10/12) – (3,000주 × 6/12)] = @200원

33 관계기업투자주식의 장부금액 = 기초장부금액 1,000,000원 + [당기순이익 300,000원 – (건물 평가이익 200,000원 – 잔존가치 0원) ÷ 잔존내용연수 5년] × 30% = 1,078,000원

34 ③ 표시통화로 환산하여 재무제표에 보고한다.

35 ② 매출채권은 화폐성 항목이다.

36 ① 위험을 회피하기 위해서는 매도하는 통화선도계약을 체결해야 한다.

37 ② 증분차입이자율에 대한 설명이다.

38 ② 리스제공자가 인식할 매출액 계산 시 리스료의 현재가치는 리스제공자의 시장이자율로 할인하여 계산한다.

39 ③ 단기매매금융자산의 취득 – 영업활동

40 투자활동 현금흐름 = 유형자산의 처분 500,000원 – 기타포괄손익 – 공정가치 측정 금융자산의 취득 1,000,000원
= –500,000원(현금유출)

| 세무회계 |

41	③	42	③	43	③	44	④	45	①	46	④	47	③	48	④	49	④	50	③
51	④	52	①	53	②	54	③	55	④	56	③	57	②	58	②	59	②	60	②
61	③	62	①	63	①	64	④	65	③	66	②	67	①	68	④	69	③	70	③
71	④	72	③	73	①	74	②	75	②	76	③	77	③	78	③	79	②	80	④

41 ③ 조세법률주의는 국가는 법률의 근거에 의해서만 조세를 부과·징수할 수 있으며, 국민은 법률에 의해서만 납세의무를 진다는 원칙이다.

42 ③ 2025년 3월 31일이 토요일인 경우에는 그 다음 다음 날인 2025년 4월 2일까지 법인세를 신고·납부하여야 한다.

43 ③ 후발적 사유로 인한 경정청구는 해당 사유가 발생한 것을 안 날로부터 3개월 이내에 경정청구를 할 수 있다.

44 ④ 출자임원에게 귀속되는 소득은 상여로 처분한다.

45 ① 임원이 아닌 사용인에게 지급하는 상여금은 급여지급기준을 초과하여 지급한 경우도 손금에 산입한다.

46 각 사업연도 소득금액 = 300,000,000원 + 2,000,000원 + 2,000,000원 + 1,500,000원(유보의 증가) + 7,700,000원(△유보의 감소) = 313,200,000원

47 익금 = 자산수증이익 10,000,000원 + 고정자산 양도가액 3,000,000원 + 간접외국납부세액 6,000,000원
= 19,000,000원

48 손금불산입 = 대주주인 임원에 대한 사택유지비 3,000,000원 + 이익처분에 의하여 지급하는 상여금 2,000,000원 + 폐수배출부담금 1,000,000원 = 6,000,000원

49 ④ 기부금은 현금주의로 손익을 인식한다.

50 ① 영업장별로 상이한 방법으로 평가할 수 있다.
② 재고자산평가방법 무신고 시 선입선출법을 적용한다.
④ 익금불산입하여 △유보 처분한다.

51 ④ 법인세신고기한인 2026년 3월 31일까지 신고한다.

52 ② 사용하기 시작한 날부터 계산한다.
③ 즉시상각의제로 보고 감가상각시부인을 한다.
④ 법인세법은 유・무형자산을 불문하고 잔존가액을 원칙적으로 모두 '0'으로 한다.

53 의제기부금 = (20억원 × 70%) − 10억원 = 4억원

54 ③ 재해손실세액공제는 사업연도 중 재해로 인하여 사업용 자산가액의 20% 이상을 상실하여 납세하기가 곤란하다고 인정되는 경우 받을수 있다.

55
- 법정증빙서류 미수취 기업업무추진비 : 1,000,000원
- 기업업무추진비 한도액 = 36,000,000원 + [(18억원 × 3/1,000) + (2억원 × 3/1,000 × 10%)] = 41,460,000원
- 기업업무추진비 한도초과액 = (45,000,000원 − 1,000,000원) − 41,460,000원 = 2,540,000원

∴ 손금불산입 총 합계액 = 1,000,000원 + 2,540,000원 = 3,540,000원

56 ③ 나머지는 대손처리 불가능하다.

57 ② 조세특례제한법상에서도 신용회복목적회사의 손실보전준비금 등을 규정하고 있다.

PART 4

58 • 1,000,000,000원 × 7% × 1/365 − 60,000원 = 131,781원
∴ (익금산입) 가지급금 인정이자 131,781원 (상여)

59 • 특례기부금 한도시부인 = 50,000,000원 − (170,000,000원 − 70,000,000) × 50% = 0
• 일반기부금 한도시부인 = 20,000,000원 − (170,000,000원 − 70,000,000원 − 50,000,000원) × 10%
= 15,000,000원
∴ 기부금 손금불산입액 : 15,000,000원

60 ② 각 사업연도 종료일이 속하는 달의 말일부터 3개월 이내

61 ③ 단체를 1거주자로 보아 그 단체에 소득세를 과세한다.

62 ① 출자공동사업자의 배당소득은 무조건 종합과세대상이다.

63 ① 개인사업자는 자유롭게 출자금을 인출할 수 있다.

64 ㄷ. 종업원이 출퇴근을 위하여 차량을 제공받는 경우의 운임 : 과세 제외
ㄹ. 사내근로복지기금으로부터 무주택근로자가 지급받는 주택보조금 : 과세 제외

65 • 잉여금 처분결의일이 귀속시기이고, 인정상여는 근로를 제공한 때가 귀속시기이다.
∴ 2025년 근로소득 과세금액 = 2,000,000원 + 1,800,000원 = 3,800,000원

66 • 2024년 종합소득금액 = 20,000,000원 − 10,000,000원 = 10,000,000원
※ 부동산임대소득금액에서 발생한 결손금은 다른 소득금액과 통산 안 됨
∴ 2025년도 종합소득금액 = (5,000,000원 − 3,000,000원) + 12,000,000원 + 20,000,000원 = 34,000,000원
※ 2024년 부동산임대소득 이월결손금은 2025년 부동산임대소득과 통산됨

67 ① 50,000,000원 이하 → 30,000,000원 이하

68 • 교육비 해당금액 = 6,000,000원 + 4,000,000원 + 2,500,000원 + 1,500,000원 = 14,000,000원
∴ 교육비세액공제액 = 14,000,000원 × 15% = 2,100,000원

69 ③ 국외사용분은 공제액 계산 시 제외한다.

70 ③ 소득세 중간예납 납부기한은 11월 30일이다.

71 ① 무체물도 부가가치세 과세대상이다.
② 우리나라의 부가가치세 제도는 전단계세액공제법을 채택하고 있다.
③ 수입재화는 수입자가 사업자인지 여부에 관계없이 세관장이 부가가치세를 거래징수하도록 규정하고 있다.

72 ③ 매입세액을 공제받을 수 없다.

73 ① 거래처가 아닌 내가 공급한 재화의 시가를 과세표준으로 한다.

74 ① 거래의 전부 또는 일부를 하는 고정된 장소는 사업장으로 본다
③ 총괄납부신청을 한 경우에는 신고는 각 사업장에서 해야 하고, 납부만 총괄납부 한다.
④ 수탁자가 납세의무자가 되는 경우 해당 신탁재산의 등기부상 소재지 또는 그 사업에 관한 업무를 총괄하는 장소가 사업장이 된다.

75 과세표준 : (1) 1,500,000원 + (2) 3,000,000원 + (3) 0원(인도일에 전액 인식한다) = 4,500,000원

76 ③ 5년 → 3년

77 과세표준 : 370,000,000원 (ㄱ)

78 ① 재화의 자가공급 등 간주공급에 대한 과세표준은 당해 재화의 시가에 의한다.
② 간주공급 재화가 감가상각자산일 경우에는 중고재화로서 일반적인 거래대상이 아니기 때문에 객관적인 정상가격을 산정하기 어려우므로 재화의 취득가액에 경과연수를 고려한 금액을 시가로 본다.
④ 부가가치세가 면세되는 토지와 과세되는 건물을 일괄 양도하였다면 건물 등의 공급가액은 실지거래가액이 있다면 실지거래가액으로 계산한다.

79 ② 간주임대료만 세금계산서 발급 의무가 면제된다.

80 ④ 직전연도 공급대가의 합계액이 4,800만원 이상 ~ 10,400만원 미만인 자는 세금계산서 발행이 원칙이다.

| 원가관리회계 |

81	②	82	④	83	④	84	④	85	①	86	③	87	③	88	②	89	④	90	②
91	④	92	④	93	④	94	③	95	④	96	④	97	②	98	④	99	③	100	①
101	③	102	①	103	①	104	③	105	②	106	③	107	②	108	②	109	④	110	④
111	②	112	④	113	③	114	②	115	③	116	④	117	②	118	③	119	③	120	②

81 ② 비정상적인 상황에서 발생한 가치의 감소분은 원가에 포함하지 않는다.

82
- 기초원가 = (30,000 + 300,000 − 20,000) + 90,000 = 400,000
- 가공원가 = 90,000 + 150,000 = 240,000

83 ① 원가의 추적가능성에 따라 직접원가와 간접원가로 분류할 수 있다.
② 원가의 행태에 따라 변동원가와 고정원가로 분류할 수 있다.
③ 수익과의 대응관계에 따라 제품원가와 기간원가로 분류할 수 있다.

84

구 분	보조부문		제조부문	
	A 200,000	B 300,000	C	D
A 부문 용역제공	(200,000)	80,000(40%)	40,000(20%)	80,000(40%)
B 부문 용역제공		(380,000)	237,500(50%)	142,500(30%)
배분원가			277,500원	222,500원

85 ① 개별원가계산에서 작업원가표는 보조계정이며 재공품계정은 주로 관리하는 통제계정이 된다.

86

구 분	X부문	Y부문	합 계
직접재료원가	800,000원	500,000원	1,300,000
직접노무원가	1,000,000원	500,000원	1,500,000
제조간접원가	300,000원(30%)	200,000원(40%)	500,000
합 계			3,300,000

87 ① 평균법에 의한 종합원가계산은 기초재공품이 그 기간에 착수되어 생산된 것처럼 취급한다.
② 평균법이 적용되는 종합원가계산에서는 전기에 투입한 기초재공품원가와 당기투입원가의 합계액을 완성품 원가와 기말재공품원가에 배분한다.
④ 평균법이 적용되는 종합원가계산의 경우 완성품환산량은 총 작업량을 의미한다.

88

		완성품환산량	
	수 량	재료비	가공비
기초(100개)			
당기착수(900개)			
완성품	800개	800개	800개
기말재공품(20%)	200개	200개	40개
		1,000개	840개
기초재공품		200,000원	150,000원
당기발생원가		800,000원	606,000원
		1,000,000원	756,000원
완성품환산량		÷ 1,000개	÷ 840개
완성품환산량 단위당 원가		@1,000원	@900원

당기완성품원가 800개 × @1,000원 + 800개 × @900원 = 1,520,000원

기말재공품원가 200개 × @1,000원 + 40개 × @900원 = 236,000원

89 ④ 선입선출법이 240개(= 600개 × 40%) 더 작다.

※ 평균법과 선입선출법의 차이는 기초재공품에 대한 완성품환산량 차이 때문이다.

90

- 65,000개 − 53,000개 = 12,000개
- 12,000개 = 기초재공품 × 60%

∴ 기초재공품 = 20,000개

91 ① 예외에 의한 관리는 큰 부분만 관리하기 때문에 적은 차이가 발생할 경우 반영이 안되게 되면 종업원 동기 유발 관점에서 적절하지 않을 수 있다.

② 관리목적상 표준원가에서 벗어나는 원가항목을 보다 중점적으로 관리해야 한다.

③ 원가통제를 포함한 표준원가시스템을 잘 활용하면 원가감소를 유도할 수 있다.

92 ④ 총차이란 실제발생원가에서 실제산출량에 허용된 표준원가를 차감한 차이를 의미한다.

93

AQ × AP	AQ × SP	SQ × SP
4,000,000	실제작업시간 × 표준가격 = 5,200,000	(2,000 × 24) × 표준가격 = 4,800,000

가격차이 1,200,000(유리)　　능률차이 400,000(불리)

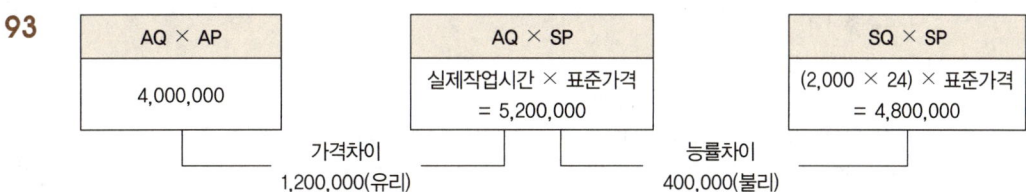

- 표준가격 = 4,800,000 ÷ (2,000 × 24) = @100

∴ 실제작업시간 = 5,200,000 ÷ @100 = 52,000시간

94

AQ × SP	SQ × SP
3,500 × 2.5 = 8,750	3,800 × 2.5 = 9,500

능률차이
750(유리)

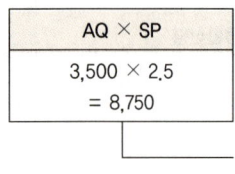

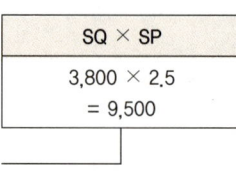

95 ④ 고정제조간접원가 예산은 사전에 설정해 놓은 기준조업도에 제품 단위당 예정배부율을 곱하여 계산한 금액을 의미한다.

96 ① 고정판매비와관리비는 변동원가계산과 전부원가계산 간의 처리방법이 동일하다.

② 변동원가계산, 전부원가계산 모두 표준원가를 사용할 수 있다.

③ 변동원가계산은 고정제조간접원가를 기간원가로 인식하고 전부원가계산은 고정제조간접원가를 제품원가로 인식한다.

97 ② 기말재고 고정제조간접비 900원(= 300개 × @3)만큼 변동원가계산하에 기말재고액이 작다.

98
- 매출액 = 4,500 × 350 = 1,575,000
- 매출원가 = (5,000 − 500) × 80 = 360,000

∴ 재료처리량 공헌이익 = 1,215,000원

99

변동원가계산하의 이익	0
기초재고자산에 포함된 고정제조간접비(−)	0
기말재고자산에 포함된 고정제조간접비(+)	8,000
전부원가계산하의 이익	8,000

- [고정제조원가 24,000원 ÷ (판매량 800개 + 기말재고수량)] × 기말재고수량 = 8,000

∴ 기말재고수량 = 400개

∴ 총 생산량 = 판매량 800개 + 기말재고수량 400개 = 1,200개

100 (a) 전부원가계산에 따른 매출총이익
- 매출액 = 10,000 × 500 = 5,000,000
- 매출원가 = 10,000 × (150 + 120 + 50 + 10) = 3,300,000
- 매출총이익 : 1,700,000

(b) 변동원가계산에 따른 공헌이익
- 매출액 = 10,000 × 500 = 5,000,000
- 변동원가 = 10,000 × (150 + 120 + 50 + 30) = 3,500,000
- 공헌이익 = 1,500,000

(c) 초변동원가계산에 따른 재료처리량공헌이익
- 매출액 = 10,000 × 500 = 5,000,000
- 직접재료원가 = 10,000 × 150 = 1,500,000
- 재료처리량공헌이익 : 3,500,000

101

활 동	원가동인	연간 원가동인수	연간 가공원가총액	단위당 가공원가	변동원가
세 척	재료의 부피	100,000리터	200,000원	200,000/100,000 = @2	@2 × 30 = 60
압 착	압착기계시간	45,000시간	900,000원	900,000/45,000 = @20	@20 × 10 = 200
분 쇄	분쇄기계시간	21,000시간	546,000원	546,000/21,000 = @26	@26 × 5 = 130

• 판매단가 : @2,000

• 변동원가 = 400 + 60 + 200 + 130 = @790

∴ 단위당 공헌이익 = 2,000 − 790 = 1,210

102 ① 200,000은 총 고정제조간접원가를 의미한다.

103 • 손익분기점 매출액 = 600,000원 ÷ 25% = 2,400,000원

∴ 안전한계율 = (3,000,000 − 2,400,000) ÷ 3,000,000 = 20%

104 ③ 총수익 − 총비용 = 총이익(C)

105 • 공헌이익률 = 1 − 60% = 40%

• 고정원가 = 15,000 × 40% = 6,000

• (목표매출액 × 40%) − 6,000 = 2,000

∴ 목표매출액 = 20,000

106 ③ 정확하고 공정한 성과평가가 이뤄지려면 적시성과 경제성도 고려해야 한다.

107 ② 사업부의 성과평가목적에 가장 적합한 이익은 사업부공헌이익이다.

108

변동예산(실제배합)	변동예산(예산배합)	종합예산
Σ제품별 실제판매수량 × 예산단위당 공헌이익 = (500 × 10) + (2,000 × 5) = 15,000	Σ예산배합비율에 따른 제품별 실제판매수량 × 예산단위당 공헌이익 = (1,000 × 10) + (1,500 × 5) = 17,500	Σ제품별 예산 판매수량 × 예산단위당 공헌이익 = (800 × 10) + (1,200 × 5) = 14,000

매출배합차이 2,500 (불리)

매출수량차이 3,500 (유리)

109 ① 규모가 다른 투자중심점의 성과비교가 가능하다.

② 사업부의 이익뿐만 아니라 투자금액의 활용정도까지 고려한다.

③ 사업부의 경영자가 자신의 사업부 투자액에 대한 통제권한이 있더라도 그 경영자의 성과측정 지표로 활용될 수 있다.

110 EVA = 세전이익 × (1 − 법인세율) − 투하자본 × WACC
= 110억 − 500억 × {6.25% × (1 − 20%) × 50% + 15% × 50%}
= 60억

111 ② 복수제품 판매 시 나타나는 차이는 매출배합차이이다.

112 ④ 과거의 투자금액이며 미래 의사결정과정에 영향을 주지 못하는 금액인 10억원이 매몰원가이다.

113 • 증분수익 : (−)150,000
• 증분비용 : (−)120,000 − 25,000
• 증분이익 : (−)5,000
∴ A제품 라인 폐지 시 5,000원의 손실이 발생하므로 생산라인을 유지하는 것이 낫다.

114 ① 당해 의사결정에 따라 회피가능한 고정원가는 관련원가다.
③ 고정원가가 당해 의사결정과 관계없이 계속 발생한다면 고정원가는 비관련원가이다.
④ 회피가능고정원가가 외부구입원가보다 큰 경우에는 외부구입하는 것이 바람직하다.

115 ③ 재작업을 하면 280만원에 판매할 수 있는 기회를 포기하는 것이므로 기회원가는 280만원이다.

116 ④ 이자비용은 현재가치를 계산할 때 사용되는 할인율을 통해 그 효과가 반영되므로 현금흐름에는 반영하지 않는다.

117 ② (a) 회계적 이익률법, (b) 순현재가치법에 대한 설명이다.

118 ③ 이익중심점인 중간사업부로 하여금 공정개선 및 기술혁신을 통한 원가절감을 이루도록 하기 위해서는 시장가격보다 단위당 증분지출원가를 사내대체가격으로 채택하는 것이 효과적이다.

119 • 유휴생산시설이 없어서 B사업부로 대체하게 되면 A사업부는 외부판매를 포기해야 한다.
∴ 단위당 최소대체가격 = 단위당 증분지출원가 + 기회원가
= (570 − 30) + (700 − 570)
= 670

120 ⓑ 잠재 고객의 요구를 충족하는 제품의 개발
ⓓ 고객이 인지하는 가치와 경쟁기업의 가격 등을 고려하여 목표가격을 선택
ⓒ 목표가격에서 목표이익을 고려하여 목표원가를 산출
ⓐ 목표원가 달성을 위한 가치공학을 수행

제6회 정답 및 해설

| 재무회계 |

01	③	02	④	03	①	04	③	05	③	06	①	07	②	08	④	09	②	10	①
11	②	12	①	13	③	14	④	15	④	16	③	17	②	18	②	19	③	20	③
21	②	22	②	23	②	24	③	25	③	26	②	27	③	28	④	29	①	30	①
31	②	32	②	33	④	34	①	35	③	36	②	37	②	38	①	39	③	40	②

01 ① 관리회계는 별도의 기준서가 없다.
② 종업원의 경우도 재무정보를 필요로 한다.
④ 관리회계는 내부보고용으로 사용된다.

02 ④ 비용의 인식은 자산의 감소로도 인식된다.

03 ② 사용가치, ③ 현행원가, ④ 공정가치

04 유동자산 = 80,000 + 400,000 + 250,000 + 320,000 = 1,050,000

05 ① 최상위 지배자의 명칭도 공시를 해야한다.
② 주식기준보상도 포함한다.
④ 거래가 없을 경우에도 공시해야 한다.

06 • 재고자산감모손실 : 장부수량과 실사수량의 차이
- 상품 = (1,100 − 1,000) × (4,400,000/1,100) = 400,000
- 제품 = (1,000 − 1,000) × (3,000,000/1,000) = 0

07 • 매출원가 : 선입선출법 〈 이동평균법 〈 총평균법 〈 후입선출법
• 이익(기말재고) : 선입선출법 〉 이동평균법 〉 총평균법 〉 후입선출법

08 • 재고자산감모손실 = (100개 − 95개) × @200 = 1,000
• 재고자산평가손실 = 95개 × (@200 − @150) = 4,750
∴ 5,750원 당기손익 감소

PART 4

09 • 정액법 = (5,000,000 − 500,000)/5년 = 900,000
• 정률법 = 5,000,000 × 0.451 = 2,255,000
• 생산량비례법 = (5,000,000 − 500,000) × (1,500/6,000) = 1,125,000
• 연수합계법 = (5,000,000 − 500,000) × (5/15) = 1,500,000

10 ① 재평가잉여금을 당기손익으로 재분류하지 않는다.

11 • 20X1년 말 : 감가상각 20,000 → 기말장부가액 80,000, 손상차손 40,000 인식
• 20X2년 말 : 감가상각 10,000(= 40,000/4년) → 기말장부가액 30,000
∴ 손상차손환입 20,000(= 50,000 − 30,000) 인식

12 무형자산 인식금액 = 개발비 320,000 + 외부구입 180,000 = 500,000

13 ③ 정액법을 사용한다.

14 ④ 공정가치 하락에 따른 평가손실 2,000,000원(= 97,000,000 − 95,000,000)을 인식한다.

15 ④ 상각후원가 측정 금융자산을 재분류할 때 최초 취득일의 유효이자율을 사용하고 조정하지 않는다.

16 ③ 미지급법인세는 금융부채에 해당하지 않는다.

17 ② 당기손익-공정가치 측정 금융부채와 관련된 거래원가는 당기비용 처리한다.

18 사채발행으로 인한 조달금액 = 500,000 × 2.673 + 10,000,000 × 0.8396 = 9,732,500

19 ③ 신주인수권부사채에 대한 설명이다.

20 제품보증충당부채 = 14,000,000 × 2% − 100,000 = 180,000

21 • 발행주식수 = 50억/5,000원 = 100만주
• 주식발행금액 = (50억 + 30억)/100만주 = @8,000
• 법정자본금 = 50억
• 주당이익 = 10억/100만주 = @1,000

22

연 도	20X1년 12월 31일	20X2년 이익처분			잔 액
이익준비금	100,000	−	−	6,000	106,000
임의적립금	50,000	−	−	−	50,000
미처분이익잉여금	300,000	(30,000)	(60,000)	(6,000)	204,000

23 ① 회수가능성이 높아야 한다.
③ 거래가격 산정시 제3자를 대신해서 회수한 금액은 포함하지 않는다.
④ 자산은 고객이 그 자산을 통제할 때 이전된다.

24 20X1년 수익인식금액 = 2억 ÷ 4년 = 50,000,000

25 ① 계약수익은 진행률에 따라 인식한다.
② 하도급계약에 따라 수행될 공사에 대해 하도급자에게 선급한 금액은 진행률 산정과 관련이 없다.
④ 건설계약의 결과를 신뢰성 있게 추정할 수 없는 경우 발생한 원가범위 내에서 수익을 인식한다.

26
- 20X1년도 = (50,000,000 − 40,000,000) × 1/4 = 2,500,000
- 20X2년도 = (50,000,000 − 40,000,000) × 3/4 − 2,500,000 = 5,000,000

27 ③ 확정급여채무의 현재가치를 계산할 때 종업원 이직률, 조기퇴직률, 임금상승률, 할인율 등의 가정은 상황변화에 따라 상이한 값을 적용해야 한다.

28
- 20X1년 = 300개 × 15,000 × 1/3 − 0 = 1,500,000
- 20X2년 = 300개 × 20,000 × 2/3 − 1,500,000 = 2,500,000

29 ① 이연법인세부채 항목이다.

30 이연법인세부채 = 가산할 일시적차이 6,000,000 × 20% = 1,200,000

31

구 분	20X1년 말	20X2년 말	20X3년 말	20X3년 말 이익잉여금
수정 전			30,000	100,000
20X1년 수정	(5,000)	5,000		0
20X2년 수정		2,000	(2,000)	0
20X3년 수정			(3,000)	(3,000)
수정 후			25,000(B)	97,000(A)

32
- 당기순이익 = 14,000,000 − 2,000,000 = 12,000,000
- 주식수 = 17,000 + 9,000 × 4/12 = 20,000

∴ 기본주당순이익 = 12,000,000 ÷ 20,000 = @600

33 ④ 내부미실현손익 제거 : 투자자와 관계기업 사이에서 발생한 당기손익에 대하여 투자자는 그 관계기업에 대한 투자지분과 무관한 손익까지만 투자자의 재무제표에 인식한다.

34 취득가 850,000 − (이익잉여금(감소) 100,000 × 30%) = 820,000

35
- 기말 = $14,000 × 1,200 = 16,800,000
- 기초 = $10,000 × 1,000 = 10,000,000

∴ 재평가잉여금 = 6,800,000

36 ② 공정가치위험회피 목적으로 보유하고 있는 파생상품의 평가손익은 당기손익으로 처리한다.

37
- 사용권자산의 원가 = 400,000 + 100,000 = 500,000
- 감가상각 = 500,000/5년 = 100,000 (리스기간이 아닌 내용연수로 감가상각)

38

매입채무

지급	120,000,000	기초	10,000,000
기말	35,000,000	외상	145,000,000

39 ③ 리스부채는 자금을 조달하기 위한 것이므로 재무활동에 해당한다.

40 40,500,000(순이익) + 300,000(감가상각비 제거) + 150,000(유형자산처분손실 제거) − 300,000(재고자산의 증가 제거) = 650,000 − 50,000(영업활동으로 인한 현금흐름) = 600,000

∴ 매출채권의 증가 600,000

| 세무회계 |

41	②	42	④	43	③	44	④	45	①	46	③	47	④	48	③	49	②	50	①
51	④	52	①	53	③	54	③	55	②	56	③	57	①	58	②	59	③	60	③
61	①	62	②	63	①	64	③	65	①	66	①	67	④	68	④	69	③	70	③
71	①	72	④	73	④	74	②	75	③	76	②	77	③	78	②	79	①	80	④

41 ② 실질과세의 원칙에 반하는 규정을 다른 세법에서 규정하고 있는 경우 개별 세법에서 규정하고 있는 그것을 국세기본법보다 우선하여 적용한다.

42 소멸시효의 정지사유는 다음과 같다.
- 세법에 따른 분납기간
- 징수 유예기간
- 압류·매각의 유예기간
- 연부연납기간
- 세무공무원이 국세징수법에 따른 사해행위 취소소송이나 민법에 따른 채권자대위 소송을 제기하여 소송이 진행 중인 기간. 단, 소송이 각하, 기각 또는 취하된 경우에는 효력을 상실한다.
- 체납자가 국외에 6개월 이상 계속 체류하는 경우 해당 국외 체류 기간

43 ③ 경정청구제도에 대한 설명이다.

44 ④ 3년 → 5년

45 ① 외국법인도 토지 등 양도소득에 대한 법인세 납세의무가 있다.

46 기말잔액 = 기초 27,000,000 + 감가상각비한도초과 33,000,000 + 대손충당금한도초과 5,500,000 − 재고자산평가이익 9,500,000 − 단기매매금융자산평가이익 8,000,000 − 전기대손충당금한도초과 5,000,000 = 43,000,000

47
- 주식발행액면초과액 = 주식의 시가와 액면가액의 차이 = 7,000 − 5,000 = 2,000
- 채무면제이익 = 채무면제금액 − 주식의 시가 = 8,500 − 7,000 = 1,500

48 ③ 기부금의 귀속시기는 현금주의다. 미지급한 기부금에 대해 손금불산입하고, 실제로 지출했을 때 사후관리를 위해 기타사외유출이 아닌 유보로 소득처분한다.

49 ② 영업사원의 교통위반 범칙금에 대하여 손금불산입하고 기타사외유출로 소득처분한다.

50 ① 이자지급일 이전에 기간 경과분을 이자비용으로 계상하는 경우 해당 사업연도의 손금으로 인정된다.

51 ④ 원상회복이나 능률유지를 위해 지출한 수선비는 '수익적 지출'에 해당한다. 수익적 지출의 경우 당해 자산의 취득가액에 가산하지 않고 당기 손금에 산입한다.

52 ① 당기 시인부족액 2,000,000원(= 20,000,000 − 18,000,000)이 있다면, 전기 상각부인액이 넘어온 경우에만(상황1) 세무조정으로 손금산입 가능하다.

53 ③ 10% → 30%

54 ③ 시가와 장부가액 중 큰 금액으로 한다.

PART 4

55 ② 과세표준은 각 사업연도 소득에서 이월결손금, 비과세소득, 소득공제를 순서대로 공제하여 계산한다.

56 ㄱ. 채권자가 불분명한 사채의 이자(원천징수세액 제외) : 대표자 상여
ㄴ. 비실명 채권·증권의 이자상당액(원천징수세액 제외) : 대표자 상여
ㄹ. 업무무관자산 등 관련 이자 : 기타사외유출

57 ② 대손충당금 한도미달액은 결산조정사항이다.
③ 법인세법상 대손금으로 인정된 금액 중 회수된 금액은 회수된 날이 속하는 사업연도의 익금에 산입한다.
④ 대여금, 미수금 등에 대해서도 대손충당금을 설정할 수 있다.

58 ② 소득공제 → 세액공제

59 ③ 법인의 대주주와 생계를 같이하는 친족도 법인의 특수관계인에 해당한다.

60 ③ 의제배당과는 관계없다.

61 ① 분류과세 → 분리과세

62 • 종합과세할 금융소득금액 = 10,000,000 + (30,000,000 + 20,000,000) + 10,000,000 = 70,000,000
• 그로스업 금액 = (70,000,000 − 20,000,000) × 10% = 5,000,000
∴ 총 종합과세 금융소득금액 = 70,000,000 + 5,000,000 = 75,000,000

63 ② 개인사업자가 출자금을 인출하는 경우 가지급금인정이자를 계산하지 아니한다.
③ 복식부기의무자의 경우 유형자산처분손익(부동산 제외)은 사업소득에 포함한다.
④ 1 주택을 소유하는 자의 주택임대소득(기준시가 12억원을 초과하는 주택 제외)에 대해서는 비과세가 적용된다.

64 • 총급여 = (2,500,000 × 12) + (2,500,000 × 5) + (50,000 × 12) + (100,000 × 12) + 1,000,000
= 45,300,000
• 근로소득공제액 = 1,200만원 + (300,000 × 5%) = 12,015,000
∴ 근로소득금액 = 33,285,000

65 ① 업무와 관계 있는 사보게재 원고료는 근로소득이다.

66 종합소득 과세표준 = 사업소득 40,000,000 + 근로소득 80,000,000 − 소득공제 40,000,000 = 80,000,000

67 ④ 거주자이기만 하면 기부금세액공제 적용이 가능하다(단, 사업소득만 있는 거주자는 제외).

68 ① 45%, ② 3%, ③ 30%

69 ③ 신용카드 국외사용분은 소득공제 대상에 포함되지 아니한다.

70 • 양도차익 = 120,000,000 − 60,000,000 − 2,000,000 = 58,000,000
• 장기보유특별공제 = 58,000,000 × 18% = 10,440,000
∴ 과세표준 = 58,000,000 − 10,440,000 − 2,500,000(기본공제) = 45,060,000

71 ① 전단계거래액공제법 → 전단계세액공제법

72 ① 영세율을 적용받는 사업자도 부가가치세법상 사업자이다.
② 영리유무에 불구하고 사업상 독립적으로 재화 또는 용역을 공급하는 자는 납세의무자이다.
③ 주사업장 총괄납부 사업자라 하더라도 신고는 각 사업장별로 하여야 한다.

73 ④ 종료일까지 → 폐업일까지

74 ② 따로 제품의 포장만을 하거나 용기에 충전만을 하는 장소는 사업장에 포함하지 않는다.

75 ③ 사업상 증여하는 것으로 구입 시 매입세액공제를 받지 못한 재화는 재화의 공급에 해당하지 않는다.

76 ① 조건이 성취되거나 기한이 경과되어 판매가 확정되는 때
③ 재화의 인도일
④ 수탁자 또는 대리인의 공급기준으로 적용

77 ③ 면세사업자는 매입세액을 공제받지 못하며, 영세율 적용 대상자는 매입세액을 공제받는다.

78 ② 자기가 받은 재화의 시가 → 자기가 공급한 재화의 시가

79 • 공제 매입세액 : 50,000,000(원재료)
※ 기계장치는 일반적으로 매입세액 공제 가능하지만 세금계산서의 필요적 기재사항 누락 시엔 불가하다.

80 ④ 사용한 날 → 구입한 날

| 원가관리회계 |

81	③	82	②	83	①	84	③	85	③	86	③	87	④	88	②	89	④	90	②
91	②	92	③	93	③	94	④	95	③	96	③	97	①	98	②	99	②	100	②
101	②	102	④	103	③	104	②	105	③	106	③	107	③	108	③	109	①	110	③
111	③	112	②	113	①	114	④	115	②	116	③	117	③	118	④	119	④	120	②

81 ③ 고정원가에 대한 설명이다.

82 매출원가 = 500,000 − 150,000 = 350,000

제 품

기초재고	70,000	매출원가	350,000
당기제품제조원가	380,000	기말재고	100,000

재 공 품

기초재공품	50,000	완성품	380,000
직접재료비	60,000		
직접노무비	200,000		
제조간접비	XXX	기말재공품	60,000

∴ 제조간접원가 130,000

83 ① 당기제품제조원가를 의미한다.

84 창고부문원가 : A, 전력부문원가 : B라 하면,

• A = 200,000원 + 0.2B

• B = 800,000원 + 0.4A

∴ A = 391,304

B = 956,521

∴ 조각부 배분원가 = 391,304 × 0.3 + 956,521 × 0.5 = 595,652

구 분		조각부	도료부	창고부	전력부	합 계
배부 전 원가				200,000	800,000	1,000,000
배부액	창고부	30%	30%	391,304	40%	
	전력부	50%	30%	20%	956,521	
배부 후 원가		595,652	404,348			

85 ① 변동원가, 초변동원가, 표준원가, 정상원가 등 상호결합해서 사용가능하다.

② 개별원가계산은 제품원가를 개별작업별로 구분하여 집계하므로 제조직접비와 제조간접비의 구분이 중요하다.

④ 제조간접원가는 개별작업과 관련하여 직접적으로 추적 불가능하므로 이를 배부하는 절차가 필요하다.

86 • 제조간접원가 배부율 = 3,000,000/500,000 = @6

	일반형 전화기	프리미엄 전화기
직접재료원가	400,000	800,000
직접노동원가	100,000	400,000
제조간접원가	600,000	2,400,000
합 계	1,100,000	3,600,000

87 ㄴ – ㄹ – ㅁ – ㄱ – ㄷ 순서로 계산한다.

88 **[선입선출법]**

			완성품환산량	
		수 량	재료비	가공비
완성품	기초재공품(40%)	1,000개	0(전기투입완료)	600개
	당기투입	1,800개	1,800개	1,800개
기말재공품(80%)		700개	700개	560개
				2,960개

[평균법]

		완성품환산량	
	수 량	재료비	가공비
완성품	2,800개	2,800개	2,800개
기말재공품(80%)	700개	700개	560개
			3,360개

89

			완성품환산량	
		수 량	재료비	가공비
완성품	기초재공품(60%)	3,000개	0	1,200개
	당기투입	24,000개	24,000개	24,000개
기말재공품(25%)		6,000개	6,000개	1,500개
			30,000개	26,700개

• 당기발생원가의 계산
  – 재료비 = 150,000원
  – 가공비 = 320,400원

※ 기초재공품원가는 전액 완성품원가로 직행하여 배분한다(∵선입선출법 가정)

• 완성품환산량의 단위당 원가 계산
  – 재료비의 완성품환산량 단위당 원가 = 150,000원 ÷ 30,000개 = @5
  – 가공비의 완성품환산량 단위당 원가 = 320,400원 ÷ 26,700개 = @12

• 완성품원가
  ㉠ 기초재공품원가 = 8,000 + 10,000 = 18,000
  ㉡ 기초재공품 당기완성분 = 1,200개 × @12 = 14,400

㉢ 당기투입 당기완성분 = (24,000개 × @5) + (24,000개 × @12) = 408,000
∴ 완성품원가 = ㉠ + ㉡ + ㉢ = 440,400원

90 ② 평균법은 원가 통제의 관점에서 상대적으로 유용한 정보를 제공하지 못한다. 왜냐하면 전기작업분도 당기 완성품환산량에 포함되어 있으므로 당기의 성과를 독립적으로 평가하기에는 한계가 있기 때문이다.

91 ② 이상적 표준을 달성하는 경우가 거의 없기 때문에 불리한 차이가 발생할 가능성이 크며, 종업원의 동기부여 측면에서도 효과적이지 못하다.

92

AQ × AP		AQ × SP		SQ × SP
= 4,500		1,800 × 2 = 3,600		1,850 × 2 = 3,700
	가격차이 900(불리)		능률차이 100(유리)	

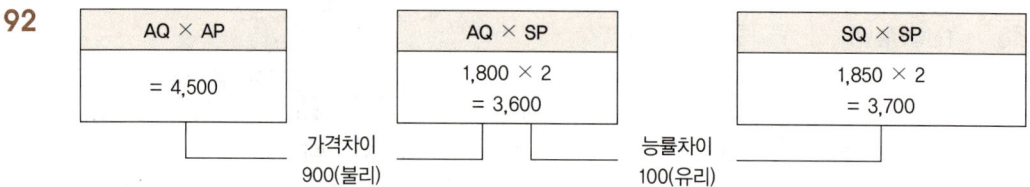

93 (ㄷ) 적정원가 산정에 있어 객관성 확보가 용이하지 않음

94 ④ 직접재료원가 가격차이를 구입시점에서 분리하는 경우는 원가차이의 발생 원인을 신속하게 규명할 수 있기 때문에 사용시점까지 기다리지 않고 재빨리 분리하는 것이다.

95

AQ × AP		AQ × SP		SQ × SP
24,000톤 × 7,800,000 = 1,872억		24,000톤 × 8,000,000 = 1,920억		15,000개 × 1.8톤 × 8,000,000 = 2,160억
	가격차이 48억(유리)		능률차이 240억(유리)	

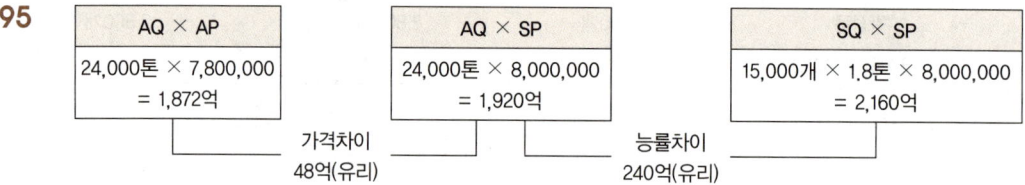

96 ③ 정상원가계산에 대한 설명이다.

97 ① 이익이 생산량에 영향을 받지 않는다.

98 (50,000개 × 1,200) − (50,000개 × 450) − [50,000 × (85 + 135 + 200)] − 1,800,000 − 9,000,000 = 5,700,000

99

전부원가계산하의 이익	260,000	
기초재고자산에 포함된 고정제조간접비(+)	0	
기말재고자산에 포함된 고정제조간접비(−)	2,500	(= 500 × 5)
변동원가계산하의 이익	257,500	

100 ② 전부원가계산만 외부보고 목적으로 사용가능하다.

101

판매가격	2,400	
재료원가	500	
세 척	300	(= 100 × @3)
압 착	600	(= 30 × @20)
분 쇄	200	(= 8 × @25)
단위당공헌이익	800	

102 ④ 매출액의 변화가 기업의 순이익에 미치는 영향을 파악하는 데 있어서는 공헌이익률 개념이 보다 유용하다.

103 • (6,000 − 2,000) × Q − 5,000,000 = 10,000,000

∴ Q = 3,750

∴ 목표이익이 1,000만원이라면 1,250그릇보다 2,500그릇 더 팔아야 한다.

104 S − S × 60% − 30,000 = S × 25%

∴ S = 200,000

105 • 공헌이익률 = 1 − 6,000,000/10,000,000 = 40%

• 손익분기점 매출액 = 2,800,000원 ÷ 40% = 7,000,000원

∴ 안전한계율 = (10,000,000 − 7,000,000) ÷ 10,000,000 = 30%

106 ③ 예산 편성성격에 따라 운영예산과 재무예산으로 분류된다. 예산 대상에 따라 종합예산과 부문예산으로 분류한다.

107 ③ 고정제조간접원가는 통제불능원가이다.

108 ③ 대립적이 아닌 상호보완적으로 고려되어야 한다.

109 • A = 900,000 − 1,000,000 × 10% = 800,000

• B = 1,500,000 − 4,000,000 × 20% = 700,000

• C = 1,500,000 − 3,000,000 × 30% = 600,000

110 ③ 가중평균자본비용 중 타인자본의 경우 절세효과가 있으므로 법인세효과를 고려해야 한다.

111 ③ 경제적부가가치(EVA)를 기준으로 성과평가를 하는 경우에는 산업 간 위험의 차이에 대해서 쉽게 조정할 수 없다. 이 부분이 EVA의 단점이다.

112 ② 회피가능원가는 관련원가이다.

113 사업부 폐지에 따른 순이익 변화 = −300,000 − (−280,000 − 50,000) = 30,000(증분이익)

114
- 변동비절감액 = (@200 + @80 + @120) × 10,000 = 4,000,000
- 고정비절감액 = 600,000 × 2/3 = 400,000

∴ 회피가능원가 = 4,400,000 ÷ 10,000단위 = @440

115 ② 회피가능 고정원가는 의사결정을 하는 데 있어 반드시 고려하여야 한다.

116 ③ 이자비용, 배당금 등의 금융비용은 할인율에 반영하므로 현금유출액에는 포함시키지 않는다.

117 NPV = −950,000 + 300,000 × 3.79(5년 연금, 10%) = 187,000

118 ④ 회수기간법과 회계적이익률법은 현금흐름을 무시한 비할인모형이다.

119
- 유휴설비가 있을 경우

  변동비 100 ≤ 사내대체가격 ≤ 외부시장구입가격 160 → 사내대체
- 유휴설비가 없을 경우

  증분지출원가 170(= 100 + (170 − 100)) ≤ 사내대체가격 ≤ 외부시장구입가격 160 → 사내대체 ×

120 ② 제조활동 이후의 상위활동뿐만 아니라 하위활동도 원가계산 시 고려한다.

제7회 정답 및 해설

| 재무회계 |

01	②	02	④	03	③	04	②	05	③	06	②	07	①	08	②	09	①	10	③
11	③	12	②	13	③	14	①	15	④	16	①	17	④	18	①	19	②	20	③
21	③	22	④	23	②	24	①	25	①	26	④	27	①	28	①	29	②	30	③
31	①	32	①	33	③	34	①	35	①	36	①	37	①	38	④	39	④	40	②

01 ② 구체적인 양식이나 계정과목을 정형화하고 있지 않다.

02 ④ 재무정보가 예측가치를 가지기 위해 그 자체로 예측치가 될 필요는 없다.

03 ① 적시성과 이해가능성은 보강적 질적특성에 해당한다.
② 목적적합성과 표현충실성은 근본적 질적특성에 해당한다.
④ 재무정보가 제공되기 위해서는 해당 정보보고의 효익이 관련 원가를 정당화할 수 있어야 한다(효익 〉 원가).

04 ② 본문에서 중요하지 않더라도 주석에서는 중요할 수 있다.

06
- 전기이월 = 1,000개 × @2,000 = 2,000,000
- 5월 5일 = 1,500개 × @2,500 = 3,750,000
- 9월 3일 = 200개 × @2,800 = 560,000

∴ 매출원가 = 2,000,000 + 3,750,000 + 560,000 = 6,310,000원

07

재고자산

기초	400,000	매출원가	1,030,000
매입	1,000,000	정상감모	50,000
		비정상감모	20,000
		기말재고	300,000

∴ 반영 후 매출원가 = 1,030,000 + 50,000 = 1,080,000

PART 4

08 • 물가 하락시 이익과 기말재고는 [선입선출법 〈 이동평균법 〈 총평균법 〈 후입선출법]순
- 선입선출법 기말재고 = 1,500개 × @1,200 = 1,800,000
- 총평균법 기말재고 = (14,400,000 ÷ 10,000) × 1,500개 = 2,160,000

∴ 총평균법이 선입선출법보다 360,000원 더 크다

② 물가하락 시 매출원가는 [선입선출법 〉 이동평균법 〉 총평균법 〉 후입선출법] 순이므로, 매출원가가 작은 총평균법의 매출총이익(률)이 선입선출법보다 더 크다.

09 ① 일상적인 수선유지와 관련하여 발생한 원가는 당기비용 처리한다.

10 • 20X1년 말 : 재평가손실 5,000원 계상
• 20X2년 말 : 토지의 가격이 다시 상승한 경우, 재평가로 인한 회복액은 이전의 재평가손실 설정액(5,000원)과 상계하고, 추가 상승액은 기타포괄손익(자본)으로 처리한다. 따라서, 당기순이익 5,000원이 증가한다.

11 ③ 20X3년 7월 1일, 처분 전 감가상각비 회계처리를 누락하였다. 따라서 처분이익은 500,000원이 아닌 1,000,000원이다. 하지만, 당기순이익에는 누락된 감가상각비 계상분(500,000원)과 처분이익 과소계상분(500,000원)이 상계처리되어 미치는 영향은 없다.

12 • 연구활동 = 3,000,000 + 27,000,000 = 30,000,000
• 개발활동 : 7,000,000

∴ 20X1년 인식할 총비용 = 37,000,000(개발단계 자산으로 인식한 40,000,000원의 무형자산상각비는 20X2년부터 인식함)

13 ③ 회계추정의 변경이다.

14 ① 공정가치모형은 감가상각을 하지 않으므로, 공정가치가 상승한 부분만 평가손익으로 인식하면 된다.

∴ 20X2년 말 = 1.2억 − 1억 = 20,000,000원(평가이익)

15 ① 기타포괄손익으로 반영한다.
② 분류변경할 수 있다.
③ 자산의 취득원가에 포함한다.

16 • 유효이자 = 87,565 × 10% = 8,757
• 액면이자 = 100,000 × 5% = 5,000

∴ 순장부금액 = 87,565 + (8,757 − 5,000) = 91,322

17 ④ 복합금융상품의 발행금액에서 금융부채의 공정가치를 차감한 잔액을 지분상품(자본)으로 인식한다.

18 ① 시장이자율 〉 액면이자율 → 할인발행이며, 상각후원가는 매기 증가한다.

19 • 만기 지급할 금액의 현재가치 = (3,000,000 + 390,000) × 0.7118 = 2,413,002
• 전환권대가 = 3,000,000 − 2,413,002 = 586,998

20 ③ 인식할 수 있는 세 가지 요건에 해당하지 않는다.

21 우선주 배당금 = 500,000 × 10% × 3년 = 150,000

22 ④ 자기주식의 처분은 이익잉여금 처분과 관련이 없다.

24 • 총 매출의 현재가치 = 3,000,000 × 2.48685 = 7,460,550
∴ 매출총이익 = 7,460,550 − 7,000,000 = 460,550
∴ 이자수익 = 7,460,550 × 10% = 746,055

25

20X1년 계약이익	(5억 − 3억) × 0.6억/3억 − 0 = 40,000,000
20X1년 계약이익	(5억 − 3.6억) × 1.8억/3.6억 − 40,000,000 = 30,000,000
20X1년 계약이익	(5억 − 3.6억) × 3.6억/3.6억 − 70,000,000 = 70,000,000

26 ④ 즉시 당기비용 처리한다.

28 ① 주식결제형 주식선택권의 공정가치는 부여일 현재로 측정한다.

29 ② 원칙은 상계처리하지 않으며, 특정조건을 충족했을 경우에만 상계표시한다.

30

(차)	법인세비용	3,200,000	(대)	당기법인세	2,500,000
				이연법인세자산	400,000
				이연법인세부채	300,000

31

구 분	20X1년	20X2년
수정 전 당기순이익	30,000	35,000
기말상품재고 오류수정	3,000	(3,000) (2,000)
수정 후 당기순이익		30,000

32

1월 1일	(15,000 − 1,000) × 12/12 = 14,000
4월 30일	1,000 × 8/12 = 667
10월 31일	(−)300 × 2/12 = (−)50
11월 30일	160 × 1/12 = 13
합 계	14,630주

33 • 기초 : 2,700,000원(= 9,000,000 × 30%)짜리 주식을 3,000,000원에 구입했다는 것은 차이금액인 300,000원만큼 영업권이 있다는 것
• 기중 : 총포괄이익 300,000원(= 1,000,000 × 30%)만큼 장부가액 증가
∴ 기말 장부가액 = 3,000,000 + 300,000 = 3,300,000

34 ① 공정가치가 아닌 취득원가로 측정한다.

35
- 취득시점 = $2,000 × 1,000 = 2,000,000
- 기말시점 = $1,600 × 1,300 = 2,080,000

∴ 취득시점 대비 기말시점에 가치가 떨어지지 않았으므로 인식한 재고자산평가손실은 없다.

36 ① 유럽형 옵션은 만기일에만 권리를 행사할 수 있는 옵션이며, 미국형 옵션은 만기일 이전에는 언제라도 권리를 행사할 수 있는 옵션이다.

37 20X1년 이자수익 = 120,092 × 12% = 14,411

38 간접법 = 20,000 + 4,600 + 2,400 − 15,000 + 2,500 + 10,400 = 24,900

39 이자수취액 = 이자수익 200,000 + 미수이자의 감소 10,000 + 선수이자의 증가 20,000 = 230,000

40 투자활동 순현금흐름 = 유형자산처분이익 30,000 − 감가상각비 15,000 + 기계장치의 감소 40,000 − 감가상각누계액의 감소 5,000 = 50,000원 유입

| 세무회계 |

41	③	42	④	43	②	44	③	45	①	46	④	47	①	48	④	49	④	50	③
51	④	52	④	53	②	54	①	55	③	56	④	57	②	58	②	59	③	60	③
61	③	62	①	63	③	64	②	65	④	66	③	67	②	68	①	69	③	70	②
71	③	72	③	73	②	74	②	75	④	76	②	77	③	78	③	79	①	80	③

41 ③ 도착한 날 → 발송한 날(우편법에 의한 통신일부인이 찍힌 날)

43
- 법정신고기한 경과 후 1개월 초과 ~ 3개월 이내에 기한 후 신고 시 : 무신고가산세 30% 감면
- 법정신고기한 경과 후 3개월 초과 ~ 6개월 이내에 기한 후 신고 시 : 무신고가산세 20% 감면

44 ③ 조세심판원 → 행정법원

45 ② 법령 또는 법인의 정관상에 사업연도가 규정되어 있지 않은 법인은 따로 사업연도를 정하여 법인설립신고 또는 사업자등록과 함께 납세지 관할세무서장에게 신고를 하여야 한다.
③ 변경하려는 사업연도 종료일로부터 → 직전 사업연도 종료일로부터
④ 최초사업연도 소득에 산입해야 한다.

46 ① 결산조정사항은 원칙적으로 장부에 기장처리해야만 세무회계상 손금으로 인정받을 수 있는 사항이다.
② 신고조정사항은 기업회계 결산 시 회계처리하지 않고 법인세 과세표준신고의 과정에서 세무조정계산서에만 계상함으로써 손금으로 인정받을 수 있다.
③ 경정청구 대상에 해당된다.

47 손금불산입 금액 = 1,000,000 + 1,200,000 = 2,200,000

48 ④ 업무무관자산이라 하더라도 처분할 때 자산의 장부가액(취득가액)은 손금으로 인정하여 준다.

49 ④ 원천징수되는 이자소득의 귀속시기는 이자소득 수입시기가 속하는 사업연도로 한다. 따라서, 이자 발생액을 발생주의에 따라 미수수익으로 계상한 경우에는 동 금액을 익금불산입(△유보)하는 세무조정을 하여야 한다.

50 ① 재고자산은 영업장별로 상이한 방법으로 평가할 수 있다.
② 재고자산평가방법 무신고시 선입선출법을 적용한다.
④ 세무상 재고자산의 평가금액이 재무상태표상 재고자산 기말가액보다 작은 경우 차이금액을 손금산입하여 △유보처분한다.

51
- 건물 : 전기이월상각액 손금추인 △1,500,000(당기 시인부족액 2,000,000원 범위 내에서)
- 기계장치 : 상각부인액 500,000
- 영업권 : 세무조정 없음(시인부족액 발생했지만 전기이월된 상각부인액이 없으므로)

∴ 과세표준에 미치는 영향 = △1,500,000 + 500,000 = △1,000,000

52 ④ 한 자산의 상각부인액과 다른 자산의 시인부족액은 서로 상계할 수 없다.

53
- 의제기부금 = 15억 − (10억 × 130%) = 2억
- 세무조정 : 〈손금〉 토지 2억 (△유보)
  〈손금불산입〉 비지정기부금 2억 (기타사외유출)

54
- 차가감소득금액 = 100,000,000 + 26,000,000 − 10,000,000 = 116,000,000
- 특례기부금 : 70,000,000
- 일반기부금 : 12,000,000
- 각 사업연도 소득금액 = 116,000,000 + 70,000,000 + 12,000,000 − 80,000,000 = 118,000,000
- 특례기부금 한도 = 118,000,000 × 50% = 59,000,000

∴ 특례기부금 한도초과액 = 70,000,000 − 59,000,000 = 11,000,000

55 ③ 일반수입금액과 특정수입금액이 동시에 발생한 경우 일반수입금액, 특정수입금액의 순서로 한도율을 적용한다.

56 지급이자 손금불산입액 = 8,000,000 × [(30,000,000 × 365일)/21,900,000,000] = 4,000,000

57 • 전기말 대손충당금 한도초과액(당해 연도 손금추인) : 〈손금〉 전기 대손충당금 한도초과 600,000(△유보)
• 당해 연도 회사 대손충당금 설정액 : 2,000,000(대손충당금 T-계정 기말잔액)
• 당해 연도 대손충당금 한도액 = (140,000,000 − 40,000,000) × Max(1%, 0.8%) = 1,000,000
∴ 당해 연도 세무조정 : 〈손금불산입〉 대손충당금 한도초과 1,000,000(유보)

58 ② 특수관계인과의 거래로 인해 그 법인의 소득에 대한 조세부담이 감소했을 경우에만 부당행위계산부인 규정을 적용한다.

59 ③ 내국법인에게 배당소득금액을 지급하는 (집합투자기구로부터의 이익 중) 투자신탁의 이익에 대해서만 원천징수 의무가 있다.

60 ③ 각 사업연도 소득금액이 없거나 결손금이 있는 경우에도 법인세 신고는 하여야 한다.

61 ① 소득세법상 과세기간은 매년 1월 1일부터 12월 31일까지가 원칙이며, 임의로 기간을 선택하여 신청할 수 없다.
② 거주자가 폐업을 한 경우도 1월 1일부터 12월 31일까지를 과세기간으로 한다.
④ 비거주자의 납세지는 국내사업장 소재지로 한다.

62 ① 비영업대금의 이익 : 약정에 의한 이자지급일

63 사업소득금액 = 200,000,000 + 30,000,000 − 5,000,000 + 3,000,000 + 2,000,000 = 230,000,000

64 ② 법인세법에 따라 상여로 처분된 금액은 근로소득에 포함된다.

65 ④ 기타소득금액이 연 300만원 이하인 경우 선택적 분리과세한다.

66 • 금융소득금액 = 20,000,000 + 10,000,000 × 1.1 = 31,000,000
• 과세표준 = 31,000,000 + 80,000,000 + 20,000,000 + 30,000,000 − 20,000,000 = 141,000,000
• 비교과세 종합소득 산출세액 : Max(㉠, ㉡) = 29,710,000
㉠ (141,000,000 − 20,000,000) × 세율 + 20,000,000 × 14% = 29,710,000
㉡ (141,000,000 − 31,000,000) × 세율 + 30,000,000 × 14% = 27,260,000

67 • 기본공제액 = 본인 + 배우자 + 모친 + 장남 + 장녀 = 750만원
• 경로우대공제 : 0원(70세 이상인 사람의 경우 1명당 연 100만 원)
• 장애인공제 : 200만원
• 부녀자공제 : 0원

68 ① 8% → 6%

69 ③ 1세대 1주택(고가주택 아님)의 양도는 비과세를 적용한다.

70 ② 다음 연도 3월 10일까지 → 다음 연도 2월 10일까지

71 • 매출세액 = (9,000,000 − 2,000,000) × 10% = 700,000
• 매입세액 = (5,000,000 − 500,000 − 1,000,000) × 10% = 350,000
∴ 차가감납부세액 = 700,000 − 350,000 + 5,000(가산세) = 355,000

72 ③ 주사업장총괄납부는 세액의 납부(환급)만 주된 사업장에서 총괄하는 것이므로 사업자등록은 각 사업장별로 하여야 한다.

73 ② 사업과 관련이 없는 미수금이나 미지급금을 승계하지 않을 경우에도 포괄적 사업양도에 해당한다.

74 ② 수탁자 또는 대리인이 직접 재화를 공급하거나 공급받은 것으로 본다.

75 ④ 내국신용장에 의해 수출하는 재화 : 재화를 인도할 때

76 농산물 포장에 사용하던 기계의 과세표준 = 30,000,000 × 2억/(2억 + 3억) = 12,000,000

77 과세표준 = 40,000,000 + 5억 × (1 − 5% × 4과세기간) = 440,000,000

78 공제 가능 매입세액 = 30,000,000 + 5,000,000 + 3,000,000 + (10,000,000 × 2/102) = 38,196,078

79 ① 영세율 적용대상의 경우라도 내국신용장, 구매확인서 등에는 세금계산서 교부의무가 있다.

80 ③ 간이과세자는 의제매입세액공제가 불가하다.

| 원가관리회계 |

81	②	82	②	83	②	84	②	85	①	86	②	87	①	88	②	89	②	90	④
91	③	92	③	93	④	94	④	95	④	96	④	97	③	98	②	99	②	100	①
101	①	102	④	103	①	104	③	105	①	106	①	107	③	108	①	109	①	110	②
111	③	112	④	113	③	114	④	115	②	116	②	117	①	118	③	119	③	120	③

81 ② 원가는 비정상적인 상황에서 발생한 가치의 감소분을 고려하지 않는다.

82
- 직접재료원가 = 300,000 + 30,000 − 20,000 = 310,000

∴ 기초원가 = 310,000 + 100,000 = 410,000

∴ 가공원가 = 100,000 + 350,000 = 450,000

83
ㄴ. 당기 중 완성된 제품의 제조원가는 당기제품제조원가이다.
ㄹ. 원가는 미래에 경제적 효익을 제공할 수 있는 용역잠재력을 갖는지에 따라 소멸원가와 미소멸원가로 분류한다.

84
① 보조부문 간의 용역수수관계를 고려하는 가장 합리적인 보조부문원가의 배분방법은 상호배분법이다.
③ 용역의 수수관계를 완전히 무시하고 보조부문의 원가를 각 제조부문이 사용한 용역의 상대적 비율에 따라 각 제조부문에 직접 배분하는 방법은 직접배분법이다.
④ 보조부문원가의 배분방법에 따라 공장 전체의 제조간접원가가 달라지지 않는다.

85 ① 개별원가계산에서 통제계정은 재공품 계정이며, 작업원가표는 보조계정이 된다.

86

구 분	X부문	Y부문
직접재료원가	700,000	500,000
직접노무원가	1,000,000	400,000
제조간접원가	200,000	200,000
합 계	1,900,000	1,100,000

87 ① 기말완성도 과다계상 → 완성품환산량 과다계상 → 기말재공품 과다계상

88
- 재료원가 : 평균법(20,000)과 선입선출법(18,000)의 차이는 기초재공품완성품환산량의 차이(2,000)이므로, 기초재공품은 2,000개이다.
- 가공원가 : 평균법(20,000)과 선입선출법(19,600)의 차이 400개는 기초재공품완성품환산량의 진척도 차이이다.
- 2,000개 × 진척도(%) = 400 ∴ 진척도 : 20%

89

	수 량	완성품환산량 재료비	완성품환산량 가공비
완성품	2,200개		2,200개
기말재공품(30%)	400개		120개
			2,320개

90 ④ 언제나 평균법상 가공원가가 선입선출법상 가공원가보다 같거나 클 수 밖에 없다. 왜냐하면 평균법은 기초재공품 완성품환산량도 고려하기 때문이다.

91 ① 책임을 명확히 하고 종업원의 동기를 유발시킬 수 있다.

② 표준과 차이가 나는 원가항목을 중점적으로 검토하여야 한다.

④ 중요한 불리한 차이와 유리한 차이는 모두 검토해야 한다.

92
- 당기구입액 = (325,000 + 200,000) − 160,000 = 365,000
- 구입수량 = 365,000 ÷ 250 = 1,460

AQ × AP		AQ × SP
1,460 × 250	가격차이 51,100	1,460 × 표준가격

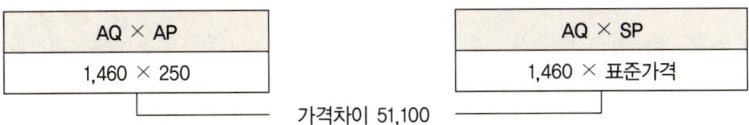

∴ SP = (1,460 × 250 + 51,100) ÷ 1,460 = @285

93

AQ × AP		AQ × SP		SQ × SP
38,500,000		1,000 × 3.5 × 10,000 = 35,000,000		1,000 × 4 × 10,000 = 40,000,000
	가격(임률)차이 3,500,000(불리)		능률차이 5,000,000(유리)	

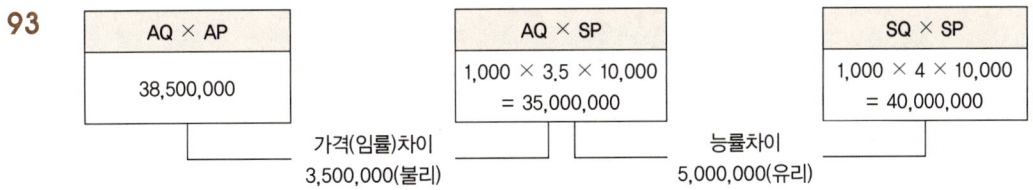

94 ① 고정제조간접원가 실제발생액과 고정제조간접원가 예산과의 차이를 고정제조간접원가 예산(소비)차이라고 한다.

② 고정제조간접원가 예산은 실제산출량에 허용된 기준조업도에 조업도 단위당 표준배부율을 곱하여 계산한 금액을 의미한다.

③ 고정제조간접원가 실제발생액과 고정제조간접원가 배부액과의 차이를 고정제조간접원가 총차이라고 한다.

95 ④ 과소배부는 실제발생원가가 표준원가보다 크므로 불리한 차이에 해당하며 매출원가에 가산하고, 과대배부는 표준원가가 실제발생원가보다 크므로 유리한 차이에 해당하며 매출원가에서 차감한다.

① 매출원가조정법에서는 재공품과 제품 계정은 모두 표준원가로 기록된다.

③ 매출원가조정법은 제조간접원가 배부차이를 매출원가에만 배분하여 차이를 조정한다.

96
- 영업이익 = (12,000 − 7,500) × Q − 4,800,000 = 20,040,000　∴ Q = 5,520

∴ 총 매출액 = 5,520 × 12,000 = 66,240,000

97 ③ 제품원가는 직접재료원가만 구성되며, 변동제조간접원가는 기간비용 처리한다.

98
- 기말재고수량 = (0 + 1,100) − 800 = 300
- 기말제품재고액 = 300 × [800 + 300 + 100 + (220,000/1,100)] = 420,000

99

변동원가계산하의 이익	XXX
기초재고자산에 포함된 고정제조간접비(−)	0
기말재고자산에 포함된 고정제조간접비(+)	120,000 (= 수량 × 500,000/2,500)
전부원가계산하의 이익	XXX + 120,000

∴ 기말재고수량 = 600개

100 ① 생산량보다 판매량이 많으므로 기말재고수량은 기초재고수량보다 적다. 이럴 경우 초변동원가계산하의 영업이익이 가장 크며, 재고수량에 관계없이 판매량에만 영향을 받는 변동원가계산하의 영업이익이 다음이 된다.

101 ① 활동분석 → 각 활동별로 제조간접원가 집계 → 활동별 원가동인(배부기준)의 결정 → 제조간접원가 배부율 계산 → 원가대상별 원가계산

102 ④ 공헌이익률은 원가구조와 밀접한 관련이 있으며, 총원가 중 고정원가 비중이 높으면 공헌이익률도 높게 나타난다.

103
- 매출액 5,000,000원일 때 판매량은 5,000개이다.
- P × 0.8 = 800
- Q × 1.3 = 6,500

∴ (800 × 6,500) − (600 × 6,500) − 1,000,000 = 300,000

104 P × 700 − (20,000 × 700) − 28,000,000 = 0 ∴ P = 60,000

106 ① 기업전체 목표의 극대화가 최우선으로 달성되어야 한다.

107 ③ 책임회계는 성과평가가 목적이다. 제품원가계산과 재무보고 목적을 위해 원가정보를 제공하는 것은 전부원가회계 개념이다.

108 ROI = 80,000/400,000 = 20%

109
- A사업부 = 100,000 − 500,000 × 15% = 25,000
- B사업부 = 170,000 − 1,000,000 × 15% = 20,000
- C사업부 = 230,000 − 2,000,000 × 15% = (−)70,000

110

변동예산	변동예산(예산배합)	종합예산
88,000 × 10 + 32,000 × 20 = 1,520,000	90,000 × 10 + 30,000 × 20 = 1,500,000	생산량 × 30 × 10 + 생산량 × 20 × 10 = 1,600,000

매출배합차이 +20,000불리

매출수율차이 −100,000유리

∴ 생산량 = 3,200개

111 150억 − 400억 × (9% × 200/(200 + 100) + 15% × 100/(200 + 100) = 106억

112 • 사업부폐지 의사결정 : 증분수익 − 증분비용 = (−)60,000 − (−)40,000 = (−)20,000

∴ 당기순이익 = 500,000 − 20,000 = 480,000

113 5,000 × P = 5,000 × (500 + 300 + 200) + 500,000 × 20% ∴ P = 1,020

114 • 증분수익 = −(300 × 30,000) + (300 × 50,000) = 6,000,000

• 증분비용 : 3,000,000

∴ 증분이익 = 6,000,000 − 3,000,000 = 3,000,000(유리)

115 ② 부품을 외부구입할 경우 제품에 특별한 지식이나 기술이 요구될 때 품질유지가 보다 용이해진다.

116 • 연간순현금유입액 = 6,000,000 × (1 − 30%) + 3,000,000 × 30% = 5,100,000

∴ 순현재가치 = 5,100,000 × 2.4 − 9,000,000 = 3,240,000

117 ① 회수기간 이후의 현금흐름을 고려하지 않는다.

118 • 기계시간당 공헌이익

- A = 200/4 = 50
- B = 150/2 = 75
- C = 300/5 = 60

• B → C → A 순서로 주어진 300시간 안에서 생산한다.

∴ B가 200시간 동안 100단위 생산하고, 나머지 100시간 동안 C가 20단위 생산하는데 사용한다.

119 최소대체가격 = (230 − 30) + (400 − 230) = 370

SDEDU

합격의
공식
시대에듀

무언가를 위해 목숨을 버릴 각오가 되어 있지 않는 한
그것이 삶의 목표라는 어떤 확신도 가질 수 없다.

– 체 게바라 –

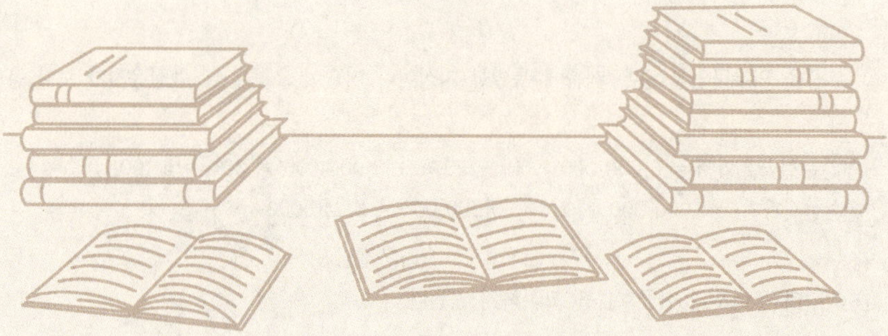

재경관리사 전과목 핵심이론 + 적중문제 + 기출 동형문제 한권으로 끝내기

개정21판1쇄 발행	2026년 01월 05일 (인쇄 2025년 10월 21일)
초 판 발 행	2014년 03월 10일 (인쇄 2014년 02월 03일)
발 행 인	박영일
책 임 편 집	이해욱
편 저	김경태
편 집 진 행	김준일 · 백한강 · 권민협
표지디자인	김도연
편집디자인	최미림 · 김휘주
발 행 처	(주)시대고시기획
출 판 등 록	제10-1521호
주 소	서울시 마포구 큰우물로 75 [도화동 538 성지 B/D] 9F
전 화	1600-3600
팩 스	02-701-8823
홈 페 이 지	www.sdedu.co.kr
I S B N	979-11-434-0285-1 (13320)
정 가	37,000원

시대에듀와 함께하는

합격의 STEP

Step. 1 회계를 처음 접하는 당신을 위한 도서

★☆☆☆☆
회계 입문자

무료 동영상 + 기출 24회
전산회계운용사 3급 필기

전강 무료강의 제공
hoa 전산회계운용사 3급 실기

핵심이론+기출 600제
hoa 회계관리 2급 한권으로 끝내기

자격증, 취업, 실무를 위한 회계 입문서
왕초보 회계원리

Step. 2 회계의 기초를 이해한 당신을 위한 도서

★★☆☆☆
회계 초급자

무료 동영상 + 기출 23회
전산회계운용사 2급 필기

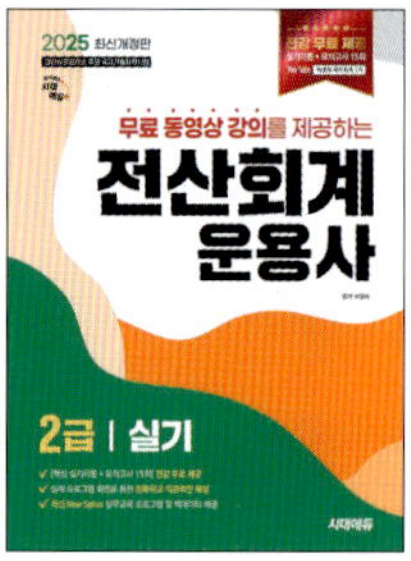

전강 무료강의 제공
hoa 전산회계운용사 2급 실기

기출 핵심요약집을 제공하는
[기출이 답이다] FAT 1급

실제 화면으로 쉽게 배우는
[기출이 답이다] ERP 인사 2급

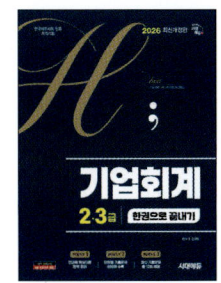

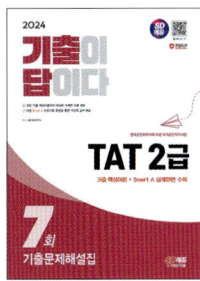